SAP® Information Lifecycle Management

SAP PRESS

SAP PRESS ist eine gemeinschaftliche Initiative von SAP SE und der Rheinwerk Verlag GmbH. Unser Ziel ist es, Anwendern qualifiziertes SAP-Wissen zur Verfügung zu stellen. SAP PRESS vereint das Know-how der SAP und die verlegerische Kompetenz von Rheinwerk. Die Bücher bieten Ihnen Expertenwissen zu technischen wie auch zu betriebswirtschaftlichen SAP-Themen.

Damit Sie nach weiteren Titeln Ihres Interessengebiets nicht lange suchen müssen, haben wir eine kleine Auswahl zusammengestellt.

Volker Lehnert, Iwona Luther, Björn Christoph, Carsten Pluder
Datenschutz mit SAP. SAP Business Suite und SAP S/4HANA
437 Seiten, 2017, gebunden
ISBN 978-3-8362-5989-7
www.sap-press.de/4524

Christian Fink
Enterprise Content Management mit SAP
574 Seiten, 2019, gebunden
ISBN 978-3-8362-6524-9
www.sap-press.de/4718

Ahmet Türk
SAP-Datenarchivierung
623 Seiten, 2., aktualisierte und erweiterte Auflage 2018, gebunden
ISBN 978-3-8362-6603-1
www.sap-press.de/4739

Densborn, Finkbohner, Gradl, Roth, Willinger
Datenmigration in SAP
540 Seiten, 4., aktualisierte und erweiterte Auflage 2015, gebunden
ISBN 978-3-8362-3052-0
www.sap-press.de/3710

Iwona Luther

SAP® Information Lifecycle Management

Das umfassende Handbuch

Rheinwerk
Publishing

Liebe Leserin, lieber Leser,

spätestens seit Einführung der DSGVO ist der besondere Schutz personenbezogener Daten ein Thema, das alle umtreibt und dem man sich in aller Gründlichkeit widmen sollte. Verwendungszweck und Aufbewahrungsfrist sind da nur zwei Stichwörter, die Administratoren und Datenschutzbeauftragte aufhorchen lassen.

Das Information Lifecycle Management als Weiterentwicklung der klassischen Datenarchivierung umfasst alle Aspekte des Umgangs mit (sensiblen) Daten: von ihrer Aufnahme über ihre Verwaltung bis hin zu ihrer Löschung. Mit SAP ILM wird dieser ganze Prozess automatisiert, damit gesetzlichen Anforderungen Genüge getan wird, die Speicherung der Daten möglichst effizient erfolgt und Ressourcen gespart werden.

Gemeinsam mit einigen ihrer Kollegen stellt Ihnen unsere Expertin Iwona Luther die Lösung SAP Information Lifecycle Management und ihre Hauptkomponenten Retention Management und Retention Warehouse von A bis Z vor. Von den Grundfunktionen über das (vereinfachte) Sperren und Vernichten bis hin zur Systemstilllegung erfahren Sie alles, was Sie für die Implementierung, Einrichtung und Anwendung von SAP ILM brauchen. Auch kundeneigene Entwicklungen werden dabei nicht außer Acht gelassen. Kurzum: Mit diesem Buch sind Sie für Ihr nächstes SAP-ILM-Projekt bestens gerüstet!

Wir freuen uns stets über Lob, aber auch über kritische Anmerkungen, die uns helfen, unsere Bücher zu verbessern. Scheuen Sie sich nicht, mich zu kontaktieren. Ihre Fragen und Anmerkungen sind jederzeit willkommen.

Ihre Maike Lübbers
Lektorat SAP PRESS

maike.luebbers@rheinwerk-verlag.de
www.rheinwerk-verlag.de
Rheinwerk Verlag · Rheinwerkallee 4 · 53227 Bonn

Auf einen Blick

1	Einführung in SAP Information Lifecycle Management (SAP ILM)	23
2	Grundfunktionen von SAP ILM	45
3	Zusatzfunktionen im Retention-Management-Szenario	165
4	Vereinfachtes Sperren mit SAP ILM	253
5	Sperren und Vernichten mit SAP ILM in SAP S/4HANA Cloud	333
6	Sperren und Vernichten in SAP ERP HCM	373
7	Umsetzung eines SAP-ILM-DSGVO-Projekts	505
8	Systemstilllegung mit SAP ILM Retention Warehouse	557
9	Den Datenlebenszyklus kundeneigener Entwicklungen mit SAP ILM verwalten	603

Wir hoffen, dass Sie Freude an diesem Buch haben und sich Ihre Erwartungen erfüllen. Ihre Anregungen und Kommentare sind uns jederzeit willkommen. Bitte bewerten Sie doch das Buch auf unserer Website unter **www.rheinwerk-verlag.de/feedback**.

An diesem Buch haben viele mitgewirkt, insbesondere:

Lektorat Maike Lübbers
Korrektorat Annette Lennartz, Bonn; Monika Klarl, Köln
Herstellung Denis Schaal
Typografie und Layout Vera Brauner
Einbandgestaltung Julia Schuster
Coverbild iStock: 628012932 ©James Brey
Satz III-Satz, Husby
Druck und Bindung Beltz Grafische Betriebe, Bad Langensalza

Dieses Buch wurde gesetzt aus der TheAntiquaB (9,35/13,7 pt) in FrameMaker. Gedruckt wurde es auf chlorfrei gebleichtem Offsetpapier (90 g/m²). Hergestellt in Deutschland.

Das vorliegende Werk ist in all seinen Teilen urheberrechtlich geschützt. Alle Rechte vorbehalten, insbesondere das Recht der Übersetzung, des Vortrags, der Reproduktion, der Vervielfältigung auf fotomechanischen oder anderen Wegen und der Speicherung in elektronischen Medien.

Ungeachtet der Sorgfalt, die auf die Erstellung von Text, Abbildungen und Programmen verwendet wurde, können weder Verlag noch Autor, Herausgeber oder Übersetzer für mögliche Fehler und deren Folgen eine juristische Verantwortung oder irgendeine Haftung übernehmen.

Die in diesem Werk wiedergegebenen Gebrauchsnamen, Handelsnamen, Warenbezeichnungen usw. können auch ohne besondere Kennzeichnung Marken sein und als solche den gesetzlichen Bestimmungen unterliegen.

Sämtliche in diesem Werk abgedruckten Bildschirmabzüge unterliegen dem Urheberrecht © der SAP SE, Dietmar-Hopp-Allee 16, 69190 Walldorf.

ABAP, ASAP, Concur, Concur ExpenseIt, Concur TripIt, Duet, SAP, SAP Adaptive Server Enterprise, SAP Advantage Database Server, SAP Afaria, SAP ArchiveLink, SAP Ariba, SAP Business ByDesign, SAP Business Explorer, (SAP BEx), SAP BusinessObjects, SAP BusinessObjects Explorer, SAP BusinessObjects Web Intelligence, SAP Business One, SAP Business Workflow, SAP Crystal Reports, SAP EarlyWatch, SAP Exchange Media (SAP XM), SAP Fieldglass, SAP Fiori, SAP Global Trade Services (SAP GTS), SAP GoingLive, SAP HANA, SAP Vora, SAP Hybris, SAP Jam, SAP Lumira, SAP MaxAttention, SAP MaxDB, SAP NetWeaver, SAP PartnerEdge, SAPPHIRE NOW, SAP PowerBuilder, SAP PowerDesigner, SAP R/2, SAP R/3, SAP Replication Server, SAP Roambi, SAP S/4HANA, SAP SQL Anywhere, SAP Strategic Enterprise Management (SAP SEM), SAP SuccessFactors, The Best-Run Businesses Run SAP, TwoGo sind Marken oder eingetragene Marken der SAP SE, Walldorf.

Bibliografische Information der Deutschen Nationalbibliothek:
Die Deutsche Nationalbibliothek verzeichnet diese Publikation in der Deutschen Nationalbibliografie; detaillierte bibliografische Daten sind im Internet über *http://dnb.d-nb.de* abrufbar.

ISBN 978-3-8362-6828-8

1. Auflage 2019
© Rheinwerk Verlag, Bonn 2019

Informationen zu unserem Verlag und Kontaktmöglichkeiten finden Sie auf unserer Verlagswebsite **www.rheinwerk-verlag.de**. Dort können Sie sich auch umfassend über unser aktuelles Programm informieren und unsere Bücher und E-Books bestellen.

Inhalt

Vorwort der »Väter« von SAP ILM 17
Vorwort des DSAG-Arbeitskreises Datenarchivierung & ILM 19
Vorwort des Finanzvorstands SAP SE 21

1 Einführung in SAP Information Lifecycle Management (SAP ILM) — 23

1.1	Von der Datenarchivierung zu ILM: Wo der Schuh drückte und was Abhilfe schaffte	23
1.2	Aufbewahrung und Recht	31
	1.2.1 Organisationsform und Aufbewahrung im Rechnungswesen	32
	1.2.2 Organisationsform und Sozialpartnerschaft	35
	1.2.3 Aufbewahrung im Personalbereich	35
	1.2.4 Aufbewahrung und Datenschutz	39
	1.2.5 Aufbewahrung und spezielle Rechtsquellen	42
	1.2.6 Fazit	42

2 Grundfunktionen von SAP ILM — 45

2.1	Archivierungsobjekt und Datenvernichtungsobjekt	45
2.2	Das ILM-Objekt – Herr über die Aufbewahrungsregeln	46
2.3	Das Prüfgebiet – Ihr Grund zur Definition von Aufbewahrungsregeln	52
	2.3.1 Auflistung vorhandener Prüfgebiete – die Transaktion ILMARA	53
	2.3.2 Prüfgebiet anzeigen und ändern	56
	2.3.3 Prüfgebiet anlegen	57
	2.3.4 Prüfgebiet kopieren oder zusammenführen	58
	2.3.5 Auswirkung des Ankreuzfeldes »Objektzuordnung« ...	61
	2.3.6 Die Gruppe »ILM-Aktionen« im Archivschreibprogramm	63
	2.3.7 ILM-Fähigkeit von Archivierungsobjekten	68

2.4	Regelwerkkategorien	70
2.5	**Regelwerke – die Schatzkiste mit den Regeln**	73
2.5.1	Objektkategorie	74
2.5.2	Regelwerk anlegen – die Transaktion IRMPOL	74
2.5.3	Sonderzeichen in Bedingungsfeldern – die Transaktion IRM_CUST_CSS	79
2.5.4	Regeln im Regelwerk anlegen	80
2.5.5	Unterschiede zwischen Aufbewahrungs- und Verweilregeln	89
2.5.6	Schnellere Regelpflege mit Regel- und Objektgruppen	90
2.5.7	Übersicht über Ihre Regelwerke	98
2.5.8	Transport von Regelwerken und Regeln	99
2.5.9	Mandantenübergreifende und -spezifische Objekte im IRM	100
2.6	**Vom WebDAV und der BC-ILM-Zertifizierung zum ILM Store Browser**	100
2.6.1	Strukturierte und unstrukturierte Daten in der ILM-Ablage	103
2.6.2	Definition von ILM-Ablagen	108
2.6.3	Storage and Retention Service (SRS) für ILM-Ablagen	113
2.6.4	Wann werden Archivdateien in der ILM-Ablage abgelegt?	115
2.6.5	Umgang mit bereits existierenden Dateien und Originalbelegen	118
2.6.6	Umsetzung von Archivdateien	119
2.6.7	ILM Store Browser	124
2.6.8	Archive Routing und SAP ILM	129
2.7	**Datenvernichtungsfunktionen**	131
2.7.1	Einführung: Wege der Datenvernichtung	131
2.7.2	Vernichtung aus der Datenbank per Archivierungsobjekt	133
2.7.3	Vernichtung aus der Datenbank per Datenvernichtungsobjekt	134
2.7.4	Archivdateien aus der zertifizierten ILM-Ablage	139
2.7.5	Die Transaktion ILM_CHANGE_RET	149
2.7.6	Erweiterungsspot ES_ILM_DESTRUCTION	154
2.8	**Benötigte Business-Funktionen**	158
2.9	**Benötigte HTTP-Services**	160
2.10	**ILM-Rollen und -Transaktionen**	163

3 Zusatzfunktionen im Retention-Management-Szenario — 165

3.1	ILM-Benachrichtigungen		165
	3.1.1	Die Problematik mit dem Löschen verteilter Daten	166
	3.1.2	Relevanz zum vereinfachten Sperren und Löschen von personenbezogenen Daten	167
	3.1.3	Funktionen und Konfiguration der ILM-Benachrichtigungen	169
3.2	ILM-Erweiterungen der Archivverwaltung		175
3.3	ILM Work Center		178
	3.3.1	Aktivierung und Voraussetzungen	179
	3.3.2	ILM Work Center für Archivierung	182
3.4	SAP ILM Store		195
	3.4.1	Architekturüberblick	195
	3.4.2	Einstellungen im ILM-Store-System für strukturierte Daten	195
	3.4.3	Einstellungen im führenden System für strukturierte Daten	201
	3.4.4	Einstellungen im ILM-Store-System für unstrukturierte Daten	205
	3.4.5	Einstellungen im führenden System für unstrukturierte Daten	208
	3.4.6	Weiterführende Informationen	210
3.5	Data Controller Rule Framework		211
	3.5.1	Betriebswirtschaftliche Abstraktion	212
	3.5.2	Funktionen und Konfiguration des DCRF	217
	3.5.3	Vorteile der Verwendung des DCRF	235
3.6	Legal Case Management		236
	3.6.1	Übersicht und Anzeige vorhandener Rechtsfälle	237
	3.6.2	Das Konzept der BOR-Objekttypen und ihre Verbindung zu ILM-Objekten	238
	3.6.3	Rechtsfall anlegen oder ändern	238
	3.6.4	Rechtsfallbedingte Sperren setzen	246
	3.6.5	Extraktion von Datenobjekten mit Legal Hold	248
	3.6.6	Rechtsfall abschließen oder löschen	250

4 Vereinfachtes Sperren mit SAP ILM — 253

4.1	Wie die DSGVO SAP ILM zur Blütezeit verhalf ... 253
4.2	Lösungsübersicht ... 260
4.3	Vorbereitungen ... 265
4.3.1	Für das Sperren von Stammdaten in der Transaktion SPRO ... 265
4.3.2	Für das Sperren von Bewegungsdaten in der Transaktion SPRO ... 275
4.3.3	Für das Sperren von Stammdaten in SAP ILM ... 276
4.3.4	Für das Sperren von Bewegungsdaten in SAP ILM ... 283
4.3.5	Für das Sperren und Löschen von Stammdaten – die Anwendungsregelvarianten ... 287
4.3.6	Für das Archivieren von Stamm- und Bewegungsdaten ... 295
4.3.7	Aus der Sicht vom abhängigen und zentralen Stammdatensystem ... 298
4.4	Sperren in der betriebswirtschaftlichen Betrachtung ... 302
4.4.1	Sperren von Bewegungsdaten im Geschäftsprozess ... 302
4.4.2	Anzeige von gesperrten Bewegungsdaten im Geschäftsprozess ... 303
4.4.3	Sperren von Stammdaten im Geschäftsprozess ... 307
4.4.4	Lokaler EoP-Check (Zwischenprüfung ohne Setzen des Sperrkennzeichens) ... 316
4.4.5	Anzeige von gesperrten Stammdaten im Geschäftsprozess ... 317
4.4.6	Entsperren von Stammdaten im Geschäftsprozess ... 324
4.4.7	Zusammenfassung: Mögliche Kombinationen und Reihenfolgen ... 327

5 Sperren und Vernichten mit SAP ILM in SAP S/4HANA Cloud — 333

5.1	Unterschiede zu SAP ERP und SAP S/4 HANA ... 333
5.2	Benötigte Benutzerrollen und Anwendungskataloge ... 335
5.3	Prüfgebiete ... 336
5.4	ILM-Objekte ... 338

5.5	Regelwerke		338
5.6	Objektgruppen und Regelgruppen		341
5.7	ILM-Geschäftsregeln verwalten		344
5.8	Archivierung		344
	5.8.1	Archivierungsjobs einplanen	345
	5.8.2	Lösch- und Ablagejob einplanen	353
	5.8.3	Archivierungsjobs überwachen	353
	5.8.4	Anzeige von archivierten Daten	355
5.9	Stammdatensperrung		358
5.10	ILM-Geschäftsregeln verwalten		365
5.11	Datenvernichtungsfunktionen		366
	5.11.1	Für Daten aus der Datenbank über ein Archivierungsobjekt	366
	5.11.2	Für Daten aus der Datenbank über ein Datenvernichtungsobjekt	367
	5.11.3	Für abgelegte Archivdateien	371

6   Sperren und Vernichten in SAP ERP HCM   373

6.1	Einführung		373
	6.1.1	Historie	374
	6.1.2	Gesetze und Vorgaben	375
	6.1.3	Das Implementierungsprojekt	376
	6.1.4	Analyse der vorhandenen und vernichtungsrelevanten Daten in SAP ERP HCM	377
	6.1.5	Datenschutzkonforme Behandlung der Daten in SAP ERP HCM	380
	6.1.6	Testmanagement und Performance	382
6.2	Zeitraumabhängige Berechtigungssteuerung in SAP ERP HCM		384
	6.2.1	Default-Berechtigungszeiträume	389
	6.2.2	Rollenspezifische Berechtigungszeiträume	391
	6.2.3	Zeitabhängiger Zugriff auf Abrechnungsergebnisse	394
	6.2.4	Zusätzliche zeitraumabhängige Erweiterungsmöglichkeiten	396
	6.2.5	Zeitabhängige Zugriffssteuerung im Reporting	398
	6.2.6	Zeitraumabhängige Zugriffsbeschränkung auf komplette Personalfälle	400

6.3	Datenvernichtung in SAP ERP HCM mit SAP Information Lifecycle Management	401
	6.3.1 Grundlagen	403
	6.3.2 Umsetzung der Datenvernichtung in SAP ERP HCM	403
	6.3.3 Löschsystematik	413
	6.3.4 Konfiguration	414
	6.3.5 Ablauf der Datenvernichtung	430
	6.3.6 Beispielszenario mit den Archivierungsobjekten HRTIM_ABS und HRTIM_QUOT	453
	6.3.7 Reihenfolge	456
	6.3.8 Berechtigungskonzept	458
	6.3.9 Kundenerweiterungen	458
	6.3.10 HR-Prozess-Workbench für die Datenvernichtung	464
	6.3.11 Blockieren der Vernichtung (Veto)	471
6.4	Komplettlöschung eines Personalfalls in SAP ERP HCM	475
	6.4.1 Klassische Programme RPUDELPN und RPUDELPP	477
	6.4.2 Neues Vernichtungsobjekt HRPA_PERNR	480
6.5	Weitere vernichtungsrelevante Daten in SAP ERP HCM	488
	6.5.1 Infotyp-Protokollierung	488
	6.5.2 Verarbeitungsprotokolle (Application Log)	491
	6.5.3 Abrechnungsdaten, Zeitauswertungsergebnisse und Reisedaten	491
	6.5.4 Workitems und IDocs	499
6.6	Auskunftsersuchen eines Mitarbeiters	501
6.7	Überblick über die Funktionen und Transaktionen	503

7 Umsetzung eines SAP-ILM-DSGVO-Projekts 505

7.1	Bestandsaufnahme	506
7.2	Phasen eines SAP-ILM-DSGVO-Projekts	508
	7.2.1 Vorbereitung	509
	7.2.2 Analyse	520
	7.2.3 Scope der Analyse	521
	7.2.4 Grenzen der Analyse	524
	7.2.5 Analyse als Voraussetzung für die Implementierungsplanung	525

	7.2.6	Implementierung und Test	525
	7.2.7	Go-live und produktive Nutzung	537
7.3	**Komplexe Systemlandschaften im SAP-ILM-DSGVO-Projekt**		539
	7.3.1	Replikation von personenbezogenen Stammdaten zwischen Systemen	539
	7.3.2	Umgang mit verschiedenen Gruppen von personenbezogenen Stammdaten	542
	7.3.3	Integration von HR-Systemen	544
	7.3.4	Integration von Nicht-ABAP-Systemen	547
7.4	**Geschäftsprozesse und verantwortliche Stelle**		549
	7.4.1	Geschäftsprozess einer Internetfirma	549
	7.4.2	Prozessdaten und Aufbewahrungsfristen	551
	7.4.3	Auskunftspflicht	553
	7.4.4	Berechtigungen von Mitarbeitern	554

8 Systemstilllegung mit SAP ILM Retention Warehouse   557

8.1	**Grundlagen und Begriffsklärung**		557
8.2	**Systemarchitektur**		559
8.3	**Replikation von Daten aus dem Altsystem**		561
	8.3.1	Konfiguration für die Extraktion im SLT-System	563
	8.3.2	Replikation der Daten vom Altsystem	567
8.4	**Archivierung von Daten aus dem Altsystem**		571
	8.4.1	Konfiguration	572
	8.4.2	Durchführung der Archivierung mithilfe der Legacy Extraction Workbench	576
8.5	**Übernahme der Archivdateien ins SAP-ILM-RW-System**		581
	8.5.1	Verwaltungsdaten übernehmen	583
	8.5.2	Dateien umsetzen	584
	8.5.3	Dateien ablegen	586
8.6	**Reporting im SAP-ILM-RW-System**		587
	8.6.1	Reporting-Tools	590
	8.6.2	Beispiel für die Auswertung mit dem lokalen Reporting	591
	8.6.3	Accelerated Reporting und Nutzung von SAP BusinessObjects	600

9 Den Datenlebenszyklus kundeneigener Entwicklungen mit SAP ILM verwalten — 603

9.1	Entscheidungskriterien für einen ILM-Anschluss	603
9.2	ILM-Fähigkeit des Archivierungsobjekts	607
9.3	ILM-Fähigkeit des Archivschreibprogramms	610
	9.3.1 Voraussetzung: ein standardisiertes klassisches Archivierungsobjekt	610
	9.3.2 Die drei ILM-Aktionen korrekt implementieren	611
	9.3.3 Erweiterungen beim Aufruf von ARCHIVE_OPEN_FOR_WRITE	615
	9.3.4 Erweiterungen beim Aufruf von ARCHIVE_SAVE_OBJECT	616
	9.3.5 Erweiterungen beim Aufruf von ARCHIVE_PROTOCOL_COLLECT	617
9.4	Das Datenvernichtungsobjekt – die Alternative zum Archivierungsobjekt	618
	9.4.1 Ein Datenvernichtungsobjekt entwickeln	620
	9.4.2 Ein Datenvernichtungsprogramm entwickeln	624
	9.4.3 Ein Vorlaufprogramm entwickeln	630
9.5	Ein ILM-Objekt anlegen – die Transaktion IRM_CUST	631
	9.5.1 Vorbereitungen	631
	9.5.2 Überblick über die notwendigen und optionalen Schritte	634
	9.5.3 Zeitbezüge für Beginnermittlung	637
	9.5.4 Zeitversätze für Beginnermittlung	640
	9.5.5 Standardbedingungsfelder	641
	9.5.6 Optionale Einstellungen	642
	9.5.7 Kopfdaten des ILM-Objekts	643
	9.5.8 Objektkategorieübergreifende Einstellungen zum ILM-Objekt	647
	9.5.9 Objektkategoriespezifische Einstellungen zum ILM-Objekt	657
	9.5.10 Qualität des ILM-Objekts prüfen	681
	9.5.11 Transaktion ILMSIM – Simulation der Regelauswertung	684

Anhang 687

A Literaturhinweise 687
B Die Autorin und die Co-Autoren 689

Index 693

Vorwort der »Väter« von SAP ILM

Oh, Sie lesen das Vorwort zu diesem Buch! Sind Sie etwa auch ein ILM-Fan wie wir? Wenn nicht, so hoffen wir doch, dass Sie einer werden, wenn Sie mit dem Lesen fertig sind. Wir – das sind die drei SAP-Mitarbeiter, die dieses Thema als Entwicklungsleiter, Produktmanager und Architekt bei SAP aus der Taufe gehoben haben. Quasi als ILM-Entwicklungsteam der ersten Stunde waren wir bis 2012 für die Realisierung der grundlegenden Eigenschaften von ILM verantwortlich.

Angefangen hat aber alles mit der Archivierung von Geschäftsdaten vor rund 20 Jahren. Zu der Zeit war es für Firmen mit hohen Kosten und Aufwänden verbunden, ein großes und schnell wachsendes ERP-System zu betreiben. Mit jedem Jahr wuchs der Anteil der Daten, die betriebswirtschaftlich abgeschlossen und auch unveränderbar waren. Warum diese Daten in der Datenbank lassen, gemischt und »auf einer Stufe« mit den Daten, die gerade in Bearbeitung sind? Stehen bei Ihnen zu Hause die längst ausgelesenen Bücher auch noch in der guten Stube und müssen immer wieder abgestaubt werden, oder sind sie aktuellen Bestsellern gewichen? Das Kundenbedürfnis nach »Aufgeräumtheit« und Optimierungspotenzial bildete die Grundlage für die SAP-Datenarchivierung. Nun konnten Daten, die zu abgeschlossenen Rechnungen, Aufträgen, Bestellungen etc. gehörten, aus der Datenbank herausgenommen und inklusive der unnötig verursachten Last in kostengünstiger betreibbare Speichersysteme verlagert werden.

Damit gab es dann – aus Datenbanksicht – erstmals die Möglichkeit, in einem SAP-System Daten zu löschen – eine Neuerung, die anfänglich auch kontrovers diskutiert wurde, bis sich die SAP-Datenarchivierung schließlich im Laufe der 1990er Jahre zu einer Best Practice für Datenbankmanagement entwickelte. Fast parallel dazu wurden die legalen Anforderungen an Unternehmen und damit auch an deren Softwaresysteme immer zahlreicher. Das Spektrum reichte von Aufbewahrungspflichten durch die Steuergesetzgebung bis hin zu Löschpflichten im Datenschutzumfeld. So kam etwa zehn Jahre nach der Einführung der SAP-Datenarchivierung eine neue Welle an Kundenwünschen auf uns zu, aber mit grundlegend anderen Anforderungen als zuvor. Die Ansprechpartner kamen nun nicht mehr nur aus der IT, sondern auch aus Abteilungen, mit denen wir bis dahin keinerlei Berührungspunkte hatten, wie Steuer-, Rechts- und Personalabteilungen.

Uns war schnell klar, dass es hier mit einer simplen Erweiterung der Datenarchivierung nicht getan sein wird, und so haben wir uns auf den Weg gemacht, ein in vielerlei Hinsicht neues Lösungsangebot von SAP zu entwickeln. Durch unser enges und gutes Verhältnis zu unterschiedlichsten globalen Unternehmen konnten wir eine sehr aktive Community aufbauen, die sich in den Spitzenzeiten über Monate hinweg wöchentlich zu Telefonkonferenzen zusammengefunden hat und uns von Anfang bis Ende mit Rat und Tat zur Seite stand. Durch diese intensive Zusammenarbeit mit den unterschiedlichen Rollen innerhalb dieser Firmen entstand letztlich die Lösung *SAP Information Lifecycle Management* (SAP ILM), dessen jüngste Ausbaustufe Ihnen ausgewiesene SAP-Expert*innen in diesem Buch präsentieren.

Doch nicht nur SAP-Kunden, auch unsere Partner beeinflussten, was als ILM von Grund auf neu entstand. Dazu gehörte, dass man Aufbewahrungsfristen auf in jeglicher Form abgelegte Daten anwendet – und tunlichst nicht verkürzt, nachdem sie einmal berechnet, gesetzt und untrennbar mit Archiven verbunden wurden. Noch heute ist diese Zusicherung seitens der angeschlossenen Ablagesysteme Gegenstand der Zertifizierung BC-ILM 3.0, die auch für an SAP S/4HANA angeschlossene, ILM-konforme Ablagesysteme verbindlich ist. Darüber hinaus fanden nicht verkürzbare *Expiration Date Properties* Eingang in das sogenannte CMIS-Protokoll, das weit über SAP hinaus Verwendung findet. Und um letztlich den Lebenszyklus von Informationen – nicht nur von Daten – zu verwalten, entstanden weitere ILM-Schnittstellen, die auch kundenspezifisch ausgeprägt werden können, z. B. um das »Recht auf Vergessen« konsequent umzusetzen.

Als der Kern von SAP ILM fertiggestellt war, fehlte anfänglich die Marktakzeptanz. Diese kam erst durch die Verschärfung der Datenschutzrichtlinien mit der DSGVO (Datenschutz-Grundverordnung). Wir müssen hin und wieder schmunzeln, wenn wir sehen, wo wir entweder über das Ziel hinausgeschossen sind (und Futter für spätere Simplifizierungen geliefert haben) oder aber zu früh ein Gespür dafür hatten, was erst Jahre später akut werden sollte und zunächst nur aufgesetzt wirkte. Ein Beispiel hierfür ist sicherlich das gewöhnungsbedürftig klingende »Prüfgebiet« im ILM-Kern: ein abstraktes Gruppierungs- und Regelverarbeitungskonzept, um insbesondere (aber nicht nur) den Grund der Aufbewahrung von Daten transparent zu machen. Konkret für personenbezogene Daten wurde letztlich im Data Controller Rule Framework die Möglichkeit geschaffen, den Verarbeitungszweck dediziert zu pflegen.

Klar, die DSGVO (international bekannt als GDPR, General Data Protection Regulation) verhalf SAP ILM zur Blüte, aber wenn Sie ILM auf Datenschutz reduzieren, verschenken Sie Potenzial – und davor bewahrt Sie dieses Buch.

Walldorf, Juni 2019

Bernhard Brinkmöller

Georg Fischer

Axel Herbst

Vorwort des DSAG-Arbeitskreises Datenarchivierung & ILM

Information Lifecycle Management (ILM) – dieses Thema begleitet viele SAP-Systemadministratoren mit seinen drei Säulen Datenarchivierung, Retention Management und Retention Warehouse (System Decommissioning) seit Langem. Und doch wandelt es sich immer wieder: Neue technische Themen wie Data Aging kommen hinzu, nicht technische Themen wie das Sperren und Löschen personenbezogener Daten im Rahmen der ILM-Lösung zur EU-Datenschutz-Grundverordnung (DSGVO) erweitern die SAP-ILM-Funktionen.

Und immer wieder ergeben sich neue Fragestellungen. Neue Technologien erzeugen bisher unbekannte Datenmengen. Wie geht man damit um? Wie geht es im Information Lifecycle Management mit SAP-Systemen auf einer SAP-HANA-Datenbank, in SAP S/4HANA und in der Cloud weiter? Was bedeuten hybride Systemwelten für das Datenmanagement? Wie bleibt das Datenmanagement dort konsistent?

Schon heute kann ein effizientes ILM als Aufgabenstellung nur durch die Zusammenarbeit von Experten aus IT- und Nicht-IT-Bereichen – oft auch aus SAP-fernen Unternehmensbereichen – umgesetzt werden. Das wird sich in der Zukunft noch verstärken. Im Arbeitskreis der Deutschsprachigen SAP-Anwendergruppe (DSAG) Datenarchivierung & ILM beschäftigen wir uns mit diesen Themen und Herausforderungen. Wir würden uns über Ihre Mitarbeit freuen: Nutzen Sie die Chance zum Erfahrungsaustausch mit anderen Anwendern, zur frühzeitigen Information über neue SAP-ILM-Funktionen und zum Influencing.

Wir wünschen Ihnen, dass Sie dieses neue Buch zum Information Lifecycle Management bei der täglichen Betreuung Ihrer SAP-Systeme unterstützt und Ihnen Wege aufweist, wie Sie neuen Aufgabenstellungen rund um Datenarchivierung und ILM begegnen können.

Gütersloh, Erlangen, Mai 2019

Jutta Gimpel, Miele & Cie.

Pier-Francesco Cantatore, Siemens Healthcare GmbH

(Sprecherteam des DSAG-Arbeitskreises »Datenarchivierung & ILM«)

Vorwort des Finanzvorstands SAP SE

Datenmanagementprozesse haben mit dem Inkrafttreten der europäischen Datenschutz-Grundverordnung (DSGVO) im Mai 2018 neue Aufmerksamkeit gewonnen. Die DSGVO hat für Unternehmen die Anforderungen in Bezug auf eine klare Definition der unternehmensinternen Verantwortlichkeiten hinsichtlich des Datenmanagements, der Dokumentationsverpflichtungen und erweiterten Transparenzpflichten erheblich erhöht. Dies wirkt sich in besonderem Maße auf den Zugang zu sowie die Speicherung und die Löschung von personenbezogenen Daten aus.

Die Umsetzung der DSGVO stellt viele Unternehmen immer noch vor große Herausforderungen, gerade weil Daten und deren Verwendung zwar zusehends über den Erfolg eines Unternehmens entscheiden, der Umgang mit personenbezogenen Informationen allerdings im Einklang mit geltenden Gesetzen erfolgen muss. Werkzeuge wie SAP Information Lifecycle Management (SAP ILM) unterstützen Unternehmen beim Datenmanagement in SAP S/4HANA und in der SAP Business Suite. SAP ILM hilft dabei, den Lebenszyklus jeder personenbezogenen Information präzise zu definieren und gesetzeskonform zu überwachen.

Unser Anspruch ist es, mit SAP ILM ein effektives Hilfsmittel bereitzustellen, um die Anforderungen der neuen Gesetze im Datenmanagement abzubilden und so auch in Zukunft einen nachhaltigen Umgang mit Daten zu ermöglichen. Aus diesem Grund haben unsere Datenschutzexperten die Auswirkungen der DSGVO für Unternehmen umfassend analysiert. Das Ergebnis: Inzwischen sind die bekannten Anforderungen in SAP ILM umgesetzt und stehen unseren Kunden zur Verfügung.

Eine Softwarelösung allein ist allerdings nicht in der Lage, die gesetzlichen Anforderungen quasi »auf Knopfdruck« zu erfüllen. Daher ist es uns ein zentrales Anliegen zu vermitteln, wie sie sich eingebunden in ein ganzheitliches Datenmanagementkonzept bestmöglich einsetzen lässt und wie damit ein maximaler Mehrwert erzielt werden kann. Das vorliegende Buch gibt Ihnen einen detaillierten Einblick in die Fragestellungen und Herausforderungen beim Datenmanagement und wie sich diese mithilfe von SAP ILM beantworten und lösen lassen. So erfahren Sie mehr darüber, wie Sie DSGVO-konform, nachhaltig und bewusst mit Ihren Daten umgehen.

Walldorf, Juli 2019

Luka Mucic
Finanzvorstand SAP SE

- gesetzliche Aufbewahrungspflichten
- Produkthaftung
- Gerichtsverfahren (rechtsfallbedingte Sperren, E-Discovery)
- Steuermeldungen, Prüfungen
- neue Technologien

Es gibt zusätzlich auch noch einige unternehmensinterne Problemstellungen, für die der Einsatz von ILM die Lösung sein könnte:

- hohe Kosten für Hardware und Administration
- Richtlinien und Service Level Agreements
- Harmonisierung/Zentralisierung der Systemlandschaft
- Fusionen und Übernahmen

SAP ILM kann, als Lösung für o. g. Anforderungen, zu folgenden positiven Ergebnissen für Ihr Unternehmen führen:

- reduziertes Datenvolumen
- Gesetzeskonformität
- weniger Risiken
- reduzierte Gesamtbetriebskosten

Zunahme gesetzlicher Vorgaben und mehr Gerichtsverfahren (Legal Cases)

Der Grund für das vermehrte Interesse der Kunden schien in zunehmenden gesetzlichen Vorgaben zur *Aufbewahrungsdauer* und zum *Aufbewahrungsort* von Daten zu liegen. Es ist mehr als logisch, dass Kunden den Wunsch haben, Aufbewahrungsdauern für ihre Daten ebenfalls im SAP-System zu hinterlegen und darüber hinaus vom System erwarten, dass es Sie darauf aufmerksam macht, wann diese Zeiten abgelaufen sind und Archivdateien gelöscht werden können oder, je nach Gesetzeslage, gar gelöscht werden müssen. Auch die steigende Anzahl an Gerichtsverfahren und damit die Notwendigkeit, die davon betroffenen Daten zu identifizieren und sie bis zum Abschluss des Verfahrens vor der Löschung zu schützen (insbesondere dann, wenn die standardmäßige Aufbewahrungsdauer abgelaufen ist), ließ das Interesse an ILM wachsen.

[»]

Aufbewahrungspflichtige Daten

Aufbewahrungspflichtige Daten sind Daten, die mit Fristen zur Aufbewahrung versehen sind, und zwar aufgrund von:

- gesetzlichen Vorschriften (z. B. zu Steuerprüfungen oder Produkthaftungen)
- innerbetrieblichen Regelungen
- sonstigen gesetzlichen, satzungsmäßigen oder vertraglichen Vorschriften

> Die Aufbewahrungsfrist kann in Form einer minimalen oder maximalen Aufbewahrungsdauer vorliegen.

Ein weiterer Grund schien der steigende Trend zur Harmonisierung und Konsolidierung von Systemlandschaften sowie der bekannte Kundenwunsch nach Senkung der Gesamtbetriebskosten (*Total Cost of Ownership*, TCO) zu sein.

Harmonisierung der Systemlandschaft und TCO

Eine Antwort auf diese Problemstellungen hatten wir damals noch nicht. Die nach wie vor gefragte *SAP-Datenarchivierung* bot nun einmal keine Möglichkeit der Definition von Aufbewahrungsdauern für die Daten. Auch die Möglichkeit, archivierte Daten in einen Gerichtsfall (*Legal Case*) aufzunehmen und dem System beizubringen, die Freigabe zur Löschung nach Ablauf der Aufbewahrungsfrist so lange zu verzögern, bis der Gerichtsfall abgeschlossen ist, gab es nicht.

Und schließlich konnte die SAP-Datenarchivierung auch im Fall von Firmenfusionen, Übernahmen und bei der Harmonisierung und Konsolidierung von Systemlandschaften nicht mit einer Möglichkeit zur Harmonisierung und Reduzierung der Anzahl Ihrer Systeme dienen, wenn Sie den Wunsch hatten, manche davon stillzulegen. So begannen wir also, nach einer Lösung zu suchen. Könnte die Datenarchivierung hierbei helfen? Das fragten wir uns. Ja, glaubten wir. Was genau wären dann die gesuchten neuen Funktionalitäten, und wie sollten sie im Detail aussehen?

Uns war klar, dass die Datenarchivierung nach wie vor benötigt würde, vielleicht gar noch mehr als zuvor, denn unsere Kunden suchen (funktionale) Antworten auf ihre dringlichen Fragen immer in ihrer Nähe.

Aufbewahrungsdauer und Aufbewahrungszeit
Die Begriffe *Aufbewahrungsdauer* und *Aufbewahrungszeit* können synonym verwendet werden. Auf den Masken der dazugehörigen Transaktionen sehen Sie in der Regel jedoch den Begriff Aufbewahrungsdauer.

So identifizierten wir die folgenden vier Bereiche (siehe Abbildung 1.1), die Anforderungen und Lösungsansätze zusammenbringen und die wir in einem »Pizzamodell« visualisiert haben:

- Datenarchivierung
- Systemstilllegung
- alles rund um die Aufbewahrungsdauer Ihrer Daten
- Verwalten der Daten Ihrer Gerichtsfälle samt entsprechendem Löschschutz

Für den ersten Bereich – die Datenarchivierung – gab es bereits eine Lösung. Die übrigen drei Bereiche begannen erst, in unseren Köpfen Form anzunehmen.

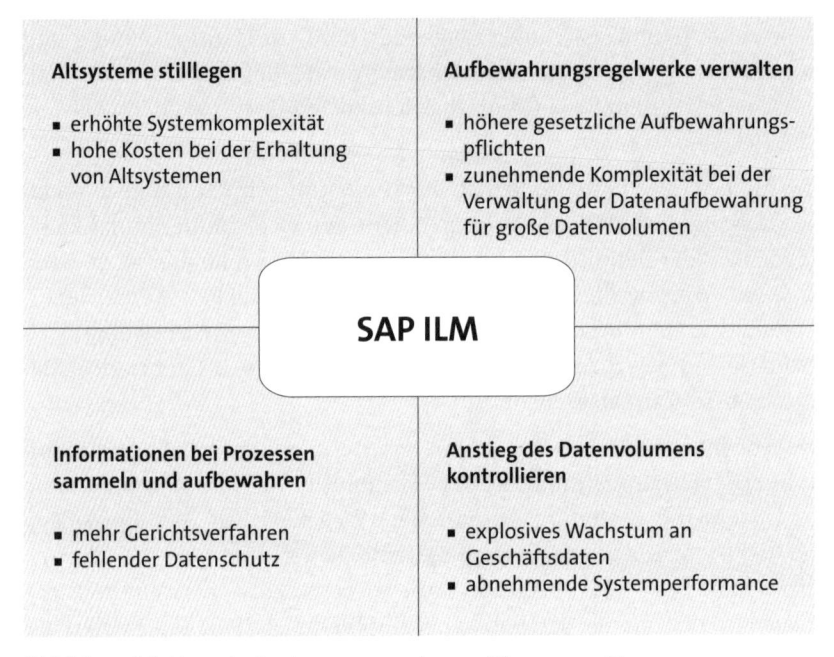

Altsysteme stilllegen
- erhöhte Systemkomplexität
- hohe Kosten bei der Erhaltung von Altsystemen

Aufbewahrungsregelwerke verwalten
- höhere gesetzliche Aufbewahrungspflichten
- zunehmende Komplexität bei der Verwaltung der Datenaufbewahrung für große Datenvolumen

SAP ILM

Informationen bei Prozessen sammeln und aufbewahren
- mehr Gerichtsverfahren
- fehlender Datenschutz

Anstieg des Datenvolumens kontrollieren
- explosives Wachstum an Geschäftsdaten
- abnehmende Systemperformance

Abbildung 1.1 Neue Anforderungen und neue Lösungsansätze

BC-ILM-Zertifizierung

An dieser Stelle wurde uns noch ein weiterer Aspekt klar. Viele Kunden speichern ihre Archivdateien in einem darauf spezialisierten Ablagesystem eines externen Anbieters. Wollten wir der Archivdatei einen »Aufkleber« mit der Aufbewahrungsdauer oder gar noch einen weiteren mit Informationen zum dazugehörigen Gerichtsfall (Legal Case) verpassen, reichte es nicht, das SAP-Coding um entsprechende Funktionalitäten zu erweitern. Wir mussten auch einen Weg finden, einer breiten Masse an Ablagesystemen diese neuen Eigenschaften der Archivdatei beizubringen. Und wenn wir den gerade erwähnten Kundenwunsch des Löschens von Archivdateien nach Ablauf ihrer Aufbewahrungsdauer weiterdachten, so war auch hier der Fall, dass der externe Anbieter eine solche Löschung ab einem bestimmten Datum erlauben, davor aber strikt verbieten muss. Dass auch externe Anbieter ihre Software entsprechend würden anpassen müssen, war die Geburtsstunde der sogenannten *BC-ILM-Zertifizierung für Ablagesysteme*.

ILM – Information Lifecycle Management

Für all das Neue brauchten wir einen Namen. Es war zu viel Neues, zu sehr anders, mächtiger, als dass wir nach wie vor »nur« von einer neuesten Version der SAP-Datenarchivierung sprechen wollten. Wir entschieden uns für den Namen *Information Lifecycle Management* mit der Abkürzung *ILM*.

Von nun an sprachen wir zur Abgrenzung dann auch von der *klassischen Datenarchivierung* und meinten damit den Umfang, den die Datenarchivierung hatte, bevor die neuen Komponenten im Pizzamodell (siehe Abbildung 1.1) zu entstehen begannen.

Klassische Datenarchivierung

Wenn Sie kurz über den »Aufkleber« mit der berechneten Aufbewahrungszeit nachdenken, kommen Sie, so wie wir damals auch, zu dem Schluss, dass die *Archivdateien*, die ein sogenannter *Archivlauf* erzeugt (Sie planen ihn unter der Angabe der von Ihnen erstellen Variante für die Schreibphase ein), nach dieser Aufbewahrungszeit sortiert werden müssen.

[zB]

Notwendigkeit der Sortierung von Daten während der Archivierung

Um ein konkretes Beispiel zu nennen: Wenn Sie in der Variante des Archivschreibprogramms das Kommando geben, Daten mehrerer Länder (Buchungskreise) oder Geschäftsjahre zu archivieren, ist die Wahrscheinlichkeit hoch, dass die betroffenen Daten unterschiedliche Aufbewahrungszeiten haben.

Während die klassische Datenarchivierung das außer Acht lassen würde (am Ende würde diese natürlich die gleichen Daten in Archivdateien schreiben, doch lägen sie dort wie in einer unsortierten großen LEGO-Box – weder nach Farben noch nach einem anderen Kriterium sortiert), muss die ILM-fähige Archivierung die Daten schön sortieren und auf so viele Dateien verteilen, wie Aufbewahrungszeiten berechnet wurden. Die um die ILM-spezifischen Erweiterungen ergänzte Datenarchivierung begannen wir also die *ILM-fähige* oder *sortierte Archivierung* zu nennen.

Sortierte Archivierung

Kenntnisse der SAP-Datenarchivierung betrachten wir als Voraussetzung für die Lektüre dieses Buches, daher finden Sie im Folgenden eine Liste hilfreicher Quellen zu diesem Thema:

Weiterführende Informationen zur SAP-Datenarchivierung

- **Für SAP ERP:**
  In der Anwendungshilfe für SAP NetWeaver unter *https://help.sap.com/viewer/p/SAP_NETWEAVER* wählen Sie unter **SAP NetWeaver Platform** die gewünschte SAP-NetWeaver-Version aus und dann **Hilfe zur Anwendung (Bibliothek für SAP NetWeaver: Funktionsorientierte Sicht) • Solution Lifecycle Management • Datenarchivierung**.

- **Für SAP S/4HANA (On-Premise):**
  Unter *http://help.sap.com/s4hana* wählen Sie **Product Assistance • Deutsch (German) • Unternehmenstechnologie • ABAP-Plattform • ABAP-Plattform verwalten • Administrationskonzepte und Werkzeuge • Solution Life Cycle Management • Datenarchivierung**. (Längere Fassungen des gleichen Links lauten *https://help.sap.com/SAP_S4HANA_ON-PREMISE* bzw. *https://help.sap.com/viewer/p/SAP_S4HANA_ON-PREMISE*.)

1 Einführung in SAP Information Lifecycle Management (SAP ILM)

- **Für SAP S/4HANA (Cloud):**
  Unter *http://help.sap.com/s4hana_cloud* wählen Sie **Product Assistance • Deutsch (German)** und darin ab SAP S/4HANA Cloud 1908 **SAP S/4HANA Cloud verwalten • Datenverwaltung • Information Lifecycle Management • Archivierungsvarianten verwalten**.
  (Eine längere Fassung des gleichen Links lautet *https://help.sap.com/viewer/p/SAP_S4HANA_CLOUD*.)
- In der SAP-Schulung BIT660, »Datenarchivierung«, finden Sie Ihre Inhaltsangaben sowie die verfügbaren Termine unter *https://training.sap.com/*.

Zwei Geschmacksrichtungen von SAP ILM

Schauen wir uns nun also das Ergebnis aus den Gesprächen mit unseren Kunden, Beratern und Partnern und die gesuchten Funktionalitäten an, die sich dabei herauskristallisiert haben. Es waren zwei Anwendungsszenarien für SAP ILM, die sich aus all den Gesprächen und Überlegungen ergaben: das *Retention Management* und das *Retention Warehouse*. Wir zeigen sie Ihnen in zwei grafischen Darstellungen (siehe Abbildung 1.2 und Abbildung 1.3), da Sie beide in der SAP-Dokumentation oder in Schulungen vorfinden können.

Information Lifecycle Management

Retention Management
Lebenszyklusverwaltung der Daten eines produktiven Anwendungssystems

Systemstilllegung
Lebenszyklusverwaltung von Altdaten in eigenständigem Retention Warehouse

- Übernahme der Daten aus Altsystemen ins Retention-Warehouse-System

- Definition von ILM-Regeln zur Steuerung der Ablagefristen und der Ablageorte archivierter Daten
- ILM-konforme Ablage der Archivdateien auf einem ILM-zertifizierten WebDAV-Server
- Setzen rechtsfallbedingter Sperren unter Verwendung von E-Discovery
- Datenvernichtung unter Berücksichtigung gesetzlicher Aufbewahrungsfristen und Sperren

- lokales und BW-basiertes Berichtswesen

ILM-erweiterte Datenarchivierung

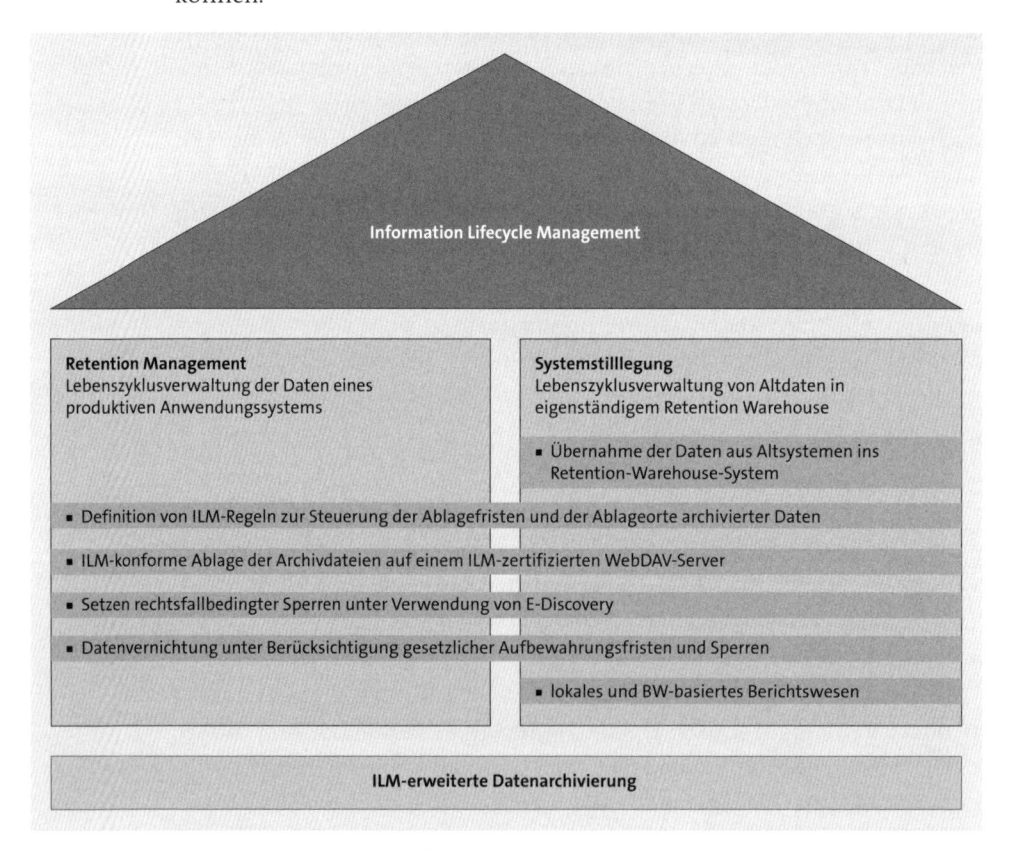

Abbildung 1.2 Zwei ILM-Szenarien

1.1 Von der Datenarchivierung zu ILM: Wo der Schuh drückte und was Abhilfe schaffte

Information Lifecycle Management

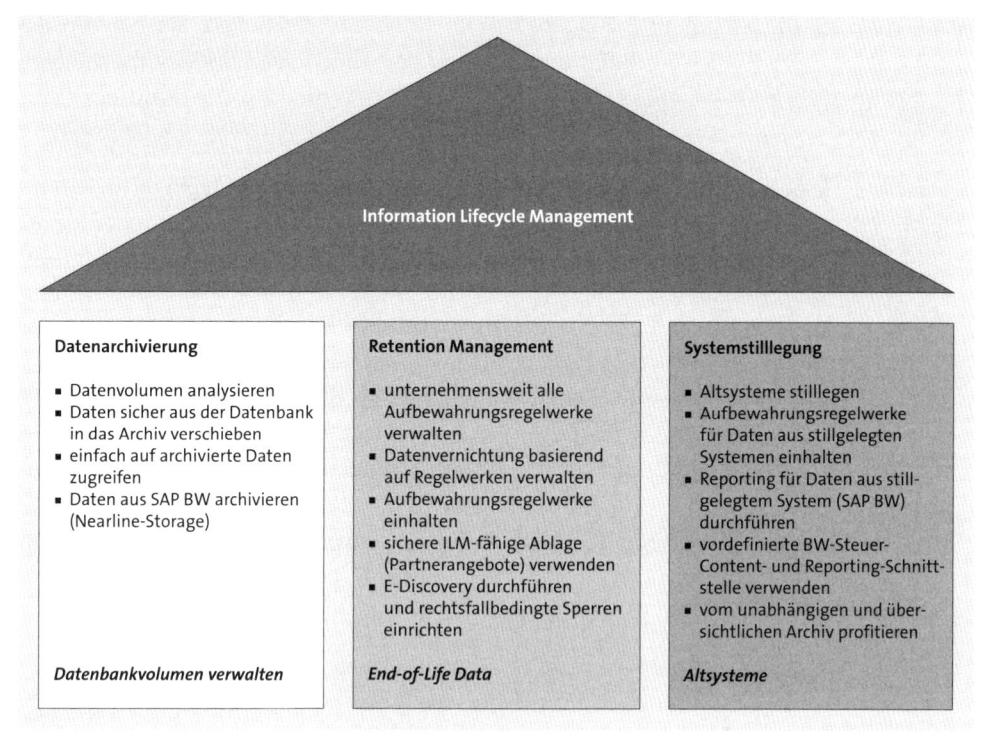

Datenarchivierung	Retention Management	Systemstilllegung
- Datenvolumen analysieren - Daten sicher aus der Datenbank in das Archiv verschieben - einfach auf archivierte Daten zugreifen - Daten aus SAP BW archivieren (Nearline-Storage)	- unternehmensweit alle Aufbewahrungsregelwerke verwalten - Datenvernichtung basierend auf Regelwerken verwalten - Aufbewahrungsregelwerke einhalten - sichere ILM-fähige Ablage (Partnerangebote) verwenden - E-Discovery durchführen und rechtsfallbedingte Sperren einrichten	- Altsysteme stilllegen - Aufbewahrungsregelwerke für Daten aus stillgelegten Systemen einhalten - Reporting für Daten aus stillgelegtem System (SAP BW) durchführen - vordefinierte BW-Steuer-Content- und Reporting-Schnittstelle verwenden - vom unabhängigen und übersichtlichen Archiv profitieren
Datenbankvolumen verwalten	*End-of-Life Data*	*Altsysteme*

Abbildung 1.3 Drei Säulen im ILM-Tempel

Pro System werden Sie sich für eines davon entscheiden. Das Szenario *Retention Management (RM)* werden Sie in Ihrem Produktivsystem wählen, um die soeben dargestellten Hauptfunktionalitäten auf Ihre produktiven Daten (ob archiviert oder nicht) anzuwenden. Hier geht es also darum:

Retention-Management-Szenario

- dass Sie zum ersten Mal in der SAP-Geschichte die Möglichkeit haben wollen, die *Aufbewahrungszeiten* für die Daten dieses Systems an einer dedizierten Stelle (in SAP ILM) zu definieren
- dass die *Aufbewahrungsdauer* beim Archivieren der Daten bestimmt und – wie ein Aufkleber auf der Milchflasche mit der Haltbarkeitszeit – an die Archivdatei gehängt wird
- dass die beiden genannten Aspekte vergleichbar auch für die *unstrukturierten Daten* in Kraft treten, also für Ihre eingescannten und abgelegten *Originalbelege*
- dass Sie die Möglichkeit bekommen zu sehen, welche in Ihrem *BC-ILM-zertifizierten Ablagesystem* gespeicherten Archivdateien Sie wann löschen können, und dass Sie die Löschung auch anstoßen können
- dass Sie einen *Gerichtsfall (Legal Case)* anlegen und die betroffenen Daten darin aufnehmen können. Die Aufnahme kann manuell oder über

die sogenannte *E-Discovery-Funktionalität* geschehen. Sie können die Löschung der Daten für die Dauer des Gerichtsverfahrens unterbinden, was insbesondere dann sehr wichtig ist, wenn die Aufbewahrungsdauer abgelaufen ist. Wir nennen es das *Setzen von rechtsfallbedingten Sperren*.

Retention-Warehouse-Szenario

Das Szenario *Retention Warehouse (RW)* werden Sie dagegen in einem neuen, speziell dafür eingerichteten SAP-System anwenden. Wir nennen es das *Retention-Warehouse-System*. Ihr Ziel wird dabei die Stilllegung von Daten aus Altsystemen (Legacy-Systemen) sein. Das neu eingerichtete Retention-Warehouse-System dient dabei als »Wohngemeinschaft« für alle Daten der Altsysteme, die Sie noch aufbewahren wollen bzw. müssen. SAP ILM bietet Ihnen hier Funktionalitäten, um diese Daten aus den Altsystemen zu extrahieren und in Form von Archivdateien im RW-System zu speichern, sie auszuwerten und selbstverständlich am Ende ihrer Lebensdauer auch zu vernichten. Hier stehen die oben genannten Funktionalitäten des RM-Systems gleichermaßen zur Verfügung, allerdings mit folgenden Unterschieden:

- Das Setzen von rechtsfallbedingten Sperren ist nicht verfügbar.
- Sie bekommen spezielle Werkzeuge, um die Daten aus dem Altsystem in das Retention-Warehouse-System zu übernehmen.
- Sie nutzen ebenfalls spezielle Funktionalitäten, um ein Berichtswesen auf den stillgelegten Daten durchzuführen.

Weiterführende Informationen zu SAP ILM

Wir listen im Folgenden die jeweilige Dokumentation und weiterführende Informationen zu SAP ILM auf. Da diese Pfade ab und zu angepasst werden, empfehlen wir Ihnen, die Suchfunktion in der Dokumentation mit Schlagworten wie »SAP Information Lifecycle Management« zu nutzen, wenn Sie einen Pfad nicht finden können.

- **Für SAP ERP:**
  Unter *http://help.sap.com/erp* wählen Sie **Application Help** • **SAP Library (Deutsch)** • **Anwendungsübergreifende Funktionen in SAP ERP** • **Anwendungsübergreifende Komponenten** • **SAP Information Lifecycle Management**.
  Den oben genannten Link erreichen Sie auch, wenn Sie die SAP-Dokumentation unter *https://help.sap.com/* aufrufen, in der Suchleiste »SAP ERP« eingeben und in der Dropdown-Liste dann auf **SAP ERP** klicken.
  Eine längere Fassung des gleichen Links, die Sie möglicherweise auch mal vorfinden können, lautet *https://help.sap.com/viewer/p/SAP_ERP*.

- **Für SAP S/4HANA (On-Premise):**
  Unter *http://help.sap.com/s4hana* wählen Sie **Product Assistance** • **Deutsch (German)** • **Übergreifende Komponenten** • **SAP Information Lifecycle Management**.

Eine längere Fassung des gleichen Links, die Sie möglicherweise auch einmal vorfinden können, lautet *https://help.sap.com/SAP_S4HANA_ON-PREMISE* bzw. *https://help.sap.com/viewer/p/SAP_S4HANA_ON-PREMISE*.

- **Für SAP S/4HANA (Cloud):**
  Unter *http://help.sap.com/s4hana_cloud* oder *https://help.sap.com/viewer/p/SAP_S4HANA_CLOUD* wählen Sie **Product Assistance • Deutsch (German)** und darin:
  - bis einschließlich SAP S/4HANA Cloud 1905 **Allgemeine Informationen • Allgemeine Funktionen für den Key-User • Information Lifecycle Management**
  - ab SAP S/4HANA Cloud 1908 **SAP S/4HANA Cloud verwalten • Datenverwaltung • Information Lifecycle Management**
- in der SAP-Schulung BIT665, »SAP Information Lifecycle Management (ILM)« (Inhaltsangaben sowie die verfügbaren Termine: *https://training.sap.com/*)
- im Dokument »ILM Customer Guide« (Link zur dt. Version: *https://www.sap.com/germany/documents/2018/07/bcb1b4a1-0e7d-0010-87a3-c30de2ffd8ff.html*, Link zur engl. Version: *https://www.sap.com/products/information-lifecycle-management.html*). Sie erreichen dieses Dokument auch über die deutsche EIM-Seite (Enterprise Information Management), *https://www.sap.com/germany/products/technology-platforms/enterprise-information-management-eim.html*, dort im Abschnitt **Management des Informationslebenszyklus**.
- in Dokumenten wie »Data Management Guide« oder dem »Installations- & Konfigurationsleitfaden für den ILM Store« (*https://help.sap.com/viewer/product/SAP_INFORMATION_LIFECYCLE_MANAGEMENT/7.0/de-DE*)
- auf der SAP-ILM-Produktwebseite (*https://www.sap.com/products/information-lifecycle-management.html*)

Informationen zur ILM-Lizenz-Vermessung sowie zu den Preisen finden Sie beispielsweise in SAP-Hinweis 2621557 (ILM Audit Module: Introduction of additional measurement units) oder unter *https://www.dsag.de/eu-dsgvo*.

1.2 Aufbewahrung und Recht

»Du mußt verstehn! Aus Eins mach' Zehn, Und Zwei laß gehn,
Und Drei mach' gleich, So bist Du reich.«

Wer den Anfang von Goethes Hexeneinmaleins (Faust I) kennt, wird sich beim Ermitteln von Aufbewahrungsfristen möglicherweise daran erinnert fühlen. Logisch erscheint auf Anhieb wenig.

Sperrung und Löschung von Daten

Bei der Entwicklung unserer Lösungen für den Datenschutz hat SAP Information Lifecycle Management (SAP ILM) eine zentrale Rolle gespielt, da es die personenbezogenen Daten (unter anderem über die Archivierung) einer systematischen Sperrung und Löschung unterwirft, und zwar dann, wenn die Daten nur noch aus Nachweiszecken aufzubewahren sind (*Sperrung*) oder keinerlei datenschutzrechtlich begründbaren Zweck mehr haben (*Löschung*). Um festzulegen, wie dies in den Applikationen möglich sein muss, haben wir uns immer weiter in das Thema Aufbewahrungspflichten einarbeiten müssen. Das hat uns zwar nicht zu Juristen werden lassen, es hat uns aber dazu gebracht, jede einfache Frage in diesem Kontext mit einem klaren »es kommt darauf an« zu beantworten.

In diesem Abschnitt wollen wir versuchen, unsere Erfahrungen so aufzubereiten und zu systematisieren, dass Sie einen Einblick in die Hexenküche der Aufbewahrungsvorschriften bekommen und – so hoffen wir zumindest – eine Art Anleitung, die Ihnen hilft, sich in dieser Hexenküche zurechtzufinden.

1.2.1 Organisationsform und Aufbewahrung im Rechnungswesen

Rechtsform der Organisation

Die Ermittlung anzuwendender Aufbewahrungsvorschriften beginnt mit der Feststellung der Rechtsform Ihrer Organisation. Aus der Rechtsform ergeben sich zwingende Ableitungen für die Konfiguration und das Funktionieren der Organisation. In Abbildung 1.4 finden Sie eine Übersicht über Rechtsformen des privaten und des öffentlichen Rechts in der Bundesrepublik Deutschland. Zu jeder Rechtsform gehört eine durch Gesetz oder gegebenenfalls in Anwendung von Gesetzen durch Satzung definierte Verfassung der Organisation. Dort sind minimal das Organ der Führung, die Rechnungslegungsgrundsätze und die Vertretung der Organisation nach außen geregelt.

Öffentliche Hand vs. Privatsektor

Die Rechnungslegungsgrundsätze umfassen auch Aufbewahrungsvorschriften gesetzlicher oder ergänzender Natur. Die Festlegung der Rechnungslegungsgrundsätze erfolgt jeweils vor dem Hintergrund des spezifischen anzuwendenden Rechts. Zunächst kann unterschieden werden zwischen den Gesetzen, die die Rechnungslegung der öffentlichen Hand normieren, und denen, die in der privaten Wirtschaft anzuwenden sind.

Bei den *privaten Rechtsformen* (auf die öffentlichen wollen wir nicht weiter eingehen) ist zunächst zwischen den Gesellschaften und den privaten Zweckformen zu unterscheiden (Letztere werden wir auch nur in einem Beispiel betrachten). Die Gesellschaften wiederum können danach unterschieden werden, ob sie mit Rechtsfähigkeit ausgestattet sind, also als Kapitalgesellschaften agieren, oder ob sie ohne Rechtsfähigkeit sind und deren Gesellschafter unbegrenzt haften.

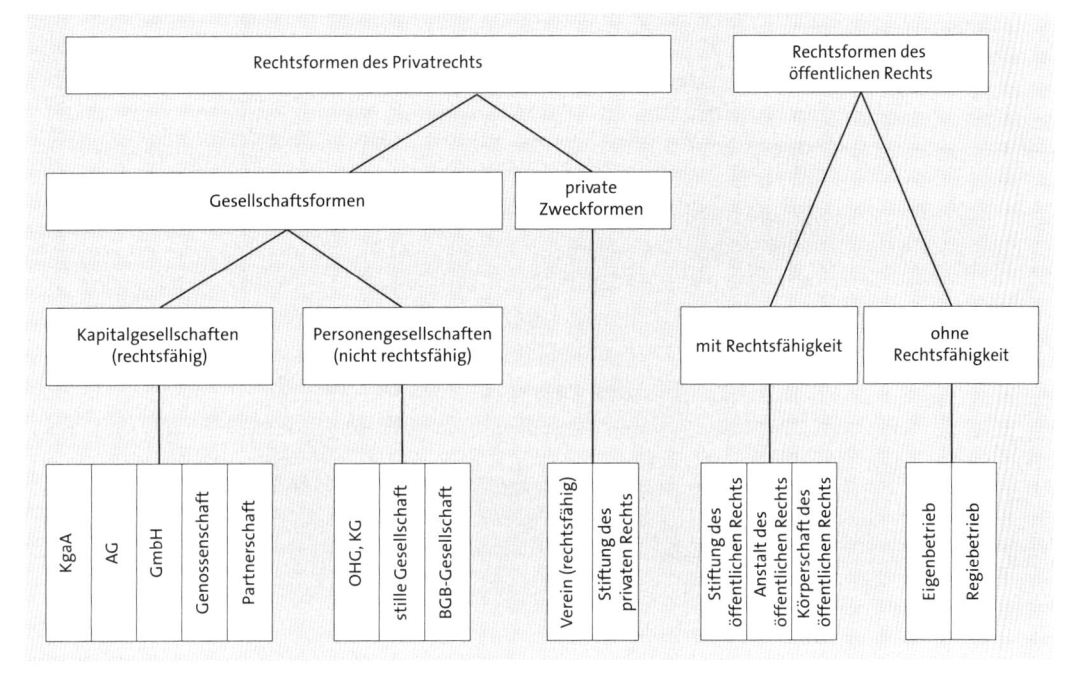

Abbildung 1.4 Übersicht über Rechtsformen nach Lehnert, Otto, Stelzner, »Datenschutz in SAP-Systemen«, 2011

Die Gesellschaftsform bestimmt, neben anderen Kriterien, welche Gesetze in Anwendung zu bringen sind und somit auch – fallweise – welche Aufbewahrungsvorschriften kaufmännischer Natur zu betrachten sind. Für alle Gesellschaftsformen des privaten Rechts gelten natürlich die Steuergesetze.

Rechtsform und Gesetzesanwendung

Für die Gesellschaftsform einer Aktiengesellschaft gilt das Aktiengesetz (AktG), das die allgemeineren Aufbewahrungsvorschriften des § 257 des Handelsgesetzbuches (HGB) fallweise ergänzt.

Die Industrie- und Handelskammern bieten Übersichten über die kaufmännischen Aufbewahrungsregeln an, beispielsweise unter *https://www.ihk-berlin.de/Service-und-Beratung/recht_und_steuern/Steuern_und_Finanzen/Download/aufbewahrungsfristen/4405822*. Darüber hinaus können sich für buchhalterische und andere Belege aber immer noch weitere Aufbewahrungsfristen aus der Satzung einer Aktiengesellschaft nach § 2 AktG ergeben.

Verfügbare Übersichten kaufmännischer Aufbewahrung

> [zB] **Ein süddeutscher Fußballverein**
>
> Der eigentliche Verein unterfällt den Rechnungslegungsvorschriften, die für eingetragene Vereine gelten, diese sind zunächst beschränkt auf die Rechenschaftpflicht nach §§ 259, 260 in Verbindung mit § 666 Bürgerliches Gesetzbuch (BGB). Sofern jedoch ein Verein einen Gewerbebetrieb unterhält, unterfällt er den Rechnungslegungsvorschriften eines Kaufmanns gemäß § 1 Abs. 2 HGB. Bei unserem süddeutschen Fußballverein ist das offensichtlich, schließlich ist unser Verein Mehrheitseigner der Aktiengesellschaft, die zwei wesentliche Geschäftsfelder hat: Fußball und Stadionbetrieb. Sowohl die Aktiengesellschaft als auch der Verein selbst könnten weitere Töchter haben, die wiederum selbst in unterschiedlichen Rechtsformen gehalten werden. Da der Verein gemeinnützig im Sinne der §§ 51–68 Abgabenordnung (AO) ist, muss der Nachweis möglich sein, dass nach § 63 Abs. 1 AO das Vereinshandeln »auf die ausschließliche und unmittelbare Erfüllung der steuerbegünstigten Zwecke gerichtet« ist, indem nach § 63 Abs. 3 AO »ordnungsmäßige Aufzeichnungen über ihre Einnahmen und Ausgaben« geführt werden. Zudem ist gemäß § 55 Abs. 1 Nr. 5 AO ein Nachweis der zeitnahen Mittelverwendung zu führen. Sowohl durch die Satzung der Aktiengesellschaft als auch durch die Satzung des Vereins können gegebenenfalls weitere Aufbewahrungspflichten konstituiert werden.

Kaufmännische Aufbewahrungspflichten

In Bezug auf die kaufmännischen Aufbewahrungspflichten ist festzuhalten, dass die überwiegende Menge aus den Aufbewahrungsvorschriften des § 257 (HGB) gespeist wird und zusätzlich steuerliche Aufbewahrungsvorschriften anzuwenden sind.

Im öffentlichen Bereich ergeben sich durch die Rechtsstellung der Organisation weitere Aufbewahrungsnormen aus dem Beamtenrecht, dem Haushaltsrecht und weiteren landes- oder bundesgesetzlichen Regelungen für die öffentliche Hand.

Wesentlicher Bestandteil der Aufbewahrungsvorschriften sind offensichtlich die, die sich mit der Rechnungslegung und den kaufmännischen oder kameralistischen Rechenschaftspflichten einer Organisation ergeben. Diese werden in allen SAP nutzenden Unternehmen erheblich sein.

Aufbewahrung und Verjährung

Unabhängig von den Aufbewahrungsvorschriften des Handelsrechts sind allgemeine und spezifische Verjährungsfristen auch kaufmännisch relevant. Grundsätzlich ist die Verjährung von Ansprüchen in § 194 BGB geregelt. Die regelmäßige Verjährung beträgt laut § 195 BGB drei Jahre, bei Grundstücken zehn Jahre sowie in einigen Tatbeständen, die der § 197 Abs. 1 BGB regelt, 30 Jahre. Weitere spezifische Verjährungsregeln finden sich beispielsweise im BGB in Bezug auf einen Werkvertrag bei einem Bauwerk

(§ 438 BGB) oder in Bezug auf den Mietvertrag (§ 643a BGB). Verjährungsrelevante Unterlagen sind naturgemäß aufzubewahren, damit eine Forderung wirksam abgewiesen werden kann.

> **Definiert oder ermittelt?**
> In einigen Fällen gibt es Aufbewahrungsfristen, also eine Angabe, wie lange ein bestimmtes Datum/Dokument aufzubewahren ist. In anderen Fällen muss aus dem rechtlichen Kontext, dem Zweck der Erfassung und möglichen Rechtsfolgen abgeleitet werden, welche Aufbewahrungsfrist anzulegen ist.

In der Ermittlung der Aufbewahrungsvorschriften spielen die kaufmännischen oder kameralistischen Vorschriften eine so zentrale Rolle, dass es sich empfiehlt, hier auch mit ihnen anzufangen. Dies durchaus auch, weil diese Regeln noch einigermaßen übersichtlich sind.

1.2.2 Organisationsform und Sozialpartnerschaft

Von der Rechtsform der Organisation ist auch die Betriebsverfassung abhängig, also (ob und) welches Mitbestimmungsmodell in der Organisation gilt. Die Mitwirkungs- und Mitbestimmungsrechte des Betriebsrates oder Personalrates finden regelmäßig ihren Ausdruck in Betriebs- oder Dienstvereinbarungen. Eine Betriebsvereinbarung zu Lebensarbeitszeitkonten kann gegebenenfalls eine langfristige Aufbewahrung von Arbeitszeitdaten erforderlich machen.

Betriebs- oder Dienstvereinbarungen

Neben etwaigen Betriebs- oder Dienstvereinbarungen sind gegebenenfalls auch noch andere Kollektivverträge bedeutsam. So können sich aus Tarifverträgen Aufbewahrungsnormen ergeben. Beispielsweise sind in einigen Tarifverträgen Ausschlussfristen definiert, die sich auf Verjährungsfristen auswirken. Der § 37 des Tarifvertrags für den öffentlichen Dienst (TVöD) enthält eine Ausschlussfrist, die festlegt, wie lange der Beschäftigte oder die Dienststelle Ansprüche geltend machen dürfen.

Andere Kollektivverträge

1.2.3 Aufbewahrung im Personalbereich

Ein umfassendes Werk zu den Aufbewahrungsfristen mit dem Titel »Aufbewahrungsnormen und -fristen im Personalbereich« haben Bolten & Pulte herausgebracht (Bolten & Pulte, 2002). Zieht man die in dem Buch angeführten rechtlichen Regelungen zusammen, ergibt sich in etwa das folgende Bild.

Arbeitsrecht

Personalakte — Als Arbeitsrecht werden üblicherweise die Rechtsnormen gefasst, die die abhängige Arbeit regeln. Dabei handelt es sich unter anderem um Gesetze, Verordnungen, Kollektivverträge, Betriebsvereinbarungen und viel Rechtsschöpfung durch Arbeitsgerichte. Das Herzstück der Personaladministration ist die *Personalakte*, die gesetzlich nicht ausgeregelt ist. Als Personalakte gelten alle den Arbeitnehmer betreffenden Aufzeichnungen; diese müssen allerdings mit dem Beschäftigungsverhältnis im Zusammenhang stehen und korrekt und vollständig sein. Teile der Personalakte müssen regelmäßig gelöscht werden. So sind Abmahnungen nur so lange vorzuhalten, wie sie auch tatsächlich die Rechtswirkung der Kündigungsvorbereitung erfüllen. Natürlich gibt es im Arbeitsrecht auch konkrete Aufbewahrungsregeln; so kann als Beispiel das Jugendarbeitsschutzgesetz (JArbSchG) angeführt werden, das in § 41 JArbSchG regelt, dass die ärztliche Bescheinigungen (im Rahmen der Untersuchungen nach JArbSchG) längstens bis zur Vollendung des 18. Lebensjahres aufzubewahren ist.

Arbeitssicherheit

Regelungen zur Arbeitssicherheit finden sich teilweise in den explizit arbeitsrechtlichen Bestimmungen, teilweise aber auch in Spezialnormen, die beispielsweise Folgendes betreffen:

- den Betrieb von Anlagen
- das berufliche Führen von Kraftfahrzeugen
- Expositionsnachweise, aber auch Qualifikationsanforderungen an Mitarbeiter, die Anlagen oder Kraftfahrzeuge betreiben

Spezialnormen — So stellt beispielsweise die Strahlenschutzverordnung (StrlSchV) die Anforderung, bestimmte Nachweise, unter anderem über die Strahlenbelastung von Mitarbeitern, mindestens 30 Jahre lang aufzubewahren.

Arbeitszeit und Arbeitszeitnachweise

Ebenso zum Arbeitsrecht zählen die Regelungen zur Arbeitszeit und etwaige Nachweispflichten. Die Nachweispflichten sind wiederum teilweise spezialgesetzlich geregelt, beispielsweise sind die Arbeitszeiten von Fahrpersonal nach § 1 der Fahrpersonalverordnung ein Jahr lang bis zum 31. März des Folgejahres aufzubewahren.

Regelungen die Gesundheit und die Gesundheitsbelastung betreffend

Eine weitere Teilmenge des Arbeitsrechts sind die Regelungen zum Gesundheitsschutz. Da weist einiges bereits das Jugendarbeitsschutzgesetz (JArbSchG) aus, weitere Vorschriften finden sich im allgemeinen Arbeitsrecht, aber auch in spezialgesetzlichen Normen, wie z. B. in der Gefahrstoffverordnung (GefStoffV). Diese legt fest, dass Angaben über eine individuelle Exposition mit bestimmten Gefahrstoffen bis zu 40 Jahre nach erfolgter Exposition aufzubewahren sind (§ 14 GefStoffV).

Regelungen der Sozialversicherung und Betriebsrentengesetz

Die Sozialversicherung ist in den Sozialversicherungsbüchern geregelt, im Einzelnen sind das folgende Regelungen:

- übergreifende Vorschriften: Sozialgesetzbuch Viertes Buch (SGB IV)
- Krankenversicherung: Sozialgesetzbuch Fünftes Buch (SGB V)
- Rentenversicherung: Sozialgesetzbuch Sechstes Buch (SGB VI)
- Unfallversicherung: Sozialgesetzbuch Siebtes Buch (SGB VII)
- Pflegeversicherung: Sozialgesetzbuch Elftes Buch (SGB XI)
- Arbeitsförderung: Sozialgesetzbuch Drittes Buch (SGB III)

Sozialversicherungsbücher

Aus den allgemeinen Vorschriften ergibt sich beispielsweise nach § 28f in Verbindung mit § 28p SGB IV, dass die Entgeltunterlagen je Beschäftigten bis zum Ablauf des auf die letzte Prüfung folgenden Kalenderjahres aufzubewahren sind. In § 28p SGB IV ist geregelt, dass diese Prüfung alle vier Jahre stattfinden muss.

Das Gesetz zur Verbesserung der betrieblichen Altersversorgung (Betriebsrentengesetz, BetrAVG) wiederum macht es nötig, die Anwartschaften berechnen zu können, entsprechende Aufzeichnungen müssen also vorgehalten werden.

Mitbestimmung

Aus den Gesetzen zur Mitbestimmung (die auch Teil des Arbeitsrechts sind) ergeben sich fallweise weitere Aufbewahrungsvorschriften. So sehen z. B. die Wahlordnungen der Mitbestimmungsgesetze eine eigenständige Aufbewahrung von Wahlunterlagen vor. So ist in § 19 der ersten Verordnung zur Durchführung des Betriebsverfassungsgesetzes (Wahlordnung, WO) BetrVGDV1WO eine Aufbewahrung der Wahlakten mindestens bis zum Ende der Amtszeit festgelegt. Natürlich können aus Betriebsvereinbarungen und aus anderen Abstimmungen zwischen Betriebsrat und Arbeitgeber auch andere Aufbewahrungsnotwendigkeiten entstehen.

Wahlunterlagen

Steuerrecht

Laut Einkommenssteuergesetz ist der Arbeitgeber verpflichtet, nach § 38 Einkommensteuergesetz (EStG) die Lohnsteuer für den Arbeitnehmer di-

Prüfung durch das Finanzamt

rekt an das Finanzamt abzuführen und nach § 41a EStG die einschlägige Lohnsteueranmeldung vorzunehmen. Nach § 42f EStG sind Außenprüfungen des Finanzamtes möglich, die der Arbeitgeber nach Maßgabe des § 200 AO zu unterstützen hat, hierzu sind die entsprechenden Unterlagen vorzulegen. Nach § 194 AO wiederum ist eine Außenprüfung für mehrere Berichtszeiträume möglich. Dementsprechend sind die einschlägigen Unterlagen so lange aufzubewahren, wie eine Prüfung durch das Finanzamt erfolgen kann.

> **[zB] Ein süddeutscher Fußballverein**
>
> Angenommen, der Verein selbst unterhält keine Arbeitsverhältnisse, diese sollen der Einfachheit halber in der Aktiengesellschaft angenommen werden, so gelten die obigen Ausführungen auch für die Arbeitnehmer der Aktiengesellschaft, eben dort, wo sie erheblich sind.
>
> Für das Fahrpersonal des Fußballvereins wird der oben angeführte Nachweis (siehe Abschnitt »Arbeitszeit und Arbeitszeitnachweise«) nötig sein, und es werden die entsprechenden Aufbewahrungsfristen gelten. Im Bereich des Profisports gibt es möglicherweise Nachweis- und Vorhaltepflichten zu Gesundheitsdaten inklusive Doping-Messreihen. Da in unserem Fußballverein im Rahmen des Arbeitsverhältnisses teilweise auch eine medizinische Versorgung stattfindet, gelten natürlich die Nachweisnotwendigkeiten, die sich aus der dreißigjährigen Verjährung nach § 197 BGB ergeben. Sofern (da fehlt uns als Autor*innen der Hintergrund) zur medizinischen Versorgung auch das Herstellen von Medikamenten gehört, gelten etwaig auch die Aufbewahrungsvorschriften der Apothekenbetriebsordnung. Sofern in unserem Fußballverein (oder genauer der Aktiengesellschaft) die Gründung eines Betriebsrates gelingen sollte, würden auch die im Abschnitt »Mitbestimmung« angeführten Aufbewahrungsnotwendigkeiten im Rahmen des BetrVG gelten.

Komplexität im Personalbereich

Es dürfte deutlich geworden sein, dass Aufbewahrung im Personalbereich ein ziemlich komplexes Unterfangen ist, da neben arbeitsrechtlichen und sozialversicherungsrechtlichen Normen eben zahlreiche weitere Normen gelten, einige davon spezifisch in Industrien oder Geschäftsprozessen. Nachweis- und Aufbewahrungsfristen im Rahmen des Beschäftigungsverhältnisses sind z. B.:

- Lohnsteuernachweise, Nachweise, der Abführung an Sozialversicherungen
- arbeitsrechtlich begründetet Gesundheitszeugnisse/-atteste

- Nachweise, die sich aus Geschäftsprozessen oder spezifischem Industrierecht ergeben, z. B. Fahrtenbuch oder Expositionsnachweise
- fallweise spezielle Normen im öffentlichen Sektor

1.2.4 Aufbewahrung und Datenschutz

Dieser Abschnitt fasst die Ausführungen eines Teils des Autorenteams in »Datenschutz mit SAP: Der Praxisleitfaden zur EU-DSGVO-Umsetzung in SAP Business Suite und SAP S/4HANA« (Lehnert, Luther, Christoph, Pluder, 2017) in Bezug auf das Sperren und Löschen personenbezogener Daten zusammen.

Im Datenschutz geht es um den Schutz personenbezogener Daten. Diese sollen nur im notwendigen sachlichen und zeitlichen Umfang verarbeitet werden. Der Begriff *personenbezogene Daten* wird in Art. 4 Nr. 1 der Datenschutz-Grundverordnung (DSGVO) definiert. Demzufolge sind personenbezogene Daten

Personenbezogene Daten

> »alle Informationen, die sich auf eine identifizierte oder identifizierbare natürliche Person (im Folgenden ›betroffene Person‹) beziehen; als identifizierbar wird eine natürliche Person angesehen, die direkt oder indirekt, insbesondere mittels Zuordnung zu einer Kennung wie einem Namen, zu einer Kennnummer, zu Standortdaten, zu einer Online-Kennung oder zu einem oder mehreren besonderen Merkmalen identifiziert werden kann, die Ausdruck der physischen, physiologischen, genetischen, psychischen, wirtschaftlichen, kulturellen oder sozialen Identität dieser natürlichen Person sind«.

Der Begriff *Verarbeitung personenbezogener Daten* umfasst nahezu jeden Umgang mit personenbezogenen Daten. Beinhaltet ist in der Legaldefinition auch die reine Speicherung oder Vorhaltung. Es braucht auch für die reine Vorhaltung personenbezogener Daten auf einem Speichermedium einen objektiv rechtfertigenden Tatbestand, eine rechtlich zulässige Verarbeitungsgrundlage nach Art. 6 Abs. 1 DSGVO. Rechtmäßig ist die Verarbeitung gemäß Art. 6 Abs. 1 DSGVO dann, wenn sie folgende Tatbestände erfüllt:

Verarbeitung personenbezogener Daten

- auf einer Einwilligung beruht
- notwendig zur Erfüllung eines Vertrags ist
- notwendig zur Erfüllung rechtlicher Pflichten ist
- dem Schutz lebenswichtiger Interessen dient
- für die Wahrnehmung öffentlicher Aufgaben erforderlich ist
- der Wahrnehmung berechtigter eigener Interessen dient

Wenn Sie sich schon länger mit Aufbewahrungsfristen »herumschlagen«, werden Ihnen in diesem Kontext unmittelbar zwei Punkte ins Auge springen, die in einem ERP-System sicherlich zu den wichtigsten Tatbeständen gehören, wenn es gilt, die Rechtmäßigkeit einer Vorhaltung nachzuweisen. Die Erfüllung rechtlicher Pflichten, wie es Aufbewahrungsfristen in aller Regel nun mal sind, rechtfertigen die Vorhaltung der personenbezogenen Daten, solange sie dauern. Dabei ist es – aus unserer Sicht – unerheblich, ob man dies vermittelt über den Bezug zur vertraglichen Grundlage oder unmittelbar aus den rechtlichen Aufbewahrungsfristen ableitet.

Sperr- und Löschverpflichtungen nach DSGVO

Abbildung 1.5 soll verdeutlichen, in welchem Zusammenhang die Sperr- und Löschverpflichtungen nach der DSGVO zu sehen sind. Diese sind aus den Verarbeitungsgrundsätzen Zweckbindung, Datenminimierung und zeitliche Speicherbegrenzung abzuleiten. Jedes personenbezogene Datum darf ausschließlich für vorab kommunizierte Zwecke verarbeitet werden, dabei sollen so wenige Daten wie irgendwie möglich verarbeitet und die Daten sollen so schnell wie möglich wieder entfernt werden. Wie bereits dargestellt: »So schnell wie möglich« bedeutet in diesem Kontext gegebenenfalls auch nach Ablauf der Aufbewahrungsfristen. Der Anspruch auf Löschung nach Art. 17 DSGVO läuft – so unsere Annahme – unter diesen Bedingungen ins Leere, da die Daten entweder einen rechtlich begründeten Zweck haben oder bereits gelöscht sein müssen.

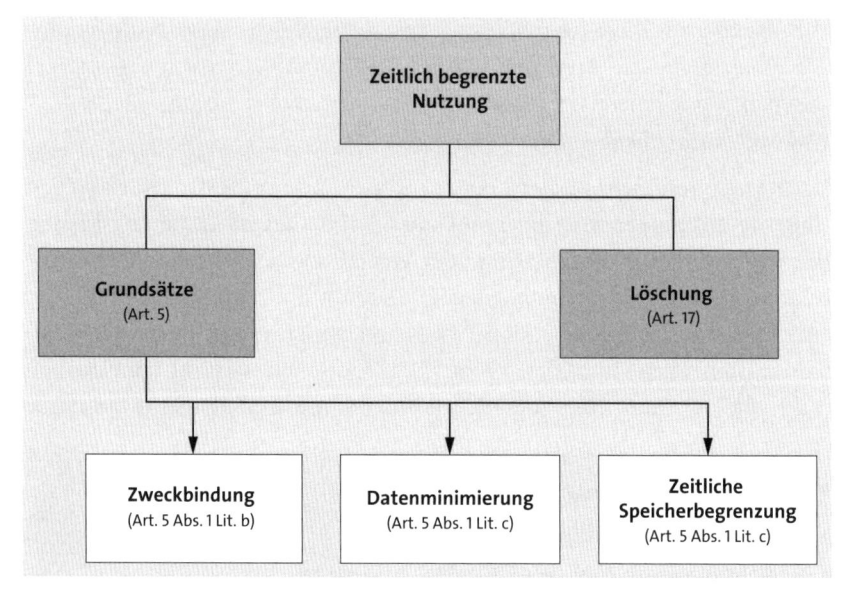

Abbildung 1.5 Löschen im DSGVO-Kontext nach Lehnert, Luther, Christoph, Pluder, »Datenschutz mit SAP«, 2017

1.2 Aufbewahrung und Recht

Das logische Prüfschema wird in Abbildung 1.6 dargestellt. Der für den Abschnitt über Aufbewahrungsvorschriften wichtigste Schritt ist die Prüfung, ob andere Aufbewahrungsvorschriften anzuwenden sind. Ist das der Fall, wird das fragliche Datum eben nicht gelöscht, sondern so gesperrt, dass alle anwendbaren Nachweispflichten vollumfänglich erfüllt werden können.

Logisches Prüfschema

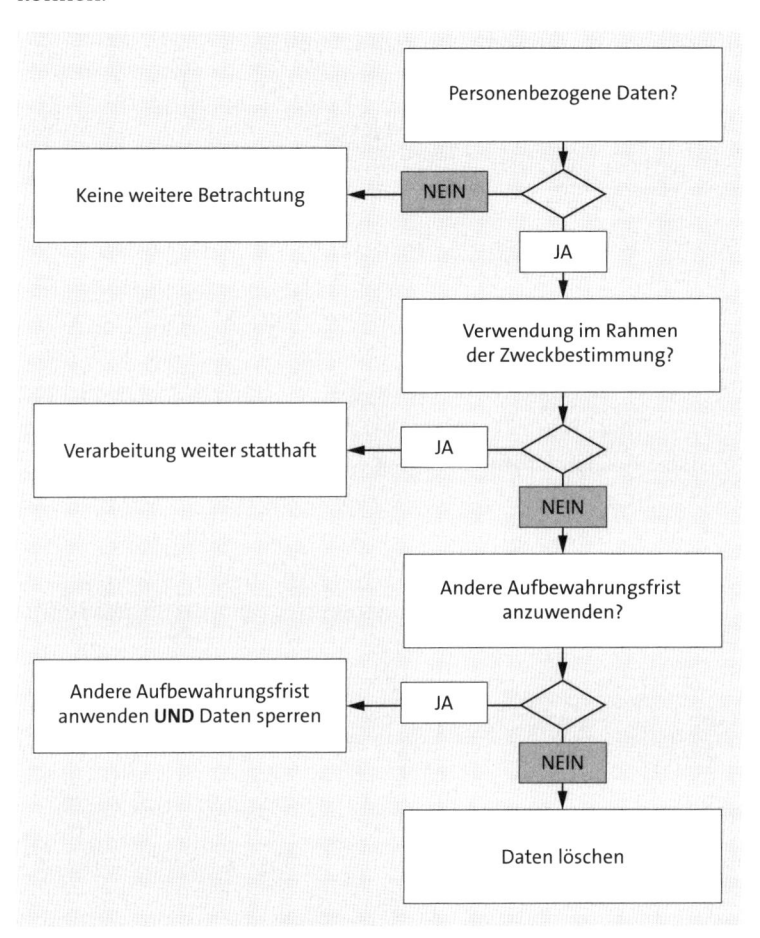

Abbildung 1.6 Prüflogik bei der Sperrung und Löschung personenbezogener Daten aus Lehnert, Otto, Stelzner, »Datenschutz in SAP-Systemen«, 2011

Ein süddeutscher Fußballverein

Für unser Fallbeispiel gibt es zunächst nicht viel an Erkenntnisgewinn. Sowohl Verein als auch Aktiengesellschaft werden entsprechend handeln. Allerdings ist bei einem solchen Fußballklub auch noch daran zu denken, dass es neben der vertraglichen Abwicklung und den rechtlichen Aufbe-

> wahrungsfristen eben auch noch die Einwilligung des Betroffenen als Verarbeitungsgrundlage geben kann. Es ist wohl statthaft anzunehmen, dass die Fans eines Fußballvereins gerne in die Verarbeitung ihrer Daten einwilligen werden.

1.2.5 Aufbewahrung und spezielle Rechtsquellen

In Abschnitt 1.2.3, »Aufbewahrung im Personalbereich«, sind Sie bereits auf zahlreiche speziellere Aufbewahrungsregeln gestoßen, die sich teilweise aus branchenspezifischem Recht, aber auch aus geschäftsprozessspezifischem Recht ergeben.

Branchenspezifisches Recht

Im genannten Abschnitt finden Sie aber natürlich nur die Vorschriften, die sich auf die Personalverwaltung auswirken. Beispiele für branchenspezifisches Recht lassen sich im Maschinenbau, in der Pharmazeutik, in der Versicherungswirtschaft, im Banking und in vielen weiteren Bereichen nachweisen. So gibt es beispielsweise branchenspezifische Aufbewahrungspflichten in der Aerospace-Industrie, z. B. in der DIN EN 9130. Es gäbe noch zahlreiche weitere Beispiele für den Umgang mit Betriebs- und Wartungsnachweisen, die in diesem kurzen Abschnitt jedoch zu weit führen würden. Die Botschaft ist einfach: Schauen Sie sich an, in welcher Branche Sie welche Geschäftsprozesse haben. Für die meisten SAP nutzenden Unternehmen dürften beispielsweise Aufbewahrungsfristen im Flugzeugbau oder der pharmazeutischen Industrie keine Rolle spielen. Dass jedoch das Management von Aufbewahrungsfristen in der pharmazeutischen Industrie beliebig komplex werden kann, werden Sie sich sicherlich vorstellen können.

1.2.6 Fazit

Das beschriebene Vorgehen ist der Versuch, vom Allgemeinen zum Speziellen zu finden (von der Rechnungslegung zu spezialgesetzlichen Anforderungen). Der Zwischenschritt über das Personalwesen ist offensichtlich, weil Sie dort schon zahlreiche spezialgesetzliche Anforderungen finden werden.

Es gibt Aufbewahrungsfristen, die eine gewisse Allgemeingültigkeit für einen Kaufmann oder eine Behörde haben. Dazu zählen buchhalterische oder kameralistische Aufbewahrungspflichten. Ferner sind die Regelungen zum Arbeitsverhältnis zu nennen oder solche, die mit ihm in Verbindung stehen. Schließlich gibt es übergreifend auch noch datenschutzrechtliche Anforderungen und eine Unzahl von Aufbewahrungsfristen aus branchenspezifischem und geschäftsprozessspezifischem Recht.

Deswegen muss Ihnen aber ganz und gar nicht bange werden. Wir sind frohen Mutes, dass Sie wissen, welche Rechtsform Ihre Organisation hat, ob Ihre Organisation Teil eines Konzerns ist und ob Sie Teebeutel oder Flugzeugturbinen produzieren. Wir wollen Sie mit diesem Fazit nicht veralbern, sondern das sind die klassischen Fragen, die wir seit Jahren auch unseren Kollegen und Kolleginnen in der Produktentwicklung stellen:

- Welche Rechtsform hat ein Nutzer Ihrer Applikation üblicherweise?
- Welche Geschäftsprozesse oder Produkte betreffen Ihre Applikation üblicherweise?
- Sind Ihnen spezifische Gesetze für Ihre Applikation bekannt?

Kapitel 2
Grundfunktionen von SAP ILM

Nun gehen wir einen Schritt weiter und erklären Ihnen die Grundfunktionen von ILM – Funktionen, die Ihnen sowohl im Retention Management (RM) als auch im Retention Warehouse (RW) zur Verfügung stehen.

In diesem Kapitel bieten wir Ihnen Informationen zu den Grundfunktionalitäten von SAP Information Lifecycle Management (SAP ILM). Diese Funktionalitäten können Sie nutzen, um insbesondere das Ende des Lebenszyklus der Daten zu überwachen (unabhängig davon, ob Sie die Daten archivieren oder nicht). Sie werden den *Information Retention Manager* (IRM) kennenlernen und erfahren, wie Sie z. B. die Aufbewahrungsdauer für Ihre Daten im System hinterlegen können. Wir werden Ihnen außerdem den Umgang mit unstrukturierten Daten wie Originalbelegen erklären. Am Ende dieses Kapitels beschreiben wir, welche Business-Funktionen, HTTP-Services und Rollen Sie benötigen, um das neue Wissen in Ihrem System anzuwenden und auszuprobieren.

ILM-Business-Funktionen, HTTP-Services und Rollen

2.1 Archivierungsobjekt und Datenvernichtungsobjekt

In der SAP-Dokumentation ist ein *Archivierungsobjekt* wie folgt definiert:

Archivierungsobjekt

»*Das Archivierungsobjekt ist das Herzstück der SAP-Datenarchivierungslösung. Darin ist genau festgelegt, welche Daten wie archiviert werden. Das Archivierungsobjekt beschreibt also, welche Datenbankobjekte gebündelt werden müssen, um ein betriebswirtschaftlich abgeschlossenes Objekt zu erhalten, das unabhängig von den technischen Gegebenheiten zum Zeitpunkt der Archivierung (z. B. Release- und Hardwarestand) interpretierbar ist.*«

Ein *Datenvernichtungsobjekt* ist dagegen als ein »*logisches Objekt von betriebswirtschaftlich zusammenhängenden Daten in der Datenbank*« definiert, »*welche nach Ablauf ihrer Aufbewahrungsfrist mit einem Datenvernichtungsprogramm aus der Datenbank gelöscht werden können*«. Das Datenvernichtungsobjekt ist also ein Objekt, das nur die Aktion *Datenvernichtung* anbietet, bei Bedarf auch einen optionalen Vorlauf. Sie können Daten aus der Datenbank vernichten, indem Sie den Datenvernichtungs-

Datenvernichtungsobjekt

lauf für ein entsprechendes Datenvernichtungsobjekt ausführen. Wie im Fall eines Archivierungsobjekts ist im Customizing des Datenvernichtungsobjekts definiert, welche Datenbankobjekte (Tabellen) darin gebündelt werden müssen, um ein betriebswirtschaftlich abgeschlossenes Objekt aus der Datenbank zu entfernen.

Entstehungsgeschichte der Datenvernichtungsobjekte

Die Entstehungsgeschichte der Datenvernichtungsobjekte lautet wie folgt: Im Lauf der Zeit erkannten wir, dass – insbesondere zur Erfüllung der Datenschutz-Grundverordnung (DSGVO) – auch die Notwendigkeit besteht, Daten direkt aus der Datenbank zu vernichten. Eine Archivierung dieser Daten ist nicht notwendig. Häufig hängt es damit zusammen, dass diese Daten kurze Aufbewahrungszeiten haben und/oder ihr Volumen keinen Massendatencharakter hat. Zwar bietet ein ILM-fähiges Archivierungsobjekt die Vernichtung von Daten aus der Datenbank an, aber in diesem Fall ist die Nutzung dieser Funktionalität sehr umständlich (siehe Abschnitt 2.7.2, »Vernichtung aus der Datenbank per Archivierungsobjekt«). Diese Erkenntnis war die Geburtsstunde der Datenvernichtungsobjekte, also von Objekten, die ausschließlich die Funktionalität der Vernichtung von aufbewahrungspflichtigen Daten aus der Datenbank anbieten.

2.2 Das ILM-Objekt – Herr über die Aufbewahrungsregeln

Wie Sie vielleicht ahnen, benötigen sowohl Archivierungsobjekte als auch Datenvernichtungsobjekte die Information zur Aufbewahrungsdauer der dazugehörigen Daten.

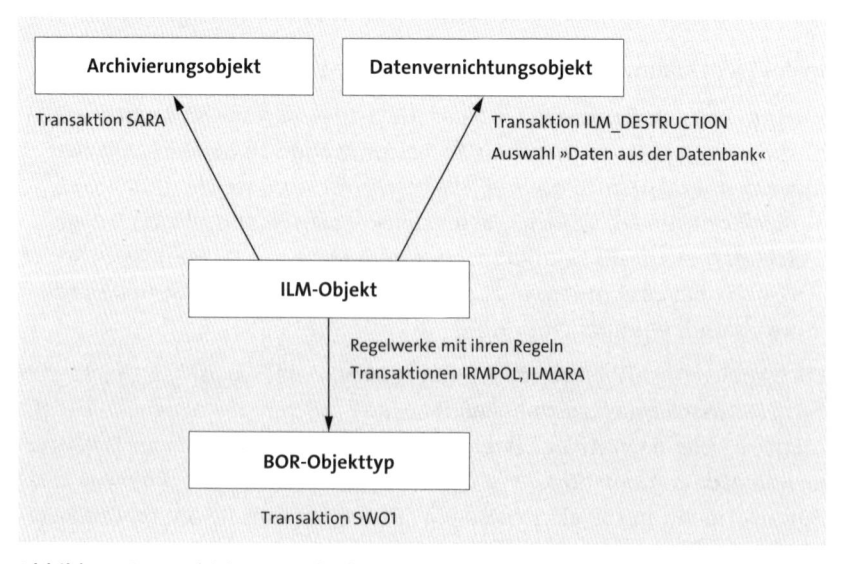

Abbildung 2.1 Archivierungsobjekt, Datenvernichtungsobjekt, ILM-Objekt und BOR-Objekttyp

2.2 Das ILM-Objekt – Herr über die Aufbewahrungsregeln

Um Ihnen das Hinterlegen dieser Information und uns, den Entwicklern solcher Softwarefunktionalitäten, das Leben leichter zu machen, ist sie an die sogenannten *ILM-Objekte* gebunden.

Ein ILM-Objekt ist grundsätzlich entweder einem Archivierungsobjekt oder einem Datenvernichtungsobjekt zugeordnet (siehe Abbildung 2.1), in seltenen Fällen auch mehr als einem Archivierungs- bzw. Datenvernichtungsobjekt. Dies ist z. B. dann der Fall, wenn ein Archivierungsobjekt durch ein neues abgelöst wurde. Dem ILM-Objekt kann dann sowohl das alte als auch das neue Archivierungsobjekt zugeordnet sein. Das alte wird in der Regel nur noch für Lesezugriffe verwendet.

Umgekehrt betrachtet verweist ein Archivierungsobjekt bzw. ein Datenvernichtungsobjekt auf *genau ein* ILM-Objekt. Tut es das, spricht man von *ILM-fähigen Archivierungsobjekten*. (Um die ILM-Fähigkeit vollständig anzubieten, muss ein Archivierungsobjekt zusätzlich auf die sogenannten *ILM-Aktionen* im Schreibprogramm reagieren. Diese beschreiben wir weiter unten in Abschnitt 2.3.6, »Die Gruppe ›ILM-Aktionen‹ im Archivschreibprogramm«).

ILM-Fähigkeit von Archivierungsobjekten

Die Datenvernichtungsobjekte sind, wie Sie eben erfahren haben, später entstanden. Hier ist ein dazugehöriges ILM-Objekt von Anfang an Pflicht, das heißt, es gibt keine Datenvernichtungsobjekte ohne ILM-Fähigkeit.

Der Name eines ILM-Objekts entspricht in der Regel 1:1 dem Namen des zugehörigen Archivierungs- bzw. Datenvernichtungsobjekts. Eine Pflicht ist das jedoch nicht.

Sie wissen jetzt aber, dass es sich trotz der Namensgleichheit bei ILM- und Archivierungsobjekt um unterschiedliche Objekte handelt, die über das Customizing miteinander verknüpft werden. Ein ILM-Objekt wird Herr über die Aufbewahrungsregeln eines Archivierungs- oder Datenvernichtungsobjekts genannt. Wie Sie in Abschnitt 2.4, »Regelwerkkategorien«, sehen werden, kann es auch Herr sogenannter *Verweilregeln* sein. Wenn Sie einen Archivierungs- oder einen Datenvernichtungslauf starten, wird das zugehörige ILM-Objekt zu bestimmten Zeitpunkten nach Aufbewahrungs- und/oder Verweilregeln gefragt, die für die Instanz gelten, die gerade prozessiert wird (ein Beleg z. B.).

Das ILM-Objekt, Herr der Regeln

> **[«] ILM-Objekt und Objekttyp in SAP ILM**
>
> Sollten Sie im Zusammenhang mit SAP ILM einmal den Begriff *Objekttyp* hören, so ist damit das ILM-Objekt gemeint. Es ist schlicht der alte Name für das ILM-Objekt, der nicht überall aktualisiert wurde.

2 Grundfunktionen von SAP ILM

Das passende Objekt finden

Es ist sehr wahrscheinlich, dass Sie sich im Laufe des ILM-Projekts mal eine der folgenden Fragen stellen werden:

- Gibt es zu einer bestimmten Tabelle ein Archivierungs- oder ein Datenvernichtungsobjekt?
- Gehört das ILM-Objekt, das ich im Fokus habe, zu einem Archivierungsobjekt oder zu einem Datenvernichtungsobjekt?
- Welches ist das ILM-Objekt zu einem bestimmten Archivierungsobjekt?
- Welches ist das ILM-Objekt zu einem bestimmten Datenvernichtungsobjekt?

Welches Archivierungsobjekt gehört zu dieser Tabelle?

Wie Sie es bereits aus der klassischen Datenarchivierung kennen, können Sie mithilfe der Transaktion DB15 (Datenarchivierung: DB-Tabellen) das passende Archivierungsobjekt zu einer Tabelle – und umgekehrt – bestimmen (so es denn eins gibt). Diese Transaktion können Sie auch aus der Transaktion SARA (Archivadministration) und darin über den Menüpfad **Springen • DB-Tabellen** erreichen. Die beiden Optionen **Archivierungsobjekte** und **Tabellen, aus denen Daten archiviert werden** liefern die Antwort auf Ihre Fragen (siehe Abbildung 2.2).

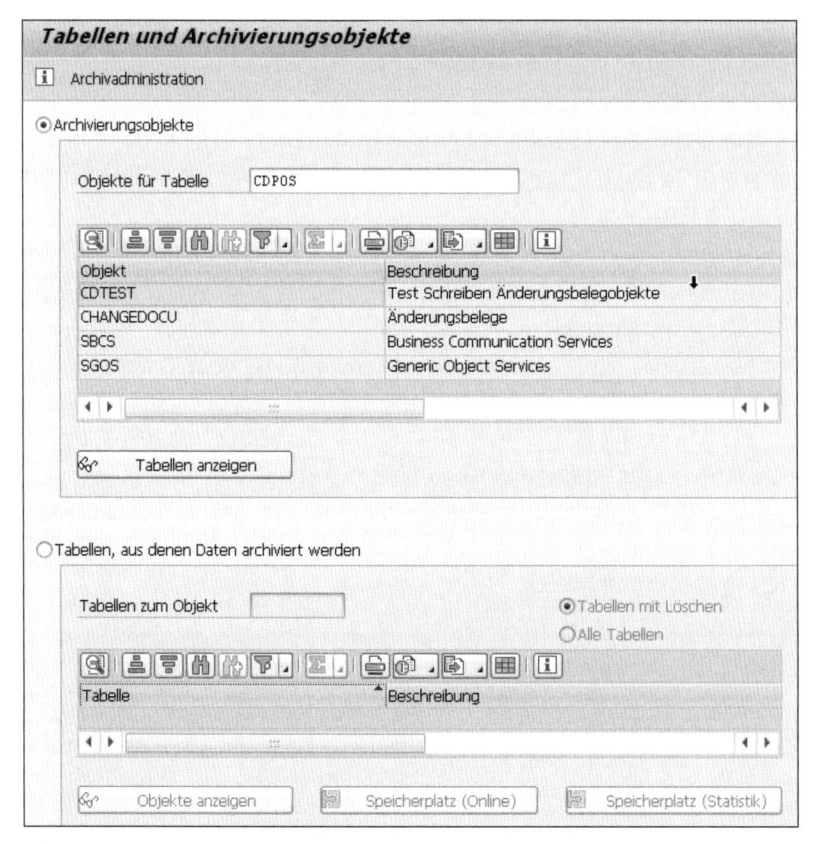

Abbildung 2.2 Transaktion DB15

2.2 Das ILM-Objekt – Herr über die Aufbewahrungsregeln

Zum Zeitpunkt der Erstellung dieses Buches gibt es leider keine Transaktion, die Ihnen ausgehend von einer Tabelle die Antwort auf die Frage liefert, ob es dafür ein Archivierungsobjekt oder ein Datenvernichtungsobjekt gibt.

Wenn Sie über die Transaktion DB15, wie oben beschrieben, herausgefunden haben, dass einer Tabelle *kein* Archivierungsobjekt zugeordnet ist, müssen Sie im zweiten Schritt prüfen, ob ihr ein Datenvernichtungsobjekt zugeordnet ist. Derzeit gibt es dafür noch keine Transaktion. Sie könnten aber z. B. über die Transaktion SE16 (Data Browser) einen Blick in die Tabelle ARC_DESTR_STRUC (Strukturdefinition eines Datenvernichtungsobjekts) werfen, um die Antwort zu finden.

Tabelle ARC_DESTR_STRUC

Haben Sie weder ein Archivierungsobjekt noch ein Datenvernichtungsobjekt bestimmen können, fragen Sie zur Sicherheit bei SAP z. B. über eine Kundenmeldung nach, ob das so korrekt ist bzw. ob eins von beidem geplant ist.

> **Business-Objekt mit Datenvernichtungs- oder Archivierungsobjekt?**
> Welche Kriterien Entwickler von ILM-Lösungen anwenden, um zu entscheiden, ob das Business-Objekt ein Archivierungsobjekt oder ein Datenvernichtungsobjekt anbieten wird, beschreiben wir in Abschnitt 9.1, »Entscheidungskriterien für einen ILM-Anschluss«.

Gehen wir nun der nächsten möglichen Frage nach: Gehört das ILM-Objekt, das Sie im Fokus haben, zu einem Archivierungsobjekt oder zu einem Datenvernichtungsobjekt? Ein möglicher Weg, dies zu beantworten, ist folgender:

Wozu gehört das ILM-Objekt?

1. Rufen Sie die Transaktion ILM_DESTRUCTION (Datenvernichtung) auf.
2. Markieren Sie die Option **Daten aus der Datenbank**.
3. Geben Sie den Namen des ILM-Objekts in das Feld **ILM-Objekt** ein.
4. Klicken Sie auf die Schaltfläche **Ausführen** (oder drücken Sie die Taste F8).

Wenn Sie nun zu dem in Abbildung 2.3 dargestellten Bild gelangen (einer weiteren Maske aus der Transaktion ILM_DESTRUCTION), gehört das ILM-Objekt zu einem Datenvernichtungsobjekt. Im Feld **Datenvernichtungsobjekt** oben im Bild sehen Sie auch dessen Namen.

2 Grundfunktionen von SAP ILM

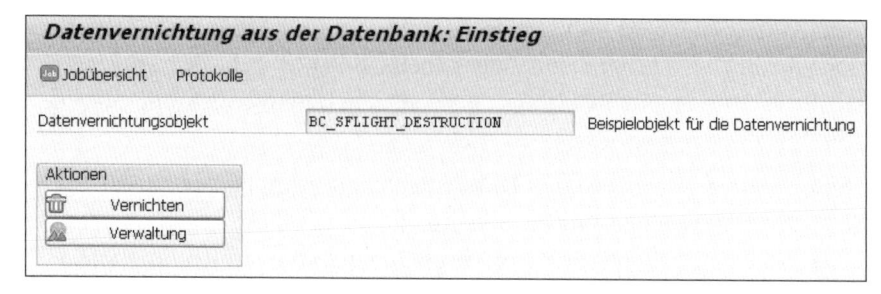

Abbildung 2.3 Transaktion ILM_DESTRUCTION – Einstieg

Gelangen Sie dagegen, wie es Abbildung 2.4 darstellt, zur Transaktion SARA (Archivadministration), so ist klar, dass das ILM-Objekt zu einem Archivierungsobjekt gehört. Welches es ist, sehen Sie im Feld **Archivierungsobjekt** oben im Bild.

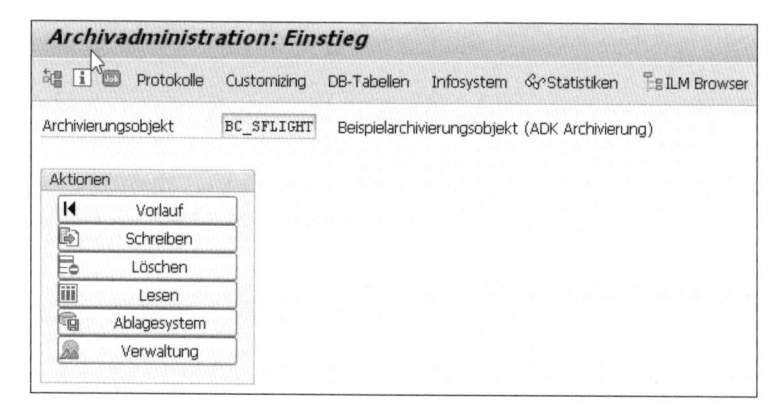

Abbildung 2.4 Transaktion SARA – Einstieg

Einen weiteren Weg, diese Frage zu beantworten, beschreiben wir im Unterabschnitt »Das ILM-Objekt mit dem Archivierungsobjekt bzw. Datenvernichtungsobjekt verknüpfen« in Abschnitt 9.5.9, »Objektkategoriespezifische Einstellungen zum ILM-Objekt«.

[»] **Transaktion IRM_CUST dient der Entwicklung von ILM-Objekten**

Beachten Sie, dass die Transaktion IRM_CUST (IRM-Customizing) der Entwicklung von ILM-Objekten dient. Sie ist also nicht für Endanwender gedacht. So Sie die Anzeigeberechtigungen für diese Transaktion haben, könnten Sie die Antwort auf Ihre Frage darin aber gegebenenfalls schneller als auf dem eben beschriebenen Weg finden.

2.2 Das ILM-Objekt – Herr über die Aufbewahrungsregeln

Kommen wir nun zu der dritten Frage: Welches ist das ILM-Objekt zu einem bestimmten Archivierungsobjekt? Ein möglicher Weg, dies zu beantworten, ist der folgende:

1. Rufen Sie die Transaktion SARA (Archivadministration) auf.
2. Geben Sie den Namen des Archivierungsobjekts in das gleichnamige Feld ein.
3. Klicken Sie auf die Schaltfläche **Customizing**.
4. Doppelklicken Sie auf den Eintrag **Technische Einstellungen** in der Gruppe **Archivierungsobjektspezifisches Customizing**.
5. Klicken Sie auf die Schaltfläche **IRM** (siehe Abbildung 2.5). Im nachfolgenden Bild sehen Sie die Beschreibung des zum Archivierungsobjekt gehörigen ILM-Objekts.

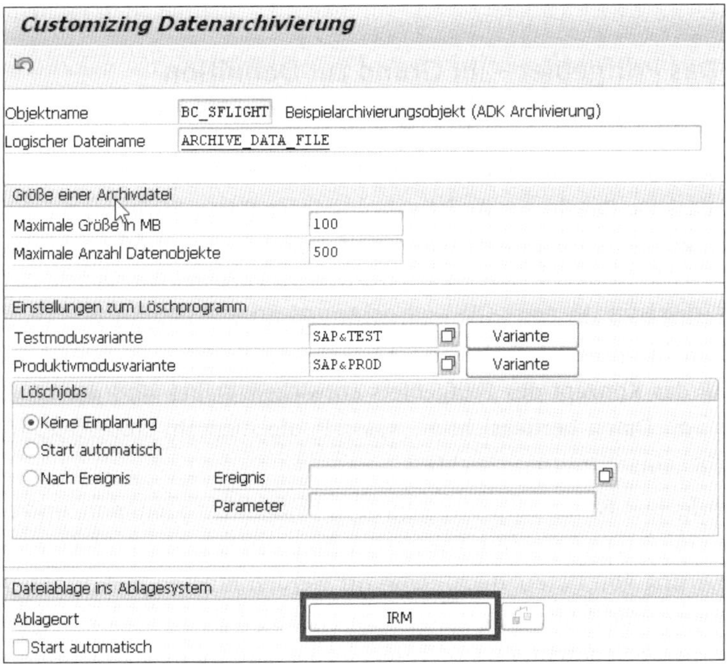

Welches ILM-Objekt gehört zu diesem Archivierungsobjekt?

Abbildung 2.5 Transaktion SARA – technische Einstellungen

Schaltfläche »IRM« in den technischen Einstellungen in der Transaktion SARA (Archivadministration)

Beachten Sie, dass die Schaltfläche **IRM** in den technischen Einstellungen zu einem Archivierungsobjekt in der Transaktion SARA nur dann erscheint, wenn das dem Archivierungsobjekt zugeordnete ILM-Objekt mindestens

Prüfgebiet TAX gemäß Steuerrecht

SAP liefert mehrere Prüfgebiete aus, die Sie auch in Abbildung 2.6 sehen können. Das Prüfgebiet TAX (Steuerrecht) hat den Anspruch, den erforderlichen Mindestumfang für eine Steuerprüfung in den deutschsprachigen Ländern oder in den USA abzudecken. Dieser Umfang wurde mithilfe von SAP-Anwendergruppen wie der DSAG, der deutschsprachigen SAP-Anwendergruppe, definiert. Das deutsche sogenannte *Braunschweiger Modell* galt aus Reporting-Sicht als Richtlinie für den Umfang des Prüfgebiets TAX. Das Braunschweiger Modell umfasst unter anderem die folgenden steuerrelevanten Daten:

- Kundenstammdaten, Posten und Salden
- Lieferantenstammdaten, Posten und Salden
- Sachkontostammdaten, Posten und Salden
- Buchhaltungsbelegköpfe und Posten, Anlagenstammsätze
- Salden, Abschreibungsbedingungen und Abschreibungen

Prüfgebiet PRODLIABIL gemäß Produkthaftungsrecht

Das Prüfgebiet PRODLIABIL (Produkthaftung) enthält die erforderlichen Daten für die Verarbeitung von Produkthaftungsansprüchen. Zum Umfang dieses Prüfgebiets gehören z. B. die Pick-up-Listen sowie die Berichte über den Chargenverwendungsnachweis.

Prüfgebiet HCM_DP

Das Prüfgebiet HCM_DP (HCM-Datenschutz) umfasst HR-Objekte, die Sie für die Datenvernichtung von Anwendungsdaten der Personaladministration (PA) und der Personalzeitwirtschaft (PT) benötigen.

Prüfgebiet BUPA_DP

Das Prüfgebiet BUPA_DP (Business Partner Data Privacy) ist dazu da, um Verweilregeln für das Sperren von personenbezogenen Daten im Zusammenhang mit der DSGVO (Datenschutz-Grundverordnung; engl. *General Data Protection Regulation*, GDPR) zu definieren. Diesem Thema widmen wir uns in Kapitel 4, »Vereinfachtes Sperren mit SAP ILM«.

Prüfgebiet ARCHIVING

Das Prüfgebiet ARCHIVING (Datenarchivierung) ist das einzige Prüfgebiet, das Sie zur Definition von Verweilregeln (*Residenzzeitregeln*) im Zusammenhang mit der Schreibphase eines Archivierungslaufs verwenden können. Wir werden das Thema näher in Abschnitt 2.5.5, »Unterschiede zwischen Aufbewahrungs- und Verweilregeln«, beschreiben.

Prüfgebiet DEMO

Das Prüfgebiet DEMO ist ein Beispiel – ein nicht betriebswirtschaftlich relevantes Prüfgebiet. Darin befinden sich z. B. die Objekte des SAP-Flugdatenmodells wie das ILM-Objekt FLIGHT_BOOKINGS. Dieses Prüfgebiet können Sie für Tests verwenden.

Prüfgebiet GENERAL

Das Prüfgebiet GENERAL (Allgemeine Regeln) verwenden Sie für ILM-Objekte, die Sie keinem anderen Prüfgebiet zuordnen möchten. Dieser Ansatz eignet sich, wenn Sie Aufbewahrungsregeln aus verschiedenen rechtlichen

Betrachtungen konsolidieren möchten und folglich z. B. nur die längste Aufbewahrungsdauer im System hinterlegen wollen (anstatt beispielsweise separat Steuer und Produkthaftung auszuweisen).

> **Prüfgebiet GENERAL**
> Beachten Sie, dass Sie Objekte, die dem Prüfgebiet GENERAL zugeordnet sind, keinem weiteren Prüfgebiet zuordnen können.

Mit jedem künftigen Release können neue Prüfgebiete eingeführt oder vorhandene erweitert werden, indem z. B. weitere Anwendungen an SAP ILM angeschlossen und mit ihren neuen ILM-Objekten vertreten werden. Gesetzliche Änderungen können auch zu Änderungen an den Prüfgebieten führen. Das Prüfgebiet BUPA_DP (Business Partner Data Privacy) ist beispielsweise im Zuge der DSGVO ergänzt worden.

> **Bedeutung der Prüfgebiete BUPA_DP und ARCHIVING**
> Eine besondere Bedeutung haben die Prüfgebiete BUPA_DP (Business Partner Data Privacy) und ARCHIVING (Datenarchivierung). Es ist wesentlich, dass Sie sich den Zweck, für den diese beiden Prüfgebiete angelegt wurden, gut merken und keine Kopien dieser Prüfgebiete erstellen, sondern immer das Original nutzen (siehe Kapitel 4, »Vereinfachtes Sperren mit SAP ILM«, zum Prüfgebiet BUPA_DP und Abschnitt 2.5.5, »Unterschiede zwischen Aufbewahrungs- und Verweilregeln«, zum Prüfgebiet ARCHIVING.)

Fassen wir also kurz zusammen: Bevor Sie Regeln zur Aufbewahrung Ihrer Daten anlegen können, müssen Sie das Konzept der Prüfgebiete verstehen. Klären Sie also im Rahmen Ihres ILM-Projekts, wofür (Steuer, Produkthaftung, Datenschutz-Grundverordnung und Ähnliches) und wie viele Prüfgebiete Sie benötigen. Entscheiden Sie dann, ob Sie ein ganz neues Prüfgebiet anlegen oder ein von SAP ausgeliefertes Prüfgebiet in Ihren Kundennamensraum kopieren möchten. Die zugehörigen Schaltflächen, **Neu** oder **Kopieren**, finden Sie in der Transaktion ILMARA (Bearbeitung von Prüfgebieten), siehe Abbildung 2.6. Auf beide Varianten gehen wir gleich noch im Detail ein.

Prüfgebiete – Vorgehen im Projekt

> **SAP-Prüfgebiete verwenden oder als Kopiervorlage nutzen?**
> In der SAP-Dokumentation schreiben wir, dass es keine Rolle spielt, ob Sie die von SAP ausgelieferten oder kundeneigene Prüfgebiete nutzen. In den ersten SAP-ILM-Versionen war die Nutzung von SAP-Prüfgebieten nur als

Kopiervorlage möglich, daher hält sich die alte Empfehlung, von SAP ausgelieferte Prüfgebiete nicht zu ändern, bei manchen noch hartnäckig. Beachten Sie in diesem Zusammenhang auch den weiter oben erwähnten Hinweis zur speziellen Bedeutung und Nutzung der Prüfgebiete BUPA_DP und ARCHIVING.

Wichtig ist es auch zu verstehen, dass jedes Prüfgebiet die gleiche Menge an ILM-Objekten enthält. Es sind immer alle verfügbaren ILM-Objekte darin sichtbar. Den Unterschied macht, für welche ILM-Objekte Sie die Option **Objektzuordnung** ankreuzen. Die Bedeutung dieses Ankreuzfeldes werden wir ausführlich in Abschnitt 2.3.5, »Auswirkung des Ankreuzfeldes ›Objektzuordnung‹«, besprechen.

[»] **Der richtige Name eines Prüfgebiets hilft**
Egal, für welches Prüfgebiet Sie sich entscheiden, achten Sie beim Anlegen auf ein sprechendes Kürzel und eine gute Beschreibung des Prüfgebiets. Die Texte sollten den Rückschluss auf die zugehörigen rechtlichen Regelungen (oder Abteilungen in Ihrem Unternehmen) ermöglichen. Beachten Sie auch, dass kundenspezifische Prüfgebiete im Kundennamensraum angelegt werden müssen.

2.3.2 Prüfgebiet anzeigen und ändern

Prüfgebiet anzeigen — Um ein Prüfgebiet aufzurufen und anzuzeigen, beispielsweise um es zu bearbeiten, führen Sie die folgenden Schritte durch:

1. Rufen Sie die Transaktion ILMARA (Bearbeitung von Prüfgebieten) auf.
2. Klicken Sie auf den (blau hinterlegten) Namen des Prüfgebiets, das Sie aufrufen möchten. Alternativ können Sie die Zeile markieren, in der das Prüfgebiet aufgelistet ist, indem Sie darauf klicken.
3. Klicken Sie anschließend auf die Schaltfläche **Weiter** (siehe Abbildung 2.6).

Sie gelangen zu dem Bild aus Abbildung 2.7. Die Interpretation des Ankreuzfeldes **Objektzuordnung** beschreiben wir in Abschnitt 2.3.5, »Auswirkung des Ankreuzfeldes ›Objektzuordnung‹«.

Prüfgebiet ändern — Wollen Sie nun Änderungen an dem Prüfgebiet vornehmen, so klicken Sie auf die Schaltfläche **Bearbeiten**. Sie gelangen damit zu einem Bild, wie es Abbildung 2.12 in Abschnitt 2.3.5 zeigt.

2.3 Das Prüfgebiet – Ihr Grund zur Definition von Aufbewahrungsregeln

Prüfgebiet: ZILMTAX

* Prüfgebiet:	ZILMTAX
Beschreibung Prüfg...:	Tax Audit Area for ILM Workshops
Regelwerkkategorie:	Aufbewahrungsregeln

Zuordnung von Objekten zum Prüfgebiet

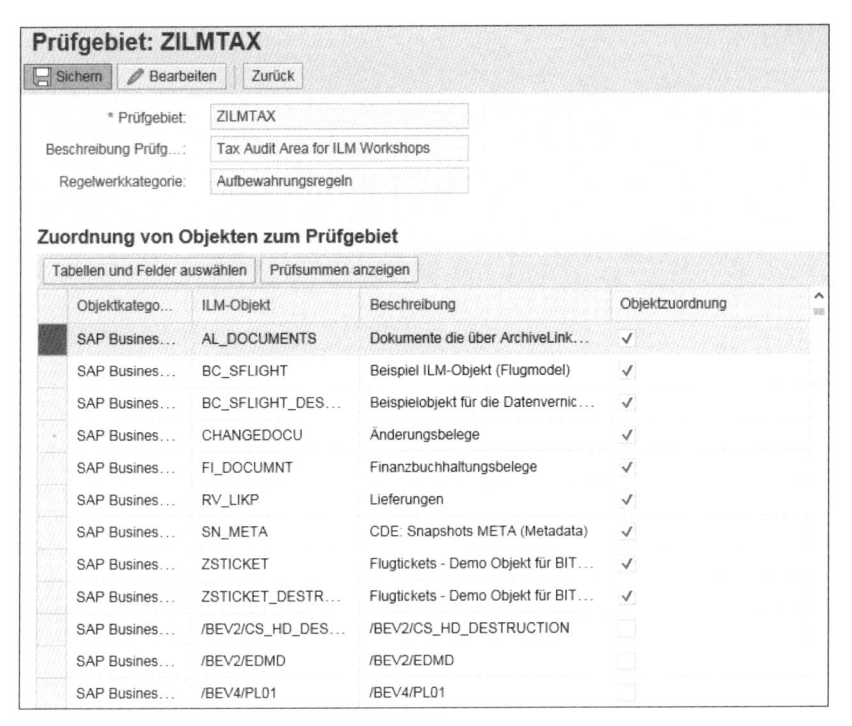

Objektkatego...	ILM-Objekt	Beschreibung	Objektzuordnung
SAP Busines...	AL_DOCUMENTS	Dokumente die über ArchiveLink...	✓
SAP Busines...	BC_SFLIGHT	Beispiel ILM-Objekt (Flugmodel)	✓
SAP Busines...	BC_SFLIGHT_DES...	Beispielobjekt für die Datenvernic...	✓
SAP Busines...	CHANGEDOCU	Änderungsbelege	✓
SAP Busines...	FI_DOCUMNT	Finanzbuchhaltungsbelege	✓
SAP Busines...	RV_LIKP	Lieferungen	✓
SAP Busines...	SN_META	CDE: Snapshots META (Metadata)	✓
SAP Busines...	ZSTICKET	Flugtickets - Demo Objekt für BIT...	✓
SAP Busines...	ZSTICKET_DESTR...	Flugtickets - Demo Objekt für BIT...	✓
SAP Busines...	/BEV2/CS_HD_DES...	/BEV2/CS_HD_DESTRUCTION	
SAP Busines...	/BEV2/EDMD	/BEV2/EDMD	
SAP Busines...	/BEV4/PL01	/BEV4/PL01	

Abbildung 2.7 Transaktion ILMARA – Anzeige

2.3.3 Prüfgebiet anlegen

Rufen Sie die Transaktion ILMARA (Bearbeitung von Prüfgebieten) auf, und klicken Sie auf die Schaltfläche **Neu** (siehe Abbildung 2.6), um ein neues Prüfgebiet anzulegen, wenn Sie dafür kein bereits existierendes Prüfgebiet als Vorlage verwenden möchten. Geben Sie im danach erscheinenden Bild (siehe Abbildung 2.8) im Eingabefeld **Prüfgebiet** den Namen des neuen Prüfgebiets und im Eingabefeld **Beschreibung Prüfgebiet** eine Beschreibung ein. Sichern Sie Ihre Eingaben mithilfe der Schaltfläche **Sichern** unter Angabe eines Transportauftrags (Customizing-Auftrag). Dem weiteren Vorgehen widmen wir uns gleich in Abschnitt 2.3.5, »Auswirkung des Ankreuzfeldes ›Objektzuordnung‹«.

Regelwerkkategorie beim Anlegen von Prüfgebieten

Bleiben Sie beim Anlegen von Prüfgebieten bei dem Standardwert *Aufbewahrungsregeln*, der im Eingabefeld **Regelwerkkategorie** eingeblendet wird. Ihr Ziel ist es ja, Prüfgebiete für die Aufbewahrungsregeln und nicht für die Verweilregeln anzulegen. Für Letztere liefert SAP bereits zwei Prüfgebiete aus (BUPA_DP und ARCHIVING), und diese sollten Sie verwenden. Es besteht kein Bedarf, hierfür neue anzulegen.

Prüfgebiet: NEU

* Prüfgebiet:	
Beschreibung Prüfgebiet:	
Regelwerkkategorie:	Aufbewahrungsregeln

Zuordnung von Objekten zum Prüfgebiet

Objektkategorie	ILM-Objekt	Beschreibung	Objektzuordnung
SAP Business Suite	AL_DOCUMENTS	Dokumente die über ArchiveLink abgelegt sind	☐
SAP Business Suite	AL_PRINTLISTS	Drucklisten die über ArchiveLink abgelegt sind	☐
SAP Business Suite	AM_ASSET	Anlage - Stammdaten, Werte und Bewegungen	☐
SAP Business Suite	APPREQUEST	IM: Maßnahmenanforderung	☐
SAP Business Suite	AP_IBASE	Archivierungsobjekt für AP IBASE	☐
SAP Business Suite	BC_DBLOGS	Archivierung von Änderungen an Customizing-...	☐
SAP Business Suite	BC_SBAL	Application Log	☐
SAP Business Suite	BC_SFLIGHT	Beispiel ILM-Objekt (Flugmodel)	☐
SAP Business Suite	BC_SFLIGHT_DESTRUCTION	Beispielobjekt für die Datenvernichtung	☐

Abbildung 2.8 Transaktion ILMARA – neues Prüfgebiet anlegen

2.3.4 Prüfgebiet kopieren oder zusammenführen

Sie können ein Prüfgebiet erschaffen, indem Sie es vollständig neu anlegen (siehe Abschnitt 2.3.3). Es gibt aber noch zwei weitere Möglichkeiten, und zwar können Sie:

- ein bestehendes Prüfgebiet auf ein neues kopieren
- ein bestehendes Prüfgebiet durch Zusammenlegen mit einem anderen Prüfgebiet erweitern

In beiden Fällen klicken Sie dazu auf die Schaltfläche **Kopieren** in der Transaktion ILMARA (Bearbeitung von Prüfgebieten), die Sie in Abbildung 2.9 sehen.

ILM Prüfgebiete

Prüfgebiet	Regelwerkkategorie	Beschreibung	Beschreibung
ARCHIVING	RST	Verweilregeln	Datenarchivierung
BUPA_DP	RST	Verweilregeln	Business Partner Data P...
BUPA_DP	RTP	Aufbewahrungsregeln	BUPA_DP
DEMO	RTP	Aufbewahrungsregeln	Beispielprüfgebiet

Abbildung 2.9 Transaktion ILMARA – Kopieren

Besprechen wir also die Funktionalität des Kopierens und anschließend des Zusammenführens. Zunächst markieren Sie das Prüfgebiet, das Sie als Quelle der Kopie verwenden möchten. Betätigen Sie danach die Schaltfläche **Kopieren**. Es erscheint das in Abbildung 2.10 dargestellte Bild. Geben Sie dem neuen Prüfgebiet einen Namen und eine Beschreibung. (Dies sind die Eingaben, die Sie auch beim Anlegen eines Prüfgebiets über die Schaltfläche **Neu** vornehmen würden.) Beim Kopieren steht Ihnen zusätzlich das Ankreuzfeld **Nach Kopieren/Zusammenführen deaktivieren** zur Verfügung. Wird dieses Kennzeichen nicht gesetzt, behalten alle ILM-Objekte in dem Prüfgebiet, das Sie als Quelle ausgewählt haben, ihre Einstellung im Ankreuzfeld **Objektzuordnung**. Ist das Ankreuzfeld für ein ILM-Objekt aktiviert, benötigen Sie weiterhin ein produktives Regelwerk für dieses Objekt im Quellprüfgebiet. Die Bedeutung dieses Ankreuzfeldes werden wir ausführlich in Abschnitt 2.3.5, »Auswirkung des Ankreuzfeldes ›Objektzuordnung‹«, besprechen.

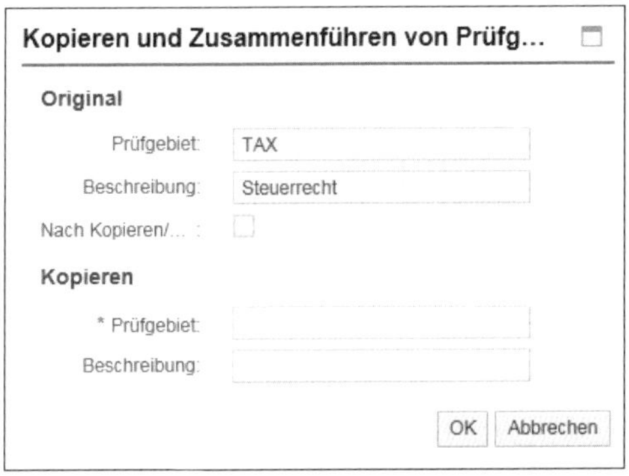

Prüfgebiet kopieren

Abbildung 2.10 Transaktion ILMARA – Kopieren-Eingabefelder

Bestätigen Sie anschließend Ihre Eingaben mit einem Klick auf **OK**, und legen Sie das Prüfgebiet unter Angabe eines Transportauftrags (Customizing-Auftrag) an. Sie befinden sich danach im Änderungsmodus der Pflege des Prüfgebiets. Dem weiteren Vorgehen widmen wir uns im folgenden Abschnitt 2.3.5.

Besprechen wir nun die zweite Möglichkeit, das Zusammenführen von Prüfgebieten. Wie Sie sich erinnern, listet jedes Prüfgebiet alle verfügbaren ILM-Objekte auf. Der essenzielle Unterschied ist, für welche davon Sie das Ankreuzfeld **Objektzuordnung** setzen werden. Die Funktionalität des Zusammenlegens von Prüfgebieten bedeutet im Wesentlichen, dass das System im Zielprüfgebiet für alle ILM-Objekte das Ankreuzfeld setzen wird, die im Quellprüfgebiet gesetzt sind. Mit dem Zusammenführen ersparen Sie sich mit anderen Worten also die Arbeit des manuellen Setzens dieses Ankreuzfeldes im Zielprüfgebiet.

Prüfgebiete zusammenführen

Um zwei Prüfgebiete zusammenzuführen, markieren Sie im ersten Schritt das Prüfgebiet, das Sie als Quelle zum Kopieren verwenden möchten. Klicken Sie danach die Schaltfläche **Kopieren**. Es erscheint das in Abbildung 2.10 dargestellte Bild. Die Bedeutung des Ankreuzfeldes **Nach Kopieren/Zusammenführen deaktivieren** bleibt die gleiche. Setzen Sie es also bei Bedarf, oder belassen Sie es beim initialen Wert (nicht angekreuzt).

Im Muss-Eingabefeld für den Namen des Prüfgebiets (es ist mit einem Sternchen versehen) geben Sie diesmal das bereits existierende Prüfgebiet ein, das Sie um weitere zugeordnete ILM-Objekte erweitern möchten. Das Eingabefeld **Beschreibung** können Sie leer lassen, da Sie kein neues Prüfgebiet anlegen.

Das System erkennt, dass es sich um ein schon vorhandenes Prüfgebiet handelt, und zeigt Ihnen das in Abbildung 2.11 dargestellte Dialogfenster an. In unserem Beispiel lautet die Frage: **Prüfgebiet <Zielprüfgebiet> bereits vorhanden. Möchten Sie Prüfgebiet <Quellprüfgebiet> mit Prüfgebiet <Zielprüfgebiet> abmischen?** Bestätigen Sie die Frage, indem Sie auf **Ja** klicken.

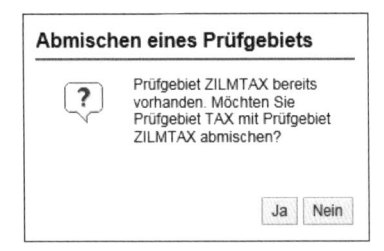

Abbildung 2.11 Transaktion ILMARA – Prüfgebiete zusammenführen

Speichern Sie das Prüfgebiet unter Angabe eines Transportauftrags (Customizing-Auftrag). Sie befinden sich danach im Änderungsmodus der Pflege des Prüfgebiets. Dem weiteren Vorgehen widmen wir uns direkt im nächsten Abschnitt 2.3.5.

[»] **Prüfgebiete kopieren oder zusammenführen im Retention-Warehouse-Szenario**

Nutzen Sie die Funktion des Kopierens oder des Zusammenlegens mit einem anderen Prüfgebiet im ILM-Retention-Warehouse-Szenario, erscheint zusätzlich ein weiteres Dialogfenster, in dem Sie wählen können, ob Sie aus dem Quellprüfgebiet die sogenannten *Prüfpaketvorlagen* (wenn vorhanden) kopieren bzw. zusammenführen möchten. Treffen Sie die Entscheidung Ihren Bedürfnissen entsprechend. Die Prüfpaketvorlagen werden wir in Abschnitt 8.6, »Reporting im SAP-ILM-RW-System«, beschreiben.

2.3.5 Auswirkung des Ankreuzfeldes »Objektzuordnung«

Sobald Sie sich im Modus der Pflege eines Prüfgebiets befinden, kommt auf Sie eine wichtige Aufgabe zu: das Setzen des Ankreuzfeldes **Objektzuordnung**. In den Modus der Pflege eines Prüfgebiets kommen Sie, wenn Sie ein Prüfgebiet anlegen (siehe Abbildung 2.8) oder ein Prüfgebiet ändern (siehe Abbildung 2.12).

Objektzuordnung in einem Prüfgebiet

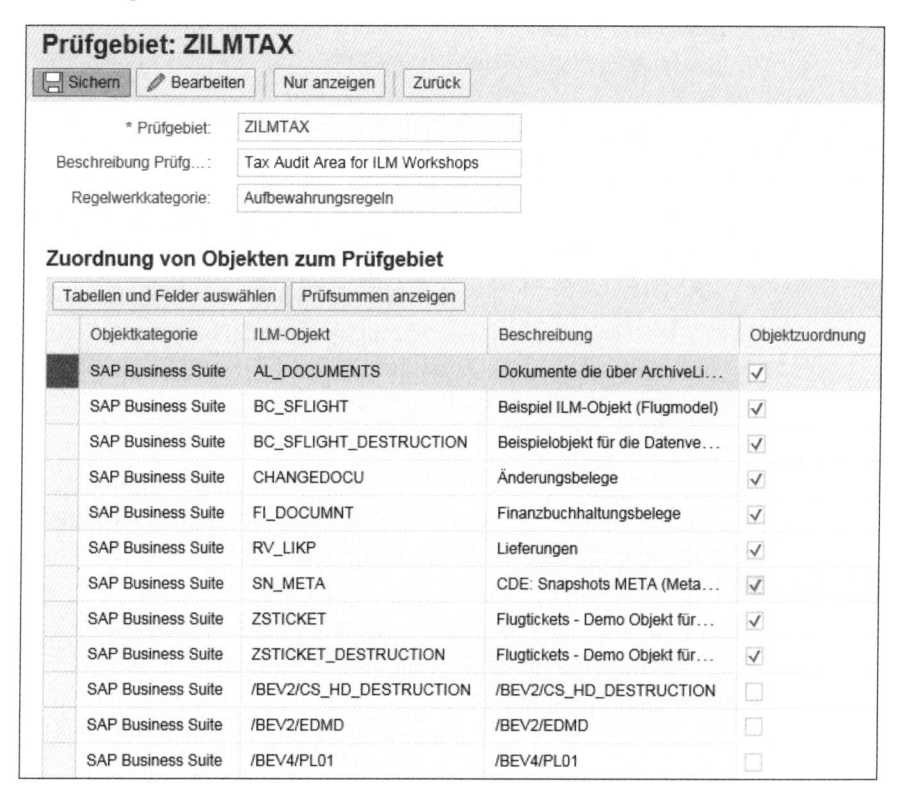

Objektkategorie	ILM-Objekt	Beschreibung	Objektzuordnung
SAP Business Suite	AL_DOCUMENTS	Dokumente die über ArchiveLi…	✓
SAP Business Suite	BC_SFLIGHT	Beispiel ILM-Objekt (Flugmodel)	✓
SAP Business Suite	BC_SFLIGHT_DESTRUCTION	Beispielobjekt für die Datenve…	✓
SAP Business Suite	CHANGEDOCU	Änderungsbelege	✓
SAP Business Suite	FI_DOCUMNT	Finanzbuchhaltungsbelege	✓
SAP Business Suite	RV_LIKP	Lieferungen	✓
SAP Business Suite	SN_META	CDE: Snapshots META (Meta…	✓
SAP Business Suite	ZSTICKET	Flugtickets - Demo Objekt für…	✓
SAP Business Suite	ZSTICKET_DESTRUCTION	Flugtickets - Demo Objekt für…	✓
SAP Business Suite	/BEV2/CS_HD_DESTRUCTION	/BEV2/CS_HD_DESTRUCTION	☐
SAP Business Suite	/BEV2/EDMD	/BEV2/EDMD	☐
SAP Business Suite	/BEV4/PL01	/BEV4/PL01	☐

Abbildung 2.12 Transaktion ILMARA – Ändern und Objektzuordnung

Setzen Sie das Ankreuzfeld **Objektzuordnung** für all die ILM-Objekte, die Sie in diesem Prüfgebiet verwenden möchten, zu denen Sie also im weiteren Schritt Regeln wie die Aufbewahrungsregeln definieren wollen. Klären Sie also im Rahmen Ihres ILM-Projekts pro Prüfgebiet, welche ILM-Objekte es sein sollen. Natürlich können Sie jederzeit neue ILM-Objekte zuordnen (indem Sie das Ankreuzfeld setzen) oder bestehende Objekte abwählen. Letzteres ist davon unabhängig, ob Sie bereits Regeln definiert haben oder nicht.

Ebenfalls kann ein ILM-Objekt gleichzeitig mehreren Prüfgebieten zugeordnet sein. Dies ist logischerweise dann der Fall, wenn für dieses Objekt mehrere Rechtsprechungen gelten, z. B. sowohl steuerrechtliche als auch aus der Produkthaftung resultierende.

> **Sortierung der Liste mit ILM-Objekten eines Prüfgebiets**
>
> Beachten Sie, dass die Liste der ILM-Objekte eines Prüfgebiets zuerst in alphabetischer Reihenfolge die dem Prüfgebiet zugeordneten Objekte aufführt. Im Anschluss werden – auch in alphabetischer Sortierung – die ILM-Objekte gelistet, für die das Ankreuzfeld **Objektzuordnung** nicht gesetzt ist.

> **Objektzuordnung beim Zusammenführen von Prüfgebieten**
>
> Beim Zusammenführen von Prüfgebieten setzt der Information Retention Manager (IRM) das Ankreuzfeld **Objektzuordnung** für alle dem Quellprüfgebiet zugeordneten ILM-Objekte auch im Zielprüfgebiet.
>
> ILM-Objekte des Zielprüfgebiets, die die Option **Objektzuordnung** gesetzt hatten, bleiben gesetzt, auch wenn das gleiche ILM-Objekt im Quellprüfgebiet nicht zugeordnet war.

Auswirkung der Objektzuordnung auf die Archivierung

Unterschätzen Sie nicht die Bedeutung des Ankreuzfeldes **Objektzuordnung** für ein ILM-Objekt. Ist es in mindestens einem Prüfgebiet gesetzt, ändert sich das Selektionsbild des Schreibprogramms des Archivierungsobjekts, das diesem ILM-Objekt zugeordnet ist. Abbildung 2.13 zeigt die Gruppe **ILM-Aktionen**, die dann erscheint. Wir werden sie ausführlich in Abschnitt 2.3.6, »Die Gruppe ›ILM-Aktionen‹ im Archivschreibprogramm«, beschreiben. Im Umkehrschluss bedeutet es, dass ein Archivierungsobjekt, obwohl es ILM-fähig sein kann, die ILM-Aktionen nicht anbietet und somit das ILM nicht verwendet, weil Sie nicht in mindestens einem Prüfgebiet den Wunsch dazu geäußert haben.

Eine weitere Auswirkung des Ankreuzfeldes **Objektzuordnung** ist, dass Sie die ILM-Aktionen *Archivierung* oder *Datenvernichtung* nur dann erfolgreich für Ihre Daten ausführen können, wenn eine passende Aufbewahrungsregel existiert. Wie Sie diese Regeln anlegen, werden wir noch in Abschnitt 2.5, »Regelwerke – die Schatzkiste mit den Regeln«, beschreiben.

Der Grund ist, dass Sie über das Ankreuzfeld **Objektzuordnung** dem System mitteilen, dass die Daten der dazugehörigen Anwendung nun unter Kontrolle von SAP ILM sind. Damit die Kontrolle in Ihrem Sinne ist, müssen passende Regeln vorliegen.

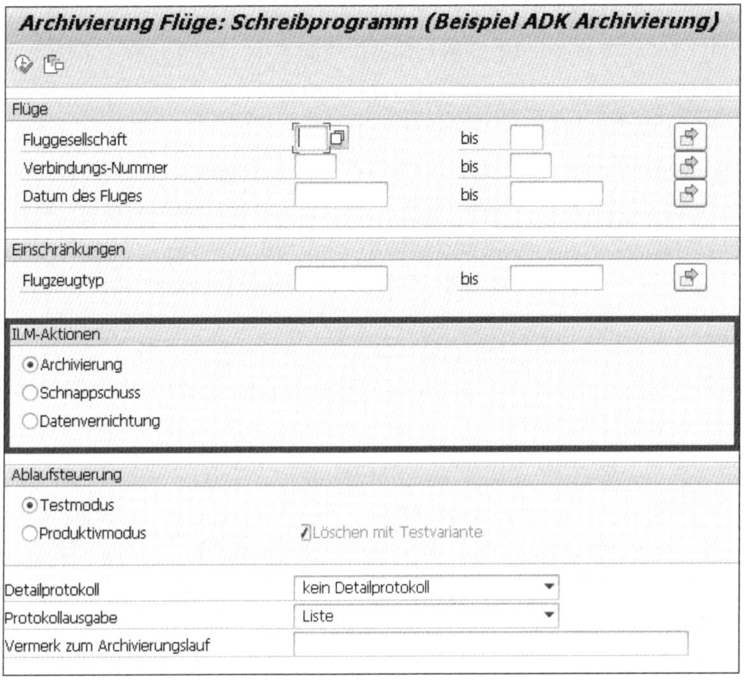

Abbildung 2.13 Gruppe »ILM-Aktionen« im Archivschreibprogramm

> [zB]
>
> **Existenz passender Regeln**
>
> Haben Sie Aufbewahrungsregeln für die Buchungskreise 1000 und 2000 angelegt und archivieren oder vernichten Sie jetzt über die entsprechende ILM-Aktion Daten zum Buchungskreis 3000, verweigert das Archivierungsobjekt dies mit dem Verweis auf fehlende passende Regeln. Das Schreibprogramm soll hier nicht abbrechen, sondern die von diesem Sachverhalt betroffenen Daten im Protokoll aufführen.
>
> In einem anderen Beispiel sollten vielleicht laut Ihrer Schreiblaufvariante alle drei Buchungskreise berücksichtigt werden, sodass Teile der Daten durchaus bearbeitet werden können (die der Buchungskreise 1000 und 2000), andere aber nicht (Buchungskreis 3000).

2.3.6 Die Gruppe »ILM-Aktionen« im Archivschreibprogramm

Wie versprochen, widmen wir uns nun der Gruppe **ILM-Aktionen**, wie sie Abbildung 2.13 zeigt.

Archivierung und Datenvernichtung

Die erste Aktion, *Archivierung*, kennen Sie bereits. Es ist die gleiche Aktion, die ein Archivierungsobjekt bis jetzt immer angeboten hat. Da es nur diese eine Aktion war, brauchten wir dafür kein Element auf dem Selektionsbild. Hier geht es also darum, die Gesamtbetriebskosten (Total Cost of Ownership, TCO) während der langfristigen Speicherung von Daten im Produktivsystem zu verringern.

Mit SAP ILM bekommen Sie darüber hinaus noch folgende zusätzliche Aktionen: Die Aktion *Datenvernichtung*, denn – so ungewohnt es zuerst klingen mag – ein Archivierungsobjekt kann auch zur Datenvernichtung von Daten aus der Datenbank verwendet werden, also ohne dass die Daten auf einem externen Speicher in Form von Archivdateien vorliegen. (Wir werden dieses Thema auch in Abschnitt 2.7.2, »Vernichtung aus der Datenbank per Archivierungsobjekt«, beschreiben.) Natürlich ist das nur nach Ablauf der Aufbewahrungsdauer möglich (deren Anlegen wir noch besprechen werden), die hier geprüft wird.

> **[zB] ILM-Aktionen »Archivierung« und »Datenvernichtung« für das gleiche Objekt**
>
> Die ILM-Aktion *Datenvernichtung* werden Sie nur in einem ILM-fähigen Archivierungsobjekt sehen. Ob Sie sie nutzen oder nicht, überlassen wir Ihnen. Für manche Business-Objekte eröffnet es Ihnen zusätzliche hilfreiche Optionen. So könnten wir uns vorstellen, dass Sie für manche Änderungsbelege lange Aufbewahrungsfristen definieren wollen und aus Volumengründen diese auch archivieren werden.
>
> Für manch andere Änderungsbelege – welche genau, steuern Sie über die Spalten auf der Bedingungsseite der dazugehörigen Regelwerke – ist nur eine kurze Aufbewahrungsdauer gegeben. Hier könnten Sie die Aktion *Datenvernichtung* nutzen. Dies ist viel schneller und einfacher als der Ansatz, diese auch zu archivieren und anschließend die Archivdatei manuell zu löschen.

Temporäre Archivdateien

Kommen wir nun zu einer Besonderheit, die die Aktion *Datenvernichtung* mit sich bringt. Wir sind nun im Reich der Datenarchivierung. Wir haben überlegt, wie wir Ihnen hier eine Vernichtung von Daten in der Datenbank anbieten könnten, und sind zu diesem Schluss gekommen: Wir werden den normalen Prozess der Datenarchivierung nutzen. Es wird also eine *Schreibphase* geben, die eine Archivdatei erstellt, und es wird auch eine *Löschphase* geben, die die Daten aus der Datenbank entfernt. So weit alles also wie gehabt. Der Unterschied kommt jetzt: Nach der Löschphase wird immer dafür gesorgt, dass auch die Archivdatei gelöscht wird. Damit sind die Daten nicht mehr auf der Datenbank und auch nicht mehr im Archiv vorhanden. (Und so ist auch der Begriff *temporäre Archivdateien* entstanden.)

Aus diesen Erklärungen leiten sich auch die folgenden Besonderheiten eines *Archivlaufs* ab, der mit der Aktion *Datenvernichtung* begonnen hat:

Besonderheiten des Archivlaufs

- In der Archivdatei sind nur Daten enthalten, deren Aufbewahrungsdauer abgelaufen ist.
- Die Archivinformationsstrukturen werden nicht gefüllt.
- Die Ablagejobs werden nicht automatisch gestartet. (Ein Beispiel für einen Ablagejob, den Sie in der Jobübersicht der Transaktion SARA [Archivadministration] sehen können, zeigt Abbildung 3.98 in Abschnitt 3.6.5, »Extraktion von Datenobjekten mit Legal Hold«.)
- Die Nachlaufjobs werden nicht automatisch gestartet.
- Das Ereignis SAP_ARCHIVING_DELETE_FINISHED wird nicht ausgelöst.
- Archivdateien können im Zeitraum zwischen Anlage und Löschphase nicht für die Ablage ausgewählt werden.

[«]

Datenvernichtung für nicht archivierbare Daten

Folgende Besonderheit ergibt sich für die Aktion *Datenvernichtung*: Sie kann unter Umständen dazu führen, dass bestimmte Daten die Prüfungen hinter der Aktion *Datenarchivierung* nicht bestehen, die Prüfungen der *Datenvernichtung* aber erfolgreich absolvieren. Über den Umfang der Prüfungen pro ILM-Aktion zu entscheiden, liegt in der Verantwortung des dazugehörigen Entwicklungsteams und hat – wie so oft – auch einen rechtlichen Hintergrund. Es ist nämlich denkbar, dass der Gesetzgeber die Aufbewahrungszeit mancher Daten nur an ihre Lebensdauer knüpft. Damit erlaubt er die Vernichtung von Daten, auch wenn der Geschäftsprozess nicht abgeschlossen ist. In anderen Fällen muss womöglich neben der Aufbewahrungszeit auch der Geschäftsvorgang abgeschlossen sein. Um diese Flexibilität zu ermöglichen, muss die ILM-Aktion *Datenvernichtung* beides prinzipiell erlauben, und die jeweilige Entwicklungsabteilung muss klären, was genau für Ihre Daten gefordert ist.

Kommen wir zu guter Letzt zur dritten ILM-Aktion, der Aktion *Schnappschuss*: Sie wird nur bei der Systemstilllegung (ILM-Szenario Retention Warehouse) benötigt. Ihre Kernidee besteht darin, Daten aufs Archiv zu schreiben, die die Aktionen *Archivierung* und *Datenvernichtung* zu bearbeiten verweigern, weil sie z. B. noch offene Geschäftsvorgänge darstellen. Bei der Systemstilllegung ist es aber absolut wichtig, alle Daten in das Retention-Warehouse-System zu übertragen, die benötigt werden, um später gegebenenfalls Audits von Geschäftsjahren zu ermöglichen – speziell also auch die Daten, die noch nicht archivierbar sind, wie beispielsweise Belege

ILM-Aktion »Schnappschuss«

mit offenen Posten. Daraus leiten sich also folgenden Eigenschaften dieser Aktion ab:

- Das Archivschreibprogramm führt keine *Archivierbarkeitsprüfungen* durch. Damit sind alle Prüfungen gemeint, die darüber entscheiden, ob die Daten, die Sie auf dem Selektionsbild des Archivschreibprogramms spezifiziert haben, »reif« dafür sind, ins Archiv verschoben zu werden. Damit ist z. B. gemeint, dass die Daten nicht mehr für ändernde Verarbeitungen benötigt werden. Denn nur Daten, die Sie ausschließlich für lesende Zugriffe benötigen, dürfen ihr neues Zuhause im Archiv beziehen. Zu den Archivierbarkeitsprüfungen gehören auch die *Residenzzeiten* (Verweilzeiten).

- Für die so entstandenen Archivdateien wird keine Löschphase eingeplant, egal, welche Einstellungen Sie im dazugehörigen Customizing vorgenommen haben. Daher sprechen wir bei den Schnappschüssen auch von »Kopien der Daten«.

[»] **IRM-Regeln bei der ILM-Aktion »Schnappschuss«**

Die ILM-Regeln werden auch dann ermittelt, wenn der Anwender die ILM-Aktion *Schnappschuss* auswählt. Das Ziel ist dabei, den Ort zu bestimmen, an dem die Daten im Archiv abgelegt werden sollen, z. B. in welcher zertifizierten ILM-Ablage dies geschehen soll.

Für Schnappschüsse kann der IRM aber grundsätzlich kein Ablaufdatum ermitteln. (Der Schnappschuss ist für Daten gedacht, die von den ILM-Aktionen *Datenarchivierung* und *Datenvernichtung* ablehnt werden, weil sie noch zu offenen Geschäftsvorgängen gehören und damit das Anfangsdatum, das sogenannte Beginndatum, für die Aufbewahrungsdauer nicht ermittelt werden kann.)

Die Aufbewahrungsdauer hat daher immer den Wert »unknown« (»unbekannt«), wodurch eine Schnappschussdatei vor der Vernichtung geschützt ist. Die endgültige Aufbewahrungsdauer kann in einem separaten Schritt, manuell mithilfe der Transaktion ILM_CHANGE_RET (Ablaufdatum ändern) gesetzt werden. Wir werden das Thema in Abschnitt 2.7.5, »Die Transaktion ILM_CHANGE_RET«, beschreiben.

Abbildung 2.14 fasst die Haupteigenschaften der drei soeben besprochenen ILM-Aktionen noch einmal für Sie zusammen.

Für alle ILM-Aktionen gilt, dass Sie – wenn sie erfolgreich im Produktivmodus ausgeführt wurden – anschließend in der Verwaltung der Archivadministration einen dazugehörigen Lauf sehen. Abbildung 2.15 zeigt hierzu ein Beispiel und stellt dar, welche Icons solchen Läufen voranstehen.

2.3 Das Prüfgebiet – Ihr Grund zur Definition von Aufbewahrungsregeln

Archivierung
- abgeschlossene Business-Objekt-Instanzen nach einer Archivierbarkeitsprüfung archivieren
- IRM legt fest, wie lange und wo die Daten abgelegt werden
- für vor ILM entstandene Archivdateien steht die Dateiumsetzung zur Verfügung

Schnappschuss
- keine Archivierbarkeitsprüfung
- schreibt auch noch nicht archivierbare (abgeschlossene) Business-Objekt-Instanzen in Archivdateien
- keine Datenlöschung auf der Datenbank möglich – immer Kopien von Daten
- es wird keine Aufbewahrungsdauer, der Ablageort schon

Datenvernichtung
- potenziell weniger Prüfungen im Archivschreibprogramm
- nur Daten, die bereits vernichtet werden können, werden in die Archivdatei geschrieben
- ermöglicht potenziell das Vernichten von nicht archivierbaren (abgeschlossenen) Business-Objekt-Instanzen
- Archivdatei wird nicht abgelegt, sondern am Ende der Löschphase gelöscht
- Daten **müssen** die IRM-Regeln erfüllen (Aufbewahrungsdauer verstrichen)

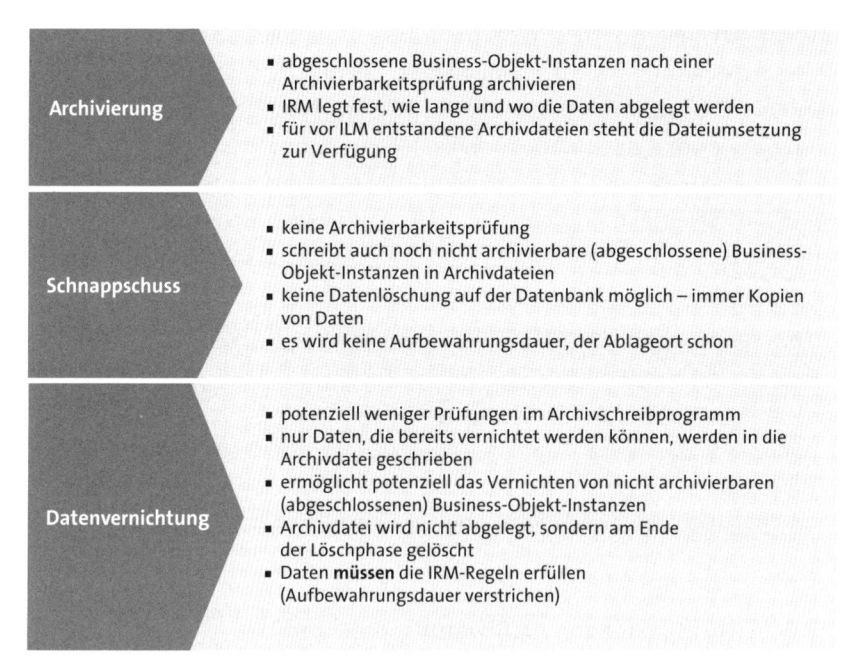

Abbildung 2.14 ILM-Aktionen – Gegenüberstellung

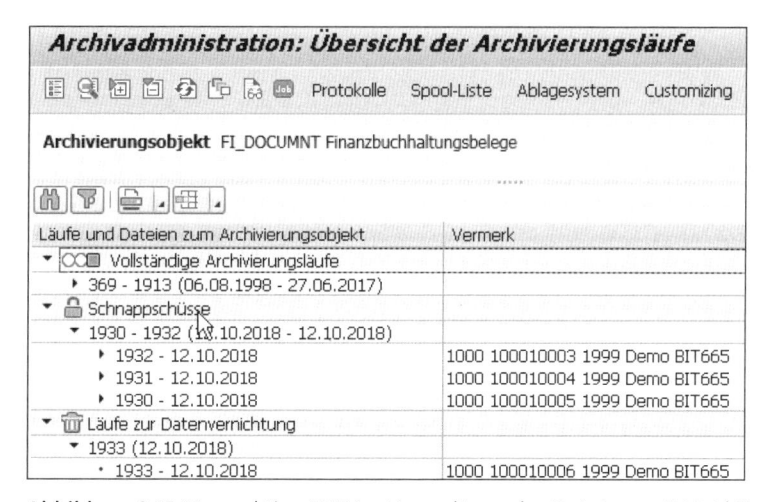

Abbildung 2.15 Transaktion SARA – Verwaltung der Dateien zu ILM-Aktionen

ILM-Aktion *Datenvernichtung* Im Falle der ILM-Aktion *Datenvernichtung* gibt es keine dazugehörigen Archivdateien. Sie können aber jeder Zeit nachweisen, welche Daten Sie der finalen Löschung unterzogen haben, indem Sie z. B. mit der rechten Maustaste auf den Lauf (nicht auf die Datei) klicken und im Kontextmenü die Funktion **Benutzereingaben** wählen. Im darauffolgenden Pop-up-Fenster sehen Sie die Details zu der Variante, mit der der Archivierungslauf gestartet wurde. Wie Sie von der klassischen Datenarchivierung wissen, handelt es sich hier um eine Kopie der Variante, die das ADK (Archive Development Kit) zum Startzeitpunkt des Hintergrundjobs erstellt hat. Damit können Sie jederzeit nachvollziehen, mit welchen Selektionen der Lauf durchgeführt wurde. Insbesondere auch dann, wenn die Variante inzwischen verändert wurde, oder – wie jetzt – wenn die Archivdatei nicht mehr existiert.

[»] **Erweiterungsspot ES_ILM_DESTRUCTION**
In Abschnitt 2.7.6, »Erweiterungsspot ES_ILM_DESTRUCTION«, werden wir BAdIs beschreiben, die für Sie für bestimmte Spezialfälle von Relevanz sein könnten. Darin haben Sie z. B. die Möglichkeit, auch Daten zu vernichten, die nicht zur sogenannten Strukturdefinition des Archivierungsobjekts gehören, die aber logisch betrachtet zusammenhängen.

2.3.7 ILM-Fähigkeit von Archivierungsobjekten

ILM-Aktionen – das Archivierungsobjekt muss mitmachen

Wie Sie nun wissen, erscheint die Gruppe **ILM-Aktionen** im Archivschreibprogramm, sobald das mit diesem Archivierungsobjekt verknüpfte ILM-Objekt mindestens einem Prüfgebiet zugeordnet wurde (siehe Abbildung 2.12 in Abschnitt 2.3.5, »Auswirkung des Ankreuzfeldes ›Objektzuordnung‹«). Es reicht jedoch nicht aus, diese Aktionen zu sehen, um von ihnen Gebrauch zu machen. Das Archivschreibprogramm muss auch korrekt auf Ihre Wahl reagieren und in der Summe drei verschiedene Aktionen korrekt ausführen. Die Arbeit, die sich daraus für den Entwickler des Archivierungsobjekts ergibt, nennen wir »das Archivierungsobjekt ILM-fähig machen«. Diese Aufgabe besteht im Wesentlichen aus zwei Unteraufgaben. Der Entwickler muss für das Archivierungsobjekt ein passendes ILM-Objekt anlegen. Dieser Aufgabe widmen wir uns in Abschnitt 9.5, »Ein ILM-Objekt anlegen – die Transaktion IRM_CUST«. Und er muss die beiden neuen Aktionen *Schnappschuss* und *Datenvernichtung* im Archivschreibprogramm implementieren. Es muss also dafür gesorgt sein, dass diese Aktionen das Verhalten aufweisen, das wir weiter oben beschrieben haben.

[»] **Abweichende Darstellung von ILM-Aktionen**
Die Entwickler mancher Archivierungsobjekte kamen zu dem Schluss, dass sie nicht alle drei Aktionen anbieten werden. Einen der Gründe und eines der Beispiele finden Sie im nachfolgenden Beispielkasten. Es kann also sein, dass Sie ILM-fähigen Archivierungsobjekten begegnen werden, die weniger als drei ILM-Aktionen anbieten.

2.3 Das Prüfgebiet – Ihr Grund zur Definition von Aufbewahrungsregeln

> **[zB] Abweichende Darstellung von ILM-Aktionen in SAP ERP HCM**
>
> SAP ERP HCM (Human Capital Management) war die erste Applikation, die Bedarf hatte, die Datenvernichtung, nicht aber die Archivierung anzubieten. Es war der Zeitpunkt, als die DSGVO immer mehr zum Thema wurde. Für viele HCM-Business-Objekte, insbesondere die Personalstammdaten in den Infotypen, gab es zu diesem Zeitpunkt kein Archivierungsobjekt, da es kein Massendatenproblem an dieser Stelle gab. Die Daten waren jedoch DSGVO-relevant, sie waren personenbezogen, und so wurde das finale Löschen (die Datenvernichtung) notwendig. Zu diesem Zeitpunkt gab es noch keine Datenvernichtungsobjekte, sodass die ILM-Aktion *Datenvernichtung* das Mittel der Wahl war. Den Entwicklern war aber klar, dass die Kunden keine ILM-Aktion *Archivierung* benötigen. Aus diesem Grund blendeten sie diese Aktion aus. Beispiele für solche Archivierungsobjekte sind: HRPA_LOAN (HR: Darlehen), Infotyp 0045, oder HRTIM_ABS (HR: Abwesenheiten), Infotyp 2001.

An dieser Stelle sollte angemerkt werden, dass wir die Existenz der Datenvernichtungsobjekte den HCM-Kollegen und -Kolleginnen verdanken. Sie erkannten zu Recht, dass es sehr umständlich ist, in dem im Kasten »Abweichende Darstellung von ILM-Aktionen in der Applikation HCM« geschilderten Fall ein Archivierungsobjekt anzubieten, umständlich sowohl für die Entwickler als auch für die Kunden. Erstere brauchen mehr Zeit, um ein Archivierungsobjekt zu entwickeln (es hat ja deutlich mehr Funktionen als ein Datenvernichtungsobjekt), und Letztere brauchen mehr Zeit sowohl für die Vorbereitung als auch für die Durchführung der Archivierung (Schreib- und Löschphase im Vergleich zur einer Phase im Datenvernichtungsobjekt). Die temporäre Archivdatei braucht Plattenplatz, der in der Vorbereitungsphase eingerichtet werden muss, und die Einplanung sowie das Monitoring zweier Hintergrundprogramme (Schreib- und Löschprogramm) brauchen ebenfalls mehr Zeit.

Geburtsstunde der Datenvernichtungsobjekte

Diese Erkenntnis war die Geburtsstunde der Datenvernichtungsobjekte. Nun dauerte es aber einige Monate, bis wir sie entwickelt haben. Die HCM-Kollegen und -Kolleginnen konnten – der DSGVO wegen – nicht lange warten und begannen doch, neue Archivierungsobjekte anzubieten, wie aber soeben beschrieben nicht mit allen ILM-Aktionen. Als die Datenvernichtungsobjekte zur Verfügung standen, sollte die Applikation ein einheitliches Erscheinungsbild ihrer Lösung haben, und so blieb es dabei, dass Sie in SAP ERP HCM sehr viele Archivierungsobjekte nur für den Zweck der Datenvernichtung vorfinden werden.

Wiederholen wir also zusammenfassend, dass für SAP ILM die Archivschreibprogramme so erweitert wurden, dass nicht nur die Datenarchivierung, sondern auch die Vernichtung von Daten aus der Datenbank sowie das Anlegen von Schnappschüssen möglich sind. Zum Zeitpunkt der Entstehung von SAP ILM gab es etwa 2.000 Archivierungsobjekte. Sie können sich also vorstellen, dass das Anbieten ILM-fähiger Archivierungsobjekte ein lange andauerndes Projekt war und nach wie vor ist, denn auch heute sind immer noch nicht alle Archivierungsobjekte ILM-fähig (es sollten aber inzwischen nur noch obsolete Archivierungsobjekte sein oder solche, die keine aufbewahrungspflichtigen Daten enthalten).

[zB] **ILM-Fähigkeit kundeneigener Archivierungsobjekte**
Prüfen Sie in Ihrem ILM-Projekt, ob in Ihrem Unternehmen Archivierungsobjekte im Kundennamensraum entwickelt wurden, sprich, ob Sie Archivierungsobjekte im Einsatz haben, die nicht von SAP erstellt wurden. Ist das der Fall, prüfen Sie, ob diese Objekte ILM-fähig sein müssen. Details dazu beschreiben wir in Kapitel 8, »Systemstilllegung mit SAP ILM Retention Warehouse«.

2.4 Regelwerkkategorien

Schauen wir uns jetzt einen neuen Begriff an, den SAP ILM mit sich bringt: die *Regelwerkkategorien*. Bei der Aufbewahrungsdauer geht es um die Definition der Lebensdauer der Daten, unabhängig davon, wo sie gespeichert werden (Datenbank, Archiv etc.). Sie wollen die Daten schließlich löschen, und dafür brauchen Sie diese Information.

Residenzzeit, Verweildauer, Laufzeit

Wenn Sie ein Experte in der klassischen Datenarchivierung sind, werden Sie sich erinnern, dass wir dort von *Residenzzeit* gesprochen haben. Manche Anwendungen verwendeten in ihren Archivierungsobjekten ein Synonym dieses Begriffs und nannten diese Zeit *Verweildauer* oder *Laufzeit*. Welchen Begriff Sie auch bevorzugen, immer geht es um eine Lebensdauer, also den Zeitraum, für den die Daten auf der Datenbank verbleiben sollen, *bevor* sie archiviert werden.

Manche Anwendungen bieten an, diese Zeit im Customizing zu hinterlegen. Der Grund ist meist der Wunsch der Kunden nach mehr Sicherheit (insbesondere bei sensiblen Daten), sodass wichtige Daten nicht zu früh und nicht versehentlich archiviert werden. Diese Kunden wollten sich nicht (ausschließlich) auf die Selektionen der jeweiligen Variante für die Schreibphase verlassen. Zusätzlich sollte das System während der Schreibphase noch in einem dedizierten Residenzzeit-Customizing prüfen, ob eine Archivierung (gemäß der vom Kunden definierten Residenzzeiten) erlaubt ist.

Lange Rede, kurzer Sinn. Wir haben recht schnell erkannt, dass in SAP ILM mindestens zwei Kategorien von Regeln benötigt werden – vielleicht kommen mit der Zeit auch noch weitere dazu. So entstand der Begriff Regelwerkkategorien. Für beide ILM-Szenarien (Retention Warehouse und Retention Management) gilt also: Mit SAP ILM wird Ihre SAP-Standardauslieferung um die Funktionalität ergänzt, den Lebenszyklus von Daten, ob archiviert oder nicht, auf der Basis von Regeln zu verwalten. Die Regeln können einer von zwei Regelwerkkategorien angehören:

Regelwerkkategorien

1. **Aufbewahrungsregeln**
   Die Fragestellung ist hier: Wie lange dürfen oder müssen Sie die Daten eines Business-Objekts generell behalten? Bei der genaueren Auseinandersetzung mit diesen Regeln stellten wir fest, dass sie in einer der beiden folgenden Ausprägungen vom Gesetzgeber definiert werden können:

   – **Minimaler Aufbewahrungszeitraum**
     Typischerweise müssen Finanzbuchhaltungsbelege mindestens n Jahre (in Deutschland z. B. zehn Jahre) aufbewahrt werden. Die Steuerbehörde nimmt es einem nicht übel, wenn es länger wird (die DSGVO schon), Sie bekommen aber Probleme, wenn Sie diese minimale Zeit nicht einhalten. SAP ILM bekommt hier also die Aufgabe, Sie darin zu unterstützen, diese Zeit auf keinen Fall zu unterschreiten.

   – **Maximaler Aufbewahrungszeitraum**
     Andere Bereiche, andere Regulierungen – abgelehnte Bewerbungen dürfen Sie maximal ein paar Monate vorhalten (je nach Land vielleicht sechs, vielleicht zwölf Monate). Sie bekommen Probleme mit dem Gesetzgeber, wenn Sie die Daten *länger* als diese maximale Aufbewahrungszeit vorhalten. SAP ILM bekommt hier also eine leicht andere Aufgabe, fast umgekehrt zu der ersten: Es soll Sie dabei unterstützen, die Daten spätestens dann zu löschen, wenn der maximale Aufbewahrungszeitraum, den Sie im System definiert haben, abgelaufen ist.

2. **Verweilregeln**
   Die Frage hier ist: Wie lange wollen Sie die Daten eines Business-Objekts *in der Datenbank* halten, bevor Sie sie archivieren?

[zB] **Verweilregeln**

Im Buchungskreis 1000 möchten Sie die Daten sechs Monate ab dem Ausgleichs- oder Buchungsdatum auf der Datenbank behalten und erst danach ins Archiv verschieben. Im Buchungskreis für andere Länder sind es mehr oder weniger Monate.

Archivierbarkeitsprüfungen

Betrachten wir jetzt, was im Archivschreibprogramm passiert. Wenn ein Business-Objekt (z. B. ein Kundenauftrag) archiviert werden soll, prüft das Archivschreibprogramm, ob das Objekt abgeschlossen ist (denn Daten in der Archivdatei sind nicht mehr änderbar) *und* ob die Verweildauern – so Sie diese definiert haben – verstrichen sind. Wir könnten die Verweilregeln also ein jüngeres Geschwister der Aufbewahrungsregeln nennen.

[»] **Die Anwendung entscheidet**

Die Anwendung entscheidet, ob überhaupt und wenn ja, auf welchem der beiden möglichen Wege sie die Pflege der Verweilregeln (Residenzzeiten) für ihr Archivierungsobjekt ermöglicht. Diese Verweilregeln werden während der Prüfungen auf Archivierbarkeit der Daten berücksichtigt.

Archivierungsobjekte, die vor SAP ILM entstanden sind, bieten dafür applikationsspezifische Transaktionen. Ein Beispiel dafür zeigt Abbildung 2.16.

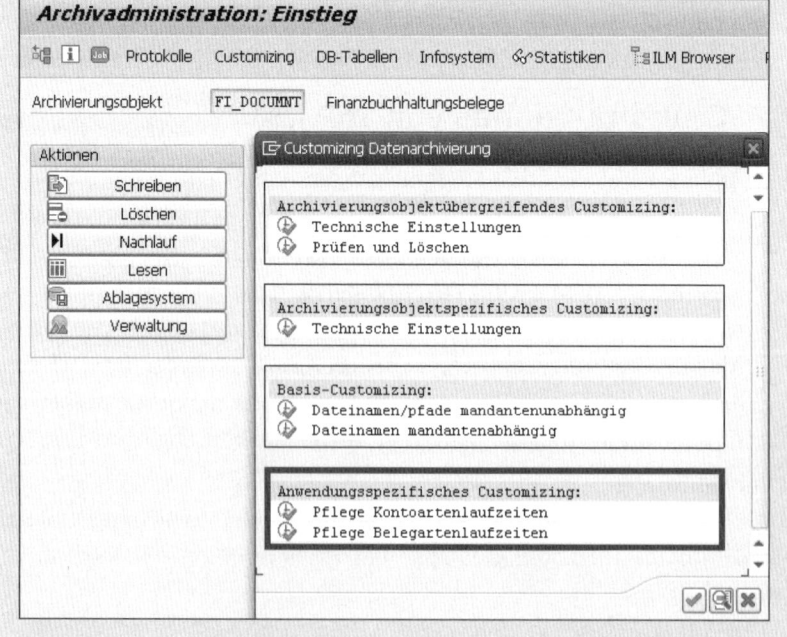

Abbildung 2.16 Transaktion SARA – Customizing der Verweilzeiten

Neuere Archivierungsobjekte können dafür die IRM-Regeln zur Verweildauer anbieten. Diesem Thema widmen wir uns in Abschnitt 2.5, »Regelwerke – die Schatzkiste mit den Regeln«.

Bietet eine Anwendung kein dediziertes Customizing für die Pflege von Verweilregeln (auch Residenzzeiten, Laufzeiten) an, steht Ihnen nur das Selektionsbild des Archivschreibprogramms zur Verfügung, um dem System mitzuteilen, welche Daten Sie prozessieren wollen. Am Beispiel der Änderungsbelege demonstriert dies Abbildung 2.17.

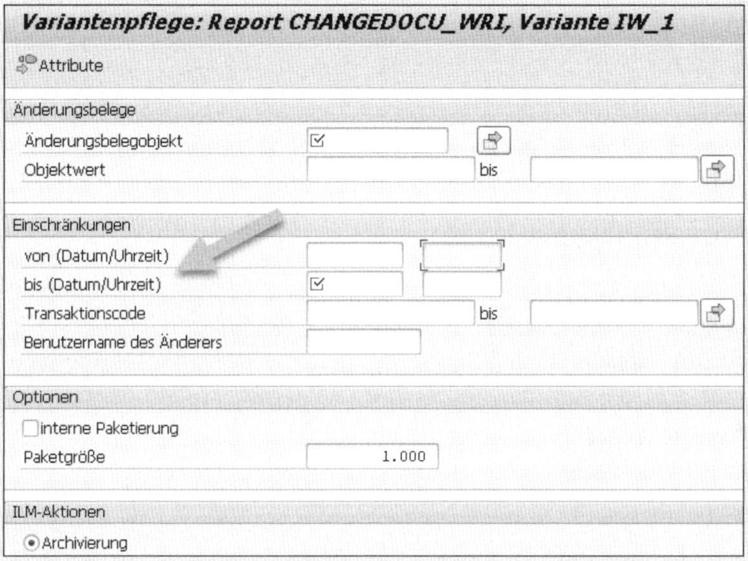

Abbildung 2.17 Transaktion SARA – Verweilzeitenangabe implizit im Archivschreibprogramm

2.5 Regelwerke – die Schatzkiste mit den Regeln

Kommen wir also zum Kern der Sache. Wie können Sie Aufbewahrungs- oder Verweilregeln definieren, im Laufe der Zeit verändern und transportieren? Bei der Pflege der Regeln werden Sie eine wichtige Komponente des ILM verwenden, den *Information Retention Manager (IRM)*. Mit diesem Werkzeug kontrollieren Sie den Lebenszyklus Ihrer Daten in Form von *Regelwerken*. Jedes Regelwerk ist eine Bündelung von Regeln; Sie können dafür Regeln anlegen, ändern und als produktiv kennzeichnen.

Information Retention Manager (IRM)

Die zugehörige Transaktion lautet IRMPOL (ILM-Regelwerke). Wenn Sie sie aufrufen, erscheint die in Abbildung 2.18 dargestellte Maske mit folgenden Eingabefeldern:

Das Regelwerk und seine Regeln

- Regelwerkkategorie
- Objektkategorie
- Prüfgebiet
- ILM-Objekt

Abbildung 2.18 Transaktion IRMPOL – Einstiegsbild

2.5.1 Objektkategorie

Über die Regelwerkkategorien (Aufbewahrungsregeln und Verweilregeln) sprachen wir bereits in Abschnitt 2.4. Über die *Objektkategorie* dagegen noch nicht. Es handelt sich dabei um ein Muss-Feld. Die Objektkategorie stellt das »Universum« dar, für das Ihre Regeln gelten sollen. Derzeit gibt es zwei mögliche Eingaben, die Sie der Wertehilfe des gleichnamigen Eingabefeldes entnehmen können:

- SAP Business Suite
- Papierdokumente

Dokumentation und die Durchsetzung von Regeln

In Ihrem Projekt werden Sie so gut wie immer die Objektkategorie **SAP Business Suite** benutzen, denn die Objektkategorie **Papierdokumente** gibt es nur zu Dokumentationszwecken. (Hier können Sie Aufbewahrungsdauern für Belege eingeben, die Sie in Papierform besitzen, beispielsweise E-Mails, Faxdokumente und Ähnliches.) Dank des IRMs können Sie Ihre Aufbewahrungsregelwerke und -regeln zentral in Ihrem System speichern, einschließlich derer für die Papierdokumente, die z. B. in einem Ordner abgeheftet sind. Der IRM ist jedoch nicht nur für die Dokumentation da, sondern auch für die Durchsetzung der Regeln. Diese ist natürlich nur für Dokumente möglich, die innerhalb des SAP-Systems vorliegen – das heißt nur für die Objektkategorie *SAP Business Suite*.

2.5.2 Regelwerk anlegen – die Transaktion IRMPOL

Besprechen wir nun das Anlegen von einem Regelwerk und im nächsten Schritt das Anlegen von Regeln darin.

2.5 Regelwerke – die Schatzkiste mit den Regeln

> **Regelwerke und Regeln werden von Kunden angelegt**
>
> Beachten Sie, dass SAP keine Regelwerke oder Regeln ausliefert. Die Aufgabe, diese Objekte anzulegen und mit den korrekten Eigenschaften (wie den Bedingungsfeldern) sowie Werten (wie der Aufbewahrungsdauer) auszuprägen, liegt beim Kunden.

Sobald Sie die vier Muss-Felder **Regelwerkkategorie**, **Objektkategorie**, **Prüfgebiet** und **ILM-Objekt** (siehe Abbildung 2.18) ausgefüllt und auf die Schaltfläche **Neu** geklickt haben, erscheint die in Abbildung 2.19 am Beispiel des ILM-Objekts `FI_DOCUMNT` (Finanzbuchhaltungsbelege) dargestellte Maske.

Zunächst geben Sie im Feld **Regelwerkname** – ein Pflichtfeld – einen passenden Namen ein. Sie können hier beinahe jede beliebige Eingabe machen (nur Sonderzeichen sind nicht erlaubt). Aus der Angabe in diesem Feld soll auf die Person, auf die Abteilung, die das Regelwerk verantwortet, oder beispielsweise auf einen spezialisierten Anbieter, von dem man die Regel bezieht, geschlossen werden können.

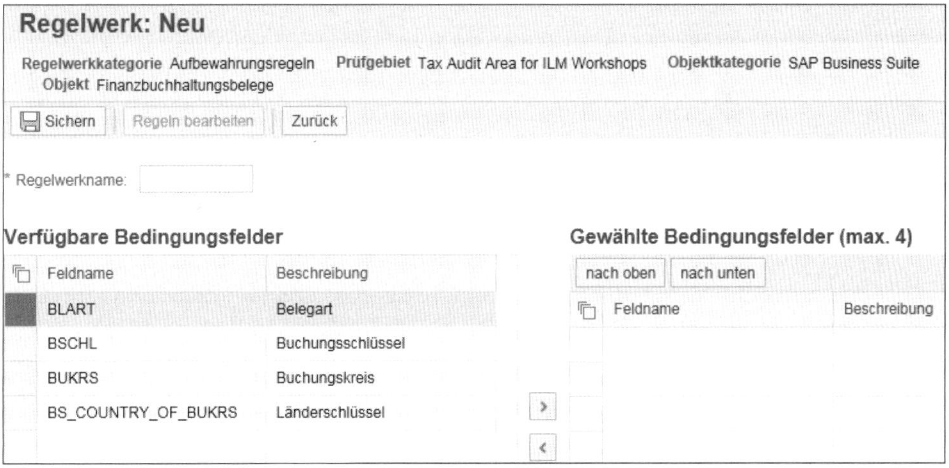

Regelwerkname

```
Regelwerk: Neu
Regelwerkkategorie  Aufbewahrungsregeln    Prüfgebiet  Tax Audit Area for ILM Workshops    Objektkategorie  SAP Business Suite
Objekt  Finanzbuchhaltungsbelege

[Sichern]  [Regeln bearbeiten]  [Zurück]

* Regelwerkname: [        ]
```

Verfügbare Bedingungsfelder			Gewählte Bedingungsfelder (max. 4)		
	Feldname	Beschreibung	nach oben nach unten		
	BLART	Belegart		Feldname	Beschreibung
	BSCHL	Buchungsschlüssel			
	BUKRS	Buchungskreis			
	BS_COUNTRY_OF_BUKRS	Länderschlüssel	>		
			<		

Abbildung 2.19 Transaktion IRMPOL – Regelwerk anlegen

Im unteren Teil von Abbildung 2.19 sehen Sie die Tabellen **Verfügbare Bedingungsfelder** und **Gewählte Bedingungsfelder**. Wie der Name es suggeriert, zeigt die erste Tabelle eine Auflistung aller Felder des dazugehörigen ILM-Objekts, also des dazugehörigen Business-Objekts, die Sie für die *Bedingungsseite einer Regel* auswählen können. (Es gibt noch eine weitere Kategorie von Bedingungsfeldern: obligatorische Bedingungsfelder. Mehr dazu erfahren Sie in Abschnitt 2.5.4, »Regeln im Regelwerk anlegen«.) Die zweite Tabelle zeigt Ihnen dann an, welche Felder Sie letztlich für das jeweilige Regelwerk gewählt haben.

Verfügbare und gewählte Bedingungsfelder

> **Maximal vier Bedingungsfelder**
> Der IRM erlaubt Ihnen, bei der Regelwerkdefinition maximal vier Regelwerkfelder auszuwählen (Sie sehen es in der Überschrift der rechten Tabelle in Abbildung 2.19). Die Hintergründe sind vielfältig: Unter anderem darf die maximale Länge eines URI (Uniform Resource Identifier), der den Pfad zu einer Archivdatei definiert, nicht überschritten werden. Außerdem ist die Tiefe der Hierarchie in der ILM-Ablage zu beachten. (Darauf werden wir in Abschnitt 2.6, »Vom WebDAV und der BC-ILM-Zertifizierung zum ILM Store Browser«, noch genauer zu sprechen kommen.)

Über die Auswahl in den Tabellen geben Sie also vor, abhängig von welchen Eigenschaften (Attributen) des Business-Objekts Sie die Regeln definieren möchten. Das können beispielsweise sein: das Land, der Buchungskreis, zu dem die Daten gehören, die Verkaufsorganisation, die Vorgangsart, die HR-Ländergruppierung oder der Beschäftigungsstatus des Mitarbeiters.

Individuelle Verfügbarkeit

Welche Felder zur Auswahl stehen, ist bei jedem ILM-Objekt etwas anders. Das ist klar, denn das ILM-Objekt spiegelt das zugehörige Business-Objekt wider. Für das ILM-Objekt wurden vom Entwickler/von der Entwicklerin nur die Felder der Tabellen des zugehörigen Business-Objekts verwendet, die für die Definition von Aufbewahrungs- und Verweilregeln benötigt werden, also logischerweise diejenigen Felder, die für die jeweiligen Rechtsprechungen relevant sind. Wird beispielsweise für die Regeln zur Aufbewahrung von Daten das Steuerrecht eines bestimmten Landes als Grundlage genommen, müssen alle steuerrelevanten ILM-Objekte in ihren Tabellen das Land oder ein Feld, von dem das Land eindeutig abgeleitet werden kann, anbieten (Buchungskreis, Verkaufsorganisation oder Ähnliches).

> **Gewählte Bedingungsfelder werden Teil des Dateipfades**
> Wird eine Archivdatei unter Kontrolle von SAP ILM erstellt, so wird auch die Aufbewahrungszeit ihrer Daten bestimmt. Alle Bedingungsfelder, die Sie zur Regelbildung im Regelwerk gewählt haben, werden – durch einen Schrägstrich (/) getrennt – Bestandteil des Dateipfades (URI), unter dem die Datei in der ILM-Ablage gespeichert wird. (Weitere Informationen zur ILM-Ablage finden Sie in Abschnitt 2.6.1, »Strukturierte und unstrukturierte Daten in der ILM-Ablage«.) Ein Vorteil, der sich für Sie daraus ergibt, ist folgender: Sie können aus dem Pfad ablesen, um welche Daten es sich in der Datei handelt.

2.5 Regelwerke – die Schatzkiste mit den Regeln

> **[zB] Werte der gewählten Bedingungsfelder im Dateipfad**
>
> Nehmen wir an, Sie haben beim Anlegen des Regelwerks die Bedingungsfelder **Buchungskreis** und **Belegart** gewählt. Nehmen wir des Weiteren an, dass Sie Daten zum Buchungskreis 1000 und den Belegarten SA und AB archivieren wollen. In diesem Fall werden bei der Archivierung mindestens zwei Archivdateien entstehen. Der dazugehörige Teil des Pfades lautet demnach:
>
> .../1000/SA/... und .../1000/AB/...
>
> Die Reihenfolge der Felder ist die gleiche wie bei der Regelpflege in der Transaktion IRMPOL (ILM-Regelwerke).
>
> Skizzieren wir noch ein zweites Beispiel. Von einem Kunden haben wir während einer ILM-Schulung erfahren, dass er für sein Regelwerk für MM_MATBEL (Materialwirtschaft: Materialbelege) das Bedingungsfeld **Werk** gewählt hatte. Die Firma hatte jedoch ca. 600 verschiedene Werke, also führte ein Archivierungslauf (für alle Werke) zu ca. 600 Löschjobs und genau so vielen Ablagejobs. Dieses Aufkommen hat das System offensichtlich nicht vertragen, also wurden die Regelwerke angepasst und das Bedingungsfeld **Werk** aus dem Regelwerk entfernt. Behalten Sie diese Abhängigkeiten beim Konzipieren von Regelwerken immer im Kopf.

Wenn Sie zu dem Schluss kommen, dass die Liste der verfügbaren Bedingungsfelder ein oder mehrere Felder nicht beinhaltet, die für Ihr neues Regelwerk notwendig sind, können Sie ein von SAP ausgeliefertes ILM-Objekt ergänzen. Zu diesem Zweck liefert SAP im Erweiterungsspot ES_IRM_CUST (IRM-Customizing) das BAdI BADI_IRM_OT_FLD (Verfügbare Bedingungsfelder: Wertermittlung) aus, siehe Abbildung 2.20.

Weitere Bedingungsfelder hinzufügen

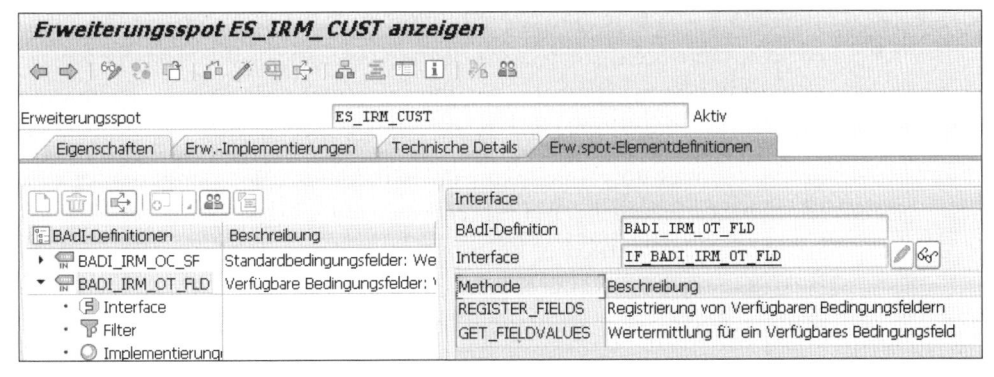

Abbildung 2.20 BAdI BADI_IRM_OT_FLD – Wertermittlung für verfügbare Bedingungsfelder

Das Interface das BAdIs besteht aus zwei Methoden:

- `REGISTER_FIELDS`: Registrierung verfügbarer Bedingungsfelder
- `GET_FIELDVALUES`: Wertermittlung für ein verfügbares Bedingungsfeld

Mithilfe der ersten Methode definieren Sie ein neues **verfügbares Bedingungsfeld**. Damit steht es beim Anlegen von Regelwerken zur Verfügung. (Sie würden es in der Tabelle **Verfügbare Bedingungsfelder** im linken Teil von Abbildung 2.19 sehen.)

Die Implementierung der zweiten Methode berechnet den Wert des neuen Bedingungsfeldes. Sie wird demzufolge bei der Berechnung der Verweil- oder Aufbewahrungsdauer der dazugehörigen Daten gerufen. Das BAdI bietet die folgenden Filterwerte an, die Sie auch in Abbildung 2.21 sehen:

- `OBJECT_CATEGORY` (Objektkategorie)
- `OBJECT_TYPE` (Objekttyp)

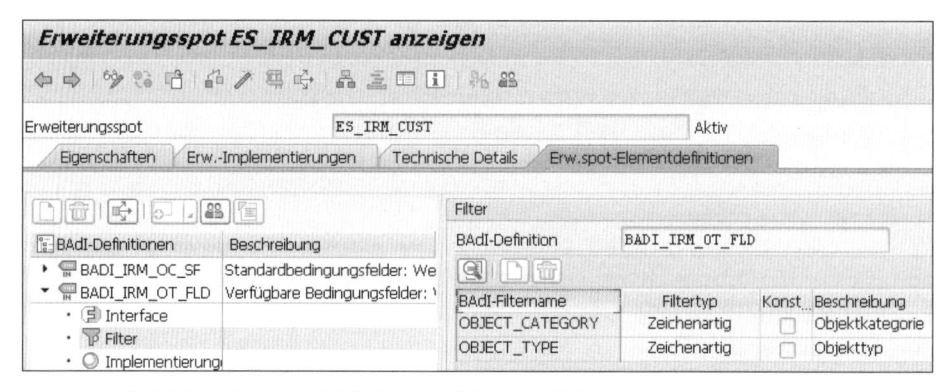

Abbildung 2.21 BAdI BADI_IRM_OT_FLD – Filter

Bedeutung der Filterwerte

Achten Sie also beim Implementieren des BAdIs darauf, passende Filterwerte zu definieren. Normalerweise ist es genau ein ILM-Objekt, für das das Feld zur Verfügung stehen soll, Es kann sich aber auch um eine Gruppe von ILM-Objekten mit ähnlichen Eigenschaften handeln.

Als alternatives Vorgehen beim Fehlen benötigter Bedingungsfelder können Sie natürlich auch die zuständige SAP-Abteilung kontaktieren und den Sachverhalt schildern. Dies ist insbesondere dann sinnvoll, wenn Sie glauben, dass mehrere Kunden an diesem Bedingungsfeld interessiert sein könnten und es daher im Standard ausgeliefert werden sollte.

Regelwerk speichern

Sind Sie mit der Auswahl der Bedingungsfelder fertig, können Sie das Regelwerk über die Schaltfläche **Sichern** (siehe Abbildung 2.19) speichern. Es ist nun vorhanden, hat aber noch keine Regeln. Wie Sie diese anlegen können, besprechen wir in Abschnitt 2.5.4, »Regeln im Regelwerk anlegen«. Widmen

2.5.3 Sonderzeichen in Bedingungsfeldern – die Transaktion IRM_CUST_CSS

Wie Sie gerade gelernt haben, bilden die Werte der gewählten Bedingungsfelder den Dateipfad für die unter Kontrolle von SAP ILM erstellte Archivdatei. Weil gewisse Sonderzeichen – wie ein Schrägstrich / oder ein Leerzeichen (SPACE) – den Dateipfad ungültig machen würden, sind hier nur bestimmte Zeichen erlaubt.

[«]

Zulässige Werte im Dateipfad

Folgende Werte sind im Dateipfad zulässig und dürfen in Bedingungsfeldern vorkommen:

(0123456789abcdefghijklmnopqrstuvwxyz_-.!~)

Wenn eines der Bedingungsfelder, die Sie für Ihre Regelwerke nutzen möchten, einen nicht zulässigen Wert enthält, müssen Sie diesen in einen erlaubten Wert überführen, indem Sie mit der Transaktion IRM_CUST_CSS (IRM-Kundenspezifische Einstellungen) ein Mapping definieren. Gehen Sie dazu wie folgt vor:

Transaktion IRM_CUST_CSS

1. Rufen Sie die Transaktion IRM_CUST_CSS auf, und geben Sie **Objektkategorie** und **Regelwerkkategorie** an, für die Sie die Einstellungen (das Mapping der Sonderzeichen auf erlaubte Zeichen) vornehmen möchten, siehe Abbildung 2.22.

Information Retention Manager - Aufruf der kundenspez. Einstellungen

| Objektkategorie | DT_FOR_BS |
| Regelwerkkategorie | RTP |

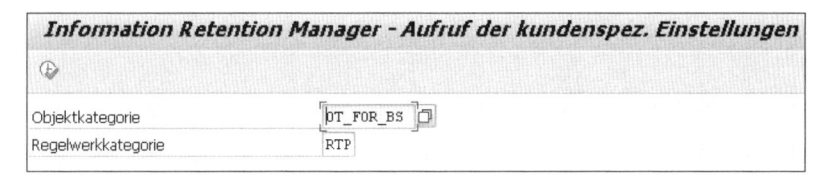

Abbildung 2.22 Transaktion IRM_CUST_CSS – Einstiegsbild

2. Wählen Sie **Ausführen** (oder drücken Sie [F8]).
3. Doppelklicken Sie auf den Eintrag **ILM-Objekte: Kundenspezifische Einstellungen**, sollte er noch nicht markiert sein.
4. Wechseln Sie in den Änderungsmodus.
5. Markieren Sie in der Liste **ILM-Objekte: Kundenspezifische Einstellungen** das ILM-Objekt, für das Sie die Einstellungen vornehmen möchten (siehe

Nicht erlaubte Zeichen auf erlaubte mappen

Abbildung 2.23). Ist es in der Liste noch nicht aufgeführt, klicken Sie auf die Schaltfläche **Neue Einträge** und legen einen passenden Eintrag an. Markieren Sie dann den neu angelegten Eintrag.

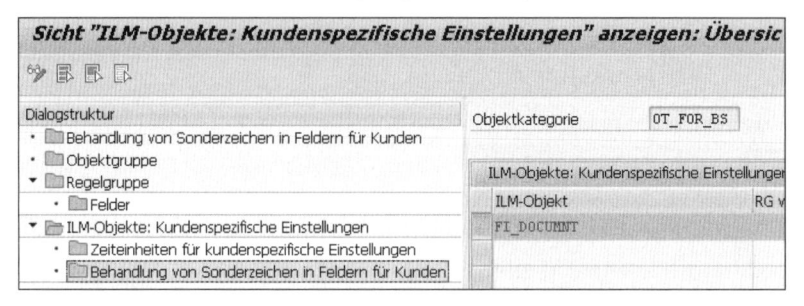

Abbildung 2.23 Transaktion IRM_CUST_CSS – ILM-Objekt-Auswahl

6. Doppelklicken Sie nun auf den Eintrag **Behandlung von Sonderzeichen in Feldern für Kunden** links im Baum.
7. Geben Sie in der Tabelle **Behandlung von Sonderzeichen in Feldern für Kunden** in der Spalte **OrigWert** den nicht zulässigen Wert ein. Dann geben Sie in der Spalte **Zug. Wert** den zulässigen Wert Ihrer Wahl an. Sie können ihn auch aus der Dropdown-Liste auswählen.
8. Wiederholen Sie den letzten Schritt, wenn das ILM-Objekt mehrere unzulässige Werte in den für Sie relevanten Bedingungsfeldern hat.
9. Speichern Sie Ihre Eingaben.
10. Wiederholen Sie die Schritte für weitere ILM-Objekte, wenn notwendig.

Abbildung 2.24 zeigt Ihnen am Beispiel des ILM-Objekts FI_DOCUMNT, wie Sie den nicht erlaubten Schrägstrich in einen Bindestrich überführen.

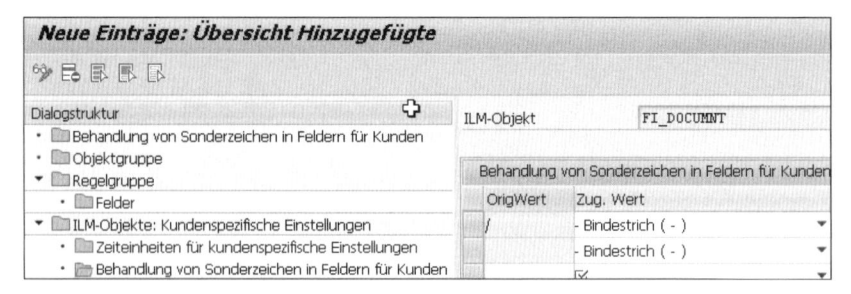

Abbildung 2.24 Transaktion IRM_CUST_CSS – Mapping

2.5.4 Regeln im Regelwerk anlegen

Wenn Sie die vorangegangenen Abschnitte aufmerksam mitverfolgt haben, liegt nun Ihr erstes Regelwerk vor. Jetzt besprechen wir das Anlegen

2.5 Regelwerke – die Schatzkiste mit den Regeln

von Regeln darin. Klicken Sie auf die Schaltfläche **Regeln bearbeiten** (siehe Abbildung 2.25). Sie ist aktiv, sobald Sie das Regelwerk gespeichert haben.

Regelwerk: Neu

Regelwerkkategorie Aufbewahrungsregeln   Prüfgebiet Tax Audit Area for ILM Workshops   Objektkategorie SAP Business Suite
Objekt Finanzbuchhaltungsbelege

✓ Das Regelwerk 'TAX_TEAM' wurde angelegt

[Sichern] [Regeln bearbeiten] [Zurück]

* Regelwerkname: TAX_TEAM

Verfügbare Bedingungsfelder

Feldname	Beschreibung
BLART	Belegart
BSCHL	Buchungsschlüssel
BS_COUNTRY_OF_BUKRS	Länderschlüssel

Gewählte Bedingungsfelder (max. 4)

[nach oben] [nach unten]

Feldname	Beschreibung
BUKRS	Buchungskreis

Abbildung 2.25 Transaktion IRMPOL – Regeln bearbeiten

Es erscheint das in Abbildung 2.26 dargestellte Bild. Im oberen Teil sehen Sie die Werte der vier Felder des Einstiegsbildes der Transaktion IRMPOL (ILM-Regelwerke), die Sie eben ausgefüllt haben: den Namen der **Regelwerkkategorie**, das **Prüfgebiet**, den Namen der **Objektkategorie** und das **ILM-Objekt**. Darunter sehen Sie den Regelwerknamen, seinen Status und die Details zur anlegenden Person und zum Zeitpunkt des Anlegens. Weiter unten erscheinen in tabellarischer Form die Regeln. Da Sie noch keine Regeln angelegt haben, ist die Tabelle derzeit leer.

ILM-Regelwerke

Regelwerkkategorie Aufbewahrungsregeln   Prüfgebiet Tax Audit Area for ILM Workshops   Objektkategorie SAP Business Suite
ILM-Objekt Finanzbuchhaltungsbelege

[Sichern] [Anzeigen] [Zurück]

Regelwerke

[Status ändern] [🗑] [Transportieren] [Export] [Import] [Übersicht]

Regelwerkname	Regelwerkstatus	Objekt im Prüfgebiet	Geän...	Geän...
TAX_TEAM	nicht produktiv	✓	17.10...	WOJ...

Regeln zum Regelwerk TAX_TEAM

[Hinzufügen] [🗑] [📋] [Prüfen]

Buchungskreis	bis	Berechtigungsgruppe	Min. Aufbew.dauer	Max. Aufbew.dauer	Zeiteinh. Aufb.dauer	Zeitbezug	Zeitversatz	ILM-Ablage

Abbildung 2.26 Transaktion IRMPOL – Definition von Regeln im Regelwerk

Sie sehen den dickeren grauen Strich etwa in der Mitte der Tabelle (unter der Schaltfläche **Prüfen** in Abbildung 2.26). Das ist die Trennung zwischen der Bedingungsseite und der Ergebnisseite der Regel.

Obligatorische Bedingungsfelder

Wie Sie sehen, besteht die *Bedingungsseite* der Regel aus den Feldern, die Sie beim Definieren des Regelwerks aus der Liste der verfügbaren Bedingungsfelder gewählt haben. Neben den verfügbaren Bedingungsfeldern, die Sie selbst auswählen können, gibt es die *obligatorischen Bedingungsfelder*. Das System fügt sie der Bedingungsseite einer Regel automatisch als Spalten hinzu. Sie können sie nicht abwählen.

Derzeit gibt es obligatorische Bedingungsfelder nur im Retention-Warehouse-Szenario von SAP ILM. Dort sind es der Name Ihres SAP-Systems (SYSID) und der Mandant Ihres SAP-Systems.

Zusammenfassend lässt sich sagen, dass die Bedingungsseite einer Regel (linke Seite) aus den obligatorischen Bedingungsfeldern (wenn vorhanden), gefolgt von bis zu vier Bedingungsfeldern besteht, die Sie beim Anlegen des Regelwerks aus der Liste der verfügbaren Bedingungsfelder gewählt haben.

Ergebnisseite der Aufbewahrungsregel

Beschreiben wir nun die *Ergebnisseite* einer Aufbewahrungsregel, da Aufbewahrungsregeln häufiger verwendet werden. (Die Unterschiede zwischen den Spalten von Aufbewahrungs- und Verweilregeln stellen wir in Abschnitt 2.5.5, »Unterschiede zwischen Aufbewahrungs- und Verweilregeln«, noch genau dar.) Die Ergebnisseite der Aufbewahrungsregel umfasst verschiedene Spalten. Die Spalte **Minimale Aufbewahrungsdauer** gibt die Dauer des minimalen Aufbewahrungszeitraumes vor. Die auf der linken Seite der Tabelle (Bedingungsseite der Regeln) beschriebenen Daten dürfen frühestens nach Ende dieses minimalen Aufbewahrungszeitraumes vernichtet werden.

Die Spalte **Maximale Aufbewahrungsdauer** gibt die Dauer des maximalen Aufbewahrungszeitraumes vor. Die links (auf der Bedingungsseite der Regeln) beschriebenen Daten müssen spätestens nach Ablauf dieses maximalen Aufbewahrungszeitraums vernichtet werden.

Beide Spalten korrespondieren mit dem minimalen und maximalen Aufbewahrungszeitraum der Aufbewahrungsregeln, wie wir sie in Abschnitt 2.4, »Regelwerkkategorien«, beschrieben haben. Treffen bei der Regelauswertung mehrere Regeln zu, wählt der IRM standardmäßig die längste Mindestaufbewahrungszeit, wenn Sie Eingaben in der Spalte **Minimale Aufbewahrungsdauer** gemacht haben, bzw. die kürzeste Maximalaufbewahrungszeit, wenn Sie Eingaben in der Spalte **Maximale Aufbewahrungsdauer** vorgenommen haben. Sollten Sie diese Standardlogik in manchen

Fällen als nicht geeignet bewerten, steht Ihnen die Spalte **Regel-Priorität** zur Verfügung. Wir werden Sie noch in diesem Abschnitt beschreiben.

Die Eingabe »0« im Feld »Minimale Aufbewahrungsdauer«

Sollten bestimmte Regularien eine maximale Aufbewahrungsdauer für Daten vorgeben, sodass Sie die Spalte **Maximale Aufbewahrungsdauer** ausfüllen, die Spalte **Minimale Aufbewahrungsdauer** aber nicht, werden Sie nur die ILM-Aktion *Schnappschuss* ausführen können. Die Transaktion SARA (Archivadministration) verweigert in diesem Fall die Bearbeitung der Daten mit den Aktionen *Archivierung* oder *Datenvernichtung*. Gleiches trifft für die Datenvernichtungsobjekte und die Aktion *Vernichten* zu. Sie erhalten dann z. B. die Meldung: »Es gibt keine Regel mit minimaler Aufbewahrungsfrist (Meldungsklasse BA, Nachricht 423).« Oder Sie erhalten bei Datenvernichtungsobjekten die Meldung: »Aufbewahrungsfrist ist nicht abgelaufen. Daten können nicht vernichtet werden.« Das liegt daran, dass eine leere Spalte **Minimale Aufbewahrungsdauer** auch bedeuten kann, dass eine minimale Aufbewahrungsdauer womöglich existiert, Sie dazu aber noch keine Informationen (eingetragen) haben. Möchten Sie also nur die maximale Aufbewahrungsdauer hinterlegen, geben Sie in der Spalte **Minimale Aufbewahrungsdauer** null (0) ein.

Die Spalte **Zeiteinheit der Aufbewahrungsdauer** bestimmt die Zeiteinheit, in der Sie die minimale bzw. maximale Aufbewahrungsdauer in einer Aufbewahrungsregel angeben können. Die möglichen Werte sind **Tag**, **Monat** und **Jahr**.

_{Zeiteinheit und Zeitbezug}

Die Angabe in der Spalte **Zeitbezug** weist auf ein Ereignis im dazugehörigen Business-Objekt hin, das als Beginn der Aufbewahrung betrachtet wird (z. B. das Anlegen des Belegs, sein Ausgleichsdatum oder der Austritt eines Mitarbeiters aus dem Unternehmen). Bei der Regelauswertung ermittelt das System anhand des Zeitbezugs das konkrete *Bezugsdatum*.

Wenn Sie eine Angabe in der Spalte **Zeitversatz** machen, verschiebt das System bei der Regelauswertung das ermittelte Bezugsdatum entsprechend dem Zeitversatz (z. B. auf das jeweilige Jahresende oder Geschäftsjahresende, wenn der Zeitversatz **Ende des Jahres** oder **Ende des Geschäftsjahres** lautet). Das verschobene Bezugsdatum ist nun das finale Bezugsdatum und gilt als das Beginndatum des zu berechnenden Aufbewahrungszeitraumes.

_{Beginn des Aufbewahrungszeitraumes}

Registrierung weiterer Zeitbezüge

Wie gehen Sie vor, wenn die Liste der verfügbaren Zeitbezüge den aus Ihrer Sicht benötigten Eintrag nicht beinhaltet? Zu diesem Zweck liefert

SAP im Erweiterungsspot ES_IRM_CUST (IRM-Customizing) das BAdI BADI_IRM_OT_STT (Bezugsdatum: Ermittlung aus Zeitbezug).

Die Details zu dem BAdI sehen Sie in Abbildung 2.27. Das Interface des BAdIs besteht aus zwei Methoden:

- REGISTER_STARTTIME_TYPES (Registrierung von verfügbaren Zeitbezügen): Mithilfe dieser Methode definieren Sie einen neuen Zeitbezug. Damit steht er beim Definieren der Regeln in der Wertehilfe zur Verfügung.
- GET_START_DATE (Ermittlung des Bezugszeitpunkts für einen Zeitbezug): Die Implementierung dieser Methode berechnet das zugehörige Bezugsdatum. Sie wird z. B. im Archivschreibprogramm gerufen.

Achten Sie beim Implementieren dieses BAdIs darauf, passende Filterwerte zu definieren. Im Allgemeinen ist es genau ein ILM-Objekt, für das der Zeitbezug zur Verfügung stehen soll. Es kann aber auch eine Gruppe von ILM-Objekten mit ähnlichen Eigenschaften sein.

Alternativ kontaktieren Sie die zuständige SAP-Abteilung, insbesondere dann, wenn Sie glauben, dass weitere Kunden an diesem Zeitbezug interessiert sein könnten und er im Standard ausgeliefert werden sollte.

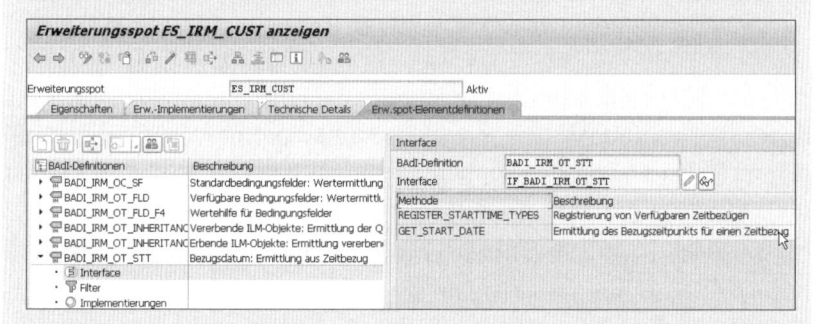

Abbildung 2.27 BAdI BADI_IRM_OT_STT – Ermittlung des Bezugsdatums aus Zeitbezug

[»]

Berechnetes Beginndatum im Dateipfad

Wir haben Ihnen in Abschnitt 2.5.2, »Regelwerk anlegen – die Transaktion IRMPOL«, den Hinweis gegeben, dass die Werte der Bedingungsfelder zum Bestandteil des Dateipfades werden. Gleiches gilt für das Beginndatum, das aus Zeitversatz und -bezug gebildet wird. Im oben genannten Beispiel wurden bei der Archivierung folgende Bestandteile für die Dateipfade berechnet:

.../1000/SA/... und .../1000/AB/...

2.5 Regelwerke – die Schatzkiste mit den Regeln

Nehmen wir nun an, dass Sie gemäß der Variante des Archivschreibprogramms die Geschäftsjahre 2018 und 2019 archivieren und dass für beide Buchungskreise und Belegarten archivierbare Daten zu diesen Jahren vorliegen. Nehmen wir des Weiteren an, dass als Beginndatum jeweils das Ende des Kalenderjahres bestimmt wurde. In diesem Fall würden bei der Datenarchivierung gar vier Archivdateien mit den folgenden Pfadbestandteilen (also URI-Bestandteilen) entstehen:

…/1000/SA/2018_12_31/…

…/1000/SA/2019_12_31/…

…/1000/AB/2018_12_31/…

…/1000/AB/2019_12_31/…

Daran erkennen Sie auch, dass das Beginndatum direkt nach der Auflistung der Werte der Bedingungsfelder folgt. Auf diese Weise sorgt SAP ILM dafür, dass die Daten nach ihrer Aufbewahrungsdauer sortiert werden und die zugehörigen »Aufkleber« für alle Daten der Archivdatei eindeutig sind.

In der Spalte **ILM-Ablage** geben Sie den gewünschten Ablageort für unter Kontrolle von SAP ILM erstellte Archivdateien ein. Es ist mit anderen Worten der Bezeichner für den Speicherbereich innerhalb eines Ablagesystems, der für die Daten gilt, die über die linke Seite (die Bedingungsseite) der Regel beschrieben werden (weitere Informationen hierzu finden Sie in Abschnitt 2.6.2, »Definition von ILM-Ablagen«).

> **ILM-Ablage nicht für Datenvernichtungsobjekte**
>
> Wenn Sie dabei sind, Regeln für ein ILM-Objekt zu definieren, das einem Datenvernichtungsobjekt zugeordnet ist, und die Spalte **ILM-Ablage** sehen, ignorieren Sie sie, oder blenden Sie sie aus. Ein Datenvernichtungsobjekt erzeugt keine Archivdateien, sondern dient der Löschung von Daten aus der Datenbank unter Kontrolle von SAP ILM und braucht demnach keine Ablage.

Kommen wir zum Schluss noch zu ein paar Besonderheiten. Ihr Regelwerk kann vor den Spalten für die minimale und maximale Aufbewahrungsdauer auch die Spalte **Regel erben** anbieten (siehe Abbildung 2.28). Diese Spalte erlaubt nur Ja-/Nein-Eingaben (über ein Ankreuzfeld). Ob sie angeboten wird oder nicht, entscheidet der Entwickler des ILM-Objekts. Steht sie zur Verfügung, muss der Entwickler auch bestimmte BAdIs implementieren, damit die Vererbung der Regeln zur Laufzeit auch stattfinden kann. Zudem müssen Sie für den Zugriff auf das Business-Objekt, das dem verer-

Regeln erben

2   Grundfunktionen von SAP ILM

benden ILM-Objekt zugeordnet ist (dem ILM-Objekt, dessen Regeln vererbt werden), passende Archivinfostrukturen aktiviert haben (im SAP Archivinformationssystem, SAP AS).

ILM-Regelwerke

Regelwerkkategorie Aufbewahrungsregeln   Prüfgebiet Tax Audit Area for ILM Workshops   Objektkategorie SAP Business Suite
ILM-Objekt Dokumente die über ArchiveLink abgelegt sind

[Bearbeiten] [Zurück]

Regelwerke

[Status ändern] [🗑] [Transportieren] [Export] [Import] [Übersicht]

	Regelwerkname	Regelwerkstatus	Objekt im Prüfgebiet	Geänd...	Geän...
	BIT665	produktiv	✓	18.01.2...	WOJ...

Regeln zum Regelwerk BIT665

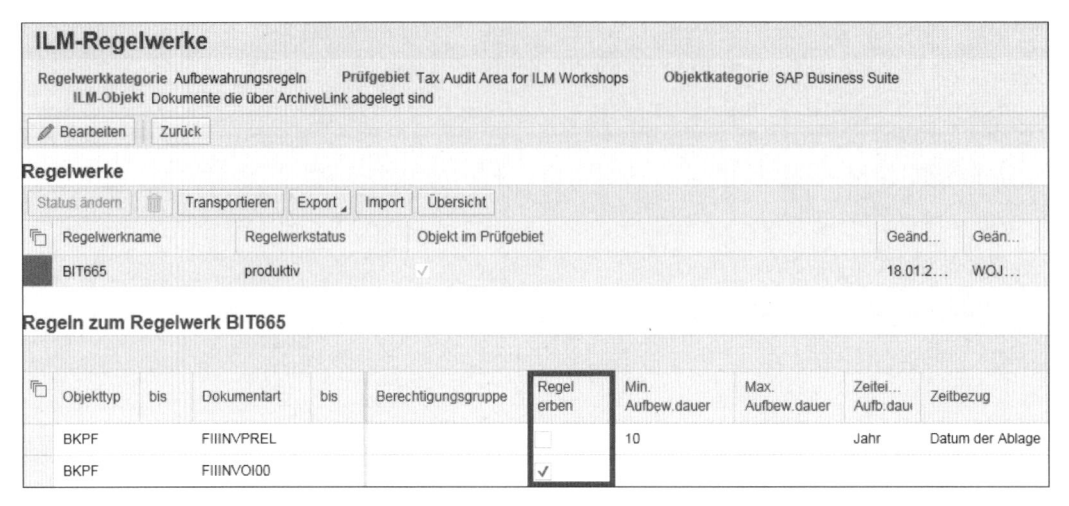

	Objekttyp	bis	Dokumentart	bis	Berechtigungsgruppe	Regel erben	Min. Aufbew.dauer	Max. Aufbew.dauer	Zeitei... Aufb.daui	Zeitbezug
	BKPF		FIIINVPREL			☐	10		Jahr	Datum der Ablage
	BKPF		FIIINVOI00			✓				

Abbildung 2.28 Transaktion IRMPOL – Regel erben

Wenn Sie also dieses Ankreuzfeld aktivieren, wird bei der Regelauswertung für die aktuelle Objektinstanz nicht diese Regel selbst verwendet, sondern es werden die entsprechend gültigen Regeln der zugehörigen vererbenden Objektinstanzen übernommen. In den oben erwähnten BAdI-Implementierungen ist festgelegt, von welchen anderen ILM-Objekten die Vererbung möglich ist.

Ist das Ankreuzfeld gesetzt, wäre es widersprüchlich und ist daher nicht erlaubt, Spalten wie die minimale und maximale Aufbewahrungsdauer, die Zeiteinheit der Aufbewahrungsdauer, den Zeitbezug, die ILM-Ablage etc. auszufüllen.

[zB]
Regeln erben

Ein Änderungsbeleg kann seine Aufbewahrungsregel vom zugehörigen Finanzbuchhaltungsbeleg erben. Sie könnten pro Änderungsbelegobjekt entscheiden, ob Sie die Vererbung wünschen oder nicht. Die Finanzbuchhaltungsbelege können in diesem Fall als das zugehörige übergeordnete ILM-Objekt betrachtet werden.

Ein weiteres Beispiel sind Dokumente, die über SAP ArchiveLink abgelegt sind (dieses Beispiel ist in Abbildung 2.28 zu sehen). Ein unstrukturiertes Dokument kann die Regeln seines übergeordneten (strukturierten) Objekts erben.

Die Vererbung ist nur zwischen ILM-Objekten der gleichen Objektkategorie möglich. Findet sie statt, geschieht sie prüfgebietübergreifend. Es wird also in allen Prüfgebieten, denen das vererbende ILM-Objekt zugeordnet ist, nach passenden produktiven Regeln geschaut. Eine Ausnahme bilden die Verweilregeln, auf die wir in Abschnitt 2.5.5, »Unterschiede zwischen Aufbewahrungs- und Verweilregeln«, zu sprechen kommen. Hier wird nur das Prüfgebiet ARCHIVING betrachtet.

Über das Icon **Einstellungsdialog öffnen** (siehe Abbildung 2.29) können Sie erlaubte Änderungen an der Darstellung der Tabelle mit Ihren Regeln vornehmen. Zum Beispiel könnten Sie die Spalte **ILM-Ablage** in einem Regelwerk, das von einem Datenvernichtungsobjekt ausgewertet wird, ausblenden.

Einstellungsdialog

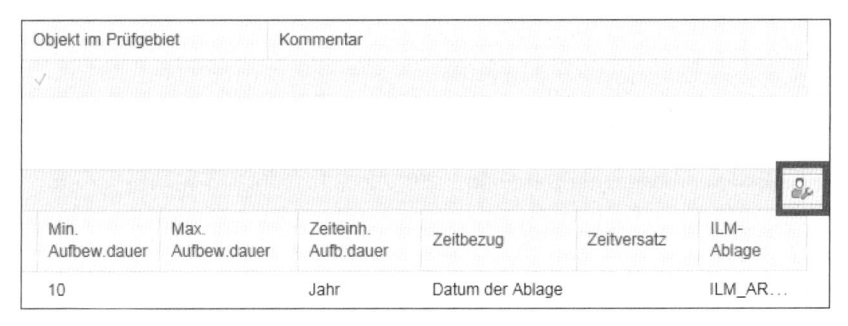

Abbildung 2.29 Transaktion IRMPOL – Einstellungsdialog öffnen

Auch die Spalten **Content Repository** und **Logischer Dateiname** könnten Sie zur Definition Ihrer Regeln aufnehmen. Mithilfe dieser beiden Spalten können Sie z. B. buchungskreisspezifische *logische Dateinamen* definieren, wenn Sie die Archivdateien je nach Buchungskreis in einem anderen Verzeichnis des Dateisystems ablegen möchten. Für Content Repositories gilt das analog. Sie erkennen also, dass diese Funktionalität dem *Archive Routing* ähnelt. Dies hängt auch damit zusammen, dass das Archive Routing mit SAP ILM abgelöst wurde.

[«]

Logischer Dateiname

Den Begriff *logischer Dateiname* kennen Sie bereits von der klassischen Datenarchivierung. Er wird auch in der SAP-Dokumentation sowie der SAP-Schulung BIT660 (Datenarchivierung) erklärt. Der logische Dateiname wird in vielen Anwendungen verwendet, die für ihre jeweiligen Zwecke Dateien erstellen oder verarbeiten – die Datenarchivierung ist eine davon.

Im logischen Dateinamen, den Sie in der Transaktion FILE (Dateinamen/-pfade mandantenunabhängig) definieren, hinterlegen Sie:

- den wirklichen (physischen) Dateinamen Ihrer Wahl
- den logischen sowie den physischen Dateipfad Ihrer Wahl

Definieren Sie den physischen Dateipfad pro benötigtem Betriebssystem, und bündeln Sie diese Angaben unter dem logischen Dateipfad. Dieser wiederum bildet, zusammen mit dem physischen Dateinamen Ihrer Wahl, den logischen Dateinamen. Die daraus zur Laufzeit entstehenden physischen Dateinamen und -pfade folgen dadurch der Syntax des jeweiligen Betriebssystems.

[»] **Einschränkungen bei »Content Repository« und »Logischer Dateiname«**
Beachten Sie, dass die Vernichtung von Archivdateien mithilfe der Transaktion ILM_DESTRUCTION (Datenvernichtung) nicht möglich ist, wenn Sie den Ablageort für die Archivdateien unter Angabe der Spalten **Content Reposity** und **Logischer Dateiname** anstelle der Spalte **ILM-Ablage** spezifizieren.

Regel-Priorität   Ebenfalls verfügbar ist die Spalte **Regel-Priorität**, sie wird aber eher selten benutzt. Sollte bei der Regelermittlung für den IRM mehr als eine Regel passend sein, können Sie mithilfe dieser Spalte entscheiden, welche Regel zuerst angewendet werden soll.

Die Priorität einer Regel entscheidet also darüber, welche Regel eines Regelwerks als zutreffend gewählt wird, falls mehrere Regeln alle vorgegebenen Bedingungen erfüllen. In einem solchen Fall wird die Regel mit dem höchsten Wert der von Ihnen eingetragenen Priorität gezogen. Wenn Sie keine Priorität angeben, wird die niedrigste Priorität, die mit dem Wert 0, angenommen. Gibt es in einem Regelwerk mehrere gültige Regeln mit der höchsten Priorität, werden alle diese Regeln vorgemerkt. Am Ende wählt der IRM unter den vorgemerkten Regeln (über alle zu beachtenden Regelwerke hinweg) die Regel aus, die das späteste Aufbewahrungsdatum liefert. Nur diese Regel kommt letztlich zur Anwendung.

Daraus lässt sich wiederum auch schließen, dass ein Regelwerk mehrere Regeln umfassen kann und dass Sie pro ILM-Objekt mehrere Regelwerke anlegen können. Ist das ILM-Objekt mehreren Prüfgebieten zugeordnet, *müssen* Sie sogar pro Prüfgebiet mindestens ein Regelwerk anlegen. Ob Sie aber alle für ein Prüfgebiet und ILM-Objekt benötigten Regeln in ein Regelwerk aufnehmen oder mehrere Regelwerke anlegen, können Sie frei entscheiden.

> **Spalten »Berechtigungsgruppe« und »Regelgruppe«**
>
> Die Ergebnisseite einer Aufbewahrungsregel kann auch mit der Spalte **Berechtigungsgruppe** beginnen (siehe Abbildung 2.28). Dies ist der Fall, wenn die Business-Funktion `ILM_BLOCKING` (ILM: Sperrfunktionalität) aktiv ist. Die Bedeutung dieser Spalte erklären wir in Abschnitt 4.3.4, »Für das Sperren von Bewegungsdaten in SAP ILM«.
>
> Die Ergebnisseite kann aber auch mit der Spalte **Regelgruppe** beginnen (siehe Abbildung 2.36). Dies ist der Fall, wenn Sie sogenannte *Objekt- und Regelgruppen* verwenden, denen wir uns in Abschnitt 2.5.6, »Schnellere Regelpflege mit Regel- und Objektgruppen«, widmen werden.

2.5.5 Unterschiede zwischen Aufbewahrungs- und Verweilregeln

Im Unterschied zu den Aufbewahrungsregeln stehen Ihnen für Verweilregeln andere Spalten zur Verfügung. Statt der Spalten **Minimale Aufbewahrungsdauer** und **Maximale Aufbewahrungsdauer** sehen Sie die Spalte **Verweildauer** (siehe Abbildung 2.30), denn es gibt bei der Verweildauer keine Notwendigkeit, zwischen zwei Varianten zu unterscheiden. Folglich heißt die Spalte **Zeiteinheit Aufbewahrungsdauer** an dieser Stelle auch **Einheit Verweildauer**. Die Spalten **ILM-Ablage** sowie **Content Repository** und **Logischer Dateiname** bietet das System Ihnen nicht an, da sie hier nicht benötigt werden.

Besonderheiten in den Regelwerkspalten

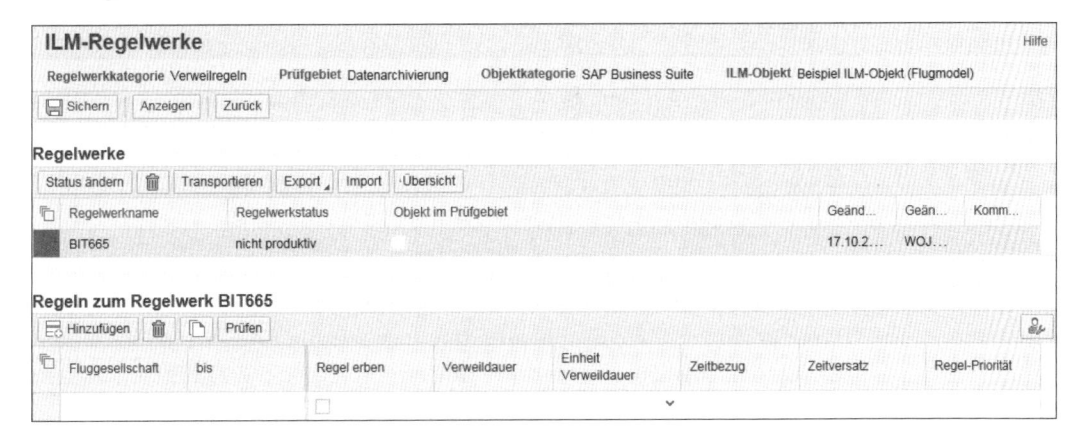

Abbildung 2.30 Transaktion IRMPOL – Definition von Verweilregeln

Besonderheiten bei der Regelvererbung

Eine weitere Besonderheit zeigt sich bei der Vererbung von Regeln. Aufbewahrungsregeln werden, wie beschrieben, von allen Prüfgebieten des vererbenden ILM-Objekts geerbt. Für Verweilregeln erfolgt die Vererbung nur innerhalb eines Prüfgebiets – des Prüfgebiets ARCHIVING (Datenarchivierung).

> **Prüfgebiete für Verweilregeln – ARCHIVING**
>
> Wie bereits beschrieben, müssen Sie für die Verweilzeit im Zusammenhang mit der Frage, wann Ihre Daten frühestens archiviert werden sollen, genau das Prüfgebiet ARCHIVING (Datenarchivierung) nutzen. Im Schreibprogramm des Archivierungsobjekts werden keine Regeln zu anderen Prüfgebieten berücksichtigt. Es hängt auch vom Archivierungsobjekt ab, ob es den IRM oder eigene Transaktionen zur Definition dieser Regeln anbietet. Letzteres ist meistens bei Archivierungsobjekten der Fall, die vor SAP ILM entstanden sind.

> **Prüfgebiet BUPA_DP für Verweilregeln**
>
> Ein besonderes Prüfgebiet für Verweilregeln trägt den Namen BUPA_DP (Business Partner Data Privacy). Die Bedeutung der Verweildauer ist hier eine andere. Sie definiert den Zeitpunkt zwischen dem sogenannten *End of Business* (EoB) und dem *End of Purpose* (EoP) für Geschäftspartner-Stammdaten und wird im Zusammenhang mit dem Sperren von Daten für die Datenschutz-Grundverordnung (DSGVO) verwendet. Wir werden uns in Kapitel 4, »Vereinfachtes Sperren mit SAP ILM«, näher damit beschäftigen. Eine Vererbung von ILM-Regeln ist in den zugehörigen ILM-Objekten für Geschäftspartner-Stammdaten nicht nötig und wird daher nicht angeboten. Entsprechend gibt es derzeit auch keine Vererbung von Regeln innerhalb des Prüfgebiets BUPA_DP.

2.5.6 Schnellere Regelpflege mit Regel- und Objektgruppen

Die Vorgehensweise bei der Regeldefinition ist Ihnen nun bekannt. Wenn Sie jetzt aber abschätzen, wie viele Prüfgebiete Sie benötigen und wie viele ILM-Objekte Sie darin jeweils zuordnen werden, so kann die Rechnung zu einer größeren Menge an benötigten Regelwerken führen. Eins nach dem anderen anzulegen, wäre sehr zeitaufwendig. Es gibt zwei Abhilfen, die den Zeitaufwand reduzieren:

- Regeln mithilfe von Regel- und Objektgruppen anlegen
- das *Data Controller Rule Framework* (DCRF) nutzen

2.5 Regelwerke – die Schatzkiste mit den Regeln

Die erste besprechen wir hier. Der zweiten ist Abschnitt 3.5, »Data Controller Rule Framework«, gewidmet.

Beginnen wir mit dem Begriff der *Objektgruppe*. Wie der Name schon sagt, besteht ihre Aufgabe darin, Gruppen von ILM-Objekten zu bilden, die die gleiche Ausprägung der Ergebnisseite einer Aufbewahrungs- oder Verweilregel haben. Dafür müssen Sie sich folgende Fragen stellen:

Objektgruppen

- Für welche Aufbewahrungs- bzw. Verweilregeln welcher ILM-Objekte soll es gleiche Eingaben auf der rechten, das heißt auf der Ergebnisseite, einer Regel geben? (Mögliche Angaben sind z. B. die zum SAP ILM Store oder zur Aufbewahrungszeit.)
- Wie viele Objektgruppen brauche ich?

Nehmen wir beispielhaft an, Sie möchten in einem Prüfgebiet eine kleine zweistellige Zahl an FI-CA-ILM-Objekten zuordnen (siehe Tabelle 2.1). Sie könnten also für diese ILM-Objekte eine Objektgruppe mit der Bezeichnung *FI-CA* anlegen.

ILM-Objekt	Beschreibung
FI_MKKCAMA	FI-CA: Rahmenvertrag
FI_MKKCAVT	FI-CA: Provider-Vertrag
FI_MKKCOLL	FI-CA: Inkassobüro
FI_MKKCORR	FI-CA: Korrespondenz
FI_MKKCREG	FI-CA: Scheckverwaltung
FI_MKKDOC	FI-CA: Beleg
FI_MKKDUNN	FI-CA: Mahnhistorie
FI_MKKEXC	FI-CA: Externe Zahlungsinformation
FI_MKKEXCJ	FI-CA: Kassenbuch (Inbound Services)
FI_MKKEXTD	FI-CA: Offizieller Beleg
FI_MKKFAC	FI-CA: Factoring
FI_MKKGENS	FI-CA: Generisches Steuer-Reporting Zusatztabelle
FI_MKKINF	FI-CA: Informationscontainer
FI_MKKIP	FI-CA: Zahlungsfestlegungen
FI_MKKPP	FI-CA: Zahlungsversprechen

Tabelle 2.1 ILM-Objekte einer Objektgruppe (Beispiel)

Sie können die ILM-Objekte einer Objektgruppe frei zuordnen. Der Geltungsbereich einer Objektgruppe bezieht sich jeweils auf eine Kombination aus *Objektkategorie* (z. B. Business Suite) und *Regelwerkkategorie* (Aufbewahrungsregeln, Verweilregeln). Beachten Sie also, dass pro Kombination dieser beiden Begriffe das ILM-Objekt nur einmal zugeordnet werden kann. Wenn Sie also beispielsweise das ILM-Objekt FI_MKKPP (FI-CA Zahlungsversprechen) der Objektgruppe *FI_CA* für Aufbewahrungsregeln in der Business Suite zugeordnet haben, können Sie dieses ILM-Objekt nicht noch einer anderen Objektgruppe für diese Kombination aus Objekt- und Regelwerkkategorie zuordnen.

Objektgruppe anlegen

Und nun möchten wir Ihnen schildern, welche Schritte notwendig sind, um eine Objektgruppe anzulegen:

1. Rufen Sie die Transaktion IRM_CUST_CSS (IRM-Kundenspezifische Einstellungen) auf, und wählen Sie die Objekt- und Regelwerkkategorie aus, für die Sie die Objekt- und Regelgruppen anlegen bzw. bearbeiten möchten.

2. Markieren Sie nun im nachfolgenden Bild den Eintrag **Objektkategorie**, und wählen Sie **Neue Einträge**.

3. Geben Sie in der Spalte **Objektgruppe** den Namen Ihrer Objektgruppe ein und in der Spalte **Beschreibung** einen sprechenden Text dazu. Abbildung 2.31 zeigt Ihnen ein Beispiel.

4. Speichern Sie Ihre Eingaben.

Abbildung 2.31 Transaktion IRM_CUST_CSS – Objektgruppe anlegen

[»] **Eine Objektgruppe pro ILM-Objekt**

Für eine Kombination aus Objekt- und Regelwerkkategorie kann ein ILM-Objekt nur einer Objektgruppe zugeordnet sein. Sie können für dieses ILM-Objekt aber durchaus mehrere Regelgruppen anlegen, beispielsweise pro Buchungskreis eine, um die länderspezifischen Aufbewahrungszeiten abzubilden.

2.5 Regelwerke – die Schatzkiste mit den Regeln

Sie haben nun eine erste Objektgruppe angelegt. Ihr sind noch keine Objekte zugeordnet. Die Zuordnung der Objekte nehmen Sie wie folgt vor:

ILM-Objekte einer Objektgruppe zuordnen

1. Markieren Sie links im Baum den Eintrag **ILM-Objekte: Kundenspezifische Einstellungen**, und wählen Sie **Neue Einträge**.
2. Tragen Sie in der Spalte **ILM-Objekt** das ILM-Objekt ein und in der Spalte **Objektgruppe** die Objektgruppe, der es angehören soll (siehe Abbildung 2.32). Die Bedeutung der Spalte **RG verw.** werden wir etwas später in diesem Abschnitt beschreiben.
3. Speichern Sie Ihre Eingaben. Die Objektgruppe liegt nun vor, und ihr sind die gewünschten ILM-Objekte zugeordnet.

Neue Einträge: Übersicht Hinzugefügte			
Dialogstruktur	Objektkategorie	OT_FOR_BS	
• Behandlung von Sonderzeichen in Feldern für Kur			
• Objektgruppe	ILM-Objekte: Kundenspezifische Einstellungen		
▼ Regelgruppe	ILM-Objekt	RG verw.	Objektgruppe
• Felder	FI_MKKCAMA	☐	FI_CA
▼ ILM-Objekte: Kundenspezifische Einstellungen	FI_MKKCAVT	☐	FI_CA
• Zeiteinheiten für kundenspezifische Einstellun	FI_MKKCOLL	☐	FI_CA
• Behandlung von Sonderzeichen in Feldern für			

Abbildung 2.32 Transaktion IRM_CUST_CSS – ILM-Objekte zuordnen

Besprechen wir nun das Anlegen einer *Regelgruppe*. Eine Regelgruppe ist eine logische Klammer um Felder auf der Ergebnisseite einer Regel, die das System bei der Regelpflege »auf Knopfdruck« – nämlich durch das Eingeben des Namens der zugehörigen Regelgruppe – übernehmen soll.

Regelgruppen

Wie Sie bereits wissen, werden gesetzliche und organisatorische Aufbewahrungsverpflichtungen über die Regelwerke des Information Retention Managers (IRM) abgebildet. Verschiedenen Regelwerken liegen oft die gleichen regulatorischen Anforderungen zugrunde, sodass Sie auf der Ergebnisseite der Regeln gleiche Kombinationen von Informationen wie Aufbewahrungszeit, Zeitbezug oder ILM-Ablage pflegen müssen.

Fragestellungen beim Anlegen der Regelgruppen

Bei der Definition von Regelgruppen helfen Ihnen folgende Fragen:

- Welche Felder der Ergebnisseite einer IRM-Regel sollen welche Werte tragen (z. B. den gleichen SAP ILM Store oder die gleiche Aufbewahrungszeit)?
- Wie viele solcher Gruppen brauchen Sie? (Benötigen Sie beispielsweise eine pro Buchungskreis und pro Objektgruppe?)

In unserem FI-CA-Beispiel könnten Sie den Wunsch haben, dass das System für einen Wert 1000 auf der Bedingungsseite der Regel nach der Eingabe einer Regelgruppe mit dem Namen **FI_CA_1000** die folgenden Spalten, wie hier aufgeführt, füllt:

- Minimale Aufbewahrungsdauer: 10
- Zeiteinheit: Jahr
- Zeitbezug: Ende des Geschäftsjahres
- ILM-Ablage: ILM_STORE_DE

Für den Wert 5000 auf der Bedingungsseite der Regel soll es dagegen nach der Eingabe einer Regelgruppe mit dem Namen **FI_CA_5000** die folgenden Spalten folgendermaßen füllen:

- Minimale Aufbewahrungsdauer: 6
- Zeiteinheit: Jahr
- Zeitbezug: Ende des Geschäftsjahres
- ILM-Ablage: ILM_STORE_US

Das Befüllen dieser Spalten, wie hier angegeben, soll nur für ILM-Objekte stattfinden, die Sie der Objektgruppe *FI_CA* zugeordnet haben.

Regelgruppe anlegen

Diesem Beispiel folgend, würden Sie zwei Regelgruppen anlegen. Sie würden sie mit den oben genannten Feldern und Feldwerten ausprägen und der Objektgruppe *FI_CA* zuordnen. Die zugehörigen Schritte im System sind folgende:

1. Markieren Sie links im Baum den Eintrag **Regelgruppe**, und wählen Sie **Neue Einträge**.
2. Geben Sie einen Namen für die neue **Regelgruppe** ein, darunter einen beschreibenden Text und die **Objektgruppe**, der die neue Regelgruppe angehören soll. Abbildung 2.33 zeigt ein Beispiel.
3. Speichern Sie Ihre Eingaben.

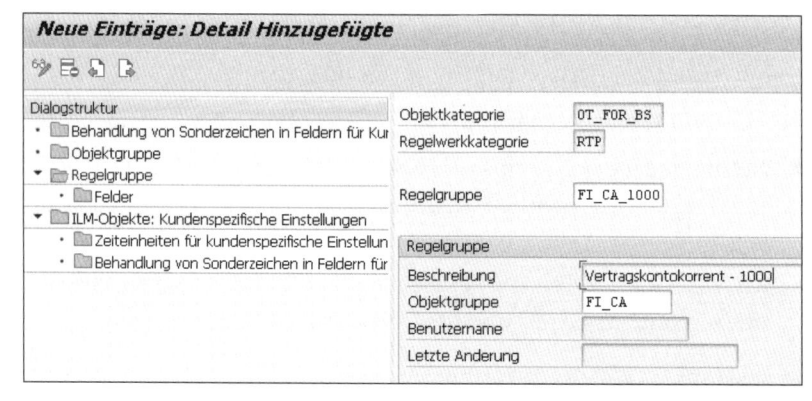

Abbildung 2.33 Transaktion IRM_CUST_CSS – Regelgruppe anlegen

2.5 Regelwerke – die Schatzkiste mit den Regeln

> **Eine Regelgruppe ist einer Objektgruppe zugeordnet**
>
> Beim Anlegen einer Regelgruppe geben Sie immer den Namen der dazugehörigen Objektgruppe ein. Eine Regelgruppe kann damit für genau eine Objektgruppe verwendet werden. Bei Bedarf können Sie mehrere Regelgruppen mit gleicher Ausprägung bestimmter Feldnamen und Feldwerte anlegen, um diese Feldname-Feldwert-Kombinationen in mehreren Objektgruppen zu verwenden.

4. Klicken Sie nun links im Baum den Eintrag **Felder**, und wählen Sie **Neue Einträge**.
5. Geben Sie nun in der Gruppe **Felder** die gewünschten Kombinationen aus Feldnamen und Feldwerten ein. Die Wertehilfe ([F4]) der Spalte **Ergebnis-Feldname** zeigt Ihnen, welche Felder der Ergebnisseite einer Regel Sie verwenden können. Abbildung 2.34 zeigt ein Beispiel.
6. Speichern Sie Ihre Eingaben.

Neue Einträge: Übersicht Hinzugefügte		
Dialogstruktur	Objektkategorie	OT_FOR_BS
• Behandlung von Sonderzeichen in Feldern für Kur	Regelwerkkategorie	RTP
• Objektgruppe	Regelgruppe	FI_CA_1000
▼ Regelgruppe		
• Felder	**Felder**	
▼ ILM-Objekte: Kundenspezifische Einstellungen	Ergebnis-Feldname	Feldwert
• Zeiteinheiten für kundenspezifische Einstellun	RET_PERIOD_MIN	10
• Behandlung von Sonderzeichen in Feldern für	RET_PER_UNIT	ANN
	STARTTIME_TYPE	LAST_CHANGE_DATE
	TIME_OFFSET	END_OF_YEAR
	ARCHIVE_STORE	ILM_ARCHIVE_STORE_DE

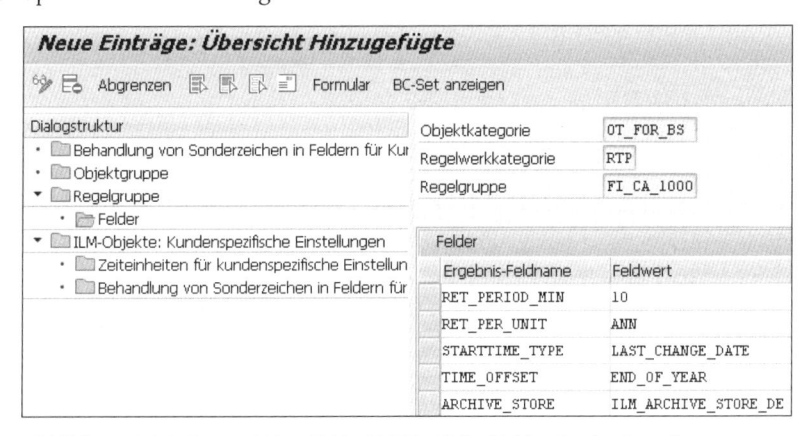

Abbildung 2.34 Transaktion IRM_CUST_CSS – Felder in der Regelgruppe anlegen

> **Inkonsistenzen vermeiden**
>
> Sie können eine Regelgruppe nur dann erfolgreich in den Regelwerken eines ILM-Objekts verwenden, wenn die in der Regelgruppe hinterlegten Werte mit den erlaubten Einstellungen des ILM-Objekts verträglich sind. Achten Sie in diesem Zusammenhang insbesondere auf die für das ILM-Objekt erlaubten Werte der Zeitbezüge. Die Regelgruppe darf nur diese Zeitbezüge enthalten, die die Wertehilfe ([F4]) bei der Pflege der Regeln anbietet. Die dazugehörige Prüfung findet erst beim Speichern der Regelwerke statt, nicht in der Transaktion IRM_CUST_CSS (IRM-Kundenspezifische Einstellungen).

2 Grundfunktionen von SAP ILM

Wie teilen Sie nun dem System mit, dass Sie mit Ihren Arbeiten fertig sind und die angelegte Regelgruppe für die zugehörigen ILM-Objekte verwendet werden soll? Genau diesem Zweck dient die Spalte **RG verw.** (Regelgruppe verwenden), die rechts im Bild erscheint, wenn Sie in der Baumstruktur im linken Bildteil den Eintrag **ILM-Objekte: Kundenspezifische Einstellungen** auswählen.

Ankreuzfeld »RG verw.« pro ILM-Objekt

Setzen Sie also abschließend das Ankreuzfeld **RG verw.** für ein ILM-Objekt, damit die dazugehörigen Regelgruppen verwendet werden können (siehe Abbildung 2.35). Speichern Sie Ihre Eingaben.

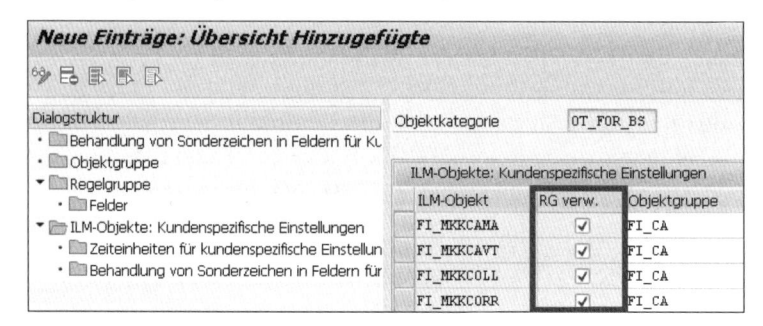

Abbildung 2.35 Transaktion IRM_CUST_CSS – Ankreuzfeld »Regelgruppe verwenden«

Regelgruppen in der Transaktion IRMPOL verwenden

Die Customizing-Arbeiten sind gemacht. Besprechen wir also abschließend, wie Sie die Regelgruppe bei der Regelpflege in der Transaktion IRMPOL (ILM-Regelwerke) nutzen können. Die wichtigste Erkenntnis ist dabei: Sobald ein ILM-Objekt das Ankreuzfeld **RG verw.** gesetzt hat, erscheint in der Transaktion IRMPOL (ILM-Regelwerke) eine neue Spalte namens **Regelgruppe** (siehe Abbildung 2.36).

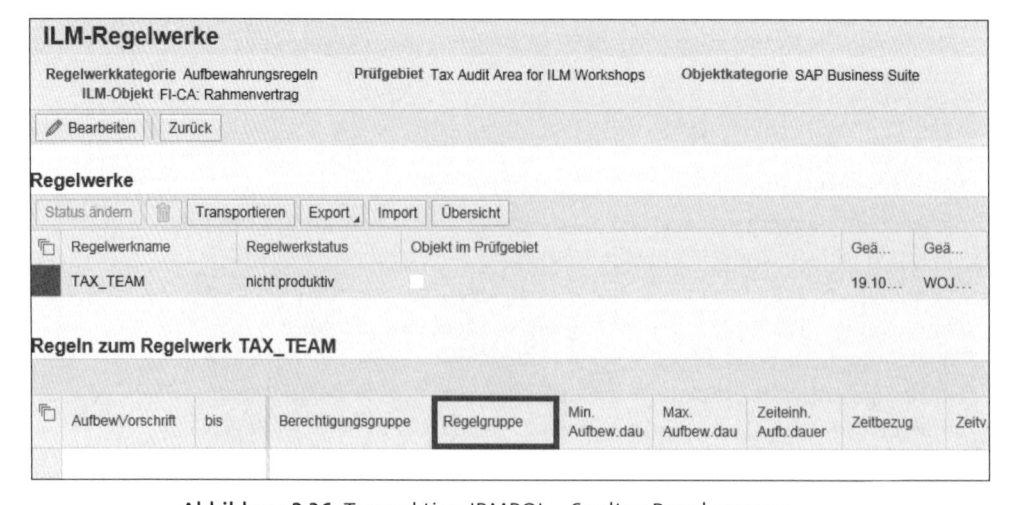

Abbildung 2.36 Transaktion IRMPOL – Spalte »Regelgruppe«

2.5 Regelwerke – die Schatzkiste mit den Regeln

Wichtig ist wie gesagt, dass dies nur für diejenigen ILM-Objekte passiert, die das Ankreuzfeld **RG verw.** für die Objektkategorie und Regelwerkkategorie gesetzt haben, zu der Sie gerade die Regelpflege vornehmen.

An dieser Stelle ist auch die Erleichterung der Arbeit bei der Pflege der Regelwerke möglich. Dies war auch das Ziel Ihrer Customizing-Arbeiten in der Transaktion IRM_CUST_CSS (IRM-Kundenspezifische Einstellungen). Rufen Sie jetzt also die Wertehilfe ((F4)) für die Spalte **Regelgruppe** auf, und wählen Sie den gewünschten Eintrag aus (den Sie, wie weiter oben beschrieben, angelegt haben). Sobald Sie Ihre Auswahl bestätigen, füllt das System die Spalten rechts davon mit den Werten, die Sie in den Feldname-Feldwert-Kombinationen zu dieser Regelgruppe definiert haben (siehe Abbildung 2.37). Anders formuliert: Sie füllen eine Spalte aus (**Regelgruppe**), und das System füllt mit den richtigen Werten alle anderen Spalten, die Sie an dieser Stelle benötigen. Das Speichern und das Aktivieren des Regelwerks nehmen Sie anschließend wie gewohnt vor.

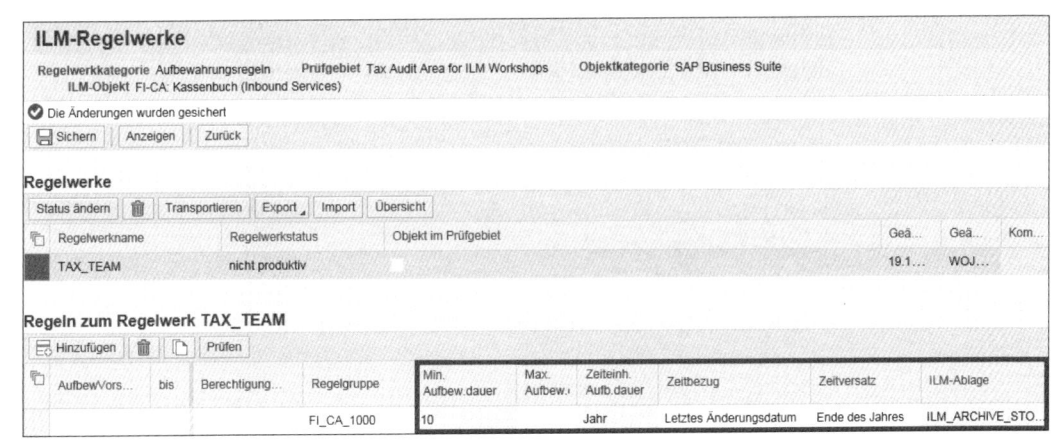

Abbildung 2.37 Transaktion IRMPOL – Spalte »Regelgruppe« füllen

[«]

Feldwerte aus der Regelgruppe sind nicht änderbar
Die aus der Regelgruppe stammenden Spalten bzw. ihre Werte sind nicht mehr eingabebereit.

Besprechen wir noch, wann Sie und wie Sie Änderungen an Regelgruppen vornehmen können. Es kann ja passieren, dass Sie eine Feldname-Feldwert-Kombination verändern möchten, weil sich der SAP ILM Store ändert oder die Aufbewahrungszeit angepasst werden muss.

Eine Feldname-Feldwert-Kombination kann nur hinzugefügt, geändert oder gelöscht werden, wenn die zugehörige Regelgruppe nicht in einem

Änderungen an Regelgruppen vornehmen

produktiven Regelwerk verwendet wird. Sie müssen also die Regelgruppe aus allen produktiven Regelwerken entfernen (was viel Arbeit bedeuten kann) oder zumindest den Status der betroffenen Regelwerke auf »nicht produktiv« setzen. Andernfalls sendet das System eine Meldung, die die Änderungen verhindert.

Regelgruppen und Objektgruppe für die Verweilregeln

Zu guter Letzt möchten wir Ihnen das Konzept der Regel- und Objektgruppen auch noch für die Verweilregeln zeigen, da unsere oben geführten Beispiele den Aufbewahrungsregeln galten. Das Konzept ist grundsätzlich gleich und kann verwendet werden, wie gerade dargestellt.

Voraussetzung für die Nutzung der Regelgruppen für Verweilregeln ist, dass das ILM-Objekt die Nutzung von Verweilregeln mithilfe der Transaktion IRMPOL (ILM-Regelwerke) unterstützt. Welche Objekte das tun, sehen Sie in der Transaktion IRMPOL, wie in Abbildung 2.38 dargestellt.

Ältere Archivierungsobjekte, die Residenzzeiten (Verweildauern) schon länger anbieten, als es SAP ILM gibt, machen dies mithilfe eigener, speziell dafür geschriebener Transaktionen. (Diese sehen Sie am Beispiel der FI-Belege in Abbildung 2.16 in Abschnitt 2.4, »Regelwerkkategorien«.) Hier können Sie das in diesem Abschnitt dargestellte Konzept für die Verweildauer nicht verwenden.

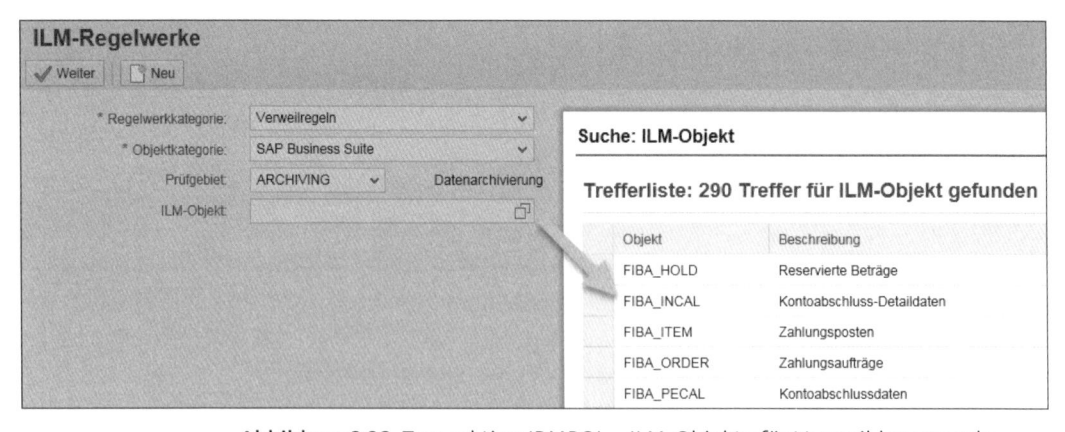

Abbildung 2.38 Transaktion IRMPOL – ILM-Objekte für Verweildauerregeln

2.5.7 Übersicht über Ihre Regelwerke

Die ersten beiden Eingabefelder, **Regelwerkkategorie** und **Objektkategorie** (siehe Abbildung 2.38), sind Muss-Felder. Geben Sie nur hier etwas ein, bekommen Sie eine Liste aller Regelwerke zur eingegebenen Regelwerk- und Objektkategorie. Daraus ergeben sich noch weitere Kombinationen an Übersichten, an denen Sie im Laufe der Zeit interessiert sein könnten, beispielsweise folgende:

- eine prüfgebietübergreifende Übersicht aller Aufbewahrungsregelwerke zu einem ILM-Objekt
Hierzu würden Sie alle Felder bis auf das Prüfgebiet eingeben und dann auf die Schaltfläche **Weiter** klicken.

- eine ILM-Objekt-übergreifende Übersicht aller Verweilregelwerke
Hierzu würden Sie alle Felder bis auf das ILM-Objekt eingeben, als Prüfgebiet ARCHIVING wählen und auf die Schaltfläche **Weiter** klicken.

2.5.8 Transport von Regelwerken und Regeln

Wenn Sie in mehreren Systemen Regelwerke und die zugehörigen Regeln pflegen müssen, können Sie das zum einen pro System für die dort benötigten ILM-Objekte und Prüfgebiete tun. Sie können aber auch eins der Systeme als »Mastersystem« betrachten und die dort angelegten Regelwerke samt ihrer Regeln in die anderen Systeme kopieren. Hierfür haben Sie zwei Möglichkeiten:

- Sie verwenden einen Transportauftrag.
- Sie nutzen die Import-/Exportfunktion (siehe Abbildung 2.39).

In beiden Fällen können mehrere Regelwerke transportiert werden. Mit der Transportfunktion können Sie Regelwerke und Regeln schnell und problemlos über einen klassischen Transportauftrag in andere Systeme übertragen. Regelwerke und Regeln können für strukturierte Daten, SAP-ArchiveLink-Dokumente oder Drucklisten gepflegt werden.

Klassischer Transportauftrag oder XML-Import/-Export?

Mit der Import-/Exportfunktion können Sie Regelwerke und Regeln im XML-Format exportieren. Dies kann für Sie den Vorteil haben, dass Sie in Excel oder mit einem anderen Werkzeug Änderungen an den Regeln vornehmen können, bevor Sie sie erneut importieren.

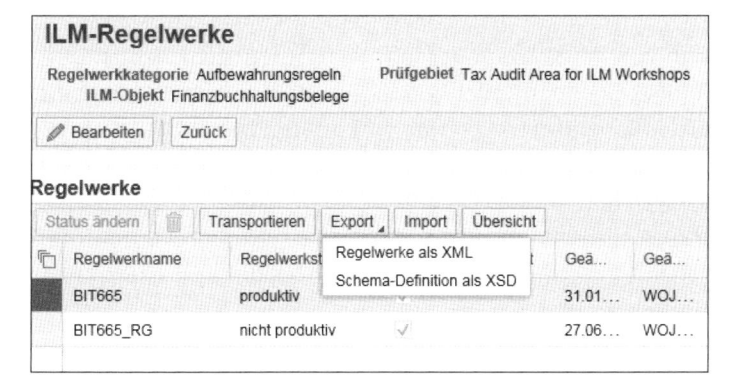

Abbildung 2.39 Transaktion IRMPOL – Import und Export von Regeln

2.5.9 Mandantenübergreifende und -spezifische Objekte im IRM

Schauen wir uns nun die Begriffe, die Sie im Zusammenhang mit dem IRM kennengelernt haben, in Bezug auf ihre Abhängigkeit vom Mandanten an. Dies mag Sie interessieren, damit Sie z. B. wissen, welche Einstellungen Sie pro Mandanten vornehmen müssen. Welche der Begriffe sind mandantenübergreifend und welche mandantenspezifisch? Die Antwort finden Sie in der Grafik aus Tabelle 2.2. Mandantenunabhängig sind demnach die Objektkategorie, das ILM-Objekt und die Regelwerkkategorie. Mandantenspezifisch und damit mandantenabhängig legen Sie dagegen Ihre Prüfgebiete, Regelwerke und Ihre Regeln an.

	IRM-Objekt	Beispiele/Anmerkungen
mandantenunabhängig	Objektkategorie	Business Suite
	ILM-Objekt	FI_DOCUMNT, CO_ORDER
	Regelwerkkategorie	Aufbewahrungsregeln, Verweilregeln
mandantenabhängig	Prüfgebiet	Tax, Produkthaftung
	Regelwerkname (Herkunft)	Summe aller Regeln mit diesem Namen
	Regel	Eine Zeile des Regelwerks. Identifizierbar durch eine eindeutige Nummer. Ein Regelwerk kann aus einer oder mehreren Regeln bestehen.

Tabelle 2.2 IRM-Objekte – mandantenabhängig und mandantenunabhängig

2.6 Vom WebDAV und der BC-ILM-Zertifizierung zum ILM Store Browser

Ablagesysteme für Archivdateien

Nachdem Ihnen nun das Konzept der Aufbewahrungsregeln klar ist, ist es wichtig, einen Blick über den Tellerrand zu werfen. Wie kann SAP ILM mit der Außenwelt (außerhalb des SAP-Systems) kommunizieren? Mit wem die Kommunikation stattfinden soll, ahnen Sie vielleicht: mit dem *Ablagesystem*. Denn: Wo speichern unsere Kunden die Archivdateien? In der Regel in einem darauf spezialisierten Ablagesystem, das sie von SAP-Partnerunternehmen beziehen. Es nimmt die Archivdateien in Obhut und »sorgt« über die gewünschte Lebensdauer für sie.

Diese Anforderungen bedeuten, dass bei der Übergabe (*Ablage*) der Archivdateien in einen Langzeitspeicher bestimmte Informationen, sozusagen als »Aufkleber«, mit übergeben werden müssen:

- der minimale Aufbewahrungszeitraum
- der maximale Aufbewahrungszeitraum
- die IDs der Gerichtsverfahren, in die die Daten der Archivdatei gegebenenfalls verwickelt sind
- potenziell weitere Informationen (Attribute), die im Laufe der Zeit noch dazukommen können

Wir hatten also die Aufgabe, ein Protokoll zu finden, das alle diese Anforderungen erfüllen würde. *WebDAV* (Web-based Distributed Authoring and Versioning) gewann das Rennen. Es ist ein Netzwerkprotokoll zur Bereitstellung von Dateien über das Internet und basiert auf *HTTP* (Hypertext Transfer Protocol).

WebDAV

Leider kannte es aber noch nicht die Attribute (»Aufkleber«), beispielsweise den Aufbewahrungszeitraum betreffend. Also mussten wir das Protokoll um die drei oben aufgeführten Attribute erweitern und beschreiben, was sie bedeuten und wie sich das Ablagesystem entsprechend verhalten soll. Beispielsweise müsste es die Löschung der Archivdatei vor dem Ablauf des minimalen Aufbewahrungszeitraumes strengstens unterbinden, und zwar auch dann, wenn die Archivdatei mit einer Gerichtsverfahren-ID versehen ist (unabhängig vom übergebenen Aufbewahrungszeitraum).

Damit wir wiederum bei der Ablage der Dateien in einem externen Ablagesystem sicher sein können, dass es unsere Konzepte betreffend der Lebensdauer der Daten einhalten wird, muss das Protokoll zertifiziert werden. So könnten wir sicherstellen, dass es die Anforderungen »verstanden« und richtig implementiert hat. Das war die Geburtsstunde der *BC-ILM-WebDAV-Zertifizierung* (oder kurz *BC-ILM-Zertifizierung*). Eine BC-ILM-WebDAV-zertifizierte Ablage nannten wir von nun an eine *ILM-fähige* oder *ILM-Ablage*.

Zertifizierung

Weitere Informationen zur BC-ILM-Zertifizierung

Weitere Informationen zur BC-ILM-Zertifizierung finden Sie unter *https://www.sdn.sap.com/irj/sdn/interface-certifications* oder über das SAP Integration and Certification Center (*icc@sap.com*).

Eine Liste zertifizierter Anbieter finden Sie unter *https://www.sap.com/*. Fahren Sie mit der Maus oben im Bild über die Registerkarte **Partner**, und wählen Sie **Software Integration Certification** im Abschnitt **Certify My Solution**. Die Registerkarte **Software Certification** ist ausgewählt. Wechseln Sie weiter rechts zu der Registerkarte **Find Certificated Offerings**, und wählen Sie dort den Link **Co-Innovated with SAP and certified partner solutions**. Wählen Sie links **SAP Interface • Technology**, und markieren Sie

2 Grundfunktionen von SAP ILM

danach im rechten Teil des Bildes die gewünschten **BC-ILM-Interfaces**, z. B. BC-ILM 3.0 – SAP ILM – WEBDAV STORAGE INTERFACE 3.0.

Prüfen Sie also, ob Ihr Ablagesystem, so Sie denn schon eines haben, bereits BC-ILM-zertifiziert ist. Vielleicht haben Sie die neueste Version des Ablagesystems im Einsatz, vielleicht müssen Sie sie aber noch einspielen.

> [»] **SAP Content Server**
>
> Der SAP Content Server ist derzeit nicht BC-ILM-zertifiziert. Er kann daher nicht als ILM-Ablage verwendet werden.

Baumstruktur der ILM-Ablage

Das Ablagesystem kann normalerweise für unterschiedliche Zwecke verwendet werden – vielleicht nutzen Sie es bereits für die Ablage von Originalbelegen via SAP ArchiveLink. SAP ILM hat darin einen separaten Bereich, der mit einem Pfad (Ordner) beginnt, der den Namen Ihres Systems trägt (SYSID). Darunter folgen dann Ordner für die Mandanten – Mandanten, deren Daten sie ablegen. Abbildung 2.40 zeigt diese Pfadstruktur. Was wiederum danach kommt, hängt davon ab, ob Sie *strukturierte* oder *unstrukturierte Daten* betrachten. Im folgenden Abschnitt schauen wir uns diese daher genauer an.

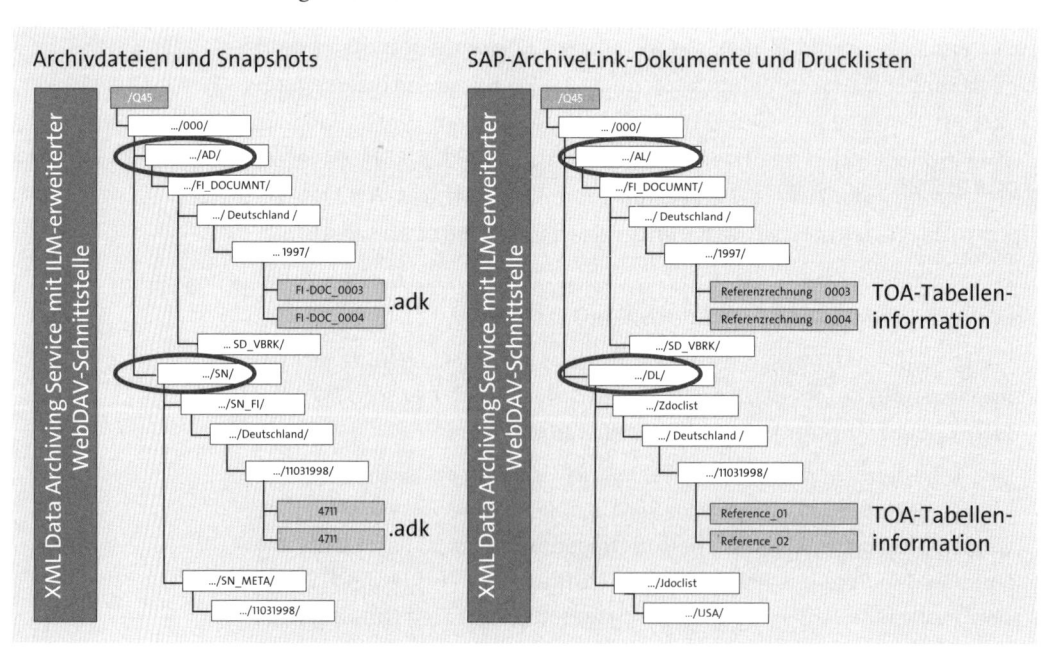

Abbildung 2.40 ILM-fähige Ablage – die Archivhierarchie

> **SAP ArchiveLink**
>
> Als *SAP-ArchiveLink-Dokumente* bezeichnen wir unstrukturierte Dokumente, die mit strukturierten Objekten verknüpft sind. So ist z. B. eine eingescannte Rechnung (unstrukturiertes Dokument) in Ihrem SAP-System mit dem dazugehörigen Finanzbeleg (strukturiertes Dokument) verknüpft. Mit SAP ILM können Sie den Lebenszyklus von unstrukturierten Dokumenten sowohl in einem Retention-Management- als auch im Retention-Warehouse-Szenario kontrollieren.

2.6.1 Strukturierte und unstrukturierte Daten in der ILM-Ablage

Archivdateien beinhalten Daten, die wir *strukturiert* nennen, denn diese Daten entsprechen dem, was in der Datenbank in Tabellen gespeichert war. Wie geht ILM aber mit den Originalbelegen um, die über SAP ArchiveLink abgelegt werden? Auch diese haben einen Aufbewahrungszeitraum. Ab der BC-ILM-Zertifizierung in der Version 3.0 – und mindestens diese sollten Sie nutzen – garantiert das Ablagesystem, dass es unser Konzept für die unstrukturierten Daten versteht. Nach diesem Konzept definieren wir in der ILM-Ablage unterhalb der Ebene des Mandanten vier separate Bereiche (Ordner) für vier verschiedene Typen von Daten, die wir dort ablegen werden (siehe die Markierung in Abbildung 2.40). Sie werden durch die folgenden Abkürzungen vertreten:

AD-, SN-, AL- und DL-Zweige der ILM-Ablage

- AD **für die Archivdateien**
  In diesem Bereich werden Ihre Archivdateien abgelegt, die Sie unter Kontrolle von SAP ILM erstellt haben. Diese Dateien werden also nach den Aufbewahrungszeiten sortiert sein und die besonderen »Aufkleber« mit den dazugehörigen Informationen tragen.
- SN **für sogenannte Schnappschüsse**
  Zu diesem Bereich kommen wir ausführlich, wenn wir das Retention-Warehouse-Szenario, die Systemstilllegung, in Kapitel 8, »Systemstilllegung mit SAP ILM Retention Warehouse«, erklären.
- AL **für zusätzliche Informationen über unstrukturierte Daten**
  In diesem Bereich werden die Originaldokumente gesammelt, die Sie über SAP ArchiveLink abgelegt haben (Einträge in den TOAnn-Tabellen bzw. TOA*-Tabellen).
- DL **für zusätzliche Informationen zu Drucklisten**
  Diesen Bereich nutzen Sie, sollten Sie den Wunsch haben, Drucklisten mit Aufbewahrungszeiten anzureichern. (Informationen zu Drucklisten werden in den TOADL*-Tabellen des SAP-Systems gespeichert.)

Die ersten beiden Bereiche betreffen also strukturierte Daten, die letzten beiden unstrukturierte Daten.

> **ILM-Einsatz für unstrukturierte Daten**
>
> In puncto unstrukturierte Daten unterstützt SAP ILM (zum Zeitpunkt der Drucklegung dieses Buches) das finale Löschen von unstrukturierten Daten nur, wenn diese über die SAP-ArchiveLink-Schnittstelle abgelegt wurden. Die Unterstützung von GOS-Dokumenten (Generic Object Service) ist im Gespräch. Dies könnte möglicherweise über eine von SAP ausgelieferte Implementierung zum BAdI BADI_ILM_DESTR_WITH_ARKEY (Vernichtung zusätzlicher Informationen bei der ILM-Datenvernichtung) und seiner Methode DESTROY_ADD_INFO (Zusätzliche Informationen vernichten) realisiert werden. Das BAdI werden wir unter anderem in Abschnitt 2.7.6, »Erweiterungsspot ES_ILM_DESTRUCTION«, besprechen.

»Schattenhierarchie« im AL- und DL-Zweig

Jetzt kommt ein wichtiges Detail: Wenn unsere Kunden all ihre Originalbelege in den AL-Zweig verschieben müssten, würde das größeren Aufwand bedeuten und viel Zeit benötigen. Wir entschieden uns deshalb für einen anderen Ansatz: Im AL- und im DL-Zweig (Ordner) werden nur die neuen Informationen abgelegt, die mit ILM kommen, also nur die »Aufkleber« zu den Aufbewahrungszeiten und den gegebenenfalls anhängigen Gerichtsverfahren. Damit das Ablagesystem weiß, auf welches Dokument sich diese Informationen jeweils beziehen, speichern wir dazu noch die eindeutige Kennung (GUID, Globally Unique Identifier) des Originalbelegs bzw. der Druckliste ab. Das Dokument selbst (der Originalbeleg, die Druckliste) bleibt also dort, wo es bis jetzt war (z. B. in einem Content Repository Ihrer Wahl, das Sie zum Ablagezeitpunkt definiert haben), und im AL- und DL-Zweig liegen nur die zusätzlichen, beschreibenden Informationen. Aus diesem Grund fingen wir auch an, AL- und DL- Zweig die *Schattenhierarchie* zu nennen.

> **Das Löschen von Daten aus einem der vier Zweige**
>
> Was bedeutet es für das ILM-zertifizierte Ablagesystem, wenn Sie ein Kommando zum Löschen geben und die Aufbewahrungszeiten dies erlauben?
>
> 1. Fordern Sie die Löschung einer Archivdatei, die unter Kontrolle von SAP ILM entstanden ist (und im AD- oder SN- Zweig liegt), muss das Ablagesystem diese und darf nur diese löschen.
> 2. Fordern Sie die Löschung eines Originalbelegs oder einer Druckliste, muss das Ablagesystem die Löschung an zwei Orten vornehmen:
>   – an der Stelle, an der Sie die Datei (den Originalbeleg, die Druckliste) bei der erstmaligen Ablage abgelegt haben (z. B. in einem Content Repository)
>   – in der Schattenhierarchie (AL- bzw. DL- Zweig)

Sie kennen die Ablage der Archivdateien von der klassischen Datenarchivierung. Hier erfolgt die Ablage in einem ILM-zertifizierten Store, wenn einer angeschlossen ist. Mit jeder abgelegten Archivdatei bekommt der AD-Zeig einen neuen Eintrag. Wann aber entstehen Einträge in dem AL- bzw. DL-Zweig, also die Schattenhierarchie? Gute Frage. Die Fortschreibung der TOA*-Einträge hat mit der Datenarchivierung nichts zu tun. Wir mussten also einen Weg finden, die Schattenhierarchie gemäß den TOA*-Einträgen zu bauen, und das auch nicht nur einmalig, sondern am Anfang Ihres ILM-Projekts für die bisher existierenden unstrukturierten Daten (TOA*-Einträge) und ab dann regelmäßig für die neuen Einträge der TOA*-Tabellen, also für die, die Sie ganz frisch erstellen.

Zeitpunkt der Datenspeicherung

Das war die Geburtsstunde zweier spezieller Reports, mit denen Sie, wie oben dargestellt, Referenzen und Aufbewahrungsinformationen zu SAP-ArchiveLink-Dokumenten nach Bedarf in die ILM-Ablage übertragen können:

Propagationsreports für AL- und DL-Zweig

- ARLNK_SET_PROXYS_ALDOCUMENTS für den AL-Zweig
  Der dazugehörige Transaktionscode lautet ILM_AL_REF
  (SAP-ArchiveLink-Referenzen setzen [Anl.]).
- ARLNK_SET_PROXYS_PRINTLISTS für den DL-Zweig
  Der dazugehörige Transaktionscode lautet ILM_DL_REF
  (SAP-ArchiveLink-Referenzen setzen [DL]).

Wie Sie in Abbildung 2.41 und Abbildung 2.42 sehen, können Sie dabei einschränken, für welche Objekte die Propagation (Weitergabe) der speziellen ILM-Attribute (die Fortschreibung der beiden Zweige) geschehen soll. Die genannten Reports sollten als wiederkehrender Job im Hintergrund eingeplant werden. Damit stellen Sie sicher, dass Sie immer die gewünschten ILM-Informationen in den beiden Zweigen der Ablage haben.

Propagation als regelmäßiger Job

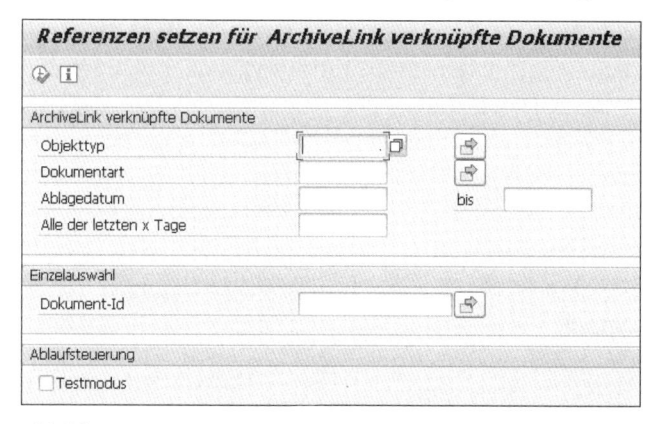

Abbildung 2.41 Report ARLNK_SET_PROXYS_ALDOCUMENTS – Referenzen setzen für mit SAP ArchiveLink verknüpfte Dokumente

2 Grundfunktionen von SAP ILM

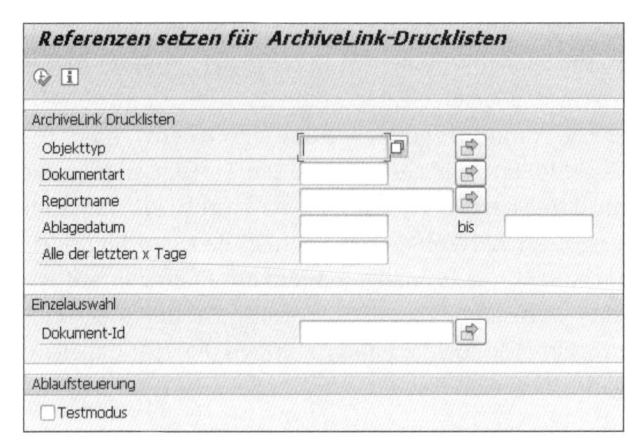

Abbildung 2.42 Report ARLNK_SET_PROXYS_PRINTLISTS – Referenzen setzen für SAP-ArchiveLink-Drucklisten

> **[»] Besondere ILM-Objekte**
>
> Damit die Propagation-Reports den gewünschten Zweck erzielen, müssen Sie für die folgenden ILM-Objekte passende Regeln definieren:
>
> - AL_DOCUMENTS: Dokumente, die über SAP ArchiveLink abgelegt sind
> - AL_PRINTLISTS: Drucklisten, die über SAP ArchiveLink abgelegt sind

Erweiterungsspot ES_ILM_DESTRUCTION

So weit die Theorie. Wir stellten bei manchen Kunden allerdings fest, dass der Aufbau der Schattenhierarchie für die Originalbelege (AL-Zweig) zu lange dauerte oder funktionale Probleme hatte. Deshalb haben wir eine Alternative zum Aufbau des AL-Zweiges entwickelt. Es gab bereits spezielle BAdIs für gewisse Sonderwünsche (wir besprechen sie in Abschnitt 2.7.6, »Erweiterungsspot ES_ILM_DESTRUCTION«). Bestimmte Anwendungen sollen zum Zeitpunkt der Löschung einer Archivdatei aus dem AD-Zweig, also nach Ablauf der dazugehörigen Aufbewahrungszeiten, noch gewisse zusätzliche Daten löschen (Daten, die mit den zu löschenden Daten logisch zusammenhängen). So kamen wir auf die Idee, das BAdI-Konzept bei Bedarf auch zu nutzen, um die Originalbelege zu löschen (ohne für sie zuvor den AL-Zweig aufzubauen), wenn die dazugehörigen strukturierten Daten gelöscht werden.

> **[zB] Verwendung des BAdIs**
>
> Sie können das BAdI BADI_ILM_DESTR_WITH_ARKEY (Vernichtung zusätzlicher Informationen bei der ILM-Datenvernichtung) und seine Methode DESTROY_ADD_INFO (Zusätzliche Informationen vernichten) nutzen, um beim finalen Löschen (Destruction) von Finanzbuchungsbelegen, die sich

in einer Archivdatei befinden, auch die zugehörigen Originalbelege zu löschen. Letztere befinden sich zu diesem Zeitpunkt z. B. in einem Content Repository Ihrer Wahl und wurden dort über die SAP-ArchiveLink-Schnittstelle abgelegt.

Einsatzgebiet des BAdIs BADI_ILM_DESTR_WITH_ARKEY und seiner Methode DESTROY_ADD_INFO

Derzeit können Sie das BAdI BADI_ILM_DESTR_WITH_ARKEY (Vernichtung zusätzlicher Informationen bei der ILM-Datenvernichtung) und seine Methode DESTROY_ADD_INFO (Zusätzliche Informationen vernichten) nicht für die Drucklisten nutzen. Um diese mithilfe von SAP ILM final zu löschen (zu vernichten), müssen Sie den Report ARLNK_SET_PROXYS_PRINTLISTS verwenden und den DL-Zweig aufbauen.

Ebenfalls können Sie das BAdI nur verwenden, wenn Archivdateien final gelöscht werden. Sind Sie dabei, Daten aus der Datenbank zu löschen (verwenden Sie also die ILM-Aktion *Datenvernichtung* des Archivierungsobjekts oder ein Datenvernichtungsobjekt), steht es nicht zur Verfügung. Es wird nur beim Löschen von Archivdateien aus dem Ablagesystem gerufen.

Schauen Sie sich zum Abschluss noch Abbildung 2.43 und Abbildung 2.44 an. Beide illustrieren zusammenfassend die soeben besprochenen strukturierten und unstrukturierten Daten sowie die Schnittstellen, die bei der Ablage zum Einsatz kommen.

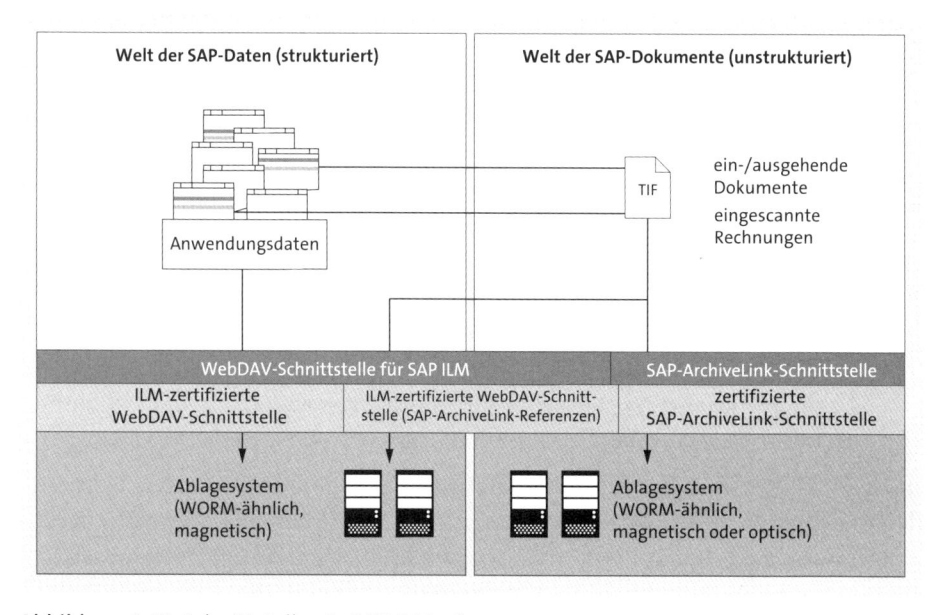

Abbildung 2.43 Schnittstellen in SAP ILM – 1

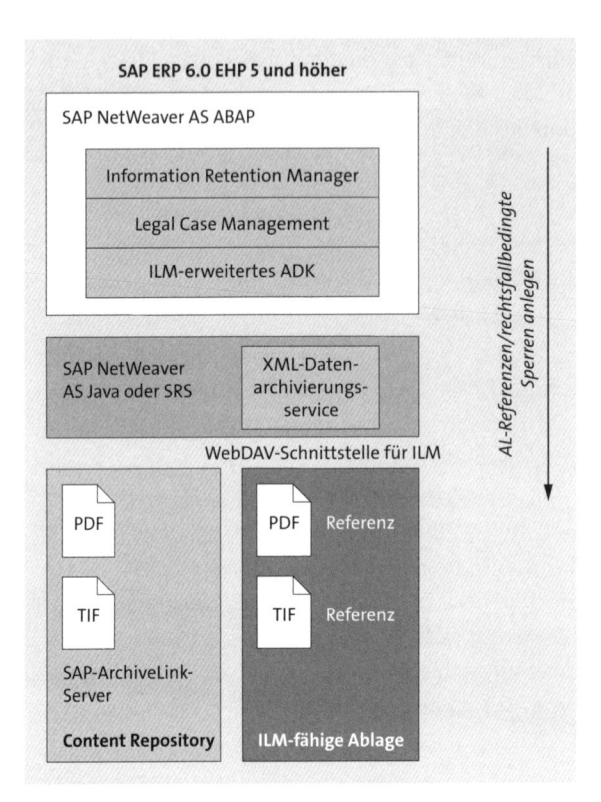

Abbildung 2.44 Schnittstellen in SAP ILM – 2

2.6.2 Definition von ILM-Ablagen

Wie Sie wissen, ist eine der Spalten, die Sie bei Aufbewahrungsregeln für Daten, die Sie archivieren werden, ausfüllen müssen, die Spalte **ILM-Ablage**. Die Spalte enthält den gewünschten Ablageort für unter Kontrolle von SAP ILM erstellte Archivdateien und ist mit anderen Worten der Bezeichner für den Speicherbereich innerhalb eines Ablagesystems, der für die Daten gilt, die über die linke Seite (Bedingungsseite) der Regel spezifiziert werden. Bezeichner für einen Speicherbereich deshalb, weil Sie Ihre BC-ILM-zertifizierte Ablage z. B. auch für die Speicherung von den Originalbelegen verwenden können (die Ablage geschieht dabei über SAP ArchiveLink) oder die klassischen, unsortierten Archivdateien dort ablegen können (die Ablage geschieht hier ab SAP ERP 4.6B über die CMS-Schnittstelle (Content-Management-System). SAP ILM muss also wissen, wo sein Bereich ist.

Anzahl benötigter ILM-Ablagen

An dieser Stelle müssen Sie im Projekt erst einmal klären, wie viele ILM-Ablagen Sie pro Mandant benötigen. Beispielsweise brauchen Sie mehrere, wenn die Daten bestimmter Länder in ILM-Ablagen gespeichert werden sollen, die jeweils physisch in diesen Ländern vorliegen (wenn eine Ablage,

2.6 Vom WebDAV und der BC-ILM-Zertifizierung zum ILM Store Browser

die von der zentralen IT-Abteilung an einem Ort betrieben wird, aus rechtlichen Gründen nicht infrage kommt).

Im nächsten Schritt müssen Sie die vom Anbieter Ihrer Wahl gekaufte Ablage technisch einrichten. Da dies sehr komplex sein kann und die einzelnen Schritte zum Teil vom jeweiligen Anbieter abhängen, gehen wir in diesem Buch nur auf die Schritte ein, die dafür auf der SAP-Seite im Zusammenhang mit SAP ILM notwendig sind.

Einer der ersten Schritte ist das Anlegen einer RFC-Verbindung (Remote Function Call) in der Transaktion SM59 (RFC Destinations), wie es Abbildung 2.45, Abbildung 2.46 und Abbildung 2.47 zeigen. Dort sehen Sie die Einstellungen, die wir hierzu im Schulungssystem für die ILM-Schulung BIT665 vorgenommen haben. Den Namen – im Feld **RFC-Destination** – können Sie frei wählen.

RFC-Verbindung anlegen

Ganz wichtig ist der Eintrag in der Gruppe **Zielsystem-Einstellungen** im Feld **Zielmaschine** ❶. Hier entscheiden Sie technisch betrachtet darüber, in welchem Land die Speicherung der Daten erfolgen wird.

Zielmaschine und Pfadpräfix

Ebenfalls essenziell ist der Eintrag im Feld **Pfadpräfix** ❷. Denken Sie an die Baumstruktur bei der Ablage (siehe Abbildung 2.40): Das Pfadpräfix ist genau der Ordner (der Zweig der Hierarchie), der sich oberhalb dieser Struktur befindet.

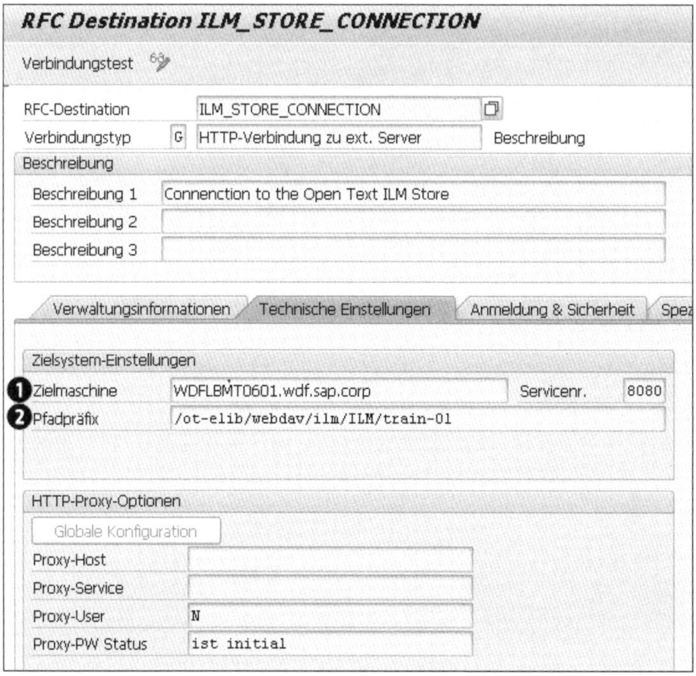

Abbildung 2.45 RFC-Verbindung zur ILM-Ablage – technische Einstellungen

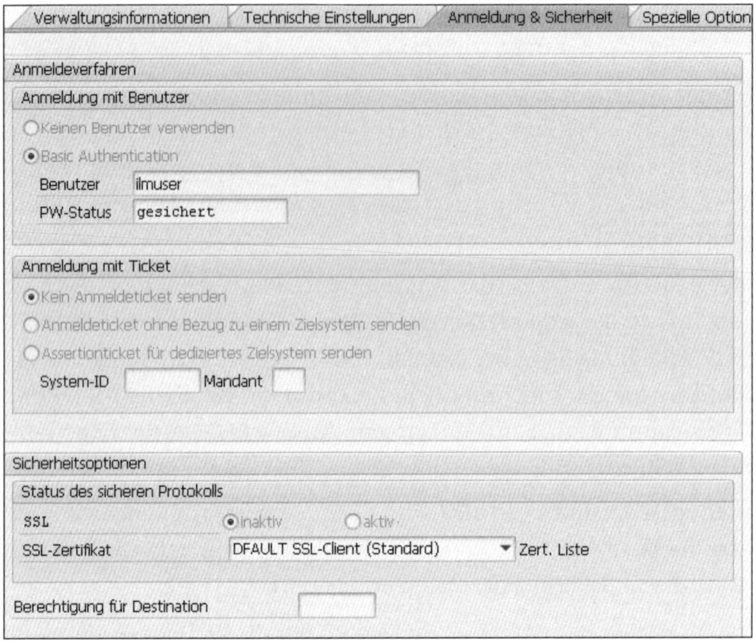

2 Grundfunktionen von SAP ILM

Abbildung 2.46 RFC-Verbindung zur ILM-Ablage – Anmeldung und Sicherheit

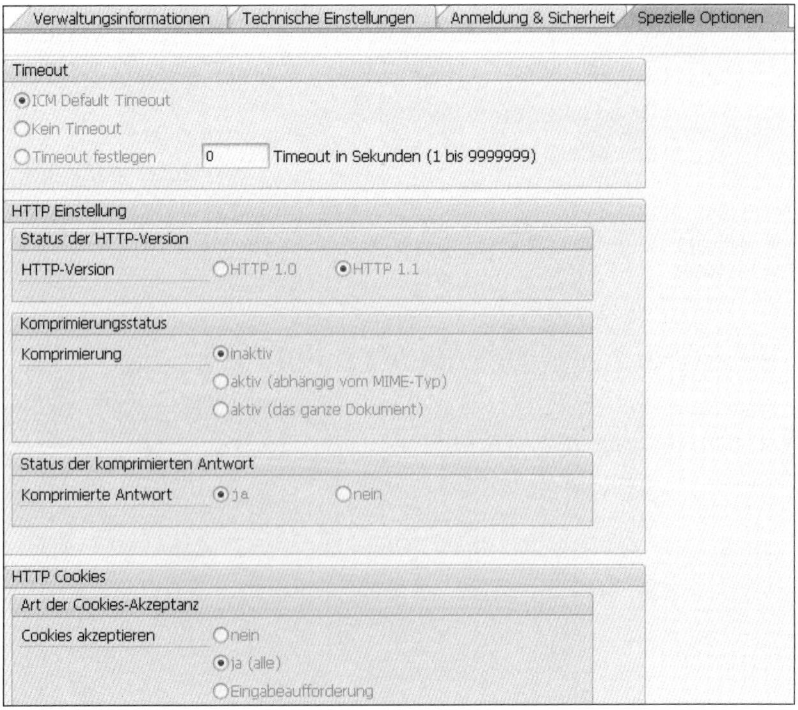

Abbildung 2.47 RFC-Verbindung zur ILM-Ablage – spezielle Optionen

Pfadpräfix

Unter dem Pfad, den dieses Pfadpräfix angibt, darf es zum Zeitpunkt der Definition einer ILM-Ablage in der Transaktion ILMSTOREADM (SRS-Ablageverwaltung) noch keine Ressourcen, das heißt keine Dateien, geben. Zu diesem Schritt kommen wir weiter unten in diesem Abschnitt.

Ist eine RFC-Verbindung (oder auch mehrere) vorhanden, besteht der nächste Schritt darin, dass Sie in der Transaktion SARA (Archivadministration) unter **Archivierungsobjektübergreifendes Customizing • Technische Einstellungen** unter **ILM-Ablageservice** die Option **Lokal** wählen, wie Sie es in Abbildung 2.48 sehen. Im Wesentlichen heißt es, dass der Storage and Retention Service (SRS), den wir in Abschnitt 2.6.3, »Storage and Retention Service (SRS) für ILM-Ablagen«, beschreiben werden, im lokalen SAP-NetWeaver-AS-ABAP-System verwendet werden soll und dass dieser auch dort konfiguriert ist.

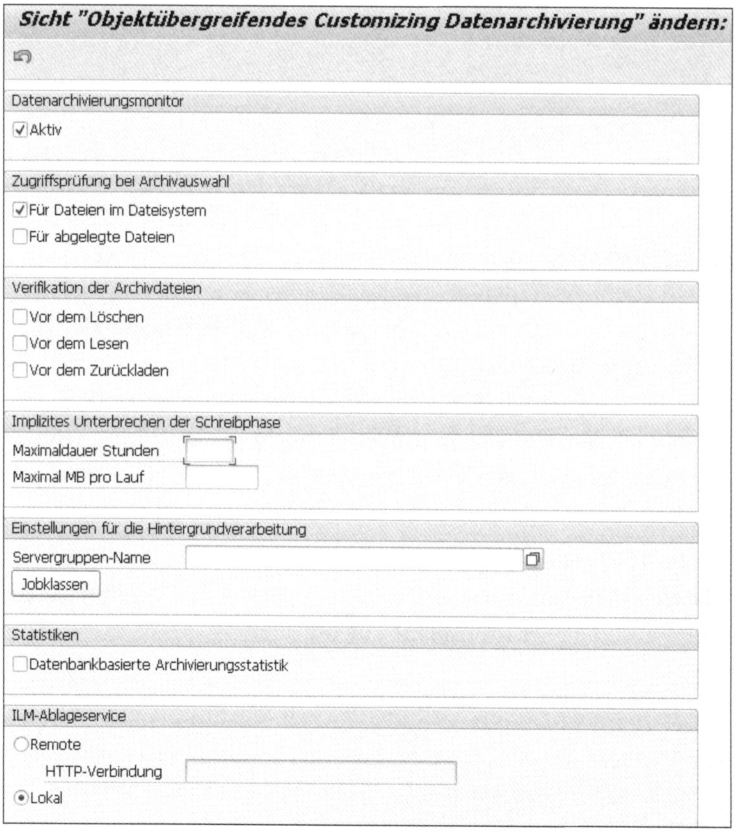

Einstellungen im archivierungsobjektübergreifenden Customizing

Abbildung 2.48 Einstellungen zur ILM-Ablage im Customizing der Transaktion SARA

2 Grundfunktionen von SAP ILM

Weitere Informationen dazu finden Sie auch in der SAP-Dokumentation. Für SAP ERP öffnen Sie den zugehörigen Einstiegspfad (siehe Abschnitt 3.4.6, »Weiterführende Informationen«) und dann **SAP ILM verfügbar machen • Ablagen für SAP ILM bereitstellen • Service für Steuerung der ILM-Ablagen konfigurieren**.

Die Option **Remote** war noch im ersten SAP-ILM-Release notwendig, als die HTTP-Verbindung über den SAP-NetWeaver-AS-Java-Layer mit der ILM-Ablage kommunizierte.

Einstellungen der Transaktion ILMSTOREADM

Im nächsten Schritt definieren Sie den oder die Einträge, die ein Benutzer in der Spalte **ILM-Ablage** bei der Regelpflege (Transaktion IRMPOL) eingeben kann. Die Bedeutung der Eingaben haben wir in Abschnitt 2.5.4, »Regeln im Regelwerk anlegen«, beschrieben. Rufen Sie die Transaktion ILMSTOREADM (SRS-Ablageverwaltung) auf. Über die Schaltfläche **Neu** können Sie einen neuen Eintrag anlegen und ihn später über die Schaltfläche **Bearbeiten** ändern (siehe Abbildung 2.49).

ILM SRS: Ablageverwaltung

ILM-Ablagen

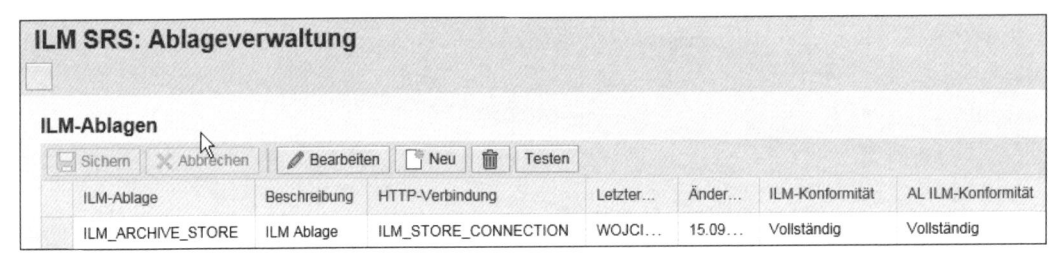

ILM-Ablage	Beschreibung	HTTP-Verbindung	Letzter...	Änder...	ILM-Konformität	AL ILM-Konformität
ILM_ARCHIVE_STORE	ILM Ablage	ILM_STORE_CONNECTION	WOJCI...	15.09...	Vollständig	Vollständig

Abbildung 2.49 ILM-Ablage in der Transaktion ILMSTOREADM definieren

Der Name, den Sie in die Spalte **ILM-Ablage** eingeben, wird in der gleichnamigen Spalte bei der Regelpflege (Transaktion IRMPOL) sichtbar sein. Achten Sie also auf sprechende Namen, insbesondere dann, wenn Sie dem Benutzer mehr als eine ILM-Ablage anbieten möchten und somit mehr als einen Eintrag in der Transaktion ILMSTOREADM (SRS-Ablageverwaltung) anlegen werden.

In der Spalte **Beschreibung** geben Sie den Text ein, der die Ablage beschreibt. Er wird sichtbar sein, wenn der Benutzer bei der Regelpflege die Wertehilfe ([F4]) zur Spalte **ILM-Ablage** aufruft.

[zB] **Sprechende Namen und Beschreibungen für Ihre ILM-Ablagen**

Wenn Sie mehrere ILM-Ablagen definieren, da sie in unterschiedlichen Ländern physisch zur Verfügung stehen sollen, könnten Sie z. B. das Länderkürzel als Teil des Namens der ILM-Ablage verwenden und den Ländernamen als Teil der Beschreibung hinzufügen.

In der Spalte **HTTP-Verbindung** müssen Sie nun die RFC-Verbindung eintragen, die Sie, wie weiter oben beschrieben, in der Transaktion SM59 (RFC-Destinations) angelegt haben.

HTTP-Verbindung für neue ILM-Ablage

Neue HTTP-Verbindung [«]

Wenn Sie in der Transaktion ILMSTOREADM (SRS-Ablageverwaltung) eine neue Ablage definieren und unter dem Pfad, den Sie bei der zugehörigen RFC-Verbindung im Feld **Pfadpräfix** angegeben haben, schon Kollektionen oder Ressourcen (also Ordner oder Dateien) existieren, gibt es eine Fehlermeldung. Bei der Definition der ersten Ablage im System ist das noch kein Problem. Legen Sie aber eine zweite Ablage für den gleichen Mandaten oder die erste Ablage in einem weiteren Mandanten an, kommt es zu einer Fehlermeldung.

Eine mögliche Lösung wäre, dass Sie ein weiteres Pfadpräfix definieren, unter dem es keine Ressourcen gibt, und es für die Dauer der Arbeiten in der Transaktion ILMSTOREADM Ihrer RFC-Verbindung (Transaktion SM59) zuordnen. Nachdem die zusätzliche Ablage erfolgreich definiert wurde, kehren Sie zu den ursprünglichen Einstellungen Ihrer RFC-Verbindung zurück.

Weiterführende Informationen zum Einrichten von ILM-Ablagen finden Sie z. B. in der SAP-Dokumentation.

2.6.3 Storage and Retention Service (SRS) für ILM-Ablagen

Bei der Konfiguration von ILM-Ablagen werden Sie sich noch mit einer weiteren Komponente beschäftigen, dem *Storage and Retention Service* (SRS) für ILM-Ablagen. Wir haben ihn entwickelt, weil ILM mit dem Ablagesystem kommunizieren muss. Er dient der Steuerung der von SAP ILM an die ILM-Ablage ausgelösten Kommandos (siehe Abbildung 2.50).

SRS vs. XML Data Archiving Service (XML DAS) [«]

In der ersten ILM-Version haben wir für die oben beschriebene Kommunikation den auf SAP NetWeaver AS Java laufenden *XML Data Archiving Service* (XML DAS) entwickelt. Dort mussten die Kunden die Verbindung zum WebDAV-Server definieren. Sie brauchten also eine SAP-NetWeaver-AS-Java-Komponente in der ILM-Landschaft, was für viele Kunden umständlich war. Daher bieten wir ab SAP NetWeaver SAP_BASIS 731 den auf SAP NetWeaver AS ABAP basierenden *Storage and Retention Service* (SRS) an. Er erfüllt den gleichen Zweck.

2 Grundfunktionen von SAP ILM

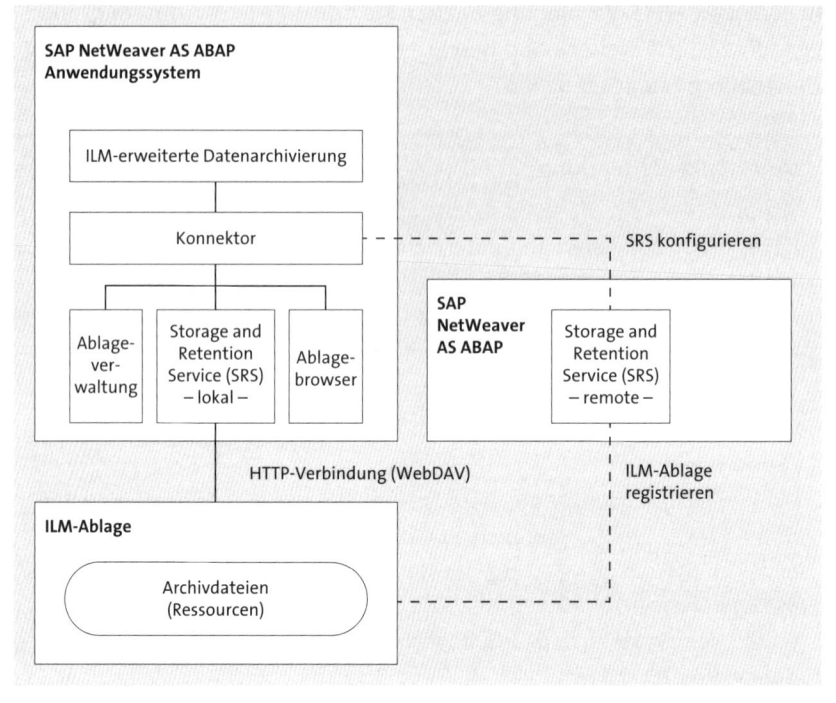

Abbildung 2.50 Storage and Retention Service – SRS

SRS einrichten

Die Schritte, die Sie zum Einrichten des SRS durchführen müssen, sind folgende:

1. Um den SRS zu konfigurieren, müssen Sie die erforderlichen Benutzer für die Verwendung des SRS bereitstellen sowie den lokalen SRS des Anwendungssystems oder einen Remote-SRS auf einem separaten System aktivieren.

2. Um die ILM-Ablage zu registrieren, müssen Sie die Verbindung vom SRS zu jeder ILM-Ablage definieren sowie jede ILM-Ablage in der Ablageverwaltung des SRS definieren (Transaktion ILMSTOREADM, SRS Ablageverwaltung).

ILM Store Browser (ILM-Ablagebrowser)

3. Prüfen Sie abschließend die Verfügbarkeit der ILM-Ablagen und der Ablagehierarchien. Dazu können Sie den *ILM Store Browser* (auch *ILM-Ablagebrowser* genannt) nutzen, den wir in Abschnitt 2.6.7, »ILM Store Browser«, vorstellen werden.

[»] **Storage and Retention Service (SRS) einrichten**
Weitere Informationen zum Einrichten des SRS finden Sie in der SAP-Dokumentation unter *https://help.sap.com/*. Für SAP ERP beispielsweise öffnen

2.6 Vom WebDAV und der BC-ILM-Zertifizierung zum ILM Store Browser

Sie den zugehörigen Einstiegspfad (siehe Abschnitt 3.4.6, »Weiterführende Informationen«) und dort **SAP ILM verfügbar machen** • **Ablagen für SAP ILM bereitstellen** • **Service für Steuerung der ILM-Ablagen konfigurieren** • **Storage and Retention Service für ILM-Ablagen konfigurieren**.

2.6.4 Wann werden Archivdateien in der ILM-Ablage abgelegt?

Klären wir nun, wann eine Archivdatei ihr neues Zuhause in der ILM-Ablage findet, die das IRM bei der Regelermittlung bestimmt hat. Wenn Sie ein Archivierungsexperte sind und die Logik der Eingaben in der Gruppe **Dateiablage ins Ablagesystem** (siehe Abbildung 2.51) kennen, kennen Sie das Vorgehen bereits. Wenn Sie das Ankreuzfeld **Start automatisch** setzen, bedeutet es, dass der Ablagejob vom System automatisch eingeplant werden soll. Setzen Sie es nicht, müssen Sie den Job manuell über **Ablagesystem** • **Dateien ablegen** einplanen (siehe Abbildung 2.52). Der Ablagejob wird in der Jobübersicht das Kürzel STO (von engl. *storage*) im Namen tragen.

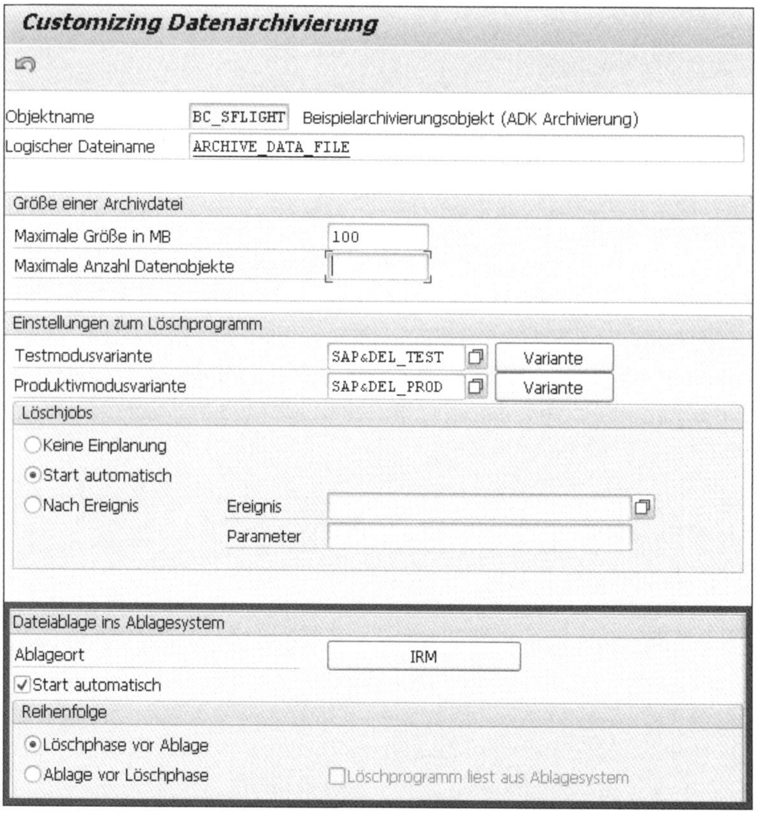

Automatische Einplanung des Ablagejobs

Abbildung 2.51 Transaktion SARA – archivierungsobjektspezifisches Customizing

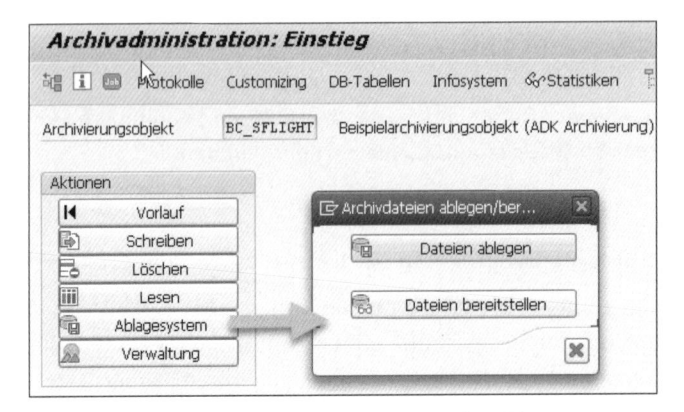

Abbildung 2.52 Transaktion SARA – manuelle Ablage

Lösch- und Ablagejob – Reihenfolge

Die zweite Eingabe, die Sie, wie in Abbildung 2.51 dargestellt, vornehmen können, kennen Sie bereits von der klassischen Datenarchivierung. Es ist die Reihenfolge des Ablage- und des Löschjobs, und es gibt zwei Möglichkeiten:

- Löschphase vor Ablage
- Ablage vor Löschphase

In letzterem Fall können Sie noch entscheiden, ob das Löschprogramm aus der soeben in der ILM-Ablage abgelegten Datei lesen und die gelesenen Daten aus der Datenbank löschen soll oder ob die Löschphase – meist aus Performancegründen – nicht aus der ILM-Ablage, sondern aus der sogenannten *lokalen Archivdatei* lesen soll. (Die lokale Archivdatei ist die Datei, die während des Archivlaufs erstellt wurde. Das Ablagesystem legt eine Kopie davon auf seinen Speichermedien ab.) In diesem Fall wird die lokale Archivdatei erst nach der Löschphase vom System automatisch gelöscht. (Im oben genannten ersten Fall wird die lokale Archivdatei nach der erfolgreichen Ablage in der ILM-Ablage gelöscht.)

[»]

Lokale Archivdatei

Die lokale Archivdatei ist eine nur vorübergehend vorliegende (temporäre) Archivdatei. Das System legt sie unter dem Pfad an, den Sie im Customizing der Transaktion SARA (Archivadministration) in der Gruppe **Basis-Customizing** definieren. Sie wird vom System gelöscht, sobald das Ablagesystem (die ILM-fähige Ablage oder die für die klassische Datenarchivierung zur Verfügung stehenden Ablagemöglichkeiten) bestätigt, dass es die Archivdatei erfolgreich auf seiner Seite abgelegt hat.

Zusammenfassend lässt sich also sagen, dass die Einstellungen aus Abbildung 2.51 die gleichen wie bei der klassischen Archivierung sind. Falls das Archivierungsobjekt unter Kontrolle von SAP ILM steht (also mindestens einem Prüfgebiet zugeordnet ist), gibt es einen Unterschied: Das Feld **Content Repository** (siehe Abbildung 2.53) wird durch die Schaltfläche **IRM** ersetzt. Der Grund sind Ihre Aufbewahrungsregeln im IRM – in der Regel die dortige Spalte **ILM-Ablage** –, die darüber entscheiden, wo die Archivdatei langfristig abgelegt werden soll.

Unterschiede zwischen klassischer und ILM-Archivierung

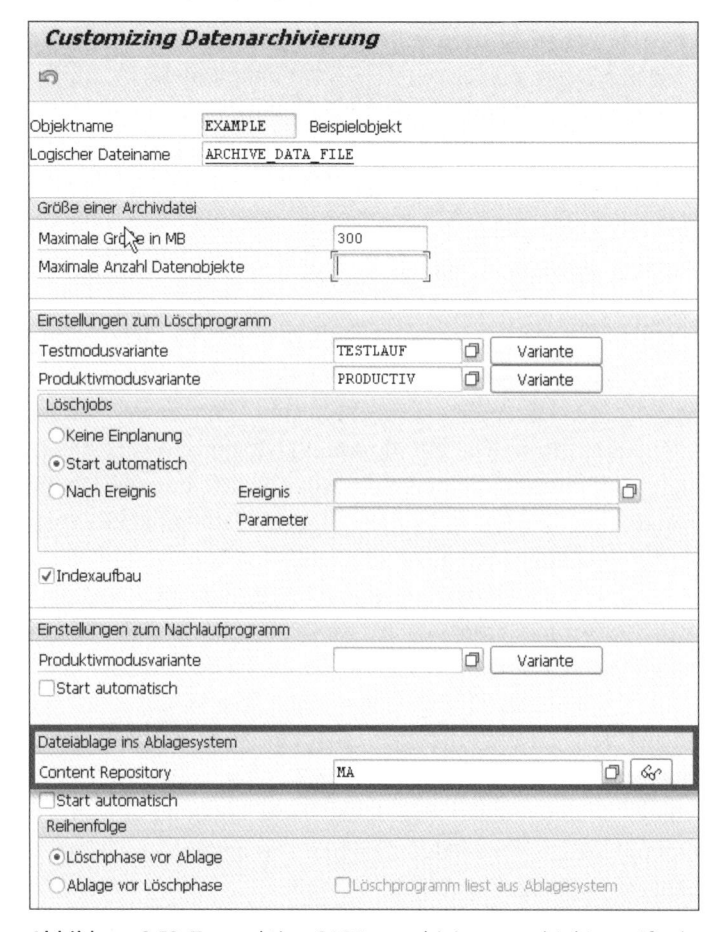

Abbildung 2.53 Transaktion SARA – archivierungsobjektspezifisches Customizing, Content Repository

---

Lokale vs. temporäre Archivdatei

Als temporäre Archivdatei haben wir in Abschnitt 2.3.6, »Die Gruppe ›ILM-Aktionen‹ im Archivschreibprogramm«, die Archivdatei genannt, die ein

[«]

> Archivierungslauf erstellt, den Sie mit der ILM-Aktion *Datenvernichtung* gestartet haben. Sie wird immer am Ende der Löschphase vom System gelöscht. Demnach bezeichnen wir die lokale Archivdatei als temporäre Archivdatei, wenn sie während der ILM-Aktion *Datenvernichtung* erstellt wurde.

2.6.5 Umgang mit bereits existierenden Dateien und Originalbelegen

Nachdem Sie nun die Möglichkeiten zum Umgang mit den strukturierten und unstrukturierten Daten besser kennengelernt haben, stellt sich Ihnen zu Recht die Frage, wie Sie mit (vielleicht Terabytes an) bereits existierenden Archivdateien oder Originalbelegen umgehen sollen. Es gibt drei alternative Vorgehensweisen:

Bisherige (unsortierte) Archivdateien nicht umsetzen

1. **»Altes bleibt, Neues ist besser«**
   In dieser Variante würden Sie alle bereits vorhandenen Archivdateien (die unsortierten, also die ohne »Aufkleber« zur Aufbewahrungsdauer) und alle Originalbelege (die über SAP ArchiveLink abgelegt wurden) so lassen, wie sie sind. Mit dem Partner, von dem Sie das Ablagesystem beziehen, würden Sie klären, wie man diese (mit mehr oder weniger manuellem Aufwand) in welcher Granularität (z. B. nur das ganze Content Repository auf einmal) löschen kann. Gleichzeitig müssen Sie die Aufbewahrungsdauer der Daten in diesen Archivdateien ganz genau bestimmen und diese auf jeden Fall berücksichtigen. Sie sollten eine Prozessbeschreibung mit Antworten auf diese Fragen erstellen und dort auch die Aufbewahrungszeiten niederschreiben. Das alles dient dem Zweck, Zeit und Geld einer Umsetzung zu sparen, gleichzeitig aber beispielsweise bei Datenschutzprüfungen zu belegen, dass Sie das Bestmögliche angesichts von Kosten und Nutzen unternehmen. Sie würden demnach auch nur neue Archivdateien, die künftig entstehen, unter Kontrolle von SAP ILM erstellen, ihre Aufbewahrungsdauer berechnen und sie auf dem »Aufkleber« niederschreiben, um beides an die zertifizierte ILM-Ablage zu übergeben.

Alte (unsortierte) Archivdateien umsetzen

2. **»Alles oder nichts«**
   In dieser Variante würden Sie alle Daten gleich behandeln – egal, ob sie bereits vorliegen oder erst in der Zukunft entstehen werden. Das bedeutet, dass Sie einmalig für alle Originalbelege entweder den AL-Zweig in der ILM-Ablage anlegen (Schattenhierarchie) oder das BAdI `BADI_ILM_DESTR_WITH_ARKEY` verwenden und alle bestehenden Archivdateien umsetzen werden.

Archivdateiumsetzung (siehe Abschnitt 2.6.6, »Umsetzung von Archivdateien«) bedeutet in diesem Fall, die unter der Kontrolle der klassischen (nicht ILM-fähigen) Datenarchivierung in der Vergangenheit erstellten Dateien zu lesen und für jedes sich darin befindliche Datenobjekt Aufbewahrungsdauer und -ort zu bestimmen.

3. »Teils teils«
   In dieser Variante würden Sie einen Teil der Daten (wahrscheinlich die neuen, vor Kurzem erstellten Dateien und Originalbelege – die Datumsgrenze bestimmen Sie selbst) der Variante »Alles oder nichts« unterziehen, während Sie die älteren Dateien nach dem Konzept »Altes bleibt, Neues ist besser« behandeln.

Die ersten Varianten mischen

Datenobjekte – Bestandteile einer Archivdatei

Der Begriff *Datenobjekt* im Zusammenhang mit Datenarchivierung ist meist nur Entwicklern bekannt. Sie können sich einen Zug als Kette von aneinandergereihten Waggons vorstellen. Die Archivdatei ist eine Kette von aneinandergereihten Datenobjekten. Sie sind der kleinste adressierbare Bereich einer Archivdatei. Der Beginn eines jeden Datenobjekts ist der sogenannte *Offset*, den wir in einer Archivinfostruktur speichern, um schneller auf archivierte Daten zugreifen zu können.

[«]

2.6.6 Umsetzung von Archivdateien

Nehmen wir an, für eine Regel zu einem ILM-Objekt aus dem Bereich HCM wurde als Zeitbezug das Datum des Austritts des Mitarbeiters angegeben. Teile der Daten eines Mitarbeiters sollen gerade archiviert werden, und die passende Regel wird ausgewertet. Der Mitarbeiter ist in der Firma aber nach wie vor beschäftigt. Der Aufbewahrungszeitraum beginnt mit dem Austritt des Mitarbeiters und kann somit nicht bestimmt werden. Die Archivierung ist aber möglich, und der Pfad für die Archivdatei kann berechnet werden. Das Besondere ist: Das Ablaufdatum wird für die Archivdatei den Wert *unknown* (»unbestimmt«) tragen.

Der Systemadministrator sollte solche Archivdateien in regelmäßigen Abständen einer sogenannten *Dateiumsetzung* unterziehen. Daten zu Mitarbeitern, die inzwischen die Firma verlassen haben, würden dadurch in eine neue Archivdatei mit einem (nun bekannten) Ablaufdatum kopiert. Daten zu Mitarbeitern, die noch im Unternehmen beschäftigt sind, würden in eine andere Archivdatei kopiert (die nach wie vor den Wert *unknown* als Ablaufdatum trägt). Die ursprüngliche Archivdatei kann, wenn gewünscht, vom System automatisch vernichtet werden.

2 Grundfunktionen von SAP ILM

Drei Wege zur Archivdateiumsetzung

Schauen wir uns nun im Detail die Umsetzung von Archivdateien an. Es gibt folgende Wege, um eine Archivdateiumsetzung anzustoßen:

- über die Aktion **Dateiumsetzung** im Kontextmenü, das sich nach einem Rechtsklick auf einen Archivlauf in der Administration der Transaktion SARA (Archivadministration) öffnet
- über das in Abbildung 2.54 dargestellte Programm RSARCH_CONVERT_TO_ILM (Dateiumsetzung für ILM), das Sie über **Umfeld • Dateiumsetzung**, auch aus der Transaktion SARA (Archivadministration) heraus, aufrufen können.
- Wenn das Ablaufdatum der Archivdatei den Wert *unknown* (»unbestimmt«) trägt und die Datei in einer zertifizierten ILM-Ablage abgelegt wurde, können Sie auch die Transaktion ILM_CHANGE_RET (Ablaufdatum ändern) verwenden. Dieser Transaktion ist Abschnitt 2.7.5, »Die Transaktion ILM_CHANGE_RET«, gewidmet.

Die erste Möglichkeit bezieht sich auf alle Archivdateien genau eines Archivlaufs, während Sie mithilfe des Umsetzungsprogramms beliebig viele Archivläufe der Archivdateiumsetzung unterziehen können. (Eine Umsetzung nur einer von n Dateien eines Archivlaufs ist nicht sinnvoll und daher in keiner der Varianten möglich.) Zu vermerken sei an dieser Stelle, dass die *Bereitstellung von abgelegten Archivdateien* nicht notwendig ist.

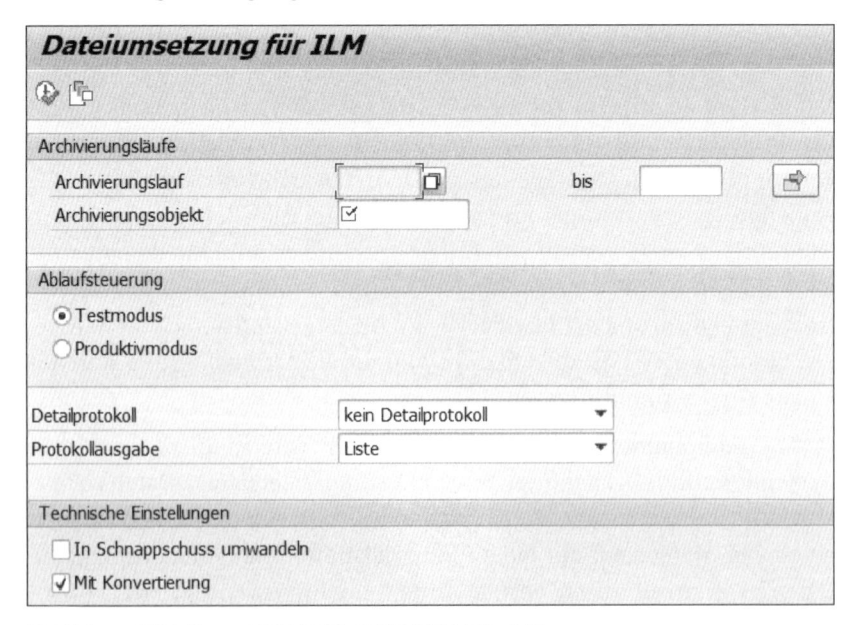

Abbildung 2.54 Report RSARCH_CONVERT_TO_ILM

2.6 Vom WebDAV und der BC-ILM-Zertifizierung zum ILM Store Browser

Aber was passiert nun während der Dateiumsetzung genau? Eins haben wir schon gesagt: Die Dateien eines Archivlaufs werden gelesen. Für jedes Datenobjekt wird die Aufbewahrungsdauer bestimmt. So entstehen neue, unter Kontrolle von SAP ILM erstellte Archivdateien. Je nach Inhalt der alten Dateien können es auch mehr als zuvor werden.

Ablauf der Archivdateiumsetzung

> **Dateiumsetzung**
>
> Stellen wir uns vor, die alte, unsortierte Archivdatei beinhaltet Daten zu zwei Buchungskreisen und zwei Geschäftsjahren. Nach der Dateiumsetzung könnte es vier neue Dateien im neuen Archivlauf geben, und zwar jeweils eine für jede der vier möglichen Kombinationen.

Außerdem werden aktive *SAP-AS-Infostrukturen* für die alte Datei abgebaut und für die neue(n) wieder aufgebaut. Das Ergebnis – den neuen Lauf – sehen Sie in der entsprechenden Kategorie der Liste aller Läufe und Dateien zum Archivierungsobjekt (siehe Abbildung 2.55).

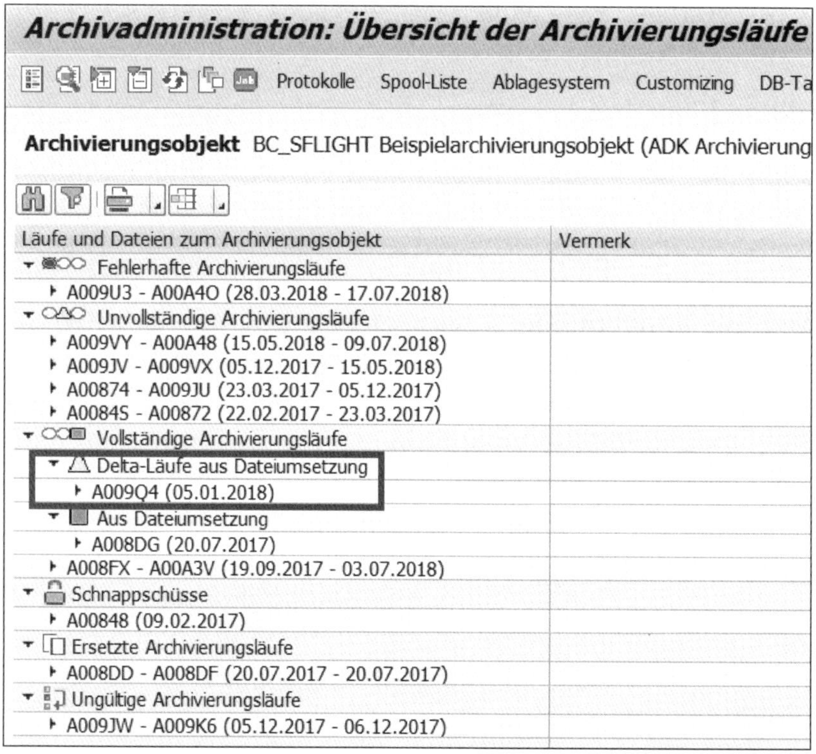

Abbildung 2.55 Transaktion SARA – Delta-Läufe und Läufe aus Dateiumsetzung

Kategorien für den neuen Lauf

Beachten Sie den Unterschied zwischen den Kategorien **Delta-Läufe aus Dateiumsetzung** und der Kategorie **Aus Dateiumsetzung**. (Wir definieren beides im Folgenden.) Sie können sie auch in der Archivadministration über das Icon **Legende** (oder mit Strg+F12) aufrufen.

- **Delta-Läufe aus Dateiumsetzung**
Der Archivierungslauf wurde durch die Dateiumsetzung erzeugt und enthält alle Datenobjekte, die zum Zeitpunkt der Dateiumsetzung keiner der existierenden Regeln im IRM (Information Retention Manager) genügten. Die Dateien zu diesem Archivierungslauf können nicht in der WebDAV-Hierarchie abgelegt werden. Um eine Ablage zu ermöglichen, müssen die IRM-Regeln so angepasst werden, dass passende Regeln für die Datenobjekte des Laufs gefunden werden. Anschließend muss die Dateiumsetzung für diesen Lauf erneut angestoßen werden.

- **Aus Dateiumsetzung**
Der Archivierungslauf wurde durch die Dateiumsetzung erzeugt und enthält alle Datenobjekte, für die zum Zeitpunkt der Dateiumsetzung eine Regel im IRM (Information Retention Manager) angewendet werden konnte. Falls in dieser Regel eine gültige Ablage angegeben wurde, können die Dateien zu diesem Lauf in der WebDAV-Hierarchie abgelegt werden.

Verlängerung oder Verkürzung der Aufbewahrungszeiten

Genau die gleiche Dateiumsetzung können Sie nutzen, wenn sich die Aufbewahrungszeiten ändern. Vielleicht werden sie in einem Land, in dem Ihre Firma tätig ist, um n Jahre verlängert. Ist die Aufbewahrungsdauer erst einmal berechnet und mit dem »Aufkleber« auf der Archivdatei an das Ablagesystem übergeben worden, kann sie verlängert, aber nicht verkürzt werden. Dies sieht die BC-ILM-Zertifizierung derzeit so vor.

Schicksal des ursprünglichen Laufs

Doch was passiert mit dem ursprünglichen Archivlauf? Es gibt verschiedene Möglichkeiten. Handelt es sich um einen bereits unter Kontrolle von SAP ILM erstellten Archivlauf, für dessen Dateien sich lediglich die bereits berechnete Aufbewahrungszeit verlängert hat, wird nur das Datum auf dem »Aufkleber« der Dateien angepasst. Mehr ist auch nicht notwendig. Der Lauf bleibt also bestehen, nur seine Lebensdauer verlängert sich. Die Änderung wird dem ILM-Ablagesystem natürlich mitgeteilt.

Handelt es sich dagegen um einen Archivlauf mit unsortierten (vor dem ILM-Zeitalter erstellten) Dateien oder um einen Lauf, der unter Kontrolle von SAP ILM erstellt wurde, für den aber eine Aufteilung der ursprünglichen Archivdatei in mehre neue notwendig ist, kommt es nun auf Ihre

Einstellungen im Ankreuzfeld **Automatisches Vernichten ersetzter Dateien** an (siehe Abbildung 2.57).

Haben Sie das Ankreuzfeld **Automatisches Vernichten ersetzter Dateien** nicht gesetzt, wird der Lauf in die Kategorie **Ersetzte Archivierungsläufe** verschoben, wie in Abbildung 2.56 dargestellt. Archivdateien in dieser Kategorie werden nie mehr bei lesenden Zugriffen angesprochen.

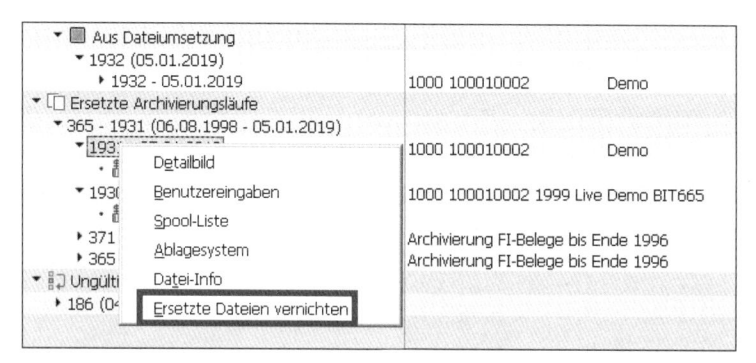

Abbildung 2.56 Funktion »Ersetzte Dateien vernichten« im Kontextmenü der SARA-Verwaltung

Sie können die ersetzten Dateien über das Kontextmenü der SARA-Verwaltung vernichten. Klicken Sie den Lauf an, und wählen Sie **Ersetzte Dateien vernichten**. Möchten Sie dies für mehrere Archivierungsobjekte oder -läufe tun, können Sie auch das Programm RSARC_DESTROY_REPLACED (Vernichtung von Archivdateien aus ersetzten Läufen) nutzen und einen Hintergrundjob einplanen.

Das alternative Vorgehen wäre: Sie prüfen auf der Ebene des bisherigen Ablagesystems, wie Sie diese Dateien physisch löschen könnten. Den Lauf in der Transaktion SARA (Archivadministration) können Sie z. B. mithilfe des Archivierungsobjekts BC_ARCHIVE (Archivierung der Archivadministrationsdaten) entfernen. Beachten Sie, dass Sie dazu zuerst noch das Ankreuzfeld **Archivvormerkung** setzen müssen. Dies können Sie manuell in der Archivadministration der Transaktion SARA (Archivadministration) tun oder mithilfe des Vorlaufprogramms des Archivierungsobjekts BC_ARCHIVE (Archivierung der Archivadministrationsdaten).

Handelte es sich nach wie vor um einen Archivlauf mit unsortierten (vor dem ILM-Zeitalter erstellten Dateien) und haben Sie das in Abbildung 2.57 dargestellte Ankreuzfeld **Automatisches Vernichten ersetzter Dateien** gesetzt, versuchen wir in Ihrem Dienste die Dateien im bisherigen Ablagesystem zu löschen und – so es denn klappt – anschließend auch die zuge-

Ersetzte Dateien vernichten

hörigen Informationen in der Archivadministration zu entfernen. Die Informationen zum Lauf bleiben erhalten, und der Lauf wird (wie auch im vorangegangenen Fall) in die Kategorie **Ersetzte Archivierungsläufe** verschoben.

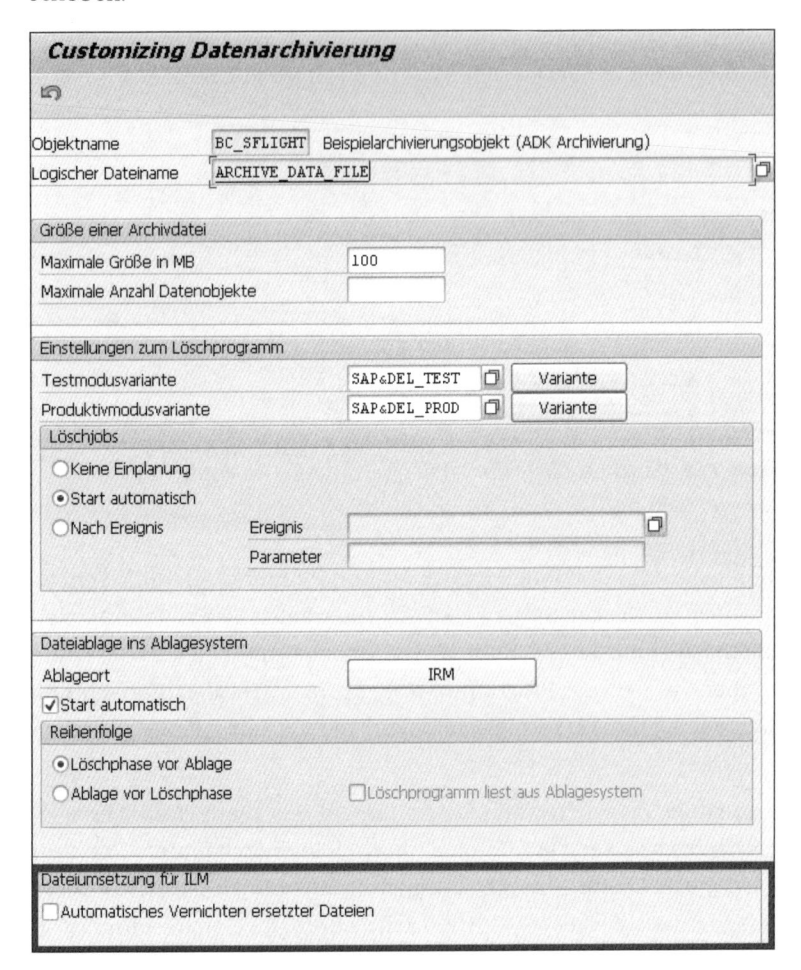

Abbildung 2.57 Transaktion SARA – archivierungsobjektspezifisches Customizing, Dateiumsetzung

2.6.7 ILM Store Browser

Ablagesysteme für Archivdateien

Woran sehen Sie, welche Archivdateien an die angeschlossene ILM-Ablage übergeben wurden? Können Sie dabei die besonderen Attribute (die »Aufkleber«) sehen? Um Antworten auf diese Fragen zu bieten, erschufen wir den *ILM Store Browser*. Sie rufen ihn über die Schaltfläche **ILM Browser** in der Transaktion SARA (Archivadministration) auf (siehe Abbildung 2.58).

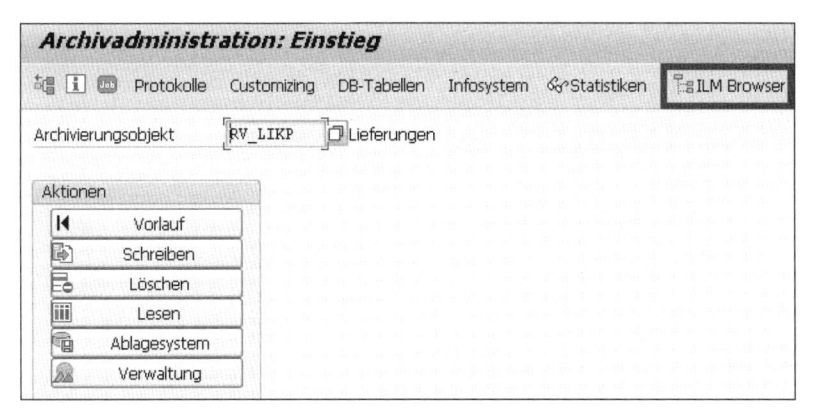

2.6 Vom WebDAV und der BC-ILM-Zertifizierung zum ILM Store Browser

Abbildung 2.58 Transaktion SARA – ILM Store Browser aufrufen

Es erscheint nun ein Anmeldefenster. Sie benötigen also einen Benutzernamen und ein Passwort. War die Anmeldung erfolgreich, begrüßt Sie zum ersten Mal der ILM Store Browser (siehe Abbildung 2.59). Seine Darstellung verstehen Sie bestens, wenn wir an dieser Stelle die Bestandteile wiederholen, aus denen sich der Pfad einer unter Kontrolle von SAP ILM erstellten Archivdatei zusammensetzt:

Hierarchie im ILM Store Browser

- Er beginnt mit dem dreistelligen Namen Ihres Systems (SYSID), gefolgt von dem Mandanten, dessen Daten Sie ablegen.
- Darunter teilen sich die Wege in bis zu vier Ordner: AD für die Archivdateien und SN für sogenannte Schnappschüsse. AL für zusätzliche Informationen zu SAP-ArchiveLink-Daten und DL für zusätzliche Informationen über Ihre Drucklisten.
- Die Ebene darunter ist der Name des ILM-Objekts, das die Regel zur Aufbewahrung der Daten in der Archivdatei bestimmt hat.
- Daher folgen jetzt die (bis zu vier) Bedingungsfelder, die diese Regel auf ihrer Bedingungsseite trägt.
- Die Ebene darunter ist das Datum, ab dem die Aufbewahrungsdauer gilt.
- Die Ebenen darunter kennen Sie bereits aus der klassischen Datenarchivierung: Es sind die Kennzeichnung des Archivlaufs und darunter nun endlich die Archivdatei selbst.

> **Anzeige im ILM Store Browser**
>
> Beachten Sie, dass der ILM Store Browser nur Archivdateien auflistet, die in der ILM-Ablage gespeichert sind. Im Gegensatz dazu zeigt die Archivadministration der Transaktion SARA alle Archivdateien an.

2   Grundfunktionen von SAP ILM

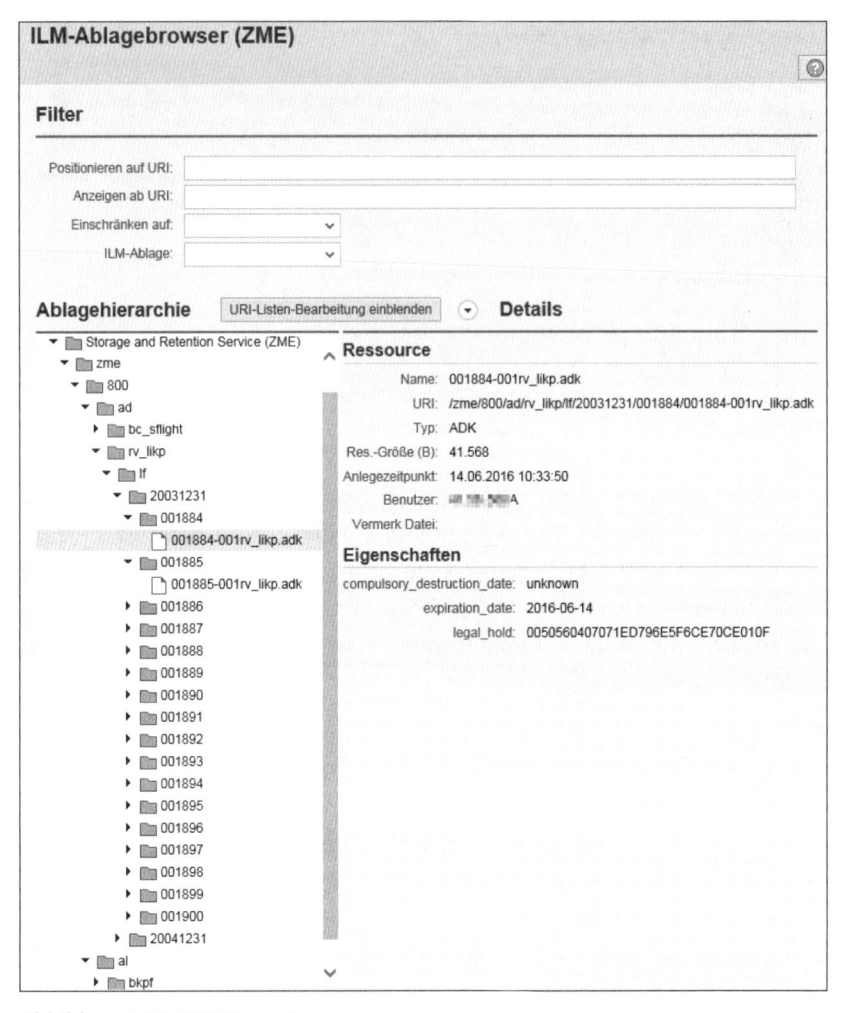

Abbildung 2.59 ILM Store Browser

Informationen zu einer Archivdatei im ILM Store Browser

Beschreiben wir nun die Information, die das System im rechten Teil des Bildes anzeigt, nachdem Sie eine Archivdatei oder einen Schnappschuss doppelt angeklickt haben. In der Gruppe **Ressource** sehen Sie allgemeine Daten wie:

- den Namen der Archivdatei
- ihre URI
- ihre Größe
- den Anlegezeitpunkt
- den Namen des Benutzers, der die Datei erstellt hat
- den Vermerk zu der Archivdatei, der auf dem Selektionsbild des Archivschreibprogramms eingegeben war

Die Gruppe **Eigenschaften** stellt dagegen die »Aufkleber« der Archivdatei dar, die der IRM (Information Retention Manager) bestimmt hat. Es handelt sich um die englischen Bezeichnungen, die das Ablagesystem gemäß der BC-ILM-Zertifizierung zu verstehen gelernt hat:

Die Gruppe »Eigenschaften«

- `compulsory_destruction_date`
  Entspricht dem Feld **Obligatorisches Vernichtungsdatum**, wie Sie es in der Transaktion SARA (Archivadministration) sehen (siehe Abbildung 2.60), und ergibt sich aus der *maximalen Aufbewahrungsdauer*, die in der dazugehörigen Regel in der Transaktion IRMPOL (ILM-Regelwerke) hinterlegt ist.
- `expiration_date`
  Entspricht dem **Ablaufdatum**, wie es die Transaktion SARA (Archivadministration) darstellt, und ergibt sich aus der *minimalen Aufbewahrungsdauer*, die in der dazugehörigen Regel in der Transaktion IRMPOL (ILM-Regelwerke) hinterlegt ist.
- `legal_hold`
  Es beginnen so viele Zeilen mit dieser Kennzeichnung, wie es Gerichtsverfahren (Legal Holds) zu Ihren Daten in dieser Archivdatei gibt.

Die Namen `compulsory_destruction_date` und `expiration_date` mögen etwas kryptisch wirken. Über den Doppelklick auf eine Datei können Sie die Informationen der »Aufkleber« ebenfalls sehen; sie heißen dann **Ablaufdatum** und **Obligatorisches Vernichtungsdatum**. Wenn die Daten der Datei in Gerichtsverfahren verwickelt sind, sehen Sie die dazugehörigen Informationen, wenn Sie auf die Schaltfläche **Legal-Hold-Fälle** klicken.

> **Ablaufdatum »unknown« (»unbestimmt«)**
>
> Beachten Sie die besondere Bedeutung des Wertes *unknown* (»unbestimmt«), den das Feld **Oblg. Vern. Datum** (`compulsory_destruction_date`) annehmen kann. Sie finden es – wie in Abschnitt 2.3.6, »Die Gruppe ›ILM-Aktionen‹ im Archivschreibprogramm«, und Abschnitt 2.6.6, »Umsetzung von Archivdateien«, beschrieben – bei Archivdateien immer im Zweig SN vor, aber auch in den anderen Zweigen, wenn der Beginn der Aufbewahrungszeit nicht berechnet werden konnte. Dies kann bei einer korrekt formulierten Regel z. B. dann der Fall sein, wenn die Aufbewahrungszeit mit dem Austritt des Mitarbeiters beginnt, dieser jedoch noch im Unternehmen beschäftigt ist und Teile seiner Daten archiviert werden sollen. (Wir haben dies bereits in Abschnitt 2.6.6, »Umsetzung von Archivdateien«, besprochen.)

2   Grundfunktionen von SAP ILM

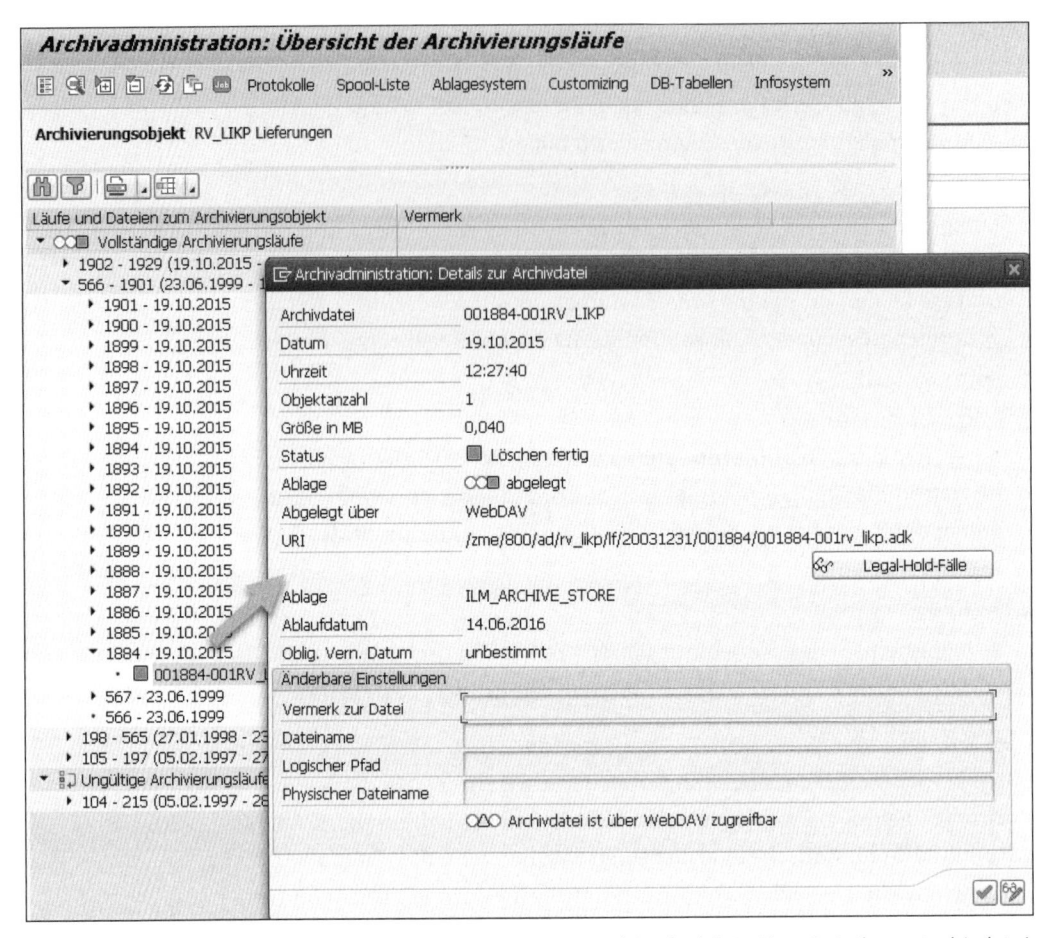

Abbildung 2.60 Transaktion SARA – Archivadministration, Details zur Archivdatei

Informationen im AL- und DL-Zweig im ILM Store Browser

Bisher haben wir die Information beschrieben, die das System zu einer Archivdatei oder einem Schnappschuss anzeigt. In den Zweigen AL und DL sieht der Inhalt der Gruppe **Ressource** und **Eigenschaften** jeweils anders aus (siehe Abbildung 2.61). Hier werden die Informationen aus den dazugehörigen TOA*-Tabellen gezeigt. Die letzten drei Felder (compulsory_destruction_date, expiration_date und legal_hold) sind aber gleich.

> [»]   »Ablaufdatum« bzw. »Obligatorisches Vernichtungsdatum« mit Datum des Archivierungslaufs?
>
> Sie werden manchmal sehen, dass das berechnete Ablaufdatum bzw. das obligatorische Vernichtungsdatum für eine Archivdatei dem Datum entspricht, an dem der Archivierungslauf stattgefunden hat. Das liegt an der BC-ILM-Zertifizierung: Sie erlaubt es nicht, in den genannten Feldern ein

2.6 Vom WebDAV und der BC-ILM-Zertifizierung zum ILM Store Browser

Datum in der Vergangenheit anzugeben. Wenn Sie also z. B. während Ihrer Tests alte Daten archivieren, also Daten, für die bei näherem Hinsehen die Aufbewahrungsdauer bereits abgelaufen ist, so werden diese Felder nicht auf den Tag gesetzt, an dem die Aufbewahrungsdauer abgelaufen ist, sondern auf den Tag des Archivierungslaufs. Die Vernichtung der Archivdatei ist demzufolge am darauffolgenden Tag möglich.

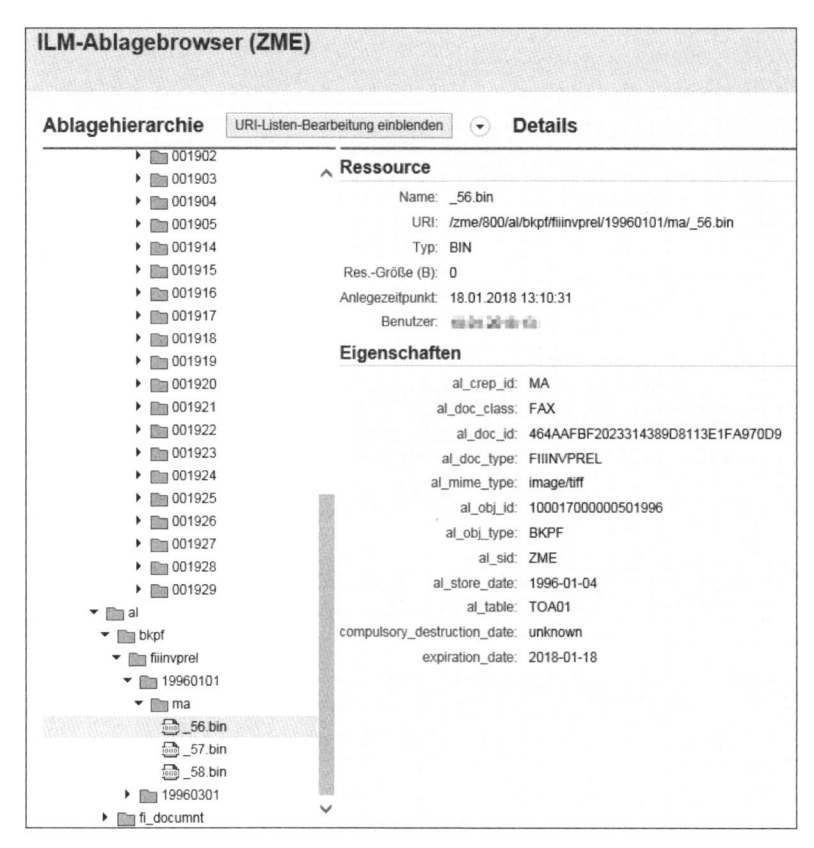

Abbildung 2.61 ILM Store Browser – AL-Zweig

2.6.8 Archive Routing und SAP ILM

Wie Sie der SAP-Dokumentation entnehmen können, steht Ihnen ab SAP NetWeaver 7.0 das *Archive Routing* zur Verfügung. Damit können Sie spezifische Regeln und Bedingungen aufstellen, um die Content Repositories zu definieren, in denen bestimmte Archivdateien abgelegt werden sollen. Ein Content Repository kann auf der Ebene von Organisationseinheiten (z. B. Buchungskreis) oder aufgrund zeitlicher Kriterien (z. B. Geschäftsjahr) festgelegt werden.

Content Repository definieren

2 Grundfunktionen von SAP ILM

Archivierungsobjekt mit Content Repository verlinken

Bevor es das Archive Routing gab, konnten Sie ein Archivierungsobjekt nur mit einem einzigen Content Repository verlinken. Um ein anderes Content Repository einzustellen, mussten Sie manuelle Änderungen im Customizing vornehmen (unter Customizing • **Archivierungsobjektspezifisches Customizing** • **Technische Einstellungen**, siehe Abbildung 2.62). Aufgrund von gesetzlichen Anforderungen sind Unternehmen, vor allem solche mit internationalen Standorten, zunehmend darauf angewiesen, den Speicherort von archivierten Daten feingranularer zu definieren, beispielsweise um unterschiedliche Aufbewahrungsfristen oder -orte für einzelne Datentypen, Branchen oder Länder zu berücksichtigen. Archive Routing bietet in dieser Hinsicht mehr Flexibilität und Automatisierungsmöglichkeiten. Die Regeln und Bedingungen werden im Customizing eingestellt. Darauf basierend werden die Archivdateien für einen bestimmten Archivierungslauf an das angegebene Content Repository übergeben. Obwohl in den Regeln mehr als ein Content Repository angegeben werden kann, wird pro Archivierungslauf jeweils nur eines angesteuert.

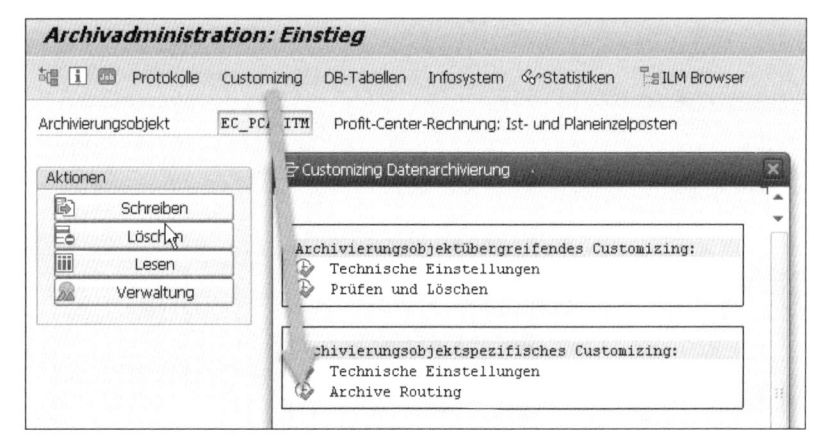

Abbildung 2.62 Transaktion SARA – Archive Routing

Entweder Archive Routing oder SAP ILM

Sobald Sie SAP ILM für ein *Archivierungsobjekt* »aktiviert« haben (indem Sie das dazugehörige ILM-Objekt einem Prüfgebiet zugeordnet haben), ist das Archive Routing im Customizing der Transaktion SARA (Archivadministration) nicht mehr sichtbar. Das liegt daran, dass ILM eine funktionale Weiterentwicklung von Archive Routing ist. Beides zusammen geht nicht. Im Vergleich zu Abbildung 2.62 ist in Abbildung 2.63 in der Gruppe **Archivierungsobjektspezifisches Customizing** daher nur ein Eintrag zu sehen, weil das ILM-Objekt BC_SFLIGHT (Beispiel-ILM-Objekt, Flugdatenmodell), das mit dem gleichnamigen Archivierungsobjekt verbunden ist, einem Prüfgebiet zugeordnet ist. Zusammenfassend können wir also sagen:

- Ist ein ILM-Objekt mindestens einem Prüfgebiet zugeordnet, kann das Archive Routing im Customizing des dazugehörigen Archivierungsobjekts nicht mehr ausgewählt werden. Die Regeln werden jetzt über den IRM definiert.

- Ist ein ILM-Objekt keinem Prüfgebiet zugeordnet, können Sie das Archive Routing für das dazugehörige Archivierungsobjekt verwenden. Die Regeln werden im Archive Routing verarbeitet. Der Umfang der Regeln ist im Verhältnis zum IRM jedoch eingeschränkt. So können Sie z. B. für die Regeln im Archive Routing nur Felder verwenden, die das Selektionsbild des Archivschreibprogramms anbietet.

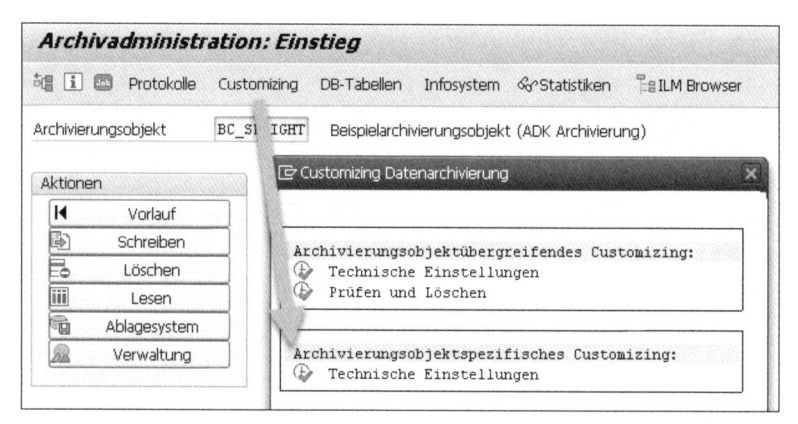

Abbildung 2.63 Transaktion SARA – kein Archive Routing mehr verfügbar

2.7 Datenvernichtungsfunktionen

Beschreiben wir nun die Funktionen im SAP Information Lifecycle Management (SAP ILM), mit deren Hilfe Daten (Informationen) der Datenvernichtung unterzogen werden können. Zusammen mit dem Wissen aus den vorangegangenen Abschnitten kennen Sie danach fast alle ILM-Grundfunktionen. Die Datenvernichtung wird selbstverständlich angewendet, sobald die Aufbewahrungsdauer der Daten abgelaufen ist. Wie Sie die Aufbewahrungsdauer definieren, haben wir in den vorangegangenen Abschnitten besprochen.

Ablauf der Aufbewahrungsdauer

2.7.1 Einführung: Wege der Datenvernichtung

Um uns dem Thema Datenvernichtung mit SAP ILM zu nähern, nehmen wir zunächst folgende Aufteilung vor. Mit SAP ILM lassen sich die folgenden Elemente vernichten:

- Daten aus der Datenbank
- Archivdateien
- Anlagen, das heißt verknüpfte Dokumente (Einträge in den TOAnn-Tabellen)
- Drucklisten (Einträge in der TOADL-Tabelle)

Möglichkeiten zur Vernichtung aus der Datenbank

Für die Vernichtung von Daten aus der Datenbank stehen Ihnen in SAP ILM wiederum zwei Möglichkeiten zur Verfügung. Ein Business-Objekt kann hierzu ein Datenvernichtungsobjekt anbieten (siehe Abbildung 2.64) oder ein ILM-fähiges Archivierungsobjekt, genauer gesagt die darin enthaltene ILM-Aktion *Datenvernichtung* (die Sie bereits in Abbildung 2.13 in Abschnitt 2.3.5, »Auswirkung des Ankreuzfeldes ›Objektzuordnung‹«, dargestellt sahen).

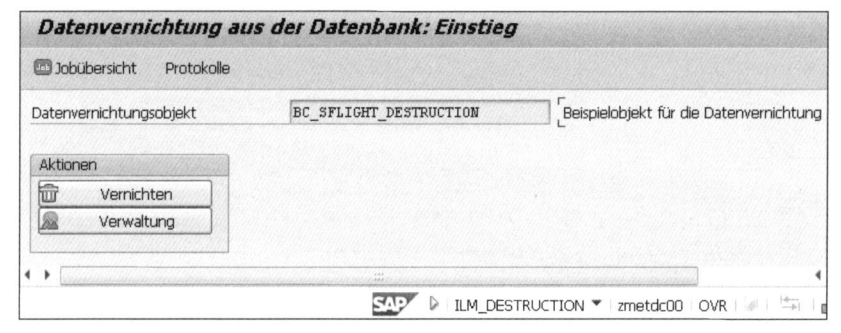

Abbildung 2.64 Transaktion ILM_DESTRUCTION – Datenvernichtungsobjekte

> [»] **Archivierungsobjekt, Datenvernichtungsobjekt und ILM-Objekt**
>
> Was ein Archivierungs- und was ein Datenvernichtungsobjekt ist, haben wir in Abschnitt 2.1, »Archivierungsobjekt und Datenvernichtungsobjekt«, beschrieben. Wie Sie für ein ILM-Objekt oder für eine Tabelle bestimmen können, ob es/sie einem Archivierungs- oder einem Datenvernichtungsobjekt zugeordnet ist, lesen Sie in Abschnitt 2.2, »Das ILM-Objekt – Herr über die Aufbewahrungsregeln«.

Läufe zu einem Datenvernichtungsobjekt starten Sie über die Transaktion ILM_DESTRUCTION (Datenvernichtung). Die Einzelheiten dazu liefern wir gleich in Abschnitt 2.7.3, »Vernichtung aus der Datenbank per Datenvernichtungsobjekt«. Läufe zu einem Archivierungsobjekt planen Sie bekanntlich über die Transaktion SARA (Archivadministration) ein.

> [»] **Voraussetzung für die Vernichtung von Archivdateien**
>
> Wie bereits erwähnt, können Sie mithilfe von SAP ILM nur solche Archivdateien vernichten, die in einer BC-ILM-zertifizierten Ablage gespeichert sind.

Als Nächstes schauen wir uns an, wie sich Archivdateien sowie Anlagen und Drucklisten vernichten lassen. Dafür gibt es in SAP ILM genau einen Weg: die Transaktion ILM_DESTRUCTION (Datenvernichtung). Entsprechend stehen Ihnen folgende Transaktionen in SAP ILM zur Datenvernichtung zur Verfügung:

- Die Transaktion SARA (Archivadministration) nutzen Sie, wenn ein Business-Objekt für die Datenvernichtung seiner Daten ein ILM-fähiges Archivierungsobjekt anbietet und Sie bestimmte Daten wie folgt behandeln möchten:
  - direkt von der Datenbank löschen (ILM-Aktion *Datenvernichtung*)
  - zuerst archivieren (ILM-Aktion *Archivierung*)
- Die Transaktion ILM_DESTRUCTION (Datenvernichtung) werden Sie hingegen in folgenden Fällen nutzen:
  - wenn ein Business-Objekt für die Datenvernichtung seiner Daten (von der Datenbank) ein Datenvernichtungsobjekt anbietet
  - wenn ein Business-Objekt für die Datenvernichtung seiner Daten ein ILM-fähiges Archivierungsobjekt anbietet und Sie damit Archivdateien erzeugt haben
  - wenn Sie Aufbewahrungsdauern für Anlagen oder Drucklisten in einer ILM-Ablage gespeichert haben

Transaktion ILM_DESTRUCTION
Die Transaktion ILM_DESTRUCTION (Datenvernichtung) steht Ihnen in beiden ILM-Szenarien, Retention Management und Retention Warehouse, zur Verfügung.

2.7.2 Vernichtung aus der Datenbank per Archivierungsobjekt

Wie eingangs erklärt, nutzen Sie für die Datenvernichtung von Daten aus der Datenbank mithilfe eines Archivierungsobjekts die ILM-Aktion *Datenvernichtung*. Die Besonderheiten dieser Aktion haben wir bereits in Abschnitt 2.3.6, »Die Gruppe ›ILM-Aktionen‹ im Archivschreibprogramm«, erklärt. Wenn die Läufe erfolgreich waren, haben Sie schließlich Ihr Ziel erreicht, und die Daten sind von der Datenbank vernichtet worden. Dabei wurden die IRM-Regeln ausgewertet und haben darüber entschieden, ob die Aufbewahrungsdauer der Daten abgelaufen ist oder noch nicht. Ebenfalls wurde bei dieser ILM-Aktion verprobt, ob die Daten nicht durch rechtsfallbedingte Sperren belegt sind.

Analyse der Protokolle

Schauen Sie sich auf jeden Fall das Protokoll an (im Anwendungsprotokoll und/oder in der Liste [Spool], siehe Abbildung 2.65), um zu sehen, für welche der Daten, die Sie im Selektionsbild des Archivschreibprogramms spezifiziert haben, die Datenvernichtung durchgeführt werden konnte. Hier sehen Sie auch, für welche Daten die Datenvernichtung aus welchem Grund abgelehnt wurde. (Zu besprechen wäre ebenfalls, ob und wie Sie die Protokolle aufbewahren wollen.)

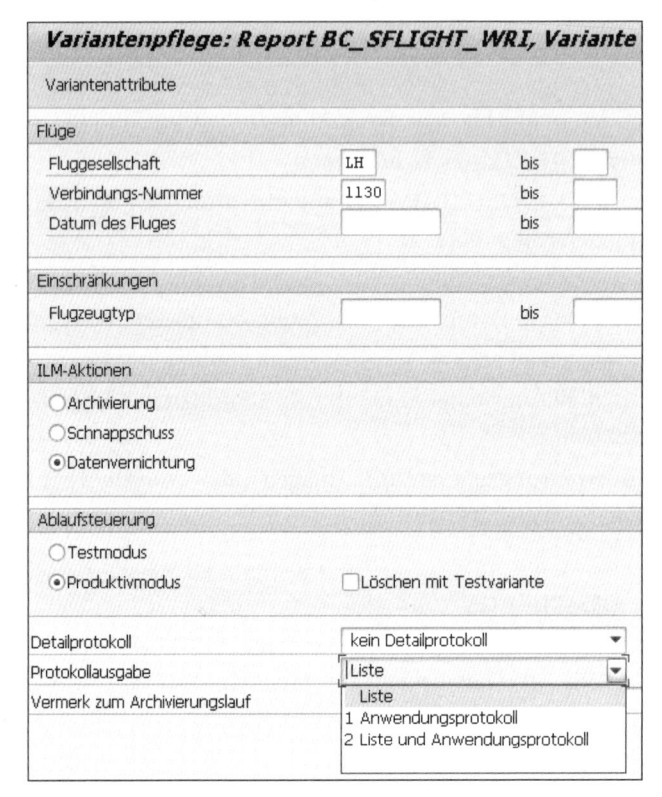

Abbildung 2.65 Transaktion SARA – ILM-Aktion »Datenvernichtung«, Protokollausgabe

2.7.3 Vernichtung aus der Datenbank per Datenvernichtungsobjekt

Wie eingangs beschrieben, kann ein Business-Objekt für die Datenvernichtung alternativ ein Datenvernichtungsobjekt bereitstellen. (Was ein Datenvernichtungsobjekt genau ausmacht, haben wir in Abschnitt 2.1, »Archivierungsobjekt und Datenvernichtungsobjekt«, erläutert.)

Transaktion ILM_DESTRUCTION

Wir werden in diesem Abschnitt beschreiben, wie Sie ein Datenvernichtungsobjekt für die Datenvernichtung verwenden können:

1. Rufen Sie die Transaktion ILM_DESTRUCTION auf.
2. Markieren Sie in der Gruppe **Typ der zu vernichtenden Daten** die Option **Daten aus der Datenbank** (siehe Abbildung 2.66).

Abbildung 2.66 Transaktion ILM_DESTRUCTION – Einstiegsbild

3. Geben Sie im gleichnamigen Feld das **ILM-Objekt** ein, das dem Datenvernichtungsobjekt Ihrer Wahl zugeordnet ist.

> **Das ILM-Objekt zu einem Datenvernichtungsobjekt**
>
> Zum Zeitpunkt der Drucklegung dieses Buches gab es leider noch keine Transaktion, über die Sie direkt zur Maske aus Abbildung 2.64 gelangen können. Sie müssen an dieser Stelle also das ILM-Objekt kennen, das einem Datenvernichtungsobjekt zugeordnet ist. Wie Sie es bestimmen, beschreiben wir in Abschnitt 2.2, »Das ILM-Objekt – Herr über die Aufbewahrungsregeln«.

4. Klicken Sie auf die Schaltfläche **Ausführen** ([F8]). Sie gelangen auf diesem Weg zu der Maske aus Abbildung 2.64 (in Abschnitt 2.7.1, »Einführung: Wege der Datenvernichtung«), die im Aufbau stark der Transaktion SARA (Archivadministration) ähnelt. (Das Datenvernichtungsobjekt ist quasi das »Geschwisterchen« des Archivierungsobjekts.)

Ein Datenvernichtungsobjekt kann optional über ein *Vorlaufprogramm* verfügen. Das Konzept ist ähnlich dem bei den Archivierungsobjekten. Hier könnte z. B. ein für die Datenvernichtung benötigter Status gesetzt werden. Bietet das Datenvernichtungsobjekt das Vorlaufprogramm an, sehen Sie in der Gruppe **Aktionen** zusätzlich die Schaltfläche **Vorlauf**. Die Schritte zur Einplanung und für das Monitoring des Vorlaufjobs ähneln denen für das Vernichtungsprogramm, das wir im Folgenden beschreiben.

Vorlaufprogramm möglich

2 Grundfunktionen von SAP ILM

Vernichtungsprogramm einplanen

Klicken Sie auf die Schaltfläche **Vernichten**, dann gelangen Sie zur Darstellung in Abbildung 2.67. Hier können Sie Vernichtungsläufe zum ausgewählten Objekt einplanen. Die Vorgehensweise ähnelt dabei sehr stark der für die Archivierungsläufe.

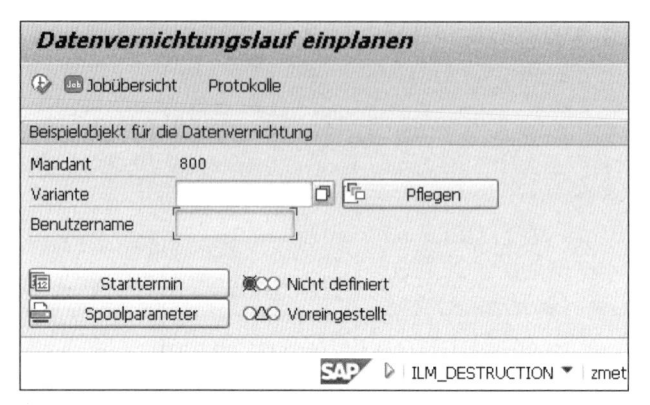

Abbildung 2.67 Transaktion ILM_DESTRUCTION – Datenvernichtungslauf einplanen

Benötigtes Berechtigungsobjekt

Das Berechtigungsobjekt, das Sie für das Ausführen von Datenvernichtungsläufen für Daten auf der Datenbank benötigen, heißt S_ARCD_OBJ (Datenvernichtungslauf für Daten auf der Datenbank ausführen). Es ist in der Rolle SAP_BC_ILM_DESTROY (Daten in der ILM-Ablage vernichten) enthalten. Die Details dazu sehen Sie auch in Abbildung 2.68.

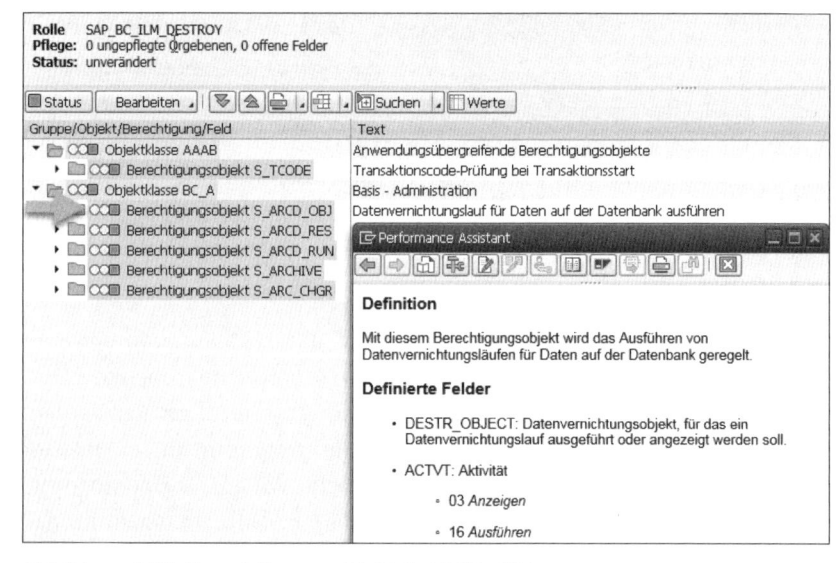

Abbildung 2.68 Berechtigungsobjekt S_ARCD_OBJ (Datenvernichtungslauf für Daten auf der Datenbank ausführen)

2.7 Datenvernichtungsfunktionen

Über die Schaltfläche **Jobübersicht** (oben in Abbildung 2.67) sehen Sie die zugehörigen Hintergrundjobs.

Über die Schaltfläche **Protokolle** (direkt daneben) sehen Sie die Protokolle im Anwendungsprotokoll, die zu Ihren Läufen entstanden sind. Die Entscheidung darüber, ob das Protokoll in die Liste (Spool bei Hintergrundprogrammen) oder ins Anwendungsprotokoll geschrieben werden soll, treffen Sie – wie auch bei Archivierungsobjekten – im Selektionsbild des Datenvernichtungsprogramms (siehe Abbildung 2.65).

Wenn Sie auf die Schaltfläche **Verwaltung** klicken (siehe Abbildung 2.64), gelangen Sie zu dem Bild aus Abbildung 2.70. Auf einem zuvor erscheinenden Pop-up-Fenster (zu sehen in Abbildung 2.69) können Sie Einschränkungen zu den Vernichtungsläufen vornehmen, die Sie sehen wollen. Wählen Sie anschließend **Ausführen** ([F8]), sehen Sie eine Liste der gewünschten Vernichtungsläufe.

Vernichtungsläufe verwalten

Abbildung 2.69 Transaktion ILM_DESTRUCTION – Datenvernichtungsläufe, Verwaltung • Auswahleinschränkungen für die Laufauswahl

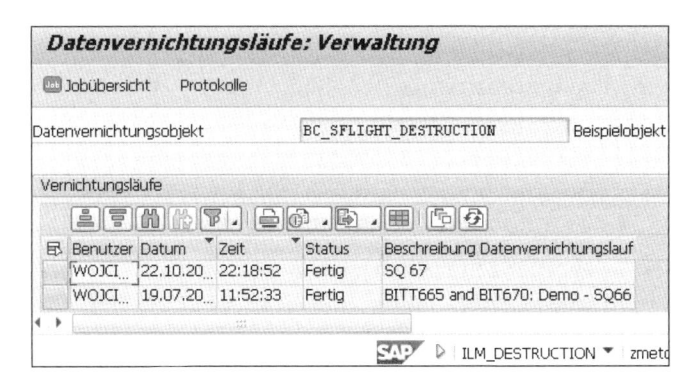

Abbildung 2.70 Transaktion ILM_DESTRUCTION – Datenvernichtungsläufe, Verwaltung

2 Grundfunktionen von SAP ILM

Status eines Vernichtungslaufs

In der Spalte **Status** der Liste (siehe Abbildung 2.70) sehen Sie die Informationen zum Status des Laufs. Dieser kann z. B. einen der folgenden Werte haben:

- **Fertig:** Wird angezeigt, wenn der Datenvernichtungslauf erfolgreich abgeschlossen wurde.
- **Abgebrochen:** Wird angezeigt, wenn der Datenvernichtungslauf nicht erfolgreich beendet wurde. Sie können den Lauf neu einplanen. Markieren Sie dazu die Zeile mit dem Lauf, und wählen Sie im Kontextmenü **Neu einplanen**. Das System plant einen neuen Datenvernichtungslauf mit der gleichen Variante für Sie ein.
- **Ersetzt:** Wird angezeigt, wenn der zuvor abgebrochene Lauf durch einen neu eingeplanten Datenvernichtungslauf ersetzt und dieser erfolgreich beendet wurde.

Benutzereingaben

Markieren Sie eine ganze Zeile in der Liste und drücken Sie die rechte Maustaste, können Sie im Kontextmenü die Funktion **Benutzereingabe** wählen (siehe Abbildung 2.71).

Abbildung 2.71 Transaktion ILM_DESTRUCTION – Datenvernichtungsläufe, Verwaltung, Benutzereingabe 1

Im darauffolgenden Pop-up-Fenster (siehe Abbildung 2.72) sehen Sie die Details zu der Variante, mit der der Vernichtungsjob gestartet wurde. Wie bei der vergleichbaren Funktion in der Transaktion SARA (Archivadministration) handelt es sich hier um eine Kopie der *Variante* für den Datenvernichtungslauf, die SAP ILM zum Startzeitpunkt des Hintergrundjobs erstellt hat. Damit können Sie zu jeder Zeit nachvollziehen, mit welchen Vorgaben der Lauf durchgeführt wurde, insbesondere auch dann, wenn die Variante inzwischen verändert wurde.

Abbildung 2.72 Transaktion ILM_DESTRUCTION – Datenvernichtungsläufe, Verwaltung, Benutzereingabe 2

2.7.4 Archivdateien aus der zertifizierten ILM-Ablage

Beschreiben wir nun, wie Sie Daten aus der BC-ILM-zertifizierten Ablage (ILM-Ablage) vernichten können. Dazu müssen wir zunächst klären, welche Daten das im Kontext von SAP ILM sein können. Wie bereits in Abschnitt 2.6, »Vom WebDAV und der BC-ILM-Zertifizierung zum ILM Store Browser«, geschildert, können es sein:

- Archivdateien, die Sie mithilfe eines ILM-fähigen Archivierungsobjekts erstellt und in der ILM-Ablage gespeichert haben
- Anlagen und Drucklisten, für die Sie passende IRM-Regeln angelegt haben (dazu dienen die ILM-Objekte AL_DOCUMENTS und AL_PRINTLISTS) und für die Sie in den Zweigen AL bzw. DL in der ILM-Ablage die Aufbewahrungsinformationen abgelegt haben (siehe Abschnitt 2.6.1, »Strukturierte und unstrukturierte Daten in der ILM-Ablage«)

Zum Vernichten der oben genannten Daten steht Ihnen die Transaktion ILM_DESTRUCTION (Datenvernichtung) zur Verfügung (siehe Abbildung 2.66). Rufen Sie sie auf, und aktivieren Sie die Option **Archivdateien** in der Gruppe **Typ der zu vernichtenden Daten**, wenn Sie Archivdateien aus der ILM-Ablage vernichten möchten. Wählen Sie **Anlagen und Drucklisten**, falls es sich um diese Art von Daten handelt.

Transaktion ILM_DESTRUCTION bedienen

Wie in Abbildung 2.66 im vorangegangenen Abschnitt dargestellt, können Sie des Weiteren in der Gruppe **Einschränkungen** Selektionskriterien für das ILM-Objekt oder – im Fall des Retention-Warehouse-Szenarios besonders von Interesse – zum SAP-System und zum Mandanten, dem die Daten angehören, eingeben. Wählen Sie nun **Ausführen** (F8), zeigt Ihnen das System eine Liste von dazugehörigen *Ressourcen*, also Archivdateien bzw. Drucklisten oder Anlagen, wie es Abbildung 2.73 und Abbildung 2.74 darstellen.

2 Grundfunktionen von SAP ILM

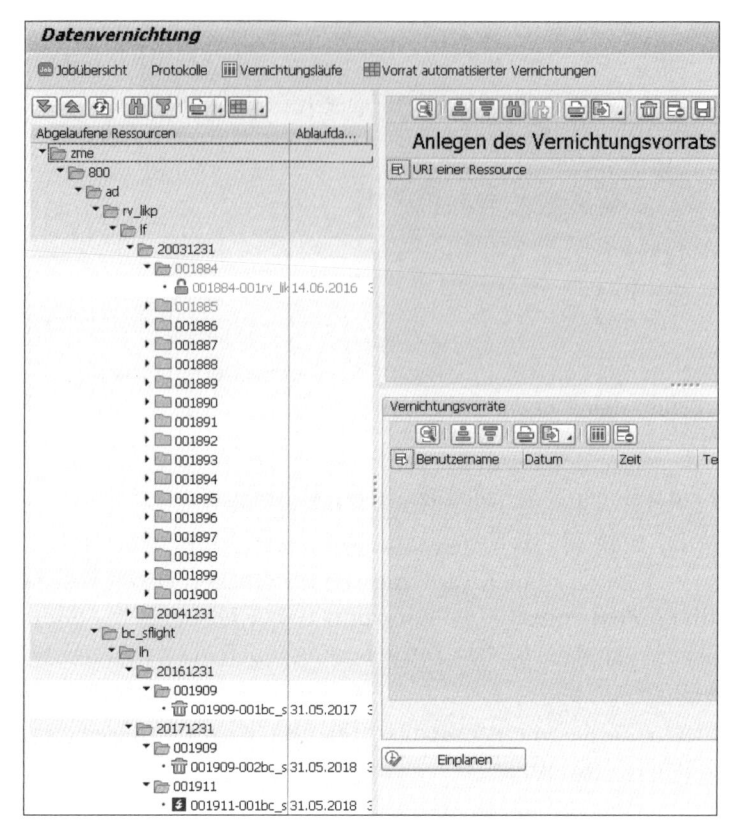

Abbildung 2.73 Transaktion ILM_DESTRUCTION – Datenvernichtung von Archivdateien

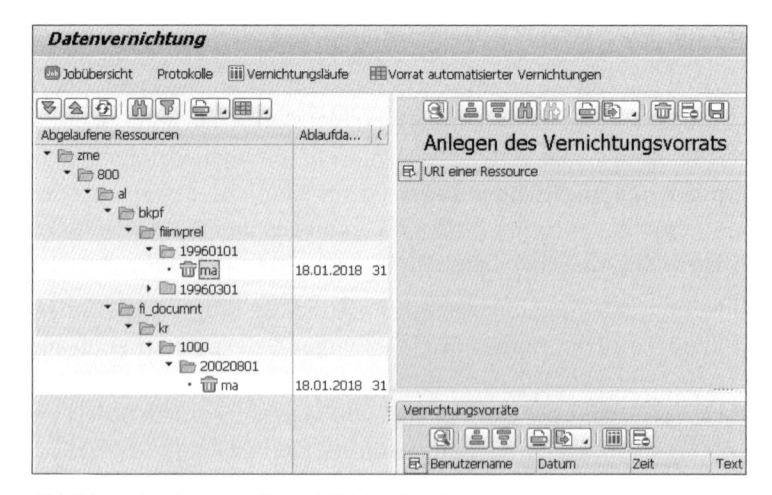

Abbildung 2.74 Transaktion ILM_DESTRUCTION – Datenvernichtung von Anlagen und Drucklisten

> **Sie sehen nur in der ILM-Ablage abgelegte Ressourcen**
>
> Beachten Sie, dass die Transaktion ILM_DESTRUCTION (Datenvernichtung) nur Archivdateien auflistet, die in der ILM-Ablage gespeichert sind. Im Gegensatz dazu zeigt die Transaktion SARA (Archivadministration) alle Archivdateien an. Gleiches gilt für die Anlagen und Drucklisten. Nur wenn die zugehörigen Aufbewahrungsinformationen mithilfe der in Abschnitt 2.6.1, »Strukturierte und unstrukturierte Daten in der ILM-Ablage«, besprochenen Reports in die ILM-Ablage propagiert wurden, werden sie hier angezeigt.

Vor jeder Ressource sehen Sie eines von drei möglichen Icons, die Folgendes bedeuten:

- Das Icon mit dem Mülleimer zeigt Ihnen, dass die minimale Aufbewahrungsdauer schon abgelaufen ist, dass Sie die Ressource also vernichten können.

- Das Icon mit dem Blitz steht dafür, dass die maximale Aufbewahrungsdauer bereits abgelaufen ist und Sie die Ressource also vernichten müssen.

- Das Icon mit dem Schloss symbolisiert, dass manche Daten in der Archivdatei bzw. die Anlage in einem Legal Case gesperrt sind und die Vernichtung daher nicht möglich ist (unabhängig von der minimalen oder maximalen Aufbewahrungsdauer).

Ressource – Icons

Sie können nun Archivdateien bzw. Anlagen und Drucklisten für die Vernichtung auswählen, deren Aufbewahrungszeit abgelaufen ist *und* für die keine rechtsfallbedingten Sperren vorliegen. Ressourcen, die noch nicht vernichtet werden können, weil ihre Aufbewahrungszeit noch nicht abgelaufen ist bzw. weil für sie rechtsfallbedingte Sperren vorliegen, werden grau dargestellt. Sie können noch nicht für die Vernichtung ausgewählt werden.

Welche Ressourcen können vernichtet werden?

Über die Schaltfläche **Layout ändern** können Sie entscheiden, welche Informationen Sie zu den einzelnen Ressourcen sehen möchten. Sie können die Layouts dort auch verwalten.

Die Vernichtung der Ressourcen geschieht in einem Hintergrundjob. Sie bestimmen also, welche Ressourcen darin gelöscht werden sollen, und hinterlegen Informationen wie den Startzeitpunkt für den Hintergrundjob.

Sie haben mehrere Möglichkeiten, um zu entscheiden, welche Ressourcen vernichtet werden sollen. Die erste besteht darin, dass Sie die Drag-&-Drop-

Vernichtungsvorrat anlegen

Funktion nutzen. Verschieben Sie also die gewünschten Ressourcen aus der Liste **Abgelaufene Ressourcen** links im Baum in den Bereich **Anlegen des Vernichtungsvorrats** rechts oben im Bild (siehe Abbildung 2.74). Sie können auch jeden Ast anklicken und ihn dorthin verschieben. Auch die Wurzel des Baumes – die den Systemnamen trägt – lässt sich markieren, wodurch der komplette Baum verschoben werden kann. Das System überträgt alle abgelaufenen Ressourcen in den *Vernichtungsvorrat*. Ressourcen, die diesen Zustand noch nicht erreicht haben (und deshalb grau dargestellt werden), bleiben links im Baum. Auf diesem Weg könnten Sie also auf einen Schlag alle abgelaufenen Ressourcen in den Vernichtungsvorrat übernehmen. Enthält der Vernichtungsvorrat doch zu viele Ressourcen, entfernen Sie diese mithilfe der Schaltfläche **Markierte Einträge löschen** (siehe Abbildung 2.75).

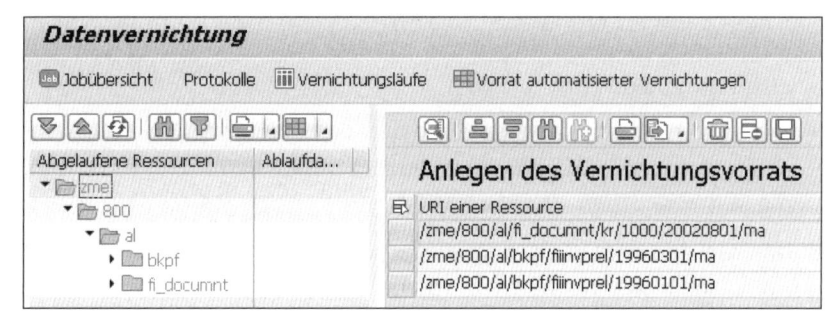

Abbildung 2.75 Transaktion ILM_DESTRUCTION – Datenvernichtung, Einträge im Vernichtungsvorrat löschen

Über die Schaltfläche **Vernichtungsvorrat zurücksetzen** können Sie alle Einträge löschen (siehe Abbildung 2.76).

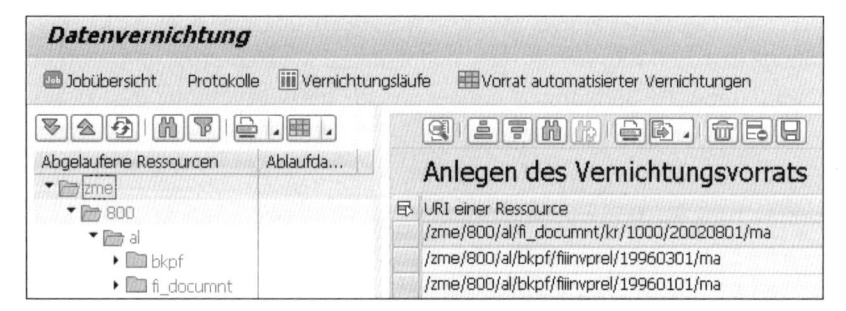

Abbildung 2.76 Transaktion ILM_DESTRUCTION – Datenvernichtung, Vernichtungsvorrat zurücksetzen

2.7 Datenvernichtungsfunktionen

Sind Sie mit der Auswahl der Ressourcen zufrieden, klicken Sie auf die Schaltfläche **Vernichtungsvorrat sichern** (siehe Abbildung 2.77) und hinterlegen eine Beschreibung für den Vernichtungsvorrat. Sie sehen ihn anschließend rechts unten im Bild in der Gruppe **Vernichtungsvorräte** (siehe Abbildung 2.78).

Vernichtungsvorrat speichern

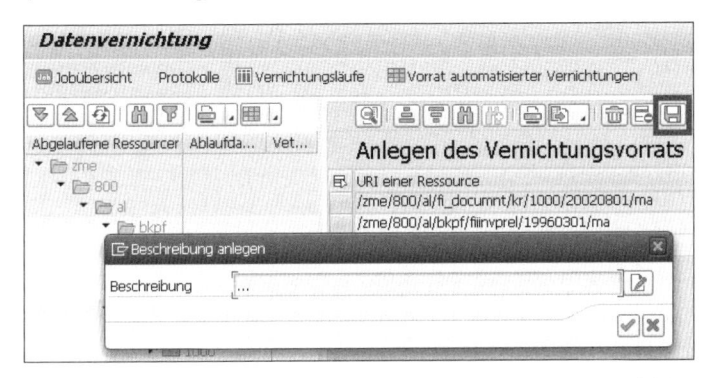

Abbildung 2.77 Transaktion ILM_DESTRUCTION – Datenvernichtung, Vernichtungsvorrat speichern

Die zweite Möglichkeit, einen Vernichtungsvorrat anzulegen, steht Ihnen über die Schaltfläche **Vorrat automatisierter Vernichtungen** (oben rechts in Abbildung 2.77) zur Verfügung. Klicken Sie darauf, um einen Vernichtungsvorrat zu erzeugen, der alle Ressourcen enthält, die das obligatorische Vernichtungsdatum erreicht haben.

Vernichtungsvorrat anlegen – zweite Möglichkeit

> **Obligatorisches Vernichtungsdatum**
>
> Das *obligatorische Vernichtungsdatum* wird in der Archivadministration der Transaktion SARA (Archivadministration) genannt (siehe Abbildung 2.60 weiter oben). Es wird aus der maximalen Aufbewahrungsdauer in der Transaktion IRMPOL berechnet.

Sie erhalten daraufhin ein Pop-up-Fenster mit der Abfrage, ob Sie einen neuen Vernichtungsvorrat anlegen oder die Ressourcen einem vorhandenen Vernichtungsvorrat hinzufügen möchten. Treffen Sie Ihre Wahl. Im Anschluss sehen Sie den gewählten Vernichtungsvorrat rechts unten im Bild in der Gruppe **Vernichtungsvorräte** (siehe Abbildung 2.78).

Sie erkennen korrekt, dass Sie beim Verwenden der Schaltfläche **Vorrat automatisierter Vernichtungen** keine Aktionen im Bereich **Anlegen des Vernichtungsvorrats** (rechts oben in Abbildung 2.78) durchführen müssen.

2   Grundfunktionen von SAP ILM

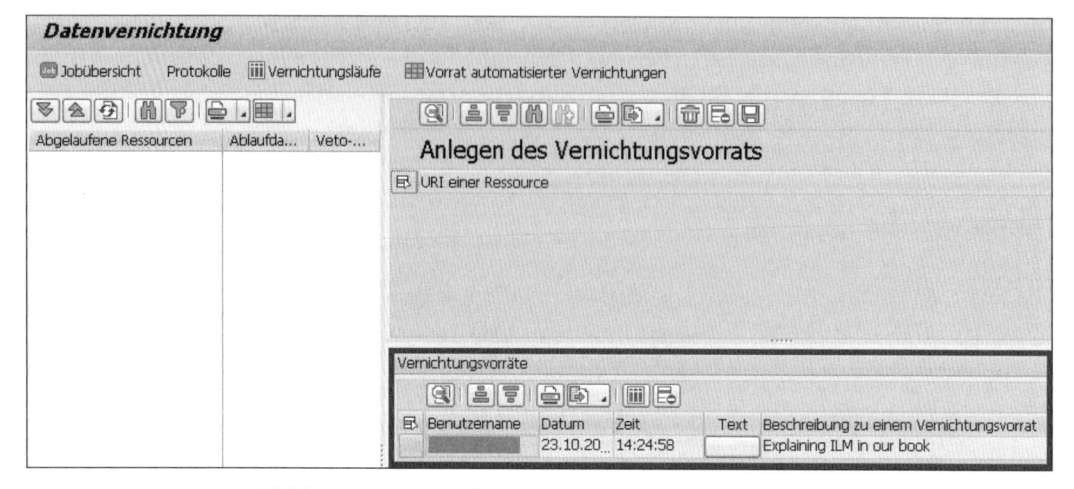

Abbildung 2.78 Transaktion ILM_DESTRUCTION – Datenvernichtung, Vernichtungsvorräte

Ressourcen im Vernichtungsvorrat sehen

Wenn Sie die Ressourcen sehen möchten, die ein Vernichtungsvorrat enthält, klicken Sie auf die Schaltfläche **Ressourcen anzeigen** (siehe Abbildung 2.79). Es erscheint ein Pop-up-Fenster, in dem die Ressourcen aufgelistet werden.

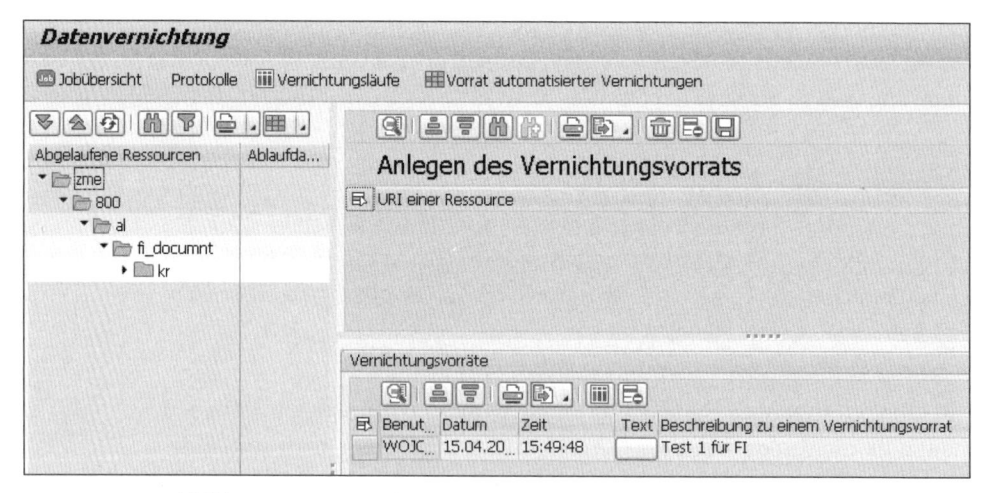

Abbildung 2.79 Transaktion ILM_DESTRUCTION – Datenvernichtung, Vernichtungsvorrat, Ressourcen anzeigen

Vernichtungslauf einplanen

Um einen Vernichtungslauf einzuplanen, markieren Sie die Vernichtungsvorräte, die Sie darin aufnehmen wollen, und klicken Sie auf die Schaltfläche **Einplanen** (siehe Abbildung 2.80). Im darauffolgenden Pop-up-Fenster (siehe Abbildung 2.81) entscheiden Sie unter **Verarbeitungsoptionen** über den Modus (**Testmodus** oder **Produktivmodus**) und ob es ein **Detailprotokoll** geben soll. Klicken Sie auf **Starttermin**, um die entsprechende Information zu hinterlegen. Das dazugehörige Pop-up-Fenster kennen Sie bereits von der klassischen Datenarchivierung. Über die Schaltfläche **Einplanen** legen Sie den Hintergrundjob schließlich an.

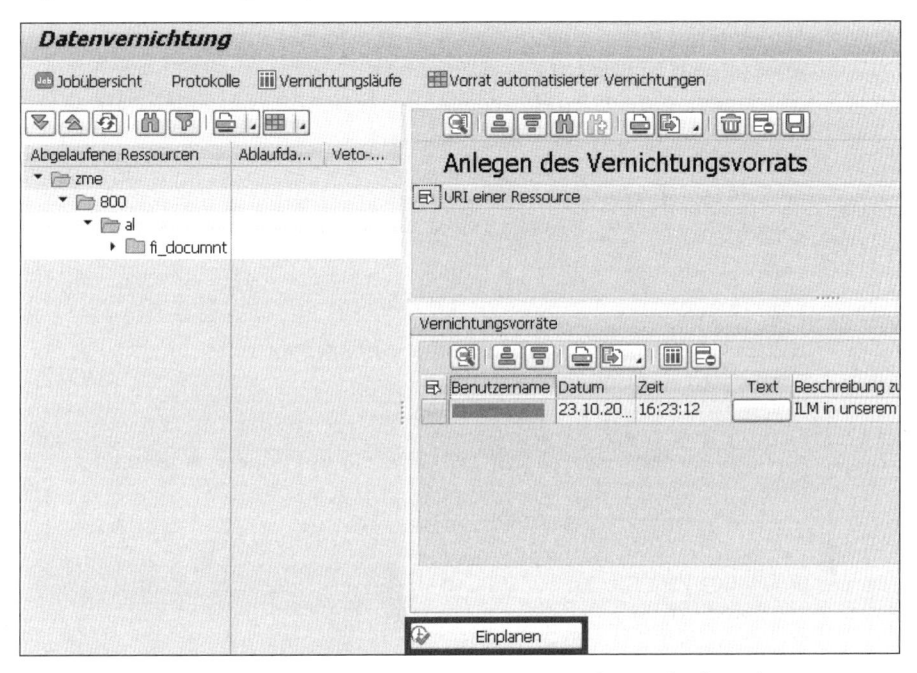

Abbildung 2.80 Transaktion ILM_DESTRUCTION – Vernichtungslauf einplanen 1

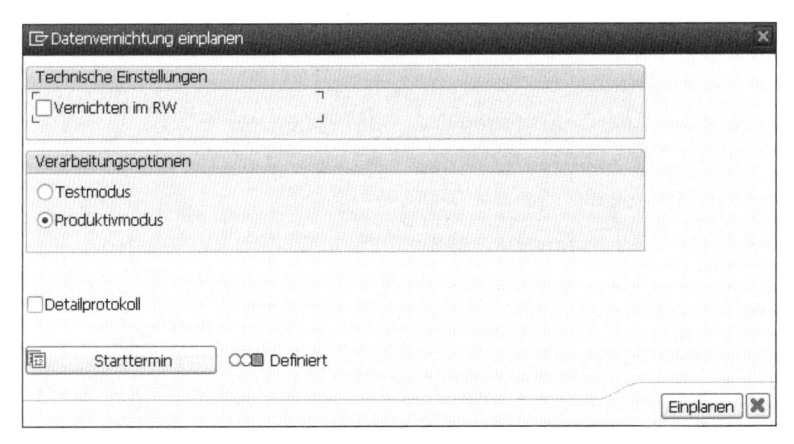

Abbildung 2.81 Transaktion ILM_DESTRUCTION – Vernichtungslauf einplanen 2

2 Grundfunktionen von SAP ILM

> **[»] Vieraugenprinzip möglich**
>
> Für die Datenvernichtung liefern wir die Rolle SAP_BC_ILM_DESTROY (ILM: Datenvernichtung) aus. Darin finden Sie zwei Berechtigungsobjekte:
>
> - S_ARCD_RES (Ressourcen in Vernichtungsvorrat aufnehmen)
> - S_ARCD_RUN (Datenvernichtungslauf ausführen)
>
> Mit ihnen können Sie bei Bedarf auch ein Vieraugenprinzip abbilden. Ein Benutzer kann die Rechte zum Aufnehmen von Ressourcen in einen Vernichtungsvorrat haben, ein anderer Benutzer die Rechte, einen Datenvernichtungslauf einzuplanen (siehe Abbildung 2.82).

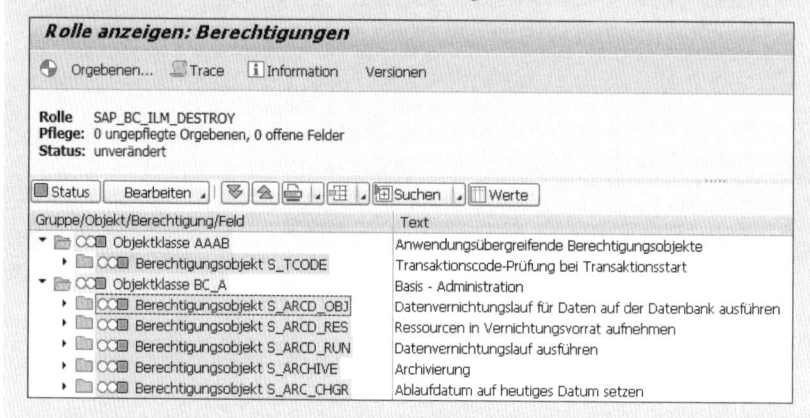

Abbildung 2.82 Die Rolle SAP_BC_ILM_DESTROY und ihre Berechtigungsobjekte für Datenvernichtungsvorräte und -läufe

Jobübersicht Über die Schaltfläche **Jobübersicht** (oben links in Abbildung 2.80) können Sie die Jobs überwachen. Die Vorgehensweise kennen Sie ebenfalls von der klassischen Datenarchivierung.

> **[»] Jobübersicht in der Transaktion ILM_DESTRUCTION**
>
> Die Jobübersicht zeigt Ihnen alle dazugehörigen Jobs. Dabei sind zwei Typen von Jobnamen für Sie von Interesse:
>
> - ILM_DESTR_DBxxx für die Hintergrundjobs zu Datenvernichtungsobjekten
> - ILM_DESTRxxx für die Hintergrundjobs, deren Einplanung wir gerade geschildert haben

Protokolle zeigen Anwendungs-Logs Über die Schaltfläche **Protokolle** (oben links in Abbildung 2.80) können Sie die *Anwendungs-Logs* zu Ihren Jobs einsehen. Über das Ankreuzfeld **Detailprotokoll** (siehe Abbildung 2.81) entscheiden Sie, ob die Ressourcen auch dann im Anwendungs-Log protokolliert werden sollen, wenn sie erfolgreich gelöscht wurden, oder ob dies nur dann geschehen soll, wenn Fehlermeldungen aufgetreten sind.

Mithilfe der Schaltfläche **Vernichtungsläufe** (oben links in Abbildung 2.80) können Sie weitere Informationen zu den *im Produktivmodus durchgeführten Vernichtungsläufen* einsehen. So können Sie im danach erscheinenden Pop-up-Fenster (siehe Abbildung 2.83) einschränken, welche Läufe Sie betrachten möchten. Auf dem Ergebnisbild (siehe Abbildung 2.84) sehen Sie die Vernichtungsläufe und die zugehörigen Informationen wie **Protokoll**, **Selektionsparameter** und **Vernichtungsvorräte**.

Informationen zu Vernichtungsläufen

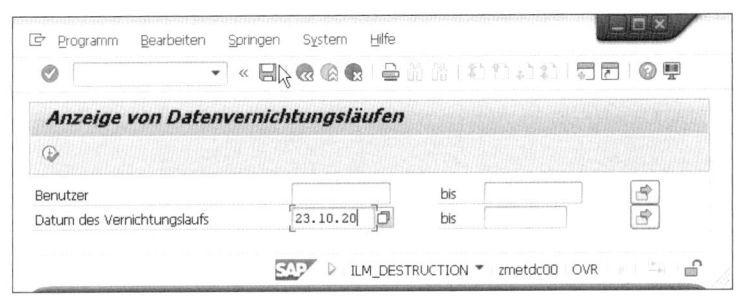

Abbildung 2.83 Transaktion ILM_DESTRUCTION – Anzeige von Vernichtungsläufen 1

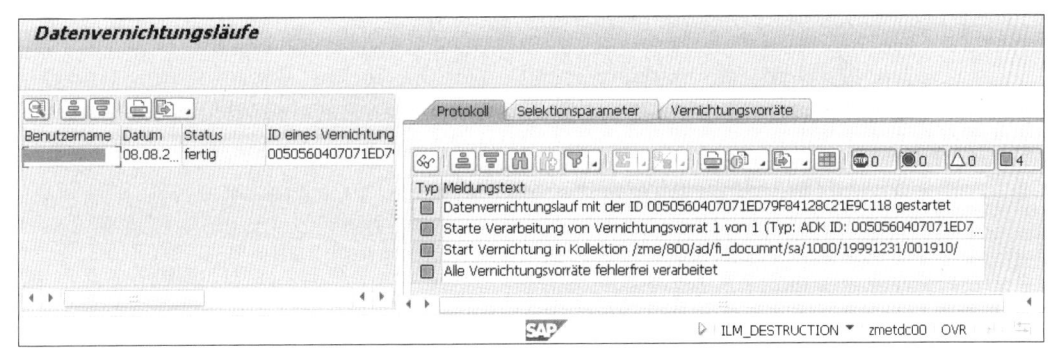

Abbildung 2.84 Transaktion ILM_DESTRUCTION – Anzeige von Vernichtungsläufen 2

Kommen wir nun zu ein paar Besonderheiten beim Vernichten von Archivdateien. In der Archivadministration der Transaktion SARA erkennen Sie, für welche Läufe die Vernichtung der dazugehörigen Archivdateien bereits stattgefunden hat.

Besonderheiten bei Vernichtung von Archivdateien

Das Icon mit dem Stoppschild (siehe Abbildung 2.85) informiert Sie darüber, dass die Dateien nicht mehr existieren, die korrespondierenden Daten also gemäß den IRM-Regeln vernichtet wurden. Über einen Klick mit der rechten Maustaste auf den Laufeintrag und die Funktion **Benutzereingaben** sehen Sie die Details zu der dazugehörigen Variante. Sie können also nachvollziehen, welche Daten archiviert und nun vernichtet wurden. Wie

»Grabstein« zum Archivlauf

Sie aus der klassischen Datenarchivierung wissen, handelt es sich hier um eine Kopie der Variante, die das ADK (Archive Development Kit) zum Zeitpunkt des Archivlaufs erstellt hat. Damit können Sie jederzeit nachvollziehen, mit welchen Selektionen der Lauf durchgeführt wurde. Insbesondere auch dann, wenn die Variante inzwischen verändert wurde, oder wenn die Archivdatei – wie jetzt – nicht mehr existiert.

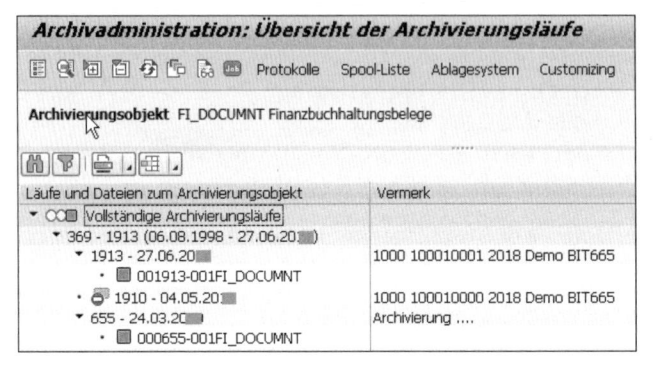

Abbildung 2.85 Transaktion SARA – vernichtete Läufe

Datenobjekte mit Legal Hold extrahieren

Die zweite Besonderheit ist die Extraktion von Datenobjekten, die in eine rechtsfallbedingte Sperre verwickelt sind, in eine separate (neue) Archivdatei. Sie erreichen dies, indem Sie einen Lauf, der mit einem Schloss-Icon versehen ist, markieren und über die rechte Maustaste die Funktion **Datenobjekte mit Legal Hold extrahieren** (siehe Abbildung 2.86) wählen. Für weitere Informationen dazu schlagen Sie in Abschnitt 3.6.5, »Extraktion von Datenobjekten mit Legal Hold«, auf.

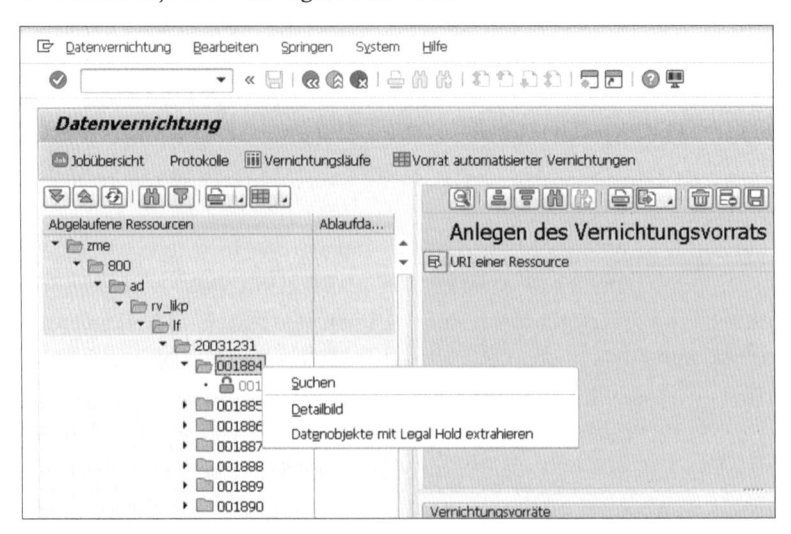

Abbildung 2.86 Transaktion ILM_DESTRUCTION – Datenobjekte mit Legal Hold extrahieren

2.7.5 Die Transaktion ILM_CHANGE_RET

Besprechen wir noch eine Transaktion für Spezialfälle: ILM_CHANGE_RET (Ablaufdatum ändern). Sie hat ihren Einsatz bei Archivdateien, für die die Aufbewahrungsdauer den Wert *unknown* (»unbekannt«) trägt. Dies ist der Fall bei Schnappschüssen, denn hier kann der IRM grundsätzlich kein Ablaufdatum ermitteln, und bei Archivdateien, die mit der ILM-Aktion *Archivierung* erzeugt wurden, wenn der Beginn des Aufbewahrungszeitraumes nicht bestimmt werden konnte. Wir haben dazu Beispiele in Abschnitt 2.6.6, »Umsetzung von Archivdateien«, genannt.

Aufbewahrungsdauer »unknown«

> **Nur für abgelegte Archivdateien**
>
> Beachten Sie, dass die Transaktion ILM_CHANGE_RET nur Dateien anzeigt, die Sie in einer BC-ILM-zertifizierten Ablage abgelegt haben.

Wenn Sie die Transaktion aufrufen, können Sie zuerst über das Eingabefeld **Archivierungsobjekt** einschränken, welche Archivläufe Sie betrachten wollen. Im Retention-Warehouse-Szenario eignen sich für die Einschränkung auch die Eingabefelder **SAP-System** und **Mandant** (siehe Abbildung 2.87). Im Retention-Management-Szenario sind sie mit den aktuellen Mandanten und Systemnamen vorbelegt.

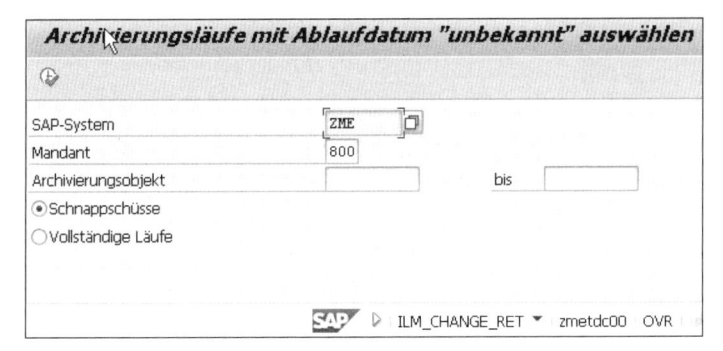

Abbildung 2.87 Transaktion ILM_CHANGE_RET – Archivierungsläufe mit Ablaufdatum »unbekannt« (Einstiegsbild)

Sie können nun zwischen zwei Optionen wählen. Wenn Sie die Option **Schnappschüsse** wählen, sehen Sie im darauffolgenden Bild eine Liste der Schnappschussläufe mit den zugehörigen Schnappschussdateien. Die Liste ist nach den Archivierungsobjekten sortiert. Darunter sind – chronologisch sortiert und mit dem jüngsten beginnend – die Schnappschüsse aufgelistet.

Schnappschüsse: Ablaufdatum manuell setzen

Sind Sie unsicher, welche Daten ein Schnappschuss enthält, nutzen Sie die von der Datenarchivierung bekannte Funktion der Benutzereingaben. Klicken Sie mit der rechten Maustaste auf den Schnappschusslauf, und wählen Sie im Kontextmenü die Funktion **Benutzereingaben anzeigen**. Im darauffolgenden Pop-up-Fenster sehen Sie die Details zu der Variante, mit der der Lauf gestartet wurde.

Von Interesse könnte für Sie auch die folgende Funktion sein: Rechts im Bild sehen Sie den Bereich **Läufe mit gleichen Benutzereingaben**. Wählen Sie im Kontextmenü eines Schnappschusslaufs den Menüpunkt **Gleiche Benutzereingaben anzeigen**, um in diesem Bereich alle Schnappschussläufe zu sehen, die mit den gleichen Eingaben gestartet wurden (siehe Abbildung 2.88).

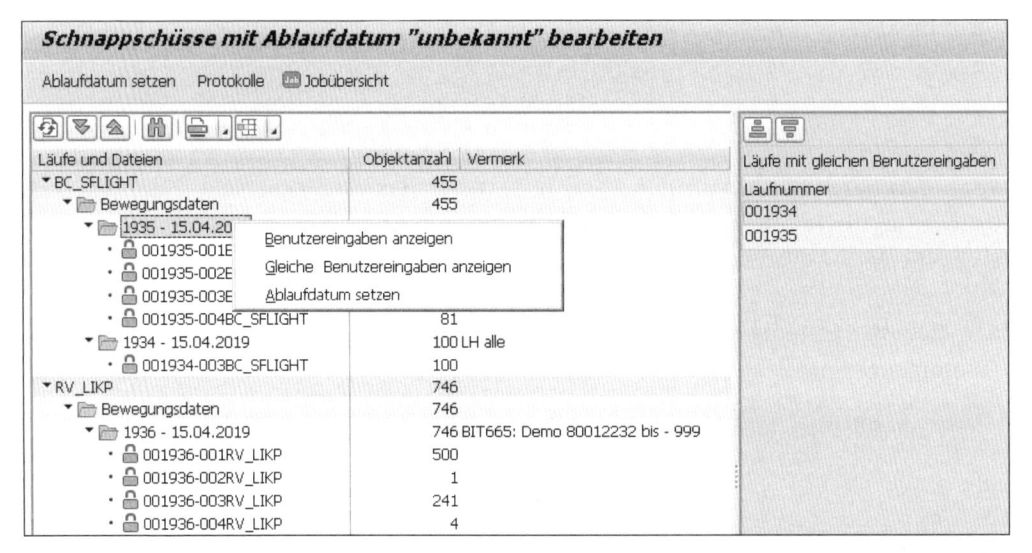

Abbildung 2.88 Transaktion ILM_CHANGE_RET – Schnappschüsse mit Ablaufdatum »unbekannt« bearbeiten

Nun können Sie das Ablaufdatum auf **heute** oder ein von Ihnen vorgegebenes Datum in der Zukunft setzen. Gehen Sie dazu wie folgt vor:

1. Markieren Sie den gewünschten Schnappschusslauf. Sie können auch mehrere Schnappschussläufe oder einen übergeordneten Hierarchieknoten markieren.

2. Klicken Sie auf die Schaltfläche **Ablaufdatum setzen**, die Sie oben rechts in Abbildung 2.88 sehen. Es erscheint das in Abbildung 2.89 gezeigte Pop-up-Fenster.

3. Entscheiden Sie unter **Ablaufsteuerung**, ob Sie den **Testmodus** oder den **Produktivmodus** wünschen.

4. Entscheiden Sie in der Gruppe **Ablaufdatum setzen**, worauf Sie das *unbekannte Ablaufdatum* setzen wollen:

2.7 Datenvernichtungsfunktionen

- auf das aktuelle Tagesdatum (**Aktuelles Datum**)
- auf ein Datum in der Zukunft (**Zukünftiges Datum**; die Transaktion blendet ein entsprechendes Eingabefeld ein)

5. Geben Sie anschließend wie üblich die Informationen zum gewünschten Starttermin sowie zu den Spoolparametern ein.

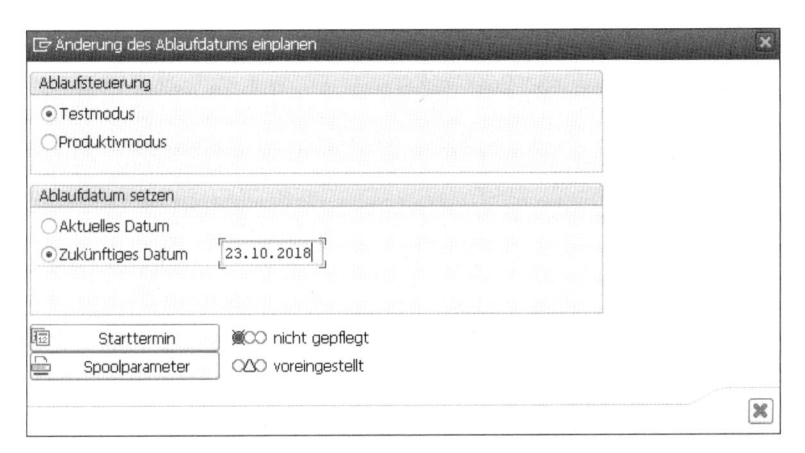

Abbildung 2.89 Transaktion ILM_CHANGE_RET – Änderungen des Ablaufdatums einplanen

Über die Schaltfläche **Jobübersicht** (oben in Abbildung 2.88) können Sie nun den Job überwachen und die Informationen zu seinem Ergebnis nachschlagen. Über die Schaltfläche **Protokolle** rechts daneben können Sie die Protokolle im Anwendungsprotokoll sehen.

Mit diesem Wissen können Sie Schnappschüsse am nächsten Tag bzw. nach dem eingegebenen Datum mit der Transaktion ILM_DESTRUCTION (Datenvernichtung) vernichten. Diese Funktionalität kann für Sie im Retention-Warehouse-Szenario von Bedeutung sein, wenn:

Einsatzgebiete

- Sie Testschnappschüsse erstellt haben, die Sie vernichten möchten
- Sie mehrere Schnappschüsse mit den gleichen Selektionsparametern erstellt haben, aber nur den jüngsten dieser Schnappschüsse in der ILM-Ablage aufbewahren und die älteren vernichten wollen
- es sich um Schnappschüsse mit Stamm- oder Kontextdaten (Customizing-Daten) handelt. Diese werden – das liegt in ihrer Natur – von Bewegungsdaten referenziert. Wenn Sie sich ganz sicher sind, dass diese Schnappschüsse nicht mehr benötigt werden, weil die Referenzierung nicht mehr vorliegt (Sie haben alle dazugehörigen Bewegungsdaten bereits vernichtet), so können Sie den Schnappschuss mit Stamm- oder Kontextdaten vernichten.

Vollständige Läufe: Dateiumsetzung

Beschreiben wir nun die Vorgehensweise, wenn Sie im Einstiegsbild der Transaktion ILM_CHANGE_RET (Ablaufdatum ändern) die Option **Vollständige Läufe** gewählt und auf **Ausführen** (F8) geklickt haben. Die Liste ist nach den Archivierungsobjekten sortiert. Darunter sind – chronologisch sortiert und mit dem jüngsten beginnend – die Archivläufe aufgelistet, die mit der ILM-Aktion *Archivierung* erzeugt wurden und die mindestens eine Archivdatei mit unbekanntem Ablaufdatum haben. Falls Sie unsicher sind, welche Daten ein Lauf enthält, nutzen Sie die von der Datenarchivierung bekannte Funktion der Benutzereingaben. Klicken Sie mit der rechten Maustaste auf den Lauf, und wählen Sie im Kontextmenü die Funktion **Benutzereingaben anzeigen**. Im darauffolgenden Pop-up-Fenster sehen Sie die Details zu der Variante, mit der der Lauf gestartet wurde.

Dateiumsetzung einplanen

Nun können Sie gewünschte Läufe einer Dateiumsetzung unterziehen. Gehen Sie hierzu wie folgt vor:

1. Markieren Sie den gewünschten Lauf. Sie können auch mehrere Läufe oder einen übergeordneten Hierarchieknoten markieren.

2. Klicken Sie auf die Schaltfläche **Dateiumsetzung** ❶ (siehe Abbildung 2.90). Es erscheint ein Pop-up-Fenster ähnlich wie bei den zuvor beschriebenen Schnappschüssen.

3. Entscheiden Sie unter **Ablaufsteuerung**, ob Sie den **Testmodus** oder den **Produktivmodus** wünschen.

4. Entscheiden Sie im Eingabefeld **Detailprotokoll**, ob Sie ein detailliertes Protokoll wünschen oder nicht. Die möglichen Eingaben und ihre Bedeutung kennen Sie von der Datenarchivierung.

5. Entscheiden Sie in der Gruppe **Technische Einstellungen** Folgendes:
   – Ob Sie den Lauf in einen Schnappschuss umwandeln wollen. Für bestimmte Daten, z. B. Stammdaten, die keine Aufbewahrungsdauer haben, aber in einem vollständigen Archivierungslauf enthalten sind, können Sie entscheiden, dass Sie hier den vollständigen Archivierungslauf zu einem Schnappschuss umsetzen möchten. Wählen Sie in diesem Fall die Option **In Schnappschuss umwandeln**.
   – Ob Sie eine Konvertierung wünschen. Diese Option bewirkt, dass die Archivdateiumsetzung im Fall von Änderungen (z. B. Typänderungen von Feldern), die zwischen der Archivierung und der Archivdateiumsetzung vorgenommen wurden, die aktuelle Struktur berücksichtigt. Dadurch verkürzt sich für Lesezugriffe auf die Daten (Anzeigefunktionen) die Zugriffszeit. Wenn ja, wählen Sie das Ankreuzfeld **Mit Konvertierung**.

6. Geben Sie anschließend wie üblich die Informationen zum gewünschten Starttermin sowie zu den Spoolparametern ein.

Über die Schaltfläche **Jobübersicht** ❷ können Sie nun den Job überwachen und die Informationen zu seinem Ergebnis nachschlagen. Über die Schaltfläche **Protokolle** können Sie die Protokolle im Anwendungsprotokoll sehen. Beide Funktionen ähneln denen für die Schnappschüsse, die wir schon weiter oben beschrieben haben.

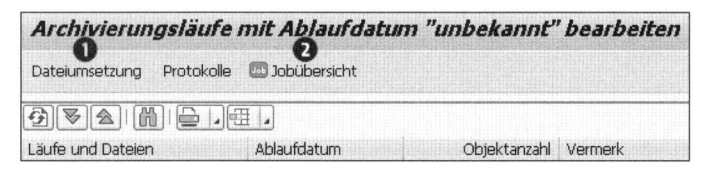

Abbildung 2.90 Transaktion ILM_CHANGE_RET – Archivläufe mit Ablaufdatum »unbekannt« bearbeiten

Wie Sie es aus Abschnitt 2.6.6, »Umsetzung von Archivdateien«, wissen, werden bei der Dateiumsetzung die IRM-Regeln für alle Datenobjekte in den ausgewählten Läufen ausgewertet. Wenn notwendig, werden neue Archivdateien angelegt und ihre »Aufkleber« neu bestimmt. (Die IRM-Regeln könnten sich inzwischen geändert haben, daher findet eine komplette Neubestimmung statt.)

Bedeutung der Dateiumsetzung

War es nötig, neue Dateien anzulegen, so wird ein Ablagejob eingeplant. Dabei werden die Einstellungen berücksichtigt, die Sie dazu im Customizing hinterlegt haben. Diese sehen Sie in Abbildung 2.91 im Bereich **Dateiablage ins Ablagesystem**. (Beachten Sie in diesem Zusammenhang auch die Einstellungen zum Bereich **Dateiumsetzung für ILM**. Diese haben wir in Abschnitt 2.6.6 besprochen.)

Abbildung 2.91 Transaktion SARA – Customizing-Einstellungen zu Dateiablage und Umsetzung

Einsatzgebiete

Achtung: In diesem Fall wird das Ablaufdatum nicht wie bei den Schnappschüssen auf **heute** oder auf ein von Ihnen vorgegebenes Datum in der Zukunft gesetzt, da es basierend auf den IRM-Regeln berechnet wird. Es empfiehlt sich, die Dateiumsetzung dann zu starten, wenn zwischenzeitlich neue Informationen vorliegen, sodass die Aufbewahrungsdauer der archivierten Daten berechnet werden kann.

> [zB] **Bezugsdatum ist Austritt aus dem Unternehmen**
>
> Wenn das Bezugsdatum z. B. das Datum des Austritts des Mitarbeiters aus dem Unternehmen ist, kann das Ablaufdatum erst dann von »unbekannt« auf ein anderes Datum gesetzt werden, wenn der Mitarbeiter das Unternehmen tatsächlich verlassen hat.

2.7.6 Erweiterungsspot ES_ILM_DESTRUCTION

Prüfungen für ILM-Aktionen

Besprechen wir abschließend bestimmte Feinheiten und Spezialfälle, die womöglich von Relevanz für Sie sein könnten. In Abschnitt 9.3, »ILM-Fähigkeit des Archivschreibprogramms«, haben wir beschrieben, wie wichtig es ist, dass Entwickler von Archivierungsobjekten die drei ILM-Aktionen korrekt in dem Archivschreibprogramm implementieren. Das heißt z. B., dass sie für die jeweilige ILM-Aktion die richtigen Prüfungen durchführen. Diese Prüfungen müssen korrekt bewerten, welche der auf dem Selektionsbild des Archivschreibprogramms genannten Daten bearbeitet (z. B. archiviert oder vernichtet) werden können und welche aus welchen Gründen noch nicht.

Abbildung 2.92 Erweiterungsspot ES_ILM_DESTRUCTION – Veto für ILM-Datenvernichtung auf Dateiebene

Gründe für Vetos

Betrachten wir nun das Vernichten von Archivdateien nach Ablauf der Aufbewahrungsdauer (und nach der Aufhebung von rechtsfallbedingten Sper-

2.7 Datenvernichtungsfunktionen

ren, so denn die Archivdatei Teile eines Gerichtsverfahrens war). Auch wenn diese beiden Bedingungen irgendwann immer erfüllt sein werden, kann es vorkommen, dass Sie aufgrund bestimmter betriebswirtschaftlicher Zusammenhänge ein Veto für die Vernichtung der Archivdatei einlegen möchten. Der Grund kann z. B. sein, dass Sie einige Prüfungen, die Sie während der ILM-Aktion *Datenvernichtung* durchführen, nicht während der ILM-Aktion *Datenarchivierung* durchführen können. Beispielsweise kann aber auch eine andere Anwendung verlangen, dass eine Archivdatei zu Ihrem Archivierungsobjekt noch nicht vernichtet werden darf.

Gibt es also Bedarf für zusätzliche Prüfungen beim Löschen von Archivdateien, um einen Verlust von Daten zu vermeiden, die aufgrund von Geschäftsbedürfnissen noch nicht vernichtet werden dürfen, steht Ihnen die Methode CHECK_BEFORE_DESTRUCTION (Prüfen, ob Datenvernichtung zulässig ist) des BAdIs BADI_ILM_DESTR_FILE_VETO (Veto für ILM-Datenvernichtung auf Dateiebene) zur Verfügung (siehe Abbildung 2.92 und Abbildung 2.93). Die Annahme hinter diesem Konzept ist natürlich, dass diese Geschäftsbedürfnisse nicht in den IRM-Regeln oder in den Prüfungen des Archivschreibprogramms abgebildet werden können. Genau aus diesem Grund sollen Sie beim Vernichten von Archivdateien stattfinden. (Weitere Informationen dazu finden Sie in der BAdI-Dokumentation.)

BADI_ILM_DESTR_FILE_VETO

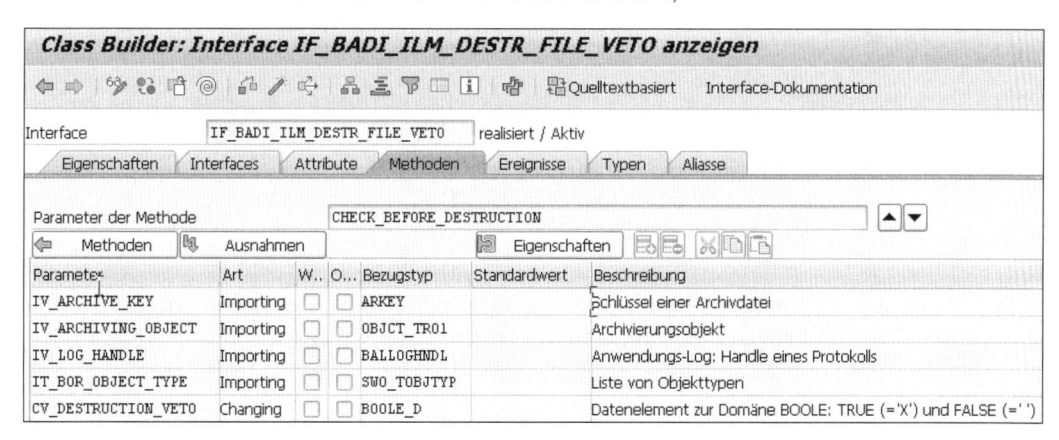

Abbildung 2.93 BAdI BADI_ILM_DESTR_FILE_VETO – Methode CHECK_BEFORE_DESTRUCTION

Einsatz des BAdIs

Beachten Sie, dass das BAdI BADI_ILM_DESTR_FILE_VETO beim Vernichten von Archivdateien in der Transaktion ILM_DESTRUCTION (Datenvernichtung) gerufen wird. Es wird nicht gerufen, wenn Sie einen Archivierungslauf mit der ILM-Aktion *Datenvernichtung* starten.

Achten Sie ebenfalls darauf, dass Ihre Implementierung einen *Filter* hat, damit sie nicht für alle Archivdateien aller verfügbaren Archivierungsobjekte, sondern nur für die Ihres Archivierungsobjekts gerufen wird!

BADI_ILM_DESTR_WITH_ARKEY
Ein weiteres BAdI im Erweiterungsspot ES_ILM_DESTRUCTION, das für Sie bei gewissen Spezialfällen von Bedeutung sein kann, ist BADI_ILM_DESTR_WITH_ARKEY (Vernichtung zusätzlicher Informationen bei der ILM-Datenvernichtung) und seine Methode DESTROY_ADD_INFO (Zusätzliche Informationen vernichten), siehe Abbildung 2.94. Legen Sie hierzu eine Implementierung an, können Sie damit zusätzliche, archivdateibezogene Daten in die Datenvernichtung einbeziehen. Solche Daten könnten beispielsweise anwendungseigene Indextabellen für Datenobjekte sein, die in einer Archivdatei enthalten sind. Ein weiteres Beispiel sind die Anlagen, die wir in diesem Kontext in Abschnitt 2.6.1, »Strukturierte und unstrukturierte Daten in der ILM-Ablage«, besprochen haben.

Abbildung 2.94 BAdI BADI_ILM_DESTR_WITH_ARKEY – Methode DESTROY_ADD_INFO

[»] **Anwendungseigene Indextabellen und SAP AS**
Wie gesagt handelt es sich hier um Spezialfälle. Heutzutage sollen Indexlösungen mithilfe von SAP AS (SAP Archivinformationssystem) erstellt werden. Die dazugehörigen Infostrukturen werden dann automatisch beim Vernichten von Archivdateien in der Transaktion ILM_DESTRUCTION (Datenvernichtung) bereinigt.

Der Aufruf der BAdI-Implementierung erfolgt direkt im Anschluss an das Löschen der Archivdatei aus dem Ablagesystem. Informationen zu den daraus resultierenden Implikationen für die Nutzung des BAdIs sowie weiterführende Informationen können Sie der Dokumentation des BAdIs entnehmen.

2.7 Datenvernichtungsfunktionen

Wir haben noch ein drittes BAdI für Sie im Angebot: BADI_ILM_PRE_DESTR_FILE_ACTION (Aufräumaktion vor dem Löschen einer Archivdatei) mit seiner Methode OPERATE_ON_DESTRUCTION (Vorbereitung für Aufräumaktion im Remote-System), siehe Abbildung 2.95. Es wird ebenfalls bei der Vernichtung von Archivdateien in der Transaktion ILM_DESTRUCTION (Datenvernichtung) gerufen. Mit diesem BAdI können Sie die Löschung korrespondierender Daten (z. B. aus dem Remote-System) vorbereiten.

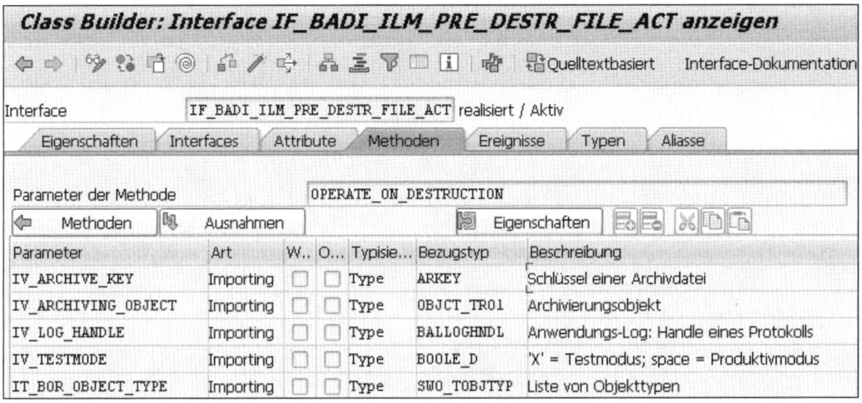

BADI_ILM_PRE_DESTR_FILE_ACTION

Abbildung 2.95 BAdI BADI_ILM_PRE_DESTR_FILE_ACTION – Methode OPERATE_ON_DESTRUCTION

> **Achten Sie auf die Performance**
>
> Wie Sie der Dokumentation des BAdIs entnehmen können, dürfen langwierige Löschvorgänge wie das Löschen von Daten in Remote-Systemen aus Performancegründen an dieser Stelle nicht synchron erfolgen. Ihre Implementierungen dieser Methode sollten daher sicherstellen, dass notwendige Folgevorgänge auch dann möglich sind, wenn die Archivdatei auf dem lokalen System bereits gelöscht ist. Die Implementierung muss sich dazu temporär merken, welche Daten die Archivdatei beinhaltet. Dazu können Sie z. B. die für die *asynchrone Löschung* benötigten Daten extrahieren oder lokal speichern.

Weitere Informationen finden Sie in der BAdI-Dokumentation. Achten Sie auch darauf, einen Filter für Ihre Implementierung zu setzen. Seine Bedeutung haben wir bereits beim ersten BAdI (BADI_ILM_DESTR_FILE_VETO) beschrieben.

Das letzte BAdI, das wir in diesem Abschnitt beschreiben wollen, ist BADI_ILM_PRE_DESTR_OBJ_ACTION (Aufräumaktion vor dem Vernichten eines

BADI_ILM_PRE_DESTR_OBJ_ACTION

Datenobjekts mit der Datenarchivierung) und seine Methode OPERATE_ON_DESTRUCTION (Vorbereitung für Aufräumaktion im Remote-System), siehe Abbildung 2.96. Im Gegensatz zu den vorhin genannten BAdIs wird dieses gerufen, wenn Sie einen Archivierungslauf mit der ILM-Aktion *Datenvernichtung* starten. Damit können Sie die Löschung korrespondierender Daten (z. B. aus dem Remote-System) vorbereiten. Die Methode OPERATE_ON_DESTRUCTION wird im Löschprogramm vor dem Funktionsbaustein ARCHIVE_GET_NEXT_OBJECT (Datenobjekt aus der Archivdatei lesen) für jedes zu vernichtende Datenobjekt unmittelbar vor der Vernichtung aufgerufen.

Informationen zu den daraus resultierenden Implikationen für die Nutzung des BAdIs sowie weiterführende Informationen können Sie der Dokumentation entnehmen. Achten Sie – wie bereits weiter oben betont – darauf, einen Filter für Ihre Implementierung anzulegen.

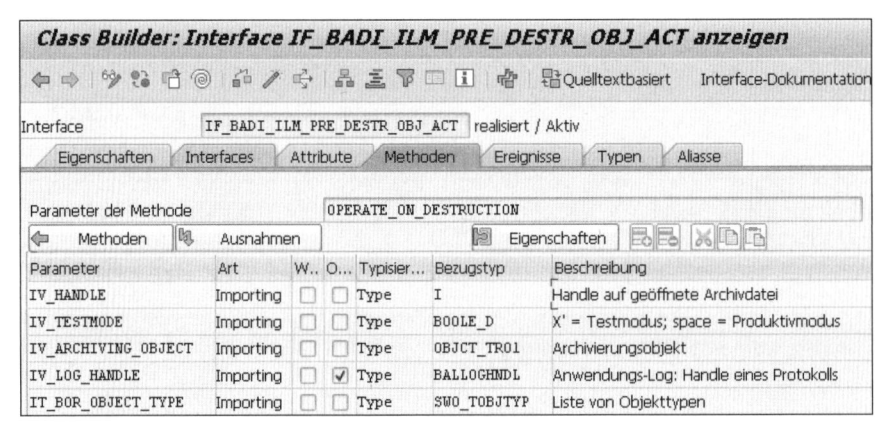

Abbildung 2.96 BAdI BADI_ILM_PRE_DESTR_OBJ_ACTION – Methode OPERATE_ON_DESTRUCTION

2.8 Benötigte Business-Funktionen

Business-Funktion ILM

Um das Information Lifecycle Management zu nutzen, das ab SAP ERP 6.0 EHP 5 verfügbar ist, müssen Sie die Business-Funktion ILM (Information Lifecycle Management) aktivieren. Sie können hierzu die Transaktion SPRO (Customizing – Edit Project) aufrufen und darin auf die Schaltfläche **SAP Referenz-IMG** klicken (siehe Abbildung 2.97). Anschließend klicken Sie das in Abbildung 2.98 markierte Icon an. Sie sehen nun die Liste aller verfügbaren Business-Funktionen (siehe Abbildung 2.99). Scrollen Sie dann nach unten, bis Sie den Eintrag **ILM** finden, und aktivieren Sie diese Business-Funktion.

2.8 Benötigte Business-Funktionen

Die Business-Funktion ILM_STOR müssen Sie aktivieren, um das SAP-Produkt SAP ILM Store (eine z. B. auf Sybase IQ, der SAP-HANA-Datenbank oder Hadoop basierende bzw. eine dateisystembasierte Lösung) als zertifizierte ILM-Ablage nutzen zu können. Nähere Informationen finden Sie in Abschnitt 3.4, »SAP ILM Store«.

Business-Funktion ILM_STOR

Abbildung 2.97 Transaktion SPRO – Schaltfläche »SAP Referenz-IMG«

Abbildung 2.98 Transaktion SPRO – Business-Funktionen aktivieren

Abbildung 2.99 Transaktion SPRO – benötigte Business-Funktion aktivieren

Falls Sie im Retention-Management-Szenario die Funktionalität des »Vereinfachten Sperrens und Löschens mit SAP ILM« nutzen wollen, müssen Sie noch weitere Business-Funktionen aktivieren, die wir in Abschnitt 4.3, »Vorbereitungen«, näher beschreiben werden.

Im Retention-Warehouse-Szenario benötigen Sie die Business-Funktion ILM (Information Lifecycle Management). Wünschen Sie zusätzlich, für das Reporting das Business Warehouse (SAP BW) zu verwenden, liefert SAP in

RW-Szenario

159

den `ILM_RWC_*`-Business-Funktionen passenden, sogenannten *vordefinierten Content*, beispielsweise folgende Business-Funktionen:

- `ILM_RWC_TAX` (Vordefinierter Retention-Warehouse-Content für Steuerprüfung)
- `ILM_RWC_TAX_IS_OIL` (Vordefinierter Retention-Warehouse-Content für Steuerprüfung in IS Oil & Gas)
- `ILM_RWC_TAX_IS_U` (Vordefinierter Retention-Warehouse-Content für Steuerprüfung in IS-U)

Weitere Informationen zu Business-Funktionen für SAP S/4HANA (On-Premise) erhalten Sie in der SAP-Dokumentation unter: *http://help.sap.com/s4hana* und **Product Assistance • Deutsch (German) • Übergreifende Komponenten • Business Functions • Business Functions in SAP NetWeaver**. (Eine vergleichbare Information für SAP ERP oder SAP NetWeaver ist uns nicht bekannt.)

2.9 Benötigte HTTP-Services

HTTP-Services in Transaktion SICF aktivieren

Um den Informationen und Beispielen dieses Kapitels in Ihrem System folgen zu können, benötigen Sie die in Abbildung 2.100, Abbildung 2.101 und Abbildung 2.102 dargestellten HTTP-Services. Sie können diese in der Transaktion SICF (Pflege des HTTP-Service-Baumes) aktivieren. Im Ast **webdynpro/sap** (siehe Abbildung 2.100) müssen die Services `DAS_STORE_BROWSER` und `s_ilm_VIEWDEF` aktiviert werden.

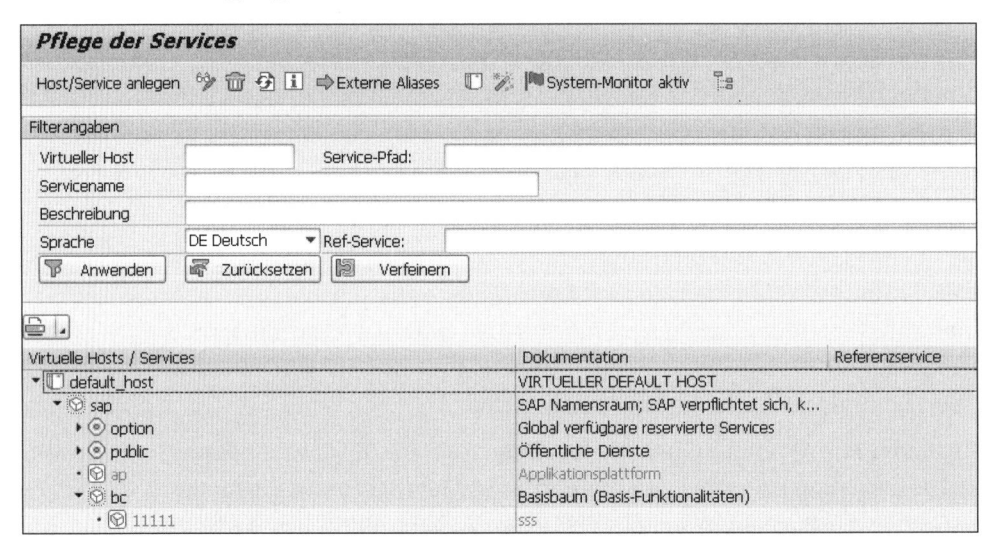

2.9 Benötigte HTTP-Services

Virtuelle Hosts / Services	Dokumentation
• webapp	WebApp Redirect Handler
▼ webdynpro	WebDynpro (WD) Laufzeit
▶ 1wda	Namensraum
▶ aifx	Namensraum
▶ ain	Namensraum
▶ bcv	Namensraum
▶ bev2	Namensraum
▶ bobf	Namensraum
▶ bofu	Namensraum
▶ cbad	Namensraum
▶ iam	Namensraum
▶ ipro	NAMESPACE IPRO
▶ isdfps	Namensraum
▶ j7l	Namensraum
▶ kyk	Namensraum
▶ mrss	Namensraum
▶ plmb	Namensraum
• plmi	Namensraum
▶ plmpcv	Namensraum
▶ plmu	Namensraum
▶ rpm	Namensraum
▼ sap	Namespace SAP
• ABAP_ONLINE_COMMUNITY	ABAP Online Community
• ac_int_ecs_brf_trace_disp	Anzeige des BRF Trace

Abbildung 2.100 Transaktion SICF – erforderliche HTTP-Services 1

Virtuelle Hosts / Services	Dokumentation
▶ icf	Internet Communication Framework
▶ icman	Testhandler für ICM (nur für die Fehleranal…
• idoc_xml	IDoc-Eingang in IDoc-XML-Format
• igs_data	Handler für dynamisch generierte Bilder
▼ ilm	Information Lifecycle Management Services
• srs	ILM Storage and Retention Service (SRS)

Virtuelle Hosts / Services	Dokumentation
• ilm_archive_store	
• ilm_archive_store	Archive Store Browser aufrufen
• ILM_ARC_ADMIN	ILM Work Center für Archivierung
• ILM_AUDIT_AREA	Prüfgebiet: Anlegen und Pflegen
• ilm_audit_template	Prüfpaketvorlage
• ilm_checksum	Definition und Ausführung von Prüfsummen
• ILM_GENERIC_CDE	UI, um CDE aus RW auszulösen
• ilm_repos	ILM Repository
• ilm_repository	ILM Repository
• ILM_STORE_ADMIN	ILM SRS: Ablageverwaltung

Abbildung 2.101 Transaktion SICF – erforderliche HTTP-Services 2

2 Grundfunktionen von SAP ILM

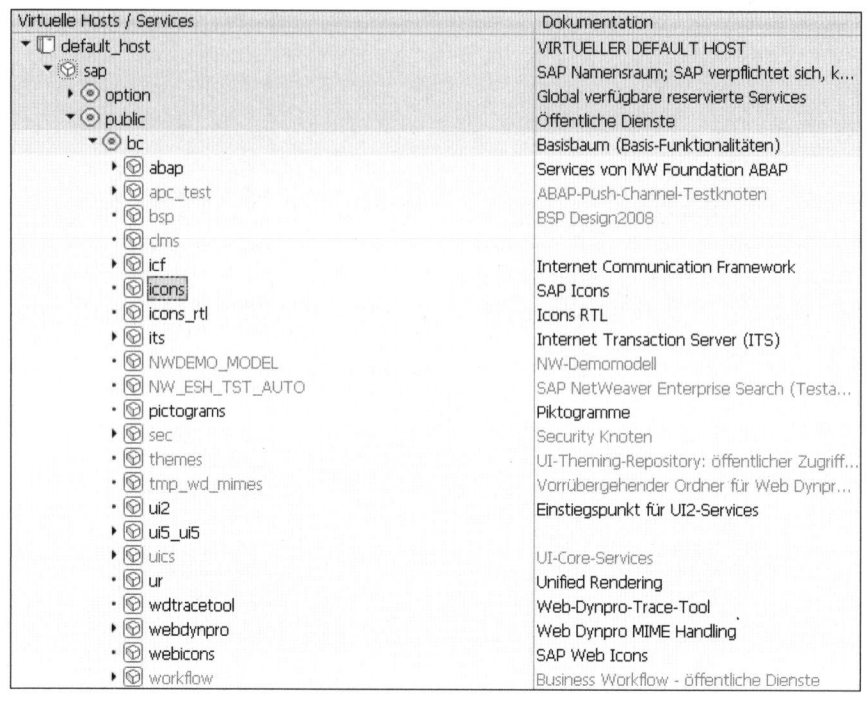

Virtuelle Hosts / Services	Dokumentation
▼ default_host	VIRTUELLER DEFAULT HOST
▼ sap	SAP Namensraum; SAP verpflichtet sich, k...
▶ option	Global verfügbare reservierte Services
▼ public	Öffentliche Dienste
▼ bc	Basisbaum (Basis-Funktionalitäten)
▶ abap	Services von NW Foundation ABAP
▶ apc_test	ABAP-Push-Channel-Testknoten
bsp	BSP Design2008
cms	
▶ icf	Internet Communication Framework
icons	SAP Icons
icons_rtl	Icons RTL
▶ its	Internet Transaction Server (ITS)
NWDEMO_MODEL	NW-Demomodell
NW_ESH_TST_AUTO	SAP NetWeaver Enterprise Search (Testa...
pictograms	Piktogramme
▶ sec	Security Knoten
themes	UI-Theming-Repository: öffentlicher Zugriff...
tmp_wd_mimes	Vorübergehender Ordner für Web Dynpr...
▶ ui2	Einstiegspunkt für UI2-Services
▶ ui5_ui5	
▶ uics	UI-Core-Services
ur	Unified Rendering
wdtracetool	Web-Dynpro-Trace-Tool
▶ webdynpro	Web Dynpro MIME Handling
webicons	SAP Web Icons
▶ workflow	Business Workflow - öffentliche Dienste

Abbildung 2.102 Transaktion SICF – erforderliche HTTP-Services 3

Mit dem in Abbildung 2.103 dargestellten ICM Monitor (Internet Communication Manager), den Sie über die Transaktion SMICM (ICM Monitor) aufrufen, können Sie prüfen, ob HTTPS aktiviert ist.

ICM Monitor - Serviceanzeige

Aktive Services

Nr.	Protokoll	Servicename/Port	Rechner	KeepAlive	ProcTimeou	Akti	Ext. gebunden	Adresse gebund
1	HTTP	55080	zmetdc00.wdf.sap.cor	900	900	✓		
2	HTTPS	55081	zmetdc00.wdf.sap.cor	900	900	✓		
3	SMTP	25050	zmetdc00.wdf.sap.cor	60	900	✓		

Abbildung 2.103 Transaktion SMICM – ICM Monitor

> **HTTPS, die Transaktion IRMPOL und die DSGVO**
>
> Die Protokolle HTTP bzw. HTTPS müssen aktiv sein, damit Sie die Transaktion IRMPOL (ILM-Regelwerke) nutzen können. (Dies im Anschluss zu prüfen, wäre ein guter Test. Zum Testen können Sie noch HTTP verwenden, produktiv sollten Sie HTTPS im Einsatz haben, ansonsten verstoßen Sie gegen die DSGVO.)

2.10 ILM-Rollen und -Transaktionen

Beschreiben wir zum Schluss, welche Rollen und Transaktionen mit SAP ILM ausgeliefert werden. Viele davon sehen Sie, wenn Sie die Transaktion PFCG (Pflege von Rollen) aufrufen und nach Rollen zu diesem Muster suchen: SAP*ILM*. Abbildung 2.104 zeigt hierzu ein Beispiel.

Transaktion PFCG

Einzelrolle	Kurzbeschreibung der Rolle
SAP_BC_ILM_ADMIN_RM	ILM Retention Management - Administrationscockpit
SAP_BC_ILM_ADMIN_RW_V3	ILM Retention Warehouse - Administrationscockpit
SAP_BC_ILM_ARCHIVELINK	Referenzen auf ArchiveLink-Dokumente bearbeiten
SAP_BC_ILM_AUDIT_AREA	Prüfgebiete bearbeiten
SAP_BC_ILM_CHECKSUM	Prüfsummenbildung definieren und ausführen
SAP_BC_ILM_DESTROY	Daten in der ILM-Ablage vernichten
SAP_BC_ILM_IRM	ILM-Objekte und -Regeln bearbeiten
SAP_BC_ILM_LHM_ADMIN	Rechtsfallbedingte Sperren auf Daten bearbeiten
SAP_BC_ILM_LHM_EXPERT	Rechtsfallbedingte Sperren auf Daten anzeigen
SAP_BC_ILM_LOB_RM	ILM Retention Management - Spartenspezifisches Cockpit
SAP_BC_ILM_LOB_RW_V3	ILM Retention Warehouse - Spartenspezifisches Cockpit
SAP_BC_ILM_SB	ILM-Ablagebrowser verwenden
SAP_BC_ILM_SRS_REQUESTS	Storage and Retention Service (SRS) aufrufen
SAP_BSSP_ILM_SIDEPANEL	Sidepanel: Information Lifecycle Management (ILM)
SAP_ILM_JOBMONITORING_APP	ILM-Archivierungs-Job-Monitoring für Fiori Apps
SAP_ILM_TAX_AUDIT	ILM Steuerprüfung
SAP_ILM_WP_ADMIN	Administratorenrolle für ILM-Prüfpaketverwaltung
SAP_ILM_WP_REPORTING	BW-Queries für ILM-Prüfpakete ausführen

Abbildung 2.104 Transaktion PFCG – ILM-Rollen

Um die Funktionalitäten von SAP ILM zu nutzen, benötigen Ihre Benutzer unter anderem folgende Rollen:

- SAP_BC_ILM_AUDIT_AREA (Prüfgebiete bearbeiten), um Prüfgebiete in der Transaktion ILMARA (Bearbeitung von Prüfgebieten) zu pflegen
- SAP_BC_ILM_IRM (ILM-Objekte und -Regeln bearbeiten). Das darin enthaltene Berechtigungsobjekt S_IRM_ATT (Information Retention Manager: Attribute) gibt dem Benutzer beispielsweise die Rechte, den Status von Regelwerken zu ändern. Das ebenfalls darin enthaltene Berechtigungsobjekt S_IRM_POL (Regelwerke und Regeln) ermöglicht das Anlegen von Regelwerken und Regeln. Mithilfe dieser zwei Berechtigungsobjekte lässt sich, wenn gewünscht, ein Vieraugenprinzip bei der Pflege von Regeln erzwingen.

- SAP_BC_ILM_DESTROY (Daten in der ILM-Ablage vernichten), um Daten in der ILM-Ablage mithilfe der Transaktion ILM_DESTRUCTION (Datenvernichtung) zu vernichten
- SAP_BC_ILM_LHM_ADMIN (Rechtsfallbedingte Sperren auf Daten bearbeiten) bzw. SAP_BC_ILM_LHM_EXPERT (Rechtsfallbedingte Sperren auf Daten anzeigen) für das Thema der rechtsfallbedingten Sperren
- SAP_BC_ILM_SB (ILM-Ablagebrowser verwenden), um den ILM-Ablagebrowser zu starten. Dies können Sie z. B. aus der Transaktion SARA (Archivadministration) heraus über die Schaltfläche **ILM-Browser** oder mit der Transaktion ILM_SB (ILM-Ablagebrowser) tun.

Eine Auflistung finden Sie auch in der SAP-Dokumentation unter *https://help.sap.com/*. Für SAP ERP beispielsweise öffnen Sie den zugehörigen Einstiegspfad (siehe Abschnitt 3.4.6, »Weiterführende Informationen«) und dort **SAP ILM verfügbar machen** • **Berechtigungen für Funktionen von SAP NetWeaver ILM vergeben** • **Transaktionen und Berechtigungen in SAP NetWeaver ILM**.

Kapitel 3
Zusatzfunktionen im Retention-Management-Szenario

Die Grundfunktionen von SAP ILM haben Sie soeben kennengelernt. Nun beschreiben wir zusätzliche Funktionen, die Ihnen das Retention-Management-Szenario optional zur Verfügung stellt. Bewerten Sie selbst, wo sie eine willkommene Unterstützung in Ihren ILM-Projekten sein könnten. Manche (wie das Legal Case Management) gibt es schon seit den Anfängen von SAP ILM, andere (wie die ILM-Benachrichtigungen) sind dagegen erst später hinzugekommen.

Schauen wir uns nun gemeinsam an, welche weiteren Funktionen zum Umfang des Retention Managements (RM) von SAP Information Lifecycle Management (SAP ILM) gehören. Es obliegt Ihnen zu entscheiden, ob Sie diese brauchen oder nutzen möchten. Möglicherweise wollen Sie ein zertifiziertes Ablagesystem von SAP statt von einem Partnerunternehmen beziehen. Vielleicht nutzen Sie das Business Warehouse (BW) und müssen auch dort den Lebenszyklus der Daten beachten (das ermöglichen Ihnen die ILM-Benachrichtigungen). Manche Funktionen – wie das Data Controller Rule Framework (DCRF) – können für Sie kostenpflichtig sein. Achten Sie auf diesen Aspekt bei Gesprächen mit den zuständigen Ansprechpartnern.

3.1 ILM-Benachrichtigungen

Mit der Business-Funktion `ILM_NOTIFICATION` gibt es einen Neuling unter den Funktionen des ILM Retention Managers. Sie steht Ihnen ab Release SAP NetWeaver 7.5 SPS 14 passend zur SAP Business Suite (z. B. SAP ERP EHP 8 SPS 12) oder höher in SAP NetWeaver 7.53 SPS 01 zu SAP S/4HANA 1809 zur Verfügung.

Mit dieser Business-Funktion aktivieren Sie eine Funktionalität zur Erstellung von ILM-Benachrichtigungen in Ihrem System. Sie sammelt Informationen zu über SAP ILM gesteuerte Ereignisse, wie z. B. das Archivieren oder Löschen von Daten, und stellt diese für eine weitere Verarbeitung zur Verfügung. Das heißt, dass erstens alle Informationen protokolliert werden,

ILM-Benachrichtigungsfunktion

wenn für ILM-fähige Objekte Archivierungs-, Sperr-, Lösch- oder Vernichtungsprozesse ausgeführt werden, und dass zweitens diese Protokollinformationen später extrahiert und genutzt werden können, um weitere Systeme oder Anwendungen über diese Ereignisse zu informieren und dort zusätzliche Prozesse, wie z. B. das Löschen weiterer Daten, anzustoßen.

> **Daten werden nur für ILM-fähige Objekte protokolliert**
> Technisch können Daten auch ohne die Hilfe von SAP ILM gelöscht werden. Dies geschieht dann jedoch unkontrolliert und ist nicht durch die ILM-Benachrichtigungsfunktionalität abgedeckt. Voraussetzung ist damit immer die Existenz eines ILM-Objekts, um ILM-Benachrichtigungen für gesperrte oder gelöschte Daten zu erzeugen.

3.1.1 Die Problematik mit dem Löschen verteilter Daten

Replikation von Daten

Eine Motivation zur Erschaffung der Funktionalität für ILM-Benachrichtigungen liegt unter anderem in der Replikation von Daten an weitere Systeme (gemeint sind sowohl SAP- als auch Nicht-SAP-Zielsysteme) und den damit verbundenen Fragen, wie diese Daten mit dem Quellsystem verbunden bleiben und aktuell gehalten werden können. Dabei unterscheidet man drei Fälle der Datenreplikation:

1. **Transient**
   Das Zielsystem liest nur die aktuellen Daten und speichert diese nicht (bzw. nicht über einen längeren Zeitraum). Im Quellsystem gelöschte Daten werden nicht mehr repliziert, gesperrte Daten dürfen nicht mehr übertragen werden.

2. **Gespiegelt**
   Das Zielsystem zeigt dieselben Daten wie das Quellsystem. Löschungen, z. B. aufgrund von Archivierung, führen zu Löschungen im Zielsystem. Auf der Datenbank gesperrte Daten müssen von der weiteren Übertragung ausgeschlossen, das Setzen eines Sperrkennzeichens wiederum muss übertragen werden.

3. **Weitere Verarbeitung der Daten**
   Das Sperren und Löschen von Daten im Quellsystem, z. B. aufgrund ihrer Archivierung, darf in den meisten Fällen nicht zur sofortigen Löschung im Zielsystem führen und kann somit nicht als solches übertragen werden.

Insbesondere der letzte Fall erfordert eine zusätzliche Benachrichtigung des Zielsystems, da weitere Verarbeitungsschritte oder auch eine entsprechend spätere Löschung der Daten relevant sein können. Zudem benötigen solche Zielsysteme eine zusätzliche (zumeist noch zu erschaffende) Funktion, um die ILM-Benachrichtigungen zu sammeln und gezielte Folgeprozesse anzustoßen.

> **Erforderliche weitere Funktionalität in Zielsystemen**
>
> Eine zusätzliche Funktionalität zur Verarbeitung von ILM-Benachrichtigungen in einem Zielsystem ist nicht Teil der ILM-Benachrichtigungsfunktion. Diese umfasst nur die Erfassung sowie Funktionen zum Auslesen solcher Ereignisse im Quellsystem. Ein Beispiel dafür ist die Extraktion von ILM-Benachrichtigungen für SAP-BW/4HANA- und SAP-BW-Systeme und die dort angebotene Verarbeitung in einer Datenschutz-Workbench. Weiterführende Informationen finden Sie unter anderem in SAP-Hinweis 2748685.

Denn bereits im Quellsystem der Daten stellen sich weitere, nicht einfach zu lösende Fragen zur Replikation von Daten. Zum einen können einige Replikationsverfahren zwar das Anlegen und Ändern, aber keine Löschungen von Daten übertragen. Ganz im Gegensatz dazu gibt es Verfahren, die z. B. Datenbankereignisse wie eine Löschung von Daten direkt replizieren, was in oben genanntem Fall 2 zur direkten Löschung führen darf, aber eben nicht in oben genanntem Fall 3. Und dann gibt es Löschereignisse wie die Vernichtung einer Archivdatei am Ende der jeweiligen Aufbewahrungsfrist, die keine gängigen Replikationsverfahren übertragen können.

Offene Fragen im Quellsystem

Die ILM-Benachrichtigungen sollen diese offenen Fragen im Quellsystem beantworten, indem eine Möglichkeit zur Übertragung der gewünschten Löschereignisse geschaffen wird. Dies geschieht unabhängig und damit ergänzend zu allen anderen Replikationsmethoden und logischerweise innerhalb von SAP ILM, da dieses als zentrales Tool zum Löschen von aufbewahrungspflichtigen Daten in allen relevanten Prozessen verwendet wird. Zudem kann es für die empfangenden Systeme wichtige Zusatzinformationen, wie z. B. die Art der Löschung oder das Ende von Aufbewahrungsfristen, hinzufügen.

ILM-Benachrichtigungen als Antwort

3.1.2 Relevanz zum vereinfachten Sperren und Löschen von personenbezogenen Daten

Eine weitere Motivation zur Erschaffung von ILM-Benachrichtigungen sind die Anforderungen der Datenschutz-Grundverordnung (DSGVO) bezüglich verteilter personenbezogener Daten. Insbesondere die Mitteilungspflichten nach Art. 19 DSGVO erfordern eine entsprechende technische Lösung.

Relevanz für den Datenschutz

ILM-Benachrichtigungen sollen Ihnen, wenn Sie verantwortlich für die Verarbeitung von personenbezogenen Daten sind, ermöglichen, allen Empfängern, denen personenbezogene Daten offengelegt wurden, jede Berichtigung oder Löschung dieser Daten oder eine Einschränkung der Verarbeitung nach Art. 16, Art. 17 Abs. 1 und Art. 18 DSGVO mitzuteilen. Wenn die Daten an Empfänger weitergegeben wurden, ist es zum einen im Interesse des Betroffenen, dass auch die Empfänger über die Unrichtigkeit der Daten, deren Löschung oder den eingeschränkten Bearbeitungsumfang unterrichtet werden. Zum anderen sind auch Empfänger daran interessiert, Veränderungen im Hinblick auf personenbezogene Daten zu erfahren (siehe Schwartmann, DS-GVO/BDSG, Art. 19 Rn 6, 2018).

Empfänger personenbezogener Daten

Empfänger sind nach Art. 4 Nr. 9 dabei jegliche natürliche oder juristische Person, Behörde, Einrichtung oder andere Stelle, der personenbezogene Daten gezielt offengelegt werden, unabhängig davon, ob es sich bei ihr um einen Dritten handelt oder nicht (siehe Gola, Datenschutz-Grundverordnung, Art. 4 Rn 78, 2018). Empfänger können auch interne Stellen sein, z. B. als Organisationseinheit in der Legaleinheit des Verantwortlichen und beteiligt an der internen Verarbeitung der personenbezogenen Daten (siehe Schwartmann, DS-GVO/BDSG, Art. 4 Rn 144–145, 2018).

Art und Weise der Informationspflicht

Es gibt keine Formvorschriften, wie und auf welchem Weg diese Benachrichtigungen zu erfolgen haben. Die Nutzung des ursprünglichen Kommunikationskanals wird jedoch angenommen, was in der Praxis letztlich zumeist einer üblichen technischen Replikation an angeschlossene Systeme entsprechen dürfte. Ebenso ist nicht geregelt, unter welchem zeitlichen Limit die Informationspflicht steht. In den meisten Fällen sollte es aber nach dem Wortlaut von Art. 19 genügen, wenn die Informationspflicht zeitlich im Rahmen des üblichen Geschäftsvorgangs erfüllt wird (siehe Schwartmann, DS-GVO/BDSG, Art. 19 Rn 14, 2018). Unserer Meinung nach beschränkt sich dies damit nicht nur auf »fremde« Systeme, sondern lässt sich ebenso für eigene Systeme verwenden. Somit können technische Prozesse eingerichtet werden, um die Verarbeitung personenbezogener Daten auch in der eigenen SAP-Systemlandschaft zu steuern (was wiederum einen Beitrag zur Sicherstellung der Richtigkeit der Daten nach Art. 5 Abs. 1(e) DSGVO darstellt.

Auswirkungen auf transaktionale oder analytische Nutzung personenbezogener Daten

Bei der Replikation von personenbezogenen Daten ist zudem Folgendes zu berücksichtigen:

- Liegt eine *transaktionale Nutzung* dieser Daten im Zielsystem vor, handelt es sich zumeist um eine Zweckerweiterung bzw. Verarbeitung zu anderen Zwecken des Empfängers. Dabei ist zu prüfen, ob dieses Szenario in die EoP-Prüfung (*End of Purpose*) von Stammdaten gemäß Abschnitt 4.4, »Sperren in der betriebswirtschaftlichen Betrachtung«, einzubinden ist.

- Liegt eine *analytische Nutzung* dieser Daten im Zielsystem vor, muss beim Erreichen des EoP eine entsprechende Benachrichtigung durch das Quellsystem erfolgen. Wir gehen davon aus, dass eine analytische Nutzung personenbezogener Daten nur im Rahmen des ursprünglichen Verwendungszwecks erfolgen darf. Eine weitere Verarbeitung nach dem EoP von dann im Quellsystem gesperrten oder gelöschten Daten dürfte nicht mehr erlaubt sein (womit die Daten im Zielsystem nach dem EoP zu löschen oder so zu verändern sind, dass kein Personenbezug mehr vorliegt).

Bei der Verteilung von personenbezogenen Daten an ein Zielsystem zur analytischen Nutzung ist im Quellsystem zudem Folgendes zu beachten:

Weiterverarbeitungsverbot nach EoP

- **Initiale Datenübernahme**
Da für gesperrte Daten nach dem EoP ein Weiterverarbeitungsverbot besteht, dürfen diese bei einer initialen Datenübernahme nicht mehr übertragen werden.

- **Delta-Replikation**
Bei Delta-Replikation von geänderten Daten soll natürlich die Information übertragen werden, dass ein Datensatz gesperrt wurde. Da nach dem Sperren keine weiteren Änderungen der Daten möglich sind, sind sonst keine weiteren Maßnahmen zu beachten. Zusätzlich wird bzw. soll eine ILM-Benachrichtigung an das Zielsystem erfolgen, welche Business-Entitäten/-Datensätze den EoP erreicht haben.

> **Keine Beschränkung nur auf personenbezogene Daten**
>
> ILM-Benachrichtigungen werden für alle Arten von Daten und den dafür ausgeführten Archivierungs-, Sperr-, Lösch- oder Vernichtungsprozessen erzeugt. Eine Beschränkung nur auf personenbezogene Daten ist nicht vorgesehen. Eine Limitierung auf entsprechende ILM-Objekte kann konfiguriert bzw. in der Datenselektion beim Verarbeiten der ILM-Benachrichtigungen vorgenommen werden. Details dazu beschreiben wir im folgenden Abschnitt.

3.1.3 Funktionen und Konfiguration der ILM-Benachrichtigungen

Nun haben Sie einige Gründe kennengelernt, warum bzw. wobei Ihnen die Funktionen der ILM-Benachrichtigungen helfen können. Im Folgenden

ILM-Prozesse als Trigger

möchten wir Ihnen jetzt einen genaueren Überblick über diese Funktionen verschaffen. In Abbildung 3.1 sehen Sie einen Überblick über alle Komponenten der ILM-Benachrichtigungen. Wie bereits erwähnt, können ILM-Benachrichtigungen in allen Archivierungs-, Sperr-, Lösch- oder Vernichtungsprozessen für ILM-Objekte erstellt werden. Der initiale Trigger dafür findet sich somit unter ❶, fest integriert in die verschiedenen ILM-Prozesse. Dies beinhaltet auch ILM-gesteuerte Prozesse, z. B. die Löschläufe von ILM-Datenvernichtungsobjekten oder auch das Sperren und Entsperren von Geschäftspartnern. In beiden Beispielen werden ILM-Funktionen nur zur Berechnung von Verweil- oder Löschfristen genutzt, und die jeweilige Anwendung muss selbst die für die ILM-Benachrichtigungen benötigten Informationen bereitstellen.

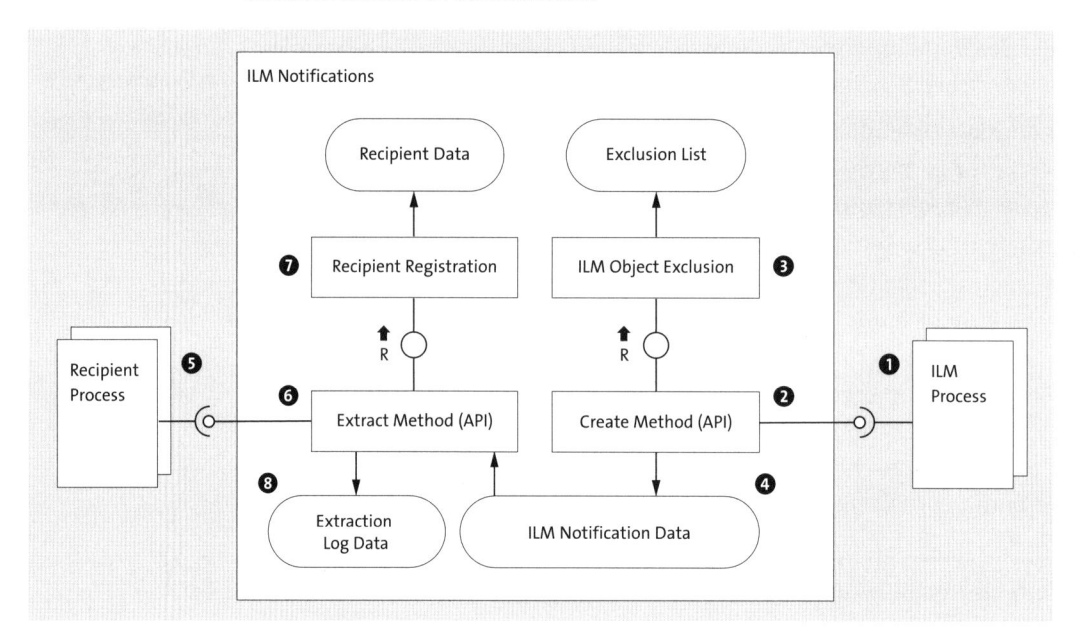

Abbildung 3.1 Komponenten der Funktionalität für ILM-Benachrichtigungen

Methode CREATE   Von den ILM-Prozessen wird die API-Methode CREATE ❷ zum Anlegen der ILM-Benachrichtigungen gerufen. Ein Beispiel für diesen Aufruf finden Sie zukünftig im ILM-Datenvernichtungsobjekt-Beispielprogramm BC_SFLIGHT_DES (Datenvernichtung Flugdatenmodell, Beispielprogramm). Weitere Informationen finden Sie auch in der Systemdokumentation der zugehörigen ABAP-Klasse CL_ILM_NOTIFICATION (ILM Notification API).

Bevor die ILM-Benachrichtigungen in der Datenbank ❹ gespeichert werden können, wird erst noch unter ❸ geprüft, dass kein Ausschluss für die Erstellung der ILM-Benachrichtigung für dieses ILM-Objekt und den jeweiligen ILM-Prozess konfiguriert wurde.

Die vorhandenen ILM-Benachrichtigungen können von Empfängern ❺ abgerufen werden. Dazu rufen diese die unter ❻ beschriebene API-Methode EXTRACT zum Lesen der ILM-Benachrichtigungen auf. Möglich ist dies nur für Benutzer, die die Berechtigung für die Aktivität 59 (Verteilen) des Berechtigungsobjekts S_ILM_NOTI (Zugriff auf ILM-Benachrichtigungen) haben. Zusätzlich wird unter ❼ geprüft, ob der angegebene Empfänger zuvor registriert wurde. Das Lesen der ILM-Benachrichtigungen an sich wird unter ❽ entsprechend protokolliert und könnte beispielsweise als Nachweis über die erfolgte Information von Empfängern genutzt werden.

Methode EXTRACT

Einschränkung an Empfängern

Bislang ist die Liste an Empfängern limitiert und kann auch nicht erweitert werden. Bitte lesen Sie die SAP-Dokumentation zu den ILM-Benachrichtigungen, um sich über die erlaubten Empfänger bzw. eventuelle zukünftige Änderungen zu informieren. Sie finden sie unter *http://help.sap.com/erp*, dort zum Release SAP ERP 6.0 EHP 8 • **Application Help** • **SAP Library (Deutsch)** • **Anwendungsübergreifende Funktionen in SAP ERP** • **Anwendungsübergreifende Komponenten** • **SAP Information Lifecycle Management** • **Using ILM Notifications**.

Zudem sind die Empfänger selbst für die Replikation der Daten an weitere Systeme verantwortlich. Das heißt, eine entsprechende Implementierung im SAP-Business-Suite- oder SAP-S/4HANA-System ist Voraussetzung zum Lesen der Daten und der Übermittlung über den gewünschten Kommunikationskanal.

[«]

Die Erstellung von ILM-Benachrichtigungen wird bislang für die folgenden ILM-Prozesse unterstützt:

Welche ILM-Prozesse erzeugen Benachrichtigungen?

- Archivierung (Schreiblauf) von Daten aus der Datenbank mithilfe eines Archivierungsobjekts und der ILM-Aktion *Archivierung*
- Löschen von Daten aus der Datenbank mithilfe eines Archivierungsobjekts (Löschlauf)
- Vernichtung von Daten aus der Datenbank mithilfe eines Archivierungsobjekts unter Verwendung der ILM-Aktion *Datenvernichtung*
- Vernichtung von Daten aus der Datenbank mithilfe eines Datenvernichtungsobjekts
- Vernichtung von Daten aus abgelegten Archivdateien mithilfe der Transaktion ILM_DESTRUCTION (Datenvernichtung)

> **Weitere mögliche ILM-Prozesse**
>
> Bislang werden nur die wichtigsten ILM-Prozesse unterstützt. Es gibt aber noch mehr ILM-Prozesse, die theoretisch geeignet sind, ILM-Benachrichtigungen zu erstellen:
>
> - Konvertierung von abgelegten Archivdateien mit der Transaktion ILM_CHANGE_RET (Ablaufdatum ändern)
> - Erstellen eines Rechtsfalls mit der Transaktion ILM_LHM (Legal Hold Management) oder bei der Propagation bzw. dem Setzen einer rechtsfallbedingten Sperre im Legal Case Management
> - Zurückladen von Daten einer Archivdatei in die Datenbank

Schlüsselinformationen

Wir haben bislang beschrieben, dass ILM-Benachrichtigungen für ILM-Objekte erstellt werden können. Dies ist aber nur die eine Seite der Medaille, denn schließlich sind ILM-Benachrichtigungen nur sinnvoll, wenn auch entsprechende Daten, das heißt die Schlüsselinformationen des jeweiligen gesperrten oder gelöschten Anwendungsobjekts, in der Benachrichtigung enthalten sind.

Eine neue Sicht im Customizing

Dafür wurde die Transaktion IRM_CUST_BS (IRM Customizing [Business Suite]) um den neuen Eintrag **Ermittlg. des ILM-Objektinstanzschlüssels für Benachrchtg** erweitert (siehe Abbildung 3.2).

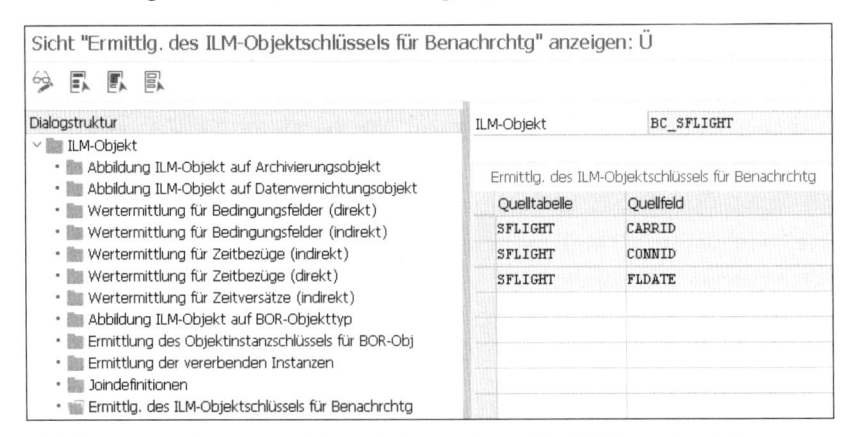

Dialogstruktur	ILM-Objekt	BC_SFLIGHT
▽ ILM-Objekt		
• Abbildung ILM-Objekt auf Archivierungsobjekt	Ermittlg. des ILM-Objektschlüssels für Benachrchtg	
• Abbildung ILM-Objekt auf Datenvernichtungsobjekt	Quelltabelle	Quellfeld
• Wertermittlung für Bedingungsfelder (direkt)	SFLIGHT	CARRID
• Wertermittlung für Bedingungsfelder (indirekt)	SFLIGHT	CONNID
• Wertermittlung für Zeitbezüge (indirekt)	SFLIGHT	FLDATE
• Wertermittlung für Zeitbezüge (direkt)		
• Wertermittlung für Zeitversätze (indirekt)		
• Abbildung ILM-Objekt auf BOR-Objekttyp		
• Ermittlung des Objektinstanzschlüssels für BOR-Obj		
• Ermittlung der vererbenden Instanzen		
• Joindefinitionen		
• Ermittlg. des ILM-Objektschlüssels für Benachrchtg		

Abbildung 3.2 Pflege von Schlüsselinformationen für ILM-Benachrichtigungen im ILM-Objekt

Pflegen Sie ihn für Ihre eigenen ILM-Objekte, während für die von SAP erstellten ILM-Objekte in Zukunft eine entsprechende Auslieferung von SAP erfolgen muss. Sie können aber zusätzlich eine Implementierung des BAdIs BADI_IRM_NOTIFICATION (ILM-Benachrichtigung: Schlüsselwertermittlung) im Erweiterungsspot ES_IRM_CUST (ILM-Benachrichtigung: Schlüsselwertermittlung) erstellen, um entweder die ausgelieferten Einträge mit den benötigten Namen der Datenbankfelder zur Ermittlung der Schlüsselinformation zu erweitern oder eine eigene zu definieren. Genauere Informationen finden Sie in der Dokumentation des BAdIs bzw. seiner Methode GET_NOTIF_KEY_OBJECTS.

> **Abgrenzung zur Schlüsselinformation für BOR-Objekte**
>
> Schlüsselinformationen werden in der Transaktion IRM_CUST_BS (IRM Customizing [Business Suite]) bislang bereits für die Ermittlung des Objektinstanzschlüssels für BOR-Objekttypen gepflegt. Die Vermutung liegt nahe, dass dies die gleiche Information wie für ILM-Benachrichtigungen ist. Jedoch hat sich gezeigt, dass die Schaffung einer neuen Customizing-Sicht aus den folgenden Gründen notwendig ist:
>
> - Nicht für jedes ILM-Objekt existiert auch ein entsprechendes BOR-Objekt. Einerseits ist die Erstellung eines solchen auch nicht immer möglich bzw. sinnvoll, andererseits stellt dies auch einen unnötigen Zusatzaufwand dar, wenn keine andere Nutzung des BOR-Objekts erforderlich ist.
> - Zudem gibt es Anwendungsfälle, die mehr bzw. andere Daten für die Ermittlung der Schlüsselinformation in ILM-Benachrichtigungen erfordern. Dies erfordert die Änderung der Schlüsselinformation für BOR-Objekttypen, was wiederum eine inkompatible und damit nicht erlaubte Änderung für deren bisherige Verwendung wäre.

Für die nun festgelegten Schlüsselinformationen werden dann in den ILM-Prozessen die entsprechenden Daten ermittelt und in den ILM-Benachrichtigungen abgelegt.

Die zuvor schon erwähnte Möglichkeit zum Ausschluss von ILM-Objekten finden Sie, wie in Abbildung 3.3 dargestellt, im Customizing unter **SAP-Einführungsleitfaden** • **SAP NetWeaver** • **Application Server** • **Basis-Services** • **Information Lifecycle Management** • **ILM Notifications**.

Ausschluss von ILM-Objekten

```
ILM Notifications
  · ILM-Benachrichtigungen
  · ILM-Objekte für Benachrichtigung ausschließen
  · BAdI: Changing Notification Keys
```

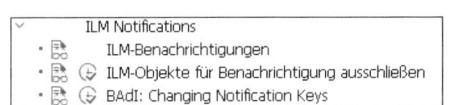

Abbildung 3.3 Konfigurationsmöglichkeiten für ILM-Benachrichtigungen

Die Erzeugung von ILM-Benachrichtigungen erfolgt (nach Aktivierung der Business-Funktion ILM_NOTIFICATION) automatisch für alle ILM-Objekte, für die ILM-Prozesse im System ausgeführt werden. Wenn Sie dies für einige ILM-Objekte nicht wünschen, können Sie die Erstellung wie in den Beispielen in Abbildung 3.4 für alle ILM-Prozesse eines ILM-Objekts oder für bestimmte ILM-Prozesse deaktivieren.

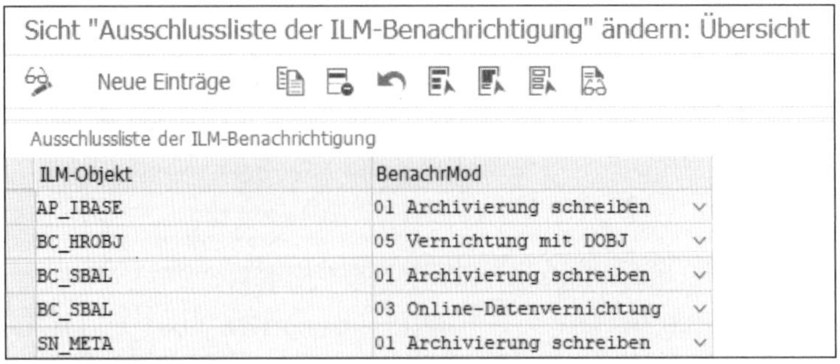

3 Zusatzfunktionen im Retention-Management-Szenario

Sicht "Ausschlussliste der ILM-Benachrichtigung" ändern: Übersicht	
Ausschlussliste der ILM-Benachrichtigung	
ILM-Objekt	BenachrMod
AP_IBASE	01 Archivierung schreiben
BC_HROBJ	05 Vernichtung mit DOBJ
BC_SBAL	01 Archivierung schreiben
BC_SBAL	03 Online-Datenvernichtung
SN_META	01 Archivierung schreiben

Abbildung 3.4 Pflege der Ausschlussliste für ILM-Benachrichtigungen

Inhalt von ILM-Benachrichtigungen

Die erzeugten ILM-Benachrichtigungen enthalten neben einer GUID als Schlüssel, dem Namen des ILM-Objekts, dem Code für den jeweils erzeugenden ILM-Prozess, gegebenenfalls dem Namen der entsprechenden Archivdatei und neben den Schlüsselinformationen auch noch zwei Datumswerte, die über den Lebenszyklus der Daten informieren.

Wann wird gesperrt?

Zum einen handelt es sich dabei natürlich um das Datum für das Ende der Aufbewahrungsfrist, das für die Daten anhand der im System gepflegten ILM-Aufbewahrungsregeln berechnet wurde oder schon erreicht ist. Zum anderen handelt es sich um das berechnete Datum, ab dem die Daten zu sperren sind, was insbesondere bei der Archivierung und natürlich nur bei aktivierter Business-Funktion ILM_BLOCKING (ILM: Sperrfunktionalität) möglich ist. Wenn Sie entsprechende Regelwerke ohne und mit eingetragenen Berechtigungsgruppen gepflegt haben, wird dieses Datum berechnet, indem das späteste Enddatum all jener Regeln ohne Einschränkung des Zugriffs auf die Daten durch eine Berechtigungsgruppe bestimmt wird. Denn danach werden die Daten als gesperrt betrachtet, weil der Lesezugriff nur noch durch besonders berechtigte Benutzer möglich ist.

Löschen von ILM-Benachrichtigungen

Zu guter Letzt müssen die gespeicherten und verarbeiteten ILM-Benachrichtigungen (inklusive der Protokolldaten über die Verarbeitung) auch entsprechend gelöscht werden. Zum einen können sie durch die enthaltene Schlüsselinformation der Anwendungsdaten auch personenbezogen sein und müssen nach Ablauf angemessener Aufbewahrungsfristen gelöscht werden, zum anderen können große Mengen an Einträgen entstehen, was gegebenenfalls zu Performanceproblemen in Ihrem System führen könnte. Aus diesen Gründen wird das ILM-Datenvernichtungsobjekt ILM_NOTIF_DESTR (Vernichtung von ILM-Benachrichtigungen) mit dem zughörigen ILM-Objekt ILM_NOTIFICATION (ILM-Benachrichtigung) zur Löschung von ILM-Benachrichtigungen angeboten (siehe Abbildung 3.5).

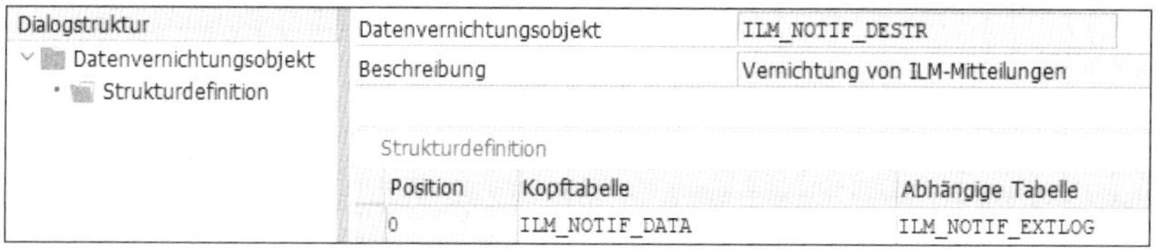

Dialogstruktur	Datenvernichtungsobjekt		ILM_NOTIF_DESTR
∨ 🗀 Datenvernichtungsobjekt	Beschreibung		Vernichtung von ILM-Mitteilungen
• 🗀 Strukturdefinition			
	Strukturdefinition		
	Position	Kopftabelle	Abhängige Tabelle
	0	ILM_NOTIF_DATA	ILM_NOTIF_EXTLOG

Abbildung 3.5 ILM-Datenvernichtungsobjekt ILM_NOTIF_DESTR

Die Zeitreferenz als Startdatum für die Pflege von Aufbewahrungsfristen zum Löschen von ILM-Benachrichtigungen ist das Erstelldatum der Benachrichtigungen. Zur Einschränkung der Aufbewahrungsregeln können sowohl die Namen der ILM-Objekte als auch der ILM-Benachrichtigungsmodus als Kennzeichnung des jeweiligen ILM-Prozesses genutzt werden. Beide Felder sind auch Selektionsfelder für die Ausführung der Datenvernichtung selbst.

3.2 ILM-Erweiterungen der Archivverwaltung

Sicherlich haben Sie sich schon die Frage gestellt, ob sich in der Transaktion SARA (Archivadministration) etwas ändert, wenn Sie SAP ILM verwenden. Eine Änderung haben wir bereits in Abschnitt 2.3.5, »Auswirkung des Ankreuzfeldes ›Objektzuordnung‹«, besprochen. Es geht um die Veränderung im Archivschreibprogramm, wenn das zugehörige ILM-Objekt einem Prüfgebiet zugeordnet ist.

Veränderungen in der Transaktion SARA

In diesem Abschnitt möchten wir uns anschauen, ob und was sich in der Archivadministration ändert. Sie erreichen sie, wenn Sie in der Transaktion SARA (Archivadministration) auf die Schaltfläche **Verwaltung** klicken. Das neue Icon mit dem Stoppschild (den »Grabstein« zum Archivlauf, der der Datenvernichtung unterzogen wurde) haben wir bereits in Abschnitt 2.7.4, »Archivdateien aus der zertifizierten ILM-Ablage«, besprochen (siehe Abbildung 2.85). Nun wenden wir uns weiteren Änderungen zu.

Wenn Sie SAP ILM einsetzen (wenn die Business-Funktion ILM also aktiv ist), stehen Ihnen zusätzliche Funktionalitäten und Informationen zur Verfügung, die wir nun nacheinander besprechen werden. Die erste neue Funktionalität ist das Einblenden zusätzlicher Spalten in der Liste aller Läufe und Dateien, die im Hauptbild der Archivverwaltung dargestellt werden. Standardmäßig zeigt dieses Hauptbild im rechten Teil nur die Spalte **Vermerk** ❶ an (siehe Abbildung 3.6). Sie können nun über die Schaltfläche **Layout ändern** ❷ weitere Spalten hinzufügen. Die Abbildung zeigt auch, welche Spalten zur Auswahl stehen.

Zusätzliche Spalten in der Liste aller Läufe und Dateien

Anschließend können Sie die Schaltflächen **Layout sichern** und **Layout verwalten** verwenden, um Ihre Layouts zu verwalten. Über die Schaltfläche **Layout auswählen** suchen Sie ein abgespeichertes Layout aus.

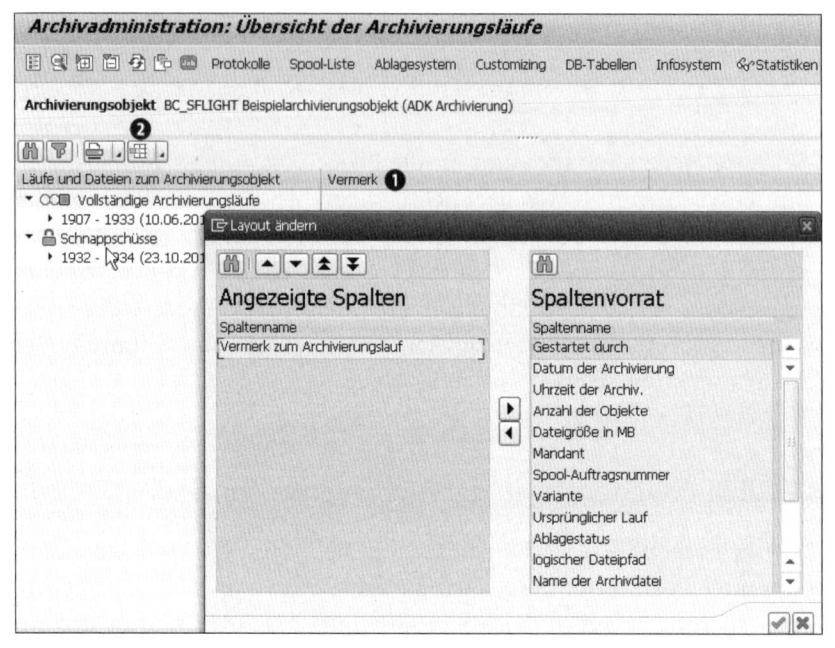

Abbildung 3.6 Transaktion SARA – Layout ändern

Suchen und Filtern

Zwei weitere neue Funktionalitäten sind das Suchen und das Filtern. Über die Schaltfläche **Suchen** ❸ (siehe Abbildung 3.7) haben Sie die Möglichkeit, Archivierungsläufe bzw. Archivdateien zu bestimmten Suchbegriffen zu suchen. Über die Schaltfläche **Filter setzen** ❹ lässt sich die Menge der angezeigten Archivierungsläufe und Archivdateien anhand bestimmter Eigenschaften einschränken (z. B. nach dem **Datum der Archivierung** oder dem Benutzer, der die Archivierung gestartet hat – **Gestartet durch**).

[»]
Weiterführende Informationen zu Layout, Suchen und Filtern

Die erwähnten Erweiterungen zum Layout, Suchen und Filtern stehen auch ohne SAP ILM zur Verführung. Details dazu finden Sie in SAP-Hinweis 2313587 (Archivverwaltung: Erweiterung des Layouts für die Darstellung der Archivierungsläufe/Archivdateien). Ab SAP_BASIS 7.50 SP 05 sind diese Erweiterungen sogar die Standardeinstellung.

Datenarchivierung: angewendete Regeln sehen

Die vierte neue Funktionalität ist das Anzeigen der IRM-Regeln (Information Retention Manager), die bei der Erstellung einer Archivdatei verwendet

3.2 ILM-Erweiterungen der Archivverwaltung

wurden. Wenn Sie mit der rechten Maustaste auf eine Archivdatei klicken und **Angewendete Regeln** wählen, sehen Sie die IRM-Regeln, die beim Anlegen der Datei als zutreffend ermittelt wurden (siehe Abbildung 3.8).

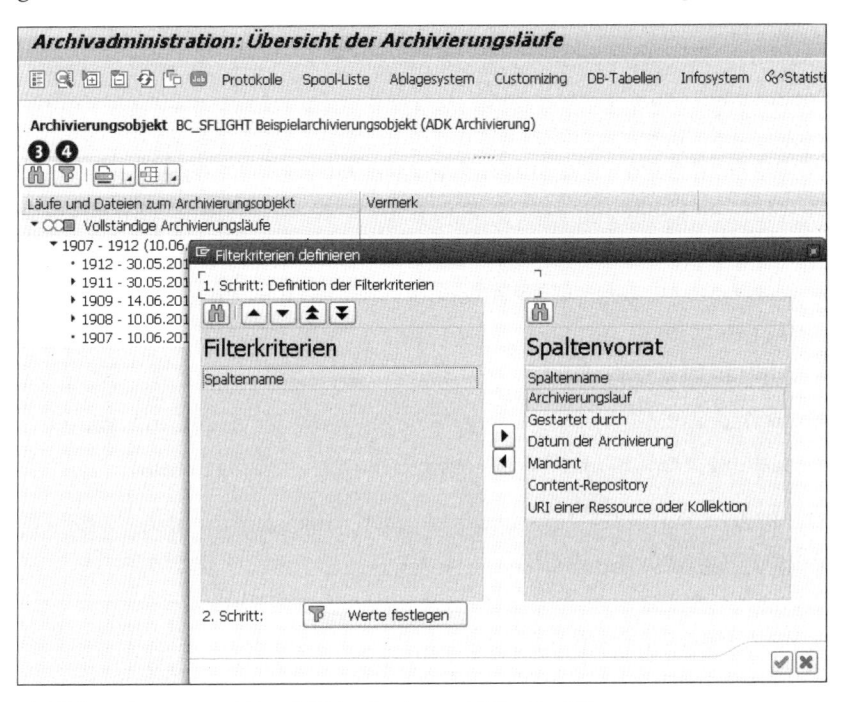

Abbildung 3.7 Transaktion SARA – Such- und Filterfunktion

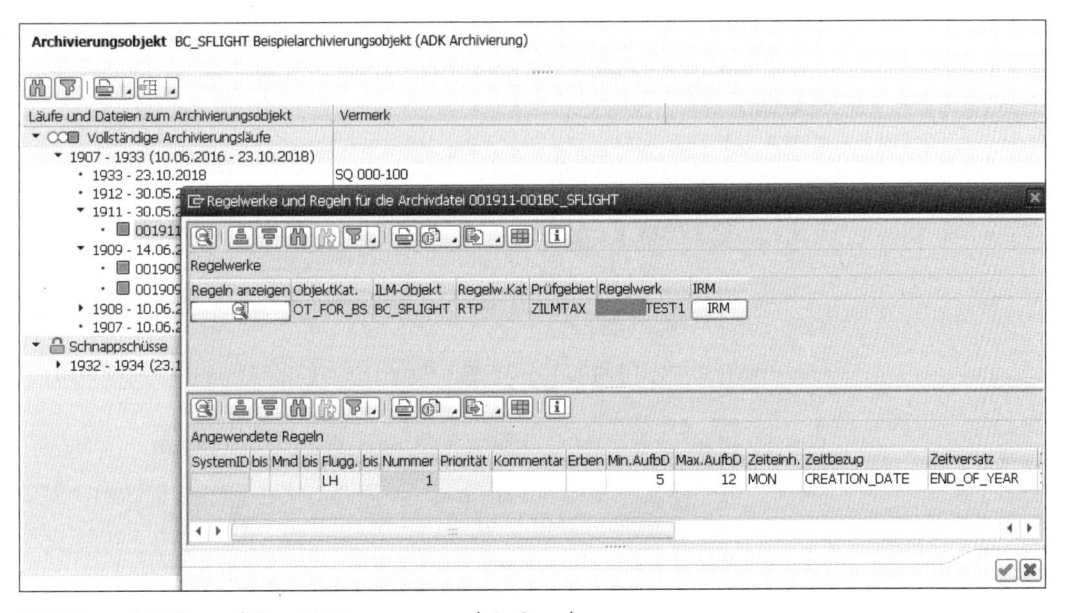

Abbildung 3.8 Transaktion SARA – angewendete Regeln

> **Verfügbarkeit**
>
> Beachten Sie auch SAP-Hinweis 2313587 (Archivverwaltung: Erweiterung des Layouts für die Darstellung der Archivierungsläufe/Archivdateien).

Informationen beim Doppelklick auf eine Archivdatei

Nachdem wir die Veränderung im Hauptbild der Archivadministration angeschaut haben, wenden wir uns nun den zusätzlichen Informationen zu, die beim Doppelklick auf eine Archivdatei angezeigt werden. Sie sehen sie auch in Abbildung 2.60 in Abschnitt 2.6.7, »ILM Store Browser«. Die neuen Zeilen betreffen:

- das Protokoll, über das die Ablage der Archivdatei erfolgt ist (**Abgelegt über**)
- der **URI** der Archivdatei
- die in der IRM-Regel hinterlegte **Ablage** für die Daten der Archivdatei
- das **Ablaufdatum** und das **Obligatorische Vernichtungsdatum**

Die Bedeutung der letztgenannten Felder haben wir ebenfalls bereits in Abschnitt 2.6.7 besprochen.

> **Weiterführende Informationen**
>
> Weiterführende Informationen zu diesem Thema finden Sie auch in der SAP-Dokumentation unter *https://help.sap.com/*. Für SAP ERP beispielsweise öffnen Sie den zugehörigen Einstiegspfad (siehe Abschnitt 3.4.6, »Weiterführende Informationen«) und dort **SAP ILM verfügbar machen** • **SAP ILM einschalten** • **ILM-spezifische Erweiterungen der Archivverwaltung**.

3.3 ILM Work Center

Widmen wir uns nun einer weiteren neuen Entwicklung, die auch im Rahmen von SAP ILM erfolgt ist, dem *ILM Work Center*. Die entsprechende SAP-Dokumentation finden Sie unter *https://help.sap.com/*. Für SAP ERP öffnen Sie den Einstiegspfad (siehe Abschnitt 3.4.6, »Weiterführende Informationen«) und wählen danach **Zusatzfunktionen** • **ILM Work Center**.

Webbasierte Benutzungsoberfläche

Die erste Besonderheit des ILM Work Centers ist, dass es eine webbasierte Benutzungsoberfläche anbietet (siehe Abbildung 3.9). Sein Funktionsumfang hat das Ziel, Ihnen die wichtigsten Archivierungsaufgaben und

-berichte anzubieten. (Spezialfunktionen sowie die Customizing-Einstellungen für die Archivierungsobjekte sind weiterhin über die Transaktion SARA [Archivadministration] erreichbar.) Hierzu bietet das ILM Work Center zwei Bereiche an:

- ILM Work Center für Archivierung
- ILM-Reporting-Workcenter

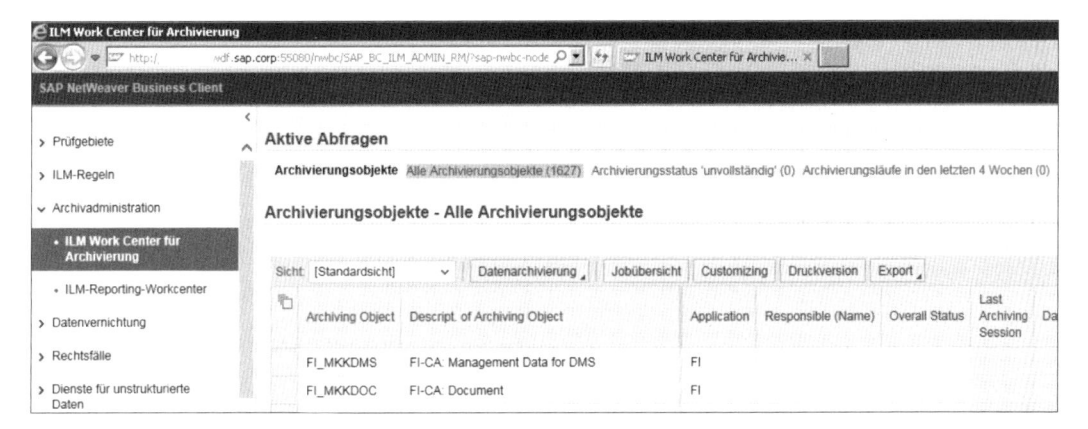

Abbildung 3.9 ILM Work Center für Archivierung – Aufruf aus dem SAP Business Client

> **Personalized Object Work List (POWL)**
>
> Im Zusammenhang mit dem ILM Work Center für Archivierung werden Sie z. B. in der Dokumentation häufig den Begriff *POWL* finden. Er steht für Personalized Object Work List und wird im Sinne eines persönlichen Arbeitsvorrats, einer Liste von Archivierungsobjekten verwendet, zu denen Sie Informationen erhalten möchten.

3.3.1 Aktivierung und Voraussetzungen

Bevor wir Ihnen einen Überblick über die beiden Bereiche geben, beschreiben wir noch die Vorbereitungsschritte für die Nutzung des ILM Work Centers. Der erste Schritt besteht darin, die Business-Funktion DA_COCKPIT_ILM (Datenarchivierung Work Center) zu aktivieren. Darüber hinaus müssen bestimmte Voraussetzungen wie die benötigten Browserversionen erfüllt sein. Informationen dazu finden Sie in der SAP-Dokumentation in der Transaktion SPRO (Customizing – Projekt bearbeiten) und für SAP ERP unter *http://help.sap.com/erp* und dort unter **Application Help • SAP Library**

Business-Funktion DA_COCKPIT_ILM

(Deutsch) • Business Functions • Business Functions in SAP NetWeaver • Cockpit für Datenarchivierung.

Rollen

Sie benötigen die Rolle `SAP_BC_CCM_DATA_ARCHIVING` (Datenarchivierungsadministrator), um die einzelnen Funktionen rund um die Datenarchivierung über das ILM Work Center für Archivierung nutzen zu können. Wünschen Sie diese Funktionen aus dem SAP Business Client aufzurufen, benötigen Sie des Weiteren:

- die Rolle `SAP_BC_ILM_ADMIN_RM` (ILM Retention Management – Administrationscockpit)
- die Rolle `SAP_BC_ILM_ADMIN_RW_V3` (ILM Retention Warehouse – Administrationscockpit)

SAP Easy Access

Um das ILM Work Center für die Archivierung auch als Webanwendung, aber ohne den SAP Business Client zu nutzen, können Sie es als Favorit im Menü von SAP Easy Access hinterlegen, und zwar wie folgt:

1. Wählen Sie im SAP-Menü **Favoriten • Sonstige Objekte einfügen** (Abbildung 3.10).

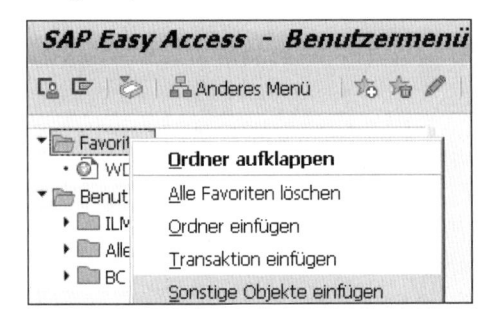

Abbildung 3.10 ILM Work Center für Archivierung – Objekt einfügen

2. Wählen Sie im danach erscheinenden Pop-up-Fenster unter **URL-Typ** die Option **Web Dynpro Anwendung**, und bestätigen Sie Ihre Auswahl.
3. Machen Sie im nächsten Dialogfenster die folgenden Angaben (Abbildung 3.11):
   - Ins Feld **Web-Dynpro-Anwendung** geben Sie »POWL« ein.
   - Im Feld **Beschreibung** tragen Sie einen passenden Namen ein, z. B. »ILM Work Center für Archivierung«.
   - In der Tabelle mit der Überschrift **Parameter** tragen Sie im Feld **Name** »APPLID« und im Feld **Wert** »ILM_WORKCENTER« ein.
4. Bestätigen Ihre Auswahl.

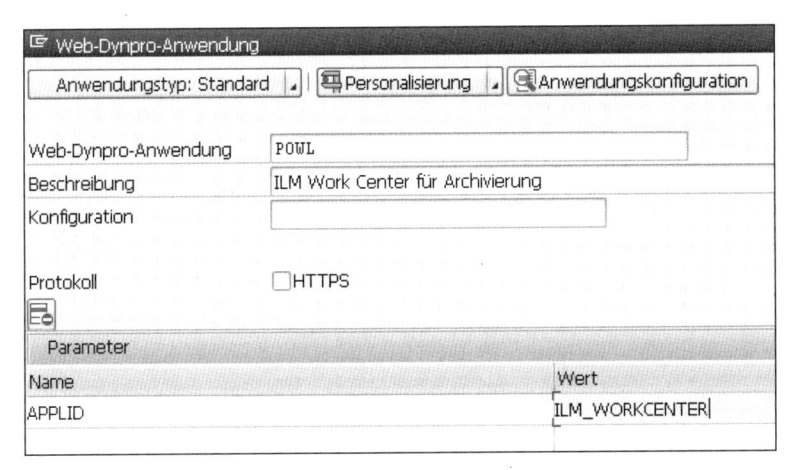

Abbildung 3.11 ILM Work Center für Archivierung – Favorit im Menü von SAP Easy Access hinterlegen

Das SAP-Menü **Favoriten** enthält nun den neuen Eintrag mit dem von Ihnen gewählten Namen. Wenn Sie doppelt darauf klicken, erscheint das Bild wie in Abbildung 3.12.

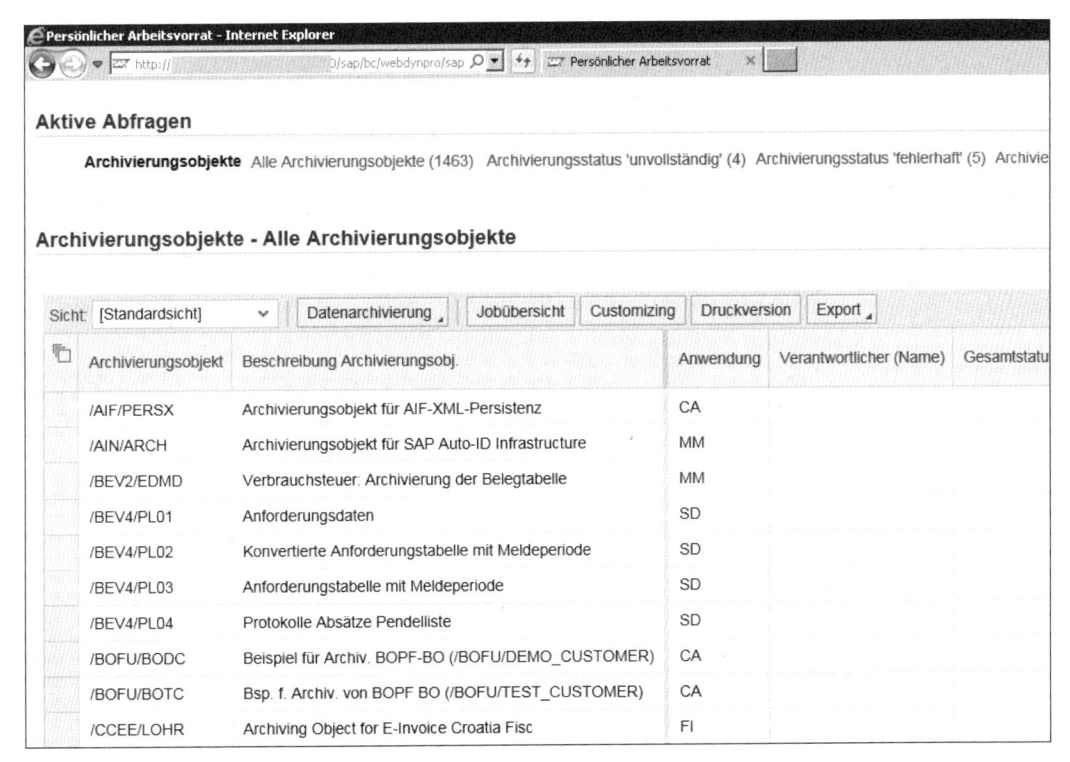

Abbildung 3.12 ILM Work Center für Archivierung – Aufruf aus dem SAP-Easy-Access-Favoriten-Menü

> **Weitere ILM-Funktionen bei Nutzung über SAP Business Client**
>
> Beim Vergleich von Abbildung 3.9 und Abbildung 3.12 sehen Sie, dass der Aufruf aus dem SAP Business Client im Vergleich zu dem aus dem SAP-Easy-Access-Favoriten-Menü mehr Funktionen von SAP ILM anbietet. Diese werden in einer Baumstruktur im linken Bildteil angeboten. Das liegt daran, dass die für den SAP Business Client benötigten, oben erwähnten Rollen SAP_BC_ILM_ADMIN_RM (ILM Retention Management – Administrationscockpit) oder SAP_BC_ILM_ADMIN_RW_V3 (ILM Retention Warehouse – Administrationscockpit) für mehr Tätigkeiten rund um SAP ILM gedacht sind als die Bedienung des ILM Work Centers für Archivierung. Es steht Ihnen frei, den Weg zu wählen, der mehr Ihren Anforderungen und Bedürfnissen entspricht.

3.3.2 ILM Work Center für Archivierung

Sie haben also zusammengefasst folgende Möglichkeiten, um den ersten Bereich des ILM Work Centers, das ILM Work Center für Archivierung, aufzurufen:

- über den SAP Business Client, siehe Abbildung 3.9
- über die Favoriten auf dem SAP-Easy-Access-Bild

> **Transaktion SARA vs. ILM Work Center für Archivierung**
>
> Die bisherigen Bearbeitungsoberflächen der Datenarchivierung (Transaktion SARA) stehen Ihnen selbstverständlich weiterhin zur Verfügung. Manche Funktionen oder Einstellungen, beispielsweise das archivierungsobjektübergreifende Customizing, sind gar nur dort verfügbar.
>
> Beachten Sie auch, dass für die Nutzung des ILM Work Centers für Archivierung Grundkenntnisse zur Datenarchivierung notwendig sind.

Funktionsumfang

Das webbasierte *ILM Work Center für Archivierung* soll Ihnen einen schnellen Überblick über die wichtigsten Informationen zu Ihren Archivierungsobjekten bieten. Dazu werden Ihnen verschiedene Funktionen angeboten. Die wichtigsten beschreiben wir nun im Einzelnen.

Ausgelieferte aktive Abfragen

Der Bereich **Aktive Abfragen** wird automatisch angezeigt, sobald Sie das ILM Work Center für Archivierung aufgerufen haben. Direkt unterhalb der Überschrift **Aktive Abfragen** sehen Sie verschiedene Rubriken, und zwar **Alle Archivierungsobjekte**, die Läufe mit dem **Archivierungsstatus 'unvollständig'**, die Läufe mit dem **Archivierungsstatus 'fehlerhaft'** sowie die **Archi-**

vierungsläufe in den letzten 4 Wochen. (Zwei weitere Statistiken mit den Titeln **Archivierungsläufe vorhanden** und **Archivierungsstatus 'vollständig'** stehen Ihnen über die Schaltfläche **Personalisieren**, die wir noch besprechen werden, zur Verfügung.)

Klicken Sie eine dieser Rubriken an, sehen Sie eine Liste mit den dazugehörigen Archivierungsläufen (siehe Abbildung 3.13). Die einzelnen Spalten bieten Details wie:

- das Archivierungsobjekt und die Beschreibung des Archivierungsobjekts
- die zugehörige Anwendung (z. B. FI oder BC)
- den Gesamtstatus (z. B. *vollständig* oder *fehlerhaft*)
- Angaben zum letzten Archivierungslauf des jeweiligen Archivierungsobjekts, wie:
  - die Laufnummer
  - das Datum
  - den Namen des Benutzers, der ihn gestartet hat
  - den Status
  - die Variante, mit der das Archivschreibprogramm gestarte wurde

Archivierungsobjekt	Beschreibung Archivierungsobj.	Anwendung	Verantwortlicher (Name)	Gesamtstatus	Letzter Archivierungslauf	Datum	Gestartet durch (Name)	Status letzter Lauf	Variante
EXAMPLE	Beispielobjekt	BC		●	000826	28.02.20		○○●	
MM_EKKO	Einkaufsbelege	MM		●	000811	06.04.20		○◐○	5500000015
MM_MATNR	LO: Materialstammsätze	MM		●	001347	26.10.20		○○●	ZPM
SM_QMEL	Servicemeldungen	PM		●	000490	01.02.19		○○●	
ZSTICKET	Demo Archivierungsobjekt für BIT670	BC		●	001876	04.12.20		●○○	IW_1

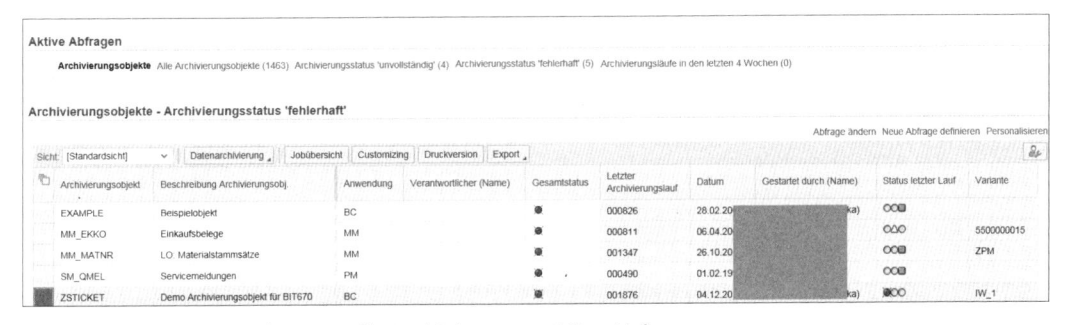

Abbildung 3.13 ILM Work Center für Archivierung – aktive Abfragen

Nun können Sie auch eigene Abfragen anlegen. Klicken Sie dazu auf **Neue Abfrage definieren** (rechts oberhalb der Tabelle, Abbildung 3.13). Es erscheint ein Bild, wie in Abbildung 3.14 dargestellt.

Neue Abfrage definieren

> **Sichtbarkeit der Schaltflächen »Abfrage definieren«, »Abfrage ändern« und »Personalisieren«**
>
> Beachten Sie, dass sich die genannten Schaltflächen je nach Größe Ihres Fensters möglicherweise außerhalb des sichtbaren Bildbereichs befinden. Nutzen Sie in diesem Fall die Scrollbalken, oder vergrößern Sie das Fenster.

Behalten Sie im Eingabefeld **Objekttyp auswählen** den vorgeschlagenen Wert **Archivierungsobjekte** bei. Für die neue Anfrage können Sie eine bestehende Abfrage als Vorlage auswählen. Dadurch werden im nächsten Schritt – abhängig von der gewählten Vorlage – bestimmte Kriterien bereits vorausgewählt.

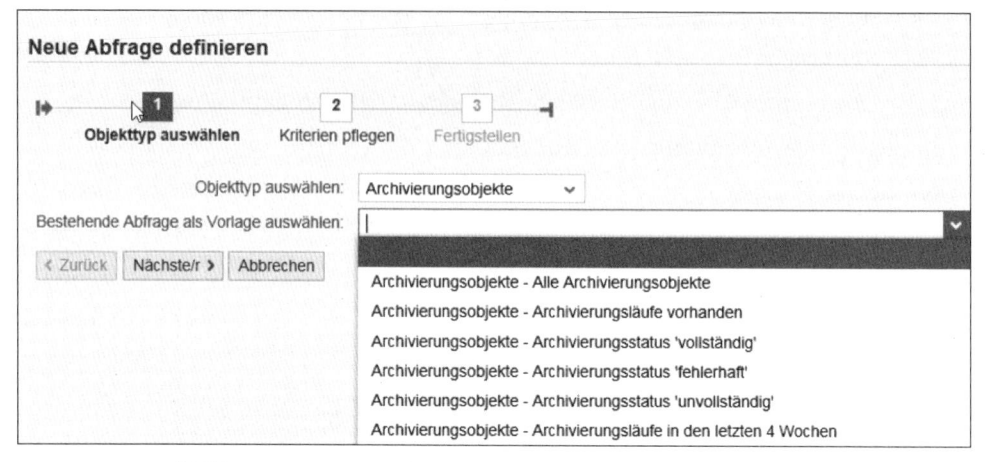

Abbildung 3.14 ILM Work Center für Archivierung – neue Abfrage definieren 1

Klicken Sie auf **Nächste/r**. Nun können Sie mithilfe der verschiedenen Selektionskriterien aus Abbildung 3.15 genau spezifizieren, welche Informationen Sie dargestellt haben möchten.

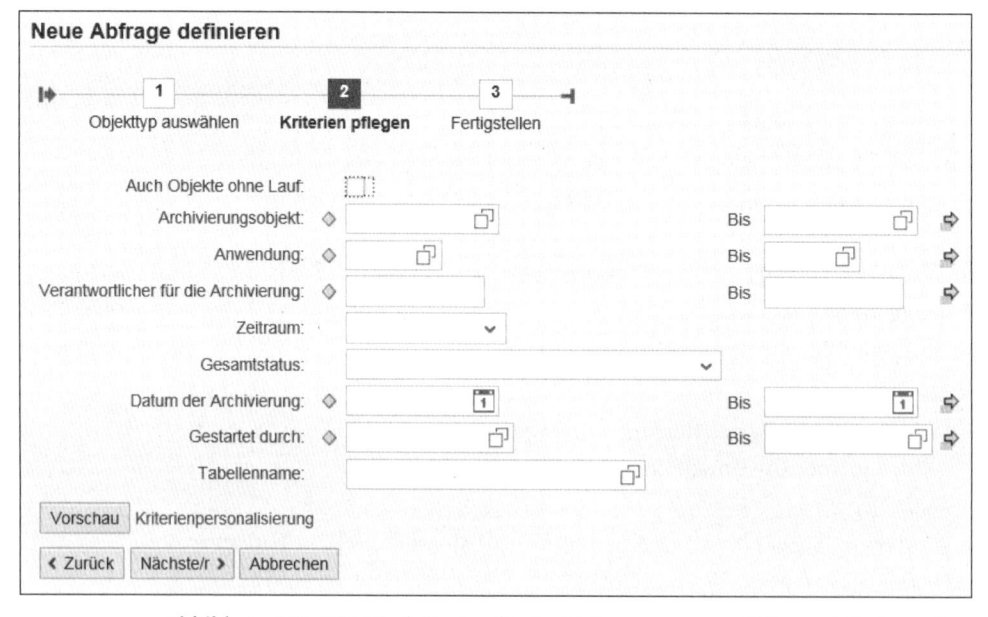

Abbildung 3.15 ILM Work Center für Archivierung – neue Abfrage definieren 2

Die Schaltfläche **Vorschau** ermöglicht es Ihnen, das Ergebnis zu testen, das heißt zu sehen, welche Liste von Archivierungsobjekten aufgrund Ihrer Selektionen erstellt werden würde. Klicken Sie anschließend auf **Nächste/r**. Im Folgebild (siehe Abbildung 3.16) ist das Feld **Abfragebeschreibung eingeben** ein Mussfeld. Ersetzen Sie den Namen **New Query** durch eine passende Eingabe Ihrer Wahl.

Abbildung 3.16 ILM Work Center für Archivierung – neue Abfrage definieren 3

Über das Ankreuzfeld **Abfrage aktivieren** können Sie entscheiden, ob Sie die neue Abfrage gleich oder erst später verwenden möchten. (Haben Sie sich entschieden, eine Abfrage erst später zu verwenden, lesen Sie weiter unten in diesem Abschnitt im Zusammenhang mit der Schaltfläche **Personalisieren**, wie Sie dies tun können.) Klicken Sie zum Schluss auf **Fertigstellen**.

Ihr neue Abfrage ist nun verfügbar und kann ausgewählt werden. Sie sehen dazu ein Beispiel (mit der Rubrik **Bereich FI**) in Abbildung 3.17.

Abbildung 3.17 ILM Work Center für Archivierung – neuer persönlicher Arbeitsvorrat (POWL)

Sie können eine bestehende Abfrage (Arbeitsvorrat) über die Schaltfläche **Abfrage ändern** (rechts oberhalb der Tabelle in Abbildung 3.13) an Ihre Bedürfnisse anpassen und verändern. Das dazugehörige Bild sieht ähnlich dem aus Abbildung 3.15 aus. Beachten Sie, dass Sie hier den Namen der Abfrage nicht ändern können. Dazu nutzen Sie die Schaltfläche **Personalisieren**, die wir weiter unten genauer besprechen werden.

3 Zusatzfunktionen im Retention-Management-Szenario

[»] **»Abfrage ändern« oder »Neue Abfrage definieren«?**
Wenn Sie die zu ändernde Abfrage in der Version vor der Änderung behalten möchten, wählen Sie die Funktion **Neue Abfrage definieren** statt **Abfrage ändern** aus. So können Sie die zu ändernde Abfrage als Vorlage auswählen und eine neue Abfrage daraus erstellen.

Abfragen personalisieren Über die Schaltfläche **Personalisieren** rechts neben **Neue Abfrage definieren** gelangen Sie zu dem Bild aus Abbildung 3.18. Hier können Sie die Abfragen und somit auch die Listen der Archivierungsobjekte (POWL) nach Ihren Wünschen gestalten und z. B. Spalten aus- oder einblenden oder die Reihenfolge der Spalten definieren. Über die Schaltfläche **Umbenennen** ändern Sie den Namen Ihrer Abfrage.

Abfrage löschen Um eine Abfrage zu löschen, verschieben Sie sie in den Bereich **Verfügbare Abfragen**, markieren sie und klicken auf die Schaltfläche **Abfrage löschen**. Wie Sie in Abbildung 3.19 sehen, ist unsere neue Abfrage in der Kategorie **Ohne Kategoriezuordnung** enthalten. Um dies zu ändern, markieren Sie die Abfrage und verschieben ihre Position über die Schaltflächen **Nach oben** und **Nach unten**. Ebenfalls können Sie den Namen der Kategorie ändern, indem Sie sie markieren und auf die Schaltfläche **Umbenennen** klicken.

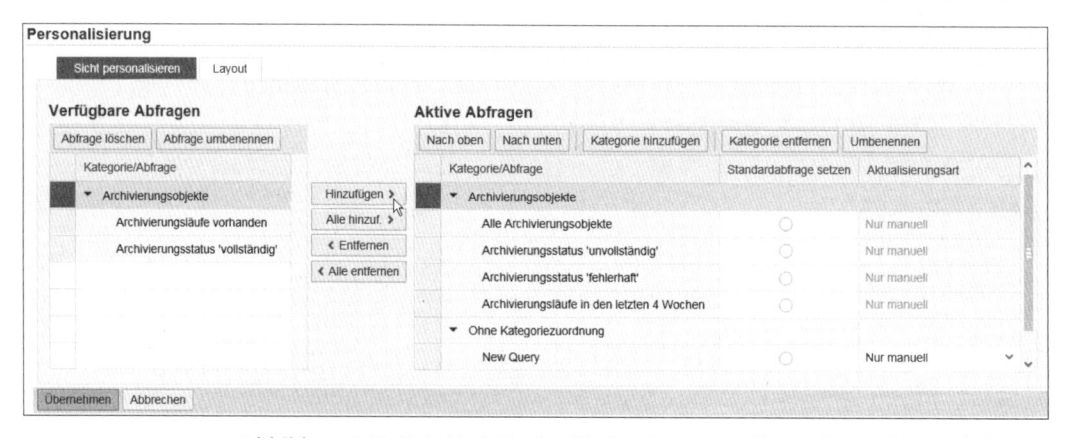

Abbildung 3.18 ILM Work Center für Archivierung – Darstellung aktiver Abfragen personalisieren

Inaktive Abfragen aktivieren Haben Sie eine Abfrage angelegt, diese aber noch nicht aktiviert, weil Sie das Ankreuzfeld **Abfrage aktivieren** beim Anlegen nicht gesetzt haben, können Sie sie nun hier aktivieren. Markieren Sie die Abfrage links im Bereich **Verfügbare Abfragen** (siehe Abbildung 3.18), und verschieben Sie sie über die Schaltfläche **Hinzufügen** in den Bereich **Aktive Abfragen**.

Um eine gute Performance der Abfragen zu gewährleisten, können Sie entscheiden, wann diese aktualisiert werden sollen. Wählen Sie dazu die Alternative Ihrer Wahl in der Spalte **Aktualisierungsart**, wie in Abbildung 3.19 gezeigt. Bestätigen Sie Ihre Änderungen anschließend über die Schaltfläche **Übernehmen**.

Aktive Abfragen			
Nach oben Nach unten Kategorie hinzufügen Kategorie entfernen Umbenennen			
Kategorie/Abfrage		Standardabfrage setzen	Aktualisierungsart
▼ Archivierungsobjekte			
	Alle Archivierungsobjekte	○	Nur manuell
	Archivierungsstatus 'unvollständig'	○	Nur manuell
	Archivierungsstatus 'fehlerhaft'	○	Nur manuell
	Archivierungsläufe in den letzten 4 Wochen	○	Nur manuell
▼ Ohne Kategoriezuordnung			
	Bereich FI	○	Nur manuell ⌄
			Nur manuell
			Beim ersten Seitenaufruf
			Bei jedem Seitenaufruf
			Beim ersten Listenaufruf
			Bei jedem Listenaufruf

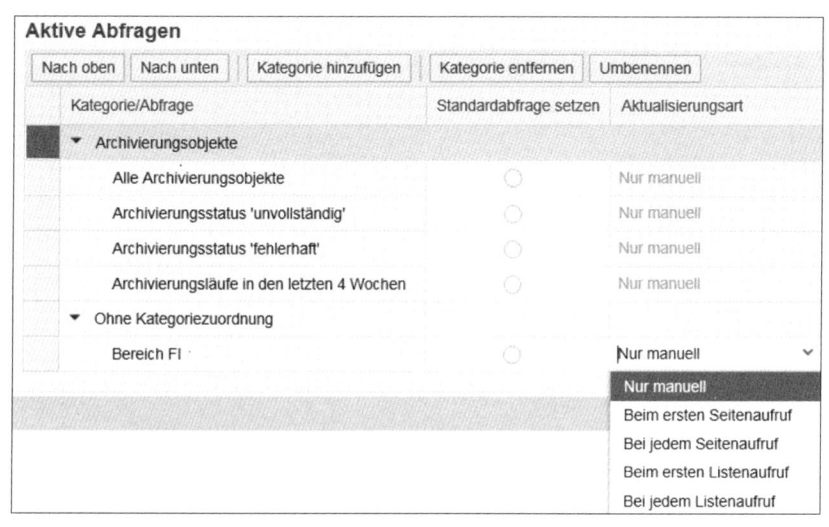

Abbildung 3.19 ILM Work Center für Archivierung – Abfragen personalisieren, Aktualisierungsart

> **Manuelle Aktivierung bei den von SAP ausgelieferten Abfragen**
>
> Wie Sie in Abbildung 3.19 sehen, können die von SAP ausgelieferten Abfragen nur manuell aktualisiert werden. Das erklärt, warum die Anzahl der Archivierungsobjekte in den verschiedenen Kategorien der Abfragen beim ersten Aufruf »0« war.

Datenarchivierung – Aktionen

Kommen wir nun zu den Funktionen rund um die Datenarchivierung, die Sie von hier aus aufrufen können. Wenn Sie im SAP Business Client auf **Datenarchivierung** klicken, können Sie daraufhin **Aktionen** oder **Verwaltung** wählen.

Markieren Sie also in der Liste der Archivierungsobjekte (POWL) ein Archivierungsobjekt und wählen dann **Datenarchivierung • Aktionen**, erscheint ein neues Bild. (Das erste SAP-Business-Client-Dialogfenster bleibt nach wie vor geöffnet und ist verfügbar.)

Aktionen der Datenarchivierung

Abbildung 3.20 zeigt ein Beispiel. Hier können Sie die einzelnen Phasen der Datenarchivierung anstoßen. Klicken Sie dazu auf die dazugehörigen Namen, also auf **Daten schreiben**, **Daten löschen**, **Archivdateien ablegen** usw. (oben im Bild).

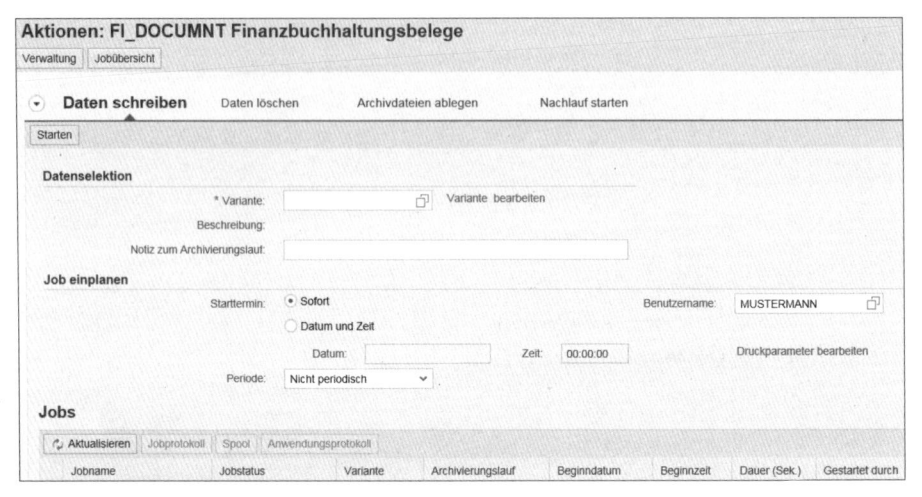

Abbildung 3.20 ILM Work Center für Archivierung – Datenarchivierung, Aktionen

> [»] **Einfluss des Customizings des Archivierungsobjekts**
> Welche Aktionen Sie genau sehen, hängt auch vom Customizing des Archivierungsobjekts ab. Die Option **Vorlauf starten** würden Sie beispielsweise nur bei solchen Objekten sehen, die sie auch anbieten.

In den technischen Einstellungen des archivierungsobjektspezifischen Customizings legen Sie auch fest, welche Phasen des Archivierungsprozesses automatisch angestoßen werden und welche Sie manuell einplanen wollen. Unabhängig von dieser Einstellung sehen Sie im Bild aus Abbildung 3.20 alle verfügbaren Phasen. Damit haben Sie die Möglichkeit, bei Bedarf auch manuell einen Job anzustoßen, z. B. bei abgebrochenen Läufen oder wenn Sie die Details zu den einzelnen Jobs der jeweiligen Aktion anzeigen wollen.

> [»] **Automatisch oder nicht – die Soforthilfe klärt auf**
> Befinden Sie sich im Fenster einer Archivierungsaktion (ein Beispiel dazu zeigt Abbildung 3.20), können Sie die Soforthilfe auf Ihrer Oberfläche einblenden, um zu erfahren, ob eine Aktion automatisch eingeplant wird oder nicht. Klicken Sie dazu eine beliebige Stelle der Web-Dynpro-Oberfläche mit der rechten Maustaste an, und wählen Sie **Soforthilfe einblenden**. Nun

zeigt sich ein Beschreibungstext, der die gesuchten Informationen enthält. Um die Soforthilfe auszublenden, wählen Sie auf dem gleichen Weg **Soforthilfe ausblenden** aus oder klicken den gleichnamigen Link rechts neben dem Beschreibungstext an.

Haben Sie die Registerkarte für eine der gewünschten Aktionen (Phase der Datenarchivierung) gewählt, nehmen Sie im nächsten Schritt die notwendigen Eingaben vor bzw. wählen die zu bearbeitenden Archivdateien aus. Informationen zur Bedienung der einzelnen Aktionen (Phasen der Datenarchivierung) bietet Ihnen auch die eingangs erwähnte SAP-Dokumentation. Diese finden Sie unter *https://help.sap.com/*. Für SAP ERP öffnen Sie den zugehörigen Einstiegspfad (siehe Abschnitt 3.4.6, »Weiterführende Informationen«) und danach **Zusatzfunktionen** • **ILM Work Center** • **ILM Work Center für Archivierung** • **Datenarchivierung** • **Aktionen der Datenarchivierung**.

Am Beispiel von **Daten schreiben** heißt das im Detail, dass Sie im Feld **Variante** (siehe Abbildung 3.21) eine bestehende Variante auswählen. Über **Variante bearbeiten** rechts daneben können Sie diese Variante bearbeiten oder auch eine neue anlegen. Im Eingabefeld **Notiz zum Archivierungslauf** hinterlegen Sie ebendiese. Im Abschnitt **Job einplanen** darunter spezifizieren Sie weitere Jobdetails wie den Starttermin.

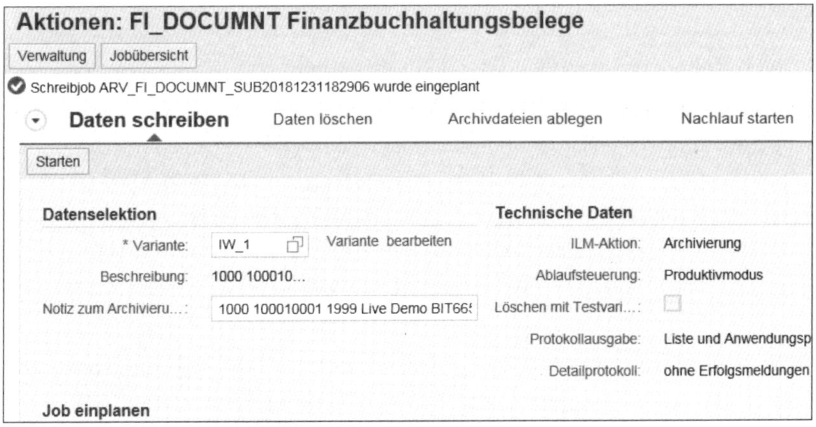

Schreibphase der Datenarchivierung

Abbildung 3.21 Datenarchivierung – Aktion »Daten schreiben«

Sind Sie mit den Eingaben fertig, klicken Sie auf die Schaltfläche **Starten** links oben im Bild. Im Meldungsbereich (oberer Bildbereich) erhalten Sie sofort die Statusmeldungen zum gestarteten Job (siehe Abbildung 3.21). Im Bereich **Jobs** in der unteren Bildhälfte (siehe Abbildung 3.22) sehen Sie die dazugehörigen Jobinformationen, unter anderem den Status der gestarteten Jobs und ob sie beendet (grün markiert) oder abgebrochen (rot markiert) worden sind.

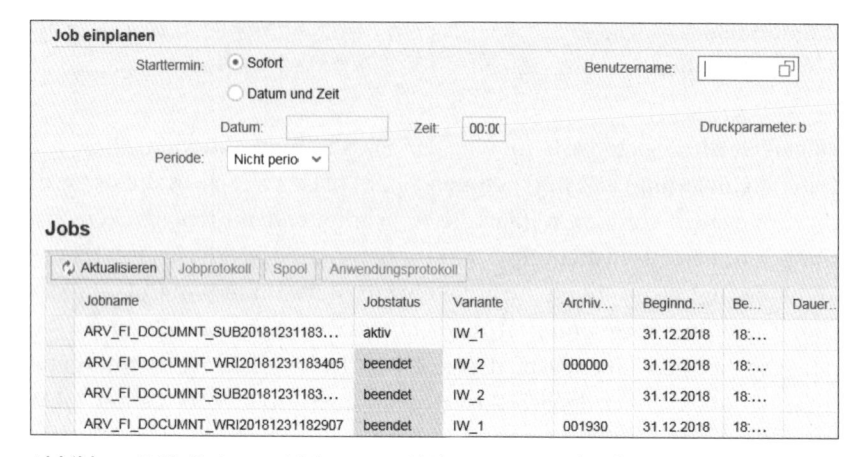

Abbildung 3.22 Datenarchivierung – Aktion »Daten schreiben«, Jobs

Angaben zum Hintergrundjob

Wählen Sie die Schaltfläche **Aktualisieren** links über der Liste der Jobs, um die neuesten Informationen zu erhalten. Details zu jedem Job finden Sie auch in der **Jobübersicht** (siehe Abbildung 3.23). Klicken Sie dazu auf die gleichnamige Schaltfläche ganz oben im Bild (siehe Abbildung 3.21). So können Sie beispielsweise erfahren, warum bestimmte Jobs abgebrochen wurden.

> **[»] Zwei Wege zur Jobübersicht**
>
> Sie erreichen die **Jobübersicht** auch, wenn Sie im ILM Work Center für Archivierung die gleichnamige Schaltfläche anklicken. In diesem Fall bekommen Sie die Jobübersicht zu allen Archivierungsobjekten Ihrer Abfrage und nicht nur die Jobs zum ausgewählten Archivierungsobjekt. Des Weiteren erscheint die Jobübersicht auf diese Weise in einem separaten Fenster. Das ursprüngliche Fenster ist weiterhin aktiv und verfügbar.

Über die Schaltflächen **Jobprotokoll**, **Spool** und **Anwendungsprotokoll** sehen Sie die jeweiligen dazugehörigen Detailinformationen. Über die Schaltfläche **Aktualisieren** aktualisieren Sie die Anzeige.

Verwaltung

Die Schaltfläche **Verwaltung** – ebenfalls oben im Bild in Abbildung 3.21 – führt Sie zu dem in Abbildung 3.24 dargestellten Bild. Hier können Sie den Status aller vorhandenen Archivierungsläufe entnehmen. Über die Schaltfläche **Status ändern** setzen Sie einen der nachfolgenden Status für den ausgewählten Lauf oder die Datei. Über das Feld **Zeitraum** können Sie bestimmen, welche Läufe Sie sehen möchten.

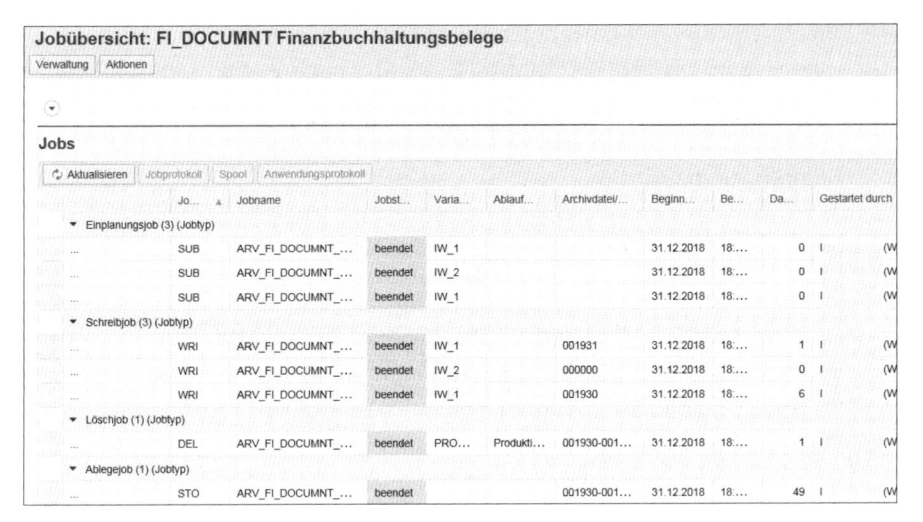

Abbildung 3.23 ILM Work Center für Archivierung – Datenarchivierung, Jobübersicht

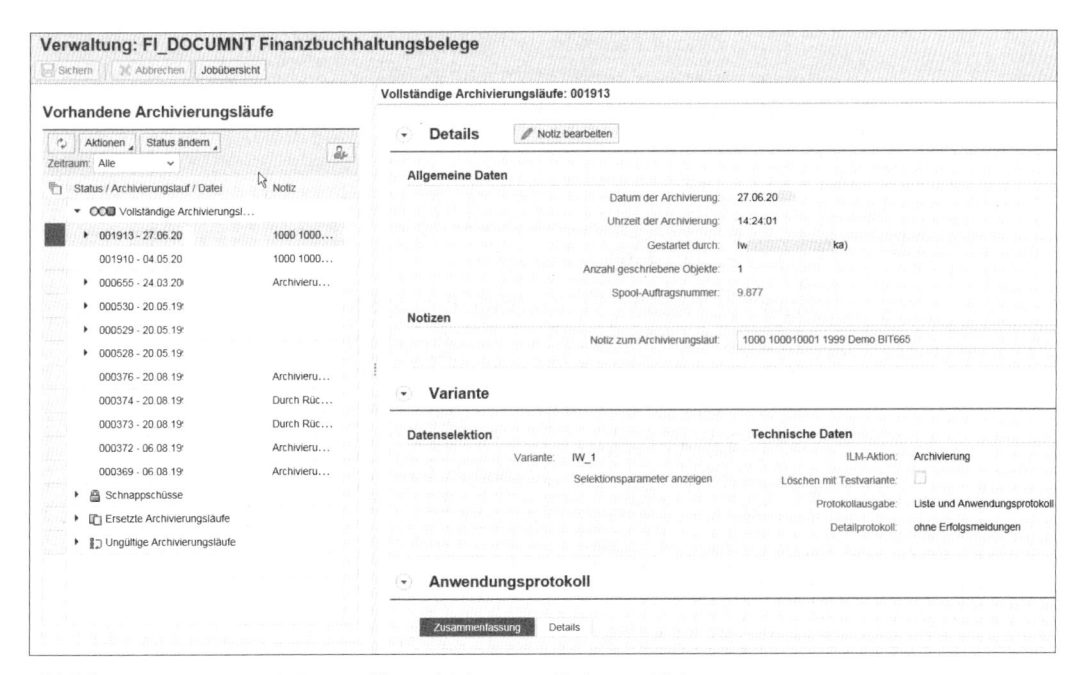

Abbildung 3.24 ILM Work Center für Archivierung – Datenarchivierung, Verwaltung

Der Bereich **Details** rechts im Bild liefert Angaben zum ausgewählten Lauf. Dort sehen Sie allgemeine Daten sowie die Notiz zum Lauf. Im Bereich **Variante** darunter stehen Angaben zur verwendeten **Datenselektion**. Unter **Anwendungsprotokoll** finden Sie die Zusammenfassung der Protokoll-

Angaben zu ausgewählten Dateien/Läufen

nachrichten sowie die dazugehörigen Details zu einzelnen Nachrichten (so Sie sie denn auf dem Selektionsbild des Archivschreibprogramms angefordert haben). Über die Schaltfläche **Jobübersicht** ganz oben im Bild gelangen Sie schließlich zu den soeben besprochenen Informationen rund um die Hintergrundjobs.

Datenarchivierung – Verwaltung

Wenn Sie im SAP Business Client auf **Datenarchivierung** klicken, steht Ihnen auch hier die Funktion **Verwaltung** zur Auswahl. Die Verwaltungsinformationen erscheinen immer zu genau einem Archivierungsobjekt, sodass Sie zunächst eines in der Liste markieren müssen. Wählen Sie dann die Funktion **Verwaltung**, erscheint ein Bild, wie in Abbildung 3.24 zu sehen. Die Verwaltung der Datenarchivierung zeigt Ihnen die vorhandenen Archivierungsläufe an.

[»] **Verfügbarkeit der Funktion »Verwaltung«**

Die Verwaltung der Datenarchivierung können Sie sowohl aus dem persönlichen Arbeitsvorrat (POWL) als auch aus den einzelnen Aktionen heraus aufrufen. Im zweiten Fall befindet sich die entsprechende Schaltfläche ganz oben links im Bild.

[»] **Vollständigkeit der Angaben**

Beachten Sie, dass Sie gegebenenfalls nicht alle vorhandenen Archivierungsläufe sehen. Wenn Sie eine Abfrage verwenden, in deren Definition Sie Eingaben im Feld **Zeitraum** gemacht haben, wird dieser Zeitraum für die Verwaltung übernommen und auch hier im Feld **Zeitraum** (siehe Abbildung 3.25) angezeigt. Ändern Sie daher gegebenenfalls den Zeitraum im gleichnamigen Feld der Verwaltung (siehe Abbildung 3.24), um mehr vorhandene Archivierungsläufe zu sehen.

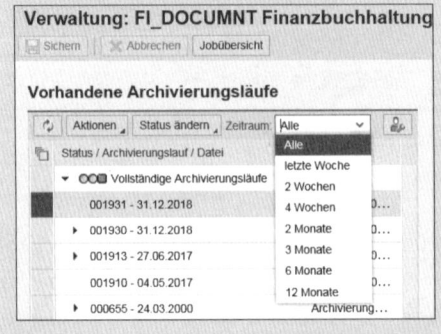

Abbildung 3.25 Datenarchivierung – Verwaltung, Zeitraum einschränken

3.3 ILM Work Center

Die Detailsicht (im rechten Bildbereich) liefert Ihnen Informationen zu dem im linken Bildbereich markierten Lauf oder der Archivdatei (siehe Abbildung 3.26). Darin sehen Sie beispielsweise die Rubrik **Allgemeine Daten**, Informationen zur **Variante** sowie das **Anwendungsprotokoll**.

Abbildung 3.26 Datenarchivierung – Verwaltung, Angaben zu einem Lauf

Customizing, Druckversion und die Export-Funktion

Abschließend können wir noch vermerken, dass Sie über die Schaltfläche **Customizing** (siehe Abbildung 3.27) zu den dazugehörigen archivierungsobjektspezifischen Einstellungen des markierten Archivierungsobjekts gelangen.

Customizing-Einstellungen

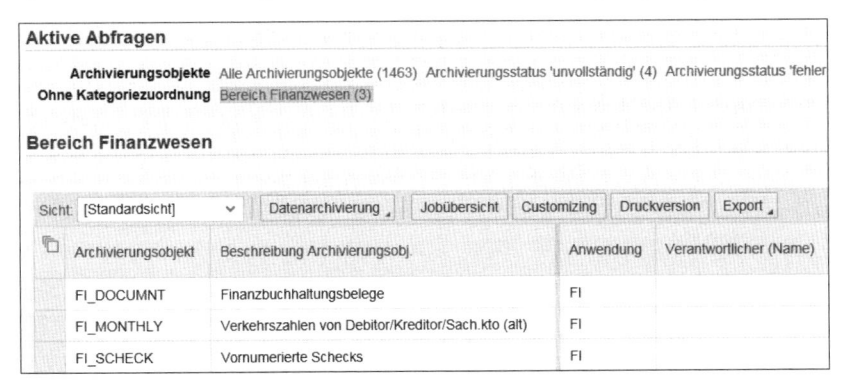

Abbildung 3.27 ILM Work Center für Archivierung – Customizing, Druckversion und Export-Funktion

Das daraufhin erscheinende Bild (siehe Abbildung 3.28) kennen Sie aus der Transaktion SARA (Archivadministration). Andere Customizing-Einstellungen, beispielsweise das archivierungsobjektübergreifende Customizing, können Sie nur über die Transaktion SARA erreichen.

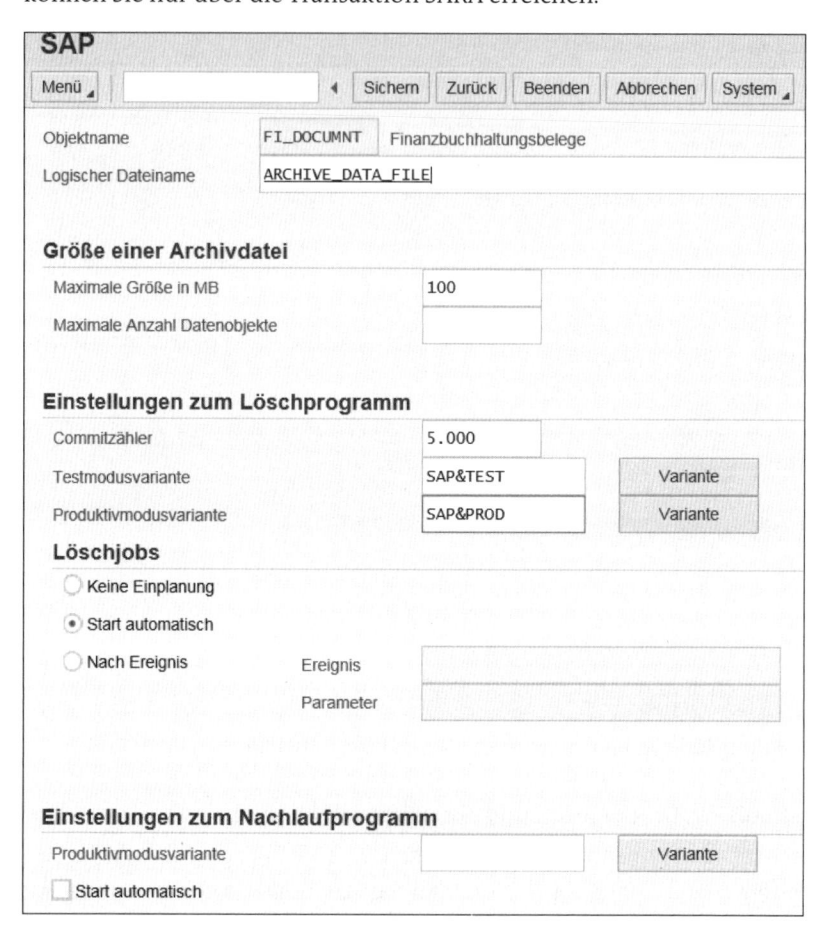

Abbildung 3.28 Customizing – archivierungsobjektspezifische Einstellungen

Abschließend möchten wir noch sagen, dass Sie über die Schaltfläche **Druckversion** ein PDF-Dokument Ihrer Liste der Archivierungsobjekte erstellen können. Über die Schaltfläche **Export** können Sie die Liste der Archivierungsobjekte nach Microsoft Excel exportieren.

3.4 SAP ILM Store

Widmen wir uns nun dem Thema SAP ILM Store, einem Produkt von SAP, das Sie als BC-ILM-zertifizierte, ILM-fähige Ablage verwenden können.

3.4.1 Architekturüberblick

Abbildung 3.29 zeigt die benötigte Systemarchitektur, anhand der wir das Thema besprechen werden. Die System-IDs haben hier natürlich nur Beispielcharakter. Im Detail sind es:

Systemarchitektur

- ein *ECC-System* mit der System-ID ABC und dem Mandanten 300
- ein *ILM-Store-System* mit der System-ID ILM und dem Mandanten 100
- ein *SAP-IQ-System* mit der Kennung SIQ sowie einem Datenbankschema für ADK (ILM_DEV_IQ_ADK) und einem Datenbankschema für SAP Archive-Link (ILM_DEV_IQ_ATTACH)

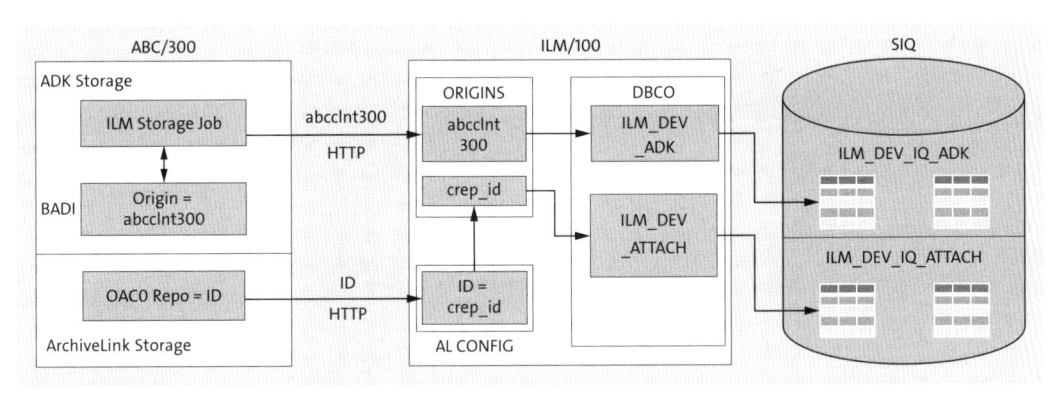

Abbildung 3.29 Systemarchitektur des SAP ILM Stores

3.4.2 Einstellungen im ILM-Store-System für strukturierte Daten

Beschreiben wir nun die Einstellungen, die Sie im ILM-Store-System vornehmen müssen. Beginnen wir mit einem Überblick:

1. Einrichten eines SICF-Service (Service im *Internet Communication Framework*). Dieser wird als Kommunikationsknoten (Kommunikationsservice) für eingehende Anfragen dienen.
2. Einrichten sogenannter *ILM Store Origins*. Diese werden bestehen aus:
   - Einer *administrativen Origin*. Diese ist eine logische Konfiguration, die als Elternkonfiguration für mehrere operative Origins dienen kann.

3   Zusatzfunktionen im Retention-Management-Szenario

– Einer *operativen Origin*. Diese Konfiguration hält die Information darüber, wo Daten gespeichert werden sollen. In unserem Fall nutzen wir die Konfiguration, um Daten nach SAP IQ zu schicken.

SICF-Service anlegen

Jetzt wenden wir uns diesen zwei Schritten im Detail zu. Wir beginnen mit den SICF-Services:

1. Rufen Sie die Transaktion SICF (Pflege des HTTP-Service-Baumes) auf.
2. Geben Sie im Eingabefeld **Servicename** »ILM« ein, und wählen Sie **Ausführen** (F8).
3. Legen Sie nun ein **Neues Subelement** unter dem Pfad /sap/bc/ilm an, wie es Abbildung 3.30 zeigt.

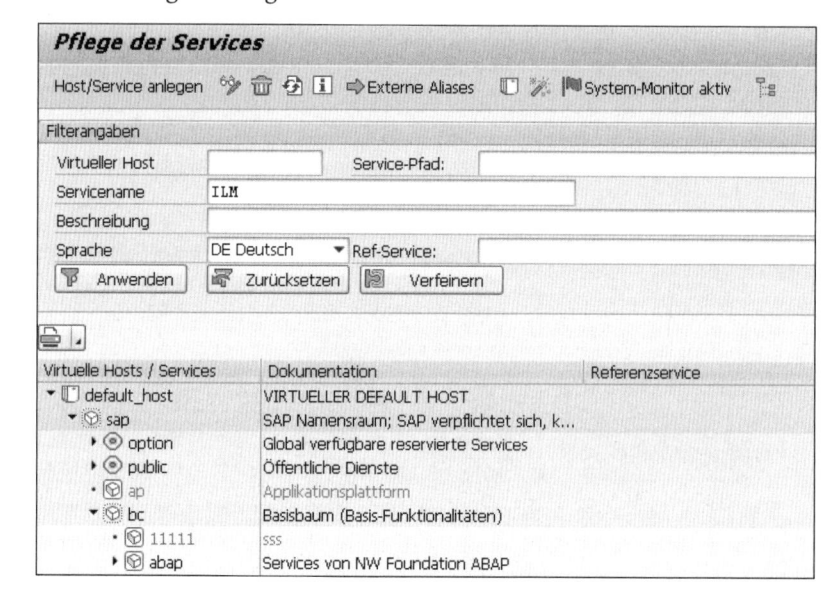

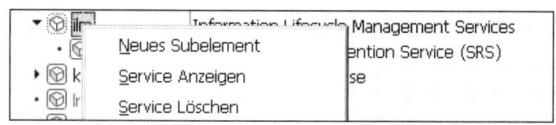

Abbildung 3.30 Transaktion SICF – neues Subelement anlegen

4. Geben Sie im nachfolgenden Pop-up-Fenster im Feld **Name des anzulegenden Service-Elements** »ILM_STORE« ein (siehe Abbildung 3.31).

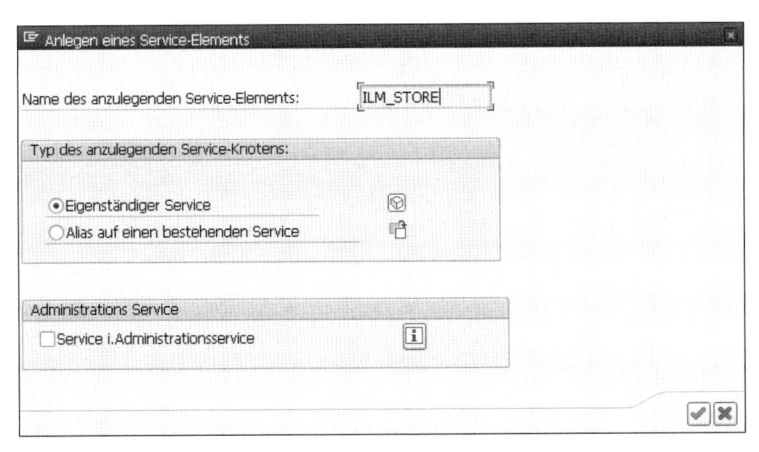

Abbildung 3.31 Transaktion SICF – neues Subelement anlegen, Name des Serviceelements

5. Nehmen Sie auf der Registerkarte **Anmelde-Daten** die Eingaben vor, wie in Abbildung 3.32 gezeigt.

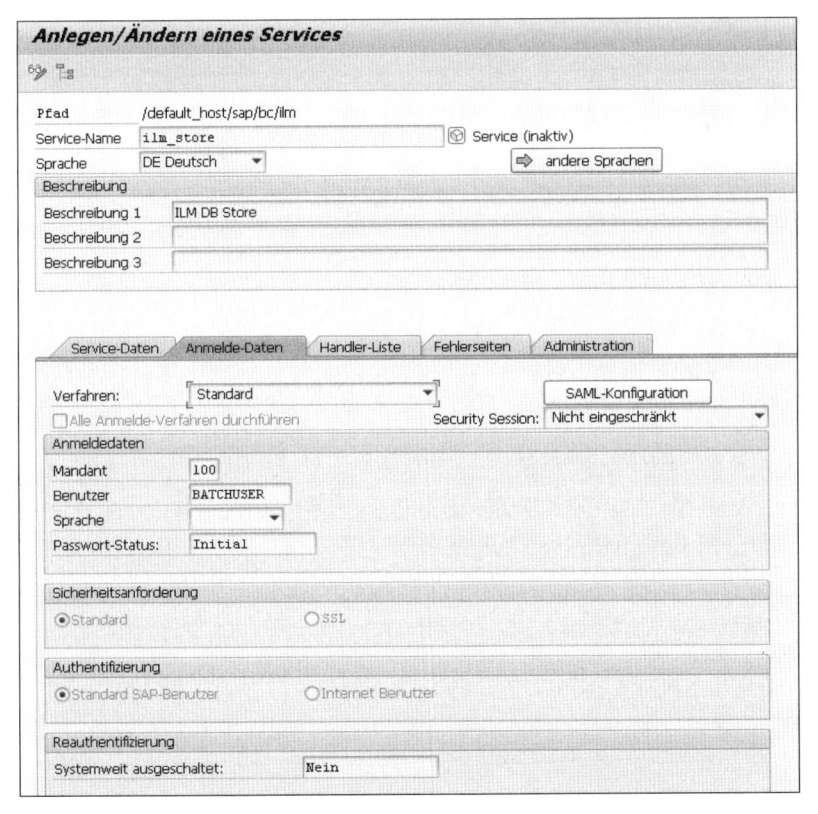

Abbildung 3.32 Transaktion SICF – Registerkarte »Anmelde-Daten«

6. Nehmen Sie auf der Registerkarte **Handler-Liste** die Eingaben vor, wie in Abbildung 3.33 gezeigt.
7. Speichern Sie Ihre Eingaben.

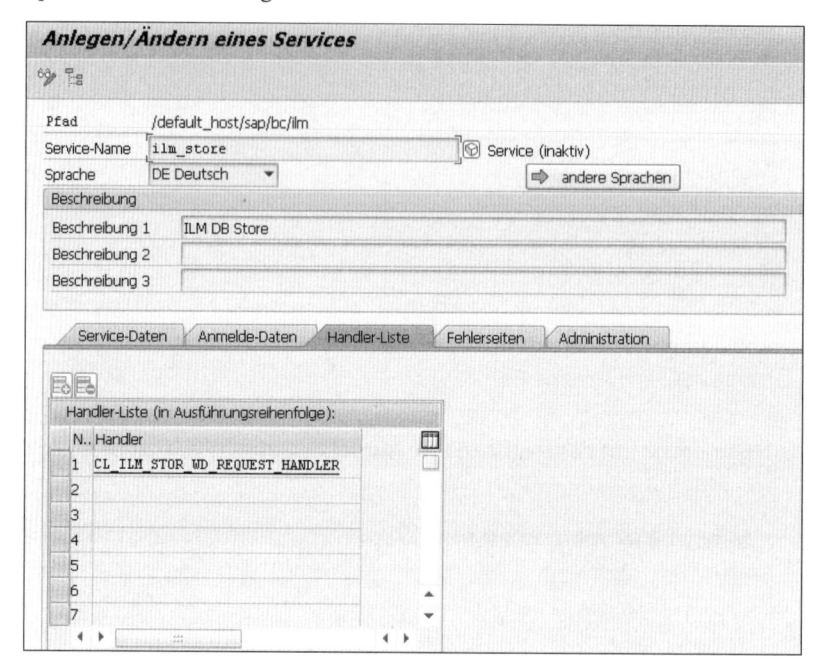

Abbildung 3.33 Transaktion SICF – Registerkarte »Handler-Liste«

> **Business-Funktion ILM_STOR**
>
> Um den SAP ILM Store zu nutzen, müssen Sie die Business-Funktion ILM_STOR (ILM-Datenbankablage [reversibel]) aktivieren. Dies ist auch die Voraussetzung für die folgenden Schritte. Aktivieren Sie sie also spätestens jetzt.

Administrative Origin anlegen

Und nun beschreiben wir den zweiten Schritt, also das Anlegen der sogenannten administrativen Origin:

1. Rufen Sie die Transaktion ILM_STOR_ADM_CUST (ILM Store: Administrat. Customizing) auf.
2. Klicken Sie auf die Schaltfläche **Anlegen (Client anlegen)**, siehe Abbildung 3.34.

3.4 SAP ILM Store

Abbildung 3.34 Transaktion ILM_STOR_ADM_CUST – Client anlegen

3. Füllen Sie im nächsten Bild die Eingabefelder, wie in Abbildung 3.35 dargestellt. Die Namen in den Feldern **Client** und **Administrative Origin** können Sie frei wählen. In unserem Beispiel nutzen wir »ILM_STORE« und »ILMSTORE_ADMIN«. Im Feld **Logischer Dateiname** müssen Sie einen logischen Dateinamen eingeben, der gemäß der Transaktion FILE (Dateinamen/-pfade mandantenunabhängig) existiert.

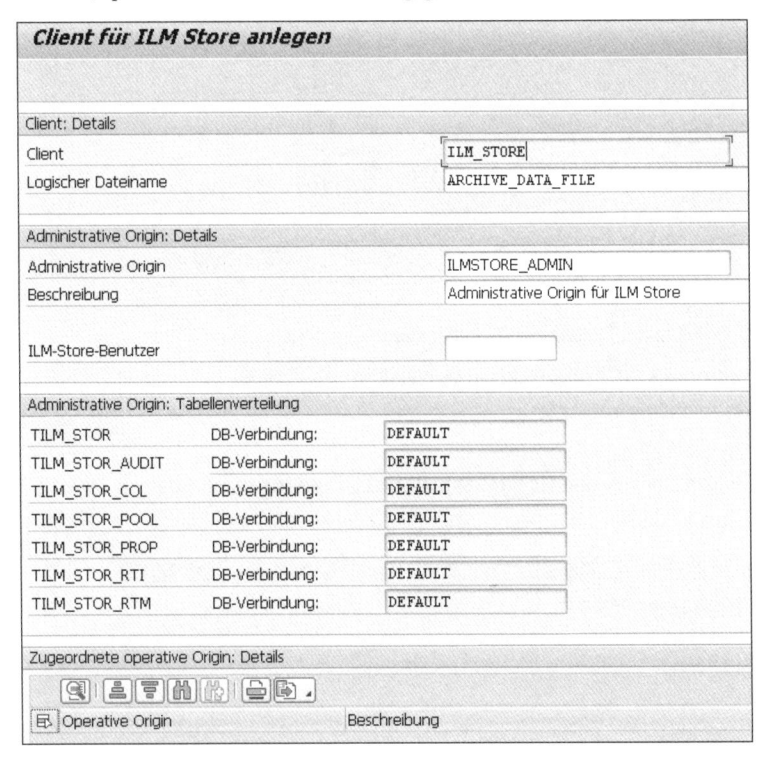

Abbildung 3.35 Transaktion ILM_STOR_ADM_CUST – administrative Origin anlegen

4. Speichern Sie Ihre Eingaben.
5. Klicken Sie nun unten im gleichen Bild auf die Schaltfläche **Operative Origin hinzufügen** (siehe Abbildung 3.36).

Operative Origin anlegen

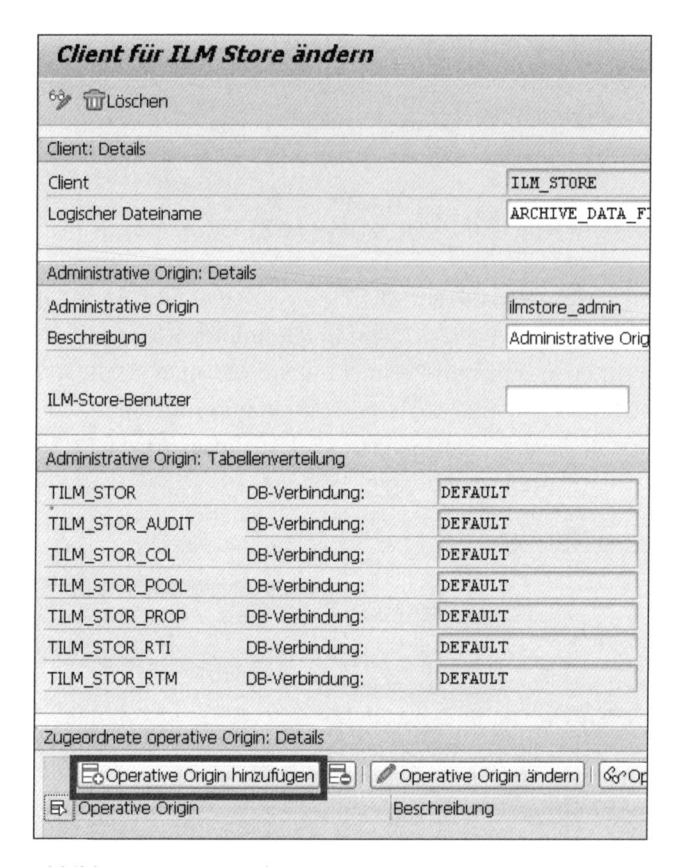

Abbildung 3.36 Transaktion ILM_STOR_ADM_CUST – operative Origin hinzufügen

6. Machen Sie im nachfolgenden Pop-up-Fenster die Eingaben, wie in Abbildung 3.37 dargestellt.

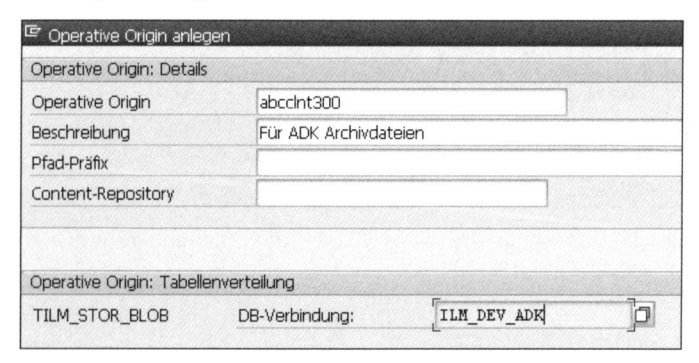

Abbildung 3.37 Transaktion ILM_STOR_ADM_CUST – operative Origin hinzufügen, Eigenschaften

Wir empfehlen Ihnen, im Feld **Operative Origin** einen Namen zu wählen, aus dem Sie gut auf den Namen und den Mandanten des SAP-Systems schließen können, das auf diese SAP-ILM-Ablage zugreifen wird. Geben Sie im Eingabefeld **DB-Verbindug** den Namen der Datenbankverbindung aus Ihrem Systemarchitekturbild an (siehe Abbildung 3.29).

7. Speichern Sie Ihre Eingaben.

3.4.3 Einstellungen im führenden System für strukturierte Daten

Beschreiben wir nun die Einstellungen, die Sie im führenden System machen werden – dem System also, das sich mit dem SAP ILM Store verbinden wird. (Wie in Abschnitt 3.4.1, »Architekturüberblick«, und Abbildung 3.29 gezeigt, ist das führende System in unserem Beispiel ABC(300).) Hierbei geht es speziell um Einstellungen, die notwendig sind, damit vom ADK/von SAP ILM ausgehende Kommunikation mit dem SAP ILM Store möglich ist. Mit den im Titel dieses Abschnitts genannten strukturierten Daten sind also Archivdateien gemeint.

Die Kommunikation ermöglichen

Beginnen wir auch hier mit einem Überblick über die notwendigen Schritte. Diese sind folgende:

1. Anlegen einer BAdI-Implementierung für die Mittteilung der operativen Origin. Sendet das führende System (ABC(300)) eine Anfrage (einen HTTP-Request) zur Ablage von Daten an das ILM-Store-System, muss diese auch die zu verwendende operative Origin beinhalten.
2. Anlegen einer RFC-Verbindung zum ILM-Store-System
3. Einrichtung des SAP ILM Stores in der Transaktion ILMSTOREADM (SRS Ablageverwaltung)

Beschreiben wir diese drei Schritte nun im Detail. Gehen Sie zunächst wie folgt vor, um eine BAdI-Implementierung für den in Punkt 1 genannten Zweck anzulegen:

BAdI-Implementierung für Mitteilung der operativen Origin

1. Rufen Sie die Transaktion SE18 (BAdI-Builder – Definitionen) auf.
2. Geben Sie im Eingabefeld **BAdI-Name** »BADI_ILM_STOR_CLIENT« ein, und wählen Sie **Anzeigen**.
3. Wechseln Sie in den Änderungsmodus, und wählen Sie **BAdI-Implementierung anlegen**, wie in Abbildung 3.38 gezeigt.

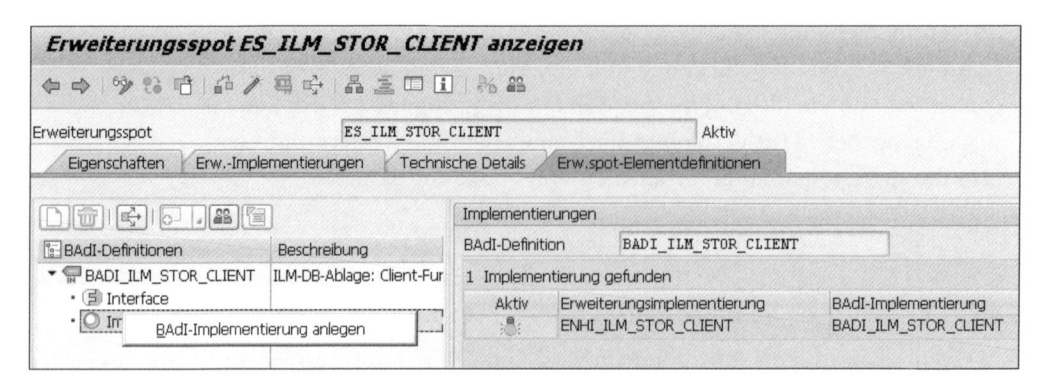

Abbildung 3.38 Transaktion SE18 – BAdI-Definition BADI_ILM_STOR_CLIENT

4. Klicken Sie im nachfolgenden Pop-up-Fenster auf das Icon **Anlegen** (Erweiterungsimplementierung anlegen – [F8]).
5. Geben Sie, wie in Abbildung 3.39 gezeigt, im Feld **Erweiterungsimplementierung** einen Namen und bei **Kurztext** eine kurze Beschreibung an. Dann drücken Sie [↵].

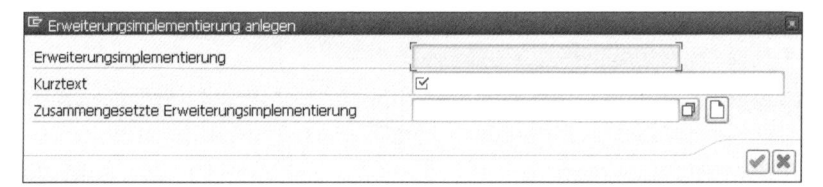

Abbildung 3.39 BAdI-Definition BADI_ILM_STOR_CLIENT – Erweiterungsimplementierung anlegen

6. Ihre Implementierung erscheint nun in einem nächsten Pop-up-Fenster mit dem Titel **Erweiterungsimplementierung auswählen oder neu anlegen**. Markieren Sie sie, und drücken Sie [↵].
7. Geben Sie im nachfolgenden Pop-up-Fenster (siehe Abbildung 3.40) im Feld **BAdI-Implementierung** einen Namen Ihrer Wahl, unter **Kurztext** einen Beschreibung und im Feld **Implementierende Klasse** genau diese ein.

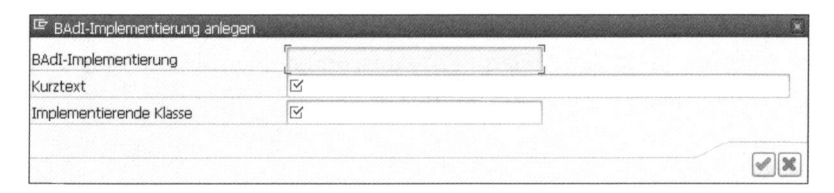

Abbildung 3.40 BAdI-Definition BADI_ILM_STOR_CLIENT – BAdI-Implementierung anlegen

8. Bestätigen Sie Ihre Eingaben. Sie sehen daraufhin ein Bild, wie in Abbildung 3.41 gezeigt.

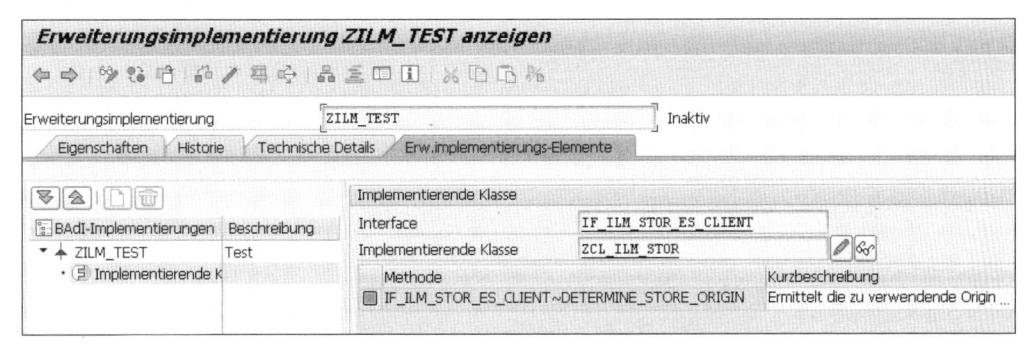

Abbildung 3.41 BAdI-Definition BADI_ILM_STOR_CLIENT – Ihre BAdI-Implementierung

9. Legen Sie nun eine Implementierung für die Methode IF_ILM_STOR_ES_CLIENT~DETERMINE_STORE_ORIGIN an. Abbildung 3.42 zeigt Ihnen dazu ein Beispiel.

Methode IF_ILM_STOR_ES_CLIENT~DETERMINE_STORE_ORIGIN

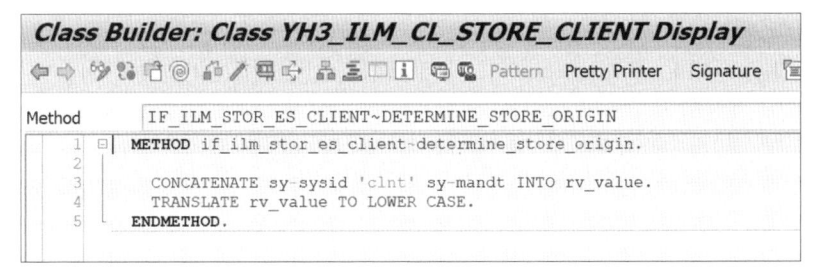

Abbildung 3.42 Implementierung der Methode IF_ILM_STOR_ES_CLIENT~DETERMINE_STORE_ORIGIN

Kommen wir jetzt zum zweiten der drei Punkte: dem Anlegen einer RFC-Verbindung (Remote Function Call) zum ILM-Store-System. Gehen Sie hierzu wie folgt vor:

RFC-Verbindung zum ILM-Store-System

1. Rufen Sie die Transaktion SM59 (RFC-Destinations [Anzeige u. Pflege]) auf.
2. Legen Sie eine RFC-Verbindung vom Typ G zum ILM-Store-System an. Ein Beispiel für die Eingaben zeigt Abbildung 3.43.
3. Speichern Sie Ihre Eingaben.

3 Zusatzfunktionen im Retention-Management-Szenario

Abbildung 3.43 Transaktion SM59 – RFC-Verbindung zum ILM-Store-System anlegen

Transaktion ILMSTOREADM

Schauen wir uns nun den dritten und letzten Schritt an – die Einrichtung des SAP ILM Stores in der Transaktion ILMSTOREADM (SRS Ablageverwaltung). Die entsprechenden Grundlagen haben wir bereits in Abschnitt 2.6.2, »Definition von ILM-Ablagen«, erklärt. Abbildung 3.44 zeigt beispielhaft die Eingaben, die Sie an dieser Stelle machen können.

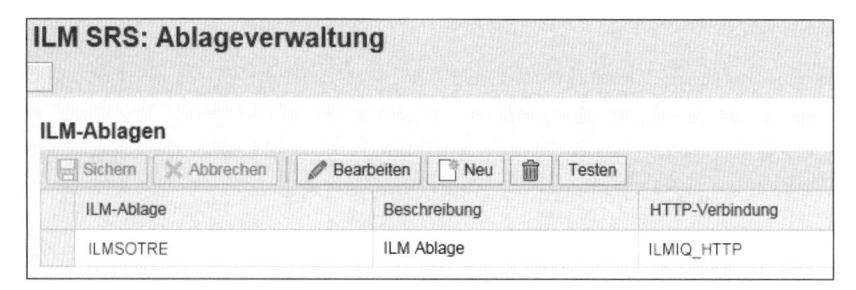

Abbildung 3.44 Transaktion ILMSTOREADM – SAP ILM Store einrichten

> **ILM Store und ILM-Ablage**
>
> Wir möchten an dieser Stelle noch einmal betonen, dass Sie hier mögliche Werte für Eingaben in der Spalte **ILM-Ablage** in der Transaktion IRMPOL (ILM-Regelwerke) definieren. Im Beispiel dieses Abschnitts wird das SAP-Produkt SAP ILM Store als Ablagesystem genutzt und entsprechend eingerichtet. Der hier vorgenommene Eintrag ILMSTORE wird also auf dieses physische Ablagesystem verweisen.

3.4.4 Einstellungen im ILM-Store-System für unstrukturierte Daten

In diesem Abschnitt beschreiben wir, wie Sie den SAP ILM Store des Weiteren auch als Content Repository einrichten können, speziell als HTTP-Content-Repository, mit dessen Hilfe Sie unstrukturierte Daten wie Attachments, Rechnungen und PDFs ablegen können. (Wir haben uns mit diesem Thema auch schon in Abschnitt 2.6.1, »Strukturierte und unstrukturierte Daten in der ILM-Ablage«, näher beschäftigt.)

SAP ILM Store als Content Repository

Wir beginnen mit den notwendigen Einstellungen im ILM-Store-System, das unserem Beispiel aus Abschnitt 3.4.1, »Architekturüberblick«, folgend das System ILM(100) ist. Die notwendigen Einstellungen umfassen:

1. Einrichten eines SICF-Service (Service im Internet Communication Framework). Dieser wird als Service-Provider für eingehende Anfragen dienen.
2. Anlegen eines Content Repositorys in der Transaktion OAC0 (CMS Customizing Content Repositories).
3. Einrichten einer sogenannten *operativen Origins*. Diese Konfiguration hält die Information darüber, wo Daten gespeichert werden sollen (in unserem Fall in SAP IQ).

Wenden wir uns nun diesen drei Schritten im Detail zu und beginnen mit den SICF-Services:

SICF-Service anlegen

1. Rufen Sie die Transaktion SICF (Pflege des HTTP-Service-Baumes) auf.
2. Die nächsten Schritte sind die gleichen wie im Zusammenhang mit strukturierten Daten in Abschnitt 3.4.2, »Einstellungen im ILM-Store-System für strukturierte Daten«, in Punkt 1 beschrieben.
3. Geben Sie im Eingabefeld **Servicename** »ILM« ein, und wählen Sie **Ausführen** ([F8]).
4. Legen Sie nun ein **Neues Subelement** unter dem Pfad /sap/bc/ilm an.
5. Geben Sie im nachfolgenden Pop-up-Fenster im Feld **Name des anzulegenden Service-Elements** »ILM_STORE« ein.

6. Nehmen Sie auf der Registerkarte **Anmelde-Daten** die Eingaben vor, wie in Abbildung 3.32 in Abschnitt 3.4.2, »Einstellungen im ILM-Store-System für strukturierte Daten«, gezeigt.

7. Dann nehmen Sie die Eingaben vor, wie in Abbildung 3.45 zu sehen (hier unterscheidet sich das Vorgehen von dem in Abschnitt 3.4.2 beschriebenen).

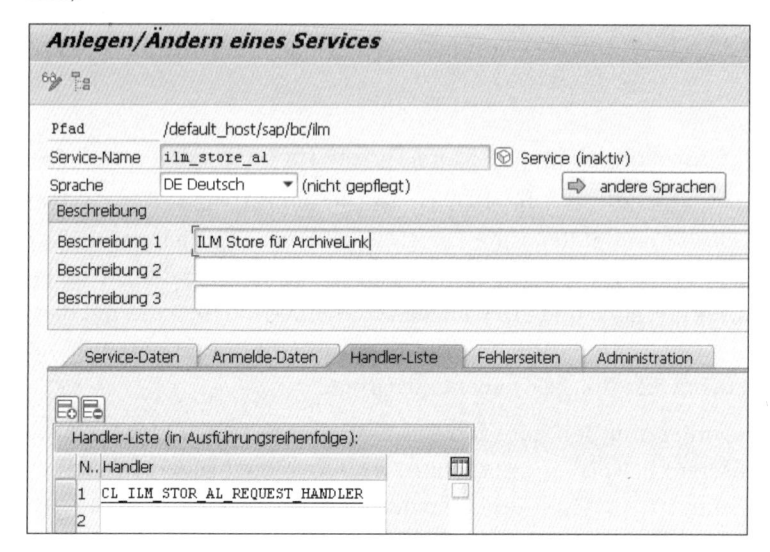

Abbildung 3.45 Transaktion SICF – Registerkarte »Handler-Liste«

Content Repository anlegen

Kommen wir nun zum zweiten Schritt, dem Anlegen eines Content Repositorys in der Transaktion OAC0 (CMS Customizing Content Repositories):

1. Rufen Sie die Transaktion OAC0 (CMS Customizing Content Repositories) auf.

2. Wechseln Sie in den Änderungsmodus, und wählen Sie **Anlegen** (F5).

3. Machen Sie die Eingaben, wie in Abbildung 3.46 gezeigt. Geben Sie insbesondere im Eingabefeld **HTTP-Script** den Servicenamen ein, den Sie im Schritt zuvor in der Transaktion SICF (Pflege des HTTP-Service-Baumes) angelegt haben. Das Feld **HTTP-Server** können Sie leer lassen, da das Ablagesystem lokal vorliegt.

4. Speichern Sie Ihre Eingaben.

3.4 SAP ILM Store

Abbildung 3.46 Transaktion OAC0 – Content Repository anlegen

Zu guter Letzt widmen wir uns noch dem Anlegen der ILM-Store-Origins. Da wir im Zusammenhang mit den strukturierten Daten bereits die administrative Origin angelegt haben, müssen Sie nun nur eine neue, passende *operative Origin* anlegen:

Operative Origin anlegen

1. Rufen Sie die Transaktion SICF (Pflege des HTTP-Service-Baumes) auf.
2. Wählen Sie die in Abschnitt 3.4.2, »Einstellungen im ILM-Store-System für strukturierte Daten«, in Punkt 2 angelegte administrative Origin, und fügen Sie, wie in Abbildung 3.47 gezeigt, eine neue operative Origin hinzu.

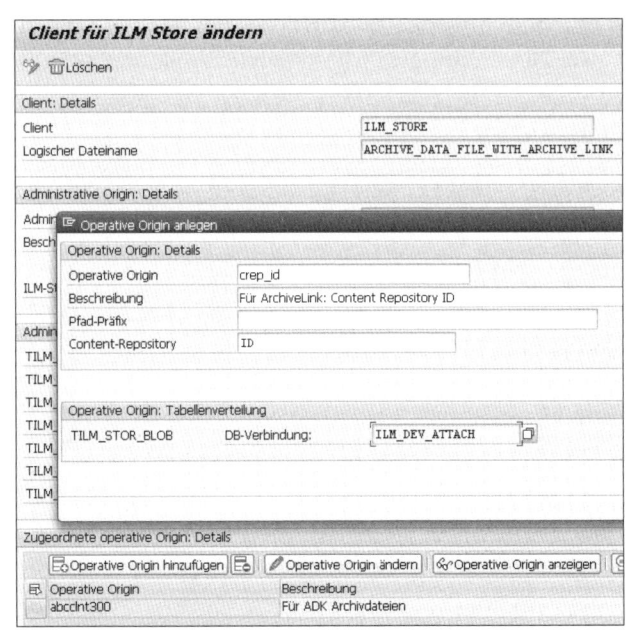

Abbildung 3.47 Transaktion ILM_STOR_ADM_CUST – operative Origin hinzufügen, Eigenschaften

3. Speichern Sie Ihre Eingaben. Es sollen nun zwei operative Origins vorliegen (siehe Abbildung 3.48).

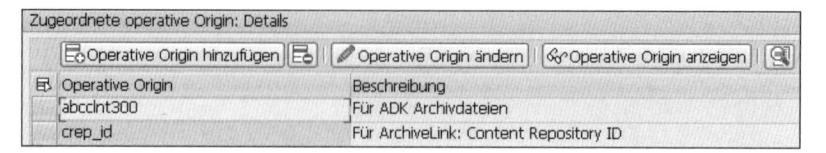

Zugeordnete operative Origin: Details	
Operative Origin	Beschreibung
abcclnt300	Für ADK Archivdateien
crep_id	Für ArchiveLink: Content Repository ID

Abbildung 3.48 Transaktion ILM_STOR_ADM_CUST – operative Origins

3.4.5 Einstellungen im führenden System für unstrukturierte Daten

Beschreiben wir nun das Pendant zu den soeben durchgeführten Einstellungen, das heißt die dazugehörigen Schritte im führenden System. Unserem Beispiel aus Abschnitt 3.4.1, »Architekturüberblick«, folgend ist es ABC(300). Die Aufgaben sind hier folgende:

1. Das Anlegen des gleichen Content Repositorys wie im ILM-Store-System mithilfe der Transaktion OAC0 (CMS Customizing Content Repositories). Die nötigen Schritte können Sie Abschnitt 3.4.4, »Einstellungen im ILM-Store-System für unstrukturierte Daten«, entnehmen, wo wir das Vorgehen mit dem gleichen Ziel bereits für das ILM-Store-System besprochen haben.

Welche Eingabefelder Sie anders ausfüllen sollen, zeigt Abbildung 3.49. Geben Sie insbesondere im Eingabefeld **HTTP-Script** den Servicenamen an, den Sie in den Vorbereitungsschritten (siehe Abbildung 3.45) dafür angelegt haben. Geben Sie im Feld **HTTP-Server** den passenden Server für den SAP ILM Store ein.

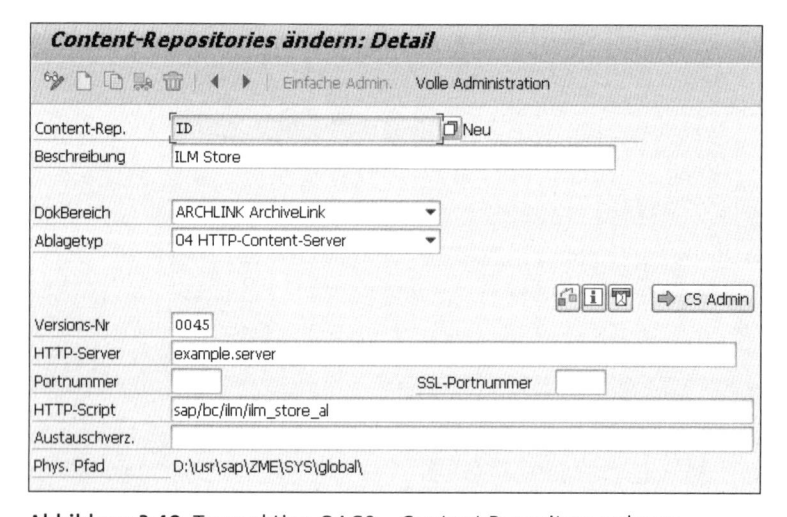

Content-Repositories ändern: Detail	
Content-Rep.	ID — Neu
Beschreibung	ILM Store
DokBereich	ARCHLINK ArchiveLink
Ablagetyp	04 HTTP-Content-Server
Versions-Nr	0045
HTTP-Server	example.server
Portnummer	SSL-Portnummer
HTTP-Script	sap/bc/ilm/ilm_store_al
Austauschverz.	
Phys. Pfad	D:\usr\sap\ZME\SYS\global\

Abbildung 3.49 Transaktion OAC0 – Content Repository anlegen

2. Für die Aktivierung der Zertifikate vom führenden System zum ILM-Store-System klicken Sie, nachdem Sie das Content Repository in Schritt 1 angelegt haben, auf die Schaltfläche **Zertifikat senden** (siehe Abbildung 3.50).

Zertifikat senden

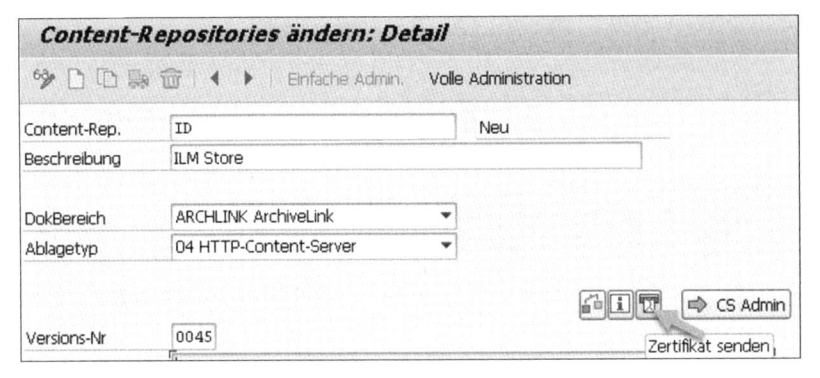

Abbildung 3.50 Content Repository anlegen – Zertifikat senden

3. Danach klicken Sie auf die Schaltfläche direkt daneben, **CS Admin** (SAP Conent Server Admin).

Zertifikat freischalten

4. Melden Sie sich am ILM-Store-System an.
5. Markieren Sie die entsprechenden Zeilen (die Zertifikate, die Sie freischalten möchten), und drücken Sie **Freischalten** (siehe Abbildung 3.51).

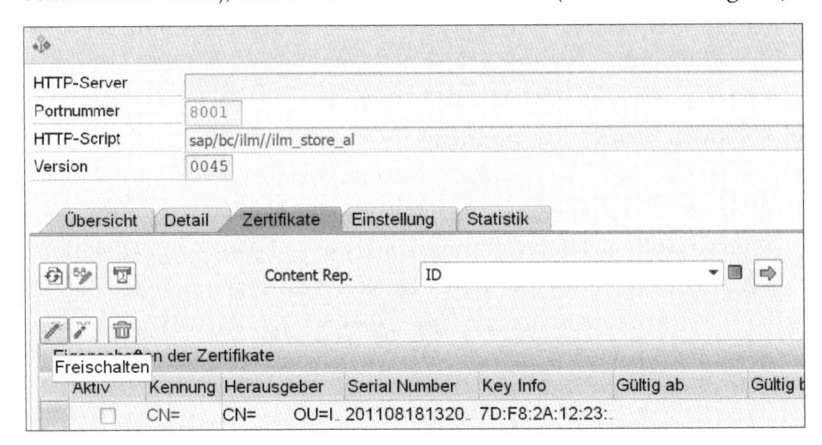

Abbildung 3.51 Content Repository anlegen – Zertifikat freischalten

6. Vergewissern Sie sich, dass das Ankreuzfeld **Aktiv** nun gesetzt ist (siehe Abbildung 3.52).

Abbildung 3.52 Content Repository anlegen – Zertifikat-Freischaltung prüfen

3.4.6 Weiterführende Informationen

Im Folgenden möchten wir Sie noch kurz darauf hinweisen, wo Sie die Dokumentation und weiterführende Informationen zum SAP ILM Store finden können:

- **Für SAP ERP:**
  In der Anwendungshilfe für SAP NetWeaver unter *https://help.sap.com/viewer/p/SAP_NETWEAVER*. Wählen Sie unter **SAP NetWeaver Platform** die gewünschte SAP-NetWeaver-Version aus und dann **Hilfe zur Anwendung (Bibliothek für SAP NetWeaver: Funktionsorientierte Sicht) • Solution Lifecycle Management • ILM Store**.

- **Für SAP S/4HANA (On-Premise):**
  Unter *http://help.sap.com/s4hana* und **Product Assistance • Deutsch (German) • Unternehmenstechnologie • ABAP-Plattform • ABAP-Plattform verwalten • Administrationskonzepte und Werkzeuge • Solution Life Cycle Management • ILM Store**. (Längere Fassungen des gleichen Links lauten *https://help.sap.com/SAP_S4HANA_ON-PREMISE* bzw. *https://help.sap.com/viewer/p/SAP_S4HANA_ON-PREMISE*.)

- **Allgemein:**
  In den Dokumenten »Data Management Guide« und »Installations- & Konfigurations-Leitfaden für den ILM Store«, die Sie unter diesem Link finden:
  https://help.sap.com/viewer/product/SAP_INFORMATION_LIFECYCLE_MANAGEMENT/7.0/de-DE

Siehe auch die weiterführenden Informationen zum Information Lifecycle Management (ILM) in Abschnitt 1.1, »Von der Datenarchivierung zu ILM: Wo der Schuh drückte und was Abhilfe schaffte«.

3.5 Data Controller Rule Framework

Wie kann man den Widerspruch lösen, dass die zweckbezogene Verarbeitung personenbezogener Daten ganze Geschäftsprozesse umfasst, die Löschung der Daten aber nur einzeln je beteiligtem ILM-Objekt erfolgt? Und wie erkennt man überhaupt das Ende der Verarbeitung und findet die entsprechenden erzeugten Daten, um sie am Ende auch richtig zu löschen? In diesem Abschnitt wollen wir uns der Frage widmen, wann bzw. mit welchen Voraussetzungen das Sperren und Löschen personenbezogener Daten beginnen soll. In Kapitel 4, »Vereinfachtes Sperren mit SAP ILM«, werden wir beschreiben, wie das Sperren und Vernichten von personenbezogenen Bewegungs- und Stammdaten erfolgen kann. Jedoch ist beides nur nach dem Ende der Verarbeitung für den ursprünglichen Verwendungszweck und damit des jeweiligen Geschäftsprozesses möglich, für welchen die Daten erfasst wurden.

Das Sperren und Vernichten oder Löschen im Fall weiterer zu beachtender Aufbewahrungspflichten ist somit eine fortgesetzte, wenn auch einschränkende Verarbeitung aus anderen Gründen, mit dem Ziel, die Daten nach dem Ende der letzten Aufbewahrungsfrist zu löschen. Somit kann dies als ein *negativer Geschäftsprozess* gedacht werden. Die Reihenfolge des Sperrens und Löschens ist jedoch nicht zwangsläufig eine simple Umkehrung des ursprünglichen Prozesses. Zudem kann es je Applikation weitere Schritte erfordern, um das Ende der Verarbeitung zu kennzeichnen, Schritte, die nicht immer Teil des normalen Geschäftsprozesses sind.

Sperren und Vernichten als negativer Geschäftsprozess

Das Wissen um und das Kennzeichnen des Endes der Verarbeitung kennzeichnet auch den Beginn des Sperr- und Löschverfahrens. Dieses soll zeitnah und regelbasiert erfolgen. Mit dem *Retention Management* (RM) von SAP ILM kann das Sperr- und Löschverfahren individuell je Applikation technisch konfiguriert und durchgeführt werden. Die Löschfunktionalität der Applikation stellt dabei sicher, das Sperren und Löschen bzw. Vernichten im Sinne der Applikation vollständig und konsistent durchzuführen. Eine Verbindung zum jeweiligen Zweck der Verarbeitung im System fehlte aber bislang bzw. konnte nur logisch beschrieben werden. Mit dem *Data Controller Rule Framework* (DCRF) und der zugehörigen Business-Funktion `ILM_RULE_GENERATOR` möchten wir Ihnen eine neue Funktion vorstellen, die mit Bezug auf die verantwortliche Stelle und den Zweck der Verarbeitung die Identifikation der von beteiligten Applikationen verarbeiteten personenbezogenen Daten ermöglicht und entsprechende Aufbewahrungsregeln für die jeweiligen ILM-Objekte erzeugen kann.

Data Controller Rule Framework

3.5.1 Betriebswirtschaftliche Abstraktion

Zwecktrennung

Das Ende der Verarbeitung ist kein greifbarer Zeitpunkt im System. Vielmehr bedarf es Wissen um die genutzten Geschäftsprozesse und deren Ende, um personenbezogene Daten richtig zu löschen. Wie in unserem Buch »Datenschutz mit SAP« (Lehnert, Luther, Christoph, Pluder, SAP PRESS 2018) ausführlicher dargestellt, ist es dafür jedoch zunächst erforderlich, Daten, die zu unterschiedlichen Zwecken erhoben werden, auch getrennt zu verarbeiten. In einem SAP-Business-Suite- oder SAP-S/4HANA-System werden üblicherweise im gleichen Mandanten Daten zu unterschiedlichen Zwecken von gegebenenfalls mehreren verantwortlichen Stellen verarbeitet. Somit ist eine Trennung der Daten nach Zwecken nur über eine einschlägige Attributierung der Daten möglich.

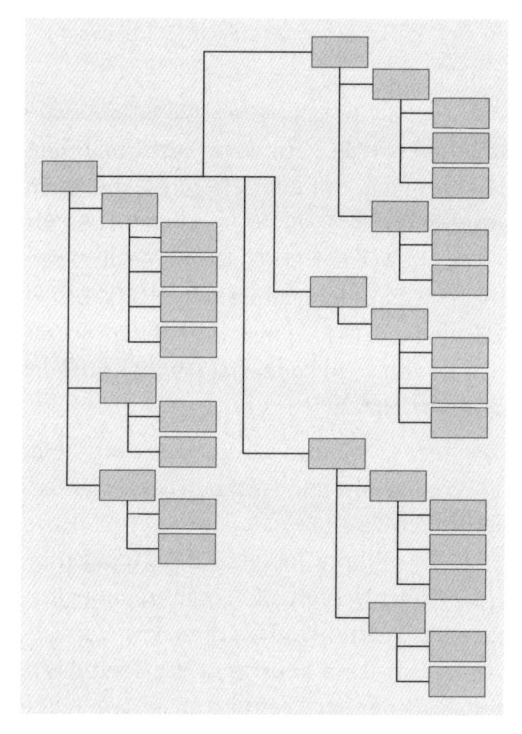

Abbildung 3.53 Schematische Darstellung von Unternehmen und ihrer Linienorganisation als unterschiedliche verantwortliche Stellen

Identifikation der verantwortlichen Stelle

Ein Zweck bezieht sich zuallererst auf einen *Verantwortlichen* (auch *verantwortliche Stelle* oder *Data Controller*), der einer selbstständig bilanzierenden Einheit entspricht. Dies entspricht zumeist der Organisationseinheit Buchungskreis im System. Der Buchungskreis als zentrale organisatorische Einheit im Rechnungswesen ist führend verknüpft mit weiteren Organisationseinheiten, wie z. B. dem Werk in der Logistik, der Verkaufsorganisation im Vertrieb oder der Einkaufsorganisation in der Materialwirtschaft. Ihre im SAP-Referenz-Einführungsleitfaden (IMG) definierte Linienorganisation zur Abbildung Ihrer Unternehmensstruktur ist somit insbesondere durch die Zuordnung der unterschiedlichsten Organisationseinheiten zueinander und letztlich zum Buchungskreis der Ausgangspunkt, um die richtige verantwortliche Stelle in den unterschiedlichsten Daten zu identifizieren. Die Darstellung des Verantwortlichen erfolgt somit über linienorganisatorische Attribute (LOA), die ermöglichen, Daten unterschiedlicher Verantwortlicher im System zu separieren. In Abbildung 3.53 sehen Sie schematisch dargestellt, wie mehrere verantwortliche Stellen als führende oder beherrschte Unternehmen im System mit jeweils eigener Linienorganisation abgebildet werden können, jeweils eindeutig auf den Buchungskreis bezogen.

Eine verantwortliche Stelle bzw. deren Identifikation wird aber zumeist nicht ausreichend sein, da üblicherweise ein Verantwortlicher verschiedene Zwecke zur Datenverarbeitung haben wird. Diese können den gleichen betriebswirtschaftlichen Geschäftsprozess betreffen, somit benötigen wir weitere Attribute zu Differenzierung dieser organisatorisch unterschiedlichen Prozesse. Wir nennen dies prozessorganisatorische Attribute und finden diese in den unterschiedlichen Arten und Typen, für die Daten in den verschiedenen an einem Geschäftsprozess beteiligten Objekten erfasst werden können. Diese sind in aller Regel konfigurierbar, um die unterschiedlichen Prozesse zu steuern, und können somit auch zur Unterscheidung von Verwendungszwecken und damit verbundenen unterschiedlichen Aufbewahrungsfristen herangezogen werden.

Prozessorganisatorische Attribute

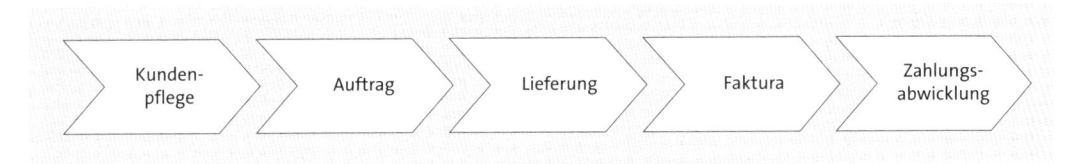

Kundenpflege → Auftrag → Lieferung → Faktura → Zahlungsabwicklung

Abbildung 3.54 Vereinfachter Geschäftsprozess im Vertrieb

Wie in dem in Abbildung 3.54 dargestellten Beispiel eines vereinfachten Geschäftsprozesses über den Verkauf von Waren werden für die Erzeugung des Verkaufsauftrags, der Lieferung und der Faktura verschiedene weitere Daten benötigt oder während des Prozesses im System erzeugt. Die Zuordnung zum Zweck der Verarbeitung erfolgt über die jeweils vorhandenen prozessorganisatorischen Attribute und die zur verantwortlichen Stelle über linienorganisatorische Attribute. Diese Zuordnung ist aber nur möglich, wenn Sie einen vollständigen Überblick über die erzeugten Daten haben. Für diese Daten müssen Sie in der Folge klären, welche Aufbewah-

Linien- und Prozessorganisation ordnen die Aufbewahrungsfristen

rungsfristen anzuwenden sind. Wir gehen davon aus, dass Daten für den gleichen Zweck in einer verantwortlichen Stelle auch die gleiche Aufbewahrungsfrist haben. Entsprechend bringt die Abstraktion der Daten auf Verwendungszwecke und verantwortliche Stellen somit Struktur in den Löschprozess, sowohl hinsichtlich des Umfangs der zu sperrenden und zu löschenden Daten als auch bezüglich der anzuwendenden Fristen.

Löschreihenfolge   Dies muss nicht unbedingt auch der Löschreihenfolge der Daten entsprechen. Jede Applikation muss dabei die Erhaltung der Datenkonsistenz sicherstellen, demnach müssen zumeist referenzierende Daten zuerst gelöscht werden. Die Netzgrafik in der Transaktion SARA (Archivadministration) wie im Beispiel der Abbildung 3.55 gibt für Archivierungsobjekte einen Einblick, es können aber auch weitere Prüfungen hinzukommen. Da diese zumeist als Nichtexistenzprüfung ausgelegt sind, bedeutet dies in der Löschreihenfolge weitere vorausgesetzte Schritte.

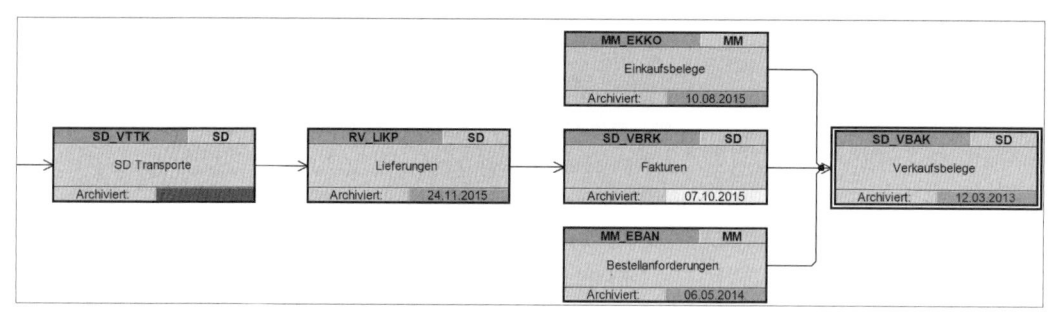

Abbildung 3.55 Auszug der Netzgrafik für das Archivierungsobjekt SD_VBAK (Verkaufsbelege)

Stammdaten   Unabhängig von der Frage der Systemkonsistenz geben auch die anzuwendenden Aufbewahrungsfristen eine zu beachtende Reihung vor. Dies ergibt sich in Fällen von Daten ohne oder mit kürzeren Aufbewahrungsfristen, die aufgrund ihrer Verbindung mit Daten mit längeren Aufbewahrungsfristen aufgehoben werden müssen, weil sonst der erforderliche Nachweis der Richtigkeit von Daten nicht mehr möglich ist. Dies betrifft natürlich im Besonderen Stammdaten, die für viele unterschiedliche Zwecke genutzt werden und somit auch erst nach dem Ende des letzten gültigen Zwecks von referenzierenden Anwendungsdaten gelöscht werden können. Wie Sie dies für Geschäftspartner in der SAP Business Suite und in SAP S/4HANA einrichten können, wird in Kapitel 4, »Vereinfachtes Sperren mit SAP ILM«, dargestellt.

Organisation des Löschens   Unabhängig von der Reihenfolge anhand der Aufbewahrungsfristen bleibt der organisatorische Löschprozess an sich. In einem Geschäftsprozess sind die unterschiedlichen Schritte unterschiedlichen Bearbeitern zugeordnet und auch entsprechend funktional im Berechtigungskonzept ausgeprägt. Notwendige Schritte zum Abschluss eines Geschäftsprozesses müssen somit auch von diesen Bearbeitern zum richtigen Zeitpunkt durchgeführt werden. Sie müssen die dafür notwendigen Schritte und Einstellungen ermitteln, die Dokumentation der jeweils relevanten Löschfunktionalität der Applikation kann die erforderlichen Informationen liefern.

In unserem Beispiel des Geschäftsprozesses über den Verkauf von Waren sind die folgenden Schritte notwendig, um den Geschäftsprozess zu seinem logischen Ende zu bringen und die Archivierung als Teil des Sperr- und Löschprozesses zu ermöglichen:

Beispiel für eine Löschreihenfolge

- Für Archivierung von Materialbelegen mit dem Archivierungsobjekt MM_MATBEL (Materialwirtschaft: Materialbelege) gibt es keine vorausgesetzten Schritte. Eingestellt werden können in der Transaktion OMB9 (Beleglaufzeiten ändern) je Werk und Vorgangsart die Beleglaufzeiten in Tagen, nach denen die Archivierung erlaubt ist.

- Frachtkosten archivieren Sie mit dem Archivierungsobjekt SD_VFKK (Frachtkosten). Vorausgesetzt ist die Archivierung der Materialbelege. Existieren auch Einkaufsbelege für die Beschaffung der verkauften Produkte, so müssen diese ebenso vorab archiviert sein. Weiterhin müssen die Status für die vollständige Abrechnung, Kontierung und den Versand abgeschlossen sein. Verweilzeiten nach der letzten Änderung bis zur Archivierung können Sie in der Transaktion VORI (Archivierungssteuerung Frachtkosten) je Buchungskreis und Frachtkostenart einstellen.

- Mit dem Archivierungsobjekt SD_VTTK (SD-Transporte) können Sie SD-Transporte archivieren. Hierzu müssen die zugehörigen Frachtkosten bereits archiviert sein. Des Weiteren müssen alle verbundenen Lieferungen vollständig geplant, die Warenbewegungen abgeschlossen und die Lieferkosten vollständig berechnet sein.

- Danach ist die Archivierung der Lieferung mit dem Archivierungsobjekt RV_LIKP (Lieferungen) möglich. Wiederum müssen die in der Transaktion VORL (Archivierungssteuerung Lieferung) je Verkaufsorganisation und Lieferart eingestellten Residenzzeiten vergangen sein. Das Vorlaufprogramm der Archivierung setzt die entsprechenden Löschvormerkungen jedoch nur, wenn die verbundenen Fakturen abgeschlossen sind.

- Nach den Transporten und Lieferungen ist auch die Archivierung der Fakturen mit dem Archivierungsobjekt SD_VBRK (Fakturen) möglich. Dafür muss der Gesamtbearbeitungsstatus auf abgeschlossen gesetzt sein.

- Letzter Schritt vor der Archivierung der Stammdaten (z. B. den Kunden mit dem Archivierungsobjekt FI_ACCRECV [Kreditorenstammdaten]) ist die Archivierung der Verkaufsbelege mit dem Archivierungsobjekt SD_VBAK

(Verkaufsbelege). Residenzzeiten nach der letzten Änderung bis zur Archivierung können Sie für dieses Objekt in der Transaktion VORA (Archivierungssteuerung Verkaufsbeleg) je Verkaufsorganisation und Verkaufsbelegart einstellen. Neben der Archivierung der vorausgesetzten Belege wie der Lieferungen dürfen auch keine Kundenauftragsbestände oder offene Inventurbelege existieren.

- Finanzbuchhaltungsbelege können erst nach allen anderen Belegen mit dem Archivierungsobjekt FI_DOCUMNT (Finanzbuchhaltungsbelege) archiviert werden. Relevant sind dafür der Abschluss des laufenden Geschäftsjahres, der entsprechende Ablauf von Residenzzeiten je Buchungskreis und Belegart gemäß der Transaktion OBR8 (Pflege Belegartenlaufzeiten) und der Status der Belege.

> **Residenzzeiten in SAP S/4HANA Cloud**
>
> Die unterschiedlichen Transaktionen der Objekte, wie z. B. VORL, VORA oder OBR8 zur Konfiguration von Residenzzeiten, sind in den allermeisten Fällen in einem SAP-S/4HANA-Cloud-System nicht verfügbar. Hier wird zur Vereinfachung der Konfiguration nur die zentrale Pflege von Residenzzeiten über die ILM-Regelpflege für das Prüfgebiet ARCHIVING angeboten.
>
> Die Option der Pflege solcher ILM-basierten Residenzzeiten besteht auch in einem SAP-Business-Suite- oder SAP-S/4HANA-System, dort aber häufig nur zusätzlich zur Pflege von Residenzzeiten in den oben beispielhaft angeführten Transaktionen, da viele Archivierungsobjekte dort eingestellte Fristen im Gegensatz zur Verwendung in SAP S/4HANA Cloud voraussetzen.

Identifikation der Löschfunktionen

Natürlich ist im Beispiel die Zuordnung der Applikationen zu ILM-Objekten aufgrund ihrer Bekanntheit vergleichsweise einfach. Wenn Sie dem in Kapitel 3 unseres Buches »Datenschutz mit SAP« (Lehnert, Luther, Pluder, Christoph, SAP PRESS 2018) beschriebenen Vorgehensmodell folgen, kennen Sie die möglichen Ansätze, um auch in schwierigeren Fällen alle relevanten ILM-Objekte zu identifizieren. In anderen Fällen helfen Mittel, wie z. B. die Transaktion DB15 (Tabellen und Archivierungsobjekte), um ausgehend von einem Tabellennamen die vorhandenen Archivierungsobjekte zu identifizieren. Eine weitere Informationsquelle ist aber auch die Dokumentation der Applikation über angebotene Archivierungs- und Löschfunktionen.

Mit dem Wissen um relevante Applikationen kann dann die Gruppierung der Daten anhand der anzuwendenden Aufbewahrungsfristen erfolgen. Diesen ersten abstrakten Schritten folgt die Pflege im System mit den Transaktionen von SAP ILM zur Pflege von Regeln. Hierbei entscheidend sind wieder die linien- und prozessorganisatorischen Attribute.

3.5.2 Funktionen und Konfiguration des DCRF

Neben den Standardtransaktionen gibt es ab Release SAP NetWeaver 7.5 SPS 07 das *Data Controller Rule Framework* zur Vereinfachung der Pflege von Verweil- und Aufbewahrungsfristen (DCRF). Es stellt die Definition von Zwecken als Gründe für die Verarbeitung von Daten zur Verfügung, wobei es die verwendeten Geschäftsprozesse und die betroffenen Business-Objekte berücksichtigt. In der Definition der verantwortlichen Stellen werden die Linienorganisationsattribute zugeordnet, die die verantwortliche Stelle im System repräsentieren. Die Regelpflege für eine Aufbewahrungsfrist basiert auf der verantwortlichen Stelle und den für eine verantwortliche Stelle definierten Zwecken, wie in Abbildung 3.56 dargestellt.

Vereinfachte Pflege von Verweil- und Aufbewahrungsfristen

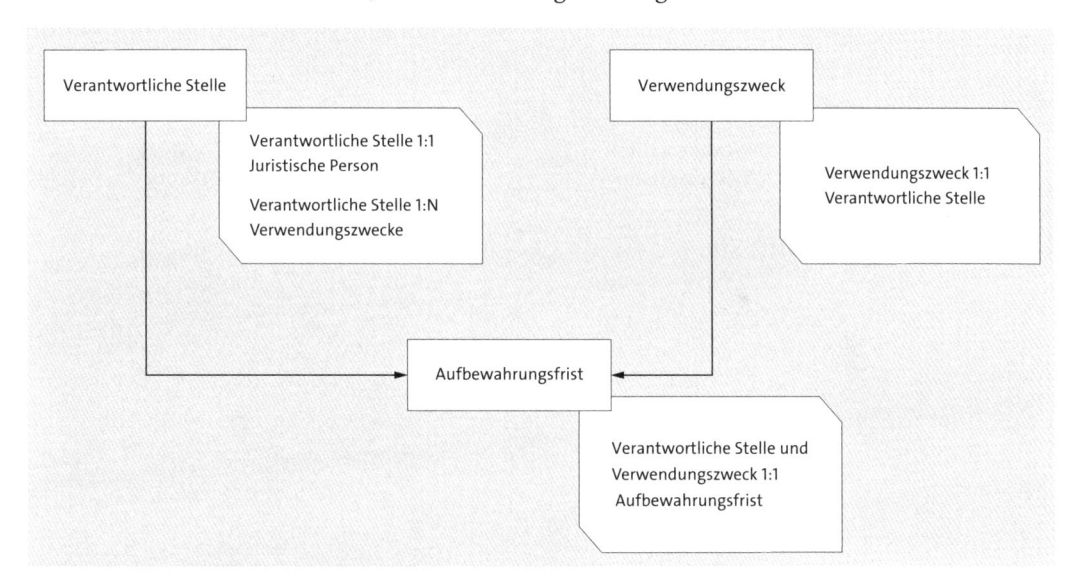

Abbildung 3.56 Verantwortliche Stelle und Verwendungszweck sowie ihre Verknüpfung zur Aufbewahrungsfrist

Die verantwortliche Stelle und die Zwecke sind mit den Daten im System sowie mit den ILM-Objekten verbunden. Die Aktivierung gepflegter Regeln legt für jedes zugeordnete ILM-Objekt den individuellen Einstellungen entsprechend die erforderlichen ILM-Konfigurationen und -Regelwerke an.

Voraussetzung ist somit das Vorhandensein der ILM-Objekte, die die Kriterien und Bedingungen für die Pflege der Regeln definieren. Diese sind hierbei auch der entscheidende Grund für die Verwendung des neuen Frameworks. Da jede Applikation eigene und zumeist unterschiedliche Bedingungsfelder für die Definition von Regeln anbietet, muss auch deren Pflege jeweils individuell auf das ILM-Objekt zugeschnitten sein. Wie wir aber gelernt haben, sind die zu pflegenden Fristen an eine verantwortliche

Pflegeindividualität in den ILM-Objekten

Stelle und einen Verwendungszweck gebunden, somit muss eine Übersetzung dieser generellen Information in alle entsprechenden Werte der Bedingungsfelder der Applikation erfolgen.

In Abbildung 3.57 sehen Sie, wie die Linienorganisation aus Abbildung 3.53 und die Prozessorganisation mit unserem Beispiel eines vereinfachten Geschäftsprozesses über den Verkauf von Waren gemäß Abbildung 3.54 zusammengeführt die Menge der Zwecke der Verarbeitung je verantwortlicher Stelle darstellen. Ihre verantwortlichen Stellen und Verwendungszwecke können Sie im Data Controller Rule Framework definieren und für die Pflege von Aufbewahrungsfristen gemäß Abbildung 3.56 verbinden. Im Ergebnis erhalten Sie die Möglichkeit der Definition von Aufbewahrungsfristen für alle Zwecke der Verarbeitung in Bezug auf Ihre Linien- und Prozessorganisation.

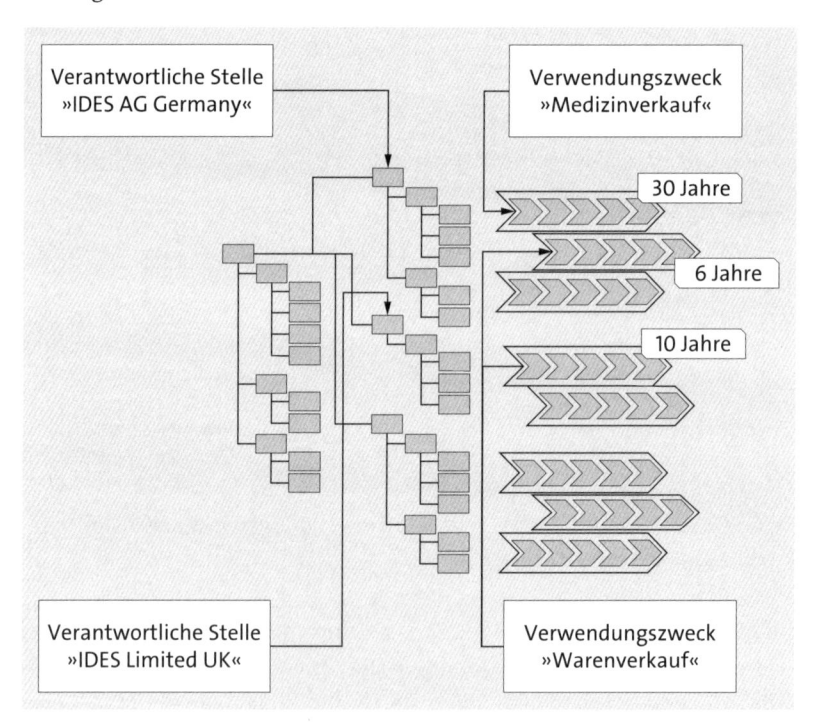

Abbildung 3.57 Verantwortliche Stelle, Verwendungszweck und Aufbewahrungsfristen in der Linien- und Prozessorganisation

Generierung zur Pflegeerleichterung

Neben der Schwierigkeit der Zuordnung von verantwortlichen Stellen und Verwendungszwecken zu den Daten mithilfe der Bedingungsfelder der ILM-Objekte bedeutet die Erstellung der Regeln auch die Pflege einer Vielzahl von einzelnen Regeln. Die Generierung vieler Regeln in allen zugeordneten ILM-Objekten für die gleiche Frist resultiert somit in einer wesentlichen Pflegeerleichterung. Nebeneffekt ist auch eine höhere Datenqualität der Regeln, da unbeabsichtigte manuelle Pflegefehler reduziert werden können.

Konfiguration des Data Controller Rule Frameworks

Zentrale Funktionen (siehe Abbildung 3.58), die das Regel-Framework für die verantwortliche Stelle unterstützen, sind im Customizing unter **SAP-Einführungsleitfaden • SAP NetWeaver • Application Server • Basis-Services • Information Lifecycle Management • Retention Management • Data Controller Rule Framework** gruppiert. Weitere Informationen über die folgenden Customizing-Aktivitäten finden Sie in der Systemdokumentation der jeweiligen Customizing-Aktivität.

```
▼    Data Controller Rule Framework
  •  🔲 ⊕ Organisationsentität definieren
  •  🔲 ⊕ Verantwortliche Stelle definieren
  •  🔲 ⊕ Funktion definieren
  •  🔲 ⊕ Zeitbezug und Zeitversatz setzen
  •  🔲 ⊕ Standardprüfgebiet setzen
```

Abbildung 3.58 Konfigurationsmöglichkeiten des Data Controller Rule Frameworks

Die Customizing-Aktivität *Organisationsentität definieren* liefert Ihnen die verschiedenen, für die Abbildung der verantwortlichen Stellen benötigten Organisationsstrukturen. Hier finden Sie also die unterschiedlichen Typen der linienorganisatorischen Attribute. Diese beziehen sich auf die von Ihnen im System bereits gepflegten Organisationseinheiten, die Sie zumeist wie in Abbildung 3.59 im Customizing unter **SAP-Einführungsleitfaden • Unternehmensstruktur** definieren und untereinander zuordnen. Hinzu kommen gegebenenfalls weitere Organisationseinheiten zusätzlich genutzter Industrielösungen oder Add-ons.

Organisationsstruktur nutzen

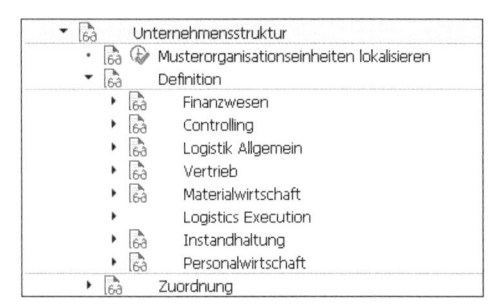

```
▼ 🔲    Unternehmensstruktur
  •  🔲 ⊕ Musterorganisationseinheiten lokalisieren
  ▼  🔲   Definition
     ▶ 🔲    Finanzwesen
     ▶ 🔲    Controlling
     ▶ 🔲    Logistik Allgemein
     ▶ 🔲    Vertrieb
     ▶ 🔲    Materialwirtschaft
     ▶       Logistics Execution
     ▶ 🔲    Instandhaltung
     ▶ 🔲    Personalwirtschaft
  ▶ 🔲    Zuordnung
```

Abbildung 3.59 Definition und Zuordnung von Organisationseinheiten

3 Zusatzfunktionen im Retention-Management-Szenario

Interface IF_LRM_OE_DATA_PROVIDER

Mit der Definition der Organisationsentitäten verbunden ist jeweils eine spezifische Implementierung des Interface IF_LRM_OE_DATA_PROVIDER. Diese dient dazu, die unterschiedlichen Organisationseinheiten im Framework bekannt zu machen und einheitlich bzw. wiederverwendbar miteinander zu verknüpfen. Die Einträge sind von SAP vordefiniert und werden an Sie ausgeliefert.

> **Unterschiede in SAP S/4HANA Cloud – Teil 1**
>
> Die *SAP Best Practices for SAP S/4HANA Cloud* (siehe *https://rapid.sap.com/bp/BP_CLD_ENTPR*) beschreiben das in der Cloud zur Verfügung stehende Organisationsmodell. Hier werden die entsprechenden Entitäten und Zuordnungen von SAP fest vordefiniert und sind nicht für Kunden erweiterbar. Dies bedeutet aber auch, dass ein Cloud-Kunde die Einstellungen in der Customizing-Aktivität *Organisationsentität definieren* nicht ändern muss bzw. dass alle notwendigen Einstellungen von SAP vordefiniert zur Verfügung stehen. Somit ist, im Gegensatz zu den übrigen hier beschriebenen Customizing-Aktivitäten, diese Aktivität nicht in der Cloud verfügbar.

Bezug zum Buchungskreis

Wichtig ist hierbei immer der eindeutige Bezug zum Verantwortlichen (juristische Person) und damit zum Buchungskreis. Vordefiniert sind die Entitäten, die in von SAP definierten ILM-Objekten als Bedingungsfeld verwendet werden, wie in Abbildung 3.60 ersichtlich.

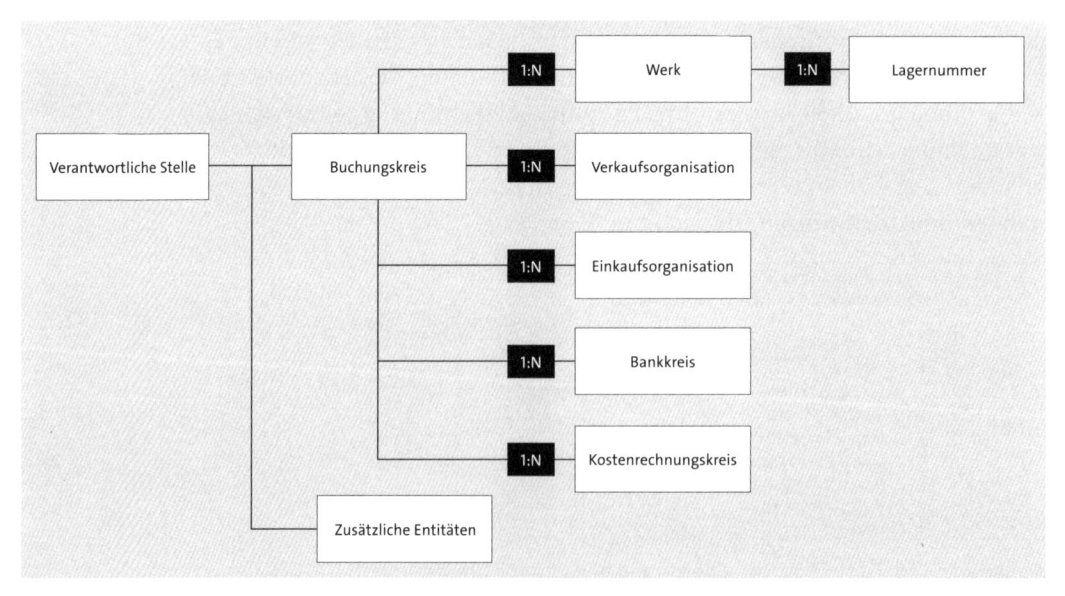

Abbildung 3.60 Organisationstruktur mit Bezug zu Buchungskreis

3.5 Data Controller Rule Framework

Dies ermöglicht im Folgenden die Definition der verantwortlichen Stelle ausgehend vom Buchungskreis. Das Customizing erlaubt Ihnen aber auch, eigene Organisationsentitäten hinzuzufügen.

Neben der Definition der Organisationsentitäten erfolgt in dieser Aktivität auch die Zuordnung der jeweils entsprechenden Bedingungsfelder der ILM-Objekte, wie in Abbildung 3.61 zu sehen. Dies dient der Identifizierung der zugehörigen Entität, da aufgrund der Nutzung unterschiedlicher Namen und Datenelemente keine programmatische Zuordnung möglich ist. Sie müssen diese um die den jeweiligen Organisationseinheiten entsprechenden Bedingungsfelder Ihrer eigenen ILM-Objekte ergänzen, um das Data Controller Rule Framework auch für Ihre eigenen Daten verwenden zu können.

Welche Bedingungsfelder sind Organisationsentitäten?

Sicht "ILM-Objekte und Bedingungsfelder" anzeigen: Übersicht	
Dialogstruktur	OrgEntität: BUKRS
∨ Organisationsentität definieren	
• ILM-Objekte und Bedingungsfelder	ILM-Objekte und Bedingungsfelder

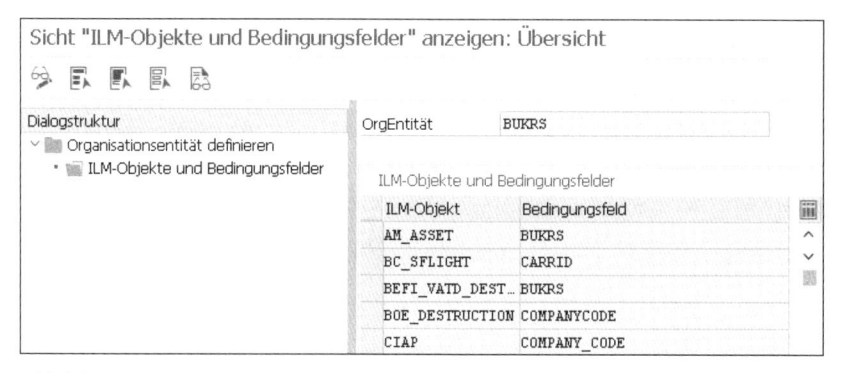

ILM-Objekt	Bedingungsfeld
AM_ASSET	BUKRS
BC_SFLIGHT	CARRID
BEFI_VATD_DEST...	BUKRS
BOE_DESTRUCTION	COMPANYCODE
CIAP	COMPANY_CODE

Abbildung 3.61 Zuordnung der Bedingungsfelder von ILM-Objekten zu den entsprechenden Organisationsentitäten

---

Unterschiede in SAP S/4HANA Cloud – Teil 2

Die weiteren Customizing-Aktivitäten, wie wir sie hier für ein SAP-Business-Suite- oder SAP-S/4HANA-System beschreiben, gibt es auch in SAP S/4HANA Cloud. Jedoch finden Sie sie mittels eines auf der Rollenvorlage SAP_BR_BPC_EXPERT basierenden Business-Users und der darin enthaltenen SAP-Fiori-App *Lösung verwalten*. Klicken Sie dort auf **Lösung konfigurieren**, und schränken Sie dann auf den Anwendungsbereich **Application Platform and Infrastructure** und den Subanwendungsbereich **Retention Management** ein. Öffnen Sie die Zeile für den Elementnamen **Regelgenerator**.

Im Dokument »SAP Best Practices for SAP S/4HANA Cloud« finden Sie im Lösungsumfang unter **Datenbank- und Datenmanagement • Enterprise Information System** den Umfangsbestandteil **Datenschutz (1J7)**. Er enthält weitere Informationen, Einrichtungsanweisungen und ein Testskript, die Ihnen bei der Konfiguration und Verwendung der Funktionalität helfen können.

3 Zusatzfunktionen im Retention-Management-Szenario

In der Customizing-Aktivität *Verantwortliche Stelle definieren* identifizieren Sie, wie in Abbildung 3.62 dargestellt, die für Ihre Organisationseinheiten relevanten verantwortlichen Stellen.

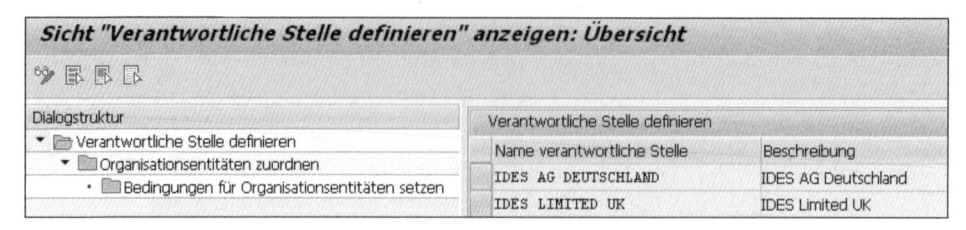

Abbildung 3.62 Übersicht der verantwortlichen Stellen

Gruppierung der Organisationseinheiten

Gruppiert werden verschiedene zuvor als Organisationsentität definierte Attribute (z. B. Buchungskreis). Gemäß den gepflegten Organisationseinheiten werden automatisch weitere zugeordnete Organisationseinheiten ermittelt und in der verantwortlichen Stelle gespeichert (z. B. Verkaufsorganisationen eines Buchungskreises). In Abbildung 3.63 sehen Sie die Zuordnung der Organisationsentität Buchungskreis für eine beispielhafte verantwortliche Stelle »IDES AG Deutschland«.

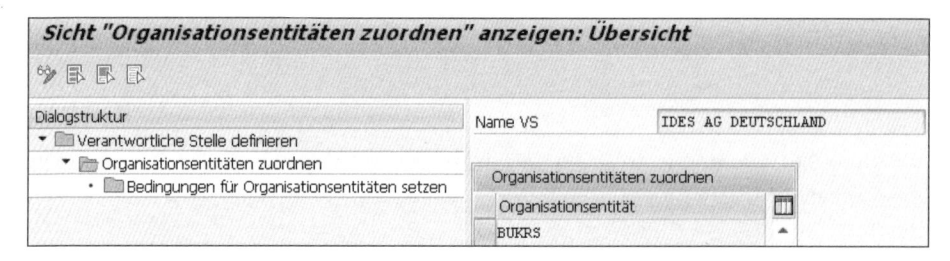

Abbildung 3.63 Direkte Zuordnung von Organisationsentitäten

Ermittelte Organisationseinheiten

Für diese wird im Folgenden, wie in Abbildung 3.64 gezeigt, der Wert für die Organisationseinheit DE01 zugeordnet. Dies bewirkt, dass alle untergeordneten Organisationseinheiten ebenfalls zugeordnet werden. Daraufhin können bei der Generierung von ILM-Regeln mit Bezug zu dieser verantwortlichen Stelle z. B. für ein ILM-Objekt mit dem Bedingungsfeld **Werk** alle Werte in den erzeugten Regeln eingetragen werden, die dem Buchungskreis DE01 zugeordnet sind.

Zum Vergleich sehen Sie in Abbildung 3.65 die für die verantwortliche Stelle »IDES Limited UK« in Bezug zum Buchungskreis UK01 ermittelten untergeordneten Organisationseinheiten.

3.5 Data Controller Rule Framework

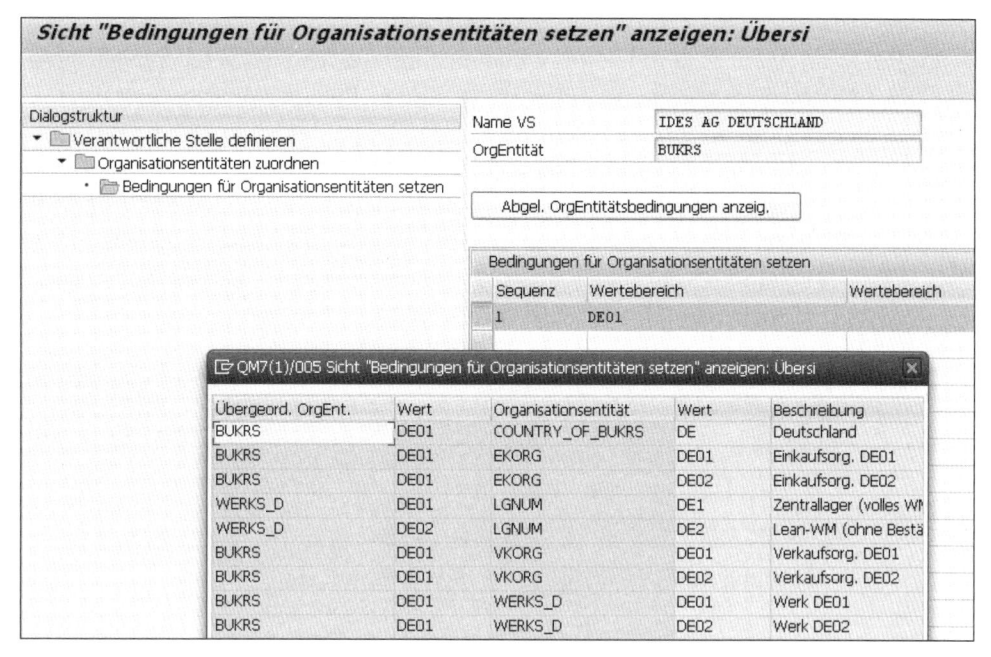

Abbildung 3.64 Zuordnung und Ermittlung untergeordneter Organisationseinheiten für die verantwortliche Stelle »IDES AG Deutschland«

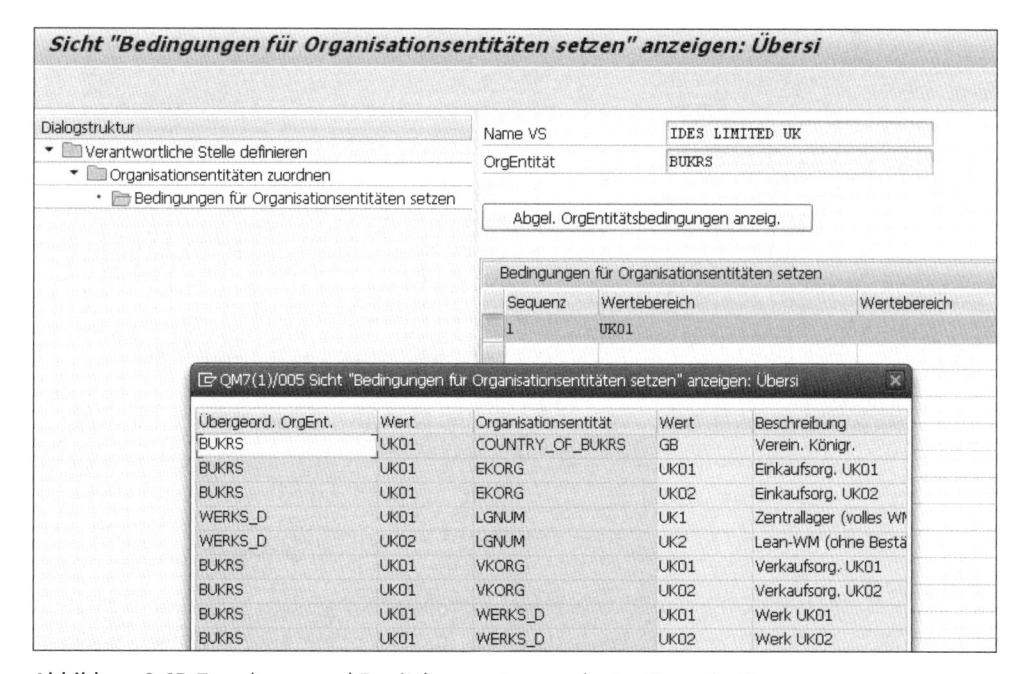

Abbildung 3.65 Zuordnung und Ermittlung untergeordneter Organisationseinheiten für die verantwortliche Stelle »IDES Limited UK«

Verwendungszwecke definieren

In der Customizing-Aktivität zur Definition der Verwendungszwecke erstellen Sie Einträge zur Abbildung Ihrer Geschäftsprozesse mit den jeweiligen prozessorganisatorischen Attributen. Diese werden bei der Definition von Aufbewahrungsregeln in SAP ILM oder bei der Bereitstellung von Informationen zu personenbezogenen Daten verwendet. Der Verwendungszweck gruppiert die in einem Geschäftsprozess verwendeten ILM-Objekte, für die die gleichen Verweil- und Aufbewahrungsfristen relevant sind. In Abbildung 3.66 sehen Sie die Definition zweier Verwendungszwecke »Medizinverkauf« und »Warenverkauf«.

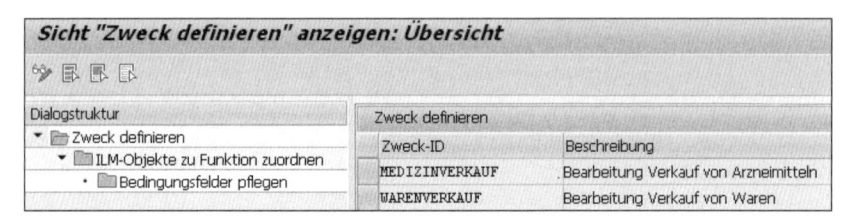

Abbildung 3.66 Definition von Verwendungszwecken

Gleiche ILM-Objekte in mehreren Zwecken?

Beide Verwendungszwecke dokumentieren den Verkaufsprozess von Waren und gruppieren die gleichen in Abbildung 3.67 dargestellten ILM-Objekte.

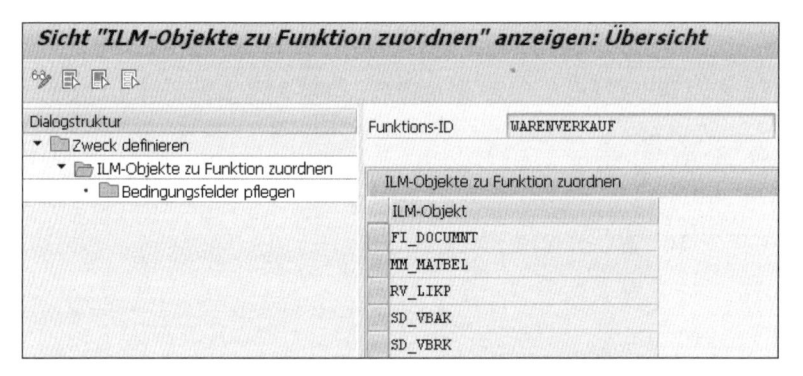

Abbildung 3.67 Gruppierung von ILM-Objekten je Verwendungszweck

Wir nehmen in unserem Beispiel an, dass die mit dem Verwendungszweck »Warenverkauf« verbundenen Aufbewahrungsfristen für alle Waren gültig sind. Damit ist keine Einschränkung auf prozessorganisatorische Attribute, das heißt entsprechende Bedingungsfelder der gruppierten ILM-Objekte, erforderlich. Dies bedeutet später bei der Generierung von ILM-Regeln, dass diese Fristen für alle Daten mit Bezug zur genutzten verantwortlichen Stelle gültig sind, das heißt auch für Daten mit spezifischeren Verwendungszwecken wie in unserem zweiten Beispieleintrag »Medizinverkauf«. Sinnvoll ist dies nur, wenn solche uneingeschränkten Verwendungszwecke kürzere Aufbewahrungsfristen besitzen.

3.5 Data Controller Rule Framework

Wie bereits erwähnt, ist der Verwendungszweck »Medizinverkauf« mit einer eigenen längeren Aufbewahrungsfrist versehen und auf bestimmte Werte für prozessorganisatorische Attribute eingeschränkt. Dies sehen Sie beispielhaft in Abbildung 3.68 für die Auftragsart MED im ILM-Objekt SD_VBAK (Verkaufsbelege).

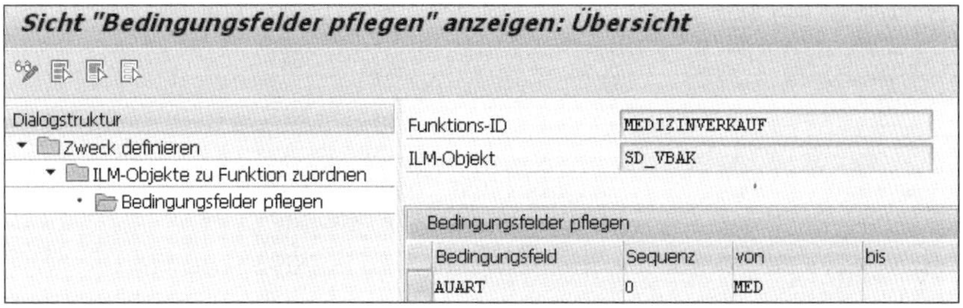

Einschränkung auf prozessorganisatorische Attribute

Abbildung 3.68 Einschränkung auf ein prozessorganisatorisches Attribut in einem Verwendungszweck

Die Einschränkung sollte für alle im Verwendungszweck gruppierten ILM-Objekte erfolgen. Dies erfordert die vorherige Identifizierung der dafür zu nutzenden Bedingungsfelder. Spannender dürfte regelmäßig die Beantwortung der Frage sein, ob die verwendeten Werte, wie für die Auftragsarten von Verkaufsbelegen, die Unterscheidung für die erforderlichen Verwendungszwecke ermöglichen. Ist dies mit den von Ihnen genutzten Werten für die von SAP angebotenen Bedingungsfelder nicht möglich, kann eine Alternative zur aufwendigen Umsetzung von Daten auch die Definition weiterer passenderer Bedingungsfelder (gegebenenfalls auch für kundeneigene Felder) zum jeweiligen ILM-Objekt sein. Voraussetzung dafür ist, dass die gewählten Felder immer einen Wert enthalten müssen, da eine Regelermittlung für initiale Werte nicht möglich ist. Die Zuordnung und Wertermittlung (bzw. das Füllen eventuell initialer Felder) im ILM Retention Management erreichen Sie durch eine Implementierung der BAdI-Definition BADI_IRM_OT_FLD im Erweiterungsspot ES_IRM_CUST. (Informationen zu diesem Thema finden Sie auch in Abschnitt 2.5.2, »Regelwerk anlegen – die Transaktion IRMPOL«). Beachten Sie aber, dass Sie die Trennung nach den Verwendungszwecken auch für die konsistente Pflege der Berechtigungen benötigen. Eine Erweiterung der ILM-Objekte um weitere Felder kann bedeuten, dass Sie diese nicht für die Unterscheidung der Berechtigungen nutzen können.

Mit der Customizing-Aktivität *Zeitbezug und Zeitversatz setzen* legen Sie den Standardzeitbezug und -zeitversatz für ein ILM-Objekt fest. Genutzt wird diese Einstellung für die Generierung von ILM-Regeln für das jeweilige ILM-Objekt. Zur Auswahl stehen, wie in Abbildung 3.69 ersichtlich, alle Zeit-

Zeitbezug und Zeitversatz setzen

3 Zusatzfunktionen im Retention-Management-Szenario

bezüge je ILM-Objekt. Sind mehrere Werte vorhanden, wählen Sie davon denjenigen Wert aus, der für Ihren Bedarf am besten den Zeitpunkt für das Ende des Geschäftsprozesses abbildet.

Sicht "Zeitbezug und Zeitversatz setzen" anzeigen: Übersicht		
Zeitbezug und Zeitversatz setzen		
ILM-Objekt	Zeitbezug	Zeitversatz
FI_DOCUMNT	END_OF_FISCAL_YEAR	
MM_MATBEL	END_OF_FISCAL_YEAR	
RV_LIKP	LAST_CHANGE_DATE	END_OF_YEAR
SD_VBAK	LAST_CHANGE_DATE	END_OF_YEAR
SD_VBRK	LAST_CHANGE_DATE	END_OF_YEAR

Abbildung 3.69 Zeitbezug und Zeitversatz für ILM-Objekte definieren

Die Zeitversätze ermöglichen, wie z. B. mit dem Wert END_OF_YEAR, dass für alle innerhalb des gleichen Jahres beendeten Geschäftsprozesse der 31. Dezember als Startzeitpunkt für den Beginn der Verweil- und Aufbewahrungsfristen genutzt wird. Dies kann den Erfordernissen für die Aufbewahrung der Belege entsprechen. Und es bietet auch Vorteile für die Archivierung der Daten, denn diese schreibt Daten mit gleichem Ende der Aufbewahrungsfrist (und gleichen Werten der Bedingungsfelder für die aktiven ILM-Regelwerke) in dieselbe Archivdatei. Das bedeutet, dass bei Verwendung des Zeitversatzes END_OF_YEAR alle Belege desselben Jahres mit der gleichen Aufbewahrungsfrist in derselben Datei landen und Sie die Erstellung vieler Archivdateien je Tagesdatum vermeiden.

Standardprüfgebiet setzen

In einer weiteren Customizing-Aktivität legen Sie das Standardprüfgebiet fest, das bei der Generierung von ILM-Regeln für die Aufbewahrungsfristen verwendet wird. In Abbildung 3.70 wird das ausgelieferte **Prüfgebiet** GENERAL (Allgemeine Regeln) verwendet. SAP empfiehlt Ihnen, stattdessen für die Definition von ILM-Regeln zu Aufbewahrungsfristen immer ein eigenes, im Kundennamensraum erstelltes Prüfgebiet zu verwenden. Sie können es mit der Transaktion ILMARA (Bearbeitung von Prüfgebieten) definieren. Informationen dazu finden Sie in Abschnitt 2.3.3, »Prüfgebiet anlegen«, sowie in Abschnitt 2.3.4, »Prüfgebiet kopieren oder zusammenführen«.

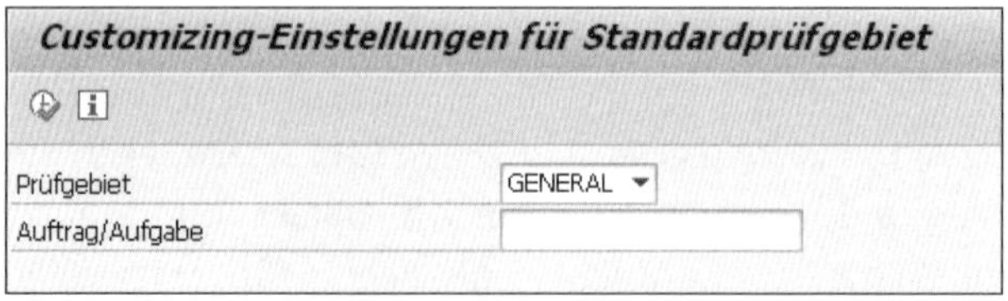

Customizing-Einstellungen für Standardprüfgebiet	
Prüfgebiet	GENERAL
Auftrag/Aufgabe	

Abbildung 3.70 Festlegung des Prüfgebiets für ILM-Regeln zu Aufbewahrungsfristen

Im Gegensatz zu Aufbewahrungsfristen werden ILM-Regeln zu Verweilfristen immer für das von SAP ausgelieferte Prüfgebiet ARCHIVING (Datenarchivierung) generiert. Dieses Prüfgebiet hat eine spezielle Verwendung bei der Archivierung von Daten. Es erlaubt diese nämlich nur, wenn die gültigen Verweilfristen für die ins Archiv zu schreibenden Daten bereits abgelaufen sind. Damit können Sie für alle mit einem Archivierungsobjekt verknüpften ILM-Objekte, die die Regelwerkkategorie RST (Verweilregeln) für die Definition von Verweilregeln unterstützen, kontrollieren, nach welcher Zeit Daten archiviert (und damit auch gesperrt) werden dürfen. Diese zentrale Lösung über ILM-Regeln ergänzt dabei gegebenenfalls anwendungseigene Lösungen zur Definition von Verweilregeln, wie z. B. die bereits erwähnte Transaktion VORA (Archivierungssteuerung Verkaufsbeleg) mit dem Archivierungsobjekt SD_VBAK. Informationen dazu finden Sie auch in Abschnitt 2.4, »Regelwerkkategorien«.

Prüfgebiet ARCHIVING

Regelpflege im Data Controller Rule Framework

Für die Erstellung und Aktivierung von Regeln im Regel-Framework für die verantwortliche Stelle können Sie die SAP-Fiori-App *ILM-Geschäftsregeln verwalten* oder die Transaktion IRMRULE (Pflege der Geschäftsregeln) verwenden. Dies erfordert die Angabe der folgenden Informationen:

Regeln für die verantwortliche Stelle

1. Geben Sie eine **Regel-ID** und eine **Regelbeschreibung** an.
2. Wählen Sie das **Startdatum** für die **Regel**. Das ausgewählte Datum darf nicht vor dem aktuellen Datum liegen. Sie können das Startdatum für die zeitliche Planung von Regeländerungen nutzen und z. B. die Aktivierung der Regel bis zum Erreichen dieses Datums aufschieben.
3. Das **Enddatum** der **Regel** wird automatisch auf den 31.12.9999 gesetzt. Es kann später auf ein Enddatum eingeschränkt werden, wenn Sie eine aktive Regel durch eine neue Regel ablösen wollen.
4. Sie können eine **Berechtigungsgruppe** angeben. Dieses Feld kann genutzt werden, um im Rahmen der Business-Funktion ILM_BLOCKING ILM-Regeln für das Sperren archivierter Daten zu nutzen. Die Werte werden verwendet, um zu steuern, welche Benutzer zur Anzeige gesperrter Daten innerhalb des entsprechenden Aufbewahrungszeitraumes beim Lesen im Archiv berechtigt sind.
5. Zusätzlich können Sie nach der Implementierung des SAP-Hinweises 2626084 die ILM-Ablage hinterlegen, in der später die Archivdateien abgelegt werden sollen.
6. Ordnen Sie die verantwortliche Stelle zu, für die die Regel erstellt werden soll. Damit bewirken Sie gleichzeitig die Zuordnung aller in der verant-

wortlichen Stelle gepflegten und ermittelten Organisationseinheiten als linienspezifische Attribute. Dies wird bei der Simulation und Erstellung der ILM-Regeln in den über die Verwendungszwecke zugeordneten ILM-Objekten verwendet.

7. Füllen Sie im Abschnitt **Aufbewahrungs-/Verweilfelder** den **Verweilzeitraum** mit einer entsprechenden Zeiteinheit als Jahr, Tag oder Monat aus. Pflegen Sie ebenso eine **Aufbewahrungsdauer** und die dafür zu verwendende Zeiteinheit. Sie werden beim Anlegen der Regel in der Transaktion IRMRULE (Pflege der Geschäftsregeln) gefragt, ob Sie nur Verweilzeiten, nur Aufbewahrungszeiten oder beides pflegen möchten. Die Felder sind entsprechend der Auswahl verfügbar. Sie können sie nutzen, um Regeln zu erstellen, die nur für das Archivieren, nur für das Löschen oder für beides gültig sind. Dies gibt Ihnen die notwendige Flexibilität, um auch in Sonderfällen z. B. zusätzlich benötigte Verweilzeiten als ILM-Regeln zu erstellen.

8. Sie können einer Regel einen oder mehrere Verwendungszwecke hinzufügen. Damit ordnen Sie die ILM-Objekte zu, für die später die Regelgenerierung erfolgt. Sie ordnen implizit ebenso die in den Verwendungszwecken definierten prozessorganisatorischen Attribute zu. Durch die Zuordnung mehrerer Zwecke haben Sie z. B. die notwendige Flexibilität, um Verwendungszwecke mit unterschiedlichen Aufbewahrungsfristen in einer anderen verantwortlichen Stelle in der ausgewählten verantwortlichen Stelle der Regel mit gleichen Aufbewahrungsfristen zu verwenden. Die Praxis hat bislang aber gezeigt, dass eine eindeutige Zuordnung nur eines Zwecks je verantwortlicher Stelle bzw. je Regel zu bevorzugen ist.

Beispielpflege

In Abbildung 3.71 sehen Sie eine Beispielpflege für eine Regel in der Transaktion IRMRULE (Pflege der Geschäftsregeln) zur verantwortlichen Stelle »IDES AG Deutschland« und dem Verwendungszweck »Warenverkauf«.

Beim Sichern wird eine Geschäftsregel angelegt, die sich im Status **Entwurf** befindet. Sie können Regeln in diesem Status jederzeit ändern oder löschen. Im Einstiegsbild der Transaktion, wie in Abbildung 3.72 gezeigt, sehen Sie die Übersicht aller von Ihnen gepflegten Regeln.

Regeln simulieren

Für Regeln mit dem Status **Entwurf** können Sie im Detailbild der Regelpflege mittels der Schaltfläche **Simulieren** die Erstellung der ILM-Regeln simulieren (siehe Abbildung 3.73). Als Ergebnis erhalten Sie eine Liste der ILM-Regeln, die generiert werden würden.

3.5 Data Controller Rule Framework

Geschäftsregel verwalten

Geschäftsregel
- Regel-ID: VERKAUF VON WAREN DE
- Regelbeschreibung: Bearbeitung Verkauf von Waren DE
- Startdatum Regel: 01.09.2017
- Enddatum Regel: 31.12.9999
- Regelstatus:
- Berechtigungsgruppe:

Verantwortliche Stelle
- Name verantw. Stelle: IDES AG DEUTSCHLAND

Aufbewahrungs-/Verweilfelder
- Verweilzeitraum: 1
- Zeiteinh. Verweil.: ANN
- Aufbewahrungsdauer: 6
- Zeiteinh. Aufbewahr.: ANN

Zweck: WARENVERKAUF

Abbildung 3.71 Beispiel für die Erstellung einer Regel in der Transaktion IRMRULE

Geschäftsregel verwalten

Geschäftsregel-ID	Regelbeschreibung	Name VS	Status	Verw.dauer	Einheit	AufbZeitr.	Zeiteinh.	Startdat.	Endedatum
VERKAUF MEDIZIN DE	Bearbeitung Verkauf von Arzneimitteln DE	IDES AG DEUTSCHLAND	Entwurf	1	Jahr	30	Jahr	01.09.2017	31.12.9999
VERKAUF VON WAREN DE	Bearbeitung Verkauf von Waren DE	IDES AG DEUTSCHLAND	Entwurf	1	Jahr	6	Jahr	01.09.2017	31.12.9999
VERKAUF VON WAREN UK	Bearbeitung Verkauf von Waren UK	IDES LIMITED UK	Entwurf	1	Jahr	10	Jahr	01.09.2017	31.12.9999

Abbildung 3.72 Übersicht der gepflegten Regeln in der Transaktion IRMRULE

Geschäftsregel bearbeiten

Simulieren

Geschäftsregel
- Regel-ID: VERKAUF VON WAREN DE
- Regelbeschreibung: Bearbeitung Verkauf von Waren DE

Abbildung 3.73 Schaltfläche zum Simulieren des Ergebnisses der Regelgenerierung

Simulationsergebnis für den Verwendungszweck »Warenverkauf«

In Abbildung 3.74 sehen Sie das Simulationsergebnis für alle ILM-Objekte des Verwendungszwecks »Warenverkauf« zur verantwortlichen Stelle »IDES Limited UK« mit einer Verweilfrist von einem Jahr und einer Aufbewahrungsfrist von zehn Jahren mit Bezug zur jeweils eingestellten Zeiteinheit und dem Zeitversatz. Wie in unserem Beispiel konfiguriert, werden die Aufbewahrungsfristen in den ILM-Objekten im Prüfgebiet GENERAL (Allgemeine Regeln) erzeugt. Verweilfristen werden nur in den ILM-Objekten RV_LIKP, SD_VBAK und SD_VBRK erzeugt, da die anderen ILM-Objekte die Regelwerkkategorie RST (Verweilregeln) nicht unterstützen. Die Verweilfristen sind, wie beschrieben, immer dem Prüfgebiet ARCHIVING (Datenarchivierung) zugeordnet. Die den ILM-Objekten zugeordneten Bedingungsfelder wurden mit den in der verantwortlichen Stelle gepflegten und ermittelten Organisationseinheiten gefüllt. Der Verwendungszweck ist nicht auf weitere Bedingungsfelder eingeschränkt, darum werden die ILM-Regeln je Organisationseinheit nicht mit weiteren Bedingungsfeldern kombiniert.

Regelwerkkategorie/Prüfgebiet/ILM-Obj...	Konditionsfeld	Wert (von)	Wert (bis)	Zeitraum	Zeiteinheit	Zeitbezug	Zeitversatz	ILM Store
▽ RST								
▽ ARCHIVING								
▽ FI_DOCUMNT				1	ANN	END_OF_FISCAL_YEAR		
▽ R964514883								
▽ 000001								
•	BUKRS	UK01						
▷ MM_MATBEL				1	ANN	END_OF_FISCAL_YEAR		
▷ RV_LIKP				1	ANN	LAST_CHANGE_DATE	END_OF_YEAR	
▷ SD_VBAK				1	ANN	LAST_CHANGE_DATE	END_OF_YEAR	
▷ SD_VBRK				1	ANN	LAST_CHANGE_DATE	END_OF_YEAR	
▽ RTP								
▽ GENERAL								
▷ FI_DOCUMNT				10	ANN	END_OF_FISCAL_YEAR		
▷ MM_MATBEL				10	ANN	END_OF_FISCAL_YEAR		
▷ RV_LIKP				10	ANN	LAST_CHANGE_DATE	END_OF_YEAR	
▷ SD_VBAK				10	ANN	LAST_CHANGE_DATE	END_OF_YEAR	
▽ SD_VBRK				10	ANN	LAST_CHANGE_DATE	END_OF_YEAR	
▽ R144479631								
▽ 000001								
•	BUKRS	UK01						
▽ R387259713								
▽ 000001								
•	VKORG	UK01						
▽ 000002								
•	VKORG	UK02						

Abbildung 3.74 Simulationsergebnis für den Verwendungszweck »Warenverkauf« und die verantwortliche Stelle »IDES Limited UK«

Simulationsergebnis für den Verwendungszweck »Medizinverkauf«

Zum Vergleich sehen Sie in Abbildung 3.75 das Simulationsergebnis für den Verwendungszweck »Medizinverkauf« und der verantwortlichen Stelle »IDES AG Deutschland«. Die Zeitreferenzen und Prüfgebiete bleiben gleich. Aufgrund der unterschiedlichen verantwortlichen Stelle werden jedoch ILM-Regeln für andere Organisationseinheiten ermittelt. Da auch der Verwendungszweck mit einschränkenden Werten als prozessorganisatorische Attribute gepflegt ist, werden zusätzlich die ermittelten ILM-Regeln je Organisationseinheit mit diesen Werten verknüpft. Damit ist sichergestellt, dass eine solche ILM-Regel nur für Daten in der jeweiligen Organisationseinheit und exakt diese prozessorganisatorischen Attribute gültig ist.

Regelwerkkategorie/Prüfgebiet/ILM-Objekt/...	Konditionsfeld	Wert (von)	Wert (bis)	Zeitraum	Zeiteinheit	Zeitbezug	Zeitversatz	ILM Store
∨ RST								
∨ ARCHIVING								
∨ FI_DOCUMNT				1	ANN	END_OF_FISCAL_YEAR		
∨ R419827695								
∨ 000001								
•	BUKRS	DE01						
•	BSCHL	ME						
> MM_MATBEL				1	ANN	END_OF_FISCAL_YEAR		
> RV_LIKP				1	ANN	LAST_CHANGE_DATE	END_OF_YEAR	
> SD_VBAK				1	ANN	LAST_CHANGE_DATE	END_OF_YEAR	
> SD_VBRK				1	ANN	LAST_CHANGE_DATE	END_OF_YEAR	
∨ RTP								
∨ GENERAL								
> FI_DOCUMNT				30	ANN	END_OF_FISCAL_YEAR		
> MM_MATBEL				30	ANN	END_OF_FISCAL_YEAR		
> RV_LIKP				30	ANN	LAST_CHANGE_DATE	END_OF_YEAR	
> SD_VBAK				30	ANN	LAST_CHANGE_DATE	END_OF_YEAR	
∨ SD_VBRK				30	ANN	LAST_CHANGE_DATE	END_OF_YEAR	
∨ R394869981								
∨ 000001								
•	FKART	ME						
•	VKORG	DE01						
∨ 000002								
•	FKART	ME						
•	VKORG	DE02						
∨ R560591620								
∨ 000001								
•	BUKRS	DE01						
•	FKART	ME						

Abbildung 3.75 Simulationsergebnis für den Verwendungszweck »Medizinverkauf« und die verantwortliche Stelle »IDES AG Deutschland«

Beim Erreichen des gewählten Startdatums können Sie eine Regel aktivieren. Wenn das Startdatum der Regel noch in der Zukunft liegt, wird die Geschäftsregel im Status **Eingeplant** gesichert. Ansonsten werden die ILM-Regeln generiert, und die Regel wird im Status **Aktiv** gesichert.

Regeln aktivieren

Mit der Transaktion IRMRULE_ACTIVATE (Eingeplante Geschäftsregeln aktivieren) können Sie (außer in SAP S/4HANA Cloud) die eingeplanten Geschäftsregeln aktivieren. Sie können in dieser Transaktion nur die Regeln anzeigen, die sich im Status **Eingeplant** befinden und deren Startdatum vor dem aktuellen Datum liegt oder dem aktuellen Datum entspricht.

Beim Aktivieren der Regel werden die folgenden Daten in ILM erzeugt: Die den verwendeten Verwendungszwecken zugeordneten ILM-Objekte werden (wenn noch nicht der Fall) dem gewählten Prüfgebiet für die Aufbewahrungsregeln zugeordnet, ebenso für das Prüfgebiet ARCHIVING (Daten-

Aktivierung der Prüfgebiete

archivierung), wenn Verweilfristen relevant sind. Das Ergebnis sehen Sie in der Folge in der Transaktion ILMARA (Bearbeitung von Prüfgebieten), wie in Abbildung 3.76 und Abbildung 3.77 gezeigt.

Prüfgebiet: GENERAL

Objektkategorie	ILM-Objekt	Beschreibung	Objektzuordnung
SAP Business Suite	FI_DOCUMNT	FI_DOCUMNT	✓
SAP Business Suite	MM_MATBEL	MM_MATBEL	✓
SAP Business Suite	RV_LIKP	RV_LIKP	✓
SAP Business Suite	SD_VBAK	SD_VBAK	✓
SAP Business Suite	SD_VBRK	SD_VBRK	✓

* Prüfgebiet: GENERAL
Beschreibung Prüfgebiet: Allgemeine Regeln
Regelwerkkategorie: Aufbewahrungsregeln

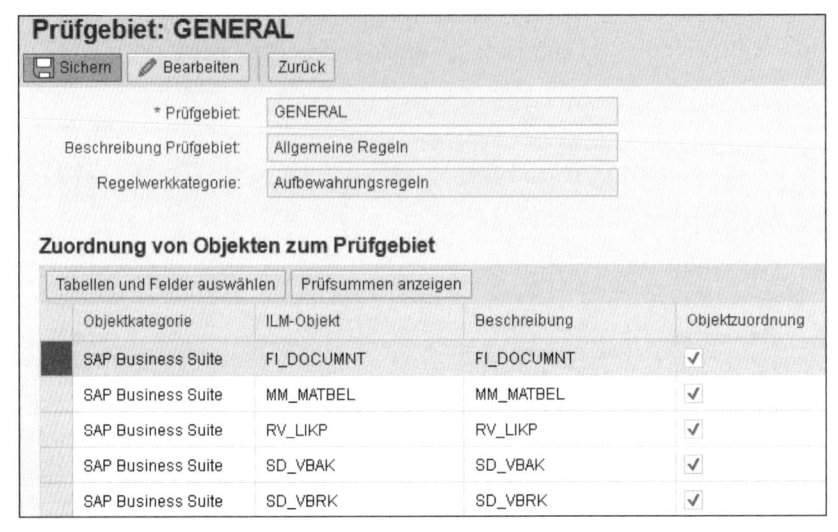

Abbildung 3.76 Aktivierte ILM-Objekte für das Prüfgebiet GENERAL

Prüfgebiet: ARCHIVING

* Prüfgebiet: ARCHIVING
Beschreibung Prüfgebiet: Datenarchivierung
Regelwerkkategorie: Verweilregeln

Objektkategorie	ILM-Objekt	Beschreibung	Objektzuordnung
SAP Business Suite	RV_LIKP	RV_LIKP	✓
SAP Business Suite	SD_VBAK	SD_VBAK	✓
SAP Business Suite	SD_VBRK	SD_VBRK	✓

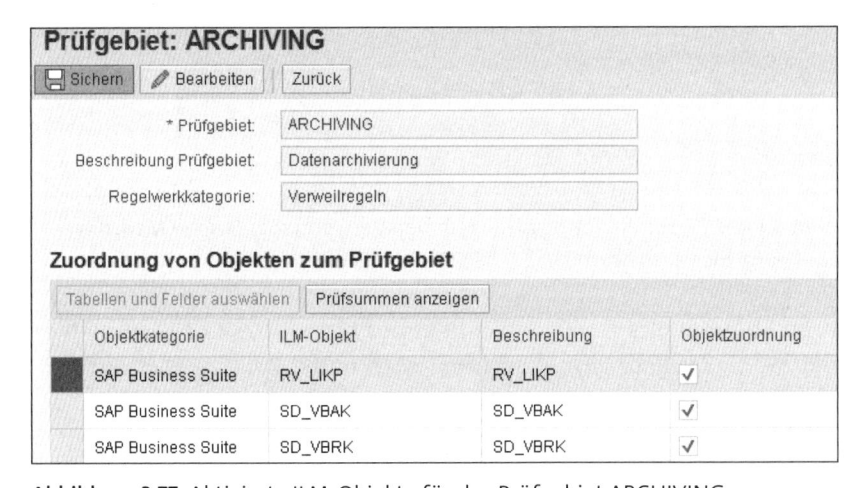

Abbildung 3.77 Aktivierte ILM-Objekte für das Prüfgebiet ARCHIVING

Erzeugung der Regelgruppen

Es wird in der Transaktion IRM_CUST_CSS (IRM-Kundenspezifische Einstellungen) eine Objektgruppe mit zugeordneten Regelgruppen erzeugt. Die Regelgruppen enthalten die gepflegten Fristen und Zeiteinheiten, wie Sie in Abbildung 3.78 sehen können. Es werden jeweils Regelgruppen sowohl für die Aufbewahrungsfristen als auch für die Verweilfristen erzeugt. Die Objektgruppe wird den ILM-Objekten zugeordnet und diese auch für die Verwendung von Regelgruppen aktiv gesetzt, wie in Abbildung 3.79 geschehen.

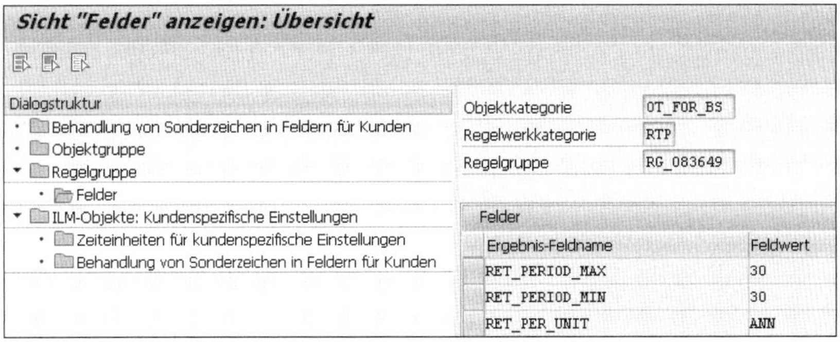

3.5 Data Controller Rule Framework

Abbildung 3.78 Die erzeugte Regelgruppe für die Aufbewahrungsfrist

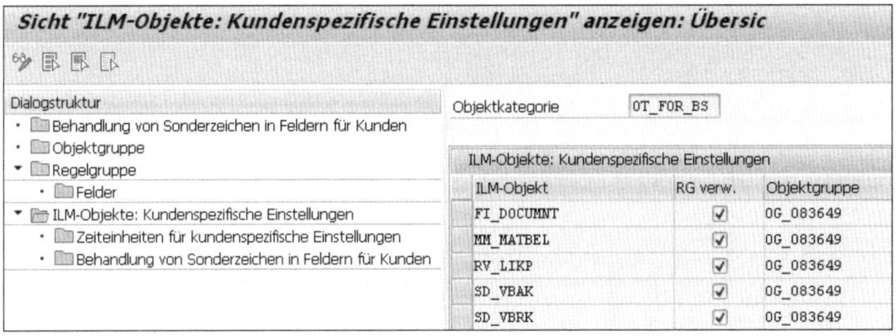

Abbildung 3.79 Aktivierung der ILM-Objekte für die Verwendung von Regelgruppen

Es werden ILM-Regeln in der Transaktion IRMPOL (ILM-Regelwerke) generiert. Wie Sie in Abbildung 3.80 sehen können, geschieht dies für die Objektkategorie OT_FOR_BS (SAP Business Suite), die gewählten Prüfgebiete für die Regelwerkkategorien RST (Verweilregeln) und/oder RTP (Aufbewahrungsregeln) und die zugeordneten Prüfgebiete.

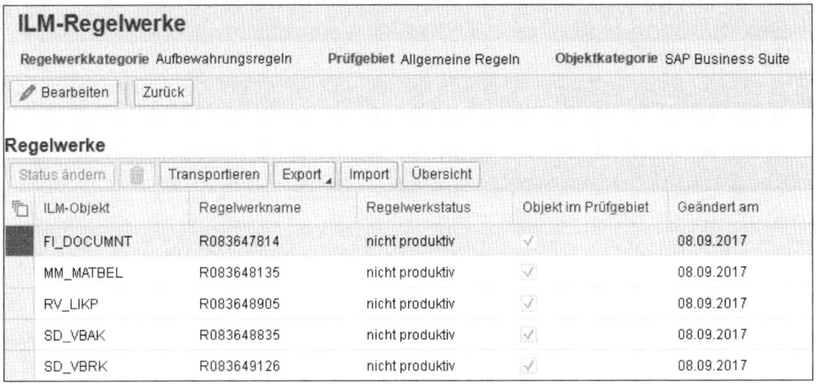

Erzeugung der ILM-Regeln

Abbildung 3.80 Übersicht über die generierten ILM-Regeln

Zuordnung der Bedingungsfelder in den erzeugten ILM-Regeln

Den ILM-Objekten werden die Bedingungsfelder gemäß der verantwortlichen Stelle und den Verwendungszwecken zugeordnet und Regeln für jede Kombination dieser Werte erstellt. Die Fristen sind über die zugeordnete Regelgruppe vorhanden, die Zeitreferenzen und Zeitversätze werden ebenso übernommen. In Abbildung 3.81 sehen Sie die für das ILM-Objekt FI_DOCUMNT (Finanzbuchhaltungsbelege) erzeugte Regel. Aus der verantwortlichen Stelle »IDES AG Deutschland« wird für den Buchungskreis der Wert DE01 eingetragen. Der Wert MED im Bedingungsfeld Buchungsschlüssel wurde aus dem Verwendungszweck »Medizinverkauf« kopiert. Die erzeugte Regelgruppe »RG_083649« mit der minimalen und maximalen Aufbewahrungsfrist von 30 Jahren ist zugeordnet, ebenso der Zeitbezug »Ende des Geschäftsjahres«.

Buchungskreis	bis	Buchungsschl.	bis	Berechtigungsgruppe	Regelgruppe	Min. Aufbew.d...	Max. Aufbew.dauer	Zeiteinh. Aufb.dauer	Zeitbezug	Zeitversatz
DE01		ME			RG_083649	30	30	Jahr	Ende des Geschäftsjahres	

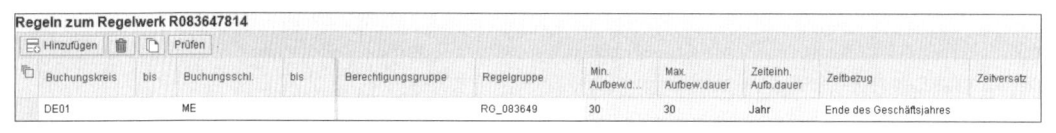

Abbildung 3.81 Generierte Regel für das ILM-Objekt FI_DOCUMNT

Die ILM-Regeln sind im Regelwerkstatus **nicht produktiv** gesichert. Wenn Sie die Korrektheit des Generierungsergebnisses geprüft haben, können Sie den Status manuell je Regelwerk auf **produktiv** setzen, um die Regeln in zukünftigen Archivierungs- (Transaktion SARA, Archivadministration) und Datenvernichtungsläufen (Transaktion ILM_DESTRUCTION, Datenvernichtung) verwenden zu können.

[!] **ILM-Regeln werden zukünftig als »produktiv« erzeugt**

Mit der Implementierung des SAP-Hinweises 2605458 werden die generierten ILM-Regeln immer im Regelwerkstatus **produktiv** erstellt. Sie müssen somit bereits zuvor durch die Simulation der Regelgenerierung sicherstellen, dass das Ergebnis Ihren Wünschen entspricht.

Aktive und historische Regeln

In der Transaktion IRMRULE (Pflege der Geschäftsregeln) können Sie Regeln im Status **Aktiv** kopieren. In diesem Fall wird eine Nachfolgeregel im Status **Entwurf** für die kopierte Regel erstellt, diese wird im Status **Historisch** gesichert und ist nicht mehr änderbar. Das Enddatum der historischen Regel wird auf das Tagesdatum gesetzt. Die für die zuvor aktive Regel erzeugten ILM-Regeln werden dabei nicht verändert.

Für Regeln im Status **Aktiv** oder **Historisch** können Sie die generierten ILM-Regeln auch in der Transaktion IRMRULE (Pflege der Geschäftsregeln) anzeigen. Dies dient der späteren Nachvollziehbarkeit, welche ILM-Regeln für welche verantwortliche Stelle und welche Verwendungszwecke gültig sind oder waren. Sie müssen beachten, dass manuelle Änderungen und auch das Löschen von ILM-Regeln in der Transaktion IRMPOL (ILM-Regelwerke) möglich sind, womit diese Information für Ihre Kontroll- und Nachweispflichten verloren wären.

3.5.3 Vorteile der Verwendung des DCRF

Mit der vollständigen Zuordnung Ihrer Daten zu Verwendungszwecken und verantwortlichen Stellen erhalten Sie einen prinzipiellen Nachweis der Löschbarkeit aller personenbezogenen Daten. Für die folgende Durchführung des Sperrens und Löschens bzw. Vernichtens können Sie prüfen, ob Ihr Löschprozess vollständig und konsistent funktioniert (z. B. welche Daten sind noch nicht berücksichtigt, welche Abhängigkeiten gibt es etc.).

Unserer Meinung nach bietet die Verwendung des Data Controller Rule Frameworks unter anderem die folgenden Vorteile:

- Reduzierung des Konfigurationsaufwands
- schnellere Pflege der Regeldefinitionen für geschäftliche und regulatorische Anforderungen
- Verminderung von Konfigurationsfehlern durch Reduzierung der manuellen Regelpflege, was auch zur Vermeidung von kostspieligen Verstößen gegen rechtliche Vorschriften helfen kann
- verbesserte Transparenz über Regelwerke für Audits und weitere Rechenschaftspflichten
- Vereinfachung der fortlaufenden Regelpflege für sich ändernde geschäftliche oder gesetzliche Bedingungen
- sichereres Wissen, wann Daten gelöscht werden können, für alle Verantwortlichen einer Organisation unter Beachtung aller unterschiedlichen gesetzlichen Aufbewahrungsfristen für die unterschiedlichen Typen von Daten bzw. Zwecke der Verarbeitung

Abschließend möchten wir Ihnen ein Beispiel dafür geben, welche Konfigurationseinsparungen ein Unternehmen von moderater Größe und bei normaler gesetzlicher Komplexität erzielen kann. In Tabelle 3.1 sehen Sie den dafür angenommenen Rahmen und die daraus resultierende Anzahl von zu pflegenden Aufbewahrungsfristen als einzelne ILM-Regelwerke.

Wir schätzen einen durchschnittlichen Pflegeaufwand von 30 Minuten je ILM-Regelwerk. Wie bereits zuvor erläutert, sind ILM-Objekte technische Objekte mit sehr unterschiedlichen Parametern. Bei einer höheren Anzahl von unterschiedlichen relevanten Objekten kann sich auch der Pflegeaufwand je Regelwerk noch deutlich erhöhen.

	Anzahl	Erläuterung
Verantwortliche Stellen	20	Kombination der Unternehmen und ihrer Linienorganisation
SAP-Systeme	4	z. B. SAP ERP, SAP Customer Relationship Management, SAP Supplier Relationship Management
Regulierte Geschäftsprozesse	6	geschätzt, abhängig von Geschäftszwecken, den gesetzlichen Rahmenbedingungen usw.
Anwendungsobjekte je Geschäftsprozess	5	geschätzt, die technischen Objekte in den SAP-Lösungen zur Durchführung der Prozesse
Zu konfigurierende Regelwerke gesamt	2.400	ergibt sich aus den o.g. Rahmenbedingungen

Tabelle 3.1 Organisatorischer, gesetzlicher und technischer Rahmen

In Summe führt dies zu einem Pflegeaufwand von 150 Personentagen, wenn man einen Arbeitstag von acht Stunden annimmt. Die Nutzung des Data Controller Rule Frameworks reduziert den Aufwand deutlich. Zwar sind immer noch 2.400 ILM-Regelwerke erforderlich, aber diese werden nicht mehr manuell erstellt, sondern unter deutlich geringerer technischer Komplexität z. B. hinsichtlich der linien- und prozessorganisatorischen Attribute zentral erstellt und in SAP ILM automatisch erzeugt.

Anzunehmen ist, dass sowohl größere Unternehmen mit mehr SAP-Systemen und Geschäftsprozessen als auch gesetzlich stärker regulierte Industrien deutlich größere Konfigurationsaufwände haben und somit noch mehr von der Nutzung des Data Controller Rule Frameworks profitieren können.

3.6 Legal Case Management

Rechtsfallbedingte Sperren

Kein Unternehmen möchte gerne darin verwickelt sein, doch Gerichtsverfahren kommen vor. Daher kann es für Sie mehr als behilflich sein, zu wissen, was SAP ILM in puncto rechtsfallbedingte Sperren, Legal Case Management und Vernichtung von Daten, die Teil eines Rechtsfalls sind, anzubieten hat. Daher besprechen wir in diesem Abschnitt eine besondere Funktionalität im Retention-Management-Szenario: *rechtsfallbedingte Sperren*. SAP ILM bietet Ihnen Funktionen für die Verwaltung solcher Rechtsfälle sowie für das Setzen rechtsfallbedingter Sperren für betroffene Daten.

3.6 Legal Case Management

> **Einsatzgebiet von Legal Case Management**
>
> Das Setzen rechtsfallbedingter Sperren ist in einem produktiven Anwendungssystem – also im Retention-Management-Szenario – möglich. Die Verwendung dieser Funktion in einem Retention-Warehouse-System (für Daten stillgelegter Altsysteme) ist derzeit nicht möglich.

Beginnen wir mit der Definition der Begriffe. Ein *Rechtsfall* – auch *Legal Case* genannt – bezieht sich auf eine bestimmte Rechtssache oder ein Gerichtsverfahren innerhalb des Unternehmens.

Rechtsfall – Legal Case

Eine *rechtsfallbedingte Sperre* – auch *Legal Hold* genannt – bezieht sich auf bestimmte Daten, Dokumente oder physische Informationen zum jeweiligen Rechtsfall. Es ist wichtig, dass Sie diese Begriffe korrekt verwenden, um Missverständnisse zu vermeiden. Das Legal Case Management erreichen Sie über die Transaktion ILM_LHM (Legal Hold Management).

Rechtsfallbedingte Sperre – Legal Hold

> **Transaktion ILM_LHM und Transaktion SCASE**
>
> Beachten Sie, dass die Transaktion ILM_LHM ab SAP_BASIS 7.31 die früher für diese Zwecke vorhandene Transaktion SCASE (Case Management) ersetzt. Damit kann das Legal Case Management ab SAP_BASIS 7.31 unabhängig vom SAP Case Management, das ab SAP_BASIS 702 genutzt wurde, aufgerufen und verwendet werden.

3.6.1 Übersicht und Anzeige vorhandener Rechtsfälle

Rufen Sie die Transaktion ILM_LHM (Legal Hold Management) auf. Es erscheint ein Bild wie in Abbildung 3.82, das Ihnen eine Liste aller vorhandenen rechtsfallbedingten Sperren anzeigt. Sie sehen die verantwortlichen Personen, den Status und Daten wie das Anlege- oder Änderungsdatum und die bearbeitende Person.

Übersicht der Rechtsfälle

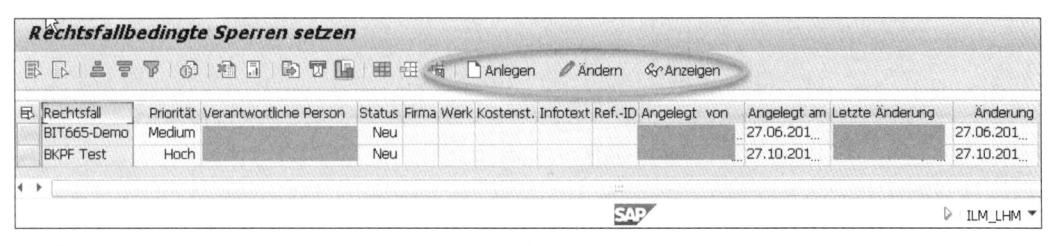

Abbildung 3.82 Transaktion ILM_LHM – Legal Hold Management

Markieren Sie eine Zeile, und klicken Sie auf die Schaltfläche **Anzeigen**, um die Details zu einem Rechtsfall zu sehen. Die Bedeutung der einzelnen Fel-

Anzeige eines Rechtsfalls

der sowie der Liste der BOR-Objekte erklären wir jetzt am Beispiel des Anlegens und Änderns der Rechtsfälle.

3.6.2 Das Konzept der BOR-Objekttypen und ihre Verbindung zu ILM-Objekten

BOR-Objekttypen Bevor wir die Funktionen des Änderns oder Anlegens eines Rechtsfalls besprechen, ist es wichtig, zuerst zu erläutern, dass dabei das Konzept der Business-Objekte des BOR (Business-Object-Repository-Objekttyps) verwendet wird.

Wie Sie der SAP-Dokumentation entnehmen können, werden Business-Objekte im BOR durch den Objekttyp (z. B. BUS2032) sowie einen beschreibenden Namen (z. B. »Kundenauftrag«) identifiziert.

BOR-Objekttyp-Instanz Für jeden BOR-Objekttyp ist auch ein Schlüssel definiert. In unserem Beispiel BUS2032 (Kundenauftrag) ist es die Verkaufsbelegnummer. Wenn Sie also einen BOR-Objekttyp (z. B. BUS2032) sowie einen dazugehörigen Schlüssel (z. B. 80012231) angeben, bestimmen Sie eindeutig eine Instanz dieses BOR-Objekttyps.

Sie können sich das Konzept ähnlich wie das Passkonzept vorstellen. Der BOR-Objekttyp ist das Land, das den Pass ausstellt. Der Schlüssel ist die Passnummer. Mit beiden Attributen können Sie eindeutig einen Bürger (Instanz) beschreiben.

Verbindung zwischen BOR-Objekttypen und ILM-Objekten Diese Instanzen sind eben die Objekte, die Sie in einen Rechtsfall aufnehmen können. Der Charme dieses Konzepts besteht darin, dass Sie damit jede Instanz (z. B. Beleg) jeder Anwendung angeben können. Die Voraussetzung ist, dass diese Anwendung an dem Konzept der Business-Objekte des BOR teilnimmt. Tut sie das, ist es die Pflicht des Entwickler des dazugehörigen ILM-Objekts, den BOR-Objekttyp im Customizing anzugeben.

Diese Angabe schafft die Verbindung zum zugehörigen Archivierungs- oder Datenvernichtungsobjekt. Sie ist somit auch die Voraussetzung dafür, dass das Konzept der rechtsfallbedingten Sperren mit SAP ILM zusammenarbeiten kann. Denn nur mithilfe dieser Verbindung kann SAP ILM anschließend dafür sorgen, dass die Instanz nicht vernichtet wird, solange sie in einen Rechtsfall verwickelt ist.

3.6.3 Rechtsfall anlegen oder ändern

Einen neuen Rechtsfall anlegen Rufen Sie die Transaktion ILM_LHM (Legal Hold Management) auf, und klicken Sie auf die Schaltfläche **Anlegen** bzw. **Ändern** (siehe Abbildung 3.82 in

Abschnitt 3.6.1, »Übersicht und Anzeige vorhandener Rechtsfälle«). Im oberen Teil von Abbildung 3.83, in der Gruppe **Rechtsfallattribute**, können Sie allgemeine Daten zum Rechtsfall hinterlegen oder diese im Laufe der Zeit ändern. Mussfelder sind hier **Name des Rechtsfalls**, **Priorität**, **Verantwortliche Person** und **Rechtsfallstatus**. Speichern Sie Ihre Eingaben.

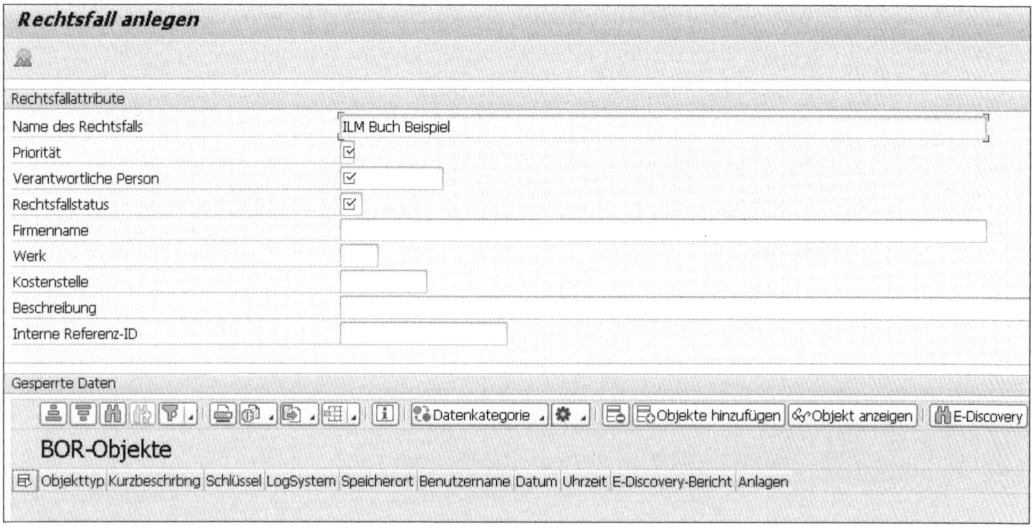

Abbildung 3.83 Transaktion ILM_LHM – Rechtsfall anlegen oder ändern

Nun können Sie mit dem Aufnehmen von Daten in den neuen Rechtsfall beginnen. Sie können dies auf zwei Wegen tun (beide Funktionen finden Sie unten rechts im Fenster):

Daten in den Rechtsfall aufnehmen

- über die Schaltfläche **Objekte hinzufügen**, wenn Sie genau eine Instanz eines BOR-Objekttyps aufnehmen wollen
- mithilfe der Schaltfläche **E-Discovery**, wenn Sie
  - eine oder mehrere Instanzen eines BOR-Objekttyps hinzufügen wollen
  - eine oder mehrere Instanzen eines BOR-Objekttyps inklusive der verknüpften Instanzen anderer BOR-Objekttypen hinzufügen wollen

E-Discovery-Funktion und SAP DRB (SAP Document Relationship Browser)

Die E-Discovery-Funktion bietet Ihnen die Möglichkeit, nicht nur gewünschte Instanzen eines BOR-Objekttyps in den Rechtsfall aufzunehmen, sondern dabei auch alle verknüpften Instanzen (z. B. Belege) hinzuzufügen.

> Wenn Sie nun an das Tool SAP DRB (*SAP Document Relationship Browser*) denken, das z. B. in der SAP-Schulung BIT660 (Datenarchivierung) erläutert wird, liegen Sie richtig: Genau dieses Tool wird für die Suche nach verknüpften Belegen verwendet.

Manuelles Hinzufügen von Objekten

Die erste Funktion (Schaltfläche **Objekte hinzufügen**) wählen Sie, wenn Sie genau eine Instanz eines BOR-Objekttyps in einen Rechtsfall aufnehmen möchten. Wir nennen dies auch das *manuelle Hinzufügen von Objekten*. Nachdem Sie die Schaltfläche **Objekte hinzufügen** angeklickt haben, geben Sie Folgendes an:

- das logische System, aus dem die Instanz (der Beleg) stammt
- den BOR-Objekttyp, den Sie entweder aus der Gruppe **Zuletzt ausgewählte Objekte** auswählen können oder indem Sie auf die Schaltfläche **Infosystem** drücken und im nachfolgenden Pop-up-Fenster nach dem passenden Objekttyp suchen
- den Schlüssel der Instanz

Abbildung 3.84 zeigt Ihnen die Ergebnisliste.

Objekttyp	Kurzbeschreibung	Schlüssel	LogSystem	Speicherort	N	Datum	Uhrzeit	EDisReport	Anlagen
LIKP	Auslieferung	0080012233	T90CLNT090	Datenbank	I...	27.06.20...	13:57:55	Manuell	0

Abbildung 3.84 Transaktion ILM_LHM – Ergebnisliste der manuellen Aufnahme von Objekten in einen Rechtsfall

Informationen zu jeder BOR-Objekttyp-Instanz

Das System hat die Instanz, die Sie spezifiziert haben, in den Rechtsfall aufgenommen. Dabei werden zu jeder BOR-Objekttyp-Instanz unter anderem folgende Informationen gezeigt:

- der BOR-Objekttyp und seine Kurzbeschreibung
- der Schlüssel der Instanz sowie das logische System, dem sie angehört
- der Speicherort (das System ist also imstande zu ermitteln, ob die Instanz auf der Datenbank oder im Archiv vorliegt)

> [»] **Logisches System**
>
> Der Tatsache, dass das logische System angegeben wird, entnehmen Sie, dass Sie sogar systemübergreifend Instanzen (z. B. Belege) in die Rechtsfälle aufnehmen können.

> **SAP DRB – Suche auf der Datenbank und im Archiv**
>
> Die Suche erfolgt auf der Datenbank und im Archiv. Im zweiten Fall ist es wichtig, dass Sie passende Archivinfostrukturen aktiviert haben. Meist sind es die gleichen Infostrukturen, die Sie auch für die Nutzung des Tools SAP DRB benötigen. Nähere Informationen dazu finden Sie in der SAP-Schulung BIT660 (Datenarchivierung) und in der SAP-Dokumentation.

- welcher Benutzer die Objekte wann und mithilfe welcher Funktionalität aufgenommen hat (in unserem Beispiel über das manuelle Hinzufügen mit der Schaltfläche **Objekte hinzufügen**)
- ob das System dazugehörige Originalbelege ermitteln konnte (die rechtsfallbedingte Sperre kann sich nämlich auch darauf erstrecken)

Möchten Sie dagegen einen bestimmten Beleg (z. B. einen Kundenauftrag) in einen Rechtsfall aufnehmen, diesmal jedoch zusammen mit allen abhängigen Belegen (z. B. dem Materialbeleg, der Kundeneinzelfaktura, den dazugehörigen FI- und CO-Belegen etc.), hilft Ihnen dabei die E-Discovery-Funktion, die Sie über die gleichnamige Schaltfläche **E-Discovery** aufrufen. Hier werden die für den Rechtsfall relevanten Daten (Instanzen) anhand von Suchkriterien, die Sie vorgeben, gesucht und in den Rechtsfall aufgenommen. Die Suchkriterien spezifizieren Sie über eine Variante. Derzeit können Sie diese Suchkriterien ausgehend von wenigen BOR-Objekttypen wie die folgenden beginnen:

E-Discovery-Funktion

- Abrechnungsbelege
- Verkaufsbelege
- Lieferungen
- Bestellungen

Welche genau es sind, zeigt Ihnen auch die Wertehilfe ([F4]) zum Feld **Programm** (siehe Abbildung 3.85).

Abbildung 3.85 Transaktion ILM_LHM – Objekte mit E-Discovery in einen Rechtsfall aufnehmen

> **Klasse CL_EDISC_REF_COLLECTOR**
>
> Reichen Ihnen die Alternativen, die die Wertehilfe (F4) zum Feld **Programm** anzeigt, nicht aus, wenden Sie sich an SAP. Alternativ können Sie die Klasse CL_EDISC_REF_COLLECTOR (Sammeln von Objekt-Referenzen im glob. Speicher) nutzen, um kundenspezifische E-Discovery-Berichte zu implementieren. Diese Klasse übergibt die über den E-Discovery-Bericht gefundenen BOR-Objekttyp-Instanzen an den entsprechenden Rechtsfall. Weitere Informationen zur korrekten Verwendung dieser Klasse finden Sie in den ausgelieferten Beispielberichten, die die Wertehilfe (F4) zum Feld **Programm** anzeigt.

Anlegen und Ändern der Variante

Im Feld **Variante** geben Sie eine Variante zu dem ausgewählten Programm an. Darin können Sie genau spezifizieren, welche Belege zu welchen Organisationseinheiten etc. Sie in den Rechtsfall aufnehmen wollen. Bietet das Fenster in Abbildung 3.85 keine Möglichkeit zum Anlegen oder Ändern einer Variante an, müssen Sie eine passende in einem separaten Fenster anlegen, z. B. über die Transaktion SE38 (ABAP Editor). Das Feld **Logisches System** ist schon mit dem Wert **LOKAL** für das lokale System belegt.

> **Logisches System**
>
> Achten Sie darauf, dass Ihre Einstellungen zum logischen System und zu den RFC-Verbindungen in den Transaktionen SCC4 (Mandantenverwaltung) und BD97 (Zuordnen RFC-Dest. zu log. Systemen) richtig sind. Dies ist wichtig, damit Sie Eingaben im Feld **Logisches System** korrekt vornehmen können und diese auch richtig interpretiert werden. Dies gilt sowohl, wenn Sie die manuelle Aufnahme von Objekten verwenden, als auch bei E-Discovery.

Ausführung im Hintergrund und Nachbearbeitung

Das Ankreuzfeld **Ausführung im Hintergrund** aktivieren Sie, wenn Sie wünschen, dass das System die gesamte Arbeit als Hintergrundjob ausführt, nachdem Sie das Pop-up-Fenster im nächsten Schritt bestätigt haben.

Das Ankreuzfeld **Nachbearbeitung** setzen Sie, wenn Sie wünschen, dass das System zuerst die Instanzen gemäß der Variante des von Ihnen angegebenen Programms sucht und in den Rechtsfall aufnimmt und anschließend die verknüpften Instanzen über den SAP DRB (Document Relationship Browser) bestimmt und in den Rechtsfall aufnimmt.

Beachten Sie aber, dass die verknüpften Instanzen gemäß Ihren Einstellungen im SAP DRB gesucht werden. Für diese Einstellungen stehen Ihnen die Rolle SAP_DRB und die Registerkarte **Personalisierung** zur Verfügung (siehe Abbildung 3.86).

Abbildung 3.86 Transaktion PFCG – Personalisierung für die Rolle SAP_DRB 1

Wenn Sie darin den Eintrag **S_DRB** (SAP DRB: Anzeigeoptionen & Objekttypen für Belegverknüpfungen) doppelklicken, sehen Sie alle BOR-Objekttypen, die sich am SAP DRB beteiligen (siehe Abbildung 3.87).

BOR-Objekttypen im SAP DRB

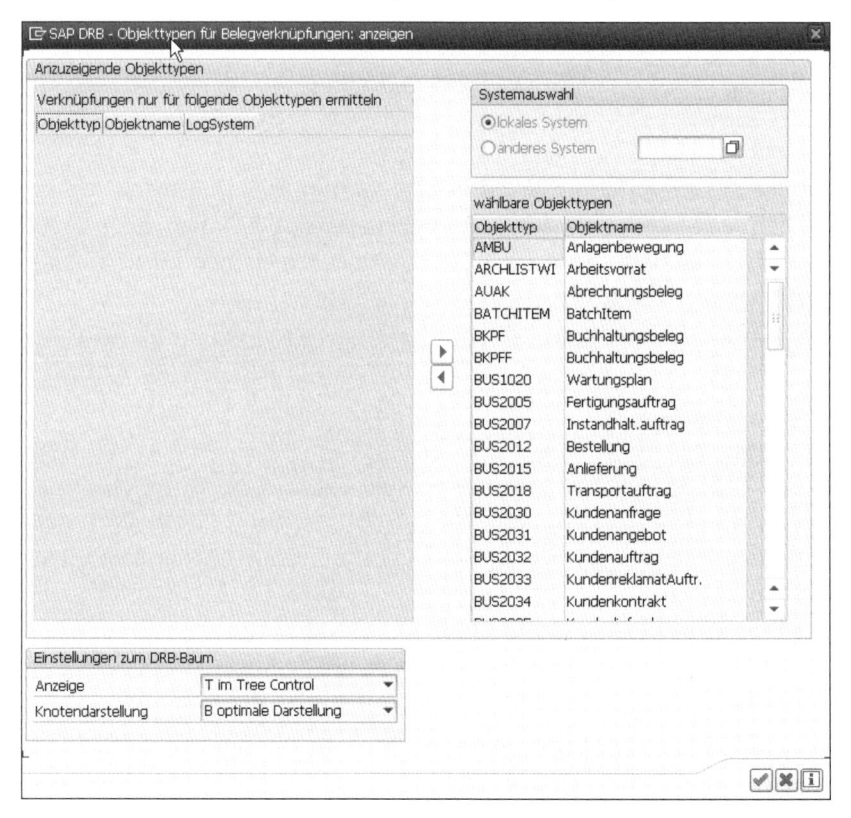

Abbildung 3.87 Transaktion PFCG – Personalisierung für die Rolle SAP_DRB 2

3 Zusatzfunktionen im Retention-Management-Szenario

Sind auf der linken Seite keine Objekttypen aufgelistet, werden verknüpfte Belege über alle BOR-Objekttypen (es sind die auf der rechten Seite) gesucht. Wünschen Sie dies einzuschränken, können Sie gewünschte Objekttypen auf die linke Seite verschieben. Hierzu müssen Sie zuerst in den Änderungsmodus der Pflege der Rolle SAP_DRB wechseln.

Die Ergebnisliste (siehe Abbildung 3.88) der Aufnahme von BOR-Objekten in Ihren Rechtsfall mithilfe der E-Discovery-Funktion hat den gleichen Aufbau wie bei der manuellen Suche mithilfe der Schaltfläche **Objekte hinzufügen**. In der Spalte **E-Discovery-Bericht** wird das Programm angegeben, das Sie ausgewählt haben.

Objekttyp	Kurzbeschreibung	Schlüssel	LogSystem	Speicherort	Na	Datum	Uhrzeit	E-Discovery-Bericht	Anlagen
LIKP	Auslieferung	0080012233	T90CLNT090	Datenbank	Iw	27.06.20	13:57:55	Manuell	0
LIKP	Auslieferung	0080012231	T90CLNT090	Archiv	Iw	27.06.20	14:04:45	REDIS_SD12	0
BKPF	Buchhaltungsbeleg	2400010000001122003	T90CLNT090	Datenbank	Iw	27.06.20	14:04:45	REDIS_SD12	0
BKPF	Buchhaltungsbeleg	2400490000004142003	T90CLNT090	Datenbank	Iw	27.06.20	14:04:45	REDIS_SD12	0
BUS2032	Kundenauftrag	0000008621	T90CLNT090	Datenbank	Iw	27.06.20	14:04:45	REDIS_SD12	0
MKPF	Wareneingang	49000287222003	T90CLNT090	Datenbank	Iw	27.06.20	14:04:45	REDIS_SD12	0
VBRK	Kundeneinzelfaktura	0090033403	T90CLNT090	Datenbank	Iw	27.06.20	14:04:45	REDIS_SD12	1

Abbildung 3.88 Transaktion ILM_LHM – Ergebnisliste der Objektaufnahme via E-Discovery

BOR-Objekte aus der Ergebnisliste entfernen

Bei Bedarf können Sie die die Liste der gesperrten BOR-Objekte bearbeiten. Sie können Einträge aus der Liste löschen. Dazu steht Ihnen die in Abbildung 3.89 markierte Schaltfläche **Markierte Zeilen löschen** zur Verfügung. Beachten Sie, dass Objekte dabei natürlich nicht physisch gelöscht werden.

Objekttyp	Kurzbeschreibung	Schlüssel	LogSystem	Speicherort	Na	Datum	Uhrzeit	EDis
VBRK	Kundeneinzelfaktura	0090033403	T90CLNT090	Datenbank	Iwo	27.06.20	14:04:45	REDI
MKPF	Wareneingang	49000287222003	T90CLNT090	Datenbank	Iwo	27.06.20	14:04:45	REDI
BUS2032	Kundenauftrag	0000008621	T90CLNT090	Datenbank	Iwo	27.06.20	14:04:45	REDI

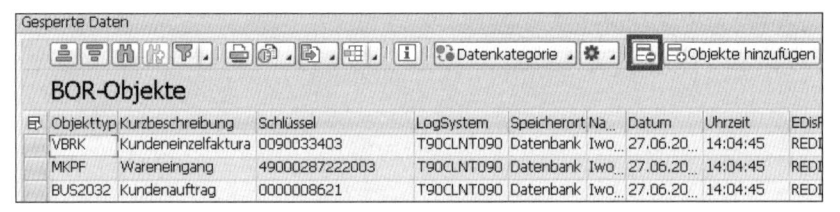

Abbildung 3.89 Transaktion ILM_LHM – Ergebnisliste mit Objekten bearbeiten, Einträge löschen

Das Icon **Weitere Funktionen** (Zahnradsymbol, Abbildung 3.90) bietet Ihnen darüber hinaus folgende Optionen:

- **Gelöschte Einträge anzeigen:** Hier werden die Einträge angezeigt, die Sie zuvor aus der Liste gelöscht haben.

3.6 Legal Case Management

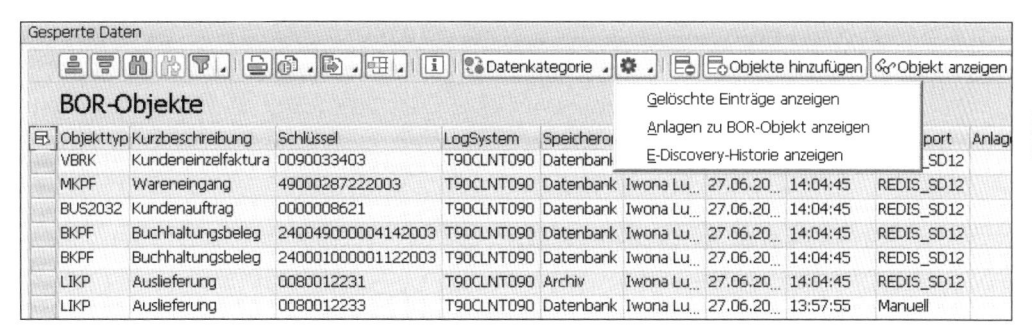

Abbildung 3.90 Transaktion ILM_LHM – Ergebnisliste mit Objekten bearbeiten, weitere Funktionen

- **Anlagen zu BOR-Objekten anzeigen:** Wenn Sie eine Zeile in der Liste mit den BOR-Objekten markieren, die in der Spalte **Anlagen** einen Wert > 0 anzeigt, so werden Ihnen die dazugehörigen Anlagen, z. B. die über SAP ArchiveLink abgelegten Originalbelege, angezeigt (Abbildung 3.91 zeigt Ihnen hierzu ein Beispiel). Wie bereits weiter oben erwähnt, sind die verknüpften Anlagen automatisch in den Rechtsfall einbezogen.

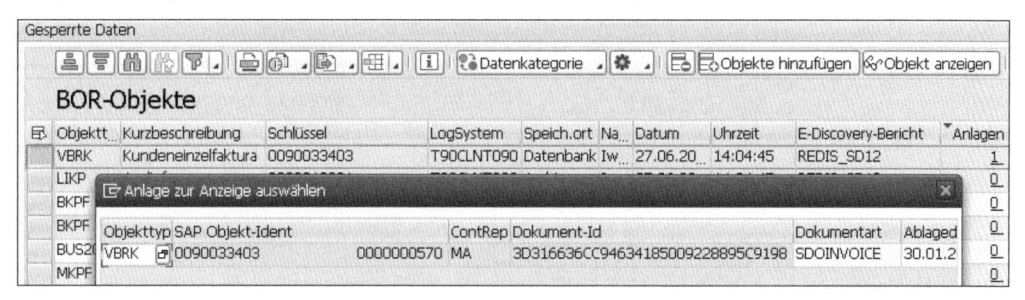

Abbildung 3.91 Transaktion ILM_LHM – Ergebnisliste mit Objekten bearbeiten, Anlagen zu BOR-Objekten anzeigen

- **E-Discovery-Historie anzeigen:** Diese Funktion zeigt Ihnen eine Historie des Rechtsfalls. Ein Beispiel dazu sehen Sie in Abbildung 3.92.

Abbildung 3.92 Transaktion ILM_LHM – Ergebnisliste mit Objekten bearbeiten, E-Discovery-Historie

> **Anlagen zu BOR-Objekten anzeigen**
> Die Anlagen zu BOR-Objekten werden Ihnen auch angezeigt, wenn Sie die Zahl in der Spalte **Anlagen** anklicken.

3.6.4 Rechtsfallbedingte Sperren setzen

Ein Rechtsfall liegt nun vor – Sie haben erfahren, wie man ihn anlegt und auch im Lauf der Zeit ändern kann. Sie wissen, wie man Instanzen (z. B. Belege) in ihn aufnehmen kann. Das bietet schon einen Mehrwert für Sie, denn Sie können im System die Rechtsfälle dokumentieren und auch Klarheit über die darin verwickelten Objekte schaffen.

Propagation der Rechtssperren auf Archivdateien

Sie können aber noch weitere ILM-Funktionalitäten nutzen und nun z. B. die sogenannte *Propagation der rechtsfallbedingten Sperren* durchführen. Wir nennen es alternativ auch das *Setzen von rechtsfallbedingten Sperren*. Die Funktionalität bewirkt, dass SAP ILM die Vernichtung von Daten nicht erlaubt, wenn diese Teil eines Rechtsfalls sind.

> **Grünes Licht für die Vernichtung von Daten**
> SAP ILM gibt grünes Licht für das Vernichten von Daten (das wir in Abschnitt 2.7, »Datenvernichtungsfunktionen«, besprochen haben), wenn die dazugehörige Aufbewahrungszeit vorbei ist und die Daten außerdem in keinem der aktiven Rechtsfälle als BOR-Instanzen vorhanden sind.

> **Geltungsbereich in Datenbank und Archiv**
> Der Geltungsbereich der rechtsfallbedingten Sperren erstreckt sich auf alle Daten: die archivierten, die über SAP ArchiveLink abgelegten und die auf der Datenbank gespeicherten. Sie fragen sich nun vielleicht, wie SAP ILM die Vernichtung von Daten, die in Rechtsfälle involviert sind, verhindern kann, wenn diese Daten in der Datenbank gespeichert sind. Sind die Daten archiviert, können Sie schließlich über den zugehörigen »Aufkleber« (das Attribut an der Archivdatei bzw. am SAP-ArchiveLink-Dokument) mit der Sperre versehen werden. Diese Sperren werden aber nicht an die Datenbanktabellen weitergegeben (propagiert).
>
> Nun, die Antwort liegt in der Anforderung, dass aufbewahrungspflichtige Daten nur mithilfe von SAP ILM vernichtet werden dürfen. Welche Funktionalitäten im Detail dafür zur Verfügung stehen, haben wir in Abschnitt 2.7,

3.6 Legal Case Management

»Datenvernichtungsfunktionen«, beschrieben. Wenn sich die Anwendungen daran halten und SAP ILM korrekt verwenden, kann es, wie beschrieben, korrekt grünes Licht für die Datenvernichtung geben.

Um diesen Service zu bieten, erstellt das System während der Archivierung zusätzliche »Aufkleber« an der Archivdatei. Der Aufkleber entsteht pro Rechtsfall, in den eine Instanz der Archivdatei verwickelt ist. Dieser Vorgang findet während der Löschphase statt. Die spannende Frage ist nun, wann die Informationen dieser »Aufkleber« dem ILM-zertifizierten Ablagesystem mitgeteilt werden. Es passiert *nicht* während der Ablagephase. Hierfür gibt es dedizierte Reports, die Sie (am besten als regelmäßige Jobs im Hintergrund) einplanen sollten. Bevor wir Ihnen diese Reports vorstellen, halten wir aber fest, dass Sie des Weiteren folgende Wünsche haben:

Rechtsfallbedingte Sperren während der Löschphase setzen

- Sie möchten, dass die Aufkleber mit der Sperrinformation auch dann entstehen, wenn Sie archivierte Daten – eine Zeit nach dem Vorgang der Archivierung – in einen Rechtsfall aufnehmen.

- Und Sie möchten, dass die Aufkleber von der Archivdatei entfernt werden, wenn Sie den Rechtsfall löschen oder eine Instanz aus dem Rechtsfall entfernen.

Diese Aktionen werden *nicht* automatisch beim Speichern des Rechtsfalls vorgenommen.

Für die genannten Fälle teilen Sie dem ILM-zertifizierten Ablagesystem die aktuellen Informationen zu den »Aufklebern« mithilfe des Reports ARC_LHM_PROPAGATE_LEGAL_HOLD (Rechtsfallbedingte Sperren auf Archivdateien anwenden) mit.

Report ARC_LHM_PROPAGATE_LEGAL_HOLD

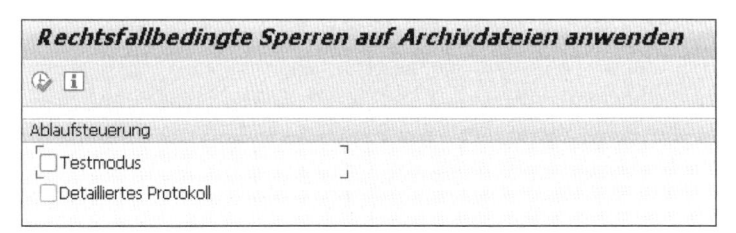

Abbildung 3.93 Report ARC_LHM_PROPAGATE_LEGAL_HOLD – rechtsfallbedingte Sperren auf Archivdateien anwenden

Der Report ARLNK_LHM_PROPAGATE_LEGAL_HOLD (Rechtsfallbedingte Sperren auf SAP-ArchiveLink-Referenzen anwenden) bietet Ihnen die gleiche Funktionalität, aber nicht für Archivdateien, sondern für Dokumente, die Sie über die SAP-ArchiveLink-Schnittstelle abgelegt haben.

Report ARLNK_LHM_PROPAGATE_LEGAL_HOLD

```
┌─────────────────────────────────────────────────────────────┐
│ Rechtsfallbedingte Sperren auf ArchiveLink-Referenzen anwenden │
├─────────────────────────────────────────────────────────────┤
│ ⊕ ℹ                                                          │
│ Ablaufsteuerung                                              │
│   ☐ Testmodus                                                │
│   ☐ Detailliertes Protokoll                                  │
└─────────────────────────────────────────────────────────────┘
```

Abbildung 3.94 Report ARLNK_LHM_PROPAGATE_LEGAL_HOLD – rechtsfallbedingte Sperren auf SAP-ArchiveLink-Referenzen anwenden

Beide Reports bieten das gleiche Selektionsbild (siehe Abbildung 3.93 und Abbildung 3.94), in dem Sie in der Gruppe **Ablaufsteuerung** Eingaben zum Modus (Test- oder Produktivmodus) und zum Protokollumfang (mit Detailprotokoll oder nicht) vornehmen können.

Protokollumfang — Wählen Sie ein Detailprotokoll, werden die einzelnen Ressourcen (Archivdateien bzw. die über SAP ArchiveLink abgelegten Objekte) auch dann im Anwendungs-Log protokolliert, wenn sie erfolgreich bearbeitet wurden. Andernfalls werden die Ressourcen nur protokolliert, wenn es sich um eine Fehlermeldung handelt. Die Pfade der Kollektionen werden in jedem Fall protokolliert.

Weiterführende Informationen finden Sie in der Dokumentation der genannten Reports.

[»] **Regelmäßiger Job im Hintergrund**

Die Archivierung von Daten kann eine beliebige Zeit später als das Aufnehmen dieser Daten in einen Rechtsfall stattfinden. Ebenfalls können Sie jederzeit einen Beleg oder einen über Archive-Link abgelegten Originalbeleg aus dem Rechtsfall entfernen. Aus diesem Grund empfehlen wir, den Report ARC_LHM_PROPAGATE_LEGAL_HOLD (Rechtsfallbedingte Sperren auf Archivdateien anwenden) sowie den Report ARLNK_LHM_PROPAGATE_LEGAL_HOLD (Rechtsfallbedingte Sperren auf SAP-ArchiveLink-Referenzen anwenden) als regelmäßigen Job im Hintergrund einzuplanen.

3.6.5 Extraktion von Datenobjekten mit Legal Hold

Wenn eine Sperre die ganze Löschung verhindert — Wir möchten hier noch einmal betonen, dass die in einem Rechtsfall gesperrten Daten nicht der Datenvernichtung unterzogen werden können. In der Transaktion ILM_DESTRUCTION (Datenvernichtung) ist ein kleines Schloss vor einer Datei zu sehen, sobald ein Beleg – eine BOR-Objekttyp-Instanz – aus dieser Archivdatei in einen Rechtsfall verwickelt ist (siehe z. B. Abbildung 2.73 in Abschnitt 2.7.4, »Archivdateien aus der zertifizierten ILM-Ablage«). Infolgedessen kann die ganze Archivdatei nicht gelöscht werden.

3.6 Legal Case Management

> **[zB] Ein Beleg verhindert die Vernichtung**
>
> Im Extremfall ist die Vernichtung einer ganzen Archivdatei mit Tausenden von Belegen nicht möglich, weil für einen einzigen Beleg darin in eine rechtsfallbedingte Sperre gesetzt ist.

In diesem Zusammenhang kann für Sie der Report RSARC_EXTRACT_LEGAL_HOLDS (Extraktion von Datenobjekten mit Legal Hold) von Interesse sein (siehe Abbildung 3.95). Falls Sie Archivdateien mit rechtsfallbedingten Sperren haben, die gemäß der Aufbewahrungszeit der Daten schon gelöscht werden könnten, extrahiert der Report die Datenobjekte der Archivdatei, die von dem Rechtsfall betroffen sind, in eine neue Archivdatei. (Den Begriff des Datenobjekts haben wir in Abschnitt 2.6.5, »Umgang mit bereits existierenden Dateien und Originalbelegen«, erklärt.) Die Legal-Hold-Information und die Informationen zur Aufbewahrungsdauer werden dabei selbstverständlich vollständig übernommen. Die Ausgangsdatei wird hingegen von der Legal-Hold-Sperre befreit, sodass Sie für sie die finale Löschung vornehmen können.

Report zur Extraktion von Datenobjekten mit Legal Hold

Sie können diesen Report auch im Hintergrund für mehrere Archivdateien oder Archivierungsobjekte einplanen.

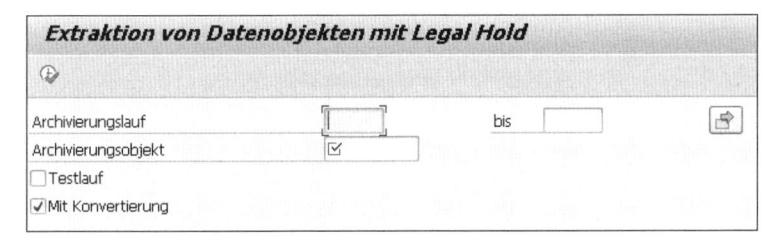

Abbildung 3.95 Report RSARC_EXTRACT_LEGAL_HOLDS – Extraktion von Datenobjekten mit Legal Hold

> **[«] Neue Archivdatei mit Ende der Aufbewahrungsdauer in der Vergangenheit?**
>
> Interessant ist dabei, dass SAP ILM beim Erstellen einer neuen Archivdatei das Ende der Aufbewahrungsdauer auf das aktuelle Datum (»heute«) oder auf ein Datum in der Zukunft setzt. Ist also die berechnete Aufbewahrungsdauer bereits abgelaufen, wird die Archivdatei mit dem aktuellen Datum als Ablaufdatum versehen und Sie können sie einen Tag später vernichten. Im Fall der Extraktion von Datenobjekten mit Legal Hold wird aber die Aufbewahrungsdauer nicht berechnet, sondern von der ursprüng-

lichen Datei übernommen (vererbt). Somit kann beim Anlegen der Archivdatei in diesem Spezialfall doch ein Datum in der Vergangenheit »aufgeprägt« werden.

Extraktion von Datenobjekten mit Legal Hold in in der Transaktion ILM_DESTRUCTION

Alternativ zum Report RSARC_EXTRACT_LEGAL_HOLDS (Extraktion von Datenobjekten mit Legal Hold) können Sie die Extraktion auch in der Transaktion ILM_DESTRUCTION (Datenvernichtung) vornehmen. Hierzu markieren Sie eine Archivdatei, die mit dem Schloss-Icon versehen ist, und wählen über die rechte Maustaste die Aktion **Datenobjekte mit Legal Hold extrahieren** (siehe Abbildung 3.96). Auf diesem Wege können Sie – im Gegensatz zu dem Report – nur den gerade markierten Lauf bearbeiten.

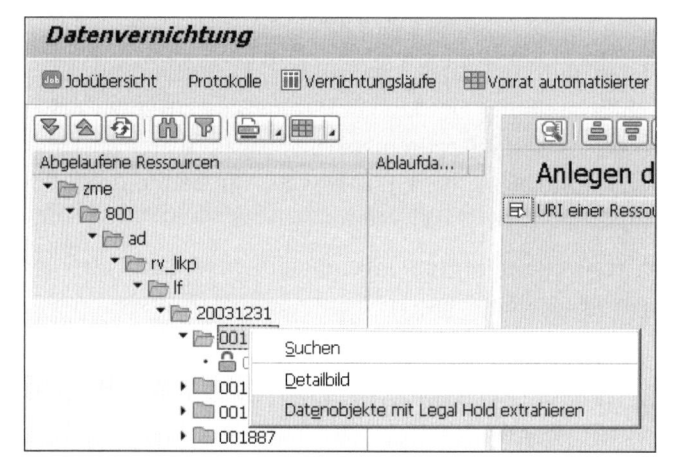

Abbildung 3.96 Transaktion ILM_DESTRUCTION – Extraktion von Datenobjekten mit Legal Hold

> **Ablage von extrahierten Dateien**
>
> Die Ablage von Archivdateien, die aus der Extraktion von Datenobjekten mit Legal Hold entstanden sind, erfolgt automatisch. Das System erzeugt keinen Ablagejob mit den Buchstaben STO. Die Ablage geschieht also synchron.

3.6.6 Rechtsfall abschließen oder löschen

Status eines Rechtsfalls verändern

Sie können den Status eines Rechtsfalls ändern, wie in Abbildung 3.97 dargestellt. Ist der Rechtsfall abgeschlossen, so setzen Sie für ihn den Status **50 (Fall geschlossen)**.

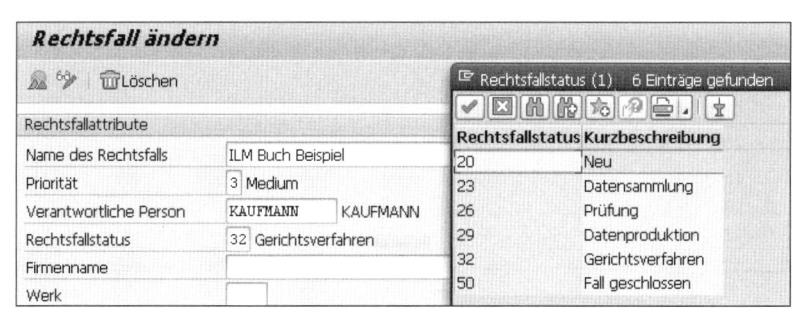

Abbildung 3.97 Transaktion ILM_LHM – Rechtsfallstatus ändern und Rechtsfall löschen

Dieser Status ist die Voraussetzung dafür, dass Sie den Rechtsfall löschen können. Setzen Sie ihn, und speichern Sie Ihre Eingaben, erscheint das in Abbildung 3.98 gezeigte Pop-up-Fenster. Die Transaktion vergewissert sich, dass sie den Rechtsfall schließen und somit alle Objekte aus der Tabelle **Gesperrte Daten** entfernen kann. Dies ist auch notwendig, damit die Sperren aus den dazugehörigen Archivdateien (wie in Abschnitt 3.6.4, »Rechtsfallbedingte Sperren setzen«, beschrieben) entfernt werden können.

Rechtsfall schließen

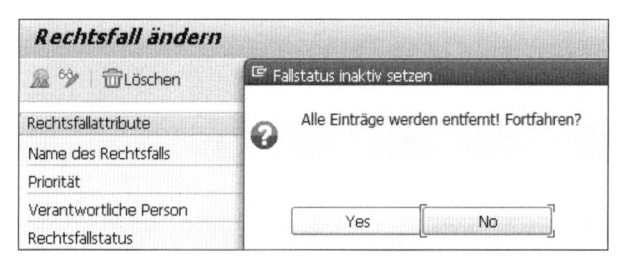

Abbildung 3.98 Transaktion ILM_LHM – Rechtsfallstatus »Fall geschlossen« setzen

Das Löschen des Rechtsfalls nehmen Sie anschließend über die Schaltfläche **Löschen** vor (siehe Abbildung 3.97). Ist der Rechtsfall noch nicht abgeschlossen, aber Sie wollen die Sperre für ein bestimmtes Objekt aufheben, markieren Sie den entsprechenden Eintrag in der Liste der gesperrten BOR-Objekte und wählen das Icon **Markierte Zeilen löschen**, wie bereits in Abbildung 3.89 gezeigt.

Gesamten Rechtsfall oder einzelne Objekte löschen

Kapitel 4
Vereinfachtes Sperren mit SAP ILM

Sobald der ursprüngliche Verwendungszweck endet, müssen personenbezogene Daten gelöscht werden. Wenn jedoch andere Aufbewahrungsfristen gelten, müssen die Daten gesperrt werden. Wie gehen Sie damit um? Kann, und wenn ja, wie SAP ILM Ihnen dabei helfen?

In diesem Kapitel beschreiben wir das vereinfachte Sperren von personenbezogenen Daten in der SAP Business Suite und SAP S/4HANA. Es handelt sich dabei um eine neue Teilfunktionalität des Retention-Management-Szenarios (RM) von SAP ILM.

4.1 Wie die DSGVO SAP ILM zur Blütezeit verhalf

Diese neue Teilfunktionalität wurde im Zusammenhang mit der Datenschutz-Grundverordnung (DSGVO) entwickelt, die am 25.5.2018 in Kraft getreten ist. Je näher das Datum rückte, desto mehr Unternehmen waren gezwungen, das Sperren und das Löschen von personenbezogenen Daten anzugehen.

> **Das Konzept des vereinfachten Sperrens und Löschens**
> Das Konzept des vereinfachten Sperrens und Löschens wurde so benannt, weil die Nutzung von SAP ILM tatsächlich eine wesentliche Vereinfachung darstellt, das Sperren und Löschen aber auch über die klassische Datenarchivierung prinzipiell möglich wäre.

So verhalf die Verordnung SAP ILM also zur Blütezeit. Denn so sinnvoll das Löschen von Daten nach Ablauf der Aufbewahrungszeit prinzipiell ist, die wenigsten Unternehmen interessierten sich dafür. Nun aber, da SAP ILM im Zuge der DSGVO um die Funktionalität des Sperrens ergänzt wurde und das *vereinfachte Sperren und Löschen von personenbezogenen Daten mit SAP ILM* zu *der* Lösung für SAP Business Suite und S/4HANA für die damit adressierten Themen wurde, war SAP ILM in entsprechenden Kreisen in aller Munde. In diesem Kapitel besprechen wir dieses Sperren. Das Löschen haben wir bereits in Abschnitt 2.7, »Datenvernichtungsfunktionen«, beschrieben.

Blütezeit für SAP ILM

> **Weiterführende Informationen zur DSGVO**
>
> Wenn Sie nach weiterführenden Informationen zur Datenschutz-Grundverordnung suchen, empfehlen wir Ihnen z. B. unser Buch zum Thema, das sowohl auf Deutsch als auch auf Englisch erschienen ist:
>
> - Lehnert, Luther, Christoph, Pluder: »Datenschutz mit SAP – SAP Business Suite und SAP S/4HANA«, SAP PRESS 2017
>   *https://www.rheinwerk-verlag.de/datenschutz-mit-sap_4524/*
> - Lehnert, Luther, Christoph, Pluder, Fernandes: »GDPR and SAP – Data Privacy with SAP Business Suite and SAP S/4HANA«, SAP PRESS 2018
>   *https://www.rheinwerk-verlag.de/gdpr-and-sap_4652/*

Wie Sie es aus den ersten Kapiteln dieses Buches wissen, ergänzt das Retention-Management-Szenario von SAP ILM die SAP-Standardauslieferung in der SAP Business Suite und SAP S/4HANA um die Fähigkeit, den Lebenszyklus Ihrer produktiven Daten, die Sie in der Datenbank oder in einer BC-ILM-zertifizierten Ablage speichern, auf der Basis vorgegebener Regeln zu verwalten. Diese Regeln nennen wir auch *IRM-Regeln* (Information Retention Management). SAP ILM nutzt außerdem ILM-spezifische, erweiterte Funktionen der *ADK-Datenarchivierung*.

Beitrag zu Ihrer Compliance-Strategie

Somit ist SAP ILM ein wichtiger Bestandteil in der Compliance-Strategie jedes Unternehmens, denn es hilft dem Unternehmen, die gesetzlichen Regelungen zur Datenaufbewahrung einzuhalten. Diese Regelungen hängen vom Land und von der Industrie ab, in denen ein Unternehmen tätig ist, und definieren ebenfalls, in welchem Land die Geschäftsdaten aufbewahrt werden müssen (*Ursprungsland*).

ILM-basierte Archivierung

Die ILM-basierte Datenarchivierung legt den Fokus auf aufbewahrungspflichtige Massendaten, die Sie vor allem aus Performancegründen in Archive auslagern möchten. Die Aufbewahrungsfrist, z. B. nach der Abgabenordnung, stellt dabei den »primären« Zweck dar (siehe Abbildung 4.1).

Datenschutzrechtliche Perspektive

In der *datenschutzrechtlichen Perspektive* geht es hingegen um die Verarbeitung personenbezogener Daten im Rahmen des *Verwendungszwecks*. (Auf diesen nehmen wir an zahlreichen Stellen in unserem oben genannten Buch von Lehnert, Luther, Christoph, Pluder: »Datenschutz mit SAP – SAP Business Suite und SAP S/4HANA«, SAP PRESS 2017) Bezug. Dort besprechen wir den Begriff *Zweck* unter anderem in Abschnitt 1.1.3, »Grundlagen der Verarbeitung«, und auch in Kapitel 5, »Struktur ist alles: Verarbeitung muss auf dem Zweck basieren«.) Ist der *primäre* oder *ursprüngliche Zweck* der Verarbeitung vorbei, kann eine Aufbewahrung nur aufgrund anderer verbindlicher Grundlagen, wie z. B. gesetzlicher Aufbewahrungsfristen, erfolgen (*andere Zwecke*).

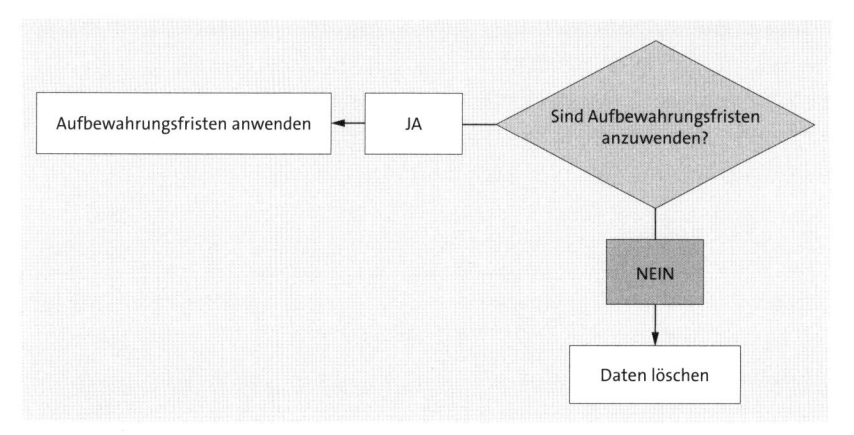

Abbildung 4.1 ILM-Denkweise ohne datenschutzrechtliche Perspektive

In Abbildung 4.2 sehen Sie jetzt die Abfolge der möglichen Prüfschritte, wie sie sich aus Datenschutzsicht ergibt.

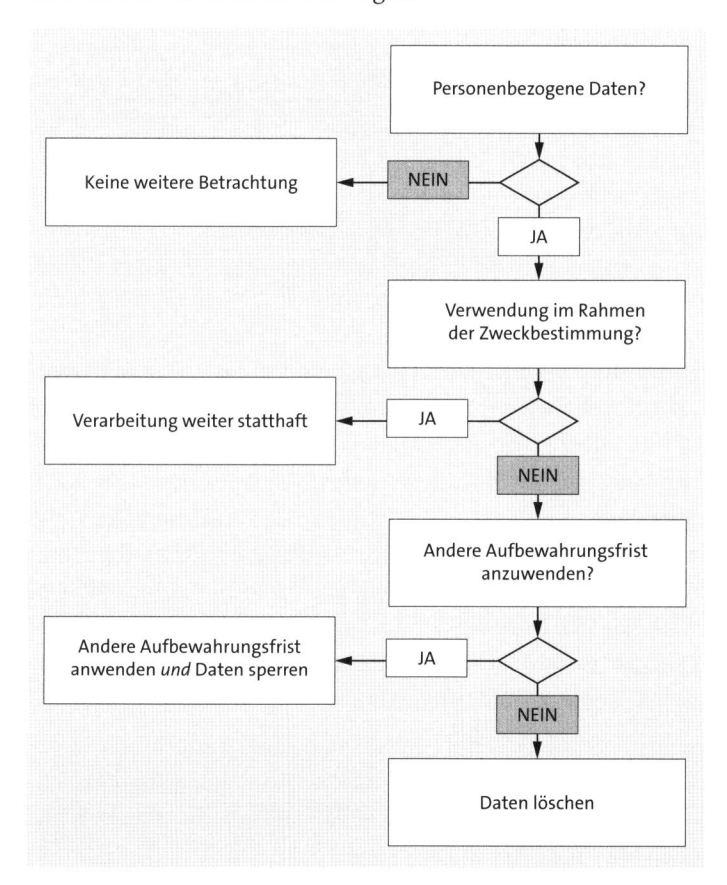

Abbildung 4.2 ILM-Denkweise mit datenschutzrechtlicher Perspektive
(Quelle: Lehnert, Stelzner, John, Otto, »SAP-Berechtigungswesen«, 2016)

Lebenszyklus Damit ergibt sich ein wichtiges Schema für den Lebenszyklus von personenbezogenen Daten (siehe Abbildung 4.3). Die Anforderung ist dabei, dass personenbezogene Daten, deren Verarbeitungszweck geendet hat, gelöscht werden müssen; es sei denn, andere Aufbewahrungsfristen sind anzuwenden. In diesem Fall sind die Daten zu sperren.

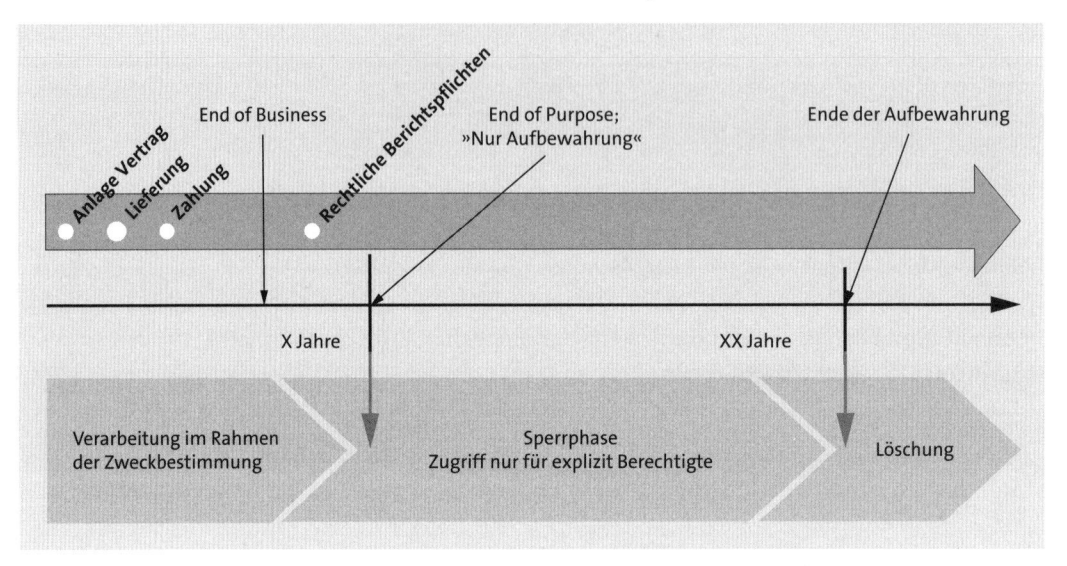

Abbildung 4.3 Lebenszyklus personenbezogener Daten (Lehnert, Luther, Christoph, Pluder, »Datenschutz mit SAP«, SAP PRESS 2017)

Verarbeitung im Rahmen der Zweckbestimmung An einem einfachen Beispiel dargestellt, ergibt sich folgende Betrachtung: Nach unserer Auffassung haben wir es mit einer Verarbeitung im Rahmen der Zweckbestimmung, beispielsweise bei einem einfachen Verkaufsvorgang, zu tun. Der Kunde bestellt Waren, ein Vertrag kommt zustande, die Zahlung erfolgt etc. Alle personenbezogenen Daten, die für diese Abwicklung notwendig sind, müssen für den Verwendungszeck verfügbar sein. Wir gehen ferner davon aus, dass zum Zwecke des eigentlichen Geschäfts ebenso noch rechtlich verbindliche Berichtspflichten hinzuzurechnen sind. Im Rahmen der *International Financial Reporting Standards* (IFRS) ist es erforderlich, Vergleiche in Bezug auf die Vergleichsperiode (das Vorjahr) anzustellen. Dies ist nur möglich, wenn die Daten der Vergleichsperiode auch tatsächlich verarbeitet werden können.

Sperrphase – Löschung noch nicht erlaubt Die anschließende *Sperrphase* bedeutet, dass nach dem Ende der Zweckbestimmung andere gesetzliche, vertragliche oder satzungsgemäße Aufbewahrungsfristen zu befolgen sind. In diesem Fall dürfen die Daten nicht gelöscht, müssen aber gesperrt werden. Das Sperren muss jede Verarbeitung, die nicht auf gesetzlichen, vertraglichen oder satzungsmäßigen Pflichten beruht, wirksam unterbinden.

Anschließend erreichen wir die Phase der Löschung der personenbezogenen Daten. Wenn es keine weiteren gesetzlichen, vertraglichen oder satzungsmäßigen Aufbewahrungsfristen mehr gibt, sind die personenbezogenen Daten zu löschen. Löschung bedeutet in diesem Kontext, dass die Daten nicht mehr wiederhergestellt werden können. SAP ILM vereinfacht diese Anforderungen erheblich.

Phase der Löschung

EoB, EoP und der EoP-Check

- *End of Business* (EoB) ist der Beginn der Verweildauer.
- *End of Purpose* (EoP) ist das Ende der Verweildauer.
- Der *EoP-Check* (EoP-Prüfung) ist die Prüfung auf das Ende des Verwendungszwecks hin. Der EoP-Check besteht immer aus zwei Schritten: der Prüfung, ob ein Stammdatum gesperrt werden darf, und der Verteilung dieser Sperre.

Hinweise zu weiterführenden Informationen zum EoP-Check finden Sie am Ende dieses Abschnitts.

Stellen wir nun abschließend die Begriffe und ihre Definitionen so zusammen, wie sie im Kontext dieses Buches verwendet werden:

Begrifflichkeiten

- Wenn personenbezogene Daten in der SAP Business Suite verarbeitet werden, sollten die *Zwecke der Verarbeitung* vorab festgelegt sein.
- *Zweck* ist kein bestimmter Rechtsbegriff, sondern er bedarf der Interpretation durch die verarbeitende Stelle.
  - Zur Zweckbestimmung können fallweise Berichtspflichten, die sich gesetzlich oder rechtsgleich aus dem ursprünglichen Rechtsgeschäft ergeben, gerechnet werden.
  - Möglicherweise können weitere Rechtsgründe, wie z. B. IFRS, als Zweck heranzuziehen sein.
- Aus der Zweckbestimmung und der Art der Daten lassen sich *Verweildauer* (Residenzzeiten) und *Aufbewahrungspflichten* ableiten.
  Verweilregeln sind die Zeiten, in denen Daten im Rahmen der Zweckbestimmung verarbeitet werden dürfen.
  Unterschiedliche Geschäfte haben unterschiedliche Zweckbestimmungen: Der Handel mit Pfefferminzöl hätte demnach eine andere Zweckbestimmung als der Handel mit Hustensaft. Im ersten Fall könnte die Auffassung vertreten werden, dass eine 10-jährige, im zweiten Fall, weil es sich um ein Medikament handelt, aus Gründen der Produkthaftung eine 30-jährige Aufbewahrung erforderlich ist.

- *Aufbewahrungsfristen* definieren die Zeit, in der die Daten aus anderen Zwecken als dem ursprünglichen Verwendungszweck aufbewahrt werden müssen. In diesem Fall sind sie zu sperren.
- Die *Löschpflicht* korrespondiert mit der Sperrpflicht. Es ist sinnvoll, die Fristermittlung für beide Tatbestände gleichzeitig zu bestimmen und zu hinterlegen. Im System sollen Sie nur Daten vorhalten, für deren Verarbeitung es eine gesetzliche, vertragliche oder sonstige rechtskonforme Grundlage gibt.

[»] **Bedeutung der Verweildauer – Prüfgebiet ARCHIVING und BUPA_DP**

Wie Sie in Abschnitt 2.3, »Das Prüfgebiet – Ihr Grund zur Definition von Aufbewahrungsregeln«, gelesen haben, müssen Sie für das Sperren von personenbezogenen Daten Verweildauern im Prüfgebiet BUPA_DP (Business Partner Data Privacy) anlegen. Sie dürfen genau dieses Prüfgebiet dafür nutzen (kein anderes und auch keine Kopie davon). Beachten Sie in diesem Zusammenhang, dass das Prüfgebiet BUPA_DP im Zusammenhang mit den Aufbewahrungsregeln *keine* besondere Bedeutung hat. Es ist für die Aufbewahrungsdauern ein Prüfgebiet wie jedes andere.

Des Weiteren haben Sie in Abschnitt 2.4, »Regelwerkkategorien«, erfahren, dass die Verweildauer den Zeitraum definiert, über den die Daten gemäß Ihren Vorgaben auf der Datenbank verbleiben sollen, bevor sie archiviert werden. Mit dem Konzept des vereinfachten Sperrens und Löschens bekommt dieser Begriff noch eine zweite Bedeutung: Verweildauern (Residenzzeiten) sind demnach die Zeiten, in denen Daten im Rahmen der Zweckbestimmung verarbeitet werden dürfen. Doch wie können Sie zwischen den beiden Einsatzgebieten unterscheiden? Das geht sehr einfach: Im ersten Fall wird das Prüfgebiet ARCHIVING (Datenarchivierung) verwendet, im zweiten Fall das Prüfgebiet BUPA_DP (Business Partner Data Privacy).

Weiterführende Informationen Wo Sie die Dokumentation und weiterführende Informationen zum Datenschutz finden, führen wir im Folgenden auf. Da diese Pfade ab und zu angepasst werden, empfehlen wir Ihnen, die Suchfunktion in der Dokumentation mit Schlagworten wie »Datenschutz« zu nutzen, wenn Sie einen Pfad nicht finden können.

- **Für SAP ERP:**
  Unter *http://help.sap.com/erp* und **Application Help** • **SAP Library (Deutsch)** • **Anwendungsübergreifende Funktionen in SAP ERP** • **Anwendungsübergreifende Komponenten** • **Datenschutz**. Diesen Link erreichen Sie auch, wenn Sie die SAP-Dokumentation unter *https://help.sap.com/* aufrufen, in der Suchleiste »SAP ERP« eingeben und in der Drop-down-Liste auf **SAP ERP** klicken. Eine längere Fassung des gleichen Links lautet: *https://help.sap.com/viewer/p/SAP_ERP*

- **Für SAP S/4HANA (On-Premise):**
  Unter *http://help.sap.com/s4hana* und **Product Assistance • Deutsch (German) • Übergreifende Komponenten • Datenschutz**. Eine längere Fassung des gleichen Links lautet *https://help.sap.com/SAP_S4HANA_ON-PREMISE* bzw. *https://help.sap.com/viewer/p/SAP_S4HANA_ON-PREMISE*

- **Für SAP S/4HANA (Cloud):**
  Unter *http://help.sap.com/s4hana_cloud* und **Product Assistance • Deutsch (German)** und darin:
  - bis einschließlich SAP S/4HANA Cloud 1905 **Allgemeine Informationen • Sicherheitsaspekte • Datenschutz** oder **Allgemeine Informationen • Datenmanagement • Sperren und Löschen personenbezogener Daten**
  - ab SAP S/4HANA Cloud 1908 **SAP S/4HANA Cloud schützen • Zugriffskontrolle und Datenschutz • Datenschutz** oder **SAP S/4HANA Cloud verwalten • Datenverwaltung • Sperren und Löschen personenbezogener Daten**

  Eine längere Fassung des gleichen Links lautet
  https://help.sap.com/viewer/p/SAP_S4HANA_CLOUD

Die Dokumentation und weiterführende Informationen zur EoP-Prüfung (EoP-Check) finden Sie hier:

- **Für SAP ERP:**
  In diesem Bereich liegen Links, wie die in den folgenden Punkten beschriebenen, leider nicht vor.

- **Für SAP S/4HANA (On-Premise):**
  Weiterführende anwendungsspezifische Informationen zum EoP-Check für SAP S/4HANA (On-Premise) kann die jeweilige Anwendung in ihrer Dokumentation anbieten, z. B. im Abschnitt »Data Management«. Zwei Beispiele dazu aus der Product Assistance für SAP S/4HANA 1809:
  - »Data Management in Sales«
    https://help.sap.com/viewer/7b24a64d9d0941bda1afa753263d9e39/1809.000/en-US/9dbad4c9a96d43a6be2d8d5cb8d9f154.html
  - »Data Management in Sourcing and Procurement«
    https://help.sap.com/viewer/af9ef57f504840d2b81be8667206d485/1809.000/en-US/98eba05ba4304ddea71746f639d6a134.html

- **Für SAP S/4HANA (Cloud):**
  Weiterführende anwendungsspezifische Informationen zum EoP-Check für SAP S/4HANA (Cloud) kann die jeweilige Anwendung in ihrer Dokumentation anbieten, z. B. im Abschnitt »Data Management«. Auch hier zwei Beispiele:

- »Data Management in Order and Contract Management«
  https://help.sap.com/viewer/DRAFT/a376cd9ea00d476b96f18dea12
  47e6a5/1902.500/en-US/9dbad4c9a96d43a6be2d8d5cb8d9f154.html
- »Data Management in Sourcing and Procurement«
  https://help.sap.com/viewer/DRAFT/0e602d466b99490187fcbb30d1dc
  897c/1902.500/en-US/b3b6d6f0c6b24802bf136d5a7bead669.html

Weiterführende anwendungsübergreifende Informationen zum EoP-Check finden Sie in der Dokumentation. Folgen Sie hierzu den oben genannten Links und dann weiter über **Vereinfachtes Sperren und Löschen • Prüfung auf Ende des Verwendungszwecks**.

4.2 Lösungsübersicht

Abbildung 4.4 zeigt Ihnen nun, an welchen beiden zentralen Stellen die ILM-Fristen zum Einsatz kommen, nämlich bei der Definition der Verweildauern (Residenzzeiten) sowie bei der Definition der Aufbewahrungsfristen. Dies gilt sowohl für Ihre Stamm- als auch die Bewegungsdaten.

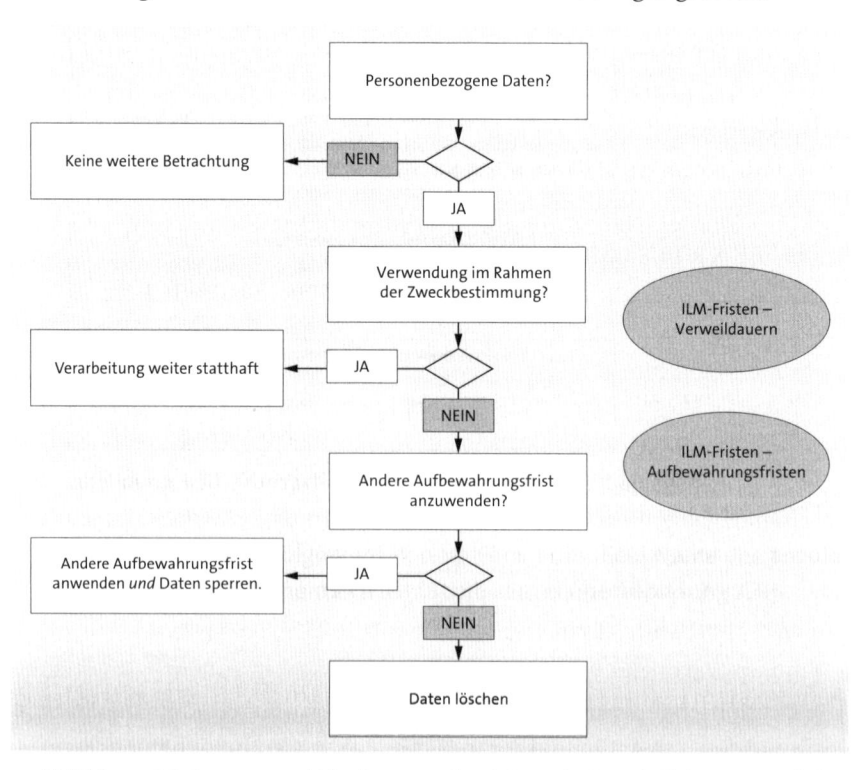

Abbildung 4.4 Sperren und Löschen aus der datenschutzrechtlichen Perspektive – technische Betrachtung (SAP-Schulung BIT665, 2017)

Damit ergibt sich das in Abbildung 4.5 dargestellte Bild, das wir nun im Detail besprechen wollen.

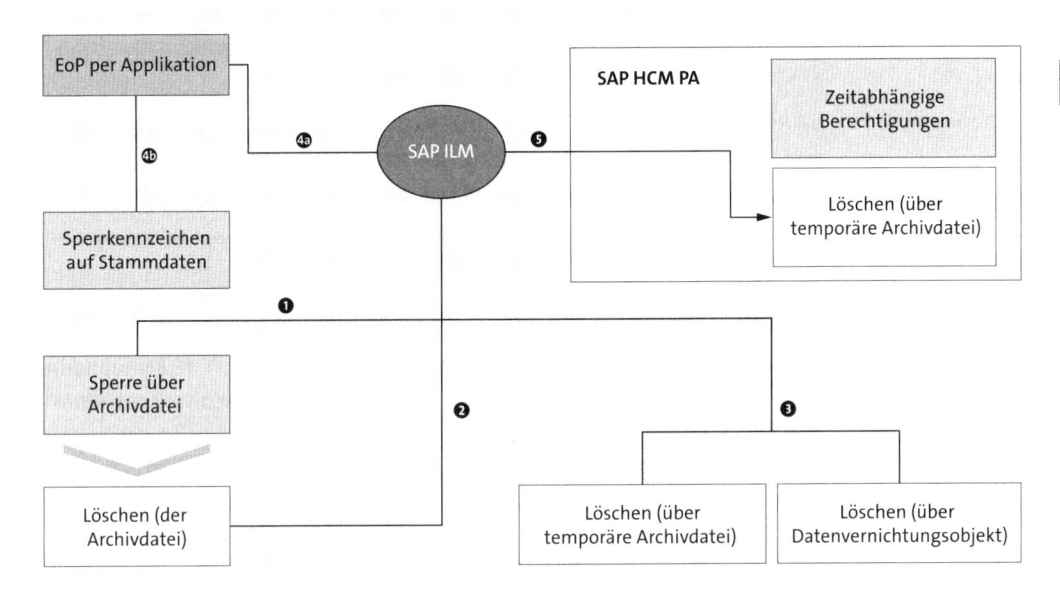

Abbildung 4.5 Sperren und Löschen mit ILM-Mitteln (Lehnert, Stelzner, John, Otto, »SAP-Berechtigungswesen«, SAP PRESS 2016)

Unabhängig von einer *stammdatenbasierten Sperre* kann ein betriebswirtschaftliches Objekt über eine Archivdatei gesperrt werden (❶ in Abbildung 4.5).

Stammdatenbasierte Sperre

In SAP ILM sind – wie in den vorangehenden Kapiteln erklärt – die Verweildauern und Aufbewahrungsfristen für die jeweiligen *ILM-Objekte* hinterlegt. Ein ILM-Objekt ist hingegen mit genau einem Archivierungsobjekt bzw. Datenvernichtungsobjekt verknüpft. Dieses wiederum steht im Dienste eines bestimmten betriebswirtschaftlichen Objektes, das wir häufig als *BOR-Objekt* oder *BOR-Objekttyp* (Business Object Repository) bezeichnen.

Magische Verbindungen

Stammdaten vs. Bewegungsdaten

Im Kontext unseres Themas werden wir zwischen dem Sperren von Stammdaten und dem Sperren von Bewegungsdaten (transaktionalen Daten) unterscheiden. Wir verstehen hier unter »Stammdaten« (nur) folgende Daten:

- Kunde (auch *Customer* oder *Debitor* genannt)
- Lieferant (auch *Vendor* oder *Kreditor* genannt)
- zentraler Geschäftspartner (auch *cBP* genannt, Central Business Partner)
- Ansprechpartner

Wie zu erwarten, kann es auch hier Ausnahmen geben. Zum einen gestaltet sich das Sperrkonzept in SAP ERP HCM etwas anders (siehe dazu Kapitel 6, »Sperren und Vernichten in SAP ERP HCM«). Zum anderen gibt es beispielsweise im Versicherungswesen langlebige Daten (unter anderem im Zusammenhang mit Haftpflichtversicherungen), die ihrer Natur nach eine aktive Vorhaltung im System erforderlich machen. Dementsprechend ist es vorteilhafter, sie als gesperrt zu kennzeichnen als sie zu archivieren.

Für die Stammdaten steht Ihnen eine stammdatenbasierte Sperre zur Verfügung. Das betriebswirtschaftliche Objekt hat hier auf der Tabellenebene ein besonderes Kennzeichen (Attribut), das die Information **ist gesperrt** tragen kann. Die Bewegungsdaten sperren Sie, indem Sie sie archivieren. Spezielle, neue Berechtigungskonzepte und -objekte kommen hier zum Einsatz.

Unabhängig von den Konzepten für das Sperren stehen Ihnen für das Vernichten von Daten als Lösung ein Datenvernichtungsobjekt oder die ILM-Aktion *Datenvernichtung* zur Verfügung (siehe Abschnitt 2.7, »Datenvernichtungsfunktionen«).

| Archivierbarkeitsprüfung | Soll ein Business-Objekt (z. B. ein Kundenauftrag) archiviert werden, wird geprüft, ob die folgenden Voraussetzungen *kumulativ* gegeben sind: |

- Das Objekt ist abgeschlossen. (Die Daten in der Archivdatei sind dann nicht mehr änderbar.) Diese Verprobungen finden vor allem im Coding des Archivschreibprogramms statt (gegebenenfalls auch im Vorlaufprogramm, wenn vorhanden).
- Die Verweildauern (Residenzzeiten) – so Sie diese definiert haben – sind verstrichen. Die beiden Möglichkeiten, die Ihnen zur Verfügung stehen, um die Verweildauer zu definieren, haben wir in Abschnitt 2.4, »Regelwerkkategorien«, beschrieben.

Sind diese gerade besprochenen *Archivierbarkeitsprüfungen* bestanden, wird der Kundenauftrag in eine Archivdatei geschrieben. Diese Archivdatei ist durch Berechtigungen geschützt, sodass der Zugriff auf den Kundenauftrag wirksam gesperrt ist. Auch dieses Konzept kommen wir noch zu sprechen.

| Kann die Aufbewahrungsfrist schon bestimmt werden? | In Abschnitt 2.3.6, »Die Gruppe ›ILM-Aktionen‹ im Archivschreibprogramm«, haben wir beschrieben, dass beim Übertragen der Daten in eine Archivdatei die Aufbewahrungsfrist in folgenden Fällen bestimmt oder nicht bestimmt werden kann: |

- Die Aufbewahrungsfrist kann von SAP ILM bestimmt werden, falls Sie entsprechende Aufbewahrungsfristen definiert haben und alle benötigten Feldwerte bestimmt werden konnten.

- Die Aufbewahrungsfrist kann von SAP ILM noch nicht bestimmt werden, falls Sie entsprechende Aufbewahrungsfristen zwar definiert haben, aber nicht alle benötigten Feldwerte bestimmt werden konnten. Dies kann in komplexen Geschäftsvorfällen, z. B. im Versicherungsbereich oder in der Personalwirtschaft der Fall sein.

[zB] **Beginn der Aufbewahrungsfrist**
Die Aufbewahrungsfrist beginnt mit dem Ausscheiden des Mitarbeiters aus dem Unternehmen. Dieser Zeitpunkt ist noch nicht erreicht.

Ob die archivierten Daten bereits mit einem Ende der Aufbewahrungsfrist versehen sind oder ob das Datum unbestimmt bleibt und nachträglich ermittelt wird, ist für das Thema in diesem Kapitel unerheblich.

Die gesperrten Daten müssen irgendwann gelöscht werden (❷ in Abbildung 4.5). Auch dies wird über SAP ILM gesteuert. Diesem Thema haben wir bereits Abschnitt 2.7, »Datenvernichtungsfunktionen«, gewidmet.

Löschung der gesperrten Daten

Wichtig für das Verständnis ist, dass, sofern der Zweck der Datenverarbeitung und die Aufbewahrungsfristen übereinstimmen und beide verstrichen sind, ein Sperren nicht erforderlich ist (siehe ❸ in Abbildung 4.5). Sie können die Daten direkt löschen. Die Fristen für diese Löschung werden selbstverständlich im IRM bestimmt und eingehalten. Wie Sie bereits aus den vorangehenden Kapiteln wissen, stehen Ihnen hierzu zwei Alternativen zur Verfügung:

Löschung ohne Sperrphase

- ein Datenvernichtungsobjekt
- Die ILM-Aktion *Datenvernichtung* im Selektionsbild eines ILM-fähigen Archivschreibprogramms. Dies ist in Abbildung 4.5 mit »Löschen (über temporäre Archivdatei)« gemeint. Die Schreibphase erzeugt eine Archivdatei, die das ADK automatisch am Ende der Löschphase löscht. Es findet keine Ablage der Datei statt, und die Indizes aus dem SAP Archivinformationssystem werden nicht fortgeschrieben.

Nachdem Sie die Verweildauern und Aufbewahrungsfristen im IRM gepflegt haben, verhält sich die stammdatenbasierte Sperre wie folgt:

Stammdatenbasierte Sperre

- Jede registrierte Applikation (in der Regel sind es Applikationen mit Bewegungsdaten, die Referenzen zu den benötigten Stammdaten haben) wird gerufen und führt ihre *EoP-Prüfungen* durch (❹a in Abbildung 4.5). Das Sperren der vorliegenden Stammdateninstanz ist nur unter den folgenden Voraussetzungen möglich:
  - sofern alle Applikationen keine weitere Verwendung für die Stammdaten haben, die Sie sperren möchten

- sofern die vom IRM berechneten Fristen für die von Ihnen eingangs definierten Verweildauern verstrichen sind (siehe Abschnitt 4.3.3, »Für das Sperren von Stammdaten in SAP ILM«)
- Wenn *beide* Voraussetzungen zutreffen, wird in den Stammdaten zu »Kunde« und/oder »Lieferant« und/oder »zentraler Geschäftspartner« ein Sperrkennzeichen gesetzt (❹b in Abbildung 4.5).

Die mit diesem Stammdatum verbundenen Bewegungsdaten können in der Folge regelmäßig nicht oder nur noch teilweise angezeigt werden. Sie können ferner nicht mehr geändert werden, und auch die Neuanlage von Geschäften ist nicht mehr möglich.

Rolle der Berechtigungen

Die Anzeige der Daten wird über Berechtigungen geschützt. Das heißt, dass ein Zugriff für speziell berechtigte Personen (z. B. Steuerprüfer oder Wirtschaftsprüfer) noch möglich ist. Wir beschreiben dieses Konzept noch ausführlich in Abschnitt 4.3, »Vorbereitungen«.

Sachlage in ERP HCM PA

In SAP ERP HCM PA (Personaladministration) werden die Daten nicht über die soeben dargestellten Wege gesperrt (❺ in Abbildung 4.5). Hier erfolgt lediglich das Löschen der Daten über SAP ILM. Weitere Informationen dazu finden Sie in Kapitel 6, »Sperren und Vernichten in SAP ERP HCM«.

[»] **Feldmaskierung**

Unabhängig davon, ob wir von Stamm- oder Bewegungsdaten sprechen, bietet das System Ihnen in manchen Fällen die sogenannte *Feldmaskierung* an. Sie kennen sie womöglich bereits von der Darstellung einer Konto- oder Kartennummer, bei der die ersten Stellen beispielsweise durch ein Sternchen (*) dargestellt und nur die letzten Stellen im Klartext zu lesen sind. Einstellungen zu dieser Feldmaskierung können Sie über die Transaktion SDMSK (Data Masking) vornehmen. (Bei Drucklegung des Buches stand diese Funktionalität nur für SAP GUI und z. B. nicht für Web Dynpro zur Verfügung. Weitere Informationen zur Verfügbarkeit der Funktionalität bietet Ihnen SAP-Hinweis 2512600 (Verfügbarkeit der Feldmaskierung in der SAP-Basis).

Durchführung von ILM-DSGVO-Projekten

Als abschließenden Aspekt der Lösungsübersicht zum Thema vereinfachtes Sperren und Löschen mit SAP ILM möchten wir Sie noch auf Kapitel 7, »Umsetzung eines SAP-ILM-DSGVO-Projekts«, hinweisen. Dort liefern Experten aus der ILM-Beratungsorganisation hilfreiche Einsichten und geben Ihnen Tipps zur Durchführung von ILM-Projekten mit dem Schwerpunkt DSGVO.

4.3 Vorbereitungen

In diesem Abschnitt erläutern wir, welche Vorbereitungen Sie für das vereinfachte Sperren von personenbezogenen Daten mit SAP ILM vornehmen müssen. Aus dem vorangegangenen Abschnitt zur Lösungsübersicht wissen Sie, dass wir beim Sperren zwischen dem Konzept für die Stammdaten und dem Konzept für Bewegungsdaten (transaktionale Daten) unterscheiden. Daher werden wir nun die notwendigen Vorbereitungen für die beiden Gruppen nacheinander besprechen. Ebenfalls werden wir dabei die Vorbereitungen unterscheiden, die Sie in der Transaktion SPRO (Customizing: Projekt bearbeiten) und in den ILM-Transaktionen machen müssen.

4.3.1 Für das Sperren von Stammdaten in der Transaktion SPRO

Besprechen wir nun, welche Vorbereitungen Sie in der Transaktion SPRO (Customizing: Projekt bearbeiten) für das Sperren von Stammdaten (also Debitoren, Kreditoren, den Ansprechpartner und den zentralen Geschäftspartner) im Geschäftsprozess vornehmen sollen.

Vorbereitungen für Debitor, Kreditor, cBP

Zunächst einmal müssen Sie die benötigten Business-Funktionen aktivieren:

- BUPA_ILM_BF
  ILM-basiertes Löschen von Geschäftspartnern
- ERP_CVP_ILM_1
  ILM-basiertes Löschen von Kunden- und Lieferantenstammdaten
- ILM_BLOCKING
  ILM-Sperrfunktionalität (wird nur benötigt, wenn Sie planen, gesperrte Stammdaten zu archivieren)
- FICAX_BUPA_BLOCKING, SCM_SCMB_LOC_ILM_1, ISH_BP_OM und ISH_ILM
  Beispiele für industrie- bzw. modulspezifische Business-Funktionen. Je nach Industrielösung, die Sie einsetzen, können Sie weitere industriespezifische Business-Funktionen benötigen.

In Abschnitt 2.8, »Benötigte Business-Funktionen«, haben wir beschrieben, wie Sie die Aktivierung vornehmen.

Business-Funktion für Ansprechpartner?

Eine Business-Funktion für den Ansprechpartner gibt es nicht. Die Einstellungen dafür beinhaltet die Business-Funktion für den Kunden und Lieferanten.

4 Vereinfachtes Sperren mit SAP ILM

Hilfreiche Hinweise — Beachten Sie in diesem Zusammenhang auch SAP-Hinweis 1825544 (Vereinfachte Löschung und Sperrung persönlicher Daten in der SAP Business Suite) sowie den darin erwähnten SAP-Hinweis 2039087 (Release-Informationen für die vereinfachte Datenlöschung auf der Basis von SAP ILM).

> **[»] Machen alle mit?**
>
> In der Dokumentation zur Business-Funktion BUPA_ILM_BF sowie in SAP-Hinweis 1825608 (Vereinfachtes Sperren und Löschen eines zentralen Geschäftspartners) ebenso wie in SAP-Hinweis 2007926 (Vereinfachtes Sperren und Löschen der Kunden-/Lieferantenstammdaten) weisen wir darauf hin, dass Sie zuerst sicherstellen müssen, dass sich alle Anwendungen, die Sie verwenden, am *EoP-Check* beteiligen (siehe dazu Abschnitt 4.2, »Lösungsübersicht«). So stellen Sie sicher, dass Sie ein Stammdatum nur dann sperren können, wenn in keiner betroffenen Anwendung ein offenes Geschäft mit diesem Stammdatum vorliegt. (Beteiligt sich eine Anwendung nicht EoP-Check, ist dies nicht garantiert.)

Einstiegspfad »Data Protection« — Kommen wir nun zum zweiten Teil der Vorbereitungen für das Sperren von Stammdaten. Es ist eine Gruppe von Einstellungen, die Sie in der Transaktion SPRO (Customizing: Projekt bearbeiten) im Einstiegspfad **Anwendungsübergreifende Komponenten • Data Protection** vornehmen. Wir besprechen sie beispielhaft anhand der Stammdaten *Kreditor* und *Debitor*.

> **[»] Vorbereitungen für den zentralen Geschäftspartner**
>
> Vergleichbare Vorbereitungen müssen Sie bei Bedarf auch für den zentralen Geschäftspartner (cGP) vornehmen, und zwar in der Transaktion SPRO unter **Customizing • Edit Project**. In einem klassischen ERP-System wird vorrangig der Kunde und Lieferant als Stammdatenobjekt verwendet. Im Vergleich dazu steht Ihnen in SAP CRM (Customer Relationship Management) nur der zentrale Geschäftspartner zur Verfügung. In einem SAP-S/4HANA-System ist wiederum der Geschäftspartner immer das führende Objekt.

Berechtigungsgruppe zur Kennzeichnung gesperrter Stammdaten — Die erste wichtige Customizing-Aktivität in dieser Gruppe zeigen Ihnen Abbildung 4.6 (für den zentralen Geschäftspartner) und Abbildung 4.7 (für den Kunden und Lieferanten). Hier müssen Sie die Berechtigungsgruppe definieren, der ein Benutzer (über eine entsprechende Rolle) zugeordnet sein muss, damit er gesperrte Kunden- oder Lieferantenstammdaten anzeigen darf. Sie erkennen aus dieser Beschreibung, wie entscheidend diese Aktivität ist. Der Gedanke dabei ist, dass nur ausgewählte Benutzer, z. B. die Wirtschaftsprüfer, über diese Berechtigungsgruppe verfügen sollen.

4.3 Vorbereitungen

Einführungsleitfaden anzeigen

Struktur
- Betriebsdatenerfassung
- Arbeitszeitblatt
- Finanzkonditionen
- Kalender-Upload für Financial Services
- Allgemeine Anwendungsfunktionen
- Bankenverzeichnis
- Zahlungskarten
- SAP-Geschäftspartner
- Data Protection
  - Berechtigungsverwaltung
  - Sperren und Entsperren von Daten
    - Geschäftspartner
      - Anwendungsnamen für Prüfung auf Zweckerfüllung festlegen und speichern
      - Anwendungspriorität für Prüfung auf Ende des Verwendungszwecks definieren
      - Für Archivierungsprüfung registrierte Anwendungsfunktionsbausteine definrn
      - Für die Prüfung der Zweckerfüllung registrierte Anwendungs-FB definieren
      - Gründe für das Entsperren von Geschäftspartnern festlegen
      - Registrierte Funktionsbausteine für Geschäftspartnerentsperrung definieren
      - Einstellung für Vier-Augen-Prinzip zum Entsperren festlegen
      - **Berechtigungsgruppenwert für GP-Sperre pflegen**

Neue Einträge: Detail Hinzugefügte

Berechtigungsgruppenwert fü	
Berechtigungsgruppe	$DPP

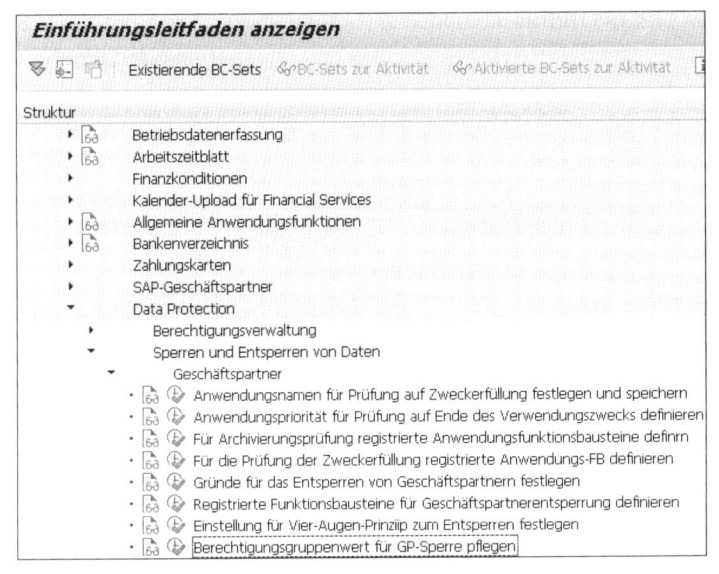

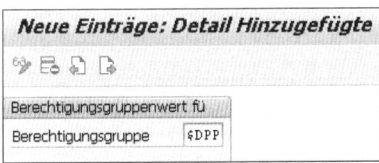

Abbildung 4.6 Berechtigungsgruppe zur Kennzeichnung gesperrter Stammdaten definieren – Geschäftspartner

- SAP-Geschäftspartner
- Data Protection
  - Berechtigungsverwaltung
  - Sperren und Entsperren von Daten
    - Geschäftspartner
    - Löschen des Kundenstamms/Lieferantenstamms
      - Registrierung von Anwendungen
      - Registrierung der Systemlandschaft
      - AnwRegelvarianten u. Regelgruppen für Prüfung auf Ende des VwZw. zuordnen
      - Nächste Prüfungsperiode definieren
      - **Berechtigungsgruppe zur Kennzeichnung gesperrter Stammdaten definieren**
      - Einstellungen für Parallelverarbeitung definieren

Sicht "BerechtGruppe zur Kennzeichnung gesperrter Stammdaten

Neue Einträge

BerechtGruppe zur Kennzeichnung gesperrter Stammdaten defin.

ID-Art	Buchungskreis	Berechtigungsgruppe	Auftragssperre f
1 Kundenstammdaten		$DPP	
2 Lieferantenstammdaten		$DPP	

Abbildung 4.7 Berechtigungsgruppe zur Kennzeichnung gesperrter Stammdaten definieren – Kunden und Lieferanten

Verprobung

Die Notwendigkeit dieser Einstellung wird Ihnen auch klar, wenn Sie sich an die stammdatenbasierte Sperre erinnern, die wir soeben bei der Lösungsübersicht besprochen haben. Dort schrieben wir, dass hier das betriebswirtschaftliche Objekt auf der Tabellenebene ein besonderes Kennzeichen (Attribut) hat, das die Information **ist gesperrt** tragen kann. Eine gut konzipierte Transaktion, die Stammdaten anzeigt, verprobt also – bevor Sie die Daten anzeigt –, ob der Benutzer die Berechtigung dazu hat. Wie Sie korrekt vermuten, geschieht diese Verprobung mithilfe eines Berechtigungsobjekts, das die Berechtigungsgruppe als Berechtigungsfeld beinhaltet.

> **Berechtigungsgruppe zuerst definieren?**
>
> Sie müssen die Berechtigungsgruppe nicht zuerst in einer Transaktion oder Ähnlichem definieren; Sie entscheiden sich einfach für den benötigten Namen (oder mehrere) und verwenden diese, wie gerade besprochen.
>
> Die EoP-Check-spezifische Berechtigungsgruppe, die wir in diesem Abschnitt behandeln, wird nur im EoP-Check gesetzt und soll nicht manuell im Customizing für Berechtigungsgruppen eines zentralen Geschäftspartners auswählbar sein.
>
> Der zentrale Geschäftspartner (cGP) hat ein weiteres Customizing für Berechtigungsgruppen, in dem Sie die Berechtigungsgruppen hinterlegen können, die später einen Benutzer dazu berechtigen, auf die Daten eines cGP zuzugreifen, der *nicht* gesperrt ist.

Dazugehörige Berechtigungsobjekte

Die folgenden Berechtigungsobjekte verproben die Berechtigungsgruppe, die Sie auf dem hier beschriebenen Wege vergeben müssen:

- F_KNA1_BED (Kunde: Kontoberechtigung)
- F_LFA1_BEK (Lieferant: Kontoberechtigung)
- F_BKPF_BED (Buchhaltungsbeleg: Kontoberechtigung für Kunden)
- F_BKPF_BEK (Buchhaltungsbeleg: Kontoberechtigung für Lieferanten)
- V_KNA1_BRG (Kunde: Kontoberechtigung für Vertriebsbereiche)
- F_KNKK_BED (Kreditmanagement: Kontoberechtigung)
- B_BUPA_GRP (Geschäftspartner: Berechtigungsgruppen)

> **Berechtigungsobjekte B_BUP_PCPT**
>
> Beachten Sie in diesem Zusammenhang, dass Sie für manche der Transaktionen, die Stammdaten anzeigen, auch die Aktivität 03 (Display) des Berechtigungsobjekts B_BUP_PCPT (Geschäftspartner: Geschäftszweck erfüllt) benötigen können, um gesperrte Stammdaten zu sehen.

4.3 Vorbereitungen

Der Name macht es aus

Bei der Wahl des Namens für die Berechtigungsgruppe sind Sie frei: Sie können alle Zeichen Ihrer Wahl verwenden. Es kann von Vorteil sein, eine Berechtigungsgruppe zu erschaffen, die es noch nicht gab, so Sie denn das gesamte Konzept zum ersten Mal erschaffen. Falls Sie bereits an vielen Stellen die Berechtigungen in der Art »für Berechtigungsgruppen A* bis Z*« vergeben haben, mag ein Wert, beginnend mit einem Sonderzeichen (z. B. $DPP), eine gute Entscheidung sein, um den Kreis der Personen, die auf gesperrte Stammdaten zugreifen dürfen, klein zu halten.

Die zweite wichtige Customizing-Aktivität zeigen Ihnen Abbildung 4.8 (für den zentralen Geschäftspartner) und Abbildung 4.9 (für den Kunden und Lieferanten). Es ist die Registrierung des Mastersystems. Nehmen Sie diese Einstellungen im führenden System (*Stammdaten-Mastersystem*) vor, müssen Sie hier den logischen Systemnamen des Mastersystems eintragen (nicht die RFC-Verbindung, obwohl die Überschrift dies suggeriert).

Registrierung des Mastersystems

Den Eintrag für den Kunden und Lieferanten müssen Sie vornehmen. Im Falle des zentralen Geschäftspartners könnten Sie das Feld auch leer lassen. Ist es leer, interpretiert es das System so, als hätten Sie dort den logischen Systemnamen des Mastersystems eingetragen.

Abbildung 4.8 Mastersystem registrieren – zentraler Geschäftspartner

4 Vereinfachtes Sperren mit SAP ILM

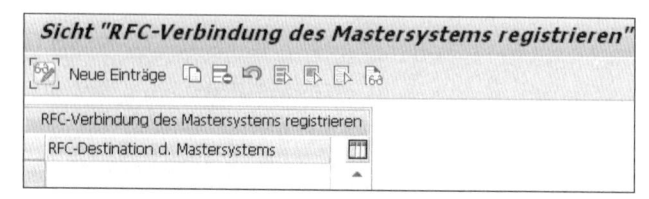

Abbildung 4.9 Mastersystem registrieren – Kunde und Lieferant

Wenn Sie die Registrierung *in einem angeschlossenen System* (nicht im führenden Stammdatensystem) vornehmen, müssen Sie nun die RFC-Verbindung zum Mastersystem eintragen. Dies ist notwendig, damit die Ergebnisse einer lokalen (nur im jeweiligen abhängigen System stattfindenden EoP-Prüfung) an das zentrale System geschickt werden können. Diesem Thema widmen wir uns in Abschnitt 4.4.4, »Lokaler EoP-Check (Zwischenprüfung ohne Setzen des Sperrkennzeichens)«. Zum anderen deklarieren Sie auf diesem Wege auch, dass es sich nicht um das führende Stammdatensystem handelt. Nehmen Sie an den genannten Stellen nur einen Eintrag vor, da es nur ein System als Mastersystem geben kann.

Registrierung der verbundenen Systeme

Kommen wir nun zu dem direkt darunterliegenden Punkt – bezogen auf Abbildung 4.8 und die Registrierung der verbundenen Systeme. Hier müssen Sie die mit dem Mastersystem verbundenen Systeme bekannt machen (siehe Abbildung 4.10).

Abbildung 4.10 RFC-Destinationen der verbundenen Systeme definieren – zentraler Geschäftspartner, Kunde und Lieferant 1/2

Und wieder: Wenn Sie diese Einstellungen im führenden System (Stammdaten-Mastersystem) vornehmen, müssen Sie im Feld **RFC-Destination** die RFC-Verbindungen für die verbundenen Systeme eintragen. Mit diesen Systemen wird bei der EoP-Prüfung eine Kommunikation aufgebaut, um die Prüfung für die dort vorhandenen Anwendungen durchzuführen. Die für das Ende des Verwendungszwecks benötigten Informationen aus den angeschlossenen Systemen werden anschließend im Mastersystem konsolidiert. Mit anderen Worten: Die Zwischenergebnisse werden aus den angeschlossenen Systemen gelesen und an das Mastersystem gesendet.

RFC-Verbindungen

Im Gegensatz zum soeben besprochenen Eintrag können Sie hier mehrere Einträge vornehmen. Der EoP-Check (Prüfung auf Ende des Verwendungszwecks) führt die RFC-Aufrufe ausschließlich für die Systeme aus dieser Tabelle durch.

Wie Sie es vielleicht bemerkt haben, sind die Einstellungen im Falle des zentralen Geschäftspartners leicht anders als beim Kunden und Lieferanten (siehe Abbildung 4.11). In letzterem Fall können Sie über die Spalte zur Systempriorität die Reihenfolge bestimmen, in der die angeschlossenen Systeme gerufen werden. Im ersten Fall (zentraler Geschäftspartner) dient dazu die Spalte **Positionsnummer**. In der zusätzlichen Spalte **Replikationsart** können Sie die Art der Replikation festlegen. Die Feldhilfe ([F1]) liefert Ihnen hierzu weitere Informationen.

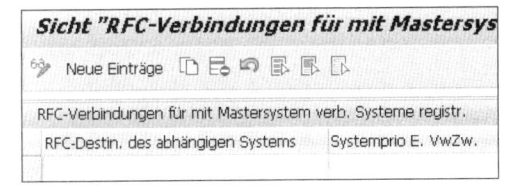

Abbildung 4.11 RFC-Destinationen der verbundenen Systeme definieren – zentraler Geschäftspartner, Kunde und Lieferant 2/2

Nehmen Sie diese Einstellungen in einem angeschlossenen System (nicht im führenden Stammdatensystem) vor, müssen Sie hier nichts eintragen. (Ein Eintrag würde auch ignoriert, da der EoP-Check nicht mehrstufig in weitere Systeme erfolgt.)

> **Rolle des Mastersystems beim EoP-Check und der Verteilung der Sperren**
> Beachten Sie, dass sowohl die Prüfung vor dem Sperren von Stammdaten (EoP-Check) als auch die Verteilung der Sperren, ausgehend von dem führenden Mastersystem, in alle verbundenen Systeme erfolgt.

Synchron oder asynchron?

Zu Recht könnten Sie jetzt fragen, ob der EoP-Check bzw. die Verteilung der Sperren synchron oder asynchron passieren. Der EoP-Check findet, ausgehend von dem führenden Mastersystem, in alle verbundenen Systeme immer synchron statt. Die Kommunikation mit den verbundenen Systemen können Sie per RFC (Remote Function Call) oder per Enterprise Services (Webservices) realisieren.

RFC oder Enterprise Services?

Wenn Sie den EoP-Check im Produktivmodus durchführen und die Prüfungen ergeben haben, dass das Stammdatum gesperrt werden kann, wird die Sperrinformation in die verbundenen Systeme verteilt. Das Sperren eines zentralen Geschäftspartners geschieht per RFC oder per Enterprise Services und immer synchron, das Sperren von Kunden und Lieferanten immer asynchron. Hierzu können Sie einen Enterprise Service verwenden, der als Benachrichtigung (Notification) funktioniert. Alternativ steht Ihnen das ALE-Konzept (Application Link Enabling) mit den IDoc-Typen KREMAS und DEBMAS zur Verfügung. Mehr Details zu den Konfigurationsmöglichkeiten zur Einstellung der Systemlandschaft finden Sie unter den in Abschnitt 4.1, »Wie die DSGVO SAP ILM zur Blütezeit verhalf«, genannten Links und dort speziell unter **Datenschutz • Datenschutzfunktionen konfigurieren • Customizing-Einstellungen definieren • Systemlandschaft und andere Systemeinstellungen**.

Von SAP durchgeführte Vorbereitungen

Gehen wir nun zu den weiteren Einstellungen über. Vielleicht möchten Sie sehen, welche Anwendungen sich nun genau am EoP-Check beteiligen, um ein OK oder ein Veto für das Sperren eines Stammdatums zu geben. Dafür gibt es eine Liste von *Anwendungsnamen* für Anwendungen, die Kunden oder Lieferanten verwenden, und die SAP bereits als solche im Customizing eingetragen hat. Der Anwendungsname wird zum Ausführen der Prüfung auf das Ende des Verwendungszwecks (EoP-Check) für Kunden oder Lieferanten bei den genannten Anwendungen verwendet. Er dient Ihnen auch als Bedingungsfeld bei der Erstellung von Regeln (Transaktion IRMPOL, ILM-Regelwerke) für die Verweildauern und Aufbewahrungszeiträume für Kunden, Lieferanten oder Ansprechpartner. Diesem Thema werden wir uns gleich widmen.

Im ausgelieferten Customizing stellt SAP somit vordefinierte Anwendungsnamen sowie Anwendungsklassen im Pfad **Löschen des Kundenstamms/Lieferantenstamms • Registrierung von Anwendungen** (siehe Abbildung 4.12) und Funktionsbausteine im Menüpunkt **Geschäftspartner** (siehe Abbildung 4.13) für die Standardanwendungen bereit.

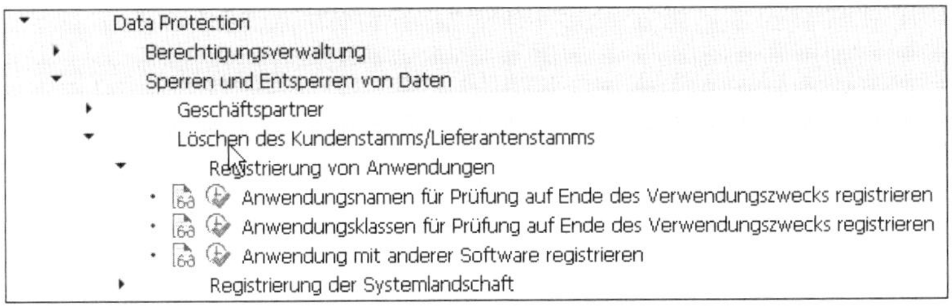

```
▼  Data Protection
   ▶   Berechtigungsverwaltung
   ▼   Sperren und Entsperren von Daten
      ▶    Geschäftspartner
      ▼    Löschen des Kundenstamms/Lieferantenstamms
         ▶    Registrierung von Anwendungen
              • 🔧 Anwendungsnamen für Prüfung auf Ende des Verwendungszwecks registrieren
              • 🔧 Anwendungsklassen für Prüfung auf Ende des Verwendungszwecks registrieren
              • 🔧 Anwendung mit anderer Software registrieren
         ▶    Registrierung der Systemlandschaft
```

Abbildung 4.12 Von SAP durchgeführte Vorbereitungen – registrierte Anwendungen (Kunde und Lieferant)

Änderungen am SAP-Namensraum sind Modifikationen. In diesen Funktionsbausteinen bzw. Klassen findet der EoP-Check der jeweiligen Anwendung statt. Beachten Sie, dass die hier registrierten Anwendungen in Ihrem zentralen Stammdatensystem die Anwendungen abbilden sollen, die Sie in diesem zentralen System nutzen und die beim EoP-Check befragt werden sollen. In Ihren abhängigen (verbundenen) Systemen sollen sie hingegen die Anwendungen darstellen, die Sie in diesem System nutzen und die beim EoP-Check befragt werden sollen.

Namensraum beachten

```
▼  Data Protection
   ▶   Berechtigungsverwaltung
   ▼   Sperren und Entsperren von Daten
      ▼    Geschäftspartner
           • 🔧 Anwendungsnamen für Prüfung auf Zweckerfüllung festlegen und speichern
           • 🔧 Anwendungspriorität für Prüfung auf Ende des Verwendungszwecks definieren
           • 🔧 Für Archivierungsprüfung registrierte Anwendungsfunktionsbausteine definrn
           • 🔧 Für die Prüfung der Zweckerfüllung registrierte Anwendungs-FB definieren
           • 🔧 Gründe für das Entsperren von Geschäftspartnern festlegen
           • 🔧 Registrierte Funktionsbausteine für Geschäftspartnerentsperrung definieren
           • 🔧 Einstellung für Vier-Augen-Prinzip zum Entsperren festlegen
```

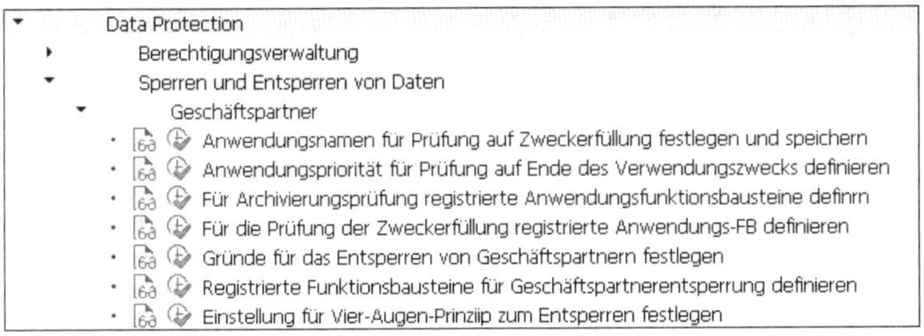

Abbildung 4.13 Von SAP durchgeführte Vorbereitungen – registrierte Anwendungsnamen (Geschäftspartner)

Sie können weitere Anwendungsnamen und Anwendungsklassen (Funktionsbausteine) für Ihre Anwendungen im Kundennamensraum hinzufügen, bei denen die Prüfung auf das Ende des Verwendungszwecks für Kunden, Lieferanten oder den zentralen Geschäftspartner ebenfalls erforderlich ist. Eine ausführliche Dokumentation der dazugehörigen Vorgehensweise finden Sie:

Ihre Entwicklungen im Kundennamensraum

- für die SAP Business Suite in SAP-Hinweis 2103639 (End of Purpose Check Adaption for Business Partner Consuming Applications – Guide for Partners and Customers)
- unter den in Abschnitt 4.1, »Wie die DSGVO SAP ILM zur Blütezeit verhalf«, genannten Links und dann unter **Datenschutz • Vereinfachtes Sperren und Löschen • Prüfung auf Ende des Verwendungszwecks**

Reihenfolge der Befragung von Anwendungen

Abschließend lässt sich noch sagen, dass Sie die Reihenfolge, in der die Anwendungen gerufen und befragt werden, beeinflussen können. Wünschen Sie eine bestimmte Chronologie, können Sie diese wie in Abbildung 4.14 bzw. Abbildung 4.15 definieren. Wie Sie sehen, steht Ihnen hierzu im zweiten Fall eine dedizierte Aktivität zur Verfügung. Im ersten Fall nehmen Sie die Einstellung als Unterpunkt beim Registrieren von Anwendungsklassen. Wie Sie diese Einstellungen aufrufen, zeigt Abbildung 4.14.

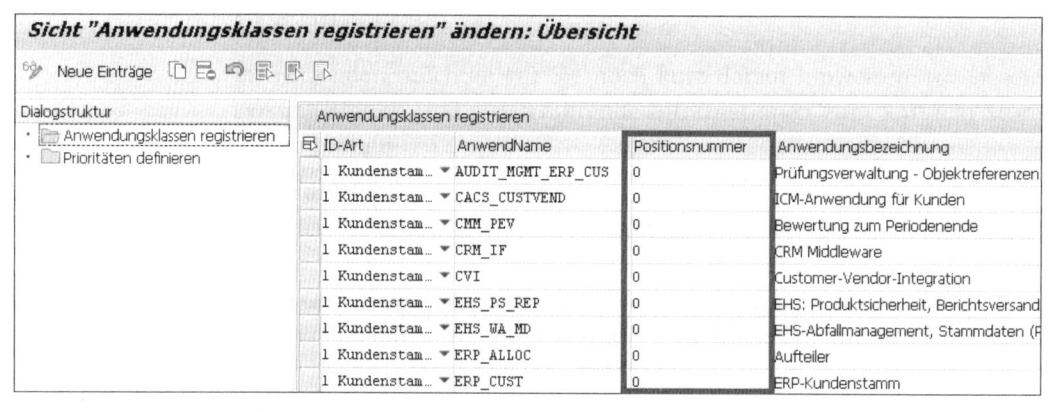

Sicht "Anwendungsklassen registrieren" ändern: Übersicht

ID-Art	AnwendName	Positionsnummer	Anwendungsbezeichnung
1 Kundenstam...	AUDIT_MGMT_ERP_CUS	0	Prüfungsverwaltung - Objektreferenzen
1 Kundenstam...	CACS_CUSTVEND	0	ICM-Anwendung für Kunden
1 Kundenstam...	CMM_PEV	0	Bewertung zum Periodenende
1 Kundenstam...	CRM_IF	0	CRM Middleware
1 Kundenstam...	CVI	0	Customer-Vendor-Integration
1 Kundenstam...	EHS_PS_REP	0	EHS: Produktsicherheit, Berichtsversand
1 Kundenstam...	EHS_WA_MD	0	EHS-Abfallmanagement, Stammdaten (F
1 Kundenstam...	ERP_ALLOC	0	Aufteiler
1 Kundenstam...	ERP_CUST	0	ERP-Kundenstamm

Abbildung 4.14 Reihenfolge, in der die Anwendungen gerufen werden – Kunde und Lieferant

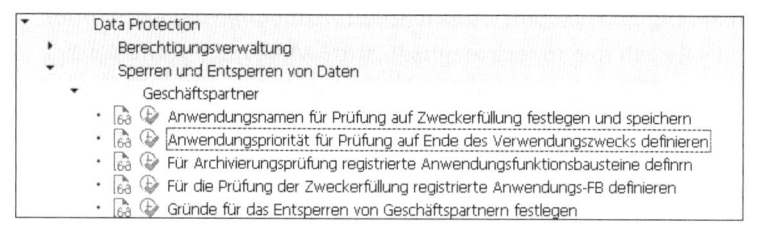

Abbildung 4.15 Reihenfolge, in der die Anwendungen gerufen werden – zentraler Geschäftspartner

Prüfzeitraum

Im nächsten Schritt (siehe Abbildung 4.16) definieren Sie den sogenannten *Prüfzeitraum*. Es handelt sich hierbei um den Zeitraum zwischen zwei Prüfungen auf das Ende des Verwendungszwecks. Der Wert, den Sie hier angeben, wird nur berücksichtigt, wenn eine der folgenden Voraussetzungen vorliegt:

- Wenn die Anwendung beim Prüfen auf das Ende des Verwendungszwecks eines Debitors oder Kreditors kein solches Datum angibt.
- Wenn das von der Anwendung angegebene Datum zu weit in der Zukunft liegt, das heißt, wenn eine spätere nächste Prüfungsperiode vorliegen würde, als die, die Sie in dieser Customizing-Aktivität angegeben haben.

Abbildung 4.16 Nächste Prüfungsperiode für Stammdaten definieren

4.3.2 Für das Sperren von Bewegungsdaten in der Transaktion SPRO

Widmen wir uns nun den Vorbereitungen, die Sie in der Transaktion SPRO (Customizing: Projekt bearbeiten) für das Sperren von Bewegungsdaten vornehmen müssen. Diese Vorbereitungen sind schnell erledigt, denn Ihre Aufgabe liegt einzig darin, die Business-Funktion ILM_BLOCKING (SAP ILM: Sperrfunktionalität) zu aktivieren. In Abschnitt 2.8, »Benötigte Business-Funktionen«, haben wir bereits beschrieben, wie Sie diese Aktivierung vornehmen.

Vorbereitungen für Bewegungsdaten

Informationen zu Verfügbarkeit der Business-Funktionen

Informationen zu Verfügbarkeit der Business-Funktionen finden Sie in der SAP-Dokumentation. Die Einstiegs-Links dazu haben wir in Abschnitt 2.8,

»Benötigte Business-Funktionen«, genannt. Beachten Sie in diesem Zusammenhang auch die SAP-Hinweise:

- 2169333 (Sperren von bereits archivierten Daten)
- 2167473 (Benutzerspezifisches Sperren der Anzeige archivierter, personenbezogener Daten)

4.3.3 Für das Sperren von Stammdaten in SAP ILM

Verweildauer (Residenzzeiten)

Betrachten wir nun den in Abbildung 4.17 eingekreisten Zeitraum näher. Es handelt sich dabei um den Zeitraum der Verweildauer (Residenzzeiten). Wir haben am Anfang dieses Kapitels erklärt, dass das End of Business (EoB) den Beginn und das End of Purpose (EoP) das Ende der Verweildauer darstellen. Es liegt in Ihrer Verantwortung, mit den zuständigen Kollegen zu bestimmen, wie lange die Verweildauer für die eingangs erwähnten vier möglichen Typen von Stammdaten betragen soll.

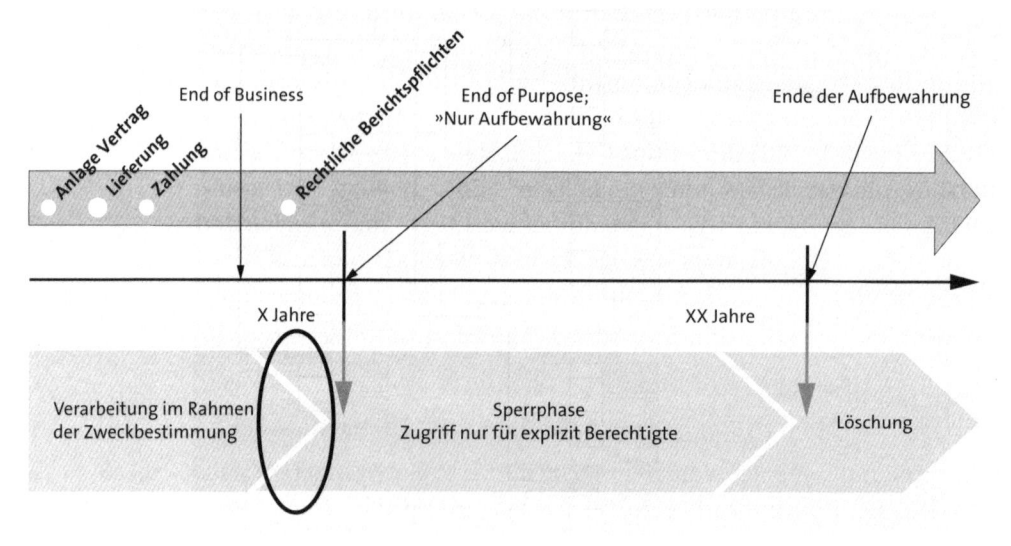

Abbildung 4.17 Verweilregeln für Stammdaten definieren – Schema Lebenszyklus personenbezogener Daten (SAP-Schulung BIT665, 2017)

[zB] **Verweildauer für die Anwendungsnamen Ihrer Wahl**

Wenn Sie für das ILM-Objekt »Debitorenstammdaten« eine Verweildauer von drei Monaten für den Anwendungsnamen ERP_CUST (ERP-Kundenstamm) definieren, bedeutet dies, dass das Stammdatum selbst (der Debitor) den EoP nach drei Monaten ab dem angegebenen Beginnzeitpunkt erreicht.

Definieren Sie des Weiteren für das gleiche ILM-Objekt (den Debitor) eine Verweildauer von 24 Monaten für den Anwendungsnamen ERP_FI (ERP-Finanzbuchhaltung), siehe Abbildung 4.21, bedeutet das zusätzlich dass das Stammdatum (der Debitor), auf den sich ein FI-Beleg bezieht, den EoP nach 24 Monaten ab dem angegebenem Beginnzeitpunkt erreicht.

Verweildauer für mindestens den Anwendungsnamen des zugehörigen Stammdatums

In Regelwerken für die Stammdaten-ILM-Objekte können Sie die Verweildauer prinzipiell für jeden Anwendungsnamen definieren. Damit ist der Anwendungsname für das Stammdatenobjekt selbst (z. B. ERP_CUST, ERP-Kundenstamm) als auch der Anwendungsname der Bewegungsdaten, die das Stammdatenobjekt verwenden, gemeint (z. B. ERP_FI, Finanzbuchhaltung).

Das Regelwerk in Abbildung 4.21 kann also so viele Zeilen haben, wie Sie benötigen, um die gewünschten Verweilzeiten für ein Stammdatum und seine Bewegungsdaten zu hinterlegen. Wichtig ist, dabei zu verstehen, dass der EoP erreicht wird, wenn für *jeden* hinterlegten Anwendungsnamen (das heißt für die Bewegungsdaten *jeder* Anwendung, deren Anwendungsnamen Sie eingeben und die das betroffene Stammdatum verwendet) die Verweildauer erreicht ist. Vorausgesetzt natürlich, dass das Stammdatum Bewegungsdaten in der jeweiligen Anwendung besitzt (in unserem obigen Beispiel also dazugehörige FI-Belege) Vielleicht ahnen Sie bereits, dass ein Regelwerk für die Verweildauer eines Stammdatums aber mindestens aus der Verweildauer für den Anwendungsnamen des Stammdatums selbst bestehen muss. Warum? Nun, falls Sie im System Stammdaten haben, zu denen es *keine* Bewegungsdaten gibt, gibt diese Verweildauer an, wann diese Stammdaten (nach dem initialen Erstellen oder der letzten Änderung) gesperrt werden sollen.

Sie können die gewünschte Verweildauer für Ihre Stammdaten wie folgt im System eintragen: Im ersten Schritt müssen Sie in der Transaktion ILMARA (Prüfgebiete bearbeiten) die für Sie relevanten Stammdaten-ILM-Objekte im Prüfgebiet BUPA_DP zuordnen (siehe Abbildung 4.18). Wie Sie sich vielleicht denken können, gibt es hierbei nur vier mögliche ILM-Objekte:

Stammdaten-ILM-Objekte dem Prüfgebiet BUPA_DP zuordnen

- CA_BUPA Geschäftspartner (zugeordnet zum Archivierungsobjekt CA_BUPA, Anwendungsname BUP)
- FI_ACCREV Debitorenstammdaten (zugeordnet zum Archivierungsobjekt FI_ACCRECV, Anwendungsname ERP_CUST)

- `FI_ACCPAYB` Kreditorenstammdaten (zugeordnet zum Archivierungsobjekt `FI_ACCPAYB`, Anwendungsname `ERP_VEND`)
- `FI_ACCKNVK` Ansprechpartner (zugeordnet zum Datenvernichtungsobjekt `FI_ACCKNVK`, Anwendungsname `ERP_CONTACT_PERSON`)

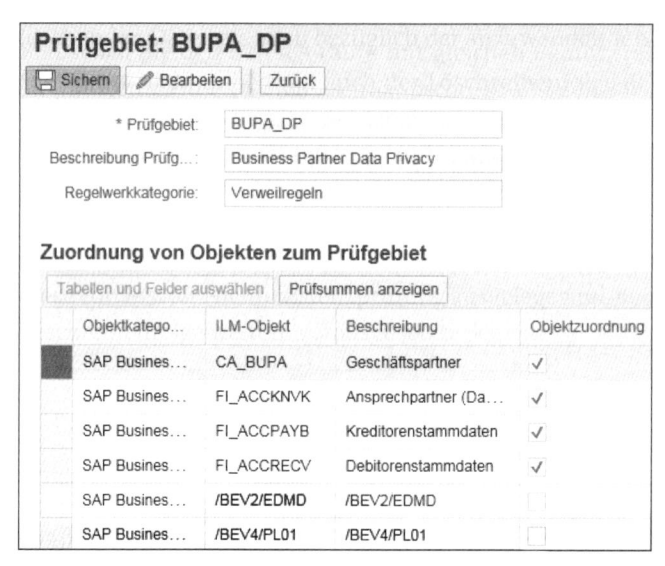

Prüfgebiet: BUPA_DP			
* Prüfgebiet:	BUPA_DP		
Beschreibung Prüfg...:	Business Partner Data Privacy		
Regelwerkkategorie:	Verweilregeln		

Zuordnung von Objekten zum Prüfgebiet

Objektkatego...	ILM-Objekt	Beschreibung	Objektzuordnung
SAP Busines...	CA_BUPA	Geschäftspartner	✓
SAP Busines...	FI_ACCKNVK	Ansprechpartner (Da...	✓
SAP Busines...	FI_ACCPAYB	Kreditorenstammdaten	✓
SAP Busines...	FI_ACCRECV	Debitorenstammdaten	✓
SAP Busines...	/BEV2/EDMD	/BEV2/EDMD	
SAP Busines...	/BEV4/PL01	/BEV4/PL01	

Abbildung 4.18 ILM-Objekte für Verweildauern im Prüfgebiet BUPA_DP

Daten, die von allen anderen ILM-Objekten repräsentiert werden, sind so zu sperren, wie in Abschnitt 4.4.1, »Sperren von Bewegungsdaten im Geschäftsprozess«, weiter unten beschrieben. Dazu gehören also auch die ILM-Objekte `FI_ACCOUNT` (Sachkontenstammdaten) oder `FI_BANKS` (Bankenstammdaten).

[»] **ILM-Objekt FI_ACCKNVK**

Das ILM-Objekt `FI_ACCKNVK` ist einem gleichnamigen Datenvernichtungsobjekt zugeordnet. Die anderen oben genannten ILM-Objekte sind einem Archivierungsobjekt zugeordnet. Das Datenvernichtungsobjekt `FI_ACCKNVK` würden Sie nutzen, wenn Sie die Daten eines Ansprechpartners (und nur diese) vernichten wollen würden. Der zugehörige Anwendungsname (für die Definition der gerade besprochen Verweilzeiten) ist `ERP_CONTACT_PERSON`.

Möchten Sie dagegen die Ansprechpartnerdaten zusammen mit dem zugehörigen Debitor oder Kreditor vernichten, nutzen Sie das Archivierungsobjekt für den Kunden bzw. Lieferanten. Diese löschen die Ansprechpartnerdaten – wenn vorhanden – auch mit.

Weitere Informationen finden Sie in der SAP-Dokumentation unter *https://help.sap.com/* über den Menüpfad **Datenschutz** • **Datenschutzfunktionen konfigurieren** • **IRMPOL konfigurieren** • **Verweilregeln**.

Dokumentation

ILM-Objekte für kundeneigene Infotypen

Wir raten Ihnen, für die kundeneigenen Infotypen ein ILM-Objekt anzulegen. Weitere Informationen zum Anlegen von ILM-Objekten finden Sie in der SAP-Schulung BIT670 (ILM/Datenarchivierung – kundenspezifische Entwicklungen) oder in der SAP-Dokumentation:

- Für SAP ERP unter *https://help.sap.com/erp_hcm* und **Hilfe zur Anwendung (Personalwirtschaft)** • **Archivierung und Datenvernichtung in der Personalwirtschaft** • **Einführung in die Datenvernichtung** • **Entwicklung eines Archivierungsobjekts für die Datenvernichtung**. Ein alternativer Einstieg für diese Dokumentation lautet *http://help.sap.com/erp* und **Hilfe zur Anwendung (SAP Library (Deutsch))** • **SAP ERP Central Component** • **Personalwirtschaft**.

  Den Link *http://help.sap.com/erp* erreichen Sie auch, wenn Sie die SAP-Dokumentation unter *https://help.sap.com/* aufrufen, in der Suchleiste »SAP ERP« eingeben und in der Drop-down-Liste auf **SAP ERP** klicken.

  Eine längere Fassung des Links *http://help.sap.com/erp* lautet *https://help.sap.com/viewer/p/SAP_ERP*.

- für SAP S/4HANA (On-Premise) unter *http://help.sap.com/s4hana* und **Product Assistance** • **Deutsch (German)** • **Geschäftsanwendungen für Unternehmen** • **Human Resources** • **Archivierung und Datenvernichtung in der Personalwirtschaft** • **Einführung in die Datenvernichtung** • **Entwicklung eines Archivierungsobjekts für die Datenvernichtung**. Eine längere Fassung des oben genannten Links lautet:
  https://help.sap.com/SAP_S4HANA_ON-PREMISE
  bzw. *https://help.sap.com/viewer/p/SAP_S4HANA_ON-PREMISE*

Es ist wichtig, dass Sie für die Definition der Verweildauer für Ihre Stammdaten das Prüfgebiet BUPA_DP und kein anderes verwenden. Dieses Prüfgebiet hat – wie bereits mehrmals betont – seinen Einsatz genau während der EoP-Prüfung und den darin enthaltenen Prüfungen auf die Verweilregeln.

Alleinstellungsmerkmal des Prüfgebiets BUPA_DP

Im zweiten Schritt müssen Sie in der Transaktion IRMPOL (ILM-Regelwerke) die Verweilregeln für Ihre Stammdaten (und bei Bedarf für die dazugehörigen Bewegungsdaten) definieren. Abbildung 4.19 zeigt, wie Sie hierzu ein Regelwerk anlegen und welche Felder Sie dabei wählen sollen.

Verweilregeln für Stammdaten

4   Vereinfachtes Sperren mit SAP ILM

ILM-Regelwerke

* Regelwerkkategorie:	Verweilregeln
* Objektkategorie:	SAP Business Suite
Prüfgebiet:	BUPA_DP — Business Partner Data...
ILM-Objekt:	FI_ACCRECV

* Regelwerkname: BIT665_00

Verfügbare Bedingungsfelder

Feldname	Beschreibung
BUKRS	Buchungskreis
KTOKD	Kontengruppe
VKORG	Verkaufsorganisation
WERKS	Werk
BS_COUNTRY_OF_BUKRS	Länderschlüssel

Gewählte Bedingungsfelder (max. 4)

Feldname	Beschreibung
APPL_RULE_VARIANT	Anwendungsregelvariante
APPL_NAME	Anwendungsname

Abbildung 4.19 Verweilregeln für Stammdaten definieren – ILM-Regelwerke 1/3

Der Name in der Spalte **Anwendungsname** (siehe Abbildung 4.20) entspricht dem Anwendungsnamen aus dem bereits besprochenen IMG-Customizing (siehe Abbildung 4.12 und Abbildung 4.13).

Sicht "AnwNamen für Prüfung auf Ende d. Verwendungszw. registrieren"

AnwNamen für Prüfung auf Ende d. Verwendungszw. registrieren

ID-Art	Anwendungsname	Anwendungskomponente	Anwendungsbezeichnung
1 Kundenstammdaten	ERP_CUST	LO-MD-BP-DP	ERP-Kundenstamm
1 Kundenstammdaten	ERP_EF		
1 Kundenstammdaten	ERP_FI		Finanzbuchhaltung

Abbildung 4.20 Verweilregeln für Stammdaten definieren – ILM-Regelwerke 2/3

Beispiel: EoP-Prüfung

Wir besprechen dies noch im Detail, wollen Ihnen aber für ein besseres Verständnis an dieser Stelle schon einmal folgendes Beispiel vorstellen: Bei der EoP-Prüfung geschieht Folgendes: Es werden alle im Customizing registrierten Applikationen (Anwendungsnamen) befragt, ob sie keine Verwendung (kein offenes Geschäft) mehr für das Stammdatum haben, das Sie sperren möchten.

Ist dies der Fall, liegt also kein offenes Geschäft vor, wird im zweiten Schritt geprüft, ob die von Ihnen definierten Verweildauern verstrichen sind. Wünschen Sie also, dass z. B. ein Debitor erst dann gesperrt wird, wenn ab seiner letzten Änderung n Tage verstrichen sind, müssen Sie die Zeitspanne dieser n Tage als die soeben beschriebene Verweilregel für den Anwendungsnamen ERP_CUST (ERP-Kundenstamm) im Prüfgebiet BUPA_DP definieren. Wie im Kasten »Verweildauer für mindestens den Anwendungsnamen des zugehörigen Stammdatums« beschrieben, ist die Angabe der Verweildauer für mindestens diesen Anwendungsnamen – also für das Stammdatum selbst – Pflicht. Wünschen Sie zusätzlich, dass ab dem Ausgleich der dazugehörigen FI-Belege m Tage vergangen sind, müssen Sie m Tage als Verweildauer für den Anwendungsnamen ERP_FI (ERP-Finanzbuchhaltung) im gleichen Regelwerk für ein Stammdatum eintragen.

Die Prüfung, ob die Verweildauer verstrichen ist, nimmt jede gerufene Anwendung in ihrer Implementierung der EoP-Prüfungen vor (darin natürlich nur für den ihr zugeordneten Anwendungsnamen). So hat jede Anwendung hinterlegt, dass z. B. das ILM-Objekt FI_ACCRECV zu der ID-Art **Kundenstammdaten** dazugehört.

> **Zeitbezug »Beginn des Aufbewahrungszeitraums«**
>
> Der Zeitbezug **Beginn des Aufbewahrungszeitraums** (siehe Abbildung 4.20) im Zusammenhang mit dem Anwendungsnamen des Stammdatums bedeutet in diesem Kontext immer das Datum des Anlegens oder der letzten Änderung an dem Stammdatum, das Sie sperren möchten. Dies gilt also für Debitoren, Kreditoren und den zentralen Geschäftspartner.
>
> Im Zuammenhang mit anderen Anwendungsnamen meint der Zeitbezug **Beginn des Aufbewahrungszeitraums** den EoB-Zeitpunkt für die jeweiligen Bewegungsdaten. Ob dies z. B. der Ausgleichzeitpunkt eines Belegs ist oder das Datum, an dem ein bestimmter Status gesetzt wurde, oder ein weiterer Zeitpunkt, der den EoB-Beginn markiert, ist in dem EoP-Check der jeweiligen Anwendung hinterlegt.
>
> Merken Sie sich einfach, dass Sie bei den Verweildauern (wie Sie später sehen werden, auch bei der Aufbewahrungsdauer) für die Stammdaten-ILM-Objekte (egal, welchen Wert Sie in der Spalte **Anwendungsname** dabei eingeben werden) immer den Zeitbezug **Beginn des Aufbewahrungszeitraums** verwenden müssen.

Damit ein Stammdatum (z. B. Kunde) gesperrt werden kann, müssen Sie – wie wir es gerade erläutert haben – eine passende IRM-Regel zur Verweildauer definieren. Die Mindestausprägung einer solchen Regel stellt Abbildung 4.19 dar. Ein Kunde kann in diesem Beispiel erst dann gesperrt werden, wenn die beiden folgenden Voraussetzungen vorliegen:

- wenn jede der im Customizing registrierten Anwendungen bestätigt, dass kein offenes Geschäft mit dem Kunden vorliegt

Mindestausprägung einer IRM-Regel zur Verweildauer

4 Vereinfachtes Sperren mit SAP ILM

- wenn die eingetragene Verweildauer seit der letzten Änderung an dem Kundenstamm verstrichen ist

ILM-Regelwerke							
Regelwerkkategorie Verweilregeln		Prüfgebiet Business Partner Data Privacy		Objektkategorie SAP Business Suite		ILM-Objekt Debitorenstammdaten	
Bearbeiten Zurück							

Regelwerke

	Regelwerkname	Regelwerkstatus	Objekt im Prüfgebiet	Ge...	Geän...	Kommentar
	BIT665_00	produktiv	✓	30.1...	WOJC...	

Regeln zum Regelwerk BIT665_00

	Anwendungsname	AnwendRegelvariante	Verweildauer	Einheit Verweildauer	Zeitbezug	Zeitversatz
	ERP_CUST		3	Monat	Beginn des Aufbewahrungszeitraums	
	ERP_FI		24	Monat	Beginn des Aufbewahrungszeitraums	
	ERP_SD		24	Monat	Beginn des Aufbewahrungszeitraums	

Abbildung 4.21 Verweilregeln für Stammdaten definieren – ILM-Regelwerke 3/3

Komplexere Regel Eine komplexere Regel könnte, wie in Abbildung 4.21 dargestellt, aussehen. Ein Kunde kann in diesem Beispiel erst dann gesperrt werden, wenn die drei folgenden Voraussetzungen vorliegen:

- Jede der im Customizing registrierten Anwendungen bestätigt, dass kein offenes Geschäft mit dem Kunden vorliegt.
- Die eingetragene Verweildauer ist seit der letzten Änderung an dem Kundenstamm verstrichen.
- Seit dem Ausgleich des letzten dazugehörigen FI- bzw. SD-Belegs sind sechs Monate vergangen.

Ist die Verweildauer der Bewegungsdaten (z. B. FI oder SD) von den Organisationseinheiten (z. B. Buchungskreis) abhängig, stehen Ihnen die Anwendungsregelvarianten (ARV) zur Verfügung (siehe Abschnitt 4.3.5, »Für das Sperren und Löschen von Stammdaten – die Anwendungsregelvarianten«). Abbildung 4.22 zeigt Ihnen die eingangs erwähnten weiteren ILM-Objekte, die Sie verwenden können.

Im Feld **Anwendungsname** tragen Sie jeweils die folgenden Bezeichnungen ein:

- ERP_CONTACT_PERSON für den Ansprechpartner
- ERP_VEND für die Kreditorenstammdaten
- BUP für den (zentralen) Geschäftspartner

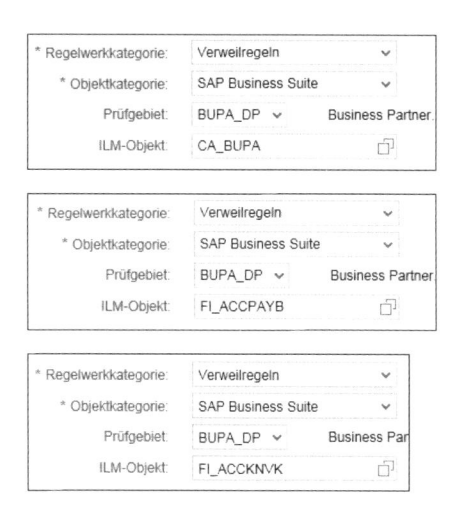

Abbildung 4.22 Weitere mögliche ILM-Objekte

4.3.4 Für das Sperren von Bewegungsdaten in SAP ILM

Nun sind die Vorbereitungen für das Sperren von Bewegungsdaten in SAP ILM an der Reihe. Wie in Abschnitt 4.2, »Lösungsübersicht«, geschildert, sperren Sie die Bewegungsdaten, indem Sie sie archivieren. Die Sperre geschieht des Weiteren über spezielle neue Berechtigungskonzepte und -objekte, die hier zum Einsatz kommen.

Aufbewahrungsregeln – Spalte »Berechtigungsgruppe«

Beginnen wir mit der Spalte **Berechtigungsgruppe** in Ihren Aufbewahrungsregeln und ihrer Bedeutung für das Sperren von Daten. Sie fragen sich sicherlich, wie im Konzept des vereinfachten Sperrens und Löschens mithilfe von SAP ILM eine Archivdatei durch Berechtigungen geschützt ist, sodass der Zugriff auf die darin enthaltenen Daten wirksam gesperrt ist. Erläutern wir das am Beispiel einer Lieferung (siehe Abbildung 4.23).

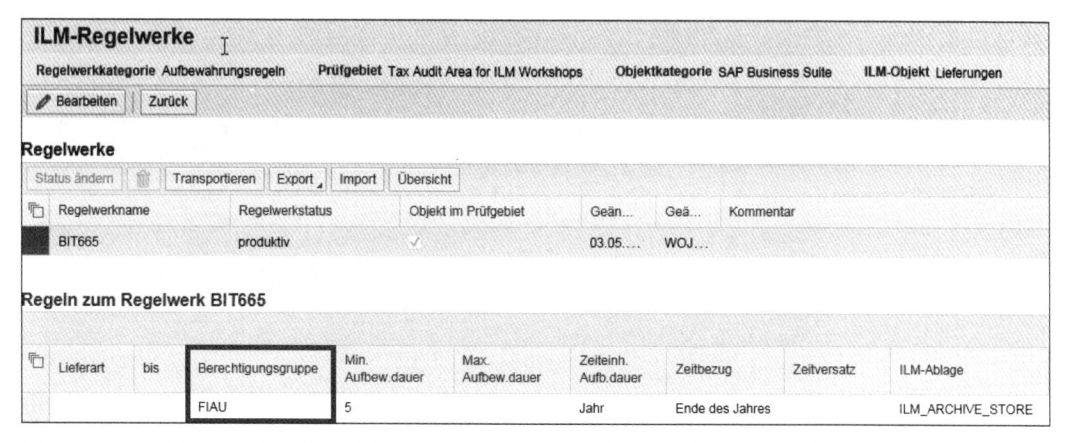

Abbildung 4.23 Die Spalte »Berechtigungsgruppe« in den Aufbewahrungsregeln

Sobald Sie die Business-Funktion `ILM_BLOCKING` aktivieren, bietet Ihnen die Transaktion IRMPOL (ILM-Regelwerke) zusätzlich die neue Spalte **Berechtigungsgruppe** an. In unserem Beispiel sehen Sie darin den Wert **FIAU**.

Berechtigungsobjekt S_ARCHIVE

Zusätzlich zum Berechtigungsobjekt `S_ARCHIVE` (das die Basis für die Rechte zum Zugriff auf Archivdateien darstellt) muss ein Benutzer für die in dieser Spalte eingetragene Berechtigungsgruppe Rechte haben, wenn er auf archivierte Daten zugreifen will.

Zusätzliche Berechtigungen

Sobald Sie die Daten archiviert haben, sind sie damit durch zusätzliche Berechtigungen geschützt, sodass der Zugriff auf sie wirksam gesperrt ist. (»Zusätzlich« bedeutet hier über das Berechtigungsobjekt `S_ARCHIVE` hinausgehend.) Die Prüfung findet für eine Archivdatei statt, wenn für das dazugehörige ILM-Objekt eine passende, produktive Aufbewahrungsregel vorliegt.

[»] **Der Geltungsbereich**

Diese Prüfung ist unabhängig vom Erstellungszeitpunkt der Archivdatei. Die Prüfung gilt sogar für Archivdateien *ohne* berechnete Aufbewahrungsdauer, da sie direkt auf der Basis der Daten des sogenannten Datenobjekts in der Archivdatei durchgeführt werden kann. Es ist ganz wichtig, dass Sie diesen Aspekt zur Kenntnis nehmen, denn er bedeutet insbesondere, dass Sie auf diesem Wege auch Archivdateien, die Sie vor der Einführung von SAP ILM (generell oder für ein bestimmtes ILM-Objekt, siehe Abbildung 2.12 in Abschnitt 2.3.5, »Auswirkung des Ankreuzfeldes ›Objektzuordnung‹«) erstellt haben, sperren können. Zusammenfassend für diesen Punkt lässt sich sagen: Mithilfe von SAP ILM können Sie solche Dateien sperren, aber nicht vernichten. Für Letzteres müssen sie unter der Kontrolle von SAP ILM erzeugt worden sein. (Dies haben wir in Abschnitt 2.7, »Datenvernichtungsfunktionen«, erläutert.) Weitere Informationen dazu finden Sie in SAP-Hinweis 2167473 (Benutzerspezifisches Sperren der Anzeige archivierter, personenbezogener Daten).

[»] **Ist die ganze Archivdatei gesperrt?**

Wenn Sie das Konzept der rechtsfallbedingten Sperren kennen (das wir in Abschnitt 3.6, »Legal Case Management«, beschreiben), wissen Sie, dass dort die Sperre für die ganze Archivdatei gilt. Nun könnten Sie sich fragen, ob dies auch hier der Fall ist. Die Antwort lautet »nein«. Wie beschrieben, findet die Prüfung und Entscheidung darüber, ob Benutzer die angeforderten, zwecks Sperrung archivierten Daten sehen können, in dem Moment statt, in dem das ADK auf die Archivdatei lesend zugreift. Die Prüfungen und Entscheidungen finden dort pro Datenobjekt statt.

Das in Abbildung 4.24 dargestellte Berechtigungsobjekt S_IRM_BLOC erlaubt Ihnen eine detaillierte Aussteuerung der Berechtigungen für die archivierten Daten per:

- Prüfgebiet
- ILM-Objekt
- zugeordnete Berechtigungsgruppe

Berechtigungsobjekt S_IRM_BLOC

Die zugrundeliegende Logik basiert auf den Prüfgebieten. In ihren Regeln können Sie, wie soeben dargestellt, Berechtigungsgruppen hinterlegen. Sofern die Daten bereits im Archiv liegen, ermittelt das System in Bezug auf die angeforderten, archivierten Daten das dazugehörige Prüfgebiet sowie die dort hinterlegten Aufbewahrungsdauern und prüft im Benutzerstamm des die Daten anfordernden Benutzers, ob die hinterlegte Berechtigungsgruppe vorhanden ist.

Abbildung 4.24 Berechtigungsobjekt S_IRM_BLOC – der archivierten Daten blockieren

Sie können das hier besprochene Sperren mittels Archivdateien nur nutzen, wenn Sie die notwendigen Einstellungen in SAP ILM vorgenommen haben. Beachten Sie hierzu auch die SAP-Hinweise 2169333 (Sperren von bereits archivierten Daten) und 2167473 (Benutzerspezifisches Sperren der Anzeige archivierter, personenbezogener Daten).

4 Vereinfachtes Sperren mit SAP ILM

Sonderfall: Aufbewahrungsdauer verstrichen

Schließen wir dieses Thema mit wichtigen Informationen zu Sonderfällen ab. Einen davon stellt die Konstellation dar, in der der Benutzer zwar zur Anzeige gesperrter Daten berechtigt, die Aufbewahrungsdauer der Daten aber verstrichen ist. In diesem Fall verhält sich das System so, als ob der Benutzer keine Rechte für den Zugriff auf die Daten hätte. Die angeforderten Daten werden nicht angezeigt, da sie eigentlich bereits hätten vernichtet werden sollen.

Aufbewahrungsdauer verstrichen und Legal Case

Es gibt hier jedoch eine Ausnahme: Vielleicht ahnen Sie, in welchem Fall der Zugriff auf solchen Daten doch zwingend notwendig ist, nämlich dann, wenn die angefragte Information in einem Legal Case enthalten ist. Aus diesem Grund steht Ihnen ein spezielles Berechtigungsobjekt zur Verfügung: S_IRM_BL_M (Abgelaufene Ressourcen erteilen Zugriff), siehe Abbildung 4.25. Sie weisen das Berechtigungsobjekt also den Benutzern in Ihrem Unternehmen zu, die die Rechtsfälle bearbeiten und somit auf diese spezielle Kategorie der Daten zugreifen müssen.

Abbildung 4.25 Berechtigungsobjekt S_IRM_BL_M (Abgelaufene Ressourcen erteilen Zugriff)

Ende der Aufbewahrungsdauer = verändertes Sperrverhalten

Zum Schluss noch ein wichtiges Detail. Die gesperrten Daten werden einem Benutzer, der mit entsprechend ausgeprägtem Berechtigungsobjekt S_IRM_BLOC (Anzeigen der archivierten Daten blockieren) ausgestattet ist, nicht mehr angezeigt, wenn die Aufbewahrungsdauer abgelaufen ist! Handelt es sich dagegen um einen Benutzer, der mit entsprechend ausgeprägtem Berechtigungsobjekt S_IRM_BL_M (Abgelaufene Ressourcen erteilen Zugriff) ausgestattet ist, werden ihm gesperrte Daten angezeigt (vom Archiv gelesen), denn diese Daten werden noch für eine rechtsfallbedingte Sperre benötigt.

Nachdem Sie das Konzept nun verstanden haben, verstehen Sie, worin die Vorbereitungen zum Sperren von Bewegungsdaten bestehen. Sie müssen die Spalte **Berechtigungsgruppe** entsprechend füllen und die in diesem Abschnitt genannten Berechtigungsobjekte den richtigen Benutzern zuordnen.

ILM-Objekte für unstrukturierte Daten

Bei Regelwerken zu den ILM-Objekten AL_DOCUMENTS (Dokumente, die über ArchiveLink abgelegt sind) und AL_PRINTLISTS (Drucklisten, die über ArchiveLink abgelegt sind) sollten Sie die Spalte **Berechtigungsgruppe** nicht ausfüllen (wenn sie in Ihrem Release noch angezeigt wird). Die in diesem Abschnitt dargestellte Logik dieser Spalte steht für diese ILM-Objekte nicht zur Verfügung, da ihre Daten nicht zwecks Sperrung archiviert werden.

4.3.5 Für das Sperren und Löschen von Stammdaten – die Anwendungsregelvarianten

Nun widmen wir uns den bereits erwähnten *Anwendungsregelvarianten* (ARV). Was stellen sie dar, und wann würden Sie sie einsetzen? Sie erinnern sich, dass die Anwendungsregelvariante – wie es z. B. Abbildung 4.19 darstellt – eine mögliche Spalte beim Anlegen von Regelwerken in der Transaktion IRMPOL (ILM-Regelwerke) ist.

Die erste neue Information für Sie an dieser Stelle ist, dass die Anwendungsregelvariante nur bei den bereits erwähnten vier Stammdaten-ILM-Objekten (z. B. FI_ACCRECV, Debitorenstammdaten) angeboten wird. Für die Aufbewahrungs- oder Verweilregeln der Anwendungsdaten (z. B. FI-Belege) werden die Anwendungsregelvarianten nicht benötigt; daher wird diese Spalte hier erst gar nicht zur Auswahl angeboten.

Einsatzgebiet

Welches sind also die Einsatzgebiete der Anwendungsregelvarianten für Stammdaten? In Hauptszenario A, das für die Stammdaten und ihre Aufbewahrungsregeln gilt, geht es um das Schaffen einer Verbindung zwischen der Aufbewahrungsdauer der Stammdaten und der Aufbewahrungsdauer aller Bewegungsdaten eines Stammdatums.

4 Vereinfachtes Sperren mit SAP ILM

[»] **Vererbung der Aufbewahrungsdauer von Bewegungsdaten auf das Stammdatum?**

Die Aufbewahrungsfristen der Stammdaten werden *nicht* durch Vererbung ermittelt, obwohl dieser Gedanke naheliegt. Das heißt also, dass die längste Aufbewahrungsfrist der dazugehörigen Anwendungsbelege *nicht* als Aufbewahrungsfrist des dazugehörigen Stammdatums automatisch vom System ermittelt und verwendet wird.

Daraus ergibt sich, dass Sie die Aufbewahrungsfristen der Stammdaten durch eine IRM-Regel definieren müssen. Es bedeutet für Sie also eine *Doppelpflege*. Wir gehen gleich ins Detail, um zu erläutern, wie das Konzept der Anwendungsregelvarianten diese Doppelpflege erleichtern kann.

Von den Organisationseinheiten abhängige Verweilregeln

Stellen wir zuerst aber noch das zweite Einsatzszenario (Szenario B) vor, das bei den Verweilregeln der Stammdaten liegt. Wichtig ist, dass Sie zuerst prüfen, ob dieses Szenario für Sie einen Mehrwert darstellt. Dies ist dann der Fall, wenn Sie die Verweilregeln Ihrer Stammdaten in Abhängigkeit der Organisationseinheiten (z. B. Buchungskreise), zu denen ein Stammdatum Bewegungsdaten hat, definieren möchten. Die Anwendungsregelvarianten werden hier also verwendet, um eine Verbindung zwischen diesen zwei Bereichen/Begriffen zu schaffen. Im Umkehrschluss heißt das, dass Sie sich mit Szenario B für den Einsatz der Anwendungsregelvarianten gar nicht beschäftigen müssen, wenn die Verweilregeln Ihrer Stammdaten von den Organisationseinheiten unabhängig sind.

[zB] **Szenario B – Verweilregeln der Stammdaten**

Ein Beispiel könnte sein, dass Sie möchten, dass ein Kunde erst dann gesperrt wird, wenn alle dazugehörigen FI- und SD-Belege abgeschlossen sind und zusätzlich im Buchungskreis 1000 seither sechs Monate, im Buchungskreis 5000 hingegen ein Jahr vergangen ist.

Um die Anwendungsregelvarianten zu definieren, rufen Sie zuerst die Transaktion SPRO (Customizing: Projekt bearbeiten) auf. Wählen Sie den bekannten Pfad **Data Protection** • **Sperren und Entsperren von Daten** • **Löschen des Kundenstamms/Lieferantenstamms** und anschließend die Aktivität **AnwRegelvarianten u. Regelgruppen für Prüfung auf Ende des VwZw. zuordnen**. In der danach erscheinenden Maske (siehe Abbildung 4.26) tragen Sie Folgendes ein:

1. In den Spalten **ID-Art** und **AnwendName** tragen Sie die Anwendungen ein, die die jeweilige Stammdatenart verwendet.

2. In der Spalte **Regelgruppe** tragen Sie die dazugehörigen Regelgruppen ein. Diese definieren Sie in der Transaktion IRM_CUST_CSS (IRM-kundenspezifische Einstellungen). Das Konzept der Regelgruppen haben wir in Abschnitt 2.5.6, »Schnellere Regelpflege mit Regel- und Objektgruppen«, besprochen.

3. In der Spalte **Anwendungsregelvariante** vergeben Sie einen Namen für die Anwendungsregelvariante, die Sie hier definieren möchten.

4. In der Spalte **Bezeichnung Anwendungsregelvariante** tragen Sie schließlich eine passende Bezeichnung für Ihre Anwendungsregelvariante ein.

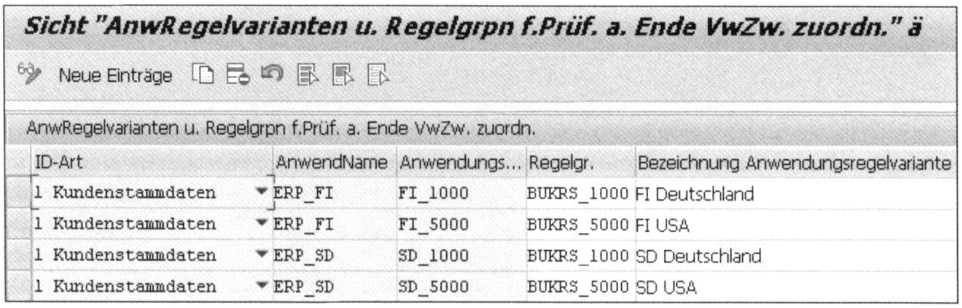

ID-Art		AnwendName	Anwendungs...	Regelgr.	Bezeichnung Anwendungsregelvariante
1	Kundenstammdaten	ERP_FI	FI_1000	BUKRS_1000	FI Deutschland
1	Kundenstammdaten	ERP_FI	FI_5000	BUKRS_5000	FI USA
1	Kundenstammdaten	ERP_SD	SD_1000	BUKRS_1000	SD Deutschland
1	Kundenstammdaten	ERP_SD	SD_5000	BUKRS_5000	SD USA

Abbildung 4.26 Anwendungsregelvarianten definieren (Transaktion SPRO)

Wo ist die Zuordnung hinterlegt?

Im EoP-Prüfungs-Coding jeder Anwendung ist hinterlegt, welche ILM-Objekte berücksichtigt werden (z. B. FI_ACCRECV bei der ID-Art **Kundenstammdaten**). Diese Zuordnung wird unter anderem für die Prüfung benötigt, ob die Verweildauer abgelaufen ist.

Die auf diesem Wege angelegte Anwendungsregelvariante ist somit eine Kombination aus der Stammdatenart (ID-Art), dem Anwendungsnamen und einer Regelgruppe. Sie könnten sie jetzt in der Transaktion IRMPOL (ILM-Regelwerke) verwenden. Im Folgenden betrachten wir die beiden wichtigen Verwendungsszenarien A und B genauer.

Szenario A: Aufbewahrungsdauer von Stammdaten

Szenario A, dargestellt in Abbildung 4.27, ist ein Hauptszenario, in dem es um die Aufbewahrungsdauer von Stammdaten und die eingangs erwähnte Doppelpflege geht.

Mithilfe der Anwendungsregelvariante können Sie die Doppelpflege einfacher gestalten, da die grau dargestellten Spalten aus der Regelgruppe gefüllt werden, die Sie der Anwendungsregelvariante bei ihrer Definition zugeordnet haben (siehe Abbildung 4.26). Sie müssen sie also nicht händisch noch

Einfachere Doppelpflege der Aufbewahrungsdauer

4 Vereinfachtes Sperren mit SAP ILM

einmal eingeben. So vermeiden Sie Fehler und reduzieren den Aufwand für die Doppelpflege.

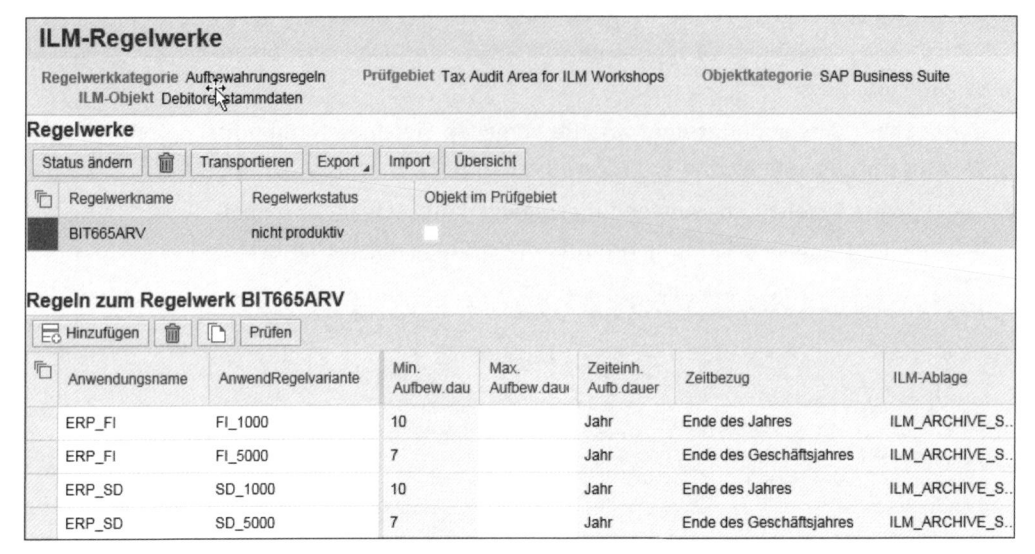

Abbildung 4.27 Hauptszenario A – Aufbewahrungsdauer von Stammdaten (Doppelpflege) 1/2

> **Verwendung der Anwendungsregelvarianten für die Anwendungsnamen der Stammdaten**
>
> Die Verwendung der Anwendungsregelvarianten für die Anwendungsnamen der Stammdaten (z. B. `ERP_CUST`) ist nicht sinnvoll und daher nicht möglich, was in Abbildung 4.28 durch den Strich dargestellt ist. Sollten Sie hier einen Wert eingegeben haben, erscheint eine entsprechende Fehlermeldung.

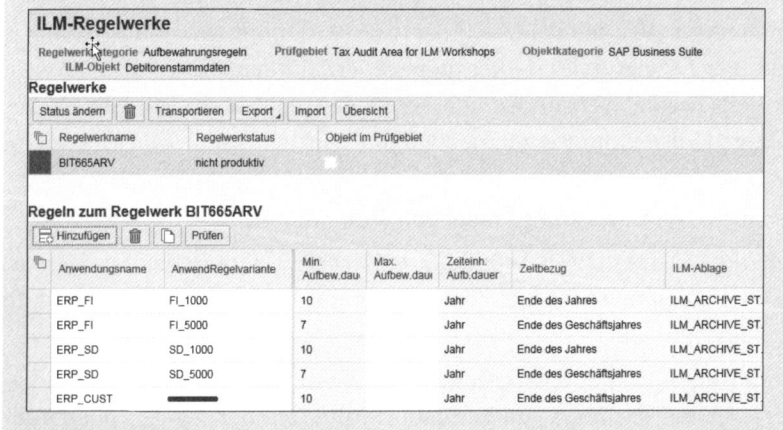

Abbildung 4.28 Hauptszenario A – Aufbewahrungsdauer von Stammdaten (Doppelpflege) 2/2

Wir halten also fest, dass die Verwendung der Anwendungsregelvarianten ihren Sinn vor allem im Hauptszenario hat, nämlich der Aufbewahrungsdauerdefinition von Stammdaten in Abhängigkeit von den dazugehörigen Anwendungsnamen der Bewegungsdaten (z. B. ERP_FI). Dies haben wir eingangs auch als Doppelpflege bezeichnet.

Szenario B: Verweildauer, abhängig von den Organisationseinheiten

Kommen wir nun zu Szenario B. Wir sagten bereits, dass Ihnen hier die Anwendungsregelvarianten zur Verfügung stehen, wenn die Verweildauer Ihrer Bewegungsdaten (z. B. FI oder SD) von den Organisationseinheiten (z. B. Buchungskreisen) abhängig ist.

ILM-Regelwerke

Regelwerkkategorie Verweilregeln   Prüfgebiet BUPA_DP   Objektkategorie SAP Business Suite

✓ Das Regelwerk wurde im Status 'produktiv' gesichert

[Sichern] [Anzeigen] [Zurück]

Regelwerke

[Status ändern] [🗑] [Transportieren] [Export] [Import] [Übersicht]

ILM-Objekt	Regelwerkname	Regelwerkstatus	Objekt im Prüfgebiet
FI_ACCRECV	BIT665_00	produktiv	✓

Regeln zum Regelwerk BIT665_00

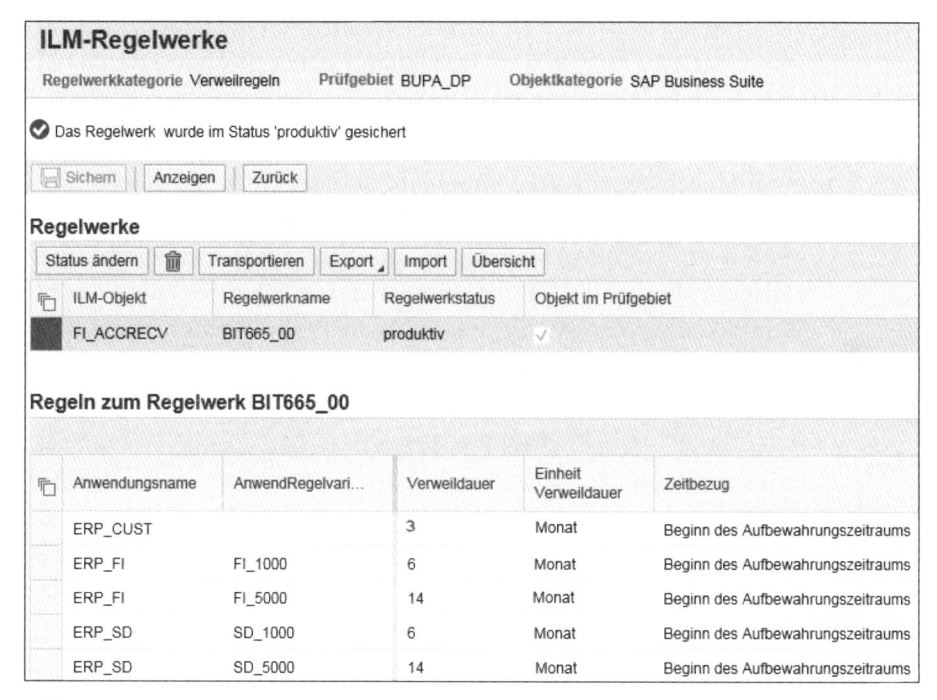

Anwendungsname	AnwendRegelvari...	Verweildauer	Einheit Verweildauer	Zeitbezug
ERP_CUST		3	Monat	Beginn des Aufbewahrungszeitraums
ERP_FI	FI_1000	6	Monat	Beginn des Aufbewahrungszeitraums
ERP_FI	FI_5000	14	Monat	Beginn des Aufbewahrungszeitraums
ERP_SD	SD_1000	6	Monat	Beginn des Aufbewahrungszeitraums
ERP_SD	SD_5000	14	Monat	Beginn des Aufbewahrungszeitraums

Abbildung 4.29 Anwendungsregelvarianten – Szenario B 1/2

Die in Abbildung 4.29 eingetragenen sechs bzw. 14 Monate in der Verweilregel des Prüfgebiets BUPA_DP bedeuten, dass die folgenden Kriterien für die Bewegungsdaten erfüllt sein müssen, damit ein Stammdatum (z. B. Kunde) gesperrt werden kann:

Von den Organisationseinheiten abhängige Verweilregeln

- Alle FI- und SD-Belege im Buchungskreis 1000 (5000) sind abgeschlossen, *und* es sind seitdem sechs (14) Monate vergangen.
- Gibt es keine FI- bzw. SD-Belege zum Kunden im entsprechenden Buchungskreis, wird die Regel nicht beachtet.

- Seit der letzten Änderung des Stammdatums (oder wenn seit dem Anlagedatum keine Änderung vorliegt) sind drei Monate vergangen.

Falls Sie sich hinsichtlich des ersten Auflistungspunkts gefragt haben, woher das System weiß, dass der Buchungskreis 1000 bzw. 5000 betrachtet werden muss, gehen wir an dieser Stelle etwas in die Tiefe und erklären es wie folgt: Die folgenden Schritte werden für alle registrierten Anwendungsnamen durchgeführt (siehe dazu Abbildung 4.12 und Abbildung 4.13 in Abschnitt 4.3.1, »Für das Sperren von Stammdaten in der Transaktion SPRO«). Wir betrachten sie am Beispiel des Anwendungsnamens ERP_SD, also am Beispiel der Verkaufsbelege und des Weiteren am Beispiel der Aufbewahrungs- und Verweildauern, die für Kunden zu diesem Anwendungsnamen gelten. Diese haben Sie als Vorbereitung für das Stammdaten-ILM-Objekt, z. B. FI_ACCRECV, in der Transaktion IRMPOL (ILM-Regelwerke) für den Anwendungsnamen (z. B. ERP_SD) eingetragen, wie in Abbildung 4.27 und Abbildung 4.28 zu sehen.

1. In der Implementierung der Anwendungsklasse zum Anwendungsnamen ERP_SD ist hinterlegt, dass alle Verkaufsbelege zum Kunden, der gesperrt werden soll, geprüft werden. Nur wenn sie alle abgeschlossen sind, werden die Prüfungen fortgeführt. Ansonsten steht schon jetzt fest, dass das Stammdatum nicht gesperrt werden kann. Die EoP-Prüfung kann dann hier schon beendet werden; in den sogenannten SORT-Tabellen zum Geschäftspartner wird entsprechend das noch laufende Geschäft zu diesem Anwendungsnamen gespeichert.

2. Falls das Stammdatum gesperrt werden könnte, werden jetzt aus den zum Kunden ermittelten Verkaufsbelegen die Werte bestimmt, die die sogenannten Bedingungsfelder der dazugehörigen ILM-Objekte darstellen. Für das ILM-Objekt SD_VBAK wären es z. B. die Verkaufsorganisation, die Vertriebsbelegkategorie und die Verkaufsbelegart.

3. Mit dieser Information werden die Aufbewahrungsregeln für das jeweilige Anwendungs-ILM-Objekt (in unserem Beispiel SD_VBAK) und für die in Punkt 1 genannten Anwendungsbelege ermittelt. Diese Aufbewahrungsregeln haben Sie in der Transaktion IRMPOL (ILM-Regelwerke) gepflegt. Ein Beispiel dazu – wenn auch für ein anderes Anwendungs-ILM-Objekt als SD_VBAK – zeigt Abbildung 2.37 (in Abschnitt 2.5.6, »Schnellere Regelpflege mit Regel- und Objektgruppen«). Der Zweck dabei ist es, die Regelgruppen aus den Aufbewahrungsregeln für diese Anwendungsbelege zu ermitteln. Je gefundene Regelgruppe wird dann aus allen relevanten Verkaufsbelegen das höchste Datum ermittelt, das jeweils das Ende des Geschäftes markiert.

> **Falls Sie keine Regelgruppen nutzen**
>
> Verwenden Sie keine Regelgruppen, ist Punkt 4 nicht relevant. Es bedeutet folglich, dass die in den Punkten 5 und 6 beschriebene Vorgehensweise nur den Anwendungsnamen verwendet und keine Anwendungsregelvarianten berücksichtigt. In Bezug auf den aktuellen Anwendungsnamen (in unserem Beispiel SD_VBAK) können Sie also genau eine Verweildauer und genau eine Aufbewahrungsdauer definieren.

4. Für diese Regelgruppen werden die von Ihnen im SAP-Referenz-Einführungsleitfaden (IMG) hinterlegten Anwendungsregelvarianten bestimmt (siehe Abbildung 4.26). Sie werden in nächsten Schritt benötigt.

   Nun wird noch berechnet, ob die von Ihnen eingetragenen Verweildauern für das Prüfgebiet BUPA_DP und das entsprechende Stammdaten-ILM-Objekt (in unserem Beispiel FI_ACCRECV) verstrichen sind. In unserem Beispiel in Abbildung 4.29 sind es sechs oder 14 Monate. Diese Berechnung erfolgt für die gefundenen Kombinationen aus Anwendungsregelvarianten und dem Anwendungsnamen und dem am weitesten in der Zukunft liegenden Datum für das Ende des Geschäfts. Das berechnete Datum bildet das Ende der Verweilfrist (und somit den End-of-Purpose-Zeitpunkt) für das Stammdatum zu dieser Anwendung.

   Liegt dieses Datum noch in der Zukunft, ist das EoP für diesen Anwendungsnamen nicht erreicht, und das Sperren des Stammdatums ist noch nicht möglich. Das berechnete, in der Zukunft liegende Datum wird gespeichert und bestimmt das Datum der nächsten EoP-Prüfung. Um eine gute Performance der EoP-Checks zu gewährleisten, können Sie dieses Datum nutzen, um die nächste Prüfung des aktuellen Stammdatums bis zum Ablauf dieser nun bekannten Verweilfrist aufzuschieben. Setzen Sie hierzu bei der EoP-Prüfung das Kreuzchen bei **Nächstes Prüfdatum berücksichtigen**.

   An dieser Stelle wird auch die von Ihnen eingegebene maximale Anzahl an Tagen bis zur nächsten Prüfung berücksichtigt (siehe dazu Abbildung 4.16 in Abschnitt 4.3.1, »Für das Sperren von Stammdaten in der Transaktion SPRO«). Sie übersteuert gegebenenfalls das gerade besprochene, von der Anwendung ermittelte Datum.

5. Sind die Verweildauern hingegen verstrichen, kann zumindest aus Sicht dieser Anwendung mit ihrer EoP-Prüfung das Stammdatum gesperrt werden. An dieser Stelle liegen dem System alle benötigten Daten vor, um später beim Löschen des Stammdatums die richtigen Aufbewahrungsdauern zu ermitteln. In den sogenannten SORT-Tabellen werden

dazu als ein Ergebnis der EoP-Prüfung die Kombinationen aus den folgenden Elementen als Startdatum der Aufbewahrungsfrist für das Stammdatum zurückgegeben und zum Geschäftspartner gespeichert:

- anwendungsregelvariante Anwendungsnamen
- das am weitesten in der Zukunft liegenden Datum für das Ende des Geschäfts

Keine Anwendungsregelvarianten

Halten wir also das so erklärte Verwendungsszenario B fest und sagen, dass Sie im Umkehrschluss keine Anwendungsregelvarianten benötigen, wenn *eine der beiden* Gegebenheiten vorliegt:

- Die anwendungsspezifischen Verweildauern hängen nicht von Ihren Organisationseinheiten ab.
- Sie möchten keine anwendungsspezifischen Verweildauern definieren. Die Tatsache, dass die dazugehörigen Anwendungsbelege abgeschlossen sind und die am Stammdatum selbst hinterlegte Verweildauer (Anwendungsname ERP_CUST am Beispiel vom Kunden) abgelaufen ist, reicht Ihnen aus.

Nur in Verbindung mit Stammdaten

Eingangs haben wir gesagt, dass die Anwendungsregelvarianten nur bei den Stammdaten angeboten werden. Für die Aufbewahrungs- oder Verweilregeln der Anwendungsdaten werden sie nicht benötigt und diese Spalte daher gar nicht zur Auswahl angeboten.

Schauen wir uns zum Abschluss noch eine Stelle an, an der Sie potenziell eine Anwendungsregelvariante eingeben können (siehe Abbildung 4.30). In der Praxis ist das wenig sinnvoll, wie Sie gleich sehen werden, aber dennoch wollen wir sie Ihnen kurz zeigen.

Der Wert **1 Monat** in der Verweilregel bedeutet, dass kumulativ die folgenden Kriterien erfüllt sein müssen, damit ein Stammdatum (z. B. Kunde) gesperrt werden kann:

- Das End of Business (EoB) muss stattgefunden haben.
- Es muss mindestens ein Monat seit der letzten Änderung am Kundenstamm vergangen sein.

Keine Anwendungsregelvarianten für …

Die Kernaussage ist hier, dass die stammdatenbezogenen EoP-Prüfungen (z. B. Anwendungsname ERP_CUST) keine Anwendungsregelvarianten nutzen. Daher werden Ihnen die dazugehörigen Anwendungsnamen (z. B. ERP_CUST) beim Anlegen einer Anwendungsregelvariante nicht zur Auswahl angeboten, was die Wertehilfe ([F4]) zeigt.

Lassen Sie daher diese Spalte eines Regelwerks leer. Alternativ wählen Sie diese Spalte bei der Definition eines Regelwerks überhaupt nicht aus, falls das Regelwerk nur für stammdatenbezogene Verweildauern vorgesehen ist, Sie also Anwendungsnamen wie `ERP_FI` überhaupt nicht eingeben.

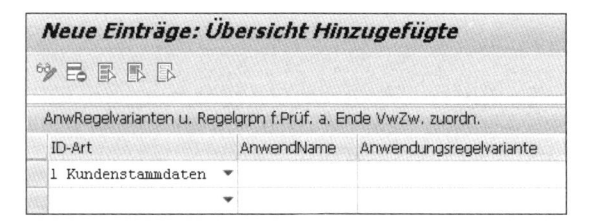

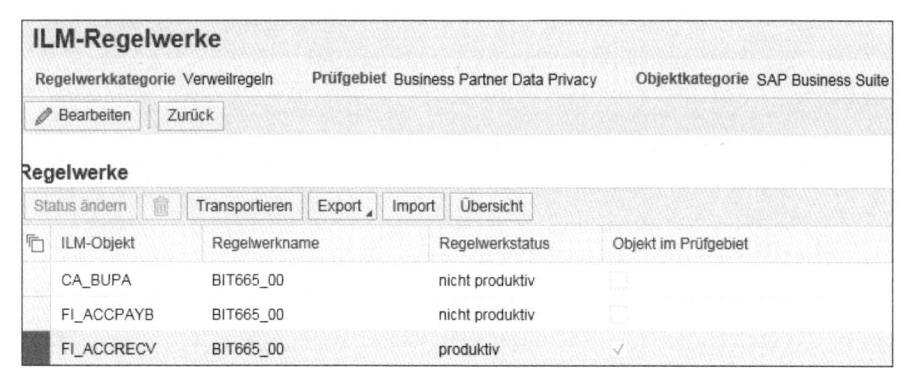

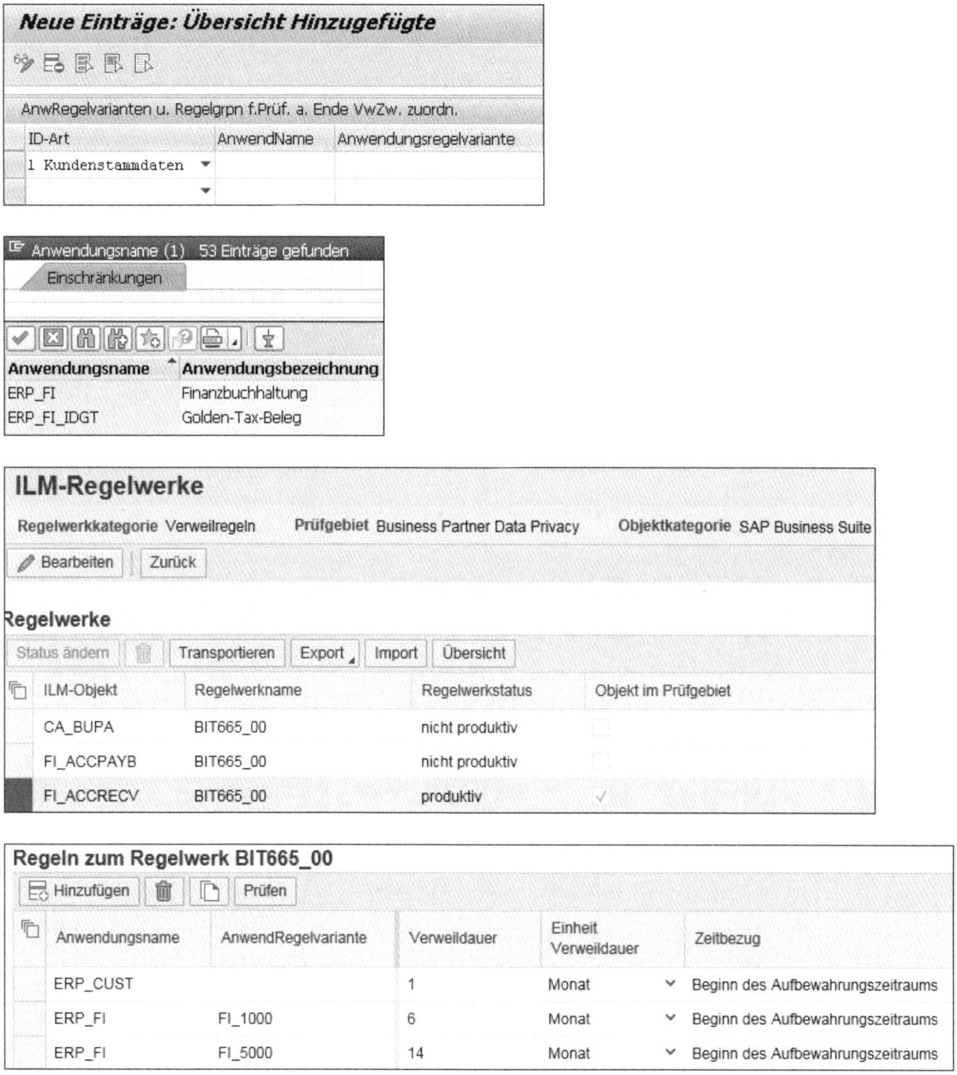

Neue Einträge: Übersicht Hinzugefügte

AnwRegelvarianten u. Regelgrpn f.Prüf. a. Ende VwZw. zuordn.

ID-Art	AnwendName	Anwendungsregelvariante
1 Kundenstammdaten		

Anwendungsname (1) 53 Einträge gefunden

Einschränkungen

Anwendungsname	Anwendungsbezeichnung
ERP_FI	Finanzbuchhaltung
ERP_FI_IDGT	Golden-Tax-Beleg

ILM-Regelwerke

Regelwerkkategorie Verweilregeln   Prüfgebiet Business Partner Data Privacy   Objektkategorie SAP Business Suite

Bearbeiten | Zurück

Regelwerke

Status ändern | Transportieren | Export | Import | Übersicht

ILM-Objekt	Regelwerkname	Regelwerkstatus	Objekt im Prüfgebiet
CA_BUPA	BIT665_00	nicht produktiv	
FI_ACCPAYB	BIT665_00	nicht produktiv	
FI_ACCRECV	BIT665_00	produktiv	✓

Regeln zum Regelwerk BIT665_00

Hinzufügen | Prüfen

Anwendungsname	AnwendRegelvariante	Verweildauer	Einheit Verweildauer	Zeitbezug
ERP_CUST		1	Monat	Beginn des Aufbewahrungszeitraums
ERP_FI	FI_1000	6	Monat	Beginn des Aufbewahrungszeitraums
ERP_FI	FI_5000	14	Monat	Beginn des Aufbewahrungszeitraums

Abbildung 4.30 Anwendungsregelvarianten – Szenario B 2/2

4.3.6 Für das Archivieren von Stamm- und Bewegungsdaten

Das Archivieren von Daten ist ein eigenständiges Wissensfeld, das wir als bekannt voraussetzen. Informationen dazu finden Sie z. B. unter *https://help.sap.com* oder in der SAP-Schulung BIT660 (Datenarchivierung).

Gehen wir jedoch auf einen speziellen Berührungspunkt der beiden Themengebiete ein: die Verweilregeln. Wir haben bereits in Abschnitt 4.3.3,

Verweilregeln bei der EoP-Prüfung

»Für das Sperren von Stammdaten in SAP ILM«, erklärt, dass Sie für die Definition von Verweilregeln, die bei der EoP-Prüfung berücksichtigt werden sollen, das Prüfgebiet BUPA_DP – und kein anderes Prüfgebiet – verwenden müssen.

Verweilregeln bei Archivierung

Das ursprüngliche Einsatzgebiet der Verweilregeln ist jedoch die Zeitspanne, bis die Daten archiviert werden dürfen. Wir haben im Zusammenhang mit Abbildung 4.5 in Abschnitt 4.2, »Lösungsübersicht«, beschrieben, dass ein Business-Objekt (z. B. ein Kundenauftrag), wenn es archiviert werden soll, zuvor auf die folgenden Voraussetzungen hin geprüft werden muss:

- Es wird geprüft, ob das Business-Objekt abgeschlossen ist (weil Daten in der Archivdatei nicht mehr geändert werden können).
- Es wird geprüft, ob die Verweildauern – falls das Archivierungsobjekt ein Customizing dafür anbietet und Sie sie definiert haben – verstrichen sind.
- Falls Verweildauern fest im Coding des Archivschreibprogramms hinterlegt sind, wird geprüft, ob sie verstrichen sind.

[»] **Die Anwendung entscheidet**

Die Anwendung entscheidet, auf welchem der beiden möglichen Wege sie die Pflege der Verweilregeln (Residenzzeiten), die bei den Prüfungen auf Archivierbarkeit beachtet werden, für Ihr Archivierungsobjekt ermöglicht.

- Archivierungsobjekte, die vor SAP ILM entstanden sind, bieten dafür applikationsspezifische Transaktionen.
- Neuere Archivierungsobjekte können dafür die IRM-Regeln zur Verweildauer, das heißt das Prüfgebiet ARCHIVING, anbieten. Weitere Informationen dazu finden Sie in Abschnitt 2.3.1, »Auflistung vorhandener Prüfgebiete – die Transaktion ILMARA«, oder in Abschnitt 2.5.5, »Unterschiede zwischen Aufbewahrungs- und Verweilregeln«.

In beiden Fällen gilt weiterhin, was wir zum Einsatzgebiet des Prüfgebiets BUPA_DP, also zu den Verweilregeln im Zusammenhang mit den EoP-Prüfungen geschrieben haben.

Zwei Einsatzgebiete der Verweilregeln

Sie haben somit die beiden folgenden Einsatzgebiete für die Verweilregeln kennengelernt:

- bei den Prüfungen auf die Archivierbarkeit der Daten
- bei den EoP-Prüfungen

Kehren wir noch einmal zu den Vorbereitungen für das Archivieren von Stamm- und Bewegungsdaten und den Berührungspunkten mit SAP ILM zurück. Sollte ein Archivierungsobjekt die Pflege der Verweilregeln (Residenzzeiten) mithilfe von SAP ILM anbieten, besteht Ihre Aufgabe darin, passende, produktive IRM-Regeln im Prüfgebiet ARCHIVING anzulegen. Diese Schritte sind also eine Verallgemeinerung der Aktivitäten aus Abbildung 4.18 und Abbildung 4.19 (siehe Abschnitt 4.3.3, »Für das Sperren von Stammdaten in SAP ILM«):

- Sie ordnen die relevanten ILM-Objekte dem Prüfgebiet ARCHIVING zu (siehe Abbildung 4.31).
- Sie legen passende, produktive IRM-Regeln an.

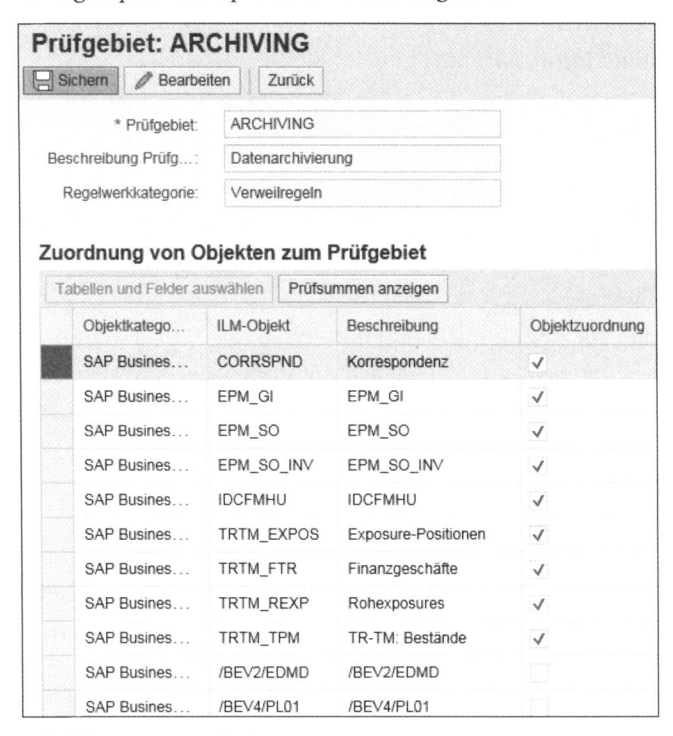

Objektkatego...	ILM-Objekt	Beschreibung	Objektzuordnung
SAP Busines...	CORRSPND	Korrespondenz	✓
SAP Busines...	EPM_GI	EPM_GI	✓
SAP Busines...	EPM_SO	EPM_SO	✓
SAP Busines...	EPM_SO_INV	EPM_SO_INV	✓
SAP Busines...	IDCFMHU	IDCFMHU	✓
SAP Busines...	TRTM_EXPOS	Exposure-Positionen	✓
SAP Busines...	TRTM_FTR	Finanzgeschäfte	✓
SAP Busines...	TRTM_REXP	Rohexposures	✓
SAP Busines...	TRTM_TPM	TR-TM: Bestände	✓
SAP Busines...	/BEV2/EDMD	/BEV2/EDMD	
SAP Busines...	/BEV4/PL01	/BEV4/PL01	

Abbildung 4.31 Prüfgebiet ARCHIVING

Archivierung gesperrter Stammdaten

In Releases, in denen die Stammdaten mithilfe des vereinfachten Sperrens und Löschens mit SAP ILM gesperrt werden können, ist der Status **gesperrt** die Voraussetzung für das Archivieren des Stammdatums. Die EoP-Prüfung wird somit sozusagen zum »Vorlaufprogramm« für das Archivierungsobjekt. Die EoP-Prüfung ist in der Transaktion SARA (Archivadministration) nicht als Vorlaufprogramm für die dazugehörigen Archivierungsobjekte (CA_BUPA, FI_ACCRECV, FI_ACCPAYB) bzw. für das Datenvernichtungsobjekt

> FI_ACCKNVK hinterlegt, hat aber diese Auswirkung. Auch setzt sie die Löschvormerkung für das gesperrte Stammdatum.
>
> Wir raten vom Archivieren der Stammdaten ab, insbesondere dann, wenn Sie in der Zukunft die Notwendigkeit sehen, bestimmte Stammdaten entsperren zu müssen. Dies könnte z. B. in der Versicherungsbranche vorkommen, wenn zu einem Vertrag bei Gewährleistungsansprüchen noch nach Jahren Änderungen vorgenommen werden müssen.

4.3.7 Aus der Sicht vom abhängigen und zentralen Stammdatensystem

Sie kennen nun die benötigten Vorbereitungen in der Transaktion SPRO (Customizing: Projekt bearbeiten) sowie in SAP ILM für die Stamm- und Bewegungsdaten. Um dieses Wissen zu verfestigen, wiederholen wir es nun aus dem Standpunkt heraus, welche Vorbereitungen in einem abhängigen und welche im zentralen Stammdatensystem Ihrer Landschaft vorgenommen werden sollen.

Benötigte Business-Funktionen im lokalen System

Widmen wir uns zuerst den Business-Funktionen, die Sie aktivieren müssen. In jedem *abhängigen System*, in dem Sie Stamm- bzw. Bewegungsdaten sperren und vernichten möchten, benötigen Sie die folgenden Business-Funktionen:

- ILM (Information Lifecycle Management)
- ILM_BLOCKING (ILM: Sperrfunktionalität)
- BUPA_ILM_BF (ILM-basiertes Löschen von Geschäftspartnern)
- ERP_CVP_ILM_1 (ILM-basiertes Löschen von Kunden- und Lieferantenstammdaten)
- als Beispiel für industrie- bzw. modulspezifische Business-Funktionen:
  - FICAX_BUPA_BLOCKING (FI-CA – gesperrte Geschäftspartner)
  - SCM_SCMB_LOC_ILM_1 (für SCM-Lokationen, als weiteres Stammdatum neben dem cGP in einem SCM-System)
  - ISH_BP_OM (SAP Patient Management BP/OM) und ISH_ILM (SAP Patient Management ILM)

Benötigte Business-Funktionen im zentralen System

Im *zentralen Stammdatensystem* müssen Sie dagegen die folgenden Business-Funktionen aktivieren:

- ILM (Information Lifecycle Management): Diese Business-Funktion wird mit SAP NetWeaver ausgeliefert.

- `ILM_BLOCKING` (ILM: Sperrfunktionalität): Diese Business-Funktion wird mit SAP NetWeaver ausgeliefert. Sie benötigen sie, wenn Sie im zentralen Stammdatensystem auch Bewegungsdaten über die Archivierung sperren oder dort Stammdaten archivieren wollen. (Zu Recht könnten Sie jetzt sagen, dass bei Archivlesezugriffen auf die Stammdaten die im IMG hinterlegte Berechtigungsgruppe verprobt werden soll. Die Möglichkeit dazu besteht aber nicht, wenn Benutzer z. B. mithilfe des sogenannten *Archive Explorers* (einer ADK-Funktionalität) auf archivierte Daten zugreift. Aktivieren Sie die hier genannte Business-Funktion, und nutzen Sie die Spalte **Berechtigungsgruppe**, damit die Berechtigungsprüfungen stattfinden.
- `BUPA_ILM_BF` (ILM-basiertes Löschen von Geschäftspartnern): Diese Business-Funktion wird mit SAP NetWeaver ausgeliefert.
- `ERP_CVP_ILM_1` (ILM-basiertes Löschen von Kunden- und Lieferantenstammdaten): Sie benötigen sie, wenn Sie im zentralen Stammdatensystem das SAP-ERP-Modul installiert haben.

> **Informationen zu SCM**
>
> Für das Modul SAP SCM finden Sie weiterführende Informationen im »ILM Customer Guide« (siehe Abschnitt 1.1, »Von der Datenarchivierung zu ILM: Wo der Schuh drückte und was Abhilfe schaffte«) sowie in SAP-Hinweis 2249093 (Vereinfachtes Sperren und Löschen von SCM-Lokation) und die darin erwähnte Business-Funktion `SCM_SCMB_LOC_ILM_1`.

Widmen wir uns nun der Registrierung von Systemen und Anwendungsnamen. Im zentralen Stammdatensystem würden Sie bei ❶ in Abbildung 4.32 die Anwendungen sehen, die in Ihrem zentralen System existieren. Wie Sie bereits wissen, werden diese beim EoP-Check aufgerufen.

Registrierung von Systemen und Anwendungsnamen

Bei ❷ in derselben Abbildung würden Sie im Mastersystem die RFC-Verbindung zu den Satellitensystemen eintragen. Schaut man sich wiederum in solch einem Satellitensystem die Anwendungen unter ❶ an, sehen Sie, welche dort registriert sind. Genau diese werden in diesem System beim EoP-Check gerufen.

Widmen wir uns abschließend der Transaktion IRMPOL (ILM-Regelwerke) und der Frage, welche Regeln (Verweildauer bzw. Aufbewahrungsdauer) Sie für die Stamm- und Bewegungsdaten in welchem System hinterlegen sollen.

Die Verweilregeln müssen Sie für Stammdaten in jedem abhängigen System mindestens für den Anwendungsnamen des Stammdatums definiert haben. Der Grund ist, dass beim EoP-Check eine Kommunikation mit dem

Verweilregeln

abhängigen System aufgebaut wird, und wie Sie bereits wissen, die Verweildauer mindestens für den Anwendungsnamen des Stammdatums selbst (im Regelwerk des Stammdaten-ILM-Objekts) hinterlegt sein muss.

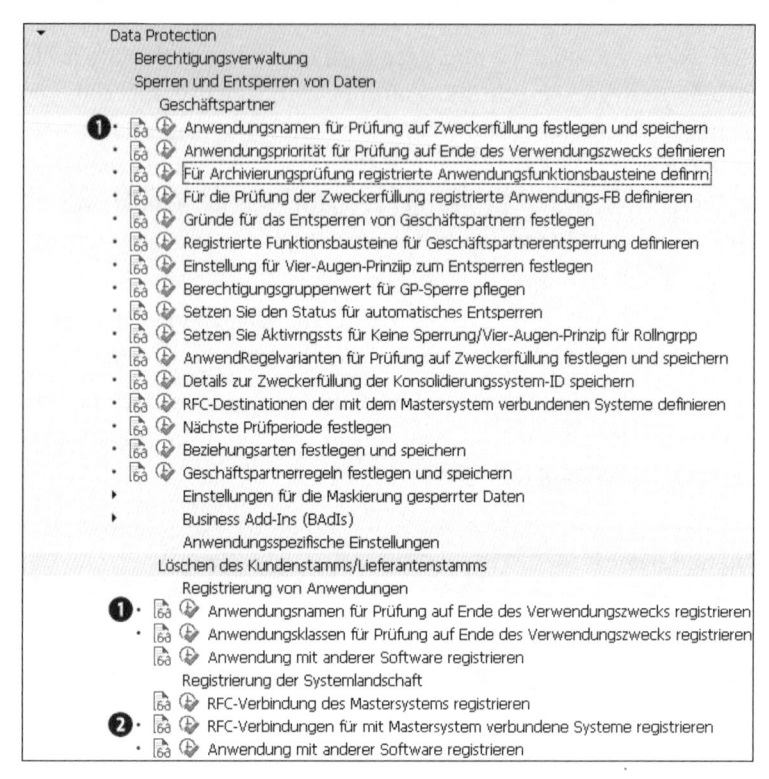

```
• Data Protection
    Berechtigungsverwaltung
    Sperren und Entsperren von Daten
        Geschäftspartner
     ❶ · 🔲 ⊕ Anwendungsnamen für Prüfung auf Zweckerfüllung festlegen und speichern
        · 🔲 ⊕ Anwendungspriorität für Prüfung auf Ende des Verwendungszwecks definieren
        · 🔲 ⊕ Für Archivierungsprüfung registrierte Anwendungsfunktionsbausteine definrn
        · 🔲 ⊕ Für die Prüfung der Zweckerfüllung registrierte Anwendungs-FB definieren
        · 🔲 ⊕ Gründe für das Entsperren von Geschäftspartnern festlegen
        · 🔲 ⊕ Registrierte Funktionsbausteine für Geschäftspartnerentsperrung definieren
        · 🔲 ⊕ Einstellung für Vier-Augen-Prinziip zum Entsperren festlegen
        · 🔲 ⊕ Berechtigungsgruppenwert für GP-Sperre pflegen
        · 🔲 ⊕ Setzen Sie den Status für automatisches Entsperren
        · 🔲 ⊕ Setzen Sie Aktivrngssts für Keine Sperrung/Vier-Augen-Prinzip für Rollngrpp
        · 🔲 ⊕ AnwendRegelvarianten für Prüfung auf Zweckerfüllung festlegen und speichern
        · 🔲 ⊕ Details zur Zweckerfüllung der Konsolidierungssystem-ID speichern
        · 🔲 ⊕ RFC-Destinationen der mit dem Mastersystem verbundenen Systeme definieren
        · 🔲 ⊕ Nächste Prüfperiode festlegen
        · 🔲 ⊕ Beziehungsarten festlegen und speichern
        · 🔲 ⊕ Geschäftspartnerregeln festlegen und speichern
        ▸    Einstellungen für die Maskierung gesperrter Daten
        ▸    Business Add-Ins (BAdIs)
             Anwendungsspezifische Einstellungen
        Löschen des Kundenstamms/Lieferantenstamms
           Registrierung von Anwendungen
     ❶ · 🔲 ⊕ Anwendungsnamen für Prüfung auf Ende des Verwendungszwecks registrieren
        · 🔲 ⊕ Anwendungsklassen für Prüfung auf Ende des Verwendungszwecks registrieren
          🔲 ⊕ Anwendung mit anderer Software registrieren
           Registrierung der Systemlandschaft
          🔲 ⊕ RFC-Verbindung des Mastersystems registrieren
     ❷ · 🔲 ⊕ RFC-Verbindungen für mit Mastersystem verbundene Systeme registrieren
        · 🔲 ⊕ Anwendung mit anderer Software registrieren
```

Abbildung 4.32 Einstellungen in Transaktion SPRO aus der Sicht vom abhängigen und zentralen Stammdatensystem

Im zentralen System werden diese Verweildauern quasi für die abschließende Antwort gesammelt. Die Option, dass man diese Verweildauer »der Einfachheit halber« nur einmal – nämlich im Mastersystem selbst – definiert, würde nicht funktionieren.

Im zentralen System sollen Sie auch eine Verweildauer im Sinne *eines Defaults* für das Stammdatum selbst definieren (z. B. sechs Monate ab der letzten Änderung für den Anwendungsnamen ERP_CUST am Beispiel vom Kunden). Als Beginnzeitpunkt müssen Sie, wie Sie es bereits wissen, »Beginn des Aufbewahrungszeitraums« eintragen. Beim EoP-Check wird es mit dem Datum der letzten Änderung bzw. dem Anlagedatum belegt. Dieser Default-Eintrag ist auch für den Fall sehr wichtig, dass Sie Stammdaten ohne Bewegungsdaten haben. Denn damit wird entschieden, wann solche Daten frühestens gesperrt werden dürfen.

Die Verweilregeln für die Anwendungsnamen der Bewegungsdaten (z. B. `ERP_FI`, `ERP_SD`) müssen Sie im abhängigen System hinterlegen. Schließlich liegen die dazugehörigen Belege genau in diesem System vor. Im zentralen System müssen Sie diese nicht 1:1 – also als Doppelpflege – definieren.

Die Aufbewahrungsdauer für die Stammdaten sollten Sie in den Systemen definieren, in denen diese befolgt werden sollen. Die Zeiten können pro System unterschiedlich sein.

Aufbewahrungsdauer

Aufbewahrungsdauer für Stammdaten

In einem CRM-System könnten Sie beispielsweise die Stammdaten früher löschen wollen als in Ihrem ERP-System, oder Sie möchten in einem System für die Versicherungskomponenten die Stammdaten später löschen als in einem ERP-System. Erinnern Sie sich in solchen Fällen daran, dass die Information über die Sperrung eines Stammdatums verteilt wird, die Information über die Löschung (mithilfe eines Archivierungs- oder eines Datenvernichtungsobjekts) hingegen nicht.

Doppelpflege der Aufbewahrungsdauer der Stammdaten im zentralen System

Damit ein Entsperren des Stammdatums bei Bedarf möglich ist, sollten Sie unbedingt sicherstellen, dass die Stammdaten im zentralen System mindestens so lange wie in dem abhängigen System gespeichert werden. Ist ein Stammdatum im zentralen System nicht mehr da, kann es nicht mehr entsperrt werden (die Entsperrung nehmen Sie im zentralen System vor), auch wenn es in einem der abhängigen Systeme im gesperrten Zustand noch vorliegt. (Alternativ können Sie das Stammdatum mit der gleichen ID neu anlegen. Dies führt aber zu Problemen bei der Replikation des Stammdatums in die abhängigen Systeme, in denen es im gesperrten Zustand vorliegt.)

Wir empfehlen also, die in den abhängigen Systemen gepflegten Aufbewahrungsfristen für die Stammdaten als weitere Doppelpflege auch im zentralen System zu erstellen. Sie nutzen dafür die gleichen Werte für die Anwendungsnamen und Anwendungsregelvarianten wie in den abhängigen Systemen. Durch die Speicherung der Sperrinformation aus den abhängigen Systemen auch im zentralen System kann ILM dann auch dort die gleichen Aufbewahrungsdauern berechnen. Damit kann erreicht werden, dass die Löschung des Stammdatums im zentralen System erst erfolgt, wenn die längste Aufbewahrungsdauer aus allen abhängigen Systemen abgelaufen ist.

Integration von Nicht-ABAP-Systemem

Kommen wir noch zum Abschluss auf das Thema des Verteilens der Sperrinformationen, insbesondere an Nicht-ABAP-Systeme (unter der Verwendung von Webservices beispielsweise). Dafür stehen Ihnen der Erweiterungsspot BUPA_PURPOSE_EXPORT und das gleichnamige BAdI (Business Add-In) BUPA_PURPOSE_EXPORT (Export von SORT-Details des gesperrten/entsperrten Geschäftspartners in anwendungsspezfischen Speicher) zur Verfügung; Sie sehen sie in Abbildung 4.33. Weitere Informationen zu diesem BAdI finden Sie in seiner Dokumentation sowie in einem Leitfaden, der auf SAP-Hinweis 2103639 (End of Purpose Check Adaption for Business Partner Consuming Applications – Guide for Partners and Customers) verweist. Diesen Hinweis haben wir bereits in Abschnitt 4.3.1, »Für das Sperren von Stammdaten in der Transaktion SPRO«, erwähnt.

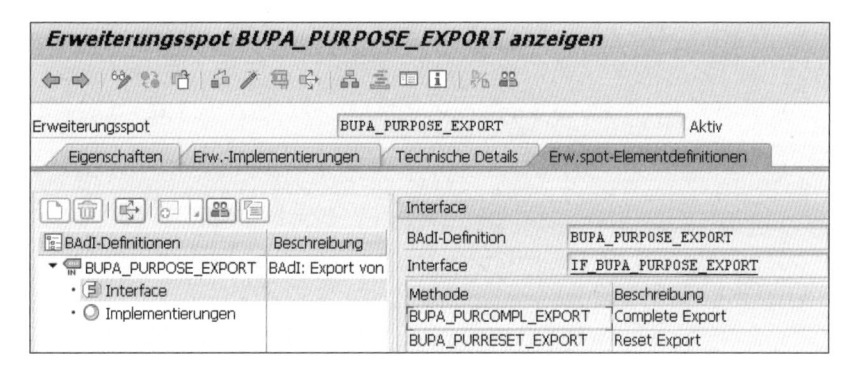

Abbildung 4.33 Erweiterungsspot BUPA_PURPOSE_EXPORT

4.4 Sperren in der betriebswirtschaftlichen Betrachtung

Betrachten wir nun, wie Sie Stammdaten und danach Bewegungsdaten sperren können. Dabei zeigen wir Ihnen auch, welche Möglichkeiten des Zugriffs auf solche Daten Sie noch haben können.

4.4.1 Sperren von Bewegungsdaten im Geschäftsprozess

Datenarchivierung und SAP-Schulung BIT660

Das Sperren von Bewegungsdaten im Geschäftsprozess nehmen Sie wie im Zuge der weiter oben besprochenen dazugehörigen Vorbereitungen vor, indem Sie die folgenden Schritte durchführen:

1. **Die Daten ILM-basiert archivieren**

    Das Archivieren von Daten ist ein eigenständiges Wissensfeld, das wir für das vereinfachte Sperren und Löschen personenbezogener Daten mit SAP ILM voraussetzen. Informationen dazu finden Sie z. B. unter *https://help.sap.com* oder in der SAP-Schulung BIT660 (Datenarchivierung).

2. **Die Berechtigungsgruppe(n) festlegen und verwenden**
   Sie müssen die Spalte **Berechtigungsgruppe** in Ihren Aufbewahrungsregeln mit der Berechtigungsgruppe Ihrer Wahl füllen und diese in den Berechtigungsprofilen Ihrer Benutzer entsprechend verwenden.

> **Berechtigungsgruppe zuerst definieren?**
> Die Berechtigungsgruppe muss nicht zuerst in einer Transaktion oder Ähnlichem definiert werden. Sie entscheiden sich einfach für den benötigten Namen (oder mehrere) und verwenden sie, wie gerade besprochen.

Abschließend fragen Sie sich vielleicht, wie das Entsperrungskonzept für die Bewegungsdaten aussieht. Aus der bis jetzt beschriebenen Vorgehensweise beim Sperren ergibt sich, dass das Entsperren gleichzusetzen ist mit:

Entsperrungskonzept?

- **Zurückladen der archivierten Daten in die Datenbank**
  Die Voraussetzung für das Zurückladen der archivierten Daten in die Datenbank ist natürlich, dass das Archivierungsobjekt ein Rückladeprogramm anbietet. Beachten Sie auch, dass das Zurückladen nur in begründeten Ausnahmefällen durchgeführt werden sollte und als solches eine Ausnahmefunktionalität darstellt.

- **Entfernen der Berechtigungsgruppe aus der Spalte »Berechtigungsgruppe« eines Regelwerks**
  Beachten Sie, dass die Entfernung der Berechtigungsgruppe für alle Daten, die die Regelwerkzeile beschreibt, gilt; eine solch massenhafte Entsperrung ist wohl im Allgemeinen nicht sinnvoll!

Sie kennen nun die Details sowohl zum Sperren als auch zum Entsperren von Bewegungsdaten in Ihren Geschäftsprozessen.

4.4.2 Anzeige von gesperrten Bewegungsdaten im Geschäftsprozess

Betonen wir zuerst, dass die genaue Art der Anzeige von Bewegungsdaten, die aufgrund einer Sperre archiviert wurden, zum Teil anwendungsspezifisch ist. Die weiter oben beschriebenen Prüfungen, ob ein Benutzer dazu berechtigt ist, die Daten zu sehen, finden immer mit der gleichen Logik statt. Unterschiedlich kann jedoch die Art der anschließenden Benutzerinteraktion und der dabei gesendeten Meldungen sein.

Mögliche Unterschiede im Wortlaut

Wir demonstrieren das Anzeigen von gesperrten Bewegungsdaten im Geschäftsprozess am Beispiel von SD-Lieferungen und FI-Belegen. Betrachten wir zuerst das zugrundeliegende Regelwerk für die SD-Lieferungen (siehe Abbildung 4.34).

4 Vereinfachtes Sperren mit SAP ILM

ILM-Regelwerke

Regelwerkkategorie Aufbewahrungsregeln   Prüfgebiet Tax Audit Area for ILM Workshops   Objektkategorie SAP Business Suite
ILM-Objekt Lieferungen

[Bearbeiten] [Zurück]

Regelwerke

[Status ändern] [🗑] [Transportieren] [Export] [Import] [Übersicht]

	Regelwerkname	Regelwerkstatus	Objekt im Prüfgebiet	Geä…	Geä…	Kommentar
	BIT665	produktiv	✓	03.05…	WOJ…	

Regeln zum Regelwerk BIT665

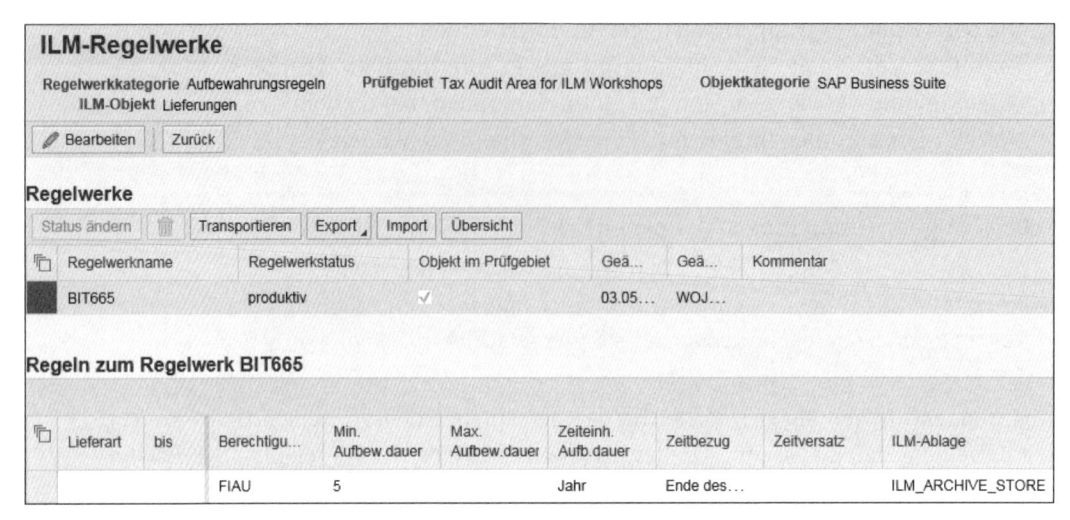

	Lieferart	bis	Berechtigu…	Min. Aufbew.dauer	Max. Aufbew.dauer	Zeiteinh. Aufb.dauer	Zeitbezug	Zeitversatz	ILM-Ablage
			FIAU	5		Jahr	Ende des…		ILM_ARCHIVE_STORE

Abbildung 4.34 Transaktion IRMPOL – Beispiel für Aufbewahrungsregeln

SD-Szenario 1: Benutzer mit Prüfberechtigung

Benutzer mit Prüfberechtigung (SD)

In unserem ersten Szenario betrachten wir einen Benutzer mit Prüfberechtigungen, der Lieferungen, die aufgrund von Sperren archiviert wurden, anzeigen möchte (Transaktion VL03N, Auslieferung anzeigen).

Lieferung 80012231 anzeigen: Übersicht

Auslieferung: 80012231   Belegdatum: 30.01.2003   archiviert
Warenempfänger: 2402   Jashanmal International Trading Co / PO Box 3428 / . Dub

Positionsübersicht | Kommissionierung | Laden | Transport | Statusübersicht | Waren

Plan-Warenausg.: 06.02.2003 00:0…   Gesamtgewicht: 5.040
Ist-Warenausg.: 30.01.2003 00:00   Anzahl Packst.: 0

Alle Positionen

Pos	Material	Liefermenge	ME	Bezeichnung
10	P-103	18	ST	Pump PRECISION 103

⚠ Lieferung 80012231 wurde aus dem Archiv gelesen   SAP   ❓ ▷ BIT665_A ▼

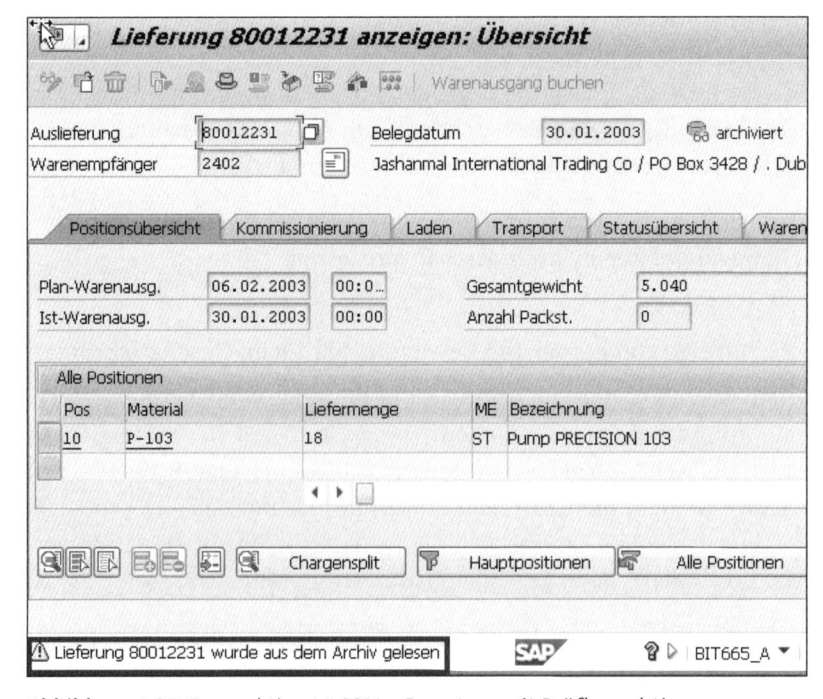

Abbildung 4.35 Transaktion VL03N – Benutzer mit Prüfberechtigungen

Rufen Sie die Transaktion VL03N in dieser Konstellation auf, zeigt das System die Daten an und informiert Sie darüber, dass sie aus dem Archiv gelesen wurden (siehe Abbildung 4.35).

SD-Szenario 2: Benutzer ohne Prüfberechtigung

In Szenario 2 betrachten wir die Anzeige von Lieferungen, die aufgrund von Sperren archiviert wurden (Transaktion VL03N) für einen Benutzer ohne Prüfberechtigungen (Abbildung 4.36).

Benutzer ohne Prüfberechtigung (SD)

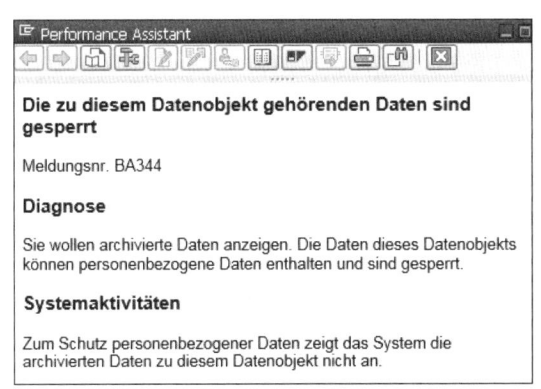

Abbildung 4.36 Transaktion VL03N – Benutzer ohne Prüfberechtigungen

Rufen Sie die Transaktion VL03N (Auslieferung anzeigen) in dieser Konstellation auf, zeigt das System die Daten nicht an und informiert Sie über die Gründe.

Gehen wir jetzt zu vergleichbaren Szenarien für FI-Belege über. Zunächst betrachten wir auch hier das zugrundeliegende Regelwerk, wie es Abbildung 4.37 darstellt.

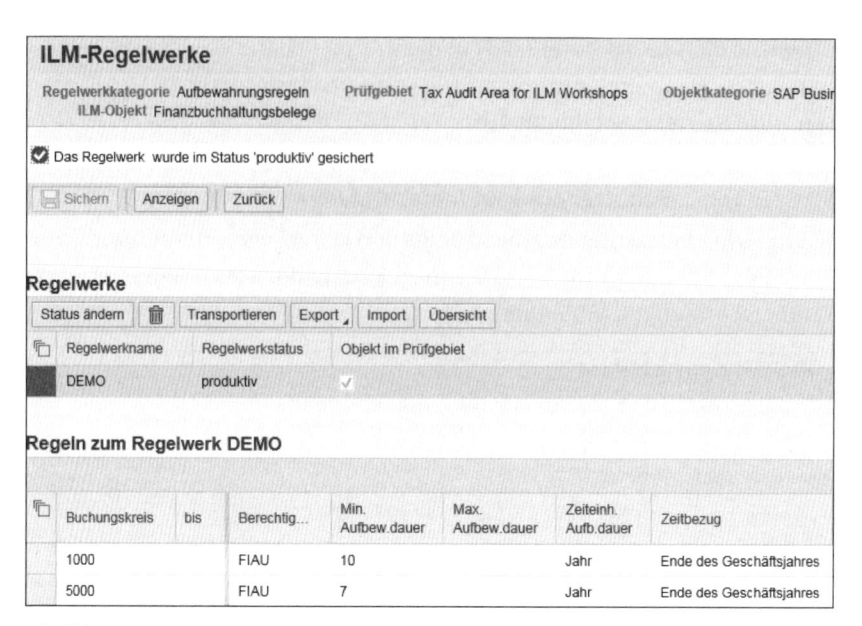

Abbildung 4.37 Transaktion IRMPOL – Aufbewahrungsregeln für FI-Belege

FI-Szenario 1: Benutzer mit Prüfberechtigung

Benutzer mit Prüfberechtigung (FI)

Szenario 1 stellt das Anzeigen von FI-Belegen (Transaktion FBO3), die aufgrund von Sperren archiviert wurden, für einen Benutzer mit Prüfberechtigungen dar. Rufen Sie die Transaktion FBO3 in dieser Konstellation auf, zeigt das System die Daten an und informiert Sie darüber, dass sie aus dem Archiv gelesen wurden (siehe Abbildung 4.38).

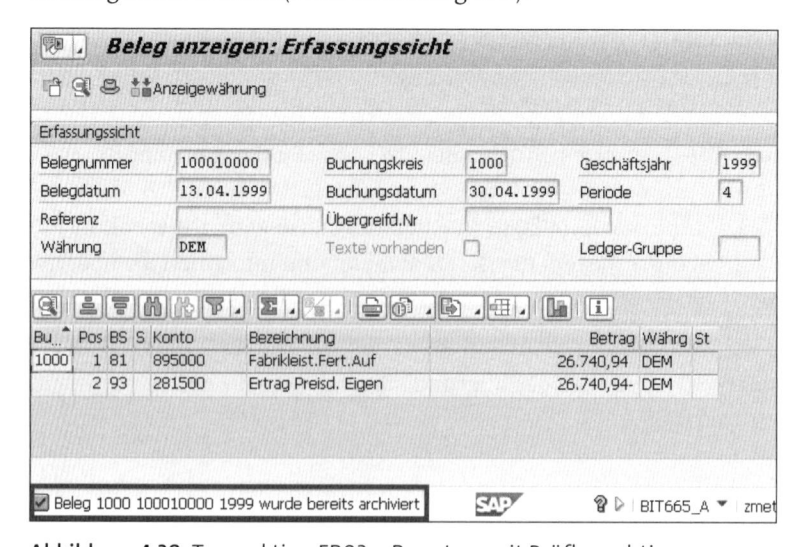

Abbildung 4.38 Transaktion FBO3 – Benutzer mit Prüfberechtigungen

4.4 Sperren in der betriebswirtschaftlichen Betrachtung

FI-Szenario 2: Benutzer ohne Prüfberechtigung

In Szenario 2 betrachten wir die Anzeige von FI-Belegen (siehe Transaktion FB03), die aufgrund von Sperren archiviert wurden, für einen Benutzer ohne Prüfberechtigungen (siehe Abbildung 4.39).

Benutzer ohne Prüfberechtigung (FI)

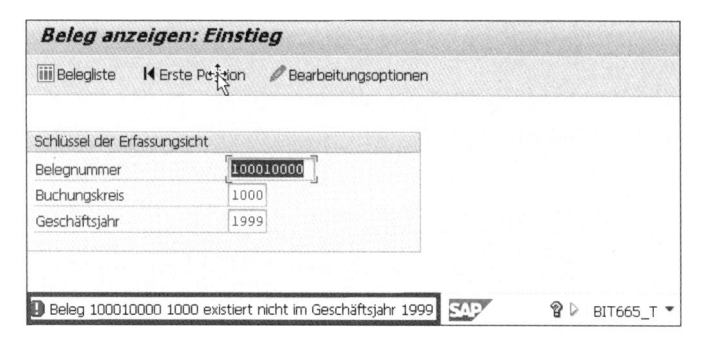

Beleg anzeigen: Einstieg

Belegliste | Erste Position | Bearbeitungsoptionen

Schlüssel der Erfassungssicht
Belegnummer: 100010000
Buchungskreis: 1000
Geschäftsjahr: 1999

Beleg 100010000 1000 existiert nicht im Geschäftsjahr 1999 — BIT665_T

Abbildung 4.39 Transaktion FB03 – Benutzer ohne Prüfberechtigungen

Rufen Sie die Transaktion FB03 in dieser Konstellation auf, zeigt das System die Daten nicht an und informiert Sie über die Gründe.

4.4.3 Sperren von Stammdaten im Geschäftsprozess

Schauen wir nun, wie Sie die Stammdaten sperren können. Wir demonstrieren Ihnen die Vorgehensweise anhand eines Kundenstammdatums. Beginnen wir als Einführung mit Abbildung 4.40 und dem orangenfarbigen Kasten, der den Ablauf der Prüfung auf das Ende des Verwendungszwecks von Geschäftspartnern schematisch darstellt.

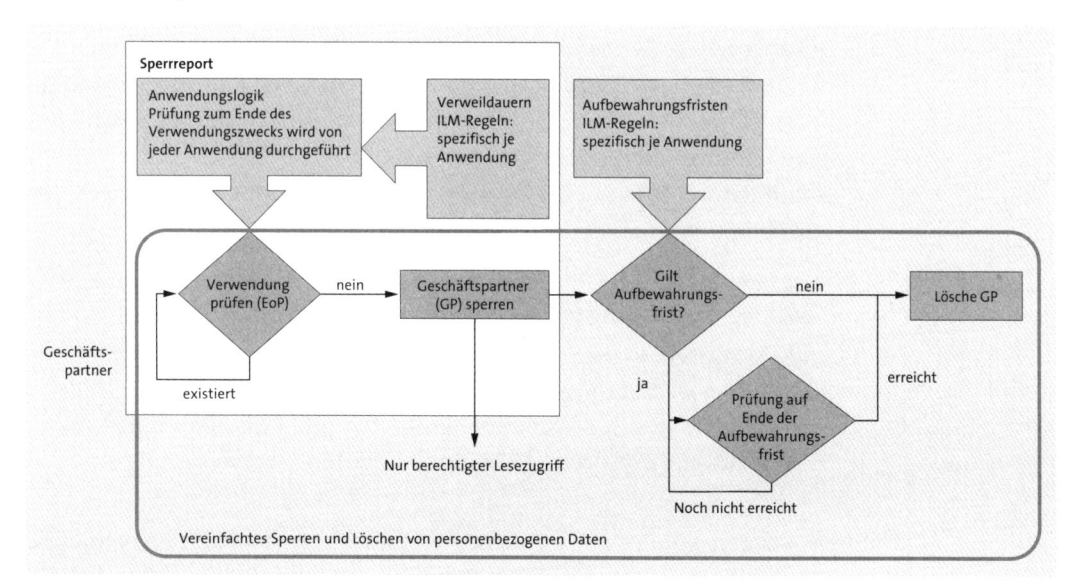

Abbildung 4.40 Vereinfachtes Sperren und Löschen von personenbezogenen Daten

Für jede registrierte Anwendung wird darin geprüft, ob das End of Purpose (EoP) eingetreten ist.

Szenario 1: Kunde kann nicht gesperrt werden – kein Geschäft; Verweildauer nicht abgelaufen

Beginnen wir mit einem einfachen Beispiel: Wir legen der Transaktion XD01 (Anlegen Debitor: zentral) einen Kunden (Debitor) an und versuchen ihn zu sperren. Betrachten wir nun die Verweildauern, die Sie in der Transaktion IRMPOL (ILM-Regelwerke) definiert haben (siehe Abbildung 4.41).

ILM-Regelwerke					Hilfe
Regelwerkkategorie Verweilregeln	Prüfgebiet Business Partner Data Privacy		Objektkategorie SAP Business Suite	ILM-Objekt Debitorenstammdaten	
Bearbeiten Zurück					

Regelwerke

	Regelwerkname	Regelwerkstatus	Objekt im Prüfgebiet	Geä...	Geä...	Kommentar
	BIT665_00	produktiv	✓	30.10...	WOJ...	

Regeln zum Regelwerk BIT665_00

	Anwendungsname	AnwendRegelvariante	Verweild...	Einheit Verweildauer	Zeitbezug	Zeitversatz	Regel-Priorität
	ERP_CUST		3	Monat	Beginn des Aufbewahrungszeitraums		
	ERP_FI		24	Monat	Beginn des Aufbewahrungszeitraums		
	ERP_SD		24	Monat	Beginn des Aufbewahrungszeitraums		

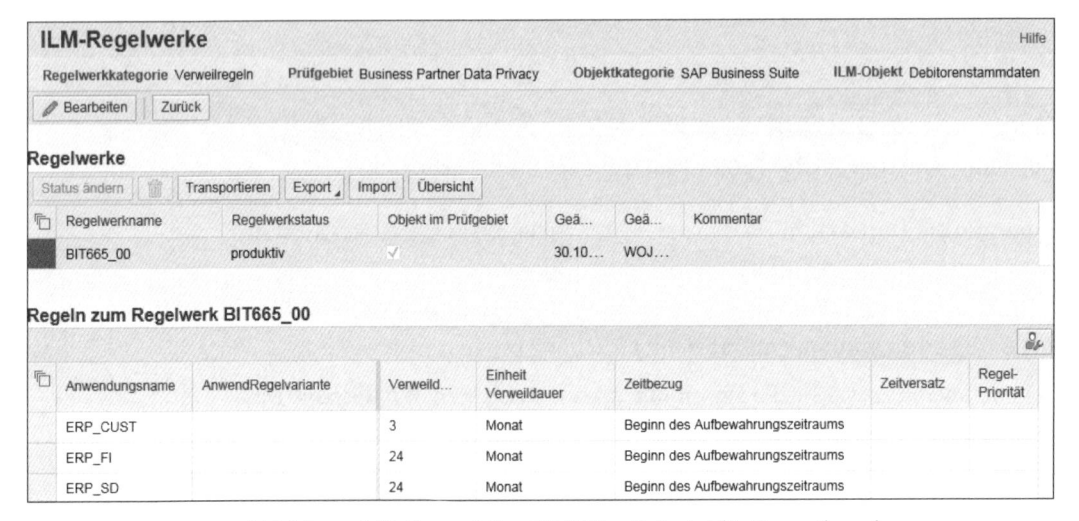

Abbildung 4.41 Transaktion IRMPOL – Beispiel für Verweilregeln

Der angegebene Zeitbezug **Beginn des Aufbewahrungszeitraums** für den Anwendungsnamen eines Stammdatums (z. B. ERP_CUST, ERP-Kundenstamm) bedeutet, wie wir es bereits in Abschnitt 4.3, »Vorbereitungen«, geschildert haben, immer das Datum des Anlegens oder der letzten Änderung am Stammdatum. Dies gilt für Debitoren, Kreditoren und den zentralen Geschäftspartner.

> **[»] Mindestausprägung einer Verweildauer für Stammdaten**
>
> Wie Sie wissen, müssen Sie für die Stammdaten-ILM-Objekte ein Regelwerk für die Verweildauer anlegen, und dieses muss mindestens die Verweildauer für den Anwendungsnamen des Stammdatums vorgeben. Dies stellt Abbildung 4.41 am Beispiel des ILM-Objekts für Debitorenstammdaten dar.

Da wir den Kundenstamm soeben erst angelegt haben, ist die verlangte Verweildauer, die in der ersten Zeile der oben dargestellten Regel steht, noch nicht verstrichen. (Da es zu dem Stammdatum keine Bewegungsdaten gibt, werden die Zeilen 2 und 3 im oben genannten Regelwerk, das für die Anwendungsnamen ERP_FI und ERP_SD gilt, nicht weiter beachtet.). Prüfen wir also, ob das Sperren des Kunden tatsächlich nicht möglich ist.

> **Berechtigungsobjekt für Transaktion CVP_PRE_EOP**
>
> B_BUP_PCPT (Geschäftspartner: Geschäftszweck erfüllt) ist das spezielle Berechtigungsobjekt für den EoP-Check. Sie benötigen darin die Aktivität 05 (Sperren), um Stammdaten zu sperren.

> **BAdI CVP_EOP_MODIFY_SELECTION**
>
> Beachten Sie in diesem Zusammenhang auch das BAdI CVP_EOP_MODIFY_SELECTION (Modifikation ausgewählter Daten bei Prüfung auf Ende des Verwendungswecks zulassen). Es stellt zwei Methoden bereit:
>
> - Mit BEFORE_SELECTION (Modify Selection Parameters before Database Selection) können Sie z. B. die Standarddatenbankselektion, die die zu sperrenden Daten gemäß den Eingaben auf dem Selektionsbild bestimmt, überspringen.
> - Mit AFTER_SELECTION (Modify Selection after Database Selection) können Sie die von der Standardselektionsfunktion ausgewählten Daten ändern oder die Datenbankselektion mithilfe eine eigene Logik durchführen.
>
> Weitere Informationen dazu finden Sie in der Dokumentation des BAdIs.

Abbildung 4.42 zeigt die Transaktion CVP_PRE_EOP (Kunden- u. Lieferantenstammdatum sperren), die Ihnen zum Sperren eines Debitors, Kreditors oder des Ansprechpartners dient.

Kunden- und Lieferantenstammdaten sperren

Geben Sie die zu bearbeitenden Daten ein ❶, und spezifizieren Sie, welche Kunden gesperrt werden sollen. Über die Registerkarte **Lieferantenstammdaten** ❷ können Sie Kreditoren sperren.

Über das Eingabefeld **Buchungskreis** ❸ können Sie das Sperren bei Bedarf nur für bestimmte Buchungskreise vornehmen. Ebenfalls können Sie über das gleichnamige Eingabefeld einen Ansprechpartner sperren. In beiden Fällen müssen Sie zuerst im Feld **Zu bearbeitende Daten** die Option **Nur Ansprechpartner prüfen (CP)** bzw. **Nur auf Buchungskreisebenen prüfen (FI)** auswählen, damit die Eingabefelder **Buchungskreis** bzw. **Ansprechpartner** eingabebereit werden.

4 Vereinfachtes Sperren mit SAP ILM

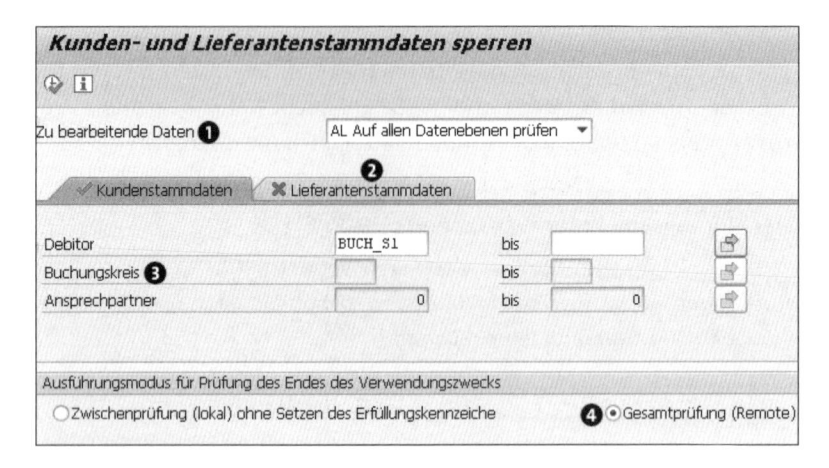

Abbildung 4.42 Szenario 1: Kunde kann nicht gesperrt werden (kein Geschäft mit dem Kunden; Verweildauer nicht abgelaufen 1/2)

> [»] **Eingabefelder »Buchungskreis« und »Ansprechpartner«**
> Wie Sie es vielleicht bemerkt haben, werden alle Ansprechpartner mitgesperrt, wenn Sie die Sperrung der Stammdaten nur für bestimmte Buchungskreise vornehmen, und es wird ein Ansprechpartner für alle Buchungskreise gesperrt, wenn Sie dessen Sperrung vornehmen.

Ausführmodus für das Prüfen des Endes des Verwendungszwecks

Wichtig sind dabei auch Ihre Eingaben in der Gruppe **Ausführmodus für Prüfung des Endes des Verwendungszwecks**. Wählen Sie **Gesamtprüfung (Remote) mit Setzen des Erfüllungskennzeichens** ❹, wenn Sie die Transaktion in Ihrem führenden Mastersystem starten.

> [»] **Eingaben bei »Ausführmodus für Prüfung des Endes des Verwendungszwecks«**
> Sie können die Option **Gesamtprüfung (Remote) mit Setzen des Erfüllungskennzeichens** in der Gruppe **Ausführmodus für Prüfung des Endes des Verwendungszwecks** nur dann auswählen, wenn Sie die Transaktion CVP_PRE_EOP (Kunden- u. Lieferantenstammdatum sperren) in Ihrem zentralen Stammdatensystem aufrufen. Sie ahnen korrekt, dass die Transaktion die Einstellungen aus Abbildung 4.9 (Abschnitt 4.3.1, »Für das Sperren

von Stammdaten in der Transaktion SPRO«) heranzieht, um zu entscheiden, ob dies der Fall ist. Rufen Sie die Transaktion in einem abhängigen System auf, wird diese Schaltfläche ausgegraut.

Die Bedeutung der EoP-Prüfung beim Radiobutton **Zwischenprüfung (lokal) ohne Setzen des Erfüllungskennzeichens** erklären wir in Abschnitt 4.4.4, »Lokaler EoP-Check (Zwischenprüfung ohne Setzen des Sperrkennzeichens)«.

Wir empfehlen Ihnen, die Transaktion zuerst im Testmodus zu starten, indem Sie in der Gruppe **Verarbeitungsoptionen** die Option **Testmodus** ❺ wählen.

Verarbeitungsoptionen

Ebenfalls empfehlen wir, als Detailprotokoll die Auswahl **Vollständig** ❻ zu treffen, um die Verarbeitungsschritte der Transaktion nachzuvollziehen – insbesondere, um alle befragten Anwendungen (Anwendungsnamen) mit ihren Antworten auf die Freigabe zum Sperren zu sehen.

Abbildung 4.43 zeigt das Protokoll, das die Transaktion nach ihrem Ausführen anzeigt.

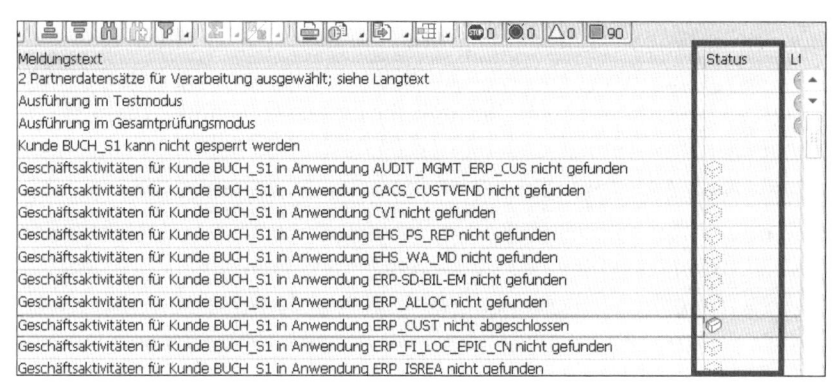

Abbildung 4.43 Szenario 1: Kunde kann nicht gesperrt werden (kein Geschäft mit dem Kunden; Verweildauer nicht abgelaufen 2/2)

Protokoll zu Transaktion CVP_PRE_EOP (Kunden- u. Lieferantenstammdatum sperren) [zB]

In unserem Protokoll werden zwei Partnerdatensätze angezeigt, weil die Prüfung auf der allgemeinen sowie auf der Buchungskreisebene stattgefunden hat. Zu dem Kunden in unserem Beispiel liegen Daten auf der allgemeinen Ebene (buchungskreisunabhängig) sowie für den Buchungskreis 1000 vor. Wäre der Kunde auch für den Buchungskreis 2000 und 3000 angelegt worden, würden Sie im Protokoll insgesamt vier Partnerdatensätze sehen.

Ergebnis der EoP-Prüfung

Wie erwartet, ist die Verweildauer nicht verstrichen. Dies zeigt die Protokollzeile an, die über die nicht abgeschlossenen Geschäftsaktivitäten in der Ihnen bereits bekannten Anwendung ERP_CUST berichtet. Der Kunde kann nicht gesperrt werden.

Für Ihre Tests könnte auch die folgende Information von Bedeutung sein: Auch wenn Sie eine Verweildauer von 0 Tagen eintragen, erlaubt Ihnen das System die Sperrung eines Stammdatums erst am folgenden Tag.

> **Die Würfel als Status**
>
> Die in der Spalte **Status** dargestellten Würfel ermöglichen es Ihnen, schnell das Ergebnis der Prüfung zu interpretieren. Die Darstellung kann die folgenden Werte annehmen:
>
> - Schatten = kein Geschäft mit dem Kunden
> - zur Hälfte ausgefüllt = Geschäft getätigt, aber noch nicht abgeschlossen
> - voll ausgefüllt = Geschäft getätigt und abgeschlossen

Protokollspalte »Typ« (Meldungstyp)

Es mag Ihnen aufgefallen sein, dass die erste Spalte des Protokolls mit der Überschrift **Typ** (Meldungstyp) die grüne Ampel auch dann anzeigt, wenn ein Anwendungsname ein Veto für die Sperrung eingelegt hat. Der Meldungstyp besagt, ob die EoP-Prüfung für diesen Anwendungsnamen *aus technischer Sicht* korrekt und vollständig durchgelaufen ist – unabhängig davon, ob die Anwendung »ja« oder »nein« zu der Sperrung sagt.

Eine rote Ampel würde technische Probleme bedeuten – z. B. beim Rufen des im Customizing für eine Anwendung hinterlegten Funktionsbausteins. Eine Sperrung wird in diesem Fall verhindert, da die Anwendung bei erfolgreicher Kommunikation (die leider nicht möglich war) gegebenenfalls ein Veto für die Sperrung einlegen würde.

Szenario 2: Kunde kann gesperrt werden – kein Geschäft; Verweildauer abgelaufen

Die nächste Ausbaustufe unseres Beispiels ist es, die Verweildauer aus Abbildung 4.41 zu Testzwecken nur auf einen Tag zu setzen, den kommenden Tag abzuwarten und die Transaktion CVP_PRE_EOP (Kunden- und Lieferantenstammdatum sperren) am folgenden Tag erneut auszuführen.

Das Protokoll in Abbildung 4.44 zeigt für diesen Fall das Ergebnis des Testlaufs korrekt an. Die Verweildauer ist für diesen Debitor verstrichen. Es liegt des Weiteren gar kein (und somit kein offenes) Geschäft mit dem Kunden vor. Der Kunde könnte also gesperrt werden.

4.4 Sperren in der betriebswirtschaftlichen Betrachtung

Meldungstext	Status	Lt
Geschäftsaktivitäten für Kunde BUCH_S1 in Anwendung PRICAT nicht gefunden		
Geschäftsaktivitäten für Kunde BUCH_S1 in Anwendung RET_PUR_RP nicht gefunden		
Geschäftsaktivitäten für Kunde BUCH_S1 in Anwendung SRS nicht gefunden		
GeschAktivitäten für Kunde BUCH_S1 mit Bukrs 1000 in Anwendung CACS_CUSTVEND nicht gefunden		
GeschAktivitäten für Kunde BUCH_S1 mit Bukrs 1000 in Anwendung ERP-SD-BIL-EM nicht gefunden		
GeschAktivitäten für Kunde BUCH_S1 mit Bukrs 1000 in Anwendung ERP_ALLOC nicht gefunden		
Geschäftsaktivit. f. Kunde BUCH_S1 m. Bukrs 1000 in Anwendung ERP_CUST abgeschlossen		
GeschAktivitäten für Kunde BUCH_S1 mit Bukrs 1000 in Anwendung ERP_EF nicht gefunden		
GeschAktivitäten für Kunde BUCH_S1 mit Bukrs 1000 in Anwendung ERP_FI nicht gefunden		
GeschAktivitäten für Kunde BUCH_S1 mit Bukrs 1000 in Anwendung ERP_FI_LOC_ECSPL15 nicht gefunden		
GeschAktivitäten für Kunde BUCH_S1 mit Bukrs 1000 in Anwendung ERP_FI_LOC_EPIC_CN nicht gefunden		
GeschAktivitäten für Kunde BUCH_S1 mit Bukrs 1000 in Anwendung ERP_FI_LOC_ES_CASH nicht gefunden		
GeschAktivitäten für Kunde BUCH_S1 mit Bukrs 1000 in Anwendung ERP_FI_LOC_ES_VOC nicht gefunden		

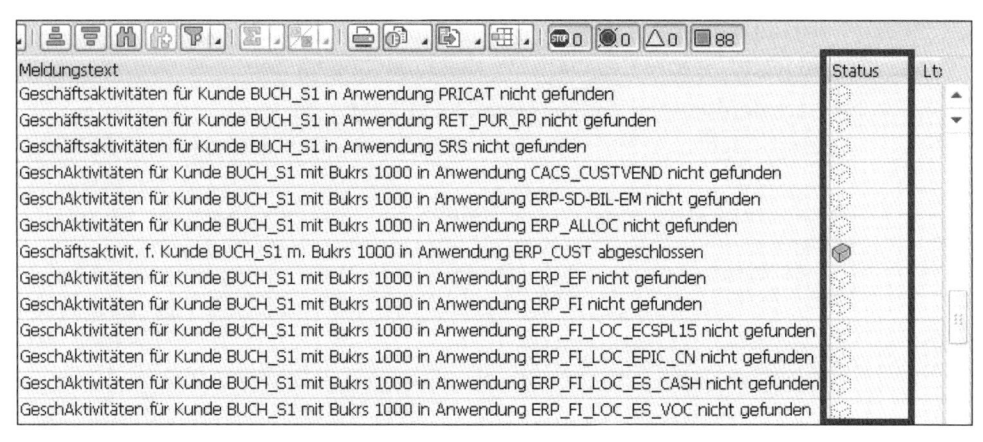

Abbildung 4.44 Szenario 2 – Kunde kann gesperrt werden (kein Geschäft mit dem Kunden; Verweildauer ist abgelaufen)

Szenario 3: Kunde kann nicht gesperrt werden – nicht abgeschlossenes Geschäft

Die Steigerung unseres Beispiels ist es nun, in der Transaktion FB03 (Beleg anzeigen) einen Beleg zu diesem Kunden zu buchen und diesen im zweiten Schritt mit der Transaktion F-28 (Zahlungseingang buchen) auszugleichen.

Wir erwarten, dass die Transaktion CVP_PRE_EOP (Kunden- und Lieferantenstammdaten sperren) vor dem Ausgleich des Belegs die Sperrung des Kunden verweigert. Dies zeigt Abbildung 4.45 am Beispiel des Kunden BUCH_S3. Die Verweildauer für den Anwendungsnamen des Stammdatums selbst (ERP_CUST am Beispiel des Kunden) ist in diesem Fall verstrichen. Insgesamt ist die Sperrung aber noch nicht möglich.

Kunde kann nicht gesperrt werden

Meldungstext	Status	Ltx
Geschäftsaktivitäten für Kunde BUCH_S3 in Anwendung PRICAT nicht gefunden		
Geschäftsaktivitäten für Kunde BUCH_S3 in Anwendung RET_PUR_RP nicht gefunden		
Geschäftsaktivitäten für Kunde BUCH_S3 in Anwendung SRS nicht gefunden		
Kunde BUCH_S3 mit Buchungskreis 1000 kann nicht gesperrt werden		
GeschAktivitäten für Kunde BUCH_S3 mit Bukrs 1000 in Anwendung CACS_CUSTVEND nicht gefunden		
GeschAktivitäten für Kunde BUCH_S3 mit Bukrs 1000 in Anwendung ERP-SD-BIL-EM nicht gefunden		
GeschAktivitäten für Kunde BUCH_S3 mit Bukrs 1000 in Anwendung ERP_ALLOC nicht gefunden		
Geschäftsaktivit. f. Kunde BUCH_S3 m. Bukrs 1000 in Anwendung ERP_CUST abgeschlossen		
GeschAktivitäten für Kunde BUCH_S3 mit Bukrs 1000 in Anwendung ERP_EF nicht gefunden		
GeschAktivitäten f. Kunde BUCH_S3 mit Bukrs 1000 in Anwendung ERP_FI nicht abgeschl.		
GeschAktivitäten für Kunde BUCH_S3 mit Bukrs 1000 in Anwendung ERP_FI_LOC_ECSPL15 nicht gefunden		
GeschAktivitäten für Kunde BUCH_S3 mit Bukrs 1000 in Anwendung ERP_FI_LOC_EPIC_CN nicht gefunden		
GeschAktivitäten für Kunde BUCH_S3 mit Bukrs 1000 in Anwendung ERP_FI_LOC_ES_CASH nicht gefunden		

Abbildung 4.45 Szenario 3 – Kunde kann nicht gesperrt werden (nicht abgeschlossenes Geschäft mit dem Kunden; Verweildauer abgelaufen)

Szenario 4: Kunde kann gesperrt werden – abgeschlossenes Geschäft; Verweildauer abgelaufen

Nach dem Ausgleich aller Geschäftsaktivitäten zu dem Kunden ist die Sperrung möglich. Abbildung 4.46 zeigt Ihnen das dazugehörige Protokoll.

Meldungstext	Stat...
Geschäftsaktivit. f. Kunde BIT665_00E m. Bukrs 1000 in Anwendung ERP_CUST abgeschlossen	
GeschAktivitäten für Kunde BIT665_00E mit Bukrs 1000 in Anwendung ERP_EF nicht gefunden	
Keine Verweilregel f. Anwendung ERP_FI u. Regelvar. gefunden; s. Langtext	
Geschäftsaktivit. f. Kunde BIT665_00E m. Bukrs 1000 in Anwendung ERP_FI abgeschlossen	
GeschAktivitäten für Kunde BIT665_00E mit Bukrs 1000 in Anwendung ERP_FI_IDGT nicht gefunden	
GeschAktivitäten für Kunde BIT665_00E mit Bukrs 1000 in Anwendung ERP_FI_LOC_ECSPL15 nicht gefun...	
GeschAktivitäten für Kunde BIT665_00E mit Bukrs 1000 in Anwendung ERP_FI_LOC_EPIC_CN nicht gefun...	
GeschAktivitäten für Kunde BIT665_00E mit Bukrs 1000 in Anwendung ERP_FI_LOC_ISJP nicht gefunden	
GeschAktivitäten für Kunde BIT665_00E mit Bukrs 1000 in Anwendung ERP_FI_LOC_SK_VAT nicht gefund...	
GeschAktivitäten für Kunde BIT665_00E mit Bukrs 1000 in Anwendung ERP_ISREA nicht gefunden	
GeschAktivitäten für Kunde BIT665_00E mit Bukrs 1000 in Anwendung ERP_LE_DSD nicht gefunden	
GeschAktivitäten für Kunde BIT665_00E mit Bukrs 1000 in Anwendung ERP_LOC_FIKZ_REGINV nicht gefu...	
GeschAktivitäten für Kunde BIT665_00E mit Bukrs 1000 in Anwendung ERP_LOC_J1UF_TI nicht gefunden	
GeschAktivitäten für Kunde BIT665_00E mit Bukrs 1000 in Anwendung ERP_LO_HU nicht gefunden	
GeschAktivitäten für Kunde BIT665_00E mit Bukrs 1000 in Anwendung ERP_LO_WTY nicht gefunden	
GeschAktivitäten für Kunde BIT665_00E mit Bukrs 1000 in Anwendung ERP_MM nicht gefunden	
GeschAktivitäten für Kunde BIT665_00E mit Bukrs 1000 in Anwendung ERP_MM_IM_ED nicht gefunden	
GeschAktivitäten für Kunde BIT665_00E mit Bukrs 1000 in Anwendung ERP_PLANT_SITE nicht gefunden	
GeschAktivitäten für Kunde BIT665_00E mit Bukrs 1000 in Anwendung ERP_PP_KAB nicht gefunden	
GeschAktivitäten für Kunde BIT665_00E mit Bukrs 1000 in Anwendung ERP_PP_SFC nicht gefunden	
GeschAktivitäten für Kunde BIT665_00E mit Bukrs 1000 in Anwendung ERP_PS nicht gefunden	
GeschAktivitäten für Kunde BIT665_00E mit Bukrs 1000 in Anwendung ERP_PS nicht gefunden	
GeschAktivitäten für Kunde BIT665_00E mit Bukrs 1000 in Anwendung ERP_QM_QN nicht gefunden	
GeschAktivitäten für Kunde BIT665_00E mit Bukrs 1000 in Anwendung ERP_SD nicht gefunden	
GeschAktivitäten für Kunde BIT665_00E mit Bukrs 1000 in Anwendung ERP_SD_BIL_EM nicht gefunden	
GeschAktivitäten für Kunde BIT665_00E mit Bukrs 1000 in Anwendung ERP_SD_BIL_RB_PL nicht gefunden	
GeschAktivitäten für Kunde BIT665_00E mit Bukrs 1000 in Anwendung ERP_TRV_POST nicht gefunden	
GeschAktivitäten für Kunde BIT665_00E mit Bukrs 1000 in Anwendung PRICAT nicht gefunden	
GeschAktivitäten für Kunde BIT665_00E mit Bukrs 1000 in Anwendung RET_PUR_RP nicht gefunden	
GeschAktivitäten für Kunde BIT665_00E mit Bukrs 1000 in Anwendung SRS nicht gefunden	
3 Partnerdatensätze gesperrt	

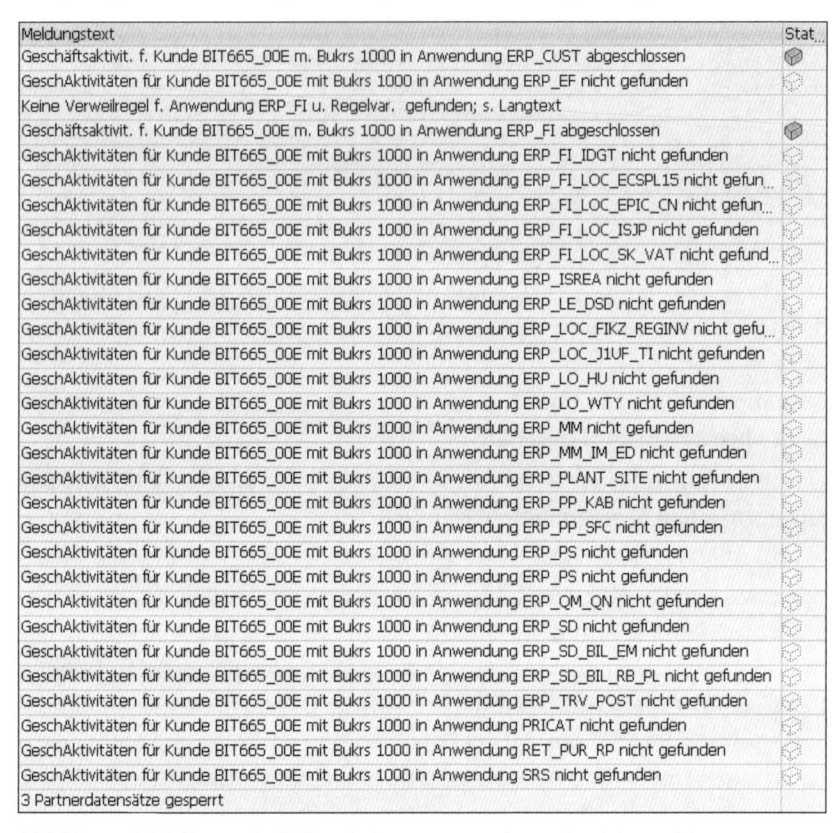

Abbildung 4.46 Szenario 4: Kunde kann gesperrt werden (abgeschlossenes Geschäft; Verweildauer abgelaufen)

[»] **Unabhängigkeit von der Archivierung**

Es ist unerheblich, ob Teile der dazugehörigen Belege archiviert wurden oder nicht, da es sich bei den archivierten Daten um abgeschlossene Geschäftsaktivitäten handelt. Mit anderen Worten: Archivierte Daten können im Allgemeinen kein Veto für die Sperrung darstellen.

Zentralen Geschäftspartner sperren

Besprechen wir zum Schluss, wie Sie einen zentralen Geschäftspartner sperren können. Für diese Zwecke steht Ihnen die Transaktion BUPA_PRE_EOP (Geschäftspartner wird gesperrt) zur Verfügung. Abbildung 4.47 zeigt

4.4 Sperren in der betriebswirtschaftlichen Betrachtung

das dazugehörige Selektionsbild. Sie erkennen viele Gemeinsamkeiten mit der Transaktion CVP_PRE_EOP (Kunden- u. Lieferantenstammdatum sperren), auch wenn die Namen der Bildschirmelemente leider nicht den gleichen Wortlaut oder die gleiche Darstellung haben.

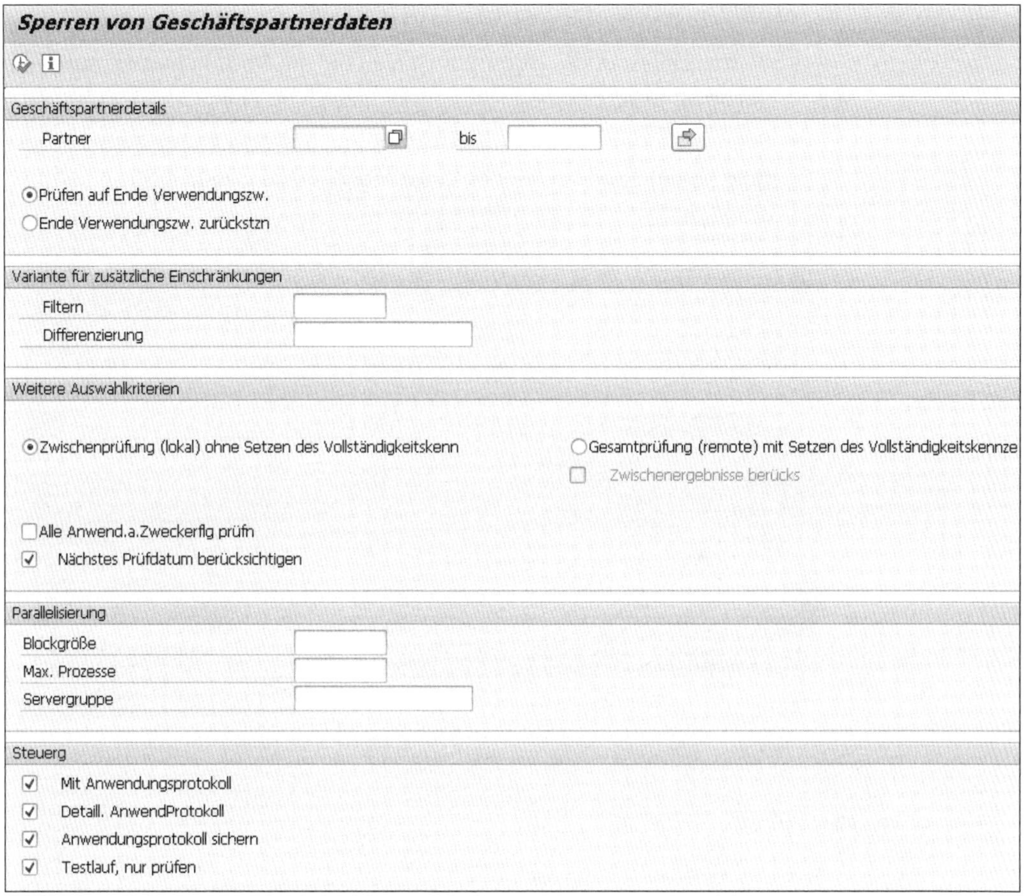

Sperren von Geschäftspartnerdaten

Geschäftspartnerdetails
- Partner [   ] bis [   ]
- ⦿ Prüfen auf Ende Verwendungszw.
- ◯ Ende Verwendungszw. zurückstzn

Variante für zusätzliche Einschränkungen
- Filtern [   ]
- Differenzierung [   ]

Weitere Auswahlkriterien
- ⦿ Zwischenprüfung (lokal) ohne Setzen des Vollständigkeitskenn
- ◯ Gesamtprüfung (remote) mit Setzen des Vollständigkeitskennze
  - ☐ Zwischenergebnisse berücks
- ☐ Alle Anwend.a.Zweckerflg prüfn
- ☑ Nächstes Prüfdatum berücksichtigen

Parallelisierung
- Blockgröße [   ]
- Max. Prozesse [   ]
- Servergruppe [   ]

Steuerg
- ☑ Mit Anwendungsprotokoll
- ☑ Detaill. AnwendProtokoll
- ☑ Anwendungsprotokoll sichern
- ☑ Testlauf, nur prüfen

Abbildung 4.47 Transaktion BUPA_PRE_EOP – Geschäftspartner sperren

---

Berechtigungsobjekt für Transaktion BUPA_PRE_EOP [«]

Das Berechtigungsobjekt B_BUP_PCPT (Geschäftspartner: Geschäftszweck erfüllt) kennen Sie bereits; Sie benötigen es für Transaktion CVP_PRE_EOP (Kunden- u. Lieferantenstammdatum sperren). Es ist das gleiche Berechtigungsobjekt mit der gleichen Aktivität 05 (Sperren), das Sie auch für die Transaktion BUPA_PRE_EOP (Geschäftspartner wird gesperrt) benötigen.

4.4.4 Lokaler EoP-Check (Zwischenprüfung ohne Setzen des Sperrkennzeichens)

Zum soeben beschriebenen Vorgehen – dem »richtigen« Sperren von Stammdaten – gibt es eine Alternative. Es ist der *lokale EoP-Check*. Um ihn zu wählen, müssen Sie folgende Aktivitäten vornehmen:

- Beim Kunden und Lieferanten wählen Sie die Option **Zwischenprüfung (lokal) ohne Setzen des Erfüllungskennzeichens** (siehe Abbildung 4.48).
- Beim zentralen Geschäftspartner wählen Sie die Option **Zwischenprüfung (lokal) ohne Setzen des Vollständigkeitskennzeichens** (siehe Abbildung 4.49).

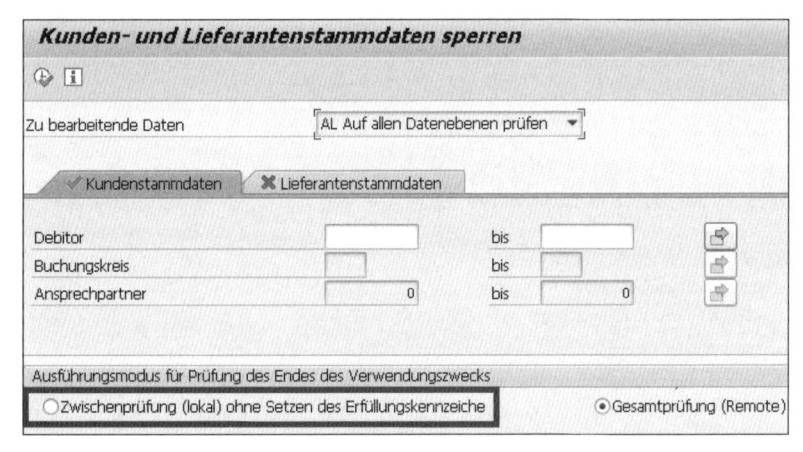

Abbildung 4.48 Transaktion CVP_PRE_EOP – Kunden oder Lieferanten sperren (lokal)

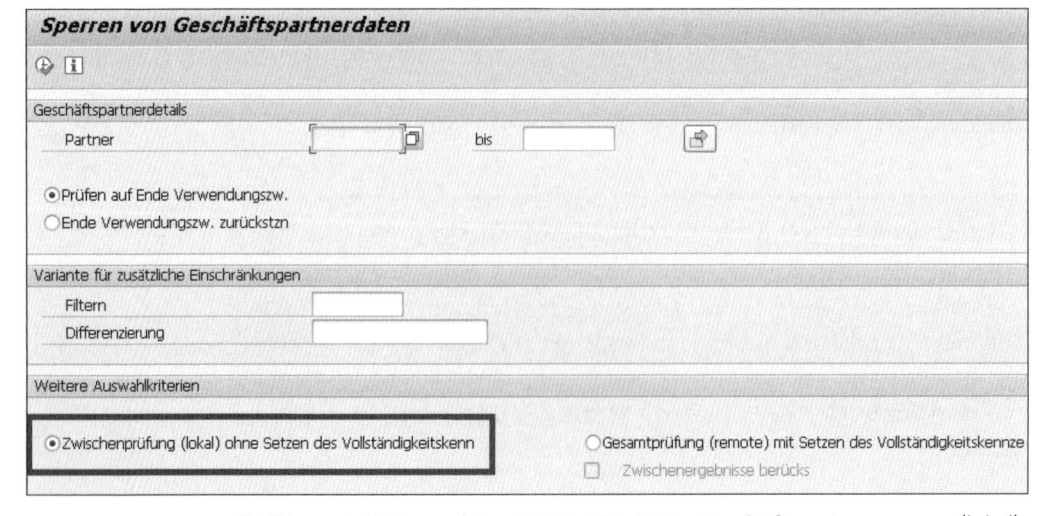

Abbildung 4.49 Transaktion BUPA_PRE_EOP – Geschäftspartner sperren (lokal)

Rufen Sie die Transaktion CVP_PRE_EOP (Kunden- u. Lieferantenstammdatum sperren) in einem abhängigen System auf, und wählen Sie **Zwischenprüfung (lokal) ohne Setzen des Erfüllungskennzeichens**, wird die EoP-Prüfung nur lokal, das heißt in dem abhängigen System durchgeführt. Die Ergebnisse der Prüfung werden an das führende System geschickt. Zu den Ergebnissen gehört die Information darüber:

- welche Stammdaten gesperrt werden können
- welche Stammdaten noch nicht gesperrt werden können, weil die Anwendugen das EoB (End of Business) noch nicht zurückmelden können oder weil der EoB zwar vorliegt, die Verweildauern aber noch nicht abgelaufen sind

Die gesammelten Ergebnisse dienen der Performanceverbesserung: Wenn Sie die EoP-Prüfung später im führenden System aufrufen, werden die noch nicht sperrbaren Daten leichter ausgeschlossen werden können. Den lokalen EoP-Check können Sie auch dann vornehmen, wenn Sie in Erfahrung bringen möchten, ob die Stammdatensperrung aus Sicht des abhängigen Systems (egal ob es das zentrale oder das abhängige ist) möglich ist.

Performanceverbesserung

4.4.5 Anzeige von gesperrten Stammdaten im Geschäftsprozess

Betrachten wir jetzt anhand unseres Beispiels die Anzeige von Stammdaten zu einem gesperrten Kunden. Wir verwenden dabei zwei Benutzer: Der eine Benutzer kommt z. B. bei externen oder internen Datenschutzprüfungen zum Einsatz. Er soll somit die gesperrten Stammdaten sehen können. In Abbildung 4.6 und Abbildung 4.7 (siehe Abschnitt 4.3.1, »Für das Sperren von Stammdaten in der Transaktion SPRO«) haben Sie gelernt, in welcher Customizing-Aktivität Sie die Berechtigungsgruppe zur Kennzeichnung gesperrter Stammdaten definieren. Es ist die Berechtigungsgruppe, der ein Benutzer (über eine entsprechende Rolle) zugeordnet sein muss, damit er gesperrte Kunden- oder Lieferantenstammdaten anzeigen darf.

Beispiel mit zwei Benutzern

Dem zweiten Benutzer fehlen diese speziellen Rechte; er soll die gesperrten Stammdaten nicht einsehen können.

Szenario 1: Gesperrten Kunden mit Prüfberechtigungen anzeigen

Abbildung 4.50 zeigt, dass ein Benutzer, der mit der Berechtigungsgruppe zur Kennzeichnung gesperrter Stammdaten ausgestattet ist, die Stammdaten eines gesperrten Kunden in der Transaktion XD03 (Beleg anzeigen) sehen kann. Dieser Benutzer könnte beispielsweise bei externen oder internen Datenschutzprüfungen zum Einsatz kommen. Das System sendet zuerst eine Warnung, dass der Debitor zum Löschen vorgemerkt (gesperrt) ist, und zeigt die Daten nach der Bestätigung dieser Information an.

Gesperrten Kunden anzeigen

4 Vereinfachtes Sperren mit SAP ILM

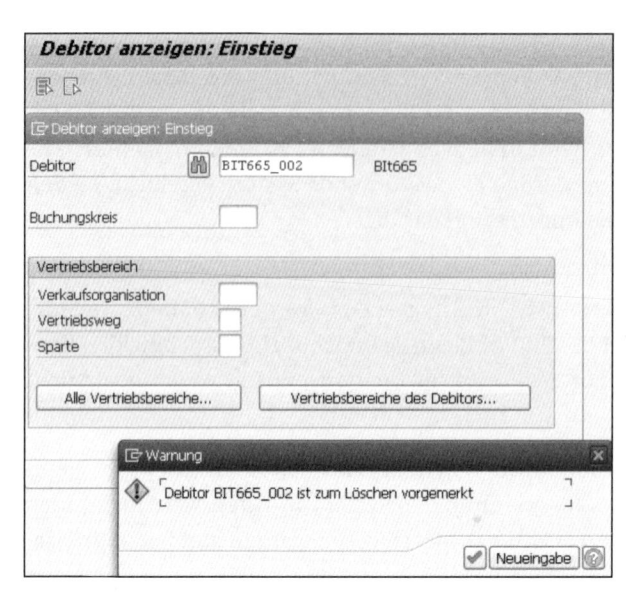

Abbildung 4.50 Szenario 1: Gesperrten Kunden mit Prüfberechtigungen anzeigen (Transaktion XD03)

Szenario 2: Gesperrten Kunden mit Prüfberechtigungen ändern

Gesperrten Kunden ändern

Abbildung 4.51 zeigt im Fall A, dass ein Benutzer, der beispielsweise bei externen oder internen Datenschutzprüfungen verwendet wird, die Stammdaten eines gesperrten Kunden in der Transaktion XD02 (Ändern Debitor: zentral) nicht ändern kann.

Abbildung 4.51 Szenario 2: Gesperrten Kunden mit Prüfberechtigungen ändern (Transaktion XD02) – Fall A

4.4 Sperren in der betriebswirtschaftlichen Betrachtung

Das System sendet einen Fehler, der diesen Sachverhalt erläutert. Änderungen an gesperrten Daten sind prinzipiell nicht möglich.

Fall B zeigt, dass dieser Benutzer alternativ möglicherweise überhaupt keine Berechtigung für die Transaktion zur Änderung von Stammdaten haben kann (siehe Abbildung 4.52).

> ❶ Keine Berechtigung für Transaktion XD02

Abbildung 4.52 Szenario 2: Gesperrten Kunden mit Prüfberechtigungen ändern (Transaktion XD02) – Fall B

Szenario 3: Gesperrten Kunden ohne Prüfberechtigungen anzeigen und ändern

Abbildung 4.53 und Abbildung 4.54 zeigen, dass ein anderer Benutzer als der, der beispielsweise bei Datenschutzprüfungen verwendet wird, Stammdaten eines gesperrten Kunden weder sehen noch ändern kann. Beide Transaktionen – XD03 (Anzeigen Debitor: zentral) und XD02 (Ändern Debitor: zentral) – verweigern die Verarbeitung.

Gesperrter Kunde ohne Prüfberechtigungen

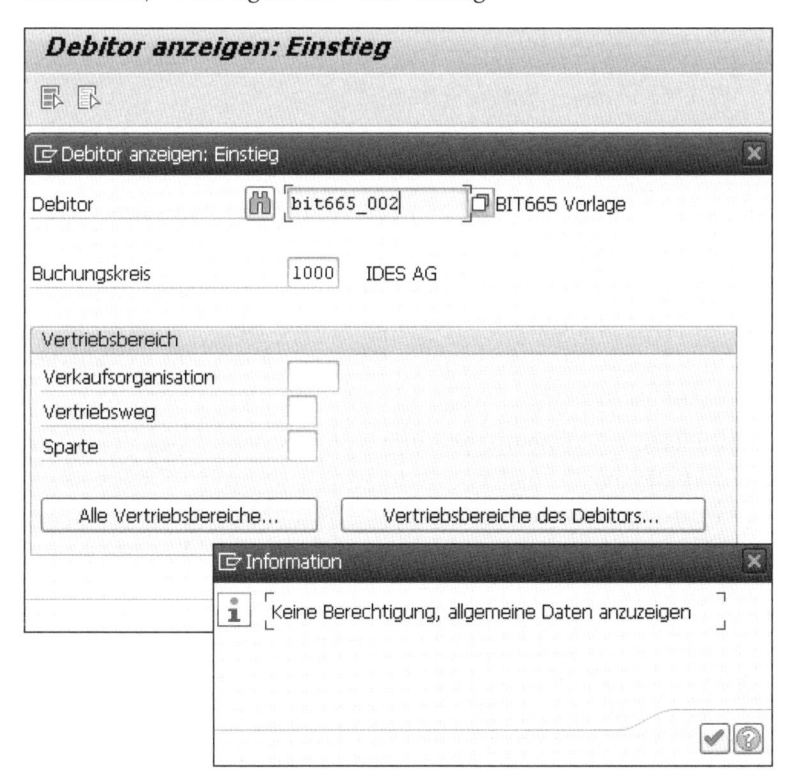

Abbildung 4.53 Kunden mit einem Benutzer ohne Prüfberechtigungen nach der Sperrung anzeigen (Transaktion XD03)

Abbildung 4.54 Kunden mit einem Benutzer ohne Prüfberechtigungen nach der Sperrung ändern (Transaktion XD02)

Szenario 4: FI-Beleg zum gesperrten Kunden einsehen

FI-Beleg zum gesperrten Kunden

Abbildung 4.55 verdeutlicht im weiteren Szenario, wie die Transaktion FB03 (Beleg anzeigen) einem Benutzer, der mit der Berechtigungsgruppe zur Kennzeichnung gesperrter Stammdaten ausgestattet ist (und beispielsweise bei Datenschutzprüfungen verwendet wird), alle Positionen eines (nicht archivierten) Belegs anzeigt, insbesondere Position 1, die sich auf den gesperrten Kunden bezieht.

Im Vergleich dazu sehen Sie in Abbildung 4.56, dass einem Benutzer ohne diese Berechtigungen die Belegposition zum gesperrten Kunden nicht angezeigt wird. Die Transaktion FB03 sendet eine Meldung, die den Sachverhalt erklärt.

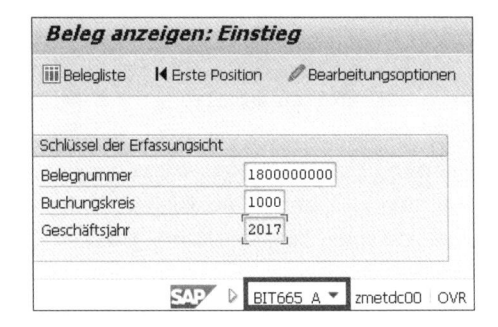

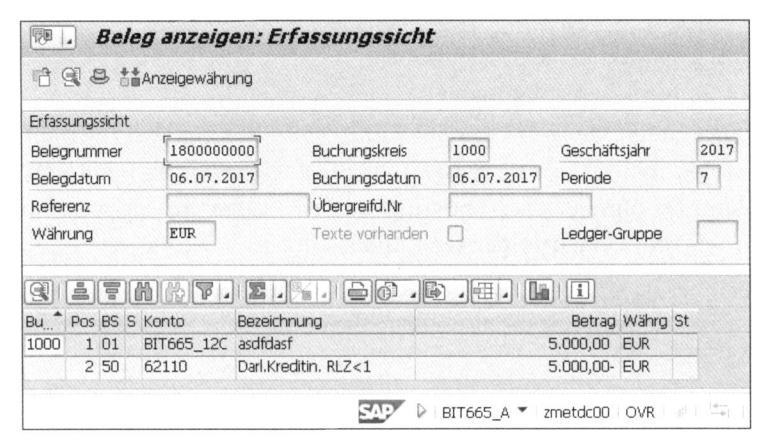

4.4 Sperren in der betriebswirtschaftlichen Betrachtung

Abbildung 4.55 FI-Beleg zum gesperrten Kunden einsehen – Benutzer mit Prüfberechtigungen

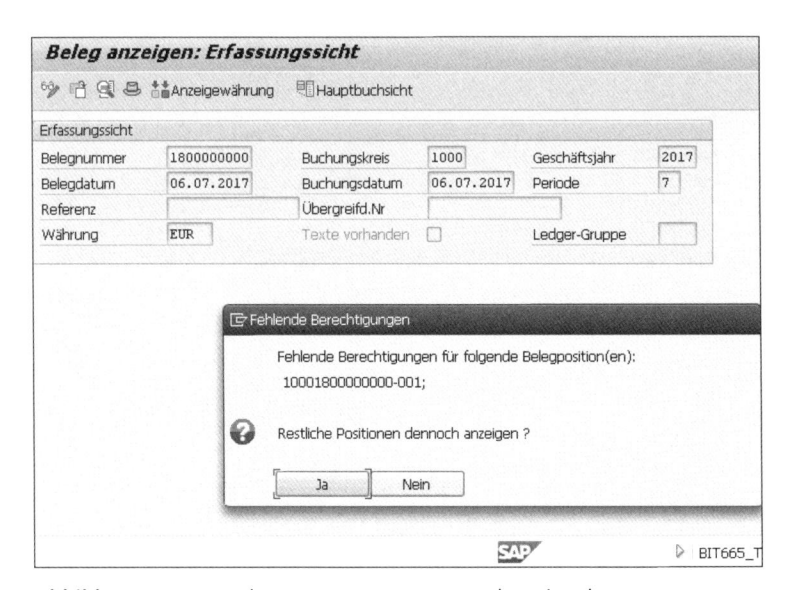

Abbildung 4.56 FI-Beleg zum gesperrten Kunden einsehen – Benutzer ohne Prüfberechtigungen

4 Vereinfachtes Sperren mit SAP ILM

> **[»] Besonderheit dieses Beispiels**
>
> Wiederholen wir noch an dieser Stelle, dass Bewegungsdaten in der Regel zuerst gesperrt werden müssen, das heißt früher als das dazugehörige Stammdatum. Auf diesen besonderen Fall, dass Sie umgekehrt vorgehen (oder die Bewegungsdaten gar nicht zwecks Sperrung archivieren), kommen wir in Abschnitt 4.4.7, »Zusammenfassung: Mögliche Kombinationen und Reihenfolgen«, zu sprechen.

Szenario 5: Debitoreneinzelpostenliste – Benutzer ohne Prüfberechtigungen

Debitoreneinzelpostenliste

Im abschließenden Szenario 5 aus Abbildung 4.57 sehen Sie, dass die Debitoreneinzelpostenliste in der Transaktion FBL5N (Einzelposten Debitoren) einem Benutzer ohne Prüfberechtigungen keine Posten anzeigt, wenn er als Debitorenkonto einen gesperrten Kunden eingibt.

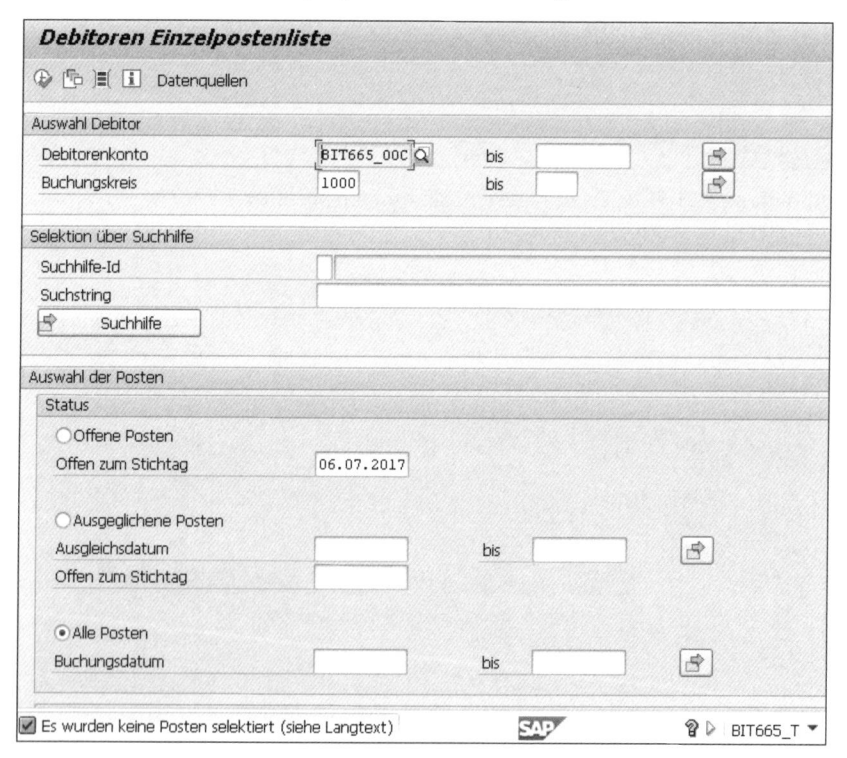

Abbildung 4.57 Debitoreneinzelpostenliste (Transaktion FBL5N) – Benutzer ohne Prüfberechtigungen 1/2

Versucht der gleiche Benutzer des Weiteren über die Wertehilfe ([F4]) zum Feld **Debitorenkonto** eine Liste aller vorhandenen Debitoren zu erhalten, werden ihm keine gesperrten Debitoren angezeigt (siehe Abbildung 4.58).

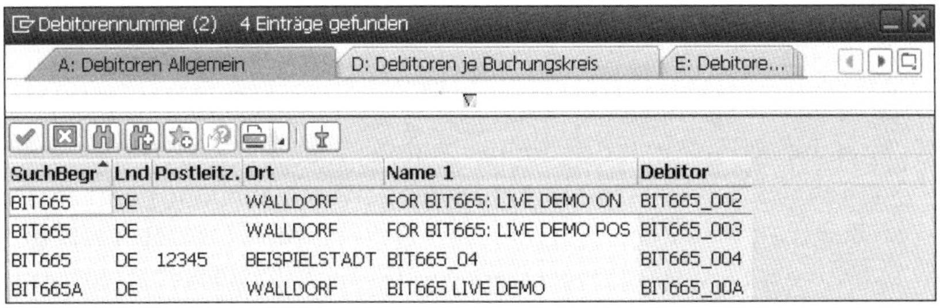

SuchBegr	Lnd	Postleitz.	Ort	Name 1	Debitor
BIT665	DE		WALLDORF	FOR BIT665: LIVE DEMO ON	BIT665_002
BIT665	DE		WALLDORF	FOR BIT665: LIVE DEMO POS	BIT665_003
BIT665	DE	12345	BEISPIELSTADT	BIT665_04	BIT665_004
BIT665A	DE		WALLDORF	BIT665 LIVE DEMO	BIT665_00A

Abbildung 4.58 Debitoreneinzelpostenliste (Transaktion FBL5N) – Benutzer ohne Prüfberechtigungen 2/2

Möglicherweise haben Sie noch folgendes Szenario im Kopf: Die Kundenstammdaten werden nur auf der Ebene bestimmter Buchungskreise gesperrt. Kann ein Benutzer die buchungskreis-unabhängigen Daten auf der allgemeinen Kundenebene sehen? Die Antwort darauf ist vom Sachverhalt des Sperrens unabhängig. Es ist allein das Berechtigungsobjekt F_LFA1_GEN (Kreditor: zentrale Daten), das darüber entscheidet, ob ein Benutzer die Berechtigung dazu hat oder nicht.

Anzeige allgemeiner Stammdaten eines Stammdatums

> **Aktivität 05 (Sperren/Entsperren)**
>
> Sowohl das Berechtigungsobjekt F_LFA1_GEN (Kreditor: zentrale Daten) als auch das Berechtigungsobjekt B_BUP_PCPT (Geschäftspartner: Geschäftszweck erfüllt) beinhalten die Aktivität 05 (Sperren/Entsperren). Sie benötigen diese Aktivität für das Berechtigungsobjekt B_BUP_PCPT, um die EoP-Prüfung für Stammdaten durchzuführen.
>
> Im Berechtigungsobjekt F_LFA1_GEN ermöglicht Ihnen diese Aktivität hingegen das Setzen anderer »Sperrattribute« rund um den Geschäftspartner. Am Beispiel des Debitors ist es unter anderem die zentrale Kontaktsperre (KNA1-CASSD). Nutzen Sie das Konzept des vereinfachten Sperren und Löschens mit SAP ILM nicht, haben Sie also die zu Beginn des Abschnitt 4.3.1, »Für das Sperren von Stammdaten in der Transaktion SPRO«, genannten Business-Funktionen nicht aktiviert, benötigen Sie diese Aktivität auch, um die zentrale Löschvormerkung für Stammsatz zu setzen (Tabellenfeld KNA1-LOEVM am Beispiel des Debitors).

4.4.6 Entsperren von Stammdaten im Geschäftsprozess

Seltener, aber nichtsdestotrotz von Interesse kann für Sie auch das Bedienen der Funktionalität rund um den umgekehrten Prozess – das Entsperren eines Stammdatums – sein. Betrachten wir dies am Beispiel eines gesperrten Debitors.

Entsperrantrag anlegen

1. **Entsperrantrag anlegen**

   Ihr erster Schritt ist der Aufruf der Transaktion BUP_REQ_UNBLK (Entsperren des Geschäftspartners anfordern). Wie in Abbildung 4.59 dargestellt, geben Sie hier im Feld **Objektart** ❶ die gewünschte Objektart ein – in unserem Beispiel ist es der Kunde (Customer). Mögliche Alternativen sind:

   - Geschäftspartner
   - Lieferant
   - Kontaktperson

   Im Eingabefeld **Debitor** ❷ spezifizieren Sie nun die Debitoren, die Sie entsperren möchten. Abschließend nennen Sie den Grund Ihres Vorhabens im Feld **Reason Code** ❸. (Die hierzu notwendigen Customizing-Einstellungen besprechen wir weiter unten.) Ihre Aktionen schließen Sie mit einem Klick auf die Schaltfläche **Entsperren anfordern** ❹ ab. Die Transaktion BUP_REQ_UNBLK (Entsperren des Geschäftspartners anfordern) legt jetzt einen Entsperrantrag für Sie an.

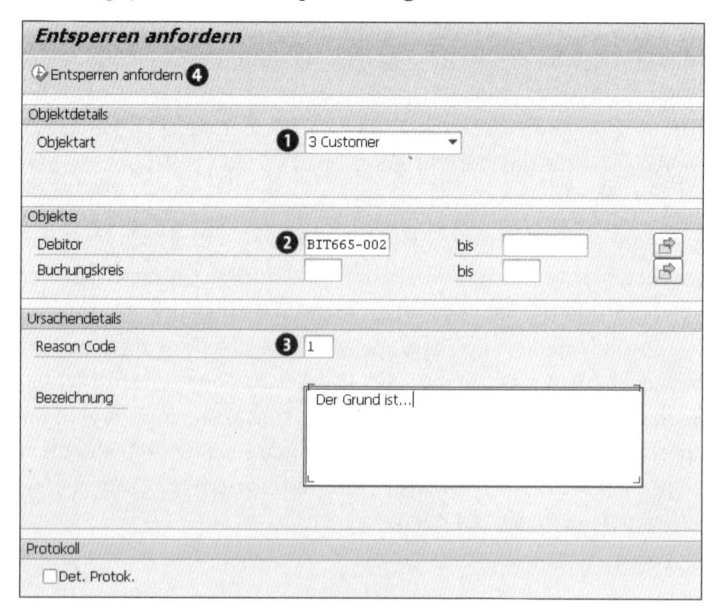

Abbildung 4.59 Gesperrte Stammdaten entsperren – Schritt 1: Transaktion BUP_REQ_UNBLK aufrufen

4.4 Sperren in der betriebswirtschaftlichen Betrachtung

2. **Entsperrantrag genehmigen**

    Im zweiten Schritt kann ein Mitarbeiter den Entsperrantrag genehmigen und so die Entsperrung final vornehmen. Dies geschieht in einer der folgenden Transaktionen:

    – Transaktion CVP_UNBLOCK_MD (Kunden- und Lieferantenstammdaten entsperren) für Kunden und Lieferanten, wie in Abbildung 4.60 dargestellt.
    – Transaktion BUP_REQ_UNBLK (Entsperren des Geschäftspartners anfordern) für den zentralen Geschäftspartner, siehe Abbildung 4.61.

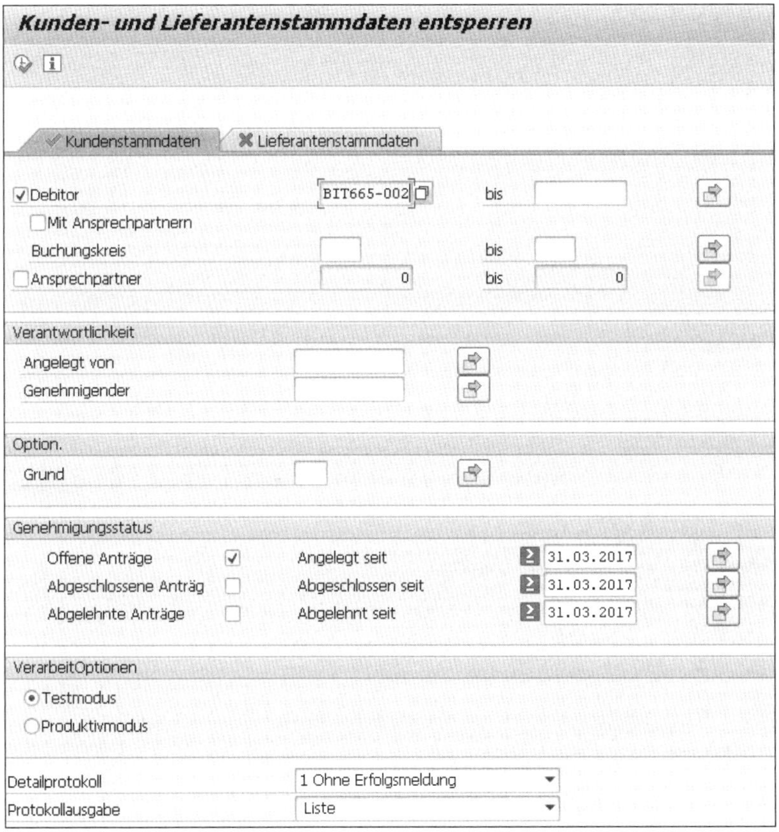

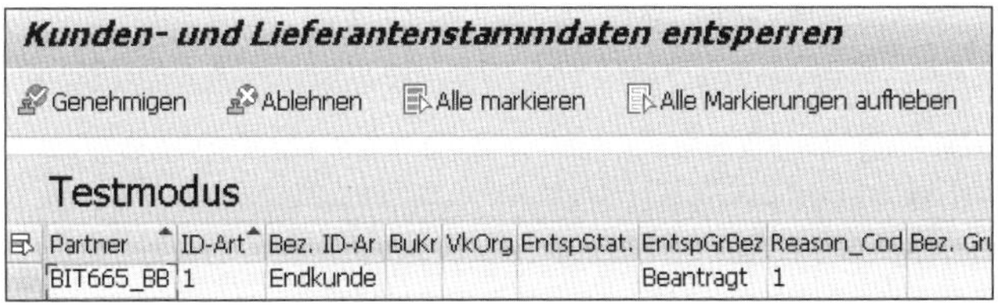

Entsperrantrag genehmigen

Abbildung 4.60 Gesperrte Stammdaten entsperren – Schritt 2: Transaktion CVP_UNBLOCK_MD

4 Vereinfachtes Sperren mit SAP ILM

Customizing für das Feld »Reason Code« Betrachten wir nun abschließend den Grund der Entsperrung, den Sie im gleichnamigen Feld der soeben besprochenen Transaktionen eingeben (siehe die Callouts in Abbildung 4.59 und die Markierung in Abbildung 4.62).

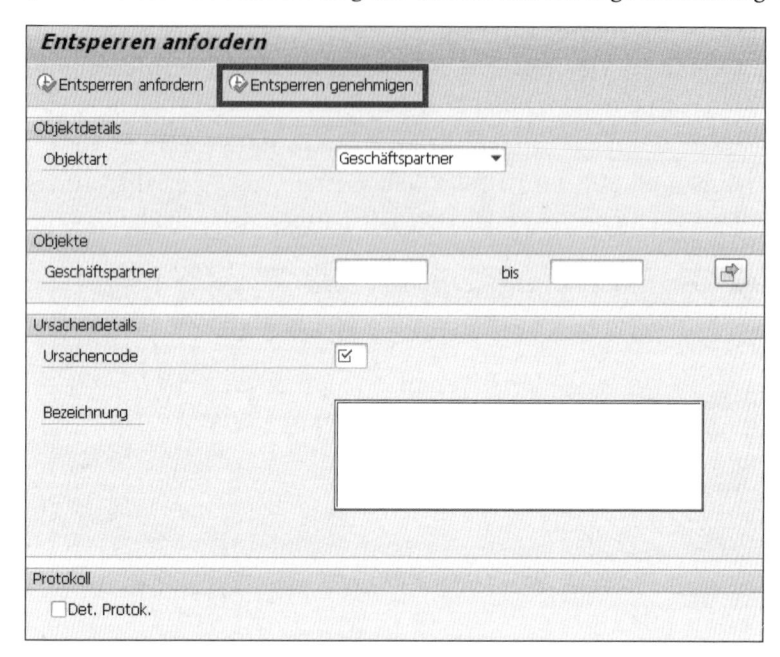

Abbildung 4.61 Gesperrte Stammdaten entsperren – Schritt 3: Transaktion BUP_REQ_UNBLK

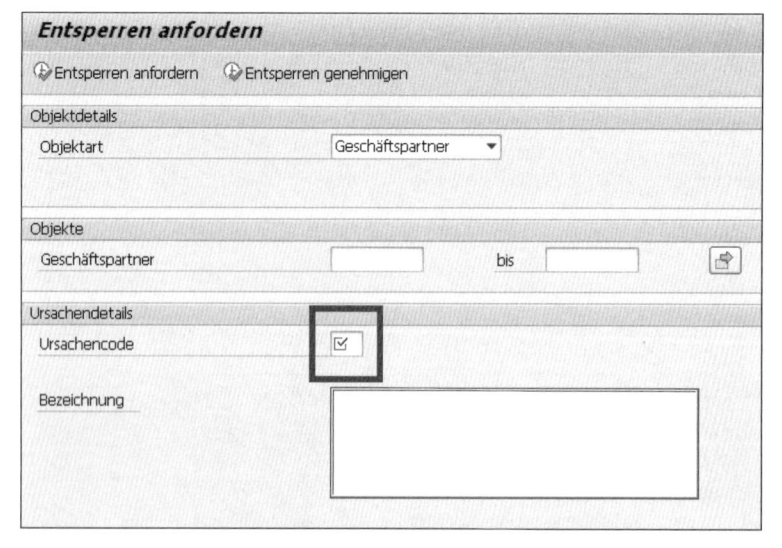

Abbildung 4.62 Gesperrte Kunden entsperren – Transaktion BUP_REQ_UNBLK, Customizing für das Feld »Ursachencode« 1/2

Sie haben die Freiheit, die Werte vorzudefinieren, die Sie in dieses Feld eintragen können. Hierzu steht Ihnen die in Abbildung 4.63 gezeigte Customizing-Transaktion zur Verfügung. Standardmäßig werden keine Werte ausgeliefert.

Customizing im IMG

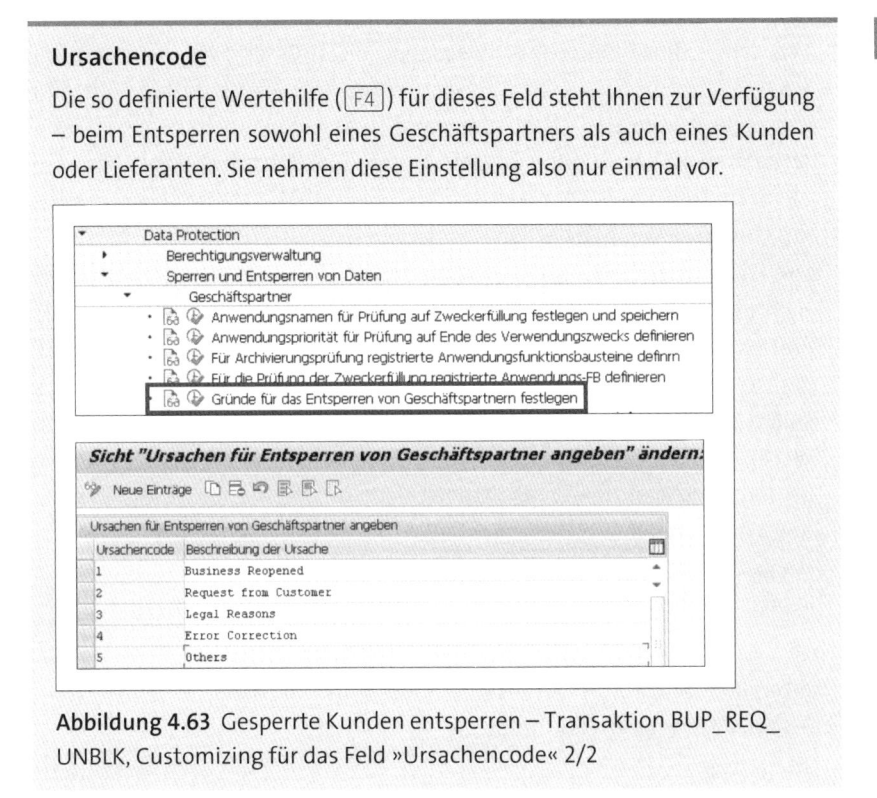

Ursachencode

Die so definierte Wertehilfe ([F4]) für dieses Feld steht Ihnen zur Verfügung – beim Entsperren sowohl eines Geschäftspartners als auch eines Kunden oder Lieferanten. Sie nehmen diese Einstellung also nur einmal vor.

Abbildung 4.63 Gesperrte Kunden entsperren – Transaktion BUP_REQ_UNBLK, Customizing für das Feld »Ursachencode« 2/2

4.4.7 Zusammenfassung: Mögliche Kombinationen und Reihenfolgen

Verfestigen wir nun das Wissen, das Sie bis jetzt zum Thema Sperren von Stamm- und Bewegungsdaten gesammelt haben, indem wir es anhand der folgenden Szenarien betrachten. Dabei widmen wir uns pro Szenario insbesondere der Frage, wie SAP ILM dabei zum Einsatz kommt und welche Sperrkonzepte wir empfehlen.

Sperren von Stamm- und Bewegungsdaten

Szenario 1: Einmalkunde, Stammdaten vorhanden, keine Bewegungsdaten

In diesem Szenario handelt sich also um ein Stammdatum (zentraler Geschäftspartner, Kunden, Lieferant), zu dem Ihnen Stammdaten vorliegen, jedoch keine Bewegungsdaten. Dieser Kunde hat beispielsweise ein Konto oder Ähnliches angelegt, aber nie ein Geschäft mit Ihrem Unternehmen getätigt. Was müssen Sie in diesem Szenario tun?

1. **Stammdaten sperren**

   Erstens müssen Sie – früher oder später – die Stammdaten blocken. Sie dürfen eine Zeitlang auf ein Geschäft hoffen; kommt jedoch keins zustande, müssen Sie die Stammdaten blocken und danach auch vernichten.

   Wie lange diese Zeitspanne betragen soll, müssen Sie z. B. mit Ihrer Rechtsberatung besprechen. Es liegt nahe, dass es mindestens ein paar Tage sein sollten, denn Ihr neuer Kunde legt vielleicht ein Konto an (hinterlässt seine personenbezogenen Daten) und fährt in Urlaub, bevor er etwas bestellt.

2. **Stammdaten vernichten**

   Aufbewahrungsdauer gleich Verweildauer

   Die spannende Frage ist nun, wann Sie ein solches Stammdatum vernichten müssen. Nun, da es kein Geschäft mit diesem Stammdatum gab, gibt es auch keine Aufbewahrungsdauern, die sich aus der dazugehörigen Rechtslage ergeben würden (z. B. Finanzbuchhaltung). Demzufolge sollen Sie die Aufbewahrungsdauer gleichlang mit der Verweildauer definieren. Das Stammdatum kann vernichtet werden, sobald es gesperrt ist. (Anmerkung: Der Aspekt der Doppelpflege kommt hier nicht zum Tragen, denn die Doppelpflege bedeutet die manuelle Übernahme der Aufbewahrungsdauern der Bewegungsdaten auf die Stammdaten, und in diesem Szenario haben wir keine dazugehörigen Bewegungsdaten.)

> **Verweildauer für mindestens den Anwendungsnamen des dazugehörigen Stammdatums**
>
> Sie merken an diesem Beispiel sehr gut, wie wichtig die bereits besprochene und obligatorische Verweildauer für den Anwendungsnamen des Stammdatums (z. B. `ERP_CUST` für den Kunden) im Regelwerk für das ILM-Objekt des Stammdatums (z. B. `FI_ACCRECV` für den Kunden) ist. Genau diese Verweildauer kommt in diesem Szenario zum Tragen. Durch sie geben Sie vor, wie lange Sie auf ein Geschäft mit dem Kunden hoffen und wann Sie aufgeben, es also sperren.
>
> Wie Sie auch bereits wissen, bedeutet der Zeitbezug **Beginn des Aufbewahrungszeitraums**, den Sie dabei eingeben werden, das Datum des Anlegens oder der letzten Änderung des Stammdatums, was zu diesem Szenario bestens passt.

Szenario 2: Kunde nur in einem Geschäftsjahr, Stammdaten und Bewegungsdaten liegen vor

Einzelnes Geschäftsjahr

In diesem Szenario haben wir es mit einem Stammdatum zu tun, zu dem es nur in einem Geschäftsjahr ein Geschäft gab. Sie haben einen Kunden gewonnen, aber nur in einem einzigen Geschäftsjahr ein Geschäft mit ihm gehabt. Vielleicht handelte es sich um ein Firmenjubiläum, zu dem es besondere Angebote gab; eine längere Kundenbindung kam aber nicht zustande.

1. **Stammdaten sperren**

   Beim Sperren der Stammdaten sind die beiden folgenden Fälle zu unterscheiden:

   – Fall A

   Sie könnten das Stammdatum blocken, sobald das Geschäft abgeschlossen ist, falls das Stammdatum für jegliche Abschlüsse, die noch stattfinden werden (beispielsweise den Jahresabschluss in FI), im Zustand **gesperrt** sein kann. (Wir wollen anmerken, dass dies in der Regel eher nicht der Fall ist. Zum besseren Verständnis der Möglichkeiten und Kombinationen lohnt es sich aber, es zu besprechen.)

   Die Verweildauer für die Anwendungsnamen der Bewegungsdaten bräuchten Sie in diesem Fall nicht, da diese genau dem Vorhalten des Stammdatums im nichtgesperrten Zustand nach dem EoB (bis zum EoP) dienen, den Sie hier jedoch, wie eingangs erläutert, nicht zu brauchen meinen. Wie Sie aber in Szenario 1 wiederholt gelesen haben, brauchen Sie die Mindestausprägung der Verweildauer zum Anwendungsnamen des Stammdatums selbst. Auch in diesem Szenario verlangt das System diese beim EoP-Check. Folglich benötigen Sie eine IRM-Regel für die Verweildauern auch in diesem Szenario, aber nur die Verweildauer zum Anwendungsnamen des Stammdatums selbst.

   – Fall B

   In Fall B gehen wir von dem für unser Dafürhalten eher realistischen Fall aus: Sie möchten das Stammdatum blocken, sobald das Geschäft abgeschlossen ist *und* sobald die Verweildauern aller Anwendungen, für die Sie eine Verweildauer benötigen, abgelaufen ist. Es bedeutet also, dass Sie das Stammdatum für jegliche Abschlüsse, die noch stattfinden werden, dafür *nicht* im Zustand **gesperrt** nutzen könnten. Ihre Aufgabe besteht hier also darin, zu bestimmen, welche Anwendungen welche Verweildauerlänge benötigen.

2. **Stammdaten vernichten**

   Für das Vernichten von den Stammdaten brauchen Sie SAP ILM, wie bereits beschrieben.

3. **Bewegungsdaten sperren**

   In puncto Sperren von Bewegungsdaten in diesem Szenario haben Sie zwei Möglichkeiten, die wir wieder als Fall A und Fall B beschreiben:

– **Fall A**

In Fall A entscheiden Sie sich, die Bewegungsdaten zwecks Sperrung zu archivieren. Sie müssen hierzu also die Spalte **Berechtigungsgruppe** in den Aufbewahrungsregeln der dazugehörigen ILM-Objekte für Bewegungsdaten füllen und die Berechtigungen für die Benutzer entsprechend vergeben. Dieses Vorgehen ist das Mittel der Wahl, wenn Lesezugriffe die Bewegungsdaten nichtberechtigten Benutzern anzeigen würden, obwohl das dazugehörige Stammdatum bereits gesperrt ist.

Nur sperren, nicht archivieren

– **Fall B**

In Fall B entscheiden Sie sich, nur das Stammdatum zu sperren (wie auch in Fall A), die Bewegungsdaten jedoch *nicht* zu archivieren. Fall A noch im Kopf habend, erkennen Sie korrekterweise, dass dies eine mögliche Vorgehensweise ist, wenn Ihre Lesezugriffe die Anzeige von Bewegungsdaten zu gesperrten Stammdaten für nicht berechtigte Benutzer korrekt unterbinden.

In diesem Fall brauchen Sie also die betroffenen Bewegungsdaten nicht zu archivieren und die Spalte **Berechtigungsgruppe** in den Aufbewahrungsregeln der ILM-Objekte für Bewegungsdaten nicht zu füllen.

4. **Bewegungsdaten vernichten**

Für das Vernichten von den Bewegungsdaten brauchen Sie SAP ILM, wie bereits beschrieben.

[»] **Einsatzgebiet**

In Abschnitt 4.3.1, »Für das Sperren von Stammdaten in der Transaktion SPRO«, haben wir eine Liste von Berechtigungsobjekten aufgeführt, die im Customizing (siehe Abbildung 4.6 und Abbildung 4.7) die von Ihnen eigegebene Berechtigungsgruppe zur Kennzeichnung gesperrter Stammdaten verproben. Lesezugriffe, die die zentralen Lesebausteine für die Stammdatenzugriffe nutzen (in denen diese Berechtigungsgruppe verprobt wird), unterbinden korrekterweise einen Zugriff, wenn notwendig. Führen die Lesezugriffe, die Sie benötigen, diese oder eine vergleichbare Verprobung nicht durch, müssen Sie die Bewegungsdaten zwecks Sperrung archivieren.

Szenario 3: Treue Geschäftspartner, Stammdaten liegen vor, Bewegungsdaten liegen in mehreren Geschäftsjahren vor

Treue Geschäftspartner

Besprechen wir nun final Szenario 3 – das Szenario, das Sie sich vermutlich in erster Linie wünschen. Hier handelt es sich um treue Geschäftspartner (Kunden, Lieferanten, zentraler Geschäftspartner), zu denen in Ihrem System Stammdaten ebenso wie Bewegungsdaten zu verschiedenen Geschäftsjahren vorliegen:

1. **Stammdaten sperren**
   Sie liegen richtig, wenn Sie sofort erkennen, dass das Stammdatum selbst noch nicht gesperrt werden kann. Die EoP-Prüfung liefert zur Hälfte ausgefüllte Statuswürfel. Sie besagen, dass zumindest in manchen Anwendungen das Geschäft getätigt, aber noch nicht abgeschlossen ist.

2. **Stammdaten vernichten**
   Da die Stammdaten nicht gesperrt sind, können sie auch nicht vernichtet werden.

3. **Bewegungsdaten sperren**
   In puncto Sperren von Bewegungsdaten in diesem Szenario müssen Sie zwischen den folgenden Fällen unterscheiden:

   – Fall A
   Fall A trifft auf die Bewegungsdaten (die personenbezogene Daten enthalten) aus den älteren Geschäftsjahren zu. Sobald das Geschäft abgeschlossen ist *und* diese Daten für keine Geschäftsabschlüsse oder ähnliche Verarbeitungen mehr benötigt werden (EoP ist eingetreten), müssen Sie die Bewegungsdaten sperren. Wie Sie es bereits gelesen haben, stehen dafür die Archivierung und die Spalte **Berechtigungsgruppe** in den Aufbewahrungsregeln der dazugehörigen ILM-Objekte für Bewegungsdaten zur Verfügung.

   – Fall B
   Fall B trifft auf die Bewegungsdaten (die personenbezogene Daten enthalten) aus dem aktuellen oder aus den letzten Geschäftsjahren zu. Diese Daten sind noch nicht archivierbar (EoB ist nicht eingetreten) oder noch nicht sperrbar (EoP ist nicht eingetreten), was aber begründet ist.

   Noch nicht archivier- oder sperrbare Bewegungsdaten

4. **Bewegungsdaten vernichten**
   Für das Vernichten von (gesperrten) Bewegungsdaten brauchen Sie SAP ILM, wie bereits beschrieben.

Prüfung auf das abgeschlossene Geschäft

Wir möchten an dieser Stelle betonen, dass die Prüfung, ob das Geschäft abgeschlossen ist, das heißt, ob die Bewegungsdaten abgeschlossen sind und nur noch für Lesezugriffe zur Verfügung stehen müssen, *nicht* in dem EoP-Check stattfindet. Schließlich wollen Sie die Bewegungsdaten und nicht das Stammdatum sperren. Die dazugehörigen Prüfungen finden im Archivschreibprogramm statt.

Mit anderen Worten: Es werden keine Regelwerke zum Prüfgebiet BUPA_DP (Business Partner Data Privacy) ausgewertet. Die dazugehörigen Verweilregeln (falls die Bewegungsdaten trotz erreichtem Status **abgeschlossen** oder Ähnliches noch nicht archiviert werden, weil Sie sie z. B. für Geschäftsabschlüsse auf der Datenbank benötigen) können Sie bei Bedarf definieren, wie es in Abschnitt 2.4, »Regelwerkkategorien«, beschrieben wird.

Kapitel 5
Sperren und Vernichten mit SAP ILM in SAP S/4HANA Cloud

Sie wissen bereits, dass ILM ein wichtiger Baustein in der Compliance-Strategie jedes Unternehmens ist. Es steht in der SAP Business Suite und in SAP S/4HANA On-Premise zur Verfügung, aber auch in SAP S/4HANA Cloud. Widmen wir uns nun also SAP ILM in einem SAP-S/4HANA-Cloud-System.

Wir haben Ihnen ja bereits die Grundzüge von SAP ILM ausführlich vorgestellt. An folgenden Prinzipien ändert sich auch in einem SAP-S/4HANA-Cloud-System nichts:

Gemeinsamkeiten

- Ihnen stehen Archivierungsobjekte und Datenvernichtungsobjekte zur Verfügung.
- Sie ordnen benötigte ILM-Objekte einem Prüfgebiet zu und legen anschließend passende Regeln an.
- Ein Regelwerk muss den Status **produktiv** haben, damit Sie seine Regeln produktiv nutzen können.
- Stammdaten sperren Sie über ein Kennzeichen in der dazugehörigen Datenbanktabelle im Rahmen der Datenschutz-Grundverordnung (DSGVO).
- Bewegungsdaten archivieren Sie, um sie zu sperren.
- Für die Vernichtung von Daten stehen Ihnen dedizierte ILM-Apps (als Pendant zur Transaktion ILM_DESTRUCTION, Datenvernichtung) zur Verfügung.

5.1 Unterschiede zu SAP ERP und SAP S/4 HANA

Zu vermerken und betonen ist aber, dass der Funktionsumfang in SAP S/4HANA Cloud im Vergleich zu SAP ERP oder SAP S/4HANA vereinfacht ist und viele technische Einstellungen durch SAP fest vorkonfiguriert sind. Dies gilt sowohl auf der Ebene der Funktionalitäten, die die einzelnen ILM-Bereiche anbieten (wie z. B. die Datenvernichtung mithilfe der Datenver-

Unterschiede

nichtungsobjekte), als auch für die Anzahl der angebotenen Hauptfunktionalitäten.

Nicht unterstützte Funktionen
Nicht zum Umfang eines SAP-S/4HANA-Cloud-Systems gehört die Retention-Warehouse-Funktion. Auch die Legal-Case-Management-Funktionalität wurde zum Zeitpunkt der Drucklegung dieses Buches nicht unterstützt.

> **SAP Best Practices Explorer**
>
> In einem SAP-S/4HANA-Cloud-System müssen Sie für SAP ILM – auch für das vereinfachte Sperren und Löschen mit SAP ILM – keine Business-Funktionen aktivieren. Alle diesbezüglich relevanten technischen und anwendungsspezifischen Funktionen werden von SAP bereits als aktiv voreingestellt.
>
> Anstelle der Business-Funktionen nutzen Sie den *SAP Best Practices Explorer* (*https://rapid.sap.com/bp/BP_CLD_ENTPR*). Darin finden Sie weitere Informationen, Einrichtungsanweisungen und Testskripte, die Ihnen bei der Konfiguration und Verwendung der Funktionalität für SAP S/4HANA Cloud helfen können. Schauen Sie dazu unter **Datenbank- und Datenmanagement • Enterprise Information System**, und darin speziell in die Umfangsbestandteile **Information Lifecycle Management (1KA)** und **Datenschutz (1J7)**. Diese enthalten vorkonfigurierte Inhalte, die die Einführung von SAP S/4HANA Cloud beschleunigen und vereinfachen. Sie liefern Ihnen Informationen zur vereinfachten Konfiguration, zu automatisierten Tests und zum Content-Lebenszyklusmanagement.

Der Betrieb und die Bedienung eines Cloud-Systems weist im Vergleich zu einem On-Premise-System große Unterschiede auf. Das Wissen über diese Grundprinzipien setzen wir hier voraus.

> **Weiterführende Dokumentation**
>
> Weiterführende Dokumentation zur Datenarchivierung in einem SAP-S/4HANA-Cloud-System finden Sie unter *http://help.sap.com/s4hana_cloud* und **Product Assistance • Deutsch (German)** und darin ab SAP S/4HANA Cloud 1908 **SAP S/4HANA Cloud verwalten • Datenverwaltung • Information Lifecycle Management • Archivierungsvarianten verwalten**.
>
> Weiterführende Dokumentation zu SAP ILM in einem SAP-S/4HANA-Cloud-System finden Sie unter *http://help.sap.com/s4hana_cloud* oder *https://help.sap.com/viewer/p/SAP_S4HANA_CLOUD* unter **Product Assistance • Deutsch (German)** und darin ab SAP S/4HANA Cloud 1908 **SAP S/4HANA Cloud verwalten • Datenverwaltung • Information Lifecycle Management**.

> Informationen zum Datenschutz finden Sie unter *http://help.sap.com/ s4hana_cloud* und **Product Assistance • Deutsch (German)** und darin ab SAP S/4HANA Cloud 1908 **SAP S/4HANA Cloud schützen • Zugriffskontrolle and Datenschutz • Datenschutz** oder **SAP S/4HANA Cloud verwalten • Datenverwaltung • Sperren und Löschen personenbezogener Daten.**
>
> Weiterführende Dokumentation zum SAP Fiori Launchpad (und somit zu Begriffen wie *Anwendungskataloge*, *Kachelgruppen*, *Kacheln*, *Apps*) finden Sie unter *http://help.sap.com/s4hana_cloud* und **Product Assistance • Deutsch (German)** und darin ab SAP S/4HANA Cloud 1908 **SAP S/4HANA Cloud verwalten • Datenverwaltung • Identitäts- und Zugriffsverwaltung.**

Widmen wir uns nun also den Funktionalitäten, die SAP ILM in SAP S/4HANA Cloud anbietet, und erklären, wie Sie diese nutzen können. Den Schwerpunkt werden wir dabei auf Unterschiede zu den in den vorangehenden Kapiteln beschriebenen Funktionalitäten legen.

Unterschiede in der Cloud

Die ILM-Funktionalitäten in SAP S/4HANA Cloud mögen sich mit der Zeit noch verändern. Das Produkt ist sehr neu, sodass Sie hier womöglich Verbesserungspotenzial sehen. Gemeinsame Aktivitäten, wie die Customer Connections, könnten ebenfalls zu Änderungen führen.

5.2 Benötigte Benutzerrollen und Anwendungskataloge

Um die einzelnen ILM-Apps nutzen zu können, benötigt ein Benutzer bestimmte *Benutzerrollen* und bestimmte *Anwendungskataloge*; welche Rollen und Kataloge für die jeweiligen Funktionalitäten zur Verfügung stehen, können Sie jederzeit der Dokumentation entnehmen. Der Link dazu lautet: *http://help.sap.com/s4hana_cloud*. Wählen Sie dann **Product Assistance • Deutsch (German)** und darin ab SAP S/4HANA Cloud 1908 **SAP S/4HANA Cloud verwalten • Datenverwaltung**.

In SAP S/4HANA Cloud werden die verfügbaren/benötigten Key-User-Anwendungen als Teil der Anwendungsrollenvorlagen (engl. *Business Role Template*) SAP_BR_DATA_PRIVACY_SPECIALIST bzw. SAP_BR_ADMINISTRATOR bereitgestellt. Beide enthalten den Anwendungskatalog SAP_CORE_BC_ILM (Information Lifecycle Management: Archivierung). Informationen dazu finden Sie in der SAP-Dokumentation unter *http://help.sap.com/s4hana_cloud* und **Product Assistance • Deutsch (German)** und darin ab SAP S/4HANA Cloud 1908 **SAP S/4HANA Cloud schützen • Zugriffskontrolle und Datenschutz • Datenschutz • Anwendungsrollen pflegen**.

Key-User-Anwendungen

335

5.3 Prüfgebiete

Prüfgebiet anlegen oder bearbeiten

Beschreiben wir nun, welche Besonderheiten und Neuerungen in puncto Prüfgebiete in einem SAP-S/4HANA-Cloud-System zu verzeichnen sind. Für die Tätigkeiten rund um Prüfgebiete steht Ihnen in der Kachelgruppe **Information Lifecycle Management** die in Abbildung 5.1 dargestellte Kachel **ILM-Prüfgebiet** zur Verfügung. Wenn Sie sie anklicken und somit die dazugehörige App wählen, erscheint das in Abbildung 5.2 dargestellte Bild.

Abbildung 5.1 Kachelgruppe »Information Lifecycle Management« – Kachel »ILM-Prüfgebiet«

Abbildung 5.2 Kachel »ILM-Prüfgebiet« – Einstiegsbild

[»] **Kacheln und Kachelgruppen**

Wie Sie der SAP-Terminologie unter *http://sapterm.com* entnehmen können, ermöglichen *Kacheln* Ihnen z. B. den direkten Zugriff auf Anwendungen, Funktionen oder Webseiten. Mit dem Klick auf eine Kachel rufen Sie die App auf. Eine *Kachelgruppe* ist eine Zusammenfassung von Kacheln auf der Homepage. Auf der Homepage werden verschiedene Gruppen mit jeweils eigenem Titel angezeigt.

Klicken Sie auf einen Eintrag in der Liste, sehen Sie im darauffolgenden Bild, welche ILM-Objekte dem ausgewählten Prüfgebiet zugeordnet sind (siehe Abbildung 5.3). Bezogen auf die Funktionalität verhält sich alles vergleichbar mit dem, was wir für ein SAP-ERP- oder SAP-S/4HANA-System beschrieben haben, sodass wir hier auf Abschnitt 2.3.1, »Auflistung vorhandener Prüfgebiete – die Transaktion ILMARA«, und Abschnitt 2.3.4, »Prüfgebiet kopieren oder zusammenführen«, sowie auf die am Ende von Abschnitt 4.1, »Wie die DSGVO SAP ILM zur Blütezeit verhalf«, genannte Dokumentation verweisen.

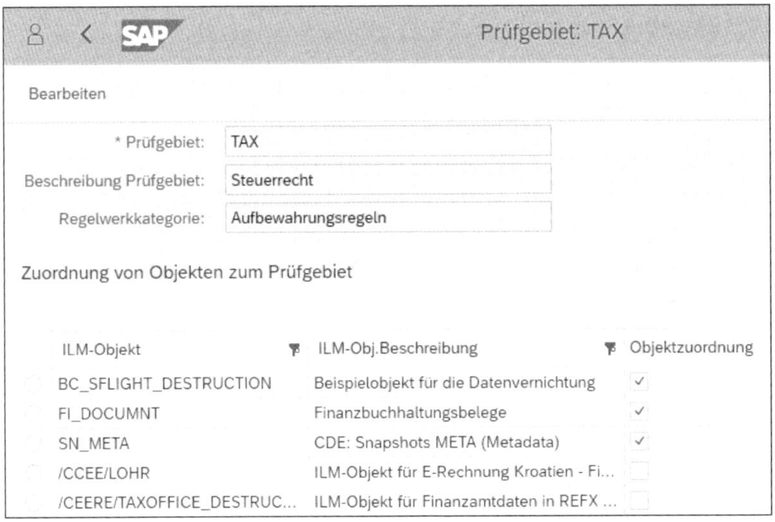

Abbildung 5.3 Kachel »ILM-Prüfgebiet« – Objekte zum Prüfgebiet zuordnen

Gleiche Prüfgebiete

In einem SAP-S/4HANA-Cloud-System stehen Ihnen die gleichen, bereits von SAP ausgelieferten Prüfgebiete zur Verfügung, die wir bereits in Abschnitt 2.3.1, »Auflistung vorhandener Prüfgebiete – die Transaktion ILMARA«, besprochen haben. Ihre Bedeutung ist dieselbe, was besonders im Zusammenhang mit den Prüfgebieten BUPA_DP (Business Partner Data Privacy) und ARCHIVING (Datenarchivierung) zu betonen ist.

Als Unterschied zum SAP-ERP- oder SAP-S/4HANA-System können wir anmerken, dass für die Archivierung in einem SAP-S/4HANA-Cloud-System (siehe Abschnitt 5.8, »Archivierung«) nur solche Archivierungsobjekte angeboten werden, deren ILM-Objekt mindestens einem Prüfgebiet zugeordnet ist. Es gelten aber weiterhin die Grundkonzepte der Archivierung, wie wir sie in Abschnitt 2.3.5, »Auswirkung des Ankreuzfeldes ›Objektzuordnung‹«, und 2.3.6, »Die Gruppe ›ILM-Aktionen‹ im Archivschreibprogramm«, dargestellt haben.

Transport von Prüfgebieten und Regelwerken

Ein Unterschied ist auch im Punkt des Transportanschlusses für Prüfgebiete und Regelwerke zu nennen. Zum Zeitpunkt der Drucklegung dieses Buches (Release 1902 von SAP S/4HANA Cloud) gab es keine Möglichkeit, Prüfgebiete oder Regelwerke zu transportieren. Sie müssen diese also (im Sinne einer Doppelpflege) sowohl im Produktiv- als auch in dem vorgelagerten System anlegen.

5.4 ILM-Objekte

Widmen wir nun den Besonderheiten, die in puncto ILM-Objekte in einem SAP-S/4HANA-Cloud-System zu verzeichnen sind. Um die Liste vorhandener ILM-Objekte zu sehen, können Sie z. B. in der Kachelgruppe **Information Lifecycle Management** die in Abbildung 5.1 dargestellte Kachel **ILM-Prüfgebiet** – die wir soeben besprochen haben – auswählen. Klicken Sie sie an und wählen somit die dazugehörige App, erscheint das in Abbildung 5.2 dargestellte Bild. Wenn Sie auf einen Eintrag in der Liste klicken, sehen Sie im darauffolgenden Bild, welche ILM-Objekte das System anbietet (und welche davon dem ausgewählten Prüfgebiet zugeordnet sind), siehe Abbildung 5.3.

Menge der ILM-Objekte = Menge der Business-Objekte

Die Menge der ILM-Objekte spiegelt die Menge der Business-Objekte, die ein SAP-S/4HANA-Cloud-System anbietet und die an SAP ILM angeschlossen wurden. Somit werden Sie hier nie eine 1:1-Übereinstimmung mit der Liste der ILM-Objekte in einem SAP-ERP- oder SAP-S/4HANA-System sehen.

Als Unterschied zu einem SAP-ERP- oder S/4HANA-System können wir anmerken, dass eine Anwendung die Archivierung oder die ILM-Datenvernichtung nur dann anbieten kann, wenn sie ein dazugehöriges ILM-Objekt anbietet.

5.5 Regelwerke

Als Nächstes möchten wir Ihnen die Besonderheiten und Neuerungen im Zusammenhang mit den Regelwerken in einem SAP-S/4HANA-Cloud-System vorstellen. Für die Tätigkeiten rund um Regelwerke steht Ihnen in der Kachelgruppe **Information Lifecycle Management** die in Abbildung 5.4 dargestellte Kachel **ILM-Regelwerke** zur Verfügung. Wenn Sie sie anklicken und somit die dazugehörige App wählen, erscheint das in Abbildung 5.5 dargestellte Bild. Hier nehmen Sie den ersten Unterschied, bezogen auf das vergleichbare Bild in einem SAP-ERP- oder SAP-S/4HANA-System, wahr: Das Eingabefeld **Objektkategorie** steht nicht zur Verfügung. Es wird nur eine Objektkategorie angeboten; somit muss sie nicht immer als Pflichtfeld ausgefüllt werden.

Abbildung 5.4 Kachelgruppe »Information Lifecycle Management« – Kachel »ILM-Regelwerke«

Abbildung 5.5 Kachel »ILM-Regelwerke« – Einstiegsbild

Gleiche Regelwerkkategorien

In einem SAP-S/4HANA-Cloud-System stehen Ihnen die gleichen Regelwerkkategorien zur Verfügung wie in einem SAP-ERP- oder SAP-S/4HANA-System: Aufbewahrungsregeln und Verweilregeln. Sie haben auch die gleiche Bedeutung.

Zum Anlegen eines Regelwerks steht ihnen die Schaltfläche **Neu** (links oben in Abbildung 5.5) zur Verfügung. Diese und die folgenden Bilder des Anlegevorgangs sehen aus und verhalten sich wie die, die wir bereits in Abschnitt 2.5, »Regelwerke – die Schatzkiste mit den Regeln«, besprochen haben.

Angaben zu ILM-Ablage entfallen

Bezogen auf die Spalten eines Regelwerks (siehe Abbildung 5.6) ist als Unterschied zu verzeichnen, dass Sie die Spalte **ILM-Ablage** in einem SAP-S/4HANA-Cloud-System nicht mehr ausfüllen müssen. Sie wird daher nicht benötigt. Eine aufbewahrungsregelkonforme Ablage ist selbstverständlich möglich. Als Ablagesystem, also für die Speicherung von Archivdateien, wird der von SAP voreingestellte und von SAP verwaltete *SAP Cloud Platform Document Service* genutzt.

Abbildung 5.6 Kachel »ILM-Regelwerke« – Regeln anzeigen und bearbeiten

Die Schaltfläche **Transportieren** (siehe Abbildung 2.26 in Abschnitt 2.5.4, »Regeln im Regelwerk anlegen«) steht hier jedoch nicht zur Verfügung; Transporte von Regelwerken und Prüfgebieten haben wir in Abschnitt 5.3, »Prüfgebiete«, angesprochen. Die übrigen Funktionalitäten verhalten sich vergleichbar mit denen, die wir bereits für ein SAP-ERP- oder S/4HANA-System beschrieben haben. Daher verweisen wir hier auf Abschnitt 2.5, »Regelwerke – die Schatzkiste mit den Regeln«, sowie auf die am Ende von Abschnitt 4.1, »Wie die DSGVO SAP ILM zur Blütezeit verhalf«, genannte Dokumentation.

5.6 Objektgruppen und Regelgruppen

Kommen wir nun auf die Objektgruppen zu sprechen. Für die Tätigkeiten rund um die Objekt- und Regelgruppen steht Ihnen in der Kachelgruppe **Information Lifecycle Management** die in Abbildung 5.7 dargestellte Kachel **ILM-Objektgruppen verwalten** zur Verfügung. Klicken Sie sie an, und wählen Sie somit die dazugehörige App, erscheint das in Abbildung 5.8 dargestellte Bild.

ILM-Objektgruppen verwalten

Abbildung 5.7 Kachelgruppe »Information Lifecycle Management« – Kachel »ILM-Objektgruppen verwalten«

Die Ideen hinter diesem Konzept haben wir im Zusammenhang mit einem SAP-ERP- oder SAP-S/4HANA-System bereits in Abschnitt 2.5.6, »Schnellere Regelpflege mit Regel- und Objektgruppen«, besprochen; sie bleiben die gleichen. Unter SAP S/4HANA Cloud ändern sich im Wesentlichen nur die grafische Darstellung und ein paar Details, die wir im Folgenden erläutern.

> **Objektgruppen nur für Aufbewahrungsdauer**
> Die erste Änderung im Funktionsumfang ist, dass die Objektgruppen nur für die Aufbewahrungsdauer – nicht also für die Verweildauer – zur Verfügung stehen.

Schauen wir uns nun die dazugehörigen Bilder an. Links in Abbildung 5.8 sehen Sie, alphabetisch sortiert, die Liste der bereits vorhandenen Objektgruppen. Mithilfe des Suchfensters oberhalb der Liste können Sie nach bestimmten Einträgen suchen.

Objektgruppen suchen

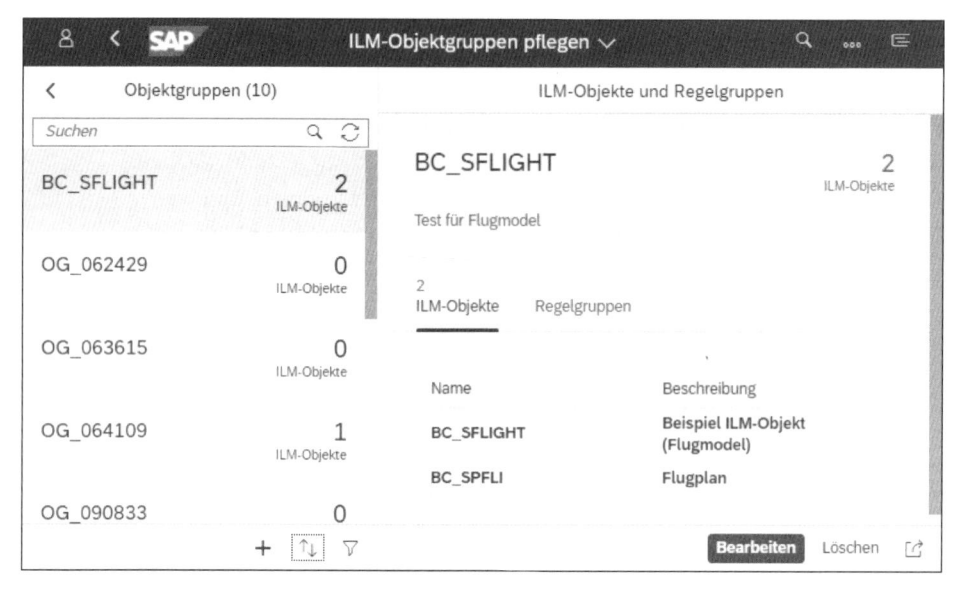

5 Sperren und Vernichten mit SAP ILM in SAP S/4HANA Cloud

Abbildung 5.8 Kachel »ILM-Objektgruppen verwalten« – Einstiegsbild

Objektgruppe anlegen

Um eine neue Objektgruppe anzulegen, klicken Sie auf das Pluszeichen (**Objektgruppe hinzufügen**) am unteren Rand des linken Bildteils, der die vorhandenen Objektgruppen als Liste darstellt. Es erscheint das in Abbildung 5.9 gezeigte Bild. Zu den Pflichtfeldern gehört nur der Name der Objektgruppe.

> [»] **Name der Objektgruppe**
>
> Beachten Sie, dass der Name der Objektgruppe später nicht mehr verändert werden kann!

Beschreibung der Objektgruppe

Im Eingabefeld **Beschreibung** können Sie den die Objektgruppe beschreibenden Text eingeben. Der Bildbereich darunter teilt sich in:

- **Angaben zu ILM-Objekten, die der Objektgruppe zugeordnet wurden**
  Den ersten Namen können Sie direkt im dazugehörigen Eingabefeld **Name** eintragen. Weitere ILM-Objekte können Sie über das Pluszeichen (**ILM-Objekt hinzufügen**) am rechten Bildrand hinzufügen. (Wie in Abschnitt 2.5.6, »Schnellere Regelpflege mit Regel- und Objektgruppen«, beschrieben, kann jedes ILM-Objekt nur genau einer Objektgruppe zugeordnet werden. Mehrfachzuordnungen sind nicht möglich.)

5.6 Objektgruppen und Regelgruppen

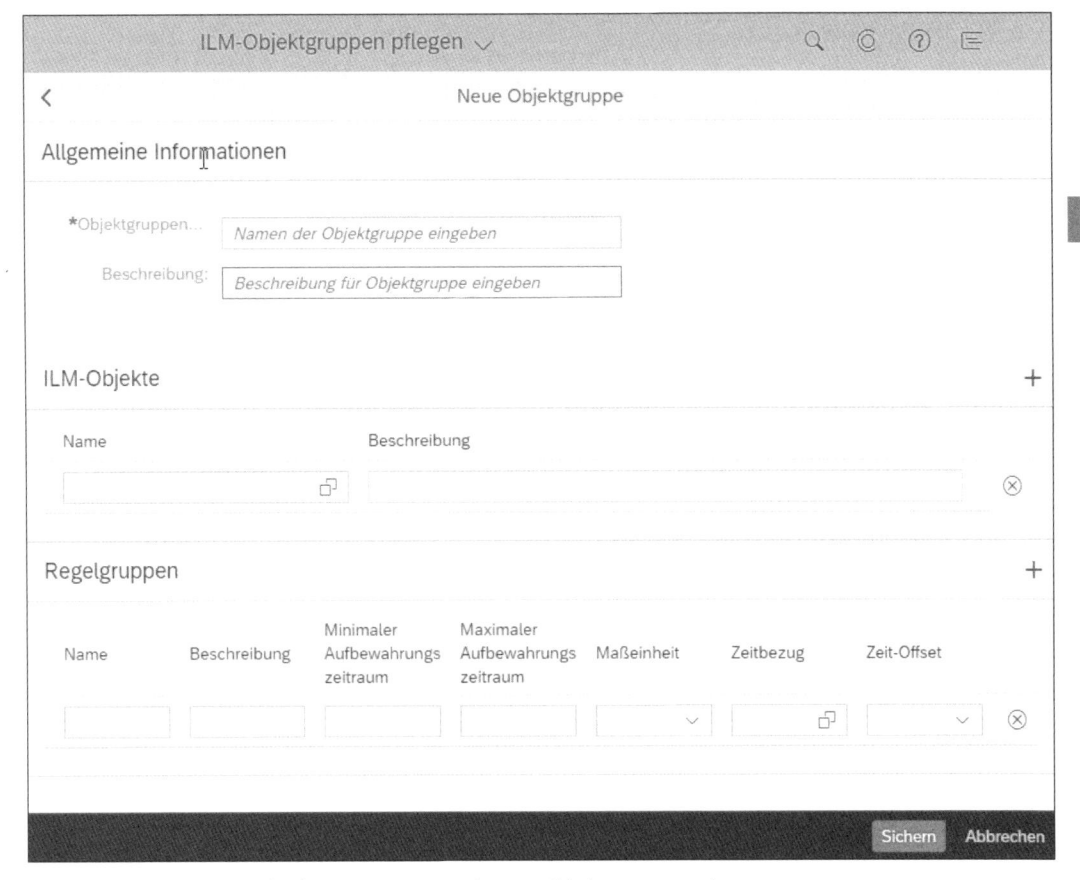

Abbildung 5.9 ILM-Objektgruppen verwalten – Objektgruppe anlegen

Alle Felder müssen Werte tragen

Beachten Sie, dass Sie hier alle Felder mit den gewünschten Werten ausfüllen müssen. Der Grund dafür ist, dass alle Werte (auch die initialen) für die Regelzeile, in der Sie die Regelgruppe verwenden, übernommen werden. Sie können also nicht ein Feld leer lassen, um es später in der Regel selbst zu pflegen.

- **Angaben zu Regelgruppen, die der Objektgruppe zugeordnet wurden**
  Im Vergleich zu einem SAP-ERP- oder SAP-S/4HANA-System werden Ihnen in einem SAP-S/4HANA-Cloud-System die Felder, die Sie ausfüllen können, direkt angezeigt. Sie müssen Sie nicht einzeln hinzufügen. Weitere Regelgruppen können Sie über das Pluszeichen (**Regelgruppen hinzufügen**) am rechten Bildrand hinzufügen.

Objektgruppe bearbeiten
Um eine bereits vorhandene Objektgruppe zu bearbeiten, klicken Sie ihren Namen in der Liste links im Bild an und wählen rechts unten im Bild **Bearbeiten** aus. Sie können neue Eingaben vornehmen. Dies haben wir soeben im Zusammenhang mit dem Anlegen besprochen.

Sie können die Werte in den eingabebereiten Feldern ändern. Über die Schaltfläche **Löschen** am rechten Bildrand können Sie die Zuordnung von ILM-Objekten oder Regelgruppen zu einer Objektgruppe verändern. Besondere Abhängigkeiten dabei haben wir in Abschnitt 2.5.6, »Schnellere Regelpflege mit Regel- und Objektgruppen«, besprochen.

5.7 ILM-Geschäftsregeln verwalten

Die App **ILM-Geschäftsregeln verwalten** in einem SAP-S/4HANA-Cloud-System ist das Pendant zu dem Tool Data Controller Rule Framework (DCRF) in einem SAP-S/4HANA-System. Letzteres – inklusive cloudspezifischer Informationen – beschreiben wir in Abschnitt 3.5, »Data Controller Rule Framework«.

Als Unterschied können wir vermerken, dass die Konfiguration für ein SAP-S/4HANA-Cloud-System über die SSC-UIs (*Self Service Configuration*) erfolgt. Die eigentlichen Bilder entsprechen denen eines On-Premise-Systems.

5.8 Archivierung

Einsatzgebiet
Die erste wesentliche Besonderheit in puncto Archivierung und Archivierungsobjekte in einem SAP-S/4HANA-Cloud-System ist das Einsatzgebiet dieser Funktionalität. Sie dient hier dem Sperren von personenbezogenen Daten. Für das aktive Verdrängen von Daten aus dem Hauptspeicher (aufgrund von Volumenproblemen) ist – wie in Abschnitt 5.1, »Unterschiede zu SAP ERP und SAP S/4 HANA«, erwähnt – das Data-Aging-Konzept zuständig. (Zum Zeitpunkt der Drucklegung des Buches zeichneten sich auch für diese Richtlinie Veränderungen ab, die es abzuwarten bleibt.)

Für die Tätigkeiten rund um die Archivierung stehen Ihnen zwei Kacheln in der Kachelgruppe **Information Lifecycle Management** zur Verfügung (siehe Abbildung 5.10):

- Archivierungsvarianten verwalten
- Archivierungsjobs überwachen

Abbildung 5.10 Kachelgruppe »Information Lifecycle Management« – Kacheln für die Datenarchivierung

Abbildung 5.11 zeigt Ihnen schematisch die Grundprinzipien der Datenarchivierung in SAP S/4HANA Cloud.

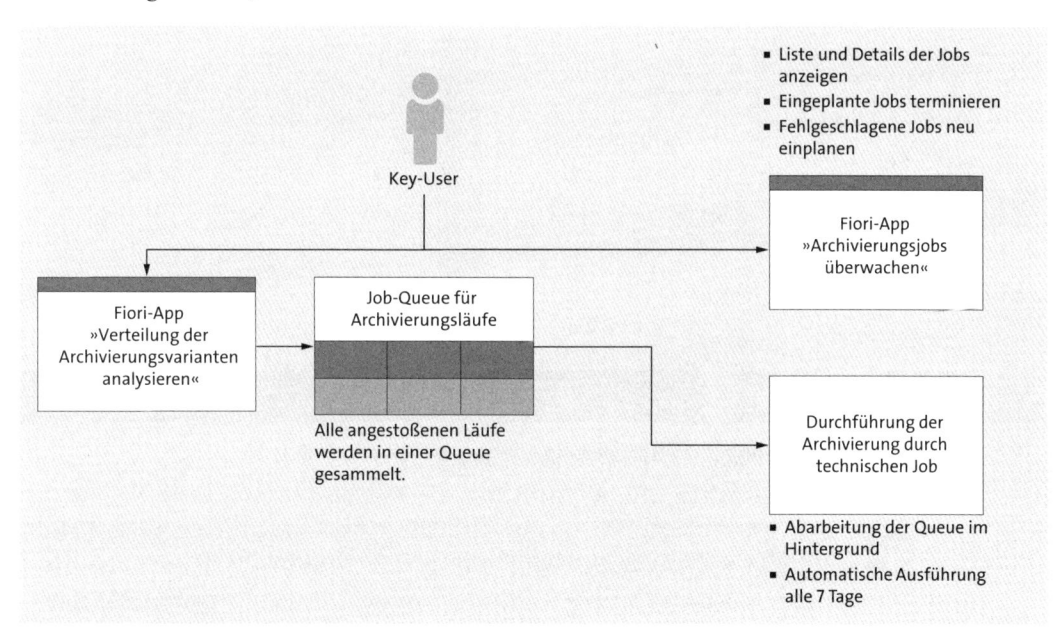

Abbildung 5.11 Datenarchivierung in SAP S/4HANA Cloud

5.8.1 Archivierungsjobs einplanen

Die Kachel **Archivierungsvarianten verwalten**, die Sie in Abbildung 5.10 sehen, ruft die App auf, mit der Sie unter anderem Varianten für das Schreib- und Vorverarbeitungsprogramm anlegen und bearbeiten können.

Verfügbare Anwendungskataloge

5   Sperren und Vernichten mit SAP ILM in SAP S/4HANA Cloud

Klicken Sie sie an, erscheint das in Abbildung 5.12 dargestellte Bild. (Der Name der App ist aktuell leider missverständlich, denn sie dient nicht der Verteilung dieser Varianten.)

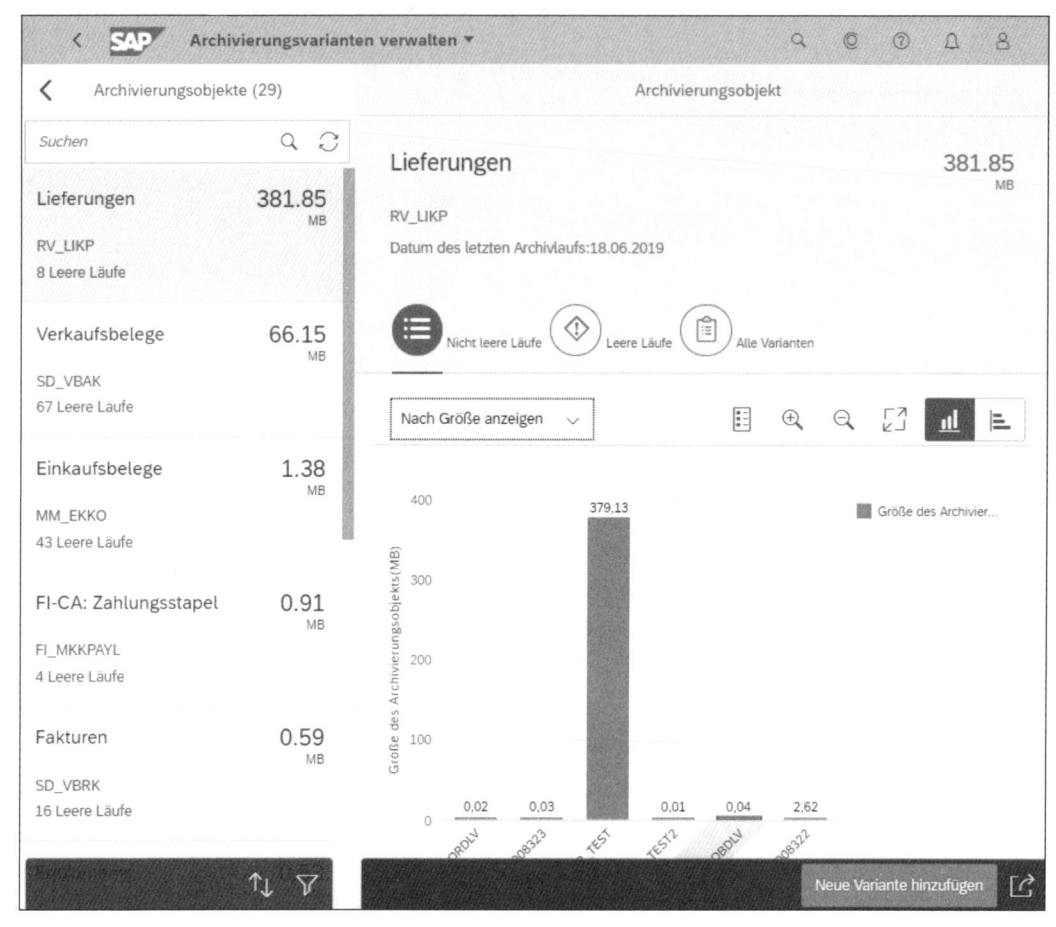

Abbildung 5.12 Archivierungsvarianten – Einstiegsbild

> **[»] Vorverarbeitungsprogramm eines Archivierungsobjekts**
>
> Der Name *Vorverarbeitungsprogramm* eines Archivierungsobjekts in SAP S/4HANA Cloud entspricht dem *Vorlaufprogramm* in SAP ERP bzw. SAP S/4HANA.

> **Sortierkriterium in der Liste der Archivierungsobjekte**
>
> Beachten Sie, dass die Liste mit Archivierungsobjekten nach der Größe der dazugehörigen Dateien sortiert ist. Im unteren Teil der Liste können Sie andere Sortierkriterien auswählen oder Filter setzen.

Markieren Sie hierzu das gewünschte Archivierungsobjekt (im linken Teil von Abbildung 5.12). Sie finden es, indem Sie in der Liste scrollen oder im Suchfenster ein Suchmuster angeben. (Nutzen Sie dabei keine Wildcards. Wenn Sie nach Archivierungsobjekten mit »FI« im Namen suchen, geben Sie einfach »FI« ein.)

Archivierungsobjekt suchen

> **Zuordnung zum Prüfgebiet ist obligatorisch**
>
> Im Gegensatz zu einem SAP-ERP- oder S/4HANA-System können Sie in einem S/4HANA-Cloud-System Archivierungsläufe nur zu solchen Archivierungsobjekten starten, die einem Prüfgebiet zugeordnet sind (indem Sie das ILM-Objekt, das dem gewünschten Archivierungsobjekt zugeordnet ist, einem Prüfgebiet zuordnen). Aus diesem Grund sehen Sie links in der Liste von Abbildung 5.12 auch nur solche Archivierungsobjekte. Die Existenz passender produktiver Regeln ist somit die Voraussetzung für die Erstellung einer Archivdatei.

Um eine neue Variante hinzuzufügen, wählen Sie die Schaltfläche **Neue Variante hinzufügen** rechts unten im Bild. Zum nachfolgenden Bild (siehe Abbildung 5.13) ist Folgendes erwähnenswert:

Neue Variante hinzufüen

- Über das Eingabefeld **Variantenart** steuern Sie, ob Sie die Variante für die Schreibphase (siehe Abbildung 5.13) oder die sogenannte *Vorverarbeitungsphase* (in SAP ERP und SAP S/4HANA **Vorlauf** genannt, siehe Abbildung 5.14) anlegen möchten.
- Die Radiobuttons **Archivierung** und **Datenvernichtung** im Bereich **Aktion** entsprechen zwei der Ihnen bereits bekannten ILM-Aktionen. Die dritte Aktion (**Schnappschuss**) wird in SAP S/4HANA Cloud nicht benötigt.
- Die Eingabefelder der Gruppe **Selektionsparameter** (unten in Abbildung 5.13 sowie in Abbildung 5.14) hängen vom jeweiligen Archivierungsobjekt ab. Das Konzept kennen Sie bereits aus der Datenarchivierung in SAP ERP und SAP S/4HANA.

Zum Speichern der Variante dient die Schaltfläche **Sichern** unten rechts im Bild. Über **Zurücksetzen** können Sie Ihre Eingaben in den Eingabefeldern entfernen.

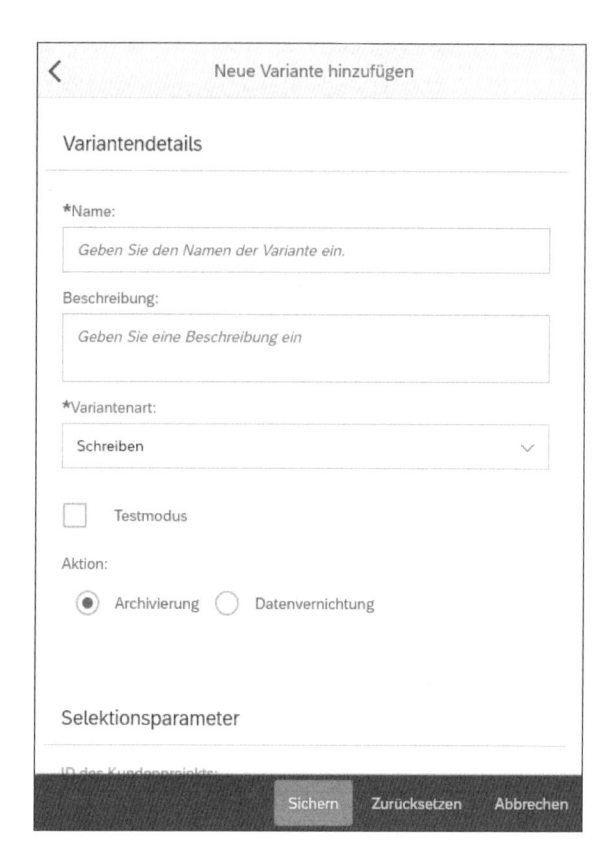

Abbildung 5.13 Archivierungsvariante anlegen 1/2

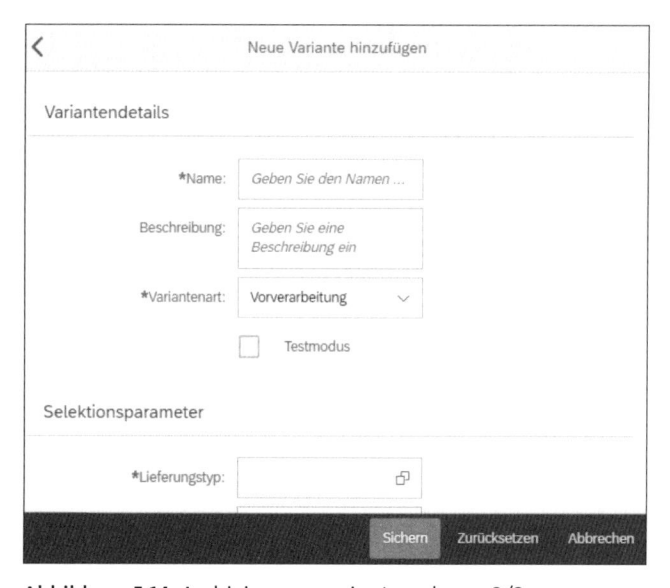

Abbildung 5.14 Archivierungsvariante anlegen 2/2

5.8 Archivierung

Kehren Sie nun (mithilfe des Pfeils oben links) zum vorangehenden Bild zurück. Sie sehen eine Liste aller Varianten (siehe Abbildung 5.15). Dieses Bild erreichen Sie auch, wenn Sie in Abbildung 5.12 auf **Alle Varianten** klicken. Suchen Sie dort die soeben angelegte Variante. Wenn Sie sie anklicken, sehen Sie ihre Details. Ein Beispiel sehen Sie in Abbildung 5.16. Klicken Sie nun auf die Schaltfläche **Archivierung einplanen**.

Archivierung einplanen

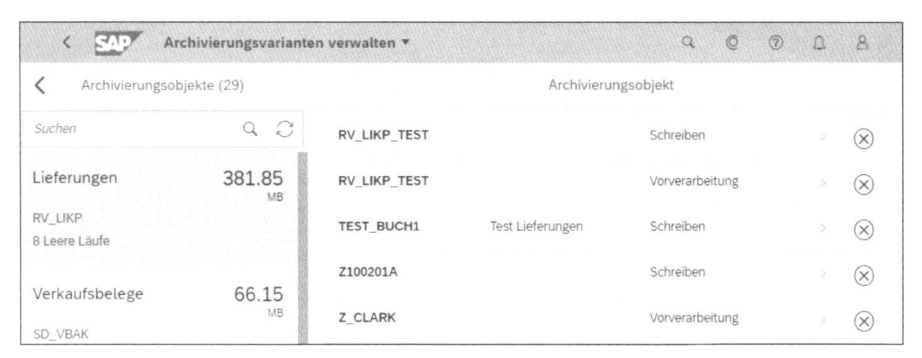

Abbildung 5.15 Liste der Archivierungsvarianten eines Archivierungsobjekts

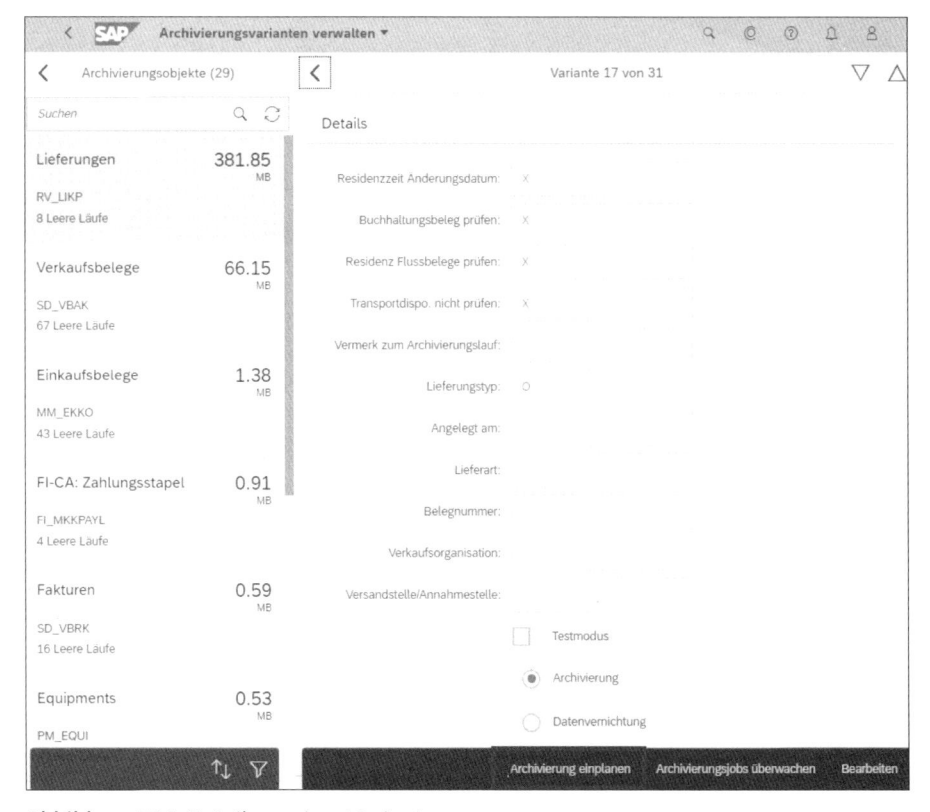

Abbildung 5.16 Details zu einer Variante

349

> **Technischer Job**
>
> Im Gegensatz zu SAP ERP oder der On-Premise-Version von SAP S/4HANA gibt es in SAP S/4HANA Cloud sogenannte *technische Jobs*, die in einer vordefinierten Häufigkeit als Hintergrundjobs laufen und alle durch Sie eingeplanten Varianten zur Archivierung von Daten (egal welcher Archivierungsobjekte) durchführen. Diese Jobs heißen wie folgt:
>
> - SAP_ILM_APPL_ARC_JOB_SCHEDULER für Archivvarianten, die Sie im Produktivmodus eingeplant haben
> - SAP_ILM_APPL_ARC_JOB_SCHED_TEST für Archivvarianten, die Sie im Testmodus eingeplant haben
>
> Die gerade genannten technischen Jobs planen sowohl die einzelnen Vorverarbeitungs- als auch Schreibjobs ein. Diese Jobs fallen defaultmäßig einmal in sieben Tagen für den Produktivmodus und einmal täglich für den Testmodus an. Haben Sie also eine Variante eingeplant, kann es bis zu sieben Tage dauern, bis der technische Job läuft und die Jobs für die einzelnen Phasen des Archivierungsprozesses eingeplant werden.

Daraufhin erscheint ein Pop-up-Fenster, das unterschiedliche Gestalt annehmen kann:

- Das Pop-up-Fenster kann wie in Abbildung 5.17 aussehen, falls die ausgewählte Variante vom Typ **Vorverarbeitung** ist.

Abbildung 5.17 Job für eine Vorverarbeitungsvariante mit oder ohne Schreibvariante einplanen

Die relevanten Felder sind alle gefüllt. Sie haben noch die Möglichkeit, bei Bedarf die Schreibphase hinzuzufügen. Wählen Sie in diesem Fall im

Eingabefeld **Schreibvariante** die gewünschte Variante. Finalisieren Sie das Einplanen über die Schaltfläche **Archivierung einplanen**; es wird ein Job nur für die Vorverarbeitungsphase eingeplant.

- Das Pop-up-Fenster kann wie in Abbildung 5.18 aussehen, falls die ausgewählte Variante vom Typ **Schreiben** ist. Hier haben Sie noch die Möglichkeit, bei Bedarf die Vorverarbeitungsphase hinzuzufügen. Setzen Sie hierzu das Ankreuzfeld **Vorverarbeitung einschließen**, und geben Sie im Eingabefeld **Vorverarbeitungsvariante** den gewünschten Variantennamen ein. Finalisieren Sie das Einplanen über die Schaltfläche **Einplanen**. Es wird ein Job für die Vorverarbeitungsphase und für die Schreibphase eingeplant.

Abbildung 5.18 Job für eine Schreibvariante mit oder ohne Vorverarbeitung einplanen

Im nächsten Schritt sind Sie sicherlich am Status des eingeplanten Jobs interessiert. Informationen dazu finden Sie, wenn Sie unten in Abbildung 5.16 die Schaltfläche **Archivierungsjobs überwachen** anklicken. (Gleiches erreichen Sie, wenn Sie die Kachel **Archivierungsjobs überwachen** wählen, die Sie in Abbildung 5.10 sehen. Das Thema des Monitorens der Jobs besprechen wir gleich noch eingehender.)

Status des eingeplanten Jobs

Über die in Abbildung 5.19 markierten Schaltflächen können Sie sich pro Archivierungsobjekt Folgendes anschauen:

Informationen rund um Ihre Varianten

- Sie können nicht leere Läufe über die gleichnamige Schaltfläche (**Nicht leere Läufe**) sehen. Je Variante ist hier das damit archivierte Volumen (in MB) grafisch dargestellt (siehe Abbildung 5.19). Des Weiteren können Sie entscheiden, nach welchen der in Abbildung 5.20 gezeigten Sortierkriterien die Varianten dargestellt werden sollen.

- Sie können Varianten sehen, die nicht zu Archivdateien geführt haben (**Leere Läufe**).
- Sie können alle verfügbaren Varianten sehen (**Alle Varianten**), sie bearbeiten und Läufe dazu einplanen.

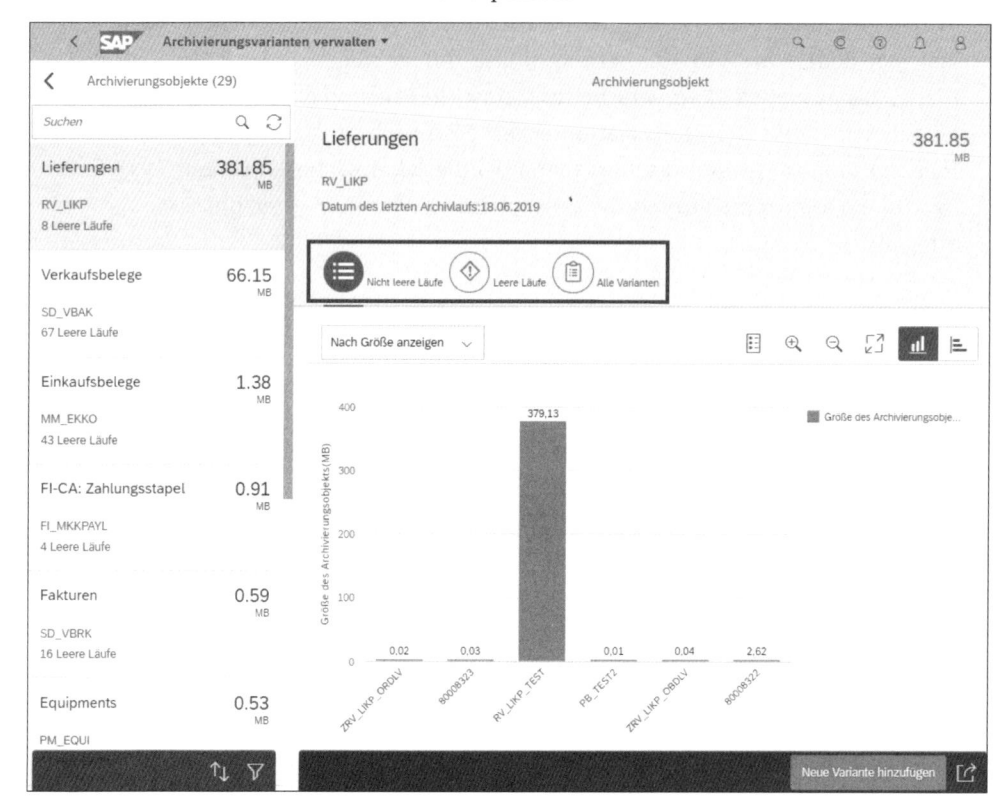

Abbildung 5.19 Archivierungsvarianten zu einem Archivierungsobjekt verwalten

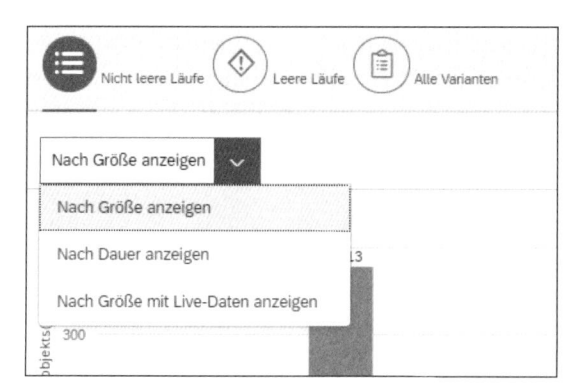

Abbildung 5.20 Archivierungsvarianten zu einem Archivierungsobjekt – Sortierkriterien

5.8.2 Lösch- und Ablagejob einplanen

Im Unterschied zu SAP ERP oder SAP S/4HANA wird in SAP S/4HANA Cloud der Lösch- und Ablagejob automatisch vom System eingeplant und ausgeführt. Wie im Zusammenhang mit der Spalte **ILM-Ablage** in Abbildung 5.6 in Abschnitt 5.5, »Regelwerke«, erwähnt, ist als Unterschied zu verzeichnen, dass in einem SAP-S/4HANA-Cloud-System als Ablagesystem, das heißt für die Speicherung von Archivdateien, der von SAP voreingestellte und von SAP verwaltete SAP Cloud Platform Document Service genutzt wird.

5.8.3 Archivierungsjobs überwachen

Besprechen wir nun das Überwachen von Archivierungsjobs. Hierzu steht Ihnen die Kachel **Archivierungsjobs überwachen** zur Verfügung, die in Abbildung 5.10 zu sehen ist. Klicken Sie sie an, sehen Sie im linken Bildteil eine Liste von Archivierungsobjekten. Markieren Sie ein Objekt, um den Status der zugehörigen Jobs zu erfahren.

Monitoring

> **Sortierung der Liste der Archivierungsobjekte**
>
> Diese Liste beginnt mit Archivierungsobjekten, zu denen fehlgeschlagene Jobs existieren. Gibt es mehrere solche Archivierungsobjekte, werden sie nach der Anzahl der fehlgeschlagenen Jobs sortiert. Im unteren Teil der Liste können Sie andere Sortierkriterien auswählen oder Filter setzen.

[«]

Wünschen Sie Details zu den Jobs eines bestimmten Archivierungsobjekts zu sehen, geben Sie den Namen des Objekts im Suchfenster oberhalb der Liste ein. Im rechten Bildteil sehen Sie nun die entsprechenden Details. Sie beginnen mit der Gesamtzahl der Jobs zu dem ausgewählten Archivierungsobjekt (siehe Abbildung 5.21). Rechts davon sehen Sie die Unterscheidung nach vier Gruppen:

Vier Jobgruppen

- fehlgeschlagene Jobs
- eingeplante Jobs
- Jobs in Bearbeitung
- abgeschlossene Jobs

Klicken Sie auf die Schaltfläche **Aktualisieren** (rechts unten), um die Informationen zu aktualisieren. Markieren Sie die gewünschten Zeilen (Jobs), und klicken Sie auf die Schaltfläche **Job löschen** (ebenfalls rechts unten), um die Einträge aus der Liste zu entfernen.

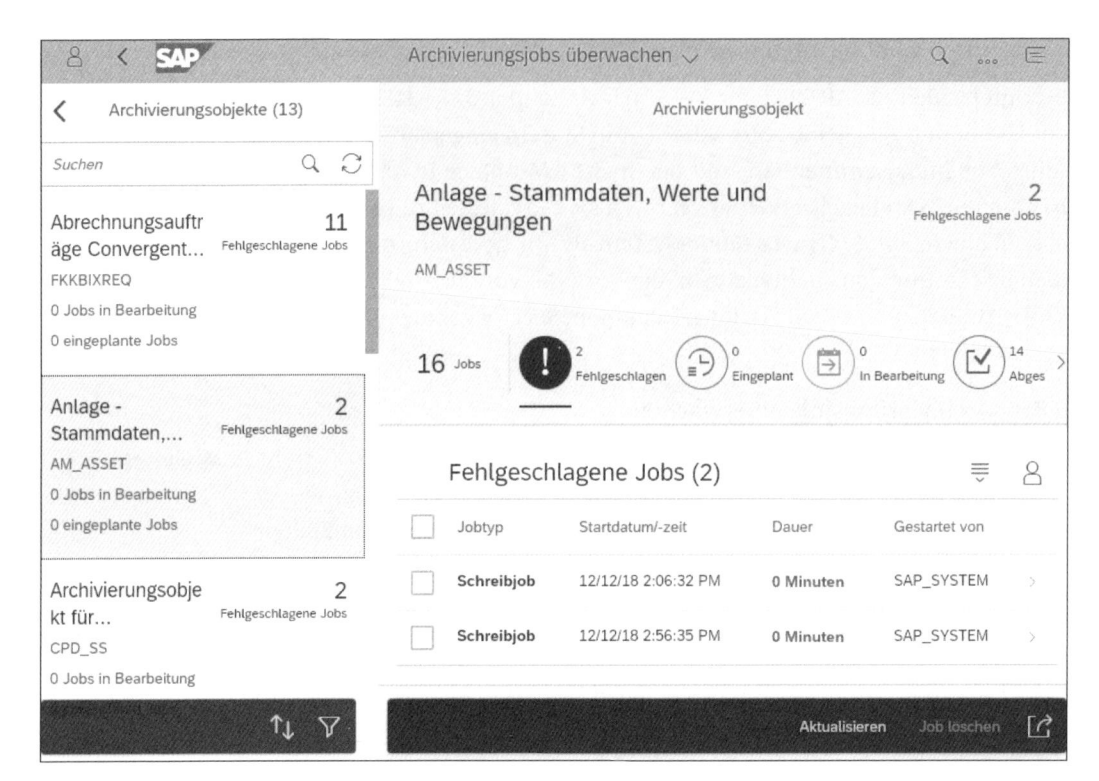

5 Sperren und Vernichten mit SAP ILM in SAP S/4HANA Cloud

Abbildung 5.21 Kachel »Archivierungsjobs überwachen« – Einstiegsbild

Wenn Sie nun auf einen Job in der Liste oder auf die Pfeiltaste am rechten Rand der Zeile klicken, in der der Job angezeigt ist, wechseln Sie zum nächsten Bild, in dem Sie weitere Details zum Job sehen können.

Fehlgeschlagene und abgeschlossene Jobs
Für fehlgeschlagene und abgeschlossene Jobs stehen Ihnen ebenfalls Detailinformationen zur Verfügung (siehe Abbildung 5.22). Im oberen Teil des Bildes sehen Sie den technischen Namen des Jobs, sein Startdatum und die Startuhrzeit. Darunter finden sich drei weitere Typen von Informationen, die Sie über die gleichnamige Registerkarte aufrufen können:

- Jobdetails
- Jobprotokoll
- **Anwendungsprotokoll** (über die Schaltfläche **Protokoll senden** können Sie das Protokoll per E-Mail verschicken)

Ist ein Job fehlgeschlagen, können Sie ihn über die Schaltfläche **Neu einplanen** unten im Bild wieder einplanen.

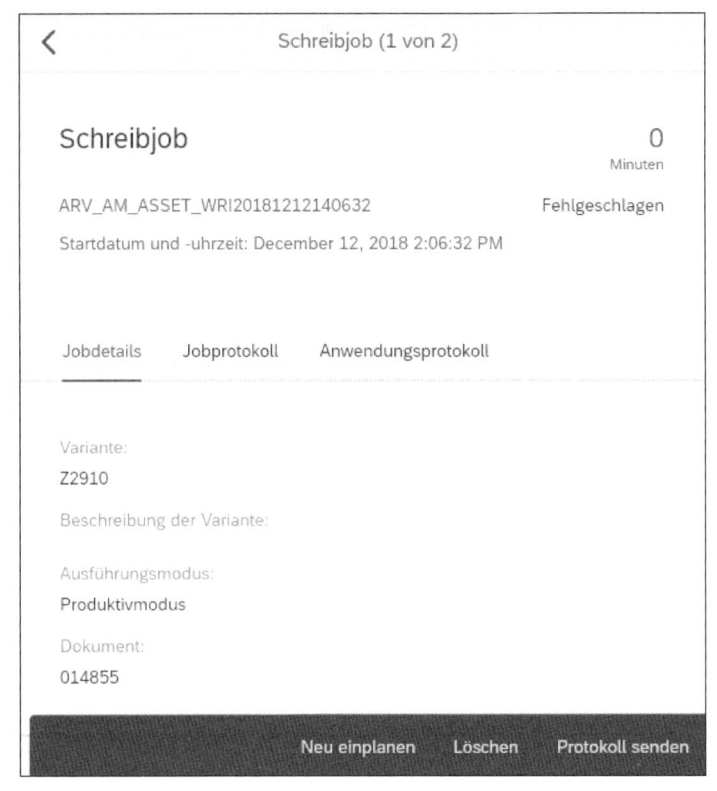

Abbildung 5.22 Kachel »Archivierungsjobs überwachen« – Details zu fehlgeschlagenen und abgeschlossenen Jobs

Bei Jobs, die den Status **In Bearbeitung** tragen, sind die Informationen vergleichbar. Zusätzlich haben Sie hier die Möglichkeit, den Job abzubrechen. Handelt es sich um eingeplante Jobs, sehen Sie die Registerkarte **Jobdetails** mit den zugehörigen Informationen.

Jobs in Bearbeitung oder eingeplante Jobs

5.8.4 Anzeige von archivierten Daten

Beginnen wir erst einmal mit Informationen rund um die Archivinfostrukturen des SAP Archivinformationssystems (SAP AS). Alle Archivinfostrukturen zu einem Archivierungsobjekt werden während des ersten Archivlaufs aktiviert und (auf dem gewohnten Wege) während der Löschphase gefüllt. Zum Zwecke des Archivzugriffs dienen Ihnen in einem SAP-S/4HANA-Cloud-System folgende Apps:

Aktivierung und Füllen von Archivinfostrukturen

- **Anwendungsspezifische Apps**
  Die anwendungsspezifischen Apps bieten Ihnen bei Bedarf den Zugriff auf archivierte Daten (über das Archivinformationssystem) an. Hier ver-

weisen wir auf die Dokumentation der Anwendungen. Da die Datenarchivierung in einem SAP-S/4HANA-Cloud-System dem Sperren von personenbezogenen Daten dient, bedeutet es, dass der Archivlesezugriff nur bei Apps angeboten wird, die für Auditoren, Prüfer etc. zur Verfügung stehen.

- **Die App »Archive Explorer«**
  Diese App befindet sich in der Kachelgruppe **External Auditing** (siehe Abbildung 5.23). Die zugehörige Anwendungsrollenvorlage (engl. Business Role Template) ist SAP_BR_EXTERNAL_AUDITOR. Wenn Sie die App aufrufen, werden Sie auf dem Einstiegsbild (siehe Abbildung 5.24) aufgefordert, ein Archivierungsobjekt und eine Archivinfostruktur einzugeben.

Abbildung 5.23 Kachelgruppe »External Auditing« – Kachel »Archive Explorer«

> **Berechtigungsobjekt S_IRM_BLOC**
> Beachten Sie, dass hier weiterhin die Abhängigkeiten rund um das Berechtigungsobjekt S_IRM_BLOC (Anzeigen der archivierten Daten blockieren) gelten, die wir in Abschnitt 4.3.4, »Für das Sperren von Bewegungsdaten in SAP ILM«, erklärt haben. Dieses Berechtigungsobjekt ist in der genannten Rollenvorlage SAP_BR_EXTERNAL_AUDITOR enthalten.

FI-Beispiel Abbildung 5.24 und Abbildung 5.25 zeigen Ihnen anhand des Beispiels des Archivierungsobjekts FI_DOCUMNT (Finanzbuchhaltungsbelege) und einer dazugehörigen Archivinfostruktur die Bilder des Archive Explorers für den Zugriff auf zwecks Sperrung archivierte Daten.

5.8 Archivierung

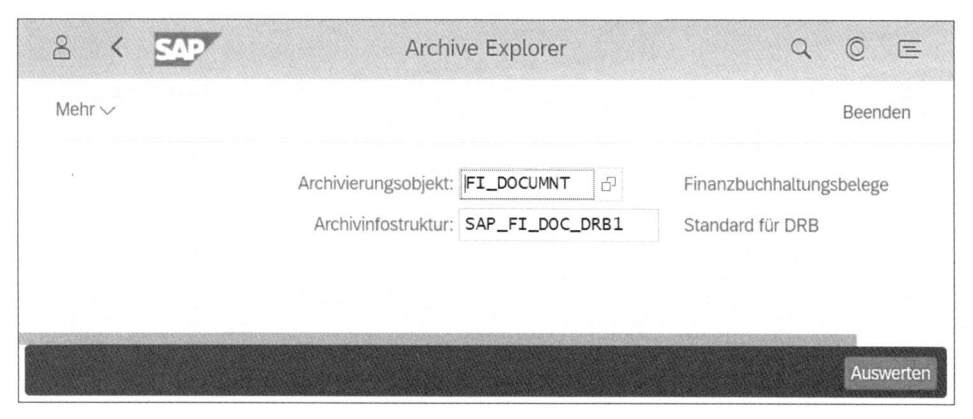

Abbildung 5.24 Kachel »Archive Explorer« – Selektionsbild 1/2

Abbildung 5.25 Kachel »Archive Explorer« – Selektionsbild 2/2

Weitere Informationen finden Sie in der Dokumentation (Product Assistance). Diese könnten Sie im Falle des Archive Explorers auch über den in Abbildung 5.26 gezeigten Weg aufrufen.

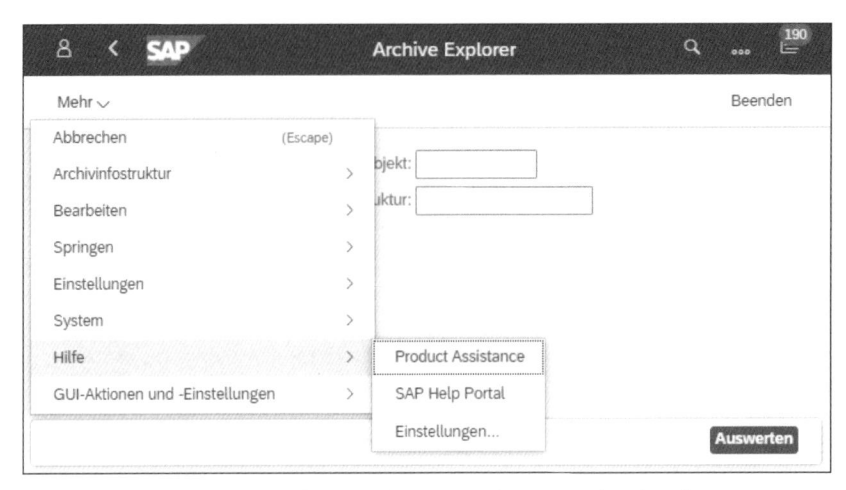

Abbildung 5.26 Kachel »Archive Explorer« – Dokumentation (Product Assistance)

5.9 Stammdatensperrung

Geschäftspartner und Kunde/Lieferant sperren

Beschreiben wir nun, wie Sie die Stammdaten in einem SAP-S/4HANA-Cloud-System sperren können. Die entsprechenden Grundkonzepte haben wir in Kapitel 4, »Vereinfachtes Sperren mit SAP ILM«, beschrieben. Wir beschränken uns hier also auf die wesentlichen Unterschiede.

Für das Sperren der Stammdaten stehen Ihnen die Kacheln **Stammdaten sperren – Geschäftspartner** und **Stammdaten sperren – Kunde und Lieferant** zur Verfügung. Sie finden sie in der Kachelgruppe **Stammdatensperrung**.

> **[»] Reihenfolge des Entsperrens**
>
> In SAP S/4HANA und SAP S/4HANA Cloud sind der Kreditor und Debitor ein untergeordneter Teil des zentralen Geschäftspartners. Daher müssen Sie zuerst den zentralen Geschäftspartner entsperren, dann den Kunden oder Lieferanten auf der allgemeinen Ebene und dann die gewünschten Buchungskreise. Die umgekehrte Reihenfolge gilt beim Sperren der Daten.

Wir zeigen die Sperrung am Beispiel des Kunden und Lieferanten. Klicken Sie auf die Kachel **Stammdaten sperren – Kunde und Lieferant**, erscheint das in Abbildung 5.27 und in Abbildung 5.28 dargestellte Bild. Sie erkennen die Ähnlichkeiten zu den Bildern in SAP ERP bzw. SAP S/4HANA. Gleiches gilt für die Vorgehensweise des Sperrens.

5.9 Stammdatensperrung

Abbildung 5.27 Kachel »Stammdaten sperren« – Kunde und Lieferant 1/2

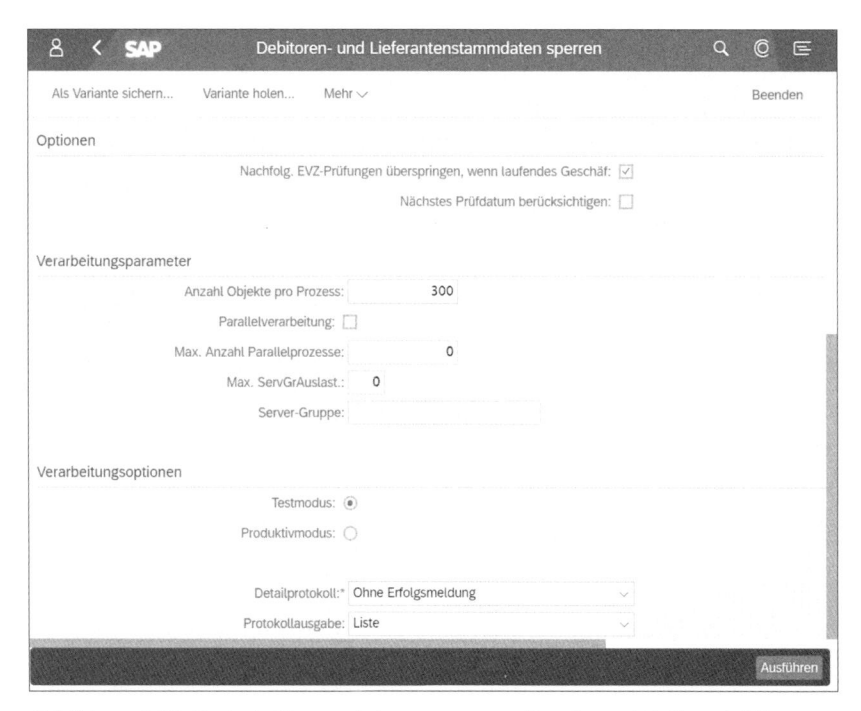

Abbildung 5.28 Kachel »Stammdaten sperren« – Kunde und Lieferant 2/2

5   Sperren und Vernichten mit SAP ILM in SAP S/4HANA Cloud

Application Jobs für die Stammdatensperrung

Haben Sie vor, größere Mengen an Stammdaten zu sperren, stehen Ihnen dazu weitere Apps zur Verfügung, die wir nun kurz zeigen werden. Mit ihrer Hilfe können Sie die Sperrung über Application Jobs im Hintergrund einplanen. Rufen Sie hierzu die Kachelgruppe **Application Job for Blocking** (siehe Abbildung 5.29) auf, und wählen Sie die benötigte aus den folgenden drei Apps aus:

- Planung – Geschäftspartner sperren
- Planung – Kunden sperren
- Planung – Lieferanten sperren

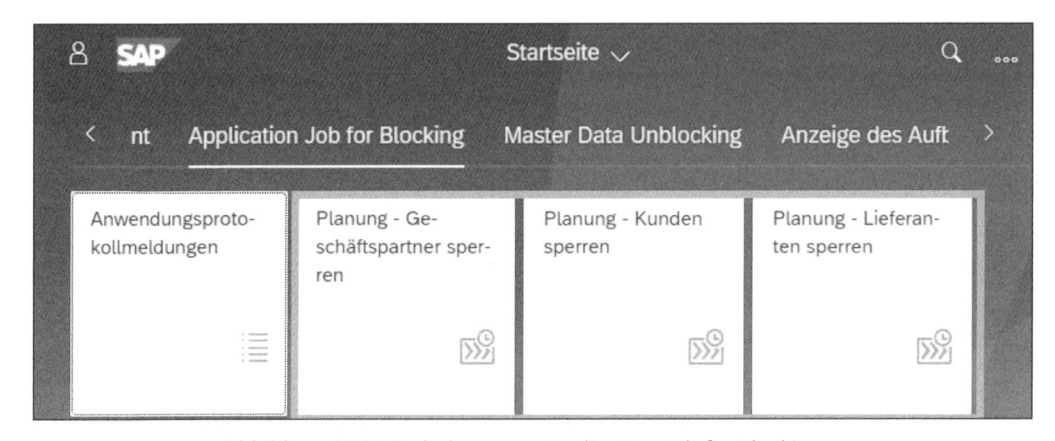

Abbildung 5.29 Kachelgruppe »Application Job for Blocking«

Am Beispiel des Kunden erscheint danach ein Bild, wie in Abbildung 5.30 dargestellt. Hier können Sie nach bereits erfolgten Jobs suchen. Um einen neuen Job zu starten, klicken Sie auf das in Abbildung 5.30 markierte Pluszeichen.

Abbildung 5.30 Kachel »Planung – Kunden sperren«

Abbildung 5.31 und Abbildung 5.32 zeigen Ihnen den oberen und unteren Teil des daraufhin erscheinenden Selektionsbildes. Im Eingabefeld **Debitor** können Sie die zu sperrenden Daten bestimmen. Das Selektionsbild entspricht im Allgemeinen dem Bild, das Sie bereits aus den vorangehenden Kapiteln kennen. Planen Sie anschließend den Job über die Schaltfläche **Einplanen** ein. Sie können die Variante auch als Vorlage speichern oder die Eingaben prüfen.

Selektionsbild

Abbildung 5.31 Kachel »Planung – Kunden sperren«, neuer Job 1/2

Abbildung 5.32 Kachel »Planung – Kunden sperren«, neuer Job 2/2

> **Technischer Job?**
> Einen technischen Job gibt es in diesem Fall nicht, denn Sie können die Details selbst bestimmen, siehe den Bereich **Einplanungsoptionen** in Abbildung 5.31.

Anwendungsregelvarianten

Das Thema der Anwendungsregelvarianten haben wir bereits in Abschnitt 4.3.5, »Für das Sperren und Löschen von Stammdaten – die Anwendungsregelvarianten«, beschrieben. Die Bilder bleiben im Wesentlichen gleich; es ändert sich der Einstieg.

Als Unterschied können wir vermerken, dass die Konfiguration für ein SAP-S/4HANA-Cloud-System über die SSC-UIs (Self Service Configuration) erfolgt. Die eigentlichen Bilder entsprechen denen eines On-Premise-Systems. Die dazugehörige Anwendungsrollenvorlage (engl. Business Role Template) für den Business User heißt SAP_BR_BPC_EXPERT.

Um die Konfiguration für ein SAP-S/4HANA-Cloud-System über die SSC-UIs durchzuführen, wählen Sie die Kachel **Lösung verwalten** in der Kachelgruppe **Implementation Cockpit** (siehe Abbildung 5.33) und klicken danach auf die Schaltfläche **Lösung konfigurieren** (siehe Abbildung 5.34).

Lösung verwalten und konfigurieren

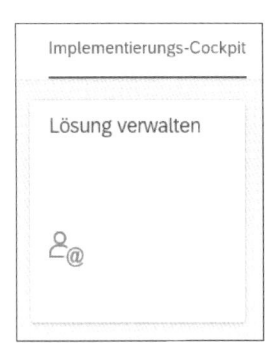

Abbildung 5.33 Kachel »Lösung verwalten«

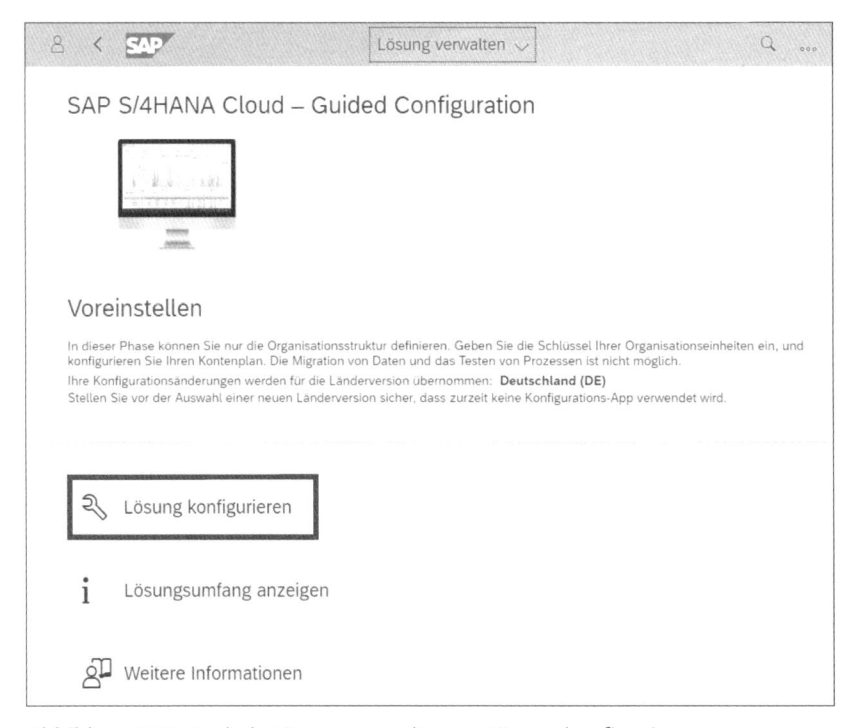

Abbildung 5.34 Kachel »Lösung verwalten« – Lösung konfigurieren

| Anwendunsgbe- | Schränken Sie im danach erscheinenden Bild (siehe Abbildung 5.35) auf den |
| reich einschränken | Anwendungsbereich **Application Platform and Infrastructure** ❶ und den |

Subanwendungsbereich **Data Protection** ❷ ein. Öffnen Sie die Zeile für den Elementnamen **Datenschutzeinstellungen**. Sie erreichen das in Abbildung 5.36 dargestellte Bild.

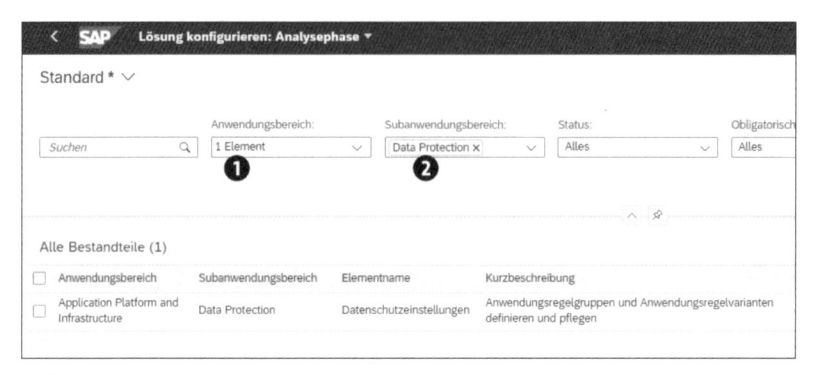

Abbildung 5.35 Lösung konfigurieren – Anwendungs- und Subanwendungsbereich auswählen

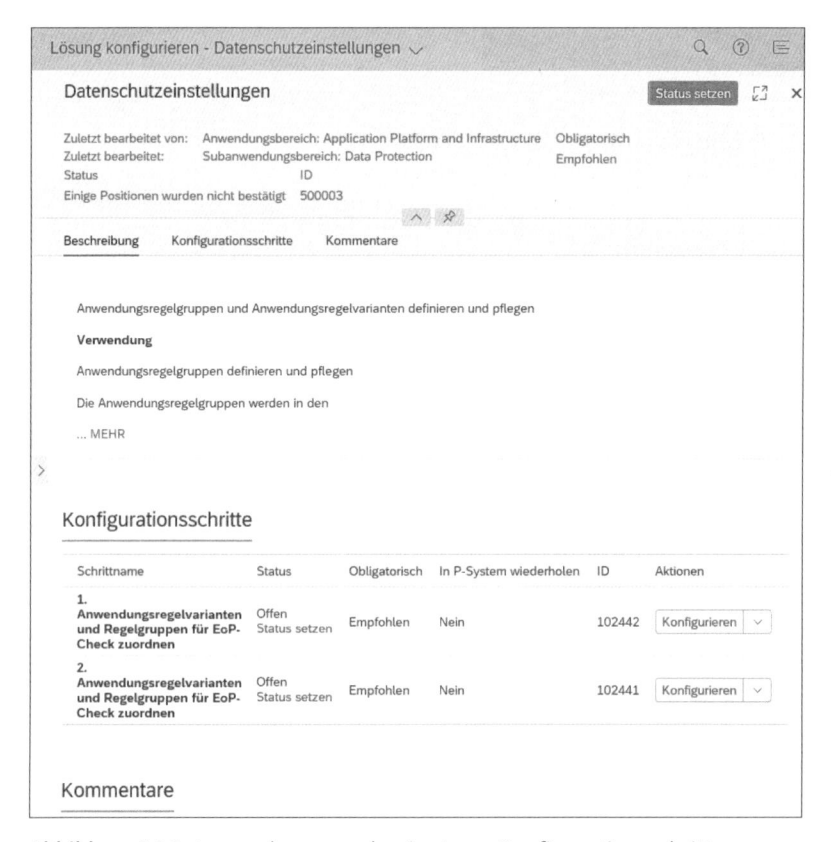

Abbildung 5.36 Anwendungsregelvarianten – Konfigurationsschritte

> **SAP Best Practices Explorer**
>
> Weitere Informationen, Einrichtungsanweisungen und Testskripte, die Ihnen bei der Konfiguration und Verwendung der Funktionalität für SAP S/4HANA Cloud helfen können, finden Sie im *SAP Best Practices Explorer* (*https://rapid.sap.com/bp/BP_CLD_ENTPR*) im Lösungsumfang unter **Datenbank- und Datenmanagement • Enterprise Information Management**. Schauen Sie sich darin speziell die Umfangsbestandteile *Information Lifecycle Management* (1KA) und *Datenschutz* (1J7) an.

5.10 ILM-Geschäftsregeln verwalten

Kommen wir nun zu den ILM-Geschäftsregeln und ihrer Verwaltung in einem SAP-S/4HANA-Cloud-System. Die Grundlagen und Einsatzgebiete haben wir bereits in Abschnitt 3.5, »Data Controller Rule Framework«, beschrieben, sodass wir uns hier auf die Einstiegsbilder beschränken.

Für die Verwaltung der ILM-Geschäftsregeln steht Ihnen die Kachel **ILM-Geschäftsregeln verwalten** zur Verfügung. Sie finden sie in der Kachelgruppe **Information Lifecycle Management** (siehe Abbildung 5.37).

Abbildung 5.37 Kachel »ILM-Geschäftsregeln verwalten«

Klicken Sie auf die Kachel **ILM-Geschäftsregeln verwalten**, erscheint ein Bild mit den in Abbildung 5.38 dargestellten Überschriften. Die Vorgehensweise ist ähnlich der Vorgehensweise in einem SAP-ERP- bzw. SAP-S/4HANA-System (siehe dazu Abschnitt 3.5, »Data Controller Rule Framework«). Dort finden Sie ebenfalls an den passenden Stellen Anmerkungen zu den Unterschieden im Vorgehen zwischen einem SAP-S/4HANA-Cloud-System und SAP ERP bzw. SAP S/4HANA.

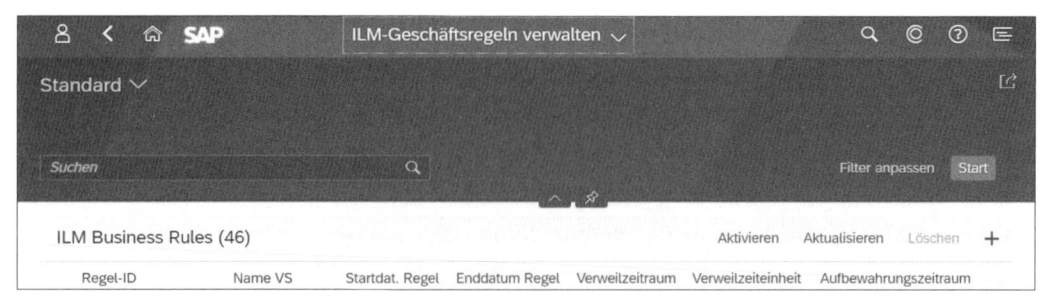

Abbildung 5.38 ILM-Geschäftsregeln verwalten – Einstiegsbild

5.11 Datenvernichtungsfunktionen

Beschreiben wir nun abschließend, wie Sie Daten in einem SAP-S/4HANA-Cloud-System vernichten können. Auch hier stehen Ihnen die drei Möglichkeiten zu Verfügung, die wir in Abschnitt 2.7.1, »Einführung: Wege der Datenvernichtung«, bereits beschrieben haben. Wir gehen hier nun noch einmal einzeln auf diese ein.

5.11.1 Für Daten aus der Datenbank über ein Archivierungsobjekt

Aktion »Datenvernichtung«

Dem Vernichten von Daten aus der Datenbank mithilfe eines Archivierungsobjekts dient die Aktion **Datenvernichtung** im Selektionsbild des Archivschreibprogramms (siehe Abbildung 5.39).

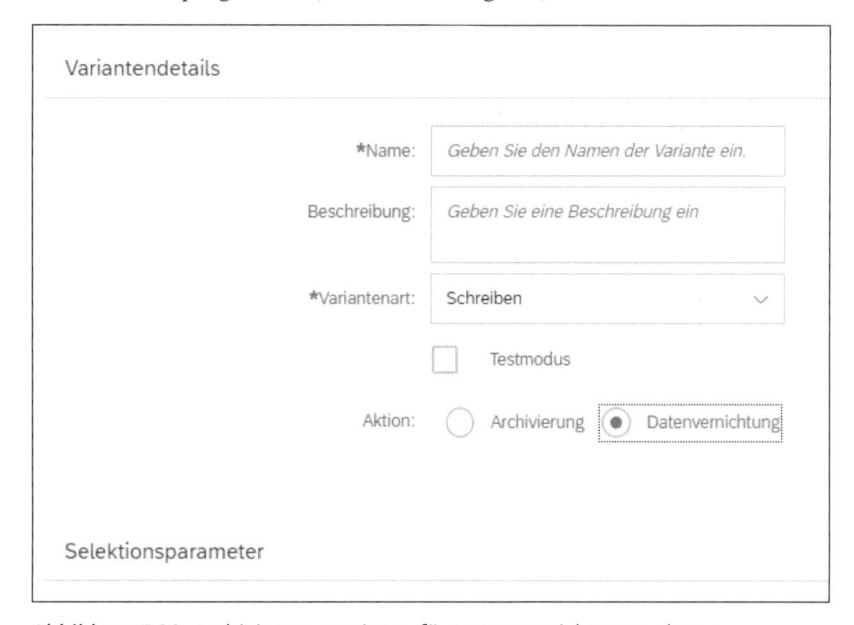

Abbildung 5.39 Archivierungsvariante für Datenvernichtung anlegen

5.11 Datenvernichtungsfunktionen

Die entsprechenden Grundkonzepte beschreiben wir in Abschnitt 2.7.2, »Vernichtung aus der Datenbank per Archivierungsobjekt«. Wie Sie einen Archivierungsjob einplanen, erläutern wir am Ende von Abschnitt 5.9, »Stammdatensperrung«.

5.11.2 Für Daten aus der Datenbank über ein Datenvernichtungsobjekt

Für die Tätigkeiten rund um die Datenvernichtung aus der Datenbank über ein Datenvernichtungsobjekt steht Ihnen unter SAP S/4HANA Cloud die Kachel **ILM-Datenvernichtung** zur Verfügung, die Sie in der Kachelgruppe **Information Lifecycle Management** finden (siehe Abbildung 5.40). Klicken Sie diese Kachel an, und wählen Sie somit die dazugehörige App, erscheint das in Abbildung 5.41 dargestellte Bild mit zwei Registerkarten: **Archivdateien** und **Datenvernichtungsobjekte**.

Kachel »ILM-Datenvernichtung«

Abbildung 5.40 Kachelgruppe »Information Lifecycle Management« – Kachel »ILM-Datenvernichtung«

Abbildung 5.41 Kachel »ILM-Datenvernichtung« – Einstiegsbild

Datenvernichtungs-objekte

In diesem Abschnitt beschreiben wir die Registerkarte **Datenvernichtungsobjekte** und im nächsten Abschnitt die Registerkarte **Archivdateien**. Wenn Sie nun also auf **Datenvernichtungsobjekte** klicken, sehen Sie eine Liste der im System verfügbaren Datenvernichtungsobjekte. Die Spalten dieser Liste tragen folgende Informationen:

- Name des Datenvernichtungsobjekts
- Beschreibung des Datenvernichtungsobjekts
- ILM-Objekt
- Datum des letzten Vernichtungslaufs

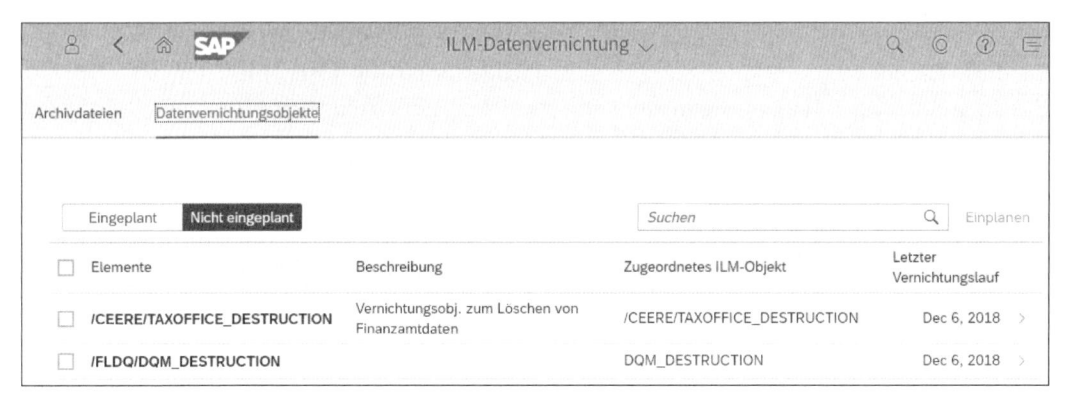

Abbildung 5.42 Datenvernichtungsobjekte – Einstiegsbild

Über die Schaltflächen **Eingeplant** und **Nicht eingeplant** können Sie nach Datenvernichtungsobjekten filtern, zu denen ein geplanter Vernichtungslauf vorliegt oder nicht.

Durchgeführte Vernichtungsläufe analysieren

Gehen Sie wie folgt vor, um die Details zu bereits prozessierten Vernichtungsläufen zu sehen:

1. Klicken Sie im Bild aus Abbildung 5.42 auf die Schaltfläche **Nicht eingeplant**.

2. Klicken Sie auf den Namen eines Datenvernichtungsobjekts, zu dem in der Spalte **Letzter Vernichtungslauf** ein Datum angegeben wird. Im darauffolgenden Bild (siehe Abbildung 5.43) erscheinen die Details zum Lauf.

3. Wenn Sie auf die Zeile mit dem Jobnamen klicken, erscheinen im darauffolgenden Bild noch mehr Details (siehe Abbildung 5.44). Diese Informationen bestehen aus Angaben zum sogenannten *Job-Log* sowie dem Anwendungsprotokoll.

5.11 Datenvernichtungsfunktionen

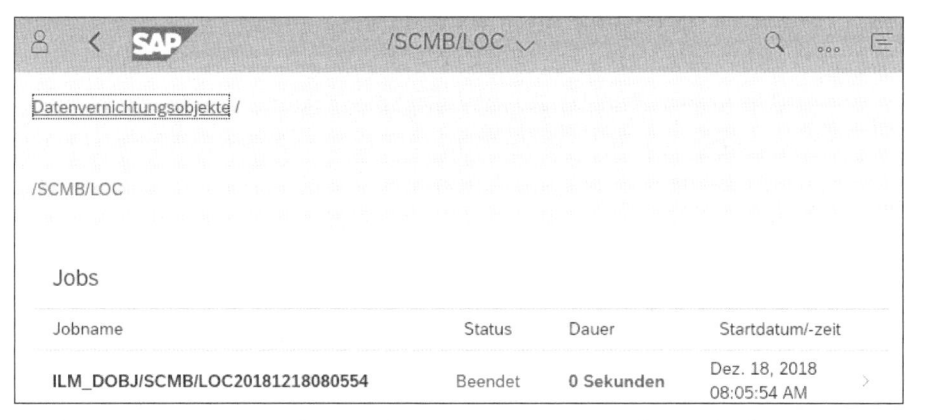

Abbildung 5.43 Datenvernichtungsobjekte – Details zu Vernichtungsläufen pro Objekt

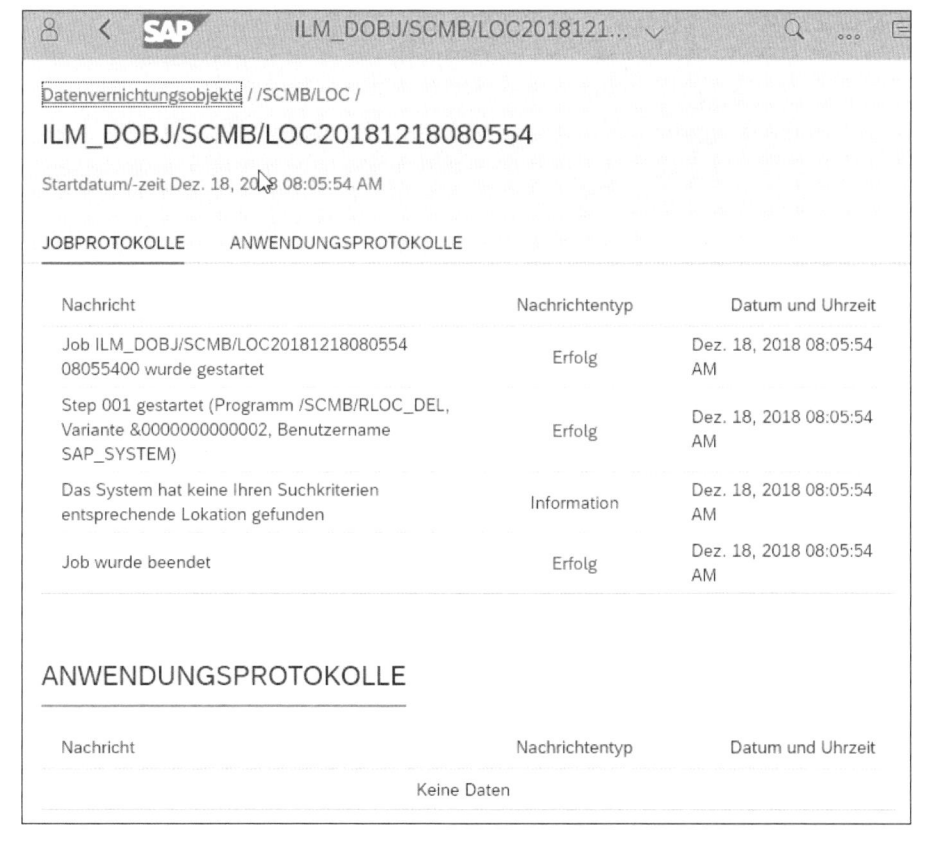

Abbildung 5.44 Details zu Vernichtungsläufen – Job- und Anwendungsprotokolle

Vernichtungslauf einplanen

Gehen Sie wie folgt vor, um einen Datenvernichtungslauf zu einem Datenvernichtungsobjekt Ihrer Wahl zu starten:

1. Klicken Sie auf die Schaltfläche **Nicht eingeplant** (siehe Abbildung 5.42).
2. Markieren Sie die Ankreuzfelder für die Datenvernichtungsobjekte, für die Sie einen Vernichtungslauf starten möchten.
3. Klicken Sie auf die Schaltfläche **Einplanen** rechts oben im Bild (neben dem Suchfenster), und bestätigen Sie das danach erscheinende Pop-up-Fenster.
4. Klicken Sie auf die Schaltfläche **Eingeplant**, um sich zu vergewissern, dass die Vernichtungsläufe eingeplant wurden. Wenn Sie dort die Zeile mit dem Namen des Datenvernichtungsobjekts anklicken, sehen Sie auf dem Folgebildschirm Details zum eingeplanten Lauf.

[»] **Technischer Job**

Im Gegensatz zu SAP ERP oder SAP S/4HANA gibt es in SAP S/4HANA Cloud einen sogenannten *technischen Job*, der in einer vordefinierten Häufigkeit als Hintergrundjob läuft und alle durch Sie eingeplanten Vernichtungsläufe durchführt (siehe die Liste, die nach Betätigen der Schaltfläche **Eingeplant** erscheint). Der Name dieses Jobs lautet SAP_ILM_ARCHIVE_DATA_DESTRUCTION. (Ja, das Wort *Archiv* kommt im Namen vor, obwohl die Datenvernichtungsobjekte damit nichts zu tun haben. Das mag daran liegen, dass dieser technische Job auch für die Vernichtung von abgelaufenen Archivdateien zuständig ist.)

Die Häufigkeit der Durchführung dieses Jobs ist defaultmäßig einmal in sieben Tagen. Haben Sie also einen Lauf eingeplant, kann es bis zu sieben Tage dauern, bis der Job beginnt, die Daten zu vernichten. Weitere Informationen dazu finden Sie in der Dokumentation unter *http://help.sap.com/s4hana_cloud* und **Product Assistance** • **Deutsch (German)** und darin ab SAP S/4HANA Cloud 1908 **SAP S/4HANA Cloud verwalten** • **Datenverwaltung** • **Information Lifecycle Management** • **Archivierungsvarianten verwalten**.

[»] **Kein Testmodus, kein Selektionsbild**

Die Datenvernichtungsobjekte bieten derzeit weder einen Testmodus noch ein Selektionsbild an. Im Gegensatz zu den Archivierungsobjekten werden daher alle Daten vernichtet, die vernichtet werden können, und das immer im Produktivmodus.

5.11.3 Für abgelegte Archivdateien

Für die Tätigkeiten rund um die Datenvernichtung von Archivdateien steht Ihnen in einem SAP-S/4HANA-Cloud-System die Kachel **ILM-Datenvernichtung** zur Verfügung, die Sie in der Kachelgruppe **Information Lifecycle Management** finden (siehe Abbildung 5.40). Wenn Sie sie anklicken, ist automatisch die Registerkarte **Archivdateien** ausgewählt (siehe Abbildung 5.41). Das Bild, das Sie nun sehen, zeigt folglich eine Liste aller ILM-Objekte, zu denen abgelaufene Ressourcen (die in diesem Fall gleichbedeutend mit Archivdateien sind) existieren. Neben dem Namen des ILM-Objekts und dessen Beschreibung sehen Sie in der Spalte **Abgelaufene Ressourcen** die Anzahl betroffener Ressourcen.

Datenvernichtung von Archivdateien

Klicken Sie nun eine Zeile in dieser Liste an. Im Folgebild sehen Sie die folgenden weiteren Details (siehe Abbildung 5.45):

Informationen zu abgelaufenen Ressourcen

- die Auflistung der abgelaufenen Ressourcen (Spalte **Abgelaufene Ressourcen**)
- das Datum, das sich aus der minimalen Aufbewahrungsdauer der Daten ergibt (Spalte **Ablaufdatum**)
- das Datum, das sich aus der maximalen Aufbewahrungsdauer der Daten ergibt (Spalte **Obligatorisches Vernichtungsdatum**)

Mithilfe der Schaltfläche **Sortieren** (oberhalb der Spalte **Obligatorisches Vernichtungsdatum**) können Sie die Sortierung der Einträge bestimmen.

Abgelaufene Ressourcen	Ablaufdatum	Obligatorisches Vernichtungsdatum
014816-001RV_LIKP	Dec 10, 2018	Dec 8, 2018
014817-001RV_LIKP	Dec 10, 2018	Dec 8, 2018
014830-001RV_LIKP	Dec 11, 2018	Dec 7, 2018

Abbildung 5.45 ILM-Datenvernichtung für Archivdateien – Details zu einem Archivierungsobjekt

Vernichtung abgelaufener Ressourcen

Aber wie können Sie abgelaufene Ressourcen nun vernichten? Markieren Sie dazu im ersten Schritt eine oder mehrere solcher Ressourcen mithilfe der Ankreuzfelder links neben der Spalte **Abgelaufene Ressourcen**. Klicken Sie anschließend auf die Schaltfläche **Einplanen** rechts oben im Bild (neben der Schaltfläche zum Sortieren der Einträge). Bestätigen Sie die Sicherheitsabfrage auf dem darauffolgenden Bild, um die Vernichtung anzustoßen.

[»] **Technischer Job**

Im Gegensatz zu SAP ERP oder der On-Premise-Version von SAP S/4HANA gibt es in SAP S/4HANA Cloud einen sogenannten *technischen Job*, der in einer vordefinierten Häufigkeit (in der Regel alle 7 Tage) als Hintergrundjob läuft und alle durch Sie eingeplanten Vernichtungsläufe durchführt. Die Registerkarte **Jobs** weist erst dann Einträge für die eingeplanten Vernichtungsläufe auf, wenn der technische Job diese erzeugt hat (siehe Abbildung 5.45). Der Name dieses Jobs lautet SAP_ILM_ARCHIVE_DATA_DESTRUCTION. Weitere Informationen dazu finden Sie in der Dokumentation unter *http://help.sap.com/s4hana_cloud* und **Product Assistance • Deutsch (German)** und darin ab SAP S/4HANA Cloud 1908 **SAP S/4HANA Cloud verwalten • Datenverwaltung • Information Lifecycle Management • Archivierungsvarianten verwalten**.

[»] **Kein Testmodus**

Vernichtungsjobs für abgelaufene Ressourcen werden immer im Produktivmodus gestartet. Daher gibt es (im Gegensatz zur SAP Business Suite oder SAP S/4HANA) kein Pop-up-Fenster, in dem Sie sich zwischen Test- und Produktivmodus entscheiden können.

Kapitel 6
Sperren und Vernichten in SAP ERP HCM

Salopp sagt man oft: »In HCM ist alles anders.« In der Tat gibt es bei der Datenvernichtung in SAP ERP HCM ein paar Besonderheiten. Dieses Kapitel zeigt Ihnen die Werkzeuge und das Vorgehen für das zeitraumabhängige Sperren sowie insbesondere zum Vernichten von Daten in SAP ERP HCM.

Das Schutzniveau hinsichtlich des Umgangs mit personenbezogenen Daten ist nicht erst seit der Einführung der Datenschutz-Grundverordnung (DSGVO) überaus hoch. Dabei sind bei der Umsetzung der rechtlichen Datenschutzvorgaben auch personalwirtschaftliche Eigenheiten (z. B. die Gestaltung von Arbeitsverträgen) und diverse Abhängigkeiten der personenbezogenen Daten zu beachten. Auch Eigenheiten diverser Branchen haben oft Einfluss auf die datenschutzrechtliche Betrachtung. Trotz der einheitlichen gesetzlichen Grundlagen für die Verarbeitung personenbezogenen Daten gibt es bei der Umsetzung der Vorgaben oft Unterschiede.

6.1 Einführung

Die Daten in SAP ERP HCM (Human Capital Management) sind per se personenbezogen und werden grundsätzlich zeitabhängig (das heißt mit einem Beginn- und einem Endedatum) gespeichert. Schwerpunktmäßig reden wir in diesem Zusammenhang von Stammdaten in den sogenannten *Infotypen*. Darüber hinaus sind jedoch auch die personenbezogenen Daten in den *Cluster-Tabellen* (PCL-Cluster-Dateien) zu berücksichtigen. In diesen Cluster-Dateien sind insbesondere *Abrechnungsergebnisse* und *Zeitwirtschaftsereignisse* von Personen gespeichert, aber auch Textinformationen zu diversen Infotyp-Sätzen.

Zudem interagiert SAP ERP HCM auch mit anderen SAP-Applikationen. Beispielhaft sei hier der durch einen *Employee Self Service* (ESS) angestoßene *Abwesenheitsantrag* in Verbindung mit der SAP-Komponente *Business Workflow* genannt. So sind nach dem Vernichten der Abwesenheiten in den Stammdaten (Infotypen) auch die Workitems zu vernichten, die z. B. die Information »Urlaub beantragt von X bis Y« und »Urlaub genehmigt von X bis Y« enthalten.

Interaktion mit anderen Applikationen

Das vorliegende Kapitel zeigt Ihnen, wie die personenbezogenen Daten in SAP ERP HCM datenschutzkonform behandelt, das heißt insbesondere vernichtet, aber auch gesperrt werden können. Grundsätzlich ist hierbei zwischen den Daten von noch *aktiv beschäftigten Personen* und *ausgetretenen Personen* zu unterscheiden. Ausgetretene Personen müssen in der Regel nach einer bestimmten Frist komplett aus dem System entfernt werden. Nicht mehr aktiv ist aus der Sicht der Datenvernichtung ein Personalfall erst dann, wenn mit der Person keinerlei Aktivitäten mehr verbunden sind (z. B. Geldzahlungen). Der Empfänger einer betrieblichen Altersentgeltzahlung wäre daher bei der erwähnten Untergliederung in aktive und ausgeschiedene (bzw. inaktive) Personen als weiterhin aktiv anzusehen.

Zentraler Punkt bei der Datenvernichtung ist natürlich die Wahrung der Systemkonsistenz in SAP ERP HCM. So darf es beispielsweise nach dem Vernichten von alten Urlaubsdatensätzen nicht sein, dass das System bei der Betrachtung des Urlaubskontingents einer Person von (vor Jahren) nicht genommenem Urlaub ausgeht.

Zeitraumabhängiges Sperren von Personalstammdaten

In den Kontext der datenschutzkonformen Behandlung stellt SAP auch das *zeitraumabhängige Sperren von Personalstammdaten*. Darunter versteht man eine zeitraumabhängige Berechtigungssteuerung auf die Personalstammdaten. Bestimmten Anwendern kann dadurch der Zugriff auf personenbezogene SAP-HCM-Daten nur für einen bestimmten rückwirkenden Zeitraum gewährt werden. Somit ist das zeitraumabhängige Sperren eine Methode, vor der endgültigen Vernichtung von Personalstammdaten den Zugriff auf Daten zu unterbinden, die nicht mehr im Rahmen der ursprünglichen Zweckbestimmung verarbeitet werden.

In diesem Kapitel gehen wir auf die datenschutzkonforme Behandlung der personalwirtschaftlichen Daten in SAP ERP HCM ein (Releasestand EHP 8 für SAP ERP 6.0). Wir untergliedern hierbei in die zeitraumabhängige Berechtigungssteuerung sowie in die Datenvernichtung, schwerpunktmäßig unter der Nutzung von SAP ILM. Das Archivieren personalwirtschaftlicher Daten ist nicht Gegenstand dieses Kapitels.

6.1.1 Historie

RPUDELPN und RPUDELPP

Das Vernichten kompletter *Personalfälle* unterstützt SAP ERP HCM »schon immer«. Hierfür stehen die klassischen Programme RPUDELPN (Vollständiges Löschen von Personalnummern) und RPUDELPP (Vernichtung von Personalnummern in Produktivsystemen) zur Verfügung (siehe Abschnitt 6.4, »Komplettlöschung eines Personalfalls in SAP ERP HCM«).

Das Vernichten einzelner Personalstammdaten aktiv Beschäftigter wurde jedoch erst vor knapp zehn Jahren von SAP angegangen. Im Fokus stand dabei erst einmal das Löschen von Abwesenheitsdaten aus dem Infotyp 2001 (Abwesenheiten). Mitte des Jahres 2010 erfolgte mit SAP-Hinweis 1322754 (Vernichtung von Abwesenheiten aus Datenschutzgründen) die Auslieferung eines Standardprogramms mit dem Namen RPUDESTROY_ABSENCE (Abwesenheiten vernichten). Mit diesem Programm konnten die Abwesenheitsdaten bis zu einem gewissen Stichtag, auch schon mit Berücksichtigung von Folgeerkrankungen sowie natürlich der Beibehaltung der Systemkonsistenz (insbesondere dem automatischen Setzen von Rückrechnungssperren) vernichtet werden.

Mit der Auslieferung des Programms RPUDESTROY_ABSENCE (Abwesenheiten vernichten) verschaffte sich SAP jedoch nur ein wenig Zeit, um das Thema der datenschutzkonformen Behandlung in SAP ERP HCM ganzheitlich anzugehen. Ergebnis der umfangreichen Analyse und Entwicklung war die Nutzung von SAP ILM auch für Zwecke der Datenvernichtung in SAP ERP HCM.

RPUDESTROY_ABSENCE

Mit Release EHP 6.04 und SAP-Hinweis 1600991 (Datenvernichtung im HCM mit ILM – Details zu neuen Archivierungsobjekten) wurden dann Mitte des Jahres 2011 die ersten Archivierungsobjekte für SAP ERP HCM ausgeliefert, die nur die ILM-Aktion **Datenvernichtung** unterstützen. Das neue Archivierungsobjekt HRTIM_ABS (HR: Abwesenheiten) löste dabei auch das (Übergangs-)Programm RPUDESTROY_ABSENCE (Abwesenheiten vernichten) ab.

Diverse, schon vorhandene Archivierungsobjekte für SAP ERP HCM, die es für die klassische Datenarchivierung schon seit Langem gab, wurden im gleichen Zuge auch um die Möglichkeit der Datenvernichtung erweitert (z. B. PA_CALC für Abrechnungsergebnisse).

Erweiterung um Datenvernichtung

6.1.2 Gesetze und Vorgaben

Die neue Datenschutzgrundverordnung der Europäischen Union (DSGVO) hat als Ziel einen besseren und einheitlicheren Schutz der personenbezogenen Daten. Aber auch schon im Bundesdatenschutzgesetz (BDSG) waren die Regeln zum Datenschutz schon vor der DSGVO vergleichsweise streng geregelt und sind es weiterhin. Bisher galten in Deutschland drei Grundsätze, die auch das Fundament der DSGVO sind:

DSGVO und BDSG

- **Grundsätzliches Verbot der Datenerhebung**
  Daten dürfen grundsätzlich nicht gespeichert werden, es sei denn, es liegt ein konkreter Zweck (mit gesetzlich normiertem Erlaubnisgrund) für die Datenerhebung und Datenverarbeitung vor (Verbot mit sogenanntem Erlaubnisvorbehalt).

- Zweckbindung
  Daten dürfen nur für den Zweck verwendet werden, für den sie gesammelt wurden.

- Datensparsamkeit
  Es sollen nur die Daten gesammelt werden, die wirklich nötig sind – und nur so lange, wie es wirklich nötig ist.

[»] **Fokus auf technischen Funktionen**

Dieses Kapitel über die datenschutzkonforme Behandlung der personalwirtschaftlichen Daten in SAP ERP HCM beschränkt sich darauf, technische Funktionen zu erläutern, die dazu bestimmt sind, Sie bei der Einhaltung von datenschutzrechtlichen Anforderungen und Vorgaben zu unterstützen. Referenzen auf geltendes Recht dienen der Kontextualisierung, ohne behaupten zu wollen, dass angeführte Tatbestände konkret anzuwenden sind.

6.1.3 Das Implementierungsprojekt

Aufwand! Auch im HCM-Kontext sollten Sie nicht ohne klaren Auftrag und Budget beginnen. Das Vernichten personalwirtschaftlicher Daten in SAP ERP HCM oder auch »nur« die Implementierung einer zeitraumabhängigen Berechtigungssteuerung lassen sich nicht einfach nebenbei umsetzen. Schon bei der Erstellung eines »technischen Löschkonzepts« besteht oft die Herausforderung, die rechtliche HCM-Fachsicht in die technische HCM-Infotyp-Sicht zu übersetzen (und meist auch wieder zurück).

Durch die mögliche (modifikationsfreie) Erweiterbarkeit des SAP-Systems – auch im Bereich der Datenvernichtung in SAP ERP HCM – geht die tatsächliche Implementierung oft auch über reine Tabelleneinträge (Customizing) hinaus. Und nachdem Sie produktiv gegangen sind, also unter anderem alle Löschfristen getestet und in das produktive System transportiert haben, sind dort noch lange keinen Daten gelöscht.

[»] **Terminologie**

Bei der Datenvernichtung spricht man im HCM-Kontext in der Regel von *Lösch-* oder *Vernichtungsfristen*, man sagt beispielsweise: »Die Infotyp-Sätze sind nach einer Frist von x Jahren zu löschen.« Im Information Lifecycle Management werden jedoch für gewöhnlich die Begriffe *Aufbewahrungsdauer* oder *Aufbewahrungsfrist* verwendet. Im vorliegenden Kapitel verwenden wir die HCM-üblichen Begriffe *Löschfrist* und – synonym – *Vernichtungsfrist*.

Üblicherweise ist ein iteratives Vorgehen ein guter Implementierungsansatz. Das heißt, Sie beginnen mit der Vernichtung eines Stammdatums bzw. Infotyps oder einer überschaubaren Anzahl von Stammdaten bzw. Infotypen. Die Erfahrungen aus der tatsächlichen produktiven Umsetzungspraxis fließen danach zurück in die Vorgaben und Implementierung der weiteren Löschzyklen. Trennen Sie bei Ihrer Projektplanung bestenfalls auch die Vernichtung einzelner, alter Infotyp-Datensätze von der Vernichtung gesamter Personalfälle. Die möglichen Phasen eines Implementierungsprojekts zeigt Abbildung 6.1.

Iteratives Vorgehen

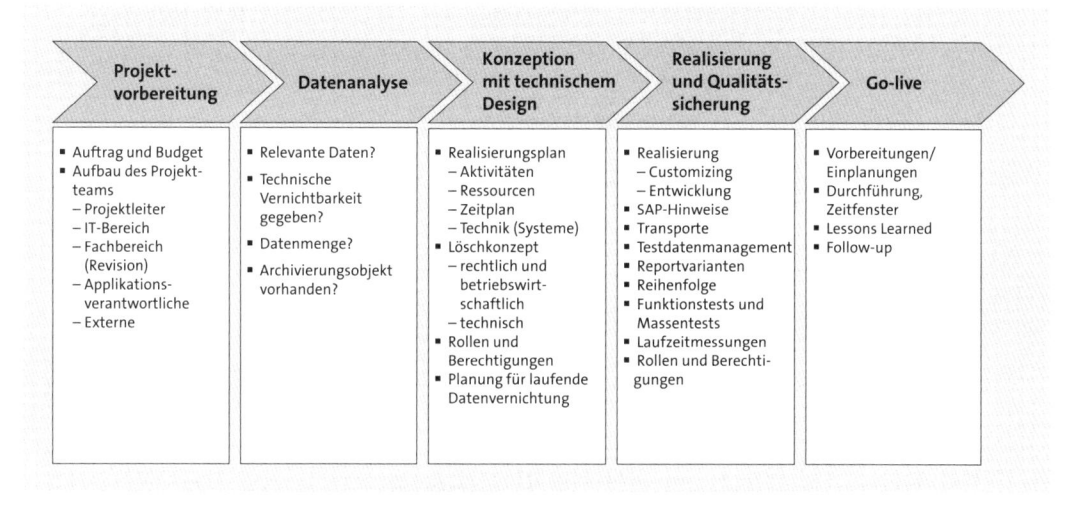

Projektvorbereitung	Datenanalyse	Konzeption mit technischem Design	Realisierung und Qualitätssicherung	Go-live
• Auftrag und Budget • Aufbau des Projektteams – Projektleiter – IT-Bereich – Fachbereich (Revision) – Applikationsverantwortliche – Externe	• Relevante Daten? • Technische Vernichtbarkeit gegeben? • Datenmenge? • Archivierungsobjekt vorhanden?	• Realisierungsplan – Aktivitäten – Ressourcen – Zeitplan – Technik (Systeme) • Löschkonzept – rechtlich und betriebswirtschaftlich – technisch • Rollen und Berechtigungen • Planung für laufende Datenvernichtung	• Realisierung – Customizing – Entwicklung • SAP-Hinweise • Transporte • Testdatenmanagement • Reportvarianten • Reihenfolge • Funktionstests und Massentests • Laufzeitmessungen • Rollen und Berechtigungen	• Vorbereitungen/ Einplanungen • Durchführung, Zeitfenster • Lessons Learned • Follow-up

Abbildung 6.1 Phasen eines Implementierungsprojekts

6.1.4 Analyse der vorhandenen und vernichtungsrelevanten Daten in SAP ERP HCM

Vor der Konzeption und der konkreten Realisierung der Datenvernichtung müssen Sie sich erst einmal klar darüber werden, welche Daten an und für Personen im HCM-System gespeichert sind.

Im Bereich der Stammdaten (*Infotypen* und *Subtypen*) können Sie die Datenlage relativ einfach mit dem Programm RPDINFO1 (Audit-Informationssystem: technische Übersicht zu Infotypen) aus dem *Audit-Informationssystem* (AIS) analysieren. Das Programm zeigt Ihnen für die im Selektionsbild ausgewählten Infotypen an, wie viele Datensätze pro Infotyp respektive Subtyp in der Datenbank vorhanden sind.

Infotypen und Subtypen

> **Programm RPDINF01**
>
> Mit dem Programm RPDINF01 können Sie schnell und einfach die Anzahl der in den Infotypen und Subtypen gespeicherten Datensätze ermitteln. Abbildung 6.2 zeigt Ihnen eine Beispielauswertung des Programms RPD-INF01.

Objekthierarchie	Kurzbeschreibung/Attribute	Sätze (PA)
▼ 🗁 AIS - Technische Übersicht zu Infotypen		
▼ 🗁 Berichtsumgebung		
▶ 🗃 Berichtskopfdaten		
▼ 🗐 Berichtsstatistik		
• ▫ Anzahl ermittelter Infotypen	7	
• ▫ Anzahl ermittelter Subtypen	25	
▼ 🗐 Ermittelte Infotypen		
• 🗐 Infotyp 0000	Maßnahmen	210.358
• 🗐 Infotyp 0001	Organisatorische Zuordnung	181.205
• 🗐 Infotyp 0002	Daten zur Person	166.041
• 🗐 Infotyp 0003	Abrechnungsstatus	165.039
• 🗐 Infotyp 0004	Behinderung	167
• 🗐 Infotyp 0005	Urlaubsanspruch	1.476
▼ 🗐 Infotyp 0006	Anschriften	172.036
• 🗀 Subtyp 1	Ständiger Wohnsitz	159.998
• 🗀 Subtyp 2	Zweitwohnsitz	273
• 🗀 Subtyp 3	Heimatanschrift	1.416

Abbildung 6.2 Beispielauswertung des Programms RPDINF01

Cluster-Dateien und kundeneigene Tabellen

Ein wenig komplexer wird die Analyse der in Cluster-Dateien oder in kundeneigenen Tabellen hinterlegten personenbezogenen Daten. Für das HCM-System sind grundsätzlich folgende Cluster-Dateien relevant:

- PCL1 (RP-Cluster 1)
  Text-Cluster zu den Infotypen (Infotypenzusatztexte) sowie Informationen der Zeitdatenerfassung

- PCL2 (RP-Cluster 2)
  Ergebnisdaten von Abrechnungen der Lohn und Gehaltsabrechnung (plus generierte Abrechnungsschemen)

- PCL3 (RP-Cluster 3)
  Bewerberdaten des Bewerbermanagements

- PCL4 (RP-Cluster 4)
  Änderungsbelege (Personalstammdaten- und Bewerberdaten)

- PCL5 (RP-Cluster 5)
  Planungsläufe, simulierte Abrechnungsergebnisse und Buchungsbelege der Personalkostenplanung

Personalnummer in Cluster-Dateien

Die Struktur der PCL-Cluster-Dateien entspricht der anwendungsübergreifenden Systemtabelle INDX und enthält somit kein explizites Personalnummernfeld. Die Daten sind hier nach sogenannten *Grundrelationen* gruppiert, daher auch die Bezeichnung *Cluster*. Ein Cluster kennzeichnet die gespeicherten Daten nach ihrer Art. Das Cluster TX enthält beispielsweise die Texte zu Infotypen (PCL1), und das Cluster RD enthält beispielsweise die Abrechnungsergebnisse für Deutschland (PCL2). Üblicherweise ist die Personalnummer der erste Bestandteil im Schlüsselfeld SRTFD, dem bis zu 40-stelligen sogenannten *PCLx-Key* jeder PCL-Tabelle. (Das x dient hier als Platzhalter für eine Ziffer, z. B. PCL1, PCL2 etc.)

Am Beispiel in Abbildung 6.3 gehört der Eintrag in der Tabelle PCL1 (Text-Cluster TX) zur Person mit der Personalnummer 70000088 (die ersten acht Stellen von SRTFD). Dabei handelt es sich um den Infotyp 0019 (Terminverfolgung) und die Terminart 10 (9. bis 14. Stelle von SRTFD). Den dann folgenden Ziffern können Sie dann noch das Beginn- und Endedatum des dazugehörigen Infotyp-Satzes entnehmen (hier 15.01.2019 bis 15.01.2019).

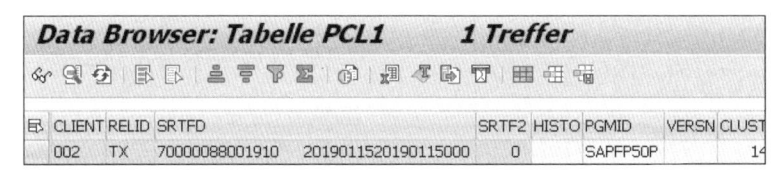

Abbildung 6.3 Beispielhafter Eintrag einer PCL-Tabelle

Um die in kundeneigenen Tabellen hinterlegten personenbezogenen Daten, meist definiert durch die Personalnummer, herauszufinden, empfiehlt sich ein Verwendungsnachweis auf das technische Feld der Personalnummer bzw. auf das entsprechende *Datenelement*. Hierbei ist jedoch zu beachten, dass es verschiedene Datenelemente für die Hinterlegung der Personalnummer gibt. Die gebräuchlichsten Datenelemente für die Personalnummer in SAP ERP HCM sind PERNR_D, PERSNO und P_PERNR (mit den Domänen PERNR und PERSNO). Ein Verwendungsnachweis auf diese Datenelemente (oder Domänen) ist z. B. über die Transaktionen SE11 (ABAP-Dictionary-Pflege) oder SE12 (ABAP-Dictionary-Anzeige) möglich.

| Kundeneigene Tabellen |

Tragen Sie dafür in der Transaktion SE11 (ABAP Dictionary) das jeweilige Datenelement im Feld **Datentyp** ein, und klicken Sie anschließend auf die Schaltfläche **Verwendungsnachweis** ([Strg]+[⇧]+[F3]). Im erscheinenden Pop-up-Fenster **Verwendungsnachweis Datenelement** markieren Sie das Kennzeichen **Tabellenfelder** und klicken auf **Ausführen** ([↵]). Abbildung 6.4 zeigt beispielhaft einen Auszug des Verwendungsnachweises zu dem Datenelement PERSNO.

| Verwendungsnachweis durchführen |

Eine komfortable Möglichkeit für die Durchführung eines Verwendungsnachweises steht Ihnen auch mit dem per SAP-Hinweis 2524107 (AIS: Erweiterungen im Reporting des Systemaudits) ausgelieferten Programm RSAUDIT_ WUSL_DDIC (Audit-Informationssystem: Verwendungsnachweis Domänen in Tabellen) zur Verfügung.

Tabellenfelder	Kurzbeschreibung
☐ PERNR	Personalnummer
PA9107	
☐ PERNR	Personalnummer
PA9305	
☐ PERNR	Personalnummer
PA9944	
☐ PERNR	Personalnummer
PAGB_ASHE	
☐ PERNR	Personalnummer

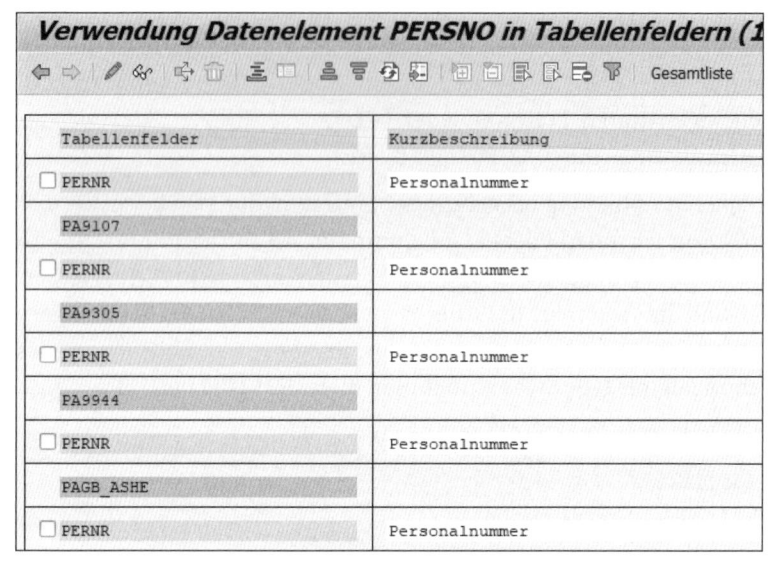

Abbildung 6.4 Auszug aus dem Verwendungsnachweis zu dem Datenelement PERSNO

6.1.5 Datenschutzkonforme Behandlung der Daten in SAP ERP HCM

Drei wesentliche Bausteine

Vor dem Hintergrund von Löschen und Sperren beruht die datenschutzkonforme Behandlung von Daten in SAP ERP HCM auf drei wesentlichen Bausteinen, namentlich auf:

- der Berechtigungssteuerung
- dem Information Lifecycle Management (SAP ILM)
- den klassischen (Lösch-)Werkzeugen von SAP ERP HCM

Die Bausteine können unabhängig voneinander oder auch in beliebiger Kombination eingesetzt werden. Abbildung 6.5 zeigt Ihnen die drei Bausteine für die datenschutzkonforme Behandlung der Daten in SAP ERP HCM.

Berechtigungssteuerung

Über die Berechtigungen können Sie die Zugriffsrechte und somit auch die Sichtrechte auf bestimmte Daten benutzerindividuell steuern. Wechselt ein Mitarbeiter z. B. von einem Personalbereich A in einen neuen Personalbereich B, hat der ehemalige Sachbearbeiter für den Personalbereich A nur noch (lesenden) Zugriff auf die Daten bis zum Zeitpunkt des Personalbereichswechsels.

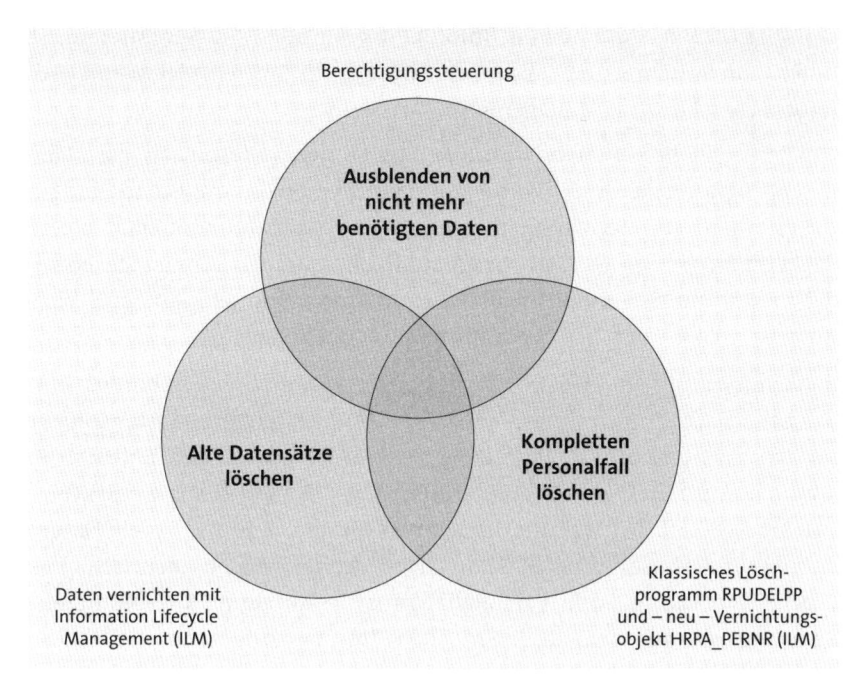

Abbildung 6.5 Bausteine für die datenschutzkonforme Behandlung der Daten in SAP ERP HCM

Zusätzlich zu dieser klassischen, allgemein bekannten und allgemein erforderlichen Berechtigungssteuerung können Sie seit dem Jahr 2015 optional auch zeitraumabhängige Berechtigungen vergeben (SAP-Hinweis 2123631, Personaldaten sperren mit zeitabhängiger Berechtigung). Hierüber können Sie einem Sachbearbeiter alte, nicht mehr benötigte Datensätze eines grundsätzlich berechtigten Infotyps respektive Subtyps ausblenden, das heißt der Einsicht entziehen. Wie auch bei der klassischen Berechtigungssteuerung sind die Daten physisch weiterhin vorhanden und können von anderen Anwendern (je nach Berechtigung) genutzt werden. Im engeren Sinne entspricht das bloße Ausblenden von Daten allein über die Berechtigungssteuerung daher wohl nicht den datenschutzrechtlichen Vorgaben. Dennoch zählt die neue zeitabhängige Berechtigungssteuerung, ebenso wie die klassische Berechtigungssteuerung, zum datenschutzrechtlichen Kontext. (Die zeitabhängige Berechtigungssteuerung ist Inhalt von Abschnitt 6.2, »Zeitraumabhängige Berechtigungssteuerung in SAP ERP HCM«.)

Für das Löschen von alten, nicht mehr benötigten Datensätzen steht Ihnen SAP ILM mit den Archivierungs- und Datenvernichtungsobjekten zur Verfügung. Die Konfiguration und die Nutzung von SAP ILM für die personal-   SAP Information Lifecycle Management wirtschaftlichen Stammdaten (Infotypen, aber auch Cluster-Dateien) ist Inhalt von Abschnitt 6.3, »Datenvernichtung in SAP ERP HCM mit SAP Information Lifecycle Management«.

RPUDELPN/P und Vernichtungsobjekt HRPA_PERNR

Um Personalfälle komplett zu löschen, steht Ihnen weiterhin das klassische Löschprogramm RPUDELPP (Vernichtung von Personalnummern in Produktivsystemen) zur Verfügung. Die eigentliche Löschfunktionalität steckt dabei im Programm RPUDELPN. In produktiven Systemen können Sie jedoch das Programm PUDELPN nicht direkt, sondern nur im Rahmen eines Vier-Augen-Prinzips über das Programm RPUDELPP aufrufen.

Ab 2018 stellt Ihnen SAP als Ergänzung zum klassischen Löschprogramm das neue Datenvernichtungsobjekt HRPA_PERNR (Datenvernichtungsobjekt für Personalnummer) zur Verfügung, siehe SAP-Hinweis 2626518 (HCMDP: Löschen von Daten zur Person auf Ebene der Personalnummer, HRPA_PERNR. Der Kern beider Funktionalitäten (Programm PUDELPN und Datenvernichtungsobjekt HRPA_PERNR) ist dabei weitestgehend identisch. Das Löschen von kompletten Personalfällen ist in Abschnitt 6.4, »Komplettlöschung eines Personalfalls in SAP ERP HCM«, beschrieben.

6.1.6 Testmanagement und Performance

Bei einem Implementierungsprojekt sollten Sie dem Testmanagement große Bedeutung beimessen. Unter Testmanagement ist hier insbesondere zu verstehen, mit welchen (produktionsnahen) Daten in welchem System und welchem Mandanten getestet wird.

Umfangreiche Personalfälle erforderlich

Im Gegensatz zu den üblichen Einführungsprojekten, bei denen man oft mal eben schnell einen kleinen Testfall in Form einer Beispielsperson mit ein paar Infotypen anlegen kann, benötigen Sie beim Testen der Datenvernichtung alte, vor Jahren eingetretene Personalfälle mit einer großen Historie von Daten, also beispielsweise einen Personalfall, der im Jahr 2005 eingetreten ist, jedes Jahr ein Urlaubskontingent und jedes Jahr viele Datensätze im Infotyp 2001 (Abwesenheiten) hat. Sofern Sie die Personalabrechnung einsetzen, sollten es jedoch auch Testpersonen sein, die relativ aktuell abgerechnet wurden und einen entsprechend aktuellen Infotyp 0003 (Abrechnungsstatus) haben.

Testfälle nicht mehrfach verwenden

In der Regel ist es nach der Verwendung eines Testfalls dann auch so, dass der Personalfall »verbrannt« ist, das heißt nicht noch einmal zu einem weiteren Test herangezogen werden kann (die zu prüfenden Daten sind ja durch die Vernichtung nicht mehr da). Sie haben hier also in der Regel nicht, wie bei einem Einführungsprojekt, die gewohnte Flexibilität im Testdatenmanagement, insbesondere eben auch schon nicht bei den ersten

Funktions- und Entwicklertests. Gerade bei den Funktionstests ist es oft üblich, dass sich Administratoren oder Entwickler kurz einen eigenen kleinen Testfall anlegen und zwischen zwei funktionalen Tests schnell noch etwas im Customizing angepasst wird.

Beachten Sie also, dass Sie bestenfalls schon im Entwicklungssystem saubere und umfassende Testdaten zur Verfügung stellen. Für das Qualitätssicherungs- oder Testsystem sollte dies selbstverständlich sein. Um einen produktionsnahen Testdatenbestand (wiederholt) aufzubauen, bieten sich üblicherweise entsprechende Klon-Tools an.

Klon-Werkzeuge

Die oben erwähnten »sauberen Daten« bedeuten auch, dass die Daten konsistent sein müssen. Inkonsistente Datensätze werden von SAP bewusst nicht vernichtet.

Konsistente Daten

Ein Beispiel für einen inkonsistenten Datensatz kann schon eine Lohnart in einem Infotyp sein. Der Infotyp wurde zeitlich abgegrenzt, sodass der Datensatz nur noch bis zum 31.12.2010 gültig ist und somit in diesem Beispiel vernichtet werden könnte. Parallel wurde im Customizing die Lohnart jedoch zum 31.12.2009 abgegrenzt. Das heißt, der Infotyp-Datensatz ist nun länger gültig als dessen eigentlicher Inhalt (die Lohnart). Dies stellt somit im engeren Sinne eine Inkonsistenz dar. Der Datensatz würde aufgrund dieser Inkonsistenz nicht vernichtet. Er würde erst dann vernichtet werden können, wenn im Customizing das Gültigkeitsende der Lohnart wieder auf mindestens den 31.12.2010 gesetzt würde.

Im Bereich der Zeitwirtschaft wären ein weiteres Beispiel die – wenn auch sehr selten entstehenden – Inkonsistenzen bei der Urlaubskontingentabtragung einzelner Personalfälle. Eine Vernichtung der Abwesenheiten ist Ihnen dann auch nicht möglich. Über das Programm RPTKOK00 (Kontrolle der Urlaubs- und Kontingentabtragung) können Sie jedoch die Konsistenz der Kontingentabtragung kontrollieren und bei Bedarf auch neu anlegen.

Neben einzelnen funktionalen Test mit wenigen Personalfällen sollten Sie natürlich auch Massentests durchführen. Spätestens hier kommen Sie um ein umfassendes Test-(Massen-)Datenmanagement nicht herum.

Massentests

> **Löschen braucht Zeit!**
>
> Den massenhaften Qualitätscheck sollten Sie dann auch nutzen, um sich über die Laufzeiten der Löschroutinen klar zu werden. Löschen braucht Zeit!

In Abhängigkeit der gewonnenen Erkenntnisse zu den Laufzeiten können Sie die Datenvernichtung auch in Ihren Regelbetrieb einplanen. Es bietet sich natürlich an, die Löschroutinen in Zeiten zu starten, in denen keine

Anwender auf dem System sind. Je nach Laufzeitverhalten können Sie hierfür jedes Jahr ein festes Wochenende (am besten nach dem Lauf der Personalabrechnung) vorsehen. Sofern Sie jedoch sehr viele Personalstammsätze haben (> 10.000) und somit sehr viele Datensätze mit einer Vielzahl von Archivierungsobjekten vernichten, kann es auch erforderlich sein, mehrere Nächte und/oder Wochenenden für die Datenvernichtung vorzusehen.

Laufzeitmessungen

Oft ist es jedoch so, dass das erstmalige Vernichten von Daten sehr viel länger dauert als die folgenden, in der Regel jährlich anfallenden Löschroutinen. Beim erstmaligen Löschzyklus vernichten Sie oft Daten aus mehreren Jahren. Zum Beispiel sind Sie im Jahr 2001 mit SAP ERP HCM produktiv gegangen und vernichten nun, ausgehend vom Jahr 2019, mit einer zehnjährigen Löschfrist diverse Daten. Ihr »Vernichten-bis-Datum« wäre also in diesem Beispiel der 31.12.2008, das heißt, der Vernichtungszeitraum umfasst Datensätze vom 01.01.2001 bis zum 31.12.2008 (acht Jahre). Eine Beispielperson hat nun jedes Jahr zehn Datensätze im Infotyp 2001 (Abwesenheiten = Krankheiten, Urlaube, etc.). Der Vernichtungslauf muss somit 8 × 10 Datensätze vernichten. Bei einer fiktiven Annahme eines Zeitbedarfs pro Datensatz für die Prüfung auf Vernichtbarkeit plus Datenvernichtung von 1 Sekunde ergibt sich für diesen Vernichtungslauf pro Person ein Zeitbedarf von circa 80 Sekunden. Bei einer Unternehmensgröße von 10.000 Personen kann ein Vernichtungslauf also mehrere Stunden, sogar Tage in Anspruch nehmen. Werden dann im nächsten Jahr, also im Jahr 2010, die Abwesenheiten erneut vernichtet, verschiebt sich durch das Regelwerk das »Vernichten-bis-Datum« auf den 31.12.2009. Hier müssen nun aber aufgrund der Löschroutine im Vorjahr nur noch die circa zehn Datensätze des Jahres 2009 pro Personalfall vernichtet werden. Die Laufzeit ist hier also um ein Vielfaches kürzer.

Rollen und Berechtigungen

Zu guter Letzt sollten Sie beim Testen natürlich die Datenvernichtung auch schon mit den vorgesehenen Rollen und Berechtigungen durchführen, bei Bedarf unter Berücksichtigung eines Vier-Augen-Prinzips. Hinweise zum Berechtigungskonzept für die Datenvernichtung in SAP ERP HCM finden Sie in Abschnitt 6.3.8, »Berechtigungskonzept«.

6.2 Zeitraumabhängige Berechtigungssteuerung in SAP ERP HCM

Mit SAP-Hinweis 2123631 (Personaldaten sperren mit zeitabhängiger Berechtigung) lieferte SAP im Mai 2015 eine Lösung aus, um den Zugriff auf einzelne Infotyp-Daten zeitabhängig einzuschränken.

Im Jahr 2018 wurde die Funktionalität mit SAP-Hinweis 2365304 (Zugriff auf Abrechnungsdaten mit zeitabhängiger Berechtigung einschränken) auch um die zeitraumabhängige Sichteinschränkung bei den Abrechnungsergebnissen (Transaktion PC_PAYRESULT, Anzeigen von Abrechnungsergebnissen) ergänzt. Eine nochmalige Erweiterung erfolgte Anfang des Jahres 2019 mit SAP-Hinweis 2641344 (Erweiterungen und Korrekturen für zeitabhängige Berechtigungen [Data Blocking]), um die Cluster der Personalzeitwirtschaft, B1, B2, L1 und G1, zeitraumabhängig zu berechtigen.

Mit einer zeitraumabhängigen Berechtigungsvergabe kann zusätzlich zur direkten und/oder strukturellen Berechtigungssteuerung der zeitliche Aspekt bei der Zugriffsteuerung berücksichtigt werden. Hintergrund ist, dass es zwischen der aktiven Nutzung der Daten und dem Zeitpunkt der endgültigen Datenvernichtung einen Zeitraum gibt, in dem ein Sperren (im Sinne von Nicht-Anzeigen) der Daten erforderlich sein kann. Wenn ein Anwender für seine Aufgabenerfüllung bestimmte Daten nicht mehr benötigt, diese jedoch für einen anderen Prozess weiterhin erforderlich sind (und somit noch nicht vernichtet werden können), können Sie Benutzern mit der zeitraumabhängigen Berechtigungssteuerung in der Vergangenheit liegende personenbezogene Daten der weiteren Nutzung oder Verarbeitung entziehen.

Daten sperren, nicht löschen

Ein weiterer Grund für die Nutzung zeitraumabhängiger Berechtigungen sind auch diverse Konkurrenzsituationen bei der Definition von Aufbewahrungsfristen unter Berücksichtigung der Zweckbestimmung. So besteht gegebenenfalls die Notwendigkeit, zehn Jahre rückrechnungsfähig zu sein; durch das Vernichten von Abwesenheiten würde jedoch die Rückrechnungstiefe gemäß der kleinsten Aufbewahrungsfrist beschränkt.

Konkurrenzsituationen

Die zeitraumabhängige Berechtigungssteuerung stellt damit über die klassische Berechtigungssteuerung hinaus eine zeitliche Filterfunktion für die Anzeige und Nutzung der personenbezogenen Daten dar.

Filterfunktion

Zugriff auf Infotyp nnnn

Die rückwirkenden Zugriffsrechte diverser Sachbearbeiter in SAP ERP HCM sind zeitlich differenziert zu betrachten:

- Personaldatenbearbeiter: Zugriff auf die letzten drei Jahre beschränkt
- Zeitdatensachbearbeiter: Zugriff auf die letzten 10 Jahre möglich
- Abrechnungsbearbeiter: maximale Dateneinsicht, Zeitraum unbeschränkt

Im SAP-System finden Sie die Funktionen im IMG (Transaktion SPRO) unter dem Begriff **Zeitabhängiges Sperren von Daten** unter **Personalmanagement • Personaladministration • Werkzeuge • Datenschutz • Sperren**.

Kein ILM-Blocking — Die zeitraumabhängige Berechtigungssteuerung hat nichts mit der weitläufig auch bekannten ILM-Funktionalität und ILM-Business-Funktion ILM_BLOCKING (ILM: Sperrfunktionalität) zu tun.

Infotypeigenschaften T582A-VALDT — Für die im Rahmen der zeitraumabhängigen Berechtigungssteuerung zu berücksichtigenden Infotypen muss in den Infotyp-Eigenschaften (Customizing-View V_T582A) das Kennzeichen **ZugrBerecht** gesetzt sein (technisches Feld: T582-VALDT).

> [!] **T582A-VALDT in den Infotypeigenschaften setzen**
>
> Die zeitraumabhängigen Berechtigungssteuerung wirkt nur bei den Infotypen, bei denen im Customizing-View V_T582A die Zeitabhängigkeit des Zugriffs eingeschaltet ist.

Abbildung 6.6 zeigt am Beispiel des Infotyps 0007 (Sollarbeitszeit) das gesetzte Kennzeichen (Flag) **ZugrBerecht**. Das Feld **ZugrBerecht** enthält eine umfassende [F1]-Hilfe.

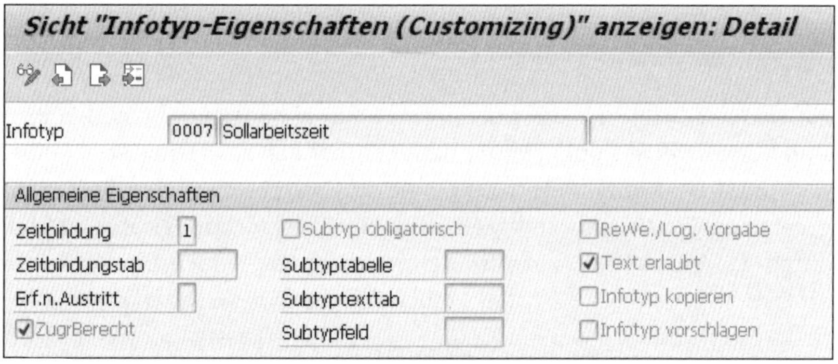

Abbildung 6.6 Kennzeichen T582-VALDT (Beispiel: Infotyp 0007)

Bei der zeitraumabhängigen Berechtigungssteuerung wird abhängig von der Art der Daten (infotypspezifisch respektive subtypspezifisch) zwischen Default-Berechtigungszeiträumen und rollenspezifischen Berechtigungszeiträumen unterschieden. Abbildung 6.7 zeigt Ihnen schematisch einen Default-Berechtigungszeitraum sowie einen rollenspezifischen Berechtigungszeitraum. Der Default-Berechtigungszeitraum kann dabei länger oder kürzer als ein entsprechender rollenspezifischer Berechtigungszeitraum sein.

BAdI HRPAD00AUTH_TIME — Technisch realisiert ist die zeitraumabhängige Erweiterung der Berechtigungssteuerung über das BAdI HRPAD00AUTH_TIME (Zeitlogik in der PA-Berechtigungsprüfung). Für die Erweiterung der Berechtigungssteuerung um eine Zeitlogik ist somit neben Customizing auch ABAP-Coding erforderlich.

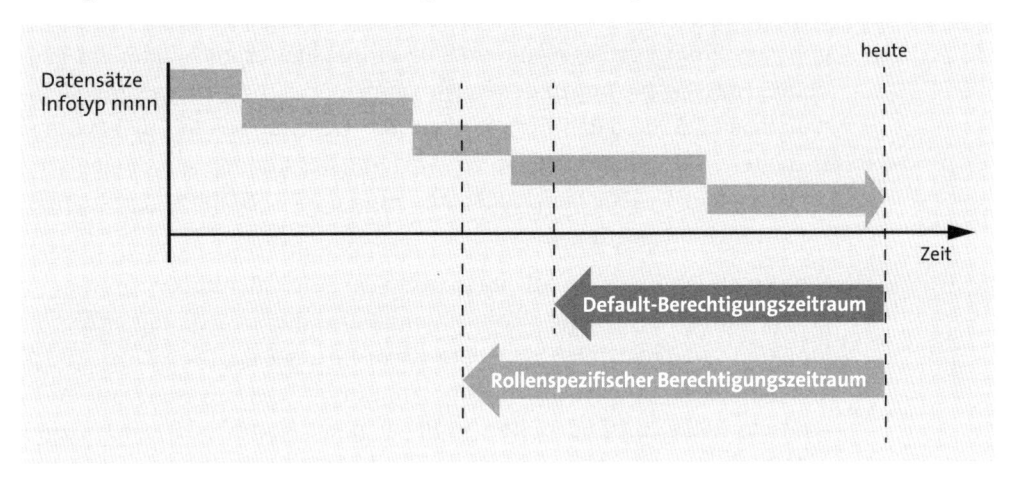

Abbildung 6.7 Schematische Darstellung von Default-Berechtigungszeitraum und rollenspezifischem Berechtigungszeitraum

Die BAdI-Definition HRPADOOAUTH_TIME verwendet die folgenden fünf Methoden:

Fünf Methoden

- CONSIDER_SY_DATUM_EXIT
  Zeitlogik in der PA-Berechtigungsprüfung
  Die mit dieser Methode zu realisierende zeitraumabhänge Zugriffssteuerung auf die Infotypen der Personaladministration und der Zeitwirtschaft ist in Abschnitt 6.2.1, »Default-Berechtigungszeiträume«, und in Abschnitt 6.2.2, »Rollenspezifische Berechtigungszeiträume«, beschrieben.

- BEGDA_ENDDA_COMPARE_EXIT
  Abgleich mit dem Gültigkeitsdatum des Infotyp-Satzes

- CONSIDER_TIME_BY_MAX_AUTH
  Zeitlogik bei maximaler Berechtigung berücksichtigen

- RESTRICT_PAYROLL_ACCESS
  Zugriff auf Abrechnungsdaten einschränken
  Die mit dieser Methode zu realisierende zeitraumabhänge Zugriffssteuerung auf Abrechnungsergebnisse, insbesondere die Transaktion PC_PAYRESULT (Anzeigen von Abrechnungsergebnissen) wird in Abschnitt 6.2.3, »Zeitabhängiger Zugriff auf Abrechnungsergebnisse«, beschrieben.

- RESTRICT_TIME_ACCESS
  Zugriff auf die Zeitwirtschaftsdaten (Cluster B1, B2, L1 und G1) einschränken

Aktivierung der Funktionalität

Das »Einschalten« der zeitraumabhängigen Berechtigungssteuerung für die Stammdaten (Infotypen) erfolgt über eine kundeneigene Implementierung der Methode CONSIDER_SY_DATUM_EXIT (Zeitlogik in der PA-Berechtigungsprüfung). Der SAP-Standard enthält hierzu entsprechendes Beispiel-Coding, das Sie in eine kundeneigene Implementierung übernehmen können. Beachten Sie dabei insbesondere die am Ende des Beispiel-Codings enthaltenen Kommentarzeilen zur Wirkung des Codings auf die logische Datenbank PNP (siehe hierzu auch Abschnitt 6.2.5, »Zeitabhängige Zugriffssteuerung im Reporting«).

Die Berücksichtigung des Stichtags, bis zu dem die Daten angezeigt werden, erfolgt immer ausgehend vom Systemdatum; die Berechnung erfolgt in Monaten. Für die Anzeige (oder eben Nicht-Anzeige) der Datensätze ist das Endedatum der zu berücksichtigenden Infotyp-Datensätze relevant. Infotyp-Datensätze mit Endedatum in der nahen Zukunft oder gar bis zum 31.12.9999 werden somit immer angezeigt (da diese aktuell ja noch gültig sind) auch wenn das Beginndatum viel weiter zurückliegt als der definierte Anzeigezeitraum. Abbildung 6.8 zeigt schematisch die Ermittlung des Stichtags, vor dem keine Daten mehr angezeigt werden.

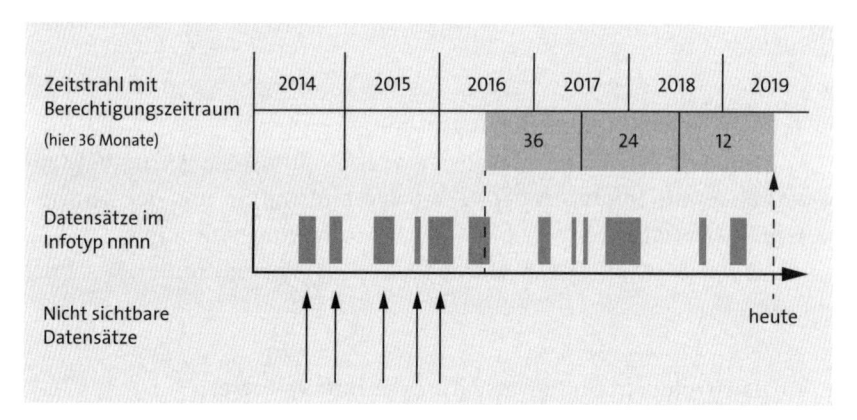

Abbildung 6.8 Stichtag für die Nicht-Anzeige von Infotyp-Sätzen ermitteln

Beim Aufruf eines Infotyps über beispielsweise die Transaktion PA20 (Personalstammdaten anzeigen) oder über die Transaktion PA30 (Personalstammdaten pflegen), bei dem über die zeitraumabhängige Berechtigungssteuerung Datensätze ausgeblendet sind, erhält der Anwender einen entsprechenden Hinweis in der Statusleiste (siehe Abbildung 6.9).

Zeitversatz auf Jahresende möglich

Gemäß dem von SAP zur Verfügung gestellten Beispiel-Coding erfolgt die Fristberechnung, wie auch aus Abbildung 6.8 ersichtlich, ausgehend vom Tagesdatum. Über eine kundenspezifische Anpassung der BAdI-Implementierung ist natürlich auch ein Zeitversatz, z. B. auf das jeweilige Jahresende des Vorjahres (oder des aktuellen Jahres) möglich.

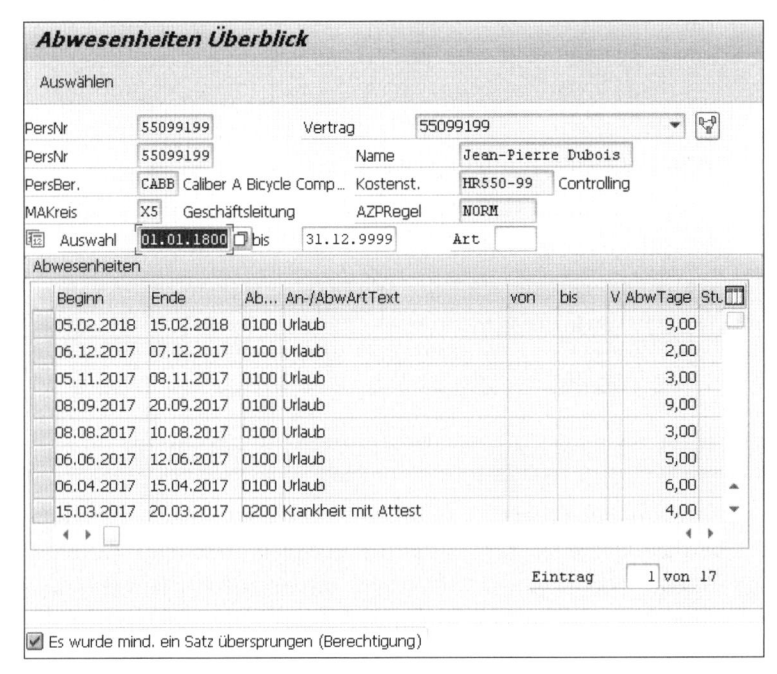

Abbildung 6.9 Statusmeldung in Infotypen beim Vorliegen von ausgeblendeten Datensätzen

6.2.1 Default-Berechtigungszeiträume

In der Praxis wird oft der Default-Berechtigungszeitraum als minimaler Berechtigungszeitraum für den Großteil der Anwenderrollen definiert (z. B. Anzeige der Krankheiten maximal drei Jahre in die Vergangenheit). Mit den rollenspezifischen Berechtigungszeiträumen werden dann für einzelne Benutzerrollen die Zeiträume ausgeweitet (siehe Abschnitt 6.2.2, »Rollenspezifische Berechtigungszeiträume«).

Für den Einsatz von Default-Berechtigungszeiträumen mit der infotyp- respektive subtypabhängigen Hinterlegung der berechtigen Zugriffsmonate im Customizing ist grundsätzlich kein Eingriff in die Rollendefinition und die Berechtigungsprofile erforderlich.

Keine Anpassung der Berechtigungsprofile

Der Eingriff in die Definition der Profile ist nur dann erforderlich, wenn in den bestehenden Berechtigungsprofilen für die Berechtigungsobjekte P_ORGIN (HR: Stammdaten), P_ORGXX (HR: Stammdaten – erweiterte Prüfung) und/oder P_ORGINCON (HR: Stammdaten mit Kontext) auf die Infotyp-0001-Felder PERSA (Personalbereich), PERSG (Mitarbeitergruppe) *und* PERSK (Mitarbeiterkreis) die Gesamtberechtigung vergeben ist (also Eintrag »*«), da die zeitraumabhängige Berechtigungsprüfung bei maximaler Berechtigung auf die genannten Berechtigungsfelder nicht durchlaufen wird. Sofern bei Ihnen die Berechtigungsfelder PERSA, PERSG und PERSK also jeweils einen Stern enthalten, wäre bei mindestens einem der Berechtigungsfelder der »*«-Eintrag zu entfernen und durch konkrete Werte zu ersetzen, damit die zeitraumabhängige Berechtigungsprüfung wirkt.

> **Keine Rollenpflege nötig**
>
> Beim Einsatz von Default-Berechtigungszeiträumen ist grundsätzlich keine Anpassung der Rollen in der Transaktion PFCG (Pflege von Rollen) erforderlich.

Möchten Sie die oben beschriebene Gesamtberechtigung auf die Infotyp-0001-Felder (Eintrag »*« bei PERSA, PERSG und PERSK) im Zusammenhang mit einer zeitraumabhängigen Berechtigungssteuerung dennoch beibehalten, könnten Sie das über eine Anpassung der Beispielimplementierung der Methode CONSIDER_TIME_BY_MAX_AUTH (Zeitlogik bei maximaler Berechtigung berücksichtigen) erreichen (siehe Abschnitt 6.2.4, »Zusätzliche zeitraumabhängige Erweiterungsmöglichkeiten«). Die Beispielimplementierung setzt hier lediglich den Parameter is_authorized auf 'X' (abap_true).

Definition Default-Berechtigungszeitraum pro Infotyp/Subtyp

Nachdem Sie die zeitraumabhängige Erweiterung für die PA-Stammdaten über eine kundeneigene Implementierung der Methode CONSIDER_SY_DATUM_EXIT (Zeitlogik in der PA-Berechtigungsprüfung) durchgeführt haben, können Sie im IMG-Pfad **Personalmanagement • Personaladministration • Werkzeuge • Datenschutz • Sperren • Zeitabhängiges Sperren von Daten • Default-Berechtigungszeiträume für Infotypen/Subtypen definieren** (Customizing-View V_T77PADDUR_DEF, Default-Berechtigungszeiträume) den Default-Berechtigungszeitraum ländergruppierungsabhängig für die rückwirkende Anzeige- und Pflegeberechtigung der Infotypen respektive Subtypen hinterlegen (siehe Abbildung 6.10).

Die Customizing-Tabelle wird von SAP ohne Einträge ausgeliefert. Im SAP-Standard ist die Zugriffsberechtigung daher – auch nach der kundeneigenen Implementierung der Methode CONSIDER_SY_DATUM_EXIT (Zeitlogik in der PA-Berechtigungsprüfung) – nicht eingeschränkt. Die Angabe des Zeitraums im Customizing-View V_T77PADDUR_DEF erfolgt in Monaten (maximal dreistellig).

Ob ein Anwender auf den eingetragen Infotyp (respektive Subtyp) lesende oder schreibende Rechte hat, ergibt sich aus der allgemeinen Berechtigungsvergabe, z. B. mit dem Berechtigungsobjekt P_ORIGIN (HR: Stammdaten).

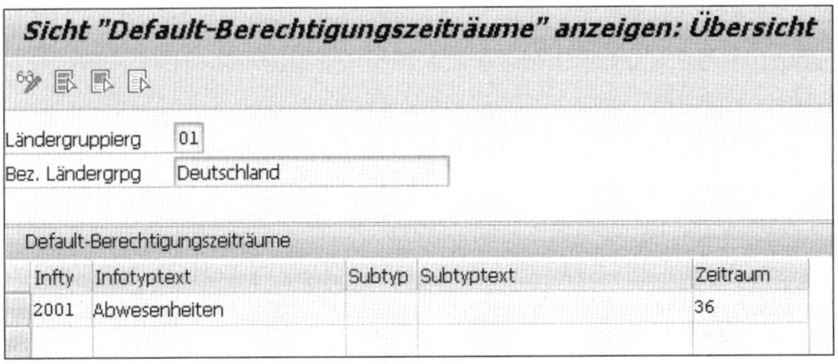

6.2 Zeitraumabhängige Berechtigungssteuerung in SAP ERP HCM

\multicolumn{6}{l}{*Sicht "Default-Berechtigungszeiträume" anzeigen: Übersicht*}
\multicolumn{6}{l}{Ländergruppierg 01}
\multicolumn{6}{l}{Bez. Ländergrpg Deutschland}
\multicolumn{6}{l}{Default-Berechtigungszeiträume}
	Infty	Infotyptext	Subtyp	Subtyptext	Zeitraum
	2001	Abwesenheiten			36

Abbildung 6.10 Customizing der Default-Berechtigungszeiträume (V_T77PADDUR_DEF)

6.2.2 Rollenspezifische Berechtigungszeiträume

Die Nutzung rollenspezifischer Berechtigungszeiträume erfordert immer die Erweiterung der Anwendungsrollen (Transaktion PFCG, Pflege von Rollen) um das Berechtigungsobjekt P_DURATION (Berechtigungszeiträume für HR-Stammdaten). Das Berechtigungsobjekt P_DURATION ergänzt die allgemeine Berechtigungsvergabe der Berechtigungsobjekte P_ORGIN (HR: Stammdaten), P_ORGXX (HR: Stammdaten – erweiterte Prüfung) und P_ORGIN-CON (HR: Stammdaten mit Kontext) um den zeitlichen Horizont.

Anpassung der Berechtigungsprofile erforderlich

> **[!] Default-Berechtigungszeiträume**
>
> Auch bei ausschließlicher Verwendung rollenspezifischer Berechtigungszeiträume müssen Default-Zeiträume für die Infotypen definiert werden. Denn ansonsten wird die rollenspezifische Berechtigungsprüfung nicht durchlaufen.

Das zentrale Berechtigungsfeld beim Berechtigungsobjekt P_DURATION ist die sogenannte *Zeitraum-ID* (technisch: DUR_KEY). Mit der Zeitraum-ID können Sie in der Rollendefinition (Transaktion PFCG) den Default-Berechtigungszeitraum abhängig von Benutzerrollen erweitern.

Berechtigungsobjekt P_DURATION

Auch für die Nutzung rollenspezifischer Berechtigungszeiträume ist vorab eine kundeneigene Implementierung der Methode CONSIDER_SY_DATUM_EXIT (Zeitlogik in der PA-Berechtigungsprüfung) durchzuführen (BAdI HRPAD00AUTH_TIME), z. B. durch die Übernahme des Beispiel-Codings.

Aktivierung der Funktionalität

Im IMG-Pfad **Personalmanagement • Personaladministration • Werkzeuge • Datenschutz • Sperren • Zeitabhängiges Sperren von Daten • IDs für rollenspezifische Berechtigungszeiträume definieren** (entspricht dem Customizing-View V_T77PADDUR_KEY, ID für rollenspezifische Berechtigungszeiträume) können Sie Zeitraum-IDs zur Kennung von rollenspezifischen

Zeitraum-IDs definieren

Berechtigungszeiträumen definieren (siehe Abbildung 6.11). Für die Definition von Zeitraum-IDs stehen Ihnen 32 Zeichen (alphanumerisch) zur Verfügung. Der Customizing-View V_T77PADDUR_KEY wird von SAP ohne Einträge ausgeliefert. Die Zeitraum-ID ist für die Rollenpflege (Transaktion PFCG) im Berechtigungsobjekt P_DURATION (Berechtigungszeiträume für HR-Stammdaten) erforderlich.

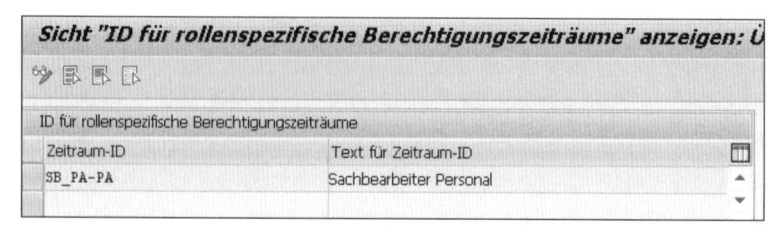

Abbildung 6.11 Definition der Zeitraum-ID (View V_T77PADDUR_KEY)

Berechtigungszeitraum der Zeitraum-ID zuordnen

Die pro Zeitraum-ID erforderliche zeitliche Berechtigungsdauer ordnen Sie der jeweiligen Zeitraum-ID im IMG-Pfad **Personalmanagement • Personaladministration • Werkzeuge • Datenschutz • Sperren • Zeitabhängiges Sperren von Daten • Zeitraum-IDs rollenspezifische Berechtigungszeiträume zuordnen** (Customizing-View V_T77PADDURATION) zu. Der Customizing-View ist ländergruppierungsabhängig; die Angabe des Zeitraums erfolgt in Monaten (maximal dreistellig), siehe Abbildung 6.12.

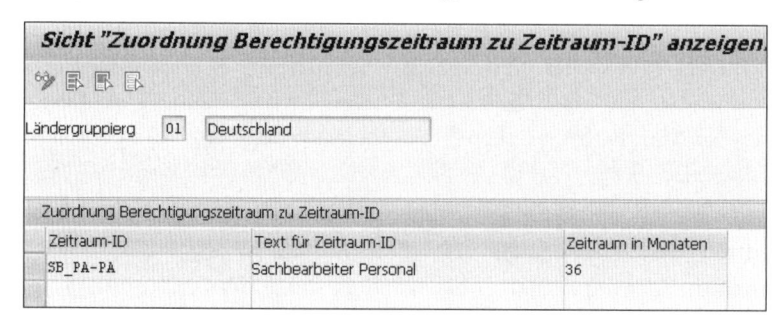

Abbildung 6.12 Der Zeitraum-ID einen Zeitraum zuordnen (View V_T77PADDURATION)

P_DURATION und Zeitraum-ID

Bei der Rollenpflege in der Transaktion PFCG (Pflege von Rollen) muss die Zeitraum-ID über das Berechtigungsobjekt P_DURATION (Berechtigungszeiträume für HR-Stammdaten) anschließend den jeweiligen Sachbearbeiterrollen – zusätzlich zu den Berechtigungsobjekten P_ORIGIN (HR: Stammdaten) etc. – zugeordnet werden. Abbildung 6.13 zeigt beispielhaft die Erweiterung einer Rolle für einen Personalsachbearbeiter um das Berechtigungsobjekt P_DURATION (Berechtigungszeiträume für HR-Stammdaten).

6.2 Zeitraumabhängige Berechtigungssteuerung in SAP ERP HCM

```
Rolle ändern: Berechtigungen
  [Auswahl] [Manuell] [Offene] [Veränderte] [Gepflegte] Orgeb
Pflege:    0 ungepflegte Orgebenen,    0 offene Felder, Status: generiert
Z_SAP_EP_HR_PA00              Personaladministration

  ├── Standard    Anwendungsübergreifende Berechtigungsobjekte
  └── Manuell     Personalwesen
       ├── Gepflegt   Personalplanung
       └── Manuell    Berechtigungszeiträume für HR Stammdaten
            └── Manuell    Berechtigungszeiträume für HR Stammdaten
P_DURATION
                 * ID für rollenspezifische Berec   SB_PA-PA
                 * Infotyp                          0009
                 * Personalbereich                  CABB
                 * Mitarbeitergruppe                1
                 * Mitarbeiterkreis                 *
                 * Subtyp                           *
                 * Organisationsschlüssel           *

       └── Verändert   HR: Stammdaten
            └── Verändert   HR: Stammdaten
P_ORGIN
                 * Berechtigungslevel               R
                 * Infotyp                          0007, 0008
                 * Personalbereich                  CABB
                 * Mitarbeitergruppe                1
                 * Mitarbeiterkreis                 *
                 * Subtyp                           *
                 * Organisationsschlüssel           *

            └── Verändert   HR: Stammdaten
                 * Berechtigungslevel               *
                 * Infotyp                          0000-0006, 0009-0999
                 * Personalbereich                  CABB
                 * Mitarbeitergruppe                1
                 * Mitarbeiterkreis                 *
                 * Subtyp                           *
                 * Organisationsschlüssel           *
```

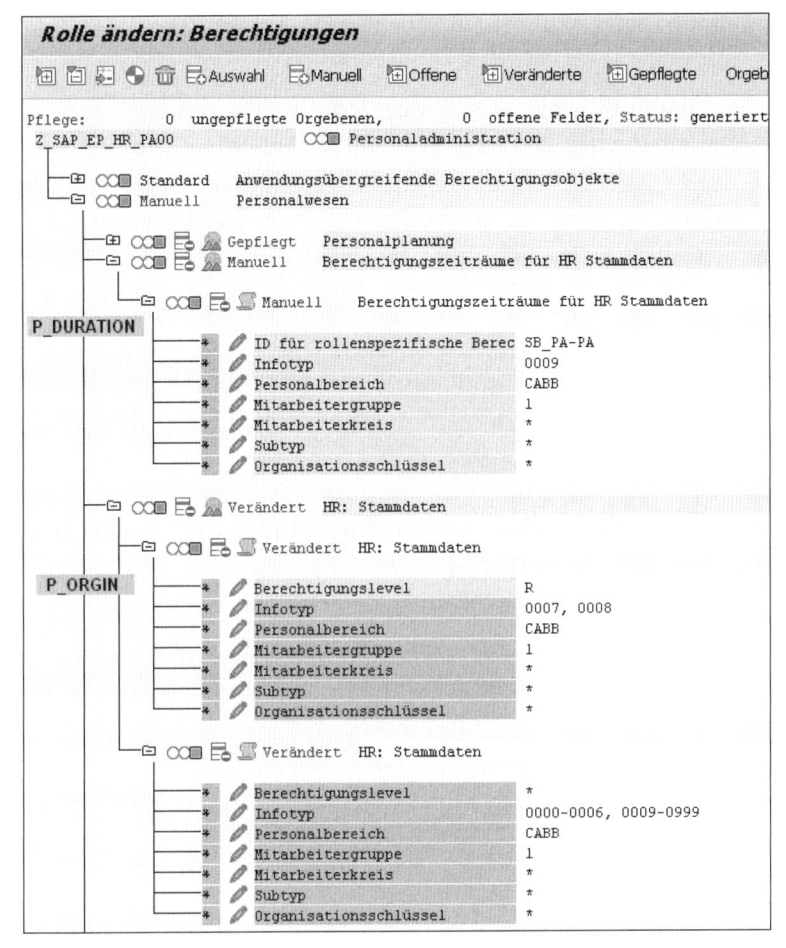

Abbildung 6.13 Transaktion PFCG – beispielhafte Erweiterung um P_DURATION

Erläuterungen zu Abbildung 6.13

Durch das Berechtigungsobjekt P_ORGIN (HR: Stammdaten) erhält der Anwender im Personalbereich CABB lesenden Zugriff (R) auf die Infotypen 0007 (Sollarbeitszeit) und 0008 (Basisbezüge) der Mitarbeitergruppe 1. Für alle anderen Infotypen (0000–0006 und 0009–9999) erhält der Anwender die Gesamtberechtigung (»*«).

Über das Berechtigungsobjekt P_DURATION (Berechtigungszeiträume für HR-Stammdaten) und die Zeitraum-ID SB_PA-PA wird jedoch der Zugriff auf den Infotyp 0009 (Bankverbindung) gemäß dem der Zeitraum-ID zugeordneten Zeitraum auf die Datensätze eingeschränkt, die nicht älter als 36 Monate sind (bezogen auf das Endedatum der Infotyp-Sätze).

6.2.3 Zeitabhängiger Zugriff auf Abrechnungsergebnisse

Aktivierung der Funktionalität

Das »Einschalten« des zeitabhängigen Zugriffs auf die Abrechnungsergebnisse (Transaktion PC_PAYRESULT, Anzeigen von Abrechnungsergebnissen) erfolgt über eine kundeneigene Implementierung der Methode RESTRICT_PAYROLL_ACCESS (Zugriff auf Abrechnungsdaten einschränken) des BAdIs HRPAD00AUTH_TIME (Zeitlogik in der PA-Berechtigungsprüfung). Das von SAP ausgelieferte Beispiel-Coding für die Methode RESTRICT_PAYROLL_ACCESS (Zugriff auf Abrechnungsdaten einschränken) enthält zwei verschiedene Beispielsszenarien:

1. Anzeige der Abrechnungsergebnisse in Abhängigkeit von der Infotyp-0008-Berechtigung eines Anwenders. Dieses Coding kann unverändert verwendet werden.
2. Anzeige der Arbeitsergebnisse in Abhängigkeit von einer im ABAP-Coding definierten Zeitfrist (z. B. zehn Jahre) sowie von den in einer kundeneigenen Z-Tabelle hinterlegten Usern. Bei diesem Coding sind demnach weitere kundenspezifische Implementierungen erforderlich.

[!] **Voraussetzung ist die zentrale Person (CP)**

Wichtig ist, dass bei der Nutzung des zeitabhängigen Zugriffs auf die Abrechnungsergebnisse den Personen eine konsistente *zentrale Person* (CP, Central Person) zugeordnet ist.

Eine ganz einfache Implementierung der Methode RESTRICT_PAYROLL_ACCESS (Zugriff auf Abrechnungsdaten einschränken) zeigt Abbildung 6.14.

```
Class Builder: Klasse ZCL_IM__HRPAD00AUTH_TIME ändern

Methode   IF_EX_HRPAD00AUTH_TIME~RESTRICT_PAYROLL_ACCESS        aktiv

 1   METHOD if_ex_hrpad00auth_time~restrict_payroll_access.
 2
 3     IF sy-tcode = 'PC_PAYRESULT'.
 4       IF begda < '20171231'.
 5         RAISE not_authorized.
 6       ENDIF.
 7     ENDIF.
 8
 9     EXIT.
10
11   ENDMETHOD.
```

Abbildung 6.14 Muster-Coding für die Methode RESTRICT_PAYROLL_ACCESS

Transaktion PC_PAYRESULT

Bei einer Person, die schon seit Jahren in SAP ERP HCM geführt und abgerechnet wird, werden durch das Coding gemäß Abbildung 6.14 in der Transaktion PC_PAYRESULT (Anzeigen von Abrechnungsergebnissen) nur die

Abrechnungsperioden rückwirkend bis zum Januar 2018 angezeigt (siehe Abbildung 6.15).

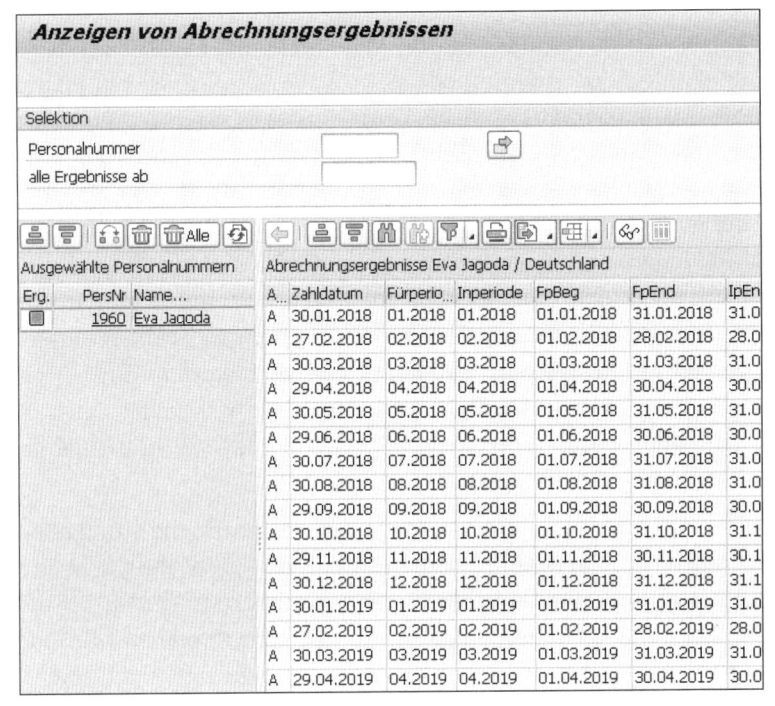

Abbildung 6.15 Beispielhafter Auszug aus der Transaktion PC_PAYRESULT

> **Wirkung des Berechtigungszeitraums**
> Die zeitliche Prüfung der berechtigten Anzeigezeiträume bezieht sich immer auf die Für-Periode des Abrechnungsdatensatzes.

Bei Bedarf kann auch noch die neu ausgelieferte Meldung 018 (Fehlende Berechtigung für Abrechnungs-Cluster) der Nachrichtenklasse `HRPAY99IM-PEXP` (Nachrichten für generische Import-/Exportbausteine) in die kundeneigene BAdI-Implementierung eingebaut werden. Die Nachricht 018 hat im Langtext standardmäßig eine passende Beschreibung bezüglich der fehlenden Berechtigung für das Abrechnungs-Cluster.

Sofern Sie eigene Programme implementiert haben, um auf die Abrechnungsergebnisse zuzugreifen, bietet Ihnen die PDF-Anlage zu SAP-Hinweis 2365304 (Zugriff auf Abrechnungsdaten mit zeitabhängiger Berechtigung einschränken) eine gute Übersicht über die technische Funktionsweise des zeitabhängigen Zugriffs auf Abrechnungsergebnisse, sodass Sie auch Ihre kundeneigenen Programme mit einer Zeitlogik versehen können.

PDF-Anlage zu SAP-Hinweis 2365304

Kontrolle über Checkpoint-Gruppe

Zur Kontrolle und Analyse der eigenen BAdI-Implementierung können Sie in der Transaktion SAAB (Aktivierbare Checkpoints) die Checkpoint-Gruppe `HRPAYXX_TIMEDEP_AUTH_RGDIR` verwenden. Wählen Sie hierzu auf der Registerkarte **Aktivierung** das Kennzeichen **Protokollieren**. Dadurch wird nach jedem Aufruf der BAdI-Methode `RESTRICT_PAYROLL_ACCESS` (Zugriff auf Abrechnungsdaten einschränken) ein Eintrag in der Registerkarte **Protokoll** erzeugt. Dieser Eintrag gibt zunächst an, ob Ihre Implementierung eine Ausnahme ausgelöst hat (Wert: `no auth <subrc>`) oder ob die Berechtigung zur Verarbeitung vorliegt (Wert: `ok`). Es folgen weiter der Benutzername, das ausgeführte Programm, die Personalnummer, der Für-Perioden-Beginn und das Für-Perioden-Ende. Dieselben Informationen werden nochmals als Feldwerte übergeben. Der Zähler zeigt an, wie oft dieser Schlüssel insgesamt erzeugt wurde. Die Zahl ist z. B. dann größer als eins, wenn ein Submit auf dasselbe Programm durchgeführt wurde, beispielsweise durch den Aufruf des Funktionsbausteins `HR_PAYROLL_SIMULATION`, oder wenn der Benutzer das Programm mehrfach gestartet hat.

Zum Testen Ihrer BAdI-Implementierung schalten Sie also die Protokollierung ein und bitten einen Benutzer, die Transaktion `PC_PAYRESULT` aufzurufen. In der Anzeige dürfen nur die Ergebnisse angezeigt werden, für die der Benutzer die Berechtigung hat. Im Protokoll zur Checkpoint-Gruppe werden alle Einträge, inklusive der Berechtigung, angezeigt. Beachten Sie, dass hierbei nur der Beginn und das Ende der Für-Periode, nicht jedoch die Sequenznummern dazu aufgelistet werden.

6.2.4 Zusätzliche zeitraumabhängige Erweiterungsmöglichkeiten

Neben den oben beschriebenen Methoden enthält das BAdI `HRPADOOAUTH_TIME` (Zeitlogik in der PA-Berechtigungsprüfung) auch die Methoden `BEGDA_ENDDA_COMPARE_EXIT` (Abgleich mit dem Gültigkeitsdatum des Infotyp-Satzes) und `CONSIDER_TIME_BY_MAX_AUTH` (Zeitlogik bei maximaler Berechtigung berücksichtigen), um die Berechtigungssteuerung über die oben beschriebenen Anwendungsfälle hinaus mit einer kundenindividuellen Zeitlogik zu versehen. Somit gilt bei der zeitraumabhängigen Berechtigungssteuerung grundsätzlich die (modifikationsfreie) Prämisse »Geht nicht gibt's nicht«.

> **[zB] Zuständigkeitswechsel Personalsachbearbeiter**
>
> Ein Mitarbeiter wechselt vom Personalbereich A in den Personalbereich B. Die Zugriffsteuerung für den jeweiligen Personalsachbearbeiter erfolgt über das Berechtigungsobjekt `P_ORGIN` (HR: Stammdaten) und das Berechtigungsfeld `PERSA` (Personalbereich). Durch den Personalbereichswechsel

ist somit auch ein neuer Personalsachbearbeiter für den Mitarbeiter zuständig (berechtigt). Der bisherige Personalsachbearbeiter sieht die Stammdaten des Mitarbeiters lediglich bis zum Wechseldatum in den neuen Personalbereich. Der neue Personalsachbearbeiter sieht die Stammdaten des Mitarbeiters jedoch standardmäßig mit der kompletten Historie, also auch in den Zeiträumen, in denen er für den Mitarbeiter gar nicht zuständig war.

Über das BAdI HRPAD00AUTH_TIME (Zeitlogik in der PA-Berechtigungsprüfung) könnte hierfür nun eine Erweiterung der Standard-Berechtigungssteuerung implementiert werden, die bezüglich der Zeitlogik auch den Übergang auf eine neue Zuständigkeit berücksichtigt und so dem neuen Personalsachbearbeiter alte, abgeschlossene, nicht in seiner Zuständigkeit liegende Daten durch Ausblenden nicht mehr anzeigt.

Methode BEGDA_ENDDA_COMPARE_EXIT (Abgleich mit dem Gültigkeitsdatum des Infotyp-Satzes)

Mit der BAdI-Methode BEGDA_ENDDA_COMPARE_EXIT (Abgleich mit dem Gültigkeitsdatum des Infotyp-Satzes) wird der neue, in Abhängigkeit des Systemdatums ermittelte Zuständigkeitszeitraum mit dem Gültigkeitszeitraum des zu prüfenden Infotyp-Datensatzes abgeglichen. Als Ergebnis wird die Information übergeben, ob der Benutzer für den Infotyp-Datensatz berechtigt ist oder nicht.

Wird der Exportparameter EXIT_FLAG bei der BAdI-Implementierung auf 'X' gesetzt, wird die Standard-Berechtigungsprüfung *nicht* ausgeführt.

Methode CONSIDER_TIME_BY_MAX_AUTH (Zeitlogik bei maximaler Berechtigung berücksichtigen)

Mit der BAdI-Methode CONSIDER_TIME_BY_MAX_AUTH (Zeitlogik bei maximaler Berechtigung berücksichtigen) können zeitabhängige Berechtigungsprüfungen auch für Benutzer, die eine maximale Zugriffsberechtigung haben, implementiert werden. Maximale Zugriffsberechtigung bedeutet, dass in den bestehenden Rollen für die Berechtigungsobjekte P_ORGIN (HR: Stammdaten), P_ORGXX (HR: Stammdaten – erweiterte Prüfung) und/oder P_ORGINCON (HR: Stammdaten mit Kontext) auf die Infotyp-0001-Felder PERSA (Personalbereich), PERSG (Mitarbeitergruppe) und PERSK (Mitarbeiterkreis) die Gesamtberechtigung, also Eintrag »*«, vergeben ist.

Maximale Zugriffsberechtigung

Dadurch wird standardmäßig die zeitabhängige Berechtigungsprüfung nicht aufgerufen. Der Hintergrund ist, dass die Methode CHECK_MAX_SUBTY_AUTHORIZATION (Maximale Prüfung auf Subtypberechtigung) der Klasse CL_

HRPADOOAUTH_CHECK_STD (HR: Berechtigungsprüfung) dann den Wert IS_AUTHORIZED = TRUE zurückliefert. Über den Exportparameter IS_AUTHORIZED der Methode CONSIDER_TIME_BY_MAX_AUTH (Zeitlogik bei maximaler Berechtigung berücksichtigen) kann hier jedoch über kundenindividuelles Coding gesteuert werden, dass dennoch die zeitraumabhängige Berechtigungssteuerung durchlaufen wird.

6.2.5 Zeitabhängige Zugriffssteuerung im Reporting

Logische Datenbanken PNP und PNPCE

Das BAdI HRPADOOAUTH_TIME (Zeitlogik in der PA-Berechtigungsprüfung) und somit insbesondere auch die Methode CONSIDER_SY_DATUM_EXIT (Zeitlogik in der PA-Berechtigungsprüfung) wirken auch bei Auswertungen, die auf den logischen Datenbanken PNP (Personalstammdaten) und PNPCE (HR-Stammdaten, inklusive Concurrent Employment) basieren.

»Skip« der Datensätze

Standardmäßig verlangt die logische Datenbank jedoch vollständigen Zugriff (ohne zeitliche Einschränkung) auf die Infotyp-Daten. Sofern dem die Auswertung ausführenden Anwender über die zeitraumabhängige Berechtigungssteuerung jedoch auch nur ein Datensatz eines Infotyps nicht angezeigt wird, überspringt die logische Datenbank den kompletten Infotyp. Das heißt, dass bei historisch nicht vollständigem Zugriff auf einen Infotyp der gesamte Infotyp nicht berücksichtigt (übersprungen) wird. Hintergrund dieser Einschränkung ist, dass das Auswertungsergebnis durch eine eingeschränkte Zeitlogik beeinträchtigt werden könnte.

[zB] **Unterschiede bei Auswertungen**

Die Transaktion PT64 (Abwesenheitsliste) liefert pro Personalfall unter anderem die Urlaubstage und die Krankheitstage, sowohl absolut als auch prozentual. Sofern ein Anwender für nicht alle Abwesenheitsdatensätze im Auswertungszeitraum berechtigt ist, können sich Unterschiede im Auswertungsergebnis ergeben (siehe Abbildung 6.16).

Ab-/Anwesenheitsdaten - Übersicht

PersNr	Name MA/Bew.	AbAnA	An-/AbwArtText	Std	Tage	Tage/Soll	Anz. Sätze
55099199	Jean-Pierre Dubois	****	****	2.505,00	334,00	14,75 %	63
55099199	Jean-Pierre Dubois	0620	Urlaub unbezahlt	52,50	7,00	0,31 %	2
55099199	Jean-Pierre Dubois	0100	Urlaub	1.867,50	249,00	11,00 %	48
55099199	Jean-Pierre Dubois	0200	Krankheit mit Attest	367,50	49,00	2,16 %	8
55099199	Jean-Pierre Dubois	0210	Krankheit ohne Attest	45,00	6,00	0,27 %	4
55099199	Jean-Pierre Dubois	0220	Kur	172,50	23,00	1,02 %	1

Abbildung 6.16 Transaktion PT64 – Beispielauswertung Abwesenheitsliste

Das standardmäßige Überspringen (Skippen) kann jedoch in der kundeneigenen Implementierung der BAdI-Methode `CONSIDER_SY_DATUM_EXIT` (Zeitlogik in der PA-Berechtigungsprüfung) übersteuert werden.

Kundeneigene Anpassung möglich

Am Ende der Beispielimplementierung ist der Sachverhalt in Form einer kurzen Inplace-Dokumentation auch nochmals direkt in der Methode beschrieben (siehe Abbildung 6.17).

```
Methode   IF_EX_HRPAD00AUTH_TIME~CONSIDER_SY_DATUM_EXIT          aktiv
  91      exit_flag = 'X'.
  92
  93    * The flag IS_NOT_AUTHORIZED_BY_TIME is relevant for logical
  94    * DB PNP(CE).
  95    * - ' ': LDB will skip a pernr in case that at least one data
  96    *        record is filtered by the BAdI. ( Can be overruled by
  97    *        switch PNP_SW_SKIP_PERNR )
  98    * - 'X': Pernrs will not be skipped in case that records are
  99    *        filtered by the BAdI. This needs to be checked
 100    *        carefully because the corresponding report can produce
 101    *        incorrect results if relevant data are not processed
 102    *        by the LDB.
 103    *
 104    * IS_NOT_AUTHORIZED_BY_TIME = 'X'.
 105
 106      ENDMETHOD.
```

Abbildung 6.17 Inplace-Dokumentation der BAdI-Methode CONSIDER_SY_DATUM_EXIT

Sofern Sie die Coding-Zeile `IS_NOT_AUTHORIZED_BY_TIME` aktivieren, sollten Sie für jeden Report prüfen, ob durch eine eingeschränkte zeitliche Anzeige der Datensätze das Auswertungsergebnis nicht verfälscht werden kann. Gegebenenfalls sollten Sie das »Nicht-Überspringen« nicht allgemein, sondern nur für konkret definierbare Auswertungen einschalten.

Prüfung der Auswertungsergebnisse

> **Überprüfung der eingesetzten Auswertungen**
> Gleichen Sie die Auswertungszeiträume mit den Zeiträumen ab, in denen die Daten durch die zeitraumabhängige Berechtigung zur Verfügung stehen.

Zur Übersteuerung der BAdI-Implementierung können Sie im Bereich des Reportings auch das Berechtigungsobjekt `P_ABAP` (HR: Reporting) verwenden. Mit dem Berechtigungsobjekt `P_ABAP` kann für bestimmte, auf der logischen Datenbank `PNP(CE)` basierende Programme definiert werden, dass diese ohne explizite HCM-Berechtigungsprüfungen ausgeführt werden.

Verwendung des Berechtigungsobjekts P_ABAP

Bei der Hinterlegung der jeweiligen Auswertung im Berechtigungsobjekt `P_ABAP` mit der Ausprägung 1 und/oder 2 beim Berechtigungsfeld `COARS` (Vereinfachungsgrad der Berechtigung) wird die Zeitraumlogik der Methode `CONSIDER_SY_DATUM_EXIT` (Zeitlogik in der PA-Berechtigungsprüfung) für diese Auswertung nicht durchlaufen. Somit wirkt nur die Berechtigungssteuerung gemäß den Berechtigungsobjekten `P_ORGIN` (HR: Stammdaten) usw.

6.2.6 Zeitraumabhängige Zugriffsbeschränkung auf komplette Personalfälle

Kein Zugriff auf Personalfall nach Austritt

Neben der zeitraumabhängigen Berechtigungssteuerung auf einzelne Daten von in der Regel aktiv beschäftigten Personen besteht auch oft die Anforderung, Sachbearbeitern in SAP ERP HCM gesamte Personalfälle x Jahre nach Austritt zu entziehen, ohne diese jedoch komplett zu löschen. Über die klassische Berechtigungssteuerung ist dies durch den Wechsel von z. B. Personalbereich und/oder Mitarbeitergruppe im Rahmen der Austrittsmaßnahme nicht möglich, da der bisherige Sachbearbeiter bis zum Wechsel der genannten Attribute in den Berechtigungsfeldern des Infotyps 0001 (Organisatorische Zuordnung) weiterhin (lesenden) Zugriff auf den Personalfall hat.

Strukturelle Berechtigungen

Unabhängig von der oben beschriebenen zeitraumabhängigen Berechtigungssteuerung, basierend auf dem BAdI `HRPAD00AUTH_TIME`, können Sie eine zeitraumabhängige Berechtigungssteuerung auf komplette Personalfälle durch den Einsatz von (negativen) strukturellen Berechtigungen realisieren. Voraussetzung ist jedoch ein kleiner, kundenspezifischer Funktionsbaustein im strukturellen Berechtigungsprofil in Tabelle `T77PR` (Definition der Berechtigungsprofile) zur Bestimmung der seit x Jahren ausgetretenen Personen. Im einfachsten Fall sieht dafür eine Zuordnung von strukturellen Berechtigungsprofilen in der Transaktion OOSB (Benutzerberechtigungen, Tabelle `T77UA`) wie in Abbildung 6.18 aus.

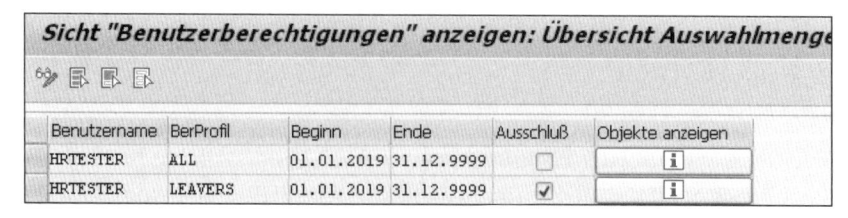

Benutzername	BerProfil	Beginn	Ende	Ausschluß	Objekte anzeigen
HRTESTER	ALL	01.01.2019	31.12.9999	☐	i
HRTESTER	LEAVERS	01.01.2019	31.12.9999	☑	i

Abbildung 6.18 Struktureller Berechtigungsprofile zuordnen (Tabelle T77UA)

Ausschlussprofil

Über das Berechtigungsprofil **ALL** erhält der Anwender die Zugriffsberechtigung – unter Berücksichtigung eventueller Einschränkungen durch die allgemeinen Berechtigungsprofile mit z. B. dem Berechtigungsobjekt `P_PORGIN` – auf alle Personalfälle.

Innerhalb der Berechtigungsprüfung beziehen sich ALL und LEAVERS lediglich auf die in SAP ERP HCM definierten Strukturen der Personalplanung und -entwicklung. Das mit Ausschlusskennzeichen zugeordnete und in diesem Beispiel LEAVERS genannte Profil schließt aus der originären Gesamtmenge durch das Profil ALL alle Personalfälle aus, die seit x Jahren ausgetreten sind.

In der Transaktion OOSP (Strukturelle Berechtigungsprofile zuordnen, Tabelle T77PR) sind dafür dem Profil LEAVERS kein Objekttyp, keine Objekt-ID und kein Auswertungsweg, sondern der oben erwähnte kundeneigene Funktionsbaustein zuzuweisen (siehe Abbildung 6.19).

Kundeneigener Funktionsbaustein

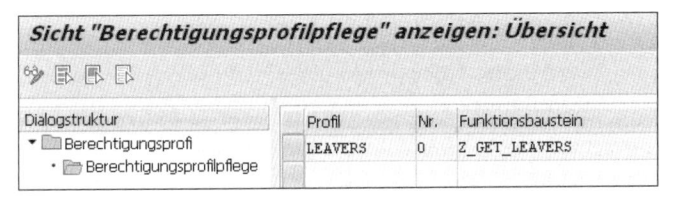

Dialogstruktur	Profil	Nr.	Funktionsbaustein
▼ Berechtigungsprofi	LEAVERS	0	Z_GET_LEAVERS
• Berechtigungsprofilpflege			

Abbildung 6.19 Berechtigungsprofil mit Funktionsbaustein (Tabelle T77PR)

Diesen kundeneigenen Funktionsbaustein können Sie so codieren, dass er nur die seit x Jahren ausgetretenen Personen ermittelt und in die interne Tabelle OBJ_TAB (LIKE HROBJECT) abstellt.

Bei der Berechtigungsprüfung werden so durch das Ausschlussprofil die seit x Jahren ausgetretenen Personalfälle dem jeweiligen Sachbearbeiter ganzheitlich nicht mehr angezeigt. Einfach gesagt, werden die durch das Beispielprofil LEAVERS ausgeschlossenen Personen von der berechtigten Objektmenge »abgezogen«.

6.3 Datenvernichtung in SAP ERP HCM mit SAP Information Lifecycle Management

Die Datenvernichtungslösung für SAP ERP HCM basiert auf der Basiskomponente SAP ILM. Zentrales Element in SAP ILM sind die Archivierungsobjekte. Sie stehen für die Zusammenfassung der Datenfelder, die in einem Arbeitsschritt bearbeitet – im Falle von SAP ERP HCM *vernichtet* – werden können. Im HCM-Umfeld sind die Archivierungsobjekte grundsätzlich gemäß den Infotypen strukturiert. Der Begriff des Archivierungsobjekts ist historisch begründet; in SAP ERP HCM können mit den Archivierungsobjekten grundsätzlich nur Daten vernichtet werden. Die wenigen Ausnahmen davon betreffen beispielsweise die Abrechnungsergebnisse und die Zeitwirtschaftsereignisse.

Defintion der Löschfristen

Ein wesentlicher Kern von SAP ILM ist das Retention Management (Prüfgebiete, Regelwerke und ihre Regeln); hier können Sie, basierend auf einem betriebswirtschaftlichen Löschkonzept, die erforderlichen Löschfristen definieren. Grundlagen dazu vermittelt Ihnen Kapitel 2, »Grundfunktionen von SAP ILM«. Die Datenvernichtung in SAP ERP HCM erfolgt aufgrund datenschutzrechtlicher Bestimmungen. Eine Datenvernichtung aus kapazitiven Gründen (Speicherplatz) ist im HCM-Umfeld grundsätzlich nicht erforderlich. Das Datenmodell von SAP ERP HCM ist so ausgerichtet, dass der Speicherbedarf eines Personalfalls überschaubar ist (Ausnahmen: Abrechnungsergebnisse und Zeitwirtschaftsereignisse). Ein gut aufgelöstes Profilbild eines Mitarbeiters wird vermutlich mehr Speicherplatz benötigen als seine gesamten Personalstammdaten.

> **Reduzierung der Datenmenge?**
> Bei der Datenvernichtung aus datenschutzrechtlichen Gründen ist – im Gegensatz zur Datenarchivierung – die Reduzierung der Datenmenge auf der Datenbank *kein* maßgebliches Ziel.

Kein Archivierungsbedarf

Eine Archivierung von Personaldaten ist demnach in der Regel auch nicht erforderlich. Die Daten können grundsätzlich bis zum Vernichten in SAP ERP HCM verbleiben. Eine Ausnahme stellen gegebenenfalls Abrechnungsergebnisse und Zeitwirtschaftsereignisse oder auch Belege der Infotyp-Protokollierung dar.

> **Besonderheit: Steigerung der Datenmenge?**
> In bestimmten Konstellationen können nach dem Vernichten von Personalstammdaten mittels SAP ILM mehr (Stamm-)Daten vorhanden sein als vor dem Vernichten. Auch wenn das auf den ersten Blick kurios erscheint, hat dieser Umstand seine Berechtigung. Wir erläutern dies in Abschnitt 6.3.5, »Ablauf der Datenvernichtung«. In der Gesamtheit der Datenvernichtung wird sich aber in Summe eine Reduzierung der Datenmenge ergeben.

> **Terminologie: Vernichten vs. Löschen**
> Die Begrifflichkeiten »Löschen« und »Vernichten« verwenden wir hier mit identischer Bedeutung. Im engeren Sinne spricht man bei der Entfernung von falsch eingegebenen Daten von *Löschen*. *Vernichtet* werden Daten, wenn Sie in produktiver Verwendung waren. Im Ergebnis sind die beiden Aktionen jedoch identisch: Die Daten werden physisch und unwiderruflich von der Datenbank entfernt. Und genau das ist das Ziel beim Datenlöschen bzw. Datenvernichten aus datenschutzrechtlichen Aspekten.

6.3.1 Grundlagen

SAP ILM wird Ihnen per Business-Funktion zur Verfügung gestellt. Relevant für die Datenvernichtung im SAP ERP HCM ist lediglich die Business-Funktion ILM (Information Lifecycle Management). Diese nicht reversible Business-Funktion können Sie z. B. über die Transaktion SFW5 (Switch Framework Customizing) aktivieren. Weitere ILM-Business-Funktionen (z. B. ILM_BLOCKING, ILM_RULE_GENERATOR etc.) werden für die Datenvernichtung in SAP ERP HCM nicht benötigt.

Business-Funktion »ILM«

> **Benötigter Releasestand in SAP ERP HCM**
> Für die Nutzung der Datenvernichtung mittels SAP ILM in SAP ERP HCM benötigen Sie mindestens den Releasestand 6.04 (EHP 4). Empfehlenswert ist jedoch der Releasestand 6.06 (EHP 6) oder höher.

Abbildung 6.20 zeigt Ihnen einen kurzen Überblick über die Grundfunktionalitäten von SAP ILM für das datenschutzkonforme Vernichten personenbezogener Daten in SAP ERP HCM.

Information Lifecycle Management (ILM)

Datenschutzkonformes Vernichten personenbezogener Daten in SAP ERP HCM

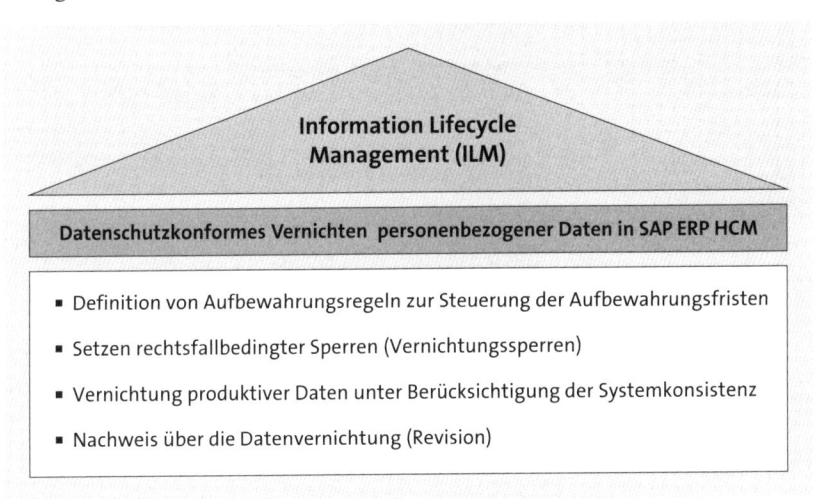

- Definition von Aufbewahrungsregeln zur Steuerung der Aufbewahrungsfristen
- Setzen rechtsfallbedingter Sperren (Vernichtungssperren)
- Vernichtung produktiver Daten unter Berücksichtigung der Systemkonsistenz
- Nachweis über die Datenvernichtung (Revision)

Abbildung 6.20 Grundfunktionalitäten von SAP ILM für SAP ERP HCM

6.3.2 Umsetzung der Datenvernichtung in SAP ERP HCM

SAP-Hinweis 2590321 (Upgrade-Empfehlungen zur Unterstützung der DSGVO-Konformität) stellt im Sinne eines Beraterhinweises eine Themensammlung aller DSGVO-relevanten SAP-Informationen zur Verfügung. Diese zentrale Informationsquelle von SAP enthält jedoch keine Aussagen zu SAP ERP HCM. Für die (vielen) Informationen bezüglich SAP ERP HCM wurde

service.sap.com

von SAP ein separater Hinweis mit der Nummer 2598362 (HCM-Ergänzung zu Hinweis 2590321) erstellt. Dieser Hinweis verweist auf diverse andere (Berater-)Hinweise und dient Ihnen als Informationsgrundlage für die datenschutzkonforme Behandlung Ihrer Daten in SAP ERP HCM.

Allgemeine Informationsquellen zu den Themen Datenarchivierung, Archive Development Kit (ADK) oder SAP ILM stellt – ohne HCM-Bezug – SAP-Hinweis 71930 (Informationsquellen zur SAP-Datenarchivierung) zur Verfügung. Weitere Informationen finden Sie außerdem in Abschnitt 1.1, »Von der Datenarchivierung zu ILM: Wo der Schuh drückte und was Abhilfe schaffte«.

Archivierungsobjekte für die Datenvernichtung in SAP ERP HCM

Die Auslieferung der ersten Archivierungsobjekte für SAP ERP HCM erfolgte im Jahr 2012 mit SAP-Hinweis 1600991 (Datenvernichtung im HCM mit ILM – Details zu neuen Archivierungsobjekten) für SAP ERP HCM EHP 6.04.

Erweiterung bestehender Archivierungsobjekte

Bestehende Archivierungsobjekte, die schon vor diesem Releasestand für die Datenarchivierung verwendet werden konnten, wurden nun um die Funktionalität der Datenvernichtung erweitert (siehe Tabelle 6.1).

Archivierungsobjekt	Bezeichnung
PA_LDOC	HR: Langzeitbelege
PA_PDOC	HR: Abrechnungsbelege für die Buchung ins RW [RW = Rechnungswesen]
PA_PIDX	HR: Indexdateien für die Buchung ins RW
PA_CALC	HR: Personalabrechnungsergebnisse
PA_TIME	HR: Zeitauswertungsergebnisse

Tabelle 6.1 Bestehende Archivierungsobjekte, die um die Funktionalität der Datenvernichtung erweitert wurden

Neue Archivierungsobjekte zur Datenvernichtung

Insbesondere wurden aber mit SAP-Hinweis 1600991 erstmalig neue Archivierungsobjekte für die Datenvernichtung ausgeliefert. Auszugsweise seien hier die in Tabelle 6.2 aufgeführten Archivierungsobjekte erwähnt.

6.3 Datenvernichtung in SAP ERP HCM mit SAP Information Lifecycle Management

Archivierungsobjekt	Bezeichnung
HRPA_TASK	HR: Terminverfolgung
HRTIM_ABS	HR: Abwesenheiten
HRTIM_ATT	HR: Anwesenheiten
HRTIM_AVAL	HR: Bereitschaften
HRTIM_MAT	HR: Mutterschutz
HRTIM_MIL	HR: Wehr-/Ersatzdienst
HRTIM_OVER	HR: Mehrarbeiten
HRTIM_QUOT	HR: Zeitkontingente
HRTIM_REQ	HR: Abwesenheitsanträge/Zeitbuchungskorrekturen
HRTIM_SUBS	HR: Vertretungen
HRTIM_TEV	HR: Zeitereignisse
HRHAP_DOC	HR: Beurteilungsdokumente
HRLSO_CRSE	HR: Veranstaltungen/Trainings
HRLSO_CURR	HR: Curricula
HRLSO_ELRN	HR: E-Learnings

Tabelle 6.2 Neue Archivierungsobjekte für die Datenvernichtung mit SAP-Hinweis 1600991

Die für das E-Recruiting relevanten Archivierungsobjekte zur Vernichtung von z. B. Bewerberdaten enthält SAP-Hinweis 1634262 (Details: Löschen von personenbezogenen Daten im E-Recruiting), siehe auch Tabelle 6.3.

Archivierungsobjekte für E-Recruiting

Archivierungsobjekt	Bezeichnung
HRRCF_APPL	HR: E-Recruiting – Bewerbung
HRRCF_CAND	HR: E-Recruiting – Kandidat
HRRCF_REQ	HR: E-Recruiting – Suchauftrag

Tabelle 6.3 Archivierungsobjekte für die Datenvernichtung im E-Recruiting (SAP-Hinweis 1634262)

Deutschlandspezifische Archivierungsobjekte

Die deutschlandspezifischen Archivierungsobjekte wurden mit SAP-Hinweis 1644279 (Datenschutz: Vernichtung deutscher Personalstammdaten) ausgeliefert, siehe Tabelle 6.4.

Archivierungsobjekt	Bezeichnung
HRCDEAT	HR: Altersteilzeit
HRCDEAV	HR: AVmG/Direktversicherung
HRCDEBA	HR: betriebliche Altersvorsorge
HRCDEBR	HR: Betriebsrenten
HRCDEBW	HR: Bescheinigungen
HRCDECI	HR: Bauwirtschaft
HRCDEED	HR: elektronischer Datenaustausch
HRCDEJE	HR: Angaben zur Jahresentgeltprüfung
HRCDEKU	HR: Saison-/Kurzarbeitergeld
HRCDEPF	HR: Pfändung
HRCDEPS	HR: Stammdaten öffentlicher Dienst
HRCDESV	HR: Sozialversicherung
HRCDETX	HR: deutsche Steuerdaten
HRCDEVL	HR: Vermögensbildung D

Tabelle 6.4 Deutschlandspezifische Archivierungsobjekte für die Datenvernichtung (SAP-Hinweis 1644279)

Mit diesen Archivierungsobjekten der »ersten Auslieferungswelle« können Sie vorrangig Daten aus Zeitwirtschaftsinfotypen sowie aus der Learning Solution (LSO), dem E-Recruiting und dem Beurteilungssystem vernichten.

Archivierungsobjekte für PA-Stammdaten

Nach der erstmaligen Auslieferung im Jahr 2012 erfolgten mehrere »Auslieferungswellen« – grob gesagt in Jahreszyklen –, mit denen Ihnen SAP nach und nach weitere Archivierungsobjekte zur Verfügung stellte. So wurden im Jahr 2013 mit SAP-Hinweis 1728536 (Details: Löschen von personenbezogenen Daten in SAP ERP HCM, Teil 2) die in Tabelle 6.5 aufgeführten Archivierungsobjekte ausgeliefert.

Archivierungsobjekt	Bezeichnung
HR_QUALI	HR: Qualifikationen
HRHCP_PLAN	HR: Personalkostenplanung
HRPA_ADJRN	HR: Anpassungsgründe
HRPA_ADRS	HR: Anschrift
HRPA_BNMDI	HR: medizinische Arbeitgeberleistungs- Informationen
HRPA_BNPLN	HR: Arbeitgeberleistungspläne
HRPA_CMNTN	HR: Kommunikation
HRPA_EXORG	HR: externe Organisationen
HRPA_FMLYM	HR: Familie/Bezugsperson
HRPA_GBENI	HR: Arbeitgeberleistungsinformation
HRPA_HCEIN	HR: HCE-Informationen
HRPA_INTMS	HR: werksärztlicher Dienst
HRPA_LOAN	HR: Darlehen
HRPA_MGE	HR: Management globaler Mitarbeiter
HRPA_NTFTN	HR: Mitteilungen
HRPA_OBJLN	HR: Leihgaben
HRPA_PYDTL	HR: Zahlungsangaben
HRPA_PYRST	HR: Abrechnungsinfotypen
HRPA_REMUN	HR: Entgelt

Tabelle 6.5 Neue Archivierungsobjekte für die Datenvernichtung mit SAP-Hinweis 1728536

Für die in SAP-Hinweis 1728536 ausgelieferten Archivierungsobjekte HRPA_ADRS, HRPA_CMNTN und HRPA_LOAN gibt es zwischenzeitlich neuere Archivierungsobjekte, bei denen die Gruppierung der Subtypen in Archivierungsteilobjekte per Customizing möglich ist (siehe Tabelle 6.6 und Abbildung 6.27).

Optimierung schon ausgelieferter Archivierungsobjekte

Archivierungsobjekt alt	Archivierungsobjekt neu
HRPA_ADRS HR: Anschrift	HRPA_ADRGR HR: Anschrift (mit Gruppierung); ausgeliefert mit SAP-Hinweis 2493493
HRPA_CMNTN HR: Kommunikation	HRPA_CMNGR HR: Kommunikation (mit Gruppierung); ausgeliefert mit SAP-Hinweis 2527170
HRPA_LOAN HR: Darlehen	HRPA_LO_GR HR: Darlehen (mit Gruppierung); ausgeliefert mit SAP-Hinweis 2448633

Tabelle 6.6 Optimierung bestehender Archivierungsobjekte

Weitere Archivierungsobjekte für PA-Stammdaten (2015)

In einer weiteren »Auslieferungswelle« wurden mit den SAP-Hinweisen 2233268 (Löschen von personenbezogenen Daten in SAP ERP HCM, November 2015), 2125362 (Löschen von personenbezogenen Daten zu Statistiken, Infotyp 0033) und 2155686 (Löschen von personenbezogenen Daten in SAP ERP HCM, Mai 2015) im Jahr 2015 die Archivierungsobjekte aus Tabelle 6.7 ausgeliefert.

Archivierungsobjekt	Bezeichnung
HRPA_CTRCT	HR: Vertragsbestandteile
HRPA_COSTD	HR: Kostenverteilung
HRPA_PWAT	HR: Vollmachten
HRPA_CRPFC	HR: Betriebliche Funktion
HRC99STAT	HR: Statistiken
HRPA_CHLLN	HR: Behinderung
HRPA_EDUC	HR: Ausbildung
HRPA_PREMP	HR: Andere/frühere Arbeitgeber
HRTIM_PWS	HR: Sollarbeitszeit

Tabelle 6.7 Neue Archivierungsobjekte für die Datenvernichtung mit den SAP-Hinweisen 2233268, 2125362 und 2155686

6.3 Datenvernichtung in SAP ERP HCM mit SAP Information Lifecycle Management

Im Jahr 2016 folgten dann mit den SAP-Hinweisen 2308265 (Löschen persönlicher Daten in HCM (Mai 2016)), 2450554 (Löschen von persönlichen Daten in SAP ERP HCM, Mai 2017), 2448623 (HCMDP: Löschen von personenbezogenen Daten aus Infotyp 0045, Darlehen, Mai 2017) und 2319004 (Archivierung und Vernichtung für HCM-Talentmanagement und -Talententwicklung) insbesondere die Archivierungsobjekte aus Tabelle 6.8.

Weitere Archivierungsobjekte für PA-Stammdaten (2016)

Archivierungsobjekt	Bezeichnung
HRPA_INDAT	HR: betriebsinterne Daten
HRPA_INSTR	HR: Belehrungen
HRPA_INSUR	HR: Versicherungen
HRPA_WRKCN	HR: Betriebsräte
HRTIM_REC	HR: Zeiterfassungsinformation
HRPD_TMC	HR: Talentmanagement
HRPD_PREL	HR: Verknüpfungen zur Person

Tabelle 6.8 Neue Archivierungsobjekte für die Datenvernichtung mit den SAP-Hinweisen 2308265, 2450554, 2448623 und 2319004

Ein wesentliches Archivierungsobjekt aus Tabelle 6.8 stellt beispielsweise das Archivierungsobjekt HRPD_PREL zum Vernichten von Verknüpfungen zu Personen in Tabelle HRP1001 (und gegebenenfalls abhängigen Tabellen) dar. Das Archivierungsobjekt HRPD_PREL umfasst ein Schreibprogramm und ein Löschprogramm. Die Verknüpfungsarten sind vorab zu sogenannten *Archivierungsteilobjekten* zu gruppieren (siehe den letzten Customizing-Punkt in Abbildung 6.27). Sie können jedoch nicht alle Verknüpfungsarten mit dem Archivierungsobjekt HRPD_PREL vernichten, da einige Verknüpfungsarten über andere Archivierungsobjekte vernichtet werden oder nicht vernichtet werden können (z. B. die Inhaberverknüpfung 008 zwischen Person und Planstelle).

Archivierungsobjekt HRPD_PREL

Sofern eine Verknüpfungsart nicht erlaubt ist, gibt Ihnen das System bei der Zuordnung der Verknüpfungsart zum Archivierungsteilobjekt eine Meldung aus. Die über das Archivierungsobjekt HRPD_PREL nicht vernichtbaren Verknüpfungen können Sie auch der Methode IS_RELAT_EXCLUDED der Klasse CL_HR_HRPD_PREL_UTILITIES entnehmen. Hier sind die (vielen) exkludierten Verknüpfungen hart codiert.

Das Archivierungsobjekt HRPD_PREL bietet neben der Vernichtungsfunktionalität auch die Möglichkeit, die Verknüpfungsdaten zu archivieren.

SAP Learning Solution

Für den Bereich *SAP Learning Solution* (LSO) wurden zu den vorhandenen Archivierungsobjekten HRLSO_CRSE, HRLSO_CURR und HRLSO_ELRN (siehe Tabelle 6.2) mit SAP-Hinweis 2340572 (Löschen von Personendaten in Human Capital Management – SAP Learning Solution) die beiden weiteren LSO-spezifischen Archivierungsobjekte HRLSO_H (HR: externe Person) und HRLSO_U (HR: Unternehmen) zur Verfügung gestellt. Abgerundet wird die Datenvernichtung im Bereich der LSO neuerdings mit dem durch SAP-Hinweis 2733034 (Löschen von Daten zur Person in Human Capital Management für die Personalnummer (PERNR) – SAP Learning Solution) hinzugekommenen Archivierungsobjekt HRLSO_P (HR: LSO Personnel Number).

Archivierungsobjekt für deutsche Meldedaten

Die vorerst letzte »Auslieferungswelle« gab es im Jahr 2017 mit dem (Sammel-)Hinweis 2503307 (Datenvernichtung: Vernichtung von Meldedaten, Abrechnung Deutschland) für die Vernichtung der deutschen Meldedaten (Archivierungsobjekt HRCDENT für LStB, ELStAM, DEÜV und EEL).

Eine Auflistung aller international verfügbaren länderspezifischen Archivierungsobjekte mit einer Referenz auf die entsprechenden SAP-Hinweise enthält der (Sammel-)Hinweis 1853572 (Master Note for Data Privacy Localizations).

Namenskonvention

Für welchen Bereich in SAP ERP HCM ein Archivierungsobjekt eingesetzt werden kann, können Sie grundsätzlich an der technischen Bezeichnung erkennen. Die Archivierungsobjekte in SAP ERP HCM unterliegen der Namenskonvention gemäß Tabelle 6.9 und Tabelle 6.10.

Zum Beispiel stehen Ihnen alle mit HRTIM… beginnenden Archivierungsobjekte für die Vernichtung von Zeitwirtschaftsinformationen zur Verfügung. Alle mit HRPA… beginnenden Archivierungsobjekte stehen Ihnen für die Vernichtung von (internationalen) personalwirtschaftlichen Stammdaten zur Verfügung.

Präfix des Archivierungsobjekts	Verwendung für	Anzahl der Archivierungsobjekte im SAP-Standard
HRPA…	PA-Stammdaten, international	32
HRTIM…	PT-Stammdaten, international	12
HRRCF…	E-Recruiting	03
HRLSO…	Learning Solution	06
HRIQ…	Student Lifecycle Management	12

Tabelle 6.9 Namenskonvention bei Archivierungsobjekten für SAP ERP HCM (1)

6.3 Datenvernichtung in SAP ERP HCM mit SAP Information Lifecycle Management

Die länderspezifischen Archivierungsobjekte bedienen sich der Namenskonvention aus Tabelle 6.10.

Präfix des Archivierungsobjekts	Verwendung für	Anzahl der Archivierungsobjekte im SAP-Standard
HRCDE...	DE – Deutschland	17
HRCAT...	AT – Österreich	13
HRCCH...	CH – Schweiz	07
HRC99...	mehrere Länder	22

Tabelle 6.10 Namenskonvention bei Archivierungsobjekten für SAP ERP HCM (2)

Suchen und Finden von Archivierungsobjekten

Entscheidend im HCM-Umfeld ist natürlich, welches Archivierungsobjekt Ihnen für das Vernichten welches Infotyps zur Verfügung steht. Um das herauszufinden, können Sie die Transaktion DB15 (Datenarchivierung: DB-Tabellen) nutzen. Alternativ ist diese Analysefunktionalität auch über die Transaktion SARA (Archivadministration) und die Schaltfläche **DB-Tabellen** zu erreichen.

Transaktion DB15

Transaktion DB15 (Datenarchivierung: DB-Tabellen) bietet Ihnen die Möglichkeit, ausgehend von einer bekannten Datenbanktabelle das Archivierungsobjekt zu finden, das diese Tabelle berücksichtigt (siehe Abbildung 6.21).

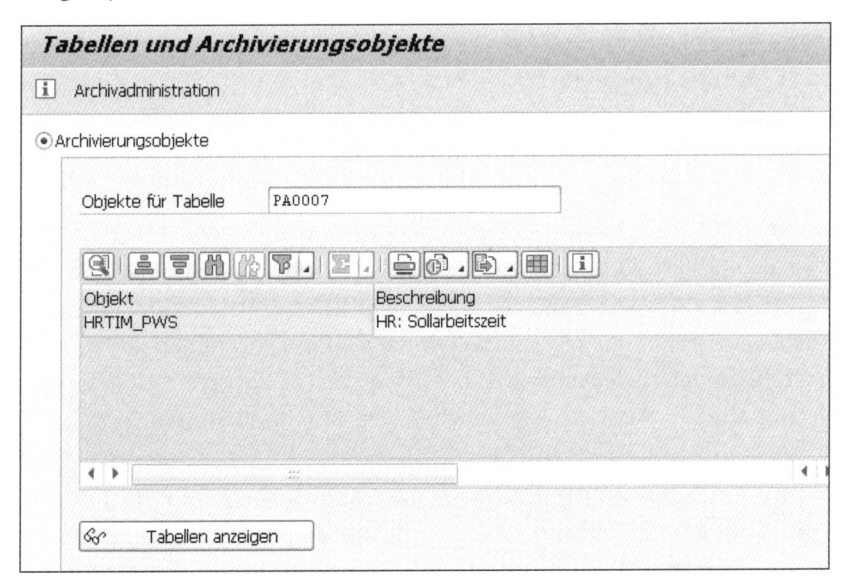

Abbildung 6.21 Transaktion DB15 – Archivierungsobjekte herausfinden

Mit der Transaktion DB15 (Datenarchivierung: DB-Tabellen) können Sie jedoch auch invers vorgehen, sich also ausgehend von einem bekannten Archivierungsobjekt die Datenbanktabellen auflisten lassen, aus denen das Archivierungsobjekt Daten löscht.

Lassen Sie sich im HCM-Umfeld in der Transaktion DB15 (Datenarchivierung: DB-Tabellen) nicht von der Bezeichnung **Tabellen, aus denen Daten archiviert werden** des Radiobuttons verwirren (siehe Abbildung 6.22). Wie eingangs beschrieben, unterstützen die Archivierungsobjekte für SAP ERP HCM grundsätzlich nur die Datenvernichtung.

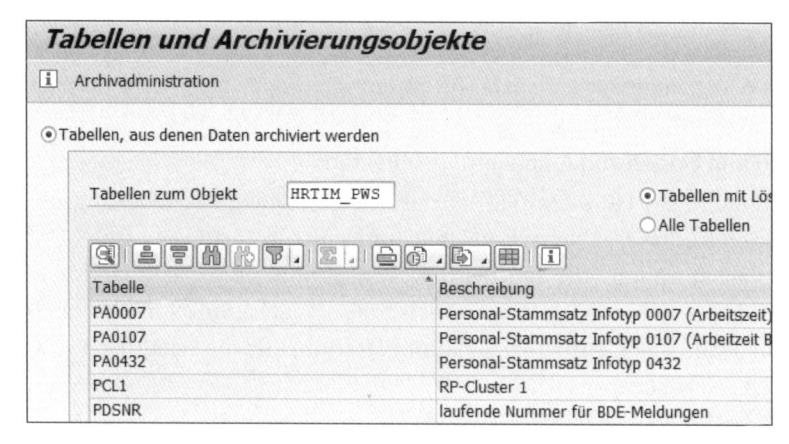

Abbildung 6.22 Transaktion DB15 – Tabellen herausfinden

Anhand des Beispiels aus Abbildung 6.22 erkennen Sie auch, dass ein Archivierungsobjekt nicht nur einen singulären Infotyp abdeckt, sondern dass auch technisch abhängige Infotypen (z. B. Infotyp 0107, Arbeitszeit (BE)) und insbesondere auch Cluster-Dateien (hier das Text-Cluster PCL1 (RP-Cluster 1) der Infotypen) berücksichtigt werden.

Überblick über die berücksichtigten Infotypen im SAP-Standard

Überblick über berücksichtigte Infotypen

Einen Überblick darüber, für welche Infotypen der SAP-Standard aktuell Archivierungsobjekte zum Vernichten der Infotyp-Daten zur Verfügung stellt, zeigt Abbildung 6.23. Sie soll Ihnen aber lediglich einen groben Eindruck über den Abdeckungsgrad der Infotypen mit Archivierungsobjekten vermitteln; die Wahrheit liegt üblicherweise immer im System.

Keine Archivierungsobjekte

Wie Sie es Abbildung 6.23 auch entnehmen können, bietet der SAP-Standard keine Archivierungsobjekte an, um Daten aus den Infotypen 0000–0003 oder aus dem Infotyp 0008 vernichten zu können. Hintergrund ist, dass ein Personalfall in SAP ERP HCM ohne die Infotypen 0000–0003 technisch nicht konsistent existent sein kann. Das Löschen von älteren Datensätzen im Infotyp 0000 (Maßnahmen) würde bedeuten, dass man die (unter anderem auch technisch bedingte) Historie einer Person beschneidet. Insbesondere auf dem ersten Datensatz des Infotyps 0000 (Maßnahmen) basieren auch mehrere Fristberechnungen. Auch das Herausschneiden von vergangenen Datensätzen im Infotyp 0000 (Maßnahmen) scheidet aufgrund der Zeitbindung des Infotyps aus.

HRPA				HRTIM	HRCDE				HRCAT		HRCCH		HRC99
0004	0037	0267	0455	0005	0010	0117	0265	0651	0979	0134	0980	0077	0278
0006	0040	0375	0456	0007	0012	0118	0271	0652	0978	0133	0977	0182	0279
0009	0045	0376	0457	0050	0013	0119	0320	0653	0976	0132	0600	0185	0048
0011	0054	0377	0458	0080	0020	0123	0321	0699	0813	0131	0511	0861	3400
0014	0057	0378	0459	0081	0026	0124	0323	0700	0797	0058	0120	0442	0033
0015	0078	0379	0460	0083	0029	0126	0326	0745	0794	0056	0046	3228	0299
0016	0105	0402	0579	0416	0049	0189	0329	0746	0751	0055	0039	0295	0291
0019	0128	0403	0702	0424	0051	0190	0330	0747	0662	0044	0038	0296	3408
0021	0165	0446	0703	0425	0053	0191	0341	0780	0632	0043	0036	0292	3409
0022	0167	0447	0704	0597	0192	0368	0781	0527	0042	3394	0293	3410	
0023	0168	0448	0705	2001	0093	0201	0406	0782	0526			0509	
0027	0169	0449	0706	2002	0111	0202	0512	0904	0484			0554	
0028	0170	0450	0707	2003	0112	0203	0521	0908	0467			0598	
0030	0171	0451	0708	2004	0113	0215	0592	0942	0367			3213	
0032	0172	0452	0710	2005	0114	0229	0593		0137			0183	
0034	0219	0453	0715	2006	0115	0232	0595		0136			0290	
0035	0236	0454		2007	0116	0263	0650		0135			0298	
				2012									
				2013									

Abbildung 6.23 Überblick über die per Standardarchivierungsobjekte vernichtbaren Infotypen

Ein ähnliches Bild ergibt sich bei den Infotypen 0001 (Organisatorische Zuordnung) und 0002 (Daten zur Person). Gerade der erste Datensatz des Infotyps 0002 (Daten zur Person) hat mit dem auf das Geburtsdatum des Mitarbeiters gesetzten Beginndatum eine Sonderstellung.

Auch für das Löschen alter Datensätze im Infotyp 0008 (Basisbezüge) bietet der SAP-Standard aktuell noch kein Archivierungsobjekt an, da vergangene bzw. alle Datensätze in diesem Infotyp grundsätzlich auch für Fristberechnungen benötigt werden.

6.3.3 Löschsystematik

Die Datenvernichtung mittels SAP ILM entspricht der klassischen Aktenvernichtung im Reißwolf. Technisch setzt das System beim Datenvernichten einen DELETE-Befehl an die Datenbank ab. Die Daten werden dadurch physisch und unwiderruflich aus dem SAP-System entfernt. Eine Rekonstruktion mit den SAP-Entwicklungswerkzeugen (ABAP-Coding) ist ausgeschlossen. Ob die Daten auf der Datenbankebene oder gar auf der Betriebs-

Physische Löschung

systemebene erst durch ein erneutes Überschreiben endgültig gelöscht werden, ist daher irrelevant.

Datensätze in SAP ERP HCM werden durch die Datenvernichtung entweder gelöscht oder nicht gelöscht. Das heißt, es erfolgt durch die Datenvernichtung keinesfalls eine bloße Anpassung von eventuell nur teilweise zu vernichtenden Daten.

Keine Abgrenzung von Datensätzen

Abbildung 6.24 zeigt dies beispielhaft mit zwei Datensätzen eines zu vernichtenden Infotyps. Der Datensatz 1 liegt vollständig im Vernichtungszeitraum und wird gelöscht. Der Datensatz 2 geht mit seinem Endedatum über das »Vernichten-bis-Datum« hinweg. Dieser Datensatz wird nicht gelöscht und nicht verändert, also z. B. auch nicht auf das »Vernichten-bis-Datum« abgegrenzt (verkürzt). Der Datensatz 2 bleibt also vollständig und unverändert erhalten.

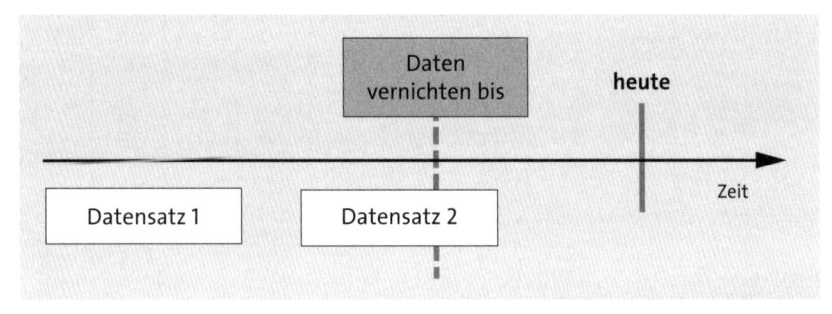

Abbildung 6.24 Systematik bei das »Vernichten-bis-Datum« überschreitenden Datensätzen

6.3.4 Konfiguration

Information Retention Manager

Die erforderlichen Einstellungen für die Datenvernichtung werden in SAP ILM als *Retention Management* bezeichnet. Der *Information Retention Manager* (IRM) ist das zentrale Werkzeug für die Definition von Regelwerken und Regeln zur Steuerung des Lebenszyklus von Daten.

Customizing

Bei der Konfiguration wird zwischen *mandantenunabhängigem Basis-* und *Objekt-Customizing* sowie *mandantenabhängigem Customizing* der Aufbewahrungsregeln unterschieden. Im Bereich des mandantenübergreifenden Basis- und Objekt-Customizings sind die von SAP definierten Grundeinstellungen für die Definition und Konfigurierbarkeit von Aufbewahrungsregeln hinterlegt. Weitere Informationen dazu finden Sie in Kapitel 3, »Zusatzfunktionen im Retention-Management-Szenario«.

Diese entwicklungsnahen Einträge sind von SAP vorgenomme Standardeinstellungen. Sofern Sie keine kundeneigenen Archivierungsobjekte anlegen, sind in den Transaktionen AOBJ (Definition Archivierungsobjekte)

6.3 Datenvernichtung in SAP ERP HCM mit SAP Information Lifecycle Management

und IRM_CUST (IRM-Customizing) grundsätzlich keine Einstellungen erforderlich. Informationen zum Anlegen von ILM-Objekten für Anwendungen im Kundennamensraum finden Sie in Kapitel 9, »Den Datenlebenszyklus kundeneigener Entwicklungen mit SAP ILM verwalten«.

> **Mandantenübergreifenden Basis- und Objekt-Customizings**
> Die von SAP ausgelieferten entwicklungsnahen Standardeinträge im mandantenübergreifenden Basis- und Objekt-Customizing sind für die Datenvernichtung in SAP ERP HCM in der Regel unverändert zu belassen.

Das kundenindividuelle Customizing der Löschfristen ist mandantenspezifisch (mandantenabhängig). Beim Customizing der Löschfristen (auch Aufbewahrungsregeln genannt) spricht man auch von Einstellungen im Information Retention Management.

Regelwerke definieren

> **Information Retention Manager (IRM)**
> Mit dem Information Retention Manager stellt SAP lediglich einen Rahmen zur Verfügung, anhand dessen Sie Regelwerke zum Management der Löschfristen definieren können. Sie sind allein verantwortlich für die Definition und Ausführung der Regelwerke und die diesbezügliche Einhaltung der anwendbaren, gesetzlichen Regelungen, insbesondere der gesetzlichen Löschfristen. SAP übernimmt diesbezüglich keine Haftung oder Gewähr.

Für das Regelwerk-Customizing ist die Kenntnis einiger Begrifflichkeiten erforderlich. In Abbildung 6.25 finden Sie die zentralen Begriffe für die Datenvernichtung in SAP ERP HCM.

Terminologie

Im HCM-Kontext ist das Bezugsdatum für die Ermittlung der Löschfrist generell das Tagesdatum. Über sogenannte Zeitbezüge und insbesondere Zeitversätze (siehe weiter unten in diesem Abschnitt) kann sich die Löschfrist auch ausgehend vom 01.01. eines Jahres (bzw. vom 31.12. des Vorjahres) berechnen.

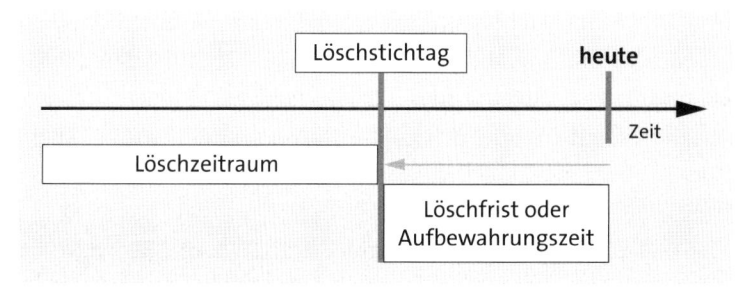

Abbildung 6.25 Begriffsdefinitionen

415

Der Begriff des Löschzeitraums ist dabei ausschließlich im HCM-Kontext anzutreffen. SAP ILM kennt diese Begrifflichkeit für gewöhnlich nicht.

Löschen = Vernichten

Statt dem Begriff *Lösch-...* wird auch oft der Begriff *Vernichtungs-...* oder *Datenvernichtungs-...* verwendet, z. B. *Vernichtungszeitraum* oder *Datenvernichtungszeitraum*. Die Begrifflichkeiten *Lösch-/Vernichtungsfrist* und *Aufbewahrungszeit* werden in diesem Zusammenhang oft als Synonyme verstanden.

Basis-Customizing

Dateipfad und Dateiname

Die Datenvernichtung in SAP ERP HCM bedient sich grundlegender Basisfunktionalitäten von SAP ILM. Demnach wird auch beim Datenvernichten in SAP ERP HCM eine (temporäre) Datendatei (Archivdatei) erzeugt. Diese Archivdatei wird im Vernichtungsprozess aber systemseitig gleich wieder gelöscht. Dennoch benötigt die Datei einen Namen sowie einen Ablageort. Der *logische Dateiname* wird in den technischen Einstellungen des archivierungsobjektspezifischen Customizings dem jeweiligen Archivierungsobjekt zugeordnet.

Der Ablageort befindet sich dabei direkt auf dem Dateisystem (File-System) des SAP-ERP-Systems (Transaktion AL11, Display SAP-Directories).

[»] **Kein Archivierungssystem notwendig**
Ein separates Archivierungssystem wird für die Datenvernichtung in SAP ERP HCM nicht benötigt.

Transaktion FILE

Das sogenannte Basis-Customizing findet in der Transaktion FILE (Dateinamen/-pfade mandantenunabhängig) statt. Weitere Informationen dazu finden Sie in Abschnitt 1.1, »Von der Datenarchivierung zu ILM: Wo der Schuh drückte und was Abhilfe schaffte«.

Objekt-Customizing

In der Transaktion SARA (Archivadministration) können Sie durch Drücken der Schaltfläche **Customizing** und die anschließende Auswahl von **Archivierungsobjektspezifisches Customizing: Technische Einstellungen** die Verbindung zwischen Archivierungsobjekt und logischem Dateinamen sehen. Zudem ist hier die zentrale Einstellung bezüglich des Startzeitpunkts des jeweiligen Löschjobs definiert.

Größe einer Archivdatei

Auf eine Besonderheit für die Datenvernichtung in SAP ERP HCM im Objekt-Customizing möchten wir Sie hier hinweisen: Im Auslieferungsstandard ist die maximale Größe einer Archivdatei auf 100 MB beschränkt (siehe Abbildung 6.26, Feld **Maximale Größe in MB**). Dies bedeutet bei der originären Datenarchivierung, dass bei der Erreichung des Schwellenwerts die aktuelle Archivdatei geschlossen und eine neue Archivdatei angelegt wird. Die Datenvernichtung für SAP ERP HCM kann jedoch nur mit **einer** Archivdatei pro Vernichtungslauf umgehen.

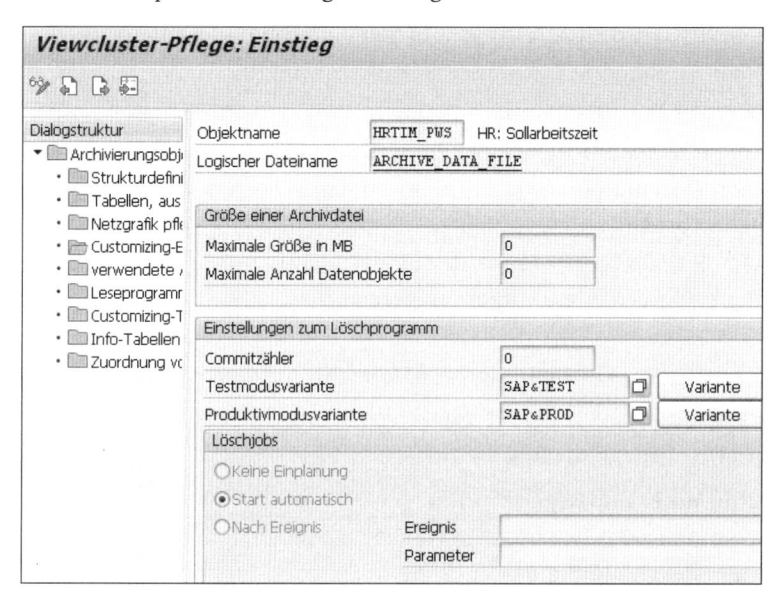

Abbildung 6.26 Transaktion SARA – maximale Größe der (temporären) Archivdatei

Mit dem SAP-Hinweis 2485923 (HCMDP: Customizing-Einstellungen für Archivierungsobjekte werden nicht an erwartete Datenmenge angepasst) aus dem Jahr 2017 empfiehlt SAP daher, den Wert im Feld **Maximale Größe in MB** auf null zu setzen. Bei einer nicht explizit definierten Größe wird die maximale Größe systemseitig automatisch auf 2 GB gesetzt (siehe auch die [F1]-Hilfe zum Feld).

Maximalgröße der Archivdatei auf 0 MB setzen

Dieser Speicherumfang sollte nun für alle Archivierungsobjekte, die Sie für die Datenvernichtung in SAP ERP HCM einsetzen wollen, ausreichen. Sollten Sie aufgrund der Anzahl der zu bearbeitenden Personalfälle dennoch von größeren Datenmengen ausgehen – vermutlich ist das jedoch nur im Bereich der Vernichtung von Abrechnungsergebnissen und Zeitereignissen mehrerer Jahre notwendig – wären die Personalfälle zu paketieren und mehrere Vernichtungsläufe pro Archivierungsobjekt auszuführen.

Wie in SAP-Hinweis 2485923 erwähnt, kann die Anpassung der maximalen Größe von Archivdateien nicht automatisch per Support Package (SP) erfol-

Manuelle Anpassung

gen, da die Tabelle ARCH_USR die Auslieferungsklasse G hat (Customizing-Tabelle, gegen SAP UPD geschützt, nur INS erlaubt).

Sollten Sie also in einem Vernichtungslauf so viele Personalfälle bearbeiten, dass Sie in einem Lauf mehr als 100 MB Daten vernichten (bzw. eine temporäre Archivdatei in dieser Größenordnung für die Vernichtung erforderlich wird), wäre die Anpassung »auf den Wert 0 (null)« gemäß SAP-Hinweis 2485923 (mandantenunabhängig) durchzuführen.

Automatischer Start des Löschprogramms

Der Vollständigkeit halber sei hier noch die Datengruppe **Löschjobs** in Abbildung 6.26 erwähnt. Die Einstellung **Start automatisch** bedeutet, dass nach dem Schreibprogramm automatisch das Löschprogramm gestartet wird (siehe Abschnitt 6.3.5, »Ablauf der Datenvernichtung«). Der automatische Start des Löschprogramms ist standardmäßig nur bei den Archivierungsobjekten mit Vorlaufprogramm gesetzt.

Grundlagen für die Konfiguration von Vernichtungsregeln

Inhalt einer Löschregel

Eine Vernichtungsregel benötigt für die Datenvernichtung in SAP ERP HCM im Customizing folgende Angaben:

1. **Regelnummer und Regelpriorität**
   Die Nummer wird systemseitig vergeben. Sollten Sie für ein Regelwerk mehrere Regeln konfigurieren, können Sie über die Priorität festlegen, welche Regel angewendet werden soll, falls mehrere Regeln die Löschbedingungen erfüllen. Für die Datenvernichtung in SAP ERP HCM ist jedoch pro Regelwerk oft nur eine Regel erforderlich.

2. **Löschfrist**
   SAP ILM stellt Ihnen hierfür in der Konfiguration die beiden Felder **Minimaler Aufbewahrungszeitraum** und **Maximaler Aufbewahrungszeitraum** zur Verfügung. Für die Datenvernichtung in SAP ERP HCM ist die erforderliche Löschfrist jedoch lediglich in das Feld **Minimaler Aufbewahrungszeitraum** einzutragen. Als Zeiteinheiten stehen Ihnen Tag (DAY), Monat (MON) und Jahr (ANN) zur Verfügung.

3. **Zeitbezug und Zeitversatz**
   Die konkrete Löschfrist ergibt sich immer aus der Kombination von Zeiteinheit (in der Praxis in der Regel ANN) mit Zeitbezug und (optionalem) Zeitversatz.

4. **Bedingungen (optional)**
   Optional können Sie Bedingungen hinterlegen, unter denen die Regel gilt. Die möglichen Bedingungsfelder sind abhängig vom jeweiligen Archivierungsobjekt.

Um mit Löschfristen die Vernichtbarkeit von Daten ermitteln zu können, muss aus den zu vernichtenden Daten immer ein Zeitpunkt als Bezugsgröße für die Fristberechnung abzuleiten sein. Im Bereich von SAP ERP HCM ist dies in der Regel kein Problem, da gemäß dem Datenmodell von SAP ERP HCM alle Stammdatensätze mit einem Beginn- und einem Endedatum gespeichert sind. Der relevante Bezugspunkt, um einen Datensatz in einem Infotyp zeitlich als »alt« (und somit vernichtbar) zu bewerten, ist das Endedatum des Datensatzes.

Bezugsgröße erforderlich, aber kein Problem

> **Bezugszeitpunkt für die Anwendung der Löschfrist**
> Zeitlicher Bezugszeitpunkt bei Infotypen ist grundsätzlich das Endedatum eines Datensatzes.

Dies bedeutet aber auch, dass Datensätze, die nach dem Austritt einer Person immer noch bis zum 31.12.9999 vorhanden sind (da diese im Rahmen der Austrittsmaßnahme nicht abgegrenzt wurden), eigentlich nicht vernichtbar sind. Ein weiterer Bezugszeitpunkt in SAP ERP HCM kann daher auch das Austrittsdatum einer Person sein (hinterlegt im Infotyp 0000, Maßnahmen). Das heißt, bei ausgetretenen Personen können auch Datensätze gelöscht werden, deren Endedatum in der Zukunft liegt. Hier wird dann nicht auf das Alter (Endedatum) des konkret zu vernichtenden Infotyps geschaut, sondern auf das Austrittsdatum bzw. den Status der Beschäftigung im Infotyp 0000 (Maßnahmen), P0000-STAT2 = 0.

Austrittsdatum

Die Entscheidung, welches Datum als Referenz für die Anwendung der Löschfrist verwendet wird, treffen Sie über den Zeitbezug innerhalb der Löschregel.

Zeitbezüge und Zeitversätze

Für SAP ERP HCM stehen Ihnen drei wesentliche *Zeitbezüge* für die Festlegung der Löschfristen zur Verfügung:

- HCM_END_OF_RECORD: Ende des Datensatzes
- HCM_TERMN_DATE: Austrittsdatum des Mitarbeiters
- END_OF_YEAR: Ende des Jahres

Zudem gibt es den Feldwert END_OF_YEAR auch noch als Zeitversatz (dazu später mehr). Im Folgenden gehen wir auf die Wirkung der drei genannten zentralen Zeitbezüge für SAP ERPP HCM im Zusammenspiel mit und ohne Zeitversätzen ein.

Die im Regelwerk-Customizing definierte Löschfrist wird beim Zeitbezug HCM_END_OF_RECORD, ausgehend vom Tagesdatum (sy-datum), angewendet.

Zeitbezug HCM_END_OF_RECORD

Alle Datensätze, die älter als der durch die Löschfrist ermittelte Löschstichtag sind, werden somit vernichtet. Die Altersermittlung eines Datensatzes erfolgt dabei über das Endedatum eines Infotyp-Datensatzes. Tabelle 6.11 zeigt ein Beispiel.

Heute (Systemdatum)	21.09.2019
Löschfrist im Regelwerk	5 Jahre
Zeitbezug im Regelwerk	HCM_END_OF_RECORD
Löschstichtag gemäß Regelwerk	21.09.2014
Ergebnis	Infotyp-Sätze mit Endedatum < 21.09.2014 werden vernichtet.

Tabelle 6.11 Ermittlung des Löschstichtags bei Zeitbezug HCM_END_OF_RECORD (Beispiel)

Ein Datensatz, der z. B. am 01.01.2000 beginnt und am 31.12.2015 endet, verbleibt demnach unverändert im System.

[»] **Zeitbezug HCM_END_OF_RECORD**
Beim Zeitbezug HCM_END_OF_RECORD ist für die Berechnung des Vernichtungsstichtages entscheidend, wann der Anwender das Archivierungsobjekt in der Transaktion SARA (Archivadministration) ausführt.

Zeitbezug END_OF_YEAR

Die eingestellte Löschfrist wird beim Zeitbezug END_OF_YEAR unabhängig vom konkreten Tag innerhalb eines Kalenderjahres angewendet. Das System ermittelt den Löschstichtag immer ausgehend vom 31.12. des Vorjahres. Dabei werden dann wiederum alle Datensätze, die älter als der ermittelte Löschstichtag sind, vernichtet. Tabelle 6.12 zeigt ein Beispiel.

Heute (Systemdatum)	21.09.2019
Löschfrist im Regelwerk	5 Jahre
Zeitbezug im Regelwerk	END_OF_YEAR
Löschstichtag gemäß Regelwerk	31.12.2013
Ergebnis	Infotyp-Sätze mit Endedatum </= 31.12.2013 werden vernichtet.

Tabelle 6.12 Ermittlung des Löschstichtags bei Zeitbezug HCM_OF_YEAR (Beispiel)

Zeitbezug END_OF_YEAR

Beim Zeitbezug END_OF_YEAR ist für die Berechnung des Vernichtungsstichtages *nicht* entscheidend, wann der Anwender das Archivierungsobjekt innerhalb des Kalenderjahres ausführt. Für alle Archivierungsobjekte für SAP ERP HCM steht der Zeitversatz END_OF_YEAR zur Verfügung, sodass generell ein Vernichten in Jahresscheiben möglich ist.

Beim Zeitbezug HCM_TERMN_DATE wirkt die eingestellte Löschfrist nicht auf das Endedatum der Infotyp-Datensätze, sondern auf das Austrittdatum des Mitarbeiters (Status der Beschäftigung im Infotyp 0000, Maßnahmen). Mit diesem Zeitbezug können somit bei ausgetretenen Mitarbeitern auch Infotyp-Datensätze gelöscht werden, deren Endedatum in der Zukunft liegt (z. B. 31.12.9999). Die Löschfrist wird hierbei (bei Anwendung ohne Zeitversatz, dazu unten gleich mehr) wieder ausgehend vom Tagesdatum berechnet. Es wird also die Löschfrist, ausgehend vom Tag der konkreten Ausführung des jeweiligen Archivierungsobjekts, auf den Status der Beschäftigung (ausgetreten) angewendet.

Zeitbezug HCM_TERMN_DATE

Zeitbezug HCM_TERMN_DATE

Beim Zeitbezug HCM_TERMN_DATE wirkt die konfigurierte Löschfrist nicht auf die zu vernichtenden Datensätze, sondern auf das Datum des Austritts der Person.

Neben den Zeitbezügen gibt es nun auch – wie oben schon erwähnt – die *Zeitversätze*. Die Zeitversätze dienen der zeitlichen Verschiebung des Zeitbezugs für die Anwendung der Löschfrist. Bei dem Zeitbezug END_OF_YEAR ist es, wie erwähnt, für die Anwendung der Löschfrist irrelevant, wann im aktuellen Kalenderjahr der Anwender das jeweilige Archivierungsobjekt ausführt. Diese Jahresscheibenbetrachtung der Löschfristen kann nun auch mit dem Zeitbezug HCM_END_OF_RECORD *plus* den Zeitversatz END_OF_YEAR erreicht werden. Gleiches gilt für den Zeitbezug HCM_TERMN_DATE plus den Zeitversatz END_OF_YEAR. Tabelle 6.13 zeigt ein Beispiel.

Zeitversatz

Heute (Systemdatum)	21.09.2019
Löschfrist im Regelwerk	5 Jahre
Zeitbezug im Regelwerk	HCM_END_OF_RECORD

Tabelle 6.13 Löschstichtag ermitteln – bei Zeitbezug HCM_END_OF_RECORD und Zeitversatz END_OF_YEAR (Beispiel)

Zeitversatz im Regelwerk	END_OF_YEAR
Löschstichtag	31.12.2013
Ergebnis	Infotyp-Sätze mit Endedatum </= 31.12.2013 werden vernichtet.

Tabelle 6.13 Löschstichtag ermitteln – bei Zeitbezug HCM_END_OF_RECORD und Zeitversatz END_OF_YEAR (Beispiel) (Forts.)

Funktionsweise Das System ermittelt, ausgehend vom Systemdatum, den 31.12. des Vorjahres, hier also den 31.12.2018. Die Anwendung der 5-jährigen Löschfrist ergibt dann den Löschstichtag 31.12.2013. Durch HCM_END_OF_RECORD ist das Endedatum der Infotyp-Datensätze für die Ermittlung der Vernichtbarkeit relevant. Im Ergebnis bedeutet dies, dass alle Infotyp-Sätze mit einem Endedatum kleiner oder gleich 31.12.2013 vernichtet werden.

Unterschiedliche Systematik Im HCM-Umfeld hat sich hier im Laufe der oben beschrieben Auslieferungswellen der Archivierungsobjekte (siehe Abschnitt 6.3.2, »Umsetzung der Datenvernichtung in SAP ERP HCM«) die grundlegende Systematik ein wenig geändert. Beispielsweise ist bei dem Archivierungsobjekt HRTIM_ABS gemäß den zentralen ILM-Einstellungen für die Regelpflege kein Zeitversatz vorgesehen. Die Jahresscheibenbetrachtung der Löschfristen ist hier dennoch möglich, weil END_OF_YEAR als Zeitbezug (aber nicht als Zeitversatz) zur Verfügung steht. Bei den neueren Archivierungsobjekten steht END_OF_YEAR ausschließlich als Zeitversatz zur Verfügung.

Mit SAP-Hinweis 2636155 (IRMPOL: Der Fehler »Der eingegebene Wert ist nicht in der Liste der erlaubten Werte« wird beim Sichern einer Regel ausgegeben, wenn Zeitversatzwerte definiert sind) wurde jedoch Mitte des Jahres 2018 der Zeitversatz END_OF_YEAR systemseitig für alle HCM-Archivierungsobjekte verfügbar gemacht. Das heißt, die generelle Verwendbarkeit des Zeitversatzes ist nicht in den zentralen Einstellungen pro ILM-Objekt ergänzt worden, sondern steht nun automatisch für alle ILM-Objekte zur Verfügung.

[»] **Löschen in Jahresscheiben**

In der Praxis erfolgt die Datenvernichtung in SAP ERP HCM meist in Jahreszyklen. Für eine Datenvernichtung in Jahresscheiben können Sie somit bei der Definition der Regeln immer Zeitbezug und Zeitversatz verwenden. Demnach wird dem Zeitbezug HCM_END_OF_RECORD oder HCM_TERMN_DATE in der Regel immer auch der Zeitversatz END_OF_YEAR zugeordnet. Dadurch ist der konkrete Zeitpunkt der Ausführung für die Ermittlung des Löschstichtages nicht relevant, und der Löschstichtag ist immer der 31.12. eines (vergangenen) Jahres.

Beim Archivierungsobjekt HRTIM_ABS ist eine weitere Besonderheit bezüglich des Zeitbezugs gegeben. Dieses Archivierungsobjekt bietet Ihnen aktuell keinen Zeitbezug HCM_TERMN_DATE an, sodass eine Konfiguration der Datenvernichtung abhängig vom Austrittsdatum standardmäßig nicht möglich ist. Deshalb bietet der SAP-Standard hier neben HCM_END_OF_RECORD auch den Zeitbezug HCM_BEGIN_OF_RECORD für das Beginndatum eines Infotyp-Satzes als Bezugsdatum für die Fristberechnung an.

Besonderheit Zeitbezug HCM_BEGIN_OF_RECORD

Bedingungen für Regeln

Aufbewahrungsregeln können Sie (optional) auch abhängig von weiteren Bedingungen definieren. Die verfügbaren Bedingungsfelder unterscheiden sich von Archivierungsobjekt zu Archivierungsobjekt. Als zentrales Bedingungsfeld für die Verwendung in den Regelwerken steht Ihnen grundsätzlich die Ländergruppierung (MOLGA) zur Verfügung. Tabelle 6.14 zeigt beispielhaft einige weitere verfügbare Bedingungsfelder.

Bedingungen in Löschregeln

Archivierungsobjekt	Vernichtung des Infotyps ...	Bedingungsfeld
HRPA_CTRCT	0016 (Vertragsbestandteile)	Vertragsart
HRPA_TASK	0019 (Terminverfolgung)	Bearbeitungsvermerk
HRPA_FMLYM	0021 (Familie/Bezugsperson)	Mitglied (Subtyp)
HRPA_COSTD	0027 (Kostenverteilung)	Verteilung (Subtyp)
HRPA_OBJLN	0040 (Leihgaben)	Leihgabe (Subtyp)

Tabelle 6.14 Beispiele für Bedingungsfelder

Wie Sie es Tabelle 6.14 auch entnehmen können, stellen bei Infotypen mit Subtypen die Subtypen grundsätzlich auch Bedingungsfelder dar. Dadurch besteht die Möglichkeit, die Subtypen mit unterschiedlichen Löschfristen zu versehen.

Subtypen auch Bedingungsfelder

Archivierungsteilobjekte

Subtypen von Infotypen – wie auch die mögliche Gruppierung von Subtypen – stellen sogenannte Archivierungsteilobjekte dar, die wir im Folgenden im gleichnamigen Unterabschnitt näher erläutern.

Beim Archivierungsobjekt HRTIM_ABS für die Abwesenheiten bietet Ihnen der SAP-Standard neben den Abwesenheitsarten (Gruppierung von Subtypen) überdies auch noch die Attribute **Mitarbeitergruppe** und **Mitarbeiterkreis** als Bedingungsfelder an.

Haben Sie beispielsweise eine Regel »Vernichte alle Abwesenheiten, die älter als drei Jahre sind« hinterlegt und mit einer Bedingung »gilt nur für Mitarbeitergruppe A« versehen, wird im Vernichtungsprotokoll der Transaktion SARA bei den Personen ungleich Mitarbeitergruppe A jeweils die Meldung »Keine passende Regel gefunden für Prüfgebiet HCM_DP des ILM-Objekts HRTIM_ABS (LRM_RULE_EXEC310)« ausgegeben.

[»] **Definition von Bedingungen**
Achten Sie bei der Verwendung von Bedingungen darauf, dass alle zu verarbeitenden Personalfälle auch unter eine der Bedingungen einer Regel oder eines Regelwerks fallen!

Archivierungsteilobjekte

Archivierungsteilobjekte

Subtypen von Infotypen stellen, wie oben schon kurz erwähnt, auch sogenannte *Archivierungsteilobjekte* dar. Bei Infotypen mit vielen Subtypen besteht die Möglichkeit, mehrere Subtypen zu einem Archivierungsteilobjekt zu gruppieren. Das Musterbeispiel hierfür sind die Abwesenheitsarten im Infotyp 2001 (Abwesenheiten). Aber auch im Bereich der Lohnarten sind Zusammenfassungen möglich – Archivierungsobjekt HRPA_REMUN für die Infotypen 0014 (Be-/Abzüge) und 0015 (Ergänzende Zahlung).

Relevant auch für Protokollierung

Die Archivierungsteilobjekte sind auch für die Protokollierung der Datenvernichtung im Infotyp 0283 (Archivierung/Datenvernichtung) relevant; die Datensätze des Infotyps 0283 werden systemseitig immer archivierungsteilobjektabhängig hinterlegt (sofern ein Archivierungsobjekt in Archivierungsteilobjekte untergliedert ist). Ohne Gruppierung bei z. B. den Abwesenheitsarten würde daher die Datenvernichtung jedes Subtyps des Infotyps 2001 (Abwesenheiten) im Infotyp 0283 (Archivierung/Datenvernichtung) separat protokolliert.

Dies ist auch der Grund, warum SAP als Ergänzung für die Archivierungsobjekte HRPA_ADRS (HR: Anschrift), HRPA_LOAN (HR: Darlehen) und HRPA_CMNTN (HR: Kommunikation) die neuen Archivierungsobjekte HRPA_ADRGR (HR: Anschrift, mit Gruppierung), HRPA_LO_GR (HR: Darlehen, mit Gruppierung) und HRPA_CMNGR (HR: Kommunikation, mit Gruppierung) ausgeliefert hat. Bei diesen neuen Archivierungsobjekten besteht nun auch die Möglichkeit,

6.3 Datenvernichtung in SAP ERP HCM mit SAP Information Lifecycle Management

die Subtypen zu Archivierungsteilobjekten zu gruppieren. Insbesondere beim Schreiben der Vernichtungsbelege im Infotyp 0283 (Archivierung/Datenvernichtung) ergibt sich dadurch bezüglich der Protokolldatensätze eine erhebliche Verringerung der Datensätze.

Die Gruppierungsmöglichkeiten für die Infotypen mit vielen Subtypen finden Sie im IMG unter **Personalmanagement • Personaladministration • Werkzeuge • Datenschutz • Datenvernichtung** (siehe Abbildung 6.27).

Gruppierung zu Archivierungsteilobjekten im IMG

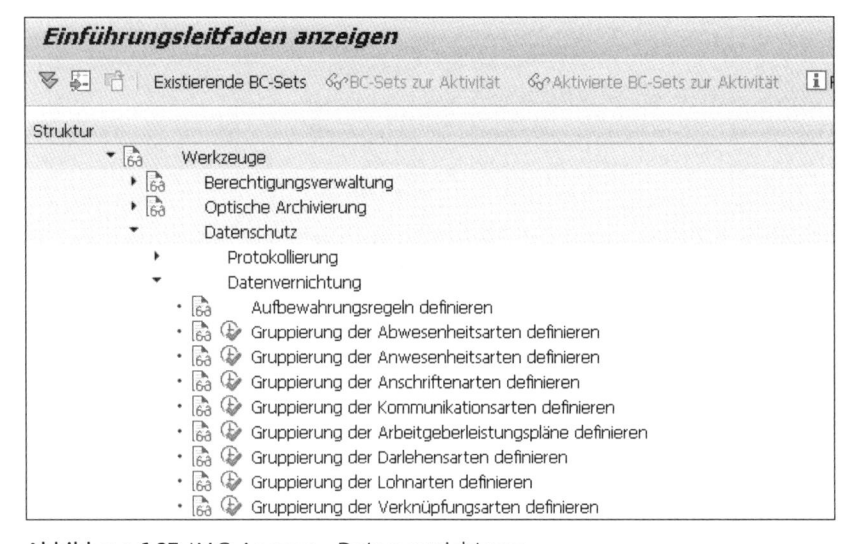

Abbildung 6.27 IMG-Auszug – Datenvernichtung

SAP liefert die Gruppierungstabellen ohne Einträge aus. Die Gruppierung von Abwesenheiten im IMG-Punkt **Gruppierung der Abwesenheitsarten definieren** können Sie beispielsweise, wie in Abbildung 6.28 und Abbildung 6.29 dargestellt, in zwei Schritten durchführen. Im ersten Schritt definieren Sie die erforderlichen Gruppierungen. Anschließend ordnen Sie im zweiten Schritt den Gruppierungen die Abwesenheitsarten zu.

Abbildung 6.28 View VV_T77PARCCONFABS – Archivierungsteilobjekte für HRTIM_ABS

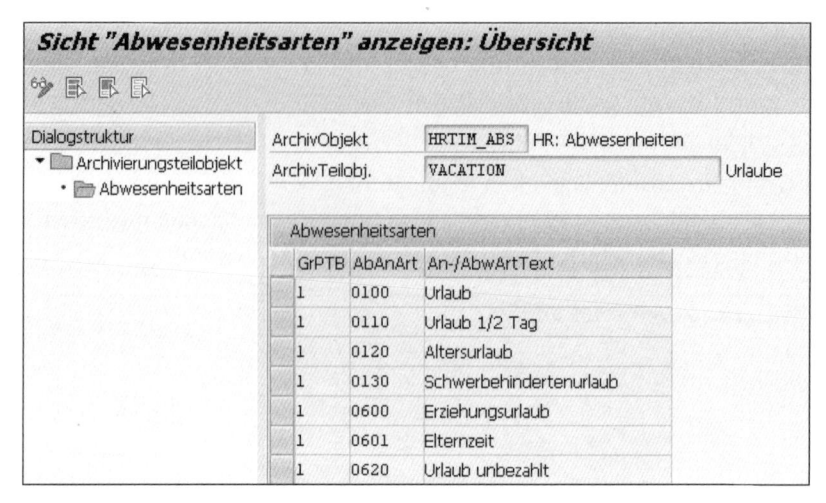

Abbildung 6.29 View VV_T77HRTIMABSGRP – Abwesenheitsarten zuordnen

Alle zu vernichtenden Abwesenheitsarten zuordnen!
Achtung: Abwesenheitsarten, die keiner Gruppierung zugeordnet sind, werden bei der Datenvernichtung nicht berücksichtigt! Sofern Sie alle Abwesenheitsarten mit einer gleichen Löschfrist berücksichtigen wollen, ist mindestens *eine* Gruppicrung erforderlich, der Sie dann eben alle Abwesenheitsarten zuordnen.

Neben den Abwesenheitsarten sind auch für folgende Daten bzw. Archivierungsobjekte Gruppierungen erforderlich (siehe Tabelle 6.15).

Archivierungsobjekt	Bezeichnung
HRTIM_ATT	Anwesenheitsarten
HRPA_ADRGR	Anschriftenarten
HRPA_CMNGR	Kommunikationsarten
HRPA_BNPLN	Arbeitgeberleistungspläne
HRPA_LO_GR	Darlehensarten
HRPA_REMUN	Lohnarten
HRPD_PREL	Verknüpfungsarten

Tabelle 6.15 Gruppierungsrelevante Archivierungsobjekte

Konfiguration der Vernichtungsregeln – Regelwerk-Customizing

Customizing in Web-Dynpro-Anwendung
Die Hinterlegung der Vernichtungsregeln erfolgt pro ILM-Objekt im Information Retention Management. Den Information Retention Manager

6.3 Datenvernichtung in SAP ERP HCM mit SAP Information Lifecycle Management

(IRM) starten Sie mit der Transaktion IRMPOL (ILM-Regelwerke). Diese Transaktion verlässt das klassische SAP GUI und ruft eine Web-Dynpro-Oberfläche auf (siehe Abbildung 6.30).

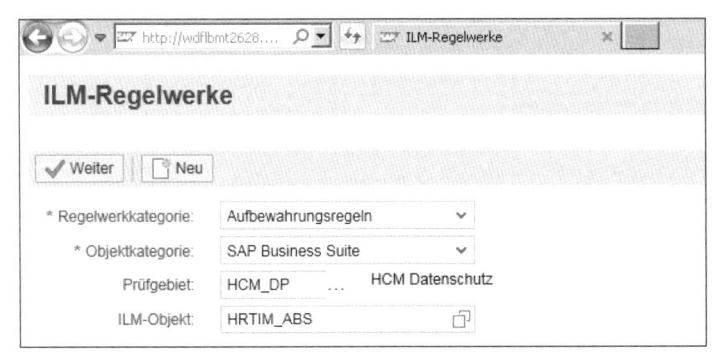

Abbildung 6.30 Transaktion IRMPOL

Dieser Abschnitt behandelt lediglich die im Kontext von SAP ERP HCM relevanten Aktivitäten im Information Retention Management. Im Feld **Regelwerkkategorie** ist bei der Datenvernichtung der Eintrag **Aufbewahrungsregeln** relevant (Key: RTP). Der Eintrag im Feld **Objektkategorie** lautet immer **SAP Business Suite** (Key: OT_FOR_BS). Im Feld **Prüfgebiet** liefert SAP den Eintrag **HCM Datenschutz** (HCM_DP) aus. Laut SAP-Online-Dokumentation spielt es keine Rolle, ob bei der Regeldefinition das von SAP vordefinierten Prüfgebiet HCM_DP oder ein kundeneigenes Prüfgebiet benutzt wird. Sofern Sie ein eigenes Prüfgebiet definieren wollen, können Sie dies über die Transaktion ILMARA (Bearbeitung von Prüfgebieten) anlegen. Nutzen Sie dann am besten als Kopiervorlage das Standardprüfgebiet HCM_DP.

Im Startbild der Transaktion IRMPOL ist auch das ILM-Objekt einzugeben, für das Sie eine Vernichtungsregel definieren wollen.

Regelwerk-Customizing
Im Auslieferungsstandard werden für die Datenvernichtung in SAP ERP HCM keine Regeln ausgeliefert.

Beim Anlegen eines Regelwerks mit Regeln für ein Archivierungsobjekt und der Festlegung eines Namens für das Regelwerk müssen Sie auch definieren, welche Bedingungsfelder bei der/n Vernichtungsregel/n in Anwendung kommen sollen. Zur Verwendung in der jeweiligen Regel können maximal vier Bedingungsfelder übernommen werden.

Zuordnung der Bedingungsfelder

Abbildung 6.31 zeigt beispielhaft zwei Regelwerke für das Archivierungsobjekt HRTIM_ABS. Es wurde hier pro Regelwerk eine Regel mit der Bezeichnung

ILLNESS oder VACATION hinterlegt (analog zu den Gruppierungen der Abwesenheitsarten, siehe Abbildung 6.28 weiter oben).

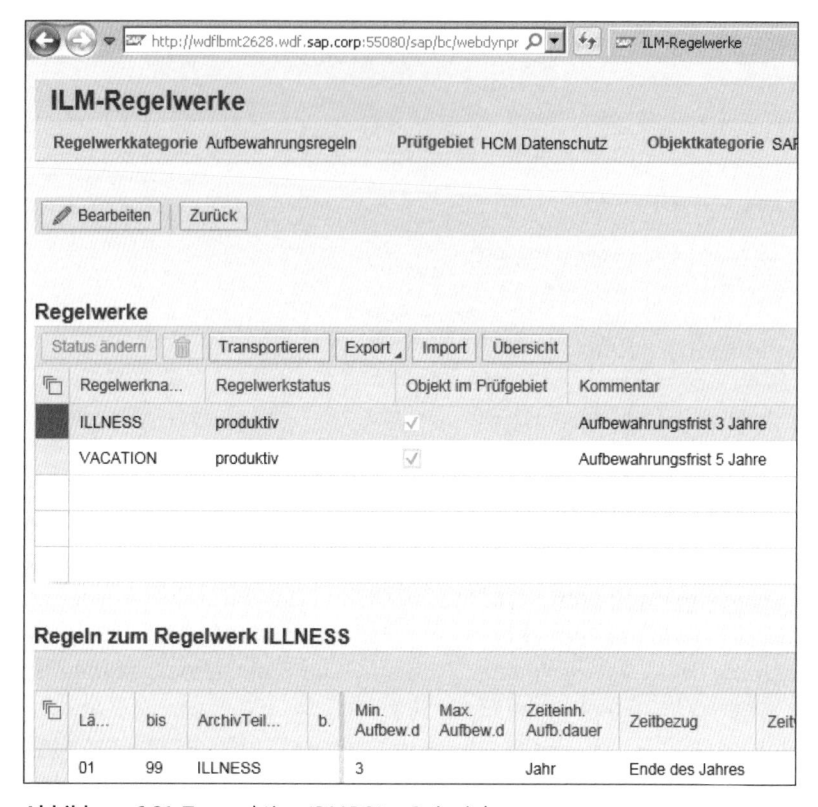

Abbildung 6.31 Transaktion IRMPOL – Beispiel

Minimaler Aufbewahrungszeitraum

Alternativ können Sie hier auch *ein* Regelwerk mit zwei Regeln definieren. Abbildung 6.31 zeigt, dass eine Löschfrist mit 3 Jahren definiert wurde. Relevant für die Anwendung des Zeitraums auf die Löschregel ist lediglich das Feld **Minimaler Aufbewahrungszeitraum**.

[»] **Minimaler Aufbewahrungszeitraum vs. maximaler Aufbewahrungszeitraum**
Für die Datenvernichtung in SAP ERP HCM ist das Feld **Maximaler Aufbewahrungszeitraum** ohne Bedeutung und kann demnach leer gelassen werden.

Die Regel in Abbildung 6.31 wirkt jedoch nur auf die Datensätze, die die beiden Bedingungen Ländergruppierung 01–99 *und* Archivierungsteilobjekt (Gruppierung der Abwesenheitsarten) ILLNESS erfüllen.

> **Regel mit mehreren Bedingungsfeldern**
>
> Wenn Sie mehrere Bedingungsfelder eingeben, wirken diese beim Prozessieren des Regelwerks additiv, also mit einer UND-Verknüpfung.

Als Zeitbezug wurde END_OF_YEAR vorgegeben. Dies bedeutet, dass unabhängig vom Datum des konkreten Ausführens der Datenvernichtung das System, ausgehend vom 31.12. des Vorjahres, mit der Berechnung der 3-Jahres-Frist beginnt. Da das Archivierungsobjekt HRTIM_ABS eines der ersten HCM-Archivierungsobjekte für die Datenvernichtung war, steht hier als Zeitbezug unmittelbar der Wert END_OF_YEAR zur Verfügung, um eine Jahresscheibenbetrachtung beim Vernichten zu realisieren. Bei den neueren Archivierungsobjekten wäre für eine Jahresscheibenbetrachtung die Eingabe des Zeitbezugs HCM_END_OF_RECORD und zusätzlich des Zeitversatzes END_OF_YEAR erforderlich (siehe unsere Erläuterungen zu Beginn dieses Abschnitts zu den Grundlagen für die Konfiguration von Vernichtungsregeln).

Das Konfigurationsbeispiel aus Abbildung 6.31 bedeutet in der Praxis: Lösche mithilfe des Archivierungsobjekts HRTIM_ABS alle Abwesenheitsarten aus dem Infotyp 2001 (Abwesenheiten), die die drei folgenden Voraussetzungen erfüllen:

Bedeutung in der Praxis

- Die Abwesenheitsarten sind älter als drei Jahre (Bezugszeitpunkt: Endedatum des jeweiligen Datensatzes zu END_OF_YEAR).
- Die Abwesenheitsarten sind der Gruppierung ILLNESS zugeordnet.
- Die Abwesenheiten unterliegen bei den Personen der Ländergruppierung 01–99.

Die Bedingungen wirken additiv, das heißt, es müssen alle Bedingungen erfüllt sein, damit ein Datensatz vernichtet werden kann.

> **Customizing in Transaktion IRM_CAT**
>
> Der Vollständigkeit halber sei noch darauf hingewiesen, dass Sie alternativ zur Transaktion IRMPOL (ILM-Regelwerke) das Regelwerk-Customizing auch über die Transaktion IRM_CAT (IRM-Regelwerke) durchführen können. Die Transaktion IRM_CAT ruft im Gegensatz zur Transaktion IRMPOL keine Web-Dynpro-Anwendung auf, sondern ermöglicht das Customizing direkt in der SAP-GUI-Oberfläche. Beim Aufruf der Transaktion erhalten Sie die Meldung »Die Transaktion IRM_CAT ist veraltet«; dennoch kann die Konfiguration hier grundsätzlich durchgeführt werden.

ILM-Regelgenerator

Oft kommt im Zusammenhang mit der Datenvernichtung in SAP ERP HCM die Frage nach dem Einsatz des sogenannten *ILM-Regelgenerators* auf (Transaktion ILMRULE). Die offizielle Bezeichnung für den ILM-Regelgenerator ist *Data Controller Rule Framework* (DCRF). Für diese zentrale Funktionalität in SAP ILM muss die lizenzpflichtige Business-Funktion ILM_RULE_GENERATOR aktiviert werden.

ILM_RULE_GENERATOR nicht erforderlich

Die Konfiguration der Regelwerke für die Datenvernichtung in SAP ERP HCM ist problemlos und auch praktikabel ohne den ILM-Regelgenerator möglich.

6.3.5 Ablauf der Datenvernichtung

Die Datenvernichtung in SAP ERP HCM erfolgt generell in zwei Schritten. In der Regel ist zuerst ein Vorlauf durchzuführen und anschließend ein Schreib-/Löschlauf. Schreib- und Löschlauf sind technisch zwei separate Programme, die durch die ausgelieferten Systemeinstellungen jedoch gemeinsam – und somit in Form *eines* Schrittes – ausgeführt werden.

Schematischer Ablauf

Abbildung 6.32 zeigt schematisch den Ablauf der Datenvernichtung. (Grundlagen zur ILM-Aktion »Datenvernichtung« vermittelt Ihnen Kapitel 2, »Grundfunktionen von SAP ILM«, und darin insbesondere Abschnitt 2.3.6, »Die Gruppe ›ILM-Aktionen‹ im Archivschreibprogramm«.)

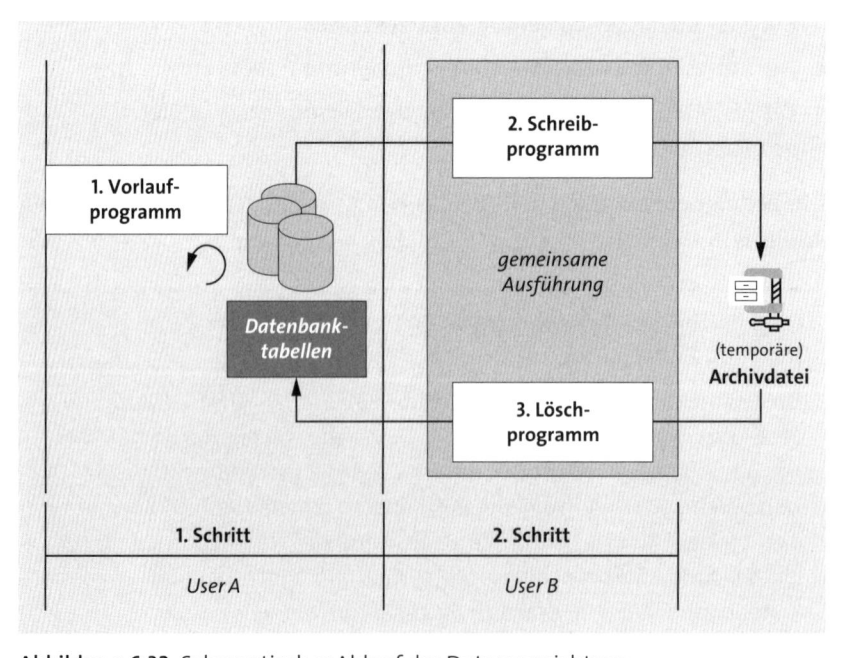

Abbildung 6.32 Schematischer Ablauf der Datenvernichtung

Die beiden Schritte können Sie berechtigungsmäßig z. B. mit dem Berechtigungsobjekt P_ABAP (HR: Reporting) auch auf unterschiedliche Anwender aufteilen.

Bei den wenigen Archivierungsobjekten ohne Vorlaufprogramm ist standardmäßig eine getrennte Ausführung des Schreib- und Löschprogramms vorgesehen, sodass Sie auch hier immer zwei Schritte durchzuführen haben.

Die zentrale Transaktion zur Durchführung der Datenvernichtung ist die Transaktion SARA, die sogenannte *Archivadministration*. Sie finden die Archivadministration auch im SAP-Menü unter **Werkzeuge • Administration • Verwaltung • Datenarchivierung**.

Transaktion SARA

Die möglichen Aktionen in der Transaktion SARA (in Form von Schaltflächen) sind abhängig vom eingegebenen Archivierungsobjekt. Im Bereich der Datenvernichtung für SAP ERP HCM sind die relevanten Funktionen grundsätzlich Vorlauf, Schreiben und Löschen. Abbildung 6.33 zeigt das Einstiegsbild der Transaktion SARA (Archivadministration) mit beispielsweise dem eingegebenen Archivierungsobjekt HRTIM_PWS (HR: Sollarbeitszeit).

Aktionen

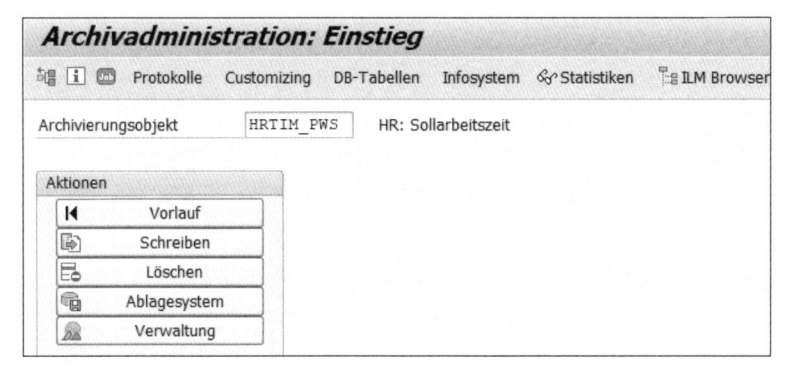

Abbildung 6.33 Transaktion SARA – Einstiegsbild

Sofern ein Archivierungsobjekt lediglich ein Schreib- und ein Löschprogramm umfasst, wird Ihnen die Schaltfläche **Vorlauf** nicht angezeigt. Die Schaltflächen **Ablagesystem** und **Verwaltung** sind für gewöhnlich immer vorhanden. Die Schaltfläche **Ablagesystem**, um auf ein externes Archivierungssystem zuzugreifen, wird für die Datenvernichtung in SAP ERP HCM jedoch nicht benötigt. Nach einem produktiven Löschlauf können Sie mit der Schaltfläche **Verwaltung** nochmals diverse Attribute des durchgeführten Löschlaufs aufrufen. Standardmäßig sind die Läufe im erscheinenden Strukturbaum in 20er-Blöcke gruppiert.

> **Ablauf der Datenvernichtung**
>
> Die Datenvernichtung erfolgt in der Transaktion SARA (Archivadministration). Hierzu stehen für SAP ERP HCM die Aktionen **Vorlauf**, **Schreiben** und **Löschen** zur Verfügung. Bei wenigen Archivierungsobjekten für SAP ERP HCM sind nur die Aktionen **Schreiben** und **Löschen** erforderlich.

Ausführung im Hintergrund (Batch-Job)

Über die Funktionsschaltflächen **Vorlauf**, **Schreiben** und **Löschen** können Sie die Vorlauf-, Schreib- und Löschprogramme starten bzw. einplanen. Die Ausführung der Programme erfolgt generell als Job im Hintergrund.

Bei einigen wenigen Archivierungsobjekten für SAP ERP HCM gibt es nur ein Schreibprogramm und ein Löschprogramm (und somit kein Vorlaufprogramm). Üblicherweise haben die Archivierungsobjekte für die Datenvernichtung der HCM-Daten jedoch ein Vorlaufprogramm. Die folgende Beschreibung zum Ablauf der Datenvernichtung bezieht sich daher auf den üblichen Ablauf der Datenvernichtung mit einem Archivierungsobjekt *mit* Vorlaufprogramm. Den Ablauf der Datenvernichtung mit einem Archivierungsobjekt ohne Vorlaufprogramm beschreiben wir im Anschluss.

Schritt 1 – Vorlaufprogramm

Funktionen des Vorlaufprogramms

Das Vorlaufprogramm übernimmt im HCM-Bereich neben dem Prozessieren des Regelwerks (also der Prüfung auf die Vernichtbarkeit der Daten gemäß der konfigurierten Löschfrist) weitere zentrale Funktionalitäten. Die folgende Auflistung zeigt Ihnen die Kernfunktionen des Vorlaufprogramms:

- Prozessieren des Regelwerks (Retention Management)
- Berücksichtigung der Vernichtungssperre (Infotyp 3246)
- Anpassung des Abrechnungsstatus (Infotyp 0003)
- Anlegen eines Vernichtungsbelegs (Infotyp 0283)

Den Ablauf eines Vorlaufprogramms (am Beispiel des Archivierungsobjekts HRTIM_ABS, HR: Abwesenheiten) zeigt Ihnen der folgende Abschnitt. Das Selektionsbild des Vorlaufprogramms sieht dabei beispielsweise wie in Abbildung 6.34 aus.

Eingabebild

Die Eingabebilder unterscheiden sich in ihrem Aufbau grundsätzlich nur bei den Feldern in der Gruppe **Selektionsparameter**. Beim in Abbildung 6.34 gezeigten Beispiel handelt es sich wie erwähnt um das Archivierungsobjekt HRTIM_ABS (HR: Abwesenheiten); demnach ist als weiterer Selektionsparameter auch die Gruppierung **Abwesenheitsart** (ILLNESS und VACATION, siehe den Unterabschnitt »Konfiguration der Vernichtungsregeln – Regelwerk-

Customizing« in Abschnitt 6.3.4, »Konfiguration«) vorhanden. Hierüber kann in diesem Beispiel also gesteuert werden, ob nur Krankheiten oder nur Urlaube oder – bei Freilassen des Feldes – alle vorhandenen Abwesenheitsgruppierungen vernichtet werden sollen. Die Abwesenheitsgruppierungen stellen Archivierungsteilobjekte dar.

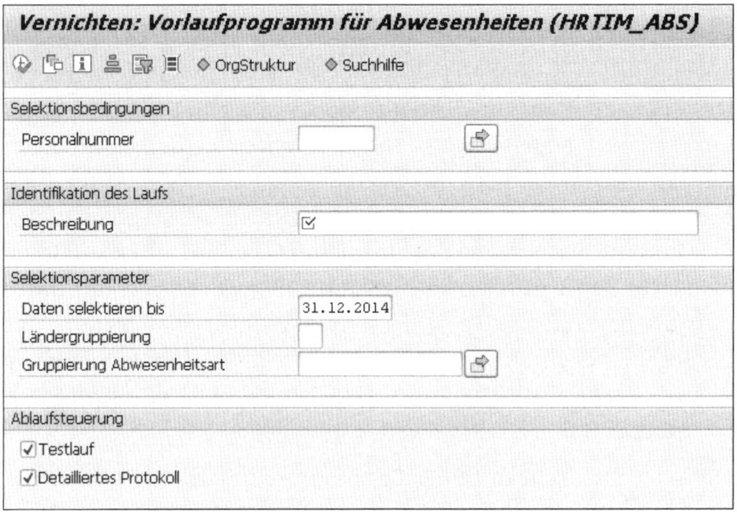

Abbildung 6.34 Transaktion SARA – Vorlaufprogramm für HRTIM_ABS

Zuerst ist im Selektionsbild jedoch die zu verarbeitende Anzahl der Personalfälle zu definieren. Dies erfolgt im Feld **Personalnummer** oder beispielsweise über die Schaltfläche **OrgStruktur**. Bestenfalls werden über die Schaltfläche **OrgStruktur** *alle* Personalfälle selektiert; es sollen ja alle Personen bei der Datenvernichtung berücksichtigt werden. Wichtig ist, dass nicht nur die Personen selektiert werden, von denen bekannt ist, dass auch zu vernichtende Daten vorhanden sind. Als Beispiel sei hier das Archivierungsobjekt HRCDEPF (HR: Pfändung) für die Pfändung erwähnt. Selektieren Sie nicht nur die Personen, von denen Sie bekannterweise eine alte Pfändung löschen wollen, sondern generell *alle* Personen. Hintergrund ist, dass ansonsten nur bei den Personen, die verarbeitet werden, das Vernichten im Infotyp 0283 (Archivierung/Datenvernichtung) protokolliert wird. Aus dem Vernichtungsbeleg wäre dann ersichtlich – auch wenn dieser keine Informationen über vernichtete Dateninhalte enthält –, welche Personen die Datenart (hier z. B. eine Pfändung) hatten.

Alle Personalfälle selektieren

Unter Umständen kann es bei größeren Organisationen auch sinnvoll sein, mehrere Reportvarianten anzulegen, um die zu verarbeitenden Personalfälle zu paketieren.

Mehrere Reportvarianten anlegen

In der Gruppe **Identifikation des Laufs** ist eine kurze Beschreibung des Laufs einzugeben. Vergeben Sie hier eine nachvollziehbare Bezeichnung, da diese Bezeichnung auch zur Identifikation des Laufs bei der späteren Auswahl der sogenannten Vorlauf-ID im Rahmen des Schreibprogramms dient.

Sinnvolle Identifikation des Laufs wichtig

Eine wichtige Funktion übernimmt das Feld **Daten selektieren bis** in der Gruppe **Selektionsparameter**. Hier entscheiden Sie, bis zu welchem Datum die zu vernichtenden Daten überhaupt von der Datenbank gelesen werden. Haben Sie beispielsweise eine Vernichtungsfrist von fünf Jahren definiert, ist es nicht notwendig, dass das Vorlaufprogramm alle Infotyp-Datensätze bis zum Tagesdatum einliest und so für jeden relativ aktuellen Datensatz das Regelwerk prozessiert wird. Bei den jüngeren Datensätzen wird das Ergebnis der Vernichtbarkeitsprüfung im Regelwerk immer »nicht zu vernichten« sein. Das Einschränken der einzulesen Datenmenge ist somit vor allem aus Performancegründen sinnvoll. Das vorgegebene Datum **Daten selektieren bis** bewirkt, dass nur die Infotyp-Datensätze selektiert und durch das Regelwerk »geschleust« werden, deren Endedatum vor dem eingegebenen Datum liegt. Welche Datensätze dann konkret vernichtet werden, wird natürlich durch das Regelwerk entschieden.

Feld »Daten selektieren bis«

Wählen Sie aber auch kein zu frühes Datum im Feld **Daten selektieren bis**. Wenn Sie ein zu frühes Datum wählen, werden nicht alle Daten, die für die Datenvernichtung grundsätzlich relevant sind, durch das Vorlaufprogramm berücksichtigt. Eine gute Beschreibung des Feldes **Daten selektieren bis** mit Beispielen enthält auch die [F1]-Dokumentation des Feldes.

Als Selektionsparameter steht bei nicht länderspezifischen Archivierungsobjekten auch immer das Feld **Ländergruppierung** zur Verfügung. Archivierungsobjektabhängig werden darüber hinaus noch weitere Selektionsparameter angeboten. Bei Archivierungsobjekten für Infotypen mit Subtypen ist grundsätzlich auch das Archivierungsteilobjekt als Selektionsparameter verfügbar (am Beispiel aus Abbildung 6.34 das Feld **Gruppierung Abwesenheitsart**). Wenn Sie dieses Feld leer lassen, werden durch das Vorlaufprogramm alle Subtypen bzw. alle im IMG unter **Personalmanagement • Personaladministration • Werkzeuge • Datenschutz • Datenvernichtung** definierten Gruppierungen (Archivierungsteilobjekte) berücksichtigt.

Selektionsparameter

Bei der Ablaufsteuerung empfiehlt es sich, bei gesetztem Kennzeichen **Testlauf** zusätzlich das Kennzeichen **Detailliertes Protokoll** zu setzen, auch wenn dadurch die Laufzeit ein wenig erhöht wird. Im detaillierten Protokoll können Sie anschließend insbesondere auch die Anzahl der programmseitig bearbeiteten Mitarbeiter entnehmen.

Ablaufsteuerung

> **Ablaufsteuerung**
> Setzen Sie das Kennzeichen **Detailliertes Protokoll**, um nicht nur die Problemmeldungen, sondern auch die Erfolgsmeldungen zu sehen. Führen Sie bestenfalls auch immer zuerst einen Testlauf durch.

Speichern Sie Ihre Eingaben anschließend im Sektionsbild als Reportvariante ab. Die Schaltfläche **Sichern** ist erst aktiv, wenn die Variante Attribute enthält. Drücken Sie daher zuerst den Button **Variantenattribute**, und füllen Sie die Muss-Felder aus (Beschreibung der Variante).

Sichern der Reportvariante

Nachdem Sie das Reportselektionsbild gesichert und verlassen haben, können Sie das Vorlaufprogramm ausführen. Starten Sie die Vorlaufprogramme, aber auch die Schreibprogramme am besten immer über die Transaktion SARA (Archivadministration) und nicht über die Transaktionen SA38 (ABAP/4 Reporting) oder SE38 (ABAP Editor). Für den Start in der Transaktion SARA müssen Sie über die Schaltfläche **Starttermin** einen Starttermin (z. B. Sofortstart) sowie über die Schaltfläche **Spoolparameter** einen solchen definieren (siehe Abbildung 6.35). Die Verarbeitung des Vorlaufprogramms findet demnach im Hintergrund statt.

Vorlaufprogramm ausführen

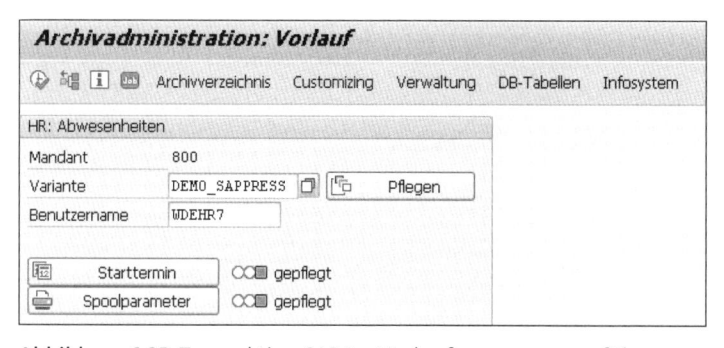

Abbildung 6.35 Transaktion SARA – Vorlaufprogramm ausführen

Das Vorlaufprogramm liest dann die durch das verwendete Archivierungsobjekt berücksichtigen Daten ein (unter Beachtung des Datums im Feld **Daten selektieren bis**) und prüft anhand des dazugehörigen Regelwerks, welche Datensätze zu vernichten sind. Im Protokoll des Vorlaufprogramms werden alle eingelesenen Datensätze angezeigt und entsprechend als vernichtbar (oder eben auch als nicht vernichtbar) gekennzeichnet.

Auch wenn gemäß dem definierten Regelwerk Datensätze vernichtbar sind, kann eine Vernichtung aufgrund z. B. von individuellen Einträgen im Infotyp 0003 (Abrechnungsstatus), einem allgemein definierten Rückrechnungsdatum oder einer gesetzten Vernichtungssperre unterbleiben

Keine Vernichtung

(siehe dazu die Unterabschnitte »Infotyp 3246 (Vernichtungssperre)«, »Auswirkungen auf den Infotyp 0003 (Abrechnungsstatus)« und »Tiefstes Rückrechnungsdatum zentral festlegen« im weiteren Verlauf dieses Abschnittes).

»Vernichten-bis-Datum« im Protokoll
Sofern Sie das Vorlaufprogramm im Testmodus und mit detailliertem Protokoll ausführen, sehen Sie im Protokoll schon vor dem produktiven Lauf, welches Vernichtungsdatum das System anhand des Customizings im Retention Management ermittelt hat. Wenn Sie im Feld **Daten selektieren bis** also vorsichtshalber (für den Testlauf) erst einmal ein relativ hohes Datum eingetragen haben, können Sie das Datum nach der Gewissheit des vom System nun konkret ermittelten Vernichtungsstichtags nochmals nachjustieren.

Lauf-ID
Durch den produktiven Vorlauf erzeugt das Programm eine technische Vorlaufnummer (*Lauf-ID*). Mit dieser alphanumerischen und 32-stelligen Nummer werden alle durch den Vorlauf verarbeiten Personalfälle zusammengefasst. Die Lauf-ID mit diversen Laufattributen, wie z. B. der vergebenen Beschreibung des jeweiligen Laufs (»Identifikation des Laufs«, siehe Abbildung 6.34) sowie dem Tag der Ausführung werden in der Datenbanktabelle HRPA_D_ARCHRUN (Archivierungslaufnummer für PA-Infotyp-Gruppen) gespeichert. Die einzelnen, vom Vorlauf verarbeiteten Personalfälle werden unter anderem mit dem Archivierungsteilobjekt und dem durch das Regelwerk ermittelten Vernichtungsstichtag in der Tabelle HRPA_D_ARCHPERNR (Verknüpfungstabelle für Vorlauf- und Schreibprogramm, PA) gespeichert.

> **[»]** **Lauf-ID**
> Eine Lauf-ID ist die Voraussetzung für die Ausführung des Schreibprogramms.

Nach erfolgreicher Durchführung des Schreib-/Löschprogramms werden die entsprechenden Lauf-IDs systemseitig wieder aus den Tabellen HRPA_D_ARCHRUN (Archivierungslaufnummer für PA-Infotyp-Gruppen) und HRPA_D_ARCHPERNR (Verknüpfungstabelle für Vorlauf- und Schreibprogramm, PA) gelöscht.

Infotyp 3246 (Vernichtungssperre)

Das Vernichten von Datensätzen können Sie im Einzelfall über den Infotyp 3246 (Vernichtungssperre) verhindern. Den Infotyp können Sie in der Transaktion PA30 (Personalstammdaten pflegen) in gewohnter Weise anlegen.

6.3 Datenvernichtung in SAP ERP HCM mit SAP Information Lifecycle Management

Dabei ist das Verhindern der Datenvernichtung archivierungsobjektabhängig, jedoch nicht archivierungsteilobjektabhängig möglich. Im Falle der Vernichtung von z. B. Abwesenheiten bedeutet dies, dass über den Infotyp 3246 (Vernichtungssperre) nicht nur das Vernichten von Krankheiten verhindert werden kann.

Archivierungsobjektabhängige Vernichtungssperre

Im Umkehrschluss bedeutet das archivierungsobjektabhängige Sperren der Datenvernichtung jedoch auch, dass Sie bei einer gewünschten »Gesamtsperre« einen entsprechenden Sperrdatensatz im Infotyp 3246 (Vernichtungssperre) für alle im Einsatz befindlichen Archivierungsobjekte anlegen müssen.

In der Praxis stellt das Anlegen vieler Datensätze im Infotyp 3246 für die Realisierung einer Gesamtsperre kein Problem oder großen Mehraufwand dar, da es sich hier meist um Einzelfälle handelt. Ansonsten könnten Sie den Infotyp 3246 (Vernichtungssperre) durch entsprechendes Customizing auch für die Schnellerfassung in der Transaktion PA70 (Schnellerfassung) vorsehen.

Schnellerfassung möglich

Technisch stellen die Vernichtungssperren Subtypen des Infotyps 3246 (Vernichtungssperre) dar. Die Subtypen des Infotyps 3246 sind identisch mit den Subtypen des Infotyps 0283 (Archivierung/Datenvernichtung). Abbildung 6.36 zeigt beispielhaft einen Datensatz im Infotyp 3246.

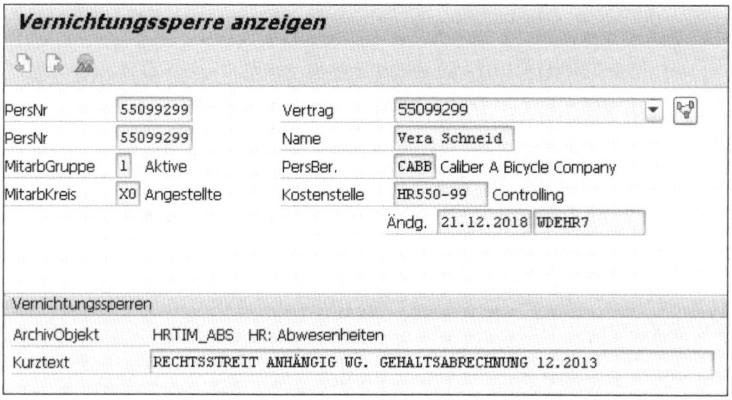

Abbildung 6.36 Transaktion PA20 (Personalstammdaten anzeigen) – Infotyp 3246

Das Beginn- und Endedatum des Infotyps 3246 ist technisch bedingt immer das Eintrittsdatum der Person sowie der 31.12.9999. Demnach kann der Infotyp 3246 nur da sein oder nicht da sein (»ein oder aus«). Im Protokoll des Datenvernichtungslaufes weist Sie das System auf eine gesetzte Vernichtungssperre hin (siehe Abbildung 6.37).

Keine Zeitsplits im Infotyp 3246

437

Abbildung 6.37 Transaktion SARA – Wirkung des Infotyps 3246 im Protokoll

Die Vernichtungssperre kann auch noch nach der Durchführung des Vorlaufprogramms gesetzt werden. Die Daten werden auch dann vom Schreib-/Löschprogramm nicht vernichtet.

[»] **Infotyp 3246 (Vernichtungssperre)**
Weder das Vorlaufprogramm noch das Schreibprogramm verarbeiten Daten, die Sie über die Vernichtungssperre von der Datenvernichtung ausgenommen haben.

Sofern Sie die Anforderung haben, dass bestimmte Archivierungsobjekte nicht mit einer Vernichtungssperre versehen werden sollen, können Sie dies durch Änderung des SAP-Standards im Customizing-View V_T77PAARC_SUBTY (Subtypen für Infotyp 0283 und Infotyp 3246) erreichen.

Den Customizing-View erreichen Sie über den IMG-Pfad **Personalmanagement • Personaladministration • Werkzeuge • Datenschutz • Datenvernichtung • Archivierungsobjekte für die Datenvernichtung • Subtypeigenschaften** für die Infotypen 0283 (Archivierung/Datenvernichtung) und 3246 (Vernichtungssperre). Entfernen Sie hier das Kennzeichen Rel IT3246 für das gewünschte Archivierungsobjekt. Die Entfernung dieses Kennzeichens bewirkt auch, dass der entsprechende Eintrag bei der Pflege des Infotyps 3246 in Transaktion PA30 (Personalstammdaten pflegen) nicht mehr in der Wertehilfe erscheint.

[»] **Infotyp 5123 im E-Recruiting**
Im Bereich des E-Recruitings ist die Vernichtungssperre technisch über den Infotyp 5123 (Vernichtungssperren) am Suchauftrag (Objekttyp **NB**) realisiert. Solange hier eine Vernichtungssperre gesetzt ist, werden auch die zugehörigen Daten wie Suchauftrag, Bewerbungen und Kandidaten nicht gelöscht. Das Ausbringen (und Entfernen) einer Vernichtungssperre am Suchauftrag erfolgt in der Suchauftragsverwaltung des E-Recruitings.

Infotyp 0283 (Archivierung/Datenvernichtung)

Durch das Vorlaufprogramm wird im Infotyp 0283 (Archivierung/Datenvernichtung) ein Datensatz mit dem Status **vorbereitet zur Datenvernichtung** für das jeweilige Archivierungsobjekt respektive Archivierungsteilobjekt angelegt. Die technische Kennung dieses Status ist A. Die Datensätze im Infotyp 0283 werden auch als *Vernichtungsbelege* bezeichnet.

Vorbereitet zur Datenvernichtung

Der Infotyp 0283 dient zu Revisionszwecken und kann im Dialog (Transaktion PA30, Personalstammdaten pflegen) nicht geändert werden. Der Infotyp wird ausschließlich durch die Vernichtungsläufe angelegt und geändert.

Keine Inhalte zu vernichteten Daten

Im Infotyp 0283 ist genau nachzuvollziehen, für welche Personen die Datenvernichtung stattgefunden hat und bis zu welchem Datum welche Daten (anhand des Archivierungsobjekts respektive Archivierungsteilobjekts) vernichtet wurden. Inhaltlich ist dem Vernichtungsbeleg jedoch nicht zu entnehmen, welche konkreten Inhalte aus dem System entfernt wurden (siehe Abbildung 6.38).

Bis zu welchem Datum wurden Daten vernichtet?

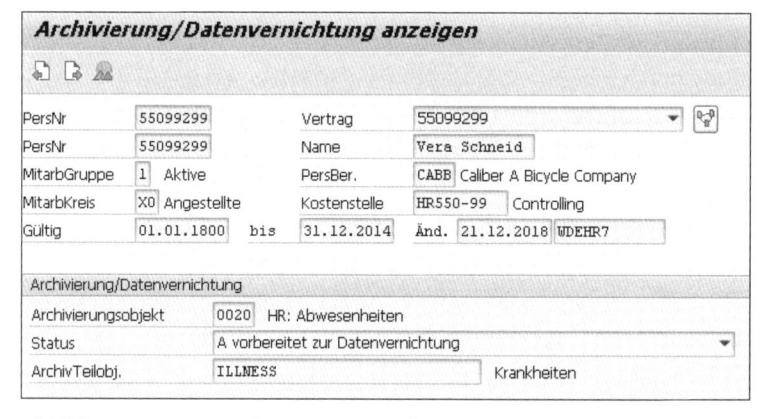

Abbildung 6.38 Transaktion PA30 – Infotyp 0283

Alle durch das Vorlaufprogramm berücksichtigten Personen erhalten einen Vernichtungsbeleg, und zwar unabhängig davon, ob für die prozessierten Personen Daten zum Vernichten vorhanden sind (waren) oder nicht.

> **Erhöhung der Datenmenge durch Datenvernichtung**
>
> Bei manchen Archivierungsobjekten werden durch das Anlegen der Datensätze im Infotyp 0283 (Archivierung/Datenvernichtung) mehr Daten erzeugt, als in den zu bearbeitenden Infotypen vernichtet wurden. Dazu ein Beispiel: In einer Organisation mit 10.000 Mitarbeitern vernichten Sie mit dem Archivierungsobjekt HRCDEPF (HR: Pfändung) die Pfändungsinfotypen.

> Von den 10.000 Mitarbeitern haben jedoch nur zehn Mitarbeiter eine alte, zu vernichtende Pfändungsinformation (Infotypen 0111 ff.). Durch die Datenvernichtung löschen Sie somit – vereinfacht gesagt – zehn Pfändungsdatensätze aus dem System. Alle im Rahmen der Datenvernichtung berücksichtigten 10.000 Personen erhalten jedoch einen Vernichtungsbeleg im Infotyp 0283, mit der Information, dass die Pfändungsdaten vernichtet wurden (zuerst Status **A – Daten vorbereitet zur Vernichtung**, anschließend geändert in Status **9 – vernichtet**). Das heißt, Sie haben – vereinfacht dargestellt – bei zehn Personen je einen Datensatz gelöscht und bei 10.000 Personen je einen Datensatz (Vernichtungsbeleg im Infotyp 0283) angelegt.

Auch wenn es merkwürdig erscheint: Diese Vorgehensweise ist überaus sinnvoll. Würden nur bei den Personen mit zu vernichtenden Daten die Vernichtungsbelege angelegt, wären aufgrund der Vernichtungsbelege Rückschlüsse auf die frühere Datenlage vor der Vernichtung möglich. Im Beispiel aus dem Kasten wäre zwar nicht mehr nachvollziehbar, wie hoch die Pfändung bei den beispielhaften zehn Personen gewesen ist, jedoch ist in datenschutzrechtlicher Hinsicht schon die Information zu viel, dass eine Pfändung bei diesen zehn Personen vorlag. Dies zeigt auch nochmals, dass die Datenvernichtung ausschließlich aus datenschutzrechtlichen Gründen erfolgt und nicht aus Gründen der Platzeinsparung (kapazitive Gründe).

Vernichtungsbeleg ist archivierungsteilobjektabhängig

Das Anlegen des Infotyps 0283 erfolgt, wie schon erwähnt, archivierungsobjektabhängig, und sofern ein Archivierungsobjekt mehrere Archivierungsteilobjekte besitzt, auch archivierungsteilobjektabhängig.

Durch das Vorlaufprogramm wird im Infotyp 0283 der Status **A – vorbereitet zur Datenvernichtung** gesetzt (siehe Abbildung 6.38). Durch den Lauf des Schreib-/Löschprogramms erfährt der Infotyp 0283 dann ein Update und erhält den Status **9 – vernichtet**. Andere Status werden im Rahmen der Datenvernichtung mit den ILM-Archivierungsobjekten grundsätzlich nicht verwendet.

Das Endedatum des Vernichtungsbelegs ist dabei immer das Datum, bis zu dem die Daten gemäß der Definition des jeweiligen Regelwerks oder gemäß dem im Selektionsbild des Vorlaufprogramms eingegebenen (oder systemseitig angepassten) Datum im Feld **Daten selektieren bis** (siehe den Unterabschnitt »Schritt 1 – Vorlaufprogramm« dieses Abschnitts) vernichtet werden (Vorlauf) bzw. wurden (Schreib-/Löschlauf). Die Zeitbindung des Infotyps ist **2** (mit Lücken); somit beginnen bei den Vernichtungsläufen in den folgenden Jahren die nachfolgenden Vernichtungsbelege immer im direkten Anschluss zum jeweils vorangehenden Vernichtungsbeleg.

Das Endedatum ist wiederum das Datum, bis zu dem die Daten durch den neuen Vernichtungslauf gelöscht wurden. Ein Verlängern von bestehenden Vernichtungsbelegen durch neue Vernichtungsläufe erfolgt nicht. Jeder stattfindende Vernichtungslauf wird mit einem eigenen Vernichtungsbeleg protokolliert.

Das Endedatum ist entscheidend

Aus technischen Gründen beginnt der erste Datensatz im Infotyp 0283 – pro Archivierungsobjekt respektive Archivierungsteilobjekt – immer zum 01.01.1800. Abbildung 6.39 zeigt die Systematik der im Infotyp 0283 systemseitig gespeicherten Datensätze.

Archivierungsobjekt/ -teilobjekt	Datensätze		
HRPA_EDUC	01.01.1800–31.12.2012 Status: vernichtet		
		01.01.2013–31.12.2013 Status: vernichtet	
			01.01.2014–31.12.2014 Status: vernichtet
HRTIM_ABS Teilobjekt ILLNESS	01.01.1800–31.12.2012 Status: vernichtet		
		01.01.2013–31.12.2013 Status: vernichtet	
			01.01.2014–31.12.2014 Status: vorbereitet zur Vernichtung
HRTIM_ABS Teilobjekt VACATION	01.01.1800–31.12.2012 Status: vernichtet		
		01.01.2013–31.12.2013 Status: vernichtet	
HRTIM_QUOT	01.01.1800–31.12.2012 Status: vernichtet		
		01.01.2013–31.12.2013 Status: vorbereitet zur Vernichtung	

Abbildung 6.39 Systematik der Datensätze im Infotyp 0283 (Archivierung/Datenvernichtung)

Im Laufe der Jahre wird der Infotyp 0283 somit relativ viele Datensätze erhalten. Ein Zusammenziehen der Datensätze ist im SAP-Standard aktuell nicht vorgesehen. Vielleicht stellt SAP hier zukünftig noch eine Funktionalität zum Verschmelzen von Datensätzen des Infotyps 0283 zur Verfügung.

Der Infotyp 0283 übernimmt auch für das Rückgängigmachen des Vorlaufprogramms eine zentrale Funktion, da nur durch die Information des Vernichtungsbelegs der ursprüngliche Zustand des Infotyps 0003 (Abrechnungsstatus) wiederhergestellt werden kann. Das Rückgängigmachen eines durchgeführten Vorlaufprogramms der Datenvernichtung wird weiter unten in diesem Abschnitt im Unterabschnitt »Zurücknehmen eines Vorlaufs« beschrieben.

[*] **Besonderheit: Revisionsfähigkeit**

Eine lückenlose Revisionsfähigkeit ist dank des Infotyps 0283 (Archivierung/Datenvernichtung) jederzeit gegeben. Anhand der Datensätze kann detailliert nachvollzogen werden, ob und wann und bis wann welche Daten vernichtet worden sind. Ein Vernichtungsbeleg wird auch dann erzeugt, wenn für die jeweilige Person aufgrund der Datenlage gar keine zu vernichtenden Daten vorhanden waren. So sind Rückschlüsse auf die ursprünglich vorhandene Datenlage anhand der Vernichtungsbelege ausgeschlossen.

Der Vollständig halber sei hier noch erwähnt, dass es für den Infotyp 0283 natürlich kein Archivierungsobjekt zum Vernichten der Datensätze gibt.

Infotyp 0283 obligatorisch

Bei Archivierungsobjekten mit Vorlaufprogramm werden generell Vernichtungsbelege erzeugt. Dies kann auch nicht durch eine Änderung der Subtypeigenschaften des Infotyps 0283 im Customizing-View V_T77PAARC_SUBTY (Subtypen für Infotyp 0283 und Infotyp 3246) erreicht werden. Den Customizing-View erreichen Sie im IMG über **Personalmanagement** • **Personaladministration** • **Werkzeuge** • **Datenschutz** • **Datenvernichtung** • **Archivierungsobjekte für die Datenvernichtung** • **Subtypeigenschaften für Infotyp 0283 und 3246 definieren**. Das Entfernen des Kennzeichens Rel IT0283 beim entsprechenden Archivierungsobjekt bewirkt jedoch nicht, dass keine Vernichtungsbelege mehr erzeugt werden. Das Kennzeichen hat hier (bei den Standardarchivierungsobjekten) nur deklaratorischen Charakter.

Möchten Sie bei kundeneigenen Archivierungsobjekten auf die Vernichtungsbelege im Infotyp 0283 verzichten – was insbesondere bei abrechnungsrelevanten Archivierungsobjekten nicht zu empfehlen ist –, könnten Sie gänzlich auf das Vorlaufprogramm verzichten.

Auswirkungen auf den Infotyp 0003 (Abrechnungsstatus)

Systemseitige Anpassung des Infotyps 0003

Durch das Vorlaufprogramm wird bei der Vernichtung von abrechnungsrelevanten Infotypen die persönliche Rückrechnungstiefe im Infotyp 0003 gemäß der Löschfrist erhöht. Ein Infotyp ist rückrechnungsrelevant, wenn dies in den Infotypeigenschaften (Pflege-View V_T582A, Infotyp-Eigenschaften: Customizing) über das Feld **Rückrechnungsrelevanz Abrechnung** (gegebenenfalls auch nur feldabhängig in Verbindung mit dem Pflege-View V_T588G, Feldweise Rückrechnungserkennung) definiert ist.

6.3 Datenvernichtung in SAP ERP HCM mit SAP Information Lifecycle Management

> **[zB] Anpassung des Infotyps 0003**
>
> Steht vor der Datenvernichtung bei einem abrechnungsrelevanten Infotyp z. B. die Rückrechnungstiefe im Infotyp 0003 vor der Durchführung des Vorlaufprogramms auf dem 01.01.2006, und sollen gemäß dem Regelwerk-Customizing die Daten dieses Infotyps bis zum 31.12.2010 vernichtet werden, setzt das Vorlaufprogramm das persönlich tiefste rückrechenbare Datum im Infotyp 0003 auf den 01.01.2011.

Das heißt, dass schon durch das Vorlaufprogramm die Rückrechnung der Personalabrechnung eingeschränkt wird. Sofern die persönliche Rückrechnungstiefe schon ein jüngeres Datum hat als der durch das ILM-Regelwerk ermittelte Löschstichtag, bleibt der Infotyp 0003 unverändert.

Einschränkung der Rückrechnungsfähigkeit

Bei der Änderung des Infotyps 0003 im Rahmen der ILM-Programme wird die übliche Business-Logik des Infotyps 0003 natürlich weiterhin berücksichtigt. Beispielsweise kann das Datum im Feld **abrechnen bis** (P0003-ABWD1) weiterhin nur in einem Zeitraum liegen, in dem der Mitarbeiter nicht aktiv ist.

Zur besseren Orientierung bezüglich der Felder im Infotyp 0003 zeigt Abbildung 6.40 beispielhaft einen Infotyp-Inhalt.

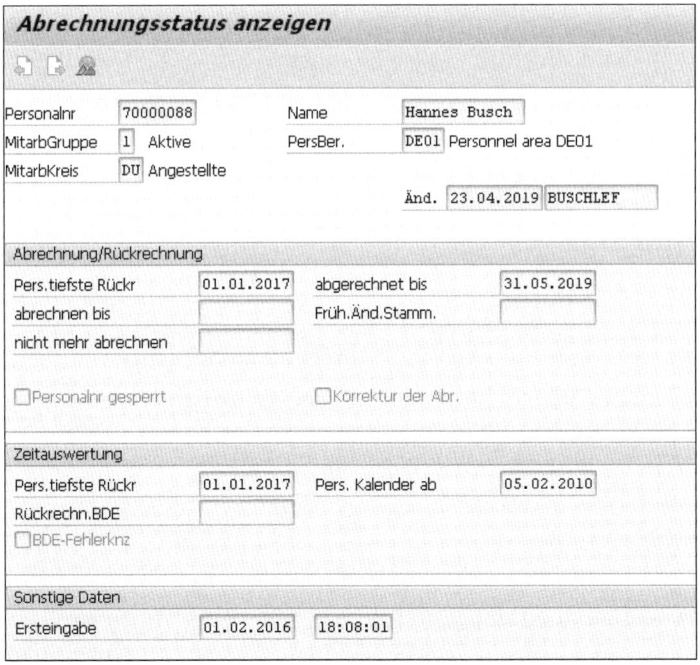

Abbildung 6.40 Beispiel für den Infotyp 0003

Bei der Datenvernichtung erfolgen bei der Verarbeitung von rückrechnungsrelevanten Infotypen noch weitere Prüfungen auf die Datenlage im Infotyp 0003.

Feld »Früheste Änderung Stammdaten seit letzter Abrechnung«

Entscheidend ist insbesondere das Feld **Früheste Änderung Stammdaten seit letzter Abrechnung** (P0003-RRDAT). Dieses Feld wird systemseitig bei einer abrechnungsrelevanten Stammdatenänderung z. B. in der Transaktion PA30 (Personalstammdaten pflegen) auf das Datum gesetzt, bis zu dem beim nächsten Abrechnungslauf zurückgerechnet werden muss. Durch den Abrechnungslauf wird das Feld dann wieder geleert (initialisiert). Das Vorlaufprogramm berücksichtigt das Datum im Feld **Früheste Änderung Stammdaten seit letzter Abrechnung** insofern, als die zu vernichtenden Infotyp-Daten nur bis zu diesem Datum selektiert und somit vom Vorlaufprogramm nur bis zu diesem Datum berücksichtigt werden.

[zB] **Auswirkung des Infotyps 0003 (Abrechnungsstatus) auf die Datenselektion**

Die Daten eines (abrechnungsrelevanten) Infotyps sollen bis zum 31.12.2014 vernichtet werden. Im Feld **Früheste Änderung Stammdaten seit letzter Abrechnung** steht aufgrund der Datenänderung in einem anderen (abrechnungsrelevanten) Infotyp das Datum 31.10.2012. Das Vorlaufprogramm liest die Datensätze des zu vernichtenden Infotyps dann nur bis zum 31.10.2012 ein. Die im Zeitraum 01.11.2012 bis 31.12.2014 auch noch zu vernichtenden Datensätze werden nicht berücksichtigt. Erst wenn durch den Lauf der Personalabrechnung das Feld **Früheste Änderung Stammdaten seit letzter Abrechnung** (P0003-RRDAT) wieder geleert wurde, erfolgt eine Selektion der Daten bis zum vorgesehenen Vernichtungsdatum 31.12.2014. Im Protokoll des Vernichtungslaufs werden Sie jedoch auf die eingeschränkte Selektion hingewiesen.

[»] **Manuelle Änderung im Infotyp 0003 (Abrechnungsstatus)**

Das im Rahmen der Datenvernichtung im Feld **Persönliches tiefstes rückrechenbares Datum** (P0003-PRDAT) systemseitig hochgesetzte Datum kann nicht mehr manuell auf einen Tag innerhalb des Vernichtungszeitraums geändert werden. Eine Rückrechnung in einen Vernichtungszeitraum ist systemseitig ausgeschlossen.

Informatorische Anzeige im Infotyp 0283

Das durch das Vorlaufprogramm angepasste persönlich tiefste rückrechenbare Datum wird auch im Infotyp 0283 (Archivierung/Datenvernichtung) innerhalb der Gruppe **Abrechnung: Rückrechnungsgrenzen vor und nach** der **Archivierung/Datenvernichtung** aus Informationsgründen angezeigt (siehe Abbildung 6.41).

Abrechnung: Rückrechnungsgrenzen vor und nach Archivierung/Datenvernichtung	
Vorher	Nachher

Abbildung 6.41 Infotyp 0283 – Informatorische Felder (Auszug)

Die Aussagekraft der Einträge hier, insbesondere im Feld **Nachher**, sind aber mit Vorsicht zu genießen, da das persönlich tiefste rückrechenbare Datum nach dem Anlegen des Datensatzes im Infotyp 0283 durch eine inzwischen durchgeführte Personalabrechnung, durch eine manuelle Änderung im Infotyp oder durch die Ausführung eines anderen Archivierungsobjekts im Infotyp 0003 (Abrechnungsstatus) geändert worden sein kann.

> **Informatorische Felder im Infotyp 0283 (Archivierung/Datenvernichtung) zur Rückrechnungsgrenze**
>
> Die Feldinhalte stimmen nicht zwingend mit den Einträgen im Infotyp 0003 (Abrechnungsstatus) überein. Die Wahrheit liegt im Infotyp 0003. Prüfen Sie das persönlich tiefste rückrechenbare Datum eines Personalfalls daher immer im Infotyp 0003!

[«]

Sofern Sie Ihr HCM-System ohne Personalabrechnung einsetzen und die Abrechnungskreise nicht auf **nicht abrechnungsrelevant** geschlüsselt haben, wird durch die Stammdatenpflege das oben erwähnte Feld **Früheste Änderung Stammdaten seit letzter Abrechnung** (P0003-RRDAT) im Infotyp 0003 dauerhaft mit einem Datum belegt sein, üblicherweise mit dem Datum zum Beginn der Produktivsetzung. Durch den Nicht-Einsatz der Personalabrechnung wurde und wird das Feld nie initialisiert. So ist eine Datenvernichtung nicht möglich. Sie müssen daher vor der Datenvernichtung das Feld bei Ihren Personalstämmen leeren (und das jedes Jahr wieder).

SAP ERP HCM ohne Personalabrechnung

Eine Hilfe bei der notwendigen Initialisierung kann dabei eventuell das Programm Transfer old payroll results: Update Payroll Status (Infotyp 0003) sein. Achtung; dieses Programm ist jedoch lediglich ein für die Abrechnung in Kanada eingesetztes Programm und aufgrund der harten Anpassung des zentralen Infotyps 0003 (Abrechnungsstatus) mit doppelter Vorsicht zu genießen! Sie sollten das Programm daher auch nur mit gesetztem Kennzeichen **Additional Validations** (P_ADVAL) ausführen. Das Kennzeichen bewirkt, dass das Programm dieselben Prüfungen wie bei der Infotyp-Pflege über die Transaktion PA30 (Personalstammdaten ändern) durchführt. Damit Ihnen die Feldbezeichnungen im Selektionsbild eingeblendet werden, müssen Sie sich hier in der Sprache Englisch (**EN**) am SAP-System anmelden.

> **Felder zur Zeitauswertung**
>
> Die beschriebenen Systemfunktionen in Bezug auf die Abrechnung und Rückrechnung bei der Abrechnung gelten analog für die Felder der Zeitauswertung im Infotyp 0003 (Abrechnungsstatus).

Das Feld »Rückrechnungsdatum für BDE« (Betriebsdatenerfassung)
Ein Eintrag im Feld **Rückrechnungsdatum für BDE** (P0003-BDERR) im Infotyp 0003 (Abrechnungsstatus) hat die gleiche Wirkung wie ein Eintrag im Feld **Früheste Änderung Stammdaten seit letzter Abrechnung** (Feld P0003-RRDAT): Die Datenvernichtung ist nur bis zu diesem Datum möglich.

Sofern Sie jedoch keine positive Zeitwirtschaft mit Ist-Zeiterfassung und der darauf basierenden Zeitauswertung einsetzen und Ihre Personalfälle somit im Infotyp 0007 (Sollarbeitszeit) im Feld **Status Zeitwirtschaft** (P0007-ZTERF) den Wert »0 – keine Zeitauswertung« haben, sollte das Feld BDERR (Rückrechnungsdatum für BDE) im Infotyp 0003 leer sein. Leider ist dies jedoch bei der Pflege des Infotyps 0007 über die klassischen Transaktionen PA30 (Personalstammdaten pflegen) und PA40 (Personalmaßnahmen) aufgrund einer älteren Unschärfe im SAP-System nicht immer Fall.

Mit SAP-Hinweis 1625907 (IT0007: BDE-Rückrechnungsdatum wird im IT0003 gesetzt) stellt SAP daher – neben der Behebung des Programmfehlers – zur Korrektur eventuell bereits vorhandener Einträge im Feld **Rückrechnungsdatum für BDE** des Infotyps 0003 ein Korrekturprogramm zur Verfügung. Es handelt sich hierbei um ein durch den Hinweis bereitgestelltes Z-Programm, das im Kundennamensraum zu implementieren ist (Z_REMOVE_IT0003_BDERR_INCONSIS).

Tiefstes Rückrechnungsdatum zentral festlegen
Den durch das jeweilige Regelwerk archivierungsobjektabhängig definierten Datenvernichtungszeitraum können Sie auch archivierungsobjektunabhängig über eine zentrale Einstellung im Customizing beschränken. Der hierzu relevante Customizing-View V_T77PARETROLIM (Konfiguration der Rückrechnungsgrenze) erreichen Sie über den IMG-Pfad **Personalmanagement • Personaladministration • Werkzeuge • Datenschutz • Datenvernichtung • Tiefstes Rückrechnungsdatum für die Datenvernichtung definieren**.

Generell festgelegtes tiefstes Rückrechnungsdatum

Im Customizing-View können Sie in Abhängigkeit der Ländergruppierung das erforderliche tiefste Rückrechnungsdatum fest vorgeben. Das Vorlaufprogramm selektiert dann die zu vernichtenden Datensätze nur bis vor dieses definierte Rückrechnungsdatum. Ein durch das Prozessieren des Regelwerks gegebenenfalls ermitteltes höheres Vernichtungsdatum ist somit ohne Wirkung.

> **[zB] Wirkung des zentralen Datums für die Rückrechnungsfähigkeit**
> Sie haben für das Archivierungsobjekt HRTIM_ABS (HR: Abwesenheiten) ein Regelwerk definiert, um die Abwesenheiten bis zum 31.12.2012 zu vernichten. Als tiefstes Rückrechnungsdatum für die Datenvernichtung haben Sie jedoch den 01.01.2010 definiert. Das System setzt dann technisch das Datum im Feld **Daten selektieren bis** auf den 31.12.2009. Die Vernichtung der Daten erfolgt somit auch nur bis zum 31.12.2009, sodass Rückrechnungen weiterhin bis zum 01.01.2010 möglich sind.

Protokoll

Nach der Durchführung des Vorlaufprogramms können Sie in der Transaktion SARA (Archivadministration) über die Schaltfläche **Protokolle** die Protokolle aufrufen. Das (detaillierte) Protokoll enthält alle Datensätze, die durch das Vorlaufprogramm selektiert und gemäß dem Regelwerk auf die Vernichtbarkeit geprüft wurden. Insbesondere enthält es aber auch einen Hinweis auf die Anzahl der verarbeiteten Personen.

Die im Protokoll aufgeführten Meldungszeilen können Sie bei Bedarf auch kundenspezifisch beeinflussen. Sie erreichen den entsprechenden Customizing-View V_HRARCH_D_ARBGB (Meldungsklassen-View) über den IMG-Pfad **Personalmanagement • Personaladministration • Werkzeuge • Datenschutz • Datenvernichtung • Nachrichtensteuerung bei der Vernichtung von Infotyp Daten ändern**.

Anpassung Protokollausgabe

Hier können Sie für das Arbeitsgebiet HRPA_ARCH in Abhängigkeit des Archivierungsobjekts die im Protokoll ausgegebenen Systemmeldungen mit einer anderen Reaktion versehen. Technisch stellt HRPA_ARCH eine Nachrichtenklasse dar (in Abbildung 6.42 als **Meldungsklasse** bezeichnet). Zum Beispiel können Sie, wie aus Abbildung 6.42 ersichtlich, nicht erforderliche Erfolgsmeldungen gänzlich ausblenden.

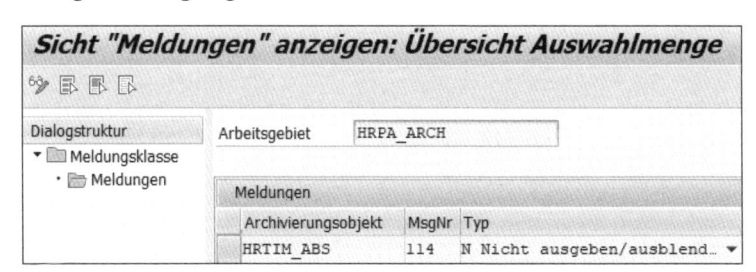

Abbildung 6.42 Nachrichtensteuerung beeinflussen

Sperrlogik wirkt Wie in SAP ERP HCM üblich, wirkt auch beim Lauf der ILM-Programme die übliche Sperrlogik, da auf die Personen durch die Programme ändernd zugegriffen wird (z. B. Infotyp 0003 ändern, Infotyp 0283 anlegen). Kann eine Person nicht für die Verarbeitung in den ILM-Programmen exklusiv gesperrt werden, wird diese Person bei der Verarbeitung übersprungen. Der Personalfall erscheint dann mit entsprechender Fehlermeldung im Laufprotokoll.

Anwendungs-Log Nach der Datenvernichtung sollten Sie auch an das Löschen der SARA-Protokolle denken. Die umfassenden Protokolle enthalten weiterhin detailliert die bei der Datenvernichtung entfernten Daten. Bei den Protokollen handelt es sich um die üblichen Einträge im Anwendungs-Log. Diese Protokolleinträge können Sie auch über die Transaktion SLG1 (Anwendungs-Log: Protokolle anzeigen) und das Objekt ARCHIVING aufrufen. Der Hintergrund dafür ist, dass die Vorlaufprogramme entwicklungsseitig nicht originär zu SAP ILM, sondern zur jeweiligen Anwendung gehören, hier also zu SAP ERP HCM. Somit entstehen durch die Vorlaufprogramme auch keine Archivadministrationsdaten, sondern lediglich Anwendungs-Logs (Transaktion SLG1). Über die Transaktion SLG2 (Anwendungs-Log: Protokolle löschen) oder in der Transaktion SARA unter **Protokolle • Umfeld • Anwendungsprotokolle löschen** können die umfangreichen Protokollinformationen somit auch gelöscht werden (siehe Abbildung 6.43).

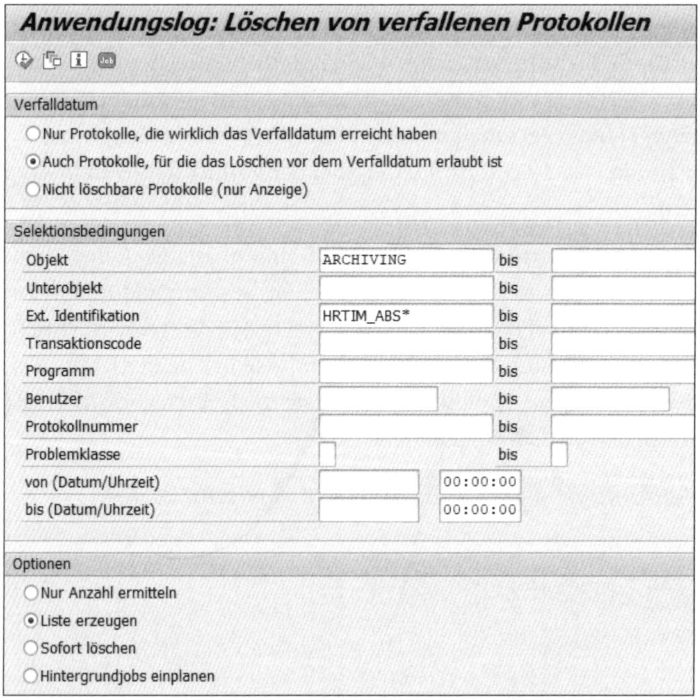

Abbildung 6.43 Transaktion SLG2 – Beispieleinträge

Über das Selektionsfeld **Ext. Identifikation** und z. B. den Eintrag »HRTIM_ ABS*« können Sie auch nur die Protokolle für das Archivierungsobjekt HRTIM_ABS (HR: Abwesenheiten) löschen. Beachten Sie, dass bei der Auswahl der Option **Sofort löschen** die Protokolle ohne vorherige Anzeige direkt gelöscht werden.

Alternativ steht Ihnen für das Löschen der Protokolle des Anwendungs-Logs auch das Archivierungsobjekt BC_SBAL (Archivierungsobjekt für Application Log) mit der ILM-Aktion **Datenvernichtung** zur Verfügung (siehe Abbildung 6.44).

Archivierungsobjekt BC_SBAL

Abbildung 6.44 Transaktion SARA – Archivierungsobjekt BC_SBAL, Variantenpflege Schreibprogramm

Beim Definieren der Aufbewahrungsdauer für das dazugehörige ILM-Objekt BC_SBAL (Application Log) in der Transaktion IRMPOL (ILM-Regelwerke) – alternativ in der Transaktion IRM_CAT (IRM-Regelwerke) – steht Ihnen als

Bedingungsfeld `OBJECT` (Anwendungs-Log: Objektname, Applikationskürzel) zur Verfügung. Für dieses müssen Sie im obigen Kontext den Wert »ARCHIVING« eintragen. Als Zeitbezug können Sie **END_OF_YEAR** (Ende des Jahres) auswählen. Die Durchführung in der Transaktion SARA (Archivadministration) erfolgt hierbei mittels Schreibprogramm und Löschprogramm (kein Vorlaufprogramm).

Zurücknehmen eines Vorlaufs

Rücknahme des Vorlaufs

Mit dem Programm `RP_PA_ROLLBACK` (Rücknahme Vorlauf zur Datenvernichtung) kann ein produktiv durchgeführter Vorlauf archivierungsobjektabhängig zurückgenommen werden. Die Rücknahme des Vorlaufs können Sie für nur einen Personalfall oder für alle zu der Vorlauf-ID gehörenden Personalfälle durchführen.

Ein Transaktionscode ist dem Programm `RP_PA_ROLLBACK` (Rücknahme Vorlauf zur Datenvernichtung) im SAP-Standard nicht zugeordnet; der Aufruf ist lediglich über die Transaktionen SA38 (ABAP/4 Reporting) oder SE38 (ABAP Editor) möglich. Abbildung 6.45 zeigt das Selektionsbild des Programms zur Rücknahme des Vorlaufs bei der Datenvernichtung.

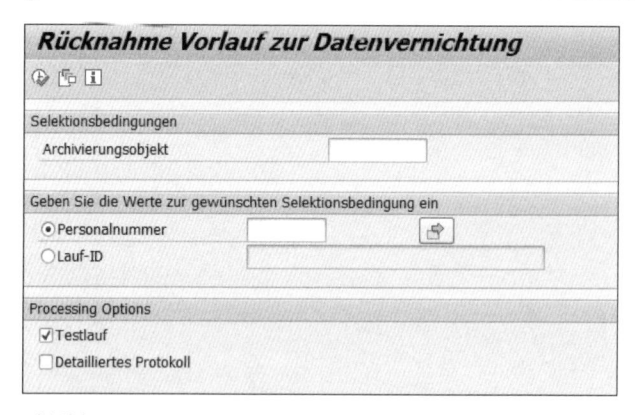

Abbildung 6.45 Selektionsbild des Programms RP_PA_ROLLBACK

Das Programm nimmt folgende in der Vorlaufphase durchgeführten Änderungen für die selektierten Personalnummern zurück:

- Im Infotyp 0283 (Archivierung/Datenvernichtung) wird der Status **vorbereitet zur Datenvernichtung** gelöscht.

- Im Infotyp 0003 (Abrechnungsstatus) wird die persönliche tiefste Rückrechnungsgrenze auf das Datum gesetzt, das vor der Vorlaufphase gültig war.

- In der Datenbanktabelle `HRPA_D_ARCHPERNR` (Verknüpfungstabelle für Vorlauf- und Schreibprogramm, PA) wird der Eintrag für die Vorlauf-ID gelöscht. Wenn Sie den Vorlauf für eine gesamte Vorlauf-ID zurücknehmen, wird außerdem der Eintrag für die Vorlauf-ID in Tabelle `HRPA_D_ARCHRUN` (Archivierungslaufnummer für PA-Infotyp-Gruppen) gelöscht.

Die Ausführung des Programms `RP_PA_ROLLBACK` (Rücknahme Vorlauf zur Datenvernichtung) kann in der Transaktion SARA (Archivadministration) bei den Protokollen (Schaltfläche **Protokolle**) unter dem Ordner **Rückladen** nochmals nachvollzogen werden.

Protokoll

Auch beim Programm `RP_PA_ROLLBACK` wirkt der übliche Sperrmechanismus von Personalnummern in SAP ERP HCM, sodass eine Person nur verarbeitet wird, wenn sie nicht durch einen anderen Prozess bzw. Anwender gesperrt ist.

> **Zusammenfassung Funktionalität Vorlaufprogramm**
>
> Das Vorlaufprogramm prozessiert das Regelwerk unter Berücksichtigung einer eventuellen Vernichtungssperre und legt einen Vernichtungsbeleg im Status **A (vorbereitet zur Datenvernichtung)** im Infotyp 0283 an. Bei rückrechnungsrelevanten Infotypen wird zudem durch das Vorlaufprogramm die Rückrechnungstiefe im Infotyp 0003 auf den Löschstichtag (+ 1) begrenzt.

Die Ausführung des Schreibprogramms ist bei Archivierungsobjekten mit Vorlaufprogramm erst nach erfolgreichem Lauf des Vorlaufprogramms möglich. Insbesondere wird als Parameter für die Ausführung des nachfolgenden Schreibprogramms die vom Vorlaufprogramm erzeugte Vorlauf-ID benötigt.

Schritt 2 – Schreibprogramm und Löschprogramm

Die eigentliche Datenvernichtung erfolgt im zweiten Schritt mit dem Schreibprogramm und dem Löschprogramm. Das Löschprogramm startet bei Archivierungsobjekten mit Vorlaufprogramm standardmäßig automatisch nach dem Schreibprogramm. Technisch handelt es sich um zwei separate Programme (Hintergrundjobs). In der Praxis erfolgt die Durchführung des Schreibprogramms und des Löschprogramms für Sie gemäß der SAP-Standardeinstellung praktisch in *einem* Schritt (das heißt, dass das Löschprogramm automatisch eingeplant bzw. gestartet wird).

Schreib- und Löschprogramm zusammen

Bei den hier relevanten ILM-Funktionen des Datenvernichtens liest das Schreibprogramm die zu vernichtenden Daten von der Datenbank und schreibt sie in eine (temporäre) Archivdatei im Dateisystem. Das anschließende Löschprogramm liest die Archivdatei und löscht die gefundenen Datensätze von der Datenbank. Nach dem Löschen von der Datenbank wird auch die Archivdatei vernichtet. Im Rahmen der Ausführung des Schreib- und Löschprogramms wird schließlich auch der Status des Vernichtungsbelegs im Infotyp 0283 (Archivierung/Datenvernichtung) auf **9** (**vernichtet**) geändert.

Archivierungsobjekte ohne Vorlaufprogramm

Auch bei Archivierungsobjekten ohne Vorlaufprogramm erfolgt ein zweistufiges Vorgehen. Im Gegensatz zu Archivierungsobjekten mit Vorlaufprogramm startet hier das Löschprogramm gemäß den SAP-Standardeinstellungen nicht automatisch, sodass Sie es manuell starten müssen.

Mit dem Berechtigungsobjekt P_ABAP (HR: Reporting) können Sie unterschiedliche Anwender auf die Programme (Vorlauf, Schreiben, Löschen) berechtigen, um z. B. ein Vier-Augen-Prinzip bei der Ausführung zu realisieren.

Archivierungsobjekte ohne Vorlaufprogramm

Nur wenige Archivierungsobjekte ohne Vorlaufprogramm

Für SAP ERP HCM gibt es nur wenige Archivierungsobjekte ohne Vorlaufprogramm. Insbesondere für folgende Infotypen haben die Archivierungsobjekte kein Vorlaufprogramm:

- 0019: Terminverfolgung
- 0030: Vollmachten
- 0033: Statistik
- 0034: Betriebliche Funktion
- 0035: Belehrungen
- 0037: Versicherungen
- 0040: Leihgaben

Führen wir uns nochmals die Kernfunktionalität des Vorlaufprogramms vor Augen:

- Prozessieren des Regelwerks (unter Berücksichtigung des Infotyps 3246, Vernichtungssperre)
- Anlegen des Vernichtungsbelegs (Infotyp 0283, Archivierung/Datenvernichtung)
- Beschränken der Rückrechnungsfähigkeit (Infotyp 0003, Abrechnungsstatus)

Kein Vernichtungsbeleg und keine Anpassung im Infotyp 0003

Bei Archivierungsobjekten ohne Vorlaufprogramm übernimmt das Prozessieren des Regelwerks somit zwangsläufig das Schreibprogramm. Die übrigen beiden Punkte (Infotyp 0003 und Infotyp 0283) entfallen ersatzlos. Ein Archivierungsobjekt ohne Vorlaufprogramm kann somit nur Daten aus Infotypen vernichten, die nicht abrechnungs- oder zeitwirtschaftsrelevant sind.

> **Auswirkungen auf die Infotypen 0003 und 0283**
> Bei Archivierungsobjekten ohne Vorlaufprogramm erfolgt weder eine Anpassung der Rückrechnungstiefe im Infotyp 0003 (Abrechnungsstatus) noch eine Protokollierung der Datenvernichtung im Infotyp 0283 (Archivierung/Datenvernichtung).

Bei Archivierungsobjekten ohne Vorlaufprogramm erfolgt der Aufruf des Löschprogramms nicht direkt durch das Schreibprogramm. Das Löschprogramm muss separat gestartet werden. Demnach ist auch hier eine Aufgabentrennung bzw. ein Vier-Augen-Prinzip möglich (Anwender 1: Schreibprogramm, Anwender 2: Löschprogramm).

Separater Start des Löschprogramms

Protokoll

Analog zur Protokollierung beim Vorlaufprogramm wird auch beim Schreibprogramm ein umfassendes Protokoll generiert. Dieses können Sie in gewohnter Weise in der Transaktion SARA (Archivadministration) über die Schaltfläche **Protokolle** einsehen.

Im Gegensatz dazu liefert das dazugehörige Protokoll des Löschprogramms keine detaillierten Informationen mehr. Hier erhalten Sie lediglich noch die Information, wie viele Personalfälle verarbeitet wurden. Über die Laufnummer können Sie jedoch in der Protokollanzeige erkennen, welcher Lauf des Schreibprogramms zu welchem Lauf des Löschprogramms gehört; die zusammengehörigen Läufe haben dieselbe sechsstellige Nummer. Die Protokollinhalte entnehmen Sie daher immer dem Protokoll des Schreibprogramms.

Nur Protokoll für Schreiblauf

Ergebnis

Nach dem Löschprogramm sind die jeweiligen Daten in SAP ERP HCM unwiderruflich entfernt. Zusätzlich wurde vom Löschprogramm auch die entsprechende, vom Schreibprogramm erzeugte und im Verzeichnis des Dateisystems gespeicherte (temporäre) Archivdatei entfernt.

6.3.6 Beispielszenario mit den Archivierungsobjekten HRTIM_ABS und HRTIM_QUOT

Im folgenden Abschnitt möchten wir Ihnen an einem Beispielsszenario zeigen, wie Sie Urlaube sowie Krankheiten aus dem Infotyp 2001 (Abwesenheiten) – mit dem dazugehörigen Archivierungsobjekt HRTIM_ABS (HR: Abwesenheiten) – und anschließend auch die Urlaubskontingente aus dem Infotyp 2006 (Abwesenheitskontingente) – mit dem dazugehörigen Archivierungsobjekt HRTIM_QUOT (HR: Zeitkontingente) – vernichten können. Die Löschfristen im Beispielsszenario sind wie folgt:

- Vernichten der Urlaube nach fünf Jahren
- Vernichten der Krankheiten nach drei Jahren
- Vernichten der Urlaubskontingente nach fünf Jahren

Datenvernichtung in Jahresscheiben

Dabei soll die Vernichtung immer in Jahresscheiben erfolgen, das heißt, der Zeitbezug im dazugehörigen Regelwerk ist mit END_OF_YEAR (Ende des Jahres) definiert. Das aktuelle Jahr (Systemdatum) im Beispiel ist das Jahr 2019.

Die Beispielperson ist am 01.01.2003 eingetreten und hat im Infotyp 2001 (Abwesenheiten) über 100 Abwesenheiten (Urlaube und Krankheiten). Das persönlich tiefste rückrechenbare Datum im Infotyp 0003 (Abrechnungsstatus) steht auch auf dem 01.01.2003, und das Feld **Früheste Änderung Stammdaten seit letzter Abrechnung** im Infotyp 0003 ist leer.

Gruppierung der Abwesenheitsarten

Im Customizing-Punkt **Personalmanagement • Personaladministration • Werkzeuge • Datenschutz • Datenvernichtung • Gruppierung der Abwesenheitsarten definieren** ist die Zuordnung der Abwesenheitsarten zu den beiden Gruppierungen VACATION und ILLNESS erfolgt.

In der Transaktion SARA (Archivadministration) legen Sie *eine* Variante für das Vorlaufprogramm des Archivierungsobjekts HRTIM_ABS (HR: Abwesenheiten) für beide Gruppierungen (ILLNESS und VACATION) an. Wird das Vorlaufprogramm ausgeführt, legt es zwei Datensätze im Infotyp 0283 (Archivierung/Datenvernichtung) mit dem Status **A** (**vorbereitet zur Datenvernichtung**) an:

- 01.01.1800–31.12.2015: Arch.teilobjekt ILLNESS – Status **A**
- 01.01.1800–31.12.2013: Arch.teilobjekt VACATION – Status **A**

Zudem hat das Vorlaufprogramm das persönlich tiefste rückrechenbare Datum im Infotyp 0003 (Abrechnungsstatus) auf den 01.01.2016 gesetzt. Der Infotyp 2001 (Abwesenheiten) ist noch unverändert.

In der Transaktion SARA starten Sie nun die Hintergrundjobs für das Schreib- und Löschprogramm. Im Selektionsbild des Schreibprogramms geben Sie die vom Vorlaufprogramm erzeugte technische Lauf-ID ein. Das Löschprogramm wird im Anschluss an das Schreibprogramm ohne weiteres Zutun automatisch gestartet. Schreib- und Löschprogramm haben nun die Daten im Infotyp 2001 bis zum 31.12.2013 (Urlaube) und 31.12.2015 (Krankheiten) gelöscht.

Bei den beiden Datensätzen im Infotyp 0283 wurde dabei der Status geändert. Neuer Status ist nun **9** (**vernichtet**). Eine Anpassung des Infotyps 0003 ist nicht mehr erfolgt.

Die informatorische Anzeige der Rückrechnungsgrenze ist mit Vorsicht zu genießen, da sich diese Anzeige immer nur auf den jeweiligen Vernichtungsbeleg des Infotyps 0283 bezieht. Informieren Sie sich daher am besten immer direkt im Infotyp 0003 über das persönlich tiefste Rückrechnungsdatum.

Technische Abgeltung im Infotyp 0416

Damit durch die Vernichtung der Urlaube der Saldo der entsprechenden Urlaubskontingente weiterhin auf null bleibt, hat das System auch eine technische Abgeltung im Infotyp 0416 (Zeitkontingentabgeltungen) angelegt (siehe Abbildung 6.46).

Anhand der Einträge im Infotyp 0416 können die konkreten Urlaubsdatensätze nicht mehr nachvollzogen werden. Dennoch bleibt die Systemkonsistenz dadurch gewahrt. Die systemseitig angelegten Einträge können manuell nicht geändert werden.

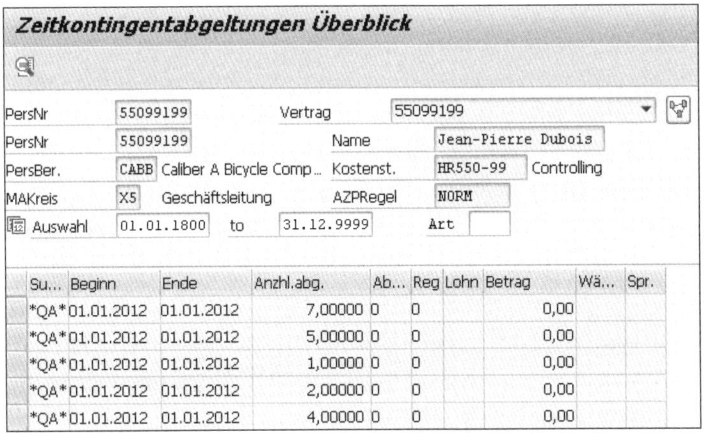

Zeitkontingentabgeltungen Überblick

PersNr	55099199	Vertrag	55099199
PersNr	55099199	Name	Jean-Pierre Dubois
PersBer.	CABB Caliber A Bicycle Comp...	Kostenst.	HR550-99 Controlling
MAKreis	X5 Geschäftsleitung	AZPRegel	NORM
Auswahl	01.01.1800 to 31.12.9999	Art	

Su...	Beginn	Ende	Anzhl.abg.	Ab...	Reg	Lohn	Betrag	Wä...	Spr.
QA	01.01.2012	01.01.2012	7,00000	0	0		0,00		
QA	01.01.2012	01.01.2012	5,00000	0	0		0,00		
QA	01.01.2012	01.01.2012	1,00000	0	0		0,00		
QA	01.01.2012	01.01.2012	2,00000	0	0		0,00		
QA	01.01.2012	01.01.2012	4,00000	0	0		0,00		

Abbildung 6.46 Transaktion PA20 (Personalstammdaten anzeigen) – Infotyp 0416, technische Zeitkontingentabgeltung *QA*

Urlaubskontingente vernichten

Nachdem nun die Vernichtung der Abwesenheiten abgeschlossen ist, können Sie auch die Urlaubskontingente vernichten. Voraussetzung für die Vernichtbarkeit eines Urlaubskontingents ist, dass der Saldo des Kontingents auf null steht (das heißt Urlaubskontingent minus Urlaubsabtragung).

Besonderheit bei Urlaubskontingenten

Bei den Urlaubskontingenten gilt zusätzlich die Besonderheit, dass als Bezugsdatum für die Ermittlung der Vernichtbarkeit nicht das Endedatum des jeweiligen Kontingents (das heißt des Infotyp-Satzes) herangezogen wird, sondern das Endedatum der Kontingentabtragung.

Das Vorlaufprogramm für das Archivierungsobjekt HRTIM_QUOT (HR: Zeitkontingente) starten Sie wieder wie gewohnt in der Transaktion SARA (Archivadministration).

Im Infotyp 0283 (Archivierung/Datenvernichtung) legt das Vorlaufprogramm einen weiteren Datensatz vom 01.01.1800 bis zum 31.12.2013 – nun für das Archivierungsobjekt HRTIM_QUOT – mit dem Status **A** (**vorbereitet zur Datenvernichtung**) an. Da das persönlich tiefste rückrechenbare Datum im Infotyp 0003 (Abrechnungsstatus) schon durch HRTIM_ABS auf den 01.01.2016 gesetzt wurde und dieses Datum jünger ist als der 31.12.2013 plus 1 Tag, bleibt der Infotyp 0003 unverändert.

Planen Sie nun in der Transaktion SARA (Archivadministration) für das Archivierungsobjekt HRTIM_QUOT (HR: Zeitkontingente) das Schreib- und Löschprogramm ein. Im Selektionsbild des Schreibprogramms geben Sie wie gewohnt die vom Vorlaufprogramm erzeugte technische Lauf-ID ein.

Durch das Schreib-/Löschprogramm wurde wiederum der Status des Vernichtungsbelegs im Infotyp 0283 (Archivierung/Datenvernichtung) auf **9** (**vernichtet**) geändert. Obwohl der Vernichtungsbeleg im Infotyp 0283 das Endedatum 31.12.2013 hat, wurde jedoch das vom 01.01.2013 bis 31.12.2013 gültige Kontingent nicht gelöscht. Die Begründung hierfür ist die oben erwähnte abweichende Ermittlung des Bezugsdatums bei Kontingenten; relevant ist hier das Endedatum der Kontingentabtragung (und dies ist im Beispiel für das 2013er-Kontingent der 31.03.2014).

Technische Abgeltung im Infotyp 0416

Zusätzlich zur Löschung der Urlaubskontingente wurden auch die beim Löschen der Abwesenheiten angelegten technischen Abgeltungen im Infotyp 0416 (Zeitkontingentabgeltungen) gelöscht.

6.3.7 Reihenfolge

Grundsätzlich sind Sie in SAP ERP HCM in der Ausführungsreihenfolge der Archivierungsobjekte in der Transaktion SARA (Archivadministration) nicht an eine feste Reihenfolge gebunden. Sie können also beispielsweise zuerst die alten Bankverbindungen im Infotyp 0009 (Bankverbindung) mit dem Archivierungsobjekt HRPA_PYDTL (HR: Zahlungsangaben) vernichten und dann die alten Einmalzahlungen aus dem Infotyp 0014 (Wiederkehrende Be-/Abzüge) mit dem Archivierungsobjekt HRPA_REMUN (HR: Entgelt), oder eben umgekehrt.

Löschung zeitwirtschaftlicher Personaldaten

Lediglich im Bereich der Datenvernichtung zeitwirtschaftlicher Personaldaten sind Sie an eine bestimmte Reihenfolge gebunden. So ist beispielsweise das Vernichten der Abwesenheitskontingente (Archivierungsobjekt HRTIM_QUOT) erst nach dem Vernichten der Urlaube (Archivierungsobjekt

`HRTIM_ABS`) möglich. Tabelle 6.16 zeigt die empfohlene Reihenfolge bei der Löschung personalzeitwirtschaftlicher Daten.

Pos.	Archivierungsobjekt	Relevante Tabellen oder Infotypen	Anmerkung
1	HRTIM_REQ (HR: Abwesenheitsanträge/Zeitbuchungskorrekturen)	PTREQ*- und PTTCOR*-Tabellen	Das Archivierungsobjekt HRTIM_REQ besitzt kein Vorlaufprogramm.
2	HRTIM_TEV (HR: Zeitereignisse) HRTIM_REC (HR: Zeiterfassungsinformation)	Tabellen TEVEN und TEVEN_MORE	Nur durchzuführen, wenn Sie in dem Löschzeitraum keine Zeitauswertungsrückrechnungen mehr durchführen müssen.
3	HRTIM_ABS (HR: Abwesenheiten)	Infotyp 2001	Nur durchzuführen, wenn Sie in diesem Löschzeitraum keine Abrechnungsrückrechnungen mehr durchführen müssen.
	HRTIM_ATT (HR: Anwesenheiten)	Infotyp 2002	
	HRTIM_AVAL (HR: Bereitschaften)	Infotyp 2004	
	HRTIM_MAT (HR: Mutterschutz)	Infotyp 0080	
	HRTIM_MIL (HR: Wehr-/Ersatzdienst)	Infotyp 0081	
	HRTIM_OVER (HR: Mehrarbeiten)	Infotyp 2005	
	HRTIM_SUBS (HR: Vertretungen)	Infotyp 2003	
4	HRTIM_QUOT (HR: Zeitkontingente)	Infotyp 2006	–
5	HRTIM_PWS (HR: Sollarbeitszeit)	Infotyp 2007	–
6	PA_TIME (HR: Zeitauswertungsergebnisse)	RP-Cluster 2	–

Tabelle 6.16 Von SAP empfohlene Reihenfolge bei der Löschung personalzeitwirtschaftlicher Daten

> **SAP-Hinweis 2472820**
> Die Reihenfolge bei der Datenvernichtung zeitwirtschaftlicher Personaldaten ist auch in SAP-Hinweis 2472820 (Datenvernichtung/Archivierung Personalzeitwirtschaft: Reihenfolge der Archivierungsobjekte) beschrieben.

6.3.8 Berechtigungskonzept

Allgemeine HCM-Berechtigungsprüfung

Das Berechtigungskonzept für die Datenvernichtung basiert auf den allgemeinen Berechtigungsprüfungen der Personalwirtschaft und der Archivierung. Demnach benötigt der Anwender, der die Datenvernichtung durchführen möchte, erst einmal den ändernden Zugriff auf die zu löschenden Infotypen gemäß den üblichen HCM–Berechtigungsobjekten, wie z. B. P_ORGIN (HR: Stammdaten) und P_ORGXX (HR: Stammdaten – erweiterte Prüfung). Es werden aber insbesondere auch schreibende Zugriffsrechte auf die Infotypen 0003 und 0283 (Archivierung/Datenvernichtung) benötigt. In Release 608 von SAP ERP wird ab SP 34 für die Softwarekomponente SAP_HRRXX im Vorlaufprogramm die Berechtigung auf die Infotypen 0003 und 0283 nicht mehr geprüft (SAP-Hinweis 2345811). Der Infotyp 3246 (Vernichtungssperre) ist weiterhin mit mindestens Leserechten zu berechtigen.

Berechtigungsobjekt P_ABAP

Überaus praktikabler ist die Berechtigungssteuerung über das Berechtigungsobjekt P_ABAP (HR: Reporting). Mit diesem Berechtigungsobjekt werden die in der jeweiligen Rolle hinterlegten Programme (Vorlaufprogramme, Schreibprogramme, Löschprogramme) ohne spezielle HCM-Berechtigungsprüfung ausgeführt. Durch eine entsprechende Steuerung mit P_ABAP kann auch ein Vier-Augen-Prinzip realisiert werden.

ILM-Berechtigungen

Neben den personalwirtschaftlichen Berechtigungen benötigt der durchführende Anwender auch entsprechende Berechtigungen im Bereich von SAP ILM bzw. der Archivierung. Weitere Informationen dazu finden Sie in Kapitel 2, »Grundfunktionen von SAP ILM«, dort insbesondere in Abschnitt 2.10, »ILM-Rollen und -Transaktionen«.

6.3.9 Kundenerweiterungen

Flexible Erweiterungsmöglichkeiten

Auch im Bereich der Datenvernichtung können Sie das SAP-System gemäß Ihren kundenindividuellen Anforderungen modifikationsfrei anpassen. Für die im Standard ausgelieferten Archivierungsobjekte gibt es für kundenspezifische Anpassungen eine Vielzahl von Business Add-Ins (BAdIs).

> **Geht nicht gibt's nicht**
>
> Dank der Vielzahl an (modifikationsfreien) Erweiterungsmöglichkeiten über Business Add-Ins können Sie grundsätzlich von der Prämisse »geht nicht gibt's nicht« ausgehen.

Zudem können natürlich auch gänzlich kundeneigene Archivierungsobjekte, z. B. für kundeneigene Infotypen, entwickelt werden.

Erweiterungsframework für die Datenvernichtung

Für die kundenindividuellen Erweiterungen der bestehenden Archivierungsobjekte stehen Ihnen sowohl im Anwendungsbereich von ILM als auch im Bereich HCM mehrere BAdI-Definitionen zur kundenindividuellen Implementierung zur Verfügung.

Kundeneigene Archivierungsobjekte

ILM-spezifische BAdIs

Die zentralen und wichtigsten Erweiterungsoptionen für die Erweiterung der Vernichtungsregeln im Bereich von ILM sind die beiden BAdI-Definitionen BADI_IRM_OT_FLD und BADI_IRM_OT_STT innerhalb des Erweiterungsspots ES_IRM_CUST (IRM-Customizing). Mit diesen beiden BAdIs können Sie weitere Bedingungsfelder sowie weitere Zeitbezüge und Zeitversätze für ein ILM-Objekt für die anschließende Verwendung bei der Regeldefinition anlegen (siehe Tabelle 6.17).

Bedingungsfelder, Zeitbezüge und Zeitversätze

Business Add-In	Verwendung
BADI_IRM_OT_FLD	Erweiterung der verfügbaren Bedingungsfelder
BADI_IRM_OT_STT	Erweiterung der verfügbaren Zeitbezüge und Zeitversätze

Tabelle 6.17 ILM-Objekt-spezifische BAdIs

Weitere Informationen zu kundenspezifischen Erweiterungen finden Sie in Abschnitt 2.5, »Regelwerke – die Schatzkiste mit den Regeln«.

HCM-spezifische BAdIs

Gerade für den HCM-spezifischen Teil der Datenvernichtung stellt der SAP-Standard eine Vielzahl von Erweiterungsmöglichkeiten zur Verfügung. Die Erläuterung der verschiedensten Einsatzmöglichkeiten der BAdI-Definitionen würde den Umfang dieses Kapitels jedoch sprengen. Die folgenden Tabellen mit den von SAP zur Verfügung gestellten HCM-spezifischen Erweiterungsmöglichkeiten enthalten jedoch Hinweise auf den jeweiligen Verwendungszweck. Tabelle 6.18 enthält die BAdI-Definitionen im Erweiterungsspot HRPA_ARCH.

HCM-spezifische Erweiterungsmöglichkeiten

Business Add-In	Verwendung	Aufgerufen im
HRPA_B_CHK_DATA	archivierungsobjekt-spezifische Prüfungen	Vorlaufprogramm, Schreibprogramm
HRPA_B_DATA_OBJ	Erweiterung des Datenobjekts	Vorlaufprogramm, Schreibprogramm
HRPA_B_DATA_CREATER	Anlegen von Daten nach dem Vernichtungslauf	Löschprogramm
HRPA_B_DESTRUCTION_LOG	Änderung der Erzeugung von Vernichtungsbelegen	Vorlaufprogramm
HRARCH_B_CREATE_DUMMY_DATA	Erzeugung von Dummy-Daten	Klasse CL_HRARCH_DESTRUCTION_LOG, Methode CHECK_PERNR_WITH_DUMMY_DATA
HRARCH_B_DELETE_FRAMEWORK	verwendetes Framework zur Datenvernichtung	Vorlaufprogramm, Löschprogramm

Tabelle 6.18 HCM-spezifische Business Add-Ins im Erweiterungsspot HRPA_ARCH

Tabelle 6.19 enthält die BAdI-Definitionen im Erweiterungsspot HRPA_ARCH_CONFIG.

Business Add-In	Verwendung	Aufgerufen im
HRPA_B_GET_CONFIG	Ermittlung der Konfiguration des Archivierungsobjekts zur Erzeugung von Vernichtungsbelegen	Vorlaufprogramm, Schreibprogramm
HRPA_B_GET_SUBGRP	Ermittlung der Konfiguration des Archivierungsteilobjekts zum Sperren der Datenbearbeitung im Vernichtungszeitraum	Personaladministration (z. B. Transaktion PA30)
HRARCH_B_DATA_BLOCKING	Sperren der Datenbearbeitung im Vernichtungszeitraum	Personaladministration (z. B. Transaktion PA30)

Tabelle 6.19 HCM-spezifische Business Add-Ins im Erweiterungsspot HRPA_ARCH_CONFIG

Business Add-In	Verwendung	Aufgerufen im
HRARCH_B_INCLUDE_AO_SUBGROUP	Ermitteln von Archivierungsteilobjekten	Klasse CL_HRARCH_CONFIGURATIONS, Report RP_PA_ROLLBACK
HRARCH_B_FILTER_AO_SUBGROUP	Ausschließen von Archivierungsteilobjekten	Report RP_PA_ROLLBACK

Tabelle 6.19 HCM-spezifische Business Add-Ins im Erweiterungsspot HRPA_ARCH_CONFIG (Forts.)

Tabelle 6.20 enthält die BAdI-Definitionen im Erweiterungsspot HRPA_ARCH_RETRO.

Business Add-In	Verwendung	Aufgerufen im
HRPA_B_RETRO_LIMIT	Rückrechnungsgrenze für die Datenvernichtung	Vorlaufprogramm

Tabelle 6.20 HCM-spezifische Business Add-Ins im Erweiterungsspot HRPA_ARCH_RETRO

Kundeneigene Archivierungsobjekte entwickeln

Neben der Erweiterung der Standardarchivierungsobjekte besteht natürlich auch die Möglichkeit, gänzlich kundeneigene Archivierungsobjekte anzulegen bzw. zu entwickeln. Insbesondere für kundeneigene Infotypen ist dies notwendig. Aber auch für personenbezogene Daten in kundeneigenen Z-Tabellen ist die Entwicklung kundeneigener Archivierungsobjekte erforderlich.

> **Konzeption eines kundeneigenen Archivierungsobjekts**
> Machen Sie sich vor der Realisierung eines kundeneigenen Archivierungsobjekts ausreichend konzeptionelle Gedanken, was Sie mit dem Einsatz bezwecken wollen und wie der Einsatz erfolgen soll.

Bevor Sie in die Realisierung einsteigen, sollten Sie insbesondere folgende konzeptionelle Punkte thematisieren:

Konzeptionelle Vorarbeit

- Welche Struktur soll das Archivierungsobjekt haben?
  - Soll mit dem kundeneigenen Archivierungsobjekt nur *ein* Infotyp vernichtet werden können, oder sollen gleich mehrere Infotypen auf einmal berücksichtigt werden? Wenn ja, welche Infotypen können

funktional (z. B. abrechnungsrelevant/nicht abrechnungsrelevant) und bezüglich der Löschfristen zusammengefasst werden?
– Bestehen die Infotypen aus Subtypen? Wenn ja, soll jeder Subtyp ein eigenes Archivierungsteilobjekt darstellen (z. B. wegen differenzierter Löschfristen), oder sollen die Subtypen zu wenigen Archivierungsteilobjekten gruppiert werden?

- Welche Bedingungsfelder sind für das Regelwerk aufgrund unterschiedlicher Löschfristen erforderlich?
- Ist die Erzeugung von Vernichtungsbelegen (Infotyp 0283, Archivierung/Datenvernichtung) z. B. aus Revisionszwecken und für Datenschutzaudits erforderlich?
  – Wenn ja: Tendenz zu einem Archivierungsobjekt mit Vorlaufprogramm
  – Wenn nein: Tendenz zu einem Archivierungsobjekt ohne Vorlaufprogramm
- Soll das Vernichten im Einzelfall mittels einer Vernichtungssperre (Infotyp 3246, Vernichtungssperre) verhindert werden können?

Customizing und Entwicklung erforderlich

Für die Realisierung kundeneigener Archivierungsobjekte sind dann mehrere Customizing- und Entwicklungsschritte erforderlich. (Bei den Entwicklungsschritten ist die Implementierung von ABAP-Coding gemeint. Detaillierte Informationen dazu finden Sie in Kapitel 9, »Den Datenlebenszyklus kundeneigener Entwicklungen mit SAP ILM verwalten«.) Im Folgenden erläutern wir Ihnen die HCM-spezifischen Einstellungen bei kundeneigenen Archivierungsobjekten:

1. **Customizing-Einstellungen für Vernichtungsbelege vornehmen**
   Das grundlegende Customizing für den Vernichtungsbeleg (Infotyp 0283, Archivierung/Datenvernichtung) kundeneigener Archivierungsobjekte nehmen Sie in Tabelle T591A (Infosubtypeigenschaften) vor. Rufen Sie dafür den Tabellen-View V_T591A (Infosubtypeigenschaften) für den Infotyp 0283 über die Transaktion SM30 (Aufruf View-Pflege) auf. Definieren Sie dann über **Neue Einträge** einen neuen Subtyp (= Vernichtungsbeleg) mit der Zeitbindung **2** unter Berücksichtigung der Namenskonvention, also beginnend mit Z. Bei Archivierungsobjekten mit Archivierungsteilobjekten setzen Sie auch das Kennzeichen **ObjID erl**.

   Für die Subtypeigenschaften rufen Sie in der Transaktion SM30 den Tabellen-View V_T77PAARC_SUBTY (Subtypen für Infotyp 0283 und Infotyp 3246) auf. Fügen Sie über **Neue Einträge** den zuvor angelegten Subtyp ein, und ordnen Sie diesem Subtyp das kundeneigene Archivierungsobjekt zu. Setzen Sie nun noch das Kennzeichen **Rel IT0283**.

Die hier vorgenommen Einstellungen bewirken auch die sogenannte *Datenbearbeitungssperre* in den Transaktionen PA30 (Personalstammdaten pflegen) und PA40 (Personalmaßnahmen). Die Datenbearbeitungssperre bewirkt, dass beim Anlegen neuer Daten immer gegen den entsprechenden Vernichtungsbeleg im Infotyp 0283 (Archivierung/Datenvernichtung) geprüft wird. Wurde die Art von Daten schon vernichtet, verhindert die Datenbearbeitungssperre ein Neuanlegen von Daten im Vernichtungszeitraum. Mit SP 18 für die Softwarekomponente SAP_HRRXX wurde in SAP ERP, Releasestand 608, die Fehlermeldung in eine Warnmeldung geändert (SAP-Hinweis 2187487, HCMDP: Infotyp 0283 verbietet Erfassung von Daten). Anwender können daher nun nach dem Bestätigen der Warnmeldung wieder neue Daten im Zeitraum, in dem die Daten schon vernichtet wurden, anlegen. Formal ist das Wiederanlegen von Daten in einem Vernichtungszeitraum jedoch kein Problem, da beim nächsten Vernichtungslauf (z. B. bei der Löschroutine im nächsten Jahr) diese Daten dann auch wieder gelöscht werden.

2. **Customizing-Einstellungen für Vernichtungssperren vornehmen**

   Die Customizing-Einstellungen für die Vernichtungssperre (Infotyp 3246, Vernichtungssperre) decken sich mit den Aktivitäten für den Vernichtungsbeleg und sind durch Schritt 1 schon weitestgehend erledigt.

   Soll für das kundeneigene Archivierungsobjekt auch eine Vernichtungssperre im Infotyp 3246 wirken, setzen Sie in den Subtypeigenschaften im Tabellen-View V_T77PAARC_SUBTY (Subtypen für Infotyp 0283 und Infotyp 3246) noch das Kennzeichen **Rel IT3246**.

   Bei der Verwendung einer Vernichtungssperre ist für das Archivierungsobjekt auch ein sogenanntes *BOR-Objekt* (Business Object Repository) anzulegen. Rufen Sie hierzu die Transaktion SWO1 (Business Object Builder) auf, und legen Sie einen kundeneigenen BOR-Objekttyp mit demselben Namen wie das kundeneigene Archivierungsobjekt an. Objektname, Objektbezeichnung und die Kurzbezeichnung vergeben Sie mit Bezug zum kundeneigenen Archivierungsobjekt. Beim Programmnamen geben Sie einen technischen Namen ein, beispielsweise ZP_<ARCHIVING_OBJECT>_DESTRUCTION_LOCK. Die Anwendungsbezeichnung ist P für Personalwesen. Bestätigen Sie dann Ihre Eingaben, um die Schlüsselfelder aus der Dictionary-Struktur der Infotyp-Tabelle zuzuordnen. Sofern mit dem kundeneigenen Archivierungsobjekt nur Daten aus einem Infotyp vernichtet werden sollen, nehmen Sie als Bezugstabelle die Infotyp-Tabelle PAnnnn (nnnn = die Nummer Ihres kundeneigenen Infotyps) und das Bezugsfeld PERNR. Wenn mit dem kundeneigenen Archivierungsobjekt Daten aus mehreren Infotypen vernichtet werden sollen, nehmen Sie als Bezugstabelle die Infotyp-Tabelle PA0001 (Personal-Stammsatz Infotyp 0001, Organisatorische Zuordnung) und wiederum das Bezugsfeld PERNR.

> **[+] Kopiervorlagen**
>
> Nutzen Sie vorhandene Standard-Archivierungsobjekte und die den Objekten zugeordneten Programme (Vorlauf, Schreiben, Löschen) als Kopiervorlagen.

Bei der Verwendung bestehender Programme als Kopiervorlagen ist es empfehlenswert, ein Archivierungsobjekt der letzten »Auslieferungswelle« (siehe Abschnitt 6.3.2, »Umsetzung der Datenvernichtung in SAP ERP HCM«) als Grundlage für die kundenspezifische Entwicklung zu verwenden. So können Sie z. B. die hinter dem Archivierungsobjekt HRTIM_PWS (HR: Sollarbeitszeit) für den Infotyp 0007 (Sollarbeitszeit) stehenden Programms RPT_PWS_PRE (Vorlaufprogramm), RPT_PWS_WRITE (Schreibprogramm) und RPT_PWS_DELETE (Löschprogramm) als Kopiervorlage heranziehen.

6.3.10 HR-Prozess-Workbench für die Datenvernichtung

Die Durchführung der einzelnen Verarbeitungsschritte bei der Datenvernichtung mithilfe der Archivierungsobjekte kann mitunter sehr zeitaufwendig sein: Reportvariante für Vorlaufprogramm anlegen, Vorlaufprogramm ausführen, Reportvariante für Schreibprogramm ausführen, Schreib-/Löschprogramm ausführen – und das pro Archivierungsobjekt.

Keine üblichen Jobketten

Dieser Prozess lässt sich auch durch die Bildung üblicher Jobketten, also einer festen Vordefinition und Verkettung von Vorlaufprogramm und Schreibprogramm, nicht automatisieren, da im Schreibprogramm immer die vom Vorlaufprogramm individuell erzeugte Lauf-ID als Selektionsparameter eingegeben werden muss.

Prozessoptimierung durch Automatisierung

Eine zeitsparende Automatisierung der Datenvernichtung kann jedoch seit SAP-Hinweis 2407919 (HCMDP: HR-Prozess-Workbench, Models for Data Destruction) mithilfe der sogenannten *HR-Prozess-Workbench* (Transaktion PUST) erreicht werden. Diese wurde ursprünglich für eine Automatisierung im Bereich der Personalabrechnung und deren Folgeaktivitäten entwickelt, um die erforderlichen Prozessschritte automatisch im Hintergrund ausführen zu lassen.

Im Rahmen eines sogenannten *Prozessmodells* wird dabei die Reihenfolge festgelegt, in der das System bestimmte Programme ausführen soll. Basierend auf dem Prozessmodell, führt das System dann alle definierten Prozessschritte (das heißt Programme) in der festgelegten Reihenfolge automatisch aus. Im Bereich der Datenvernichtung mit Vorlauf- und Schreib-/Löschprogramm bedeutet dies insbesondere, dass durch das Prozessmodell die vom Vorlaufprogramm erzeugte Lauf-ID automatisch an das Schreibprogramm übergeben wird.

Reihenfolge über Prozessmodelle

Dabei bietet die HR-Prozess-Workbench eine grafische Übersicht über die einzelnen Verarbeitungsschritte. Ein weiterer Vorteil ist vor allem eine Verkürzung der Prozesslaufzeit, insbesondere auch durch einen möglichen parallelen Ablauf der Programme. Dabei kann auch die Abarbeitung der Programme leicht innerhalb der HR-Prozess-Workbench kontrolliert werden. Sofern Fehler aufgetreten sind, können einzelne Prozessschritte einfach wiederholt werden. Dabei kann auch festgelegt werden, dass unter bestimmten Bedingungen eine Benachrichtigung versendet wird.

Heruntergebrochen auf die einzelne Personalnummer bedeutet die durch die HR-Prozess-Workbench zur Verfügung gestellte Transparenz, dass die Bearbeitung einer Personalnummer während des gesamten Prozessablaufs einfach kontrolliert werden kann. Beispielsweise ist auch eine Überprüfung der Daten möglich, die von einem Prozessschritt an den nächsten übergeben werden.

Transparenz und Kontrolle

Bearbeitung eines Prozessmodells

Für die Datenvernichtung in SAP ERP HCM liefert SAP in der Transaktion PEST (Bearbeitung eines Prozessmodells) für die Datenvernichtung zwei Prozessmodelle als Kopiervorlagen aus:

Transaktion PEST

- SAPXXDP1: Prozessmodelle für Archivierungsobjekte mit Vorlaufprogramm
- SAPXXDP2: Prozessmodelle für Archivierungsobjekte ohne Vorlaufprogramm

Abbildung 6.47 zeigt das von SAP zur Verfügung gestellte Muster eines Prozessmodells für ein Archivierungsobjekt mit Vorlaufprogramm. Das Prozessmodell umfasst drei Prozessschritte:

Muster-Prozessmodelle

1. DPP: Vorlauf durchführen
2. Unbedingter Haltepunkt
3. DPP: Schreiblauf durchführen

6 Sperren und Vernichten in SAP ERP HCM

Anzeigen des Prozeßmodells SAPXXDP1

```
DPP: Vorlauf durchführ
Programm   RP_PA_ARCH_PW_R
Variante   SAP&AO01

   ↓
⟨Unbedingter Haltepu⟩
   ↓

DPP: Schreiblauf durch
Programm   RP_PA_ARCH_PW_R
Variante   SAP&AO01
```

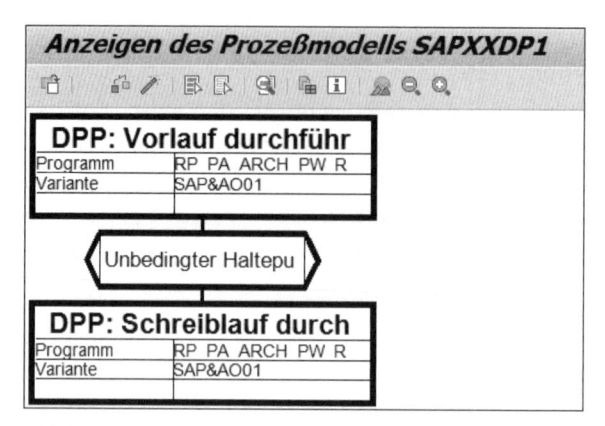

Abbildung 6.47 Transaktion PEST – Musterprozessmodell SAPXXDP1

Unbedingter Haltepunkt
Der unbedingte Haltepunkt im Prozessmodell (im Sinne von »ohne Bedingung«) bewirkt, dass zwischen dem Vorlauf und dem Schreiblauf – analog zur Transaktion SARA (Archivadministration) – der Vernichtungsprozess ausnahmslos unterbrochen wird. Alternativ zu einem unbedingten Haltepunkt können Sie auch einen Haltepunkt definieren, dessen Bedingung Sie in einem kundeneigenen Funktionsbaustein vorgeben.

Sofern Sie bei der Nutzung der Prozessmodelle keine Unterbrechung bei der Ausführung von Vorlauf-, Schreib- und Löschprogramm haben wollen, können Sie den Haltepunkt auch aus Ihren eigenen Prozessmodellen entfernen.

Kopieren der Muster-Prozessmodelle
Um kundenspezifische (archivierungsobjektabhängige) Prozessmodelle zu definieren, kopieren Sie das passende SAP-Muster in den Kundennamensraum (beginnend mit einer Ziffer oder mit Z). Über **Bearbeiten • Attribute** können Sie anschließend den Titel (= Kurztext) Ihres kopierten Prozessmodells ändern.

[»] **Anlegen kundeneigener Prozessmodelle**
Legen Sie für jedes Archivierungsobjekt, das Sie mit der HR-Prozess-Workbench bearbeiten wollen, ein Prozessmodell an. Verwenden Sie für das Anlegen der kundeneigenen Prozessmodelle die von SAP ausgelieferten Muster als Kopiervorlage.

Optionaler Kommunikationsschritt
Bei Bedarf können Sie in den Prozessschritten noch eine Kommunikation hinterlegen, z. B. wenn eine Personalnummer in dem Schritt fehlerhaft verarbeitet wurde (siehe Abbildung 6.48).

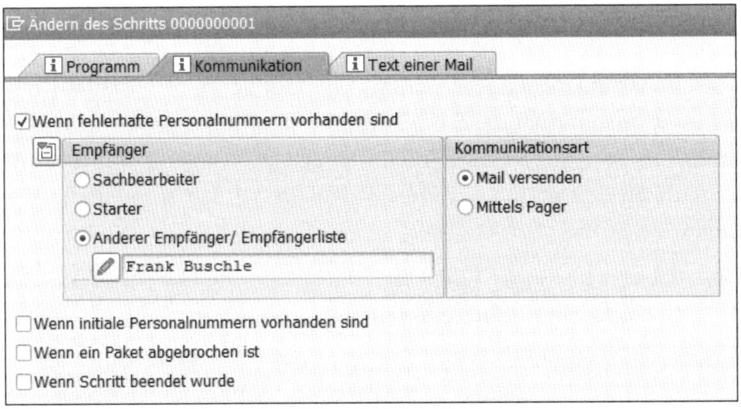

6.3 Datenvernichtung in SAP ERP HCM mit SAP Information Lifecycle Management

Abbildung 6.48 Kommunikation in Prozessschritt hinterlegen

Um das Prozessmodell für ein Archivierungsobjekt anzupassen, benötigen Sie zwei Reportvarianten (einmal Vorlauf, einmal Schreiben) des Steuerungsprogramms RP_PA_ARCH_PW_REPORT_CONTROL (Steuerungsprogramm für Prozessmodelle zur Datenvernichtung).

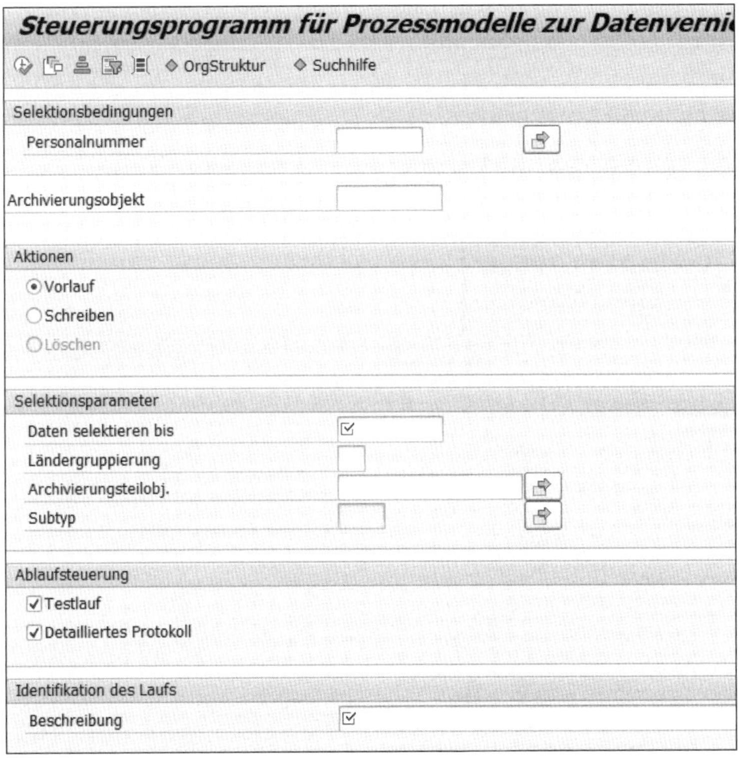

Steuerungsprogramm für das Prozessmodell

Abbildung 6.49 Selektionsbild des Steuerungsprogramms für die HR-Prozess-Workbench

467

Im Steuerungsprogramm (siehe Abbildung 6.49) legen Sie – analog zu den Reportvarianten in der Transaktion SARA (Archivadministration) – fest, für welches Archivierungsobjekt der Vorlauf bzw. der Schreib-/Löschlauf mit welchen Selektionsparametern durchzuführen ist. Die Eingabe von Personalnummern ist hier nicht erforderlich. Die Selektion der zu verarbeitenden Personalfälle erfolgt im späteren Ablauf des Prozessmodells (siehe Abbildung 6.51).

[!] **Steuerungsprogramm für Prozessmodelle**

Das Steuerungsprogramm RP_PA_ARCH_PW_REPORT_CONTROL (Steuerungsprogramm für Prozessmodelle zur Datenvernichtung) darf nur über ein Prozessmodell gestartet werden.

Zwei Reportvarianten erforderlich

Für jedes Archivierungsobjekt, das Sie mit der HR-Prozess-Workbench ausführen möchten, benötigen Sie also zwei Reportvarianten (am Beispiel eines Archivierungsobjekts mit Vorlaufprogramm *eine* Reportvariante für das Vorlaufprogramm und *eine* Reportvariante für das Schreibprogramm). Diese Reportvarianten hinterlegen Sie in Ihrem Prozessmodell jeweils bei den Schritten **DPP: Vorlauf durchführen** und **DPP: Schreiblauf durchführen** (siehe Abbildung 6.50). Vergessen Sie nicht, im Anschluss Ihr Prozessmodell zu sichern und zu aktivieren.

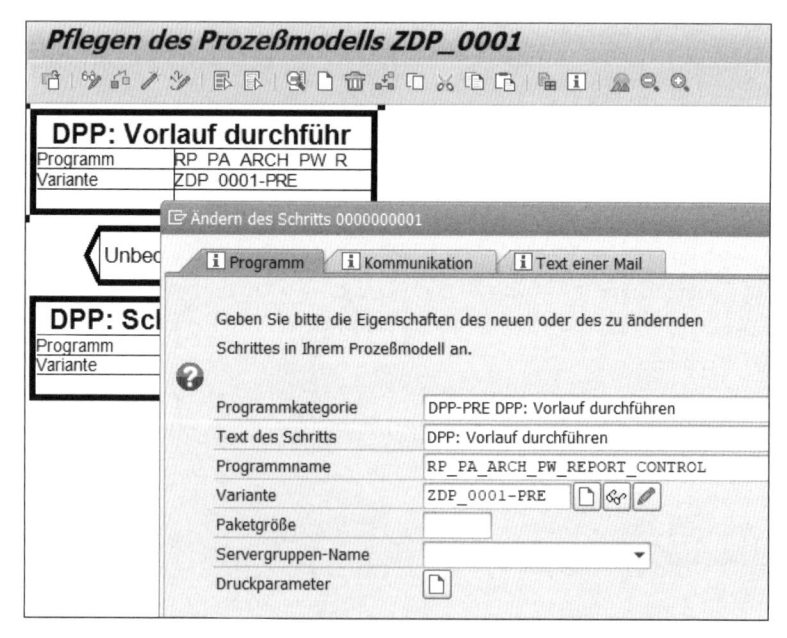

Abbildung 6.50 Transaktion PEST – Schrittanpassung in kundeneigenem Prozessmodell

Ausführung eines Prozessmodells

Die Ausführung der Prozessmodelle erfolgt in der *HR-Prozess-Workbench*, das heißt in der Transaktion PUST (HR-Prozess-Workbench).

Transaktion PUST

Legen Sie hier über die Schaltfläche **Anlegen** ein sogenanntes *Prozessschritt-Lauf-Paket* an, und vergeben Sie einen passenden Text dafür. Anschließend können Sie den Prozess schon über die Schaltfläche **Ausführen/Wiederholen** (Taste F8) starten. Sie können den Prozess dabei sofort starten oder zeitlich einplanen. Über die Einplanung können Sie auch eine Prozesskette definieren, um mehrere Prozesse automatisch nacheinander ablaufen zu lassen.

Prozessschritt-Lauf-Paket

Sowohl beim Sofortstart als auch bei der zeitlichen oder ereignisabhängigen Einplanung sind die zu verarbeitenden Personalnummern über das Selektionsprogramm `RP_PA_ARCH_PERNR_SEL` (Mitarbeiterselektion für Prozessmodelle zur Datenvernichtung) festzulegen, siehe Abbildung 6.51. Da das Archivierungsobjekt schon durch das Steuerungsprogramm `RP_PA_ARCH_PW_REPORT_CONTROL` (Steuerungsprogramm für Prozessmodelle zur Datenvernichtung) definiert ist, ist hier keine Vorgabe des Archivierungsobjekts mehr erforderlich.

Mitarbeiterselektion

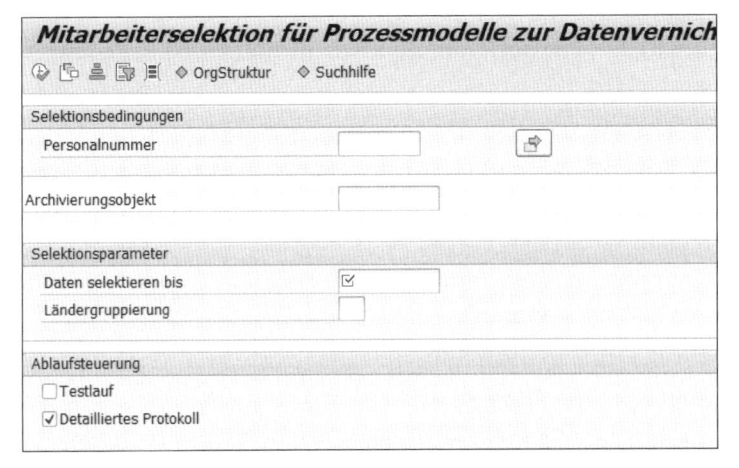

Abbildung 6.51 Selektionsbild des Mitarbeiterselektionsprogramms für die HR-Prozess-Workbench

Das Selektionsbild für die Mitarbeiterselektion enthält für die Selektion der Daten wiederum das Feld **Daten selektieren bis**. Dieses Feld kennen Sie schon von den Selektionsbildern der archivierungsobjektabhängigen Vorlaufprogramme (siehe den Unterabschnitt »Schritt 1 – Vorlaufprogramm« in Abschnitt 6.3.5, »Ablauf der Datenvernichtung«). Die Wirkung des Feldes bezüglich der Selektion der auf die Vernichtung zu prüfenden Daten ist hier identisch.

Feld »Daten selektieren bis«

Bei der eingeplanten Ausführung des Prozessmodells ist für das Mitarbeiterselektionsprogramm eine Reportvariante erforderlich.

Nach dem Start des Prozessmodells und der Unterbrechung durch den unbedingten Haltepunkt sieht die Prozessdarstellung in der Transaktion PUST (HR-Prozess-Workbench) beispielsweise wie in Abbildung 6.52 aus.

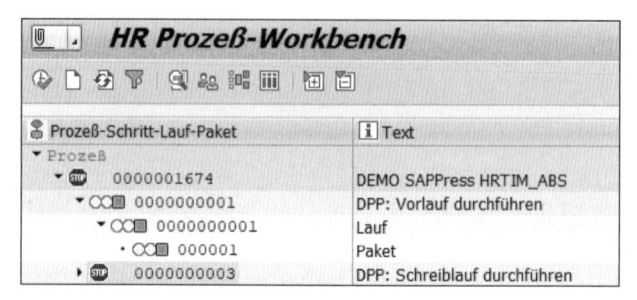

Abbildung 6.52 Transaktion PUST – Prozessschritt-Lauf-Paket (Übersicht)

Infotypen 0003 und 0283

Bei den verarbeiteten Personen werden durch den automatisierten Prozessschritt wie bei der manuellen Ausführung in der Transaktion SARA (Archivadministration) Vernichtungsbelege (Infotyp 0283, Archivierung/Datenvernichtung) mit dem Status **A** (**vorbereitet zur Datenvernichtung**) angelegt sowie bei Bedarf die Rückrechnungsgrenzen im Infotyp 0003 (Abrechnungsstatus) geändert.

Durch Markieren des Schrittes **DPP: Schreiblauf durchführen** und einen Klick auf die Schaltfläche **Starten/Wiederholen** ([F8]) können Sie sofort (oder per Einplanung) den Schreib- und Löschlauf des im Prozessmodell enthaltenen Archivierungsobjekts starten. In der Transaktion SARA (Archivadministration) können Sie weiterhin die Protokolle der einzelnen Läufe in gewohnter Art und Weise einsehen.

[»]
Verwendung mehrerer Prozesse

Sofern Sie die Größe der Personalnummernpakete in den Prozessschritten begrenzt haben (Feld **Paketgröße**, siehe Abbildung 6.50) und über das Mitarbeiterselektionsprogramm mehrere Personen selektieren, erzeugt das System automatisch mehrere Prozesse.

Scheduler für die Prozessmodelle der Datenvernichtung

Eine weitere Möglichkeit zur Ausführung der Vernichtungsläufe mittels der Prozessmodelle bietet das Programm RP_PA_ARCH_PW_SCHEDULER (Scheduler für die Prozessmodelle der Datenvernichtung), siehe Abbildung 6.53.

Dieses Programm wird über die Transaktionen SA38 (ABAP/4 Reporting) oder SE38 (ABAP Editor) gestartet. Eine eigene Transaktion liefert SAP dafür nicht aus.

Neben der Vorgabe des Prozessmodells ist lediglich noch eine Variante für die Personalnummernselektion durch das Programm `RP_PA_ARCH_PERNR_SEL` (Mitarbeiterselektion für Prozessmodelle zur Datenvernichtung) erforderlich.

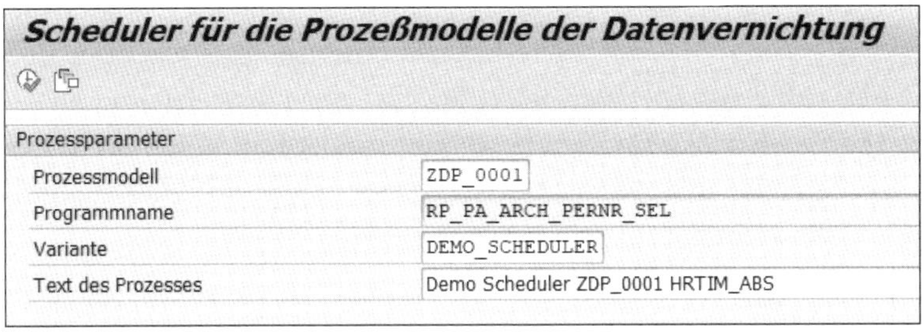

Einfache Ausführung über Scheduler

Scheduler für die Prozeßmodelle der Datenvernichtung	
Prozessparameter	
Prozessmodell	ZDP_0001
Programmname	RP_PA_ARCH_PERNR_SEL
Variante	DEMO_SCHEDULER
Text des Prozesses	Demo Scheduler ZDP_0001 HRTIM_ABS

Abbildung 6.53 Selektionsbild des Scheduler-Programms für die HR-Prozess-Workbench

Durch die Ausführung des Scheduler-Programms wird automatisch ein neuer Prozess in der HR-Prozess-Workbench angelegt und ausgeführt.

> **Automatisierung mit dem Scheduler für die Prozessmodelle**
>
> Durch die Nutzung des Schedulers für die Prozessmodelle mit einem Prozessmodell ohne Haltepunkt wird die Datenvernichtung quasi zur One-Klick-Aktion.

Sofern Ihr Prozessmodell einen (unbedingten) Haltepunkt zwischen Vorlaufprogramm und Schreib-/Löschprogramm beinhaltet, können Sie anschließend in der Transaktion PUST (HR-Prozess-Workbench) den Schreiblauf starten.

6.3.11 Blockieren der Vernichtung (Veto)

Bei einer verteilten Systemlandschaft ist für die zentrale Hinterlegung und Verwaltung von zumindest personalwirtschaftlichen Grunddatendaten in der Regel SAP ERP HCM das führende System. Andere Anwendungskomponenten greifen z. B. über BAPI-Aufrufe (*Business Application Programming Interface*) oder RFC-Aufrufe (*Remote Function Call*) auf die Personalstammdaten zu. Im Rahmen der ALE-Szenarien (*Application Link Enabling*) werden personalwirtschaftliche (Grund-)Daten auch in andere Systeme

SAP ERP HCM als führendes System

repliziert. Aber auch bei einem integrierten System greifen andere Anwendungskomponenten oft auf die Stammdaten innerhalb der HCM-Anwendung zu.

Entzug von Daten für angeschlossene Systeme

Wenn Sie nun in der zentralen HCM-Anwendung Daten über SAP ILM vernichten, kann dies gravierende Auswirkungen auf die abhängigen Anwendungen haben, da dadurch diesen Anwendungen personalwirtschaftliche Daten entzogen werden. Aus Sicht von SAP ERP HCM kann es zwar notwendig sein, diverse Daten nach x Jahren zu vernichten, andere Anwendungen benötigen die Daten aber oft weiterhin mit einer tieferen Historie. Eine enge Abstimmung zwischen den verschiedenen Anwendungen und insbesondere eben auch die Kenntnis, welche Date aus dem HCM-System wohin verteilt werden oder auch, wer wie auf die Daten in SAP ERP HCM zugreift, sind daher sehr wichtig.

Vetoprüfung

Um auch technisch sicherzustellen, dass durch die Datenvernichtung in SAP ERP HCM keine Infotyp- und Subtypdaten, keine Verknüpfungen zu Personen (Personalplanung) und auch keine ganzen Personalfälle vernichtet werden, die in anderen Anwendungen noch benötigt werden, kann die Vernichtung bestimmter Daten von anderen Anwendungen mit der sogenannten *Vetoprüfung* blockiert werden.

[»] **Umfang der Vetoprüfung**

Die Vetoprüfung wird sowohl bei der Vernichtung personalrechtlicher Stammdaten und kompletter Personalfälle als auch beim Vernichten von Verknüpfungen zur Person in der Personalplanung durchgeführt.

Diese Vetoprüfung wurde im Jahr 2015 mit SAP-Hinweis 2133035 (Blockieren der Datenvernichtung, Veto) ausgeliefert (SP 15 für die Softwarekomponente SAP_HRRXX im Releasestand 608).

Funktionsbausteine

Um es anderen Anwendungen zu ermöglichen, die Vernichtung von Daten und kompletten Personalfällen zu blockieren, können diese Anwendungen mithilfe von Funktionsbausteinen bei der Datenvernichtung innerhalb des HCM-Systems Vetoprüfungen durchführen lassen.

Blockieren der Datenvernichtung

Die Funktionsbausteine werden dabei direkt bei der Ausführung der Archivierungsprogramme aufgerufen und setzen ein *Vetokennzeichen* auf der Ebene der Personalnummer. Anhand dieses Vetokennzeichens wird die Vernichtung der Infotyp- und Subtypdaten bzw. des kompletten Personalfalls dann nicht durchgeführt.

> **Wirkung der Vetoprüfung**
> Andere Anwendungen, die die HCM-Daten länger benötigen, können nicht die für HCM-ILM-Objekte hinterlegte Löschfrist verlängern, sondern »nur« die Vernichtung komplett blockieren.

Die Vetoprüfung bei der Vernichtung eines kompletten Personalfalls wirkt sowohl bei der klassischen Variante über das Programm RPUDELPP (Vernichtung von Personalnummern in Produktivsystemen) als auch bei der neuen Lösung über das Vernichtungsobjekt HRPA_PERNR (Datenvernichtungsobjekt für Personalnummer), siehe Abschnitt 6.4, »Komplettlöschung eines Personalfalls in SAP ERP HCM«.

Für die Umsetzung der Vetoprüfung mittels der erwähnten Funktionsbausteine benötigen Sie ABAP-Kenntnisse. Der Standard enthält als Grundlage für Ihre kundeneigenen Entwicklungen Muster-Funktionsbausteine.

Muster-Funktionsbausteine

Die Einstellungen für die Vetoprüfung finden Sie im IMG unter: **Personalmanagement • Personaladministration • Werkzeuge • Datenschutz • Datenvernichtung • Blockieren der Datenvernichtung (Veto)**. Um das Blockieren der Datenvernichtung in Ihrem System einzurichten, müssen Sie die beiden IMG-Aktivitäten **Anwendungen für die Vetoprüfung registrieren** und **Anwendungen für die Vetoprüfung aktivieren** durchführen. Die Aktionen beschreiben wir in den beiden folgenden Abschnitten genauer.

Registrieren und aktivieren

Anwendungen für die Vetoprüfung registrieren

Zuerst definieren Sie die zu berücksichtigenden Anwendungen, die ein Veto bei der Datenvernichtung in SAP ERP HCM benötigen. SAP liefert hier schon diverse Mustereinträge aus.

Für das Blockieren der Datenvernichtung von Infotyp- und Subtypdaten sowie kompletter Personalfälle pflegen Sie im Unterordner **Funktionsbausteine: Personaladministration** die erforderlichen Einträge, wie am Beispiel aus Abbildung 6.54 ersichtlich – Customizing-View V_T77PARCVET_CHK (PA-Veto: Anwendungsspezifische Prüfungen für Veto). In der Spalte **Typ** definieren Sie die Art der Vetoprüfung, korrespondierend mit dem jeweils dazugehörigen Funktionsbaustein.

Customizing

Als Typen stehen die Werte **Für Löschen von Personalnummern** und **Für Datenvernichtung** zur Verfügung. Beim Typ **Für Datenvernichtung** geben Sie konkret die Infotypen respektive Subtypen an, die aus der Sicht der »Fremdanwendung« im Ihrem HCM-System nicht vernichtet werden dürfen.

Angabe der Infotypen und Subtypen

6 Sperren und Vernichten in SAP ERP HCM

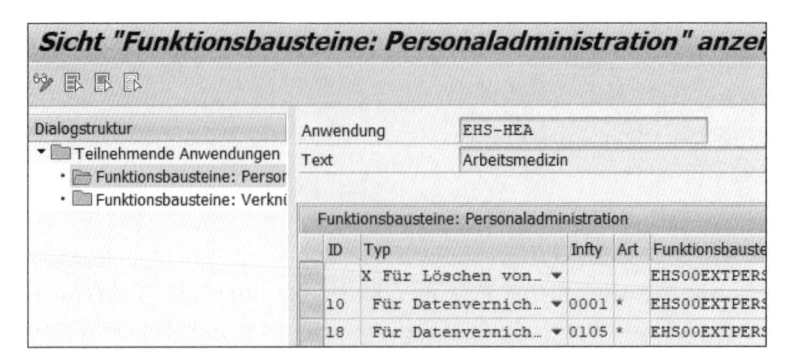

Abbildung 6.54 Vetoprüfung – Anwendungen für die Vetoprüfung registrieren

> **[»]** **Funktionsbausteine**
>
> Die Funktionsbausteine müssen RFC-fähig sein und werden zusammen mit den Löschprogrammen für die Datenvernichtung und eben mit dem Programm zum Löschen von kompletten Personalfällen aufgerufen. Legen Sie die Funktionsbausteine am besten in der jeweiligen Softwarekomponente der »Fremdanwendung« an.

Vorlagen für kundeneigene Funktionsbausteine

SAP stellt Ihnen folgende Funktionsbausteine (mit guter Inplace-Dokumentation) als Vorlagen für die Entwicklung Ihrer eigenen Funktionsbausteine zur Verfügung:

- HRARCH_VETO_DATA_DEL_TEMPLATE: Funktionsbaustein für die Vetoprüfung bei der Vernichtung von Infotyp-/Subtypdaten
- HRARCH_VETO_PERNR_DEL_TEMPLATE: Funktionsbaustein für die Vetoprüfung beim Löschen von Personalnummern

Nicht-Löschen von Verknüpfungen, ausgehend von der Person

Die Eingaben im Unterordner **Funktionsbausteine: Verknüpfungen zur Person** sind, bei Bedarf, analog vorzunehmen – Customizing-View V_T77PRELVET_CHK (HRPD_PREL-VETO: Anwendungsspezifische Prüfungen für Veto). Zur Steuerung, welche Verknüpfung(en) per Veto mit dem Archivierungsobjekt HRPD_PREL (HR: Verknüpfungen zur Person) nicht vernichtet werden soll(en), können Sie hier, ausgehend von Objekttyp **P**, die konkrete Verknüpfungsart plus den dazugehörigen Zielobjekttyp eintragen.

Anwendungen für die Vetoprüfung aktivieren

Customizing

Damit die zuvor definierten Vetoprüfungen wirken, müssen sie im nächsten IMG-Pfad – Customizing-View V_T77PARCVET_DST (PA-Veto: Zielsysteme für Anwendungen und Aktivierung) – aktiv gesetzt werden. Hierzu nehmen Sie die zu aktivierende Anwendung in die Customizing-Tabelle auf und setzen das Kennzeichen **Anw. aktiv** (siehe den Beispieleintrag in Abbildung 6.55). Im Feld **Logisches System** geben Sie die Destination der Anwendung ein.

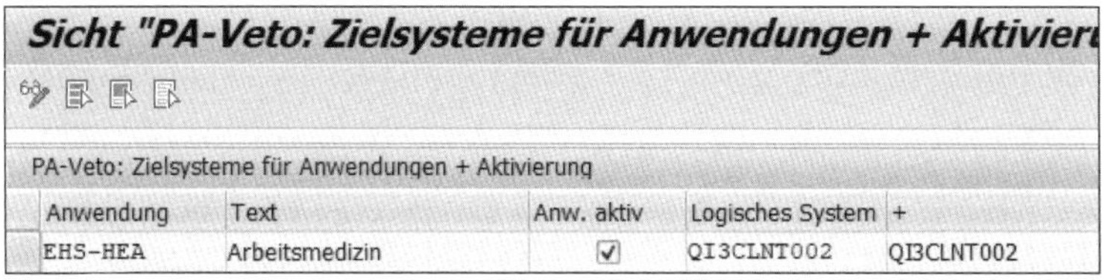

| \multicolumn{5}{l}{Sicht "PA-Veto: Zielsysteme für Anwendungen + Aktivieru} |

PA-Veto: Zielsysteme für Anwendungen + Aktivierung				
Anwendung	Text	Anw. aktiv	Logisches System	+
EHS-HEA	Arbeitsmedizin	✓	QI3CLNT002	QI3CLNT002

Abbildung 6.55 Vetoprüfung – Anwendungen für die Vetoprüfung aktivieren

Wird bei der Vernichtung von z. B. Infotyp-Daten über ein Archivierungsobjekt in der Transaktion SARA (Archivadministration) ein Veto einer »Fremdanwendung« erkannt, bekommen Sie einen Hinweis über die Nicht-Vernichtung im Vernichtungsprotokoll.

Hinweis im Protokoll

6.4 Komplettlöschung eines Personalfalls in SAP ERP HCM

Für das Löschen kompletter Personalfälle steht Ihnen sozusagen seit Bestehen von SAP ERP HCM ein »Personalnummernlöscher« zur Verfügung. Die Funktionalität ist zum einen in der Transaktion PA30 (Personalstammdaten pflegen) enthalten; zum anderen steht die Löschfunktionalität per Programm RPUDELPN (Vollständiges Löschen von Personalnummern) zur Verfügung. Der funktionale Kern des jeweiligen Löschvorgangs ist dabei identisch.

Löschen kompletter Personalfälle

In der Transaktion PA30 (Personalstammdaten pflegen) erfolgt jedoch vor dem Löschen einer kompletten Personalnummer eine Prüfung, ob die Person schon abgerechnet wurde (Methode PERNR_DELETION_CHECK in der Klasse CL_IM_PERNR_DEL_CHK_PAY_RESULT). Bei der Nutzung des Programms RPUDELPN (Vollständiges Löschen von Personalnummern) gibt es diese Einschränkung nicht. Hier gibt es jedoch im Zusammenspiel mit dem Programm RPUDELPP (Vernichtung von Personalnummern in Produktivsystemen) andere Restriktionen. Die beiden klassischen Programme RPUDELPN und RPUDELPP – und insbesondere das Zusammenspiel der beiden Programme – sind in Abschnitt 6.4.1, »Klassische Programme RPUDELPN und RPUDELPP«, erläutert.

Diverse Restriktionen

Seit Mai 2018 gibt es für das Löschen kompletter Personalfälle auf Basis von SAP ILM ein neues Vernichtungsobjekt namens HRPA_PERNR (Datenvernichtungsobjekt für Personalnummern) – SP 54 für die Softwarekomponente SAP_HRRXX im Releasestand 608. Der entsprechende SAP-Hinweis hat die

Vernichtungsobjekt HRPA_PERNR

Nummer 2626518 (HCMDP: Löschen von Daten zur Person auf Ebene der Personalnummer, HRPA_PERNR) und kann nicht vorab, sondern lediglich mit dem genannten Support Package eingespielt werden.

Der funktionale Kern, also die umfangreiche Löschfunktionalität, ist dabei identisch mit dem klassischen Löschprogramm RPUDELPN (Vollständiges Löschen von Personalnummern). Das neue Vernichtungsobjekt HRPA_PERNR wird in Abschnitt 6.4.2, »Neues Vernichtungsobjekt HRPA_PERNR«, erläutert.

Das Vernichtungsobjekt HRPA_PERNR soll dabei die klassische Löschfunktionalität nicht zwingend ersetzen, sondern ergänzen. Für diverse Anwendungsfälle (z. B. in Vor-Systemen oder bei No-Show-Personalfällen) ist eventuell weiterhin die klassische Variante mit dem Programm RPUDELPP (Vernichtung von Personalnummern in Produktivsystemen) und Programm RPUDELPN (Vollständiges Löschen von Personalnummern) zu bevorzugen.

[»] **Programme HRPA_PERNR vs. RPUDELPP**

Für das regelbasierte und datenschutzkonforme Vernichten mehrerer ausgetretener Personalfälle ist das neue Vernichtungsobjekt HRPA_PERNR (Datenvernichtungsobjekt für Personalnummer) dem klassischen Weg mit RPUDELPP (Vernichtung von Personalnummern in Produktivsystemen) vorzuziehen.

Vergleich der Möglichkeiten

Eine Gegenüberstellung der klassischen Variante mit den Programmen RPUDELPN und RPUDELPP sowie dem neuen Vernichtungsobjekt HRPA_PERNR (Datenvernichtungsobjekt für Personalnummer) zeigt Abbildung 6.56.

Report RPUDELPN/P	Vernichtungsobjekt HRPA_PERNR
Report, Start über Transaktion SE38	Vernichtungsobjekt, Transaktion ILM_DESTRUCTION
Keine Prüfungen, keine Nutzung von SAP ILM	Diverse Prüfungen im Vorlauf und Nutzung des ILM-Regelwerks
Verarbeitung einer einzelnen Personalnummer	Verarbeitung mehrerer Personalnummern
Beide Varianten unterstützen ein »Vier-Augen-Prinzip«.	

Abbildung 6.56 Gegenüberstellung der Löschfunktionalitäten für gesamte Personalfälle

Neben dem kompletten Löschen von Personen bietet Ihnen die Berechtigungssteuerung auch die Möglichkeit – gegebenenfalls als Vorstufe zum Löschen – Personalfälle nach dem Austritt dem Anwender nicht mehr anzuzeigen (siehe Abschnitt 6.2.6, »Zeitraumabhängige Zugriffsbeschränkung auf komplette Personalfälle«).

6.4.1 Klassische Programme RPUDELPN und RPUDELPP

Die Löschfunktionalität der Programme RPUDELPN (Vollständiges Löschen von Personalnummern) und RPUDELPP (Vernichtung von Personalnummern in Produktivsystemen) war insbesondere für das Löschen von Personalfällen in nichtproduktiven Systemen gedacht (Programm RPUDELPN). Für das Löschen von einzelnen Personalfällen in produktiven Systemen wurde dem Programm RPUDELPN aus Sicherheitsgründen das Programm RPUDELPP vorgeschaltet. Die eigentliche Löschfunktionalität steckt also im Programm RPUDELPN. Demnach kann das Programm RPUDELPN in einem produktiven System auch nicht (direkt) durchgeführt werden.

Das Löschen von kompletten Personalfällen erfolgt in produktiven Systemen immer mit dem Programm RPUDELPP. Dieses Programm stellt ein Vier-Augen-Prinzip sicher und ermöglicht lediglich das Löschen von einzelnen Personalfällen (= keine Unterstützung einer Massenverarbeitung). Abbildung 6.57 zeigt das Selektionsbild des Programms RPUDELPP. Durch die Anwendung eines Vier-Augen-Prinzips sind rollenabhängig in der Praxis diverse Radiobuttons ausgegraut und somit inaktiv.

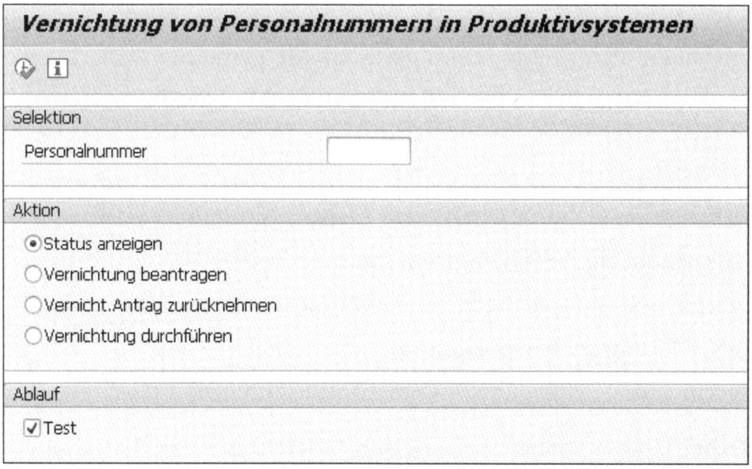

RPUDELPN in produktiven Systemen nicht direkt ausführbar

Abbildung 6.57 Selektionsbild des Programms RPUDELPP

Vier-Augen-Prinzip   Die Realisierung eines Vier-Augen-Prinzips ist durch die Nutzung des extra für das Programm RPUDELPP zur Verfügung stehenden Berechtigungsobjekts P_DEL_PERN (Vernichtung von Daten in Produktivsystemen) mit den beiden Aktivitäten **01** (Beantragung der Datenvernichtung) und **02** (Durchführung der Datenvernichtung) möglich. Die Vergabe der Berechtigungsaktivitäten bewirkt, wie schon erwähnt, dass die nicht möglichen Aktionen im Selektionsbild ausgegraut, also nicht auswählbar sind.

Die beiden Aktionen **Status anzeigen** und **Vernicht.Antrag zurücknehmen** sind für beide Rollen verfügbar. Wird einem User keine Berechtigung für das Berechtigungsobjekt P_DEL_PERN (Vernichtung von Daten in Produktivsystemen) vergeben, kann er lediglich die Aktion **Status anzeigen** durchführen (vorausgesetzt der Anwender hat über andere Berechtigungsobjekte die Möglichkeit, das Programm über die Transaktionen SA38 [ABAP/4 Reporting] oder SE38 [ABAP Editor] zu starten). Um den Status aller Personalnummern zu sehen, können Sie das Feld **Personalnummer** im Selektionsbild auch leer lassen.

> **Beantragen und Vernichten in Personalunion**
> Die Vernichtung kann nur der Anwender durchführen, der sie nicht selbst beantragt hat. Dadurch ist es in der Praxis auch möglich, die Berechtigung für beide Rollen zu haben.

Protokollierung in Datenbanktabelle HRPAD_DELPN   Die im Selektionsbild enthaltenen Aktionen werden bei der Verarbeitung der Personalnummern in Form von Vernichtungsstatus in der Datenbanktabelle HRPAD_DELPN mandantenabhängig mit insbesondere Zeitstempel und Anwender, der das Programm gestartet hat, gespeichert. Die Tabelle HRPAD_DELPN können Sie nur über die Transaktion SE16 (Data Browser) einsehen, da kein Pflegedialog für die Transaktion SM30 (Aufruf View-Pflege) vorhanden ist.

Die möglichen Vernichtungsstatus in der Tabelle HRPAD_DELPN sind:

- 01: Vernichten der Personalnummer wurde beantragt.
- 02: Vernichtungsantrag der Personalnummer wurde zurückgezogen.
- 03: Vernichtung der Personalnummer wurde angestoßen.
- 04: Vernichtung der Personalnummer wurde durchgeführt.

Ein üblicher Eintrag in der Tabelle HRPAD_DELPN für eine komplett vernichtete Personalnummer sieht beispielsweise wie in Tabelle 6.21 aus.

PERNR	SEQ	STAT.	LGDAT	LGTIM	UNAME	PROGN
10004711	001	01	15.03.2019	09:50:23	DEL123	RPUDELPP
10004711	002	03	18.03.2019	08:15:10	DEL456	RPUDELPP
10004711	003	04	18.03.2019	08:16:25	DEL456	RPUDELPN

Tabelle 6.21 Beispielhafte Einträge in der Tabelle HRPAD_DELPN

Wie Sie am Beispiel aus Tabelle 6.21 sehen können, wurde in diesem Vernichtungsprozess der Vernichtungsantrag nie zurückgezogen (Status **02** ist nicht protokolliert). Es wurde die Vernichtung beantragt (Status **01**) und anschließend die Vernichtung durchgeführt (Status **03** und **04**). Zu Beginn des Löschlaufs wurde der Status **03** protokolliert, zum Ende des Löschlaufs dann der Status **04**. Die Zeit zwischen den Status **03** und **04** ist somit die Dauer der eigentlichen Löschroutine. Bei umfangreichen Daten sollte das Programm bei der Anwendung der Option **Vernichtung durchführen** daher im Hintergrund gestartet werden, da das Programm auch bei der Verarbeitung einer einzelnen Personalnummer eine merklich lange Laufzeit haben kann. Sollte der Vernichtungsprozess nicht erfolgreich durchlaufen werden und nicht zum Ende kommen können, wird kein Status **04** protokolliert.

Systematik der Vernichtungsstatus

> **Vernichtung eins kompletten Personalfalls**
> Durch den Statuseintrag **04** in der Tabelle HRPAD_DELPN können Sie erkennen und nachweisen, dass ein Personalfall komplett vernichtet wurde.

Nach der Vernichtung eines Personalfalls (Status **04**) könnte die Personalnummer wieder vergeben werden. Einzig in der Tabelle HRPAD_DELPN gibt es noch einen Hinweis, dass die Personalnummer einmal bereits vergeben war. In der Praxis ist es jedoch nicht üblich, eine Personalnummer nochmals zu verwenden.

Für die funktionale Verarbeitung des jeweiligen Personalfalls wird vom Programm RPUDELPP die zentrale Löschfunktionalität, der eigentlich funktionale Kern des Programms RPUDELPN (Vollständiges Löschen von Personalnummern) aufgerufen.

Der Löschumfang des »PUDELs-Kern« ist sehr umfangreich, was Sie auch der Reportdokumentation entnehmen können. Neben den Infotypen (mitsamt den kundeneigenen Infotypen) werden unter anderem auch die Zeitwirtschaftsereignisse sowie die Abrechnungsergebnisse inklusive der Buchungsinformationen (Tabelle PPOIX) gelöscht.

Umfangreiche Löschfunktionalität

Sollten Sie über den weitreichenden Standardumfang hinaus weitere personenbezogenen Daten zu löschen haben (z. B. aus Tabellen im Kundennamensraum), können Sie den Funktionsumfang des »PUDELs-Kern« mit einer Implementierung der Methode DELETE_DATA (Löscht Personaldaten) des BAdIs HRPAYXX_DELETE_PERNR (BAdI für Personalnummernlöschreports) erweitern.

Keine systemseitigen Prüfungen auf Vernichtbarkeit	Bei der Ausführung des Programms RPUDELPP in einem produktiven System erfolgen keine systemseitigen Prüfungen auf die eigentliche Vernichtbarkeit eines Personalfalls. Theoretisch (und praktisch!) kann mit dem Programm RPUDELPP auch eine aktive Person aus dem System gelöscht werden.

6.4.2 Neues Vernichtungsobjekt HRPA_PERNR

Ergänzend zum klassischen Löschprogramm RPUDELPN (Vollständiges Löschen von Personalnummern) stellt Ihnen SAP, basierend auf SAP ILM, neuerdings mit dem Datenvernichtungsobjekt HRPA_PERNR (Datenvernichtungsobjekt für Personalnummer) eine weitere Möglichkeit zum Vernichten kompletter Personalfälle zur Verfügung.

Kein Archivierungs-, sondern ein Vernichtungsobjekt	Im Gegensatz zu den oben beschriebenen Archivierungsobjekten für SAP ERP HCM, die theoretisch auch Daten archivieren können (nur eben im HCM-Umfeld grundsätzlich nicht), handelt es sich beim Datenvernichtungsobjekt HRPA_PERNR um ein Objekt, das ausschließlich zur Datenvernichtung entwickelt wurde und somit kein Archivierungsobjekt im klassischen Sinne, sondern eben ausschließlich ein Datenvernichtungsobjekt ist.

Der grundsätzliche Ablauf der Datenvernichtung unterscheidet sich daher von der klassischen Datenarchivierung über die Transaktion SARA (Archivadministration).

[»] **Transaktion für Aufruf und Ausführung**
Der Aufruf und die Ausführung eines Datenvernichtungsobjekts erfolgt in der Transaktion ILM_DESTRUCTION (Datenvernichtung). Ausführliche Informationen dazu finden Sie in Abschnitt 2.7, »Datenvernichtungsfunktionen«, und dort insbesondere in Abschnitt 2.7.3, »Vernichtung aus der Datenbank per Datenvernichtungsobjekt«.

Funktionaler Umfang	Das Datenvernichtungsobjekt HRPA_PERNR bietet Ihnen weitgehend dieselben Funktionalitäten wie die bekannten Archivierungsobjekte für SAP ERP HCM:

- Realisierung eines Vier-Augen-Prinzips (optional)
- diverse Prüfungen im Vorlauf:
  - Person ausgetreten (Infotyp 0000, Maßnahmen)
  - Personalabrechnung abgeschlossen (Infotyp 0003, Abrechnungsstatus)
  - keine Vernichtungssperre (Infotyp 3246, Vernichtungssperre)
  - Veto der registrierten Anwendungen
- kundenindividuelle Prüfungen möglich über eine Implementierung der Methode `PERNR_DELETION_CHECK` (Prüfungen beim Löschen einer Personalnummer) der BAdI-Definition `HRPA_RP_PERNR_PRE` (Prüfung bei Datenvernichtung einer Personalnummer (HRPA_PERNR))
- Vernichtung gemäß den Aufbewahrungsdauern in Regelwerken im Information Retention Management

Die oben erwähnte Prüfung auf die abgeschlossene Personalabrechnung prüft im Infotyp 0003 (Abrechnungsstatus), ob eine Gehaltszahlung – hier eben nach Austritt – noch offen ist. Ist im Infotyp 0003 das Feld **abrechnen bis** (P0003-ABWD1) leer oder kleiner als das Feld **abgerechnet bis** (ABRDT), ist keine Gehaltszahlung mehr erforderlich und die Personalabrechnung demnach abgeschlossen.

Prüfung auf abgeschlossene Personalabrechnung

Vernichtungsregel

Die Definition der Aufbewahrungsdauer erfolgt in der bekannten Transaktion IRMPOL (ILM-Regelwerke) oder alternativ in der Transaktion IRM_CAT (IRM-Regelwerke). Als Bedingungsfeld für die Regeldefinition steht Ihnen beim Vernichtungsobjekt `HRPA_PERNR` standardmäßig lediglich die Ländergruppierung (Feld `MOLGA`) zur Verfügung. Verfügbarer Zeitbezug ist das Austrittsdatum des Mitarbeiters (`HCM_TERMN_DATE`). Ergänzend können Sie noch den Zeitversatz `END_OF_YEAR` (Ende des Jahres) verwenden, um ein Vernichten in Jahresscheiben zu erreichen.

Customizing-Regelwerk

> **Vier-Augen-Prinzip**
>
> Die Realisierung eines Vier-Augen-Prinzips ist bei dem Vernichtungsobjekt `HRPA_PERNR` (im Gegensatz zum klassischen Programm `RPUDELPP`) optional. Der optionale Genehmigungsschritt ist im Auslieferungsstandard eingeschaltet. Das Ausschalten erfolgt in der Tabelle T77S0 (Systemtabelle) durch das Setzen des Schalters `ADMIN/WOAPP` auf X.

Der folgende Abschnitt beschreibt den Ablauf der Komplettlöschung eines Personalfalls mit dem Datenvernichtungsobjekt HRPA_PERNR unter Einbeziehung des Vier-Augen-Prinzips.

Ablauf der Datenvernichtung

Zwei oder optional drei Prozessschritte — Der Vernichtungsprozess für einen kompletten Personalfall besteht aus zwei – oder optional (bei Verwendung eines Vier-Augen Prinzips) drei – Schritten:

1. Vorlauf in der Transaktion ILM_DESTRUCTION (Datenvernichtung)
2. Optional: Genehmigung der Datenvernichtung, Transaktion HRPA_PERNR_APPROVE (Datenvernichtung für die Personalnummern genehmigen)
3. Vernichten in der Transaktion ILM_DESTRUCTION

Nach dem Aufruf der Transaktion ILM_DESTRUCTION wählen Sie den Radiobutton **Daten aus Datenbank** und geben als ILM-Objekt HRPA_PERNR ein (siehe Abbildung 6.58).

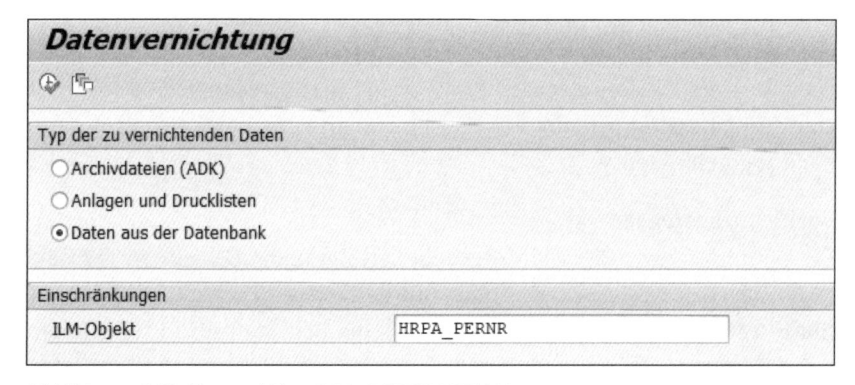

Abbildung 6.58 Transaktion ILM_DESTRUCTION

Wählen Sie Ausführen ([F8]). Nun können sie über die Schaltfläche **Vorlauf** eine Reportvariante für das Vorlaufprogramm anlegen (siehe Abbildung 6.59).

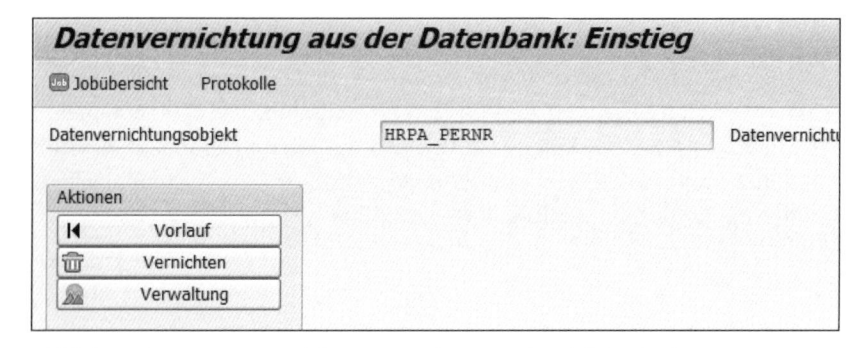

Abbildung 6.59 Datenvernichtung aus der Datenbank (Einstieg)

6.4 Komplettlöschung eines Personalfalls in SAP ERP HCM

Bei der Pflege der Reportvariante definieren Sie, welche Personalnummern verarbeitet werden sollen. Nutzen Sie zur Personenselektion die Möglichkeit der Von-/bis-Eingabe bei den Personalnummern. Im Gegensatz zu den Vorlaufprogrammen der Archivierungsobjekte steht Ihnen hier keine Selektionsmöglichkeit über die Organisationsstruktur zur Verfügung.

Alle Personalfälle selektieren

> **Selektion der Personalfälle**
>
> Grundsätzlich können Sie alle Personalfälle (hier in Form einer Von-/bis-Range) selektieren. Die korrekte Verarbeitung der Personalfälle (in diesem Fall größtenteils die »Nicht-Verarbeitung«) ist über die systemseitigen Prüfungen und das Regelwerk sichergestellt.

Abbildung 6.60 zeigt das Selektionsbild des Vorlaufprogramms zum Datenvernichtungsobjekt HRPA_PERNR. Das Feld **Austrittsdatum** hat die analoge Funktionalität wie das Feld **Daten selektieren bis** bei den Vorlaufprogrammen der Archivierungsobjekte (siehe Abschnitt 6.3.5, »Ablauf der Datenvernichtung«). Die Verarbeitung der Personen und die Prüfung auf Vernichtbarkeit erfolgen also nur, wenn das Austrittsdatum im Infotyp 0000 (Maßnahmen) kleiner als das im Feld **Austrittsdatum** eingetragene Datum ist.

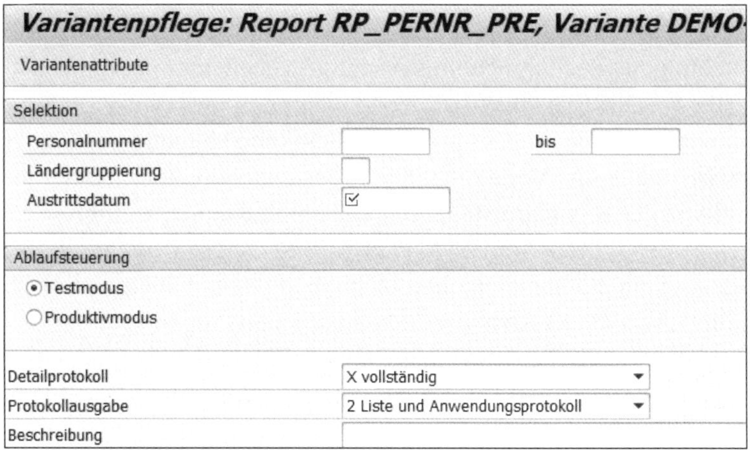

Selektionsfeld Austrittsdatum

Abbildung 6.60 Selektionsbild des Vorlaufprogramms für HRPA_PERNR

Anschließend können Sie den Vorlauf, ebenso wie in der Transaktion SARA (Archivadministration), im Hintergrund starten. Nach der Ausführung des Vorlaufprogramms können Sie über die Schaltfläche **Protokolle** das Protokoll des jeweiligen Vorlaufs einsehen.

Vorlaufprogramm

> **Vorlaufprogramm**
>
> Das Vorlaufprogramm prozessiert das Regelwerk für das Vernichtungsobjekt HRPA_PERNR (Datenvernichtungsobjekt für Personalnummer) und führt zudem die oben erwähnten Prüfungen, z. B. die Prüfung auf das Vorliegen einer Vernichtungssperre im Infotyp 3246 (Vernichtungssperre), durch.

Das Schreiben eines Eintrags im Infotyp 0283 (Archivierung/Datenvernichtung) durch das Vorlaufprogramm wie bei den Archivierungsobjekten erfolgt beim Datenvernichtungsobjekt HRPA_PERNR nicht.

Die Ausführung des Vorlaufs (Programm RP_PERNR_PRE) und der eigentlichen Vernichtung (Programm RP_PERNR_DES) wird in den Datenbanktabellen HRPA_D_DELRUN und HRPA_D_DELPERNR protokolliert.

Tabellen HRPA_D_DELRUN und HRPA_D_DELPERNR

In der Tabelle HRPA_D_DELRUN ist der ausführende User mit Datum und Zeitstempel gespeichert. Über den Primärschlüssel RUNID (technische Laufnummer) wird die Verbindung zur Tabelle HRPA_D_DELPERNR hergestellt, in der der Vernichtungsstatus (analog zur Tabelle HRPAD_DELPN beim Programm RPUDELPP) gespeichert ist.

Durch das Vorlaufprogramm wird in Tabelle HRPA_D_DELPERNR der Vernichtungsstatus **01 (Vernichtung der Personalnummer wurde beantragt)** gesetzt (analog zum Programm RPUDELPP).

Die Genehmigung der Vernichtung erfolgt anschließend über die Transaktion HRPA_PERNR_APPROVE (Datenvernichtungsobjekt HRPA_PERNR: Personalnummer genehmigen). In dieser Transaktion können Sie sich auch lediglich (z. B. nach dem Vorlauf) die Status der verarbeiteten Personen anzeigen lassen. Die Bildschirmsteuerung und somit die durchzuführenden Aktionen in der Transaktion HRPA_PERNR_APPROVE sind abhängig von der Aussteuerung des Berechtigungsobjekts P_DEL_PERN (Löschen von Personalnummern auf Produktivsystemen), analog zum Programm RPUDELPP.

Genehmigen/Ablehnen

Abbildung 6.61 zeigt das Selektionsbild des hinter der Transaktion HRPA_PERNR_APPROVE stehenden Genehmigungsprogramms RP_PERNR_APPROVE. Die drei Aktionen können hier deshalb ausgewählt werden, weil dem Anwender das Berechtigungsobjekt P_DEL_PERN mit der Aktivität **2** (Durchführung der Datenvernichtung) zugeordnet wurde. Ansonsten wäre nur die Aktion **Status anzeigen** erlaubt.

Die Selektion der zur Vernichtung freizugebenden Personen erfolgt entweder über die konkrete Personalnummereingabe oder über die Eingabe der durch das Vorlaufprogramm erzeugten ID eines Vernichtungslaufs (Feld RUNID der oben erwähnten Tabelle HRPA_D_DELRUN). Die Genehmigung oder

6.4 Komplettlöschung eines Personalfalls in SAP ERP HCM

auch die Ablehnung für die Komplettlöschung eines Personalfalls ist durch die Aktion **Genehmigen** bzw. **Ablehnen** explizit zu erzeugen.

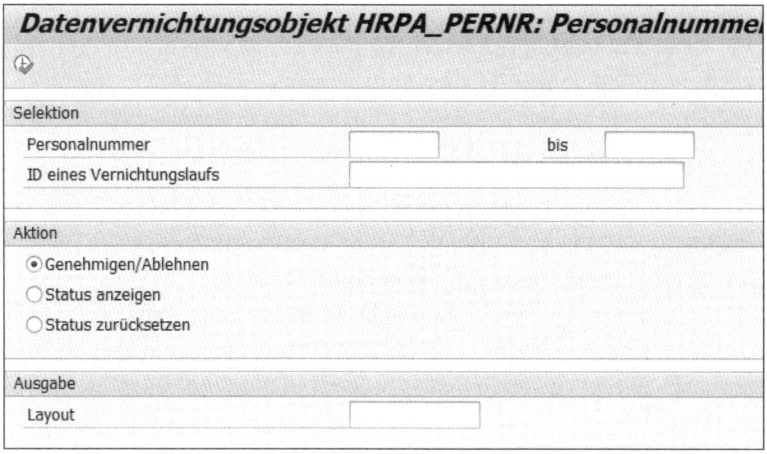

Abbildung 6.61 Programm zur Genehmigung der Vernichtung eines Personalfalls

> **Genehmigen/Ablehnen**
>
> Beim Genehmigen bzw. Ablehnen ist zu beachten, dass die Aktion nicht durch das bloße Ausführen des Programms RP_PERNR_APPROVE (Datenvernichtungsobjekt HRPA_PERNR: Personalnummer genehmigen) durchgeführt wird, sondern der Vernichtungsstatus in der ALV-Ausgabeliste durch Zeilenmarkierung und die Schaltflächen **Personalnummer genehmigen** ((F7)) oder **Personalnummer ablehnen** ((F9)) ausdrücklich gesetzt werden muss.

Abbildung 6.62 zeigt beispielhaft die Anzeige eines zu vernichtenden Personalfalls mit den beiden Schaltflächen **Personalnummer genehmigen** ((F7)) und **Personalnummer ablehnen** ((F9)).

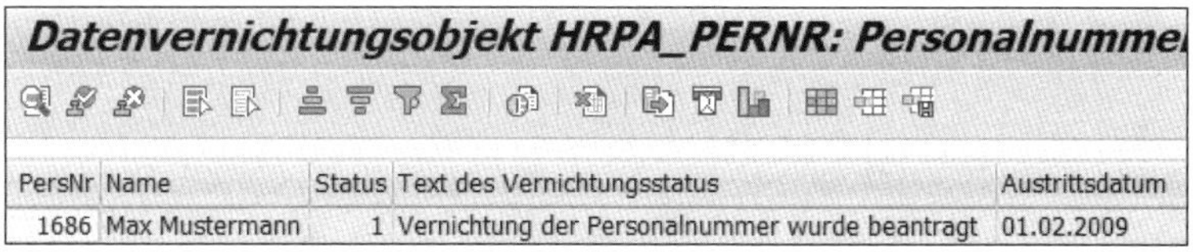

Abbildung 6.62 Genehmigung/Ablehnung eines Personalfalls zur Vernichtung

Durch einen Klick auf einen der Status-Setzen-Schaltflächen, z. B. **Personalnummer genehmigen** ((F7)), verschwinden dann die markierten Einträge aus der ALV-Liste. In der Datenbanktabelle HRPA_D_DELPERNR wird im Falle

Status setzen

6　Sperren und Vernichten in SAP ERP HCM

von **Genehmigen** der Status **3** (**Vernichtung der Personalnummer wurde angestoßen**) und im Falle von **Ablehnen** der Status **2** (**Vernichtungsantrag der Personalnummer wurde zurückgezogen**) hinzugefügt.

Status zurücksetzen　Über die Aktion **Status zurücksetzen** können Sie den Vernichtungsstatus auch wieder auf den ursprünglichen Status zurücksetzen.

> **[zB] Beispielhafter Prozessablauf**
>
> Durch das Vorlaufprogramm ist der Vernichtungsstatus einer Person **1** (**Vernichtung der Personalnummer wurde beantragt**). Der Genehmiger setzt den Status durch die Aktion **Genehmigen/Ablehnen** dann in den Status **3** (**Vernichtung der Personalnummer wurde angestoßen**). Bevor die endgültige Datenvernichtung durchgeführt wird, kann nun der Vernichtungsstatus mit der Aktion **Status zurücksetzen** wieder auf den Status **1** gesetzt werden.

Vernichten ohne Genehmigungsschritt　Sofern das Vernichten von Personalfällen ohne den optionalen Schritt der Genehmigung erfolgt (Tabelle T77SO: ADMIN / WOAPP = X) wird durch das Vorlaufprogramm direkt der Vernichtungsstatus **3** (**Vernichtung der Personalnummer wurde angestoßen**) in der Datenbanktabelle HRPA_DC_DELPERNR gesetzt.

Durchführung der Vernichtung　Die endgültige Datenvernichtung findet anschließend wieder in der Transaktion ILM_DESTRUCTION statt. Hierzu steht Ihnen innerhalb der Transaktion die Schaltfläche **Vernichten** zur Verfügung, mit der vorab wiederum eine Reportvariante für das Programm anzulegen ist (siehe Abbildung 6.63).

Verarbeitung gemäß Vorlauf-ID　Die Selektion der zu vernichtenden Personen erfolgt hier nun ausschließlich über die vom Vorlaufprogramm erzeugte ID des Vernichtungslaufs (Feld RUNID der oben erwähnten Tabelle HRPA_D_DELRUN).

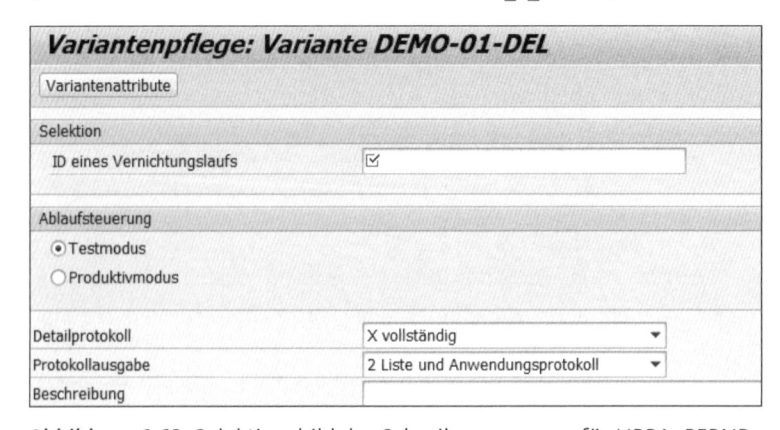

Abbildung 6.63 Selektionsbild des Schreibprogramms für HRPA_PERNR

Genehmiger und Vernichter kann beim Vernichtungsobjekt HRPA_PERNR (Datenvernichtungsobjekt für Personalnummer) derselbe Anwender sein (im Unterschied zu Programm RPUDELPP, Vernichtung von Personalnummern in Produktivsystemen). Zudem wird im Gegensatz zu den Archivierungsobjekten beim Datenvernichtungsobjekt HRPA_PENR eine nach dem Vorlaufprogramm noch gesetzte Vernichtungssperre im Infotyp 3246 durch das Vernichtungsprogramm nicht mehr berücksichtigt.

Abbildung 6.64 zeigt beispielhaft das Vernichtungsprotokoll von einer Personalnummer in der Transaktion IRM_DESTRCUTION. Das Protokoll können sie benutzerspezifisch sowie mit einem Datumsfilter aufrufen.

Vernichtungsprotokoll

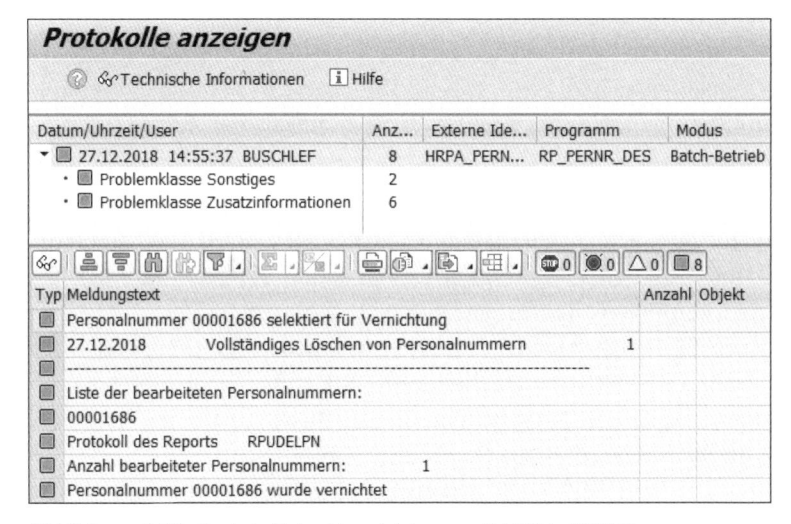

Abbildung 6.64 Protokoll der Vernichtung mit HRPA_PERNR

Nach den vorhergehenden Status und nach erfolgreicher Gesamtlöschung eines Personalfalls wird in der Protokolltabelle HRPA_D_DELPERNR der Vernichtungsstatus **4** (**Vernichtung der Personalnummer wurde durchgeführt**) gesetzt.

Tabelle 6.22 und Tabelle 6.23 zeigen beispielhafte Einträge in den (mandantenabhängigen) Protokollierungstabellen HRPA_D_DELRUN und HRPA_D_DELPERNR. Die ID des Vernichtungslaufs (RUNID) ist eine technische 32-stellige alphanumerische Kennung, die systemseitig vergeben wird.

Beispielhafte Einträge in den Protokollierungstabellen

RUNID	UNAME	RUNDESC	RUN_DATE	RUN_TIME	OBSOLET
FA163...	DEL123	Demo SAP	15.03.2019	09:50:23	–

Tabelle 6.22 Beispielhafte Einträge in der Tabelle HRPA_D_DELRUN

RUNID	PERNR	SEQ	STAT.	TIMESTAMP	UNAME	PROGNAME
FA163...	4711	01	01	20.180.315.0...	DEL123	RP_PERNR_APPROVE
FA163...	4711	02	03	20.180.318.0...	DEL456	RP_PERNR_APPROVE
FA163...	4711	03	04	20.180.318.0...	DEL123	RP_PERNR_DES

Tabelle 6.23 Beispielhafte Einträge in der Tabelle HRPA_D_DELPERNR

Nach erfolgreichem Vernichtungslauf und Setzen des Vernichtungsstatus **4** in der Tabelle `HRPA_D_DELPERNR` wird systemseitig in der Tabelle `HRPA_D_DELRUN` für die entsprechende `RUNID` auch das Kennzeichen `OBSOLET` gesetzt.

Anwendungs-Log — Die Protokolldateien sind weiterhin über die Auswertung des Anwendungs-Logs in der Transaktion SLG1 (Anwendungs-Log: Protokolle anzeigen) aufzurufen. Der Objektname für die Selektion ist `ILM`. Über die Transaktion SLG2 (Anwendungs-Log: Protokolle löschen) können die umfangreichen Protokollinformationen auch gelöscht werden. Alternativ steht Ihnen für das Löschen der Protokolle des Anwendungs-Logs auch das Archivierungsobjekt `BC_SBAL` (Archivierungsobjekt für Application Log) mit der (neuen) ILM-Aktion **Datenvernichtung** zur Verfügung, siehe Abschnitt 6.5.2, »Verarbeitungsprotokolle (Application Log)«.

6.5 Weitere vernichtungsrelevante Daten in SAP ERP HCM

Neben den originären HCM-Daten in den Infotypen oder Cluster-Dateien sind im Rahmen der Datenvernichtung aus datenschutzrechtlichen Gründen noch weitere HCM-spezifische und HCM-abhängige Daten zu berücksichtigen.

6.5.1 Infotyp-Protokollierung

Feldgenaue Protokollierung der Infotyp-Änderungen — Viele Kunden haben insbesondere zu Revisionszwecken die sogenannte *Infotyp-Protokollierung* zumindest für bestimmte abrechnungsrelevante Infotypen aktiviert. Im SAP-System ist die feldgenaue Infotyp-Protokollierung sowie die Protokollierung von Programmstarts im IMG unter **Personalmanagement** • **Personaladministration** • **Werkzeuge** • **Datenschutz** • **Protokollierung** zu finden. Die Anzeige der Änderungsbelege erfolgt über die Transaktion PCOO_M16_UAUD (Payroll audit trail) mit dem Programm `RPUAUD00`.

Bei der Vernichtung von Infotyp-Datensätzen über die entsprechenden Archivierungsobjekte in der Transaktion SARA (Archivadministration), aber auch bei der Komplettlöschung eines Personalfalls werden die dazugehörigen Kurz- und Langzeitbelege *nicht* mitvernichtet. Der Aufruf des Programms RPUAUDDL erfolgt über die Transaktionen SA38 (ABAP/4 Reporting) oder SE38 (ABAP Editor).

Für das Löschen der Infotyp-Protokolle steht Ihnen daher das klassische Programm RPUAUDDL (Protokollierte Änderungen in den Daten der Informationstypen löschen) sowie, basierend auf SAP ILM, das Archivierungsobjekt PA_LDOC (HR: Langzeitbelege) zur Verfügung.

Programm RPUAUDDL

Wie Sie dem Selektionsbild des Programms RPUAUDDL (Protokollierte Änderungen in den Daten der Informationstypen löschen) in Abbildung 6.65 entnehmen können, erfolgt die Steuerung der zu vernichtenden Belege klassisch über die Selektionsfelder. Eine z. B. per Customizing definierte Löschfrist gibt es hier nicht. Aufgrund der besonderen Kritikalität ist der Programmstart über ein Passwort geschützt (das aber einfach über die F1-Hilfe des Feldes eingesehen werden kann). Der Aufruf des Programms RPUAUDDL erfolgt über die Transaktionen SA38 (ABAP/4 Reporting) oder SE38 (ABAP Editor).

Kein Regelwerks-Customizing

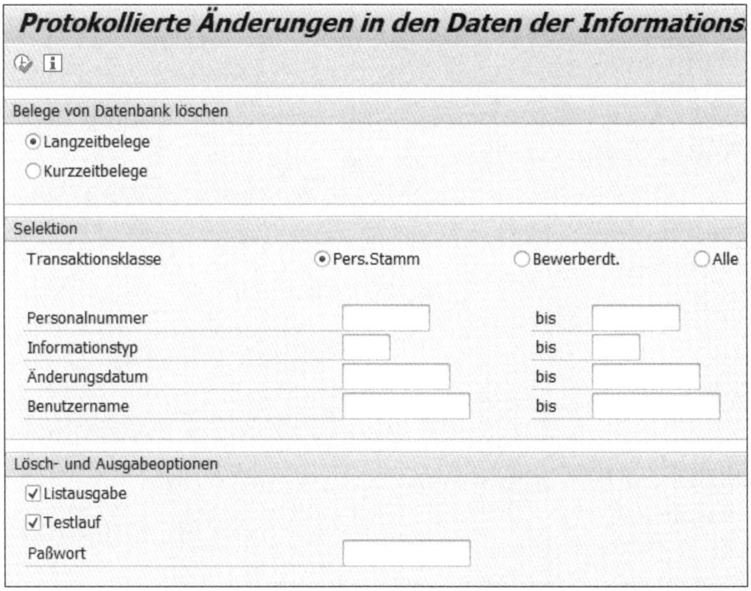

Abbildung 6.65 Selektionsbild des Programms RPUAUDDL zum Löschen der Infotyp-Belege

Archivierungsobjekt PA_LDOC

Ersatzweise (oder in Ergänzung) steht Ihnen für die gesicherte Vernichtung der Langzeitbelege auch das Archivierungsobjekt PA_LDOC (HR: Langzeitbelege) zur Verfügung. Dieses Archivierungsobjekt wurde im Jahr 2012 mit SAP-Hinweis 1600991 (Datenvernichtung im HCM mit ILM – Details zu neuen Archivierungsobjekten) um die Funktionalität der Datenvernichtung erweitert. Als verfügbare Zeitbezüge für das ILM-Regelwerk stehen END_OF_MONTH (Ende des Monats) und LAST_CHANGE_DATE (Letztes Änderungsdatum) sowie der Zeitversatz END_OF_YEAR (Ende des Jahres) zur Verfügung. Abbildung 6.66 zeigt das Selektionsbild des Schreibprogramms für das Archivierungsobjekt PA_LDOC.

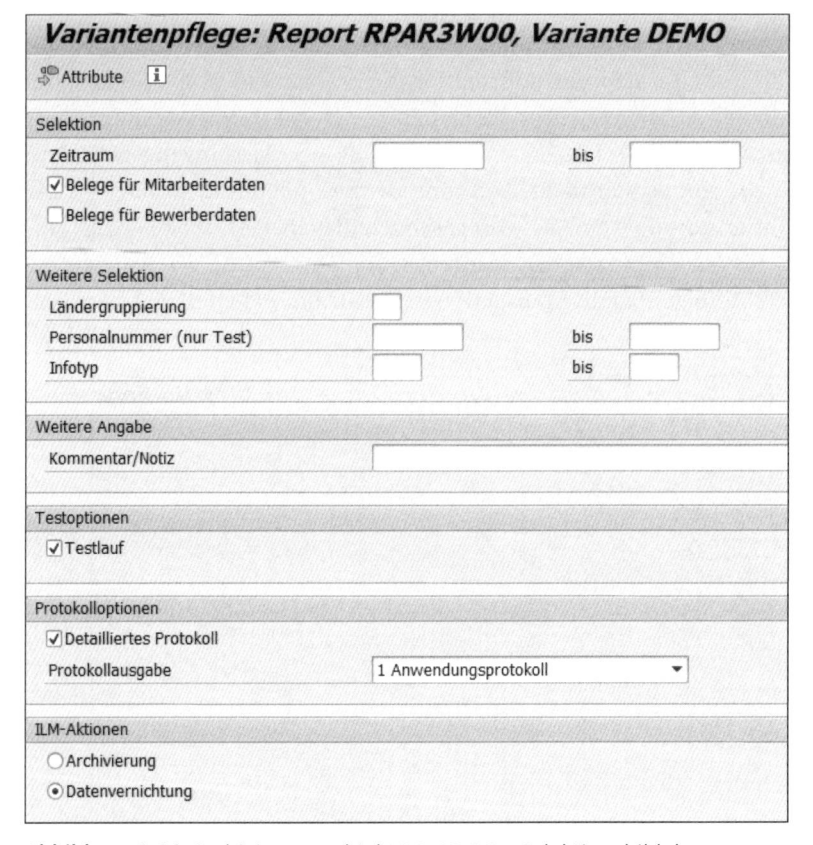

Abbildung 6.66 Archivierungsobjekt PA_LDOC – Selektionsbild des Schreibprogramms

Regelwerk-Customizing Für die Nutzung des Archivierungsobjekts PA_LDOC (HR: Langzeitbelege) zu Zwecken der Vernichtung ist also die Existenz eines produktiven Regelwerks im Information Retention Management (Transaktion IRMPOL [ILM-Regelwerke]), alternativ in der Transaktion IRM_CAT [IRM-Regelwerke]) erforderlich. In der Transaktion SARA (Archivadministration) stehen Ihnen ein Schreib- und ein Löschprogramm zur Verfügung.

6.5.2 Verarbeitungsprotokolle (Application Log)

Im Rahmen der Datenvernichtung in der Transaktion SARA (Archivadministration) werden viele Verarbeitungsprotokolle erzeugt. Diese Protokolldateien, sei es vom Vorlaufprogramm, oder auch vom Schreibprogramm, enthalten immer noch genau die Informationen, die mit dem jeweiligen Archivierungsobjekt aus z. B. HCM-Stammdaten gelöscht wurden.

> **Anwendungs-Log**
> Die Protokolle der ILM-Datenvernichtung werden im üblichen Anwendungs-Log (Application Log) vorgehalten.

Diese Protokolleinträge können Sie alternativ zur Transaktion SARA (Archivadministration) auch über die Transaktion SLG1 (Anwendungs-Log: Protokolle anzeigen) und den Objektschlüssel ARCHIVING aufrufen.

Objektschlüssel ARCHIVING

Im Anschluss an die meist jährliche Löschroutine sollten Sie also auch das Application Log um die Protokolle der Datenvernichtung bereinigen. Hierzu stehen Ihnen prinzipiell zwei Möglichkeiten zur Verfügung:

- Transaktion SLG2, Programm SBAL_DELETE
- ILM-Archivierungsobjekt BC_SBAL

Das Vernichten der Application-Log-Einträge direkt in der Transaktion SARA ist in Abschnitt 6.3.5, »Ablauf der Datenvernichtung«, im Unterabschnitt »Protokoll« beschrieben.

6.5.3 Abrechnungsdaten, Zeitauswertungsergebnisse und Reisedaten

Mit SAP-Hinweis 1600991 (Datenvernichtung im HCM mit ILM – Details zu neuen Archivierungsobjekten) wurde im Jahr 2012 auch die Möglichkeit geschaffen, mit den vorhandenen Archivierungsobjekten PA_CALC (HR: Personalabrechnungsergebnisse) und PA_TIME (HR: Zeitauswertungsergebnisse) Abrechnungsdaten und Zeitauswertungsergebnisse zu vernichten. Davor war es lediglich möglich, diese Daten mit den genannten Archivierungsobjekten zu archivieren.

Vernichtung möglich

Im Jahr 2014 wurde mit den SAP-Hinweisen 2028594 (Vereinfachte Datenlöschung auf der Basis von SAP ILM in SAP ERP Travel Management) und 2017369 (ILM-Aktivierung von PA_TRAVEL) die Vernichtungsoption auch für das Archivierungsobjekt PA_TRAVEL (HR: Reisen) zur Verfügung gestellt. Die Datenvernichtung erfolgt bei diesen Archivierungsobjekten ausgehend von der Transaktion PU22 (Archivierung HR), siehe Abbildung 6.67.

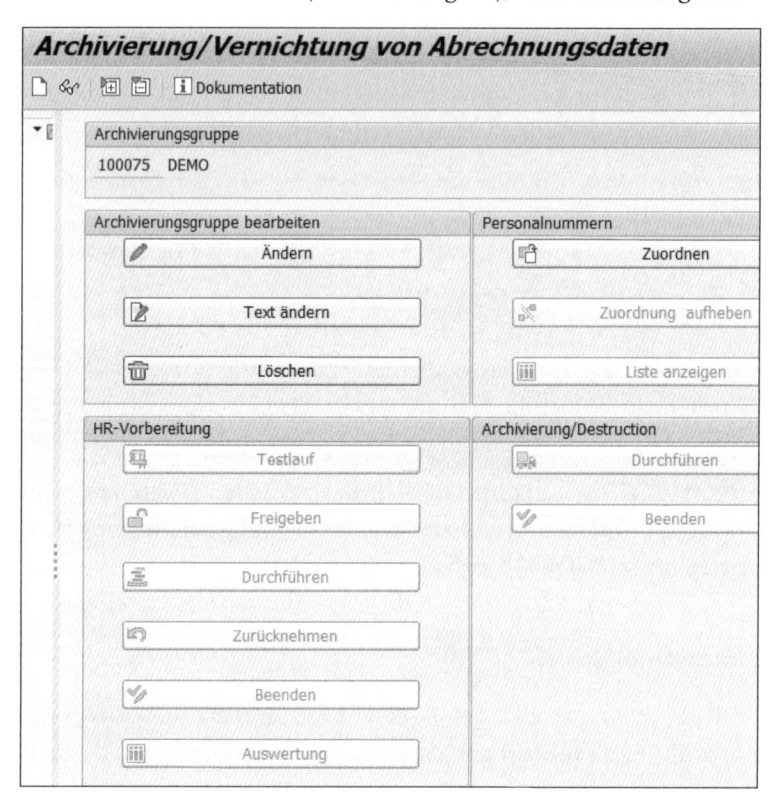

Abbildung 6.67 Transaktion PU22 – Vernichtung von Abrechnungsdaten

HR-Vorbereitung — Diese Transaktion stellt beim Vergleich mit dem üblichen Vorgehen bei den anderen Archivierungsobjekten für SAP ERP HCM über die Transaktion SARA (Archivadministration) quasi den Vorlauf der Vernichtung dar. Durch die sogenannte *HR-Vorbereitung* in der Transaktion PU22 wird demnach auch ein Vernichtungsbeleg im Infotyp 0283 (Archivierung/Datenvernichtung) erzeugt und das persönlich tiefste rückrechenbare Datum im Infotyp 0003 (Abrechnungsstatus) angepasst. Demzufolge wird auch eine Vernichtungssperre im Infotyp 3246 (Vernichtungssperre) berücksichtigt.

Archivierungsgruppe anlegen — Der erste Schritt in der Transaktion PU22 (Archivierung HR) ist das Anlegen einer sogenannten *Archivierungsgruppe*. Dieser Archivierungsgruppe werden alle in einem Vernichtungslauf zu bearbeitenden Personalfälle zugeordnet. Die Archivierungsgruppe ist demnach auch der zentrale Eingabeparameter für das spätere Schreibprogramm (siehe Abbildung 6.73).

> **Archivierungsgruppe**
>
> Auch bei der bloßen Nutzung der Transaktion PU22 (Archivierung HR) für die Datenvernichtung wird weiterhin der historisch gewachsene Begriff der *Archivierungsgruppe* verwendet.

Damit Sie in der Transaktion PU22 eine Archivierungsgruppe anlegen können, muss in der Transaktion SNUM das Nummernkreisintervall für das Objekt HRARCHIVE gepflegt sein. Tragen Sie hier ein Intervall mit der Nummer 01 und dem gewünschten internen Nummernkreis ein (z. B. 100000 bis 199999). Bei der Definition einer Archivierungsgruppe ist die Funktionsweise für die spätere Ausführung zu wählen: Archivierung oder Datenvernichtung (siehe dazu Abbildung 6.69).

Nummernkreis für Archivierungsgruppe erforderlich

Die folgenden Ausführungen beziehen sich auf das Löschen von Abrechnungsergebnissen (Cluster RD auf der Import-Export-Datei **PCL2**) mit dem Archivierungsobjekt PA_CALC. Der Ablauf der beiden anderen Archivierungsobjekte PA_TIME und PA_TRAVEL ist analog.

Die Abrechnungsergebnisse werden üblicherweise in der Transaktion PC_PAYRESULT (Anzeigen von Abrechnungsergebnissen) angezeigt (siehe Abbildung 6.68) und bei Bedarf im Detail aufgerufen. Die Vernichtung alter Abrechnungsperioden reduziert die Anzeige der verfügbaren Abrechnungsperioden in dieser Transaktion.

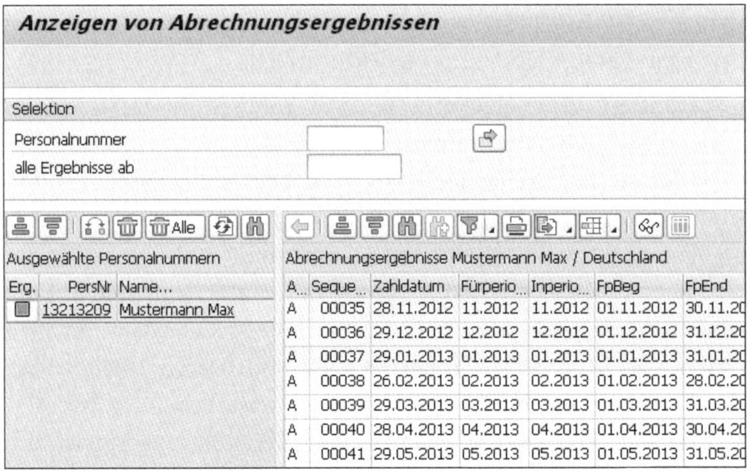

Abrechnungsergebnisse in Transaktion PY_PAYRESULT

Abbildung 6.68 Beispielhafter Auszug aus der Transaktion PC_PAYRESULT

Beim Anlegen einer Archivierungsgruppe in der Transaktion PU22 wählen Sie die Option **Datenvernichtung** für die Personalabrechnungsergebnisse, wie aus Abbildung 6.69 ersichtlich.

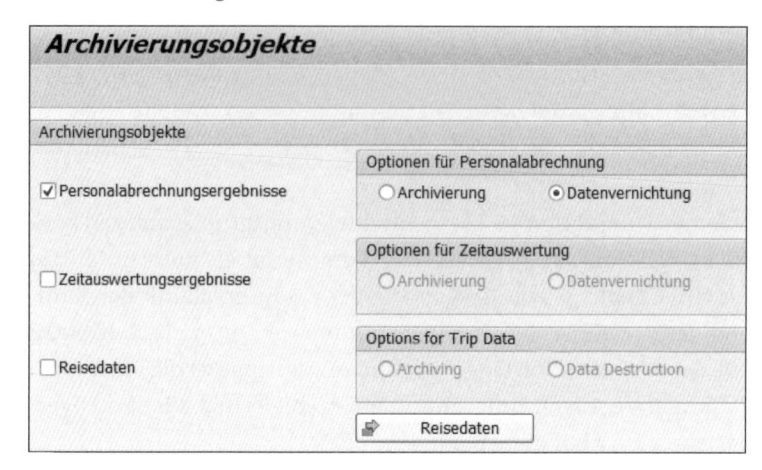

Abbildung 6.69 Transaktion PU22 – Archivierungsgruppe anlegen mit der Option »Datenvernichtung« für die Personalabrechnungsergebnisse

Daten vor der Rückrechnungsgrenze nicht komplett vernichtbar

Bei der Vernichtung von Abrechnungsergebnissen sind das Datum für die tiefste Rückrechnung und das Datum, bis zu dem die Abrechnungsdaten vernichtet werden können, unterschiedlich. Auch wenn nur noch bis zu einer Abrechnungsperiode x rückgerechnet werden soll, sind ältere Abrechnungsdaten für diese Abrechnungsperiode weiterhin erforderlich und können daher nicht bis zur Rückrechnungsgrenze vernichtet werden. Gründe hierzu sind z. B. erforderliche Durchschnittsberechnungen oder die sogenannte *SV-Luft* (DEÜV). Die Rückrechnungsgrenze ist demnach immer zwingend jünger als das Datum **vernichten bis**.

Eingabe Vernichtungsdatum oder Rückrechnungsgrenze

Bei der Definition der Archivierungsgruppe können Sie entweder das Datum, bis zu dem die Abrechnungsdaten vernichtet werden sollen, oder das Datum für die tiefste Rückrechnung vorgeben. Das System ermittelt aus dem eingegebenen Datum das jeweils andere Datum. Systemseitig wird dabei sichergestellt, dass die fachlichen (und somit auch gesetzlichen) Anforderungen an die Personalabrechnung erfüllt sind und der Abstand zwischen den Zeitangaben so klein wie möglich ist. Die aus den Vorgaben bestimmten Vorschlagswerte können Sie in einem späteren Arbeitsschritt (unter Berücksichtigung des sich gegebenenfalls neu ergebenden erforderlichen Abstands der beiden Zeitangaben) noch verändern. Beispielsweise ist das Vernichtungsdatum (**vernichten bis**) der 31.10.2010 und die korrespondierende Rückrechnungsgrenze der 01.01.2012.

6.5 Weitere vernichtungsrelevante Daten in SAP ERP HCM

Das beim Anlegen der Archivierungsgruppe gesetzte Vernichtungsdatum stellt aber lediglich das Datum für die Selektion der für die Vernichtung relevanten Abrechnungsperioden dar. Dies ist also vergleichbar mit dem Feld **Daten vernichten bis** bei z. B. den Vorlaufprogrammen der HRPA_*- und HRTIM_*-Archivierungsobjekte (siehe Abschnitt 6.3.5, »Ablauf der Datenvernichtung«).

Selektionsdatum

Bei einem im Retention Management (Transaktion IRMPOL, ILM-Regelwerke) über die Vernichtungsregel definierten früheren Vernichtungsdatum als dem in der Archivierungsgruppe vorgegebenen Vernichtungsdatum (also z. B. der 31.12.2009 statt dem 31.10.2010) passt das System die Rückrechnungstiefe abhängig vom tatsächlichen Vernichtungsdatum an.

Anpassung der Rückrechnungstiefe gemäß Regelwerk

Abbildung 6.70 verdeutlicht die Wirkung der in der Archivierungsgruppe vorgegebenen Zeitpunkte für Vernichtungsdatum und persönliche Rückrechnungsgrenze (Fall A) sowie des über das ILM-Regelwerk ermittelten Vernichtungsstichtags (Fall B).

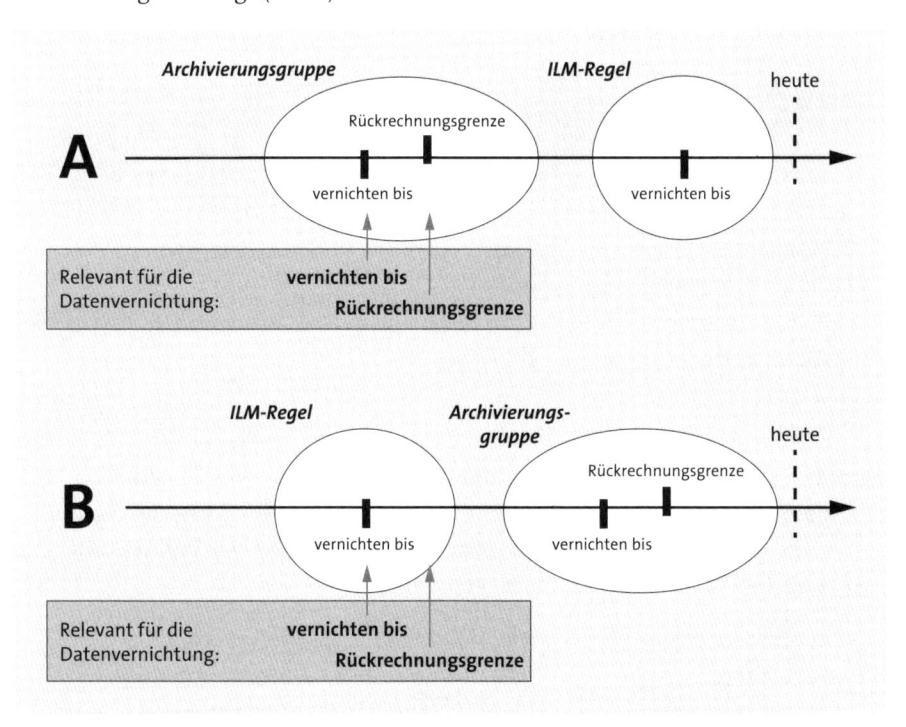

Abbildung 6.70 Wirkung von »Vernichten bis« in der Archivierungsgruppe vs. ILM-Regel

Bei Fall A kommt das im Regelwerk definierte »Vernichten-bis-Datum« gar nicht zu Geltung, da das »Vernichten-bis-Datum« (und die darauf angepasste Rückrechnungsgrenze) vor dem Vernichtungsstichtag des Regelwerks liegt. Bei Fall B zählt das »Vernichten-bis-Datum« aus dem Retention Management für die Datenvernichtung; das »Vernichten-bis-Datum« aus der Archivierungsgruppe hat hier keinen Einfluss. Die entsprechende Rückrechnungsgrenze wird dabei systemseitig gemäß dem relevanten »Vernichten-bis-Datum« automatisch ermittelt.

Personen einer Archivierungsgruppe zuordnen

Nachdem Sie eine Archivierungsgruppe definiert haben, ordnen Sie ihr die zu bearbeitenden Personen zu. Diese Zuordnung legt bei den selektierten Personen im Infotyp 0283 (Archivierung/Datenvernichtung) aus technischen Gründen mehrere Vernichtungsbelege (mit technischem Datum 01.01.1800) im Status 1 (**initialisiert**) an, siehe Abbildung 6.71.

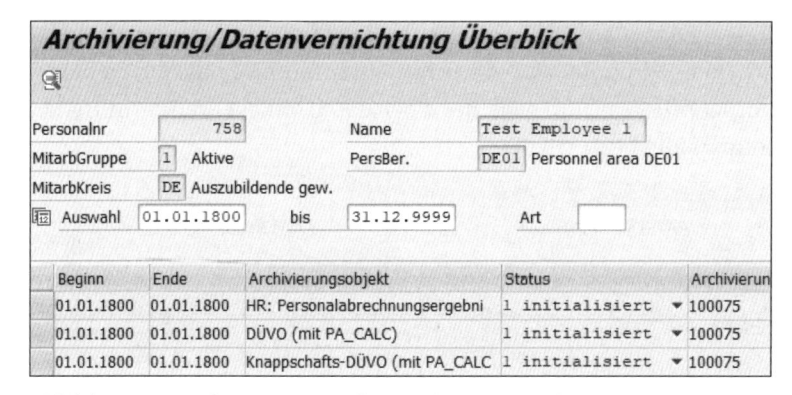

Abbildung 6.71 Infotyp 0283 nach Zuordnung zu Archivierungsgruppe

Diese (technisch bedingten) Datensätze werden im weiteren Verlauf der Datenvernichtung wieder gelöscht.

HR-Vorbereitung durchführen

HR-Vorbereitung Testlauf

Die sogenannte HR-Vorbereitung beginnen Sie mit der Schaltfläche **Testlauf** (siehe Abbildung 6.67). Ergänzend ist dann aus Sicherheitsgründen eine Archivierungsgruppe explizit zur Vorbereitung der Vernichtung freizugeben (über die Schaltfläche **Freigeben**).

[»] **Testlauf**

Der Testlauf gibt Ihnen Aufschluss darüber, ob eine Personalnummer bei der Vernichtung abgelehnt würde, weil z. B. die in der Archivierungsgruppe angegebene Rückrechnungsgrenze, die in das Feld **Persönliche tiefste Rückrechnungsgrenze** übernommen werden soll, nach dem Datum der letzten Stammdatenänderung liegt.

Die Freigabe bedeutet, dass die Personalnummern, die dieser Archivierungsgruppe zugeordnet sind, bis zur Beendigung der HR-Vorbereitung nicht abgerechnet werden können. Nach dem Testlauf und der Freigabe können Sie die Durchführung der HR-Vorbereitung – quasi den Vorlauf für die Datenvernichtung – über die Schaltfläche **Durchführen** starten (siehe Abbildung 6.67).

Hierbei erfolgt auch das Prozessieren des ILM-Regelwerks. Sofern die in der Archivierungsgruppe definierten Zeitpunkte für die persönliche Rückrechnungstiefe und das Vernichtungsdatum durch das ILM-Regelwerk verändert wurden (Regelfall) erhalten Sie im Protokoll entsprechende Hinweise mit Langtext dafür (enthält z. B. altes Datum/neues Datum). Abbildung 6.72 zeigt beispielhaft einen Protokollauszug.

Prozessieren des Regelwerks

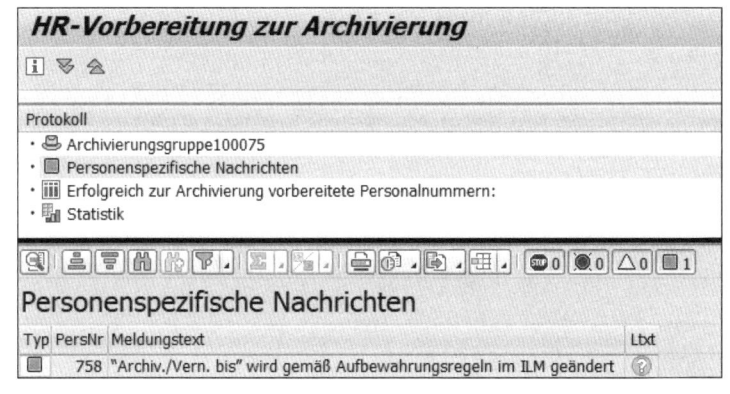

Abbildung 6.72 Transaktion PU22 – Protokollauszug nach der Durchführung der HR-Vorbereitung

> **Durchführung der HR-Vorbereitung**
>
> Die Durchführung der HR-Vorbereitung setzt die persönliche tiefste Rückrechnungsgrenze im Infotyp 0003 (Abrechnungsstatus) neu und führt ein Update auf den Infotyp 0283 (Archivierung/Datenvernichtung) durch.

Beim Update auf den Infotyp 0283 (Archivierung/Datenvernichtung) werden die zuvor im Rahmen der Personenzuordnung zu der Archivierungsgruppe angelegten Datensätze gelöscht (Status **1** (**initialisiert**), siehe Abbildung 6.71), und ein neuer Vernichtungsbeleg im Status **A** (**vorbereitet zur Datenvernichtung**) angelegt. Das Endedatum des Infotyp-Satzes ist hierbei dann (wieder) das »Vernichten-bis-Datum«.

Die HR-Vorbereitung können Sie über die Schaltfläche **Zurücknehmen** (siehe Abbildung 6.67) wieder rückgängig machen. Dabei werden einzelne

HR-Vorbereitung zurücknehmen

Personen oder alle Personen der Archivierungsgruppe in den Stand versetzt, die diese vor der HR-Vorbereitung hatten. Optional können Sie dabei über ein Kennzeichen im Selektionsbild die persönliche Rückrechnungsgrenze im Infotyp 0003 (Abrechnungsstatus) auf dem durch die HR-Vorbereitung gesetzten Datum belassen.

HR-Vorbereitung beenden
Über die Schaltfläche **Beenden** (siehe Abbildung 6.67) schließen Sie die HR-Vorbereitung ab. Dafür muss die hier beschriebene Durchführung ausgeführt worden sein; die Archivierungsgruppe darf dabei keine fehlerhaften Personalfälle mehr enthalten. Andernfalls können Sie fehlerhafte Personalfälle auch aus der Archivierungsgruppe entfernen (Schaltfläche **Zuordnung aufheben**, siehe Abbildung 6.67).

[!] **Beendigung der HR-Vorbereitung**
Das Beenden der HR-Vorbereitung einer Archivierungsgruppe ist nur möglich, wenn alle Personalfälle der Archivierungsgruppe erfolgreich die Durchführung durchlaufen haben.

Auswertung der Archivierungsgruppe
In der Transaktion PU22 (Archivierung HR) haben Sie auch jederzeit die Möglichkeit, über die Schaltfläche **Auswertung** archivierungsgruppenabhängig zu ausgewählten Status im Infotyp 0283 eine Liste der Personalfälle zu bekommen. Diese Liste können Sie während des Archivierungsprozesses z. B. zur Fehlererkennung nutzen.

Vernichtung durchführen

Absprung in die Transaktion SARA
Die Durchführung der Vernichtung der Abrechnungsergebnisse erfolgt, ausgehend von der Transaktion PU22, mit der Schaltfläche **Durchführen** (siehe Abbildung 6.67). Der Klick auf die Schaltfläche **Durchführen** bewirkt hier jedoch lediglich erst mal einen Absprung in die Archivadministration (Transaktion SARA). In der Transaktion SARA erfolgt dann die Ausführung des Schreibprogramms in gewohnter Weise. Dabei wird das Löschprogramm beim Archivierungsobjekt PA_CALC automatisch nach dem Schreibprogramm ausgeführt (obwohl es hier kein Vorlaufprogramm gibt, aber eben die HR-Vorbereitung in der Transaktion PU22.

Schreibprogramm
Für die Ausführung des Schreibprogramms definieren Sie wie üblich eine Reportvariante. Zentrales Kriterium des Schreibprogramms ist hier die Archivierungsgruppe (siehe Abbildung 6.73).

Protokoll
Nach der Ausführung des Schreibprogramms (und somit auch des Löschprogramms) können Sie in der Transaktion SARA dann auch die Protokolle der Läufe einsehen, siehe Abbildung 6.74.

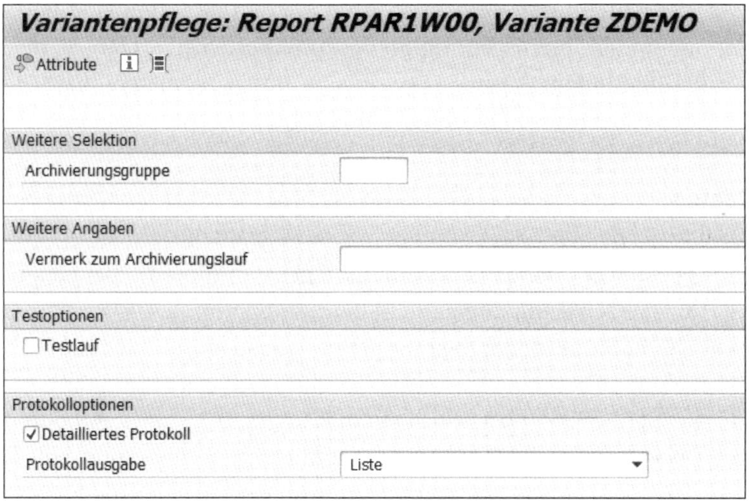

Abbildung 6.73 Transaktion SARA – Schreibprogramm für PA_CALC

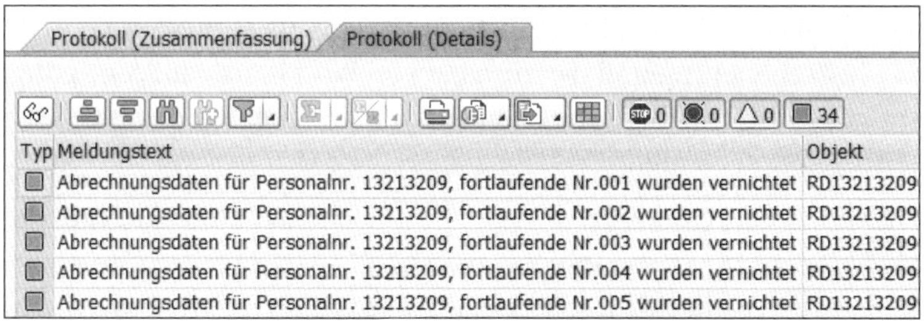

Abbildung 6.74 Transaktion SARA – Protokoll für PA_CALC

Im Infotyp 0283 (Archivierung/Datenvernichtung) wurde der Status durch das Schreib-/Löschprogramm auf den Wert **9** (**vernichtet**) geändert. Neben dem Vernichtungsstatus ist im Infotyp 0283 auch die Archivierungsgruppe, der die Person zugeordnet war, sowie die technische Nummer des Vernichtungslaufs gespeichert.

Um die Datenvernichtung für die Archivierungsgruppe abzuschließen, wählen Sie in der Transaktion PU22 (Archivierung HR) die Schaltfläche **Beenden**. Die Kontrolle der Datenvernichtung können Sie in der Transaktion PC_PAYRESULT (Anzeigen von Abrechnungsergebnissen) durchführen.

Datenvernichtung beenden

6.5.4 Workitems und IDocs

Neben den eigentlichen Stammdaten im HCM-System sowie z. B. den Abrechnungsergebnissen existieren beim Blick über den Tellerrand von SAP ERP HCM noch weitere personenbezogene Daten, die in der Regel von oder für die Stammdatenpflege entstanden sind. Auch diese Daten sind beim Vernichten der nicht mehr benötigten Daten zu berücksichtigen, da hier – meist auch redundant – personenbezogene Daten enthalten sind. Die Musterbeispiele hierfür sind Workitems und IDocs.

Workitems

Urlaubsantrag per Workflow

Der Klassiker bei den Workitems ist der per Employee Self-Service (ESS) angelegte Urlaubsantrag, der dann automatisch per Workflow an den Linienvorgesetzten zur Genehmigung geht. In dem Workitem dieses Workflows ist vom Absender konkret der (beantragte) Urlaubsbeginn und das (beantragte) Urlaubsende benannt. Durch die Genehmigung des Urlaubsantrags wird die Abwesenheit systemseitig auch im Infotyp 2001 (Abwesenheiten) verbucht. Die Behandlung des Infotyps 2001 mit dem Archivierungsobjekt HRTIM_ABS (HR: Abwesenheiten) hat jedoch keinerlei Auswirkung auf das Workitem, durch das der Abwesenheitsdatensatz entstanden ist.

Archivierungsobjekt WORKITEM

Die Workitems sind separat zu vernichten. Hierzu steht, basierend auf SAP ILM, das Archivierungsobjekt WORKITEM (Workitem aus dem Workflowsystem) für die Archivierung und das Löschen von Workitems zur Verfügung. Mit dem genannten Archivierungsobjekt können jedoch nur archivierte Workitems gelöscht werden.

Report RSWWWIDE

Für das Löschen von Workitems direkt in SAP ERP HCM ohne die Nutzung von SAP ILM steht Ihnen das Programm RSWWWIDE (Löschen Workitem) zur Verfügung. Sicherheitshalber sollten Sie das Löschen von Workitems in produktiven Systemen – unter anderem auch aus Revisionsgründen – jedoch ausschließlich über die Archivverwaltung vornehmen.

IDocs

IDocs sind, vereinfacht ausgedrückt, Datenpakete, die über ALE-Verbindungen Daten zwischen SAP-Systemen austauschen. So kann es beispielsweise sein, dass an ein zentrales HCM-System über ALE-Verbindungen weitere Systeme angebunden sind, die aus dem HCM-System heraus mit einem Personalministamm versorgt werden.

Verteilung Personalministamm per ALE

Die Datenvernichtung der HCM-Stammdaten berücksichtigt auch die ALE-Schnittstellen. Wenn Sie z. B. die Bankverbindungen im Infotyp 0009 (Bankverbindung) aus dem führenden HCM-System an Subsysteme per ALE verteilen und im führenden HCM-System alte Datensätze aus dem Infotyp 0009 vernichten, geht diese Löschinformation auch per ALE an die Subsysteme, und die Datensätze werden dort auch gelöscht.

Die IDoc-Datenpakete bleiben mit ihrem Inhalt jedoch erst einmal weiterhin bestehen. Zum Archivieren und Löschen steht Ihnen dann – analog zu den Workitems – das Archivierungsobjekt IDOC (Intermediate Document) zur Verfügung. Alternativ können Sie IDocs auch ohne die Nutzung von SAP ILM über die Transaktion WE11 (Löschen von IDocs) löschen. Insbesondere aus Revisionsgründen sollten Sie in produktiven Systemen auch hier eine Löschung der IDocs über SAP ILM durchführen.

6.6 Auskunftsersuchen eines Mitarbeiters

Im Zusammenhang mit Datenschutz und Datenvernichtung in SAP ERP HCM ist auch das Recht eines jeden Mitarbeiters auf Dateneinsicht zu verstehen. Abbildung 6.75 zeigt das Selektionsbild des Programms RPLERDX0 (Auskunft mitarbeiterbezogener Daten). Die Ausgabe der Daten kann direkt in eine PDF-Datei erfolgen, um diese Datei dann dem entsprechenden Mitarbeiter auszuhändigen.

Recht auf Dateneinsicht

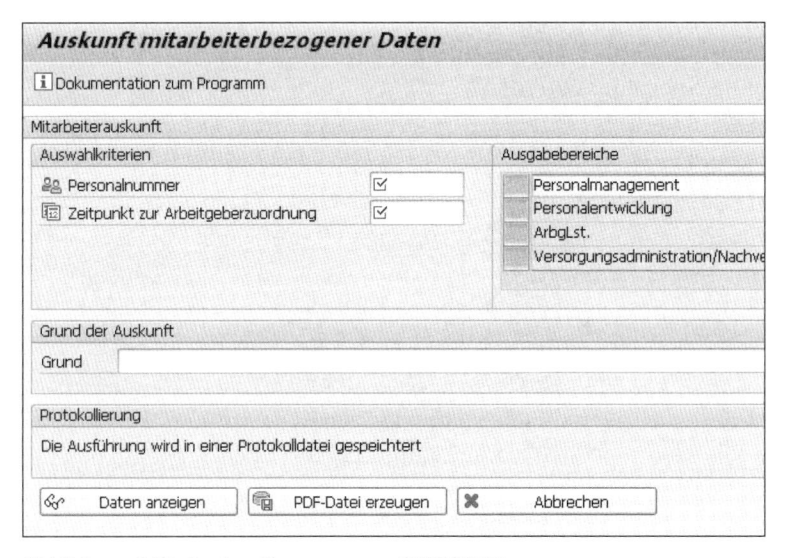

Abbildung 6.75 Auskunftsprogramm RPLERDX0

Für das Programm RPLERDX0 stellt SAP die beiden Transaktionscodes S_L4H_60400001_SB (Auskunft Mitarbeiterdaten vom Sachb.) und S_L4H_60400001 (Auskunft mitarbeiterbezogener Daten) zur Verfügung.

Die Transaktion S_L4H_60400001_SB ist für Mitarbeiter der Personalabteilung gedacht, die für die Auskunft mitarbeiterbezogener Daten zuständig sind. Für die Definition einer entsprechenden Berechtigungsrolle liefert

SAP in der Transaktion PFCG (Pflege von Rollen) als Kopiervorlage die Rolle SAP_HR_99_ERD_PERS_ADMIN aus.

Über die Transaktion S_L4H_60400001 können Mitarbeiter (nach der Zuordnung des jeweiligen Users zur entsprechenden Personalnummer im Infotyp 0105 [Kommunikation]) ihre in SAP ERP HCM gespeicherten Daten (und auch nur diese!) selbst aufrufen. Für die Definition einer entsprechenden Berechtigungsrolle liefert SAP in der Transaktion PFCG als Kopiervorlage die Rolle SAP_HR_99_ERD mit dem Berechtigungsobjekt P_PERNR (HR: Stammdaten – Personalnummernprüfung) aus.

Wichtig ist bei der Verwendung des Programms RPLERDXO, dass für alle auszuwertenden Infotypen (mindestens) Leserechte vorliegen. Ansonsten gibt die Mitarbeiterauskunft gar keine Daten aus.

Protokollierung der Ausführung

Da das Programm mitarbeiterbezogene Daten bereitstellt, wird die Ausführung der Auswertung in der Tabelle THRPAD_ERD_LOG (Logging-Tabelle für Mitarbeiterauskünfte) protokolliert. Über die Transaktion HRPBAS_ERD_DISP_LOG (Anzeige der Protokolltabelle zur Auskunft mitarbeiterbezogener Daten) können die Einträge der Protokolltabelle ausgewertet werden (Programm RPUFRDXO_DISP_LOG Anzeige der Protokolltabelle zur Auskunft mitarbeiterbezogener Daten).

Abbildung 6.76 zeigt schematisch den Ablauf für die Auskunft mitarbeiterbezogener Daten.

Abbildung 6.76 Schematischer Ablauf für das Auskunftsersuchen eines Mitarbeiters

Customizing vorab erforderlich

Um das Auskunftsersuchen eines Mitarbeiters zu bedienen, sind neben den Berechtigungen auf das Programm und die darin enthaltenen Daten gemäß Abbildung 6.76 vorab ein paar spezifische Customizing-Einstellungen erforderlich. Im SAP-System sind die programmspezifischen Einstellungen im IMG unter **Personalmanagement • Personaladministration • Auskunft mitarbeiterbezogene Daten** zu finden.

> **Ausgabe prüfen**
>
> Vor der Erzeugung der PDF sollten Sie die durch das Programm RPLERDX0 (Auskunft mitarbeiterbezogener Daten) erzeugte Ausgabe sorgfältig überprüfen.

Die Mitarbeiterauskunft gibt neben den Feldinhalten der Infotypen auch den bei einigen Infotypen möglichen Freitext aus. Hier kommt es in der Praxis gelegentlich vor, dass die Sachbearbeiter Inhalte hinterlegen, die im Rahmen eines Auskunftsersuchens nicht für den Mitarbeiter bestimmt sind, z. B. »Gleiche Bonuslohnart gewährt wie bei Max Mustermann«. In der Konfiguration des Reports können die Freitexte aber infotypanhängig auch gänzlich aus der Mitarbeiterauskunft entfernt werden. Zudem besteht die Möglichkeit, auch bestimmte Infotypfelder für die Ausgabe in der Mitarbeiterauskunft zu unterdrücken.

Eine zentrale und obligatorische Einstellung im Customizing sind die möglichen Gründe der Programmausführung. Der jeweilige Grund für die Ausführung des Programms wird, wie oben erwähnt, in der Ausführprotokollierung auch festgehalten. Ein möglicher Grund für die Programmausführung kann insbesondere »Anfrage des Mitarbeiters« sein.

Grund der Auskunft

Zusätzlich zu den Konfigurationsmöglichkeiten in Form von Customizing-Tabellen kann das Programmverhalten noch mit mehreren BAdI-Implementierungen kundenspezifisch beeinflusst und optimiert werden. Die möglichen BAdI-Definitionen sind im oben erwähnten IMG-Pfad aufgeführt.

6.7 Überblick über die Funktionen und Transaktionen

Der SAP-Standard stellt Ihnen für das Sperren und Vernichten von personalwirtschaftlichen Daten in SAP ERP HCM, wie oben ausgeführt, eine Vielzahl von Werkzeugen zur Verfügung. Der zentrale Einstieg für die Datenvernichtung ist dabei die Transaktion SARA (Archivadministration). Daneben sind für die Datenvernichtung auch weitere Transaktionen von zentraler Bedeutung. Für einen schnellen Überblick fassen wir zum Abschluss dieses Kapitels in Tabelle 6.24 noch einmal die relevanten Funktionen und Transaktionen für die Datenvernichtung in SAP ERP HCM zusammen.

Funktionen	Transaktionen	
	Archivierungs-programme	Datenvernichtungsprogramm HRPA_PERNR
Aufbewahrungsregeln definieren	IRMPOL	IRMPOL
Vernichtungslauf durchführen (allgemein)	SARA	ILM_DESTRUCTION
Vernichtungslauf durchführen (allgemein)	SARA	ILM_DESTRUCTION
Vernichtungslauf durchführen (speziell: PA_CALC, PA_TIME, PA_TRAVEL	PU22	–

Tabelle 6.24 Überblick über die Funktionen und Transaktionen

Kapitel 7
Umsetzung eines SAP-ILM-DSGVO-Projekts

Bei Ihnen steht ein Projekt zur Datenschutz-Grundverordnung (DSGVO) und zu SAP ILM vor der Tür, oder Sie sind gar mittendrin? Falls Sie nach Erfahrungsberichten von anderen Kunden oder Beratern suchen, die sich mit dem Thema bereits beschäftigt haben, laden wir Sie herzlich zur Lektüre dieses Kapitels ein.

In diesem Kapitel wird ein Vorgehensmodell zur Implementierung von SAP Information Lifecycle Management in komplexen Systemlandschaften beschrieben. Dabei werden praktische Erfahrungen aus verschiedenen Implementierungsprojekten berücksichtigt und die Vorgehensweise der SAP-Beratung bei derartigen Projekten dargestellt.

Wir befassen uns insbesondere mit der ILM-basierten Vernichtung von applikationsspezifischen Stammdaten und Bewegungsdaten, deren personenbezogene Daten aus Kontakten, Kunden, Lieferanten und Geschäftspartnern abgeleitet sind. Außerdem werden die Implementierung des Sperrens und die Vernichtung der personenbezogenen Stammdaten selbst beleuchtet. Die hier gemeinten personenbezogenen Stammdaten umfassen Kontakte, Kunden, Lieferanten und Geschäftspartner.

Dieses Kapitel zielt darauf ab, Hinweise und Tipps zu geben, die im Rahmen eines Implementierungsprojekts hilfreich sein könnten. Es erhebt keinesfalls den Anspruch auf Vollständigkeit aller Themen, die im Rahmen einer ILM-Implementierung zu betrachten sind. Das Vorgehen orientiert sich hier an der Implementierung von SAP ILM in bestehenden (Alt-)Systemen, also z. B. schon länger im Unternehmen eingesetzten SAP-Systemen. Dies ist eine Situation, wie sie in Unternehmen häufig anzutreffen ist.

SAP ILM in bestehenden Systemen

In der Praxis sind Projekte, in denen SAP ILM in einer komplett neu aufzusetzenden Systemlandschaft implementiert wird, dagegen eher selten anzutreffen. In solchen Projekten sind dann einige der im Folgenden beschriebenen Schritte zur Implementierung in bestehenden Systemen nicht notwendig. Statt der Bestandsaufnahme der bestehenden Daten und

SAP ILM bei Neuinstallationen

Prozesse kann bei Neuinstallationen über zuvor definierte Anwendungsprozesse »Privacy by Design« erzielt werden.

Für das Verständnis dieses Kapitels ist die Kenntnis der Konzepte von SAP ILM zum Vernichten von applikationsspezifischen Daten sowie der Konzepte des Sperrens und Vernichtens der personenbezogenen Stammdaten vorausgesetzt. Hier verweisen wir auf die vorangehenden Kapitel des Buches.

7.1 Bestandsaufnahme

Die Implementierung von SAP ILM, insbesondere in komplexen Systemlandschaften, die in der Praxis oft aus einer Vielzahl von Systemen bestehen können, bringt eine Reihe von Herausforderungen mit sich.

Herausforderungen der ILM-Implementierung

Zunächst einmal ist zu klären, welche Systeme einer Landschaft überhaupt personenbezogene Daten beinhalten. Dies ist eine grundlegende Frage zu Beginn jedes Projekts, die unbedingt geklärt werden muss: Welche personenbezogenen Daten liegen vor, und wo werden sie prozessiert? Diese Bestandsaufnahme kann das Ergebnis eines Analyseschrittes sein, der in Abschnitt 7.2.2, »Analyse«, beschrieben wird.

Aufbauend auf dieser Bestandsaufnahme kann eine priorisierte Abarbeitungsreihenfolge der Systeme gebildet werden, insbesondere wenn die verfügbaren Ressourcen keine simultane Implementierung des gesamten Systemverbunds ermöglichen. Technische Kriterien bei der Priorisierung von Systemen können beispielsweise sein:

- Volumen der personenbezogenen Stamm- und Bewegungsdaten im jeweiligen System
- Priorität des Systems und der darin laufenden Prozesse im Hinblick auf die erhöhte Notwendigkeit zur Implementierung der DSGVO-Anforderungen
- Anzahl der Benutzer mit Systemzugriff
- Systeme, die unbedingt zusammen betrachtet werden müssen, z. B. weil zwischen ihnen Replikationsmechanismen eingesetzt werden und die Sperrprüfung im Vorfeld der Vernichtung der personenbezogenen Stammdaten Applikationen in verschiedenen Systemen berücksichtigen muss

In größeren Unternehmen steigt die Anzahl der Systeme mit personenbezogenen Daten schnell in einen dreistelligen Bereich.

Nach der Festlegung der Systeme, in denen SAP ILM implementiert werden soll, gilt es zu klären, welche Objekte konkret im Rahmen einer ILM-Implementierung im jeweiligen System zu berücksichtigen sind. Dazu können *strukturierte Daten* in Datenbanktabellen genauso gehören wie *unstrukturierte Daten*, z. B. Anhänge in Formaten wie PDF oder JPG oder auch bereits archivierte Daten, die nicht mehr in der Produktivdatenbank vorgehalten werden.

Welche Systeme, welche Objekte?

Neben SAP-Standardobjekten sind in der Regel auch *kundeneigene Objekte* anzugehen. Während es für die SAP-Standardobjekte auch SAP-Standardprozesse zur Datenvernichtung gibt, zumeist basierend auf den ILM-Objekten, ist ein Datenvernichtungsprozess für kundeneigene Objekte in der Regel noch nicht implementiert und muss im Rahmen des ILM-Projekts angegangen werden.

Daneben stellt sich die Frage der personenbezogenen Stammdaten selbst. Diese sind oft über mehrere Systeme verteilt, die im Rahmen des Sperrprozesses miteinander verknüpft und gemeinsam betrachtet werden müssen. Ein obligatorischer Schritt ist es hierbei, die sogenannten *Mastersysteme für die personenbezogenen Stammdaten* zu identifizieren, also die Systeme, in denen die Stammdaten original angelegt und verwaltet werden und in denen der Sperrprozess angestoßen wird. Dabei ist es in der Praxis oft notwendig, die personenbezogenen Stammdaten zu gruppieren, sofern unterschiedliche Arten von personenbezogenen Stammdaten unterschiedliche Mastersysteme haben.

Mastersysteme identifizieren

Die Sperrprüfung besteht aus einer Vielzahl von applikationsspezifischen Logiken, die sicherstellen sollen, dass nur solche Stammdaten gesperrt werden, die nicht mehr in laufenden Geschäftsprozessen der Applikationen verwendet werden. Diese applikationsspezifischen Logiken sind in den sogenannten *EoP-Checks* (End of Purpose) hinterlegt.

Während die SAP-Standardapplikationen von Haus aus korrekt mit gesperrten personenbezogenen Stammdaten umgehen und den Zugriff auf selbige sowie auf verwendende Bewegungsdaten auf den Kreis des berechtigten Personenkreises einschränken sollten, muss diese Funktionalität für kundeneigene Applikationen oft nachgebaut werden. Auch dies ist eine wichtige Aufgabe, die im Rahmen einer ILM-Implementierung anzugehen ist.

Kundeneigene Applikationen

Neben den eher technischen Schritten im Rahmen eines solchen Projekts stellen sich viele weitere Fragen:

- Wer definiert die Aufbewahrungsfristen für die verschiedenen Datenarten, die im Unternehmen eingesetzt werden?

- Wer übernimmt die Verantwortung für die notwendigen Systemeinstellungen und die operative Datenvernichtung?
- Welche Berechtigungen sind notwendig, und wie werden diese zugeordnet?
- Wie werden die Tests aufgesetzt und in welchem Umfang sollten Tests durchgeführt werden?
- Welche Dokumente müssen erstellt werden, damit man beispielsweise bei einer Auditierung den Nachweis erbringen kann, dass man einen Prozess der Vernichtung von personenbezogenen Daten umgesetzt hat?
- Wie wird die Dokumentation des Projekts und seiner Ergebnisse organisiert?

In den folgenden Abschnitten werden die verschiedenen Aufgaben im Zusammenhang mit einer ILM-Implementierung dargestellt und beispielhaft in eine Reihenfolge gebracht. Dies kann eine Hilfestellung für eigene ILM-Projekte sein.

7.2 Phasen eines SAP-ILM-DSGVO-Projekts

Ein einfaches Implementierungsmodell für ILM-Projekte ist in Abbildung 7.1 dargestellt.

Setup	Analyse	Implementierung und Test	Prüfung der Qualitätsumgebung	Go-live
Organisatorisches Setup • Projektorganisation • Rollen und Verantwortlichkeiten • Wissenstransfer und Workshops **Technisches Setup** • Systemzugang ermöglichen • Systemeinstellungen vornehmen: Business-Funktionen, Services, RFC-Verbindungen, Rollen • Einspielen der notwendigen Support Packages/Hinweise	**Systemanalyse** (in einem System mit Datenbestand ähnlich zum Poduktivsystem) • Identifizierung der relevanten Standard-ILM-Objekte • Identifizierung der relevanten kundeneigenen Objekte • Identifizierung von unstrukturierten Daten • Identifizierung vorhandener Archivdateien • Klärung der Schnittstellen zu anderen Systemen • Identifizierung der kundeneigenen Programme und Applikationen • Erstellung eines Projektplans	• Klärung der Aufbewahrungsregeln je ILM-Objekt • Klärung der Verweilregeln je Applikation • Customizing der Systeme • Entwicklung und Test der notwendigen Erweiterungen • Erweiterung des Berechtigungs- und Rollenkonzepts • Einrichtung der EoP-Prüfungen • Aufsetzen und Test der Datenvernichtungsläufe • Datenbereinigung • Test der Archivdateikonvertierung • Test des Sperrens von personenbezogenen Stammdaten im Systemverbund • Erstellung der notwendigen Dokumentation	• Test der Vollständigkeit der Transporte im Qualitätssystem • Vorbereitung der Transporte in die Produktion	• Ausführung der erforderlichen Intialisierungsläufe • Datenbereinigung • Operativer Einsatz der Datenvernichtung • Operativer Einsatz des Sperrens und Löschens der personenbezogenen Stammdaten

Abbildung 7.1 Schematischer Ablauf eines ILM-Implementierungsprojekts

Grob lassen sich ILM-Implementierungsprojekte in fünf Phasen aufteilen:

1. Vorbereitung
2. Analyse
3. Implementierung und Test
4. Prüfung der Qualitätsumgebung
5. Go-live

Im Folgenden werden diese Schritte detailliert beschrieben. Dabei werden Hinweise zu Fallstricken und Best Practices gegeben, die die Implementierungsarbeit vereinfachen können.

7.2.1 Vorbereitung

Dieses Kapitel widmet sich den Vorbereitungsschritten eines ILM-Projekts. Neben den organisatorischen sind dabei auch technische Vorbereitungsschritte notwendig.

Organisatorische Vorbereitung

Wie in den meisten Projekten ist eine frühzeitige Klärung der Rollen und Verantwortlichkeiten auch bei der Umsetzung einer ILM-Implementierung erforderlich.

Hierbei sind neben den Personen in der Projektleitung insbesondere auch Verantwortliche für die verschiedenen Aufgaben im ILM-Projekt zu benennen. Die Gesamtimplementierung kann dabei in zwei größere Themenbereiche unterteilt werden:

Rollen und Verantwortlichkeiten

- Aufsetzen der ILM-basierten Datenvernichtung
- Implementierung des Sperrens und Vernichtens der personenbezogenen Stammdaten

Beide Themenbereiche werden in den folgenden Abschnitten konkretisiert.

Implementierung der SAP-ILM-basierten Datenvernichtung

In diesem Abschnitt werden die systemnahen Aufgaben und Verantwortlichkeiten im Rahmen eines Projekts zur Implementierung einer ILM-basierten Datenvernichtung umrissen. Gemeint ist damit vor allem die Datenvernichtung von applikationsspezifischen Bewegungs- und Stammdaten, aber nicht die applikationsübergreifend verwendeten personenbezogenen Stammdaten, also Kontakte, Kunden, Lieferanten und Geschäftspartner.

Aufgaben: Vernichtung Bewegungsdaten

Die wesentlichen Aufgaben im Rahmen des Aufsetzens der ILM-basierten Datenvernichtung für die Bewegungsdaten sind folgende:

- Grundeinstellungen der Systeme vornehmen
- Rollen und Berechtigungen definieren und anlegen
- Aufbewahrungsfristen spezifizieren
- ILM-Customizing im System vornehmen
- Datenvernichtungsprozess aufsetzen

- Testfälle erstellen
- Tests durchführen
- Datenbereinigung durchführen, gegebenenfalls Anpassung der Anwendungsprozesse
- operative/periodische Datenvernichtung im Produktivsystem aufsetzen
- Dokumentation der Datenvernichtung gemäß den Unternehmensvorgaben
- je nach Relevanz: Umgang mit unstrukturierten Daten klären, kundeneigene Erweiterungstabellen behandeln, bereits vorhandene Archivdateien behandeln

Verantwortliche: Vernichtung Bewegungsdaten

Für alle diese Aufgaben müssen Verantwortliche gefunden werden, gegebenenfalls für jede Applikation in einem System, in dem die ILM-basierte Datenvernichtung aufgesetzt werden soll. Eine beispielhafte Verantwortlichkeitsmatrix für diese Aufgaben ist in Tabelle 7.1 dargestellt. Die konkrete Ausprägung einer solchen Verantwortlichkeitsmatrix und der konkret Beteiligten hängt von der Organisation des Unternehmens ab, in der die Implementierung vorgenommen wird.

Aufgabe	Verantwortliche	Beteiligte
Grundeinstellungen der Systeme vornehmen	Systemadministratoren	ILM-Experte, Transportkoordinator
Rollen und Berechtigungen definieren und anlegen	Berechtigungsexperten	ILM-Experte, Applikationsvertreter
Aufbewahrungsfristen spezifizieren	Applikationsvertreter	ILM-Experte
ILM-Customizing im System vornehmen	IT-Verantwortliche für die Applikationen	ILM-Experte
Datenvernichtungsprozess aufsetzen	IT-Verantwortliche für die Applikationen	ILM-Experte, Applikationsvertreter
Testfälle erstellen	IT-Verantwortliche für die Applikationen	ILM-Experte, Applikationsvertreter
Tests durchführen	IT-Verantwortliche für die Applikationen	ILM-Experte, Applikationsvertreter

Tabelle 7.1 Verantwortlichkeitsmatrix für die Implementierung der ILM-Datenvernichtung

Aufgabe	Verantwortliche	Beteiligte
Datenbereinigung durchführen, gegebenenfalls Anpassung der Anwendungsprozesse	IT-Verantwortliche für die Applikationen	ILM-Experte, Applikationsvertreter
operative/periodische Datenvernichtung im Produktivsystem aufsetzen	Betriebsverantwortliche	IT-Verantwortliche für die Applikation
Dokumentation der Datenvernichtung gemäß den Unternehmensvorgaben	Applikationsvertreter	IT-Verantwortliche für die Applikation
je nach Relevanz: Umgang mit unstrukturierten Daten klären, kundeneigene Erweiterungstabellen behandeln, bereits vorhandene Archivdateien behandeln	IT-Verantwortliche für die Applikationen	ILM-Experte

Tabelle 7.1 Verantwortlichkeitsmatrix für die Implementierung der ILM-Datenvernichtung (Forts.)

Neben diesen konkreten systemnahen Aufgaben ist die Beteiligung der Datenschutzverantwortlichen in der Organisation überaus wichtig. Von diesen können beispielsweise die Dokumentationsanforderungen kommen, die sich gegebenenfalls aus externen Auditierungsanforderungen ergeben können.

Implementierung des Sperrens und Vernichtens der personenbezogenen Stammdaten

Die Umsetzung des Sperrens und Vernichtens der personenbezogenen Stammdaten kann als Projekt nach der Implementierung der ILM-basierten Datenvernichtung für Bewegungsdaten angegangen werden. In der Praxis geschieht das oft parallel, was sich anbietet, da die Aufgaben teilweise voneinander abhängen und sich gegenseitig beeinflussen.

Insbesondere trifft dies zu, wenn in den Aufbewahrungsregeln einer Applikation mit *Regelgruppen* gearbeitet werden muss, weil die Aufbewahrungsfristen abhängig von Bedingungsfeldern sind, wie etwa dem Land. (Eine

Einführung in das Thema der Anwendungsregelvarianten und Regelgruppen finden Sie in Abschnitt 2.5.6, »Schnellere Regelpflege mit Regel- und Objektgruppen«, und in Abschnitt 4.3.5, »Für das Sperren und Löschen von Stammdaten – die Anwendungsregelvarianten«.) In diesem Fall sind dann auch die abgeleiteten, applikationsspezifischen Aufbewahrungsfristen für die personenbezogenen Stammdaten implizit abhängig von diesen Bedingungsfeldern. Dies wird über das Hilfskonstrukt der Anwendungsregelvarianten erreicht, die eineindeutig einer Regelgruppe zugeordnet werden müssen. Hieran zeigt sich unmittelbar, wie die Pflege der Aufbewahrungsregeln als Teil eines ILM-Datenvernichtungsprojekts mit der Vernichtung der personenbezogenen Stammdaten zusammenspielt.

Des Weiteren obliegt es den Applikationsexperten, die *Verweildauern* für die ILM-Objekte der personenbezogenen Stammdaten zu definieren, die im Prüfgebiet BUPA_DP (Business Partner Data Privacy) zusammengefasst sind. Diese Verweildauern definieren die Zeit, die aus Applikationssicht nach Ende des Geschäfts vergehen muss, bevor ein personenbezogenes Stammdatum gesperrt werden darf. (Zur Begriffsdefinition verweisen wir auf Abschnitt 2.5.5, »Unterschiede zwischen Aufbewahrungs- und Verweilregeln«.)

Bei den notwendigen Tests im Rahmen des Sperrens wird wiederum Applikationsexpertise benötigt, um beurteilen zu können, ob die applikationsspezifischen EoP-Checks die richtigen Resultate liefern.

Am besten zusammen

Kurzum, es gibt viele Gründe, die dafür sprechen, das Sperren und Vernichten der personenbezogenen Stammdaten zusammen mit der Implementierung der ILM-Datenvernichtung für die Stamm- und Bewegungsdaten in den Applikationen anzugehen. Im Folgenden sehen Sie die wesentlichen Themenbereiche, die in diesem Umfeld anzugehen sind:

- Grundeinstellungen der Systeme für die applikationsspezifischen EoP-Checks vornehmen
- Rollen und Berechtigungen definieren und anlegen
- Verweilregeln spezifizieren
- Klärung der Verteilung der personenbezogenen Stammdaten in der Systemlandschaft
- ILM-Customizing im System vornehmen
- gegebenenfalls notwendige Initialisierungsläufe für die applikationsspezifischen EoP-Checks einrichten und ausführen
- Testfälle erstellen
- Tests durchführen

- operative/periodische Sperr- und Datenvernichtungsprozesse im Produktivsystem einrichten
- Dokumentation der Datenvernichtung der personenbezogenen Stammdaten gemäß den Unternehmensvorgaben
- je nach Relevanz: kundeneigene Applikationen so anpassen, dass diese gesperrte personenbezogene Stammdaten korrekt behandeln

Hierbei ist hervorzuheben, dass die applikationsspezifischen EoP-Checks zum Teil eine eigene applikationsspezifische Einrichtung erfordern. Diese kann die Aktivierung dedizierter Business-Funktionen, systemseitiges Customizing sowie die Einrichtung und Ausführung von einmaligen Vorlauf- oder Umsetzungsprogrammen, aber auch das Aufsetzen und die periodische Ausführung regelmäßig wiederkehrender Programme bedeuten.

Eine exemplarische Zuordnung dieser Aufgaben zu Verantwortlichen ist in Tabelle 7.2 dargestellt. Es zeigt sich, dass die Synergien bei der Implementierung des Sperrens und Vernichtens der personenbezogenen Stammdaten und der Implementierung der ILM-basierten Datenvernichtung für die Applikationsdaten genutzt werden sollten.

Verantwortliche: Vernichtung Personenstammdaten

Viele Aufgaben sind gleicher Natur; zudem sind oftmals dieselben Verantwortlichen und Beteiligte zu involvieren. Es ist also sinnvoll, für eine effiziente Implementierung entsprechende Aufgaben im Projekt gebündelt anzugehen.

Aufgabe	Verantwortliche	Beteiligte
Grundeinstellungen der Systeme für die applikationsspezifischen EoP-Checks vornehmen	Systemadministratoren	ILM-Experte, Transportkoordinator
Rollen und Berechtigungen definieren und anlegen	Berechtigungsexperten	ILM-Experte, Applikationsvertreter
Verweilregeln spezifizieren	Applikationsvertreter	ILM-Experte
Klärung der Verteilung der personenbezogenen Stammdaten in der Systemlandschaft	Verantwortliche für die personenbezogenen Stammdaten	IT-Verantwortliche für die Datenverteilung

Tabelle 7.2 Verantwortlichkeitsmatrix für die Implementierung des Sperrens und Vernichtens der personenbezogenen Stammdaten

Aufgabe	Verantwortliche	Beteiligte
ILM-Customizing im System vornehmen	IT-Verantwortliche für die personenbezogenen Stammdaten	ILM-Experte
gegebenenfalls notwendige Initialisierungsläufe für die applikationsspezifischen EoP-Checks einrichten und ausführen	IT-Verantwortliche für die Applikationen	ILM-Experte
Testfälle erstellen	IT-Verantwortliche für die Applikationen	ILM-Experte, Applikationsvertreter
Tests durchführen	IT-Verantwortliche für die Applikationen	ILM-Experte, Applikationsvertreter
Operative/periodische Sperr- und Datenvernichtungsprozesse im Produktivsystem einrichten	Betriebsverantwortliche für die personenbezogenen Stammdaten	ILM-Experte
Dokumentation der Datenvernichtung der personenbezogenen Stammdaten gemäß den Unternehmensvorgaben	Applikationsverantwortliche für die personenbezogenen Stammdaten	IT-Verantwortliche für die Applikationen
je nach Relevanz: kundeneigene Applikationen anpassen, sodass diese gesperrte personenbezogene Stammdaten korrekt behandeln	IT-Verantwortliche für die Applikationen	ILM-Experte

Tabelle 7.2 Verantwortlichkeitsmatrix für die Implementierung des Sperrens und Vernichtens der personenbezogenen Stammdaten (Forts.)

Technische Vorbereitung

Zu den technischen Vorbereitungsschritten, die häufig von Systemadministratoren und Berechtigunsexperten durchgeführt werden, zählen die folgenden Punkte:

- Upgrade der SAP-Systeme auf den notwendigen Stand
- Aktivierung der erforderlichen Business-Funktionen für SAP ILM und das Sperren und Vernichten der personenbezogenen Daten
- Aktivierung der Services für die bei SAP ILM eingesetzten User Interfaces

- Einrichtung von Rollen, die die ILM-Einrichtung und die Ausführung der damit verbundenen Transaktionen ermöglichen
- Einrichtung von RFC-Verbindungen zu Systemen, die im Rahmen eines systemübergreifenden Sperrprozesses verbunden sein müssen

Zunächst einmal ist zu klären, welchen Stand die vorhandenen SAP-Systeme und die darin eingesetzten Komponenten haben und welcher Release- und Support-Package-Stand für das ILM-Implementierungsprojekt in den verwendeten Komponenten vorausgesetzt werden.

Release- und Support-Package-Stände klären

Bestehende Reorganisationsprozesse berücksichtigen

Im Vorfeld der Aktivierung der Business-Funktionen zum Einsatz des Sperrens und Vernichtens der personenbezogenen Stammdaten ist zu beachten, dass das Sperren von personenbezogenen Stammdaten bereits bestehende Reorganisationsprozesse, also das Vernichten und gegebenenfalls eingesetzte Archivieren von personenbezogenen Stammdaten, beeinflusst. Derartige, im Unternehmen eventuell bereits eingesetzte Prozesse sind nur noch möglich, wenn zuvor der Sperrprozess aufgesetzt und durchgeführt wurde. Das ist vor der Aktivierung der entsprechenden Business-Funktionen BUPA_ILM_BF (ILM-basiertes Löschen von Geschäftspartnern) und ERP_CVP_ILM_1 (ILM-basiertes Löschen von Kunden- und Lieferantenstammdaten) unbedingt zu beachten. Auf jeden Fall ist unbedingt von einer unvorbereiteten Aktivierung in der Produktivumgebung abzusehen, zumal eine Deaktivierung nicht mehr möglich ist.

Die Definition der Rollen ist mit Beteiligung der Berechtigungsexperten durchzuführen. Folgende Aufgaben müssen abgedeckt und geeigneten Rollen zugeordnet werden:

Berechtigungsexperten involvieren

- Einrichtung des ILM-Customizings
- Durchführung der ILM-basierten Datenvernichtung und der zugehörigen Schritte
- Ausführung der Sperr- und gegebenenfalls Entsperrprozesse für die personenbezogenen Stammdaten
- Zugriff auf gesperrte personenbezogene Stammdaten sowie die Bewegungsdaten, in denen gesperrte personenbezogene Stammdaten verwendet werden

Für die Einrichtung der RFC-Verbindung ist die Klärung der Stammdatenverteilung im Systemverbund notwendig. Es gilt zu klären, welches System für die personenbezogenen Stammdaten die Rolle des sogenannten Mastersystems einnimmt, von dem aus also die Sperr- und Entsperrprozesse angestoßen werden. Die verbundenen Systeme sind dann als verbundene Systeme zu betrachten und die entsprechenden RFC-Verbindungen zwischen Master- und verbundenen Systemen einzurichten.

SAP ILM und Archivierung

Dieser Abschnitt widmet sich einer kurzen Gegenüberstellung der Archivierungsfunktionalität, basierend auf Archivierungsobjekten und der Datenvernichtung mit SAP ILM auf Basis der ILM-Objekte. Es beschreibt deren Unterschiede und wie beide Funktionalitäten zusammenspielen.

Abgrenzung von SAP-ILM-Projekten zu Archivierungsprojekten

Die Einführung und operative Nutzung der ILM-basierten Datenvernichtung hat zunächst einmal inhaltlich nichts mit den Zielen der SAP-Archivierung zu tun.

ILM-fähige Archivierungsobjekte

Die Datenvernichtung ist aber in vielen Bewegungs- und Stammdaten der Applikationen in die schon lange verfügbaren SAP-Archivierungsfunktionen des Archive Development Kits (ADK) integriert. Dafür wurden vielfach bestehende Archivierungsobjekte durch die SAP-Standardentwicklung ILM-fähig gemacht, das heißt, sie ermöglichen die ILM-basierte Datenvernichtung. (Grundlagen dazu finden Sie in Kapitel 2, »Grundfunktionen von SAP ILM«, darin speziell in Abschnitt 2.1, »Archivierungsobjekt und Datenvernichtungsobjekt«, Abschnitt 2.2, »Das ILM-Objekt – Herr über die Aufbewahrungsregeln«, und Abschnitt 2.3.7, »ILM-Fähigkeit von Archivierungsobjekten«.)

Szenario: Archivierung noch nicht eingesetzt

Deshalb wird im Rahmen der ILM-Implementierung oft auch gleich die Einführung der Archivierung diskutiert, selbst wenn diese bisher nicht produktiv genutzt wurde. Dies ist jedoch kein Erfordernis, denn die Datenvernichtung, basierend auf SAP ILM, kann ohne Archivdateien arbeiten, die in einem Archivsystem abgelegt werden müssen. SAP ILM kann also ohne den Einsatz eines Archivsystems verwendet werden. Dafür ist in der Einrichtung der Archivierungsläufe für ILM-fähige Archivierungsobjekte die ILM-Aktion **Datenvernichtung** (siehe Abbildung 7.2) im ersten Schritt der Archivierung in der Transaktion SARA (Archivadministration) – Funktion **Schreiben** – vorgesehen.

Allerdings kann es Szenarien in einem Unternehmen geben, die die Einführung einer Archivlösung zur Umsetzung der Anforderungen der Datenschutzgrundverordnung erforderlich machen. Dies kann der Fall sein, wenn man Bewegungsdaten für den Zugriff sperren muss, das zugehörige, personenbezogene Stammdatum aber aufgrund des laufenden Geschäfts nicht selbst gesperrt werden kann (siehe Szenario 3 aus Abschnitt 4.4.7, »Zusammenfassung: Mögliche Kombinationen und Reihenfolgen«).

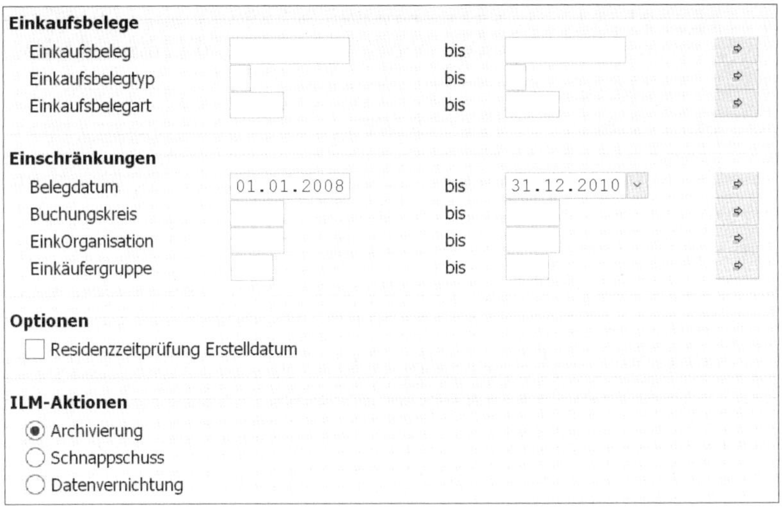

7.2 Phasen eines SAP-ILM-DSGVO-Projekts

Einkaufsbelege
- Einkaufsbeleg — bis
- Einkaufsbelegtyp — bis
- Einkaufsbelegart — bis

Einschränkungen
- Belegdatum: 01.01.2008 bis 31.12.2010
- Buchungskreis — bis
- EinkOrganisation — bis
- Einkäufergruppe — bis

Optionen
- ☐ Residenzzeitprüfung Erstelldatum

ILM-Aktionen
- ⦿ Archivierung
- ○ Schnappschuss
- ○ Datenvernichtung

Abbildung 7.2 ILM-Aktion »Datenvernichtung« (am Beispiel des Einkaufsbelegs)

> **Motivation zum Einsatz der Archivierung** [«]
>
> Die Archivierung ist eine Lösung zur Kontrolle des Datenvolumens und dient der Auslagerung von Daten aus der Produktivdatenbank in sekundäre Ablagelösungen (Archivsysteme). Die Motivation der Datenarchivierung ist in der Regel technischer Natur, z. B. abnehmende Systemperformance, hohe Laufzeiten für System-Backups, System-Upgrades oder Systemkopien, zu hohe Datenbankauslastung etc.

Archivierungsprojekte haben einen eigenen Ablauf und Aufgaben, die in einer ILM-Implementierung im Zusammenhang mit der Datenschutzgrundverordnung keine Rolle spielen, wie z. B.:

- Klärung und Umsetzung des benötigten Zugriffs auf archivierte Daten.
- Definition der Zeiten, die vergehen müssen, bevor Daten von der Datenbank in das Archivsystem verschoben werden. (Dies sind die sogenannten Verweildauern der Archivierung (Prüfgebiet ARCHIVING), die aufgrund ihrer Bezeichnung gelegentlich mit den Verweilregeln im Zusammenhang mit dem Sperren und Vernichten von personenbezogenen Stammdaten (Prüfgebiet BUPA_DP) verwechselt werden, aber grundsätzlich eine andere Bedeutung haben.)
- Klärung der betriebswirtschaftlichen Voraussetzungen für die Archivierung von Objektinstanzen, z. B. das Erreichen eines notwendigen Status im Geschäftsprozess.
- Akquise, Installation und Anbindung eines ILM-fähigen Archivsystems.

Spezifische Aspekte eines Archivierungsprojekts

- Berücksichtigung potenzieller Auditierungsanforderungen, für die ein Zugriff auf archivierte Daten gewährleistet sein muss und für die gegebenenfalls zusätzliche SAP-Lösungen, wie das SAP Data Retention Tool (SAP DART) verwendet werden müssen.

Die Einführung der Archivierung bringt also weitere Aufgaben mit sich und führt zu einem Gesamtprojekt mit höherer Komplexität als ein Projekt, in dem die ILM-basierte Datenvernichtung allein implementiert wird. Von daher sollte von der Einführung der Archivierung abgesehen werden, wenn diese nicht erforderlich (siehe Abschnitt 4.4.7, »Zusammenfassung: Mögliche Kombinationen und Reihenfolgen«) und eine schnelle Implementierung der ILM-Datenvernichtung das Ziel eines ILM-Projekts ist.

Szenario: Archivierung wird bereits eingesetzt

Sofern Archivierung allerdings bereits im Einsatz ist, ergeben sich bei der Einführung von SAP ILM folgende zusätzliche Themen (hierbei wird angenommen, dass die Archivierung auch nach der Implementierung von SAP ILM weiterhin eingesetzt wird):

- Einführung eines (SAP-zertifizierten) ILM-fähigen Archivsystems
- Klärung des Umgangs mit vorhandenen Archivdateien; hierbei gibt es zwei Optionen (siehe Abschnitt 2.6.5, »Umgang mit bereits existierenden Dateien und Originalbelegen«).
  - Konvertierung der vorhandenen Archivdaten unter der Anwendung der gepflegten ILM-Aufbewahrungsregeln
  - Vernichtung von alten Archivdateien, die nicht mehr benötigt werden, ohne den Einsatz von SAP ILM
- Eine Kombination aus den beiden oben genannten Ansätzen, sodass für neuere Archivdateien (das Stichdatum gilt es im Projektteam festzulegen) das erste Szenario und für ältere Archivdateien das zweite Szenario verwendet wird.

[»] **Fortführung der Archivierung in der Vorbereitungsphase?**
Sofern technisch vertretbar, sollte erwogen werden, die Archivierung bis zur Produktivschaltung der ILM-basierten Datenvernichtung der archivierten Objekte auszusetzen, um die Anzahl der potenziell zu konvertierenden Archivdaten klein zu halten.

[»] **Archivierung personenbezogener Stammdaten**
Es ist empfehlenswert, die Archivierung personenbezogener Stammdaten selbst, also von Kontakten, Kunden, Lieferanten und Geschäftspartnern,

> generell einzustellen. Die Vernichtung von Einzelsätzen aus Archivdateien ist nämlich nicht möglich, die Umsetzung des »Rechts auf Vergessen« der Datenschutzgrundverordnung, also das Vernichten von personenbezogenen Daten auf Aufforderung, ist für archivierte Stammdaten problematisch. Des Weiteren ist die Entsperrung von archivierten personenbezogenen Stammdaten nicht möglich.

Die Konvertierung potenziell bereits vorhandener Archivdateien für die personenbezogenen Stammdaten ist eine technische Hürde, da der Reorganisation solcher Daten im produktiven Einsatz von SAP ILM immer der Sperrprozess vorangehen muss. Für bereits vorhandene Archivdateien von personenbezogenen Stammdaten ist also eine organisatorische Lösung zu finden.

Einsatz von SAP ILM mit und ohne Archivierung

Die Verwendung von SAP ILM ist letztlich eine Erweiterung der Archivierungsfunktionen, die auch ohne Archivsystem auskommt, wenn einzig mit der ILM-Aktion **Datenvernichtung** gearbeitet wird. Allerdings sind einige der Archivierungsvoraussetzungen auch bei einer ILM-basierten Datenvernichtung zu erfüllen. Dazu zählt insbesondere die Erfüllung der betriebswirtschaftlichen Voraussetzungen der Archivierung. Diese sind objektabhängig unterschiedlich und können verschiedene Voraussetzungen beinhalten, beispielsweise das Erreichen eines bestimmten Status (**genehmigt**, **abgelehnt** etc.) oder das Setzen einer *Löschvormerkung* oder eines *Löschkennzeichens*.

Da diese Voraussetzungen nicht unbedingt in allen Applikationen durch die bisher eingesetzten Geschäftsprozesse erfüllt werden, kann dies eine Bereinigung vorhandener Datenbestände (Statusumsetzung), aber auch die Ergänzung vorhandener Prozesse bedeuten, sodass die Archivierungsvoraussetzungen immer erreicht werden.

Bereinigung Altdatenbestände

Abbildung 7.3 visualisiert die Integration der ILM-basierten Datenvernichtung in die Schritte der Archivierungstransaktion SARA (Archivadministration). In dieser Variante werden genau die Belege berücksichtigt, die zum Zeitpunkt der Archivierungsschritte vernichtet werden können. Dabei wird mit einer sogenannten temporären Archivdatei als Zwischenspeicher gearbeitet, die nur sehr kurzzeitig bis zur eigentlichen Datenvernichtung im Rahmen des zweiten Schrittes des Archivierungsprozesses (der Löschphase) existiert.

7 Umsetzung eines SAP-ILM-DSGVO-Projekts

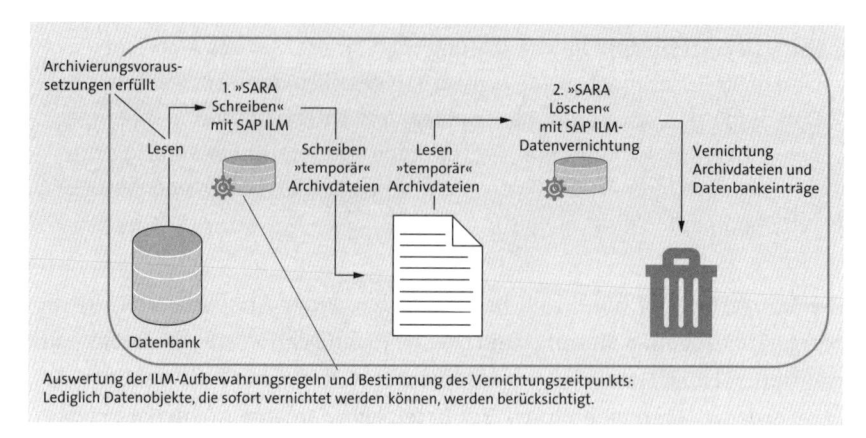

Abbildung 7.3 SAP ILM zur Datenvernichtung mit der ILM-Aktion »Datenvernichtung«

Vernichtung von Archivdateien

Im Gegensatz dazu zeigt Abbildung 7.4 den Datenvernichtungsprozess beim Einsatz eines Archivsystems. Hier werden Daten in Archivdateien geschrieben, die zum Zeitpunkt der Archivdateierstellung mit einem Vernichtungszeitpunkt versehen werden. Dieser wird aus den vorhandenen ILM-Aufbewahrungsregeln für das Objekt bestimmt. Die eigentliche Vernichtung der Daten in den Archivdateien erfolgt dann über eine eigene Transaktion (ILM_DESTRUCTION, Datenvernichtung), nachdem der Vernichtungszeitpunkt überschritten worden ist.

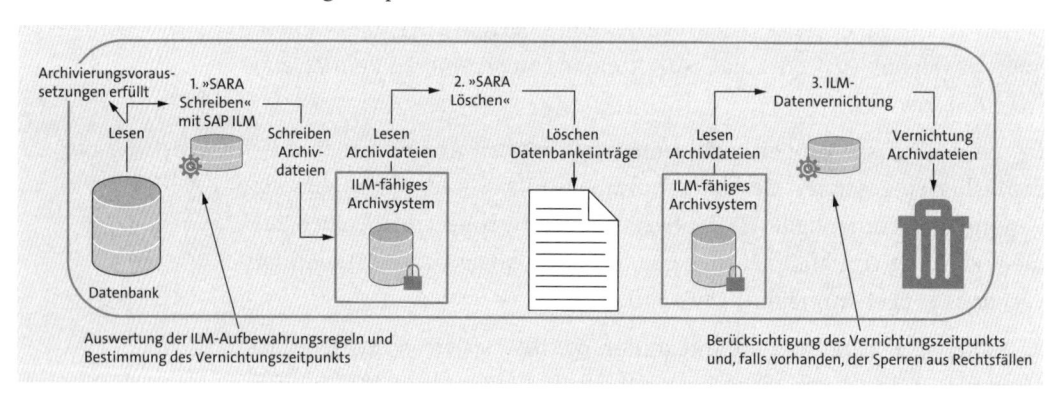

Abbildung 7.4 SAP ILM zur Datenvernichtung mit Archivsystem

7.2.2 Analyse

Die Analysephase hat es zum Ziel, alle oder zumindest möglichst viele der im Rahmen eines ILM-DSGVO-Projekts anfallenden Aufgaben zu identifizieren. Ziel ist es also, eine möglichst vollständige Liste der Aufgaben des

Implementierungsprojekts zu ermitteln, die dann Grundlage für die Folgeschritte im Projekt ist.

Eine solche Analyse ist bei einer ILM-Implementierung in bereits bestehenden und genutzten (Alt-)Systemen sinnvoll, um eine Bestandsaufnahme des Status quo zu erhalten. Bei neu aufzusetzenden Systemen ergeben sich die zu betrachtenden Objekte im Rahmen einer ILM-Implementierung in der Regel bereits durch die Spezifikation der zu implementierenden Anwendungsprozesse.

Zu den Aufgaben, die im Rahmen einer ILM-Implementierung zu klären sind, zählen beispielsweise:

- die Bestimmung von konkreten Aufgaben und Arbeitspaketen
- die Bestimmung von Verantwortlichkeiten
- die Planung von Terminen, Aufwänden und Kosten
- die Bestimmung von Meilensteinen

Idealerweise wird eine Analyse automatisch durchgeführt, zumindest soweit dies möglich ist.

Dieser Abschnitt befasst sich mit den Ergebnissen der Analysephase eines ILM-DSGVO-Projekts, deren Grenzen und den daraus abzuleitenden Folgeschritten für die Implementierung.

7.2.3 Scope der Analyse

Das Ergebnis einer Analyse sollte möglichst umfänglich den Scope der Aufgaben erfassen, die im Rahmen einer ILM-Implementierung abzuarbeiten sind. Dazu zählt die Klärung der Frage, welche personenbezogenen Daten in einem SAP-System vorliegen und in welchen Prozessen diese verwendet werden. Dazu gehören:

Ergebnisse einer Analysephase

- strukturierte Daten mit direktem Personenbezug und zugehörige ILM-Objekte
- strukturierte Daten mit indirektem Personenbezug und zugehörige ILM-Objekte
- unstrukturierte Daten
- archivierte Daten in Archivsystemen
- SAP-Anwendungen sowie die zugehörigen, von SAP bereitgestellten EoP-Checks

SAP Consulting bietet einen ILM-Analyseservice, der genau diese Objekte liefert. Zudem prüft SAP Consulting die eingesetzten SAP-Komponenten hinsichtlich ihrer Releaselevel und spricht gegebenenfalls Upgrade-Empfehlungen aus. Die Analyse sollte dabei in jedem System und gegebenenfalls, sofern mit unterschiedlichen Datenbeständen und Prozessen gearbeitet wird, je Mandant durchgeführt werden.

Strukturierte Daten

Bei den strukturierten Daten handelt es sich zunächst um Datenbanktabellen, die technisch gesehen, Referenzen auf Geschäftspartner, Kunden, Lieferanten oder Kontakte beinhalten, also unmittelbaren Personenbezug haben. Diese Referenzen werden im Rahmen des SAP-Consulting-Analyseservices auf Basis einer Liste von SAP-Standarddatenelementen und -domänen ermittelt, die in diesen Tabellen verwendet werden. Der SAP-Consulting-Analyseservice ermöglicht hier die Aufnahme weiterer kundenspezifischer Datenelemente und -domänen, die zusätzlich verwendet worden sein könnten. Diese Ergänzung der Standardanalyse ist in Zusammenarbeit mit den Experten auf Kundenseite vorzunehmen.

Auf Basis dieser Datenbanktabellen können die von SAP bereitgestellten ILM-Objekte zur Behandlung dieser Daten ermittelt werden, zumindest soweit sie in SAP-Standarddatenbanktabellen vorliegen. Sporadisch werden für SAP-Datenbanktabellen auch noch andere Verfahren zur Datenvernichtung angeboten, z. B. Löschprogramme, wie sie dann im *Data Volume Management Guide* von SAP dokumentiert werden. Die überwiegende Anzahl der SAP-Standardtabellen wird aber durch ILM-Objekte abgedeckt.

Umgang mit kundeneigenen Tabellen

Des Weiteren liefert eine Analyse, wie durch SAP Consulting angeboten, Tabellen in Kunden- oder Partnernamensräumen, für die der Kunde selbst oder der Partner eine Lösung zur Datenvernichtung liefern muss. Für kundeneigene Tabellen gibt es verschiedene Vorgehensweisen:

- Löschen obsoleter Tabellen (gelegentlich finden die Analysen Tabellen, die längst nicht mehr benötigt aber noch im System vorhanden sind).
- Erweiterung existierender ILM-Objekte des SAP-Standards, soweit die kundeneigene Tabelle die Erweiterung eines Standardobjekts darstellt. (Die dazugehörigen BAdIs beschreiben wir in Abschnitt 7.2.6, »Implementierung und Test«, im Unterabschnitt »Prozess der ILM-Datenvernichtung«. Die Grundlagen dazu liefern auch Abschnitt 2.5.2, »Regelwerk anlegen – die Transaktion IRMPOL«, und Abschnitt 2.5.4, »Regeln im Regelwerk anlegen«.)
- Erstellen von kundeneigenen Löschprogrammen für Inhalte von kundeneigenen Tabellen, die periodisch auszuführen sind. Dies ist praktikabel,

sofern diese Inhalte nicht eine Behandlung, basierend auf Aufbewahrungsregeln, erfordern.
- Erstellen eigener ILM-Objekte zur ILM-basierten Datenvernichtung der Inhalte solcher Tabellen (siehe Kapitel 9, »Den Datenlebenszyklus kundeneigener Entwicklungen mit SAP ILM verwalten«).

Partnerlösungen sollten für ihre Objekte mit Personenbezug entsprechende Datenvernichtungsstrategien bereitstellen.

Daten mit indirektem Personenbezug sind Daten, die im Rahmen eines Prozesses, der personenbezogene Daten verarbeitet, verwendet werden. So sollten Warenbewegungen, auch wenn sie keinen unmittelbaren Personenbezug haben, vor den Kundenaufträgen vernichtet werden, aus denen sie entstanden sind. Das heißt, dass auch solche Daten im Rahmen der ILM-Implementierung betrachtet werden müssen. Der SAP-Consulting-Analyseservice liefert auch die ILM-Objekte für derartige Daten.

Auf Basis der ermittelten ILM-Objekte, die es einzusetzen gilt, also etwa zu konfigurieren und zu testen, können die eingesetzten SAP-Applikationen und darüber die zugehörigen von SAP ausgelieferten *EoP-Checks* identifiziert werden. Die applikationsspezifischen EoP-Checks von SAP erfordern für manche Anwendungen eigene Business-Funktionen, eigenes Customizing oder auch eigene Initialisierungsprogramme. Die Klärung der Voraussetzungen je EoP-Check sollte als Teil der Analyse, spätestens zu Beginn der Implementierungsphase, erfolgen.

Unstrukturierte Daten

Unstrukturierte Daten können, technisch gesehen, nicht ohne Weiteres auf ihren Inhalt hin analysiert werden. Unstrukturierte Daten sind jede Art von Anhängen, z. B. Scans von Rechnungen, die SAP-Objekten, wie z. B. Lieferantenrechnungen, zugeordnet sind. Ein konservativer Ansatz wäre es zunächst, davon auszugehen, dass alle unstrukturierte Daten potenziell personenbezogene Daten beinhalten und deshalb im Rahmen der ILM-Implementierung auch zu betrachten sind.

ILM-Relevanz von Anhängen

Die Analyse der unstrukturierten Daten sollte wenigstens die Objekte liefern, denen diese unstrukturierten Daten zugeordnet sind. Im Rahmen der ILM-basierten Vernichtung dieser Objekte sollten dann die zugeordneten unstrukturierten Daten direkt mitvernichtet werden.

Der SAP-Consulting-Analyseservice liefert die Objekte, denen unstrukturierte Daten zugeordnet sind. Die Vernichtung der zugewiesenen unstrukturierten Daten kann dann im Rahmen der Implementierung mitaufgesetzt und getestet werden.

Archivierte Daten

Umgang mit Archivdateien

Sofern bereits Archivierung im Einsatz ist, ist bei der Implementierung von SAP ILM zu entscheiden, wie mit den existierenden Archivdateien zu verfahren ist. Generell sind drei Szenarien denkbar:

- Konvertierung der Archivdateien zur Ermittlung der ILM-basierten Aufbewahrungsfristen
- Vernichtung der Archivdateien durch organisatorische Maßnahmen, unabhängig von durch SAP ILM unterstützten Prozessen
- Eine Kombination aus den beiden oben genannten Ansätzen, sodass für neuere Archivdateien (das Stichdatum gilt es im Projektteam festzulegen) das erste Szenario und für ältere Archivdateien das zweite Szenario verwendet wird

In jedem Fall ist es notwendig, die Objekte zu kennen, für die Archivdateien vorlegen. Der Analyseservice von SAP Consulting liefert eine entsprechende Liste.

7.2.4 Grenzen der Analyse

Neben den zu implementierenden ILM-Objekten, den Applikationen, für die ein EoP-Check aufzusetzen ist, den Tabellen im Kunden- und Partnernamensraum, für die ein Datenvernichtungsprozess zu etablieren ist, den Objekten, denen unstrukturierten Daten zugeordnet sind, sowie den Objekten, für die vorhandene Archivdateien zu betrachten sind, gibt es weitere Aspekte, die in einer ILM-Implementierung angegangen werden müssen.

Hierzu zählen kundeneigene Applikationen, die personenbezogene Daten verarbeiten oder zur Anzeige bringen. Für diese ist eine Behandlung gesperrter personenbezogener Stammdaten zu implementieren. Eine Liste dieser kundeneigenen Applikationen kann oftmals nur in Zusammenarbeit mit den Applikationsverantwortlichen erstellt werden; diese sind oft nicht durch automatische Analysen ermittelbar.

In der Praxis sind SAP-Systeme in der Regel lebende Systeme, in denen fortwährend neue Prozesse aufgesetzt und Kundenerweiterungen erstellt werden. Durch entsprechende Prozesse, Anweisungen und Guidelines sollte erreicht werden, dass die gegebenenfalls notwendigen Erweiterungen zur Unterstützung der ILM-Implementierung direkt vorgenommen werden. Also etwa, dass bei der Einführung neuer Applikationsprozesse die ILM-basierte Datenvernichtung gleich mitaufgesetzt wird oder dass neue kundeneigene Tabellen oder Applikationen diesbezüglich direkt berücksichtigt werden. In der Praxis ist das jedoch nicht immer der Fall; es entstehen neue

Z-Tabellen, die keinem Datenvernichtungsprozess unterliegen, oder Z-Reports, die auch gesperrte personenbezogene Stammdaten verarbeiten und zur Anzeige bringen.

Analysen periodisch wiederholen

Um derartige Situationen schnell zu erkennen, kann eine periodisch durchgeführte Analyse, also deren Wiederholung in regelmäßigen Abständen, sinnvoll sein, z. B. als Teil der Qualitätssicherung bei neuen Releases oder in festen zeitlichen Abständen wie alle sechs Monate. So werden potenzielle Prozesslücken erkannt und können geschlossen werden; notwendige Nacharbeiten können eingeplant und umgesetzt werden.

7.2.5 Analyse als Voraussetzung für die Implementierungsplanung

Ausgehend von den Analyseergebnissen, können die konkreten Aufgaben, wie in Abschnitt 7.2.1, »Vorbereitung«, im Unterabschnitt »Organisatorische Vorbereitung« beschrieben, für das ILM-Implementierungsprojekt geschätzt und terminiert werden. Auf Basis der gefundenen Applikationen können zudem die notwendigen Fachexperten benannt und involviert werden. Ohne eine vorangegangene Implementierung ist eine solche detaillierte Planung quasi unmöglich und wird zur Raterei. Deshalb ist die Analyse bei ILM-Implementierungsprojekten, die von SAP Consulting verantwortet werden, zwingende Voraussetzung.

7.2.6 Implementierung und Test

In der Implementierungsphase fallen die wesentlichen Ergebnisse des ILM-Implementierungsprojekts an. Dazu zählen:

Ergebnisse der ILM-Implementierung

- Spezifikation und Dokumentation der Aufbewahrungsfristen und Datenvernichtungsprozesse je ILM-Objekt
- ILM-Customizing und Aufsetzen der Datenvernichtungsprozesse je ILM-Objekt
- ILM-Customizing und Aufsetzen der EoP-Checks je Applikation
- ILM-Customizing und Aufsetzen der Sperr- und Entsperrprozesse für die personenbezogenen Stammdaten
- Spezifikation und Implementierungen zum Umgang mit kundeneigenen Tabellen und Applikationen
- Aufsetzen der Prozesse zum Umgang mit unstrukturierten Daten
- Aufsetzen der Prozesse zum Umgang mit archivierten Daten

- Testfälle und Testabnahmedokumentation
- Dokumentation der Datenvernichtungsprozesse wie im Unternehmen erforderlich, z. B. für den Fall von Auditierungen

Die einzelnen Implementierungsschritte werden an dieser Stelle nicht im Detail erläutert, mit Ausnahme von einigen Anmerkungen aus der Praxis von Implementierungsprojekten.

Schaffung einer gemeinsamen Wissensbasis

Beteiligte am ILM-Projekt

In der Implementierungsphase wächst die Anzahl der aktiv im ILM-Projekt beteiligten Personen in der Regel massiv an. Hier sind dann Vertreter mit verschiedenstem Know-how involviert, z. B.:

- Applikationsvertreter, die die Anwendungen im Tagesgeschäft einsetzen
- IT-Experten, die die technische Betreuung der Anwendungen übernehmen
- ABAP-Entwickler, die kundeneigene Entwicklungen pflegen
- ILM-Experten, die über gute Kenntnisse in der Implementierung von SAP ILM verfügen
- Experten für den Betrieb der SAP-Systeme
- Vertreter aus den Datenschutz- und Compliance-Abteilungen des Unternehmens
- gegebenenfalls Applikationsberater

Ziele und Inhalte eines Wissenstransfers

Um eine gemeinsame Wissensbasis zu schaffen, sind Trainings und Informationsveranstaltungen aufzusetzen. Neben grundlegendem Wissenstransfer zu den generellen Konzepten von SAP ILM können Spezialveranstaltungen zu planen sein, die bestimmte Themen für den relevanten Teilnehmerkreis vertiefen. Die Notwendigkeit der Planung der Wissenstransfers und der Aufbau einer funktionierenden Kommunikationsstruktur für ein erfolgreiches ILM-Projekt können gar nicht genug betont werden. Eine beispielhafte Agenda für einen initialen Workshop, z. B. im Rahmen eines Projektstarts, könnte aussehen, wie in Tabelle 7.3 dargestellt.

Zeitrahmen	Thema
30 Minuten	Überblick Datenschutzgrundverordnung
1 Stunde	Datenvernichtung mit SAP ILM

Tabelle 7.3 Agenda für einen Workshop zum Projektstart eines ILM-Implementierungsprojekts

Zeitrahmen	Thema
1 Stunde	Sperren und Löschen personenbezogener Stammdaten
1 Stunde	Umgang mit kundeneigenen Entwicklungen: Z-Tabellen und Z-Programme
1 Stunde	Customizing
1 Stunde	Arbeit im Systemverbund: • systemübergreifendes Sperren personenbezogener Stammdaten • Applikationsregelvarianten und -regelgruppen
1 Stunde	Ablauf eines Implementierungsprojekts, Aufgaben und Rollen
30 Minuten	nächste Schritte

Tabelle 7.3 Agenda für einen Workshop zum Projektstart eines ILM-Implementierungsprojekts (Forts.)

Darüber hinaus wird immer wieder die Notwendigkeit bestehen, Wissen in einzelnen Themenbereichen zu vertiefen oder neue Beteiligte in die Thematik einzuführen. Eine gute Dokumentenablage und gegebenenfalls Aufzeichnungen von bereits durchgeführten Wissenstransfers können hierbei eine große Hilfe sein.

Aufbewahrungsregeln der ILM-Objekte

Oft zeigt sich in Projekten, dass die verschiedenen Beteiligten bei der Spezifikation der Aufbewahrungsregeln unterschiedliche Sprachen verwenden. Während seitens der IT-Experten mit technischen Begriffen wie ILM-Objekten kommuniziert wird, reden die Applikationsvertreter oftmals von Anwendungsprozessen. Hier eine gemeinsame Sprache zu finden, ist unbedingt notwendig. Begriffe wie *Bedingungsfelder* oder *Zeitbezüge von ILM-Objekten* sind für Nicht-Techniker häufig unverständlich. Besser ist es, mit konkreten Begriffen und Beispielen zu arbeiten, die transparent machen, welche Bedingungsfelder oder Zeitbezüge in konkreten Instanzen eines Prozessobjekts angeboten werden.

Gemeinsame Sprache

Applikationsvertreter haben zudem oftmals die (berechtigte) Angst, dass von ihnen noch verwendete oder zu verwendende Daten zu frühzeitig vernichtet werden, wie etwa ein laufender Vertrag mit einem Kunden. Hier ist es ratsam, die betriebswirtschaftlichen Voraussetzungen der Datenvernichtung zu kennen und diese den Applikationsvertretern bei Bedarf zu

Vernichtung benötigter Daten ausschließen

erklären, z. B. wenn zunächst ein Löschkennzeichen oder ein bestimmter Objektstatus des Vertrages erreicht sein muss, bevor die Aufbewahrungsfrist überhaupt relevant wird. Dies kann notwendig sein, um die Applikationsvertreter davon zu überzeugen, dass nichts versehentlich vernichtet wird, was noch verwendet werden muss.

Gleiches gilt für die personenbezogenen Stammdaten selbst. Einen Kunden zu sperren, der noch in einem laufenden Vertrag verwendet wird oder für den eine unbezahlte Rechnung existiert, ist sicher keine gute Idee. Genau derlei Effekte zu verhindern, ist die Aufgabe der applikationsspezifischen EoP-Checks und ihrer applikationsspezifischen Prüfungen. Deren Kenntnis ist sinnvoll, um den Applikationsvertretern deutlich zu machen, dass auch keine personenbezogenen Stammdaten ungewollt gesperrt oder vernichtet werden.

[»] **Korrektheit und Komplexität der Aufbewahrungsregeln**
Die Aufbewahrungsregeln von ILM-Objekten sollen natürlich so spezifiziert und gepflegt sein, dass sie die betriebswirtschaftlichen und juristischen Rahmenbedingungen erfüllen, also nichts zu früh, aber eben auch nichts zu spät vernichtet wird. Allerdings sollte man in der Spezifikation und Implementierung der ILM-Regelwerke die Komplexität der Regeln so weit möglich im Rahmen halten, also mit möglichst wenigen Bedingungsfeldern arbeiten. Einfache Regelwerke zur Datenvernichtung können mit viel geringerem Aufwand dokumentiert, getestet und auch später in der fortlaufenden Pflege im Griff behalten werden. Es ist deshalb unbedingt empfehlenswert, auf einfache Regelwerke hinzuwirken, sofern dies möglich ist.

Möglicher und realistischer Testumfang

Bei den Tests und der Erstellung der Testfälle stellt sich oft die Frage des erreichbaren Abdeckungsgrades. Im Idealfall sollte jede ILM-Regel eines Objekts getestet werden, mit mindestens jeweils einer Instanz, für die gemäß der Regel eine Datenvernichtung möglich (Positivtest) und nicht möglich (Negativtest) ist.

[zB] **Tests der Aufbewahrungsregeln**
Allerdings sind Regelwerke mit vielen Regeln durchaus üblich, z. B. wenn ein Unternehmen global aufgestellt ist und die Aufbewahrungsregeln landesspezifisch definiert werden müssen. Bei einem Unternehmen, das in 40 Ländern operiert, sind so schon 80 Objektinstanzen erforderlich, um eine vollständige Testabdeckung der Regeln zu erreichen.

Die Findung dieser Instanzen und die darauf aufbauenden Tests werden dann zu sehr zeitintensiven Aktivitäten. Hier sollte ein guter Trade-off zwischen Aufwand und Nutzen erzielt werden. Sicherlich ist der Datenvernichtungsprozess für jedes ILM-Objekt zu testen – ob man sich hierbei allerdings auf ein paar Regeln beschränken kann, sollte gemäß den Qualitätsanforderungen im Unternehmen entschieden werden. Oftmals ist in der Praxis eine vollständige Abdeckung aller theoretisch möglichen Testkonstellationen nicht erforderlich.

Abbildung 7.5 zeigt das aufwendige Regelwerk aus einem Projekt, in dem unterschiedlichen Ländern (identifizierbar über das zweistellige Länderkürzel in der ersten Spalte) jeweils spezifische Regelgruppen zugeordnet sind. In dem konkreten Projekt wurde im Test mit Stichproben sichergestellt, dass die Regelermittlung und damit die Bestimmung des Vernichtungszeitpunkts für einzelne Bestellanforderungen korrekt sind.

Regeln zum Regelwerk MM_EBAN

Land	bis	Regelgruppe	Min. Aufbew.dauer	Max. Aufbew.dauer	Zeiteinh. Aufb.dauer	Zeitbezug	ILM-Ablage
AT		MM_AT	10	10	Jahr	Ende des Geschäftsjahres	ILM_STORE
AU		MM_AU	10	10	Jahr	Ende des Geschäftsjahres	ILM_STORE
BB		MM_BB	10	10	Jahr	Ende des Geschäftsjahres	ILM_STORE
CA		MM_CA	20	20	Jahr	Ende des Geschäftsjahres	ILM_STORE
CH		MM_CH	16	16	Jahr	Ende des Geschäftsjahres	ILM_STORE
CN		MM_CN	25	25	Jahr	Ende des Geschäftsjahres	ILM_STORE
CR		MM_CR	10	10	Jahr	Ende des Geschäftsjahres	ILM_STORE
CY		MM_CY	10	10	Jahr	Ende des Geschäftsjahres	ILM_STORE
GB		MM_GB	10	10	Jahr	Ende des Geschäftsjahres	ILM_STORE
GR		MM_GR	10	10	Jahr	Ende des Geschäftsjahres	ILM_STORE
HR		MM_HR	10	10	Jahr	Ende des Geschäftsjahres	ILM_STORE
HU		MM_HU	10	10	Jahr	Ende des Geschäftsjahres	ILM_STORE
IE		MM_IE	10	10	Jahr	Ende des Geschäftsjahres	ILM_STORE
IL		MM_IL	10	10	Jahr	Ende des Geschäftsjahres	ILM_STORE
IN		MM_IN	10	10	Jahr	Ende des Geschäftsjahres	ILM_STORE
LT		MM_LT	10	10	Jahr	Ende des Geschäftsjahres	ILM_STORE
LV		MM_LV	10	10	Jahr	Ende des Geschäftsjahres	ILM_STORE
MY		MM_MY	10	10	Jahr	Ende des Geschäftsjahres	ILM_STORE
NL		MM_NL	11	11	Jahr	Ende des Geschäftsjahres	ILM_STORE
NZ		MM_NZ	10	10	Jahr	Ende des Geschäftsjahres	ILM_STORE

Abbildung 7.5 Komplexes ILM-Regelwerk für Bestellanforderungen mit landesspezifischen Regelgruppen

Für die Findung geeigneter Testdaten für die Tests der Aufbewahrungsregeln sind Experten aus der Applikation unbedingt aktiv zu beteiligen. Es ist für Techniker quasi unmöglich, geeignete Instanzen zu finden, mit denen die Korrektheit der gepflegten Regeln verifiziert werden kann.

Applikationsspezifische EoP-Checks

EoP-Checks gemeinsam mit ILM-Objekten

Die Implementierung der ILM-Objekte einer Applikation sollte idealerweise zusammen mit dem Aufsetzen der EoP-Checks für die verwendeten personenbezogenen Stammdaten in dieser Applikation erfolgen. Diese Aspekte spielen in der Regel zusammen; eine gemeinsame Betrachtung ist oft allein schon wegen der für die Tests notwendigen Testdaten sinnvoll. Zudem leiten sich die Aufbewahrungs- und Verweilregeln der personenbezogenen Stammdaten aus den Applikationsanforderungen ab.

Tests der EoP-Checks

Die zuvor beschriebenen Anstrengungen zur Verifikation der Aufbewahrungsregeln sollten auch für die applikationsspezifischen EoP-Checks unternommen werden. Durch entsprechende Parametrisierung der Sperrläufe (siehe das Ankreuzfeld **Alle Anwendungen auf Zweckerfüllung prüfen** in Abbildung 7.6 bzw. z. B. das Ankreuzfeld **Nachf. Prüfungen des Endes des VerwZwecks bei lfd. Geschäfte** in der Transaktion CVP_PRE_EOP, Kunden- u. Lieferantenstammdatum sperren) kann das Ergebnis jedes Applikations-EoP-Checks innerhalb eines Systems verifiziert werden, unabhängig davon, ob das Sperren der personenbezogenen Stammdaten bereits ganzheitlich aufgesetzt wurde.

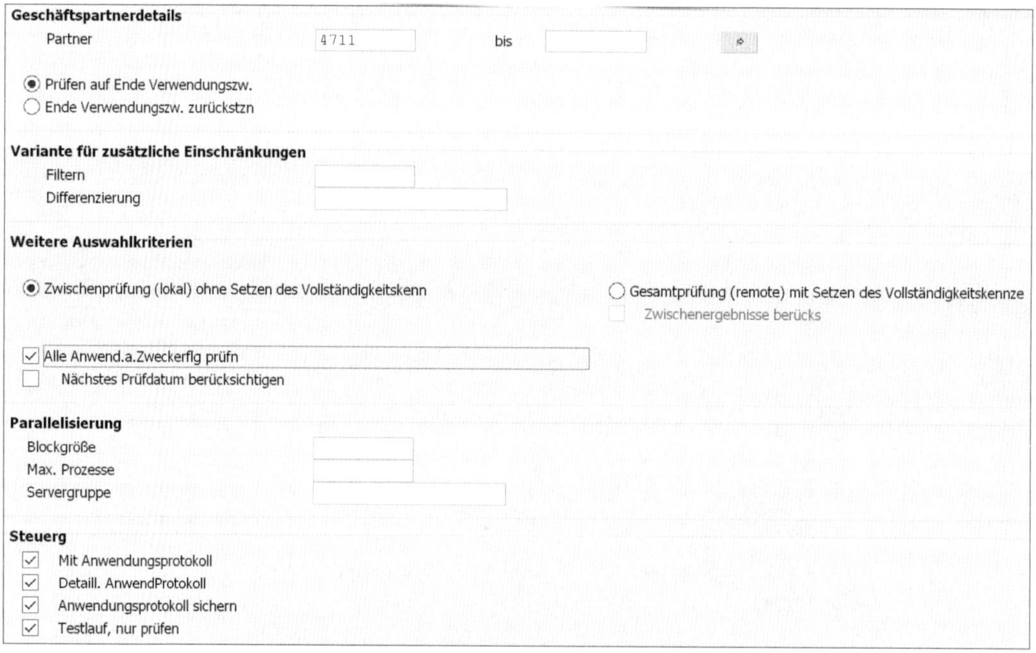

Abbildung 7.6 Parametrisierung eines Sperrlaufs (Geschäftspartner) zum Test der EoP-Checks von Applikationen

Auch hierbei sollten für Testzwecke wiederum unterschiedliche Stammdateninstanzen verwendet werden, für die eine Sperre aus Applikationssicht möglich oder eben nicht möglich ist. Die Ermittlung geeigneter Testinstanzen von Geschäftspartner, Kunde, Lieferant oder Kontaktperson, für die die applikationsspezifischen EoP-Checks positive oder negative Ergebnisse liefern, kann mit größerem Aufwand verbunden sein, insbesondere, wenn mit Applikationsregelvarianten gearbeitet werden muss. Dann muss die Korrektheit der Ermittlung der Applikationsregelvarianten ebenfalls im Rahmen der Tests der applikationsspezifischen EoP-Checks abgedeckt werden. Ähnlich wie beim Test der Aufbewahrungsregeln der ILM-Objekte in den Applikationen, gilt es auch hier, einen guten Trade-off zwischen Aufwand und Nutzen (Testabdeckung) anzustreben.

> **Einstellungen des Sperrreports für Testzwecke**
> Eine beispielhafte Parametrisierung eines Testlaufs des Sperrreports ist in Abbildung 7.6 dargestellt. Sofern eine Sperrung aus Sicht einer Applikation nicht vorgenommen werden kann, sollte die Applikation einen entsprechenden Eintrag im Meldungsprotokoll verursachen.

Deaktiviert man zusätzlich die Testlaufoption (unter Beibehaltung der »Zwischenprüfungsoption«!) werden die zugehörigen Ergebnisse in den Start-of-Retention-Time-Tabellen (BUTSORT für Geschäftspartner, CVP_SORT für Kunde/Lieferant/Kontakt) persistiert und können dort zusätzlich verifiziert werden. In diesen Tabellen werden auch Applikationsregelvarianten gespeichert, die im Rahmen der EoP-Checks ermittelt werden. Hierüber kann dann die Korrektheit dieser Ermittlung verfiziert werden.

SORT-Tabellen zum Test der EoP-Checks

In Abbildung 7.7 ist ein Ausschnitt eines Meldungsprotokolls eines Sperrlaufs unter Verwendung der oben genannten Parametrisierung dargestellt. Hier melden insgesamt drei Applikationen, identifizierbar über ihre technischen Kürzel, dass der Geschäftspartner 1869731 nicht gesperrt werden kann. Die Korrektheit dieser Meldungen ist dann für diese Instanz je Applikation zu verifizieren, um das korrekte Applikationsverhalten zu bestätigen.

```
Geschäftspartner 0001869731 nicht gesperrt; in Anwendung BUP verwendet
Geschäftspartner 0001869731 nicht gesperrt; in Anwendung ERP_CUST verwendet
Geschäftspartner 0001869731 nicht gesperrt; in Anwendung BBP verwendet
```

Abbildung 7.7 Ergebnisprotokoll zu einem Sperrlauf zur Prüfung der EoP-Checks von Applikationen

Erweiterungsmöglichkeiten und BAdIs in SAP ILM

Im Folgenden werden einige Erweiterungsmöglichkeiten beschrieben, die im Rahmen eines ILM-Implementierungsprojekts hilfreich sein können.

Dabei geht es hier primär um einen Überblick und Anwendungsmöglichkeiten, weniger jedoch um eine detaillierte Dokumentation, die an anderer Stelle verfügbar ist, z. B. in der SAP-Dokumentation, in der technischen Dokumentation der genannten BAdIs oder in Hinweisen.

Customizing der ILM-Objekte

Standard-ILM-Objekte lassen sich um kundeneigene Bedingungsfelder und Zeitbezüge erweitern, sofern die vom SAP-Standard bereitgestellten Bedingungsfelder und Zeitbezüge zur Abbildung der benötigten Aufbewahrungsregeln nicht ausreichen sollten. Damit sind der Kreativität bei der Definition von ILM-Regeln quasi keine Grenzen gesetzt. Dies ist aber mit Vorsicht zu genießen. Wie zuvor schon bemerkt, haben überaus komplexe Regelwerke Konsequenzen in Form von hohen Test- und Pflegeaufwänden. Schon deshalb sollte es unbedingt ein Ziel sein, ILM-Regeln möglichst einfach zu gestalten, also beispielsweise unter der Verwendung möglichst weniger Bedingungsfelder.

Bedingungsfelder/ Zeitreferenzen hinzufügen

Der Prozess der Erweiterung von ILM-Objekten um Bedingungsfelder und Zeitbezüge besteht aus zwei Phasen: Zunächst muss das ILM-Objekt um die zusätzlichen Attribute im Customizing in der Transaktion IRM_CUST (IRM-Customizing) ergänzt werden. An dieser Stelle wird davon ausgegangen, dass die Bewertung zur Laufzeit »indirekt« erfolgt, also eine Implementierung der Bewertung der zusätzlichen Attribute mittels der bereitgestellten SAP-BAdIs vorgenommen wird.

BAdIs zu Bedingungsfeldern/ Zeitreferenzen

Für diese Implementierung stehen verschiedene BAdIs im Erweiterungsspot ES_IRM_CUST (IRM-Customizing) zur Verfügung. Zur Ermittlung der Werte von neuen Bedingungsfeldern ist eine Implementierung des BAdIs BADI_IRM_OT_FLD vorzunehmen. Zur Laufzeit, also vor der Auswertung von ILM-Regeln, wird die Methode GET_FIELDVALUES ausgeführt, um die zusätzlichen Bedingungsfelder zu bewerten.

Zur Ermittlung der Werte der neuen Zeitreferenzen ist eine Implementierung des BAdIs BADI_IRM_OT_STT vorzunehmen. Zur Laufzeit, also vor der Auswertung von ILM-Regeln, wird die Methode GET_START_DATE ausgeführt, um die zusätzlichen Zeitreferenzen zu bewerten.

> **[»] Performance-Hinweis zur BAdI-Implementierung**
>
> Die Implementierungen beider BAdIs unterstützen die Verwendung von Filtern. Hier sollte das ILM-Objekt selbst als Filter verwendet werden. In den beiden genannten Methoden wird die Ermittlung des Wertes eines neuen Bedingungsfelds bzw. einer neuen Zeitreferenz bereitgestellt. Im Rahmen der Implementierung lässt sich dann zur Laufzeit prüfen, dass die

7.2 Phasen eines SAP-ILM-DSGVO-Projekts

Wertermittlung für das neue Bedingungsfeld bzw. die neue Zeitreferenz erfolgen soll. Auf diese Weise bleibt die Performance gut und es kommt nicht zur ungewollten Ausführung von nicht benötigter Programmlogik.

Die beiden hier genannten BAdIs sind gut dokumentiert, zudem gibt es reichlich Implementierungsbeispiele, an denen man sich gut orientieren kann. Abbildung 7.8 zeigt eine Beispielimplementierung für das Demo-ILM-Objekt BC_SFLIGHT (Beispiel-ILM-Objekt, Flugdatenmodell).

Abbildung 7.8 Beispielimplementierung für das BAdI BADI_IRM_OT_FLD

Prozess der ILM-Datenvernichtung

Im Rahmen der Vernichtung von ILM-Objektinstanzen besteht oft der Bedarf, zusätzliche Daten mitzuvernichten, die der konkreten ILM-Objektinstanz zugeordnet sind. Dies können beispielsweise Daten sein, die in kundeneigenen Tabellen verwaltet werden, also z. B. Tabellen im Z-Namensraum, die ein Standardobjekt wie den Kundenauftrag erweitern. Wird der Kundenauftrag vernichtet, sollen die diesem Kundenauftrag zugeordneten Einträge in den Z-Tabellen direkt mitvernichtet werden.

ILM-Objekte erweitern mit Kundendaten

Für einen solchen Anwendungsfall stehen im Erweiterungsspot ES_ILM_DESTRUCTION (Vernichtung zusätzlicher Informationen bei der ILM-Datenvernichtung bei Verwendung von ILM-Objekten) zwei BAdIs zur Verfügung, BADI_ILM_PRE_DESTR_FILE_ACTION und BADI_ILM_PRE_DESTR_OBJ_ACTION. Das erstgenannte BAdI findet Verwendung in der ILM-basierten Datenvernichtung mit Archivsystem, letzteres BAdI bei der ILM-basierten Datenvernichtung mit der ILM-Aktion **Datenvernichtung** (siehe den Unterabschnitt »Einsatz von SAP ILM mit und ohne Archivierung« in Abschnitt 7.2.1, »Vorbereitung«).

BAdIs zur Erweiterung mit Kundendaten

7 Umsetzung eines SAP-ILM-DSGVO-Projekts

Beide BAdIs unterstützen eine filterabhängige Implementierung (Filterwert ist das Archivierungsobjekt) und stellen eine Methode namens OPERATE_ON_DESTRUCTION zur Verfügung. Im Rahmen von deren Implementierung kann über den Zugriff auf die Archivdatei, für die die Datenvernichtung angestoßen wird, die Instanz des Objekts bestimmt werden, die vernichtet wird. Über diese Objektinstanz lassen sich dann bei Bedarf weitere Tabelleninhalte ermitteln und vernichten, z. B. die Inhalte von kundeneigenen Tabellen, die dieses Objekt erweitern und zur zu vernichtenden Objektinstanz zu zählen sind.

Abbildung 7.9 zeigt den Beginn einer Beispielimplementierung. Darin erkennt man, wie über den Zugriff auf die Archivdatei die Tabellenstruktur der zu vernichtenden Instanz ermittelt wird (im Beispiel für Tabelle SBOOK). Mittels dieser Tabellenstruktur kann dann beispielsweise der Schlüssel der zu vernichtenden Instanz bestimmt und darüber Folgelogik implementiert werden.

Art	Parameter	Typisierung	Beschreibung
⋈	IV_HANDLE	TYPE I	Handle auf geöffnete Archivdatei
⋈	IV_TESTMODE	TYPE BOOLE_D	X' = Testmodus; space = Produktivmodus
⋈	IV_ARCHIVING_OBJECT	TYPE OBJCT_TR01	Archivierungsobjekt
⋈	IV_LOG_HANDLE	TYPE BALLOGHNDL OPTIONAL	Anwendungs-Log: Handle eines Protokolls
⋈	IT_BOR_OBJECT_TYPE	TYPE SWO_TOBJTYP	Liste von Objekttypen
⋈	CX_ILM_BADI		Ausnahme für ILM-BAdIs

Methode: IF_BADI_ILM_PRE_DESTR_OBJ_ACT~OPERATE_ON_DESTRUCTION aktiv

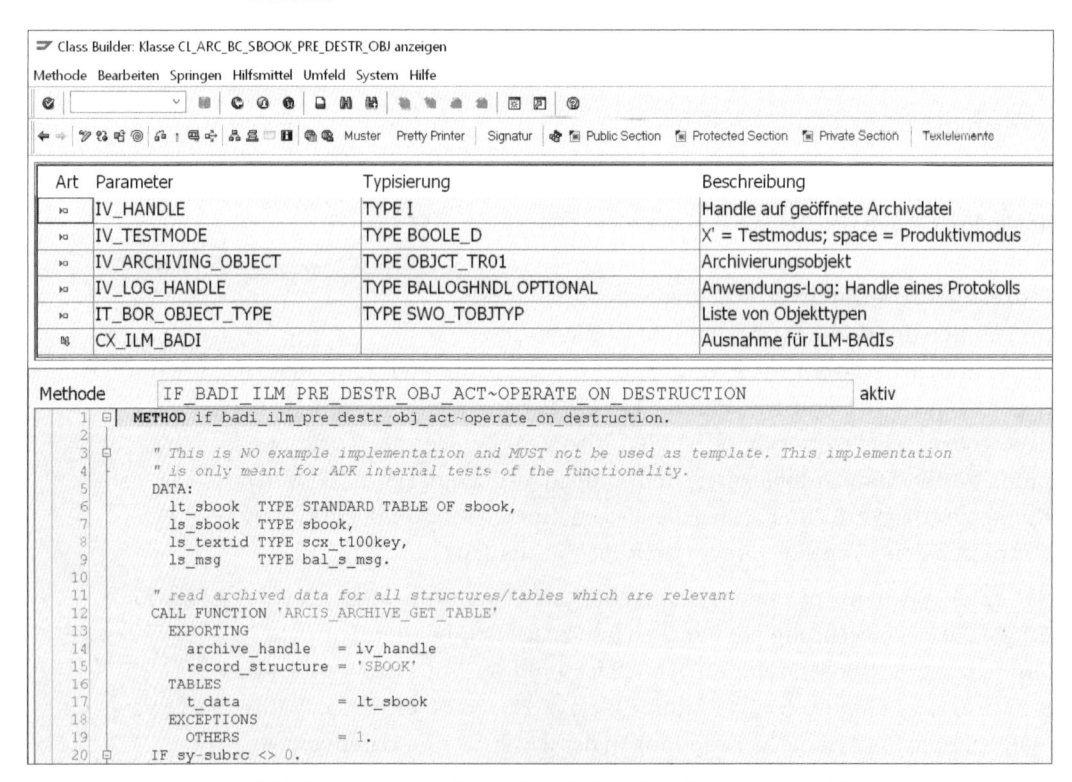

```abap
METHOD if_badi_ilm_pre_destr_obj_act~operate_on_destruction.

" This is NO example implementation and MUST not be used as template. This implementation
" is only meant for ADK internal tests of the functionality.
  DATA:
    lt_sbook   TYPE STANDARD TABLE OF sbook,
    ls_sbook   TYPE sbook,
    ls_textid  TYPE scx_t100key,
    ls_msg     TYPE bal_s_msg.

" read archived data for all structures/tables which are relevant
  CALL FUNCTION 'ARCIS_ARCHIVE_GET_TABLE'
    EXPORTING
      archive_handle   = iv_handle
      record_structure = 'SBOOK'
    TABLES
      t_data           = lt_sbook
    EXCEPTIONS
      OTHERS           = 1.
  IF sy-subrc <> 0.
```

Abbildung 7.9 Ausschnitt einer Beispielimplementierung für das BAdI BADI_ILM_PRE_DESTR_OBJ

Auch besteht die Möglichkeit, die Schlüssel der vernichteten Instanzen in eigenen Tabellen zwischenzuspeichern. Auf deren Basis kann eine asynchrone Nachverarbeitung in einem eigenen Programm erfolgen. Dies kann bei vielen Erweiterungstabellen oder komplexen Logiken sinnvoll sein. In der Nachverarbeitung muss dann natürlich auch die Tabelle zur Zwischenspeicherung, der Schlüssel der vernichteten Instanzen selbst, einer Datenvernichtung unterzogen werden.

Sperren von personenbezogenen Stammdaten

Im Kontext des Sperrens gibt es eine ganze Reihe von Erweiterungsmöglichkeiten, die hier kurz dargestellt werden. Zur Einschränkung der Selektion beim Ausführen der Sperrprogramme steht beim Geschäftspartner das BAdI `BUP_PARTNER_EXLIST` zur Verfügung. Dieses kann verwendet werden, um bestimmte Geschäftspartner von der Sperre auszuschließen, z. B. wenn deren Sperrung im Prozess nicht vorgesehen ist. Hierzu ist Methode `PARTNER_EXCLIST` zu implementieren.

Einschränkung der Selektion im Sperrlauf

Für den gleichen Zweck steht im Sperrprogramm für Kunden, Lieferanten und Kontakte das BAdI `CVP_EOP_MODIFY_SELECTION` zur Verfügung. Darin wird beispielsweise die Methode `AFTER_SELECTION` bereitgestellt, um zusätzliche Ausschlusskritieren für die zu sperrenden Instanzen zu implementieren.

Es kann zudem notwendig sein, nach einer Sperre eines personenbezogenen Stammdatums weitere Logik anzustoßen, z. B. die asynchrone Benachrichtigung von Fremdsystemen (siehe Abschnitt 7.3.4, »Integration von Nicht-ABAP-Systemen«). Hierzu kann für den Geschäftspartner die Methode `BUPA_PURCOMPL_EXPORT` des BAdIs `BUPA_PURPOSE_EXPORT` implementiert werden. Durch entsprechende Implementierung der Rückgabetabelle kann hier sogar die gesamte Sperre verhindert werden. Davon sollte aber abgesehen werden, da hierüber der gesamte Sperrprozess für alle Instanzen im Sperrprogramm abgebrochen wird. Stattdessen empfiehlt sich für eine zusätzliche Sperrprüfung die Anlage kundeneigener EoP-Checks, wie sie im nächsten Abschnitt beschrieben wird.

Benachrichtigung von Drittsystemen

Für Kunden, Lieferanten und Kontakte ist eine ebensolche Logik verfügbar. Hier erfolgt die Nachverarbeitung aber im Rahmen der Implementierung eines kundeneigenen EoP-Checks, auf die ebenfalls im folgenden Abschnitt eingegangen wird. Die Methode `PARTNERS_PURCMPL_EXPORT` in der Implementierung eines kundeneigenen EoP-Checks kann verwendet werden, um z. B. die gesperrten Instanzen zwischenzuspeichern, um im Nachgang zur eigentlichen Sperrung asynchrone Nachverarbeitungsschritte anzustoßen.

Kundeneigene EoP-Checks

Sowohl für Geschäftspartner als auch für Kunden, Lieferanten und Kontakte besteht die Möglichkeit, für kundeneigenen Applikationen im Kundennamensraum eigene EoP-Checks zu implementieren. Hierüber kann eigene Logik ergänzt werden, um beispielsweise ein – aus Sicht von kundeneigenen Applikationen – ungewolltes Sperren von personenbezogenen Stammdaten zu verhindern. Dafür müssen zunächst für beide Fälle eine neue Applikation und der von dieser Applikation für den EoP-Check verwendete Funktionsbaustein (im Falle des Geschäftspartners) im Customizing gepflegt werden. Im Falle von Kunden, Lieferanten und Kontakten wird statt mit Funktionsbausteinen mit Klassen gearbeitet.

> **Zusätzliche Dokumentation zu kundeneigenen EoP-Checks**
>
> Eine ausführliche Dokumentation, wie kundeneigene EoP-Checks zu implementieren sind, ist in SAP-Hinweis 2103639 (Anpassen der EoP-Prüfung für GP-konsumierende Anwendungen – Leitfaden für Partner und Kunden) als eigene Entwicklungs-Guideline hinterlegt.

Kundeneigene Applikationen und Programme

Der Umgang mit gesperrten personenbezogenen Stammdaten sollte von den SAP-Standardanwendungen korrekt implementiert sein. Dazu gehört, dass gesperrte Stammdaten für Standardbenutzer weder anzeigbar noch änderbar sind und dass Bewegungsdaten mit Bezug zu gesperrten personenbezogenen Stammdaten nicht mehr angelegt, geändert oder angezeigt werden dürfen.

Kundeneigene Applikationen und Programme können ein entsprechendes Verhalten ebenfalls implementieren. Bei der Verwendung vieler SAP-Standardbausteine für den Zugriff auf personenbezogene Stammdaten oder von SAP-Standard-F4-Hilfen reduziert sich der Implementierungsaufwand hierzu, da diese den korrekten Umgang mit gesperrten Stammdaten bereits unterstützen, indem sie bei fehlender Berechtigung keine oder initiale Werte zurückliefern.

Letztlich geht es darum, dass nur Benutzer lesenden Zugriff auf gesperrte personenbezogene Stammdaten erhalten, denen eine Rolle zugeordnet ist, die das SAP-Berechtigungsobjekt B_BUP_PCPT (Geschäftspartner: Geschäftszweck erfüllt) und die Anzeigeaktivität **03** umfasst (in diesem Fall bezogen auf den Geschäftspartner). Zur Prüfung, ob ein personenbezogenes Stammdatum gesperrt und ob ein Benutzer zugriffsberechtigt für personenbezogene Stammdaten ist, stehen SAP-Standardfunktionsbausteine zur Verfügung, die in kundeneigene Applikationen und Programme eingebunden werden können.

Eine ausführliche Dokumentation dazu, wie kundeneigene Applikationen und Programme zum Umgang mit gesperrten personenbezogenen Stammdaten zu erweitern sind, ist in SAP-Hinweis 2103639 (Anpassen der EoP-Prüfung für GP-konsumierende Anwendungen – Leitfaden für Partner und Kunden) als eigene Entwicklungs-Guideline hinterlegt.

Entsperren oder nicht?

Es besteht die Möglichkeit, gesperrte personenbezogene Stammdaten zu entsperren. Hierzu stehen verschiedene Einstellungen bereit, wie dieser Prozess gestaltet werden kann, z. B. die Durchsetzung eines Vier-Augen-Prinzips beim Entsperren oder auch verschiedene Erweiterungsmöglichkeiten über BAdIs.

In der Praxis stellt sich die Frage, inwieweit ein Entsperrprozess überhaupt zum produktiven Einsatz kommt. Die Hürden für eine tatsächliche Sperre sind in der Regel recht hoch; so muss jedwedes Geschäft in allen Applikationen abgeschlossen und eine applikationsspezifische Verweildauer abgelaufen sein. Nach einer Sperrung verschwinden das personenbezogene Stammdatum und alle verwendenden Bewegungsdaten aus der Sichtbarkeit des Normalanwenders.

Einsatz des Entsperrens eventuell vermeiden

Im Kontext des Entsperrens stellt sich dann die Frage, wie hoch die Wahrscheinlichkeit ist, dass z. B. ein gesperrter Kunde wiederzurückkehrt, also im System entsperrt werden muss. Außerdem ist zu klären, wie eine eventuell vorhandene, aber gesperrte Stammdateninstanz überhaupt im System zu finden ist und von wem. Praktisch gesehen, führt das in vielen Projekten dann dazu, dass das Entsperren als Prozess quasi gar nicht bzw. sehr einfach aufgesetzt wird. Statt sich zuvor ausführlich mit dem Entsperrprozess zu befassen, werden in solchen Fällen direkt neue Instanzen von Kunden, Lieferanten, Kontakten oder Geschäftspartnern angelegt.

7.2.7 Go-live und produktive Nutzung

Der eigentliche Go-live der ILM-basierten Datenvernichtung kann schrittweise, also für einzelne ILM-Objekte, einzelne Applikationen und einzelne Systeme erfolgen. Das ist ein durchaus übliches Verfahren. Über die entsprechenden Protokolle der SAP-Datenvernichtung lässt sich zudem gut rückmelden, wie viele Instanzen einer Datenart vernichtet wurden. Darüber lassen sich die Erfolge des ILM-Implementierungsprojekts quantifizieren und rückmelden.

Erfolge des ILM-Projekts rückmelden

Im Rahmen der Datenvernichtungsläufe stellt sich die Frage, wie häufig und zu welchen Zeitpunkten diese einzuplanen und durchzuführen sind. Dies hängt unmittelbar mit den Aufbewahrungsregeln und den gegebenenfalls verwendeten Zeitversätzen der einzelnen ILM-Objekte zusammen. Denn oftmals werden ganz unterschiedliche Instanzen eines ILM-Objekts, bezogen auf den Startzeitpunkt der Aufbewahrungsfrist, gleich behandelt, was an der Verwendung von Zeitversätzen liegt.

> **[zB] Finanzbuchhaltung**
> Bei Belegen der Finanzbuchhaltung wird etwa oft mit dem Zeitversatz »Ende des Jahres« gearbeitet, was an den applikationsspezifischen Notwendigkeiten liegt. Dementsprechend unterscheidet sich im Datenvernichtungsprozess ein Beleg vom 15.08. eines Jahres nicht von einem Beleg vom 12.03. desselben Jahres. Für alle Belege beginnt die Aufbewahrungsfrist am Ende des Jahres.

Frequenz der Datenvernichtungsläufe

In dem im Kasten skizzierten Fall ist eine monatliche Durchführung einer ILM-Datenvernichtung für das entsprechende ILM-Objekt nicht sinnvoll. Stattdessen wäre eine jährliche Datenvernichtung nach Beendigung der Jahresabschlusstätigkeiten denkbar. In anderen Fällen, z. B. wenn mit kürzeren Zeitversätzen oder ganz ohne Zeitversatz gearbeitet wird, sind kürzere Datenvernichtungszyklen sinnvoll. Allerdings sind Zyklen unter einem Monat eher untypisch.

Die Sperre der personenbezogenen Stammdaten und deren Vernichtung kann erst nach Aufsetzen aller applikationsspezifischen EoP-Checks in allen zum Systemverbund gehörenden Systemen erfolgen. Auch hier muss die Frequenz der Sperrläufe geklärt werden. In den Implementierungsprojekten wird in Absprache mit allen Beteiligten, auch der Rechtsabteilung, die Häufigkeit dieser Läufe festgelegt.

Wie bei der Datenvernichtung ergibt sich hier unmittelbar der Zusammenhang zu den Zeitversätzen der Verweilregeln an den personenbezogenen Stammdaten. Werden keine Zeitversätze in den Verweilregeln verwendet, kann eine häufige Ausführung des Sperrprogramms notwendig sein. In jedem Fall ist eine periodische Ausführung des Sperrprogramms für alle personenbezogenen Stammdaten vorzusehen und entsprechend aufzusetzen.

Unabhängig von den regulären und wiederkehrenden Sperrläufen kann das Sperrprogramm für die personenbezogenen Stammdaten auch Teil eines Unternehmensprozesses zur Umsetzung des »Rechts auf Vergessen«

der Datenschutzgrundverordnung sein. Entweder ist eine solche Sperre unmittelbar möglich, oder es ergibt sich eine Information darüber, welche Applikation in welchem System einer Sperre widerspricht. Dies ist das Ergebnis des applikationsspezifischen EoP-Checks und kann wiederum eine wichtige Information zur Weitergabe an den Anfragenden auf das »Recht des Vergessens« sein oder auch zu Folgeaktivitäten in der jeweiligen Applikation führen.

7.3 Komplexe Systemlandschaften im SAP-ILM-DSGVO-Projekt

Im Idealfall laufen alle Applikationen auf einem SAP-System. In diesem werden dann auch alle personenbezogenen Stammdaten gepflegt. Leider entspricht dieses Bild nur selten der Realität. Stattdessen begegnet man in der Praxis oft einer Vielzahl von Systemen, in denen einzelne Applikationen betrieben werden. Dabei werden SAP- und Nicht-SAP-Systeme eingesetzt. Während Erstere über RFC-ABAP-Verbindungen integriert werden, stehen für Letztere Webservices bereit.

Systemlandschaften mit heterogenen Systemen

Personenbezogene Stammdaten werden zwischen Systemen repliziert, gegebenenfalls auch nur teilweise. Unterschiedliche Gruppen von personenbezogenen Stammdaten können unterschiedliche Mastersysteme haben, von denen dann für diese Gruppen der Sperr- und gegebenenfalls auch der Entsperrprozess angestoßen werden muss. Dieser Abschnitt widmet sich diesen komplexen Szenarien und will ein paar Erfahrungen zu deren Implementierung vermitteln.

7.3.1 Replikation von personenbezogenen Stammdaten zwischen Systemen

Im Rahmen der Implementierung von SAP ILM zur Datenvernichtung in einer Systemlandschaft sollte man sich zunächst unbedingt einen Überblick über die personenbezogenen Stammdaten verschaffen, die in den verschiedenen Systemen der Systemlandschaft existieren, und darüber, wie diese innerhalb der Landschaft gegebenenfalls verteilt werden. Dabei sind folgende Fragen zu beantworten:

Überblick über Personenstammdaten und deren Verteilung

- Welche Gruppen von personenbezogenen Stammdaten gibt es in welchen Systemen? Wo wird also überhaupt mit Kunden, Lieferanten, Kontakten oder Geschäftspartnern gearbeitet, und sind diese in irgendeiner Art klassifizierbar?

7 Umsetzung eines SAP-ILM-DSGVO-Projekts

- Wie lassen sich die Stammdateninstanzen diesen Gruppen eindeutig zuordnen, z. B. über verwendete Namensräume, Kontengruppen etc.?
- Welche Systeme in der Systemlandschaft sind die Mastersysteme dieser Gruppen von personenbezogenen Stammdaten?
- In welche verbundenen Systeme werden die personenbezogenen Stammdaten aus den Mastersystemen verteilt?
- Wie erfolgt das Mapping der personenbezogenen Stammdaten, ausgehend von den Identifikatoren des Mastersystems (also z. B. Nummer des Kunden oder des Geschäftspartners) in den verbundenen Systemen?

Zwei Sichten auf Personenstammdaten in einer Systemlandschaft

Generell sollten durch die Beantwortung dieser Fragen zwei Sichten entstehen. Einerseits sollte je Gruppe von personenbezogenen Stammdaten klar sein, welches System ihr Mastersystem ist, und andererseits, in welche verbundenen Systeme diese Daten repliziert werden.

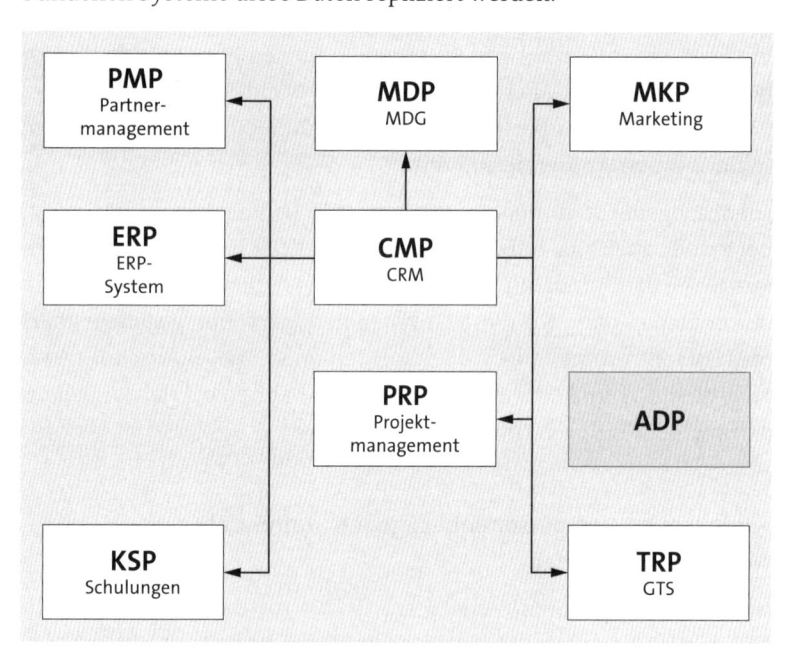

Abbildung 7.10 Verteilung einer Gruppe von personenbezogenen Stammdaten aus dem Mastersystem CMP

Beispiel: Komplexe Systemlandschaft mit neun Systemen

In Abbildung 7.10 ist eine beispielhafte Landschaft von neun Systemen dargestellt. Darin gibt es eine Gruppe von personenbezogenen Stammdaten, deren Mastersystem das CMP-System ist. Aus diesem erfolgt die Verteilung in die verbundenen Systeme PMP, MDP, MKP, ERP, PRP, KSP und TRP. Das System ADP wird mit der konkreten Gruppe von personenbezogenen Stammdaten nicht versorgt. Das Customizing der verbundenen Systeme ist nun entsprechend im CMP-System aufzusetzen, wie es beispielhaft in Abbildung 7.11 dargestellt ist.

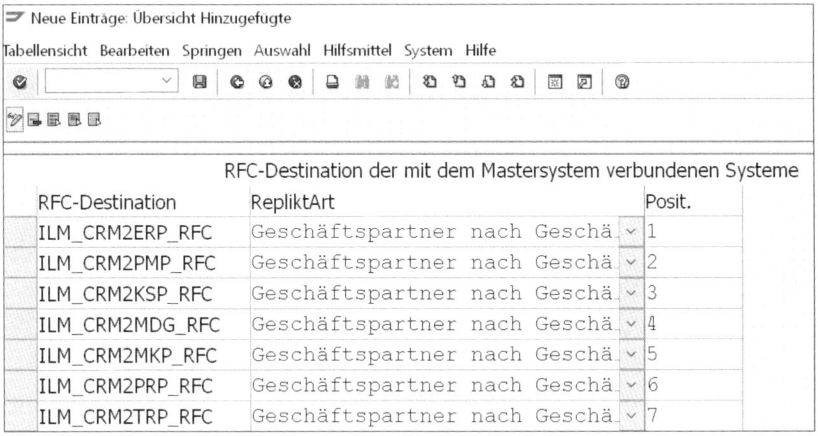

RFC-Destination der mit dem Mastersystem verbundenen Systeme		
RFC-Destination	RepliktArt	Posit.
ILM_CRM2ERP_RFC	Geschäftspartner nach Geschä.	1
ILM_CRM2PMP_RFC	Geschäftspartner nach Geschä.	2
ILM_CRM2KSP_RFC	Geschäftspartner nach Geschä.	3
ILM_CRM2MDG_RFC	Geschäftspartner nach Geschä.	4
ILM_CRM2MKP_RFC	Geschäftspartner nach Geschä.	5
ILM_CRM2PRP_RFC	Geschäftspartner nach Geschä.	6
ILM_CRM2TRP_RFC	Geschäftspartner nach Geschä.	7

Abbildung 7.11 Pflege der verbundenen Systeme im Mastersystem CMP

Nun ist zu klären, wie diese Gruppe von personenbezogenen Stammdaten im CMP-System identifiziert werden kann. Beispielsweise könnten es Kundenstämme von Kunden sein, die in einem bestimmten CRM-Prozess verwendet werden, technisch vielleicht identifizierbar über eine Geschäftspartnergruppe. Für diese Gruppe von Kunden ist die Verantwortung für den systemübergreifenden Sperrprozess dann im CMP-System anzusiedeln; dort wird das Sperrprogramm im Modus **Gesamtprüfung** durchzuführen sein.

Bei den verbundenen Systemen ist zu klären, wie das Mapping zwischen einem Kunden aus dem CMP-System im jeweils verbundenen System abläuft. Idealerweise verwenden alle Systeme dieselben externen Partnernummern und global eindeutigen Identifikatoren (GUIDs) für denselben Kundenstamm. Dies ist jedoch nicht immer der Fall. Stattdessen können die verbundenen Systeme mit komplett eigenen Nummernkreisen und unterschiedlichen GUIDs für dieselben Instanzen arbeiten. Hier kann im BAdI BUP_PARTNER_KEYMAP des gleichnamigen Erweiterungsspots im verbundenen System eine Mapping-Logik für Geschäftspartner implementiert werden. Ein ähnliches BAdI CVP_EOP_MAP_REMOTE_PARTNERS existiert auch für Kunden, Lieferanten und Kontakte im Erweiterungsspot CVP_EOP_ES.

Mapping von Personenstammdaten zwischen Systemen

Des Weiteren muss je System klar sein, welche Gruppen von personenbezogenen Stammdaten in ihm enthalten sind. Letztlich muss durch die Sperrprozesse im Systemverbund sichergestellt sein, dass alle personenbezogenen Stammdaten in jedem System abgedeckt werden. Es dürfen also keine personenbezogenen Stammdaten in einem System »vergessen werden«.

7.3.2 Umgang mit verschiedenen Gruppen von personenbezogenen Stammdaten

Personenstammdaten unterschiedlicher Herkunft

Gibt es in einem System verschiedene Gruppen von personenbezogenen Stammdaten, müssen Sperrprozesse implementiert werden, die alle personenbezogenen Stammdaten in dem System abdecken. Wir nehmen einmal an, dass alle diese Gruppen von personenbezogenen Stammdaten technisch gesehen Geschäftspartner sind und jeweils eindeutigen Geschäftspartnergruppen angehören.

In diesem Abschnitt wird beispielhaft ein System TRT betrachtet, in dem neben einer Gruppe von personenbezogenen Stammdaten aus einem Mastersystem weitere Gruppen von personenbezogenen Stammdaten vorhanden sind, die folgende Eigenschaften aufweisen:

- Die personenbezogenen Stammdatengruppen existieren nur in diesem System selbst, für sie ist TRT also selbst das Mastersystem.
- Die personenbezogenen Stammdatengruppen stammen aus einem weiteren Mastersystem, z. B. aus KSP.
- Die personenbezogenen Stammdatengruppen entstehen originär im System TRT und werden von dort aus in ein verbundenes System repliziert, z. B. PRP.

Zur Illustration nehmen wir an, dass im System TRT (siehe Abbildung 7.10) neben der Gruppe von personenbezogenen Stammdaten aus CMP zusätzlich sowohl lokale und nur in TRT existierende personenbezogene Stammdaten existieren als auch weitere personenbezogene Stammdaten, für die KSP das Mastersystem ist.

Umgang mit lokalen personenbezogenen Stammdaten in einem verbundenen System

Lokale Personenstammdaten in einem System

Für lokal in einem verbundenen System existierende personenbezogene Stammdaten muss der Sperrprozess in diesem System aufgesetzt werden. Das verbundene System übernimmt für diese Stammdaten also die Rolle des Mastersystems. Hierbei sind etwaige verbundene Systeme nicht zu berücksichtigen, da keine Replikation der lokalen Stammdaten in andere Systeme erfolgt ist.

Im Falle von Geschäftspartnern ist dies unproblematisch, sofern man kein explizites Mastersystem im Customizing zum Sperren pflegt. Dann lässt sich das Sperrprogramm im Modus **Gesamtprüfung** nämlich auch in einem System durchführen, das für andere Systeme ein verbundenes System darstellt.

Im beschriebenen Beispiel würde für die lokal und nur in TRT existierenden Geschäftspartner die Sperrung also direkt in TRT durchgeführt. Hier sollte sichergestellt werden, dass nicht versehentlich Geschäftspartner gesperrt werden, die aus einem anderen Mastersystem stammen. Dafür kann beispielsweise das im Unterabschnitt »Sperren von personenbezogenen Stammdaten« in Abschnitt 7.2.6, »Implementierung und Test«, beschriebene BAdI `BUP_PARTNER_EXLIST` verwendet werden, mit dem alle nicht dem TRT zuordenbaren Geschäftspartner von der Sperrung ausgeschlossen werden.

Im System TRT selbst ist kein Mastersystem zu pflegen.

Umgang mit personenbezogenen Stammdaten aus einem zweiten Mastersystem

Der Sperrprozess im Modus **Gesamtprüfung** ist immer vom Mastersystem der jeweiligen Gruppe personenbezogener Stammdaten auszuführen. Im konkreten Beispiel wäre TRT zusätzlich als verbundenes System in KSP einzurichten. Der Sperrreport würde dann für die entsprechende Gruppe von Geschäftspartnern in KSP aufgesetzt. Wiederum sollte gegebenenfalls berücksichtigt werden, dass nicht versehentlich auch Geschäftspartner durch den Sperrprozess in KSP gesperrt werden, für die dieses System gar nicht der Master ist. Dafür kann, wie bereits zuvor, das im Unterabschnitt »Sperren von personenbezogenen Stammdaten« in Abschnitt 7.2.6, »Implementierung und Test«, beschriebene BAdI `BUP_PARTNER_EXLIST` verwendet werden, mit dem alle nicht dem System KSP zuordenbaren Geschäftspartner von der Sperrung ausgeschlossen werden. In TRT selbst ist kein Mastersystem zu pflegen.

Personenstammdaten aus mehreren Systemen

Umgang mit personenbezogenen Stammdaten in einem verbundenen System, die in weitere Systeme repliziert werden

Hier geht es um das Beispiel von Gruppen von personenbezogenen Stammdaten, für die TRT das Mastersystem ist und die dann in ein verbundenes System, in diesem Fall PRP, repliziert werden. Für diese Gruppe von Stammdaten ist in TRT das Sperrprogramm im Modus **Gesamtprüfung** auszuführen und einzurichten. Wie in den vorangegangenen Abschnitten beschrieben, kann hier wieder auf ein BAdI zurückgegriffen werden, um eine versehentliche Sperrung anderer als der gewünschten Stammdaten aus dem System TRT heraus auszuschließen. Zusätzlich muss das System PRP als verbundenes System im Customizing zum Sperren von Geschäftspartnern in TRT eingerichtet werden. Weiteres Customizing ist nicht erforderlich.

Verbundenes System als Mastersystem

> **Keine EoP-Checks über mehrere Systemstufen**
>
> Wird TRT selbst im Rahmen des Sperrprozesses für die vom Mastersystem CMP verwalteten Stammdateninstanzen als verbundenes System aufgerufen, erfolgt kein Aufruf der EoP-Checks des verbundenen Systems PRP aus dem System TRT. Das Customizing der verbundenen Systeme greift also nur, wenn der Sperreport in dem jeweiligen System selbst im Modus **Gesamtprüfung** aufgerufen wird. Eine potenziell notwendige Anbindung von PRP als verbundenes System an CMP muss also in CMP gepflegt werden.

Einschränkungen beim Umgang mit verschiedenen Mastersystemen innerhalb eines Systemverbunds

Die zuvor beschriebenen Modellierungsmöglichkeiten sind insbesondere im Kontext des Geschäftspartners einsetzbar, weil das Sperren von Geschäftspartnern im Modus **Gesamtprüfung** auch ohne explizite Pflege eines Mastersystems im Customizing zum Sperren des Geschäftspartners möglich ist. Dies hat allerdings den Nachteil, dass die Ergebnisse einer Zwischenprüfung nicht an ein Mastersystem übertragen werden können. Es gilt also abzuwägen, ob die Funktionalität der Zwischenprüfung überhaupt eingesetzt werden soll oder verzichtbar ist. Im konkreten Beispiel bräuchte das System TRT eigentlich drei Mastersysteme, die je Geschäftspartnergruppe zu pflegen wären.

Beim Einsatz von Kunden, Lieferanten und Kontakten ohne Geschäftspartnerintegration ist das beschriebene Szenario schwieriger bis nicht zu implementieren, da hier vorausgesetzt wird, dass ein explizites Mastersystem im Customizing zum Sperren von Kunden, Lieferanten und Kontakten hinterlegt ist. Hier müssen dann gegebenenfalls andere Modellierungsansätze verfolgt werden.

7.3.3 Integration von HR-Systemen

Mitarbeiter mit mehreren Rollen

Innerhalb eines SAP-Systems kann es vorkommen, dass Kunden, Lieferanten oder Geschäftspartner gleichzeitig auch Mitarbeiter sind. Technisch erfolgt das dadurch, dass beim Anlegen eines Mitarbeiters im HCM-System der Ministamm eventuell – sofern benötigtes Customizing dafür vorbereitet ist – über ALE in ein CRM-, SRM- oder ERP-System repliziert wird (siehe Tabelle 7.4).

7.3 Komplexe Systemlandschaften im SAP-ILM-DSGVO-Projekt

ERP-System	Beschreibung	CRM-/SRM-System	Entspricht Infotyp
0000	Maßnahmen	HRP5580	Infotyp 0000 (Tabelle PA0000)
0001	Organisatorische Zuordnung	HRP5581	Infotyp 0001 (Tabelle PA0001)
0002	Daten zur Person	HRP5582	Infotyp 0002 (Tabelle PA0002)
0003	Abrechnungsstatus		
0006	Anschriften	HRP5583	Infotyp 0006 (Tabelle PA0006)
0007	Arbeitszeit	HRP5585	Infotyp 0105 (Tabelle PA0105)
0017	Reiseprivilegien	HRP5586	Infotyp 5586 (Tabelle HRP5586)
0034	Betriebliche Funktionen	HRP5584	Infotyp 0009
0315	CTAS: Senderinformationen	HRP5587	Infotyp 0315 (Tabelle PA0315) – kein Standard-ALE-Verteilungsmodell
0465	Registernummer einer natürlichen Person (CPF)		
0471	Flugpräferenzen		
0472	Hotelpräferenzen		
0473	Mietwagenpräferenzen		
0474	Bahnpräferenzen		
0475	Kundenprogramme		
0625	Infotype 0002 – Race/complexion		

Tabelle 7.4 Beispielhafte Replikation des Ministammsatzes in ein CRM-, SRM- oder ERP-System

ERP-System	Beschreibung	CRM-/SRM-System	Entspricht Infotyp
0695	HR Master record infotype 0695 // Brazil		
0709	(externe Repräsentation der) Personen-ID <-> Central Person	HRP5588	Infotyp 0709 (Tabelle PA0709)
9750	Kundenspezifisch		
0009	Bankverbindung	HRP5584	Infotyp 0009 (Tabelle PA0009)

Tabelle 7.4 Beispielhafte Replikation des Ministammsatzes in ein CRM-, SRM- oder ERP-System (Forts.)

Sofern es sich um einen neuen Mitarbeiter handelt, wird ein Geschäftspartner, Kunde oder Lieferant in dem System angelegt. Feststellen kann man dies daran, dass eines der Felder aus Tabelle 7.5 gefüllt ist.

Objekt	Tabellen- und Feldname
Geschäftspartner	BUT000-PERNO
Kunde	KNB1-PERNR
Lieferant	LFB1-PERNR

Tabelle 7.5 Geschäftspartner, Kunde oder Lieferant im System

Benötigt wird diese Verknüpfung, wenn ein Mitarbeiter z. B. auch Produkte der Firma – natürlich günstiger – kaufen kann, oder für die Reisekostenabrechnung. Repliziert werden also nur die wichtigen Stammdaten des Mitarbeiters inklusive Adresse und Status. Eventuell können auch kundeneigene Infotpypen – siehe Beispiel – zusätzlich repliziert werden.

Herausforderungen Problematisch dabei ist, dass Geschäftspartner, Kunden oder Lieferanten, die kein Geschäft im ERP-System haben, spätestens nach ein paar Monaten im System gesperrt und vernichtet werden. Der Mitarbeiter ist aber vielleicht noch aktiv, er hat nur noch nichts gekauft und darf daher keinesfalls gesperrt oder gelöscht werden.

SAP hat für diesen Fall eine Abfrage auf den Status des Mitarbeiters implementiert. Evaluiert wird der Status des Mitarbeiters (Tabelle PA000-STAT2), ob er ausgetreten (**0**), ruhend (**1**), Rentner (**2**) oder aktiv (**3**) ist. Aus Sicht von Kunden, Lieferanten oder Geschäftspartnern können diese Daten gelöscht

7.3 Komplexe Systemlandschaften im SAP-ILM-DSGVO-Projekt

werden, wenn der Mitarbeiter ausgetreten und die tiefste Abrechnungsgrenze des Mitarbeiters (PA0003- ABWD1) überschritten ist. Auch darf der Mitarbeiter nicht in absehbarer Zeit wiedereingestellt werden, also eine Planstelle in der Zukunft schon besetzen. Für diese Prüfung gibt es die in Tabelle 7.6 aufgeführten Funktionsbausteine bzw. Klassen.

	Transaktion zum Sperren von Geschäftspartnern (BUPA_PRE_EOP)	Transaktion zum Sperren von Kunden und Lieferanten (CVP_PRE_EOP)
FB oder Klasse	BUCP_BUPA_EOP_CHECK	CL_WUC_HCM_CVP_CHECK
Anwendungsname	BUCP	ERP_HCM_POST
Prüfbaustein	HREOP_CHECK_PERNR	HREOP_CHECK_PERNR

Tabelle 7.6 Anwendungsname und Funktionsbaustein inklusive Prüfbaustein für den EoP-Check von Mitarbeitern

Die eigentliche Prüfung erfolgt im HCM-System selbst und wird technisch gesehen über einen ABAP-RFC durchgeführt, der entsprechend einzurichten ist.

7.3.4 Integration von Nicht-ABAP-Systemen

Für die Integration von Nicht-ABAP-Systemen im Rahmen des Sperrprozesses stehen Enterprise Services bereit, z. B. ABABusinessPartnerEOPRemoteOut, wie in Abbildung 7.12 dargestellt, wenn es sich dabei um verbundenes System handelt.

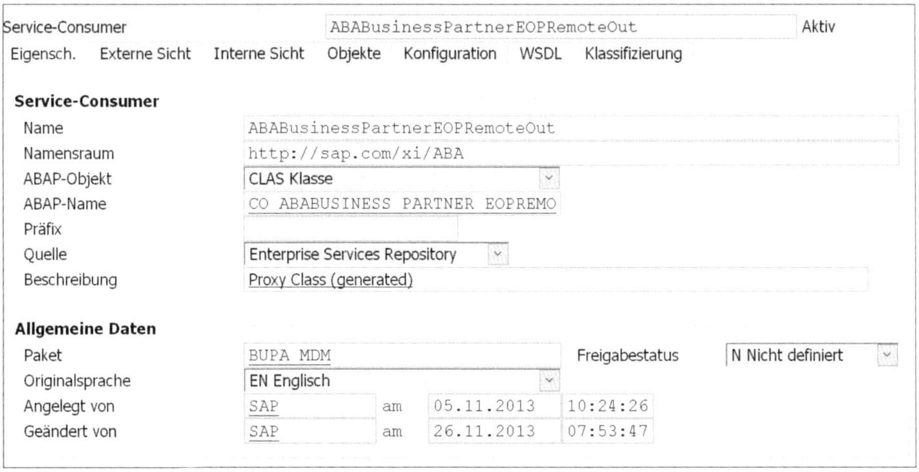

Webservice für Nicht-ABAP-Systeme

Abbildung 7.12 Service für die Anbindung von Nicht-ABAP-Systemen an den Sperrprozess

Hier muss aufseiten des Mastersystems die Webservice-Konfiguration über die Transaktion SOAMANAGER (SOA-Manager) vorgenommen werden.

Das anzubindende verbundene System übernimmt die Rolle des Service-Providers und muss die entsprechenden lokalen Implementierungsschritte vornehmen, um beispielsweise einen eigenen EoP-Check zu implementieren oder die Information der Sperre eines personenbezogenen Stammdatums verarbeiten zu können.

Eine Anbindung über Services dieser Art ist immer dann erforderlich, wenn eine synchrone Integration des Systems nötig ist, also beispielsweise dann, wenn in diesem System Applikationsprozesse ablaufen, die im Rahmen des Sperrprogramms im Mastersystem in Form eines eigenen EoP-Checks berücksichtigt werden müssen.

Synchrone Anbindung nicht nötig

In einigen Fällen ist eine synchrone Anbindung derartiger Drittsysteme gar nicht erforderlich, beispielsweise dann, wenn es keine entkoppelten und eigenständigen Applikationsprozesse in diesen Systemen gibt, die die Einrichtung eines EoP-Checks erfordern würden. Dies kann dann vorliegen, wenn diese Systeme nur für Reporting-Zwecke verwendet werden oder Prozesse abbilden, die von den Standardprozessen der SAP-Systeme abhängen oder diese erweitern, sodass die EoP-Checks der Standardprozesse bereits ausreichend gegebenenfalls offene Prozesse in den Drittsystemen berücksichtigen.

In solchen Fällen kann dann eine asynchrone Benachrichtigung dieser Systeme über das erfolgreiche Sperren und Entsperren einer Stammdateninstanz aus dem Mastersystem vollkommen ausreichend sein. Hier ist es beispielsweise denkbar, in einem nachgelagerten Schritt auf der Basis des Sperr- oder Entsperrereignisses eine entsprechende Folgeverarbeitung anzustoßen.

Konkret kann angedacht werden, das bereits im Unterabschnitt »Sperren von personenbezogenen Stammdaten« in Abschnitt 7.2.6, »Implementierung und Test«, beschriebene BAdI (im Falle des Sperrens von Geschäftspartnern) `BUPA_PURPOSE_EXPORT` zu verwenden, um die gesperrten Geschäftspartner in einer kundeneigenen Tabelle temporär zu persistieren. Auf Basis dieser Tabelle kann dann beispielsweise in einem asynchron auszuführenden kundeneigenem Programm eine beliebige Nachverarbeitung angestoßen werden. Natürlich wäre das gleiche Vorgehen auf der Basis eines Monitorings der Änderungsbelege des Geschäftspartners auch denkbar, in denen das Setzen des Sperrkennzeichens am Geschäftspartner ebenso dokumentiert wird.

7.4 Geschäftsprozesse und verantwortliche Stelle

Im Folgenden möchten wir an einem Beispiel aufzeigen, wie man aus einen Prozessmodell die unterschiedlichen Aspekte des Datenschutzes innerhalb der Firma transparent machen kann.

7.4.1 Geschäftsprozess einer Internetfirma

In unserem Beispiel verkauft die Firma ACSE (**A C**ompany **S**elling **E**verything) Güter weltweit über das Internet an Endkunden. Jeder Kunde der Firma kann sich auf der Webseite der Firma ACSE einen Account anlegen und über diesen Account Waren bestellen. Technisch könnte man diese Vorgänge mit SAP-Systemen – wie in Abbildung 7.13 vereinfacht dargestellt – implementieren.

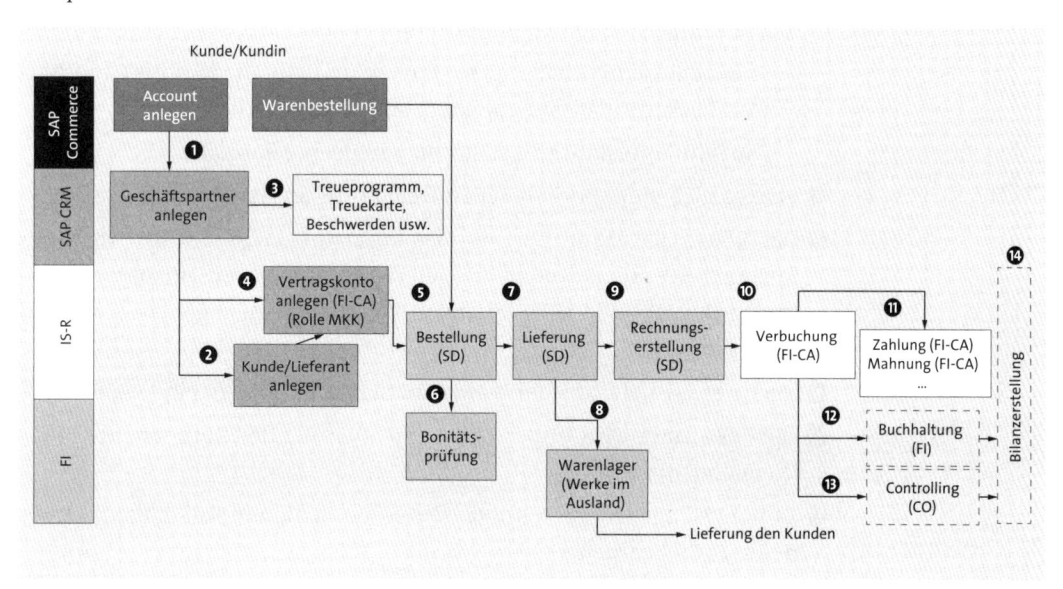

Abbildung 7.13 Beispielhafter Geschäftsprozess

Der Abbildung folgend, wollen wir nun die Schritte im Einzelnen genauer erläutern. Ein Kunde registriert sich und meldet sich über SAP Commerce an:

Beispielhafter Geschäftsprozess

❶ Dadurch wird im CRM-System ein Geschäftspartner angelegt.

❷ Über die Kunden- und Lieferantenintegration wird der Kunde angelegt. Geschäftspartner, Kunde und Lieferant haben im optimalen Fall die gleiche Nummer.

❸ Danach werden im CRM-System weitere Aktivitäten ausgeführt. Möglich wäre es beispielsweise, dass der Kunde eine Treuekarte erhält.

❹ Spätestes beim ersten Einkauf werden ein oder mehrere sVertragskonten angelegt. Dann werden z. B. Zahlungsmodalitäten festgelegt: Kreditkarte(n), Lastschriftdaten, Nachnahme etc.

❺ Jetzt können die Bestellungen des Kunden erfolgen. Bestellkonditionen/Rabatte müssen bei einer Bestellung berücksichtigt werden. Vielleicht bekommt der Kunde bei der ersten Bestellung einen Rabatt von 25 %. Ebenso muss berücksichtigt werden, ob die Waren verfügbar sind und ob an die Lieferadresse geliefert werden kann.

❻ Spätestens bei der Bestellung sollte die Bonität festgestellt werden. Bei unzureichender Bonität wird die Bestellung verweigert. Mögliche Gründe könnten sein:
– Der Kunde ist deutlich im Zahlungsverzug.
– Er bestellt teure Kleidung am Freitag und gibt die Kleidung mit Rotweinflecken am Montag wieder zurück, also Betrug.
– Die Schufa-Auskunft ist schlecht (= schlechte Bonität).

❼ Bei ausreichender Bonität wird die Lieferung angestoßen.

❽ Das Warenlager kann im Land des Kunden sein (Stichwort: Werke im Ausland). Eventuell werden die Lieferungen auch in einem anderen System, z. B. SAP EWM (SAP Extended Warehouse Management), abgewickelt.

❾ Nach der Auslieferung der Ware wird die Rechnung erstellt.

❿ Die Forderung wird in der Finanzbuchhaltung der Komponente FI-CA (Nebenbuch) verbucht.

⓫ Zahlungseingang oder Mahnläufe werden in diesem Fall in der Komponente FI-CA bearbeitet.

⓬ Zahlungen und Forderungen werden regelmäßig vom Nebenbuch ins Hauptbuch übertragen.

⓭ Ebenso erfolgen Buchungen im Controlling.

⓮ Buchungen in der Finanzbuchhaltung (Hauptbuch) und im Controlling werden für die Bilanzerstellung benötigt.

Damit ist der Geschäftsprozess als Ganzes erst einmal definiert. Für die Bewertung aus Datenschutzgründen ist diese Granularität ausreichend.

7.4.2 Prozessdaten und Aufbewahrungsfristen

In Abschnitt 7.2, »Phasen eines SAP-ILM-DSGVO-Projekts«, haben wir detailliert über die Analyse eines oder mehrerer Systeme gesprochen. Eine gute Möglichkeit, um zu überprüfen, ob der Geschäftsprozess und die Analyse vollständig sind, gibt der Blick auf das folgende Schaubild (siehe Abbildung 7.14). Hier werden Ergebnisse der Analyse auf den Geschäftsprozess abgebildet.

Rolle der Geschäftsprozessanalyse

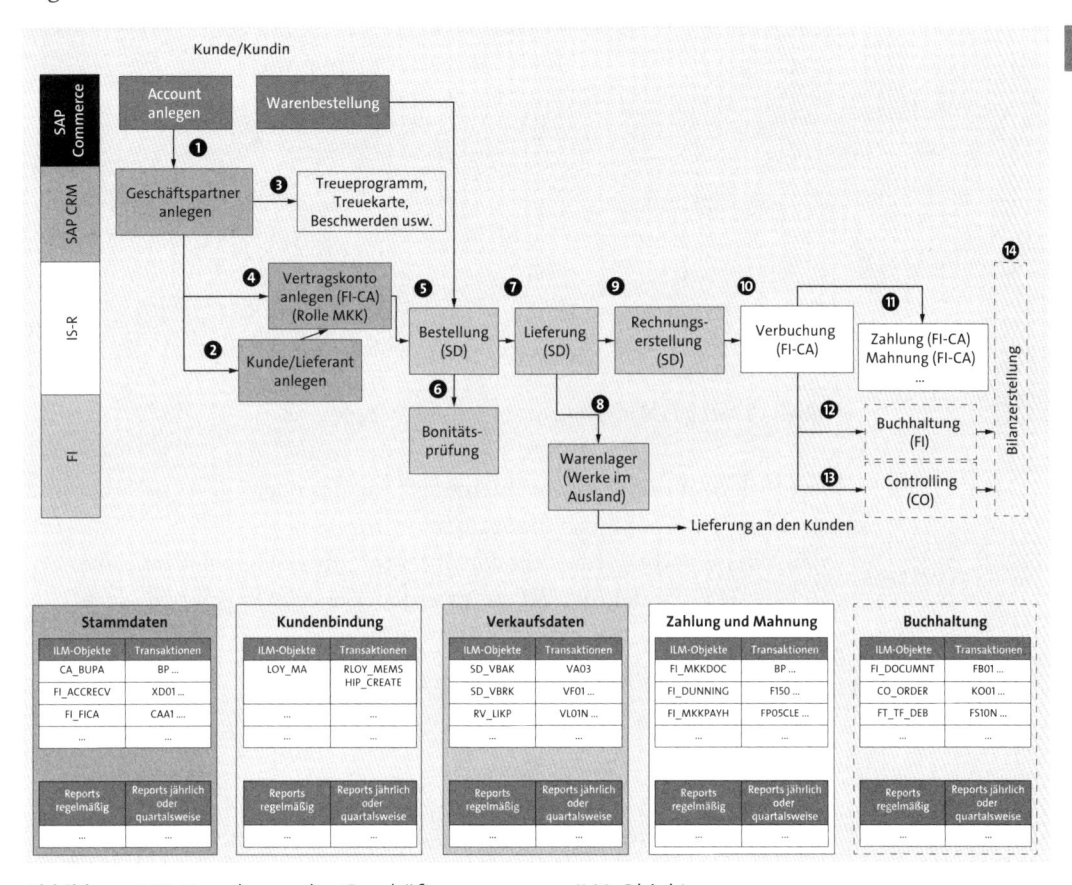

Abbildung 7.14 Zuordnung des Geschäftsprozesses zu ILM-Objekten

Sofern das Geschäftsmodell korrekt und vollständig ist, müsste es möglich sein, alle geschäftsprozessrelevanten ILM-Objekte – gefunden in der Analyse – auf die Geschäftsprozesse, sofern es mehrere gibt, abzubilden. In dem Schaubild würden dann auch ILM-Objekte vorkommen, die selbst keine personenbezogenen Daten enthalten. Es ist trotzdem notwendig, diese Daten aufzunehmen; eventuell gibt es dafür gesetzliche Aufbewahrungsfristen, oder die personenbezogenen Daten können aus Konsistenzgründen erst gelöscht werden, wenn auch diese Daten gelöscht wurden.

Die Aufbewahrungsfristen werden aufgrund von gesetzlichen Anforderungen und unter Berücksichtigung der *legalen Entitäten* auf die ILM-Objekte abgebildet. Die wichtigsten legalen Entitäten in einem SAP-System stellt Tabelle 7.7 dar.

Legale Entität	Beschreibung
Buchungskreis	Ein Unternehmen in einem Land.
Werk	Ein Werk – Produktionsstätte – ist immer genau einen Buchungskreis zugeordnet.
Vertriebsorganisation	Ein oder mehrere Werke eines Buchungskreises können zu einer Vertriebsorganisation zusammengefasst werden.
Einkaufsorganisation	Einkaufsorganisation beschafft Materialien bzw. Dienstleistungen für einen Buchungskreis.

Tabelle 7.7 Legale Entitäten in einem SAP-System

Rechtlich gesehen, bestimmt meist das Land des Buchungskreises, also das Land des Unternehmens die Aufbewahrungsfrist. Es kann auch vorkommen, dass innerhalb eines Landes Güter mit unterschiedlichen Aufbewahrungsfristen erzeugt und verkauft werden. Daher ist es sinnvoll, nicht nur den Buchungskreis als legale Entität zu betrachten.

Kategorien der Daten Die legalen Entitäten müssen nun beim Löschen der Daten berücksichtigt werden. Die Daten in einem SAP-System kann man ganz grob auf folgende Art kategorisieren:

- **Stammdaten**
  Stammdaten sind die Daten zur Person. Sie können erst gelöscht werden, wenn alle aufbewahrungspflichtigen Daten zuvor gelöscht wurden, die auf die Stammdaten verweisen.

- **Erweiterte Stammdaten (Verträge)**
  Darunter ist z. B. die übereinstimmende Willenserklärung einer zustandegekommenen Einigung von mindestens zwei Rechtssubjekten zu verstehen (Vertrag). Ein Vertrag in der Wirtschaft hat normalerweise ein Ablaufdatum. Die Aufbewahrungsfrist startet mit dem Ablaufdatum und wird durch die legale Entität und den Gegenstand des Vertrags festgelegt. (Beispielsweise hat eine Rechtschutzversicherung eine andere Aufbewahrungsfrist als eine Haftpflichtversicherung.)

- **Kundenbindung**
  Daten zur Kundenbindung unterliegen in der Regel keiner Aufbewahrungsfrist und können daher jederzeit gelöscht werden. Die Verarbeitung und Speicherung der Daten ist nur erlaubt, sofern eine entsprechende Einverständniserklärung vorliegt. Des Weiteren muss sichergestellt werden, dass diese Daten gelöscht werden, sofern dies der Kunde wünscht.
- **Verkaufs-, Zahlungs- und Buchhaltungsbelege**
  Diese Belege unterliegen einer gesetzlichen Aufbewahrungsfrist und werden durch die legale Entität festgelegt. Die Aufbewahrungsfrist beginnt, sobald der Vorgang abgeschlossen ist.

Dies ist erst einmal eine sehr grobe Kategorisierung der Daten. Die DSGVO erfordert eine genauere Kategorisierung, z. B. Daten zur Person, Bankdaten etc. Sie ist aber auch hilfreich bei der Erstellung der Aufbewahrungsfristen und beim Festlegen, welche Daten beauskunftet werden sollen.

7.4.3 Auskunftspflicht

Wir können und werden hier keine Rechtsberatung geben. Trotzdem muss man das Thema Auskunftspflicht in einem Datenschutzprojekt angehen. Das Beispiel hier in diesem Buch macht aber hoffentlich deutlich, wie man das mit einer anschaulichen Prozessbeschreibung besser bewerten kann. Aus unserer Sicht des Geschäftsprozesses müssten auf jeden Fall folgende Informationen geliefert werden, sofern ein Kunde sein Recht auf Auskunftspflicht wahrnimmt:

- Geschäftspartnerdaten/Kundendaten
- alle gespeicherten Kundenbindungsdaten, wie Treuekarte und Treuepunkte, Beschwerden, Schadensfälle, Leasingdaten etc.
- Zahlungskonditionen zu den Vertragskonten, also auch Kreditkartennummer etc.
- Bestellung(en), Lieferung(en), Rechnung(en) und Zahlungseingänge, Mahnungen, Stornierungen

Fraglich ist es, ob man wirklich die Informationen aus dem Lagersystem braucht. Denn es handelt sich dabei nicht um eine neue Information für den Kunden. Der Frachtbrief, der Bordero oder die Ladeliste können auch Daten über Lieferungen an andere Kunden beinhalten. Deren Weitergabe sollte daher vorab mit der Rechtsabteilung geklärt werden.

Beim Thema Beauskunftung gibt es aber auch zu klärende Punkte. Offen und daher definitiv mit der Rechtsabteilung zu prüfen, wären folglich:

- Bonitätsprüfung, z. B.
  - negative Schufa-Auskunft
  - unbezahlte Rechnungen, wobei dies auch aus den Zahlungen hervorgeht
  - Kunde »betrügt« oder ist unerwünscht
- Salden des Kunden in der Buchhaltung, da diese auch über Rechnungen und Zahlungseingänge abgeleitet werden können
- CO-Buchungen zu Rechnungen oder Zahlungseingängen

Bei der Diskussion, was wirklich zu beauskunften ist, könnte man die in Abbildung 7.15 dargestellte Gruppierung als Grundlage der Diskussion verwenden.

Stammdaten		Kundenbindung		Verkaufsdaten		Zahlung und Mahnung		Buchhaltung	
ILM-Objekte	Transaktionen	ILM-Objekte	Transaktionen	ILM-Objekte	Transaktionen	ILM-Objekte	Transaktionen	ILM-Objekte	Transaktionen
CA_BUPA	BP …	LOY_MA	RLOY_MEMS HIP_CREATE	SD_VBAK	VA03	FI_MKKDOC	BP …	FI_DOCUMNT	FB01 …
FI_ACCRECV	XD01 …			SD_VBRK	VF01 …	FI_DUNNING	F150 …	CO_ORDER	KO01 …
FI_FICA	CAA1 …			RV_LIKP	VL01N …	FI_MKKPAYH	FP05CLE …	FT_TF_DEB	FS10N …
…	…	…	…	…	…	…	…	…	…
…	…	…	…	…	…	…	…	…	…
…	…	…	…	…	…	…	…	…	…

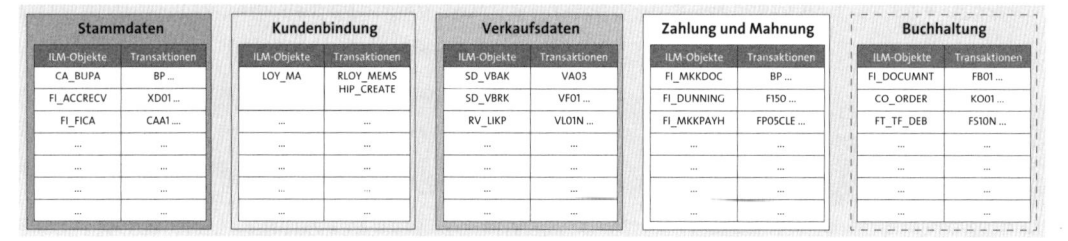

Abbildung 7.15 Überblick über mögliche Daten zur Beauskunftung

Zusammenfassend möchten wir hier verdeutlichen, dass ein Kunde ohne detaillierte Kenntnis der SAP-Systeme überfordert ist, wenn ihm *alle* Daten eines SAP-Systems ohne Aufbereitung übermittelt werden. Wir sind aber auch der Meinung, dass der Kunde *alle sinnvollen Daten* in einer verständlichen Form erhalten sollte.

Negativbeispiel Kundensalden

Ein Negativbeispiel wären die Kundensalden in der Finanzbuchhaltung. Sollen wirklich Kundensalden – notwendig für die Bilanzerstellung – im Detail übermittelt werden? Kundensalden werden für die Gewinn- und Verlustrechnung und auch für die Bilanzerstellung der Firma benötigt. Sie sind Hilfsmittel, die auch eine gesetzliche Grundlage haben, und liefern nicht wirklich zusätzliche Informationen, da diese Daten auch über die Rechnungen und Zahlungseingänge nachvollziehbar sind.

7.4.4 Berechtigungen von Mitarbeitern

Der Datenschutz erfordert, dass die Daten innerhalb der Systeme so organisiert werden, dass Mitarbeiter die personenbezogenen Daten eines Kunden, Lieferanten oder Geschäftspartners nur dann sehen und verarbeiten können, wenn eine betriebliche Notwendigkeit besteht.

Dazu bietet ein SAP-System die Möglichkeit, Berechtigungen für die Daten via Berechtigungsrollen über legale Entitäten zu modellieren. Um dies sinnvoll zu modellieren, benötigt man einen guten Überblick über das Prozessmodell. Aus Gründen des Datenschutzes muss man daher in unserem fiktiven Beispiel folgende Überlegungen anstellen:

Modellierung von Berechtigungen

- Welche Berechtigungen soll ein »normaler« Mitarbeiter in den einzelnen Abteilungen erhalten?
- Welche Berechtigungen benötigt ein Mitarbeiter, der Beschwerden bearbeitet?
- Welches ist der Zweck der Verarbeitung, und welche Daten sollen gespeichert werden?

Zu den Berechtigungen gehört auch, welche Reports und Transaktionen die Mitarbeiter ausführen dürfen (siehe Abbildung 7.16).

Abbildung 7.16 Auflistung der verwendeten Reports für den Zugriff auf die entsprechenden Daten im System

Zu jedem ILM-Archivierungsobjekt gehört mindestens ein Geschäftsobjekt – z. B. eine Bestellung oder eine Kundenrechnung – mit Transaktionen und Reports, die Daten anlegen, anzeigen, modifizieren und eventuell sogar löschen. Für viele dieser Daten gibt es auch Transaktionen (oder Reports), die Daten transformieren oder aggregieren.

Ein Beispiel für eine Transformation ist der Saldenübertrag am Ende des Fiskaljahres. Hier wäre es hilfreich zu wissen, welche Transaktionen und Reports – auch kundenspezifische Reports (GUIs oder SAP-Fiori-Apps) – verwendet werden. Eventuell müssen hier kundenspezifische Reports angepasst werden, da sie möglicherweise auf gesperrte Daten zugreifen. Ebenso ist es hilfreich zu wissen, ob eine Transaktion (oder ein Report) im laufenden Geschäft oder nur monatlich, quartalsweise oder nur für den Jahresabschluss verwendet wird. Zusammen mit der legalen Entität ist es dann möglich, Berechtigungsrollen so auszuprägen, dass sie dem Datenschutz genügen.

Bei der Erstellung der Rollen muss auch bedacht werden, dass für eine notwendige Fehlersuche eventuell umfangreiche Berechtigungen notwendig werden. Diese könnte man bei Bedarf einem Mitarbeiter zuweisen.

Kapitel 8
Systemstilllegung mit SAP ILM Retention Warehouse

Nachdem Sie das Thema SAP ILM und das erste Anwendungsszenario Retention Management kennengelernt haben, stellen wir Ihnen nun auch das zweite ILM-Szenario genauer vor, das den Namen Retention Warehouse trägt. Sie erfahren, wie es zur Stilllegung von Altsystemen (Legacy-Systemen) verwendet werden kann, und welche Vorteile und Herausforderungen es mit sich bringt.

In diesem Kapitel verschaffen wir Ihnen einen Überblick darüber, wie Sie SAP ILM für das Stilllegen von Altsystemen verwenden können. Es geht also speziell um das zweite der beiden Anwendungsszenarien, die wir bereits am Ende von Abschnitt 1.1, »Von der Datenarchivierung zu ILM: Wo der Schuh drückte und was Abhilfe schaffte«, angesprochen haben.

> **Systemstilllegung = System Decommissioning; Altsystem = Legacy System**
>
> In der Literatur oder Dokumentation ist im Zusammenhang mit der Systemstilllegung manchmal auch die Rede von *System Decommissioning* oder *System Decommissioning von Legacy-Systemen*.

Ein Projekt zur Systemstilllegung mit SAP ILM wird in der Regel von Experten aus der ILM-Beratung betreut, da das Thema und die damit zusammenhängenden Aufgaben anspruchsvoll sind. In diesem Kapitel wollen wir Ihnen einen Überblick über die Projektphasen und die ILM-Retention-Warehouse-Funktionalitäten vermitteln.

8.1 Grundlagen und Begriffsklärung

Bevor wir nun die Lösung – das Retention-Warehouse-Szenario (RW) – erklären, wollen wir erst einmal gemeinsam das zugrunde liegende Problem verstehen. Bei welchen Herausforderungen hilft Ihnen SAP ILM hier genau? Dazu stellen wir uns zunächst folgende Fragen:

- Was ist ein Altsystem?
- Wie kommt es, dass sich Altsysteme in Ihrer Systemlandschaft befinden?
- Wieso können Sie die Altsysteme nicht einfach abschalten?
- Warum sollen Sie die Altsysteme nicht einfach weiterbetreiben?

Was ist ein Altsystem?

Wir sagen im Allgemeinen, dass ein System die folgenden Kriterien erfüllen muss, um als ein Altsystem bezeichnet zu werden:

- Das System soll nur den Lesezugriffen dienen (read-only).
- Benötigt man einen Zugriff auf das System, soll dieser nur wenigen Benutzern gewährt werden. Der Zweck des Zugriffs steht im Zusammenhang mit Audits/Prüfungen, gesetzlichen Aspekten wie Aufbewahrungspflichten oder Ähnlichem.
- Das System ist mit keinem produktiv genutzten System verbunden.
- Das System wird von keinem produktiv genutzten System verwendet.

Entstehung von Altsystemen?

Wie kommt es also, dass Altsysteme in Ihrer Systemlandschaft entstehen? Die möglichen Gründe sind diese:

- Erwerb von Systemen bei Fusionen und Übernahmen
- Upgrades von Systemen
- Implementierung von neuen Lösungen

Altsysteme abschalten?

Und wie steht es um die Möglichkeit, ein Altsystem einfach abzuschalten? Diese Möglichkeit kommt im Allgemeinen nicht infrage, und zwar aufgrund von gesetzlichen Aspekten wie Aufbewahrungspflichten oder möglichen Audits/Prüfungen, für die Sie bestimmte Daten des Systems vorhalten müssen.

Altsysteme weiterbetreiben?

Gut, sagen Sie jetzt, aber könnte man das System dann nicht einfach wie gehabt weiterbetreiben? Diese Vorgehensweise ist allerdings eher kurzsichtig, denn im Laufe der Zeit kann sich das Betreiben von Altsystemen als sehr kostspielig erweisen, und zwar aus folgenden Gründen:

- Alte Systeme unterliegen gegebenenfalls nicht mehr einem Wartungsvertrag.
- Das Betreiben eines Altsystems verbraucht zusätzliche oder sehr spezifische Ressourcen (entsprechend geschulte Mitarbeiter, die das System noch kennen, oder Ähnliches).
- Unter Umständen müssen weitere Ausgaben im Zusammenhang mit der Risikoabschätzung beim Betrieb von alter Hard- und Software getätigt werden.

Die Lösung bietet Ihnen das Anwendungsszenario Retention Warehouse (RW) von SAP ILM. Mit ihm können Sie Altsysteme in Ihrer Systemlandschaft stilllegen, gleichzeitig aber benötigte Daten behalten, um so gesetzlichen Aspekten und Verpflichtungen gerecht zu werden.

Das Retention-Warehouse-Szenario bietet Ihnen folgende Vorteile:

- ein zentrales Repository für alle stillgelegten Altsysteme
- flexible Reporting-Möglichkeiten
- kontinuierliche Durchsetzung/Einhaltung von Aufbewahrungsvorschriften

Vorteile des ILM-RW-Szenarios

> **Verschiedene Gesichter des RW-Szenarios**
>
> Auch dieses ILM-Szenario wurde im Laufe der Jahre weiterentwickelt. Die erste Version verwendete z. B. kein SLT-System (siehe dazu Abschnitt 8.2, »Systemarchitektur«). Unser Kapitel widmet sich der aktuellen Version des RW-Szenarios und seiner Verwendung.

Welche Business-Funktion Sie für das Retention-Warehouse-Szenario benötigen, haben wir bereits in Abschnitt 2.8, »Benötigte Business-Funktionen«, beschrieben. Es handetl sich um die Business-Funktion ILM (Information Lifecycle Management). Wenn Sie für das Reporting zusätzlich das Business Warehouse verwenden möchten, liefert SAP in den Business-Funktionen ILM_RWC_* passenden, sogenannten vordefinierten Content.

Business-Funktionen

8.2 Systemarchitektur

Widmen wir uns nun zunächst einmal der Systemarchitektur in einem ILM-Retention-Warehouse-Szenario. Dazu betrachten wir Abbildung 8.1 und beschreiben auf ihrer Grundlage die einzelnen Komponenten dieses Szenarios.

Komponenten

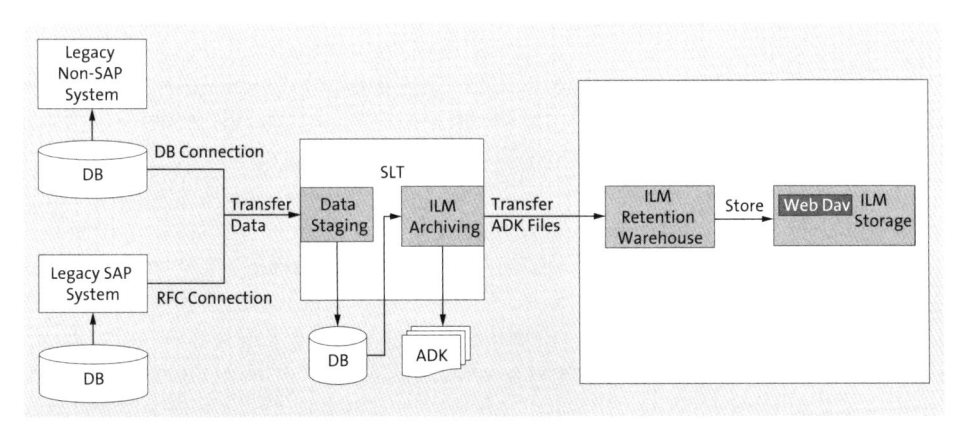

Abbildung 8.1 Retention-Warehouse-Szenario – Systemarchitektur

1. In der linken Bildhälfte sehen Sie das Altsystem, das stillgelegt werden soll.
   - Handelt es sich um ein SAP-System, müssen Sie das Add-on DMIS (*Data Migration Server*) installieren. (Welche Version Sie benötigen, hängt von der Version Ihres Altsystems ab. In diesem Zusammenhang ist sicherlich SAP-Hinweis 1000578 (Übersicht: Hinweise zum Add-on DMIS) für Sie von Interesse.)
   - Handelt es sich um ein Fremdsystem (Nicht-SAP-System), sollten seine Datenbank und Version einen Stand haben, der vom SLT (*SAP Landscape Transformation Replication Server*) unterstützt wird. Weitere Informationen dazu finden Sie in SAP-Hinweis 1768805 (SAP Landscape Transformation Replication Server (SLT): Nicht-ABAP-basierte Quellsysteme).
2. Der Kasten **SLT** in der Abbildung stellt das SLT-System dar. Darin sollte ebenfalls das DMIS-Add-on installiert sein. Die DMIS-Version sollte mindestens 2011 SP14 sein.
3. Der Kasten **ILM Retention Warehouse** stellt das Retention-Warehouse-System dar.
4. Der Kasten ganz rechts in Abbildung 8.1 stellt das ILM-fähige Ablagesystem dar (siehe Abschnitt 2.6, »Vom WebDAV und der BC-ILM-Zertifizierung zum ILM Store Browser«).

[»] **SLT**

SLT steht für *Landscape Transformation Replication Server*. Ein *SLT-System* ist ein SAP-System, das die Replikation von Daten aus einem oder mehreren Quellsystemen in ein oder mehrere Zielsysteme ermöglicht. Bei den Quellsystemen kann es sich um SAP-Systeme oder Fremdsysteme handeln.

[»] **Ein neues Zuhause für die Daten aus stillgelegten Systemen**

Dass das *Retention-Warehouse-System* ein neues System ist, das Sie in Ihrer Systemlandschaft einrichten müssen, klingt etwas absurd, denn einerseits sprechen wir über die Harmonisierung Ihrer Systemlandschaft und die Reduktion der Anzahl Ihrer Systeme, und nun sollen Sie andererseits noch ein System mehr erschaffen. Doch die Ersparnis kommt, wie Sie sehen werden, mit der Zeit. Sie können sich das Retention-Warehouse-System wie ein Gebäude vorstellen, in dem die aufzubewahrenden Daten unterschiedlicher stillgelegter Systeme in separate Wohnungen einziehen (siehe dazu auch Abbildung 2.40). Die Daten im Quellsystem (Altsystem) bleiben unverändert; sie werden weder modifiziert noch archiviert noch gelöscht. Stattdessen werden die benötigten Daten in das neue Zuhause – das RW-System – kopiert.

Widmen wir uns nun den Verbindungen zwischen den eben genannten Systemen und den Richtungen, die dabei möglich sind. Richten Sie folgende Verbindungen ein:

Verbindung zwischen den Systemen

1. **Vom SLT-System zum Altsystem**
   Ist das Altsystem ein Fremdsystem (Nicht-SAP-System), benötigen Sie eine Datenbankverbindung vom SLT-System zum Altsystem. Diese können Sie in der Transaktion DBCO (DB-Verbindungspflege) anlegen.

   Ist das Altsystem ein SAP-System, benötigen Sie eine ABAP-RFC-Verbindung vom SLT-System zum Altsystem.

2. **Vom SLT-System zur Datenbank**
   Im SLT-System benötigen Sie eine weitere Verbindung zur Datenbank. Diese neue Verbindung sollte auf ein neues, sogenanntes *Datenbankschema* zeigen. Auf diesem Wege erreichen Sie eine bessere Handhabung der Datenbank, denn Sie verfügen über Objekte in der primären Datenbank (Tabellen, Views etc. im primären Datenbankschema, das üblicherweise den Namen SAPR3 trägt), komplett isoliert von den Datenbankobjekten, die Sie im Rahmen des Stilllegungsprojekts anlegen werden. So können Sie z. B. am Ende des Projekts das zusätzliche Datenbankschema löschen.

3. **Vom ILM-RW-System zum SLT-System**
   Hier benötigen Sie eine RFC-Verbindung pro SLT-Mandant.

4. **Vom ILM-RW-System zum ILM-fähigem Ablagesystem**
   Hierzu benötigen Sie eine HTTP-Verbindung.

Sind diese Verbindungen eingerichtet, können Sie den nächsten Schritt angehen – die Replikation von Daten aus dem Altsystem.

8.3 Replikation von Daten aus dem Altsystem

Beginnen wir nun mit der Erklärung der einzelnen Schritte, die Sie beim Stilllegen eines Altsystems vornehmen. Wir fangen mit der Replikation von Daten aus Ihrem Altsystem an.

8 Systemstilllegung mit SAP ILM Retention Warehouse

> [»] **Welche Daten aus dem Altsystem werden noch benötigt?**
>
> Eine wichtige Frage in einem Systemstilllegungsprojekt lautet: Welche Daten müssen Sie in das ILM-Retention-Warehouse-System übernehmen, bevor Sie das Altsystem abschalten? Im Allgemeinen gibt es hierzu zwei Ansätze:
>
> - Es werden alle Daten übernommen, weil nicht 100-prozentig klar ist, was zukünftig nicht mehr benötigt wird.
> - Es wird Zeit in eine ausgiebige Analyse investiert, die die (nicht) benötigten Daten identifiziert.
>
> Die Erfahrung aus uns bekannten Projekten zeigt, dass sich die meisten Kunden für die erste Option entscheiden.

Schritte der Replikation (Extraktion)

Um mit der Replikation von Daten aus Ihrem Altsystem zu beginnen, betrachten wir Abbildung 8.2. Die Replikation (Extraktion) von Daten aus dem Altsystem ins SLT-System macht die folgenden beiden Schritte erforderlich:

1. Einrichten der SLT-Konfiguration für die Extraktion
2. Replikation (Extraktion) der Daten aus dem Altsystem für benötigte Tabellen

Diese beiden Schritte beschreiben wir nun in den folgenden Unterabschnitten im Einzelnen.

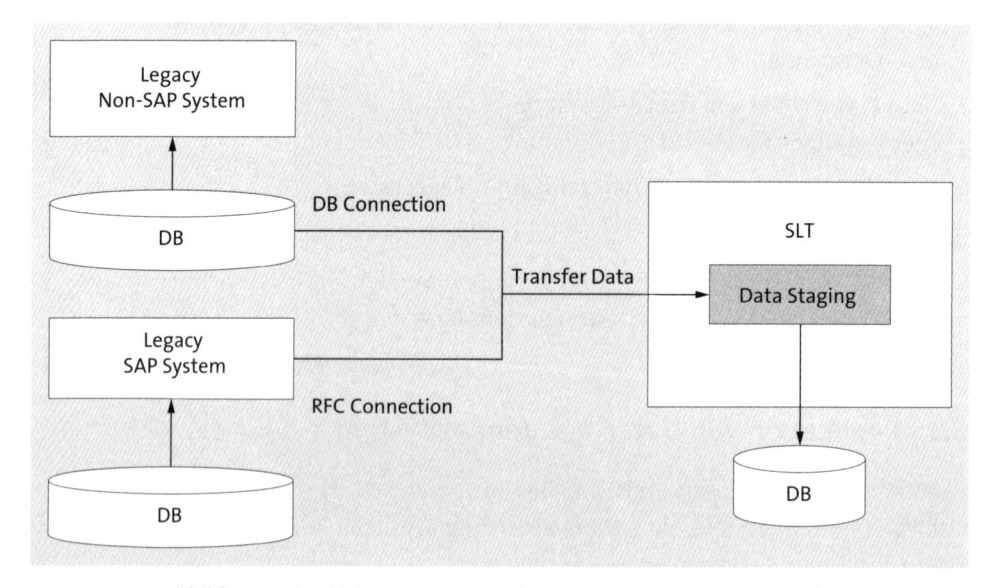

Abbildung 8.2 ILM-Retention-Warehouse-Szenario – Datenextraktion

8.3 Replikation von Daten aus dem Altsystem

> **Replikation, Export, Extraktion** [«]
>
> In der einschlägigen Literatur, und so auch in unserem Buch, finden sich verschiedene Synonyme für diesen Vorgang: *Replikation*, *Export* oder auch *Extraktion*.

8.3.1 Konfiguration für die Extraktion im SLT-System

Für die Extraktion im SLT-System benötigen Sie eine Konfiguration. Gehen Sie wie folgt vor, um diese einzurichten:

1. Rufen Sie die Transaktion LTRC (LT Replication Server Cockpit) auf.
2. Wählen Sie **Konfiguration anlegen** (siehe Abbildung 8.3).

Abbildung 8.3 LT Replication Server Cockpit – Konfiguration anlegen

3. Füllen Sie die Felder **Konfigurationsname** und **Beschreibung** gemäß Ihrer Namenskonvention aus (siehe Abbildung 8.4), und bestätigen Sie Ihre Eingaben mit **Nächste/r**.

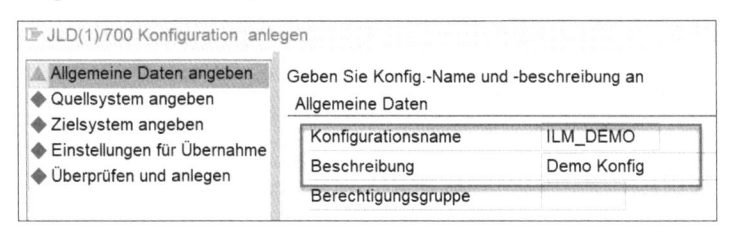

Abbildung 8.4 Konfiguration anlegen – allgemeine Daten

4. Geben Sie nun im Bereich **Quellsystem angeben** die Details ein, die für eine Verbindung mit dem Quellsystem (dem Altsystem) notwendig sind.

   Ist das Altsystem ein SAP-System, setzen Sie den Radiobutton **RFC-Verbindung** und geben den Namen der RFC-Verbindung im Feld **RFC-Destination** ein (siehe Abbildung 8.5).

Verbindung mit dem Quellsystem

563

Es gibt außerdem noch zwei Ankreuzfelder, die Sie passend setzen sollten:

- Setzen Sie einen Haken im Ankreuzfeld **Mehrfachverwendung zulassen**, wenn die eingegebene RFC-Verbindung auch für andere SLT-Replikationsverbindungen verwendet werden kann.
- Ist das Ankreuzfeld **Aus einzelnem Mandanten lesen** aktiviert, kann der Datentransfer nur aus einem Mandanten des Altsystems erfolgen. Wählen Sie es also aus, wenn Sie planen, Daten nur von einem Mandanten des Altsystems stillzulegen.

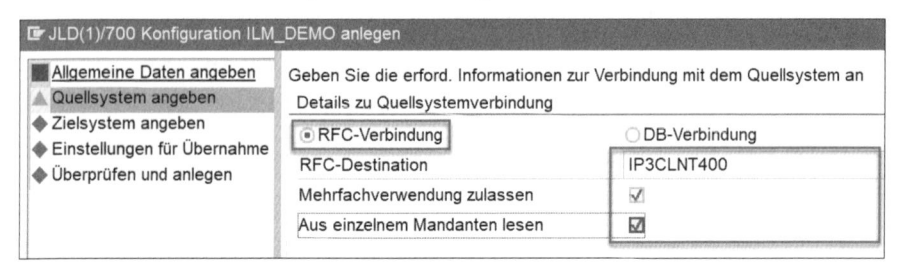

Abbildung 8.5 Konfiguration anlegen – Quellsystem angeben (RFC-Verbindung)

Ist das Altsystem ein Fremdsystem (Nicht-SAP-System), aktivieren Sie den Radiobutton **DB-Verbindung** (siehe Abbildung 8.6) und nehmen die folgenden Eingaben vor:

- Wählen Sie aus der Drop-down-Liste **Datenbanksystem** den Typ der Datenbank des Altsystems aus.
- Geben Sie im Feld **DB-Verbindung** den DB-Verbindungsnamen ein, den Sie in der Transaktion DBCO (DB-Verbindungspflege) eingerichtet haben.
- Tragen Sie im Eingabefeld **Schemaname** den Namen des Datenbankschemas ein, in dem sich die Tabelle im Altsystem befindet.

5. Bestätigen Sie Ihre Eingaben mit **Nächste/r**.

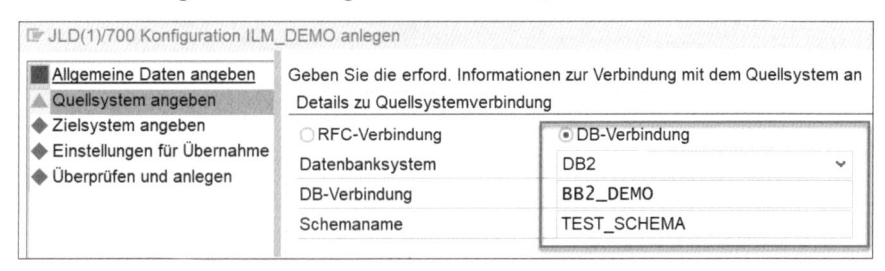

Abbildung 8.6 Konfiguration anlegen – Quellsystem angeben (DB-Verbindung)

8.3 Replikation von Daten aus dem Altsystem

6. Machen Sie nun Angaben zum Zielsystem. Aktivieren Sie hierzu den Radiobutton **DB-Verbindung** (siehe Abbildung 8.7), und beschreiben Sie dann die Eigenschaften des Zielsystems.

Angaben zum Zielsystem

Ist das Altsystem ein SAP-System, füllen Sie die Felder wie folgt aus:

- Wählen Sie aus der Drop-down-Liste **Datenbanksystem** den Eintrag **HANA** aus.
- Tragen Sie im Eingabefeld **Name Administrationsbenutzer** den Namen des Benutzers ein, der die Berechtigung hat, sich mit der HANA-Datenbank zu verbinden.
- Tragen Sie im Eingabefeld **Kennwort** das Passwort des Benutzers ein.
- Tragen Sie im Eingabefeld **Host-Name** den Host-Namen des Datenbank-Servers ein.
- Tragen Sie im Eingabefeld **Instanznummer** die Instanznummer des HANA-Datenbank-Servers ein.
- Tragen Sie im Eingabefeld **Logische Portnummer** die logische Portnummer des HANA-Datenbank-Servers ein.
- Setzen Sie einen Haken im Ankreuzfeld **Verschlüss.Verbind.verw**. Für SAP HANA SP 07 oder höher (als Datenbank im SLT-System) *muss* dieses Häkchen sogar gesetzt werden. Damit stellen Sie sicher, dass der Datentransfer über eine verschlüsselte Verbindung stattfindet.

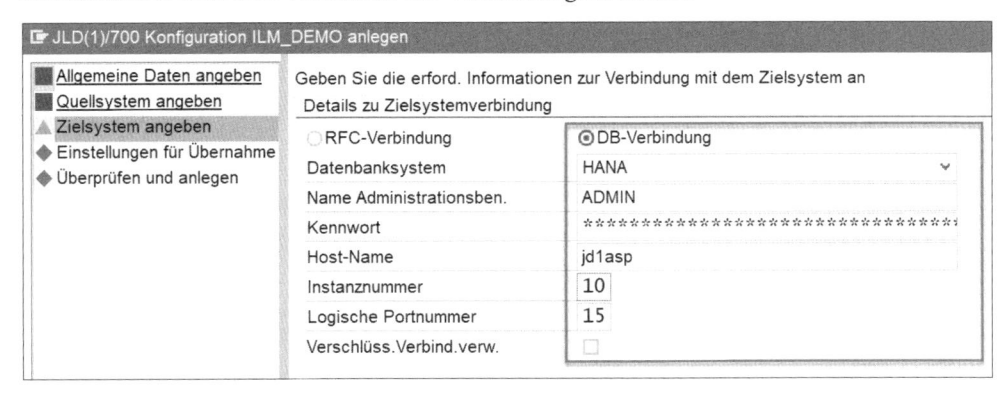

Abbildung 8.7 Konfiguration anlegen – Zielsystem als SAP-System angeben

Ist das Altsystem ein Fremdsystem (Nicht-SAP-System), füllen Sie die Felder wie folgt aus (siehe Abbildung 8.8):

- Wählen Sie aus der Drop-down-Liste **Datenbanksystem** den Typ der Datenbank des Altsystems aus.
- Geben Sie im Feld **DB-Verbindung** den DB-Verbindungsnamen ein, den Sie in der Transaktion DBCO (DB-Verbindungspflege) eingerichtet haben. Er beschreibt die Zieldatenbank, in die die Daten repliziert werden sollen.

– Tragen Sie im Eingabefeld **Schemaname** den Namen des Datenbankschemas ein, in dem sich die Tabelle im Altsystem befindet.
– Für manche Datenbanken wie DB6 oder Oracle müssen Sie auch eine Angabe zum sogenannten *Tablespace* machen, das für das Datenbankschema vorgesehen ist.

7. Bestätigen Sie Ihre Eingaben mit **Nächste/r**.

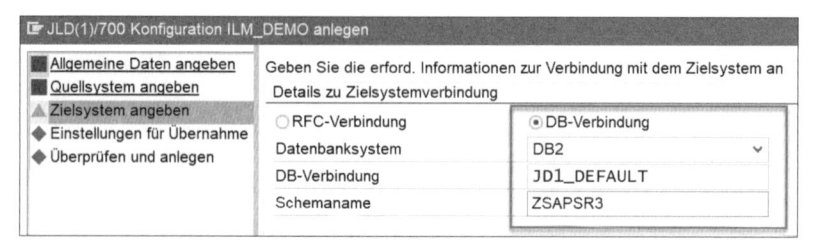

Abbildung 8.8 Konfiguration anlegen – Zielsystem als Fremdsystem angeben

Einstellungen für die Übernahme

8. Links im Baum ist nun der Abschnitt **Einstellungen für Übernahme** markiert (siehe Abbildung 8.9). Nehmen Sie hier Einstellungen vor, die den Systemressourcen für die Replikation entsprechen.

Abbildung 8.9 Konfiguration anlegen – Einstellungen für die Übernahme

Tragen Sie insbesondere im Eingabefeld **Applikation** den Wert »ILM« ein. Damit stellen Sie sicher, dass die benötigten Tabellen im SLT-System generiert werden (und dorthin die Daten aus dem Altsystem übernommen werden können). Nicht jede Anwendung benötigt dieses Vorgehen – ILM schon, daher ist es wichtig, dass Sie genau diesen Wert dort eingeben.

9. Bestätigen Sie Ihre Eingaben mit **Nächste/r**.
10. Links im Baum ist nun der letzte Bereich markiert: **Überprüfen und anlegen** (siehe Abbildung 8.10). Überprüfen Sie die Parameter, und bestätigen Sie Ihre Eingaben mit der Schaltfläche **Anlegen**.

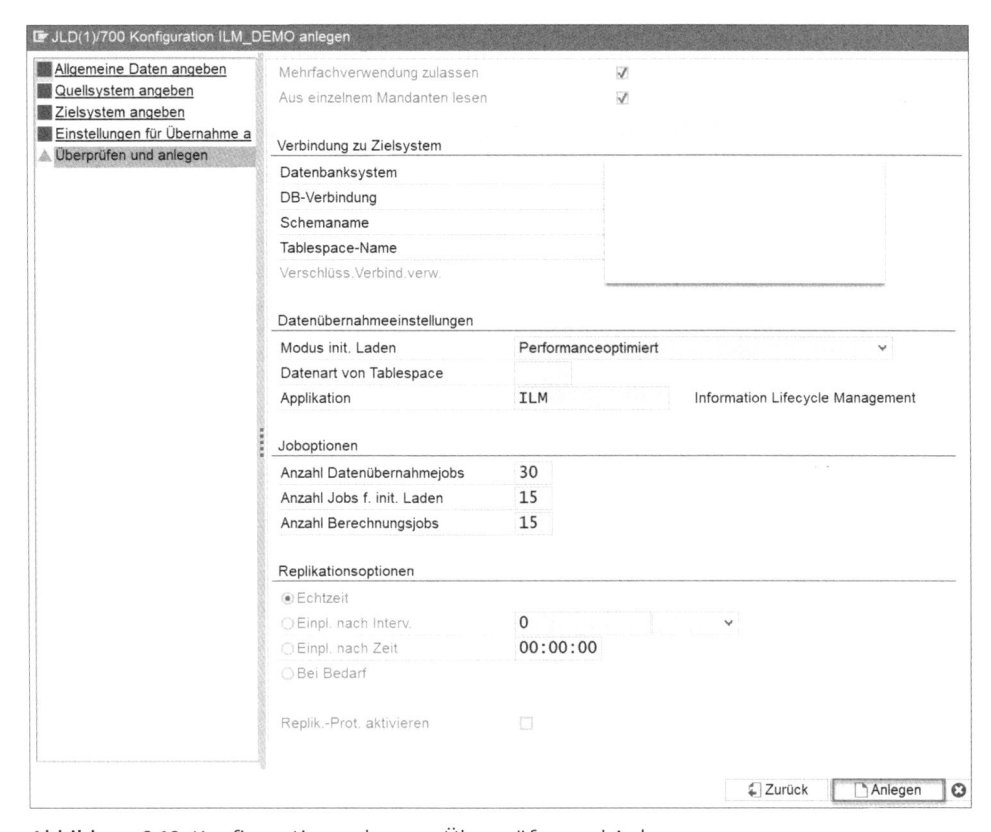

Abbildung 8.10 Konfiguration anlegen – Überprüfen und Anlegen

Die Vorbereitungen für die Replikation sind nun abgeschlossen. Die stillzulegenden Daten können jetzt vom Quellsystem (Altsystem) in die (primäre) Datenbank des SLT-Systems repliziert werden.

8.3.2 Replikation der Daten vom Altsystem

Der nächste logische Schritt ist es nun, die gewünschten Daten vom Quellsystem (Altsystem) in das SLT-System zu bringen. Es handelt sich um die eingangs erwähnte Replikation/Extraktion. Das SLT-System dient hier als eine Art Sammelpunkt (Sie finden dafür auch häufig den englischen Begriff *Staging Area*.) Gehen Sie wie folgt vor:

»Staging Area« SLT-System

1. Rufen Sie die Transaktion LTRC (LT Replication Server Cockpit) auf.

8   Systemstilllegung mit SAP ILM Retention Warehouse

Markieren Sie die angelegte Konfiguration (in unserem Beispiel heißt sie ILM_DEMO), und wählen Sie **Konfiguration anzeigen** [⚙] (siehe Abbildung 8.11).

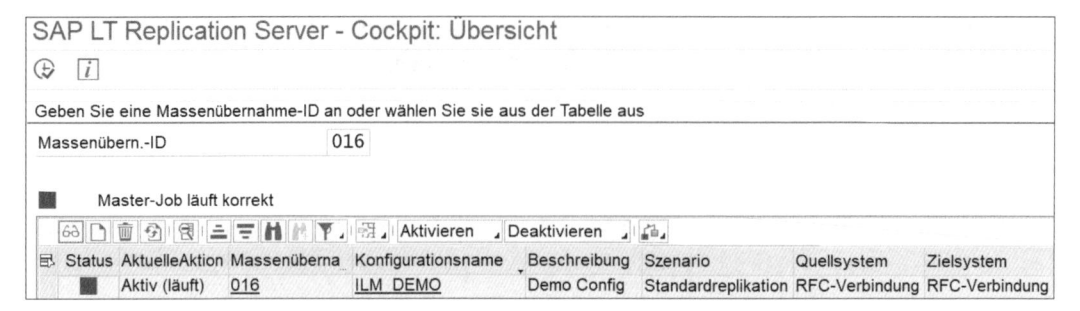

Abbildung 8.11 Transaktion LTRC (LT Replication Server Cockpit)

2. Wählen Sie (falls sie nicht schon angezeigt wird) die Registerkarte **Tabellenübersicht**, und klicken Sie oben auf die Schaltfläche **Datenbereitstellung** (siehe Abbildung 8.12).

Abbildung 8.12 Transaktion LTRC (Datenbereitstellung)

3. Geben Sie nun im Feld **Tab.-Name in Datenbank** (siehe Abbildung 8.13) den Namen der Tabelle ein, wählen Sie den Radiobutton **Ladevorgang starten**, und klicken Sie dann auf **Ausführen** ([F8]).

Abbildung 8.13 Datenbereitstellung – Ladevorgang starten

8.3 Replikation von Daten aus dem Altsystem

> **[«] Mehrere Tabellen gleichzeitig bereitstellen**
>
> Sie können im Fenster aus Abbildung 8.13 auch mehrere Tabellennamen eingeben. Wir empfehlen jedoch, nicht mehr als 5.000 Tabellen auf einmal einzutragen.

Der eingegebene Tabellenname erscheint nun in der Registerkarte **Tabellenübersicht** (siehe Abbildung 8.14). Dies bestätigt, dass die Tabelle im Quellsystem (Altsystem) existiert und die Datenbereitstellung stattfinden wird.

Registerkarte »Tabellenübersicht«

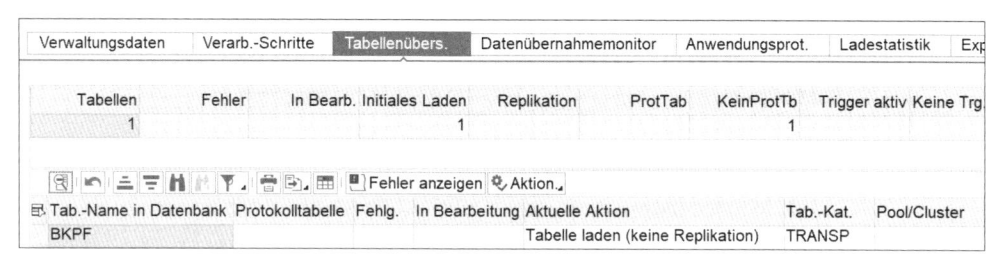

Verwaltungsdaten	Verarb.-Schritte	Tabellenübers.	Datenübernahmemonitor	Anwendungsprot.	Ladestatistik	Exp
Tabellen	Fehler	In Bearb.	Initiales Laden	Replikation	ProtTab	KeinProtTb	Trigger aktiv	Keine Trg.
1			1			1		

Tab.-Name in Datenbank	Protokolltabelle	Fehlg.	In Bearbeitung	Aktuelle Aktion	Tab.-Kat.	Pool/Cluster
BKPF				Tabelle laden (keine Replikation)	TRANSP	

Abbildung 8.14 Transaktion LTRC – Bestätigung der gewählten Tabellen

Im ersten Schritt wird eine dazugehörige Zieltabelle im SLT-System generiert. Informationen zu dieser Tabelle finden Sie, wenn Sie auf den Link in der Spalte **Proxy-Tabelle** in der Übersicht aller Tabellen klicken. Ein mögliches Ergebnisbild zeigt Ihnen Abbildung 8.15.

Dictionary: Tabelle anzeigen

Transp.Tabelle	/1LT/80000000201	aktiv
Kurzbeschreibung		

| Eigenschaften | Auslieferung und Pflege | **Felder** | Einga |

Feld	Key	Initi...	D	Datentyp	Länge	DezSt...	Kurz
MANDT	✓	✓		CLNT	3	0	
BUKRS	✓	✓		CHAR	4	0	
BELNR	✓	✓		CHAR	10	0	
GJAHR	✓	✓		NUMC	4	0	
BLART				CHAR	2	0	
BLDAT				DATS	8	0	
BUDAT				DATS	8	0	
MONAT				NUMC	2	0	
CPUDT				DATS	8	0	
CPUTM				TIMS	6	0	
AEDAT				DATS	8	0	
UPDDT				DATS	8	0	

Abbildung 8.15 Transaktion LTRC – Bestätigung der Tabelleninformationen

8 Systemstilllegung mit SAP ILM Retention Warehouse

Status der Datenbereitstellung monitoren

An dieser Stelle wollen Sie bestimmt den Status der Datenbereitstellung (Extraktion) wissen. Markieren Sie hierzu in der Tabellenübersicht eine Tabelle, und wählen Sie die Registerkarte **Datenübernahmemonitor** (siehe Abbildung 8.16).

Verwaltungsdaten	Verarb.-Schritte	Tabellenübers.	Datenübernahmemonitor		Anwendungsprot.		Ladestatistik		Expert
Tabellen	Fehlg.	In Bearbeitung	Erstellt von	Nicht angelegt	Generiert	Nicht generiert	Berechnet		NchtBerec
1				1		1			1
Sequ	Tabellenname	Tabellenart	Fehlgeschl	In Bearbeit	Definiert	Generiert	Berechnet	Geladen	Bearbeitungsmodus
30	BKPF	TRANSP	-	-	X	X	X	X	Einzelbearbeitung

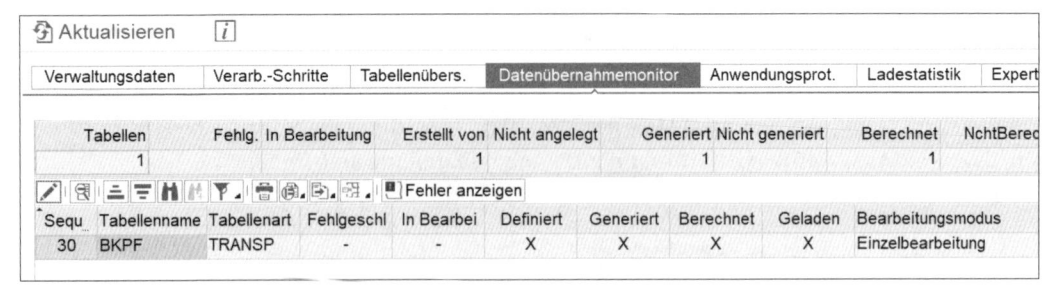

Abbildung 8.16 Transaktion LTRC – Datenübernahmemonitor

Damit Sie den Status der Verarbeitung verfolgen können, werden Ihnen folgende Informationen an dieser Stelle angeboten:

- Die Spalte **Fehlgeschlagen** trägt ein »X«, wenn einer der Schritte zur Datenübernahme fehlgeschlagen ist. Informationen zur Ursache sehen Sie, wenn Sie die entsprechende Zeile anklicken und die Schaltfläche **Fehler anzeigen** oberhalb der Liste wählen.

- Die Spalte **In Bearbeitung** trägt ein »X«, wenn die Datenübernahme sich in einem der nun folgenden Schritte befindet (**Definiert**, **Generiert**, **Berechnet** etc.).

- Die Spalte **Definiert** trägt ein »X«, wenn die Tabellenmetadaten erfolgreich bestimmt und die Tabellen erfolgreich im SLT-System angelegt wurden. (Zu den Tabellen-Metadaten gehören die Felder der Tabellen, ihre Typbeschreibung etc. Diese Metadaten werden zum einen benötigt, um die Tabelle zu generieren, und zum anderen, um die Programme zu generieren, die die Daten aus der Quell- in die Zieltabelle übertragen.)

- Die Spalte **Generiert** trägt ein »X«, wenn sogenannte Runtime-Replikationsobjekte angelegt wurden. Es sind Funktionsbausteine und Coding notwendig, um die Daten vom Quellsystem ins Zielsystem zu replizieren.

- Die Spalte **Berechnet** trägt ein »X«, wenn der sogenannte Zugriffsplan berechnet ist. Die Replikation von Daten sammelt zuerst bestimmte Metadaten und erstellt einen Zugriffsplan. Mit seiner Hilfe kann der Lese- und Replikationsvorgang optimiert werden. Bestimmte Verarbeitungen können, wenn möglich, parallel durchgeführt werden.

- Die Spalte **Geladen** trägt ein »X«, wenn die Daten aus dem Quellsystem (Altsystem) erfolgreich in die Tabelle im SLT-System geladen wurden.

Sind die Daten extrahiert, liefert Ihnen die Registerkarte **Ladestatistik** ebenfalls weitere Informationen (siehe Abbildung 8.17). So zeigen z. B. die Spalten **Sätze eingefügt** und **Sätze gelesen** die dazugehörigen Zahlen.

Registerkarte »Ladestatistik«

Abbildung 8.17 Transaktion LTRC – Ladestatistik

Ein weiterer Weg, um den Status der Datenbereitstellung (Extraktion) für eine Tabelle zu prüfen, besteht darin, einen Blick auf die bereitgestellten Daten zu werfen. Hierzu können Sie beispielsweise den *Data Browser* verwenden (siehe Abbildung 8.18).

Verwendung des Data Browsers

Abbildung 8.18 Data Browser für extrahierte Tabellen

8.4 Archivierung von Daten aus dem Altsystem

Führen wir einen neuen Begriff ein: Die *Legacy Extraction Workbench* (LEW) ist eine ILM-Lösung, die in Verbindung mit der SLT-Replikation arbeitet. Mit der Legacy Extraction Workbench können Sie Daten archivieren, die Sie – wie in Abschnitt 8.3, »Replikation von Daten aus dem Altsystem«, beschrieben – vom Altsystem in das SLT-System repliziert haben. Die LEW ist somit eine ILM-Lösung, die Sie im SLT-System nutzen werden.

Legacy Extraction Workbench (LEW)

> **Warum replizierte Daten im SLT-System archivieren?**
> Eine der Kerneigenschaften des Systemstilllegungs-Konzepts mit SAP ILM (des RW-Szenarios) ist, dass die stillgelegten Daten im RW-System in Form von ILM-fähigen Archivdateien vorliegen. Ein Schritt im Stilllegungsszenario muss also die Archivierung dieser Daten sein. Der Vorteil ist, dass die Daten in komprimierter Form vorliegen, die Aufbewahrungsdauer direkt an der Archivdatei vermerkt ist (so bekannt) und Daten aus verschiedenen Altsystemen in separaten Bereichen vorliegen.

Voraussetzungen

Ist Ihr Altsystem ein SAP-System, müssen Sie folgende Tabellen aus dem Altsystem in das SLT-System repliziert haben, um die Legacy Extraction Workbench zu nutzen:

- DD03L (Tabellenfelder)
- ARCH_OBJ (Objekte für die Archivierung und Reorganisation)
- ARCH_DEF (Definition eines Archivierungsobjekts)
- ARCH_TXT (Bezeichnung der Archivierungsobjekte)

Des Weiteren benötigen Sie eine RFC-Verbindung vom SLT-System zum Altsystem.

Ist Ihr Altsystem dagegen ein Nicht-SAP-System, reicht an dieser Stelle eine funktionierende Datenbankverbindung zwischen dem Altsystem und dem SLT-System.

8.4.1 Konfiguration

Widmen wir uns nun der Konfiguration für die Legacy Extraction Workbench, die Sie in der Transaktion ILM_LTCONFIG (Konfiguration Landscape Transformation System) vornehmen. Sie besteht aus zwei Aufgaben, die wir gleich einzeln besprechen werden:

1. Hinterlegen der Massentransferinformationen
2. Archivierungsobjekt definieren

Massentransferinformationen hinterlegen

Beginnen wir sinnvollerweise mit Aufgabe 1, dem Hinterlegen der Massentransferinformationen. Um diese anzugeben, gehen Sie wie folgt vor:

1. Doppelklicken Sie links im Baum in der Transaktion ILM_LTCONFIG auf den Eintrag **Massentransferinformationen**.
2. Wechseln Sie in den Änderungsmodus, und legen Sie einen neuen Eintrag an. Nehmen Sie dabei folgende Eingaben vor (siehe Abbildung 8.19):

- Vergeben Sie eine sogenannte *Massentransfer-ID* in der Spalte **Massen**. Wie Sie der Feldhilfe (F1) entnehmen können, gibt sie einen eindeutigen Identifikator an, der einer Massentransfersitzung zwischen dem Altsystem und dem SAP Landscape Transformation System zugeordnet ist.
- Geben Sie im Eingabefeld in der Spalte **System ID** des Quellsystems die Kennung (ID) des Quellsystems an, aus dem die Daten gelesen werden sollen. Handelt sich bei dem Altsystem um ein Nicht-SAP-System, vergeben Sie eine Bezeichnung, die aus drei Zeichen besteht.
- Geben Sie im Eingabefeld in der Spalte **Mandant** den Mandanten des Quellsystems an, aus dem gelesen werden soll. Handelt sich um ein Nicht-SAP-System, vergeben Sie auch hier eine aus drei Ziffern bestehende Bezeichnung.
- Setzen Sie den Haken im Ankreuzfeld in der Spalte **Ist SAP-System**, wenn das Altsystem ein SAP-System ist.
- Haben Sie den Haken im Ankreuzfeld in der Spalte **Ist SAP-System** gesetzt, geben Sie in der Spalte **RFC-Verbindung** (von LT zu SAP-Altsystem) die RFC-Verbindung vom aktuellen System zum Altsystem an.
- Das Feld in der Spalte **Altsystem Konfig.-Status** ist ein Ausgabefeld und zeigt den Status der angelegten Konfiguration an.

3. Speichern Sie Ihre Eingaben.

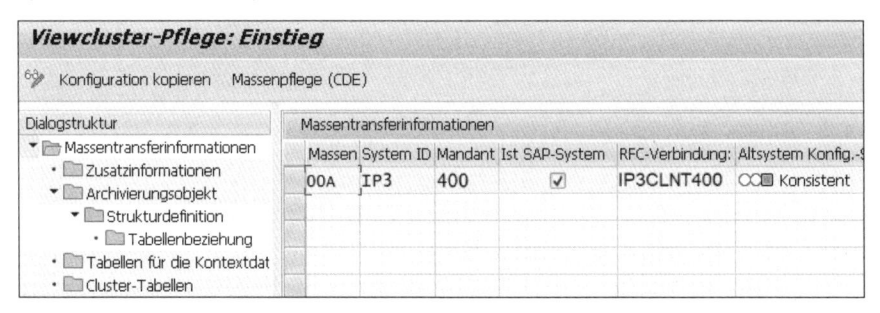

Abbildung 8.19 Transaktion ILM_LTCONFIG – Massentransferinformationen

> **Muss ich immer ein Archivierungsobjekt definieren?**
> Die Tabelle hat sozusagen ihr eigenes Repository mit Archivierungsobjekten. Unabhängig davon, welche Archivierungsobjekte die Transaktion SARA (Archivadministration) im SLT-System zeigt, müssen Sie alle benötigten Archivierungsobjekte in der Legacy Extraction Workbench (gegebenenfalls noch einmal) anlegen, wie wir es hier beschreiben.

8 Systemstilllegung mit SAP ILM Retention Warehouse

Archivierungs-objekt definieren

Dann kommen wir nun zur eingangs erwähnten Aufgabe 2: der Definition des Archivierungsobjekts. Gehen Sie dabei wie folgt vor:

1. Markieren Sie die soeben angelegte Massentransfer-ID, und wählen Sie links im Baum den Eintrag **Archivierungsobjekt**.

2. Legen Sie im Änderungsmodus rechts im Bild einen neuen Eintrag für ein Archivierungsobjekt an. Nehmen Sie dabei folgende Eingaben vor (siehe Abbildung 8.20):

   - Geben Sie im Eingabefeld in der Spalte **Archivierungsobjekt** einen (maximal zehnstelligen) Namen Ihrer Wahl für das neue Archivierungsobjekt ein.
   - Geben Sie im Eingabefeld in der Spalte **Beschreibung** eine passende Beschreibung für das Archivierungsobjekt ein.
   - Das Feld in der Spalte **Konfigurationsstatus des Objekts** ist ein Ausgabefeld und zeigt den Status der angelegten Konfiguration für das Archivierungsobjekt an.

3. Speichern Sie Ihre Eingaben.

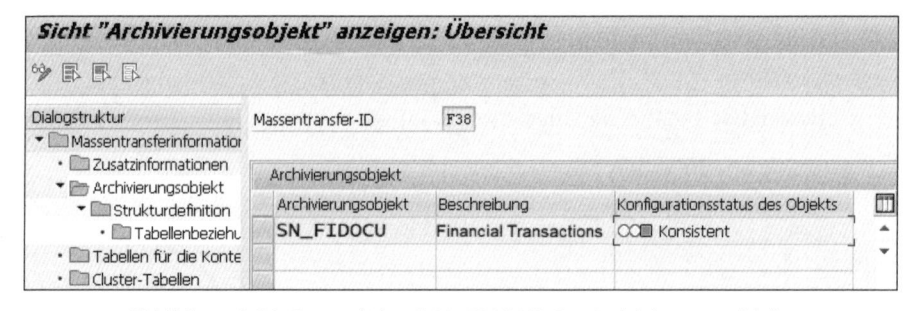

Abbildung 8.20 Transaktion ILM_LTCONFIG – Archivierungsobjekt

Strukturdefinition

Markieren Sie das soeben definierte Archivierungsobjekt, und wählen Sie links im Baum den Eintrag **Strukturdefinition**. Ihre Aufgabe besteht jetzt darin, die Tabellen einzutragen, die mithilfe des Archivierungsobjekts archiviert werden können. Gehen Sie hierzu wie folgt vor (siehe Abbildung 8.21):

1. Geben Sie im Feld in der Spalte **Reihenf.** eine Nummer für die Tabelle an, die Sie hier eintragen wollen.

2. Geben Sie im Feld in der Spalte **Überg Tab.** den Namen der übergeordneten Tabelle (Vatertabelle) ein.

3. Geben Sie im Feld in der Spalte **Unterg. Tab.** den Namen der untergeordneten Tabelle (Kindtabelle) ein. Handelt es sich um die Kopftabelle (führende Tabelle), tragen Sie Ihren Namen hier noch einmal ein.

4. Setzen Sie den Haken im Ankreuzfeld in der Spalte **Ist-Beziehung einzeln**, wenn die untergeordnete Tabelle nur einen Eintrag pro Eintrag in der übergeordneten Tabelle haben kann. Setzen Sie es nicht, wenn es mehrere Einträge geben kann.

5. Speichern Sie Ihre Eingaben.

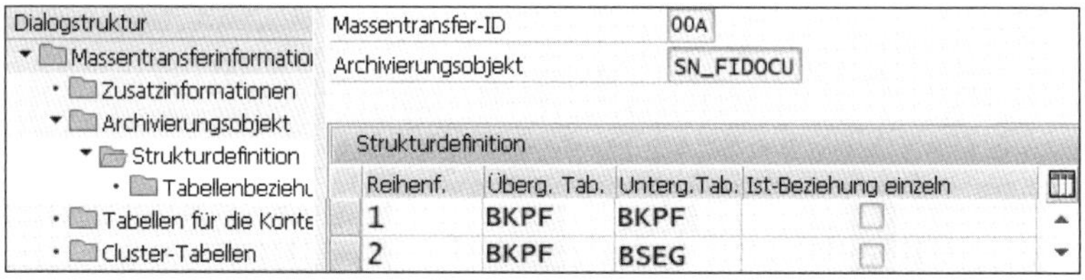

Abbildung 8.21 Transaktion ILM_LTCONFIG – Archivierungsobjekt, Strukturdefinition

> **Nummer der Tabelle in der Archivhierarchie**
>
> Die Nummer in der Spalte **Reihenf.** muss eindeutig sein (eine Zahl soll also nur genau einmal vorkommen), hat sonst aber keine weitere Bedeutung. Wir empfehlen, die Nummern für die Tabellen aufsteigend zu vergeben. Die Schrittgröße können Sie nach Belieben bestimmen. Beginnen Sie mit der Kopftabelle.

Als nächsten Punkt hinterlegen Sie die Tabellenbeziehungen. Gehen Sie hierzu wie folgt vor (siehe Abbildung 8.22):

Tabellenbeziehung

1. Markieren Sie die Zeile, in der Sie die übergeordnete sowie die untergeordnete Tabelle eingegeben haben, und klicken Sie links im Baum doppelt auf den Eintrag **Tabellenbeziehung**.

2. Geben Sie im Feld in der Spalte **Position** eine Nummer als Repräsentation der Tabellenbeziehung an. Wir empfehlen, die Nummern aufsteigend zu vergeben; die Schrittgröße können Sie nach Belieben bestimmen.

3. Geben Sie im Feld in der Spalte **Überg Feld** den Namen des Tabellenfeldes der übergeordneten Tabelle an, das als Fremdschlüssel für die Tabellenbeziehungen gelten soll.

4. Geben Sie im Feld in der Spalte **Unterg. Feld** den Namen des Tabellenfeldes der untergeordneten Tabelle an, das mit dem soeben genannten Feld der übergeordneten Tabelle in Fremdschlüsselbeziehung steht.

5. Speichern Sie Ihre Eingaben.

575

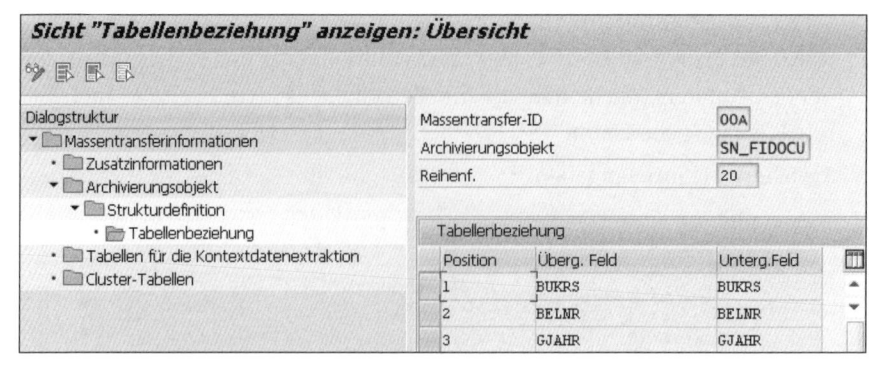

Abbildung 8.22 Tabellenbeziehung anpassen

> **»Tabellenbeziehung abrufen«**
> Handelt es sich beim Altsystem um ein SAP-System, und sind die Tabellenbeziehungen zwischen der übergeordneten und der untergeordneten Tabelle Teil des Tabellenschlüssels, können Sie alternativ die Schaltfläche **Tabellenbeziehung abrufen** anklicken. Das System erstellt einen Vorschlag für die Tabellenbeziehungen, den Sie bei Bedarf auch anpassen können.

8.4.2 Durchführung der Archivierung mithilfe der Legacy Extraction Workbench

Die Konfiguration ist abgeschlossen. Nun besprechen wir, wie Sie die Archivierung im SLT-System durchführen.

> **Archivierung über die Transaktion SARA oder die LEW?**
> Wir möchten an dieser Stelle noch einmal betonen, dass für die Archivierung von Daten, die im SLT-System vorliegen (und aus dem Altsystem dorthin repliziert wurden), nicht die Transaktion SARA (Archivadministration), sondern die Legacy Extraction Workbench (LEW) verwendet wird. Wie Sie dabei vorgehen, zeigen wir Ihnen in diesem Abschnitt.

1. Rufen Sie die Transaktion ILM_LTRUN (ILM Landscape-Transformation-Konfiguration: Objektausführung) auf.
2. Klicken Sie links im Bild doppelt auf die im vorangegangenen Abschnitt zur Konfiguration angelegte Massentransfer-ID. In der rechten Bildhälfte sehen Sie nun die dazugehörigen, ebenfalls bei der Konfiguration angelegten Archivierungsobjekte (siehe Abbildung 8.23).

8.4 Archivierung von Daten aus dem Altsystem

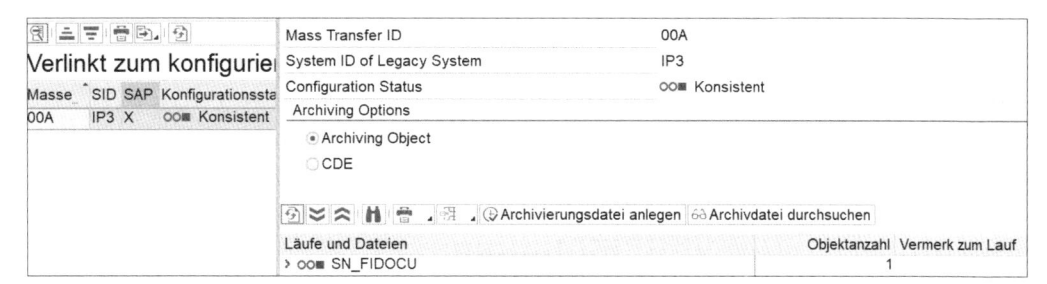

Abbildung 8.23 Transaktion ILM_LTRUN – Archivschreibprogramm generieren

3. Markieren Sie den Namen des gewünschten Archivierungsobjekts, und klicken Sie auf **Archivierungsdatei anlegen**.

> **Generierung des Archivierungsobjekts**
>
> Wenn Sie die in Schritt 3 genannte Funktion **Archivierungsdatei anlegen** zum ersten Mal wählen, wird zuerst noch das Archivierungsobjekt generiert. Das System informiert Sie darüber in den in diesem Abschnitt beschriebenen Schritten 4 bis 6. Haben Sie hingegen schon Archivdateien mithilfe dieses Archivierungsobjekts erstellt, entfallen diese Schritte.

4. Es erscheint ein Pop-up-Fenster, das Sie über die Generierung des Archivschreibprogramms informiert. Lesen Sie es, und bestätigen Sie es mithilfe der Schaltfläche **Generieren**.

   Archivierungsobjekt generieren

5. Sie sehen nun ein Pop-up-Fenster mit allen Feldern aus der übergeordneten (führenden) Tabelle (siehe Abbildung 8.24). Wählen Sie die Felder aus, die Sie im Selektionsbild des Archivschreibprogramms als Selektionsparameter haben möchten. Anschließend bestätigen Sie das Pop-up-Fenster.

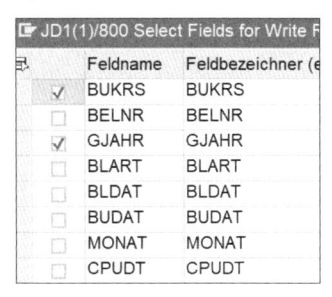

Abbildung 8.24 Archivschreibprogramm generieren – Felder für Selektionen bestimmen

6. Sie erhalten nun eine Erfolgsnachricht, der Sie den Namen des generierten Archivschreibprogramms entnehmen können. (Der Name könnte

beispielsweise `ZILM_RW_SN_FIDOCU_OOA_WRI` lauten.) Das Archivierungsobjekt ist nun generiert. Ein Beispiel dazu, wie das Selektionsbild des Archivschreibprogramms aussehen kann, zeigt Abbildung 8.25.

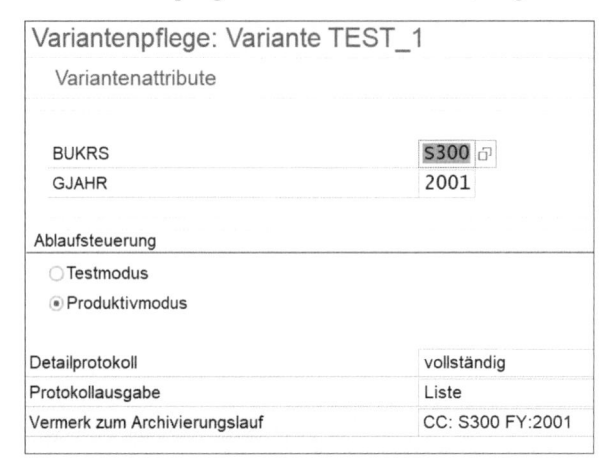

Variantenpflege: Variante TEST_1	
Variantenattribute	
BUKRS	S300
GJAHR	2001
Ablaufsteuerung	
○ Testmodus	
⦿ Produktivmodus	
Detailprotokoll	vollständig
Protokollausgabe	Liste
Vermerk zum Archivierungslauf	CC: S300 FY:2001

Abbildung 8.25 Archivlauf starten – Variante zum Archivschreibprogramm pflegen

[»] **Miniarchivierungsobjekt**
Das hier generierte Archivierungsobjekt besteht nur aus dem Archivschreibprogramm und einigen benötigten Customizing-Einstellungen. Es verfügt also beispielsweise nicht über ein Lösch- oder Leseprogramm; diese werden für das Stilllegungskonzept nicht benötigt.

[»] **Zugehöriges ILM-Objekt und seine Einstellungen**
Ein dazugehöriges ILM-Objekt wurde nicht generiert. Ihre Aufgabe besteht daher noch darin, dies in der Transaktion IRM_CUST (IRM-Customizing) nachzuholen. (Die entsprechenden Kenntnisse vermittelt Ihnen Abschnitt 9.5, »Ein ILM-Objekt anlegen – die Transaktion IRM_CUST«. ABAP-Entwicklungskenntnisse und ein gutes Verständnis der Tabellenstruktur des dazugehörigen Archivierungsobjekts sind hierfür notwendig.) Im Anschluss müssen Sie noch eine Zuordnung zu mindestens einem Prüfgebiet vornehmen und passende Regeln zur Aufbewahrungsdauer anlegen (siehe Abschnitt 2.3, »Das Prüfgebiet – Ihr Grund zur Definition von Aufbewahrungsregeln«, und Abschnitt 2.5, »Regelwerke – die Schatzkiste mit den Regeln«).

7. Doppelklicken Sie auf den Namen des (nun generierten) Archivierungsobjekts, und klicken Sie noch einmal auf **Archivierungsdatei anlegen**.

8. Es erscheint ein Pop-up-Fenster, in dem Sie Angaben zur Variante für das Archivschreibprogramm, zum Startdatum und zu den Spoolparametern machen können. Um eine Variante anzulegen, klicken sie auf **Pflegen/ Edit**. Den Umgang mit diesen Aktionen, also das Wissen über die Datenarchivierung, betrachten wir als Voraussetzung für die Lektüre dieses Buches (weiterführende Links mit Informationen zu diesen Themen finden Sie in Abschnitt 1.1, »Von der Datenarchivierung zu ILM: Wo der Schuh drückte und was Abhilfe schaffte«).

Archivdateien im SLT-System

Die Projekterfahrung zeigt, dass es von Vorteil ist, bei der Archivierung im SLT-System bereits ILM-fähige Archivdateien zu erzeugen (das heißt Archivdateien mit berechneter Aufbewahrungsdauer), weil auf diese Weise alles von Anfang an geordneter ist. In diesem Fall müssen Sie die angelegten Archivierungsobjekte, ILM-Objekte und Prüfgebiete vom SLT-System ins RW-System transportieren. Wir empfehlen, ebenfalls die Regeln zu transportieren. Ist das SLT-System nach einiger Zeit nicht mehr vorhanden, können Sie auf diese Weise die definierten Regeln jederzeit auch im RW-System einsehen.

Die Alternative besteht darin, die ILM-fähigen Archivdateien erst im RW-System zu erstellen. In diesem Fall müssen Sie nur die Archivierungsobjekte vom SLT-System ins RW-System transportieren. (Die anderen Objekte würden noch nicht existieren, weshalb die Archivdateien noch nicht ILM-fähig sind.) Die anderen genannten Objekte wie ILM-Objekte und Prüfgebiete würden Sie erst im RW-System anlegen.

Archivlauf monitoren

Planen Sie anschließend den Archivlauf ein. Sie erhalten eine Bestätigungsnachricht. Informationen zu dem Job finden Sie wie gewohnt in der Jobübersicht (siehe Abbildung 8.26). Um sie aufzurufen, klicken Sie auf die Schaltfläche **Jobübersicht** oben in der Transaktion ILM_LTRUN (ILM Landscape-Transformation-Konfiguration: Objektausführung).

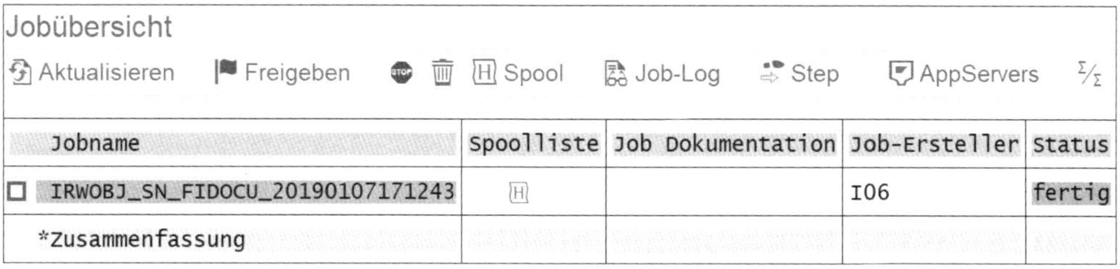
Jobübersicht
Aktualisieren
Freigeben
Spool
Job-Log
Step
AppServers
Jobname
Spoolliste
Job Dokumentation
Job-Ersteller
Status
IRWOBJ_SN_FIDOCU_20190107171243
I06
fertig
*Zusammenfassung

Abbildung 8.26 Transaktion ILM_LTRUN – Jobübersicht

Ist der Job zu dem Lauf beendet, können Sie das Bild der Transaktion ILM_LTRUN aktualisieren. Die Schaltfläche **Aktualisieren** befindet sich im linken Bildteil oberhalb der Liste der verfügbaren Massentransfer-IDs. Im rechten Bildteil erscheint daraufhin der durchgeführte Archivlauf als Eintrag unter dem dazugehörigen Archivierungsobjekt (siehe Abbildung 8.27).

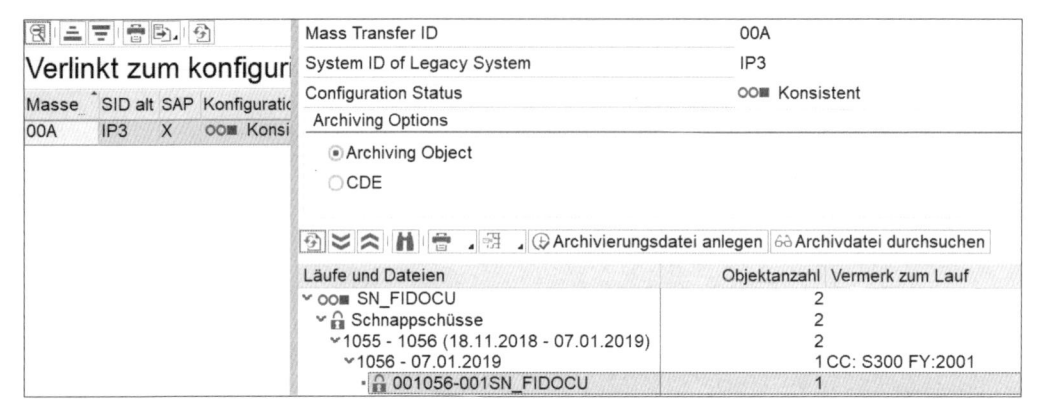

Abbildung 8.27 Transaktion ILM_LTRUN – Läufe zum Archivierungsobjekt

Informationen zu der Archivdatei können Sie wie gewohnt auch in der Transaktion SARA (Archivadministration) abrufen (siehe Abbildung 8.28).

Abbildung 8.28 Transaktion SARA – Details zur Archivdatei

Archivierungsobjekt SN_META

Für das Archivierungsobjekt SN_META (CDE: Snapshots META – Metadaten) sind die in diesem Kapitel beschriebenen Konfigurationsschritte nicht notwendig. Dies bedeutet, dass Sie das Archivierungsobjekt nicht anlegen müssen. Sie müssen aber das dazugehörige ILM-Objekt anlegen, die Zuordnung zu mindestens einem Prüfgebiet vornehmen sowie passende Regeln zu Aufbewahrungsdauer anlegen.

Das Archivierungsobjekt SN_META erscheint in der Transaktion ILM_LTRUN (ILM Landscape-Transformation-Konfiguration: Objektausführung), wenn Sie die Option **CDE** im rechten Bildteil auswählen (siehe Abbildung 8.29).

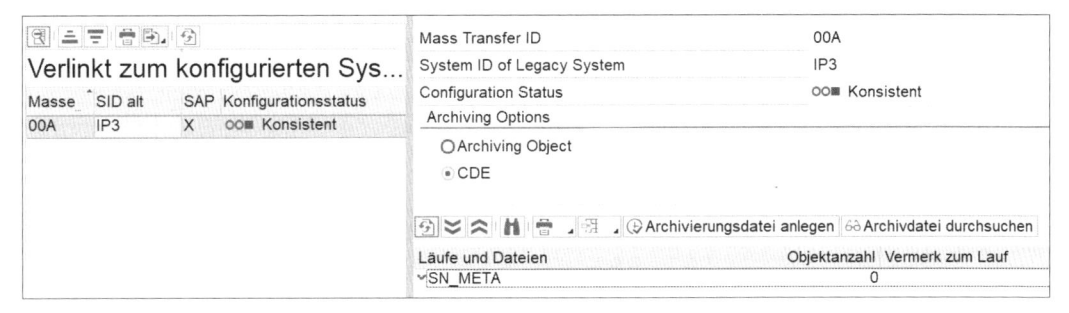

Abbildung 8.29 Transaktion ILM_LTRUN – CDE

Läufe zum Archivierungsobjekt SN_META (CDE: Snapshots META, Metadaten) sollten Sie immer als letzten Schritt durchführen. Damit stellen Sie sicher, dass die vollständige und aktuelle Konfiguration der Archivierungsobjekte darin berücksichtigt wird.

8.5 Übernahme der Archivdateien ins SAP-ILM-RW-System

Nach der Phase der Archivierung im SLT-System müssen Sie die Archivdateien nun in das Retention-Warehouse-System übernehmen, sie dort konvertieren (falls Sie das entgegen der weiter oben genannten Empfehlung nicht bereits im SLT-System gemacht haben) und sie in der zertifizierten ILM-Ablage, die an das RW-System angeschlossen ist, ablegen. Für diese Zwecke steht Ihnen die Transaktion ILM_TRANS_ADMIN (Transfer der Archivadministration) zur Verfügung. Rufen Sie diese in Ihrem RW-System auf. Das Einstiegsbild sehen Sie in Abbildung 8.30. In der Datengruppe **Typ der zu übernehmenden Verwaltungsdaten** ist als Typ bereits der Radiobutton **Archivverwaltungsdaten (ADK)** aktiviert. Wenn Sie es wünschen, können Sie auch Eingaben in der Datengruppe **Einschränkungen** vornehmen. Wählen Sie **Ausführen** ([F8]).

Transfer der Archivadministration

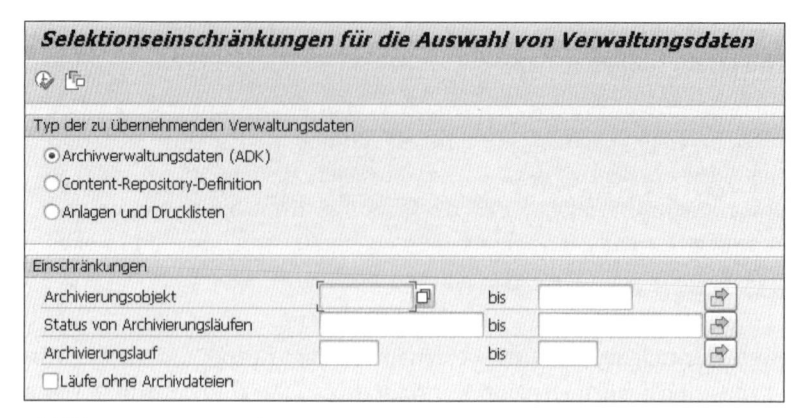

Abbildung 8.30 Transaktion ILM_TRANS_ADMIN – Einstiegsbild

Im nachfolgenden Bild sehen Sie die drei Registerkarten **Verwaltungsdaten übernehmen**, **Dateien umsetzen** und **Dateien ablegen** (siehe Abbildung 8.31). Sie repräsentieren die drei Aktionen, die für jede Archivdatei stattfinden müssen.

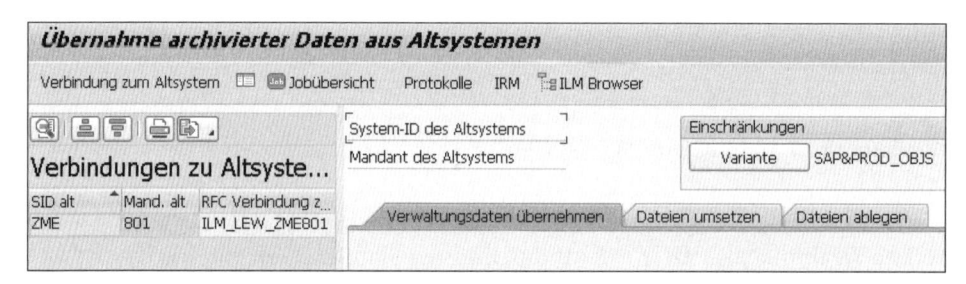

Abbildung 8.31 Transaktion ILM_TRANS_ADMIN – Übernahme der Archivverwaltungsdaten (Einstiegsbild)

Verbindung zum Altsystem angeben

Klicken Sie auf die Schaltfläche **Verbindung zum Altsystem** oben im Bild, und geben Sie einmalig die RFC-Verbindung zum Altsystem (Quellsystem) an. Geben Sie dabei die System-ID und den Mandanten des Altsystems ein, wie in Abbildung 8.32 dargestellt.

Abbildung 8.32 Transaktion ILM_TRANS_ADMIN – RFC-Verbindung zum Altsystem angeben

Ist die Verbindung angegeben, wird das Altsystem links im Bild aufgeführt; Sie können darauf doppelklicken. In jeder der drei genannten Registerkarten sehen Sie Archivierungsobjekte und deren Läufe bzw. Dateien, die der dazugehörigen Verarbeitung bereits unterzogen wurden. In den folgenden Unterabschnitten erklären wir die drei angesprochenen Schritte genauer.

> **Verfügbarkeit der Archivierungsobjekte**
>
> Um ein Archivierungsobjekt zu sehen, müssen Sie sicherstellen, dass das gleiche Archivierungsobjekt (und ILM-Objekt) auch im Retention-Warehouse-System (RW) existiert. Wie weiter oben erwähnt, empfehlen wir den Transport dieser Objekte vom SLT-System in das RW-System.

8.5.1 Verwaltungsdaten übernehmen

Beginnen wir mit der Registerkarte **Verwaltungsdaten übernehmen**. In diesem ersten Schritt müssen Sie Verwaltungsinformationen über die Archivdateien aus dem SLT-System in das Retention-Warehouse-System übernehmen. Zu diesen Verwaltungsinformationen gehören z. B. die Laufnummer und die Anzahl der dazugehörigen Archivdateien. Markieren Sie also ein Archivierungsobjekt, und wählen Sie die Schaltfläche **Datenübernahme**.

Vom SLT- in das Retention-Warehouse-System

> **Verwaltungsdaten für mehrere Läufe übernehmen**
>
> Um die Verwaltungsdaten für mehrere Läufe zu übernehmen, können Sie mehrere Läufe markieren oder das Archivierungsobjekt markieren oder sogar mehrere Archivierungsobjekte markieren.

Wählen Sie im danach erscheinenden Pop-up-Fenster die gewünschte Ablaufsteuerung in der Datengruppe **Ablaufsteuerung** (siehe Abbildung 8.33). Nehmen Sie wie gewohnt Angaben zum Starttermin und zu den Spoolparametern vor. Planen Sie anschließend die Übernahme über die dazugehörige Schaltfläche im Pop-up-Fenster.

Wie gewohnt können Sie mithilfe der Schaltfläche **Jobübersicht** die Hintergrundprozesse überwachen.

Jobübersicht

Die Übernahme der Verwaltungsdaten führt zur Erstellung eines neuen Laufs (mit einer neuen Laufnummer) im Retention-Warehouse-System pro Lauf im SLT-System.

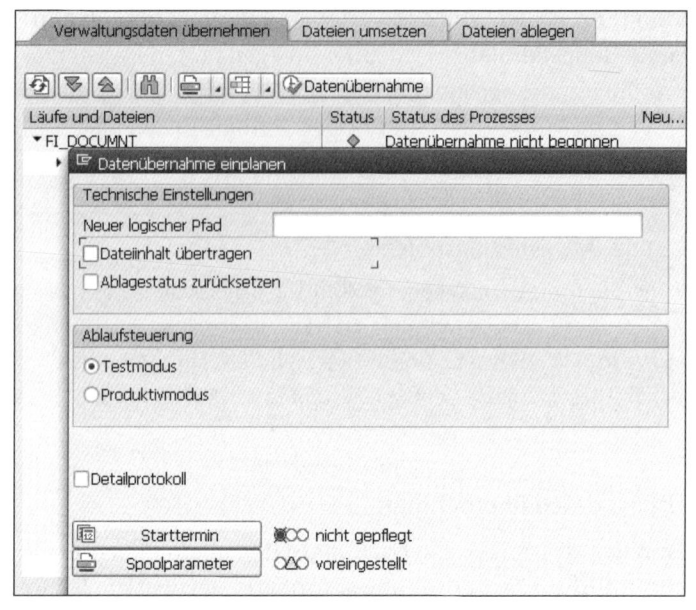

Abbildung 8.33 Transaktion ILM_TRANS_ADMIN – Verwaltungsdaten übernehmen

[»] **Dateiinhalt übertragen oder nicht?**

Haben Sie in der Konfigurationsphase ein Shared File System zwischen dem SLT- und dem RW-System eingerichtet, reicht es, wenn über die in der Transaktion ILM_TRANS_ADMIN (Transfer der Archivadministration) angegebene RFC-Verbindung zum Altsystem die Verwaltungsdaten zu den Archivdateien übernommen werden. Denn wird der Zugriff auf die Archivdateien im nächsten Schritt (Dateiumsetzung) benötigt, kann er über das Shared File System erfolgen.

Ist dies jedoch nicht möglich, setzen Sie einen Haken im Ankreuzfeld **Dateiinhalt übertragen**. Neben den Verwaltungsdaten wird in diesem Fall auch der Inhalt der Archivdateien im Quellsystem ausgelesen und über RFC ins Zielsystem kopiert.

8.5.2 Dateien umsetzen

ILM-Aufbewahrungsregeln bestimmen

Der nächste – der zweite – Schritt ist die *Dateiumsetzung*. Hierbei werden die ILM-Aufbewahrungsregeln für die Daten in der Archivdatei bestimmt. Grundlagen zu diesem Thema finden Sie in Abschnitt 2.6.6, »Umsetzung von Archivdateien«.

8.5 Übernahme der Archivdateien ins SAP-ILM-RW-System

> **ILM-fähige Archivdateien?**
>
> Sind die Archivdateien, die Sie ins RW-System übernehmen, bereits ILM-fähig (sortiert), entfällt der Schritt der Dateiumsetzung. Diese Dateien werden bereits als umgesetzt angezeigt. Die Projekterfahrung zeigt, dass es von Vorteil ist, dies bereits im SLT-System durchzuführen.

Wählen Sie die Registerkarte **Dateien umsetzen**, markieren Sie einen Archivierungslauf, und klicken Sie dann auf die Schaltfläche **Datei umsetzen**. Wählen Sie im danach erscheinenden Pop-up-Fenster die gewünschte Ablaufsteuerung in der Datengruppe Ablaufsteuerung sowie den gewünschten Umfang an Protokollinformationen (**Detailprotokoll** und **Protokollausgabe**), siehe Abbildung 8.34. Unter **Technische Einstellungen** muss das Ankreuzfeld **Mit Konvertierung** angehakt sein.

Abbildung 8.34 Transaktion ILM_TRANS_ADMIN – Dateien umsetzen

> **Vorgehensweise für SN_META**
>
> Das Archivierungsobjekt SN_META (CDE: Snapshots META, Metadaten) ist ein Spezialfall. In diesem Fall muss das Ankreuzfeld **Mit Konvertierung** *nicht* aktiviert sein. Stattdessen müssen Sie einen Haken im Ankreuzfeld **In Schnappschuss umwandeln** setzen.

Machen Sie wie oben Angaben zum Starttermin und zu den Spoolparametern, und planen Sie anschließend die Umsetzung über die dazugehörige Schaltfläche im Pop-up-Fenster. Auch hier können Sie mithilfe der Schaltfläche **Jobübersicht** die Hintergrundprozesse überwachen.

8.5.3 Dateien ablegen

Archivdatei in ILM-fähiger Ablage speichern

Der letzte – dritte – Schritt ist die *Dateiablage*. Wie der Name sagt, wird hier die Archivdatei in der ILM-fähigen Ablage gespeichert. Welche es ist, besagt, wie Sie wissen, die ermittelte Aufbewahrungsregel, die auch die Informationen zu der Aufbewahrungsdauer liefert. Dieser Schritt muss für alle Archivdateien, die Daten aus dem Altsystem beinhalten und im Retention-Warehouse-System abgelegt werden sollen, durchgeführt werden.

> **Automatische Ablage nach der Umsetzung**
>
> Wenn Sie die Transaktion ILM_TRANS_ADMIN (Transfer der Archivadministration) nutzen, müssen Sie die Ablage der Archivdateien immer so vornehmen, wie wir es in diesem Abschnitt beschreiben. Eine automatische Ablage nach der Phase der Umsetzung ist nicht möglich. (Dazugehörige Einstellungen in den technischen Einstellungen des archivierungsobjektspezifischen Customizings (Transaktion SARA, Archivadministration) – also das Ankreuzfeld **Start Automatisch** in der Gruppe **Dateiablage ins Ablagesystem** – werden hier nicht berücksichtigt.)

Wählen Sie die Registerkarte **Dateien ablegen**, markieren Sie einen Archivierungslauf, und klicken Sie auf die Schaltfläche **Dateiablage**. Machen Sie im danach erscheinenden Pop-up-Fenster wie gewohnt Angaben zum Starttermin und zu den Spoolparametern (siehe Abbildung 8.35).

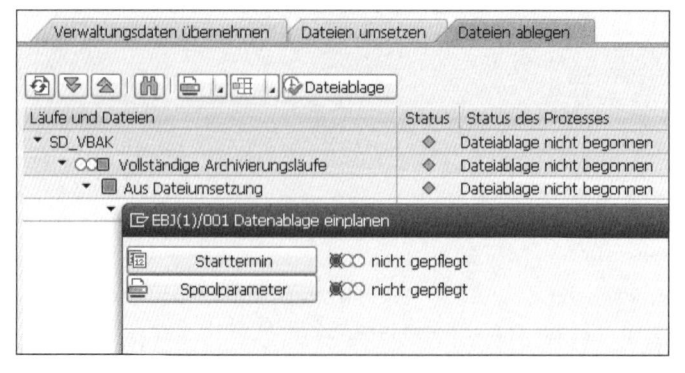

Abbildung 8.35 Transaktion ILM_TRANS_ADMIN – Dateien ablegen

Planen Sie anschließend die Umsetzung über die dazugehörige Schaltfläche im Pop-up-Fenster. Wie gewohnt können Sie mithilfe der Schaltfläche **Jobübersicht** die Hintergrundprozesse überwachen.

Haben Sie alle in diesem Abschnitt beschriebenen Schritte durchgeführt, sind die stillzulegenden Daten in ihrem neuen Zuhause, dem ILM-Retention-Warehouse-System, angekommen. Die zugehörigen Aufbewahrungszeiten sind ebenfalls bekannt. Nun können wir das Reporting dieser Daten besprechen.

8.6 Reporting im SAP-ILM-RW-System

Abschließend widmen wir uns dem Thema der Auswertungen, die Sie zu stillgelegten Daten vornehmen können. Wozu dies notwendig sein kann, haben wir zu Beginn dieses Kapitel – zusammen mit der Frage, warum die Daten überhaupt in das Retention-Warehouse-System übertragen werden sollten – besprochen (siehe Abschnitt 8.1, »Grundlagen und Begriffsklärung«).

Auswertung stillgelegter Daten

Tabelle 8.1 zeigt Ihnen die Unterschiede im Reporting von Daten in produktiven Systemen im Vergleich zum Reporting von Daten aus stillgelegten Systemen.

Aspekte	Produktivsystem	SAP-ILM-Retention-Warehouse-System
Reporting-Grund und Notwendigkeiten	produktive Nutzung der Daten	RW-spezifische Gründe wie Audits; Reporting muss für solche Gründe zugeschnitten sein.
Benutzer	viele verschiedene Benutzer mit unterschiedlichen Rollen	Eingeschränkter Benutzerkreis; User mit Zugriffsrechten auf Daten aus stillgelegten Systemen.
Muster des Datenzugriffs	vielfältig: Zugriff sowohl auf Einzelbelege als auch Reporting über viele Daten	Zugriff überwiegend auf viele Daten und unter Verwendung spezifischer Kriterien wie Geschäftsjahr oder Buchungskreis.

Tabelle 8.1 Vergleich: Reporting im Produktivsystem und im RW-System

Aspekte	Produktivsystem	SAP-ILM-Retention-Warehouse-System
Vorbereitungen für den Datenzugriff	keine speziellen Vorbereitungen notwendig, da die Daten in der Datenbank bzw. im Archiv gehalten werden (gegebenenfalls passende Archivinformationssystem-Infostrukturen)	Die Daten, die ausgewertet werden sollen, müssen noch speziellen Vorbereitungen unterzogen werden (insbesondere der Spezifizierung, welche Daten ausgewertet werden sollen). Diese beschreiben wir im Folgenden.
Ausgabe	direkte Ausgabe in den zugehörigen Transaktionen	Meistens ein Download in Dateien, die später anderweitig ausgewertet werden.
Datenformat	sehr flexibel	Flexibel, jedoch weiß man in der Regel bereits im Vorfeld, welche Felder welcher Tabellen gefordert sind.

Tabelle 8.1 Vergleich: Reporting im Produktivsystem und im RW-System (Forts.)

Wie Sie wissen, ist der Speicherort der strukturierten Daten im RW-System die ILM-fähige Ablage. In ihr befinden sich die Archivdateien (ADK-Dateien). Sie enthalten die Daten aus dem Altsystem, das Sie stilllegen wollen. Gewisse Vorbereitungen sind notwendig, um im ILM-RW-System auf diese Daten zugreifen zu können. Diese wollen wir im Folgenden beschreiben.

Prüfgebiete

Bestimmen Sie, wie viele *Prüfgebiete* Sie benötigen und welche ILM-Objekte darin zugeordnet sein sollen. Diese Entscheidung wird maßgeblich von Ihren Reporting-Notwendigkeiten für Audits, Prüfungen etc. beeinflusst (siehe Tabelle 8.1). Das Grundlagenwissen rund um das Thema Prüfgebiete vermittelt Ihnen Abschnitt 2.3, »Das Prüfgebiet – Ihr Grund zur Definition von Aufbewahrungsregeln«.

ILM-Prüfpaketvorlagen

In diesem Zusammenhang führen wir nun einen neuen Begriff ein: *ILM-Prüfpaketvorlage*. Würden Sie eine Auswertung auf der Basis eines Prüfgebietes vornehmen, wäre damit festgelegt, welche ILM-Objekte betrachtet werden dürfen (nämlich die zugeordneten). Damit wäre im nächsten Schritt auch festgelegt, welche Tabellen ausgewertet werden können, nämlich die, die zum Umfang des Archivierungsobjekts gehören, das einem ILM-Objekt zugeordnet ist. An dieser Stelle wäre der Wunsch berechtigt, nur bestimmte Tabellen oder sogar nur bestimmte Tabellenfelder z. B. für einen Audit bereitzustellen. Genau diesem Zwecke dient eine Prüfpaketvorlage. Mit ihrer Hilfe können Sie neben Tabellen und Tabellenfeldern auch Views definieren, die Sie bei Auswertungen verwenden möchten. Für die Arbeiten rund um die Prüfpaketvorlagen steht Ihnen die Transaktion ILMAPT (Bearbeitung von Prüfpaketvorlagen) zur Verfügung, siehe Abbildung 8.36.

Abbildung 8.36 Transaktion ILMAPT – Bearbeitung von Prüfpaketvorlagen

Zu Recht würden Sie jetzt anmerken, dass der nächste logische Schritt die Bestimmung der Archivdateien ist, die Sie unter Verwendung einer bestimmten Prüfpaketvorlage auswerten wollen. Die Auswahl der passenden Archivdateien spiegelt wider, aus welchem Altsystem und dort für welche Organisationseinheiten und/oder Geschäftsjahre Sie Daten auswerten wollen. Diesem Zweck wiederum dient das *ILM-Prüfpaket*. Mit anderen Worten ist ein Prüfpaket eine konkrete Instanz einer Prüfpaketvorlage. Für die Arbeiten rund um die Prüfpakete steht Ihnen die Transaktion IWP01 (Handhabung von Prüfpaketen) zur Verfügung, siehe Abbildung 8.37.

ILM-Prüfpaket

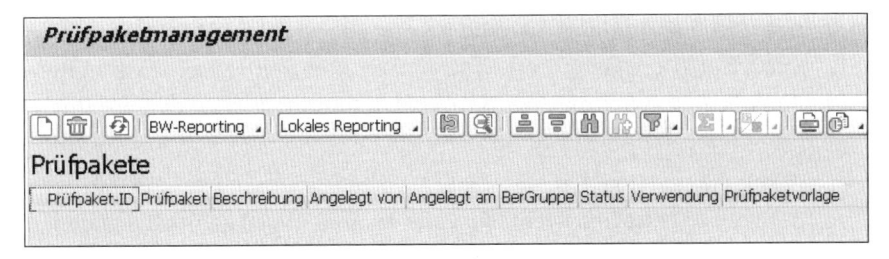

Abbildung 8.37 Transaktion IWP01 (Handhabung von Prüfpaketen)

Abbildung 8.38 zeigt Ihnen den gesamten Prozess dazu. Sie beginnen also mit der Definition der Prüfgebiete. Auf deren Basis legen Sie benötigte Prüfpaketvorlagen an. Diese dienen als Templates, um pro Altsystem Prüfpakete und weitere Filterkriterien mit benötigten Daten zu erstellen. An dieser Stelle werden diese Daten aus den relevanten Archivdateien gelesen. Nun kann das Reporting auf den gewünschten Daten beginnen. Am Ende, wenn die Daten nicht mehr benötigt werden (wenn der Audit z. B. abgeschlossen ist), löschen Sie das Prüfpaket. Damit werden die Daten, die beispielsweise in den BW-Objekten auf der Datenbank persistiert wurden, gelöscht. Wie auch zu Beginn dieses Prozesses liegen die Daten jetzt wieder nur in Form von Archivdateien vor.

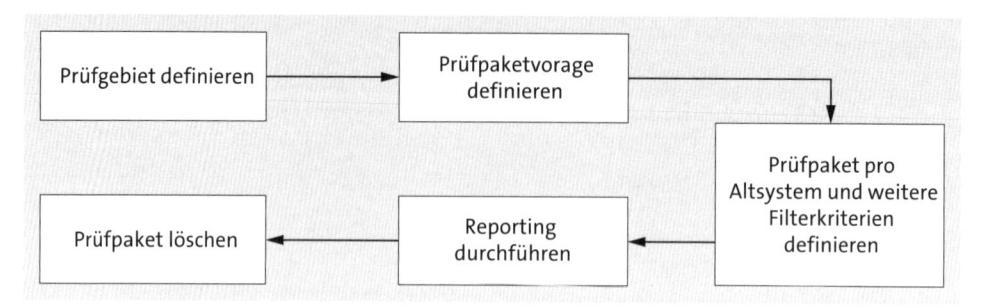

Abbildung 8.38 ILM-RW-Reporting – Prozessablauf

8.6.1 Reporting-Tools

Werkzeuge für die Auswertung

Widmen wir uns nun den Werkzeugen, die Sie für das Auswerten der stillgelegten Daten in einem ILM-Retention-Warehouse-System verwenden können:

1. **Lokales Reporting**

   Das Lokale Reporting (siehe Abschnitt 8.6.2, »Beispiel für die Auswertung mit dem lokalen Reporting«) ist ein generisches Reporting-Tool, das SAP ILM im RW-System anbietet. Lokales Reporting ähnelt dem Data Browser (Transaktion SE16). Auf der Ebene von Tabellen- sowie Feldnamen können Sie einschränken, welche Daten angezeigt werden sollen. Eine Exportfunktion bietet den Export nach Microsoft Excel. Eine weitere Funktion ist der Download größerer Datenmengen in einem Hintergrundjob.

   Lokales Reporting hat das Ziel, Ad-hoc-Auswertungen und einfache Berichte zu erstellen. Damit sind alle Auswertungen gemeint, bei denen die Selektion über Tabellen und Felder die Anforderungen erfüllt. Lokales Reporting ermöglicht es Ihnen auch, Views zu definieren, um Join-Beziehungen zwischen Tabellen aus dem Altsystem abzubilden.

2. **BW-Reporting**

   BW-Reporting ist die zweite Möglichkeit der Auswertung. Hier werden die BW-Konzepte genutzt. Anzumerken ist, dass dies die schwierigere, komplexere Variante ist. Insbesondere müssen hier genaue Informationen über die Struktur der stillgelegten Daten und ihre Beziehungen untereinander vorliegen. Dies geschieht in Kundenprojekten auf Basis von konkreten Szenarios, sodass wir an dieser Stelle nicht näher darauf eingehen werden.

3. **Accelerated Reporting**
Die Variante Accelerated Reporting beschleunigt die Auswertung stillgelegter Daten und ermöglicht die Nutzung von SAP-BusinessObjects-Tools. Infrage kommen solche Tools, die sich mit ABAP-Tabellen im SAP-System verbinden können.

8.6.2 Beispiel für die Auswertung mit dem lokalen Reporting

Wir wollen jetzt das mögliche Vorgehen beim lokalen Reporting anhand eines Beispielszenarios beschreiben. Dazu gehen wir von der folgenden Anforderung aus: Es sollen Lieferungen, Finanzbuchhaltungsbelege und Fakturen aus einem Altsystem mit der ID BB2 im Retention-Warehouse-System ausgewertet werden. Im Detail sollen es die Belege aus der Verkaufsorganisation SOC und dem Geschäftsjahr 1999 sein. Der Zugriff soll nur auf spezielle Tabellen und deren Felder erfolgen. Die dazugehörige Liste liegt Ihnen vor.

Reporting-Anforderungen

Ihre erste Aufgabe wäre es jetzt, das benötigte Prüfgebiet festzulegen und die benötigten ILM-Objekte darin zuzuordnen. Da nur bestimmte Tabellen für die Auswertung zur Verfügung stehen sollen, können Sie diese jetzt in der Definition Ihres Prüfgebiets hinterlegen.

> **Einschränkung auf Tabellen und/oder Tabellennamen**
>
> Die Einschränkung auf Tabellen und/oder Tabellennamen im Prüfgebiet ist dann zu empfehlen, wenn sie für alle Auswertungen, basierend auf diesem Prüfgebiet, zutrifft. Wir werden Ihnen in diesem Abschnitt noch eine weitere Möglichkeit dafür zeigen. Mit anderen Worten: Wählen Sie für das Prüfgebiet die Tabellen und/oder Tabellennamen, die die maximal mögliche Menge an Zugriffen für dieses Prüfgebiet darstellen. Selektieren Sie also keine Felder, die Sie niemals brauchen werden.

Dabei verwenden Sie eine Funktion, die speziell dafür – im Kontext des ILM-RW-Szenarios – zur Verfügung steht. (Aus diesem Grund haben wir sie noch nicht in Abschnitt 2.3, »Das Prüfgebiet – Ihr Grund zur Definition von Aufbewahrungsregeln«, beschrieben.) Markieren Sie das dazugehörige ILM-Objekt, und klicken Sie in der Mitte auf die Schaltfläche **Tabellen und Felder auswählen** (siehe Abbildung 8.39).

Tabellen und Felder für ein Prüfgebiet

Markieren Sie nun rechts in der Spalte **Auswahl** die für die Auswertung benötigten Tabellen (siehe Abbildung 8.40).

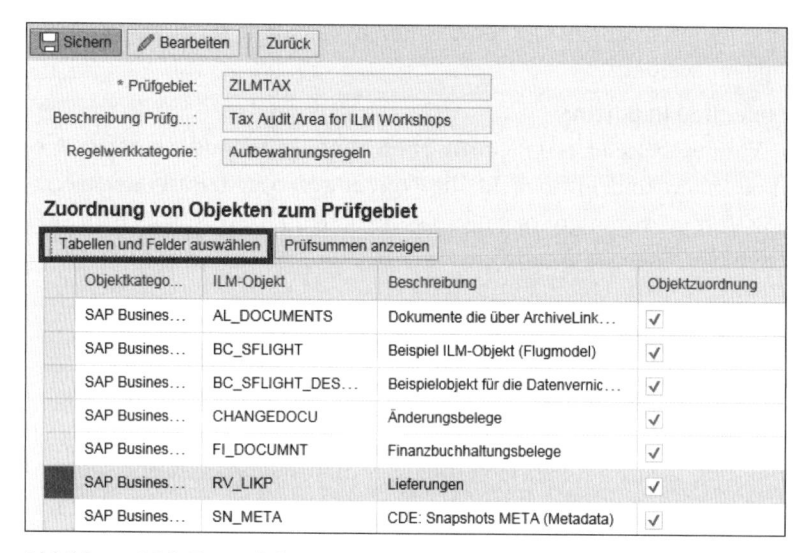

8 Systemstilllegung mit SAP ILM Retention Warehouse

Abbildung 8.39 Transaktion ILMARA – Tabellen und Felder für ein ILM-Objekt auswählen 1/2

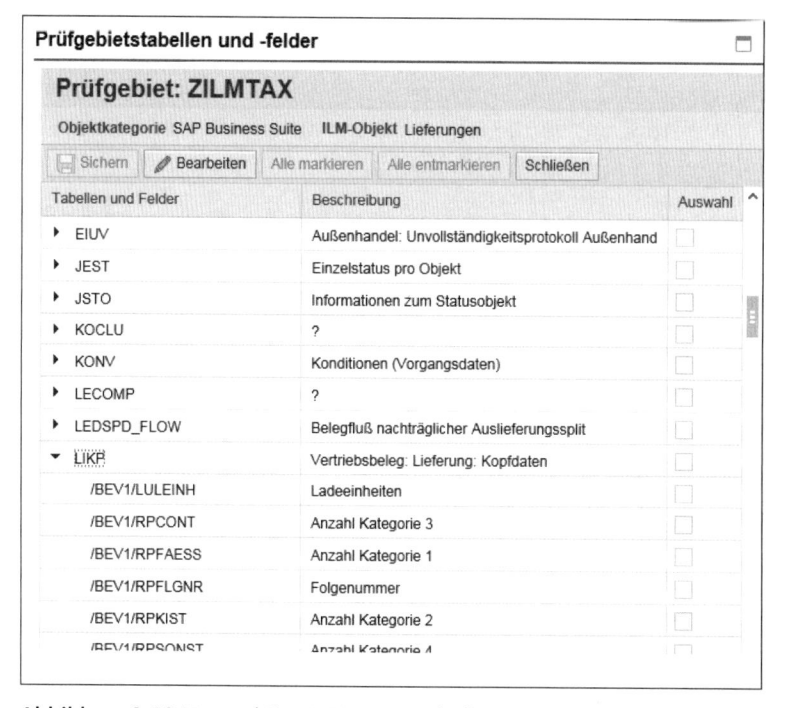

Abbildung 8.40 Transaktion ILMARA – Tabellen und Felder für ein ILM-Objekt auswählen 2/2

Rufen Sie dann die Transaktion ILMAPT (Bearbeitung von Prüfpaketvorlagen) auf, wählen Sie das gewünschte Prüfgebiet aus, und klicken Sie auf die

8.6 Reporting im SAP-ILM-RW-System

Schaltfläche **Neu** (siehe Abbildung 8.41). Ein Pop-up-Fenster öffnet sich, in dem Sie die benötigten Eingaben vornehmen (die Abbildung stellt ein Beispiel für das lokale Reporting dar). Bestätigen Sie Ihre Eingaben mit **OK**.

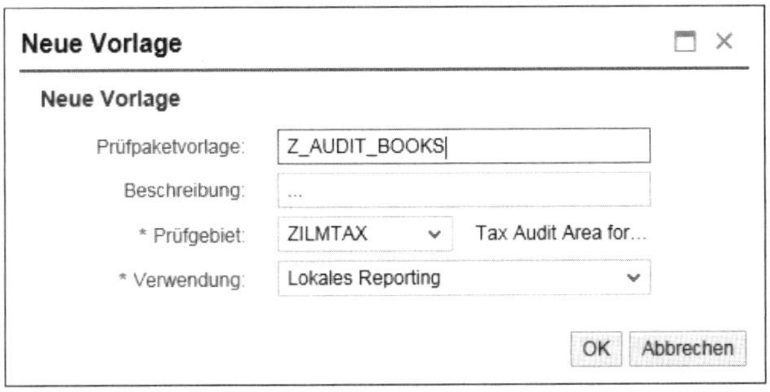

Abbildung 8.41 Transaktion ILMAPT – Prüfpaketvorlage anlegen

Im nachfolgenden Bild haben Sie die Möglichkeit, die im Prüfgebiet bereits definierte Menge an Tabellen und Feldern noch weiter einzuschränken (nämlich auf die ganz spezifischen Bedürfnisse der Auswertung, die Sie gerade vorbereiten), siehe Abbildung 8.42. Wählen Sie **Sichern**, und geben Sie einen Transportauftrag an, den Sie zuvor passend angelegt haben.

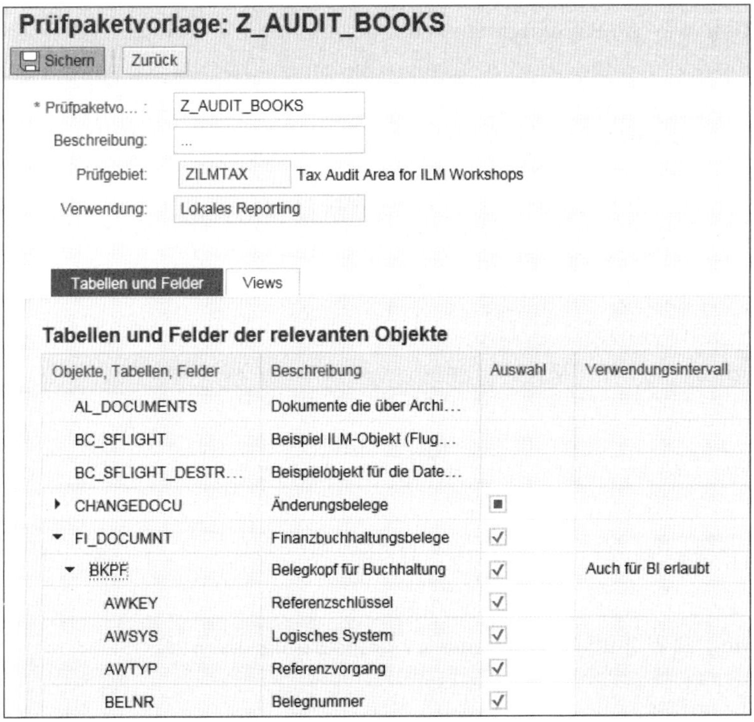

Menge an Tabellen und Feldern passend einschränken

Abbildung 8.42 Transaktion ILMAPT – Prüfpaketvorlage anlegen, Tabellen und Felder auswählen

593

> **Wiederverwendung von Prüfpaketvorlagen**
>
> Die Prüfpaketvorlage können Sie natürlich auch mehrfach verwenden, wenn immer wieder Reporting-Anforderungen gestellt werden, die sie passend beschreibt.

Optimiertes Retention Warehouse aktivieren

Der nächste Schritt ist jetzt der Zugriff auf die dazugehörigen Archivdateien und das Lesen der benötigten Daten. Bevor wir dazu kommen, empfehlen wir, spätestens jetzt im IMG das *optimierte Retention Warehouse* zu aktivieren. Es bewirkt, dass beim Laden der Daten aus Archivdateien eine DDIC-Tabelle (Data Dictionary) für jede Tabelle, die aus dem Archiv gelesen wird, angelegt wird. Die Daten, für die Sie das Reporting betreiben wollen, werden dort zwischengespeichert, was zu einer besseren Performance führt. (Weitere Informationen zu diesem Thema erhalten Sie in Abschnitt 8.6.3, »Accelerated Reporting und Nutzung von SAP BusinessObjects«.)

Rufen Sie dazu die Transaktion SPRO (Customizing – Projektbearbeitung) auf, wählen Sie **SAP Referenz-IMG**, und folgen Sie dann dem Pfad **SAP NetWeaver • Application Server • Basis-Services • Information Lifecycle Management • Retention Warehouse • Generische Einstellungen • Optimiertes Retention Warehouse aktivieren** (siehe Abbildung 8.43). Setzen Sie einen Haken in das in Abbildung 8.44 gezeigte Ankreuzfeld **Optim. RW aktivieren**.

Abbildung 8.43 Optimiertes Retention Warehouse aktivieren 1/2

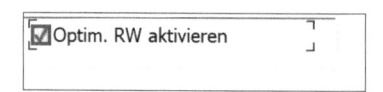

Abbildung 8.44 Optimiertes Retention Warehouse aktivieren 2/2

Prüfpaket – Bedeutung

Genug der Vorbereitungen! Kommen wir nun zum Anlegen des Prüfpakets. Das Prüfpaket brauchen Sie, denn alle ILM-RW-Auswertungen basieren darauf. Das Prüfpaket beschreibt genau, aus welchen Archivdateien (und somit aus welchen Mandanten welcher Altsysteme) Sie welche Daten (über Archivierungsobjekte sowie deren Tabellen und Felder) für Reporting-Zwecke zur Verfügung stellen. Rufen Sie also die Transaktion IWP01 (Handhabung von Prüfpaketen) auf. Es erscheint ein Bild wie in Abbildung 8.37. Wählen Sie die Schaltfläche 🗋 zum Anlegen neuer Einträge. Nun erscheint das Bild aus Abbildung 8.45.

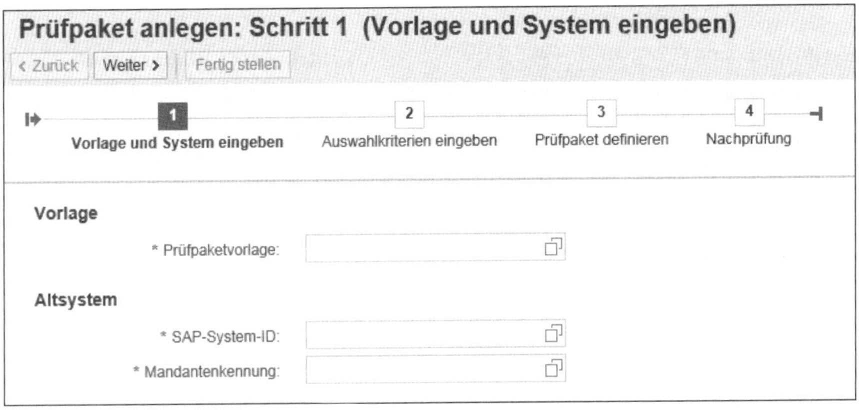

Abbildung 8.45 Transaktion IWP01 – Bearbeitung von Prüfpaketen 1/2

Wählen Sie die Prüfpaketvorlage aus, die als Basis für Ihr Prüfpaket gelten soll. Geben Sie an, aus welchem Altsystem (**SAP System-ID**) und aus welchem Mandanten (**Mandantenkennung**) Sie Daten auswerten wollen. Klicken Sie auf **Weiter**, und nehmen Sie die geforderten Eingaben in den nachfolgenden Fenstern vor (ein Beispiel dazu zeigt Abbildung 8.46).

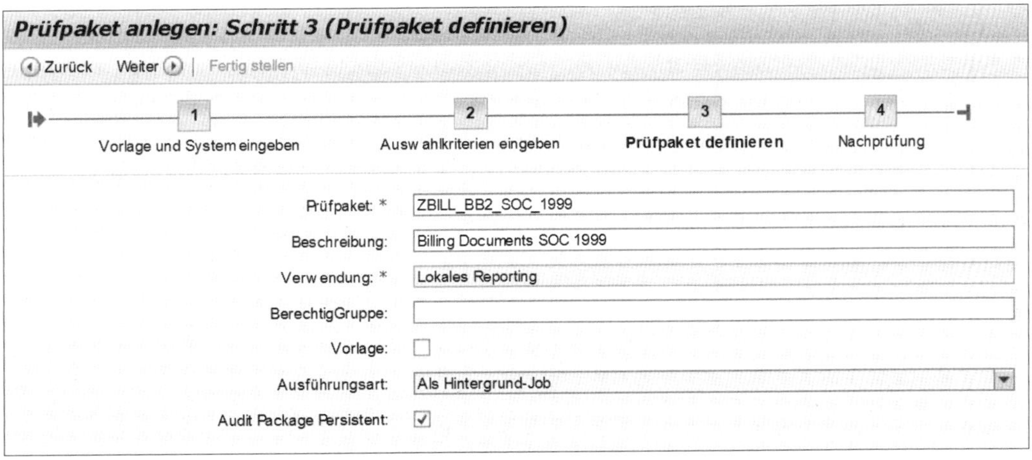

Prüfpaket anlegen

Abbildung 8.46 Transaktion IWP01 – Bearbeitung von Prüfpaketen 2/2

8 Systemstilllegung mit SAP ILM Retention Warehouse

> [»] **Auswahl von Archivdateien**
>
> Sie können keine Archivdateien manuell auswählen! Dies ist deshalb nicht notwendig, weil das System anhand aller Ihrer bisherigen Eingaben über die passenden Archivdateien entscheidet.

Hintergrundjobs zum Prüfpaket

Haben Sie das Anlegen des Prüfpakets abgeschlossen, werden zwei Hintergrundjobs eingeplant:

- Der Job `CREATE_<PRÜFPAKET_NAME>` legt bestimmte Metadaten für das Prüfpaket an und ermittelt die Liste der relevanten Archivdateien (URIs).

- Der Job `IWP_CREATE_DP_*` liest die relevanten Archivdateien und fügt die gelesenen Daten in generierte Tabellen ein.

Lokales Reporting auf Basis des Prüfpakets

Sind beide Hintergrundjobs beendet, können Sie mit dem Reporting der Daten beginnen. Wir werden Ihnen dies am Beispiel des lokalen Reportings (nicht am Beispiel BW-Reporting) zeigen.

Rufen Sie also die Transaktion IWP01 (Handhabung von Prüfpaketen) auf. Es erscheint ein Bild wie in Abbildung 8.47. Markieren Sie die Zeile mit der Prüfpaketvorlage, die Sie als Grundlage für Ihre Auswertung verwenden wollen. Wählen Sie **Lokales Reporting** • **Tab anzeigen o. Datei anlegen**.

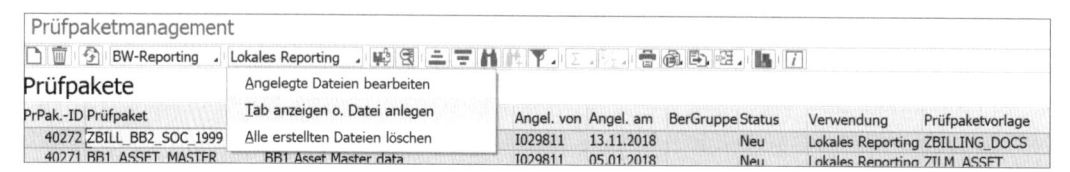

Abbildung 8.47 Transaktion IWP01 – lokales Reporting starten

Wählen Sie im nächsten Schritt die Tabelle, die Sie auswerten möchten (Spalte **Struktur** in Abbildung 8.48). Das System informiert Sie im oberen Teil des Bildes, ob gegebenenfalls schon Dateien mit dazugehörigen Daten existieren. Wenn nicht, können Sie über die Schaltfläche **Dateien anzeigen** oder die Schaltfläche **Datei anlegen** entscheiden, wie Sie mit den gewünschten Daten verfahren möchten:

- die Daten aus den Archivdateien laden und anzeigen
- die Daten aus den Archivdateien laden und in eine Datei herunterladen

Je nachdem, welche Option Sie wählen, unterscheiden sich die darauffolgenden Bilder etwas, denn Angaben zu Dateinamen müssen Sie nur im zweiten Fall machen. Handelt es sich bei den Daten, die Sie sehen möchten,

8.6 Reporting im SAP-ILM-RW-System

um große Datenmengen, empfehlen wir Ihnen, die Daten in eine Datei herunterzuladen.

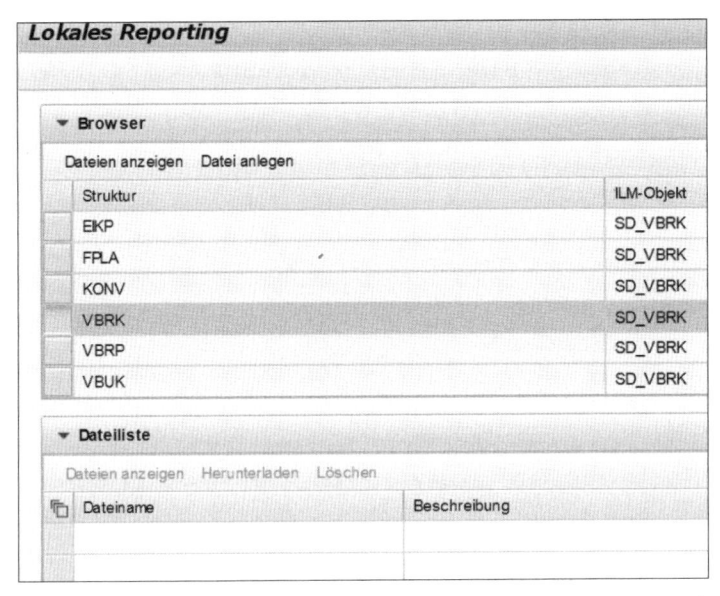

Abbildung 8.48 Transaktion IWP01 – Daten anzeigen oder Datei anlegen

Im darauffolgenden Schritt können Sie die gewünschten Selektionskriterien definieren (siehe Abbildung 8.49). Dafür können Sie jedes der Felder der Tabelle über die dazugehörigen Schaltflächen auswählen.

Selektionskriterien definieren

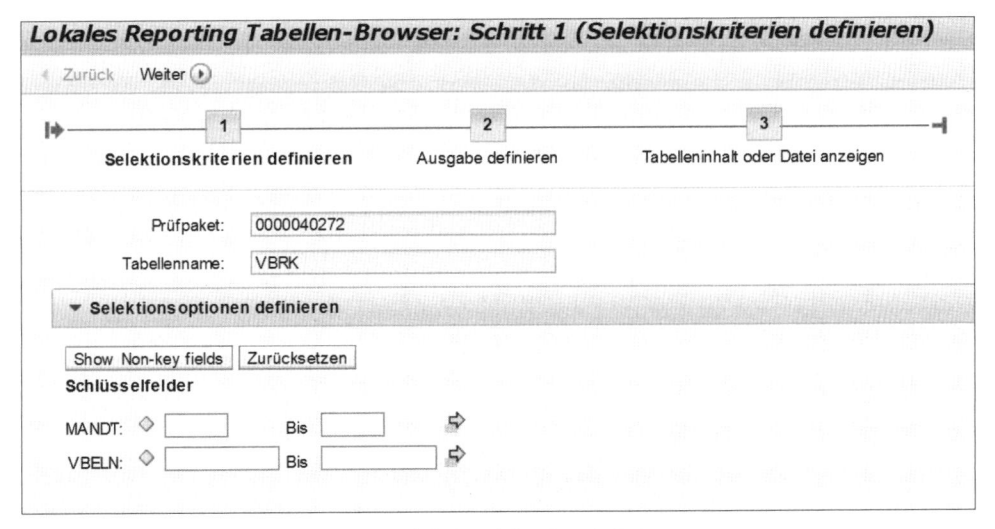

Abbildung 8.49 Lokales Reporting – Selektionskriterien definieren

8   Systemstilllegung mit SAP ILM Retention Warehouse

In Schritt 2, **Ausgabe definieren**, bestimmen Sie die maximale Anzahl an Sätzen und welche Tabellenfelder zur Anzeige gebracht werden sollen (siehe Abbildung 8.50).

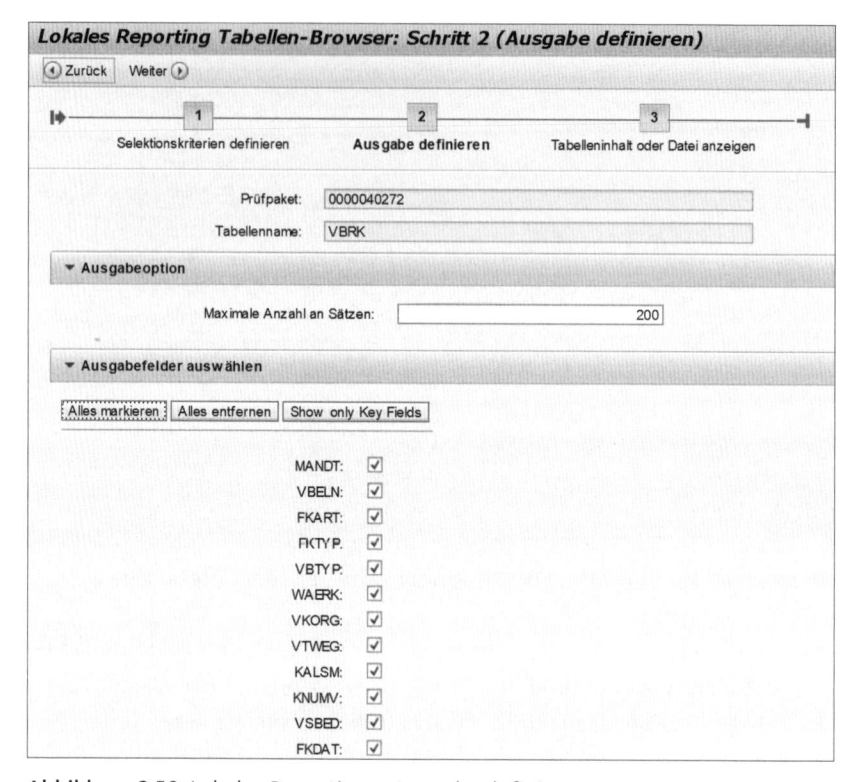

Abbildung 8.50 Lokales Reporting – Ausgabe definieren

Als Ergebnis sehen Sie eine Vorschau der angefragten Daten (siehe Abbildung 8.51). Sie besteht aus 200 Sätzen. (Wie Sie an der Abbildung erkennen, wurde hier zuvor die Option **Datei anlegen** gewählt, denn das System fragt nach Dateinamen.)

Hintergrundjob zum Laden der Daten

Haben Sie alle Eingaben vorgenommen, klicken Sie oben links auf **Anlegen**. Das System erzeugt einen Hintergrundjob, der nun die gewünschten Aufgaben ausführt (siehe Abbildung 8.52).

[»] **Dateiformat**

Das Format einer Datei, die Sie auf diesem Wege erstellen können, ist das SAP-Audit-Format (*Audit Information System*, AIS). Dies ist ein wichtiger Fakt, z. B. für Auditoren, denn damit können sie die Daten in ihre eigenen Tools importieren, in Deutschland z. B. in IDEA.

8.6 Reporting im SAP-ILM-RW-System

Lokales Reporting Tabellen-Browser: Schritt 3 (Tabelleninhalt oder Datei anzeigen)

◀ Zurück   Weiter ▶ | Anlegen

|→——— 1 ——————————— 2 ——————————— 3 ———|
Selektionskriterien definieren   Ausgabe definieren   Tabelleninhalt oder Datei anzeigen

Prüfpaket: 0000040272
Tabellenname: VBRK

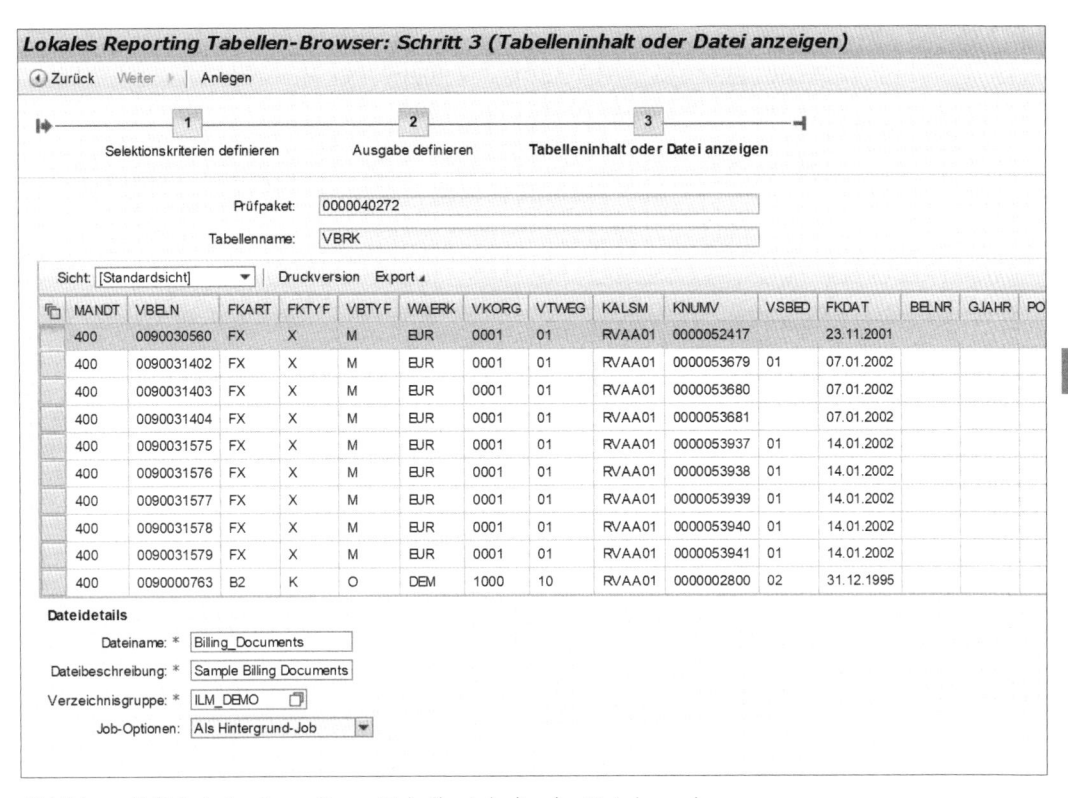

Sicht: [Standardsicht] ▼ | Druckversion   Export ◢

	MANDT	VBELN	FKART	FKTYF	VBTYF	WAERK	VKORG	VTWEG	KALSM	KNUMV	VSBED	FKDAT	BELNR	GJAHR	PO
	400	0090030560	FX	X	M	EUR	0001	01	RVAA01	0000052417		23.11.2001			
	400	0090031402	FX	X	M	EUR	0001	01	RVAA01	0000053679	01	07.01.2002			
	400	0090031403	FX	X	M	EUR	0001	01	RVAA01	0000053680		07.01.2002			
	400	0090031404	FX	X	M	EUR	0001	01	RVAA01	0000053681		07.01.2002			
	400	0090031575	FX	X	M	EUR	0001	01	RVAA01	0000053937	01	14.01.2002			
	400	0090031576	FX	X	M	EUR	0001	01	RVAA01	0000053938	01	14.01.2002			
	400	0090031577	FX	X	M	EUR	0001	01	RVAA01	0000053939	01	14.01.2002			
	400	0090031578	FX	X	M	EUR	0001	01	RVAA01	0000053940	01	14.01.2002			
	400	0090031579	FX	X	M	EUR	0001	01	RVAA01	0000053941	01	14.01.2002			
	400	0090000763	B2	K	O	DEM	1000	10	RVAA01	0000002800	02	31.12.1995			

Dateidetails

Dateiname: * Billing_Documents
Dateibeschreibung: * Sample Billing Documents
Verzeichnisgruppe: * ILM_DEMO
Job-Optionen: Als Hintergrund-Job ▼

Abbildung 8.51 Lokales Reporting – Tabelleninhalt oder Datei anzeigen (Vorschau)

Jobname	Spool	Job Dok	Job-Ersteller	Status	Startdatum
☐ WRITE_TO_SERVER VBRK _ ZBILL_BB2			I029	fertig	02.01.2019
*Zusammenfassung					

Abbildung 8.52 Lokales Reporting – Job zur Dateierstellung

Export in Excel   [«]

Die Schaltfläche **Export** steht Ihnen an zwei Stellen zur Verfügung: bei der Vorschau der Daten (siehe Abbildung 8.51) und bei der Anzeige der gewünschten Daten, das heißt, nachdem Sie in Abbildung 8.53 **Daten anzeigen** gewählt haben. Bedenken Sie, dass dies (insbesondere im zweiten Fall) ab einer bestimmten, großen Anzahl von Sätzen nicht die performanteste Lösung sein kann. Handelt es sich um große Datenmengen, empfehlen wir Ihnen, die Schaltfläche **Datei anlegen** oben links in Abbildung 8.53 zu wählen.

Ist der Job abgeschlossen, sehen ein Bild wie in Abbildung 8.53; die Datei wurde angelegt. Sie können Sie markieren und über die Schaltfläche **Dateien anzeigen** zur Anzeige bringen.

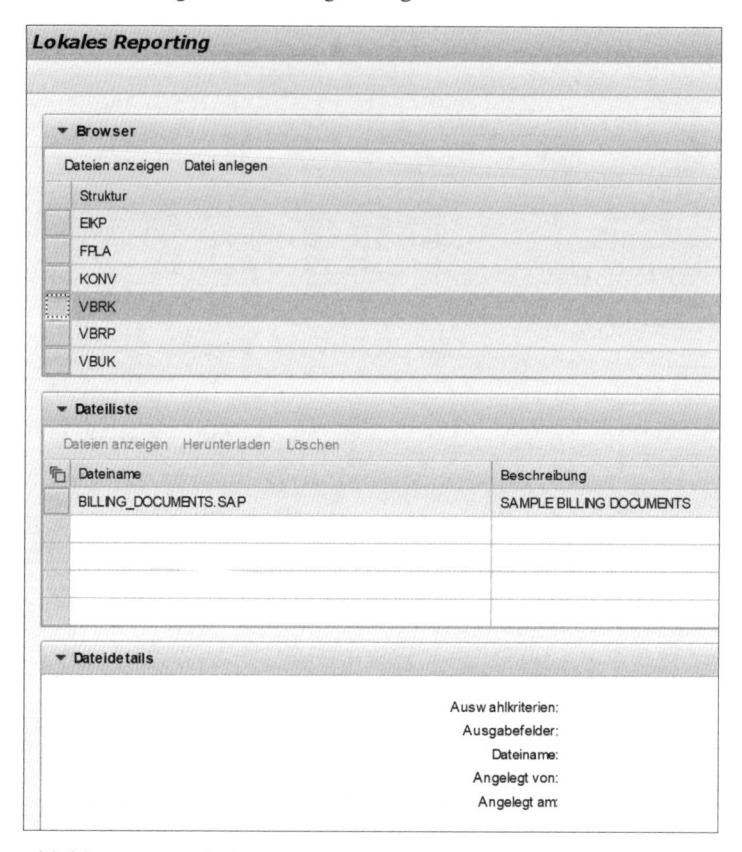

Abbildung 8.53 Lokales Reporting – Datei wurde angelegt

8.6.3 Accelerated Reporting und Nutzung von SAP BusinessObjects

Accelerated Reporting (beschleunigtes Reporting) ist eine Variation des oben beschriebenen Vorgehens, um Daten aus stillgelegten Systemen im ILM-RW-System auszuwerten. Wie wir es im Kasten am Ende dieses Abschnitts beschreiben, ermöglicht es auch die Nutzung bestimmter SAP-BusinessObjects-Tools.

Die Voraussetzung für die Nutzung des Accelerated Reportings ist die Aktivierung des optimierten Retention Warehouse, wie wir es in Abbildung 8.43 und Abbildung 8.44 gezeigt haben. Diese Aktivierung bewirkt, dass beim Laden der Daten aus Archivdateien eine DDIC-Tabelle (Data Dictionary) für jede Tabelle angelegt wird. Die Tabellengenerierung geschieht also beim Anlegen eines *Prüfpakets*. Die Daten, für die Sie das Reporting betreiben wollen, werden dort zwischengespeichert, was zu einer besseren Performance führt.

Die generierten Tabellen enthalten alle Felder der jeweiligen Tabelle, wie sie auch im SLT-System (und im Altsystem, falls das Altsystem ein SAP-System war) für diese Tabelle vorlagen. Sie enthalten auch ein Feld mit der URI der Archivdatei, in der sich die zugehörigen Daten befinden.

Aufbau der generierten Tabellen

Kommen wir nun zum Vorteil dieser Vorgehensweise. Er ergibt sich, sobald Sie mehr als ein Prüfpaket zu der gleichen Tabelle aus dem gleichen Altsystem und Mandanten anlegen. (Ob Sie die gleiche Prüfpaketvorlage verwenden oder nicht, spielt dabei keine Rolle.) In diesem Fall wird die generierte Tabelle verwendet. Um die Daten, die zu den verschiedenen Prüfpaketen gehören, zu unterscheiden, wird ein Tabellen-View generiert. Dieser View enthält die URIs der Archivdateien, die als Filterkriterium genutzt werden.

Vorteile

Sie können die generieren DDIC-Objekte sehen, wenn Sie ein Prüfpaket markieren und die Schaltfläche **Optimierten Content anzeigen** in der Transaktion IWP01 (Handhabung von Prüfpaketen) auswählen (siehe Abbildung 8.54). Das Ergebnis sehen Sie in Abbildung 8.55.

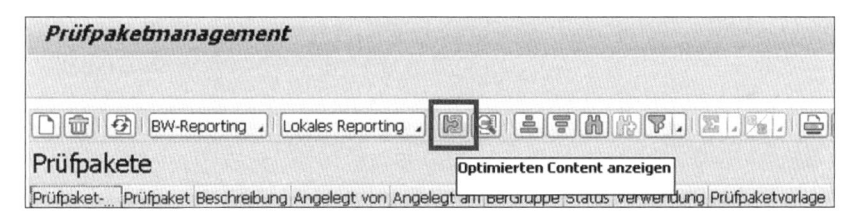

Abbildung 8.54 Lokales Reporting – Schaltfläche »Optimierten Content anzeigen«

Abbildung 8.55 Lokales Reporting – optimierter Content

Namen der generierten Tabellen

Sind Sie an den Namen der generierten Tabellen pro Prüfpaket interessiert, können Sie diese der Tabelle `IWP_DP_AP_GENTAB` entnehmen. Abbildung 8.56 zeigt ein Beispiel.

MANDT	AUDIT_PACKAGE_ID	ORIGINAL_STRUCT	GEN_TAB_NAME
400	0000040272	EIKP	ZILMWAN82S5OPOZ
400	0000040272	FPLA	ZILMM0GQ8UR8SWI
400	0000040272	KONV	ZILM896QMAVSK6K
400	0000040272	VBRK	ZILME2MJ4NXMHKV
400	0000040272	VBRP	ZILMJ87WO574T03
400	0000040272	VBUK	ZILME3Q5UX55IWN

Abbildung 8.56 Lokales Reporting – Tabelle IWP_DP_AP_GENTAB

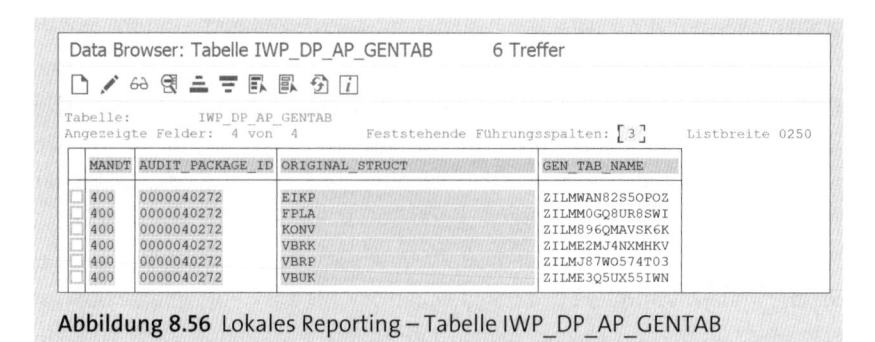

[»]

Nutzung mit SAP-BusinessObjects-Tools

Die Daten, die in die generierten Tabellen geladen wurden, können Sie auch mit generischen Reporting-Tools wie denen von SAP BusinessObjects auswerten. Alle Tools, die sich mit ABAP-Tabellen im SAP-System verbinden können, können sich in unserem Fall auch mit den generierten Tabellen in SAP ILM Retention Warehouse verbinden.

Kapitel 9
Den Datenlebenszyklus kundeneigener Entwicklungen mit SAP ILM verwalten

In Ihrem Unternehmen gibt es Anwendungen im Kundennamensraum? Sie vermuten, dass es sich darin um aufbewahrungspflichtige Daten handelt? Sie sehen, dass darin personenbezogene Daten verarbeitet werden? Wenn Sie diese Fragen mit »ja« beantworten, wird die Lektüre dieses Kapitels für Sie von Bedeutung sein. Erfahren Sie, wie Sie den Lebenszyklus von Daten in Ihren kundeneigenen Entwicklungen mithilfe von SAP ILM kontrollieren können.

In diesem Kapitel widmen wir uns schließlich den kundeneigenen Entwicklungen. Vielleicht haben Sie eine Anwendung im Kundennamensraum für Ihre speziellen Bedürfnisse erstellt. In diesem Falle stellt sich die Frage, ob Sie für diese Anwendung Ergänzungen benötigen, um die Sperrung und Löschung gemäß den ILM-Regeln anzubieten. Anhand welcher Kriterien sollen Sie die Entscheidung treffen? Und wie gehen Sie genau vor, falls ILM-Ergänzungen notwendig sind?

> **Kenntnis der klassischen Datenarchivierung**
> Als gegeben setzen wir in diesem Kapitel Kenntnisse über die Erstellung von »klassischen« Archivierungsobjekten voraus – also Archivierungsobjekten, die nicht ILM-fähig sind. Informationen darüber vermittelt z. B. die SAP-Schulung BIT670 (ILM/Datenarchivierung – kundenspezifische Entwicklungen). Wir werden hier unter anderem erklären, wie man klassische Archivierungsobjekte ILM-fähig macht.

9.1 Entscheidungskriterien für einen ILM-Anschluss

Zunächst beschreiben wir, wie Sie entscheiden können, ob Ihre Entwicklungen im Kundennamensraum einen ILM-Anschluss benötigen – ob sie ILM-fähig gemacht werden müssen. Ihr Ziel dabei ist es zu erfahren, ob Sie den ILM-Anschluss brauchen, und wenn ja, welche Objekte Sie anlegen sollten.

BOR-Objekttypen in kundeneigenen Entwicklungen

Um die richtige Entscheidung zu treffen, verschaffen Sie sich Klarheit darüber, welche sogenannten BOR-Objekttypen (Business-Objekte) in Ihren kundenspezifischen Entwicklungen enthalten sind (zu BOR-Objekttypen siehe Abschnitt 3.6.2, »Das Konzept der BOR-Objekttypen und ihre Verbindung zu ILM-Objekten«).

> [»] **BOR-Objekttypen in Ihren kundenspezifischen Entwicklungen**
>
> Es ist an dieser Stelle unerheblich, ob für Ihre Entwicklungen im Kundennamensraum tatsächlich BOR-Objekttypen in der Transaktion SWO1 (Business Object Builder) definiert wurden oder nicht. Ist es der Fall, ist die Vorarbeit leichter getan. Ist es nicht der Fall, ist es hier erst einmal nur wichtig, dass Sie auf der abstrakten Ebene Ihre kundenspezifischen Entwicklungen sauber in BOR-Objekttypen aufteilen können.

ILM-Entscheidungsbaum

Ist die Vorarbeit gemacht, müssen Sie die folgenden beiden Fragen gemäß Abbildung 9.1 mit »ja« oder »nein« beantworten, um darauf aufbauend die richtige Entscheidung zu treffen:

1. Speichert das betreffende Business-Objekt aufbewahrungspflichtige Daten? Das betrifft Daten, die aufgrund von rechtlichen, innerbetrieblichen, vertraglichen oder weiteren Gründen Aufbewahrungsfristen vorweisen (beispielsweise Aufbewahrung gemäß dem Steuer-, Produkthaftungs- oder Datenschutzrecht). Zur Begriffsdefinition siehe Abschnitt 1.1, »Von der Datenarchivierung zu ILM: Wo der Schuh drückte und was Abhilfe schaffte«.

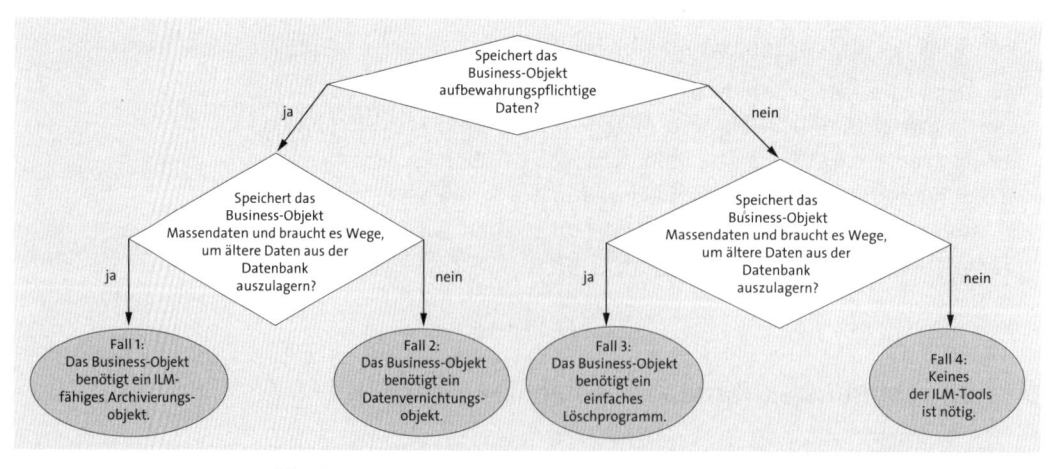

Abbildung 9.1 ILM-Anschluss für Business-Objekte – Entscheidungsbaum

2. Speichert das betreffende Business-Objekt Massendaten, also Daten, die nicht über ihre gesamte Aufbewahrungsfrist hinweg in der Datenbank aufbewahrt werden können?

Massendaten

Sobald Sie die Aufbewahrungszeiten für das betreffende Business-Objekt abschätzen können, berechnen Sie, welches Volumen an Daten (wie viele Instanzen des betreffenden Business-Objekts) die dazugehörige Anwendung und ihre Prozesse im Durschnitt (oder auch im Extremfall) erzeugen kann. Bewerten Sie anschließend, ob dieses Datenvolumen über seine gesamte Aufbewahrungszeit auf der Datenbank gespeichert werden kann. Ist das nicht möglich, weil es z. B. zu kostspielig wäre, erzeugt das Business-Objekt potenziell Massendaten.

Es ist natürlich erstrebenswert, bei jeder Anwendung, die zu Massendaten führen kann – insbesondere in ihrer konzeptionellen Phase – großes Volumen, z. B. durch Verdichtungsmöglichkeiten oder alternative Architekturkonzepte, zu vermeiden.

Data Aging

Die hier aufgeführten Überlegungen zu Massendaten gelten für Anwendungen in der SAP Business Suite. In SAP S/4HANA steht zusätzlich das *Data-Aging-Konzept* zur Verfügung. Gemäß der SAP-Terminologie handelt es sich dabei um eine durch die Anwendung festgelegte Umlagerung der Daten innerhalb einer Datenbank, um Arbeitsspeicher zu gewinnen. Die Umlagerung erfolgt durch die Angabe einer Datentemperatur für diese Daten. Sie beeinflusst die Sichtbarkeit bei Datenzugriffen. Die Anwendungen können diese Sichtbarkeit durch Anpassungen beeinflussen.

Analysieren wir nun Ihre möglichen Antworten (siehe Abbildung 9.1). In den Fällen 1 oder 2 bedeutet es, dass Ihr Business-Objekt einen ILM-Anschluss benötigt. In den Fällen 3 und 4 ist dies hingegen nicht notwendig. Schauen wir die vier möglichen Fälle nun genauer an.

Fall 1: Ja, Ihre Entwicklungen im Kundennamensraum benötigen einen ILM-Anschluss. Das Business-Objekt, für das Sie die Fragen beantwortet haben, benötigt ein ILM-fähiges Archivierungsobjekt (zum Begriff Archivierungsobjekt siehe Abschnitt 2.1, »Archivierungsobjekt und Datenvernichtungsobjekt«), weil es aufbewahrungspflichtige Daten beinhaltet, deren Lebensdauer mithilfe von SAP ILM kontrolliert werden soll. Da diese Daten gleichzeitig Massendaten darstellen, möchten Sie Teile davon (die älteren

Fall 1: Archivierungsobjekt

Daten) im Archiv speichern und dort nach Ablauf der Aufbewahrungszeit löschen.

Wenn Sie für dieses Business-Objekt seinerzeit bereits ein klassisches Archivierungsobjekt angelegt haben, werden Sie in diesem Kapitel auch erfahren, wie Sie es ILM-fähig machen können. (Haben Sie noch gar kein Archivierungsobjekt angelegt, müssen Sie dies zunächst erledigen, siehe dazu den Hinweiskasten »Kenntnis der klassischen Datenarchivierung« zu Beginn dieses Kapitels.)

Fall 2: Datenvernichtungsobjekt

Fall 2: Ja, Ihre Entwicklungen im Kundennamensraum benötigen einen ILM-Anschluss. Das Business-Objekt, für das Sie die Fragen beantwortet haben, benötigt ein Datenvernichtungsobjekt (zum Begriff siehe ebenfalls Abschnitt 2.1, »Archivierungsobjekt und Datenvernichtungsobjekt«), weil es aufbewahrungspflichtige Daten beinhaltet, deren Lebensdauer mithilfe von ILM kontrolliert werden soll. Da diese Daten keine Massendaten darstellen, können Sie sie über die ganze Aufbewahrungszeit in der Datenbank behalten und müssen nicht Teile davon im Archiv speichern. Die Löschung der Daten aus der Datenbank nach Ablauf der Aufbewahrungszeit kann mithilfe von SAP ILM und des anzulegenden Datenvernichtungsobjekts vollzogen werden.

> **[»]** **Datenvernichtungsobjekt oder Archivierungsobjekt?**
>
> Meist liegt der Grund dafür, dass ein BOR-Objekttyp (Business-Objekt) keine Massendaten erzeugt, darin, dass seine Aufbewahrungsdauer kurz ist. Klären Sie, ob dies bei Ihnen der Fall ist.
>
> Der Grund kann ansonsten auch sein, dass Ihr Business-Objekt doch längere Aufbewahrungszeiten vorweist, aber nur wenige Daten (Instanzen) und somit keine Massendaten erzeugt. Handelt es sich bei diesen Daten um personenbezogene Daten, könnte es sein, dass Sie die Funktionalität des Sperrens mithilfe der Datenarchivierung benötigen. Wie es in Kapitel 4, »Vereinfachtes Sperren mit SAP ILM«, erläutert wird, sperren Sie in der SAP Business Suite und in SAP S/4HANA mit der Datenarchivierung personenbezogene Daten, die transaktionale Daten (nicht Stammdaten) darstellen. Klären Sie also für Ihr Business-Objekt, ob Sie des Sperrens wegen doch ein Archivierungsobjekt anstelle des Datenvernichtungsobjekts benötigen.
>
> Wenn es sich aber – wie meistens in diesem Fall – um Stammdaten oder ähnliche Daten handelt, finden Sie Informationen zum dazugehörigen Sperrkonzept in Abschnitt 4.4.3, »Sperren von Stammdaten im Geschäftsprozess«.

Fall 3: Nein, Ihre Entwicklungen im Kundennamensraum benötigen keinen ILM-Anschluss. Das Business-Objekt, für das Sie die Fragen beantwortet haben, benötigt lediglich eine Möglichkeit, um die Daten zu löschen, wenn sie nicht mehr benötigt werden. Anderenfalls könnten Sie Performanceprobleme bekommen, da Sie die Daten als Massendaten eingestuft haben. Meist handelt es sich in diesem Fall um rein technische Daten, für es keine Regelungen zur Datenaufbewahrung gibt. Sie müssen also innerbetrieblich festlegen, wann sie nicht mehr benötigt werden. Die Löschung kann mithilfe eines »einfachen Löschprogramms« durchgeführt werden. Dieses gilt es zu erstellen, sollte es noch nicht vorliegen. Mit dem einfachen Löschprogramm meinen wir ein Löschprogramm, das nicht mit dem IRM (Information Retention Manager) kommuniziert, um dort beispielsweise die Freigabe für die Löschung zu erhalten. Der einfache Löschreport kann also so aussehen, dass die innerbetrieblich festgelegte Aufbewahrungszeit dort z. B. fest programmiert ist oder dass der Benutzer im Selektionsbild diese Zeit aus einem zulässigen Intervall auswählen kann. Des Weiteren kann das Löschprogramm Selektionskriterien für die zu löschenden Daten anbieten.

Fall 3: Einfaches Löschprogramm

> **»Einfaches Löschprogramm« oder ILM-Anschluss?**
> Ein ILM-Anschluss ist in Fall 3 zwar nicht notwendig, aber auch nicht verboten. Hin und wieder gibt es Anwendungen, die aus verschiedenen Business-Objekten bestehen, von denen die meisten einen ILM-Anschluss benötigen. Sollten Sie aus Gründen der »Einheitlichkeit« den Wunsch haben, auch für die wenigen Business-Objekte der Kategorie »Fall 3« doch einen ILM-Anschluss anzubieten, ist das natürlich erlaubt (wenn auch aufwendiger als ein einfaches Löschprogramm).

Fall 4: Nein, Ihre Entwicklungen im Kundennamensraum benötigen keine zusätzlichen Handlungen. Weder ein ILM-Anschluss noch ein einfaches Löschprogramm sind notwendig. Das Business-Objekt, für das Sie die Fragen beantwortet haben, führt weder aufbewahrungspflichtige noch Massendaten.

Fall 4: Keine Weiterentwicklungen notwendig

9.2 ILM-Fähigkeit des Archivierungsobjekts

In diesem Abschnitt gehen wir auf den zuvor beschriebenen Fall 1 und die dafür notwendigen Entwicklungen ein. Wir beschreiben, wie Sie ein bereits vorhandenes Archivierungsobjekt ILM-fähig machen können. Dieser Vorgang wird – insbesondere in englischsprachiger Literatur – auch als *ILM Enablement* bezeichnet.

Voraussetzung: klassisches Archivierungsobjekt

Wir setzen auch hier auf dem Wissen zur klassischen Datenarchivierung auf. Des Weiteren ist Wissen zu SAP ILM und seiner Nutzung erforderlich, siehe dazu Kapitel 1, »Einführung in SAP Information Lifecycle Management (SAP ILM)«, Kapitel 2, »Grundfunktionen von SAP ILM«, und Kapitel 3, »Zusatzfunktionen im Retention-Management-Szenario«. Abbildung 9.2 zeigt Ihnen die Bestandteile eines Archivierungsobjekts.

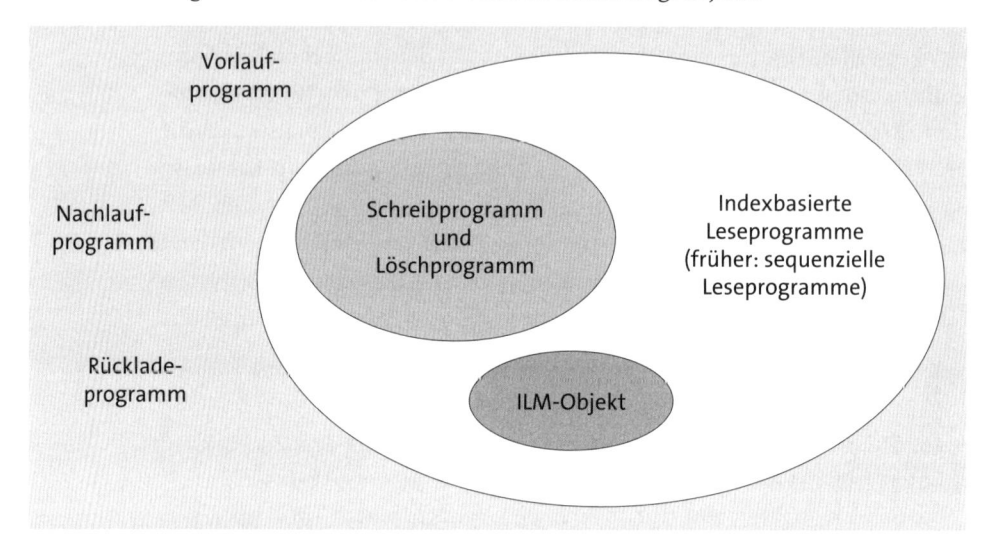

Abbildung 9.2 Bestandteile eines ILM-fähigen Archivierungsobjekts

Um ein Archivierungsobjekt ILM-fähig zu machen, müssen Sie im Wesentlichen zwei Schritte ausführen. Sie müssen ein dazugehöriges ILM-Objekt entwickeln und im Archivschreibprogramm die drei ILM-Aktionen, die Abbildung 9.3 zeigt, korrekt anbieten. Das bedeutet insbesondere, dass Sie die beiden neuen Aktionen (**Schnappschuss** und **Datenvernichtung**) aktivieren müssen.

Die soeben beschriebene Arbeit ist anspruchsvoll, aber die gute Nachricht lautet, dass Sie keine Änderungen am Customizing in der Transaktion AOBJ (Definition Archivierungsobjekte) oder an Programmen wie dem Lösch- oder Leseprogramm benötigen.

Berechtigungen

Um Ihre Archivierungsobjekte ILM-fähig zu machen, benötigen Sie entsprechende Berechtigungen für SAP ILM und die Datenarchivierung. Weitere Informationen dazu finden Sie in Abschnitt 2.10, »ILM-Rollen und -Transaktionen«.

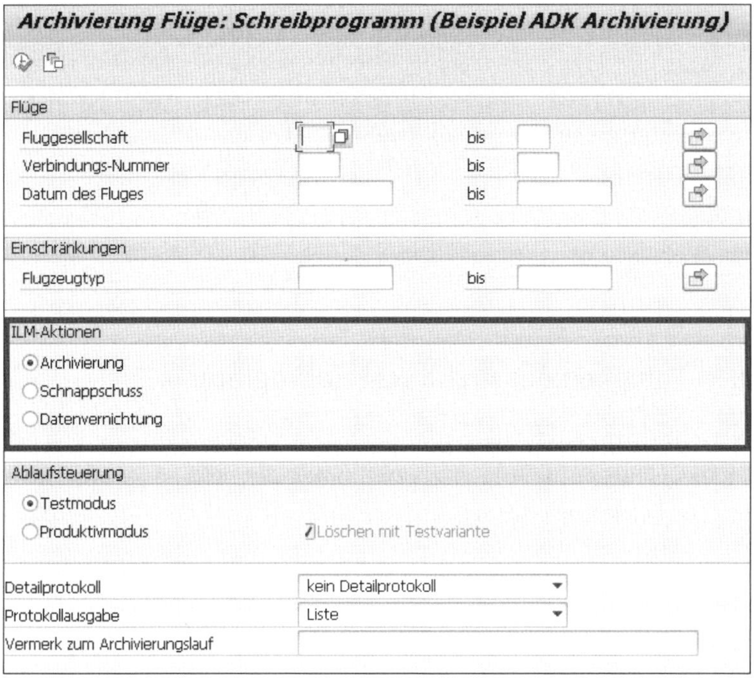

9.2 ILM-Fähigkeit des Archivierungsobjekts

Abbildung 9.3 Archivschreibprogramm mit ILM-Aktionen

> **Business-Objekt ILM-fähig machen**
>
> Die in diesem Abschnitt beschriebenen Tätigkeiten machen das Archivierungsobjekt, das zu einem Business-Objekt gehört, für das Retention-Management-Szenario ILM-fähig. Um auch das Szenario der Systemstilllegung (Retention Warehouse) zu unterstützen, müssen Sie für die Customizing- und Stammdaten des Business-Objekts (so weit vorhanden) korrespondierende ILM-Objekte anbieten. Ihre Namen müssen mit »SN« beginnen. Sie werden manchmal auch *Metadaten-ILM-Objekte* oder *SN-Objekte* genannt. (Wir haben sie in Abschnitt 2.6.1, »Strukturierte und unstrukturierte Daten in der ILM-Ablage«, und in Abschnitt 2.6.7, »ILM Store Browser«, besprochen.)

> **In-Memory-(HANA-)Datenbanken**
>
> Wenn Ihr *Archivierungsobjekt* in Systemen mit *Data Aging* verwendet werden soll (das heißt technisch mindestens basierend auf SAP_BASIS 7.40 auf SAP HANA), müssen dessen Programme auch stets *historische Daten* berücksichtigen.

> Damit nicht jeder Entwickler von *Archivierungsobjekten* darauf achten muss, sorgen wir in den Standard-Includes (die Sie für das Selektionsbild der Programme Ihres *Archivierungsobjektes* nutzen sollen – wir beschrieben das weiter unten) für das korrekte Verhalten und setzen darin die Temperatur der ABAP-Session auf **Cold**.
>
> Beachten Sie in diesem Zusammenhang auch SAP-Hinweis 2027632 (Datenarchivierung: Anpassung des Datenzugriffs).

9.3 ILM-Fähigkeit des Archivschreibprogramms

Wir beschreiben zuerst die dazugehörigen Voraussetzungen, um uns danach auf den Hauptpunkt – das korrekte Implementieren der Gruppe **ILM-Aktionen** im Selektionsbild des Archivschreibprogramms – zu konzentrieren.

9.3.1 Voraussetzung: ein standardisiertes klassisches Archivierungsobjekt

Damit das Archivschreibprogramm ILM-fähig gemacht werden kann, muss es standardisiert sein. Die »10 Gebote«, die ein Archivierungsobjekt erfüllen muss, um die Auszeichnung *standardisiert* zu erhalten, beschreibt SAP-Hinweis 577847 (Optimierung Datenarchivierung). Das Schreibprogramm Ihres Archivierungsobjekts muss insbesondere das Gebot Nr. 1 zum Thema Selektionsbild erfüllen, damit es als standardisiert bezeichnet werden kann.

Rolle der Standard-Includes

Das bereits erwähnte Ziel an dieser Stelle ist es, die drei ILM-Aktionen, wie sie Abbildung 9.3 darstellt, korrekt zu implementieren. Die Funktionsweise der ILM-Aktionen haben wir in Abschnitt 2.3.6, »Die Gruppe ›ILM-Aktionen‹ im Archivschreibprogramm«, beschrieben. In Abschnitt 2.3.5, »Auswirkung des Ankreuzfeldes ›Objektzuordnung‹«, haben wir auch erläutert, dass die Gruppe **ILM-Aktionen** im Selektionsbild angeboten wird, sobald das dem Archivierungsobjekt zugeordnete ILM-Objekt einem Prüfgebiet zugeordnet wird. Die gute Nachricht lautet an dieser Stelle: Dafür müssen Sie als Entwickler des Archivierungsobjekts nichts tun; es geschieht automatisch! Mit anderen Worten: Es zahlt sich auch hier aus, das Archivierungsobjekt standardisiert zu haben – insbesondere die Arbeit, die Sie zum Erfüllen des »1. Gebots« verrichtet haben (sogenannte *Selektions-Includes* [Standard-Includes des ADK, Archive Development Kit] zu nutzen). Es ist nämlich die Logik des Selektions-Includes `ARCH_WRITE_PRG_STANDARD2` (bzw. `ARCH_WRITE_`

PRG_STANDARD1), die Ihnen die Arbeit erleichtert. Darin schauen wir – die SAP-Entwickler*innen dieses Includes –, wie das dazugehörige ILM-Objekt heißt, und im zweiten Schritt, ob es mindestens einem Prüfgebiet zugeordnet ist. Ist dies der Fall, wird die Gruppe **ILM-Aktionen** im Selektionsbild des Archivschreibprogramms eingeblendet. Damit verstehen Sie auch, warum die Standardisierung eines Archivierungsobjekts die Voraussetzung für seine ILM-Fähigkeit ist.

9.3.2 Die drei ILM-Aktionen korrekt implementieren

Besprechen wir nun die Arbeiten, die im Zusammenhang mit den drei Aktionen in der Gruppe **ILM-Aktionen** im Selektionsbild eines ILM-fähigen Archivschreibprogramms auf Sie zukommen (siehe Abbildung 9.3 und Abschnitt 2.3.6, »Die Gruppe ›ILM-Aktionen‹ im Archivschreibprogramm«).

Rolle der ILM-Aktionen

Die technischen Namen der Radiobuttons, die zu diesen drei Aktionen gehören, lauten:

Zusammenspiel mit den Standard-Includes

```
IF p_ar_ilm EQ abap_true.
ELSEIF p_dest EQ abap_true.
ELSEIF p_snap EQ abap_true.
```

Wie Sie richtig vermuten, sind diese Namen in jedem Archivschreibprogramm gleich, denn sie stammen aus den Standard-Includes, die wir anbieten und die auch Sie in Ihren kundenspezifischen Entwicklungen verwenden sollten. Wir haben sie im vorangehenden Abschnitt besprochen.

Ihre erste Aufgabe lautet: Fügen Sie in Ihrem Archivschreibprogramm ein IF-Statement hinzu. Dieses soll insgesamt drei Blöcke haben, sodass Sie darin je auf eine ILM-Aktion reagieren und sie korrekt implementieren können.

IF-Statement zur Implementierung der ILM-Aktionen

Abweichende Namen der Standard-Includes?

In einigen wenigen Anwendungen – SAP ERP HCM ist ein Beispiel – können die Namen der Standard-Includes leicht abweichen. Sie stellen dann eine Kopie der ursprünglichen Standard-Includes dar, die für die Bedürfnisse der Anwendung leicht angepasst wurden, beispielsweise enthalten sie keine Aktion **Schnappschuss** oder vielleicht sogar nur die Aktion **Datenvernichtung**. Gehört Ihre kundenspezifische Entwicklung zu einer solchen Anwendung, können Sie auch diese Kopien der Standard-Includes verwenden.

> **[zB] Archivierungsobjekt BC_SFLIGHT**
>
> Nutzen Sie stets das Beispiel-Archivierungsobjekt BC_SFLIGHT (Archivierung Flüge: Schreibprogramm – Beispiel: ADK-Archivierung), um ein Implementierungsbeispiel für die ILM-Aktionen zu sehen. Nutzen Sie es auch im Allgemeinen als Vorlage für Ihre kundenspezifischen Entwicklungen im Umfeld von SAP ILM und Datenarchivierung. Verwenden Sie nach Möglichkeit das höchste Release in Ihrer Systemlandschaft, damit Sie die neuste Version des Beispiel-Archivierungsobjekts BC_SFLIGHT sehen.

Im Folgenden kommen wir nun zur genauen Beschreibung der Implementierung der drei ILM-Aktionen.

Implementierung der Aktion »Datenarchivierung«

1. Die korrekte Implementierung des Zweiges IF p_ar_ilm EQ abap_true Ihres IF-Statements ist einfach. Sie müssen hierzu das Coding Ihres bisherigen Archivschreibprogramms verschieben, das bis jetzt für die Archivierung der Daten gesorgt hat. Insbesondere sollten hier die notwendigen Verprobungen stattfinden. Dürfen die Daten archiviert werden? Damit meinen wir nicht, ob die im IRM definierte Aufbewahrungs- oder Verweilzeit einer Instanz dies erlaubt und ob für sie keine rechtsfallbedingten Sperren bestehen. (Diese Prüfungen werden beim Aufruf des Funktionsbausteins ARCHIVE_SAVE_OBJECT durchgeführt; wir kommen auf dieses Thema in Abschnitt 9.3.4, »Erweiterungen beim Aufruf von ARCHIVE_SAVE_OBJECT«, zu sprechen.) Mit Verprobungen meinen wir an dieser Stelle all die (betriebswirtschaftlichen) Prüfungen, die bezüglich der Archivierungsfähigkeit bis jetzt bei Ihnen vorgenommen wurden. Bietet Ihr Archivierungsobjekt ein Customizing für die Verweilzeiten, und verwendet es dafür *nicht* das IRM, gehören diese Verprobungen auch an diese Stelle.

Implementierung der Aktion »Schnappschuss«

2. Die korrekte Implementierung des Zweiges IF p_snap EQ abap_true Ihres IF-Statements ist ebenfalls einfach. Wenn Sie die Rolle dieser ILM-Aktion klar vor Augen haben, erkennen Sie korrekt, dass hierzu nichts Besonderes gemacht werden muss. Oder anders formuliert: Die Besonderheit liegt darin, dass Sie hier darauf achten, *keine* Prüfungen auf die Archivierbarkeit durchzuführen. Alle Daten gemäß Kundeneingaben im Selektionsbild müssen als Kopie (Schnappschuss) in die Archivdatei geschrieben werden. Im Allgemeinen ist dieser Zweig daher leer. (Somit könnten Sie auf ihn ganz verzichten. Es erweist sich aber häufig als vorteilhaft, zumindest als Kommentar im Coding, an dieser Stelle Ihre Vorgehensweise bei dieser ILM-Aktion zu beschreiben; und sei es nur, um zu vermerken, dass Sie bewusst nichts machen – insbesondere keine Verprobungen auf die Archivierbarkeit der Daten.)

Alle gewünschten Daten müssen vom Schnappschuss angenommen werden

Führen Sie in diesem Zweig Ihres IF-Statements (bei der ILM-Aktion **Schnappschuss**) keine Verprobungen durch. Anderenfalls kann es in einem Retention-Warehouse-Szenario zu Datenverlust kommen. Schauen Sie sich in diesem Zusammenhang das gesamte Archivschreibprogramm an. Werden vielleicht bei der Datenselektion – z. B. in der WHERE-Bedingung eines SELECT-Statements – bestimmte Einschränkungen vorgenommen, weil sie der ILM-Aktion **Datenarchivierung** dienen? (Im Fall der Aktion **Schnappschuss** dürfen sie nicht angewandt werden.) Verfügt Ihr Archivierungsobjekt über ein Vorlaufprogramm? Werden bestimmte Prüfungen auch dort vorgenommen? Wird ein Status für die Daten gesetzt? Halten Sie die Augen offen!

Keine ILM-Aktion Schnappschuss anbieten?

In diesem Kapitel beschreiben wir kundenspezifische Entwicklungen, und Sie kennen Ihre Endanwender wahrscheinlich recht gut. Es wäre hilfreich, zu klären, ob Ihr Archivierungsobjekt bzw. – allgemeiner formuliert – ob Ihr Auftraggeber auch Retention-Warehouse-Szenarios durchführen möchte. Können Sie dies ausschließen, ist es wahrscheinlich erlaubt, die ILM-Aktion **Schnappschuss** nicht anzubieten. Sie könnten den dazugehörigen Parameter in Ihrem Archivschreibprogramm im Selektionsbild ausblenden.

3. Die korrekte Implementierung des Zweiges IF p_dest EQ abap_true Ihres IF-Statements hat es ein wenig in sich. Es ist sehr wichtig, dass Sie die Vorgehensweise hier gut durchdenken. Sprechen Sie mit der Fachabteilung, und erkundigen Sie sich über die Formulierung zu den Aufbewahrungszeiten Ihres Business-Objekts. Es geht hier nicht darum, dass überprüft wird, ob die im IRM definierte Aufbewahrungs- oder Verweilzeit einer Instanz abgelaufen ist und ob für sie keine rechtsfallbedingten Sperren bestehen. (Diese Prüfungen werden beim Aufruf des Funktionsbausteins ARCHIVE_SAVE_OBJECT durchgeführt, siehe Abschnitt 9.3.4, »Erweiterungen beim Aufruf von ARCHIVE_SAVE_OBJECT«.) In diesem Zweig Ihres IF-Statements müssen Sie sehr genau prüfen, welchen (betriebswirtschaftlichen) Status die Daten haben müssen bzw. welchen sie nicht haben dürfen, um der Datenvernichtung unterzogen zu werden.

Implementierung der Aktion »Datenvernichtung«

Für die Daten eines Business-Objekts besagt die gesetzliche Regulierung vielleicht, dass sie nach n Jahren gelöscht werden, unabhängig davon, welchen Status sie tragen (ob sie also z. B. abgeschlossen sind). Für die Daten eines anderen Business-Objekts mag die gesetzliche Regulierung besagen, dass sie nach n Jahren gelöscht werden, es sei denn, sie sind nicht ausgeglichen (dann müssen sie aufbewahrt werden, bis sie diesen Status erreichen). Dies ist z. B. bei Finanzbuchhaltungsbelegen in vielen Ländern der Fall. Ist ein Beleg nicht ausgeglichen, darf er der Datenvernichtung nicht unterzogen werden, nicht einmal, wenn er bereits 100 Jahre alt ist.

Wann dürfen Daten vernichtet werden?

Im Allgemeinen können Dokumente, die nicht länger für Geschäftszwecke benötigt werden (die Aufbewahrungszeit ist abgelaufen) und für die keine rechtsfallbedingten Sperren bestehen, vernichtet werden, sobald sie diesen Status erhalten haben. Der springende Punkt ist, dass dies auch auf Dokumente zutreffen kann, die seit mehreren Jahren geöffnet bzw. nicht ausgeglichen bzw. nicht abgeschlossen sind (je nachdem, wie dieser Zustand in der jeweiligen Anwendung genannt wird). Wir haben dazu soeben ein Beispiel gegeben. Sie müssen also – am besten im Gespräch mit der Fachabteilung – klären, wie sich die Sachlage für Ihr Business-Objekt gestaltet und wie sie in der Gesetzgebung beschrieben ist. Im Allgemeinen werden in den IRM-Regeln die entsprechenden Fristen definiert. Die hier beschriebenen Prüfungen werden dort jedoch normalerweise nicht abgebildet; das muss im Coding des Archivschreibprogramms vorgenommen werden. Im unserem soeben angeführten Beispiel würde die Definition der n Jahre betragenden Aufbewahrungsdauer in die IRM-Regeln gehören. Die Prüfungen auf den Status **abgeschlossen** sollten Sie in diesem Zweig Ihres IF-Statements vornehmen.

> **[»] Vergleich zur ILM-Aktion »Datenarchivierung«**
>
> Die hier besprochenen Überlegungen müssen Sie nicht 1:1 für die ILM-Aktion **Datenarchivierung** durchführen. Wie Sie wissen, dürfen nur Daten archiviert werden, die abgeschlossen sind, also solche Daten, die nur noch für Anzeigezwecke aufbewahrt werden müssen (archivierte Daten können Sie nicht mehr ändern). Welche Prüfungen das für Ihr Business-Objekt bedeutet, haben Sie bei der Erstellung des (damals noch nicht ILM-fähigen) Archivschreibprogramms vorgegeben. Daher beschränken sich Ihre Aufgaben im Punkt 1 auf das korrekte Verschieben dieser Abfragen in den ersten Zweig Ihres IF-Statements. Behalten Sie an dieser Stelle auch Prüfungen, die bei der Datenselektion – z. B. in der WHERE-Bedingung eines SELECT-Statements stattfinden, im Auge. Verfügt Ihr Archivierungsobjekt über ein Vorlaufprogramm? Werden bestimmte Prüfungen auch dort vorgenommen? Wird ein Status für die Daten gesetzt? Halten Sie die Augen offen!

> Im Lauf der Gespräche mit der Fachabteilung werden Sie erkennen, ob manche dieser Prüfungen *auch* im dritten Zweig Ihres IF-Statements benötigt werden oder ob *neue* Prüfungen in diesem Zweig hinzukommen. Diese Fragen sind sehr anwendungsspezifisch.

9.3.3 Erweiterungen beim Aufruf von ARCHIVE_OPEN_FOR_WRITE

Ihre nächste Aufgabe auf dem Weg zum ILM-fähigen Archivschreibprogramm sind Anpassungen beim Aufruf des Funktionsbausteins ARCHIVE_OPEN_FOR_WRITE (Archivdatei zum Schreiben öffnen). Bei der Entwicklung von SAP ILM hat dieser Funktionsbaustein zwei neue Importing-Parameter bekommen:

- DO_NOT_DELETE_DATA (archivierte Daten nicht löschen)
- DESTROY (Kennzeichen für Archivierungslauf zur Datenvernichtung)

Zusammen mit dem Parameter CREATE_ARCHIVE_FILE (Archivdatei erzeugen oder nicht erzeugen), den es bereits gab, sind es insgesamt drei Parameter, genau einer pro ILM-Aktion. Sie teilen dem Funktionsbaustein mit, welche Aktion der Benutzer im Selektionsbild des Archivschreibprogramms vorgenommen hat.

Ihre Aufgabe besteht jetzt darin, zwei Zeilen beim Aufruf des Funktionsbausteins hinzuzufügen, um die Werte für die beiden neuen Parameter zu übergeben. Das Naheliegendste ist es, jedem der drei Parameter den Wert des korrespondierenden Radiobuttons zuzuweisen. Im Beispiel-Coding des Archivierungsobjekts BC_SFLIGHT sieht der Aufruf des Funktionsbausteins wie in Listing 9.1 aus.

Funktionsbaustein erweitern

```
* open a new archiving session to archive data
  CALL FUNCTION 'ARCHIVE_OPEN_FOR_WRITE'
    EXPORTING
      call_delete_job_in_test_mode = p_deltst
      create_archive_file          = p_wriprd
      object                       = 'BC_SFLIGHT'
      comments                     = p_coment
      do_not_delete_data           = p_snap
      destroy                      = p_dest
    IMPORTING
      archive_handle               = lv_handle.
```

Listing 9.1 Aufruf des Funktionsbausteins ARCHIVE_OPEN_FOR_WRITE

9.3.4 Erweiterungen beim Aufruf von ARCHIVE_SAVE_OBJECT

Im nächsten Schritt muss der Aufruf des Funktionsbausteins ARCHIVE_SAVE_OBJECT (Datenobjekt in die Archivdatei schreiben) angepasst werden. Auch dieser Funktionsbaustein hat bei der Entwicklung von SAP ILM eine neue, sehr wichtige Aufgabe bekommen. Für die aktuelle Instanz – genau genommen für das aktuelle Datenobjekt – wird die Aufbewahrungsdauer berechnet sowie die Verweildauer berechnet und überprüft, ob die im Datenobjekt enthaltenen Daten in einer rechtsfallbedingten Sperre enthalten sind.

> **Datenobjekt**
>
> Das *Datenobjekt* ist die kleinste adressierbare Einheit in der Archivdatei. Auf sie bezieht sich z. B. der Offset in den Indexeinträgen des SAP Archivinformationssystems (SAP AS).

Ausnahme DATA_OBJECT_NOT_SAVED

Bei der Entwicklung von SAP ILM hat dieser Funktionsbaustein außerdem auch eine neue Ausnahme bekommen: DATA_OBJECT_NOT_SAVED (Datenobjekt wurde nicht ins Archiv geschrieben). Sie wird dann ausgelöst, wenn die neuen Aufgaben des Funktionsbausteins nicht korrekt erfüllt werden können. Durch die Berechnung der Aufbewahrungsdauer ermittelt das ADK beispielsweise, wie lange und wo die Archivdatei aufbewahrt werden soll. Kann die IRM-Regel nicht bestimmt werden – weil es vielleicht keine passenden, aktiven Regeln gibt –, wird die Ausnahme ausgelöst.

Ihre Aufgabe besteht jetzt darin, diese neue Ausnahme abzufangen und ins Protokoll zu schreiben (das heißt, sie an den Funktionsbaustein ARCHIVE_PROTOCOL_COLLECT (Nachricht für das Objektprotokoll übergeben) zu übergeben).

> **Qualität der Fehlermeldungen im Protokoll Ihres Archivschreibprogramms**
>
> Achten Sie darauf, dass die vom IRM mit Details zum Problem versehene Fehlermeldung den Benutzer, der den Job gestartet hat, erreicht. Überschreiben Sie diese Meldung auf gar keinen Fall mit einer allgemeinen (von Ihnen erstellten) Meldung à la »Probleme bei der IRM-Regelermittlung«! Dem Benutzer würden damit wichtige Informationen zur Fehlerursache und -behebung verloren gehen.

Zeitpunkt der Verprobung von Verweilregeln

Wie eingangs in diesem Abschnitt erwähnt, ist es eine der neuen Aufgaben des Funktionsbausteins ARCHIVE_SAVE_OBJECT (Datenobjekt in die Archivdatei schreiben), die Verweildauer zu berechnen. Das mag an dieser Stelle für Sie überraschend bis zu spät sein; es findet aber in der Tat hier statt, vorausgesetzt, der Benutzer hat die ILM-Aktion *Archivierung* ausgewählt. (Diese Verprobung findet nur bei dieser einen der drei möglichen ILM-Aktionen statt.) Die Ausnahme `DATA_OBJECT_NOT_SAVED` (Datenobjekt wurde nicht ins Archiv geschrieben) würde also auch dann ausgelöst, wenn die Daten im aktuellen Datenobjekt gemäß der Verweildauer (Prüfgebiet `ARCHIVING`, Datenarchivierung) noch nicht archiviert werden dürfen.

Wenn Sie an dieser Stelle anmerken möchten, dass dies gegebenenfalls zu längeren Laufzeiten des Archivschreibprogramms führen kann und dass Daten, die noch nicht archivierbar sind, unnötig »reisefertig«, also in voller Ausprägung (das heißt mit allen Tabellen, die die Strukturdefinition des Archivierungsobjekts vorsieht) auf die Reise geschickt werden, um im letzten Moment – also beim Betreten der Archivdatei – aus dieser verwiesen zu werden, haben Sie recht! So sieht es das Konzept an dieser Stelle vor. Falls Sie eigene Lösungen (wie vor dem ILM-Zeitalter) für die Verweilregeln erstellen, haben Sie mehr Arbeit bei der Erschaffung der dazugehörigen Tabellen und UIs. Ebenfalls müssen Sie selbst dafür sorgen, die Verweilregeln im Archivschreibprogramm auszuwerten.

Wenn Sie SAP ILM nutzen, bekommen Sie dies »geschenkt«. Der Zeitpunkt, an dem das ADK den Service liefert, diese Verprobungen durchzuführen, ist eben der Funktionsbaustein `ARCHIVE_SAVE_OBJECT` (Datenobjekt in die Archivdatei schreiben).

Wie ebenfalls eingangs in diesem Kapitel erwähnt, ist es eine der neuen Aufgaben des Funktionsbausteins `ARCHIVE_SAVE_OBJECT` (Datenobjekt in die Archivdatei schreiben) auch, die Existenz rechtsfallbedingter Sperren für die BOR-Instanzen im Datenobjekt zu bestimmen. Die Ausnahme `DATA_OBJECT_NOT_SAVED` (Datenobjekt wurde nicht ins Archiv geschrieben) wird also auch dann ausgelöst, wenn der Benutzer die ILM-Aktion **Datenvernichtung** ausgewählt hat, die Daten im aktuellen Datenobjekt aber in solche Sperren verwickelt sind. Ihre Vernichtung muss unterbunden werden, solange die rechtsfallbedingten Sperren nicht abgeschlossen sind.

Rechtsfallbedingte Sperren

9.3.5 Erweiterungen beim Aufruf von ARCHIVE_PROTOCOL_COLLECT

Ihr Archivschreibprogramm ist nun ILM-fähig. Zur guten Qualität eines Programms gehört auch ein gutes Protokoll. Achten Sie also auf korrekte Formulierungen in den Texten, die Sie über den Parameter an den Funktionsbaustein `ARCHIVE_PROTOCOL_COLLECT` (Nachricht für das Objektprotokoll übergeben) übergeben. Ein Beispiel: Der Text »1.000 von 2.000 (50 %) der

Präzise Formulierungen

Rechnungen wurden archiviert« wäre bei der ILM-Aktion **Datenarchivierung** korrekt, würde bei den übrigen beiden Aktionen aber für Verwirrung sorgen, denn der Benutzer archiviert gerade nicht; er erstellt Schnappschüsse oder führt Läufe zur Datenvernichtung durch. Seien Sie also in Ihrer Sprache präzise.

Wie Sie im Beispielarchivierungsobjekt BC_SFLIGHT (Archivierung Flüge: Schreibprogramm – Beispiel: ADK-Archivierung) sehen, kann die Lösung eine Hilfsvariable sein, die – abhängig von der ILM-Aktion – die korrekte Bezeichnung der aktuellen Aktion beinhaltet. Das kann wie in Listing 9.2 aussehen.

```
IF p_ar_ilm EQ abap_true.
   lv_action_text = text-010."Flight was archived
ELSEIF p_snap EQ abap_true.
   lv_action_text = text013."Snapshot for … created
ELSEIF p_dest EQ abap_true.
  lv_action_text = text-014."Flight can be destroied
ENDIF.
CALL FUNCTION 'ARCHIVE_PROTOCOL_COLLECT'
    EXPORTING
         i_object  = lv_object_id
         i_text    = lv_action_text
         i_msgtype = 1.
```

Listing 9.2 Aufruf des Funktionsbausteins ARCHIVE_PROTOCOL_COLLECT

9.4 Das Datenvernichtungsobjekt – die Alternative zum Archivierungsobjekt

Rahmenbedingungen

In diesem Abschnitt gehen wir auf den in Abschnitt 9.1, »Entscheidungskriterien für einen ILM-Anschluss«, beschriebenen Fall 2 und die dafür notwendigen Entwicklungen ein. Wir beschreiben, wie Sie ein *Datenvernichtungsobjekt* erstellen. Kurz zur Erinnerung: Fall 2 (siehe Abbildung 9.1) bedeutet, dass Ihre Entwicklungen im Kundennamensraum einen ILM-Anschluss benötigen und das Datenvernichtungsobjekt das Mittel der Wahl ist. Das dazugehörige Business-Objekt benötigt ein Datenvernichtungsobjekt, weil es aufbewahrungspflichtige Daten beinhaltet, deren Lebensdauer mithilfe von SAP ILM kontrolliert werden soll. Da diese Daten keine Massendaten darstellen, können Sie sie in der Datenbank behalten. In Ihren Gesprächen mit der Fachabteilung (siehe Abschnitt 9.1, »Entscheidungskriterien

9.4 Das Datenvernichtungsobjekt – die Alternative zum Archivierungsobjekt

für einen ILM-Anschluss«) haben Sie herausgefunden, dass Ihr Business-Objekt die Aktion **Datenarchivierung** nicht zum Zwecke des Sperrens von personenbezogenen Daten benötigt. Die Daten sollen nach Ablauf der Aufbewahrungszeit mithilfe von SAP ILM und dem anzulegenden Datenvernichtungsobjekt von der Datenbank gelöscht werden.

Welche Arbeitsschritte stehen also vor Ihnen, um ein Datenvernichtungsobjekt anzubieten? Sie müssen Folgendes tun:

1. Anlegen eines Datenvernichtungsobjekts in der Transaktion DOBJ (Definition Datenvernichtungsobjekte).
2. Erstellen der benötigten Programme, wie z. B. das Datenvernichtungsprogramm, in der ABAP Workbench – der Transaktion SE38 (ABAP Editor) oder Transaktion SE80 (Object Navigator).
3. Erstellen des dazugehörigen ILM-Objekts in der Transaktion IRM_CUST (IRM-Customizing).
4. Verknüpfung des Datenvernichtungsobjekts mit dem ILM-Objekt in einem der vorgenannten Schritte

Datenvernichtungsobjekt anlegen – notwendige Arbeitsschritte

Den ersten beiden Arbeitsschritten werden wir uns in den nachfolgenden Abschnitten widmen. Punkt 3 beschreiben wir separat in Abschnitt 9.5, »Ein ILM-Objekt anlegen – die Transaktion IRM_CUST«, weil er sowohl für die Archivierungs- als auch für die Datenvernichtungsobjekte benötigt wird.

[«] BC_SFLIGHT_DESTRUCTION – das Beispiel-Datenvernichtungsobjekt

Auch für Datenvernichtungsobjekte steht Ihnen ein Beispielobjekt zur Verfügung. Es heißt BC_SFLIGHT_DESTRUCTION (Beispielobjekt für die Datenvernichtung). Schauen Sie es sich an, und nutzen Sie gerne dessen Programme als Vorlage für Ihre eigenen.

[«] In-Memory-Datenbanken (SAP-HANA-Datenbanken)

Wenn Ihr Datenvernichtungsobjekt in Systemen mit Data Aging verwendet werden soll (das heißt technisch mindestens basierend auf SAP_BASIS 7.40 auf SAP HANA), müssen seine Programme auch stets historische Daten berücksichtigen. Damit nicht jeder Entwickler von Datenvernichtungsobjekten darauf achten muss, sorgen wir in den Standard-Includes (die Sie für das Selektionsbild der Programme Ihres Datenvernichtungsobjekts nutzen sollen) für das korrekte Verhalten und setzen darin die Temperatur der ABAP-Session auf **Cold**. Beachten Sie in diesem Zusammenhang auch SAP-Hinweis 2027632 (Datenarchivierung: Anpassung des Datenzugriffs).

9.4.1 Ein Datenvernichtungsobjekt entwickeln

Transaktion DOBJ

In diesem Abschnitt beschreiben wir nun, wie Sie ein Datenvernichtungsobjekt anlegen können. Wie eingangs erwähnt, dient dazu die Transaktion DOBJ (Definition Datenvernichtungsobjekte). Wenn Sie das Einstiegsbild der Transaktion DOBJ in Abbildung 9.4 betrachten, sehen Sie, dass zum Anlegen eines Datenvernichtungsobjekts weniger Schritte notwendig sind als beim Archivierungsobjekt in der »Schwester-Transaktion« AOBJ (Definition Archivierungsobjekte), dargestellt in Abbildung 9.5. Im Wesentlichen müssen Sie nur die *Kopfinformationen* ein- und die *Strukturdefinition* vorgeben.

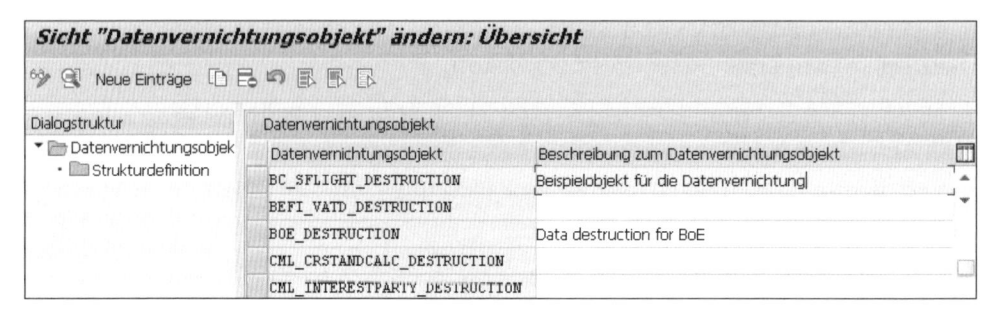

Abbildung 9.4 Transaktion DOBJ

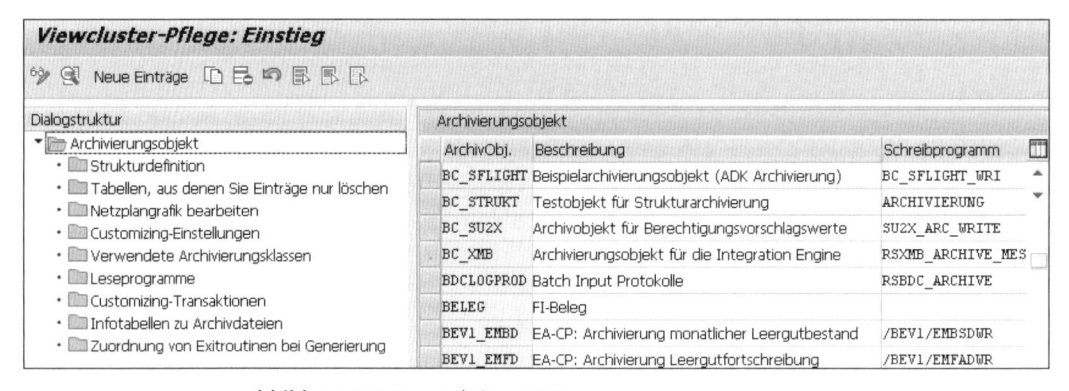

Abbildung 9.5 Transaktion AOBJ

[»] **Im Dienste der Business-Objekte**

Folgende Zusammenhänge gelten in gleichem Maße für die Entwicklung von Archivierungs- und Datenvernichtungsobjekten: Ein Datenvernichtungsobjekt soll einem logischen Objekt – z. B. einem Business-Objekt (BOR-Typ) – von betriebswirtschaftlich zusammenhängenden Daten in der Datenbank entsprechen. Instanzen zu diesen Objekten sollen nun nach

> Ablauf ihrer Aufbewahrungsfrist mit einem Datenvernichtungsprogramm aus der Datenbank gelöscht werden.

Gehen Sie wie im Folgenden beschrieben vor, um ein *Datenvernichtungsobjekt* anzulegen:

Kopfinformationen

1. Rufen Sie die Transaktion DOBJ (Definition Datenvernichtungsobjekte) auf, und wählen Sie **Neue Einträge**.
2. Geben Sie rechts im Bild im Eingabefeld **Datenvernicht.obj.** den Namen für Ihr neues Objekt ein (siehe Abbildung 9.6). Ihnen stehen hierzu 30 Zeichen zur Verfügung. Wählen Sie einen guten, sprechenden Namen. Vermeiden Sie darin das Wort Datenvernichtungsobjekt oder seine Abkürzungen. Es ist klar, dass hier nur solche Objekte angelegt werden können.

Abbildung 9.6 Transaktion DOBJ – Datenvernichtungsobjekt anlegen

3. Geben Sie im darunterliegenden Eingabefeld **Beschreibung** (in der Datengruppe **Datenvernichtungsobjekt**) einen beschreibenden Text ein. Achten Sie auch hier auf eine gute, sprechende Beschreibung ohne das Wort Datenvernichtungsobjekt oder seine Abkürzungen zu verwenden.
4. Wie ein Archivierungsobjekt kann auch ein Datenvernichtungsobjekt ein Vorlaufprogramm haben. Geben Sie den Namen dieses Programms im Eingabefeld **Vorlaufprogramm** ein. (Das Konzept eines Vorlaufprogramms ist ähnlich dem Konzept bei den Archivierungsobjekten. Hier könnte z. B. ein für die Datenvernichtung benötigter Status gesetzt werden. Besprechen Sie mit der Fachabteilung, ob das dazugehörige Business-Objekt ein Statuskonzept hat bzw. ob ein Vorlaufprogramm von Vorteil wäre.)
5. Zum Mindestumfang eines Datenvernichtungsobjekts gehört das Datenvernichtungsprogramm. Geben Sie seinen Namen im gleichnamigen Eingabefeld an.

> **Namenskonvention**
>
> Die Namenskonvention für die Datenvernichtungsprogramme ist ähnlich der Namenskonvention von Archivierungsobjekten. Wählen Sie für den Namen: <Name des Datenvernichtungsobjekts>_DES. Die Abkürzung DES steht hier für das englische Wort *Destruction* (= Vernichtung).
>
> Wenn Sie auch ein Vorlaufprogramm anbieten, geben Sie ihm folgenden Namen: <Name des Datenvernichtungsobjekts>_PRE. Die Abkürzung PRE steht hier für das englische Wort *Preprocessing* (= Vorlauf).

Henne-Ei-Problem An dieser Stelle sind die Programme des Datenvernichtungsobjekts noch nicht angelegt. Sie fangen gerade an, das Datenvernichtungsobjekt anzulegen. Lassen Sie daher das so wichtige Feld leer, und kehren Sie hierhin zurück, wenn Sie im nächsten Abschnitt gelernt haben, wie man ein Datenvernichtungsprogramm (und bei Bedarf auch ein Vorlaufprogramm) anlegt. Alternativ können Sie mit dem Anlegen der Programme beginnen und dann erst die Einträge in der Transaktion DOBJ anlegen. Die Programme können Sie aber auch nicht testen, solange der DOBJ-Eintrag (und das ILM-Objekt) fehlen.

1. Wählen Sie abschließend im Feld **Anwendungskomponente** die sogenannte Anwendungskomponente, zu der das Datenvernichtungsobjekt gehören soll. Im Ausgabefeld **Kurzbeschreibung** sehen Sie danach den dazugehörigen Kurztext. Diese Eingabe ist optional, aber empfehlenswert.
2. Speichern Sie Ihre Eingaben.

> **Objektkatalogeintrag**
>
> Beachten Sie, dass das Datenvernichtungsobjekt, im Gegensatz zum Archivierungsobjekt, derzeit nicht über einen *Objektkatalogeintrag* – Tabelle TADIR (Katalog der Repository-Objekte), Transaktion SOBJ (Pflegeobjekte attributieren) – verfügt. Der Transport der Einstellungen zu einem Datenvernichtungsobjekt geschieht also über den Transport der dazugehörigen Tabelleneinträge.

Strukturdefinition Die Kopfdaten sind angelegt. Jetzt widmen wir uns der Strukturdefinition Ihres Datenvernichtungsobjekts. Gehen Sie wie folgt vor, um diese zu hinterlegen:

1. Markieren Sie das Datenvernichtungsobjekt im linken Teil des Bildes in der Transaktion DOBJ (Definition Datenvernichtungsobjekte).

2. Doppelklicken Sie links im Baum auf den Eintrag **Strukturdefinition**, und wählen Sie dann **Neue Einträge** (siehe Abbildung 9.7).

Sicht "Strukturdefinition" ändern: Übersicht			
Dialogstruktur	Datenvernichtungsobjekt	BC_SFLIGHT_DESTRUCTION	
▼ 📁 Datenvernichtungsobjekt	Beschreibung	Beispielobjekt für die Datenvernichtung	
• 📁 Strukturdefinition			
	Strukturdefinition		
	Position	Kopftabelle	Abhängige Tabelle
	10		SFLIGHT
	20	SFLIGHT	SBOOK

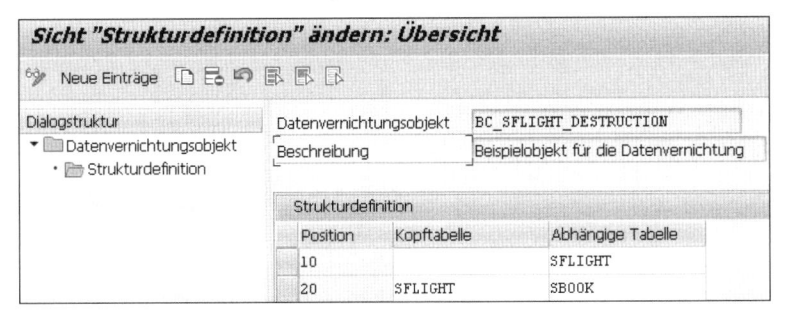

Abbildung 9.7 Transaktion DOBJ – Datenvernichtungsobjekt anlegen, Strukturdefinition

3. Geben Sie rechts im Bild in der Datengruppe **Strukturdefinition** für jede Tabelle, deren Sätze mithilfe des Datenvernichtungsobjekts gelöscht werden sollen, Folgendes ein (das Konzept ist dem für die Archivierungsobjekte sehr ähnlich):

   – in der Spalte **Position** eine Zahl, die der Durchnummerierung der Tabellen diesen soll
   – in der Spalte **Kopftabelle** die Kopftabelle aus dem Datenmodell zu Ihrem Datenvernichtungsobjekt

> **Erlaubte Werte im Feld »Position«**
> Welche Zahlen Sie für die Angabe der Position verwenden, steht Ihnen frei. Sie können mit 1 beginnen und in Einerschritten die weiteren Zeilen füllen. Sie können aber auch mit 10 beginnen und Ihre Eingaben in Zehnerschritten vornehmen.

4. Wiederholen Sie den letzten Schritt für alle weiteren Tabellen des Datenmodells. Geben Sie diesmal die Tabelle in der Spalte **Abhängige Tabelle** und die zugehörige Kopftabelle – für die Sie einen Eintrag bereits vorgenommen haben – in der Spalte **Kopftabelle** ein.

5. Speichern Sie Ihre Eingaben.

> **Abstimmung mit der Fachabteilung – die Strukturdefinition**
> Es ist wichtig, dass Sie zusammen mit der Fachabteilung das dazugehörige Business-Objekt untersuchen, um eine gute Entscheidung dafür zu treffen, wie viele Datenvernichtungsobjekte Sie anlegen müssen und welche Tabellen zu welchem Objekt gehören sollen.

> **Kein mit den Archivierungsklassen vergleichbares Konzept**
>
> In der Strukturdefinition sollen Sie nur Tabellen eingeben, die zu dem zugrundeliegenden Business-Objekt gehören. Sie geben dort keine Tabellen aus gegebenenfalls vorhandenen abhängigen Objekten, z. B. Änderungsbelegen oder Adressen, ein. Ein Konzept, vergleichbar mit dem Konzept für die Archivierungsklassen bei Archivierungsobjekten, gibt es bei Datenvernichtungsobjekten nicht. Folglich sieht man der Strukturdefinition eines Datenvernichtungsobjekts nicht an, ob es abhängige Tabellen hat und wenn ja, ob diese (korrekterweise) mitgelöscht werden. Den entsprechenden Nachweis bekommt man nur durch einen Blick in das Datenvernichtungsprogramm. Der Grund ist, dass das Konzept der Datenvernichtungsobjekte derzeit keinen Service zur Kommunikation mit diesen abhängigen Objekten bietet, wie es bei Archivierungsobjekten der Fall ist.

9.4.2 Ein Datenvernichtungsprogramm entwickeln

Das Beispiel-Datenvernichtungsobjekt

Beschreiben wir nun, wie ein Datenvernichtungsprogramm aussehen soll. Wie eingangs erklärt, empfehlen wir Ihnen, das Datenvernichtungsobjekt BC_SFLIGHT_DESTRUCTION (Beispielobjekt für die Datenvernichtung) als Vorlage zu nutzen. Es enthält auch viele Kommentare, die Ihnen helfen, den Ablauf und die Zusammenhänge besser zu verstehen. Nutzen Sie hier nach Möglichkeit das System mit dem höchsten Release (und Support Package).

Da wir das Beispielobjekt mit seinen Programmen ausliefern, wollen wir vor allem auf sein Coding für die einzelnen Schritte, die darin vorgenommen werden, verweisen. In diesem Abschnitt beschränken wir uns auf die folgenden Informationen.

Selektionsbild

Nutzen Sie für die Gestaltung des Selektionsbildes auf jeden Fall die sogenannten Selektions-Includes. Sie sparen sich damit jede Menge Arbeit und vermeiden Fehler. Falls Sie auch Archivierungsobjekte entwickeln, kennen Sie das Konzept bereits gut. Der Name des Includes heißt DESTROY_PRG_STANDARD (ILM-Datenvernichtung: Include für Ablaufsteuerung + Detailprotokoll). Durch den Einsatz des Includes erhält Ihr Selektionsbild die in Abbildung 9.8 markierten Elemente.

> **Ihre große Verantwortung**
>
> Wie Sie es bis jetzt festgestellt haben, ist es einfacher und schneller, ein Datenvernichtungsobjekt im Vergleich zu einem Archivierungsobjekt zu entwickeln. Die Herausforderung und Ihre große Verantwortung liegen in der korrekten Implementierung des Datenvernichtungsprogramms. Im Vergleich zum Archivschreibprogramm müssen Sie deutlich mehr Coding-

9.4 Das Datenvernichtungsobjekt – die Alternative zum Archivierungsobjekt

Zeilen schreiben, um die passende IRM-Regel für die aktuelle Instanz zu ermitteln und um die Entscheidung zu treffen, ob diese vernichtet werden darf. Dies sind für die Korrektheit der späteren Datenvernichtungsläufe zu Ihrem neuen Datenvernichtungsobjekt sehr wichtige und kritische Entscheidungen. Schauen Sie sich daher sehr gut die Vorlageprogramme an, und testen Sie Ihr neues Objekt ausführlich (im Qualitätssicherungssystem mit Testdaten, ebenso wie im Produktivsystem).

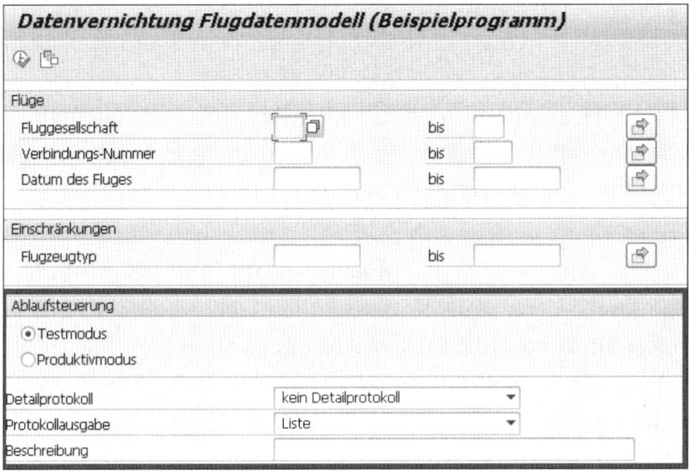

Abbildung 9.8 Datenvernichtungsprogramm – Selektionsbildelemente aus den Standard-Includes

Ans Herz legen wir Ihnen hier auch die korrekte Entscheidung darüber, welche Daten vernichtet werden dürfen. Die Entscheidung darüber wird zum einen durch die IRM-Regeln getroffen. Zum anderen müssen Sie (in Gesprächen mit der Fachabteilung) klären, welche dieser Prüfungen Sie ins Coding des Datenvernichtungsprogramms aufnehmen werden. Der Grund dafür kann sein, dass diese Prüfungen immer stattfinden müssen und Sie sich deshalb nicht darauf verlassen wollen, ob ein Benutzer sie korrekt in die IRM-Regeln aufgenommen hat.

Korrekte Prüfungen auf Vernichtbarkeit der Daten

Nicht ausgeglichene Belege

Zum Beispiel kann es sein, dass die dazugehörige Rechtslage die Vernichtung von nicht ausgeglichenen (offenen) Belegen verbietet; diese Prüfung soll Ihr Datenvernichtungsprogramm vornehmen.

Ein anderer Grund wäre, dass manche Prüfungen sich nicht gut genug mit den IRM-Regeln abbilden lassen. Auch dann sollten sie fester Bestandteil Ihres Codings im Datenvernichtungsprogramm sein.

Lesen Sie hierzu die Überlegungen und Hinweise, die wir im Zusammenhang mit dem Parameter p_dest eines ILM-fähigen Archivschreibprogramms in Abschnitt 9.3.2, »Die drei ILM-Aktionen korrekt implementieren«, niedergeschrieben haben.

Abhängige Objekte

Wie wir es bereits im Zusammenhang mit der Transaktion DOBJ (Definition Datenvernichtungsobjekte) erklärt haben, gibt es bei den Datenvernichtungsobjekten kein Konzept, vergleichbar mit dem Konzept für die Archivierungsklassen bei Archivierungsobjekten. Folglich sieht man der Strukturdefinition eines Datenvernichtungsobjekts nicht an, ob es über abhängige Tabellen verfügt. Den Nachweis bekommt man durch einen Blick in das Datenvernichtungsprogramm. Es liegt also in Ihrer Verantwortung, im Coding des Datenvernichtungsprogramms die Daten zu den abhängigen Objektinstanzen zu vernichten. Derzeit bieten wir in diesem Zusammenhang eine Unterstützung für:

- **Änderungsbelege**
Nutzen Sie hier den Funktionsbaustein CHANGEDOCUMENT_DELETE (Änderungsbelege löschen – mandantenübergreifend, generisch). Sie sehen dessen Import- und Exportparameter in Abbildung 9.9.

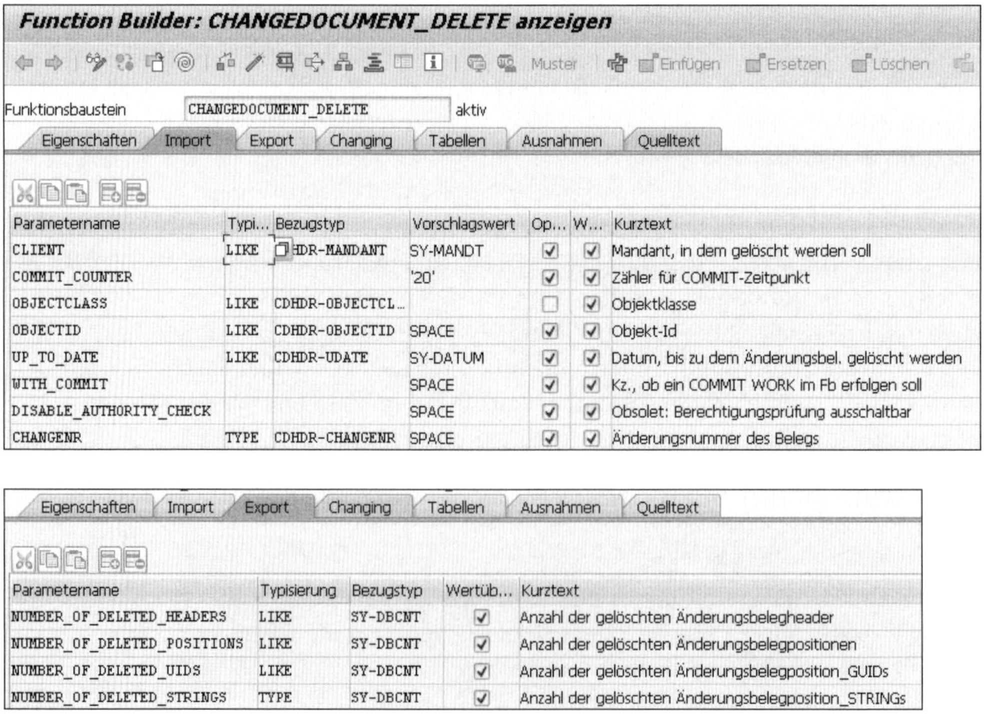

Abbildung 9.9 Funktionsbaustein CHANGEDOCUMENT_DELETE

9.4 Das Datenvernichtungsobjekt – die Alternative zum Archivierungsobjekt

- **Adressen**

  Einer der hier benötigten Funktionsbausteine ist ADDR_REFERENCE_DELETE (Löschen einer Verwendung zu einer Adresse – Business Address Services). Sie sehen dessen Import-, Export- und Tabellenparameter in Abbildung 9.10. Sehen Sie in der zuständigen Anwendung nach, um weitere Informationen zu erhalten.

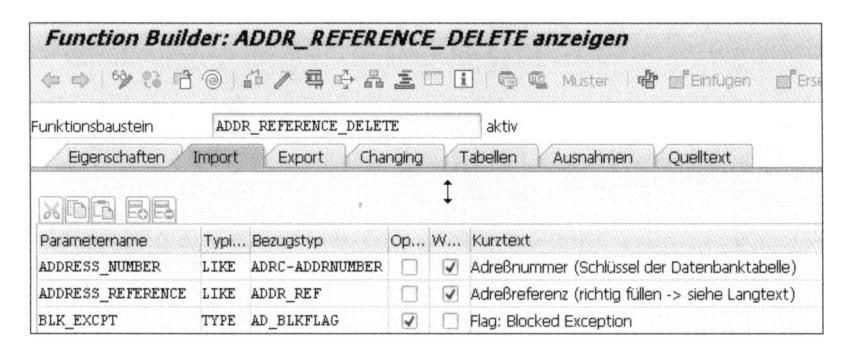

Abbildung 9.10 Funktionsbaustein ADDR_REFERENCE_DELETE

Achten Sie auch darauf, dass Ihr Datenvernichtungsprogramm gute Protokolle ausgibt. Zu deren Erstellung dient Ihnen die Klasse CL_ILM_DESTRUCTION_DB_RUN (ILM-Vernichtungslauf von der Datenbank) und ihre Methoden (siehe Abbildung 9.11):

Protokolle erstellen

- IF_ILM_DESTRUCTION_DB_RUN~PROTOCOL_INIT
  (initialisiert das Protokoll bzw. Anwendungs-Log)
- IF_ILM_DESTRUCTION_DB_RUN~PROTOCOL_ADD_MESSAGE
  (fügt dem Protokoll eine Nachricht hinzu)
- IF_ILM_DESTRUCTION_DB_RUN~PROTOCOL_ADD_TEXT
  (fügt dem Protokoll einen Text hinzu)
- IF_ILM_DESTRUCTION_DB_RUN~PROTOCOL_WRITE
  (schreibt das Protokoll)

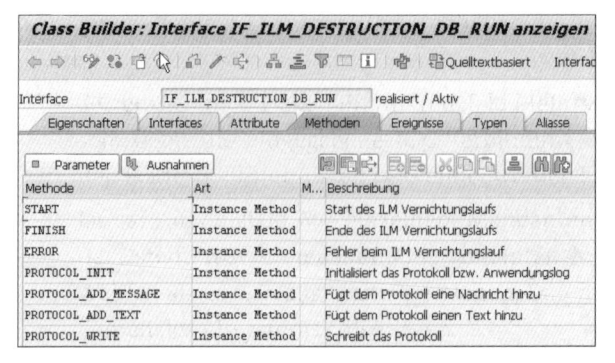

9 Den Datenlebenszyklus kundeneigener Entwicklungen mit SAP ILM verwalten

Abbildung 9.11 Interface IF_ILM_DESTRUCTION_DB_RUN – ILM-Vernichtungslauf von der Datenbank

Das Konzept ist ähnlich dem Konzept bei Archivierungsobjekten, nur dass hier Klassen und Methoden anstelle von Funktionsbausteinen zur Verfügung stehen. Die Details zu den Parametern der genannten Methoden zeigen Abbildung 9.12 und Abbildung 9.13.

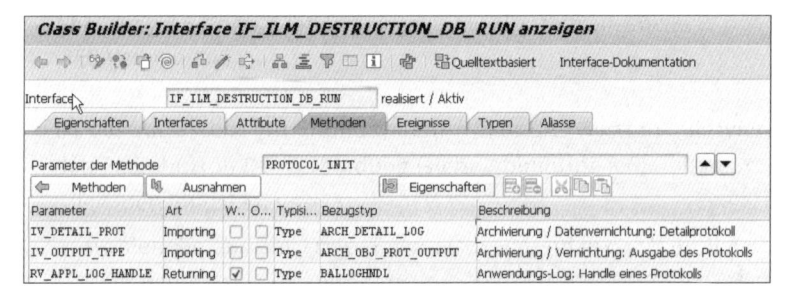

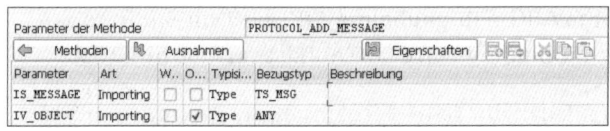

Abbildung 9.12 Interface IF_ILM_DESTRUCTION_DB_RUN – ILM-Vernichtungslauf von der Datenbank (Parameter der Methoden) 1/2

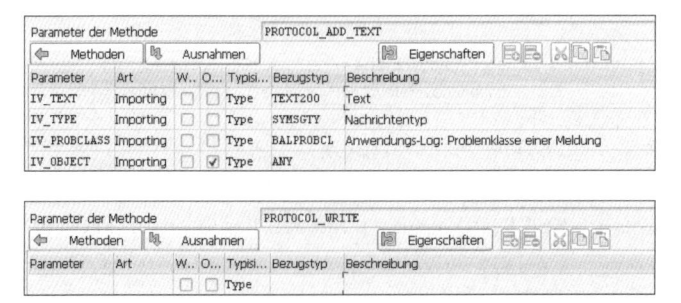

Abbildung 9.13 Interface IF_ILM_DESTRUCTION_DB_RUN – ILM-Vernichtungslauf von der Datenbank (Parameter der Methoden) 2/2

9.4 Das Datenvernichtungsobjekt – die Alternative zum Archivierungsobjekt

Unterstützt das Objekt die ILM-Benachrichtigungen – wir beschreiben das Thema im Unterabschnitt »Ermittlung des Objektinstanzschlüssels für ILM-Benachrichtigungen« in Abschnitt 9.5.9, »Objektkategoriespezifische Einstellungen zum ILM-Objekt«, müssen Sie für deren Fortschreiben sorgen. Dazu dient die Methode CREATE der Klasse CL_ILM_NOTIFICATION (siehe Abbildung 9.14). Übergeben Sie dabei:

ILM-Benachrichtigungen erstellen

- den Namen des ILM-Objekts im Parameter IV_ILM_OBJECT
- den Schlüssel der dazugehörigen Business-Objekt-Instanz im Parameter IT_FIELD_VALUE
- den Modus, in dem diese Instanz gerade verarbeitet wird, im Parameter IV_MODE (für das Datenvernichtungsprogramm ist es der Modus **05**)

Den Parameter IV_PROC_COMPL können Sie ignorieren (er ist obsolet). Sie brauchen auch keine weiteren Parameter im Datenvernichtungsprogramm zu übergeben.

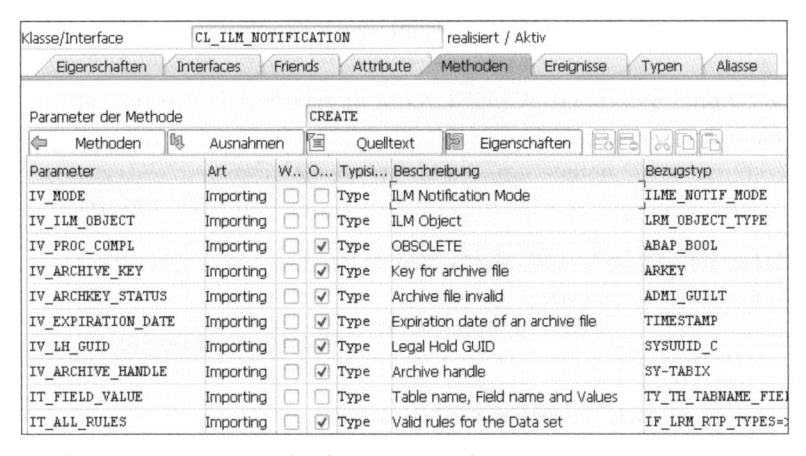

Parameter	Art	W...	O...	Typisi...	Beschreibung	Bezugstyp
IV_MODE	Importing	☐	☐	Type	ILM Notification Mode	ILME_NOTIF_MODE
IV_ILM_OBJECT	Importing	☐	☐	Type	ILM Object	LRM_OBJECT_TYPE
IV_PROC_COMPL	Importing	☐	☑	Type	OBSOLETE	ABAP_BOOL
IV_ARCHIVE_KEY	Importing	☐	☑	Type	Key for archive file	ARKEY
IV_ARCHKEY_STATUS	Importing	☐	☑	Type	Archive file invalid	ADMI_GUILT
IV_EXPIRATION_DATE	Importing	☐	☑	Type	Expiration date of an archive file	TIMESTAMP
IV_LH_GUID	Importing	☐	☑	Type	Legal Hold GUID	SYSUUID_C
IV_ARCHIVE_HANDLE	Importing	☐	☑	Type	Archive handle	SY-TABIX
IT_FIELD_VALUE	Importing	☐	☐	Type	Table name, Field name and Values	TY_TH_TABNAME_FIE
IT_ALL_RULES	Importing	☐	☑	Type	Valid rules for the Data set	IF_LRM_RTP_TYPES=

Abbildung 9.14 ILM-Benachrichtigungen – Klasse CL_ILM_NOTIFICATION, Methode CREATE

Vergleich zum Archivschreibprogramm

Beachten Sie, dass die Fortschreibung der ILM-Benachrichtigungen beim Prozessieren des Archivschreibprogramms vom ADK vorgenommen wird. Im Datenvernichtungsprogramm ist das technisch nicht möglich, es gibt also keinen passenden Aufruf einer Methode des Frameworks, die diese Aufgabe übernehmen könnte. Daher liegt es in der Verantwortung des Entwicklers, die hier beschriebenen Aufrufe in das Coding des Datenvernichtungsprogramms aufzunehmen.

9 Den Datenlebenszyklus kundeneigener Entwicklungen mit SAP ILM verwalten

Fortschrittsmeldungen ausgeben

Achten Sie auch darauf, dass Ihr Datenvernichtungsprogramm regelmäßig den Benutzer in den Fortschrittsmeldungen über den Fortschritt der Verarbeitung informiert. Nutzen Sie hierzu (wie bei den Archivierungsobjekten) den Funktionsbaustein PROGRESS_INDICATOR (Progess Indicator für Hintergrund- und Online-Verarbeitungen), siehe Abbildung 9.15. Alternativ steht Ihnen auch die Klasse CL_PROGRESS_INDICATOR (Progress Indicator) und beispielsweise ihre Methode PROGRESS_INDICATE (Übergabe einer Fortschrittsmeldung – für Hintergrund/Online) zur Verfügung (siehe Abbildung 9.16).

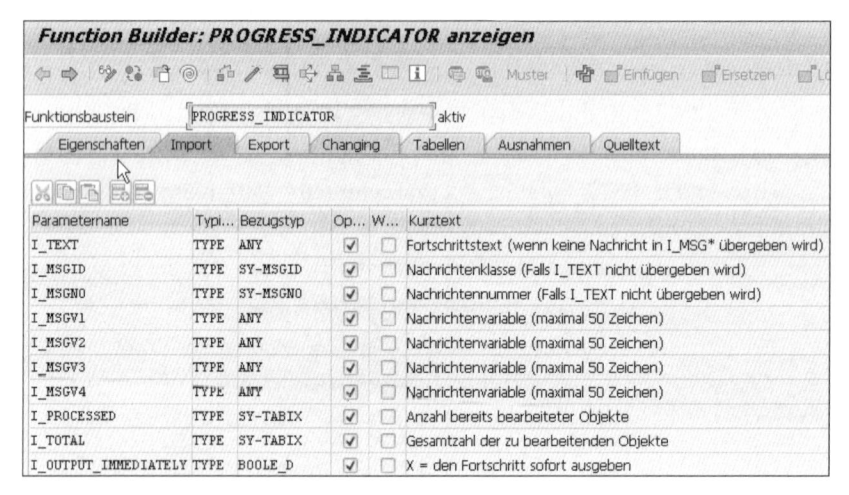

Abbildung 9.15 Funktionsbaustein PROGRESS_INDICATOR – Progess Indicator für Hintergrund- und Online-Verarbeitungen

Abbildung 9.16 Interface CL_PROGRESS_INDICATOR – Progress Indicator

9.4.3 Ein Vorlaufprogramm entwickeln

Beschreiben wir nun, wie Sie – bei Bedarf – ein Vorlaufprogramm für das Datenvernichtungsobjekt anlegen. Die Überlegungen dazu, ob Ihr Objekt ein solches Programm benötigt oder nicht, haben wir in Abschnitt 9.4.1, »Ein Datenvernichtungsobjekt entwickeln«, angestellt.

Nutzen Sie für die Gestaltung des Selektionsbildes auf jeden Fall die sogenannten Selektions-Includes. Sie sparen damit jede Menge Arbeit und vermeiden Fehler. Falls Sie auch Archivierungsobjekte entwickeln, kennen Sie das Konzept bereits gut. Der Name des Includes heißt DESTROY_PREPROCES_PRG_STANDARD (ILM-Datenvernichtung – Vorlauf: Include für Ablaufst. + Detailprot).

Selektionsbild

Im Wesentlichen müssen Sie in dem Vorlaufprogramm die Verarbeitungen vornehmen, die Sie mit der Fachabteilung als benötigt besprochen haben. Eine Kommunikation mit dem IRM bzw. die Regelauswertung ist hier nicht notwendig. Achten Sie darauf, sprechende Protokolle auszugeben. Verwenden Sie hierzu die gleichen Methoden wie im Datenvernichtungsprogramm selbst (siehe Abschnitt 9.4.2, »Ein Datenvernichtungsprogramm entwickeln«). Gleiches gilt für die Fortschrittsmeldungen.

Protokolle und Fortschrittsmeldungen

> **Vorlage für ein Vorlaufprogramm**
>
> Ab den in SAP-Hinweis 2755096 (BC_SFLIGHT_DESTRUCTION: Vorlaufprogramm verfügbar) genannten Releases verfügt das Datenvernichtungsobjekt BC_SFLIGHT_DESTRUCTION (Beispielobjekt für die Datenvernichtung) über ein Vorlaufprogramm, das Sie als Vorlage nutzen können.

[«]

9.5 Ein ILM-Objekt anlegen – die Transaktion IRM_CUST

Zu einem ILM-fähigem Archivierungsobjekt gehört ein korrespondierendes ILM-Objekt. Die Rolle des ILM-Objekts haben wir in Abschnitt 2.1, »Archivierungsobjekt und Datenvernichtungsobjekt«, beschrieben. Nun wollen wir beschreiben, wie Sie ein solches Objekt anlegen können. Die hier beschriebene Vorgehensweise gilt für ILM-Objekte, die zur Objektkategorie SAP Business Suite gehören.

9.5.1 Vorbereitungen

Zu den Vorbereitungen für das Anlegen eines neuen ILM-Objekts gehört eine Abstimmung mit der dazugehörigen Fachabteilung – das heißt mit Experten, die die betriebswirtschaftliche Seite des zugrundeliegenden Business-Objekts sowie des Archivierungsobjekts kennen.

Wenn Sie sich die Rolle jedes ILM-Objekts, die wir in Kapitel 2, »Grundfunktionen von SAP ILM«, beschrieben haben, vor Augen führen, wird klar, dass Sie folgende Anforderungen im Vorfeld klären müssen:

Abstimmung mit der Fachabteilung

- Welche Attribute (Tabellenfelder) Ihres Business-Objekts sollen auf der Bedingungsseite der Regelwerke angeboten werden? Mit anderen Worten müssen Sie hier mit der Fachabteilung die Frage klären, welche Attribute des Business-Objekts beim Anlegen eines Regelwerks in der Tabelle **Verfügbare Bedingungsfelder** angeboten werden sollen. Diese Bedingungen können unternehmens- oder länderspezifisch sein.

  Sollte das dazugehörige Business-Objekt mehrere Archivierungsobjekte beinhalten, müssen Sie diese Frage nacheinander für jedes Archivierungsobjekt beantworten.

[»] **Bedingungsfelder, Zeitbezüge und Zeitversätze**

Welche Bedingungsfelder verfügbar sind und wo sie beim Anlegen von Regelwerken zum Einsatz kommen, haben wir in Abschnitt 2.5.2, »Regelwerk anlegen – die Transaktion IRMPOL«, geschildert. Auch auf die Zeitbezüge und Zeitversätze kommen wir in diesem Abschnitt zu sprechen.

- Welche Zeitbezüge und welche Zeitversätze sollen bei der Definition der Regeln eines Regelwerks angeboten werden? Mit anderen Worten: Welche Werte für die dazugehörigen Spalten der Ergebnisseite der Regel soll Ihr ILM-Objekt erlauben?

[»] **Hilfreiche Fragestellungen**

Die für ein Business-Objekt geltenden Gesetze zur Datenaufbewahrung können prinzipiell sowohl vom Land als auch von den Regionen eines Landes (Bundesländer, Provinzen, Kantone und Ähnlichem) abhängig sein. Daher ist es wichtig, dass Sie in den Gesprächen mit der Fachabteilung alle Felder berücksichtigen, die potenziell zur Ermittlung der relevanten legalen Einheit für ein bestimmtes Business-Objekt notwendig sind. Diese legalen Einheiten sind höchstwahrscheinlich Felder, die auf der Bedingungsseite eines Regelwerks angeboten werden müssen.

Zusätzlich zu diesen rechtlichen Aspekten sollten Sie klären, ob für Ihr Unternehmen – für Ihre Entwicklungen im Kundennamensraum, zu denen das Archivierungsobjekt dazugehört – auch die Anforderung besteht, unternehmens- oder abteilungsspezifische Attribute auf der Bedingungs- oder Ergebnisseite eines Regelwerks anzubieten.

Wir empfehlen aber auch, die Granularität der Ermittlung von Aufbewahrungs- oder Verweilregeln überschaubar zu gestalten. Bieten Sie nicht zu wenig, aber auch nicht zu viel an.

Sind diese Fragen beantwortet, müssen Sie mit der Fachabteilung klären, wie die Werte dieser Felder zur Laufzeit, also für eine konkrete Instanz eines Business-Objekts ermittelt werden. Wir nennen es die *Wertermittlung*. Lassen Sie sich also von der Fachabteilung die Logik dieser Wertermittlung genau erklären. Prinzipiell gibt es hierzu zwei Möglichkeiten:

1. Der Wert eines Feldes (z. B. Bedingungsfeld oder Zeitbezug) ist pro Instanz in genau einem Feld einer bestimmten Tabelle enthalten. Wir nennen es die *direkte Wertermittlung*.

   Direkte Wertermittlung

   Ein Beispiel: Sie haben mit der Fachabteilung besprochen, dass der Belegtyp beim Anlegen eines Regelwerks in der Tabelle **Verfügbare Bedingungsfelder** angeboten werden soll. Die Fachabteilung teilt Ihnen mit, dass dies pro Instanz des dazugehörigen Business-Objekts aus der Tabelle A und dort aus dem Feld b ermittelt werden kann.

2. Der Wert eines Feldes (z. B. Bedingungsfeld oder Zeitbezug) ist pro Instanz nicht in genau einem Feld einer bestimmten Tabelle enthalten. Er lässt sich aber aus bestimmten Feldern bestimmter Tabellen klar für jede Instanz ermitteln. Wir nennen es die *indirekte Wertermittlung*.

   Indirekte Wertermittlung

   Ein Beispiel: Sie haben mit der Fachabteilung besprochen, dass der Zeitbezug **Letze Änderung** beim Definieren von Regeln angeboten werden soll. Es stellt sich heraus, dass dieses Feld nicht immer gefüllt ist. Manche Instanzen (Objekte) werden angelegt und nicht verändert. In diesem Fall soll der Wert des Zeitbezugs aus dem Anlagedatum bestimmt werden. Möglicherweise ist es also für den Benutzer, der die Regeln pflegen wird, sogar klarer, wenn Sie den Zeitbezug **Letzte Änderung** oder **Anlagedatum** nennen.

   Und noch ein Beispiel: Sie haben mit der Fachabteilung besprochen, dass ein Begriff wie *Objekttyp* beim Anlegen eines Regelwerks in der Tabelle **Verfügbare Bedingungsfelder** angeboten wird. Der Wert dieses Feldes ist für jede Instanz in den ersten zwei Zeichen eines Feldes namens **Objektnummer** gespeichert.

Seien Sie also bei diesen Gesprächen mit der Fachabteilung sehr offen. Lassen Sie sich bei den Überlegungen zu notwendigen Attributen auf der Bedingungs- oder Ergebnisseite eines Regelwerks nicht auf einzelne Felder oder Tabellen beschränken. Ihr Fokus liegt ganz und gar auf der Frage, welche Attribute die dazugehörige Rechtslage erwähnt bzw. welche Ihre unternehmens- oder abteilungsspezifischen Regelungen erfordern. Aus der direkten und der indirekten Wertermittlung lernen Sie, dass Sie auf jeden Fall die Möglichkeit haben werden, die benötigten Attribute pro Instanz zur Laufzeit mit echten Werten zu bestimmen. Klären Sie diesen Aspekt aber auch!

Verfügt das Business-Objekt über ein BOR-Objekt?

Eine wichtige weitere Frage, die Sie bei den Gesprächen mit der Fachabteilung stellen sollen, ist, ob es für das Business-Objekt ein BOR-Objekt (BOR-Objekttyp) gibt. Wenn ja, ist es ganz wichtig, dass Sie davon Notiz nehmen, denn so können Sie für das Business-Objekt die rechtsfallbedingten Sperren anbieten. Informationen zu diesem Thema aus Sicht des Endanwenders finden Sie in Abschnitt 3.6, »Legal Case Management«.

Gibt es ein korrespondierendes BOR-Objekt, müssen Sie darüber hinaus erfragen, aus welchen Feldern welcher Tabellen des Business-Objekts der Schlüssel des BOR-Objekts gebildet wird. Notieren Sie sich auch die richtige Reihenfolge dieser Felder!

> **Mehrere BOR-Objekttypen möglich**
>
> Einem ILM-Objekt können beliebig viele BOR-Objekttypen zugeordnet werden. Ebenfalls ist es erlaubt, einen bestimmten BOR-Objekttyp mit mehreren ILM-Objekten zu verknüpfen, wenn das die betriebswirtschaftlichen Zusammenhänge widerspiegelt.

Mindestergebnis der Gespräche

Mindestens dies müssen Sie also klären: Damit ein Benutzer später ein Regelwerk und darin Regeln anlegen kann, müssen Sie mindestens einen Zeitbezug und mindestens ein Bedingungsfeld in den Gesprächen mit der Fachabteilung identifiziert haben.

Zusätzlich müssen Sie die Wertermittlung für diese künftigen Attribute Ihres ILM-Objekts besprochen haben. Des Weiteren müssen Sie jetzt wissen, ob das Business-Objekt über ein BOR-Objekt verfügt.

Bleiben Sie im Kontakt!

Damit haben Sie die benötigten Informationen. Bleiben Sie aber mit der Fachabteilung in regelmäßigem Kontakt. Damit stellen Sie sicher, dass Sie von Weiterentwicklungen, Korrekturen oder Anpassungen an dem Business-Objekt im Kundennamensraum erfahren. Diese Änderungen können Auswirkungen auf Ihr ILM-Objekt haben.

9.5.2 Überblick über die notwendigen und optionalen Schritte

Liste aller ILM-Objekte

Für das Anlegen eines ILM-Objekts verwenden Sie die Transaktion IRM_CUST (IRM-Customizing). Das ist die Transaktion, mit deren Hilfe auch die SAP-Entwicklung ILM-Objekte für die SAP-Anwendungen definiert und ausliefert. Diese Transaktion zeigt Ihnen auch die Liste aller ILM-Objekte, die das jeweilige System derzeit beinhaltet.

9.5 Ein ILM-Objekt anlegen – die Transaktion IRM_CUST

> **Objektkatalogeintrag**
>
> Beachten Sie, dass das ILM-Objekt, im Gegensatz zum Archivierungsobjekt, derzeit über keinen sogenannten Objektkatalogeintrag (Tabelle TADIR [Katalog der Repository-Objekte], Transaktion SOBJ [Pflegeobjekte attributieren], verfügt. Der Transport der Einstellungen zu einem ILM-Objekt geschieht also über den Transport der dazugehörigen Tabelleneinträge.

Abbildung 9.17 zeigt Ihnen das Einstiegsbild der Transaktion IRM_CUST. Wenn Sie die Namen der Einträge im Baum auf der linken Seite betrachten, erkennen Sie, dass Sie hier die Eigenschaften des ILM-Objekts (eine nach der anderen) definieren werden, die Sie bei den vorbereitenden Schritten kennengelernt haben. Sie werden also die Eigenschaften und die Werte definieren, die später dem Benutzer, der die Regelwerke anlegen und dazugehörige Regeln pflegen wird, angeboten werden. Dazu gehören beispielsweise:

- Die Liste der Felder, die beim Anlegen von Regelwerken in der Tabelle **Verfügbare Bedingungsfelder** angeboten werden sollen.
- Angaben zu erlaubten Zeitbezügen und Zeitversätzen, die für die Berechnung des Beginns einer Aufbewahrungs- oder Verweilzeit notwendig sind.
- Zusätzliche objektkategoriespezifische Einstellungen, die benötigt werden, um zur Laufzeit die oben genannten Eigenschaften mit Werten aus der jeweiligen Instanz (z. B. Beleg), für die die Regel ermittelt werden soll, zu belegen.

Beispiele für die notwendigen Schritte

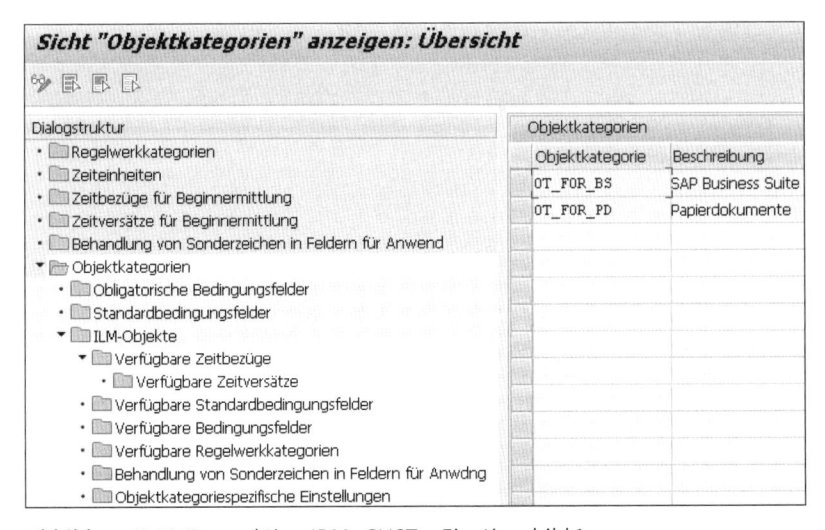

Abbildung 9.17 Transaktion IRM_CUST – Einstiegsbild 1

9 Den Datenlebenszyklus kundeneigener Entwicklungen mit SAP ILM verwalten

Aufteilung der Einstellungen zum ILM-Objekt

Diese Einstellungen teilen sich in sogenannte *objektkategoriespezifische Einstellungen* und *objektkategorieübergreifende Einstellungen* auf.

Wie der Name suggeriert, müssen Erstere auf die gleiche Art und Weise für jedes ILM-Objekt – egal in welcher Objektkategorie – gepflegt werden. Zweitere sehen potenziell für jede Objektkategorie anders aus und haben ihre spezifischen Eingabebilder hinter dem Eintrag **Objektkategoriespezifische Einstellungen**, den Sie links im Baum der Transaktion IRM_CUST (IRM-Customizing) sehen, siehe Abbildung 9.17 als den untersten Eintrag. Da es sich auf jeden Fall um Einstellungen handelt, die pro ILM-Objekt vorgenommen werden, bildet dieser Eintrag einen Unterpunkt zu **ILM-Objekte** und wird in diesem Zweig immer als Letztes angegeben. Dies folgt einer Logik, denn Sie sollen zuerst die objektkategoriespezifischen Einstellungen vornehmen.

Optionale Schritte

Sie erkennen auch korrekt, dass manche der Einträge optional sind. Ihre Namen im Baum auf der linken Seite enden mit **(opt.)**. Es ist unwahrscheinlich, dass Sie hier Einträge vornehmen. Wir beschreiben diese optionalen Einträge, nachdem wir zuerst auf die Einträge im Detail eingehen, die Sie auf jeden Fall pflegen oder zumindest überprüfen müssen.

Transaktion IRM_CUST – alternatives Einstiegsbild

Je nach Release kann das Einstiegsbild der Transaktion IRM_CUST auch wie in Abbildung 9.18 aussehen. Die Einträge sind die gleichen, nur die Sortierung ist anders. In diesem Bild wird nicht gezeigt, welche Einträge optional sind, und die, die es sind, sind nicht ausschließlich am Ende aufgeführt. Da wir das Einstiegsbild aus Abbildung 9.18 übersichtlicher finden, werden wir dieses verwenden.

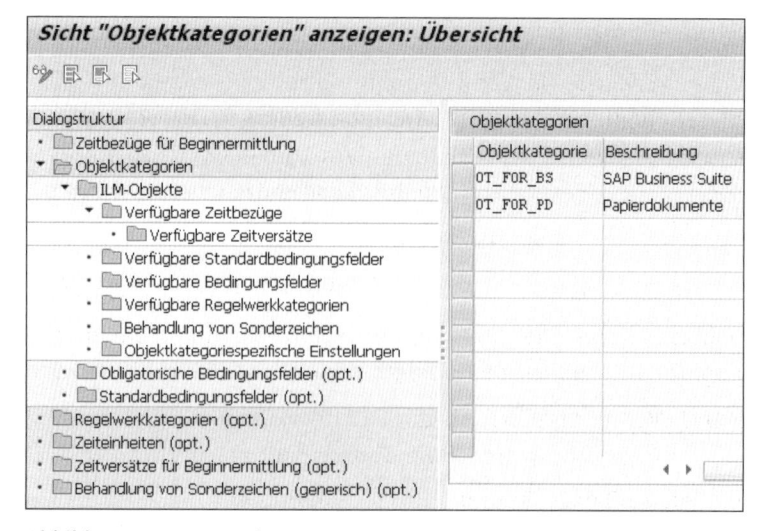

Abbildung 9.18 Transaktion IRM_CUST – Einstiegsbild 2

9.5.3 Zeitbezüge für Beginnermittlung

Nachdem Sie mit der Fachabteilung die für Ihr ILM-Objekt benötigten Zeitbezüge besprochen haben, müssen Sie prüfen, ob sie bereits vorliegen oder ob Sie sie zuerst noch definieren müssen.

Gehen Sie wie folgt vor, um die Liste aller für die IRM-Regelbildung verfügbaren Zeitbezüge zu sehen:

1. Rufen Sie die Transaktion IRM_CUST (IRM-Customizing) auf.
2. Doppelklicken Sie links im Baum auf den Eintrag **Zeitbezüge für Beginnermittlung**, und analysieren Sie die Einträge in der Liste auf der rechten Seite. Abbildung 9.19 zeigt dazu ein Beispiel.

Liste aller Zeitbezüge für die Beginnermittlung

Abbildung 9.19 Transaktion IRM_CUST – Zeitbezüge für die Beginnermittlung

Der Eintrag **Zeitbezüge für Beginnermittlung** stellt die Liste aller im IRM verfügbaren Zeitbezüge dar. Jedes ILM-Objekt entscheidet im zweiten Schritt, welche davon es nutzen, also anbieten möchte. Möchten Sie einen bestimmten Zeitbezug in Ihrem ILM-Objekt verwenden, muss er zwingend in dieser Liste vorhanden sein. Damit verstehen Sie auch, warum dieser Eintrag kein Unterpunkt eines anderen Eintrags ist. Er zeigt Werte an, die für das ganze IRM zur Verfügung stehen.

Diese Zeitbezüge sollten Sie nicht verwenden

Obwohl sie in der Liste vorhanden sind, empfehlen wir Ihnen, folgende Zeitbezüge für die Beginnermittlung nicht in Ihren ILM-Objekten zu verwenden:

- END_OF_FISCAL_YEAR: Ende des Geschäftsjahres
- END_OF_MONTH: Ende des Monats
- END_OF_YEAR: Ende des Jahres
- START_RET_DATE: Beginn des Aufbewahrungszeitraums

Der Grund liegt darin, dass sie eher wie Zeitversätze klingen. Den Benutzern Ihres ILM-Objekts wird nicht klar sein, ab welchem Ereignis genau die

Aufbewahrungs- oder die Verweildauer gerechnet wird. Ab wann genau wird beispielsweise »Ende des Jahres« gezählt – ab dem Anlagedatum, ab dem Ausgleichsdatum, ab dem xyz-Datum? Dies ist zwar im Coding der dazugehörigen BAdI-Implementierung hinterlegt; für den Benutzer, der Regeln erstellt, ist es aber nicht ersichtlich, weil es nicht klar aus dem Namen hervorgeht.

(Diese Zeitbezüge sind ganz zu Beginn des IRM entstanden, als wir die Unterscheidung zwischen den Zeitbezügen und Zeitversätzen noch nicht hatten. Manche der allerersten ILM-Objekte nutzen diese Einträge jedoch, und wir haben sie nicht gelöscht, um die Regel in Ihren Systemen – so Sie diese Einträge nutzen – nicht zu zerstören.)

Zeitbezüge für die Beginnermittlung anlegen

Ist der benötigte Zeitbezug vorhanden, ist die hier beschriebene Aufgabe erledigt, und Sie können zum nächsten Abschnitt übergehen. Ist dies nicht der Fall, erstellen Sie einen neuen Zeitbezug im IRM wie folgt:

1. Wechseln Sie in den Änderungsmodus.
2. Klicken Sie auf die Schaltfläche **Neue Einträge**.
3. Geben Sie in der Spalte **IRM-Konstante** den technischen Namen Ihres Zeitbezugs und in der zweiten Spalte **Obj.Beschreibung** Ihre Bezeichnung ein. Abbildung 9.20 zeigt Ihnen dazu ein Beispiel.

Der neue Eintrag steht für *alle* ILM-Objekte zur Verfügung. Wählen Sie also möglichst verständliche Namen und Bezeichnungen. Damit steigern Sie auch die Wiederverwendbarkeit der Einträge.

Abbildung 9.20 Transaktion IRM_CUST – Zeitbezüge für die Beginnermittlung anlegen

Klare Trennung zwischen Zeitbezug und Zeitversatz

In diesem Zusammenhang möchten wir auch noch einmal betonen, dass es wichtig ist, dass Sie den Unterschied zwischen *Zeitbezügen* und *Zeitversätzen* verstanden haben und dieses Wissen bei der Definition von neuen Zeitbezügen einsetzen.

9.5 Ein ILM-Objekt anlegen – die Transaktion IRM_CUST

Gute Bezeichnungen für Zeitbezüge am Beispiel eines Belegs, Vertrages oder ähnlicher Objekte sind das Anlagedatum, das Buchungsdatum, das Änderungsdatum und das Ausgleichsdatum. Mithilfe der Zeitversätze (wie Ende des (Geschäfts-)Jahres, Ende des Monats) und der Zeitbezüge kann man somit sehr gut den Beginn einer Frist (z. B. der Aufbewahrungsfrist) beschreiben. Gute Namen für Zeitbezüge können Sie in der Literatur auch unter der Bezeichnung *explizite Zeitbezüge* finden. Die Kombination aus Zeitbezug und Zeitversatz gibt sehr klar, also sehr explizit an, wie der Beginn einer Frist berechnet wird.

Schlechte Namen für Zeitbezüge sind hingegen z. B.: Ende des (Geschäfts-)Jahres, Ende des Monats oder Ende der Woche. Leider finden Sie diese trotzdem auch in der Liste **Zeitbezüge für Beginnermittlung** in der Transaktion IRMPOL, und einige ILM-Objekte nutzen sie auch.

Schlechte Namen für Zeitbezüge können Sie in der Literatur auch unter der Bezeichnung *implizite Zeitbezüge* finden. Ihr Name gibt nicht klar an, ob das Ende des Jahres (um ein Beispiel zu wählen) basierend auf dem Anlage-, Änderungs-, Ausgleichsdatum usw. berechnet wird. Diese Entscheidung wird im Coding des ILM-Objekts getroffen und ist für den Benutzer, der die Regeln anlegt, nicht klar ersichtlich.

Die Angabe von Zeitversätzen für solche Zeitbezüge scheint obsolet zu sein. Der Name des Zeitbezugs beinhaltet leider schon den Zeitversatz. Die Trennung der beiden Begriffe ist somit nicht gegeben.

Begriffliche Unschärfe

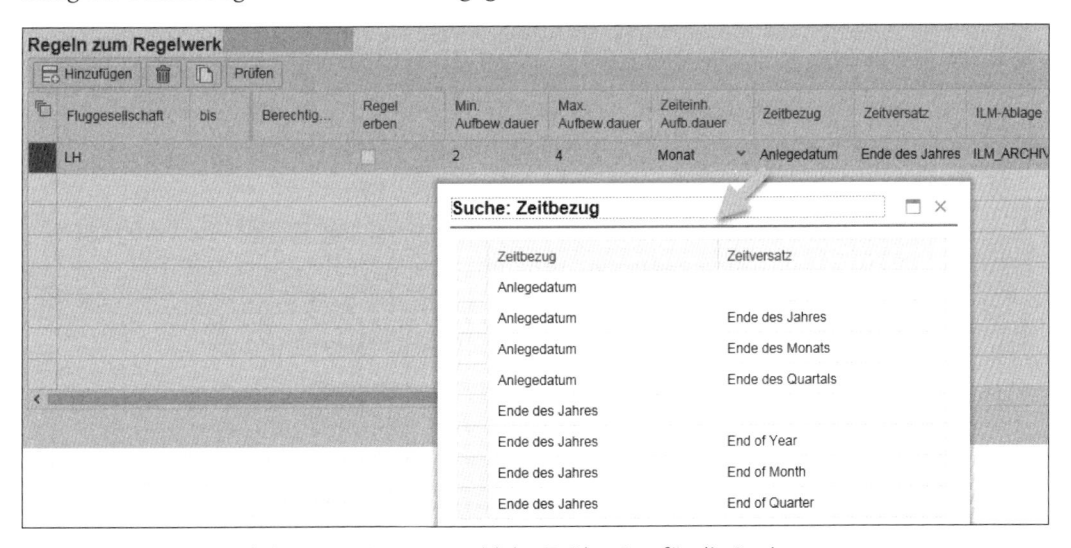

Abbildung 9.21 Transaktion IRMPOL – Auswahl der Zeitbezüge für die Beginnermittlung

9 Den Datenlebenszyklus kundeneigener Entwicklungen mit SAP ILM verwalten

Bei der Regelpflege in der Transaktion IRMPOL (ILM-Regelwerke) sieht später der Benutzer die Bezeichnungen. Die Wertehilfe ([F4]) zeigt sowohl die sogenannte *IRM-Konstante* (den technischen Namen des Zeitbezugs) als auch die Bezeichnung (siehe Abbildung 9.21).

9.5.4 Zeitversätze für Beginnermittlung

SAP bietet im Standard z. B. die in Abbildung 9.22 dargestellten Zeitversätze an.

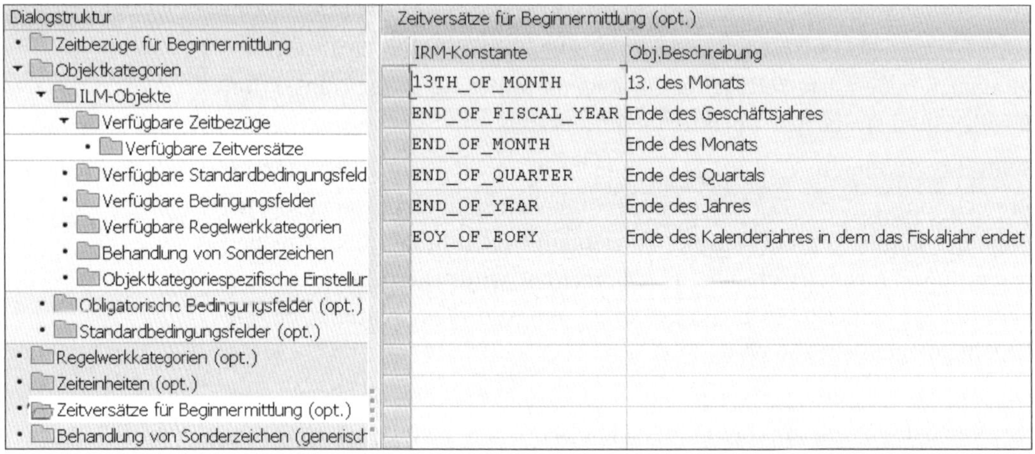

Dialogstruktur	Zeitversätze für Beginnermittlung (opt.)	
• Zeitbezüge für Beginnermittlung	IRM-Konstante	Obj.Beschreibung
▼ Objektkategorien	13TH_OF_MONTH	13. des Monats
▼ ILM-Objekte	END_OF_FISCAL_YEAR	Ende des Geschäftsjahres
▼ Verfügbare Zeitbezüge	END_OF_MONTH	Ende des Monats
• Verfügbare Zeitversätze	END_OF_QUARTER	Ende des Quartals
• Verfügbare Standardbedingungsfeld	END_OF_YEAR	Ende des Jahres
• Verfügbare Bedingungsfelder	EOY_OF_EOFY	Ende des Kalenderjahres in dem das Fiskaljahr endet
• Verfügbare Regelwerkkategorien		
• Behandlung von Sonderzeichen		
• Objektkategoriespezifische Einstellu		
• Obligatorische Bedingungsfelder (opt.)		
• Standardbedingungsfelder (opt.)		
• Regelwerkkategorien (opt.)		
• Zeiteinheiten (opt.)		
• Zeitversätze für Beginnermittlung (opt.)		
• Behandlung von Sonderzeichen (generisch		

Abbildung 9.22 Transaktion IRM_CUST – Zeitversätze für die Beginnermittlung

Einen neuen Zeitversatz anlegen

Es ist unwahrscheinlich, dass Sie für Ihre Entwicklung im Kundennamensraum einen hier nicht aufgelisteten Zeitversatz benötigen. Sollte dies doch der Fall sein, können Sie einen neuen Zeitversatz anlegen. Das Vorgehen besteht im Wesentlichen aus zwei Schritten:

1. Legen Sie einen neuen Eintrag an, nachdem Sie links im Baum doppelt auf **Zeitversätze für Beginnermittlung** geklickt haben. Die Vorgehensweise ist sehr ähnlich der Vorgehensweise, die wir soeben für den Eintrag **Zeitbezüge für Beginnermittlung** beschrieben haben.

2. Legen Sie eine Implementierung zur Methode GET_START_DATE (Beginndatum ermitteln aus Bezugsdatum und Zeitversatz) des BAdIs BADI_IRM_TO (Beginndatum: Explizite Ermittl. aus Bezugsdatum + Zeitversatz) an.

Sie finden es im Erweiterungsspot ES_IRM_CUST (IRM-Customizing). Abbildung 9.23 zeigt Ihnen die Definition des BAdIs und die Parameter der genannten Methode. In der Dokumentation dieses BAdIs finden Sie weitere Informationen.

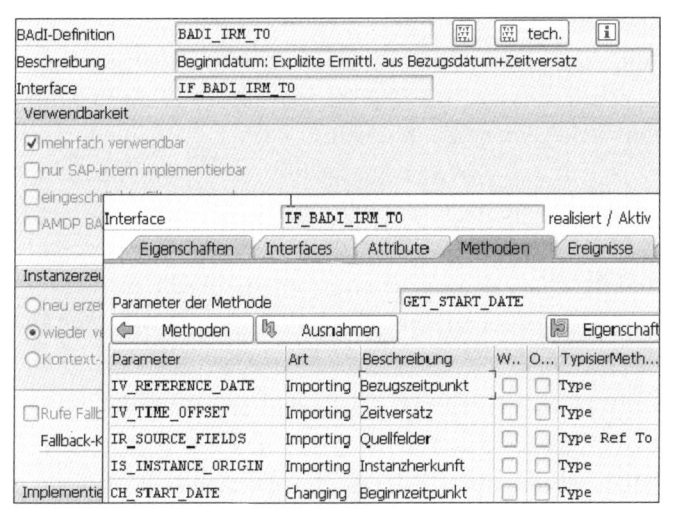

9.5 Ein ILM-Objekt anlegen – die Transaktion IRM_CUST

Abbildung 9.23 BAdI BADI_IRM_TO – Methode GET_START_DATE

9.5.5 Standardbedingungsfelder

Nun führen wir einen neuen Begriff ein: das *Standardbedingungsfeld*. Standardbedingungsfelder sind vordefinierte Bedingungsfelder für eine Objektkategorie. Sie können somit für alle ILM-Objekte dieser Objektkategorie verwendet werden. Sie benötigen eine Logik zur Ermittlung ihrer Werte, die mithilfe einer Implementierung zum BAdI BADI_IRM_OC_SF (Standardbedingungsfeld: Wertermittlung) vorzunehmen ist. SAP liefert beispielsweise folgende Standardbedingungsfelder aus (siehe Abbildung 9.24):

- BS_COUNTRY_OF_BUKRS als Standardfeld für die Ermittlung des Landes aus dem Buchungskreis
- BS_COUNTRY_OF_VKORG als Standardfeld für die Ermittlung des Landes aus der Verkaufsorganisation
- BS_COUNTRY_OF_WERKS als Standardfeld für die Ermittlung des Landes aus dem Werk

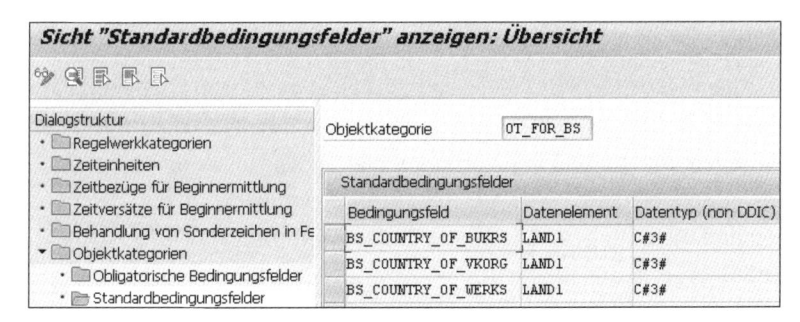

Abbildung 9.24 Transaktion IRM_CUST – Standardbedingungsfelder

Vorteil für den Endbenutzer und für den Entwickler

Sie erkennen sicher schnell die Idee hinter diesem Konzept: Erstens führen Felder wie Buchungskreis, Verkaufsorganisation oder Land viele Business-Objekte und sind somit für viele ILM-Objekte relevant. Zweitens finden es manche Benutzer, die Regeln erstellen sollen, einfacher, das Land, für dessen Daten sie beispielsweise Aufbewahrungszeiten definieren, einzugeben. Damit also nicht jede Anwendung für Ihr ILM-Objekt oder Ihre ILM-Objekte ein Bedingungsfeld für das Land anbieten muss, gibt es das hier geschilderte Konzept und die von SAP ausgelieferten Standardbedingungsfelder. Insbesondere wird somit sichergestellt, dass nicht jede Anwendung die Arbeit hat, ein Coding zu schreiben, das gemäß dem Customizing das Land zu einem bestimmten Buchungskreis oder einer Verkaufsorganisation ermittelt.

Die Liste aller Standardbedingungsfelder für die jeweilige Objektkategorie sehen Sie, nachdem Sie die Transaktion IRM_CUST (IRM-Customizing) aufgerufen, die betreffende Objektkategorie markiert und links im Baum **Standardbedingungsfelder** gewählt haben. Das Ergebnis sehen Sie auf der rechten Seite (siehe Abbildung 9.24).

In Abschnitt 9.5.1, »Vorbereitungen«, haben wir betont, dass Sie mit der Fachabteilung klären müssen, welche Felder beim Anlegen eines Regelwerks in der Tabelle **Verfügbare Bedingungsfelder** angeboten werden. Bewerten Sie nun, ob Sie manche Felder davon anbieten können, indem Sie Standardbedingungsfelder verwenden.

9.5.6 Optionale Einstellungen

Besprechen wir nun abschließend die Einträge links im Baum der Transaktion IRM_CUST (IRM-Customizing), siehe Abbildung 9.18, die mit der Abkürzung **(opt.)** versehen sind. Wie Sie sehen, bilden diese Einträge zwei Gruppen. Die einen sind unabhängig von der Objektkategorie und werden ganz unten im Baum aufgeführt; die anderen können pro Objektkategorie definiert werden und sind daher als die letzten im Zweig **Objektkategorien** aufgelistet.

Beschränken wir uns hier auf die Einträge, die auf der ersten Ebene des Baumes links in Abbildung 9.18 zu sehen sind – das heißt auf die optionalen Einstellungen, die unabhängig von der Objektkategorie sind. Die optionalen Einstellungen zu einem ILM-Objekt besprechen wir im Unterabschnitt »Optionale Einstellungen für ein ILM-Objekt« in Abschnitt 9.5.8, »Objektkategorieübergreifende Einstellungen zum ILM-Objekt«.

9.5 Ein ILM-Objekt anlegen – die Transaktion IRM_CUST

Für Ihre Entwicklungen im Kundennamensraum ist es beinahe ausgeschlossen, dass Sie hier Eingaben vornehmen müssen. Dies liegt meist daran, dass ein neuer Eintrag zu sehr großen Weiterentwicklungen im IRM führen würde. Damit kann hier höchstens SAP mit der Zeit neue Werte anbieten, denn:

Mögliche optionale Einträge

- Sie haben sicherlich nicht vor, weitere Regelwerkkategorien anzulegen. Wir bieten derzeit Verweilregeln und Aufbewahrungsregeln an.
- Sie haben sicherlich nicht vor, weitere als die derzeit verfügbaren Zeiteinheiten (Jahr, Tag und Monat) anzubieten.
- Höchstwahrscheinlich planen Sie auch nicht, neue Zeitversätze für die Beginnermittlung zu erschaffen.

Ein Eintrag unter **Behandlung von Sonderzeichen (generisch)** ist auch unwahrscheinlich, denn mithilfe der Transaktion IRM_CUST_CSS (IRM-kundenspezifische Einstellungen) können Sie diese Einstellung pro betreffendem ILM-Objekt vornehmen. Wir haben diese Thematik in Abschnitt 2.5.3, »Sonderzeichen in Bedingungsfeldern – die Transaktion IRM_CUST_CSS«, besprochen. Sie haben nun einen Überblick über die notwendigen Schritte zum Anlegen eines ILM-Objekts und können diese Schritte in den Kontext der späteren Regelpflege, wie wir sie in Kapitel 2, »Grundfunktionen von SAP ILM«, beschrieben haben, setzen.

9.5.7 Kopfdaten des ILM-Objekts

Besprechen wir nun die Schritte, die Sie vornehmen werden, um ein neues ILM-Objekt anzulegen – in diesem Abschnitt speziell dessen Kopfdaten:

Kopfdaten des ILM-Objekts anlegen

1. Rufen Sie die Transaktion IRM_CUST (IRM-Customizing) auf.
2. Doppelklicken Sie links im Baum auf den Eintrag **Objektkategorie**, sollte er noch nicht markiert sein. Markieren Sie den Eintrag **OT_FOR_BS (SAP Business Suite)** in der Liste auf der rechten Seite des Fensters.
3. Doppelklicken Sie links im Baum auf den Eintrag **ILM-Objekte**.
4. Wechseln Sie in den Änderungsmodus, und klicken Sie auf die Schaltfläche **Neue Einträge**.
5. Geben Sie im Feld **ILM-Objekt** (siehe Abbildung 9.25) den Namen Ihres neuen ILM-Objekts ein. Der Name darf nicht mit »SN« beginnen, da dieses Präfix für die Metadaten-ILM-Objekte reserviert ist (siehe Abschnitt 2.6.1, »Strukturierte und unstrukturierte Daten in der ILM-Ablage«, und Abschnitt 2.6.7, »ILM Store Browser«); diese werden im Retention-Warehouse-Szenario benötigt.

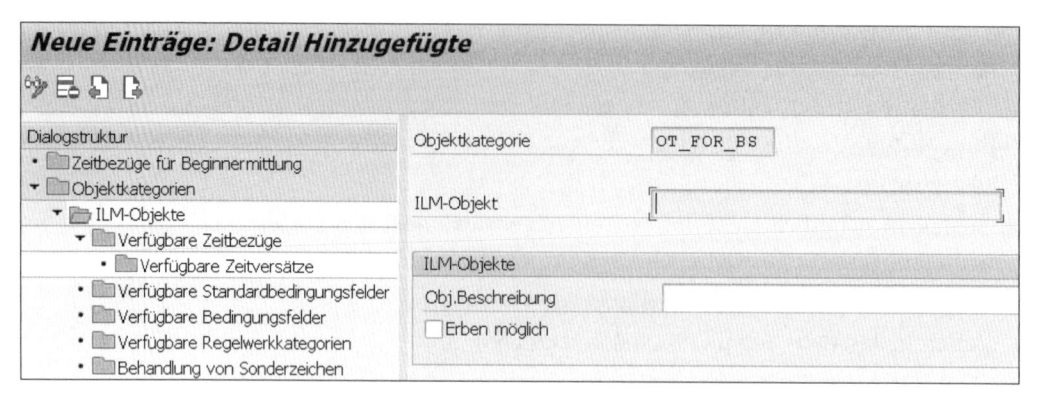

Abbildung 9.25 Transaktion IRM_CUST – ILM-Objekt anlegen (Kopfdaten)

> **Gleicher Name für das ILM- und das Archivierungsobjekt**
> Wir empfehlen, für das neue ILM-Objekt den gleichen Namen wie für das Archivierungsobjekt zu verwenden. Obligatorisch ist es aber nicht. Beachten Sie, dass die maximale Länge des Archivierungsobjektnamens 10 Zeichen und des ILM-Objektnamens 30 Zeichen beträgt.

6. Geben Sie im Feld **Obj.Beschreibung** eine Beschreibung des neuen ILM-Objekts an. Achten Sie darauf, dass spätere Benutzer möglichst schnell erkennen, für welche Regeln welcher Daten dieses Objekt gedacht ist. Vermeiden Sie unnötige Füllwörter wie »ILM-Objekt für ...« oder »... für das Archivierungsobjekt xyz« oder Ähnliches. Denn es ist offensichtlich, dass es sich um ein ILM-Objekt handelt.

Bedeutung der Regelvererbung

7. Entscheiden Sie nun über den richtigen Wert für das Ankreuzfeld **Erben möglich**. Wie Sie der Dokumentation dieses Feldes entnehmen können, sollten Sie es setzen, wenn Sie die Vererbung von Regeln als Alternative zur direkten Regeldefinition in den Regelwerken Ihres ILM-Objekts vorsehen. Wir haben dieses Konzept in Abschnitt 2.5.4, »Regeln im Regelwerk anlegen«, erläutert. Diese Funktion wird allerdings von den wenigsten ILM-Objekten angeboten.

8. Speichern Sie Ihre Eingaben.

> **Ankreuzfeld »Erben möglich«**
> Ist die Vererbung erlaubt, wird im Regelwerk eine Spalte **Regel erben** eingeblendet. Findet die Vererbung für eine Instanz A eines Business-Objekts statt, muss diese Instanz zur Laufzeit mindestens eine Instanz B benennen, von der Regeln geerbt werden sollen (siehe Abbildung 9.25).

9.5 Ein ILM-Objekt anlegen – die Transaktion IRM_CUST

> **Das Sonderzeichen »/« im Namen des ILM-Objekts**
>
> Wie besprechen hier, wie Sie ein ILM-Objekt für Entwicklungen im Kundennamensraum anlegen. Der Kundennamensraum enthält in der Regel das Sonderzeichen /. Sie können dieses Zeichen sowohl im Namen des ILM-Objekts (siehe SAP-Hinweis 2590728, Erweiterung der zulässigen Zeichen in ILM-Objektnamen) als auch im Namen des Archivierungsobjekts verwenden. Beachten Sie aber, dass Sie das Sonderzeichen in ein erlaubtes Zeichen überführen müssen, damit die URI, also der Pfad der Archivdatei korrekt gebildet werden kann (siehe SAP-Hinweis 2114764 (ILM: Ablage für Archivierungsobjekte mit Namensraumpräfix bricht ab).

Planen Sie keine Vererbung anzubieten, können Sie zum nächsten Abschnitt springen. Wenn Sie die Vererbung anbieten möchten, erfahren Sie im Folgenden die dafür notwendigen Schritte:

1. Legen Sie eine Implementierung zur Methode GET_BEQUEATHING_INSTANCES (Ermittlung vererbender Instanzen) des BAdIs BADI_IRM_OT_INHERITANCE_USE (Erbende ILM-Objekte: Ermittlung vererbender Objektinstanzen) an, siehe Abbildung 9.26. Sie finden das BAdI im Erweiterungsspot ES_IRM_CUST (IRM-Customizing).

BADI_IRM_OT_INHERITANCE_USE

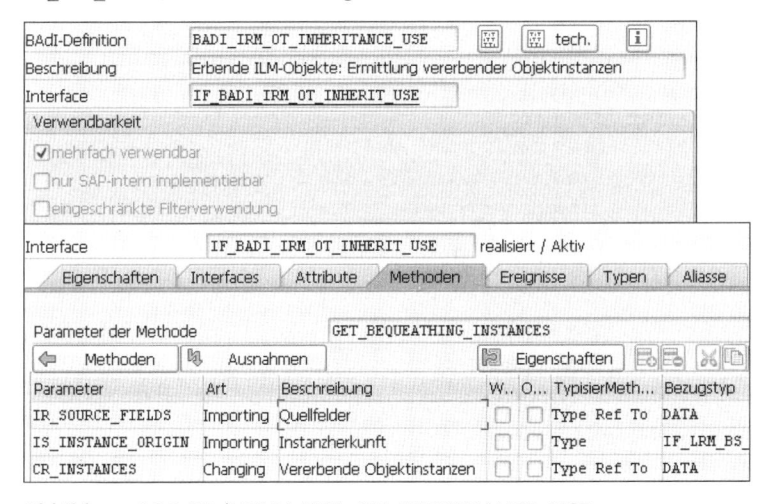

Abbildung 9.26 BAdI BADI_IRM_OT_INHERITANCE_USE, Methode GET_BEQUEATHING_INSTANCES

– Geben Sie dabei als Filter den Namen Ihres neuen ILM-Objekts sowie die Objektkategorie an.
– Unter der Angabe der Quellfelder und der System-/Mandanten-Information zu der aktuellen Instanz müssen Sie in der Implementierung

im Wesentlichen die Objekte benennen, von denen die Regeln geerbt werden sollen. Im Detail bedeutet das die Angabe des ILM-Objekts, von dem die Regel geerbt werden soll. Damit das Erben möglich ist, müssen Sie auch die benötigten Quellfelder angeben. Diese geben die benötigten Werte für die Bedingungsfelder und die Zeitbezüge an. Sie können sich hierzu auch das im System vorhandene Beispiel zum ILM-Objekt BC_SFLIGHT (Archivierung Flüge: Schreibprogramm – Beispiel: ADK-Archivierung) anschauen.

BADI_IRM_OT_INHERITANCE_OFFER

2. Stellen Sie sicher, dass das vererbende ILM-Objekt (also das Objekt, von dem Ihr neues ILM-Objekt die Regeln erben soll) die Vererbung ermöglicht. Dies bedeutet, dass das vererbende ILM-Objekt eine Implementierung der Methode GET_SOURCE_FIELDS (Werte der Quellfelder ermitteln) des BAdIs BADI_IRM_OT_INHERITANCE_OFFER (Vererbende ILM-Objekte: Ermittlung der Quellfelder) anbietet, siehe Abbildung 9.27. Dies ist jedoch nur dann notwendig, wenn die IRM-Default-Implementierung (Methode GET_INSTANCE_DATA der Klasse CL_LRM_BS_INHER_OFFER) die benötigten Daten nicht korrekt liefern würde. Die Implementierung muss die Werte der benötigten Quellfelder für die Regelermittlung bestimmen. Beachten Sie, dass dies im Allgemeinen sowohl für die Daten in der Datenbank als auch für die archivierten Daten funktionieren muss. Der Grund liegt darin, dass die Instanz, von der vererbt werden soll, möglicherweise im Archiv vorliegen kann. In diesem Fall muss die Implementierung das Archivinformationssystem verwenden.

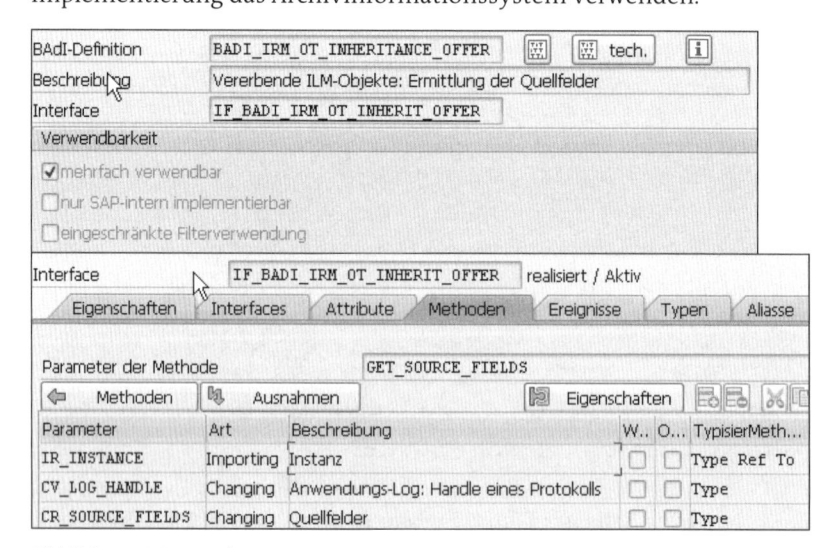

Abbildung 9.27 BAdI BADI_IRM_OT_INHERITANCE_OFFER, Methode GET_SOURCE_FIELDS

9.5.8 Objektkategorieübergreifende Einstellungen zum ILM-Objekt

In diesem Abschnitt besprechen wir die objektkategoriespezifischen Einstellungen zu einem ILM-Objekt, die in Abbildung 9.28 markiert sind. Dazu gehören folgende Eingaben:

- die verfügbaren Zeitbezüge und Zeitversätze
- die verfügbaren Standardbedingungsfelder und Bedingungsfelder
- die verfügbaren Regelwerkkategorien
- die Behandlung von Sonderzeichen

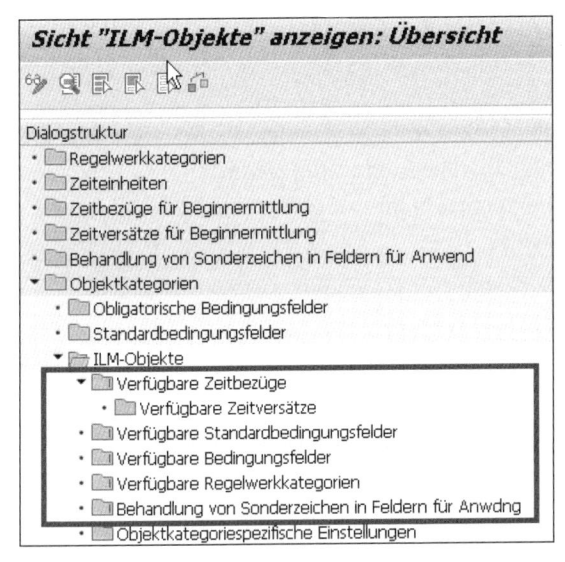

Abbildung 9.28 Transaktion IRM_CUST – objektkategorieübergreifende Einstellungen zum ILM-Objekt

Verfügbare Zeitbezüge

Besprechen wir nun, wie Sie für das neue ILM-Objekt die verfügbaren Zeitbezüge definieren. Die Rolle der Zeitbezüge haben wir in Abschnitt 2.5.4, »Regeln im Regelwerk anlegen«, beschrieben. Abbildung 9.25 zeigt Ihnen, wo sie später – beim Definieren von Regeln eines Regelwerks – zum Einsatz kommen. Sie gehen folgendermaßen vor:

Verfügbare Zeitbezüge für das ILM-Objekt definieren

1. Doppelklicken Sie links im Baum der Transaktion IRM_CUST (IRM-Customizing) auf den Eintrag **ILM-Objekte**, und markieren Sie das neue ILM-Objekt.
2. Doppelklicken Sie links im Baum auf den Eintrag **Verfügbare Zeitbezüge**.
3. Wechseln Sie in den Änderungsmodus, und klicken Sie auf die Schaltfläche **Neue Einträge**.

4. Geben Sie nun rechts im Bild in der Spalte **IRM-Konstante** nacheinander die Zeitbezüge ein, die Ihr ILM-Objekt anbieten soll. Sie können dabei auch die Wertehilfe (F4) benutzen. In der Spalte **Beschreibung** sehen Sie anschließend den dazugehörigen beschreibenden Text.

[»]
> **Welche Zeitbezüge braucht das ILM-Objekt?**
>
> Es ist sehr wichtig, dass Ihr neues ILM-Objekt die richtigen Zeitbezüge anbietet. Wie Sie sie bestimmen, beschreiben wir in Abschnitt 9.5.1, »Vorbereitungen«, sowie in Abschnitt 9.5.3, »Zeitbezüge für Beginnermittlung«.

5. Speichern Sie Ihre Eingaben.
6. Wählen Sie die Schaltfläche **Zurück** (F3), oder wiederholen Sie die Schritte 1 und 2, um sicherzustellen, dass alle gewünschten Zeitbezüge als **Verfügbare Zeitbezüge** rechts im Bild aufgelistet sind. Abbildung 9.29 zeigt Ihnen dazu ein Beispiel.

Dialogstruktur	Objektkategorie	OT_FOR_BS
• Zeitbezüge für Beginnermittlung	ILM-Objekt	BC_SFLIGHT
▼ Objektkategorien		
▼ ILM-Objekte		
▼ Verfügbare Zeitbezüge	Verfügbare Zeitbezüge	
• Verfügbare Zeitversätze	IRM-Konstante	Obj.Beschreibung
• Verfügbare Standardbedingungsfelder	COMPLETION_DATE	Endedatum
• Verfügbare Bedingungsfelder	CREATION_DATE	Anlegedatum
• Verfügbare Regelwerkkategorien	DOCUMENT_DATE	Belegdatum
• Behandlung von Sonderzeichen	END_OF_FISCAL_YEAR	Ende des Geschäftsjahres
• Objektkategoriespezifische Einstellunge	ZSUMANTH_START	
• Obligatorische Bedingungsfelder (opt.)		
• Standardbedingungsfelder (opt.)		

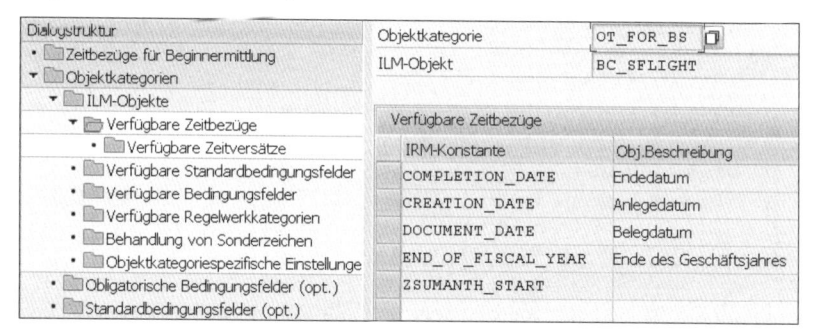

Abbildung 9.29 Transaktion IRM_CUST – ILM-Objekt anlegen, verfügbare Zeitbezüge

[»]
> **Rolle des BAdIs BADI_IRM_OT_STT**
>
> Wie in Abschnitt 2.5.4, »Regeln im Regelwerk anlegen«, erklärt, können Zeitbezüge für ein ILM-Objekt mithilfe des BAdIs BADI_IRM_OT_STT (Bezugsdatum: Ermittlung aus Zeitbezug) im Erweiterungsspot ES_IRM_CUST (IRM-Customizing) registriert werden. Diese Vorgehensweise eignet sich insbesondere für ILM-Objekte, die von SAP ausgeliefert wurden, die Sie als Kunde aber erweitern wollen. Für neue ILM-Objekte im Kundennamensraum (es sei denn, sie sind sehr generisch, und die Objekte werden zur Laufzeit erst generiert) eignet sich die in diesem Kapitel beschriebene Vorgehensweise, das heißt die Nutzung der Transaktion IRM_CUST.

9.5 Ein ILM-Objekt anlegen – die Transaktion IRM_CUST

Beachten Sie auch, dass die Zeitbezüge, die mithilfe des oben genannten BAdIs angelegt werden, nicht in der Transaktion IRM_CUST aufgelistet werden. Beim Definieren von Regeln in der Transaktion IRMPOL (ILM-Regelwerke) stehen sie aber natürlich zur Verfügung.

Wie ermittelt das System den Wert eines Zeitbezugs?

Sie wollen wissen, wie das System zur Laufzeit aus dem Zeitbezug, der z. B. **Flugdatum** lautet, ein echtes Datum ermittelt? Die Antwort verbirgt sich hinter den *objektkategoriespezifischen Einstellungen*, die wir im gleichnamigen Abschnitt 9.5.9 besprechen.

Verfügbare Zeitversätze

Ihre nächste Aufgabe besteht darin, pro Zeitbezug die erlaubten Zeitversätze festzulegen. Die Rolle der Zeitversätze haben wir in Abschnitt 2.5.4, »Regeln im Regelwerk anlegen«, beschrieben. Abbildung 9.30 zeigt Ihnen, wo sie später – beim Definieren von Regeln eines Regelwerks – zum Einsatz kommen.

Verfügbare Zeitversätze pro Zeitbezug definieren

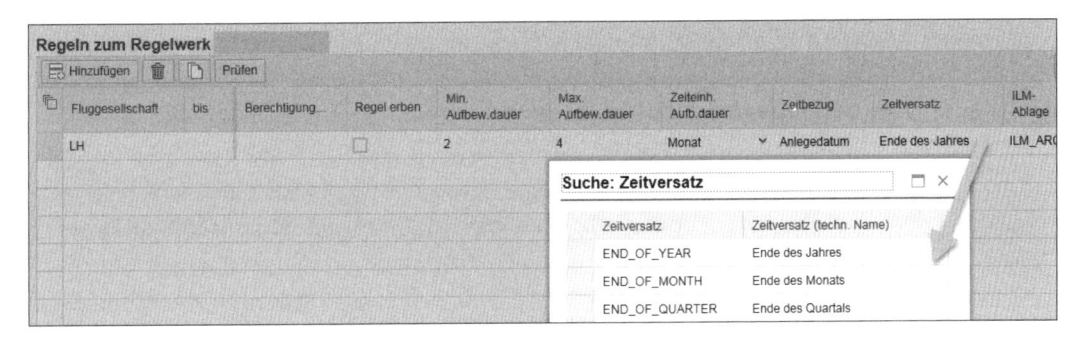

Abbildung 9.30 Transaktion IRMPOL – Auswahl der Zeitversätze für die Beginnermittlung

1. Klicken Sie links im Baum der Transaktion IRM_CUST (IRM-Customizing) doppelt auf den Eintrag **ILM-Objekte**, und markieren Sie das neue ILM-Objekt.
2. Doppelklicken Sie links im Baum auf den Eintrag **Verfügbare Zeitbezüge**.
3. Markieren Sie einen Zeitbezug rechts in Bild, und doppelklicken Sie links im Baum auf den Eintrag **Verfügbare Zeitversätze**.
4. Wechseln Sie in den Änderungsmodus, und klicken Sie auf die Schaltfläche **Neue Einträge**.

9 Den Datenlebenszyklus kundeneigener Entwicklungen mit SAP ILM verwalten

5. Geben Sie nun rechts im Bild in der Spalte **IRM-Konstante** nacheinander die Zeitversätze ein, die für den jeweiligen Zeitbezug (seinen Namen sehen Sie weiter oben im Bild) möglich sein sollen (siehe Abbildung 9.31). Sie können dabei auch die Wertehilfe ([F4]) benutzen. In der Spalte **Obj.Beschreibung** sehen Sie anschließend den dazugehörigen, beschreibenden Text.

6. Speichern Sie Ihre Eingaben.

7. Wiederholen Sie diese Schritte für den nächsten Zeitbezug.

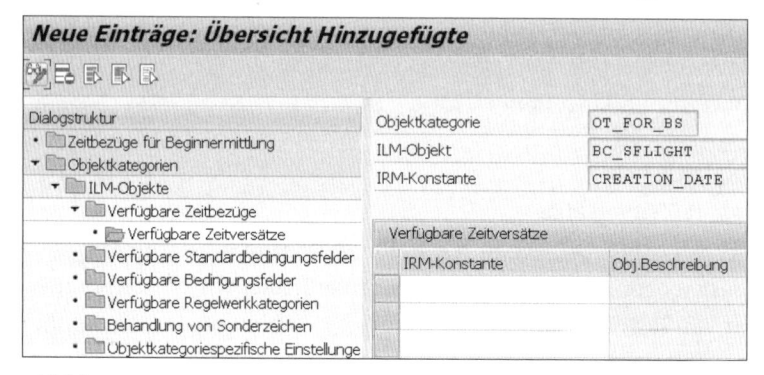

Abbildung 9.31 Transaktion IRM_CUST – ILM-Objekt anlegen, verfügbare Zeitversätze

> **Wie wendet das System den Wert eines Zeit-Offsets korrekt an?**
>
> Sie wollen wissen, wie das System zur Laufzeit den Wert eines Zeit-Offsets korrekt anwendet, also wie es z. B. zu einem Datum das Ende des Jahres oder das Ende des Geschäftsjahres ermittelt? Das ist eine sehr berechtigte Frage!
>
> Für die »einfachen« Zeitversätze wie **Ende des Jahres**, **Ende des Monats** oder **Ende des Quartals** ist dies fest im IRM codiert. Bieten Sie für das neue ILM-Objekt einen »komplizierteren« Zeitversatz wie z. B. **Ende des Geschäftsjahres** oder **Ende des Kalenderjahres, in dem das Fiskaljahr endet** an, oder haben Sie gar (auch wenn recht unwahrscheinlich) einen neuen Zeitversatz angelegt, müssen Sie noch eine Implementierung zur Methode `GET_START_DATE` (Beginndatum ermitteln aus Bezugsdatum und Zeitversatz) des BAdIs `BADI_IRM_TO` (Beginndatum: Explizite Ermittl. aus Bezugsdatum + Zeitversatz) anlegen. Dort wird die Ermittlung stattfinden.

Verfügbare Standardbedingungsfelder

Rolle der Standardbedingungsfelder

An dieser Stelle verfügt Ihr neues ILM-Objekt bereits über die Kopfinformationen sowie über die Liste der verfügbaren Zeitbezüge und Zeitversätze. Nun beschreiben wir, wie Sie ein Standardbedingungsfeld für Ihr Objekt verfügbar machen können. Im darauffolgenden Unterabschnitt erklären wir, wie Sie einem ILM-Objekt »normale« (also keine Standard-)Bedingungsfelder zuordnen.

> **Braucht Ihr ILM-Objekt Standardbedingungsfelder?**
>
> Es ist sehr wichtig, dass Ihr neues ILM-Objekt die richtigen Bedingungsfelder anbietet. Ebenfalls von Bedeutung ist es, dass Sie Ihre Aufwände beim Anlegen eines ILM-Objekts minimieren, indem Sie Standardbedingungsfelder verwenden. Wie Sie entscheiden, ob diese in Ihrem ILM-Objekt benötigt werden oder nicht, haben wir in Abschnitt 9.5.5, »Standardbedingungsfelder«, geschildert.

[«]

Benötigt Ihr ILM-Objekt keine Standardbedingungsfelder, können Sie diesen Abschnitt überspringen. Braucht es sie, gehen Sie wie folgt vor:

Verfügbare Standardbedingungsfelder im ILM-Objekt verwenden

1. Doppelklicken Sie links im Baum der Transaktion IRM_CUST (IRM-Customizing) auf den Eintrag **ILM-Objekte**, und markieren Sie das neue ILM-Objekt.
2. Doppelklicken Sie links im Baum auf den Eintrag **Verfügbare Standardbedingungsfelder**.
3. Wechseln Sie in den Änderungsmodus, und klicken Sie auf die Schaltfläche **Neue Einträge**.
4. Geben Sie nun rechts im Bild in der Spalte **Bedingungsfeld** nacheinander die technischen Namen der benötigten Standardbedingungsfelder ein. Sie können dabei auch die Wertehilfe ([F4]) benutzen. In der Spalte **Beschreibung** sehen Sie anschließend den dazugehörigen beschreibenden Text. Abbildung 9.32 zeigt Ihnen hierzu ein Beispiel.
5. Speichern Sie Ihre Eingaben.

Abbildung 9.32 Transaktion IRM_CUST – Standardbedingungsfelder für ein ILM-Objekt registrieren

Verfügbare Bedingungsfelder

An dieser Stelle verfügt Ihr neues ILM-Objekt bereits über die Kopfinformationen sowie über die Liste der verfügbaren Zeitbezüge und Zeitversätze. Wenn nötig, hat es auch die Verwendung der Standardbedingungsfelder hinterlegt.

Rolle der Bedingungsfelder

Beschreiben wir also jetzt, wie Sie die verfügbaren Bedingungsfelder definieren. Es handelt sich also nicht mehr um Standardbedingungsfelder, die von vielen ILM-Objekten verwendet werden können, sondern um Felder, die ganz spezifisch für Ihr ILM-Objekt hinterlegt werden sollen. Mit anderen Worten handelt es sich um Felder, die die Besonderheiten des zugrundeliegenden Business-Objekts darstellen.

Die richtigen Bedingungsfelder suchen

Es ist sehr wichtig, dass Ihr neues ILM-Objekt die richtigen Bedingungsfelder anbietet. Wie Sie die benötigten Bedingungsfelder zuvor bestimmten, haben wir in Abschnitt 9.5.1, »Vorbereitungen«, und in Abschnitt 9.5.2, »Überblick über die notwendigen und optionalen Schritte«, beschrieben. Darin haben Sie erfahren, dass ein ILM-Objekt Standardbedingungsfelder (diese haben wir im vorangehenden Unterabschnitt »Verfügbare Standardbedingungsfelder«, beschrieben) oder »normale« Bedingungsfelder verwenden kann. Diesen widmen wir uns in diesem Unterabschnitt.

Gehen Sie wie folgt vor, um die Bedingungsfelder anzugeben, die Ihr ILM-Objekt anbieten soll:

1. Doppelklicken Sie links im Baum der Transaktion IRM_CUST (IRM-Customizing) auf den Eintrag **ILM-Objekte**, und markieren Sie das neue ILM-Objekt.

2. Klicken Sie links im Baum doppelt auf den Eintrag **Verfügbare Bedingungsfelder**.

3. Wechseln Sie in den Änderungsmodus, und klicken Sie auf die Schaltfläche **Neue Einträge**.

4. Geben Sie nun rechts im Bild im Feld **Bedingungsfeld** den technischen Namen des Feldes ein (siehe Abbildung 9.33).

Technische Eigenschaften eines Bedingungsfeldes

5. Nun müssen Sie die technischen Eigenschaften des Feldes angeben. Dazu haben Sie zwei Möglichkeiten:
   – Geben Sie im Feld **Datenelement** das Datenelement an, das diese Eigenschaften am besten beschreibt.
   – Geben Sie im Feld **Datentyp** den Datentyp an, der diese Eigenschaften am besten beschreibt. Geben Sie im Feld **Beschreibung** den beschreibenden Text ein, der beim Anlegen von Regelwerken oder bei der Regelpflege für dieses Feld angezeigt werden soll.

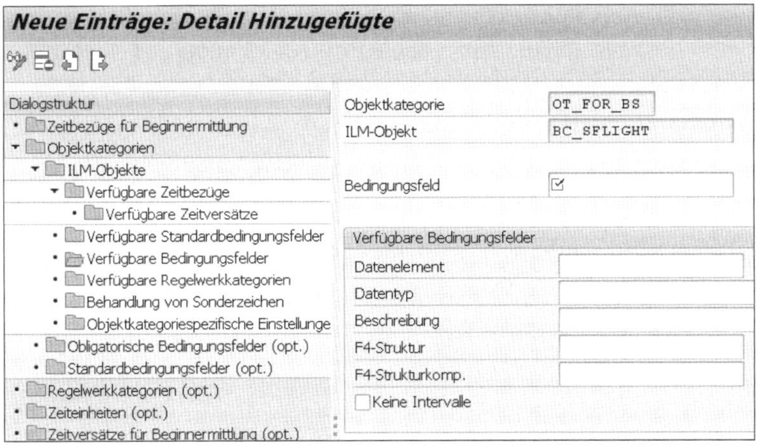

9.5 Ein ILM-Objekt anlegen – die Transaktion IRM_CUST

Abbildung 9.33 Transaktion IRM_CUST – Bedingungsfelder für ein ILM-Objekt definieren

Bedingungsfelder mittels Datenelement oder Datentyp anlegen?

Wir empfehlen Ihnen, wenn möglich, ein Datenelement zur Beschreibung der Eigenschaften eines Bedingungsfeldes zu verwenden. Zum einen müssen Sie dadurch weniger der hier besprochenen Eingabefelder ausfüllen und sind damit schneller. Zum anderen hinterlegen Sie damit gleichzeitig auch Informationen wie die Wertehilfe, die bei der Regelpflege für dieses Feld angeboten wird (vorausgesetzt, diese Information ist an dem Datenelement hinterlegt). Da Ihr ILM-Objekt die Eigenschaften eines Business-Objekts darstellt, liegt es nahe, dass ein passendes Datenelement existiert. Schauen Sie sich hierzu z. B. die Tabellen des Business-Objekts an.

1. Wenn Sie keine speziellen Wünsche für die Wertehilfe des neuen Bedingungsfeldes haben – z. B. weil die am soeben angegebenen Datenelement hinterlegte Wertehilfe die passende ist –, können Sie diesen Schritt überspringen. Haben Sie besondere Wünsche (Sie wollen z. B. eine andere Wertehilfe beim Pflegen der Regeln anbieten), stehen Ihnen hierzu folgende Möglichkeiten zur Verfügung:

   – Nutzen Sie die Eingabefelder **F4-Struktur** und **F4-Strukturkomp.**, die Sie in Abbildung 9.33 sehen. Die Dokumentation dieser Felder bietet weitere Informationen.

   – Legen Sie eine Implementierung zum BAdI `BADI_IRM_OT_FLD_F4` (Wertehilfe für Bedingungsfelder) im Erweiterungsspot `ES_IRM_CUST` an. So können Sie pro Bedingungsfeld eine anwendungsspezifische Wertehilfe, unabhängig von einer DDIC-Hilfe (z. B. aus dem dazugehörigen Datenelement) einbinden. Damit können Sie auch komplexe Suchhil-

Wertehilfe eines Bedingungsfeldes

fen realisieren. Beispielsweise könnten Sie eine Wertehilfe anbieten, deren Einträge abhängig von den Werten eines anderen Feldes in der Regel sind.

2. Setzen Sie das Ankreuzfeld **Keine Intervalle**, wenn Sie keine Von-bis-Eingaben für dieses Feld bei der Regelpflege erlauben möchten.

3. Speichern Sie Ihre Eingaben.

4. Wiederholen Sie diese Schritte für alle benötigten Bedingungsfelder.

> **Von-bis-Eingaben für Felder bei der Regelpflege**
>
> Bei der Regelpflege werden für jedes Bedingungsfeld zwei Spalten angezeigt. Abbildung 9.30 zeigt Ihnen hierzu ein Beispiel. Die erste Spalte trägt die Beschreibung des Bedingungsfeldes, die Sie z. B. über die Angabe eines Datenelements vorgenommen haben. Die zweite Spalte, die direkt rechts davon angezeigt wird, trägt die Bezeichnung **bis**. Damit kann der Benutzer sogenannte *Von-bis-Eingaben* für das Feld vornehmen. Diese können die Regelpflege stark erleichtern. Es gibt entsprechend nur wenige Felder, für die das Ankreuzfeld **Keine Intervalle** gesetzt ist.

Verfügbare Regelwerkkategorien

Die nächste Eingabe, die Sie für ein ILM-Objekt vornehmen müssen, sind die unterstützten Regelwerkkategorien. Sie bestimmen damit, zu welchen Regelwerkkategorien ein Benutzer Regelwerke für dieses ILM-Objekt anlegen darf. In Abschnitt 2.4, »Regelwerkkategorien«, haben wir die Bedeutung dieses Begriffes erklärt.

Das Alleinstellungsmerkmal von SAP ILM ist, dass damit Aufbewahrungsregeln für Daten definiert werden können. Damit ist es Ihre Pflicht, dass jedes ILM-Objekt zumindest die Regelwerkkategorie **RTP – Aufbewahrungsregeln** unterstützt. Wenn es für Ihre Anwendung im Kundennamensraum wünschenswert ist, kann es auch die Regelwerkkategorie **RST – Verweilregeln** unterstützen.

Beschreiben wir also jetzt, wie Sie die verfügbaren Regelwerkkategorien definieren. Gehen Sie wie folgt vor:

1. Doppelklicken Sie links im Baum der Transaktion IRM_CUST (IRM-Customizing) auf den Eintrag **ILM-Objekte**, und markieren Sie das neue ILM-Objekt.

2. Doppelklicken Sie links im Baum auf den Eintrag **Verfügbare Regelwerkkategorien**.

3. Wechseln Sie in den Änderungsmodus, und klicken Sie die Schaltfläche **Neue Einträge** an.

4. Geben Sie nun rechts im Bild in der Spalte **Regelw.Kat** den technischen Namen der Regelwerkkategorie ein. Sie können dabei auch die Wertehilfe (F4) benutzen. In der Spalte rechts davon sehen Sie anschließend den Text. Abbildung 9.34 zeigt Ihnen hierzu ein Beispiel.

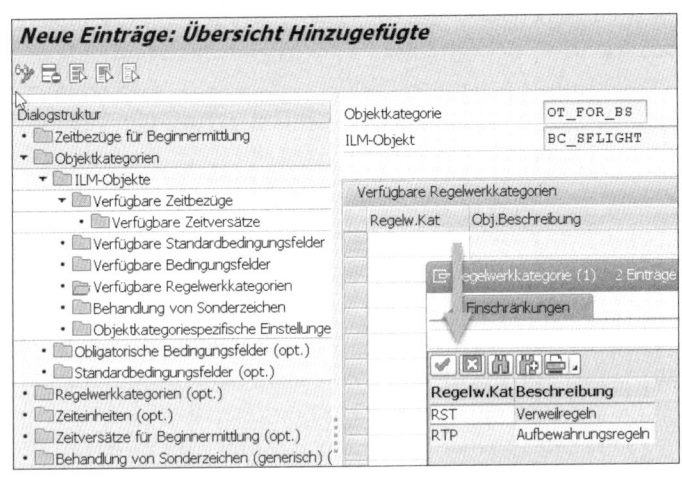

Abbildung 9.34 Transaktion IRM_CUST – Regelwerkkategorien für ein ILM-Objekt registrieren

5. Wiederholen Sie den letzten Schritt für weitere Regelwerkkategorien, die Ihr ILM-Objekt anbieten soll.
6. Speichern Sie Ihre Eingaben.

Optionale Einstellungen für ein ILM-Objekt

Abschließend besprechen wir die Einträge links im Baum der Transaktion IRM_CUST, die mit der Abkürzung **(opt.)** versehen und als Unterpunkt im Zweig **ILM-Objekte** zu sehen sind (siehe Abbildung 9.35).

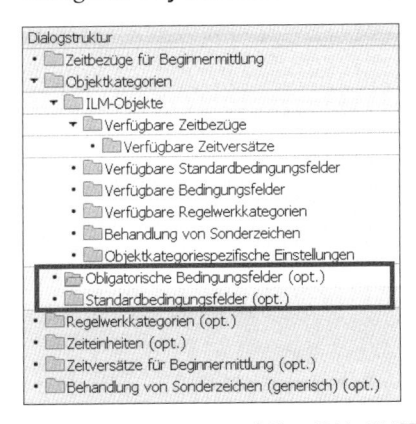

Abbildung 9.35 Transaktion IRM_CUST – optionale ILM-Objekt-spezifische Einstellungen

Mögliche optionale Einträge

Es ist möglich, wenn auch unwahrscheinlich, dass Sie ein Bedingungsfeld für eine Objektkategorie als obligatorisch (**Obligatorische Bedingungsfelder**) hinzufügen. SAP tat das bis jetzt nur einmal, und zwar für das Retention-Warehouse-Szenario. Wie in Abschnitt 2.5.4, »Regeln im Regelwerk anlegen«, beschrieben, haben wir die Felder **System** und **Mandant** zu Pflichtfeldern erklärt. Es ist ebenfalls unwahrscheinlich, wenn auch nicht so sehr wie bei allen oben genannten Feldern, dass Sie ein *Standardbedingungsfeld* definieren. Wir werden daher abschließend das Vorgehen in diesem Fall kurz beschreiben.

Bedeutung der Standardbedingungsfelder

Wie in Abschnitt 9.5.5, »Standardbedingungsfelder«, geschildert, sind Standardbedingungsfelder vordefinierte Bedingungsfelder für eine Objektkategorie. Sie können somit für alle ILM-Objekte dieser Objektkategorie verwendet werden. Sie benötigen eine Logik zur Ermittlung ihrer Werte, die mithilfe einer Implementierung zum BAdI `BADI_IRM_OC_SF` (Standardbedingungsfelder: Wertermittlung) vorzunehmen ist. Wir haben dies im Unterabschnitt »Verfügbare Standardbedingungsfelder« weiter oben in diesem Abschnitt beschrieben. Es handelt sich hier immer um eine indirekte Wertermittlung.

Standardbedingungsfeld definieren

Da Sie das Konzept kennen, können Sie bewerten, ob für Ihre Anwendung im Kundennamensraum Standardbedingungsfelder notwendig sind. Ist dies der Fall, gehen Sie wie folgt vor, um ein Standardbedingungsfeld anzulegen:

1. Registrieren Sie das neue Standardbedingungsfeld für die dazugehörige Objektkategorie (siehe Abbildung 9.36). Dessen Eigenschaften können Sie über ein passendes Datenelement ausprägen oder indem Sie den Datentyp und die Beschreibung in den dazugehörigen Eingabefeldern angeben.

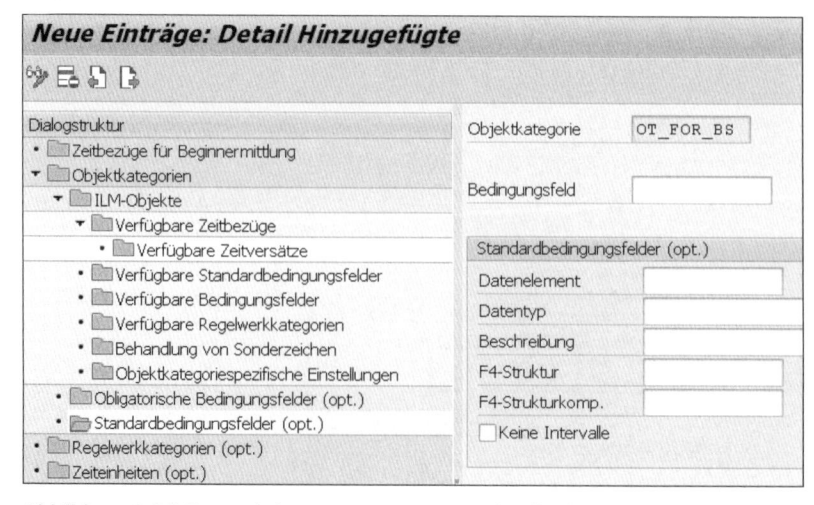

Abbildung 9.36 Transaktion IRM_CUST – Standardbedingungsfelder für eine Objektkategorie registrieren

2. Die restlichen Arbeiten nehmen Sie bei den Einstellungen der ILM-Objekte vor, die dieses neue Standardbedingungsfeld verwenden sollen (siehe den Unterabschnitt »Verfügbare Standardbedingungsfelder« weiter oben in diesem Abschnitt). Zur Erinnerung:

   – Legen Sie eine Implementierung zur Methode GET_FIELDVALUES (Wertermittlung für Standardbedingungsfelder) im BAdI BADI_IRM_OC_SF (Standardbedingungsfelder: Wertermittlung) an, siehe Abbildung 9.37.

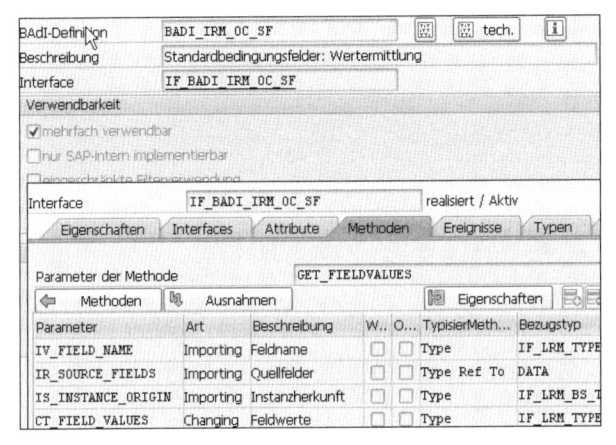

Abbildung 9.37 BAdI BADI_IRM_OC_SF – Methode GET_FIELDVALUES

   – Pflegen Sie dabei auch korrekt den Filter, damit die Implementierung genau für das neue Standardbedingungsfeld ihre Geltung hat (siehe Abbildung 9.38).

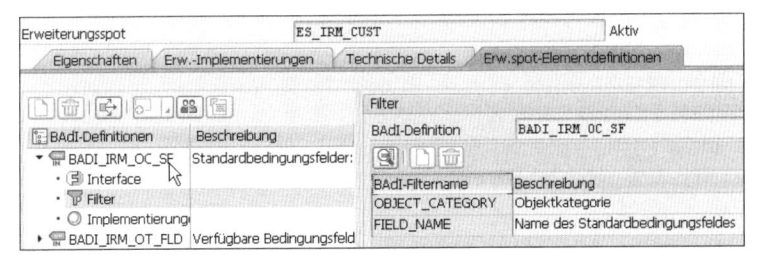

Abbildung 9.38 BAdI BADI_IRM_OC_SF – Filterwerte

9.5.9 Objektkategoriespezifische Einstellungen zum ILM-Objekt

In diesem Abschnitt besprechen wir die objektkategoriespezifischen Einstellungen zu einem ILM-Objekt. (Den Unterschied zwischen *objektkategoriespezifischen* und *objektkategorieübergreifenden Einstellungen* haben wir in Abschnitt 9.5.2, »Überblick über die notwendigen und optionalen Schritte«, erklärt.) Die objektkategoriespezifischen Einstellungen, um die es hier nun gehen soll, erreichen Sie, indem Sie folgende Aktionen durchführen:

- Sie markieren in der Transaktion IRM_CUST (IRM-Customizing) ein ILM-Objekt (zuvor müssen Sie noch die dazugehörige Objektkategorie auswählen) und doppelklicken links im Baum auf den Eintrag **Objektkategoriespezifische Einstellungen** (siehe Abbildung 9.39).
- Sie rufen die Transaktion IRM_CUST_BS (IRM-Customizing [Business Suite]) – auf und markieren dann das gewünschte ILM-Objekt.

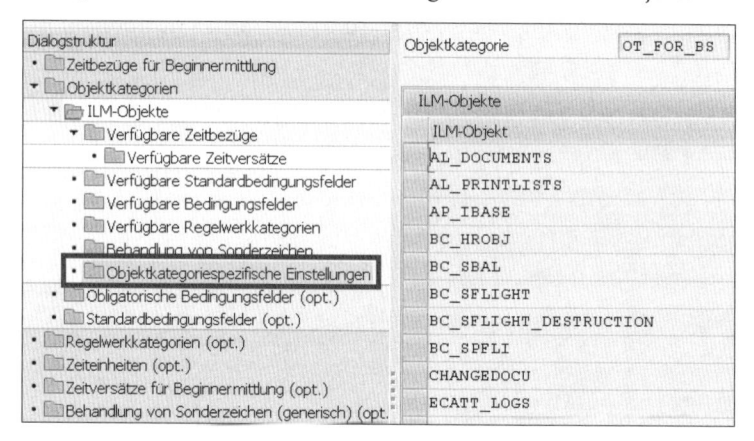

Abbildung 9.39 Objektkategoriespezifische Einstellungen für ein ILM-Objekt

Das Ergebnis sehe Sie in Abbildung 9.40 und in Abbildung 9.41. Abbildung 9.41 zeigt die neuere Version der Reihenfolge der Einträge mit den optionalen Einträgen am Ende der Liste (auch wenn diese nicht mit dem Zusatz **(opt.)** versehen sind). Wir werden im Folgenden diese neuere Version in den Darstellungen verwenden, weil wir sie übersichtlicher finden.

Abbildung 9.40 Objektkategoriespezifische Einstellungen für ein ILM-Objekt – Ergebnisbild 1

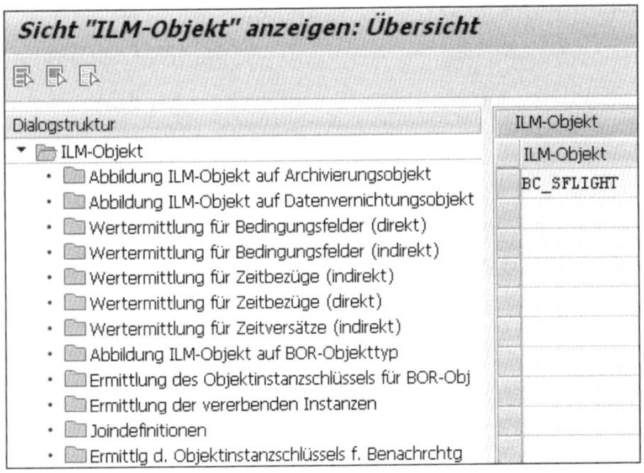

9.5 Ein ILM-Objekt anlegen – die Transaktion IRM_CUST

Sicht "ILM-Objekt" anzeigen: Übersicht

Dialogstruktur	ILM-Objekt
▼ 🗁 ILM-Objekt	ILM-Objekt
• 🗁 Abbildung ILM-Objekt auf Archivierungsobjekt	BC_SFLIGHT
• 🗁 Abbildung ILM-Objekt auf Datenvernichtungsobjekt	
• 🗁 Wertermittlung für Bedingungsfelder (direkt)	
• 🗁 Wertermittlung für Bedingungsfelder (indirekt)	
• 🗁 Wertermittlung für Zeitbezüge (indirekt)	
• 🗁 Wertermittlung für Zeitbezüge (direkt)	
• 🗁 Wertermittlung für Zeitversätze (indirekt)	
• 🗁 Abbildung ILM-Objekt auf BOR-Objekttyp	
• 🗁 Ermittlung des Objektinstanzschlüssels für BOR-Obj	
• 🗁 Ermittlung der vererbenden Instanzen	
• 🗁 Joindefinitionen	
• 🗁 Ermittlg d. Objektinstanzschlüssels f. Benachrchtg	

Abbildung 9.41 Objektkategoriespezifische Einstellungen für ein ILM-Objekt – Ergebnisbild 2

Kurz zur Wiederholung: Die *objektkategoriespezifischen Einstellungen* haben eine wichtige Rolle, denn sie geben die Information darüber preis, wie zur Laufzeit – also beispielsweise beim Ermitteln einer Aufbewahrungszeit zu einer Instanz eines Business-Objekts – aus den von Ihnen hinterlegten Zeitbezügen oder Bedingungsfeldern konkrete Werte ermittelt werden. Bei dieser Wertermittlung kann es sich um eine direkte oder eine indirekte Wertermittlung handeln (siehe Abschnitt 9.5.1, »Vorbereitungen«).

Rolle der objektkategoriespezifischen Einstellungen

> **Wie ermittelt das System den Wert eines Bedingungsfeldes?**
>
> In den objektkategorieübergreifenden Einstellungen haben Sie beispielsweise angegeben, dass der Belegtyp ein verfügbares Bedingungsfeld ist. Nehmen wir an, es wird gerade für eine Instanz eines Business-Objekts die Aufbewahrungszeit bestimmt. Sie müssen nun die objektkategoriespezifischen Einstellungen so pflegen, dass das System klar weiß, aus welchem Feld welcher Tabelle dieser Wert für diese Instanz entnommen wird. Falls diese Information nicht in genau einem Feld einer Tabelle zu finden ist, müssen Sie die benötigten Pärchen von Tabellen und Feldnamen auflisten, anhand derer der Belegtyp bestimmt werden kann.

Die objektkategoriespezifischen Einstellungen besagen auch, zu welchem Archivierungs- bzw. Datenvernichtungsobjekt ein ILM-Objekt gehört. Auf diese wichtige Information gehen wir hier ausnahmsweise nicht genau ein. Wie fanden es passender, sie im Unterabschnitt »Das ILM-Objekt mit dem Archivierungsobjekt bzw. Datenvernichtungsobjekt verknüpfen« in Abschnitt 9.5.9, »Objektkategoriespezifische Einstellungen zum ILM-Objekt«, zu behandeln.

Wertermittlung für Bedingungsfelder (direkt und indirekt)

Direkte Wertermittlung für Bedingungsfelder

Beginnen wir mit der Wertermittlung für Bedingungsfelder. Bei *Bedingungsfeldern*, für die gemäß der Abstimmung mit der Fachabteilung (siehe Abschnitt 9.5.1, »Vorbereitungen«) der Wert zur Laufzeit mithilfe der *direkten Wertermittlung* bestimmt wird, gehen Sie wie folgt vor. (Haben Sie keine solchen Bedingungsfelder, überspringen Sie die folgende Anleitung bis zu der Stelle, an der wir die indirekte Wertermittlung besprechen.)

1. Markieren Sie Ihr ILM-Objekt im rechten Teil des Bildes (siehe Abbildung 9.41).
2. Doppelklicken Sie links im Baum auf **Wertermittlung für Bedingungsfelder (direkt)**.
3. Wechseln Sie in den Änderungsmodus, und klicken Sie auf die Schaltfläche **Neue Einträge**.
4. Geben Sie nun rechts im Bild in der Spalte **Bedingungsfeld** den technischen Namen des Bedingungsfeldes ein (siehe Abbildung 9.42). Sie können dabei auch die Wertehilfe (F4) benutzen.

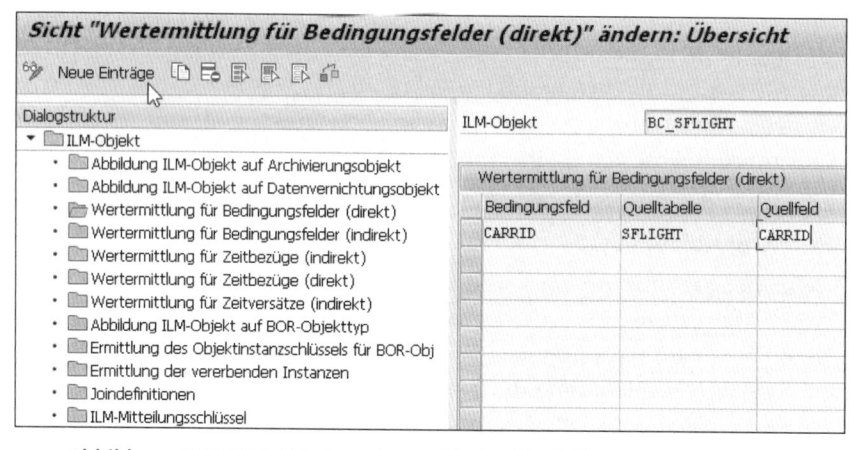

Abbildung 9.42 Objektkategoriespezifische Einstellungen – Wertermittlung für Bedingungsfelder (direkt)

> [»] **Doch mehr als ein Paar aus Quelltabelle und Feld?**
>
> Wir haben die direkte Wertermittlung als eine Wertermittlung definiert, bei der der gesuchte Feldwert in genau einem Feld einer Tabelle zu finden ist. Ein Spezialfall wäre es, wenn Sie mehrere solcher Paare aus Quelltabelle und Feld hätten. Zur Laufzeit für eine konkrete Instanz ist aber nur genau ein Feld mit einem Wert gefüllt. Auch in diesem Fall können Sie die direkte Wertermittlung verwenden, weil der IRM die soeben geschilderte

> Logik für diesen Fall anwendet. Wiederholen Sie also in diesem Spezialfall die Schritte 4 und 5, und geben Sie für das Bedingungsfeld alle infrage kommenden Paare aus Quelltabelle und Feld ein.

5. Direkt daneben geben Sie an, aus welcher Tabelle, und darin, aus welchem Feld der Wert pro Instanz ermittelt werden soll. Dazu tragen Sie in der Spalte **Quelltabelle** die betroffene Tabelle des Business-Objekts und in der Spalte **Quellfeld** das Feld dieser Tabelle ein. Sie können dabei auch die Wertehilfe ([F4]) benutzen. In Abbildung 9.42 sehen Sie hierzu ein Beispiel.

6. Wiederholen Sie die letzten beiden Schritte für weitere Bedingungsfelder, und speichern Sie dann Ihre Eingaben.

> **Leere Feldwerte sind verboten**
>
> Beachten Sie, dass die direkte Wertermittlung keinen leeren Feldwert (SPACE) zurückliefern darf, weil der Feldwert einen Teil des Pfades der Archivdatei bildet. Wenn Sie also damit rechnen, dass der Feldwert manchmal leer ist, müssen Sie das nicht erlaubte Leerzeichen auf ein erlaubtes Zeichen, z. B. auf einen Unterstrich, abbilden (siehe Abschnitt 2.5.3, »Sonderzeichen in Bedingungsfeldern – die Transaktion IRM_CUST_CSS«).

Und jetzt besprechen wir, wie Sie für Bedingungsfelder mit *indirekter Wertermittlung* vorgehen müssen. (Wenn Sie keine solchen Zeitbezüge haben, überspringen Sie diesen Abschnitt einfach.) In diesem Zusammenhang sind mehr Schritte notwendig als für die direkte Wertermittlung:

Indirekte Wertermittlung für Bedingungsfelder

1. Zunächst geben Sie pro Bedingungsfeld eine Liste von Paaren aus Tabellen- und Feldnamen an. Dies sind sozusagen die Informationen zu der Instanz eines Business-Objekts, die Sie benötigen, um den Wert des Bedingungsfelds zu bestimmen.

2. Dann legen Sie eine Implementierung zur Methode GET_FIELDVALUES (Wertermittlung für ein Verfügbares Bedingungsfeld) des BAdIs BADI_IRM_OT_FLD (Verfügbare Bedingungsfelder: Wertermittlung) an. Warum? Nun, zur Laufzeit wird diese Implementierung gerufen, und ihr werden für die aktuelle Instanz alle Werte der Paare aus Tabellen- und Feldnamen übergeben. Anhand dieser Information berechnen Sie den Wert des gesuchten Bedingungsfelds. Abbildung 9.43 zeigt Ihnen das BAdI und die Parameter der Methode. Weitere Informationen finden Sie in der Dokumentation des BAdIs.

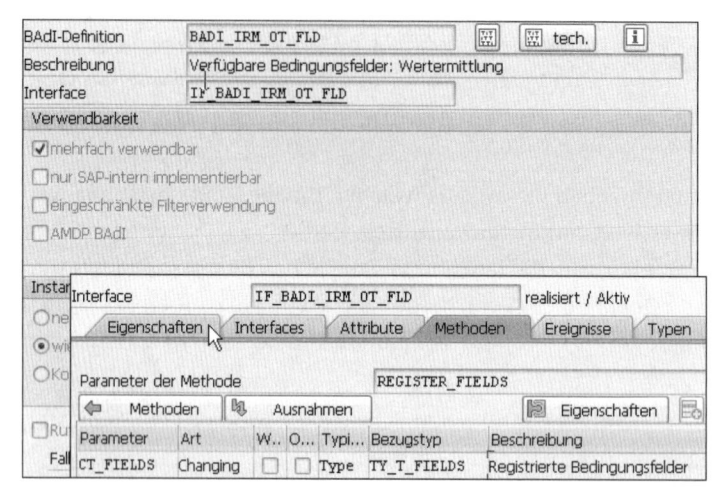

Abbildung 9.43 BAdI BADI_IRM_OT_FLD – Methode GET_FIELDVALUES

[»] **Denken Sie an die Filterwerte!**

Denken Sie daran, für Ihre BAdI-Implementierung die korrekten Filterwerte anzugeben! Für welches ILM-Objekt soll die BAdI-Implementierung gelten? Ist es genau ein Objekt oder betrifft es alle ILM-Objekte einer bestimmten Applikation? Wenn Sie keinen Filterwert anlegen, gilt Ihre Implementierung für alle ILM-Objekte.

Den Wert des Bedingungsfelds bestimmen

Besprechen wir nun die einzelnen Aufgaben, die Sie für den oben zuerst genannten Schritt erledigen müssen:

1. Markieren Sie Ihr ILM-Objekt im rechten Teil des Bildes (siehe Abbildung 9.41).

2. Klicken Sie links im Baum doppelt auf **Wertermittlung für Bedingungsfelder (indirekt)**.

3. Wechseln Sie in den Änderungsmodus, und klicken Sie die Schaltfläche **Neue Einträge** an.

4. Geben Sie nun rechts im Bild im Feld **Bedingungsfeld** den technischen Namen des Bedingungsfeldes ein. Sie können dabei auch die Wertehilfe (F4) benutzen.

5. Geben Sie direkt daneben das erste Tabelle-Feld-Paar an, das Sie für die Wertermittlung benötigen (siehe Abbildung 9.44). Dazu tragen Sie in der Spalte **Quelltabelle** die erste betroffene Tabelle des Business-Objekts und in der Spalte **Quellfeld** das Feld dieser Tabelle ein. Sie können dabei auch die Wertehilfe (F4) benutzen.

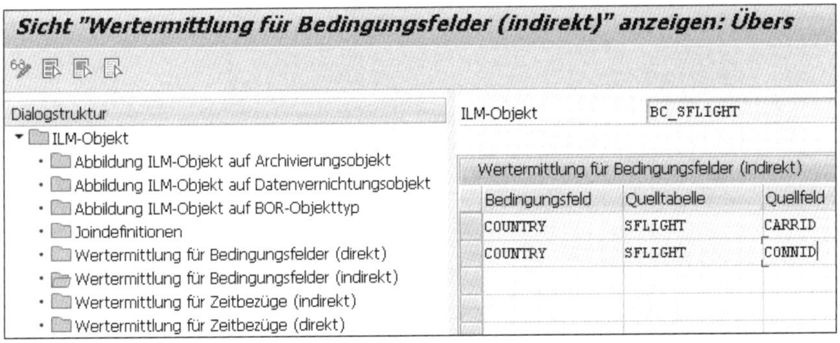

9.5 Ein ILM-Objekt anlegen – die Transaktion IRM_CUST

Abbildung 9.44 Objektkategoriespezifische Einstellungen – Wertermittlung für Bedingungsfelder (indirekt)

6. Wiederholen Sie die letzten beiden Schritte für weitere Tabelle-Feld-Paare desselben Bedingungsfeldes.
7. Wiederholen Sie die letzten drei Schritte für das nächste Bedingungsfeld mit indirekter Wertermittlung.
8. Speichern Sie Ihre Eingaben.

Es liegt in der Natur der Standardbedingungsfelder, dass ihre Werte immer mithilfe der indirekten Wertermittlung berechnet werden. Wenn Sie Standardbedingungsfelder in Ihrem ILM-Objekt verwenden, müssen Sie für sie die Einträge für die Wertermittlung an dieser Stelle (siehe Abbildung 9.44) vornehmen. Die gute Nachricht lautet, dass Sie nur angeben müssen, welche Tabelle-Feld-Paare für die Berechnung ihres Wertes benötigt werden. Eine BAdI-Implementierung müssen Sie nicht anlegen (das ist die Aufgabe der Person, die das Standardbedingungsfeld in der Transaktion IRM_CUST an der in Abbildung 9.24 markierten Stelle angeboten hat). Lesen Sie die Dokumentation zur jeweiligen Implementierung des BAdIs BADI_IRM_OC_SF, um zu erfahren, welche Informationen für die korrekte Berechnung des Wertes in der Implementierung benötigt werden.

Keine BAdI-Implementierung Ihrerseits nötig

> **Zusammenspiel mit der Strukturdefinition**
>
> Die Quelltabellen, die Sie hier eingeben, müssen Bestandteil der Strukturdefinition des dazugehörigen Archivierungs- bzw. Datenvernichtungsobjekts sein. Abbildung 9.45 zeigt Ihnen die Strukturdefinition am Beispiel eines Archivierungsobjekts. In der Implementierung des oben erwähnten BAdIs BADI_IRM_OT_FLD können Sie, wenn notwendig, natürlich auch auf weitere Tabellen (z. B. bestimmte Customizing-Tabellen) zugreifen.

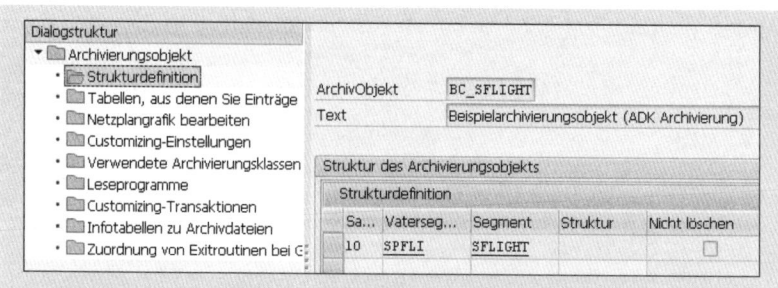

Abbildung 9.45 Transaktion AOBJ – Strukturdefinition eines Archivierungsobjekts

[»] **Systemstilllegungs-Szenario (Retention Warehouse) und Dateiumsetzung**

Sollte Ihr ILM-Objekt im Retention-Warehouse-Szenario zum Einsatz kommen, und soll Ihre Implementierung des oben genannten BAdIs Zugriffe (z. B. SELECT-Statements) auf bestimmte Tabellen beinhalten, z. B. auf bestimmte Customizing-Tabellen oder Tabellen, die von anderen Archivierungsobjekten während des Systemstilllegungs-Prozesses aus der Datenbank ausgelagert werden, müssen Sie zusätzlich beachten, dass Sie auf diese Tabellen höchstwahrscheinlich nicht auf diese Art zugreifen sollen. Sie würden damit das Customizing des Retention-Warehouse-Systems lesen, und das ist nicht Ihr Ziel! In Ihrer Implementierung benötigen Sie also das Customizing des stillgelegten Systems. Zu diesem gehört ja die Instanz, für die gerade IRM-Regeln berechnet werden sollen.

Die korrekte Vorgehensweise wäre in diesem Fall der Zugriff auf Archivdateien mit den dazugehörigen Customizing-Informationen. Wie in Abschnitt 9.2, »ILM-Fähigkeit des Archivierungsobjekts«, besprochen, werden diese mithilfe der SN-Archivierungsobjekte (auch Metadaten-Archivierungsobjekte genannt) erstellt. Ebenfalls sollten Sie beachten, aus Performancegründen für diesen Zugriff auf jeden Fall das Archivinformationssystem zu verwenden. Eine passende aktive und gefüllte Infostruktur wäre somit eine weitere Voraussetzung dafür, dass Ihre BAdI-Implementierung die korrekten Ergebnisse auch in einem Systemstilllegungs-Szenario liefert.

Sie müssen auch dann so vorgehen, wenn im Retention-Management-Szenario Dateiumsetzungen Ihrer Archivdateien möglich sein sollen (siehe Abschnitt 2.6.6, »Umsetzung von Archivdateien«). Falls Sie in der Implementierung für die indirekte Wertermittlung auf Tabellen einer anderen Anwendung zugreifen, deren Daten inzwischen auch archiviert wurden, gelten die weiter oben in diesem Kasten aufgeführten Lösungen für das Retention-Warehouse-Szenario auch für Ihr ILM-Objekt im Retention-Management-Szenario.

Wertermittlung für Zeitbezüge (direkt und indirekt)

Kommen wir nun zu der Wertermittlung für die Zeitbezüge Ihres ILM-Objekts. Bei *Zeitbezügen*, für die gemäß der Abstimmung mit der Fachabteilung (siehe Abschnitt 9.5.1, »Vorbereitungen«) der Wert zur Laufzeit mithilfe der *direkten Wertermittlung* bestimmt wird, gehen Sie wie im Folgenden beschrieben vor (haben Sie keine solchen Zeitbezüge, überspringen Sie diesen Abschnitt einfach):

Direkte Wertermittlung für Zeitbezüge

1. Markieren Sie Ihr ILM-Objekt im rechten Teil des Bildes (siehe Abbildung 9.41).
2. Doppelklicken Sie links im Baum auf den Eintrag **Wertermittlung für Zeitbezüge (direkt)**.
3. Wechseln Sie in den Änderungsmodus, und klicken Sie auf die Schaltfläche **Neue Einträge**.
4. Geben Sie nun rechts im Bild in der Spalte **IRM-Konstante** den technischen Namen des Zeitbezugs ein. Sie können dabei auch die Wertehilfe (F4) nutzen.
5. Geben Sie direkt daneben an, aus welcher Tabelle, und darin, aus welchem Feld der Wert pro Instanz ermittelt werden soll. Dazu tragen Sie in der Spalte **Quelltabelle** die betreffende Tabelle des Business-Objekts und in der Spalte **Quellfeld** das Feld dieser Tabelle ein. Sie können dabei auch die Wertehilfe (F4) benutzen. Abbildung 9.46 zeigt ein Beispiel.
6. Wiederholen Sie die letzten beiden Schritte für weitere Zeitbezüge, und speichern Sie schließlich Ihre Eingaben.

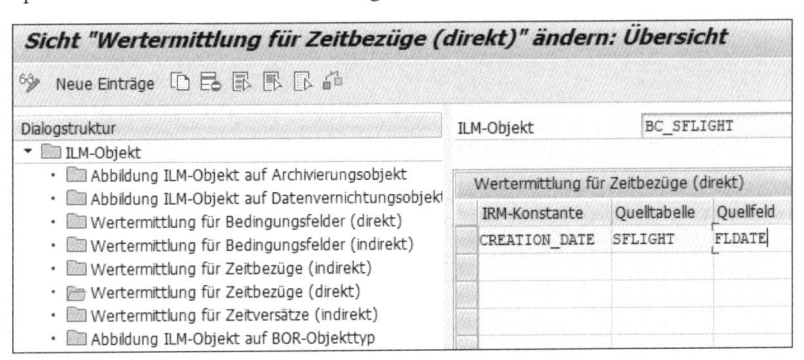

Abbildung 9.46 Objektkategoriespezifische Einstellungen – Wertermittlung für Zeitbezüge (direkt)

Besprechen wir nun, wie Sie für Zeitbezüge mit *indirekter Wertermittlung* vorgehen müssen. (Wenn Sie keine solchen Zeitbezüge verwenden, überspringen Sie diesen Abschnitt.) Hier sind mehr Schritte notwendig als für die direkte Wertermittlung:

Indirekte Wertermittlung für Zeitbezüge

1. Zunächst geben Sie pro Zeitbezug eine Liste von Paaren aus Tabellen- und Feldnamen an. Das sind sozusagen die Informationen zu der Instanz eines Business-Objekts, die Sie benötigen, um den Wert des Zeitbezugs zu bestimmen.

2. Dann legen Sie eine Implementierung zur Methode GET_START_DATE (Ermittlung des Bezugszeitpunkts für einen Zeitbezug) des BAdIs BADI_IRM_OT_STT (Bezugsdatum: Ermittlung aus Zeitbezug) an, weil zur Laufzeit diese Implementierung gerufen wird und ihr für die aktuelle Instanz alle Werte der Paare aus Tabellen- und Feldnamen übergeben werden. Anhand dieser Information berechnen Sie den Wert für den Zeitbezug, also das gesuchte Datum (wir nennen es manchmal auch den *Bezugszeitpunkt*). Falls in der Regel angegeben, wird dieser Bezugszeitpunkt noch um den Zeitversatz angepasst. Der so entstandene finale Beginnzeitpunkt ist der Beginn der gesuchten Aufbewahrungs- bzw. Verweildauer. Abbildung 9.47 zeigt Ihnen die BAdI-Definition sowie die Parameter der erwähnten Methode. Weitere Informationen finden Sie in der Dokumentation des BAdIs.

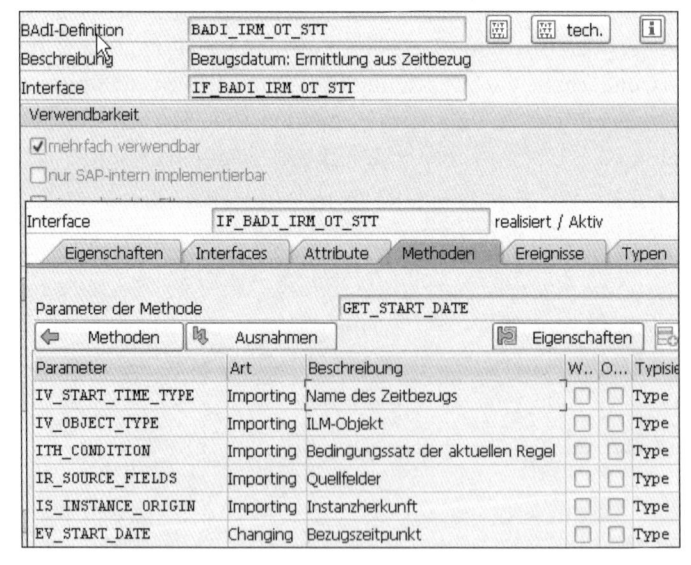

Abbildung 9.47 BAdI BADI_IRM_OT_STT – Methode GET_START_DATE

[»] **Bezugszeitpunkt UNKNOWN**

Es kann vorkommen, dass Ihre Implementierung den *Bezugszeitpunkt* nicht berechnen kann und es durchaus einen erlaubten Hintergrund hat. Nehmen wir an, als Zeitbezug für ein ILM-Objekt im Bereich SAP ERP HCM wurde das *Austrittsdatum des Mitarbeiters* angegeben. Nun soll eine IRM-

Regel ausgewertet werden, der Mitarbeiter ist in der Firma aber nach wie vor beschäftigt. Ist dies der Fall, müssen Sie als Ergebnis Ihrer Implementierung im Parameter EV_START_DATE einen der beiden folgenden Werte übergeben:

- 31.12.9999
- IF_LRM_TYPES=> C_DATE_UNKNOWN

Die Datenarchivierung ist in diesem Fall durchaus möglich (die Datenvernichtung hingegen nicht), das heißt, dass dieser Fall (sofern er korrekt programmiert ist) nicht zu Programmabbrüchen oder Ähnlichem führt. Der Systemadministrator soll solche Archivdateien später der sogenannten Dateiumsetzung unterziehen. Wir haben diese in Abschnitt 2.6.6, »Umsetzung von Archivdateien«, besprochen.

Denken Sie an die Filterwerte!

Denken Sie daran, für Ihre BAdI-Implementierung auch die korrekten Filterwerte anzugeben. Für welches ILM-Objekt soll die Implementierung gelten? Handelt es sich um genau ein Objekt oder um alle ILM-Objekte einer bestimmten Applikation? Wenn Sie keinen Filterwert angeben, gilt Ihre Implementierung für alle ILM-Objekte.

Im Folgenden erklären wir Ihnen die einzelnen Aufgaben des ersten, oben genannten Schrittes:

Den Wert für den Zeitbezug bestimmen

1. Markieren Sie Ihr ILM-Objekt im rechten Teil des Bildes (siehe Abbildung 9.41).
2. Doppelklicken Sie links im Baum auf **Wertermittlung für Zeitbezüge (indirekt)**.
3. Wechseln Sie in den Änderungsmodus, und klicken Sie auf die Schaltfläche **Neue Einträge**.
4. Geben Sie nun rechts im Bild in der Spalte **IRM-Konstante** den technischen Namen des Zeitbezugs ein. Sie können dabei auch die Wertehilfe (F4) benutzen.
5. Geben Sie direkt daneben das erste Tabelle-Feld-Paar an, das Sie für die Wertermittlung benötigen. Abbildung 9.48 zeigt ein Beispiel. Dazu tragen Sie in der Spalte **Quelltabelle** die erste betroffene Tabelle des Business-Objekts und in der Spalte **Quellfeld** das Feld dieser Tabelle ein. Sie können auch hierbei die Wertehilfe (F4) benutzen.

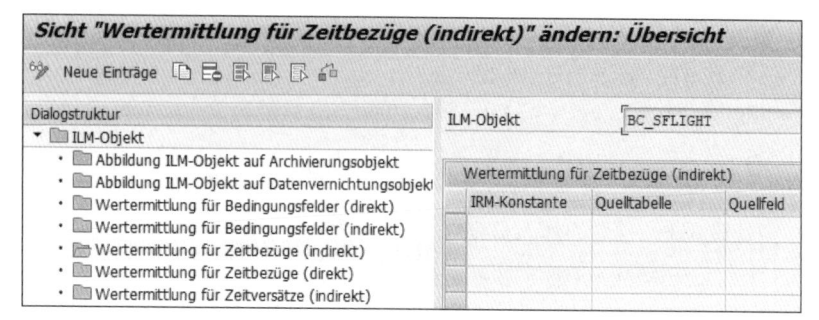

Abbildung 9.48 Objektkategoriespezifische Einstellungen – Wertermittlung für Zeitbezüge (indirekt)

> **[»] Zusammenspiel mit der Strukturdefinition**
>
> Die Quelltabellen, die Sie hier eingeben, müssen Bestandteil der Strukturdefinition des dazugehörigen Archivierungs- bzw. Datenvernichtungsobjekts sein. In der Implementierung des hier erwähnten BAdIs können Sie bei Bedarf natürlich auch auf weitere Tabellen (z. B. bestimmte Customizing-Tabellen) zugreifen.

6. Wiederholen Sie die letzten beiden Schritte für weitere Tabelle-Feld-Paare desselben Zeitbezugs.
7. Wiederholen Sie die letzten drei Schritte für den nächsten Zeitbezug mit indirekter Wertermittlung.
8. Zum Schluss speichern Sie Ihre Eingaben.

Wertermittlung für Zeitversätze (indirekt)

Die Wertermittlung für Zeitversätze ist nur als *indirekte Wertermittlung* möglich. Für die von SAP ausgelieferten Zeitversätze (z. B. END_OF_YEAR, END_OF_MONTH, END_OF_QUARTER) gibt es eine Standardimplementierung zum BAdI BADI_IRM_TO (Beginndatum: Explizite Ermittl. aus Bezugsdatum + Zeitversatz), die aus einem ihr übergebenen Datum ein neues Datum gemäß dem Zeitversatz berechnet.

Datum im Format DATE und TIMESTAMP Als Eingabe akzeptieren diese Implementierungen ein Datum im Format DATE und TIMESTAMP. Sie müssen also nur dann eine Implementierung für Ihr ILM-Objekt anlegen, wenn diese Voraussetzung in Ihrem Fall nicht erfüllt ist. (Denken Sie auch an die korrekten Filterwerte für Ihre Implementierung, damit sie nicht unbeschränkt gültig ist.) Wenn benötigt, müssen Sie auch die benötigten Paare aus Quelltabelle und Quellfeld eingeben (siehe Abbildung 9.49). Die Vorgehensweise ist gleich der Vorgehensweise für die indirekte Wertermittlung bei Zeitbezügen und Bedingungsfeldern.

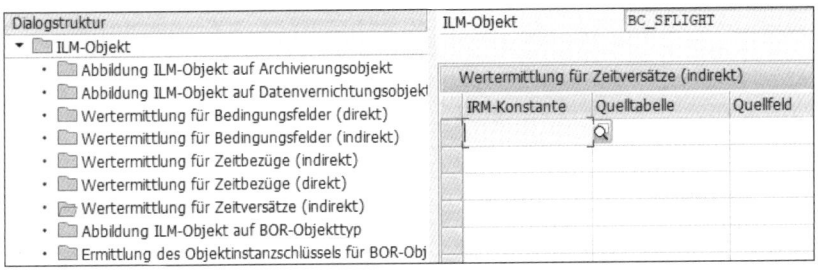

Abbildung 9.49 Objektkategoriespezifische Einstellungen – Wertermittlung für Zeitversätze (indirekt)

Das ILM-Objekt mit dem Archivierungsobjekt bzw. Datenvernichtungsobjekt verknüpfen

Eine ganz wichtige Aufgabe ist es, Ihr Archivierungsobjekt bzw. Datenvernichtungsobjekt im Kundennamensraum (je nachdem, welches Objekt Sie gerade anlegen) korrekt mit dem ILM-Objekt zu verknüpfen. Dazu gehen Sie wie folgt vor:

ILM-Objekt mit dem führenden Objekt verknüpfen

1. Rufen Sie die Transaktion IRM_CUST (IRM-Customizing) auf.
2. Doppelklicken Sie links im Baum auf den Eintrag **Objektkategorien**, sollte er nicht bereits markiert sein.
3. Markieren Sie den Eintrag **OT_FOR_BS (SAP Business Suite)** rechts im Bild, und doppelklicken Sie anschließend auf den Eintrag **ILM-Objekte** links im Baum.
4. Markieren Sie nun Ihr ILM-Objekt, und klicken Sie links im Baum doppelt auf den Eintrag **Objektkategoriespezifische Einstellungen**. Sie gelangen zu einem neuen Bild (siehe dazu Abbildung 9.41).
5. Markieren Sie nun Ihr ILM-Objekt rechts im Bild, und doppelklicken Sie links im Baum auf den Eintrag **Abbildung ILM-Objekt auf Archivierungsobjekt** bzw. **Abbildung ILM-Objekt auf Datenvernichtungsobjekt**.
6. Wechseln Sie in den Änderungsmodus, und wählen Sie die Schaltfläche **Neue Einträge**.
7. Tragen Sie nun rechts im Bild das dazugehörige Archivierungsobjekt bzw. Datenvernichtungsobjekt ein. Abbildung 9.50 und Abbildung 9.51 zeigen Ihnen hierzu je ein Beispiel.
8. Speichern Sie Ihre Eingaben.

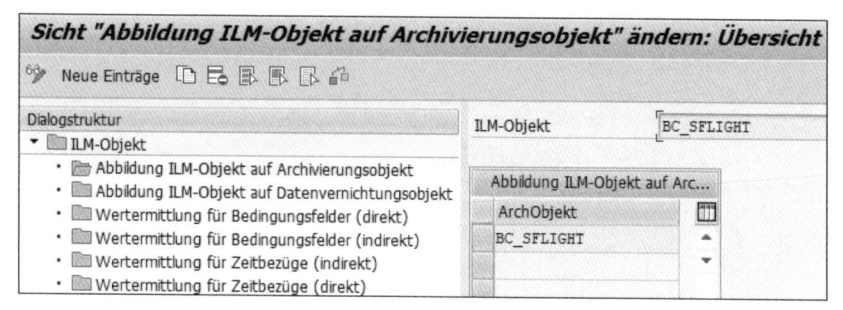

Abbildung 9.50 Objektkategoriespezifische Einstellungen – Abbildung ILM-Objekt auf Archivierungsobjekt

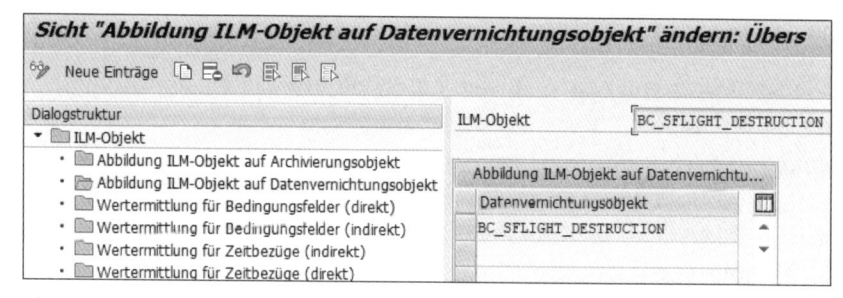

Abbildung 9.51 Objektkategoriespezifische Einstellungen – Abbildung ILM-Objekt auf Datenvernichtungsobjekt

> **[»] Ein ILM-Objekt für genau ein Archivierungsobjekt**
>
> Beachten Sie, dass ein *ILM-Objekt* »sein Leben lang« nur genau einem *Archivierungs-* bzw. *Datenvernichtungsobjekt* dienen kann. Es ist passend zugeschnitten und steht somit nur für dieses eine Objekt zur Verfügung.
>
> Umgekehrt ist es anders: Es ist möglich, einem ILM-Objekt mehr als ein Archivierungs- bzw. Datenvernichtungsobjekt zuzuordnen, allerdings kommt dieser Fall nur selten vor. Ein Beispiel könnte sein, dass ein Archivierungsobjekt im Laufe der Jahre durch ein neues, besseres und moderneres Archivierungsobjekt abgelöst wird. Vielleicht können mit dem alten Archivierungsobjekt keine neuen Archive mehr erzeugt werden; die vorhandenen sollen aber unter der Kontrolle von SAP ILM umgesetzt und gelöscht werden. In diesem Fall ist es sinnvoll, dem ILM-Objekt *beide* Archivierungsobjekte zuzuordnen.

Das ILM-Objekt mit den BOR-Objekttypen verknüpfen

Bedeutung der Zuordnung zum BOR-Objekttyp

Kommen wir nun zur Abbildung Ihres ILM-Objekts auf einen BOR-Objekttyp. Wenn das zugehörige Business-Objekt einen *BOR-Objekttyp* besitzt (siehe Abschnitt 9.5.1, »Vorbereitungen«), müssen Sie ihn in der Transaktion IRM_CUST (IRM-Customizing) für das ILM-Objekt hinterlegen. Nur so steht die Funktionalität der rechtsfallbedingten Sperren (das Legal Case Management) für das Business-Objekt zur Verfügung.

> **Mehrere BOR-Objekttypen möglich**
>
> Einem ILM-Objekt können beliebig viele BOR-Objekttypen zugeordnet werden. Ebenfalls ist es erlaubt, einen bestimmten BOR-Objekttyp mit mehreren ILM-Objekten zu verknüpfen, wenn das die betriebswirtschaftlichen Zusammenhänge widerspiegelt.

Um die Verknüpfung zwischen ILM-Objekt und BOR-Objekttyp vorzunehmen, gehen Sie wie folgt vor:

Zuordnung ILM-Objekt zum BOR-Objekttyp vornehmen

1. Markieren Sie Ihr ILM-Objekt im rechten Teil des Bildes (siehe Abbildung 9.41).
2. Doppelklicken Sie links im Baum auf **Abbildung ILM-Objekt auf BOR-Objekttyp** (siehe Abbildung 9.52).

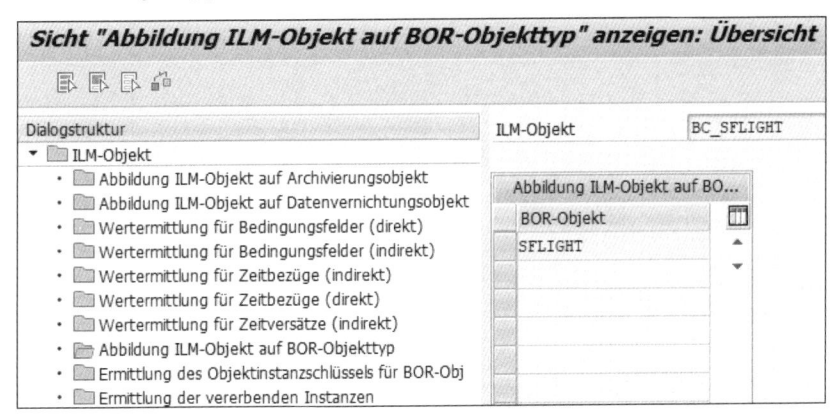

Abbildung 9.52 Objektkategoriespezifische Einstellungen – Abbildung ILM-Objekt auf BOR-Objekttyp

3. Wechseln Sie in den Änderungsmodus, und klicken Sie auf die Schaltfläche **Neue Einträge**.
4. Geben Sie nun rechts im Bild in der Spalte **BOR-Objekt** den BOR-Objekttyp ein. Sie können dabei auch die Wertehilfe ([F4]) benutzen.
5. Wiederholen Sie Schritt 4 für weitere BOR-Objekttypen, falls das Business-Objekt über mehrere verfügt.
6. Speichern Sie Ihre Eingaben.

9 Den Datenlebenszyklus kundeneigener Entwicklungen mit SAP ILM verwalten

[zB] **Rechtsfallbedingte Sperren zu einem Beleg ermitteln**

Stellen Sie sich vor, für eine Instanz, die Daten in einer bestimmten Tabelle speichert, soll geprüft werden, ob sie vernichtet werden kann. In diesem Zusammenhang werden die dazugehörigen Aufbewahrungszeiten geprüft – und es wird auch geschaut, ob diese Instanz in einer rechtsfallbedingten Sperre enthalten ist. Sie müssen dem IRM nun mitteilen, wie anhand eines Satzes aus der Tabelle der Schlüssel gemäß der Definition des BOR-Objekttyps gebildet wird: Welche Felder aus welcher Tabelle sollen in welcher Reihenfolge genommen werden. Abbildung 9.53 zeigt Ihnen am Beispiel des BOR-Objekttyps SFLIGHT (Flug mit Verbindungsdaten – SAP-Schulungen), wie Sie diese Information in der Transaktion SWO1 (Business Object Builder) einholen können.

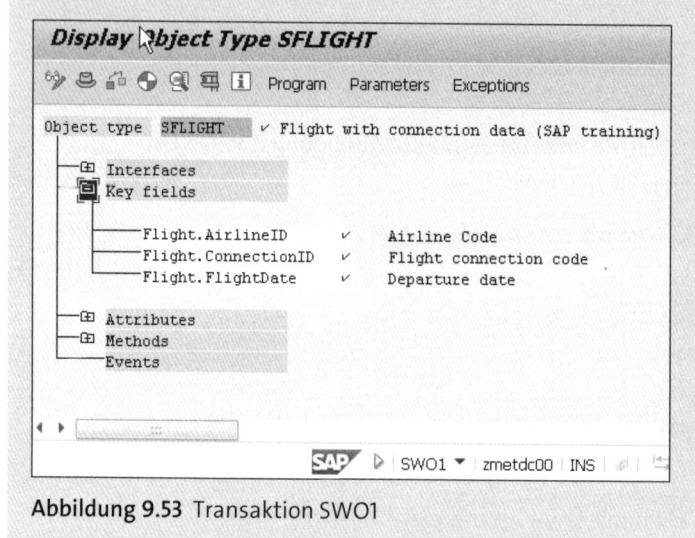

Abbildung 9.53 Transaktion SWO1

Reihenfolge der Felder im Schlüssel der BOR-Instanz

Dem IRM liegt nun die Information über die Verknüpfung des ILM-Objekts zum BOR-Objekttyp vor. Damit zur Laufzeit – also z. B. beim Bestimmen der Aufbewahrungszeit einer Instanz – die dazugehörige BOR-Objekttypinstanz bestimmt werden kann, müssen Sie nun die Informationen zur Schlüsselbildung hinterlegen. Gehen Sie wie folgt vor, um die Reihenfolge der Felder im Schlüssel der BOR-Instanz zu hinterlegen:

1. Markieren Sie Ihr ILM-Objekt im rechten Teil des Bildes (siehe Abbildung 9.41).

2. Klicken Sie links im Baum doppelt auf **Ermittlung des Objektinstanzschlüssels für BOR-Obj** (bzw. in älteren Releases auf **Ermittlung des Objektinstanzschlüssels**).

9.5 Ein ILM-Objekt anlegen – die Transaktion IRM_CUST

3. Wechseln Sie in den Änderungsmodus, und klicken Sie auf die Schaltfläche **Neue Einträge**.
4. Geben Sie nun rechts im Bild (siehe Abbildung 9.54) in der Spalte **Quelltabelle** den Tabellennamen und in der Spalte **Quellfeld** das Feld dieser Tabelle ein. Sie können dabei auch die Wertehilfe ([F4]) benutzen.
5. Geben Sie in der Spalte **Position** an, an welcher Position im Schlüssel dieses Feld stehen soll.
6. Wiederholen Sie die letzten beiden Schritte für ggf. vorhandene weitere Felder, die den BOR-Objekttyp-Schlüssel bilden. Passen Sie den Eintrag in der Spalte **Position** entsprechend an. Abbildung 9.54 zeigt Ihnen hierzu ein Beispiel.
7. Speichern Sie Ihre Eingaben.

Dialogstruktur	ILM-Objekt	BC_SFLIGHT	
▼ ILM-Objekt			
· Abbildung ILM-Objekt auf Archivierungsobjekt	Ermittlung des Objektinstanzschlüssels für BOR-Obj		
· Abbildung ILM-Objekt auf Datenvernichtungsobjekt	Quelltabelle	Quellfeld	Position
· Wertermittlung für Bedingungsfelder (direkt)	SFLIGHT	CARRID	
· Wertermittlung für Bedingungsfelder (indirekt)	SFLIGHT	CONNID	20
· Wertermittlung für Zeitbezüge (indirekt)	SFLIGHT	FLDATE	30
· Wertermittlung für Zeitbezüge (direkt)			
· Wertermittlung für Zeitversätze (indirekt)			
· Abbildung ILM-Objekt auf BOR-Objekttyp			
· Ermittlung des Objektinstanzschlüssels für BOR-Obj			
· Ermittlung der vererbenden Instanzen			

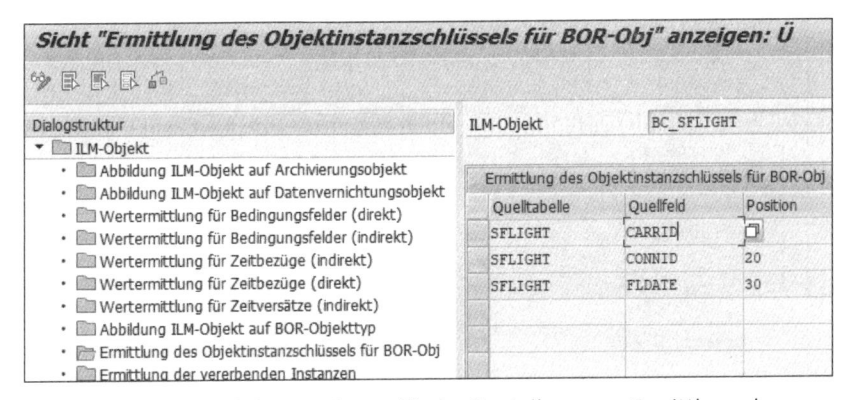

Abbildung 9.54 Objektkategoriespezifische Einstellungen – Ermittlung des Objektinstanzschlüssels für BOR-Objekt

> **Erlaubte Werte im Feld »Position«**
>
> Welche Zahlen Sie für die Angabe der Reihenfolge verwenden, steht Ihnen frei. Sie können mit 1 beginnen und die weiteren Felder in Einerschritten. Sie können aber auch mit 10 beginnen und Ihre Eingaben in Zehnerschritten vornehmen.

Das Coding, in dem aus den von Ihnen angegebenen Feldern in der von Ihnen bestimmten Reihenfolge der Schlüssel der BOR-Instanz ermittelt wird, befindet sich in der Default-Implementierung zum BAdI BADI_IRM_ RELATIONS (BOR-Schlüssel verknüpfter Objekte: Wertermittlung).

BADI_IRM_ RELATIONS

Wenn die Default-Implementierung den Objektschlüssel für Ihr ILM-Objekt nicht korrekt abbildet, können Sie sie durch eine eigene BAdI-Implementierung übersteuern. Lesen Sie hierzu auch die Dokumentation des BAdIs.

> **[zB] Übersteuerung der Default-Implementierung**
>
> Nehmen wir an, Sie haben drei Felder für die Schlüsselbildung genannt und auch die Reihenfolge der Felder im Schlüssel hinterlegt. Falls eines der Felder z. B. zehn Zeichen lang ist, zur Schlüsselbildung aber nur die ersten beiden Zeichen benötigt werden, benötigen Sie eine Implementierung zum BAdI BADI_IRM_RELATIONS (BOR-Schlüssel verknüpfter Objekte: Wertermittlung). Denken Sie daran, den Filter dieser Implementierung korrekt zu setzen, damit sie nur für Ihr ILM-Objekt gerufen wird. Wenn Sie keinen Filter erstellen, gilt die Implementierung für alle ILM-Objekte!

Ermittlung der vererbenden Instanzen

Erben möglich? Sollten Sie bei den Kopfinformationen zu Ihrem ILM-Objekt angegeben haben, dass das Erben möglich ist (siehe Abschnitt 9.5.7, »Kopfdaten des ILM-Objekts«), müssen Sie auch den in Abbildung 9.55 dargestellten Eintrag **Ermittlung der vererbenden Instanzen** mit Informationen füllen. Wenn Ihr ILM-Objekt also Regeln von einem anderen ILM-Objekt erbt, müssen Sie hier pro Instanz des einen ILM-Objekts jeweils die Instanz benennen, von der die Regeln geerbt werden sollen.

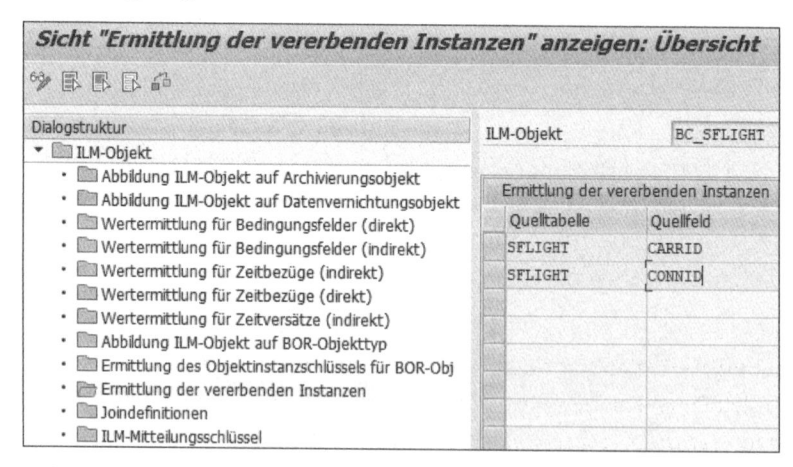

Abbildung 9.55 Objektkategoriespezifische Einstellungen – Ermittlung der vererbenden Instanzen

> **[»] Denken Sie an die Filterwerte!**
>
> Denken Sie daran, für Ihre BAdI-Implementierung die korrekten Filterwerte anzugeben. Gilt die BAdI-Implementierung für genau ein ILM-Objekt oder alle Objekte einer bestimmten Applikation? Ohne Filterwert gilt Ihre Implementierung für alle ILM-Objekte.

Die notwendigen Arbeiten teilen sich in zwei Schritte auf, die wir im Folgenden genauer erklären werden:

1. Zuerst geben Sie die für die Wertermittlung benötigten Paare aus Tabellen- und Feldnamen an (also Informationen zu der aktuellen Instanz, anhand derer die Instanz, von der die Regel geerbt werden soll, ermittelt werden kann).
2. Danach legen Sie eine Implementierung zur Methode GET_BEQUEATHING_INSTANCES (Ermittlung vererbender Instanzen) des BAdIs BADI_IRM_OT_INHERITANCE_USE (Erbende ILM-Objekte: Ermittlung vererbender Objektinstanzen) an, siehe Abbildung 9.56. Zur Laufzeit wird diese Implementierung gerufen, und ihr werden für die aktuelle Instanz alle Werte der Paare aus Tabellen- und Feldnamen übergeben, die Sie im ersten Schritt definiert haben. Anhand dieser Information bestimmen Sie die Instanz eines anderen ILM-Objekts, von der die Regeln geerbt werden sollen. Weitere Informationen finden Sie in der Dokumentation des BAdIs.

Implementierung zur Methode GET_BEQUEATHING_INSTANCES

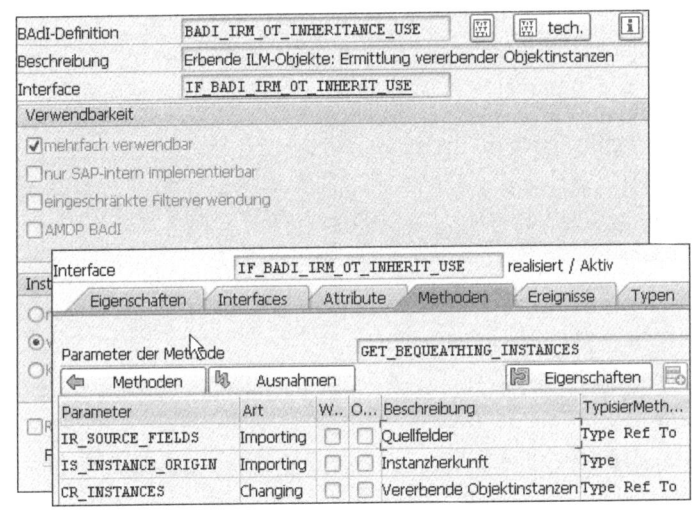

Abbildung 9.56 BAdI BADI_IRM_OT_INHERITANCE_USE, Methode GET_BEQUEATHING_INSTANCES

Systemstilllegungs-Szenario (Retention Warehouse) und Dateiumsetzung

Sollte Ihr ILM-Objekt im Retention-Warehouse-Szenario zum Einsatz kommen, und soll Ihre Implementierung des BAdIs Zugriffe (z. B. SELECT-Statements) auf bestimmte Tabellen beinhalten, z. B. auf bestimmte Customizing-Tabellen oder Tabellen, die von anderen Archivierungsobjekten während des Systemstilllegungs-Prozesses aus der Datenbank ausgelagert werden, müssen Sie zusätzlich beachten, dass Sie auf diese Tabellen höchstwahrscheinlich nicht auf diese Art zugreifen sollen. Sie würden damit das Customizing des Retention-Warehouse-Systems lesen, und das ist nicht Ihr Ziel! In Ihrer Implementierung benötigen Sie also das Customizing des stillgelegten Systems. Zu diesem gehört ja die Instanz, für die gerade IRM-Regeln berechnet werden sollen.

Die korrekte Vorgehensweise wäre in diesem Fall der Zugriff auf Archivdateien mit den dazugehörigen Customizing-Informationen. Wie in Abschnitt 9.2, »ILM-Fähigkeit des Archivierungsobjekts«, besprochen, werden diese mithilfe der SN-Archivierungsobjekte erstellt. Ebenfalls sollten Sie beachten, aus Performancegründen für diesen Zugriff auf jeden Fall das Archivinformationssystem zu verwenden. Eine passende aktive und gefüllte Infostruktur wäre somit eine weitere Voraussetzung dafür, dass Ihre BAdI-Implementierung die korrekten Ergebnisse auch in einem Systemstilllegungs-Szenario liefert.

Sie müssen auch dann so vorgehen, wenn im Retention-Management-Szenario Dateiumsetzungen Ihrer Archivdateien möglich sein sollen (siehe Abschnitt 2.6.6, »Umsetzung von Archivdateien«). Falls Sie in der Implementierung für die indirekte Wertermittlung auf Tabellen einer anderen Anwendung zugreifen, deren Daten inzwischen auch archiviert wurden, gelten die weiter oben in diesem Kasten aufgeführten Lösungen für das Retention-Warehouse-Szenario auch für Ihr ILM-Objekt im Retention-Management-Szenario.

Besprechen wir nun die einzelnen Punkte des ersten oben genannten zusammengefassten Schrittes:

1. Markieren Sie Ihr ILM-Objekt im rechten Teil des Bildes (siehe Abbildung 9.41).
2. Doppelklicken Sie links im Baum auf den Eintrag **Ermittlung der vererbenden Instanzen**.
3. Wechseln Sie in den Änderungsmodus, und klicken Sie die Schaltfläche **Neue Einträge** an.
4. Geben Sie nun rechts im Bild das erste Tabelle-Feld-Paar an, das Sie in der BAdI-Implementierung benötigen (Abbildung 9.55 zeigt Ihnen ein Beispiel). Dazu tragen Sie in der Spalte **Quelltabelle** die erste betroffene Tabelle und in der Spalte **Quellfeld** das Feld dieser Tabelle ein. Sie können dabei die Wertehilfe ([F4]) benutzen.
5. Wiederholen Sie den letztgenannten Schritt für weitere Tabelle-Feld-Paare, die Sie in der BAdI-Implementierung benötigen, und speichern Sie Ihre Eingaben dann.

9.5 Ein ILM-Objekt anlegen – die Transaktion IRM_CUST

> **Zusammenspiel mit der Strukturdefinition**
>
> Die Quelltabellen, die Sie in Schritt 4 eingeben, müssen Bestandteil der Strukturdefinition des dazugehörigen Archivierungs- bzw. Datenvernichtungsobjekts sein. In der Implementierung des BAdIs können Sie, wenn nötig, auch auf weitere Tabellen (z. B. bestimmte Customizing-Tabellen) zugreifen.

Ermittlung des Objektinstanzschlüssels für ILM-Benachrichtigungen

Ab dem in Abschnitt 3.1, »ILM-Benachrichtigungen«, genannten Release verfügt das Bild in Abbildung 9.41 auf der linken Seite zusätzlich über den neuen Eintrag **Ermittlg d. Objektinstanzschlüssels f. Benachrchtg**. Er dient den sogenannten *ILM-Benachrichtigungen* (engl. ILM Notifications). Die Grundlagen zu diesem Thema haben wir ebenfalls in Abschnitt 3.1 vermittelt. In diesem Abschnitt schauen wir, welche Aufgaben sich daraus für Sie als Entwickler*in von Softwarelösungen ergeben.

Damit Benachrichtigungen für ein ILM-Objekt erstellt werden können, müssen Sie den Schlüssel des dazugehörigen Business-Objekts definieren. Mit anderen Worten: Wie setzt sich der Schlüssel für eine Instanz des Business-Objekts hinter dem ILM-Objekt (bzw. hinter dem dazugehörigen Archivierungsobjekt bzw. Datenvernichtungsobjekt) zusammen? Die Benachrichtigungen werden dann pro Schlüssel fortgeschrieben.

Objektschlüssel für Benachrichtigung definieren

> **Ähnlichkeiten zur Ermittlung des Objektinstanzschlüssels für BOR-Objekte**
>
> Sie haben sicher die Ähnlichkeiten mit der **Ermittlung des Objektinstanzschlüssels für BOR-Obj** bemerkt – einen ähnlich lautenden Eintrag beinhaltet die Transaktion IRM_CUST (IRM-Customizing) auch, wie Sie es Abbildung 9.57 entnehmen können. Bei vielen Applikationen mögen beide Bereiche gleiche Einträge aufweisen. Damit jedoch bei Bedarf auch eine Unterscheidung möglich ist, liegt für beide Themen ein separater Abschnitt in der Transaktion vor.

Markieren Sie das ILM-Objekt, und wählen Sie links im Bild den dazugehörigen, oben erwähnten Eintrag **Ermittlg d. Objektinstanzschlüssels f. Benachrchtg** (siehe Abbildung 9.41). Es erscheint ein Bild wie in Abbildung 9.57. Tragen Sie nun so viele Paare aus Quelltabelle und Quellfeld ein wie notwendig, um den Schlüssel der Instanz des Business-Objekts zu beschreiben. Speichern Sie Ihre Eingaben.

ILM-Objekt	BC_SFLIGHT
Ermittlg d. Objektinstanzschlüssels f. Benachrchtg	
Quelltabelle	Quellfeld
SBOOK	BOOKID
SBOOK	CARRID
SBOOK	CONNID
SBOOK	FLDATE
SFLIGHT	CARRID
SFLIGHT	CONNID
SFLIGHT	FLDATE

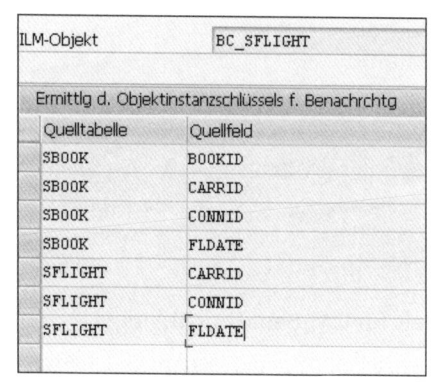

Abbildung 9.57 ILM-Benachrichtigungen

Objektschlüssel für Benachrichtigung anpassen

In seltenen Fällen mag es notwendig sein, den Schlüssel zur Laufzeit von ILM-Vorgängen (z. B. Archivierung, Datenvernichtung mithilfe des Archivierungsobjekts, Datenvernichtung mithilfe des Datenvernichtungsobjekts) zu ergänzen oder zu modifizieren. Sollten Sie diesen Bedarf in Ihrer Applikation sehen, steht Ihnen die Business-Funktion BADI_IRM_NOTIFICATION (ILM-Benachrichtigung: Schlüsselwertermittlung) und darin die Methode GET_NOTIF_KEY_OBJECTS zur Verfügung. Erstellen Sie eine Implementierung zu dieser Methode, aber denken Sie daran, einen passenden Filter für Ihr ILM-Objekt anzulegen.

[»] **Voraussetzung für die Nutzung des BAdIs**
Ihre Implementierung wird nur dann gerufen, wenn in der Transaktion IRM_CUST (IRM-Customizing) eine Schlüsseldefinition für das ILM-Objekt hinterlegt ist. Wie Sie diese anlegen, haben wir soeben beschrieben.

Join-Definitionen

Felder aus verschiedenen Tabellen

Den in Abbildung 9.58 markierten Eintrag **Joindefinitionen** müssen Sie nur in folgendem Fall beachten (lassen Sie ihn ansonsten leer): Wenn Ihr ILM-Objekt für die Wertermittlungen Felder aus verschiedenen Tabellen benötigt, führt der IRM-Algorithmus einen Full-Outer-Join auf alle angegebenen Tabellen durch. Dies kann zu ungültigen, nichtexistierenden Feldkombinationen führen. Um die verwandten Quellfelder richtig zu gruppieren, legen Sie Join-Definitionen an.

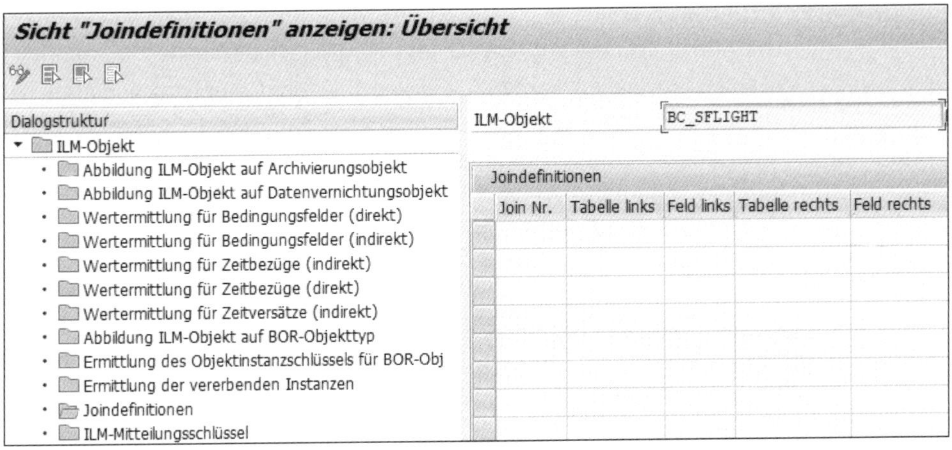

Abbildung 9.58 Objektkategoriespezifische Einstellungen – Join-Definitionen

> **Transaktion ILMSIM**
>
> Sie können die Transaktion ILMSIM (ILM-Regelsimulation) verwenden, um die Auswirkung Ihrer Join-Definitionen auf die Auswertung von ILM-Regeln zu testen.

Einstellungen für das Data Controller Rule Framework (DCRF)

Wenn Sie bewerten möchten, ob und welche Einstellungen Sie im Zusammenhang mit Ihrem ILM-Objekt und dem Data Controller Rule Framework benötigen, verweisen wir Sie auf Abschnitt 3.5, »Data Controller Rule Framework«. Beispielsweise müssen Sie das Interface IF_LRM_OE_DATA_PROVIDER (Org. Entity Data Provider) implementieren, wenn Sie eigene, kundenspezifische Organisationsentitäten für die Nutzung im DCRF bekannt machen möchten (siehe Abschnitt 3.5.2, »Funktionen und Konfiguration des DCRF«).

Erweiterungsspots ARC_CONV_APPL_TABS und ES_ILM_DESTRUCTION

Besprechen wir nun abschließend den Erweiterungsspot ARC_CONV_APPL_TABS (Umsetzung von Applikationstabellen bei der Archivkonvertierung), den Sie für bestimmte Spezialfälle nutzen können. Sie sehen darin zwei BAdIs, wie es Abbildung 9.59 darstellt. Diese BAdIs werden in den folgenden Fällen benötigt:

Erweiterungsspot ARC_CONV_APPL_TABS

- Ihr ILM-Objekt soll auch für die Dateiumsetzung für unsortierte (nicht unter Kontrolle von SAP ILM erstellte) Dateien zur Verfügung stehen.

- Ihr Business-Objekt beinhaltet bestimmte (Info-)Tabellen, die zusätzliche Informationen zu dem Archivierungslauf oder dessen Dateien tragen. Diese Tabellen werden in der Regel auf der Datenbank gehalten. Bei einer Dateiumsetzung (das Thema besprechen wir in Abschnitt 2.6.6, »Umsetzung von Archivdateien«) müssen Sie sicherstellen, dass diese Tabellen ebenfalls konvertiert werden, denn durch die Umsetzung ändert sich womöglich z. B. die Laufnummer; in den (Info-)Tabellen muss diese angepasst werden.

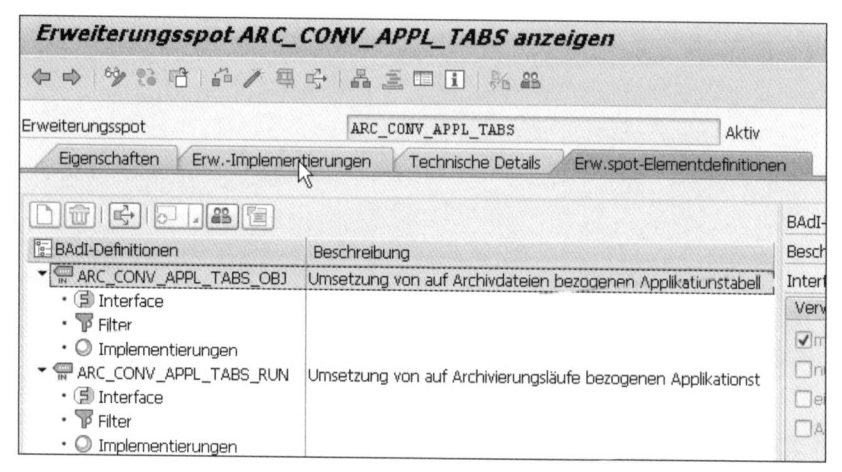

Abbildung 9.59 BAdI ARC_CONV_APPL_TABS – Umsetzung von auf Archivdateien bezogenen Applikationstabellen bei der Archivkonvertierung

BAdI ARC_CONV_APPL_TABS_OBJ

Abbildung 9.60 zeigt Ihnen das BAdI ARC_CONV_APPL_TABS_OBJ (Umsetzung von auf Archivdateien bezogenen Applikationstabellen bei der Archivkonvertierung) und seine Methode CONVERT_APPL_TABS (Dateibezogene Applikationstabellen umsetzen). Sie benötigen eine Implementierung dafür, wenn Sie anwendungsspezifische Tabellen konvertieren müssen, die Informationen zu Archivdateien beinhalten.

BAdI ARC_CONV_APPL_TABS_RUN

Abbildung 9.61 zeigt das BAdI ARC_CONV_APPL_TABS_RUN (Umsetzung von auf Archivierungsläufe bezogenen Applikationstabellen bei der Archivkonvertierung) und seine Methode CONVERT_APPL_TABS. Sie benötigen sie, wenn Sie anwendungsspezifische Tabellen konvertieren müssen, die Informationen zu Archivläufen beinhalten. Lesen Sie die Dokumentation der BAdIs für weitere Details.

Erweiterungsspot ES_ILM_DESTRUCTION

Prüfen Sie abschließend, ob Sie auch Implementierungen zu den BAdIs im Erweiterungsspot ES_ILM_DESTRUCTION (Vernichtung zusätzlicher Informationen bei der ILM-Datenvernichtung) benötigen. Wir haben sie in Abschnitt 2.7.6, »Erweiterungsspot ES_ILM_DESTRUCTION«, besprochen.

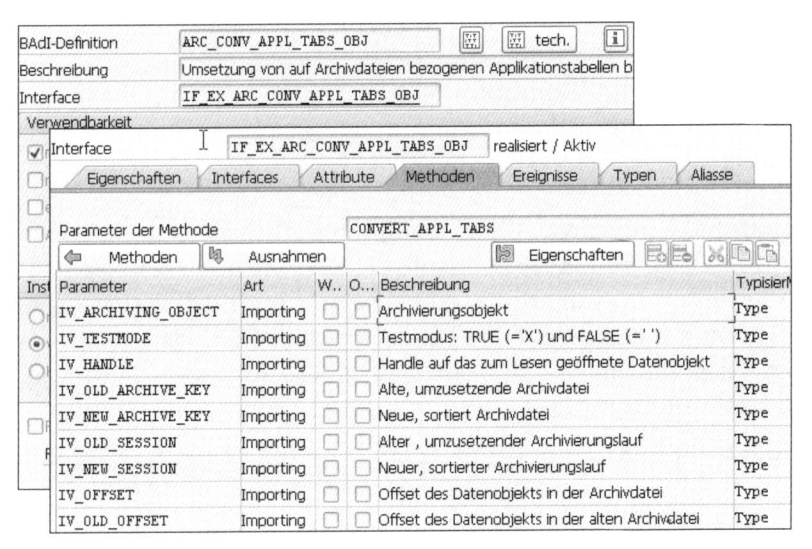

9.5 Ein ILM-Objekt anlegen – die Transaktion IRM_CUST

Abbildung 9.60 BAdI ARC_CONV_APPL_TABS_OBJ, Methode CONVERT_APPL_TABS

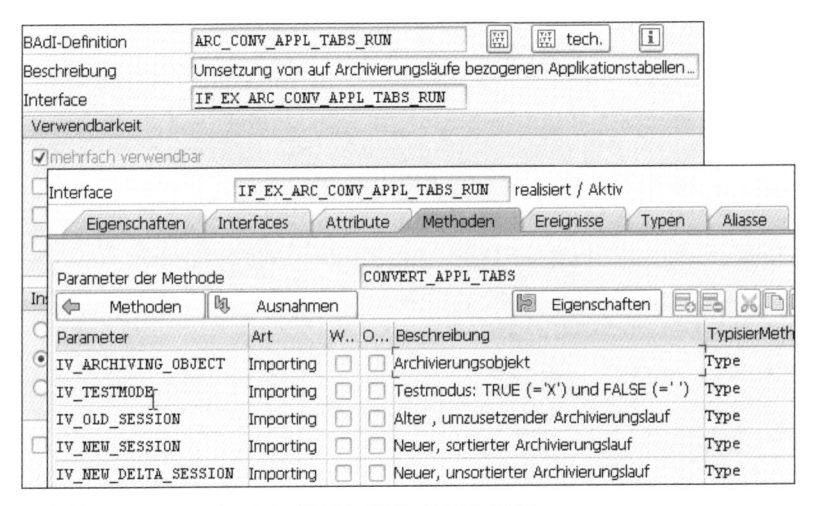

Abbildung 9.61 BAdI ARC_CONV_APPL_TABS_RUN, Methode CONVERT_APPL_TABS

9.5.10 Qualität des ILM-Objekts prüfen

Nutzen Sie das Programm CHECK_ILM_OBJECT_STATICALLY (ILM-Objekte – Standardprüfungen), um die Qualität Ihres ILM-Objekts zu testen. Der Vorgänger dieses Reports ist das Programm IRM_CHECK_CUST (Konsistenzprüfung für IRM-Customizing). Geben Sie im Einstiegsbild, wie in Abbildung 9.62 dargestellt, den Namen Ihres ILM-Objekts ein, und wählen Sie **Ausführen** (F8).

Statische Prüfungen

9 Den Datenlebenszyklus kundeneigener Entwicklungen mit SAP ILM verwalten

Abbildung 9.62 Programm CHECK_ILM_OBJECT_STATICALLY – Einstiegsbild

Programm CHECK_ILM_OBJECT_STATICALLY

Es handelt sich hier um eine Sammlung von statischen Tests. Sie heißen *statisch*, weil das von Ihnen definierte Customizing des ILM-Objekts auf Vollständigkeit überprüft wird. Abbildung 9.63 zeigt ein Beispiel der Ergebnisse. Wenn Sie doppelt auf eine rote bzw. gelbe Ampel klicken, werden Ihnen – falls vorhanden – weiterführende Informationen zu dem Fehler bzw. der Warnung angezeigt.

Abbildung 9.63 Programm CHECK_ILM_OBJECT_STATICALLY – Ergebnisbild 1

Markieren Sie eine Zeile, und wählen Sie die in Abbildung 9.63 markierte Schaltfläche **Details**; dann werden Ihnen die Ergebnisse für das markierte Objekt in einem Pop-up-Fenster in Form einer Liste angezeigt (siehe Abbildung 9.64). Diese Darstellung bietet längere Überschriften zu jeder Prüfung, was die Lesbarkeit erhöhen kann. Jede Spalte in der tabellarischen Darstellung aus Abbildung 9.63 wird nun als eine Zeile dargestellt.

Abbildung 9.64 Programm CHECK_ILM_OBJECT_STATICALLY – Ergebnisbild 2

9.5 Ein ILM-Objekt anlegen – die Transaktion IRM_CUST

Sind diese Prüfungen bestanden, können Sie die Regelauswertung mithilfe der Transaktion ILMSIM (ILM-Regelsimulation) testen, die wir im nächsten Abschnitt besprechen werden. Auf jeden Fall sollten Sie aber das dazugehörige Archivierungsobjekt bzw. Datenvernichtungsobjekt testen und Läufe mit Testdaten dazu einplanen. Führen Sie die Tests nach Möglichkeit immer zuerst in den Qualitätssicherungssystemen durch. Folgende Tests empfehlen wir Ihnen:

Dynamische Prüfungen

- Ist Ihr ILM-Objekt mit einem Archivierungsobjekt verknüpft, planen Sie einige Läufe mit Testdaten in Ihrem Qualitätssicherungssystem ein. Prüfen Sie für die erstellten Archivdateien anschließend in der Verwaltung der Transaktion SARA (Archivadministration) die Korrektheit der in Abbildung 9.65 markierten Einträge. Bewerten Sie also, ob das Ablaufdatum bzw. das obligatorische Vernichtungsdatum die erwarteten Werte zeigt. Prüfen Sie auch die berechnete URI, das heißt den Pfad zu Ihrer Datei.

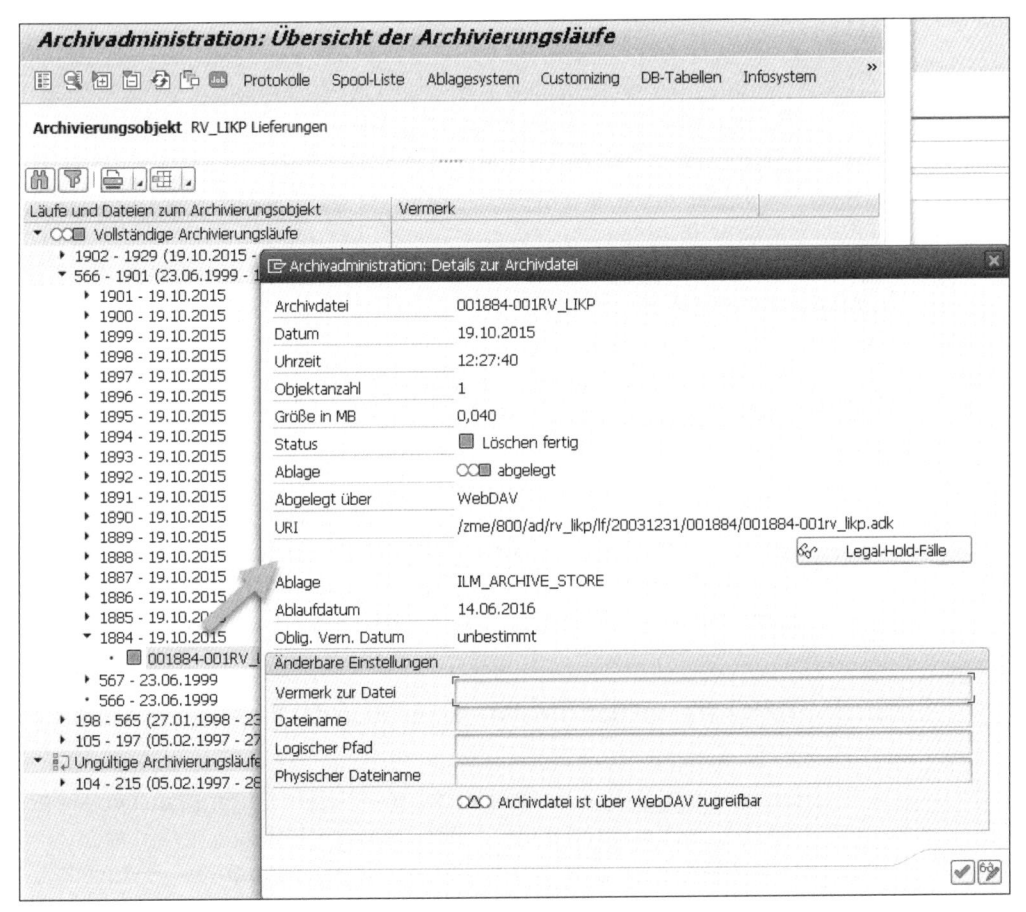

Abbildung 9.65 Transaktion SARA – Details zur Archivdatei

ILM-Ablage für die Tests des ILM-Objekts benötigt?

Diese Prüfungen sind auch dann möglich, wenn in Ihrem Qualitätssicherungssystem (noch) keine zertifizierte ILM-Ablage eingerichtet ist. Für die Tests auf Korrektheit und Vollständigkeit Ihres ILM-Objekts ist sie nicht notwendig. Folglich bedeutet das auch, dass Sie die Vernichtung der in Ihren Tests entstandenen Archivdateien mithilfe der Transaktion ILM_DESTRUCTION (Datenvernichtung) nicht testen müssen.

[»] **»Ablaufdatum« bzw. »obligatorisches Vernichtungsdatum« tragen das Datum des Archivierungslaufs?**

Beachten Sie bei Ihren Tests die in Abschnitt 2.6.7, »ILM Store Browser«, besprochenen Besonderheiten zum Archivieren von Daten, für die die Aufbewahrungszeit bereits abgelaufen ist. Seien Sie nicht beunruhigt, wenn das berechnete Ablaufdatum bzw. das obligatorische Vernichtungsdatum dem Datum entspricht, an dem der Archivierungslauf stattgefunden hat, obwohl Sie ein früheres Datum erwartet haben. Dies liegt an der BC-ILM-Zertifizierung. Sie erlaubt es nicht, für die oben genannten Felder ein Datum in der Vergangenheit zu setzen. Archivieren Sie alte Daten (Daten, deren Aufbewahrungszeit bei näherem Hinschauen bereits abgelaufen ist), werden diese Felder nicht auf den Tag gesetzt, an dem sie abgelaufen ist, sondern auf den aktuellen Tag, also den Tag des Archivierungslaufs. Die Vernichtung der Archivdatei wäre demzufolge am darauffolgenden Tag möglich.

Prüfungen mit dem Datenvernichtungsobjekt

- Ist Ihr ILM-Objekt mit einem Datenvernichtungsobjekt verknüpft, planen Sie einige Läufe mit Testdaten in Ihrem Qualitätssicherungssystem ein. Überprüfen Sie die Protokolle und Job-Logs. Weitere Informationen zu Datenvernichtungsobjekten finden Sie in Abschnitt 2.7.3, »Vernichtung aus der Datenbank per Datenvernichtungsobjekt«.

Transportieren Sie das ILM-Objekt nach der Durchführung von erfolgreichen Tests in die Produktivsysteme. Führen Sie auch dort notwendige Tests durch, bevor Sie das Objekt produktiv nutzen.

9.5.11 Transaktion ILMSIM – Simulation der Regelauswertung

Sie können die Transaktion ILMSIM (ILM-Regelsimulation) verwenden, um die Auswertung von ILM-Regeln zu simulieren. Damit brauchen Sie keine Datenarchivierung oder Läufe zur Datenvernichtung mit Testdaten zu starten. Beachten Sie aber, dass genau dies auch zu guten Tests dazugehört. Sie können also gerne zuerst die Transaktion ILMSIM einsetzen und dann die übrigen Tests vornehmen.

Abbildung 9.66 zeigt das Einstiegsbild der Transaktion. Drücken Sie Ausführen ([F8]), erscheint das in Abbildung 9.67 dargestellte Selektionsbild. Hier können Sie vorgeben, für welche Daten genau Sie die Regelauswertung simulieren wollen.

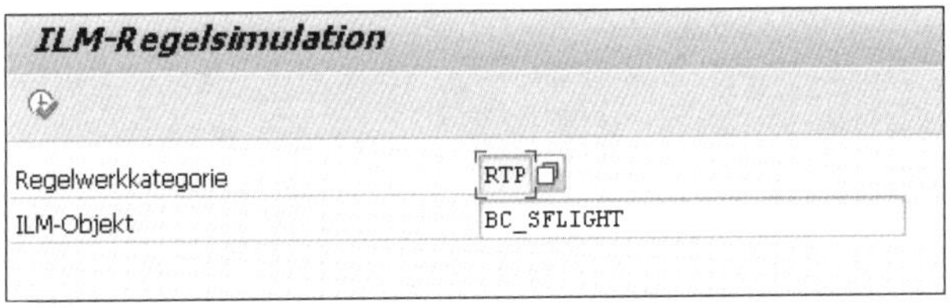

Einstieg und Selektion

ILM-Regelsimulation

Regelwerkkategorie	RTP
ILM-Objekt	BC_SFLIGHT

Abbildung 9.66 Transaktion ILMSIM – Einstiegsbild

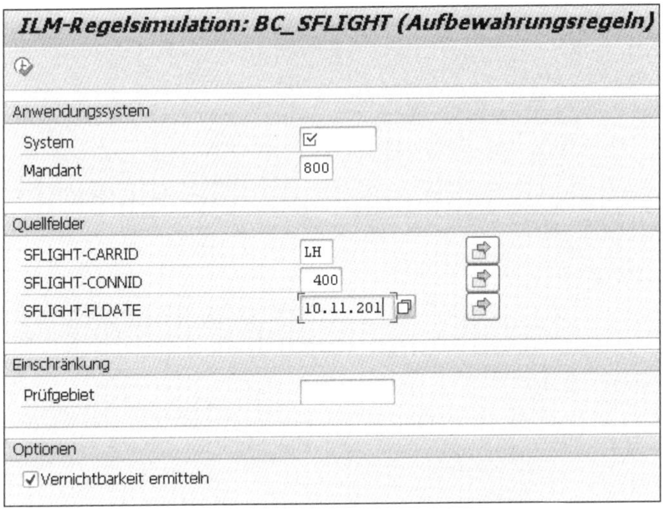

ILM-Regelsimulation: BC_SFLIGHT (Aufbewahrungsregeln)

Anwendungssystem
System	☑
Mandant	800

Quellfelder
SFLIGHT-CARRID	LH
SFLIGHT-CONNID	400
SFLIGHT-FLDATE	10.11.201

Einschränkung
Prüfgebiet	

Optionen
☑ Vernichtbarkeit ermitteln

Abbildung 9.67 Transaktion ILMSIM – Selektionsbild

Die Transaktion erstellt am Ende ein Protokoll (siehe Abbildung 9.68). Darin finden Sie alle wichtigen Schritte, die während der Regelauswertung durchgeführt wurden. Sie können damit genau nachvollziehen, ob Ihr ILM-Objekt sich zur Laufzeit so verhält, wie Sie es konzipiert haben. Falls Sie BAdI-Implementierungen erstellt haben, können Sie darin Breakpoints verwenden, um ihre Funktionsweise zu überprüfen.

Protokoll der Regelauswertung

[«]

> **Transaktion ILM_SIM**
> Wenn die Transaktion ILMSIM (ILM-Regelsimulation) in Ihrem System nicht verfügbar ist, verwenden Sie die Transaktion ILM_SIM; sie ist die Vorgängertransaktion zur Transaktion ILMSIM (ILM-Regelsimulation).

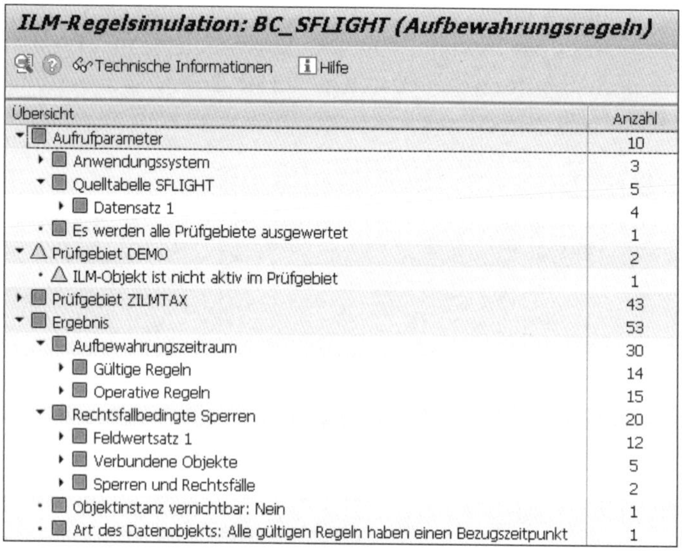

ILM-Regelsimulation: BC_SFLIGHT (Aufbewahrungsregeln)	
Übersicht	Anzahl
▼ Aufrufparameter	10
▶ Anwendungssystem	3
▼ Quelltabelle SFLIGHT	5
▶ Datensatz 1	4
• Es werden alle Prüfgebiete ausgewertet	1
▼ △ Prüfgebiet DEMO	2
• △ ILM-Objekt ist nicht aktiv im Prüfgebiet	1
▶ Prüfgebiet ZILMTAX	43
▼ Ergebnis	53
▼ Aufbewahrungszeitraum	30
▶ Gültige Regeln	14
▶ Operative Regeln	15
▼ Rechtsfallbedingte Sperren	20
▶ Feldwertsatz 1	12
▶ Verbundene Objekte	5
▶ Sperren und Rechtsfälle	2
• Objektinstanz vernichtbar: Nein	1
• Art des Datenobjekts: Alle gültigen Regeln haben einen Bezugszeitpunkt	1

Abbildung 9.68 Transaktion ILMSIM – Ergebnisbild

Anhang A
Literaturhinweise

Bolten, Rolf; Pulte, Peter: *Aufbewahrungsnormen und -fristen im Personalbereich*. 5. Auflage. Frechen: DATAKONTEXT 2002

Gola, Peter (Hrsg.): DS-GVO: *Datenschutz-Grundverordnung VO (EU) 2016/769. Kommentar*. 2. Auflage. München: C. H. Beck 2018

Lehnert, Volker; Luther, Iwona; Christoph, Björn; Pluder, Carsten: *Datenschutz mit SAP*. 1. Auflage. Bonn: SAP PRESS 2017

Lehnert, Volker; Otto, Anna; Stelzner, Katharina: *Datenschutz in SAP-Systemen*. 1. Auflage. Bonn: SAP PRESS 2011

Lehnert, Volker; Stelzner, Katharina; John, Peter; Otto, Anna: *SAP-Berechtigungswesen*. 3. Auflage. Bonn: SAP PRESS 2016

Schwartmann, Rolf; Jaspers, Andreas; Thüsing, Gregor; Kugelmann, Dieter: *DS-GVO/BDSG*. 1. Auflage. Heidelberg: C. F. Müller 2018

Anhang B
Die Autorin und die Co-Autoren

Iwona Luther arbeitet seit 1997 bei SAP im Bereich Datenarchivierung, der sich im Laufe der Jahre zu SAP Information Lifecycle Management (SAP ILM) weiterentwickelt hat. Zunächst war sie als Entwicklerin tätig, dann zusätzlich als Projektleiterin, Koordinatorin und in der Qualitätssicherung. Sie ist verantwortlich für die zugehörigen SAP-Schulungen BIT660, BIT665, BIT670. Frau Luther ist Product Standard Owner ILM und zudem Ansprechpartnerin für den DSAG- und ASUG-Arbeitskreis »Datenarchivierung und ILM«. Bei SAP PRESS hat sie bereits zwei Bücher veröffentlicht: »Datenschutz mit SAP« (zusammen mit Volker Lehnert, Björn Christoph und Carsten Pluder) und »Datenarchivierung mit SAP« (als Co-Autorin von Helmut Stefani).

Die Co-Autoren

Frank Buschle ist seit 2000 bei SAP Deutschland in der HCM-Beratung tätig und berät schwerpunktmäßig große Kunden im Bereich des Öffentlichen Dienstes. Als HCM Principal Consultant liegt sein Fokus auf den HCM-Komponenten Organisationsmanagement und Personaladministration mit den gängigen Randthemen wie Stellenbewirtschaftung, Personalkostenplanung und Personalentwicklung.

Carsten Pluder arbeitet seit 1999 bei SAP in den Bereichen Support und Entwicklung; derzeit ist er für SAP SE als Lead Architect Datenschutz für SAP S/4HANA tätig. Die Unterstützung der SAP-Kunden bei der Archivierung von Daten und der Verwendung von SAP ILM ist schon lange im Fokus seiner Arbeit. Es ist ihm ein besonderes Anliegen, die vorhandenen Funktionen sinnvoll für das vereinfachte Sperren und Löschen von personenbezogenen Daten zu nutzen bzw. im Bedarfsfall zu optimieren.

Dharshan Anandappa arbeitet derzeit als Senior Technology Consultant im Bereich »Data Management & Landscape Transformation« bei SAP Deutschland. Er ist seit 2010 bei SAP und hat in verschiedenen Bereichen zur Entwicklung von SAP ILM beigetragen, von der Softwareentwicklung bis hin zu Kundenprojekten und ILM-Implementierungen. Mit seiner Expertise zu SAP ILM und SAP-S/4HANA-Migrationen hilft er Kunden bei der Umsetzung ihrer Strategien für das Intelligent Enterprise.

Sumanth Hegde ist seit 15 Jahren bei SAP und arbeitet derzeit als Principal Technology Consultant im Bereich »Data Management & Landscape Transformation« bei SAP Deutschland. Zuvor war er sieben Jahre als Produktmanager und Berater für SAP ILM tätig. Seine Expertise liegt vor allem bei der Systemstilllegung mit SAP ILM, die er in mehreren Projekten bei großen Kunden und in umfangreichen Landschaften implementiert hat.

Volker Lehnert ist seit 2000 bei SAP in unterschiedlichen Positionen in den Bereichen Compliance und Sicherheit tätig. Von 2012 bis 2017 arbeitete er für SAP SE Application Innovation Services (AIS) als Product Owner Datenschutz. In dieser Rolle definiert er die Inhalte und den Umfang der Datenschutzfunktionen der SAP Business Suite und der SAP-S/4HANA-Lösungen. Seit 2018 ist er als Senior Director Datenschutz überwiegend für den Datenschutz in SAP S/4HANA zuständig. In seiner langjährigen Beratungstätigkeit hat er Projekte rund um das Berechtigungswesen vorangetrieben. Volker Lehnert ist Autor der Bestseller »SAP-Berechtigungswesen« (3. Auflage) und »Datenschutz mit SAP« und hat darüber hinaus Beiträge zu einigen weiteren Werken des Rheinwerk Verlags geleistet.

Horst Liermann ist seit 2011 im Bereich ILM-Beratung bei SAP in Walldorf tätig. Seine Schwerpunkte sind die rechtskonforme Löschung von Geschäftsdaten und die Umsetzung der Datenschutz-Grundverordnung (DSGVO). Zu diesen Themen hat er umfangreiche Erfahrungen bei Siemens und IXOS Software GmbH/OpenText Cooperation sowie in Projekten unter anderem bei deutschen Versicherern gesammelt. Diese bilden die Basis für seine aktuelle Tätigkeit bei SAP, vornehmlich in Projekten im Bereich Datenschutz.

Henning Schmitz ist seit 2017 mitverantwortlich für die Erfüllung der gesetzlichen Anforderungen an den Datenschutz innerhalb der IT-Organisation von SAP SE, nachdem er zuvor einige Jahre bei einem HPI-nahen Start-up und am Innovation Center von SAP in Potsdam tätig war. Er verfügt über eine umfassende Expertise zu SAP-Produkten und -Prozessen und bringt vielfältige Erfahrungen aus verschiedensten IT-Projekten und IT-Positionen mit.

Index

A

Abgabenordnung (AO) 34
Ablage 100
Ablagesystem 100, 102
Ablaufdatum 683, 684
   unknown 127
   von »unknown« auf
     »heute« setzen 150
Ablaufsteuerung 583
Abrechnungsergebnis 373, 402
Abrechnungsstatus 442
Abwesenheitsantrag 373
Accelerated Reporting 591, 600
Add-on DMIS 560
ADK → Archive Development Kit (ADK)
ADK-Datenarchivierung 254
AIS → Audit Information System (AIS)
AktG → Aktiengesetz (AktG)
Aktiengesetz (AktG) 33
ALE → Application Link Enabling (ALE)
ALE-Konzept 272
Allgemeine Regeln 54
Altsystem 557, 558, 560
   Quellsystem 582
   RFC-Verbindung 582
   stilllegen 557
Analyse 520, 521, 525
   Grenzen 524
Anlagen 132, 139
Anwendungskatalog 335
Anwendungskomponente 622
Anwendungs-Log 146, 448, 491
Anwendungsname 272, 273, 280, 282, 292, 294
   BUP 277
   ERP_CONTACT_PERSON 278
   ERP_CUST 277, 281
   ERP_VEND 278
Anwendungsprotokoll 134, 354
Anwendungsregelvariante (ARV) 282, 287, 288, 294, 362
   Einsatzgebiet 287
AO → Abgabenordnung (AO)
Application Link Enabling (ALE) ... 272, 471
Application Log → Anwendungs-Log
Archivadministration 431

Archivdatei 262, 368
   Ablaufdatum 127
   Ablaufdatum »unknown« 120, 127
   ablegen 115
   angewendete Regeln 177
   automatisches Vernichten
     ersetzter 123
   Bereitstellung abgelegter 120
   compulsory_destruction_date ... 127
   Datenobjekt 119
   expiration_date 127
   ILM-fähige 585
   lokale 116
   obligatorisches
     Vernichtungsdatum 127
   Offset 119
   ohne berechnete
     Aufbewahrungsdauer 284
   temporäre 64, 263
   Umsetzung 119
   URI 126, 178
Archive Development Kit (ADK) ... 68, 148
Archive Explorer 299, 356
Archive Routing 87, 129, 130
ArchiveLink-Dokumente 99
Archivierbarkeitsprüfung 66, 262
Archivierung 347, 517, 518
   Ablagejob 116
   Besonderheiten in SAP S/4HANA
     Cloud 344
   ILM-basierte 302
   Löschphase 116
   SLT-System 576
   Voraussetzungen 262
Archivierungsgruppe 492, 493
Archivierungsklasse 624, 626
Archivierungsobjekt ... 45, 70, 130, 333, 574, 605, 609, 644, 670
   BC_ARCHIVE 123
   BC_SFLIGHT 612, 615
   CA_BUPA 277, 297
   FI_ACCPAYB 278, 297
   FI_ACCRECV 215, 277, 297
   FI_DOCUMNT 216
   generieren 577
   HRTIM_ABS 375
   ILM-fähiges 47, 132, 603

Archivierungsobjekt (Forts.)
 klassisches 603, 610
 kundeneigenes 414, 461
 MM_MATBEL 215
 PA_CALC 375
 RV_LIKP 215
 SD_VBAK 215
 SD_VBRK 215
 SD_VFKK 215
 SD_VTTK 215
 spezifisches Customizing 130
 Strukturdefinition 617, 664
 übergreifendes Customizing 111
 Verfügbarkeit 583
Archivierungsteilobjekt 409, 423, 424, 461
Archivlauf 65
 in Schnappschuss umwandeln ... 152
 unsortierter 122
 ursprünglicher 122
Archivschreibprogramm 63, 262, 611, 616, 624, 629
Archivverwaltung
 ILM-Erweiterungen 175
 Vermerk 175
Archivvormerkung 123
ARV → Anwendungsregelvariante (ARV)
Attribut
 linienorganisatorisches 213
 prozessorganisatorisches 213
Audit Area → Prüfgebiet
Audit Information System (AIS) 598
Audit/Prüfung 558
Aufbewahrungsdauer 24, 25, 46, 71, 93, 141, 286, 328, 376
 Doppelpflege 328
 maximale 82, 83, 141
 minimale 82, 83, 141
 Stammdaten-Doppelpflege 289
 unknown 149
 Zeiteinheit 83
Aufbewahrungsfrist 24, 45, 217, 254, 256, 258, 260, 262, 376, 604, 621, 639
 Endedatum unbestimmt 263
 gesetzliche 254
 satzungsgemäße 256
 Stammdaten-Doppelpflege 288
 vertragliche 256
Aufbewahrungsort 24
Aufbewahrungspflicht 257, 558

Aufbewahrungsregel 71, 82, 89, 292, 527, 528, 643, 654
 kaufmännische 33
 testen 528
Aufbewahrungsvorschriften 32
Aufbewahrungszeit 605, 613, 619, 642, 659, 672, 684
Aufbewahrungszeitraum
 Beginn 300
 maximaler 101, 418
 minimaler 101, 418, 428
Ausgleich 282
Auskunftspflicht 553
Automatische Ablage nach der Umsetzung 586
Automatisches Vernichten ersetzter Dateien 123

B

BAdI 638
 ARC_CONV_APPL_TABS_OBJ 680
 ARC_CONV_APPL_TABS_RUN 680
 BADI_ILM_DESTR_FILE_VETO 155
 BADI_ILM_DESTR_WITH_ARKEY 104, 106, 107, 156
 BADI_ILM_PRE_DESTR_FILE_ACTION 157, 533
 BADI_ILM_PRE_DESTR_OBJ 534
 BADI_ILM_PRE_DESTR_OBJ_ACTION 157, 533
 BADI_ILM_STOR_CLIENT 201
 BADI_IRM_OC_SF 641, 656, 663
 BADI_IRM_OT_FLD 77, 225, 459, 532, 533, 661
 BADI_IRM_OT_FLD_F4 653
 BADI_IRM_OT_INHERITANCE_OFFER 646
 BADI_IRM_OT_INHERITANCE_USE 645, 675
 BADI_IRM_OT_STT 84, 459, 532, 648
 BADI_IRM_RELATIONS 673
 BADI_IRM_TO 640, 650, 668
 BUP_PARTNER_EXLIST 535, 543
 BUP_PARTNER_KEYMAP 541
 BUPA_PURPOSE_EXPORT 302, 535, 548
 CVP_EOP_MAP_REMOTE_PARTNERS 541
 CVP_EOP_MODIFY_SELECTION 309, 535

Index

BAdI (Forts.)
  *HRARCH_B_CREATE_DUMMY_
    DATA* 460
  HRARCH_B_DATA_BLOCKING 460
  *HRARCH_B_DELETE_
    FRAMEWORK* 460
  *HRARCH_B_FILTER_AO_
    SUBGROUP* 461
  *HRARCH_B_INCLUDE_AO_
    SUBGROUP* 461
  HRPA_B_CHK_DATA 460
  HRPA_B_DATA_CREATER 460
  HRPA_B_DATA_OBJ 460
  HRPA_B_DESTRUCTION_LOG 460
  HRPA_B_GET_CONFIG 460
  HRPA_B_GET_SUBGRP 460
  HRPA_B_RETRO_LIMIT 461
  HRPAD00AUTH_TIME 386, 396,
                                               398, 400
  HRPAYXX_DELETE_PERNR 480
BAPI → Business Application Programming Interface (BAPI)
BC-ILM-WebDAV-Zertifizierung 101
BC-ILM-Zertifizierung 101, 103
  für Ablagesysteme 26, 132
BDSG → Bundesdatenschutzgesetz (BDSG)
Bedingungsfeld 85, 423, 429, 459, 462,
    632, 652, 653, 656, 659, 660, 669
  gewähltes 75
  hinzufügen 77
  obligatorisches 75, 82
  Sonderzeichen 79, 661
  Standardbedingungsfeld 641, 656, 663
  verfügbares 75, 78, 633, 652, 661
Benutzer
  mit Prüfberechtigungen 304
  ohne Prüfberechtigungen 305, 307
Benutzerrolle 335
Berechtigung 555
  strukturelle 385
  zeitabhängige 385
Berechtigungsgruppe   174, 266, 268, 269,
    283, 284, 285, 287, 299, 303, 330, 331
  entfernen 303
  *Kennzeichnung gesperrter
    Stammdaten* 320, 330
Berechtigungskonzept 458
Berechtigungsobjekt 136
  B_BUP_PCPT 309, 315, 323, 536
  F_LFA1_GEN 323
  P_ABAP 399, 431, 452, 458

Berechtigungsobjekt (Forts.)
  P_DEL_PERN 478, 484
  P_DURATION 392
  P_ORGIN 458
  P_ORGXX 458
  S_ARCHIVE 284
  S_IRM_BL_M 286, 287
  S_IRM_BLOC 285, 286, 356
Berechtigungsprofil 389, 400
Berechtigungssteuerung,
  zeitraumabhängige 386, 388, 390
Berechtigungszeitraum
  minimaler 389
  rollenspezifischer 386, 391
Berichtspflicht 257
Betriebsrat 35
Betriebsrentengesetz (BetrAVG) 37
Betriebsverfassung 35
Betriebsverfassungsgesetz (BetrVG) 37
Bewegungsdaten 261
  mit Stammdatum verbunden 264
  sperren 261, 329, 331
  vernichten 331
  Verweildauer 282
Bezugsdatum 83
Bezugszeitpunkt UNKNOWN 666
BGB → Bürgerliches Gesetzbuch (BGB)
BOR → Business Object Repository (BOR)
BOR-Objekt 173, 261, 463, 677
BOR-Objekttyp 46, 238, 261, 463, 604,
                                               634, 670
  Instanz 238
Braunschweiger Modell 54
Buchungskreis 212, 220, 309
Bundesdatenschutzgesetz (BDSG) 375
Bürgerliches Gesetzbuch (BGB) 34
Business Application Programming
  Interface (BAPI) 471
Business Object Repository
  (BOR) 238, 463
Business Partner Data Privacy 54
Business-Funktion 158, 403
  aktivieren 159
  Ansprechpartner 265
  BADI_IRM_NOTIFICATION 678
  BUPA_ILM_BF 265, 299, 515
  DA_COCKPIT_ILM 179
  ERP_CVP_ILM_1 .... 265, 299, 515
  FICAX_BUPA_BLOCKING 265
  ILM 175, 298
  ILM_BLOCKING   89, 174, 227, 265, 284,
                                               299, 386

695

Business-Funktion (Forts.)
  ILM_NOTIFICATION 165, 173
  ILM_RULE_GENERATOR 211
  ILM_RWC_TAX 160
  ILM_RWC_TAX_IS_OIL 160
  ILM_RWC_TAX_IS_U 160
  ILM_STOR 159, 198
  ISH_BP_OM 265
  ISH_ILM 265
  SCM_SCMB_LOC_ILM_1 .... 265, 299
BW-Reporting 590, 596

C

cBP → Geschäftspartner, zentraler
CDE → Context Data Extractor (CDE)
Central Business Partner → Geschäfts-
  partner, zentraler
Central Person → Zentrale Person
Checkpoint-Gruppe 396
Cloud 333
Cluster 379
Cluster-Datei 378, 412
Cluster-Tabelle 373
CMS → Content-Management-System
  (CMS)
Compliance 254
Content Repository 87, 89, 104, 117
  anlegen 205, 206, 208
Content-Management-System
  (CMS) 108
Context Data Extractor (CDE) 53, 581
CP → Zentrale Person
Customer Relationship Management
  (CRM) 266, 301

D

DART → SAP Data Retention Tool (DART)
Data Aging 605, 609, 619
Data Blocking 385
Data Browser 571, 590
Data Controller 212
Data Controller Rule Framework
  (DCRF) 211, 217, 344, 430, 679
Data Dictionary (DDIC) 594, 600
Data Migration Server (DMIS) 560
Datei
  ablegen 582, 586
  umsetzen 119, 121, 122, 152, 582,
                                584, 585, 664, 675

Dateiname, logischer 87, 416
Dateipfad 76, 84
  zulässige Werte 79, 661
Daten
  aufbewahrungspflichtige 24, 604
  aus Altsystem archivieren 571
  aus Altsystem replizieren 561, 567
  Format 588
  historische 609, 619
  personenbezogene 167, 168
  Replikation 166
  strukturierte 99, 102, 103, 507, 522
  unstrukturierte 102, 103, 507, 523
Datenarchivierung 25, 54, 187, 612
  Basis-Customizing 116
  klassische 27, 105, 603
  Protokolle 146
  Vernichtungsvorrat 147
Datenbank, logische 398
Datenbankschema 561
Datenbanktabelle
  HRPA_D_DELPERNR 484, 485
  HRPA_D_DELRUN 484
  HRPAD_DELPN 478
Datenbearbeitungssperre 463
Datenbereitstellung 568
Datenerfassungs- und -übermittlungs-
  verordnung (DEÜV) 410
Datenerhebung,
  grundsätzliches Verbot 375
Datenobjekt 119, 616
Datensatz, inkonsistenter 383
Datenschutz 254
Datenschutzeinstellung 364
Datenschutz-Grundverordnung
  → DSGVO
Datenschutzprüfung
  externe 317, 318
  interne 317, 318
Datensparsamkeit 376
Datenübernahme
  initiale 169
  Monitor 570
Datenverdichtung 605
Datenvermeidung 605
Datenvernichtung 65, 131, 347, 366,
                509, 519, 533, 537, 611,
                615, 617, 621, 678, 684
  Benutzereingaben 147
  Jobübersicht 146
  Verwaltung 136

Index

Datenvernichtungslauf
  Benutzereingaben 138
  Protokolle 136
  Selektionsparameter 147
  Vieraugenprinzip 146
Datenvernichtungsobjekt 45, 69, 83,
    85, 132, 135, 171, 262, 263, 333,
    368, 618, 659, 663, 669, 677
  Aktion Vorlauf 135
  Beispiel 624
  FI_ACCKNVK 278, 298
  HRPA_PERNR 382, 480
  Strukturdefinition 620, 626
  Vorlaufprogramm 135, 630
Datenzugriff
  Muster 587
  Vorbereitung 588
DCRF → Data Controller Rule Framework (DCRF)
DDIC → Data Dictionary (DDIC)
Default-Berechtigungszeitraum 386, 389, 391
Delta-Läufe 122
Delta-Replikation 169
Detailprotokoll 311
DEÜV → Datenerfassungs- und -übermittlungsverordnung (DEÜV)
DMIS → Data Migration Server (DMIS)
Dokumentation 272, 273, 279
  zum Datenschutz 258
  zur EoP-Prüfung (EoP-Check) 259
Doppelpflege 288, 289, 291, 301
Druckliste 99, 125, 133, 139
DSGVO 23, 39, 46, 55, 69, 90, 167, 253,
    375, 505

E

E-Discovery 239, 241
EEL → Elektronische Entgeltersatzleistung (EEL)
EIM → Enterprise Information Management (EIM)
Einführungsleitfaden → IMG
Einkommensteuergesetz (EStG) 37
Einstellung, objektspezifische 635
Elektronische Entgeltersatzleistung (EEL) 410
Elektronische Lohnsteuerabzugsmerkmale (ELStAM) 410
Employee Self Service (ESS) 373
End of Business (EoB) 90, 257, 294
End of Purpose (EoP) 90, 169, 257
Ende der Verarbeitung 211
Enterprise Information Management (EIM) 31
Enterprise Services
  ABABusinessPartnerEOPRemoteOut 547
  Webservices 272
Entität, legale 552
Entsperren
  Antrag 324
  Grund 326
Entwicklungen, kundeneigene 507
EoB → End of Business (EoB)
EoP → End of Purpose (EoP)
EoP-Check 169, 257, 263, 266, 271, 272,
    280, 294, 299, 329, 507, 523, 530
  Ablauf 280, 292, 307
  Anwendungsname 272
  Gesamtprüfung (Remote) mit Erfüllungskennzeichen 310
  kundeneigener 536
  lokaler 316
  Performance 293
  Performanceverbesserung 317
  Prüfung abgeschlossenes Geschäft 331
  spezifische Berechtigungsgruppe ... 268
  Status 312
  Typ (Meldungstyp) 312
  Zwischenprüfung (lokal) ohne Erfüllungskennzeichen 311
EoP-Prüfung → EoP-Check
Erben 644, 674
  Ermittlung der vererbenden Instanzen 674
Erweiterungsspot
  ARC_CONV_APPL_TABS 679
  BUPA_PURPOSE_EXPORT 302
  CVP_EOP_ES 541
  ES_ILM_DESTRUCTION 533
  ES_IRM_CUST 225, 459, 532, 640,
      645, 648, 653
  HRPA_ARCH 459
  HRPA_ARCH_CONFIG 460
  HRPA_ARCH_RETRO 461
ESS → Employee Self Service (ESS)
EStG → Einkommensteuergesetz (EStG)
Export 563
  in Excel 599
Extraktion 563
  von Datenobjekten mit Legal Hold 248, 249, 250

697

Index

F

Feld »Maximaler Aufbewahrungszeitraum« 428
Feldmaskierung 264
Feldwert (SPACE) 661
FI-Beleg
   anzeigen 306
   Transaktion FB03 306
Filterwert 662, 667, 674
Fremdschlüssel 575
Funktionsbaustein
   ARCHIVE_OPEN_FOR_WRITE 615
   *ARCHIVE_PROTOCOL_*
      COLLECT 616, 617
   ARCHIVE_SAVE_OBJECT   612, 616, 617
   CHANGEDOCUMENT_DELETE 626
   PROGRESS_INDICATOR 630
Funktionsbaustein ARCHIVE_GET_NEXT_OBJECT 158
Für-Periode 395
Fusion 558

G

Gefahrstoffverordnung (GefStoffV) 37
General Data Protection Regulation (GDPR) 54
Generic Object Service 104
Gerichtsverfahren 101, 127
Geschäftspartner
   sperren 314, 360
   zentraler 261, 266, 268, 314
Geschäftsprozess 211, 549
   Analyse 551
   negativer 211
Gesellschaftsform 33
Gesperrte Stammdaten kennzeichnen 317
Globally Unique Identifier (GUID) 104
Go-live 537
GOS → Generic Object Service
GUID → Globally Unique Identifier (GUID)

H

Haftpflichtversicherung 262
Haltepunkt 466
   unbedingter 466, 470

Handelsgesetzbuch (HGB) 33
HR
   System integrieren 544
   Vorbereitung 496
HR-Prozess-Workbench 464
HTTP 101, 160, 162
   Script 208
   Server 208
   Services 160
   Verbindung 112
HTTPS 162

I

ICM Monitor 162
ICM → Internet Communication Manager (ICM)
IDEA 598
IDoc → Intermediate Document (IDoc)
IFRS 257
IFRS → International Financial Reporting Standards (IFRS)
ILM Enablement 608
ILM Notification 677
ILM Store → SAP ILM Store
ILM Work Center für Archivierung ... 178, 182
   Abfrage löschen 186
   Aktive Abfragen 182
   verfügbare Abfragen 186
ILM-Ablage ... 76, 85, 87, 88, 101, 112, 117, 139, 340, 353, 684
   Definition 108
   Service 111
ILM-Aktion ... 47, 62, 63, 66, 68, 83, 132, 608, 610, 617
   Archivierung 63, 64, 152, 155, 171
   Datenarchivierung 254, 612
   Datenvernichtung 64, 133, 155, 171, 262, 263, 613, 617
   in HCM 69
   Schnappschuss 65, 66, 608, 611, 612
ILM-Anwendungsszenario 557
ILM-Benachrichtigung 165, 175, 677
ILM-Beratung 557
ILM-Entscheidungsbaum 604
ILM-Fähigkeit 607
   Archivierungsobjekte 68
ILM-Geschäftsregel 344, 365

Index

ILM-Objekt 47, 74, 76, 86, 92, 96, 106, 131, 135, 217, 261, 284, 293, 333, 338, 608, 610, 619, 622, 634, 637, 641, 642, 681
 AL_DOCUMENTS 106, 139, 287
 AL_PRINTLISTS 106, 139, 287
 anlegen 631, 643
 CA_BUPA 277
 Customizing 532
 FI_ACCKNVK 278
 FI_ACCOUNT 278
 FI_ACCPAYB 278
 FI_ACCREV 277
 FI_BANKS 278
 für Bewegungsdaten 331
 für kundeneigene Infotypen 279
 kundenspezifische
   Einstellungen 79, 96
 Metadaten 609
 objektkategoriespezifische
   Einstellungen 657
 objektkategorieübergreifende
   Einstellungen 636, 647, 657
 RV_LIKP 230
 SD_VBAK 225, 230
 SD_VBRK 230
 SN-Objekt 609, 643, 664, 676
 Sonderzeichen 645
 unstrukturierte Daten 287
ILM-Projekt 70
ILM-Prüfpaket 589
 Vorlage 588
ILM-Regel 63
ILM-Regelgenerator 430
ILM-Rollen 163
ILM-Szenario 52
ILM-Transaktionen 163
IMG 159, 293
Implementierung 505, 525
 Herausforderungen 506
 Phasen 377, 508
Indextabelle 156
Information Retention Manager
 (IRM) 45, 73, 93, 122, 254, 263, 415, 426
 Customizing 414
 Regeln 73, 133, 154, 178, 254, 288, 329
Infostruktur 121
Infotyp 373
 kundeneigener 279
 Protokollierung 488

Infotyp 0003 432, 435, 436, 442, 444, 450, 452, 454, 458, 470, 481, 492, 497, 498
Infotyp 0283 432, 437, 439, 445, 450, 452, 456, 458, 462, 463, 470, 497, 498
Infotyp 0416 .... 455, 456
Infotyp 3246 432, 436, 437, 452, 458, 462, 463, 481, 484, 492
Infotyp 5123 438
Initiale Datenübernahme 169
Instanz, vererbende 674
Intermediate Document (IDoc) 272
International Financial Reporting
 Standards (IFRS) 256
Internet Communication Manager
 (ICM) 162
IRM → Information Retention Manager
 (IRM)
IRM-Konstante 638, 640, 648, 665

J

JArbSchG → Jugendarbeitsschutzgesetz
 (JArbSchG)
Job
 SAP_ILM_APPL_ARC_JOB_SCHED_
   TEST 350
 SAP_ILM_APPL_ARC_JOB_
   SCHEDULER 350
 SAP_ILM_ARCHIVE_DATA_
   DESTRUCTION 370, 372
 technischer 350, 362, 370, 372
Jobdetail 354
Jobprotokoll 354
Jobübersicht 579
Joindefinitionen 678
Jugendarbeitsschutzgesetz
 (JArbSchG) 36
Juristische Person 220

K

Kachel 336
Kachelgruppe 336, 337
 External Auditing 356
 Implementation Cockpit 363
Klasse
 CL_HRARCH_CONFIGURATIONS 461
 CL_HRARCH_DESTRUCTION_LOG 460
 CL_ILM_DESTRUCTION_DB_RUN 627

Klasse (Forts.)
  CL_ILM_NOTIFICATION 629
  CL_IM_PERNR_DEL_CHK_PAY_
    RESULT 475
  CL_LRM_BS_INHER_OFFER 646
  CL_PROGRESS_INDICATOR 630
Klon-Tools 383
Kontaktsperre, zentrale 323
Konzept des vereinfachten Sperrens
  und Vernichtens 258
Kunde 261
  sperren 360
Kundeneigene Entwicklungen 507

L

Ladestatistik 571
Lauf-ID 436, 456, 465
Laufnummer 453
Laufzeit → Verweildauer
Lebenszyklus
  personenbezogene Daten 256
  produktive Daten 254
Legacy Extraction Workbench
  (LEW) 571, 576
Legacy System 557
Legal Case (Rechtsfall) 25, 29, 141, 237,
                                    238, 286
  löschen 251
  Objekte manuell hinzufügen ... 239, 240
  Objekte per E-Discovery
    hinzufügen 239, 241
  schließen 251
  Status 250
Legal Case Management 237
Legal Hold
  (Rechtsfallbedingte Sperre) 127, 141,
                                    236, 246
  Extraktion von Datenobjekten 148,
                                248, 249, 250
  Propagation 246
  setzen 246, 247
Legal Hold Management 237
Legale Entität 552
Leseprogramm 608
Lesezugriff 558
LEW → Legacy Extraction Workbench
  (LEW)
Lieferant 261
  sperren 360
  Stammdaten 309

Linienorganisation 213
Linienorganisatorische Attribute
  (LOA) 213
Logische Datenbank PNP 388
Logischer Dateiname 87, 89
Logisches System 240, 242
Lohnsteuerbescheinigung (LStB) 410
Löschfrist 376
Löschlauf 171
Löschpflicht 258
Löschprozess 214
Löschreihenfolge 214
Löschung 257
  personenbezogene Daten 257
LSO → SAP Learning Solution
LStB → Lohnsteuerbescheinigung (LStB)

M

Mandant 595
  Kennung 595
  spezifische Objekte 100
  übergreifende Objekte 100
Maskierung 264
Massendaten 605
  aufbewahrungspflichtige 254
Massentransferinformation 572
Mastersystem 507, 543, 544
  verbundenes System 270
Metadaten-ILM-Objekt 609
Mitarbeiterauskunft 501
Mitteilungspflichten 167

N

Nachrichtenklasse 395
Namenskonvention 563, 622
Namensraum 273
Nicht-ABAP-System integrieren 547
NWBC → SAP Business Client

O

Objektgruppe 89, 90, 91, 341
Objektkatalogeintrag 622, 635
Objektkategorie 74, 339, 636, 641, 642,
                                643, 656, 658
  OT_FOR_BS 233
  spezifische Einstellungen 649
Objektschlüssel 677
Objekttyp → ILM-Objekt

Obligatorisches Vernichtungsdatum 143
Offset 119
Organisationseinheit 168, 212, 222
Organisationsentität 219
Organisationsmodell 220
Originalbelege 118

P

Papierdokumente 74
PCL-Cluster-Datei 373
PCLx-Key 379
Performance 434
Person
  berechtigte 264
  zentrale 394
Personalakte 36
Personalized Object Work List
  (POWL) 179
Personalrat 35
Personalstammdaten, zeitraum-
  abhängiges Sperren 374
Personalwirtschaft 263
Personenbezogene Daten 39, 167
  analytische Nutzung 169
  Empfänger 168
  Löschung 257
  Replikation 168
  Sperrung 256
  transaktionale Nutzung 168
  vereinfachtes Sperren 253
  Zweckbestimmung 256
Pfadpräfix 109, 111
POWL → Personalized Object Work List
  (POWL)
Produkthaftung 54
Programm
  CHECK_ILM_OBJECT_STATICALLY 681
  IRM_CHECK_CUST 681
  PUDELPN 382
  RP_PA_ROLLBACK 450
  RPLERDXO 501, 503
  RPUAUDDL 489
  RPUDELPN 374, 382, 475
  RPUDELPP 374, 382, 473
  RPUDESTROY_ABSENCE 375
  RPUTRBKO 445
  RSWWWIDE 500
Projekt zur Systemstilllegung 557
Propagation 105, 246
Protokoll 627, 631, 684

Protokollierung 424
Prozessmodell 465
  SAPXXDP1 465
  SAPXXDP2 465
Prozessschritt-Lauf-Paket 469
Prüfdatum, nächstes 293
Prüfgebiet 52, 53, 57, 58, 74, 100, 131, 163,
    226, 258, 333, 337, 427
  ARCHIVING 54, 90, 216, 227, 230,
    231, 258, 297, 337, 517
  BUPA_DP 54, 90, 258, 279, 281, 296,
    332, 337, 517
  DEMO 54
  GENERAL 54, 226, 230
  HCM_DP 54
  Name 56
  Objektzuordnung 56, 59, 61, 175
  PRODLIABIL 54
  TAX 54
  technische Sicht 52
  Übersicht 53
  Unternehmenssicht 52
  Zuordnung 131
Prüfpaket
  definieren 589
  Vorlage 60
Prüfzeitraum 274

Q

Quellfeld 645, 661
Quellsystem (Altsystem) 561
Quelltabelle 662, 665, 668, 673, 676, 677

R

Read-only 558
Rechnungslegungsgrundsätze 32
Rechnungswesen 404
Rechtsberater 328
Rechtsfall → Legal Case (Rechtsfall)
Rechtsfallbedingte Sperre → Legal Hold
Rechtsform 32
  öffentliches Recht 32
  privates Recht 32
Regel 100
  bearbeiten 81
  Bedingung 423
  Bedingungsseite 75, 82
  Berechtigungsgruppe 89
  Bezugsdatum 83

Regel (Forts.)
 erben 85, 86, 644
 Ergebnisseite 82
 Priorität 83, 88
 Regelgruppe 89
 Transport 99
 Vererbung 85, 86, 90
 XML-Format 99
Regelauswertung, Ermittlung der ver-
 erbenden Instanzen 674
Regelgruppe   89, 90, 93, 96, 289, 292, 341
 ändern 97
Regelwerk 73, 88, 98, 100, 338
 Bedingungsfelder 76
 gewählte Bedingungsfelder 75
 Name 75
 Regeln definieren 81
 speichern 78
 Transport 99
 verfügbare Bedingungsfelder 75
Regelwerkkategorie 57, 70, 74, 339
 RST 227, 230, 233
 RTP 233
Registrierung, System und
 Anwendungsname 299
Reihenfolge 456
Remote Function Call (RFC)   272, 299, 471
 Verbindung 109, 269, 271
Reorganisationsprozess 515
Replikation 166, 271, 563
 Daten aus dem Altsystem 562
 personenbezogene Daten 168
Report
 ARC_LHM_PROPAGATE_LEGAL_
  HOLD 247, 248
 ARLNK_LHM_PROPAGATE_LEGAL_
  HOLD 247, 248
 ARLNK_SET_PROXYS_
  ALDOCUMENTS 105
 ARLNK_SET_PROXYS_
  PRINTLISTS 105, 107
 RP_PA_ARCH_PERNR_SEL 471
 RP_PA_ROLLBACK 461
 RPDINFO1 377
 RPTKOK00 383
 RPUAUD00 488
 RPUAUDDL 489
 RPUDELPN 475, 477, 480
 RPUDELPP 475, 477, 481
 RSARC_DESTROY_REPLACED 123
 RSARC_EXTRACT_LEGAL_HOLDS   249
 RSARCH_CONVERT_TO_ILM 120

Reporting 559
 im SAP-ILM-RW-System 587
 lokales 590, 596
 Tool 590
Residenzzeit → Verweildauer
Ressourcen, abgelaufene 371
Retention Management (RM) 29, 253,
  402, 414, 609, 664, 676
Retention Warehouse (RW) 60, 82, 557,
  558, 613, 643, 656, 664, 675
 optimiertes 594
 System 560
Revisionsfähigkeit 442
RFC → Remote Function Call (RFC)
Risikoabschätzung 558
RM → Retention Management (RM)
Rolle 266
 SAP_BC_CCM_DATA_ARCHIVING   180
 SAP_BC_ILM_ADMIN_RM 180, 182
 SAP_BC_ILM_ADMIN_
  RW_V3 .... 180, 182
 SAP_DC_ILM_DESTROY 136, 146
Rollenvorlage SAP_BR_EXTERNAL_
 AUDITOR 356
Rücknahme Vorlauf 450
Rückrechnungsdatum, tiefstes 436,
  446, 494
Rückrechnungsgrenze 454, 461
Rückrechnungstiefe 385, 442, 443
RW → Retention Warehouse (RW)

S

SAP ArchiveLink 103, 125
SAP Archivinformationssystem
 (SAP AS) 86, 355, 616
 Infostruktur 121
SAP Best Practices Explorer 334, 365
SAP Best Practices for SAP S/4HANA
 Cloud 220
SAP Business Client 179, 180
SAP BusinessObjects 600, 602
SAP BW (Business Warehouse) 159
SAP Case Management 237
SAP Content Server 102
SAP Data Retention Tool (DART) 518
SAP Document Relationship Browser (SAP
 DRB) 239, 241
SAP ERP HCM 262
SAP ERP HCM PA 264
SAP ILM → ILM

Index

SAP ILM Store
- *administrative Origin* 199
- *Aktivierung der Zertifikate* 209
- *Architektur* 195
- *DB-Verbindung* 201
- *ILM Store Browser* 124
- *logischer Dateiname* 199
- *operative Origin* 201, 205
- *Origins* 195
- *RFC-Verbindung* 203
- *unstrukturierte Daten* 205

SAP Integration and Certification Center 101

SAP IQ 195

SAP Landscape Transformation
- Replication Server (SLT) 559, 560
- *Konfiguration für die Extraktion* ... 562

SAP Learning Solution 410

SAP S/4HANA Cloud 333

SAP-Consulting-Analyseservice 521

SAP-Fiori-App
- *ILM-Geschäftsregeln verwalten* 227
- *Lösung verwalten* 221

SAP-Hinweis
- *1000578* 560
- *1322754* 375
- *1600991* 375, 404, 490, 491
- *1625907* 446
- *1634262* 405
- *1644279* 406
- *1728536* 406
- *1768805* 560
- *1825544* 266
- *1825608* 266
- *1853572* 410
- *2007926* 266
- *2017369* 492
- *2027632* 610, 619
- *2028594* 492
- *2039087* 266
- *2103639* 274, 302, 536, 537
- *2114764* 645
- *2123631* 381, 384
- *2125362* 408
- *2133035* 472
- *2155686* 408
- *2167473* 276, 284, 285
- *2169333* 276, 285
- *2187487* 463
- *2233268* 408
- *2249093* 299
- *2308265* 409

SAP-Hinweis (Forts.)
- *2313587* 176, 178
- *2319004* 409
- *2340572* 410
- *2345811* 458
- *2365304* 385, 395
- *2407919* 464
- *2448623* 409
- *2448633* 408
- *2450554* 409
- *2472820* 458
- *2485923* 417
- *2493493* 408
- *2503307* 410
- *2512600* 264
- *2524107* 379
- *2527170* 408
- *2590321* 403
- *2590728* 645
- *2598362* 404
- *2605458* 234
- *2621557* 31
- *2626084* 227
- *2626518* 382, 476
- *2636155* 422
- *2641344* 385
- *2733034* 410
- *2748685* 167
- *2755096* 631
- *577847* 610
- *71930* 404

SAP-Menü »Favoriten« 181

SAP-NetWeaver-AS-Java-Layer 112

Schattenhierarchie 104

Schnappschuss 125, 149, 608, 611, 612

Schreiblauf 171

Schreibprogramm 610

Schwellenwert 417

SCM → Supply Chain Management (SCM)

Selektions-Include 610, 624
- *ARCH_WRITE_PRG_STANDARD2* 610
- *DESTROY_PREPROCES_PRG_STANDARD* 631

Selektionskriterium 597

Selektionsprogramm RP_PA_ARCH_PERNR_SEL 469

SGB → Sozialgesetzbuch (SGB)

Shared File System 584

SICF
- *einrichten* 205
- *Handler-Liste* 198
- *Service* 195

Sichteinschränkung 385
SLT → SAP Landscape Transformation Replication Server (SLT)
SN-Archivierungsobjekt 664, 676
SN-Objekt 609
Sonderzeichen 645
 Behandlung von 643, 647
SORT 531
Sozialgesetzbuch (SGB) 37
Sperre
 rechtsfallbedingte 236, 284
 stammdatenbasierte 261, 268
Sperren
 des zentralen Geschäftspartners 314
 Stamm- und Bewegungsdaten 327
Sperren und Vernichten 511
Sperrkennzeichen 262
Sperrpflicht 258
Sperrphase 256
Spoolparameter 583
SRS 113
SRS → Storage and Retention Service (SRS)
Staging Area 567
Stammdaten 214, 261
 Aufbewahrungsdauer 293
 Aufbewahrungsdauer im zentralen System 301
 entsperren 324
 ILM-Objekt 277
 Mastersystem 269, 272
 Mindestausprägung Verweildauer 308
 personenbezogene 507, 539, 542
 sperren 261, 331, 358
 sperren aus Sicht des abhängigen Systems 317
 vernichten 329, 331
 Verweilregel 288
 zentrales System (Mastersystem)   273, 298
Standardbedingungsfeld 641, 656, 663
Standard-Include 610
Start of Retention Time → SORT
Startdatum der Aufbewahrungsfrist für Stammdaten 294
Steuerprüfer 264
Steuerrecht 54
Steuerungsprogramm
 RP_PA_ARCH_PW_REPORT_CONTROL 467, 469
Storage and Retention Service (SRS) 111, 113

Strahlenschutzverordnung (StrlSchV) 36
Strukturdefinition 574, 663
 Archivierungsobjekt 617
 Datenvernichtungsobjekt 620, 626
Subtyp, Gruppierung 407, 425
Supply Chain Management (SCM) 299
SV-Luft 494
System
 abhängiges 270
 Architektur 559
 Konsistenz 374
 logischer Name 269
 Upgrade 558
 zentrales 300
System Decommissioning 557
Systemlandschaft 558, 560
Systemstilllegung → Retention Warehouse (RW)

T

Tabelle
 ARC_DESTR_STRUC 49
 ARCH_DEF 572
 ARCH_OBJ 572
 ARCH_TXT 572
 BUTSORT 531
 CVP_SORT 531
 DD03L 572
 IWP_DP_AP_GENTAB 601
 LRM_T_BS_ARC_OBJ 52
 mehrere Tabellen bereitstellen 569
 TOA* 105
 TOADL 132
 TOAnn 132
 übergeordnete 575
 untergeordnete 575
 verfügbare Bedingungsfelder 633, 642
Tabellenbeziehung 575
 abrufen 576
Tabellen-View 601
Tablespace 566
Tarifvertrag für den öffentlichen Dienst (TVöD) 35
TCO 64
Testdatenbestand 383
Testmanagement 382
Tests 528, 530
TOA*-Tabellen 103, 128
Transaktion
 AL11 416
 AOBJ 414, 608, 620, 664

Transaktion (Forts.)
- *BD97* 242
- *BUP_REQ_UNBLK* 324, 325
- *BUPA_PRE_EOP* 314, 315
- *CVP_PRE_EOP*   309, 310, 311, 312, 313, 315, 317, 530
- *CVP_UNBLOCK_MD* 325
- *DB15* 48, 49, 216, 411
- *DBCO* 561, 564, 565
- *DOBJ* 619, 620, 621, 622, 626
- *F-28* 313
- *FBO3* 306, 313, 320
- *FBL5N* 322
- *FILE* 88, 199, 416
- *HRPA_PERNR_APPROVE* 482, 484
- *HRPBAS_ERD_DISP_LOG* 502
- *ILM_CHANGE_RET* 66, 149, 172
- *ILM_DESTRUCTION* 49, 88, 132, 133, 135, 139, 141, 151, 164, 171, 234, 250, 333, 480, 482, 486, 520, 684
- *ILM_LHM* 172, 237, 251
- *ILM_LTCONFIG* 572
- *ILM_LTRUN* 576, 579, 581
- *ILM_SB* 164
- *ILM_SIM* 685
- *ILM_STOR_ADM_CUST* 198
- *ILM_TRANS_ADMIN* 581, 584, 586
- *ILMAPT* 589, 592
- *ILMARA*   53, 55, 56, 57, 58, 163, 226, 232, 277, 427
- *ILMRULE* 430
- *ILMSIM* 679, 683, 684, 685
- *ILMSTOREADM* 112, 201, 204
- *IRM_CAT* 429, 449, 481
- *IRM_CUST* 50, 415, 532, 578, 619, 631, 634, 635, 636, 642, 643, 647, 648, 651, 652, 654, 655, 658, 663, 669, 671, 677, 678
- *IRM_CUST_BS* 172, 658
- *IRM_CUST_CSS* 79, 92, 232, 289, 643
- *IRMPOL* 73, 77, 81, 86, 87, 96, 98, 127, 162, 233, 235, 272, 279, 284, 287, 289, 292, 299, 308, 427, 429, 449, 481, 495, 639, 640, 649
- *IRMRULE* 227, 228, 234
- *IRMRULE_ACTIVATE* 231
- *IWP01* 589, 595, 596, 601
- *LTRC* 563, 567
- *OACO* 205, 206, 208
- *OBR8* 216
- *OMB9* 215
- *OOSB* 400

Transaktion (Forts.)
- *OOSP* 401
- *PA20* 388
- *PA30* 388, 436, 438, 439, 444, 445, 446, 460, 463, 475
- *PA40* 446, 463
- *PA70* 437
- *PC_PAYRESULT*   385, 387, 394, 396, 493, 499
- *PEST* 465
- *PFCG* 163, 390, 391, 392
- *PT64* 398
- *PU22* 492, 493, 498
- *PUST* 464, 469, 470
- *SA38* 435, 450, 471, 478, 489
- *SAAB* 396
- *SARA* 48, 50, 51, 72, 73, 83, 111, 123, 125, 127, 133, 147, 164, 214, 234, 297, 411, 416, 431, 435, 447, 448, 450, 453, 454, 456, 470, 475, 498, 503, 519, 576, 580, 586, 683
- *SCASE* 237
- *SCC4* 242
- *SDMSK* 264
- *SE11* 379
- *SE12* 379
- *SE16* 49, 52, 478, 590
- *SE18* 201
- *SE38* 242, 435, 450, 471, 489, 619
- *SE80* 619
- *SEA38* 478
- *SFW5* 403
- *SICF* 160, 196, 205, 207
- *SLG1* 448, 488, 491
- *SLG2* 448, 488, 491
- *SM30* 462, 478
- *SM59* 109, 203
- *SMICM* 162
- *SNUM* 493
- *SOAMANAGER* 548
- *SOBJ* 622
- *SPRO*   158, 179, 265, 266, 275, 288, 298, 594
- *SWO1* 463, 604, 672
- *VL03N* 304, 305
- *VORA* 216, 227
- *VORI* 215
- *VORL* 215
- *WE11* 501
- *XD01* 308
- *XD02* 318, 319
- *XD03* 317, 319

TVöD → Tarifvertrag für den öffentlichen Dienst (TVöD)

U

Übernahme 558
Unbedingter Haltepunkt 466
Uniform Resource Identifier (URI) 76, 596
Unternehmensstruktur 213
URI → Uniform Resource Identifier (URI)
Ursprungsland 254

V

Verantwortliche Stelle 211, 212, 222
Verantwortlichkeitsmatrix 510, 513
Verarbeitung
 Ende 211
 Option 311
 personenbezogener Daten 39
Verarbeitungsgrundlage
 Einwilligung 39
 Rechtspflicht 39
 Vertrag 39
Verarbeitungszweck 212, 254, 256, 257
Vererbung 288
Vernichtung
 Frist 376
 Lauf 136
 Regel 418
 von Archivdateien 155
Vernichtungsbeleg 439, 452, 460, 462, 463, 497
Vernichtungsdatum 684
 obligatorisches 683
Vernichtungslauf einplanen 144
Vernichtungsobjekt
 HRPA_PERNR 473, 475
Vernichtungssperre 432, 436, 437, 438, 452, 458, 460, 462, 463, 481, 484, 492
Vernichtungsvorrat 142
Versicherungswesen 262, 263
Verwaltungsdaten 581
 übernehmen 583
Verweildauer 66, 70, 98, 257, 258, 260, 262, 276, 281, 282, 296, 308, 328, 329, 512
 anwendungsspezifische 294
 obligatorische 328
 Prüfgebiet 258
 Regeln 54

Verweilfrist 217
Verweilregel ... 47, 54, 71, 72, 89, 616, 632, 643, 654
 für Stammdaten 279
Verweilzeit → Verweildauer
Verwendungsnachweis 379
Verwendungszweck 211, 217, 224, 254
 anderer 254
 primärer 254
 Prüfung 307
 ursprünglicher 254
Veto 471, 481
 für die Sperrung 314
 Kennzeichen 472
Vetoprüfung 472
Vier-Augen-Prinzip 382, 478, 481
Von-bis-Eingabe 654
Vorgehen, iteratives 377
Vorgehensmodell 216
Vorlauf-ID 451
Vorlaufnummer 436
Vorlaufprogramm 135, 262, 346, 613, 621, 630
Vorverarbeitungsprogramm 346
Vorverarbeitungsvariante 351

W

Wahlordnung (WO) 37
Web Dynpro 264
WebDAV (Web-based Distributed Authoring and Versioning) 101
Wertermittlung 633, 641, 656, 659
 direkte 633
 indirekte 633
Wirtschaftsprüfer 264, 266
WO → Wahlordnung (WO)
Workitem 500

X

XML Data Archiving Service (XML DAS) 113

Z

Zeitbezug 225, 415, 418, 419, 459, 632, 635, 637, 640, 646, 647, 649, 659
 Beginn des Aufbewahrungszeitraums 281, 308, 328
 END_OF_YEAR 419, 420, 429, 454

Zeitbezug (Forts.)
   expliziter 639
   HCM_END_OF_RECORD 419, 429
   HCM_TERMN_DATE 419, 421, 423, 481
   impliziter 639
   Registrierung 83
Zeitkontingentabgeltung 455, 456
Zeitlogik, kundenindividuelle 396
Zeit-Offset 650
Zeitraum-ID 391, 392
Zeitversatz 225, 415, 418, 419, 421, 459, 632, 635, 637, 640, 643, 647, 649, 650, 668
   END_OF_YEAR 481

Zeitwirtschaftsereignis 373, 402
Zentrale Kontaktsperre 323
Zentrale Person 394
Zentraler Geschäftspartner → Geschäftspartner, zentraler
Zielmaschine 109
Zielsystem 565
Zugriff auf Abrechnungsdaten einschränken 394
Zugriffsberechtigung, maximale 397
Zurückladen 303
Zweck → Verarbeitungszweck
Zweckbestimmung 256, 257
Zweckbindung 376

- Schritt für Schritt zum datenschutzkonformen SAP-System
- Neue gesetzliche Anforderungen umsetzen
- Bordmittel von SAP effektiv einsetzen

Volker Lehnert, Iwona Luther, Björn Christoph, Carsten Pluder

Datenschutz mit SAP

SAP Business Suite und SAP S/4HANA

Entwickeln Sie ein Datenschutzkonzept, das den strengen Anforderungen der neuen EU-Datenschutz-Grundverordnung standhält. Dieses Buch erklärt Ihnen die rechtlichen Grundlagen und zeigt Ihnen Schritt für Schritt, wie Sie mit Hilfe von SAP-Lösungen Ihre IT-Landschaft datenschutzkonform gestalten. Von der Einführung eines Sperr- und Löschkonzeptes bis hin zur Umsetzung der Informations- und Berichtspflichten werden alle erforderlichen Maßnahmen praxisnah erläutert.

437 Seiten, gebunden, 89,90 Euro
ISBN 978-3-8362-5989-7
erschienen November 2017
www.sap-press.de/4524

Jetzt als Buch, E-Book und Bundle: www.sap-press.de